DuMont Schnellkurs

CHRISTENTUM

Helmut Fischer, geb. 1929, Studium der Evangelischen Theologie, Philosophie und Psychologie. Ab 1963 Pfarrer der Französisch-reformierten Gemeinde und Dozent am Theologischen Konvikt in Frankfurt/Main. 1976–1991 Professor für Predigt, Gottesdienstgestaltung und sprachliche Kommunikation am Theologischen Seminar in Friedberg und viele Jahre auch dessen Direktor. Zahlreiche Publikationen in den Grenzbereichen von Theologie zu Sprachwissenschaft, Psychologie, Rhethorik und Kunst.

Die *Majestas Domini* aus der Vivianbibel Tours, um 850. Im Zentrum thront Christus auf der Sternensphaira als Kosmokrator, hervorgehoben durch die achtförmige Mandorla. Die Zahl acht steht für das neue Leben, für die Auferstehung Jesu, für Vollendung. Das innere Quadrat, hier als Rhombus ausgebildet, bedeutet die Erde. In den Zwickeln zwischen der himmlischen Sphäre und der Erde erscheinen die Symbole der Evangelisten, Gottes Wort für diese Welt.

DuMont Schnellkurs

CHRISTENTUM

Helmut Fischer

DUMONT

Impressum

Umschlagvorderseite von links nach rechts und von oben nach unten:
Petrus und Paulus, nach 313 (AKG, Berlin); Papst Johannes XXIII. während seiner Eröffnungsansprache zum 2. vatikanischen Konzil, 1962; Lucas Cranach d. Ä., *Martin Luther,* 1526 (Jürgens Ost + Europa-Photo, Berlin); Der Prophet Jesaia in der Sixtinischen Kapelle, Rom (Photo EMB, Gisler Luzern); Pantokrator, 6. Jh., Katharinenkloster, Sinai

Umschlagrückseite von links nach rechts:
Taufe Jesu, Mosaik in der Taufkapelle des Neon, Ravenna, um 450 (SCALA, Antella/Florenz); Junge Christen auf dem Deutschen Evangelischen Kirchentag, Düsseldorf 1985 (Achilles Rösner, Hiddenhausen)

Originalausgabe

2. Auflage 2003

Druck und buchbinderische Verarbeitung: Editoriale Lloyd

Printed in Italy   ISBN 3–8321–5376–4

Inhalt

Inhalt

Einleitung

Wer aus dem zeitlichen Abstand von zwei Jahrtausenden auf die Anfänge der Christenheit blickt, der wird selbst bei nüchterner Betrachtung sein Erstaunen nicht unterdrücken können. Da macht um das Jahr 30 ein Jude namens Jeshua (griechisch: Jesus) in einem Winkel Palästinas von sich reden. Er legt die alten Gesetze seiner jüdischen Religion neu aus, predigt und gewinnt Anhänger. Aber noch ehe deren Zahl zu einer nennenswerten religiösen Gruppe anwächst, wird er des Hochverrats verdächtigt und von der römischen Besatzungsmacht hingerichtet. Kein außergewöhnliches Ereignis in einer religiös und politisch erregten Zeit. Doch endet die Geschichte damit nicht. Die wenigen Anhänger laufen zwar nach dem Tod ihres Meisters enttäuscht auseinander; nach eindrucksvollen Erlebnissen sammeln sie sich aber wieder und tragen seine Botschaft in der Gewissheit weiter, dass er lebt und in seiner Botschaft gegenwärtig ist. Nach drei Jahrhunderten ist aus der unbedeutenden jüdischen Sekte, die blutig verfolgt wurde, selbst aber nirgendwo mit Gewalt missionierte, eine Staatskirche geworden – und das in einer Welt, in der das religiöse Angebot so bunt und so vielfältig war wie das Warenangebot auf einem antiken Großmarkt. Das Christentum sollte sich in den folgenden Jahrhunderten nicht nur in ganz Europa ausbreiten, sondern sogar zur größten aller Weltreligionen werden. Der gläubige Christ erkennt darin das Walten Gottes, den jener Jesus aus Nazaret offenbar gemacht hat. Hier soll der Weg dieser Botschaft nachgezeichnet werden, sofern er historisch fassbar ist.

Im Rahmen der vorliegenden Arbeit konzentriert sich der Verfasser auf die Darstellung der wichtigen Ereignisse und Entwicklungen, die jene Vielfalt christlicher Kirchen und Gruppen heraufführten, in der uns das Christentum heute weltweit begegnet. Insofern Christentum und Kultur eng miteinander verbunden sind, werden auch die Künste und die Musik mit einbezogen. Die Veranschaulichung des Textes durch Bilder, Dokumente, Graphiken und Zeitleisten führt Geschichte lebendig und unmittelbar verständlich vor Augen. Ein Glossar erschließt die wenigen im Text verwendeten Fachwörter, soweit sie für eine kurze und klare Darstellung notwendig sind. Wer nach weiterer Information sucht, findet die nötigen Hinweise in einem nach Sachgruppen gegliederten Literaturverzeichnis. Ein Namen- und Sachregister weist das Buch zudem als kleines Nachschlagewerk aus. Die derzeitigen Profile der großen Konfessionen bzw. deren Differenzen untereinander werden anhand von Stichworten verdeutlicht, die gegenwärtig die ökumenische Diskussion bestimmen.

Helmut Fischer

27 v. – 14 n. Chr. Augustus, Beginn der Kaiserzeit
9 n. Chr. Schlacht im Teutoburger Wald
17 n. Chr. Ovid †, Livius †
nach 40 n. Chr. Philo †
63 ff n. Chr. Pompeius erobert Palästina
64 n. Chr. Brand Roms
65 n. Chr. Seneca †
66 ff. n. Chr. Jüdischer Aufstand
79 n. Chr. Ausbruch des Vesuv (Pompeji, Herkulaneum)

Die Anfänge in Palästina (1. Jh.)

Zeitgeschichtlicher und religiöser Hintergrund

Religionen fallen nicht fertig vom Himmel. Sie entstehen und entwickeln sich auch nicht in einem geschichtsfreien Raum, sondern unter konkreten kulturellen bzw. geistigen Bedingungen innerhalb eines bereits gegebenen religiösen Umfelds. Das Christentum ist aus dem Judentum hervorgegangen und hat innerhalb der jüdischen Kultur erste Gestalt angenommen.

Um die Anfänge des Christentums angemessen zu verstehen, muss deshalb ein erster Blick dem zeitgenössischen Judentum gelten. Seit den Tagen des Pompejus (63 v. Chr.) ist Palästina römische Provinz. Die Besatzer bringen ihre eigene Religion und Kultur mit. Entlang der Reichsgrenzen pflegt Rom Vasallen-Königreiche zu errichten, denen man begrenzte Autonomie einräumt. Durch Senatsbeschluss wird Herodes im Jahre 40 v. Chr. König von Judäa, Samaria, Galiläa und den Gebieten um den See Gennesaret. Der neue König entstammt einem alten idumäischen Geschlecht, das erst wenige Generationen zuvor den jüdischen Glauben angenommen hat. Weder er selbst noch seine Söhne (ab 4 v. Chr.) genießen das Vertrauen der Juden, doch sorgen sie dafür, dass der jüdische Glaube unbehelligt praktiziert werden kann, soweit er sich nicht gegen den römischen Staat richtet.

Das römische Reich zur Zeit des Kaisers Augustus

Im Judentum gibt es zu jener wie zu allen Zeiten unterschiedliche Gruppierungen. Für alle aber bildet das göttliche Gesetz (die Tora) den Mittelpunkt ihrer Frömmigkeit. Die Sadduzäer, den Kreisen der Jerusalemer Aristokratie zugehörig, stellen die Priester und vertreten ein vergleichsweise konservatives Judentum. Für sie gilt einzig das in den fünf Büchern Mose überlieferte Gesetz. Spätere, mündlich tradierte Überlieferung erkennen sie nicht an. In politischer Hinsicht versuchen sie, sich mit der römischen Besatzungsmacht zu arrangieren.

Statue des Kaisers Augustus (Reg. 27 v. – 14 n. Chr.). Während seiner Regierungszeit wurde in der römischen Randprovinz Palästina Jesus geboren. Augustus begründete das römische Kaisertum, in dessen Herrschaftsbereich sich die Christenheit trotz vieler Verfolgungen zur allerorten gegenwärtigen Kirche entwickelte.

Prägenden Einfluss auf das Volk haben die *Pharisäer* (die Abgesonderten). Diese verstehen sich als die wahren Juden. Ihre religiöse Leidenschaft zeigt sich nicht zuletzt darin, dass sie die Regeln des jüdischen Glaubenskanons auch im Alltag auf das Gewissenhafteste befolgen und darüber hinaus noch zusätzlich fromme Leistungen zu erbringen suchen, z. B. an jedem Montag und Donnerstag einer Woche zu fasten. Die Pharisäer schließen sich zu Gemeinschaften zusammen, in denen sie streng abgesondert von Heiden (d. h. von Nichtgläubigen) und weniger gesetzesstrengen Juden dem Gesetz ungestört und buchstabengenau genügen können. Zu diesen Gemeinschaften gehören neben einigen Priestern vorwiegend Laien wie Handwerker, Kaufleute und Bauern.

Die meisten der *Schriftgelehrten* wiederum, über die im Neuen Testament so häufig berichtet wird, entstammen dem Kreis bzw. dem näheren Umfeld der Pharisäer. Sie haben faktisch die geistige Führung des Judentums in Palästina inne. Pharisäer und Schriftgelehrte genießen wegen ihrer Gesetzestreue hohes Ansehen. Sie prägen das Frömmigkeitsverständnis des jüdischen Volkes in zweifacher Hinsicht. Zum einen verpflichten sie die Gläubigen darauf, das Gesetz Gottes so buchstäblich wie nur irgend möglich zu erfüllen. Zum anderen lenken sie den Blick der Menschen auf

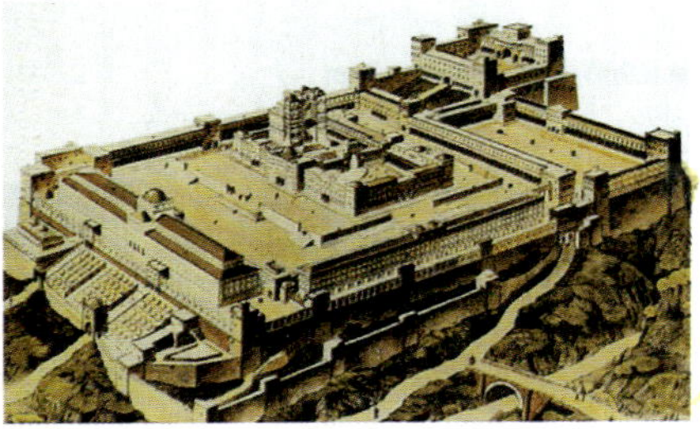
Rekonstruktion des jüdischen Tempels von Jerusalem zur Zeit Jesu

das ihrer Ansicht nach nahende Weltende. Ihren Worten zufolge wird die gegenwärtige Welt des Bösen in schrecklichen Katastrophen untergehen. Die Toten werden auferstehen. Alle Menschen werden vor den Richterstuhl Gottes treten müssen, und Gott wird anstelle dieser vergehenden Welt einen neuen Himmel und eine neue Erde errichten. Ihrem Schriftverständnis nach erwarten die Pharisäer einen gesalbten Herrscher, den Messias. Dieser wird Israel befreien und zu neuem herrlichen Glanz führen. Obwohl die Verkündigung dieses endzeitlichen Heilsbringers in vielen Varianten erfolgt, richten sich die Erwartungen des Volkes tendenziell doch auf einen Messias, der auch im Politischen eine Wende herbeiführen wird. Dies sind Elemente des vielgestaltigen religiösen Hintergrunds, aus dem Jesus hervortritt. Dieser Hintergrund gibt auch seiner Predigt das zeitgeschichtliche Kolorit.

Palästina zur Zeit Jesu

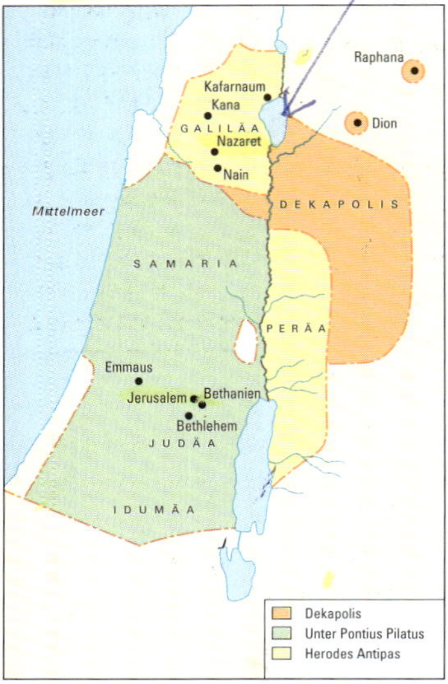

Die Person und Botschaft Jesu

Was wissen wir von der *Person* und der Predigt **Jesu** wirklich? Über seine Person historisch gesichert nicht sehr viel.

In der säkularen antiken Geschichtsschreibung wird der galiläische Prediger *Jesus* nur beiläufig erwähnt. Seine Jünger haben uns keinerlei biographische Notizen hinterlassen. Was wir von ihm wissen, ist aus den vier Evangelien zu ermitteln. Diese Evangelien sind aber keine historischen Berichte oder Reportagen, sondern Glaubenszeugnisse, also Aussagen darüber, wie das Leben und die Botschaft Jesu auf Menschen seiner Umgebung gewirkt haben. Das mag uns dürftig erscheinen. Dennoch haben wir für die zentrale Gestalt des Christentums vergleichsweise ergiebigere und zuverlässigere Quellen als für viele andere Persönlichkeiten der Antike.

Was also lässt sich historisch gesichert zur *Person* Jesu sagen? Er ist Kind jüdischer Eltern. Sein aramäischer Name Jeshua (das heißt: Gott hilft) wird im Griechischen zu *Jesus* umgebildet. Als Geburtsjahr gilt heute das Jahr 750 nach römischer Zeitrechnung (oder kurz davor). Es ist das Jahr, in dem König Herodes stirbt. Nach heutiger christlicher Zeitrechnung, die sich erst Ende des 1. Jh. durchsetzt, entspricht das dem Jahr 4 vor Christus. Sein Geburtsort Nazaret, ein kleiner, unbedeutender Ort in Galiläa, lag etwa 25 km westlich des Sees Gennesaret. Er ist der Erstgeborene seiner Mutter Maria und hat vier Brüder und einige Schwestern. Von seinem Vater Joseph erlernte er das Handwerk eines Zimmermanns oder Bauschreiners. Er spricht das galiläische Aramäisch seiner Heimat, vermag aber auch die in Hebräisch verfassten heiligen Texte seiner Religion zu lesen und auszulegen. So ist er mit den Inhalten und Praktiken des jüdischen Glaubens seiner Zeit wohl vertraut, mithin auch dem monotheistischen und personalen Gottesverständnis fest verpflichtet. Wie seine jüdischen Glaubensgenossen erwartet auch er, dass das Reich Gottes bald anbricht. Er hofft mit ihnen, dass an diesem Tag auch die Toten aus ihren Gräbern auferstehen.

Jesus steht in Verbindung mit dem asketischen Prediger **Johannes**, der in der Wüste zur Buße aufruft und am Unterlauf des Jordan tauft – auch ihn. Nachdem Johannes gefangen gesetzt und enthauptet worden ist, beginnt Jesus, inzwischen etwa 30 Jahre alt, öffentlich zu predigen. Seine *öffentlichen Aktivitäten* dauern mindestens ein Jahr, vielleicht aber auch zwei oder drei. Er

Ein authentisches Jesusporträt existiert nicht. Überliefert sind uns nur Kultbilder. Die hier abgebildete Darstellung gilt als das vielleicht älteste Jesusbild, das erhalten ist. Es ist mit Eitempera im 6. Jh. auf einer mit Leinwand bespannten Holztafel gemalt (40 x 29 cm). Im 13. Jh. gelangt sie von Konstantinopel in den Westen, befindet sich seit 1587 in Rom und seit 1870 im Vatikan.

Jesus hat sich öfters in Kafarnaum aufgehalten, wo er gepredigt und Kranke geheilt hat. Das Matthäusevangelium (9,1) bezeichnet Kafarnaum als »seine (Jesu) Stadt«. Sie liegt am Nordwestufer des Sees Gennesaret. Bereits im 1. Jh. gab es in der Stadt eine judenchristliche Gemeinde. Die Synagoge, in der Jesus gepredigt hat, ist nicht mehr erhalten. Die Reste der abgebildeten Synagoge stammen aus dem 2.–4. Jh.

Leeres Grab und Himmelfahrt Jesu (Abb. rechte Seite) bringen auf dieser Tafel zum Ausdruck, dass der getötete Jesus lebt und sich in denen als lebendig erweist, die aus der Kraft seines Geistes ihr Leben und ihre Welt gestalten. Das leere Grab war und ist kein Beweis für die Auferstehung Jesu. »Was sucht ihr den Lebendigen bei den Toten? Er ist nicht hier, sondern er ist auferstanden!« (Lk 24,5 f.) Erst dieses Deutewort des Engels (= Gottesbote) eröffnet den Jüngerinnen und Jüngern die Osterbotschaft: Er lebt!

predigt in der Region um den See Gennesaret und hat möglicherweise in Kafarnaum einen Schwerpunkt seines Wirkens. Er diskutiert mit Schriftgelehrten, zieht als Wanderprediger durch Galiläa und gewinnt einige Anhänger, die ihn Rabbi oder Meister nennen. In Jerusalem, seiner letzten Station, wertet der Hohe Rat der Juden seine Predigten als gefährlichen Angriff auf die Grundlagen der Religion und die öffentliche Ordnung. Er wird verhaftet, verhört und dem römischen Prokurator Pontius Pilatus übergeben und von diesem zum Tode verurteilt. Er wird nach römischem Recht gekreuzigt und stirbt am Vorabend zum jüdischen Passahfest des Jahres 30. Seine Grabstätte ist unbekannt.

Die *Botschaft Jesu* greift auf die Denkformen bzw. den Sprachschatz des zeitgenössischen Judentums zurück. So wird von ihm kein einziger neuer Begriff in die Religionsgeschichte eingeführt; zu nahezu jedem seiner Worte – bis hin zum Vaterunser – gibt es Parallelen im jüdischen Schrifttum. Mit allen jüdischen Schulen und Gruppen stimmt er darin überein, dass Gott seinen Willen in dem von Mose am Berg Sinai empfangenen Gesetz kundgegeben hat, so wie es in den fünf Büchern Mose niedergeschrieben ist.

Wenn nun – nach jüdischer Überzeugung – Gott in der Tora offenbar gemacht hat, wie die Gläubigen ihr Leben gestalten sollen, so entscheidet sich an ihrem Verhältnis zum Gesetz auch ihr Verhältnis zu Gott. Jesus widerspricht freilich dem Gesetzesverständnis seiner jüdischen Glaubensgenossen, und wie sie mit dem Gesetz umgehen. Er sieht, dass die Frommen danach streben, selbst noch die kleinsten Details des Lebensalltags streng nach den Buchstaben der Tora auszurichten. In den fünf Büchern Mose ist aber längst nicht alles geregelt, so muss das Netz der einzelnen Regelungen von den Schriftgelehrten immer enger geknüpft werden. Es kommt schließlich zu einem Gesetzeskodex, der 613 Einzelvorschriften (248 Gebote und 365 Verbote) umfasst und alle Details des Alltags verbindlich regelt. Wer alle Gebote und Verbote beachtet, kann also guten Gewissens annehmen, ein Leben nach Gottes Willen zu führen. Die weniger Frommen suchen weiterhin nach Gesetzeslücken und nach Möglichkeiten, den Wortlaut des Gesetzes zu ihren Gunsten auszulegen.

Frauen am Grab und Himmelfahrt Christi, Elfenbeintafel, um 400

In dieser Frömmigkeitspraxis sieht Jesus das Gesetz nicht nur missverstanden, sondern missbraucht. Das Verhältnis zu Gott erscheint ihm darin reduziert auf einen formalen Gehorsam gegenüber dem Wortlaut des Gesetzes. Jesus kritisiert diese Praxis und das damit einhergehende Gottesverständnis. Gott verschwindet gewissermaßen hinter dem Gesetz, und das Verhältnis des Menschen zu Gott wird durch seine Leistung gegenüber dem Gesetz definiert. Gegen diese Art von Gehorsam fordert er ein besseres Verständnis. Dem äußeren Anschein nach fordert Jesus Gegensätzliches. Er drängt einerseits darauf, das Gesetz radikal zu interpretieren, andererseits fordert er größere Freiheit gegenüber dem Wortlaut. Was mit Radikalisierung gemeint ist, verdeutlicht sich in den provozierenden Thesen der *Bergpredigt.* Danach ist z. B. das Tötungsverbot nicht erst dann verletzt, wenn jemand zu Tode kommt. Das „Töten" nimmt weit früher seinen Anfang, beispielsweise im bösen, im verletzenden Wort, in ehrschädigenden Unterstellungen, im rufschädigenden Klatsch oder in der Verweigerung oder dem Abbruch des Gesprächs miteinander. Andererseits gilt aber auch, dass, wer das Gesetz von seinem Sinn, von seiner Wurzel her, also radikal ver-

Die Seligpreisungen aus der Bergpredigt (Mt 5,3–12):

»Selig, die arm sind vor Gott;
denn ihnen gehört das Himmelreich.
Selig die Trauernden;
denn sie werden getröstet werden.
Selig, die keine Gewalt anwenden;
denn sie werden das Land erben.
Selig, die hungern und dürsten nach der Gerechtigkeit;
denn sie werden satt werden.
Selig die Barmherzigen;
denn sie werden Erbarmen finden.
Selig, die ein reines Herz haben;
denn sie werden Gott schauen.
Selig, die Frieden stiften;
denn sie werden Söhne Gottes genannt werden.
Selig, die um der Gerechtigkeit willen verfolgt werden;
denn ihnen gehört das Himmelreich.«

Ewiges Leben – hier und jetzt – Johannes 5,24
»Amen, amen, ich sage euch: Wer mein Wort hört und dem glaubt, der mich gesandt hat, hat das ewige Leben; er kommt nicht ins Gericht, sondern ist aus dem Tod ins Leben hinübergegangen.«

Die ältesten Märtyrer-Darstellungen (oben 4. Jh., Rom) zeigen keine Hinrichtungs- und Folterszenen, sondern die Aufnahme des Märtyrers ins Paradies. Im Mittelalter hingegen werden die Hinrichtungsarten bis in die grausamsten Einzelheiten ausgemalt. So zum Beispiel durch Stephan Lochner (um 1400 – 1451) in seinen *Martyrien der 12 Apostel*.

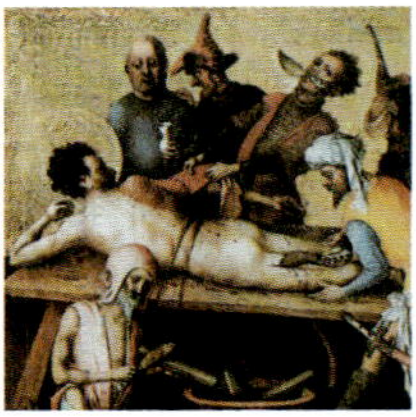

steht, der gewinnt seinem unmittelbaren Wortlaut gegenüber große Freiheit. Das veranschaulicht z. B. Jesu Verhalten hinsichtlich dessen, was am Sabbat zu tun ist, vor allem aber, was zu unterlassen ist. Entgegen dem Wortlaut des Sabbatgebots heilt er an diesem Tag Kranke. Und er verteidigt das Verhalten seiner Jünger, die auch am Sabbat beim Gang durch die Felder Ähren ausraufen, um ihren Hunger zu stillen. Derlei ist zwar grundsätzlich erlaubt, nicht aber am Sabbat, da an diesem Tag dem Gesetz nach nicht geerntet werden darf. Dieses Sabbatverständnis lässt er mit dem Satz hinter sich: „Der Sabbat ist für den Menschen da, nicht der Mensch für den Sabbat". Jesus nimmt sich sogar die Freiheit, manche Gesetze der Tora ganz außer Kraft zu setzen. Einer mosaischen Regel wie „Auge um Auge, Zahn um Zahn" stellt er entgegen: „Widerstrebt nicht dem Bösen". Am Ende der Bergpredigt findet sich der Hinweis, dass sich das Volk angesichts solcher Aussagen über seine Lehre „entsetzte". In der Tat haben das Volk wie die religiösen Lehrer erfasst, dass Jesus ein neues Verhältnis zum Gesetz und damit ein neues Verhältnis zu Gott in den Blick bringt. Dem bisherigen Gesetzesverständnis stellt Jesus folgende Botschaft entgegen: Wir werden zu Menschen im Sinne Gottes nicht dadurch, dass wir mit äußersten Anstrengungen die Auflagen des Gesetzes erfüllen, um uns so unser Heil zu verdienen. Zu einem Menschen, der dem göttlichen Entwurf entspricht, wird der, der sich von Gottes Geist, der ein Geist der Liebe ist, erfüllen lässt, und aus dieser geschenkten Liebe sein eigenes Leben und das menschliche Miteinander gestaltet. Es bleibt die Frage, woher Jesus seine Autorität schöpft? Dem Verständnis seiner Jünger nach ist es die Autorität dessen, der aus dem Geist Gottes heraus lebt und handelt.

Die Urgemeinde

Der Tod Jesu zersprengt die Jünger in alle Winde. Enttäuscht kehren die meisten in ihre galiläischen Dörfer zurück. Den Anhängern von Jesus widerfahren höchst denkwürdige Erlebnisse. Von den überlieferten Zeugnissen werden sie als Visionen dargestellt, in denen sich Jesus zeigt. Man schließt daraus, dass dieser trotz allem lebt und unter ihnen gegenwärtig ist. Gemäß dem Weltverständnis der damaligen Zeit deutet man die entsprechenden Erfahrungen als Ausdruck der Auferstehung Jesu. Mit dieser Gewissheit, die sich für seine Anhänger täglich neu bestätigt, gehen sie unter der Führung von Petrus zurück nach Jerusalem. Hier studieren sie dem Vorbild ihres Meisters Jesus folgend die heiligen Bücher und finden u. a. im Buch Jesaia, Kap. 53, Verweise auf einen „Knecht" Gottes, den man der Untaten und Sünden seines Volkes wegen zum Verbrecher stempeln, martern und schließlich töten wird. Diesen „Knecht" bezeichnet Jes 42 als „Erwählten Gottes". Von diesem heißt es: „Ich habe meinen Geist auf ihn gelegt, er bringt den Völkern das Recht ... Ich habe dich geschaffen, das Licht der Völker zu sein: blinde Augen zu öffnen, Gefangene aus dem Kerker zu holen ..." Die Jünger identifizieren den leidenden Gottesknecht mit dem gekreuzigten Jesus und sehen in ihm den erwarteten Messias. In Jerusalem wollen sie gemeinsam auf seine Wiederkunft warten.

Die kleine Gruppe versteht sich zunächst ganz unproblematisch als Teil der jüdischen Gemeinde. Man besucht weiterhin den Tempel, nimmt am jüdischen Leben teil und beachtet die rituellen jüdischen Gesetze. In einem entscheidenden Punkt aber unterscheiden sich die Jesusjünger deutlich von ihren jüdischen Glaubensgenossen. Für sich selbst nämlich haben sie den Messias bereits gefunden, wenngleich einen ganz anderen als er dem jüdischen Glauben zufolge erwartet wird. Sie verstehen sich als Auserwählte Gottes, als das wahre Gottesvolk, als Kirche (*ekklesia*). Aus diesem Grund gelten sie in den Augen

Eine der ältesten Darstellungen des Apostels Petrus, Anfang des 7. Jh., in Wachs gemalt, Katharinenkloster, Sinai. Der Name Petrus bedeutet Stein oder Fels. Auf diese Bedeutung spielt das Jesus-Wort (Mt 16,18) an: »Du bist Petrus, und auf diesen Felsen werde ich meine Kirche bauen. Ich werde dir die Schlüssel des Himmelreichs geben; was du auf Erden binden wirst, das wird auch im Himmel gebunden sein; und was du auf Erden lösen wirst, das wird auch im Himmel gelöst sei.« Der Kirchenvater Tertullian bestreitet noch vehement, dass diese Petrus persönlich verliehene Vollmacht auf Bischöfe, die als seine Nachfolger gelten, übergeht.

Außenstehender als jüdische Sekte. Sie treffen sich regelmäßig zum Gebet und kommen zu gemeinsamen Mahlzeiten zusammen, in denen sie die Tischgemeinschaft fortsetzen, die Jesus mit seinen Jüngern pflegte. Sie entwickeln ein hohes Solidaritätsbewusstsein gegenüber Schwachen und Benachteiligten. Ihre Angelegenheiten regeln sie zunächst gemeinsam, später übernehmen gewählte *Presbyter* (Älteste) diese Aufgaben. Diese Art der Lebensführung, nicht weniger als die dahinter stehende Grundhaltung erweisen sich als überaus beeindruckend. Viele pharisäisch geprägte Juden schließen sich der Jesus-Gruppe an, die Aufnahme wird durch die Taufe vollzogen.

Auch Griechisch sprechende Juden aus der Diaspora, die so genannten *Hellenisten*, stoßen zu der wachsenden Urgemeinde. Die Hellenisten haben schon bald eine eigene Synagoge in der Stadt. Ihr Wortführer **Stephanus** wirbt für die Ablösung vom Judentum und seinen Ritualgesetzen, er prophezeiht gar das baldige Ende des jüdischen Tempels. Das ruft Anfang der 40er Jahre den Hohen Rat der Juden auf den Plan. Anlässlich seines Verhörs wirft Stephanus dem Hohen Rat vor, den Messias nicht erkannt, ja ihn sogar getötet zu haben. Das wertet der Hohe Rat als Gotteslästerung, Stephanus wird gesteinigt. Die Hellenisten fliehen aus Jerusalem und gehen nach Phönikien, Zypern und Antiochia – was für die Entwicklung des Christentums noch große Bedeutung gewinnen wird.

Die in Jerusalem verbleibende judenchristliche Gemeinde hat unterdessen offenbar großen Zulauf und zieht schließlich ebenfalls den Argwohn der jüdischen Behörden und der römischen Besatzungsmacht auf sich. Anfang der 40er Jahre kommt es zur Verfolgung der Judenchristen. Der Apostel **Jakobus**, der die Gemeinde zu dieser Zeit leitet, wird als Aufrührer zum Tode ver-

Die synoptischen Evangelien

Die ältesten Texte des Neuen Testaments sind die Briefe des Apostels Paulus aus den Jahren 50 – 56. Die Evangelien des Markus, Matthäus und Lukas sind zwischen 70 und 100 entstanden. Die Graphik veranschaulicht, wie sie in ihrer Entstehung miteinander verbunden sind.

■ Texte, die im Markusevangelium erstmalig zusammengeführt werden und in die Evangelien des Matthäus und Lukas voll eingehen.
▲ Redenquelle. Redentexte, die nur Mt und Lk gemeinsam haben, bei Mk nicht vorkommen.
● ○ Sondergut, das nur bei Mt oder nur bei Lk zu finden ist.

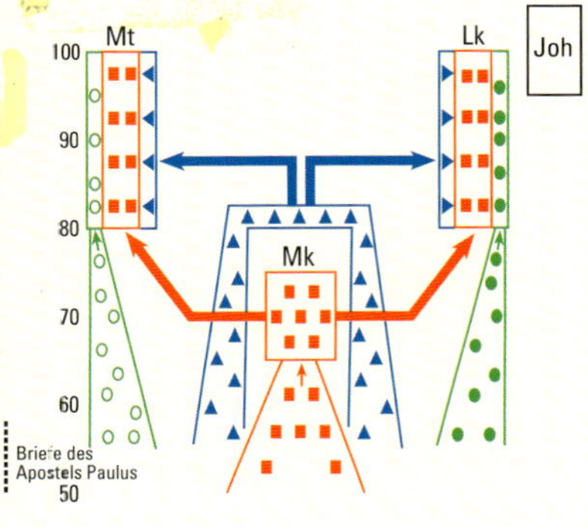

urteilt und enthauptet. Dies trifft mutmaßlich auch für seinen Bruder Johannes zu. Petrus wird gefangen gesetzt.

Schicksalhafte Bedeutung für die Ausbreitung des Christentums gewinnt der Diaspora-Jude **Saulus**. Er ist einige Jahre jünger als Jesus und in der kleinasiatischen Hafenstadt Tarsus aufgewachsen. Nach streng pharisäischer Tradition erzogen, bildet man ihn in Jerusalem zum Schriftgelehrten aus. Persönlich hat er Jesus niemals kennengelernt. Als erbitterter Feind der Judenchristen, der so genannten „Nazarener", beteiligte er sich an deren Verfolgung und hatte auch die Steinigung des Stephanus miterlebt. Jetzt ist er mit einer Vollmacht des Hohen Rates nach Damaskus unterwegs, um dort einige Christen zu verhaften. Während seiner Reise erscheint ihm (32/35) in einer überwältigenden Vision der lebendige Jesus, dessen Anhänger er so fanatisch verfolgt. Er lässt sich taufen, nimmt den Namen **Paulus** (der Kleine) an und entwickelt sich zum wichtigsten Verkünder jenes Glaubens, den er eben noch hatte auslöschen wollen. Etwa zwei Jahre lang missioniert er in und um Damaskus, sodann weitere 11 Jahre in der Umgebung des syrischen Antiochia und auf Zypern. Die christlichen Gemeinden, die sich nach der Vertreibung der Hellenisten aus Jerusalem in den großen Städten außerhalb des jüdischen Kultbereiches gebildet haben, bieten für Paulus nicht nur erste Anlaufstationen, sie erweisen sich auch als bedeutsame

Die vier Evangelisten, Blatt aus einem Aachener Evangeliar, um 800. Die Symbole machen die Evangelisten kenntlich: Löwe für Markus, Stier für Lukas, Mensch für Matthäus, Adler für Johannes, dessen Evangelium einen anderen geistigen Hintergrund hat als die ersten drei Evangelien.

Die Reisen des Apostels Paulus

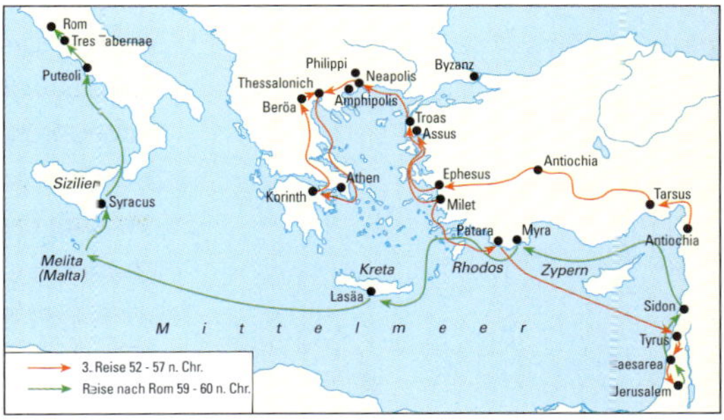

Das Hohelied der Liebe aus 1. Korinther 13

»Wenn ich in den Sprachen der Menschen und Engel redete,/ hätte aber die Liebe nicht,/ wäre ich dröhnendes Erz oder eine lärmende Pauke./
Und wenn ich prophetisch reden könnte/ und alle Geheimnisse wüßte/ und alle Erkenntnis hätte;/ wenn ich alle Glaubenskraft besäße/ und Berge damit versetzen könnte,/ hätte aber die Liebe nicht,/ wäre ich nichts./
Und wenn ich meine ganze Habe verschenkte,/ und wenn ich meinen Leibe dem Feuer übergäbe,/ hätte aber die Liebe nicht,/ nützte es mir nichts./
Die Liebe ist langmütig,/ die Liebe ist gütig./ Sie ereifert sich nicht,/ sie prahlt nicht,/ sie bläht sich nicht auf./ Sie handelt nicht ungehörig,/ sucht nicht ihren Vorteil,/ läßt sich nicht zum Zorn reizen,/ trägt das Böse nicht nach./ Sie freut sich nicht über das Unrecht,/ sondern freut sich an der Wahrheit./ Sie erträgt alles,/ glaubt alles,/ hofft alles,/ hält allem stand./ Die Liebe hört niemals auf.«

Stützpunkte für seine Missionstätigkeit.

Paulus predigt den Gott der Gnade und der Liebe, wie er in Jesus offenbar geworden und in seinem Wort unter Menschen lebendig und gegenwärtig sei. Wer immer in der Glaubensgemeinschaft dieses Gottes seine geistliche Heimat findet, ist allerdings, so Paulus' Auffassung, nicht an die rituellen Gesetze der Juden gebunden. Das führt unvermeidlich zum Konflikt mit der judaistisch geprägten Urgemeinde bzw. deren Leitern. Dort besteht man darauf, dass das jüdische Gesetz ohne Abstriche auch für Christen nichtjüdischer Herkunft gilt. Paulus erkennt, dass mit der Frage nach der Verbindlichkeit des jüdischen Gesetzes die gesamte Mission unter den so genannten Heiden auf dem Spiel steht. Er stellt sich der Auseinandersetzung und erreicht in harten Verhandlungen, dass die Heidenchristen dem jüdischen Gesetz nicht unterworfen sind. Mit diesem *Aposteldekret*, das am Ende einer um das Jahr 44 abgehaltenen Apostelzusammenkunft steht, löst sich das Christentum faktisch vom Judentum ab. Gleichzeitig bildet es die Voraussetzung dafür, dass die noch junge christliche Gemeinde nicht als jüdische Sekte endet, sondern die Grenzen des Judentums überwinden kann und Menschen aller Kulturen, Sprachen und Völker zu erreichen vermag.

Trotz der deutlichen Abkehr vom jüdischen Gesetz hat Paulus die geschichtliche und die inhaltliche Verbindung zum jüdischen Wurzelgrund des christlichen Glaubens stets betont. Nicht zuletzt aus diesem Grund entging das Christentum der Gefahr, sich

Der Papyrus Rylands ist einer der ältesten erhaltenen Texte des Neuen Testaments. Das Fragment, geschrieben um 125, enthält Sätze aus dem Johannesevangelium Kap. 18.

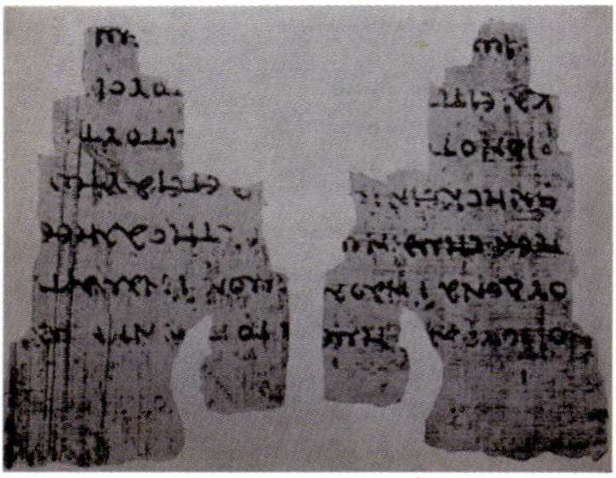

in einen geschichtslosen Mysterienkult aufzulösen und auf dem antiken Markt der Religionen mit diesen Kulten unterzugehen.

Den klärenden Bestimmungen des Aposteldekrets zufolge ist Paulus legitimiert, seine bisherige, im Umfeld der jüdischen Diaspora angesiedelte Bekehrungstätigkeit zur *Heidenmission* auszubauen. Die Synagogen der hellenistischen Juden bleiben indessen weiterhin seine Anlaufstellen. Der Apostel bricht zu einer Missionsreise quer durch Kleinasien auf und gelangt in Troas ans Ägäische Meer. Von dort ruft man ihn nach Mazedonien. Dieser Schritt hinüber nach Europa markiert den Beginn einer Entwicklung mit tiefgreifenden Folgen für den Kontinent. Der Apostel, der auch die damalige griechische Umgangssprache, die Koine, beherrscht, geht in die Zentren der griechischen Kultur wie Thessaloniki, Athen und Korinth. Ephesus, geistiger Mittelpunkt im damaligen Kleinasien, wählt er als Ausgangsbasis für seine weiteren missionarischen Unternehmungen. Dabei pflegt er weiterhin engen Kontakt zur Urgemeinde in Jerusalem, die er mehrere Male besucht und mit Kollekten aus heidenchristlichen Gemeinden unterstützt.

Bei seinem letzten Besuch in Jerusalem – im Jahre 56 – gerät er in Lebensgefahr. Einige Juden erkennen ihn als den Prediger, der das jüdische Gesetz nicht mehr gelten lassen will. Sie beschuldigen ihn, einen Nichtjuden in den Tempel mitgenommen zu haben: ein Sakrileg, auf das nach jüdischem Gesetz die Todesstrafe steht. Zu seinem Glück wird die römische Tempelwache auf den Tumult aufmerksam, sie greift ein und nimmt den Apostel in Schutzhaft. So entkommt er der aufgebrachten Menge. Paulus selbst beruft sich nun auf sein römisches Bürgerrecht, das ihm als Bürger von Tarsus zukommt, und ist fortan der römischen Rechtsprechung unterstellt. Als Untersuchungshäftling wird er nach Rom gebracht, wo er etwa zwei Jahre

Eine der ältesten Darstellungen des Apostels Paulus, Mosaik aus dem 6. Jh., Ravenna

Gott, die Liebe
1. Johannesbrief 4,16:
»Gott ist die Liebe, und wer in der Liebe bleibt, bleibt in Gott, und Gott bleibt in ihm.«

Das St. Katharinenkloster auf dem Sinai ist eine Schatzkammer, in der älteste Bibelhandschriften und Ikonen erhalten geblieben sind.

Aus der hebräischen Bibel – 23. Psalm:
»1 Der Herr ist mein Hirte, / nichts wird mir fehlen./ 2 Er läßt mich lagern auf grünen Auen/ und führt mich zum Ruheplatz am Wasser./ 3 Er stillt mein Verlangen;/ er leitet mich auf rechten Pfaden, treu seinem Namen./ 4 Muß ich auch wandern in finsterer Schlucht,/ ich fürchte kein Unheil;/ denn du bist bei mir,/dein Stock und dein Stab geben mir Zuversicht./ 5 Du deckst mir den Tisch/ vor den Augen meiner Feinde./ Du salbst mein Haupt mit Öl,/ du füllst mir reichlich den Becher./ 6 Lauter Güte und Huld werden mir folgen mein Leben lang,/ und im Haus des Herrn darf ich wohnen für lange Zeit.«

in leichter Haft verbringen muss und in dieser Zeit in Verbindung mit der dortigen Gemeinde steht. Der Aufrührerei beschuldigt, wird ihm zu Beginn der 60er Jahre der Prozess gemacht. Unter Kaiser Nero erleidet er (62/64?) den Märtyrertod. In frühchristlichen Schriften des 2. Jh. ist auch vom Märtyrertod des Petrus in Rom die Rede. Das aber ist historisch nicht gesichert.

Der judenchristlichen Gemeinde in Jerusalem, in der die Christusbotschaft zuerst gelebt und weitergegeben wurde, war keine große Zukunft beschieden. Ungeachtet der Beschlüsse des Apostelkonvents gewinnen extreme Gruppen, die auf der Einhaltung des jüdischen Gesetzes bei allen Christen bestehen, die Oberhand. Sie erkennen die Autorität des Paulus nicht an. Damit isolieren sie sich selbst von den heidenchristlichen Gemeinden, die dieser ins Leben gerufen hatte. Eine extreme Gruppe wie die „Judaisten“ etwa wirbt um ihre Anerkennung innerhalb der jüdischen Gemeinschaft. Aber trotz ihrer erklärten Gesetzestreue wird sie von der Mehrzahl der Juden abgelehnt, ja sogar blutig verfolgt. Um 62 wird Jakobus, der Bruder Jesu, der die Gemeinde einige Jahre geleitet hatte, nach jüdischem Recht wegen Gotteslästerung gesteinigt, weil er in Jesus den Messias sieht.

Der Konflikt zwischen Jüdischem und Christlichem spitzt sich also auch in der judenchristlichen Gemeinde von Jerusalem zu. Die Entwicklung wird zudem durch politische Umstände vorangetrieben. Jüdische Rebellen organisieren Ende der 60er Jahre einen Aufstand gegen die römische Besatzungsmacht. Die christliche Gemeinde steht damit vor der Frage, gemeinsam mit den Juden gegen die Römer zur Waffe zu greifen, oder – in der Nachfolge Jesu – auf Gewalt zu verzichten und damit dem jüdischen Volk die Solidarität aufzukündigen. Die judenchristliche Gemeinde Jerusalems entscheidet sich dafür, die Stadt zu verlassen und sich in Pella im Ostjordanland anzusiedeln. Der jüdische Aufstand gegen die Römer endet unterdessen in einer Katastrophe. Im Jahre 70 wird Jerusalem von den römischen Truppen erobert, der Tempel geplündert und niedergebrannt. Ein letzter großer jüdischer Aufstand, unter Führung von Bar Kochba in den Jahren 132–135, führt zum Ende des jüdischen Staates. Die Römer errichten auf den Trümmern Jerusalems die heidnische Kolonie Aelia Capitolina. Allen Juden und damit auch den Judenchristen ist der Zutritt zur Stadt bei Todesstrafe untersagt.

Nero, Kaiser von 54 – 68, wird für die Christengemeinde Roms zu einer Gestalt des Schreckens. Als man ihm den Brand Roms 64 anlastet, lenkt er den Verdacht auf die Christen, die daraufhin in großer Zahl hingerichtet werden. Unter seiner Herrschaft erlitt auch Paulus (und Petrus?) den Märtyrertod. Seneca, sein Lehrer, musste sich auf seinen Befehl hin das Leben nehmen.

Für das Judentum ist das ein tiefgreifender Einschnitt. Mit Jerusalem verliert es sein traditionelles Zentrum, mit dem Tempel seinen kultischen Mittelpunkt. Die Synagogen bilden jetzt die Zentren jüdischer Identität und Tradition. Sie bleiben fortan die einzigen Versammlungsstätten zum Zweck des Gottesdienstes in der weltweiten Diaspora. Mit dem Ende des Opferdienstes im Tempel bildet die Tora, das Gesetz, deutlicher als je zuvor den Mittelpunkt jüdischen Glaubens.

Auch für die Judenchristen hat dies weitreichende Folgen, haben sie doch mit der Zerstörung des Tempels ein wichtiges Bindeglied zum Judentum verloren. Dem Christentum geht mit dem Auszug aus Jerusalem die historische Mitte verloren. In den Augen der Juden gelten die Judenchristen wegen ihres Messiasglaubens als jüdische Splittergruppe, die ketzerischen Lehren anhängt. Von den Heidenchristen wurden sie wegen ihres starren Festhaltens am jüdischen Gesetz ebenfalls abgelehnt. Kleine judenchristliche Gemeinden können sich an wenigen Orten zwar noch einige Jahrhunderte halten, doch als jüdische Sekten sind sie letztlich zu allen Seiten hin isoliert. Die Zukunft der Christenheit liegt bei den heidenchristlichen Gemeinden außerhalb Palästinas.

Die Klagemauer in Jerusalem, die Überreste des von den Römern im Jahre 70 zerstörten Tempels, des Zentralheiligtums der Juden

nach 100 Josephus † (jüdischer Geschichtsschreiber)
132 – 135 Aufstand des Bar Kochba (Zerstörung Jerusalems)
ab 135 Wiederaufbau Jerusalems (Aelia Capitolina)
ab ca. 170 Mithraskult in Rom
218 – 222 Elagabal führt in Rom die Verehrung des syrischen Sonnengottes ein.
235 – 305 Die Soldatenkaiser
244 – 270 Plotin (Begründer des Neuplatonismus) in Rom
um 250 Goten an der Donau
276 Mani † (Begründer des Manichäismus)

Das Christentum tritt in die hellenistisch-römische Welt ein (2. und 3. Jh.)

Die Verhältnisse in der hellenistisch-römischen Kultur

Innerhalb Palästinas vermochte sich die christliche Gemeinde im gewissermaßen heimatlichen Umfeld des Judentums zu entwickeln. Das ändert sich mit dem Schritt in die Sphäre der hellenistisch-römischen Kultur. Hier muss sich das Christentum nicht nur in einer andersartigen geistigen Kultur behaupten, es hat sich auch dem Wettbewerb mit einer Vielzahl anderer Religionen zu stellen. Die junge Kirche sieht sich dabei zwei gegensätzlichen Aufgaben gegenüber. Einerseits gilt es, auch in diesem ihr fremden Umfeld sich selbst und den Wurzeln treu zu bleiben, andererseits muss sie angesichts anderer kultureller Traditionen ein deutliches Profil entwickeln. Was ist das für eine Welt, in der die christlichen Gemeinden nicht nur die ihnen gemäße Form finden müssen, sondern auch eine Sprache, mit der sie ihre Botschaft bewahren und zugleich die Aufmerksamkeit der Menschen erringen können?

Basis der hellenistischen Kultur, in die das Christentum jetzt eintritt, ist das Reich, das **Alexander d. Gr.** 336 bis 323 v. Chr. begründet hatte. Es erstreckte sich von Makedonien über Griechenland Richtung Osten bis an den Indus und im Süden von Ägypten über Syrien und das Zweistromland bis an den Golf von Oman. Die West-Ost-Achse bemisst sich auf nahezu 5000 km. In diesem riesigen Reich entwickelt sich dank neu angelegter Verkehrswege ein blühender Handel, nicht zuletzt begünstigt durch eine einheitliche Währung. Als Umgangssprache hat sich die Koine durchgesetzt, eine griechische Gemeinsprache auf der Grundlage des attischen Dialekts. Eine bis dahin nicht gekannte Mobilität bringt Menschen unterschiedlichster Kulturen miteinander in Kontakt. Seeleute und Söldner, Soldaten, Beamte, Handwerker und Kaufleute kommen weit herum. Das führt u. a. auch zu einem lebhaften Austausch von religiösen und philosophischen Ideen, von Wissen und Lebenskonzepten.

Obwohl das alexandrinische Reich nicht von langer Dauer war, hat die hier entstandene Kultur, für die sich der Name *Hellenismus* durchgesetzt hat, die folgenden Jahrhunderte nachhaltig geprägt. Etwa 200 v. Chr. beendeten die Römer, die Vorherrschaft der Griechen im Mittelmeerraum und gaben sie für die kommenden 600 Jahre nicht mehr aus den Händen. Im 1. und 2. Jh. n. Chr. umfasste das Römische Reich im Süden die gesamte Küste Nordafrikas, im Osten Palästina, Syrien, Kleinasien und Griechenland. Das Herrschaftsgebiet Roms reichte im Norden bis zu Donau und Rhein und umfasste alle Gebiete westlich davon bis nach Spanien und Britannien. Die Römer zeigten sich überaus offen für die hellenistische Kultur, sogar für die griechische Verkehrssprache. Rom wurde für mehrere Jahrhunderte (bis ins 4. Jh.) zur zweisprachigen Stadt. Man baute Straßen und Schifffahrtswege aus, schuf ein überall gleichermaßen geltendes Recht und errichtete eine geordnete Verwaltung. So konnte im Mittelmeerraum eine einheitliche *hellenistisch-römisch geprägte Weltkultur* entstehen.

Welches Lebensgefühl, welches Weltverständnis, welche Situationen prägen die Menschen, die inmitten der hellenistischen Zeit stehen? Auf welche Menschen trifft die christliche Botschaft? Die *Kulte der Griechen* etwa sind örtlich gebunden. Wer seine Stadt verlässt, kann weder seine Götter mitnehmen noch die Tempel,

Das Weltreich Alexanders d. Gr. (336–323 v. Chr.)

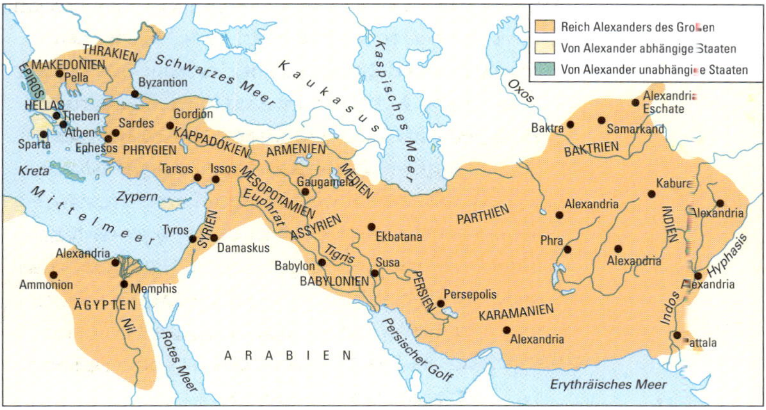

in denen er sie verehrt. Bei den *Römern* sind die Verhältnisse ähnlich. Wer die Grenzen seiner Heimat überschreitet, trifft in der Fremde nicht nur auf ihm unbekannte Götter, sondern auch auf andere Sitten und Gebräuche. Das bisherige Verhältnis zum Göttlichen wird dadurch relativiert, man fühlt sich in religiöser Hinsicht heimatlos und entwurzelt. Gezwungen, sich nach neuen Möglichkeiten umzusehen, um unter den veränderten Lebensbedingungen persönlichen Halt und individuellen Lebenssinn zu finden, begegnet man einer Fülle von entsprechenden Angeboten.

Fortuna und Pontos, Marmor, Ende 2. bis Anfang 3. Jh. n. Chr. Fortuna, römische Göttin des Schicksals, des Glücks, des Gelingens. Sie wurde in der Zeit des Synkretismus mit vielen anderen Gottheiten gleichgesetzt. In der Kunst wird sie mit Steuerruder, Füllhorn und Rad auf rollender oder schwebender Kugel oder mit Flügeln dargestellt.

In dieser unübersichtlichen Welt bietet sich u. a. der von resignativen Zügen geprägte Glaube an die Schicksalsgöttin *Fortuna* an. Allerdings traut man Fortuna nicht viel zu, deshalb wird versucht, mit zusätzlichen Mitteln nachzuhelfen. Magische Zauberpraktiken, Amulette, Orakel – dergleichen gilt als dienlich, um das Schicksal in die gewünschte Richtung zu lenken. Die höher Gebildeten setzen indessen mehr auf die Astrologie und Wahrsagerei.

Die Götter der Griechen und Römer fungierten als *Götter der Gemeinwesen und Familien*. Für die Sorgen der Einzelnen waren sie nicht zuständig. Wer aber in der Fremde auf sich allein gestellt ist, sieht sich jetzt Fragen gegenüber, die ihm innerhalb eines intakten Kultverbandes nicht in den Sinn gekommen wären: Wo komme ich her? Was ist der Sinn meines Lebens? Wie und woraufhin soll ich mein Leben gestalten? Wo finde ich im Durcheinander der vielen Möglichkeiten Richtung und Halt? Wohin gehe ich, wenn ich sterbe?

Der Schicht der Gebildeten begegnet in der rationalistischen Philosophie der *Stoa* ein Gottesverständnis, das die polytheistische Götterwelt des Volksglaubens hinter sich lässt und das Göttliche als eine überindividuelle Schöpferkraft versteht, die den Kosmos als vernünftiges Weltgesetz durchwaltet. Der stoischen Philosophie zufolge findet der Einzelne seinen Lebenssinn darin, dass er in Übereinstimmung mit der eigenen

Vernunft lebt und alle Neigungen und Affekte hinter sich lässt, die dieser Vernunft entgegenstehen. Eine solche Auffassung, gekennzeichnet durch pantheistische Züge und eine rigide Moral, verspricht Orientierung in einer Welt, deren religiöse und sittliche Grundfesten nicht mehr als selbstverständlich gelten.

Des weiteren finden sich verschiedene *dualistische Konzepte*. Demnach liegen zwei Prinzipien bzw. Götter miteinander im Streit: Auf der einen Seite das Prinzip des Guten (der Geist), auf der anderen Seite das Prinzip des Bösen (die Materie). Der Mensch ist gleichsam der Kampfplatz dieser gegensätzlichen Mächte.

Eine dieser dualistischen Strömungen, die *Gnosis*, trifft den Weltpessimismus, die existenzielle Angst und die Gefühle der Fremdheit und Verlassenheit des hellenistischen Menschen besonders genau. Gnosis heißt „Erkenntnis". Gemeint ist damit, erkennen zu können, „wer wir waren und was wir geworden sind. Woher wir stammen und wohin wir geworfen werden. Wohin wir eilen und wovon wir erlöst werden. Was Geburt ist und was Wiedergeburt meint." (Theodot) Diese Erkenntnislehre, ein Konzept der Selbsterlösung, ist eingebettet in einen Mythos vom Ursprung der Welt und des Menschen. Im dualistischen Denken der Gnostiker stehen Licht und Finsternis einander gegenüber als der gute, wenngleich unerkennbare Gott und als sein Gegenspieler der Demiurg, seinerseits Schöpfer der bösen Welt bzw. der Materie. Der Wesenskern des Menschen gilt den Gnostikern als Funke des göttlichen Lichts. Dieser aus der himmlischen Welt stammende Funke ist im irdischen Leib gefangen. Er sehnt sich aber danach, befreit zu werden und wieder in seine himmlische Heimat zurückkehren zu können. Eben diese Erlösung verspricht die gnostische Heils- und Weisheitslehre. So wird etwa von einem Erlöser berichtet, der aus dem obersten Himmel auf die Erde herabsteigt, hier einen Scheinleib annimmt und die in der Welt verstreuten Lichtfunken an ihre himmlische Herkunft

Der römische Historiker **Tacitus** (um 61/62 – 120) schreibt in seinen *Annalen* 15,44,2 über die Christen: »Der Name leitet sich von Christus her, welcher unter Tiberius vom Prokurator Pontius Pilatus hingerichtet worden war. Der für den Augenblick unterdrückte Aberglaube brach erneut aus, (diesmal jedoch) nicht nur in Judäa, wo dieses Unheil entstanden war, sondern auch in Rom, wo die Greuel und Abscheulichkeiten aus aller Welt zusammenströmen und begeisterten Anklang finden.«

Der Mysterienkult der Isis, der aus Ägypten kommt, fand im gesamten Römischen Reich Anhänger. Durch prunkvolle Umzüge brachte er sich auch in der Öffentlichkeit wirkungsvoll zur Geltung. Dieses Fresko aus dem 1. Jh. stellt den Abschluss einer Einweihungszeremonie dar.

Kultbild der *Artemis von Ephesus* aus Alabaster und Bronze, 2. Jh., Neapel.
Die mit üppigen Fruchtbarkeitssymbolen ausgestattete Artemis ist die kleinasiatische Variante einer Magna Mater (großen Muttergottheit), einer Natur- und Fruchtbarkeitsgottheit, die viele Namen trug. Paulus begegnet ihrem Kult nach Apg 19 auf seiner 3. Missionsreise in Ephesus. Der Artemistempel von Ephesus war der größte in der antiken Welt und eines der sieben Weltwunder; der Artemiskult war im Römischen Reich weit verbreitet.

erinnert. Er vermittelt ihnen das Wissen, wie sie dem Gefängnis ihres irdischen Daseins entfliehen können. Einer der Wege zur Selbsterlösung: strengste Askese. Die Gnosis, ihrem Ursprung nach vermutlich aus Syrien oder Mesopotamien stammend, erweist sich als eine Mischung iranischer, babylonischer und ägyptischer Elemente. Über Ägypten nach Rom gelangt, hat sie sich schnell über das gesamte Reich verbreitet.

Ein besonders für Gebildete attraktives Glaubenskonzept, das auch in der Geschichte des Christentums tiefe Spuren hinterlassen wird, ist der *Neuplatonismus*, der im dritten Jahrhundert, im Rückgriff auf die Philosophie Platos, zu einer universalistischen Religion ausgestaltet wurde. Als Hauptvertreter dieser Richtung gilt Plotin († 270). Er begreift Gott als das transzendente eigenschaftslose Eine, als höchstes geistiges Prinzip, in dem alles Sein, alles Vollkommene und alles Gute beschlossen liegt. Aus diesem entspringt in absteigenden Stufen das Gefüge der übersinnlichen wie der sinnlichen Welt, bis hin zur untersten Stufe, der Körperwelt, die das Nichtseiende, d. h. das Ungeistige repräsentiert. Höchstes Sein wie Nichtseiendes sind hier in einen Monismus eingebunden, der freilich pantheistische Deutungen zulässt. Auch nach neuplatonischem Verständnis ist die Seele des Menschen im Körper eingekerkert und sehnt sich nach Gott. Mittels Askese, mystischer Kontemplation oder Ekstase vermag der Mensch zur Göttlichkeit vorzustoßen. Im schroffen Gegensatz zur christlichen Botschaft wird hier der Mensch nicht zum Leben, sondern vom Leben erlöst. Der pessimistischen Stimmung vieler Menschen kam dies zwar entgegen, doch verband sich damit keine Antwort auf die Sehnsucht nach einem erfüllten irdischen Leben.

Ein anderer Typus von Kulten, unter der Bezeichnung *Mysterien-Religionen* zusammengefasst, war durch Sklaven, Kaufleute und Soldaten aus Vorderasien in den Westen gelangt. Diese originär ethnischen Kulte, die im Lauf der Zeit die ursprüngliche Verwurzelung im jeweiligenVolksglauben verloren haben, stellten in aller Regel eine Vegetationsgottheit bzw. ein entsprechend begriffenes Götterpaar in den Mittelpunkt. So wird etwa erzählt, dass die Kultgottheit – gemäß dem Vegetationsverlauf – innerhalb eines bestimmten Zeitabschnitts zunächst starb und dann wieder zum Leben auferstand. Das jeweilige Kultgeheimnis (*Mysterium*) kennt freilich nur der Eingeweihte (*Myste*), nachdem ihn ein kultischer Führer (*Mystagoge*) damit vertraut gemacht hat. Im Zuge unterschiedlichster Riten, die uns wegen der strengen Geheimhaltung nur bruchstückhaft bekannt sind, erlebt der Myste in einem Kultdrama die kultische Vereinigung mit der Gottheit. Er gewinnt dadurch Anteil an deren Schicksal, und zwar an ihrem Sterben wie auch an ihrem unvergänglichen Leben. Der Eingeweihte begegnet hier also nicht einem unpersönlichen, abstrakten höchsten Sein, vielmehr gerät er in ein persönliches Verhältnis zu einem Gott, aus dessen absehbarer Wiederkunft er auch die Hoffnung für ein eigenes glückliches Fortleben im Jenseits schöpft. Zu diesen Mysterienkulten zählten beispielsweise der ägyptische Isis- und Osiris-Kult, der kleinasiatische Kybele-Attis-Kult, der syrische Adonis-Kult und der aus Persien stammende Mithras-Kult. Letzterer hatte besonders unter Soldaten viele Anhänger und gelangte mit diesen bis nach Germanien. Die entsprechenden Kulte standen Menschen aller sozialen Schichten offen. Sie waren also nicht elitär verfasst und setzten mithin keine Bildung voraus. Im Rahmen der jeweiligen Gemeinschaft aber vermittelten sie Heimatgefühle und Halt. Da ein jeweiliger Kult immer nur einem Gott oder Götterpaar verschrieben war, musste man, größerer Sicherheit wegen, im Zweifelsfall mehreren dieser Kulte gleichzeitig

Das Mithräum unter San Clemente in Rom. Der Mithraskult hat viele Anhänger unter den Soldaten.

Das zentrale Kultbild im Mithras-Heiligtum. Es vergegenwärtigt Mithras, den persischen Sonnengott, der von den Römern mit dem von ihnen kultisch verehrten unbesiegbaren Sonnengott (*sol invictus*) gleichgesetzt wurde. Mithras fängt und tötet den wilden Urstier, aus dessen Leib die Pflanzen und Tiere hervorgehen und durch dessen Blut die Menschheit gesegnet, ja, zu neuem Leben gebracht wird. Die Hoffnung auf individuelle Wiedergeburt wird durch eine Art Taufhandlung und durch Mahlfeiern vermittelt. Der Mithraskult war nur Männern zugänglich.

angehören. Die Mysterienkulte entsprechen zum einen dem Trend der Zeit, nämlich der Entwicklung hin zu einer einzigen Gottheit (bzw. einem Götterpaar). Zum anderen berücksichtigen sie die religiösen Gewohnheiten der Menschen einer polytheistischen Welt. Das machte sie so attraktiv.

Die hohe Mobilität der hellenistischen Zeit führte zu einer Vermischung der Religionen in bis dahin ungekanntem Ausmaß. Polytheistische Religionen erweisen sich ihrem Wesen nach gegenüber anderen Religionen als tolerant. Im für die hellenistische Epoche typischen Religionsgemenge des Hellenismus wird nahezu alles als miteinander kombinierbar begriffen. Die Vermischung bzw. Verschmelzung verschiedener Religionen wird als *Synkretismus* bezeichnet. Die Basis einer solchen Entwicklung liegt in der offenen oder latenten Überzeugung, alle konkreten Götter bzw. die damit verbundenen Kulte und Religionen seien auf ein- und dieselbe Gottheit bezogen. Mit dieser synkretistischen Grundüberzeugung hat sich das Christentum sowohl abwehrend als auch produktiv auseinander zu setzen.

Detail aus den *Einweihungen in die Mysterien des Dionysos*, Pompeji, 60. v. Chr.
Der ekstatisch-orgiastische Natur- und Fruchtbarkeitskult breitete sich in der Kaiserzeit im Römischen Reich aus und zog vor allem Frauen an.

Der christliche Glaube wird auf der einen Seite – mit dem Judentum – an der Einheit und Einzigkeit Gottes festhalten, auf der anderen Seite aber die vielfältigen Denkmodelle der Mysterien, der Gnosis und der antiken Philosophien aufgreifen, um dem eigenen Verständnis von Gott, Welt, Mensch, Leben und Erlösung verständlich Ausdruck zu verleihen.

Wege der christlichen Botschaft

Das Judentum bildet nicht nur den Wurzelgrund für das Christentum, es sollte für die christliche Botschaft auch zur Brücke in die heidnische Welt werden. In der Zeit des Exils (6. Jh. v. Chr.) entsteht in Babylonien eine jüdische Diaspora. Viele Juden kehren aus dem Exil nicht mehr nach Palästina zurück, sondern siedeln sich in anderen Ländern an. Zur Zeit Jesu leben im Römischen Reich etwa 4,5 Millionen Juden, davon nur 500 000 – 700 000 in Palästina, aber etwa eine Million in Ägypten. In Alexandria ist ein Drittel der Bevölkerung jüdisch. In Rom zählt man etwa 10 000 Juden. Die Handelszentren und Großstädte der gesamten hellenistisch-römischen Welt ziehen jüdische Händler und Unternehmer an. Diese Menschen schaffen sich in der Diaspora – wo immer dies irgend möglich ist – ihre eigenen Organisationen und bauen Synagogen. Die Juden der hellenistischen Diaspora sprechen Griechisch, sie lesen auch ihre heiligen Schriften in der griechischen Übersetzung (*Septuaginta*). Durch den Austausch mit den philosophischen und religiösen Vorstellungen der Umwelt wandelt sich ihr Gottesverständnis und ihre Schriftauslegung; beides nähert sich den philosophischen Vorstellungen bzw. den religiösen Gepflogenheiten der damaligen Zeit an. Das schlägt sich bereits in der Septuaginta nieder.

Ein solchermaßen hellenisiertes Judentum übt verständlicherweise große Faszination aus. Der klare Monotheismus, die bildlose Gottesverehrung, die hohen moralischen Grundsätze, das Alter der heiligen Schriften und der kultlose Gottesdienst ziehen viele Menschen an, die auf der Suche nach einer neuen reli-

Der römische Staat betrachtete den christlichen Monotheismus als einen Angriff auf das geltende polytheistische Religionsverständnis, das mit dem Wohl des Staates eng verkoppelt war. Eine beglaubigte Bescheinigung darüber, die üblichen Opfer dargebracht zu haben, konnte in den Zeiten der Christenverfolgung zu einem lebensrettenden Dokument werden. Hier eine »**Opferbescheinigung**« aus dem Jahr 250:

»Aurelia Charis aus dem Dorf Theadelpheia an die Opferkommission: ›Beständig habe ich den Göttern geopfert und immer fromme Gesinnung bewiesen, und jetzt habe ich in eurer Gegenwart dem Edikt gemäß Trankopfer und Blutopfer dargebracht und vom Opferfleisch gekostet, und ich ersuche euch, mir dies durch Unterschrift zu bescheinigen.‹

1. Unterschrift mit Datum
2. Unterschrift
   Wir, die Aurelier Serenos und Hermas, haben dich opfern gesehen.
3. Unterschrift
   Ich, Hermas, habe unterzeichnet.«

Paulus als überragender Heidenmissionar

Die Feier des Abendmahls – in Gestalt eines in der frühen Kirche üblichen Sättigungsmahls – wurde oft dargestellt. Diese Wandmalerei aus der 1. Hälfte des 3. Jh. in der Callisto-Katakombe in Rom vergegenwärtigt außerdem mit den vor dem Tisch stehenden sieben Brotkörben die wunderbare Brotvermehrung nach Mt 15,35.

giösen Heimat sind. Wer an den jüdischen Gottesdiensten teilnimmt und sich an jüdischen Bräuchen beteiligt, aber nicht zum Judentum übertritt, gilt als *Gottesfürchtiger*.

Die Gottesfürchtigen, in der Regel dem Umfeld der Diaspora-Synagogen zugehörig, sind vielerorts die ersten Ansprechpartner der christlichen Missionare außerhalb Palästinas. Die erste Stadt, aus der uns über christliche Missionstätigkeit unter Heiden berichtet wird, ist die Weltstadt Antiochia in Syrien. Hier hatte jene Gruppe der Griechisch sprechenden Diaspora-Juden, die nach dem Märtyrertod ihres Leiters Stephanus aus Jerusalem geflohen waren, noch in den Dreißigerjahren eine christliche Gemeinde gegründet. Zu ihr zählen sowohl geborene Juden wie geborene Heiden. Bei den für den christlichen Glauben gewonnenen Heiden handelt es sich um hellenisierte Orientalen aus dem Kreis der *Gottesfürchtigen* der örtlichen Synagoge. Sie finden in der Gemeinde der Christen nicht nur vieles wieder, was ihnen bereits aus dem Judentum vertraut ist; sie finden darüber hinaus auch die Gestalt und Botschaft Jesu, vor allem aber die Aufnahme in eine Gemeinschaft von Gleichwertigen. Den Quellen nach wurde in Antiochia auch erstmalig die Bezeichnung *Christen* gebraucht.

Der überragende Heidenmissionar der frühen Christenheit ist zweifellos Paulus, ebenfalls ein Diasporajude: In einem hellenistisch geprägten Umfeld aufgewachsen, beherrscht er die Koine, die griechische Weltsprache des Römischen Reiches. Er unternimmt, wenige Jahre nach seiner Bekehrung, von Antiochia aus seine erste Missionsreise, die ihn nach Zypern und in den südlichen Teil Kleinasiens führt. Im Zuge zweier weiterer Reisen entstehen mit seiner Hilfe große heidenchristliche Gemeinden: in Makedonien, in Griechenland, im westlichen und mittleren Kleinasien (hier mit dem Schwerpunkt Ephesus). Über die örtlichen Synagogen tritt der Apostel schnell in Kontakt mit den Gottesfürchtigen. Das führt ihn nicht nur zu Streitereien mit den Juden. Auch die Judenchristen verfolgen ihn mit Hass und organisieren sogar eine Gegenmission, um die zum Christentum Bekehrten für das jüdische Gesetz zurückzugewinnen. Die Gemeinden, die Paulus zurücklässt, sind autonom, noch haben sich keine festen Strukturen ausgebildet. Neue Mitglieder werden getauft, man feiert das so genannte Herrenmahl in Form einer gemeinsamen Mahlzeit, zu der jeder etwas mitbringt. Der Apostel hält mit einigen Gemeinden brieflich Kontakt, die entsprechenden Texte werden in der Geschichte der Christenheit noch große Bedeutung gewinnen.

Unabhängig von jeder organisierten Missionstätigkeit verbreitet sich der christliche Glaube aber auch durch hellenistische Juden, die nach Jerusalem pilgern und durch reisende Kaufleute. Als Paulus 58/59 anlässlich seines Prozesses nach Rom kommt, findet er dort bereits eine ansehnliche christliche Gemeinde vor.

Die schnelle Verbreitung des Christentums über das gesamte Römische Reich verdankt sich aber nicht zuletzt günstigen äußeren Bedingungen. Gute Verkehrswege, rege Handelsaktivitäten innerhalb eines großen Reichs ohne hemmende Grenzen und eine allerorten gebräuchliche Sprache bilden die Grundlage dieser Entwicklung. Viele Menschen, in religiöser Hin-

Rekonstruktion des Forum Romanum im antiken Rom. Bereits ab dem 5. Jh. v. Chr. entstand hier eine Konzentration von Tempelbauten. Durch die römischen Kaiser, die das Forum zu einem der Welthauptstadt angemessenen repräsentativen Platz ausbauten, wurden prächtige öffentliche Bauten und Tempel errichtet. Kaiser Theodosius († 395) ließ alle heidnischen Tempel schließen. Vom 6. Jh. an wurden einige Bauten des Forums in christliche Kirchen umgewandelt, andere verfielen.

Porträtbüste des stoischen Philosophen Seneca, 1. Hälfte des 3. Jh., Rom.
Seneca, 4 v. bis 65 n. Chr., verfasste ethisch-religiöse Schriften, in denen er den Glauben an eine Vorsehung, an Gott als unseren Vater, Menschen- und Feindesliebe predigte. Als Erzieher des Nero, der ihn später zum Tode verurteilte, hatte er großen Einfluss auf das öffentliche Leben Roms. Wegen der Verwandtschaft seiner Gedanken mit der Verkündigung der Christen galt er lange selbst als heimlicher Christ, und man wollte sogar von einem Briefwechsel mit dem Apostel Paulus wissen.

sicht weithin heimatlos, suchen nach neuem Halt. Der philosophische Zeitgeist fördert monotheistische Tendenzen. Existenzielle Ängste und Erlösungssehnsucht bestimmen in gebildeten wie in ungebildeten Kreisen das Leben der Menschen. Die christliche Botschaft befriedigt die Sehnsüchte der religiös Suchenden in vielfacher Hinsicht und gibt ihnen Antwort auf viele offene Fragen der Zeit.

Überzeugend bzw. werbend tätig sind schließlich auch die Christen selbst. Ihr sittliches Verhalten ist vorbildlich. Die Gemeinden praktizieren eine für damalige Verhältnisse außergewöhnliche soziale Fürsorge: man unterstützt Witwen und Waisen, kümmert sich um Kranke, Schwache und Arbeitsunfähige, betreut Gefangene und zur Zwangsarbeit Verurteilte. Überhaupt ist man bestrebt, jegliche Not zu lindern und nimmt ausnahmslos jeden als gleichwertig in die Gemeinschaft auf. Mit ihrer Tätigkeit beglaubigen die christlichen Gemeinden die Botschaft Jesu. Das gelebte Zeugnis erweist sich als wirkungsvollstes Instrument der Mission. Allerdings bleibt alle Missionstätigkeit zunächst nur auf jene verkehrsgünstig gelegenen größeren Orte beschränkt, in denen bereits christliche Gemeinden existieren. Das weitere Umland wird davon zunächst nur wenig berührt.

Die Entwicklung des Christentums in der hellenistischen Welt ist indessen ohne Blick auf die *Botschaft*, wie sie insbesondere durch Paulus vermittelt wurde, nicht nachvollziehbar. Hinsichtlich der Verkündigung eines neuen Gesetzesverständnisses und eines nahenden Gottesreiches durch Jesus besteht zwar im jüdischen Umfeld der nötige Verständnishintergrund, nicht aber in der hellenistischen Welt. Paulus kann also nicht einfach die Botschaft von Jesus wiederholen. In seinen Briefen sind weder die Bergpredigt noch die Wundergeschichten erwähnt, auch nicht die Streitgespräche mit den Pharisäern, noch die Gleichnisse oder ein so bedeutsames Gebet wie das Vaterunser. Paulus spricht nicht von der konkreten historischen Person Jesus, sondern von dem lebendigen Christus. Kurz gesagt: Bei Paulus wird der Verkündiger Jesus zum Verkündigten. Er spricht nicht mehr von dem Jesus, der das nahende Reich Gottes erst ankündigt, sondern verkündigt einen Christus, durch dessen Wirken die Herrschaft Gottes in dieser Welt bereits anbricht und ein neues Leben hier und jetzt ermöglicht. In diesem Zusammenhang benutzt er unbefangen alle in der hellenistischen Welt üblichen Vorstellungen, Denkmodelle, Sprachformen usw., die ihm geeignet erscheinen, die unterschiedlichen Facetten des Heilsgeschehens zu verdeutlichen. Und er scheut sich auch nicht, einander entgegengesetzte Bilder aufzugreifen, die sich bei formallogischer Betrachtung gegenseitig ausschließen. Aber Paulus will kein in sich schlüssiges und für alle Zeiten gültiges System entwerfen, sondern mit seiner Verkündigung die Menschen erreichen und dabei nichts weniger, als „den Juden ein Jude und den Griechen ein Grieche werden".

Sein freimütiger Zugriff auf die Sprache zeigt sich u. a. bei den Begriffen, die er verwendet, um die Bedeutung des von den Toten Auferstandenen für das Leben der Menschen aufzuzeigen. „Sohn" bringt für Menschen griechischer Kultur zum Ausdruck, dass Jesus von göttlicher Art ist, dass er von Gott gesandt wurde und seinerseits Mensch geworden ist. „Herr" betont, dass er als Auferstandener stets unter den

In der orthodoxen Kirche gehört die Darstellung des Osterereignisses – mehr noch als im Westen – zum zentralen Bildkanon. Während aber die westliche Malerei das hervorhebt, was am Ostermorgen mit Christus geschieht, vergegenwärtigen die ostkirchlichen Ikonen das, was seine Auferstehung für den Menschen bedeutet. Christus steigt hinab in das Reich des Todes und befreit den Menschen aus den Fesseln des Todes, bereits hier und jetzt.

Die Priscilla-Katakombe in Rom mit Nischengräbern und Verschlussplatten.
Bis zu ihrer staatlichen Anerkennung mussten sich die Christen an verborgenen Orten versammeln. Dafür eigneten sich in Rom die in Tuff gehauenen Katakomben vor der Stadt. Hier konnten die Christen ihre Toten begraben und in deren Nähe auch unbemerkt ihre Gottesdienste feiern.

Gläubigen gegenwärtig ist. „Christus" schließlich nimmt auf den jüdischen Messiastitel Bezug und verweist darauf, dass Jesus den Menschen Heil gebracht hat und bringt. Insofern Christus von Paulus als „zweiter Adam" begriffen wird, bezieht sich der Apostel auf das Alte Testament und greift derart den alten Mythos vom Urmenschen auf.

Den Tod Christi als Heilsgeschehen deutet er alttestamentlichen Vorstellungen gemäß als „Bundesopfer", rechtlichem Verständnis folgend als „Sühnopfer", als „stellvertretendes Opfer" bzw. als „Loskauf". Die Sprache der Mysterien aufgreifend, sagt er, dass die Gläubigen durch Taufe und Abendmahl am Tod wie an der Auferstehung Jesu teilhaben, ganz so, wie der Myste am Schicksal der Mysteriengottheit. In der Ausdrucksform des gnostischen Mythos vom himmlischen Erlöser stellt er das Kommen, Wirken und Auferstehen Jesu als jenes kosmische Ereignis dar, mit dem der alte Äon zu Ende geht und der neue Äon anbricht. Bei alledem spricht Paulus allerdings nicht belehrend über Gott, die Welt, den Menschen und dessen Sündenhaftigkeit, sondern so, dass einerseits das menschliche Wesen seiner Natur nach deutlich wird und andererseits die Möglichkeiten des neuen, aus dem Geist Jesu entspringenden Lebens in den Blick kommen. Diese freie Art, von Heil und Erlösung, von Sünde und Gnade zu sprechen, bereitete allen nachfolgenden Theologen bis auf den heutigen Tag noch manches Kopfzerbrechen.

Die Gefährdungen im neuen religiösen Umfeld

Inmitten der synkretistischen Kultur, in der schlechthin alles miteinander kombiniert werden konnte bzw. austauschbar war, erwies es sich als überaus schwierig, die christliche Botschaft zu bewahren und sie hinreichend eindeutig zu artikulieren. Die Gefahr war groß, von einer der hellenistischen Strömungen dominiert oder gar aufgesogen zu werden. Dennoch musste die junge Kirche versuchen, ihre Glaubensinhalte mit Hilfe jener

Vorstellungen verständlich zu machen, die den Menschen der hellenistischen Welt vertraut waren. Dies hinterließ in vielfacher Hinsicht Spuren und veränderte auch die Substanz des Christentums.

Eine ernste Gefahr für den christlichen Glauben geht von der *Gnosis* aus, die umstandslos die unterschiedlichsten religiösen Gedanken in sich vereinigt. Sie versteht sich ebenso wie das Christentum als Erlösungsreligion. Auch sie kennt einen Erlöser, und zwar in der Gestalt eines mythischen Lichtwesens. Eine große Verlockung für christliche Denker liegt darin, die gnostische Erlösergestalt mit Christus zu identifizieren. Da aber der gnostische Erlöser nur über einen Scheinleib verfügt, hätte dessen Gleichsetzung mit der Gestalt Jesu bedeutet, das Wissen um die Herkunft des Christentums aus dem jüdischen Kontext zu Gunsten eines geschichtslosen Mythos aufzugeben.

Dem gnostischen Denken zufolge werden zwei Götter voneinander unterschieden: der höchste „gute Weltengott", der Gott des Lichts, und der „böse Demiurg", der die gottwidrige Welt geschaffen hat, und die der Gnostiker als Gefängnis interpretiert, aus dem es zu entkommen gilt. Dieser dem persischen Kulturraum entstammende *spekulative Dualismus* trennt den Erlösergott vom Schöpfergott und wertet die Welt und damit auch die Leiblichkeit des Menschen als böse, niedrige Materie. Mit der Übernahme solcher Gedanken hätte sich das Christentum vom Monotheismus bzw. von seinem jüdischen Ursprung verabschiedet.

Der gnostische Erlöser hat einzig die Aufgabe, die in der Welt gefangenen Lichtfunken an ihre himmlische Heimat zu erinnern und ihnen die zur Rückkehr erforderliche Erkenntnis zu vermitteln. Der Tod Jesu und seine Auferstehung, dass er mithin lebt und den Menschen zu einem Leben in göttlichem Geist verhilft, bleibt im Rahmen des gnostischen Mythos ohne Sinn.

Die Gnosis versteht sich zudem als Geheimlehre, nur Eingeweihten ist sie zugänglich. Eine solche esoterische Verengung würde die christliche Botschaft in ihrem Charakter entscheidend verändern, schließlich

Der **Gnostiker Theodot**, 2. Jh., fasst die Fragen zusammen, worauf die Gnosis (= Erkenntnis) die erlösende Antwort gibt, nämlich:

»Wer wir waren und was wir geworden sind.

Woher wir stammen und wohin wir geworfen werden.

Wohin wir eilen und wovon wir erlöst werden.

Was Geburt ist und was Wiedergeburt meint.«

soll der christliche Glaube unterschiedslos allen Menschen das Heil eröffnen.

Eine zweite Gefahr, der gnostischen durchaus vergleichbar, erwächst der noch jungen Kirche in der Gestalt des überaus gebildeten Schiffsreeders **Marcion**. Er stammt von der Südküste des Schwarzen Meeres und taucht um 140 in Rom auf. Auch ihm erscheint die Schöpfung in ihrer Gesamtheit schlecht. Sie gilt ihm als das Werk eines Schöpfergottes, wie ihn das Alte Testament vor Augen führt: gerecht nach dem Prinzip Auge um Auge, Zahn um Zahn. Jesus hingegen verkündigte den guten Gott, der sich den Menschen aus Gnade erbarmt und deshalb, wie Marcion glaubt, Christus in einem Scheinleib als Erlöser in diese Welt sandte. Der Gott der Juden aber sorgt dafür, dass dieser Erlöser gekreuzigt wird. Dies alles sei, so Marcion, den Schriften des Apostels Paulus zu entnehmen, den er im übrigen als einzigen Apostel betrachtet, der die Botschaft Jesu wirklich verstanden habe. Marcions Auffassung nach muss sich die Christenheit vom Gott der Juden trennen wie auch deren heilige Bücher aufgeben. Für die seinen Vorstellungen folgende Gemeinde stellt er daher zunächst einmal, gewisserweise als Ersatz, die erste Sammlung (*Kanon*) christlicher Schriften zusammen. Den ersten Teil dieses Kanons bildet das zuvor durch ihn von vermeintlichen jüdischen Zusätzen gereinigte Lukasevangelium. Der zweite Teil umfasst zehn Paulusbriefe, in denen er ebenfalls alles streicht, was er für spätere jüdische Bearbeitungen hält. Alle übrigen Evangelien und Briefe betrachtet er als judaistisch verfälscht. Da die christlichen Gemeinden erkennen, dass sie mit einer Loslösung vom jüdischen Boden auch ihre Wurzeln in der Geschichte verlieren, handeln sie um ihrer Identität willen nur folgerichtig, als sie Marcion 144 aus der Kirchengemeinschaft ausschließen und seine Lehren damit zurückweisen.

Die dritte Problemstellung gefährlichen Ausmaßes erfahren die Gemeinden durch eine prophetische Bewegung, die später *Montanismus* genannt wird, nach ihrem Führer **Montanus** aus Phrygien. Dessen Anhänger glauben, der Christenheit sei in seiner Person ein neuer Prophet erstanden, der die Offenbarungen sowohl der jüdischen Propheten wie auch diejenigen Jesu überboten und überhaupt erst zum Abschluss gebracht habe. Demnach steht das Weltende unmittelbar bevor, und in Pepuza in Phrygien wird das neue Jerusalem entstehen. Angesichts des nahen Weltendes und der Wiederkunft Christi fordern die Montanisten von allen Gläubigen strengste Askese in jeder Hinsicht, ja, sie drängen sogar zum Martyrium. In der entstehenden „Geistkirche" der Montanisten gelten ekstatische Erscheinungen wie Zungenreden und Visionen als Ausweis des Echten. Montanus' Worte werden von seinen Anhängern gesammelt und als für den Glauben verbindlich erklärt. Nicht nur die christliche Gemeinde Roms war nahe daran, sich für den Montanismus zu entscheiden. Indessen wies die Gemeinschaft der christlichen Gemeinden den Montanismus, insbesondere drei seiner Wesensmerkmale, zurück: die unkontrollierte Schwarmgeisterei, den Versuch, persönliche Orakelsprüche den apostolischen Schriften als verbindlich hinzuzufügen und schließlich daraus gesetzliche Forderungen für die Lebensgestaltung der Gläubigen herzuleiten. Hätte sich die Kirche dem montanistischen Glaubensverständnis geöffnet, wäre sie als weltflüchtige Sekte untergegangen wie der Montanismus und die ihm folgenden schwärmerisch-apokalyptischen Gruppierungen. Werden die Gemeinden aus diesen ihre Glaubensidentität bedrohenden Gefährdungen und Krisen lernen, und wie werden sie konkret auf die entsprechenden Herausforderungen reagieren?

Montanus soll ein ehemaliger Priester der phrygischen Muttergöttin Kybele gewesen sein. Die hier abgebildete Schale stammt aus dem 4. Jh. und zeigt Montanus auf dem Wagen zusammen mit der ebenfalls phrygischen Naturgottheit Allis. Die für beide Kulte charakteristischen enthusiastisch-ekstatischen Elemente werden durch die schildtragenden Priester zum Ausdruck gebracht.

Scheinleib
Auf die Frage, wie das Verhältnis zwischen dem Göttlichen und dem Menschlichen in Jesus zu verstehen sei, gab es in den ersten Jahrhunderten unterschiedliche Antwortversuche. Die Gnosis, ein weit verbreitetes dualistisches Erlösungskonzept jener Zeit, bot folgende Vorstellungen an: Der in seiner Körperlichkeit gefangene Mensch kann zu seinem göttlichen Wesenskern allein durch eine himmlische Erlösergestalt zurückgebracht werden. Für seine irdische Mission verbindet sich dieser Erlöser von göttlicher Art »nur zum Schein« mit dem Menschen Jesus. Somit bleibt er von Jesu Leiden und Sterben unberührt und wirft mit Jesu Tod seinen irdischen Scheinleib wie eine leere Hülle wieder ab. Diese Erklärung wurde im 2. und 3. Jh. auch von christlichen Theologen aufgegriffen. Die Kirche hat dieses Denkmodell verworfen, weil sie erkannte, dass sich damit die in der jüdischen Geschichte fest verankerte Selbstoffenbarung Gottes in Jesus in eine zeit- und geschichtslose Spekulation aufgelöst hätte.

Krisen nötigen zu Klärungen

Von Beginn an stehen die Gemeinden vor der Frage, wer zu ihnen gehört und wer nicht. Ursprünglich, als Jesu Leben und Wirken noch der eigenen Erfahrung gegenwärtig ist, reicht es aus, sich zu Jesus als dem Messias und Herrn zu bekennen und am Gemeindeleben teilzunehmen. Die älteste Taufformel ist ein schlichtes Christusbekenntnis. In der hellenistischen Welt mit ihren vielfältigen Gottesvorstellungen genügt dies aber nicht mehr. Die Gnostiker und Marcion beispielsweise interpretieren Jesus als geschichtslose, mystische Größe, die nur zum Schein Menschengestalt angenommen hat. Versuchen, den Christusglauben in eine Mysterienreligion umzuwandeln, begegnen die Gemeinden, indem sie die historisch verbürgten Namen und Umstände des Lebens Jesu dem einfachen Christusbekenntnis anfügen: „Von Maria, einer irdischen Frau geboren, gelitten unter Pontius Pilatus". So wird die historisch verbürgte Einmaligkeit der Ereignisse mit und um Jesus betont festgehalten und in der jüdischen Geschichte verankert.

Das ist auch aus einem anderen Grund dringend nötig: Die Gnostiker und Marcion stellen den Schöpfergott des jüdischen Glaubens nämlich als Gegenspieler zum Gott der Liebe dar, den Jesus verkündigte. Als Reaktion auf diese als Entstellung verstandene Interpretation wird das Bekenntnis zu Christus um den Verweis auf Gott als Schöpfer des Himmels und der Erde erweitert. Es wird also in diesem nun zweigliedrigen Bekenntnis gegenüber allen dualistischen Spekulationen der klare Monotheismus des Christusglaubens betont und zugleich verdeutlicht, dass der Schöpfer- und Erlösergott der eine und gleiche ist. Zurückgewiesen werden derart zugleich alle polytheistischen Gottesvorstellungen der Griechen und der Römer.

Mit dem Bekenntnis zum Heiligen Geist wird schließlich eine dritte Dimension der Gotteswirklichkeit in den Blick gebracht: Gottes Gegenwart als erfahrbare Kraft, die neues Leben hervorbringt. Damit wird gesagt, dass es Christen nicht mit abstrakten Gottesvorstellungen zu tun haben, sondern mit einem lebendigen Gott, der den Menschen nahe ist und der ihnen als die Kraft der Liebe im eigenen Leben erfahrbar wird und begegnet. Gegen jede Art von selbstmächtiger Schwärmerei und Gottesspekulation hält die Rede vom Heiligen Geist fest, dass christlicher Glaube nicht aus dem Geist des Menschen aufsteigt, sondern dem Menschen als unverfügbares göttliches Geschenk zufällt. Das *dreigliedrige Bekenntnis* bindet so in menschlichen Anschauungsformen zusammen, was als Gotteswirklichkeit unlösbar zusammen gehört und nur als Einheit zu verstehen ist.

Ein ausgeführtes dreigliedriges Taufbekenntnis, *das Romanum*, das dem Apostolischen Glaubensbekenntnis der Christenheit schon sehr nahe kommt, liegt in Rom möglicherweise bereits um 200 vor. Mit diesem Bekenntnis haben die Gemeinden einen ersten Prüfstein, mit dessen Hilfe geklärt werden kann, was als christlicher Gottesglaube gelten darf und was nicht. Schließlich braucht es klare Abgrenzungen, damit ein jeweiliges Selbstverständnis bewahrt werden kann.

Das Glaubensbekenntnis sollte sich in der Geschichte der Kirche als gleichermaßen bleibende Norm wie als einigende Kraft erweisen. Aber wodurch ist es in seinen Inhalten legitimiert? Montanus etwa beruft sich auf persönliche Eingebungen. Die Gnostiker stützen ihre Lehren auf heilige Schriften und mündlich überliefertes geheimes Wissen. Marcion gründet sein Konzept auf die Briefe des Paulus und ein Lukasevangelium, das er im Sinne des Paulus zu bearbeiten glaubt. In den christlichen Gemeinden sind zudem viele Schriften im Umlauf, die in den Gottesdiensten verlesen werden, zum Beispiel Evangelien, Briefe, Berichte über die Taten der Apostel und Offenbarungen. Dass ein Text von einem Apostel oder einem Apostelschüler verfasst ist, gilt als Kriterium für die Aufnahme in eine für den christlichen Glauben verbindliche Textsammlung (*Kanon*). Ein Schriftenverzeichnis der römischen Gemeinde hat sich zwischen 140 und 200 als *Kanon der heiligen Schriften* in der gesamten Christenheit

Die älteste Bekenntnisformulierung – das Romanum um 200

»Ich glaube an Gott, den allmächtigen Vater, und an Christum Jesum, seinen eingeborenen Sohn, der geboren ist aus dem Heiligen Geist und Maria der Jungfrau, der unter Pontius Pilatus gekreuzigt und begraben, am dritten Tage von den Toten auferstanden ist, aufgefahren in den Himmel und zur Rechten des Vaters sitzt, von wo er kommen wird, zu richten die Lebenden und die Toten, und an den Heiligen Geist, eine heilige Kirche, Vergebung der Sünden, Auferstehung des Fleisches. Amen.«

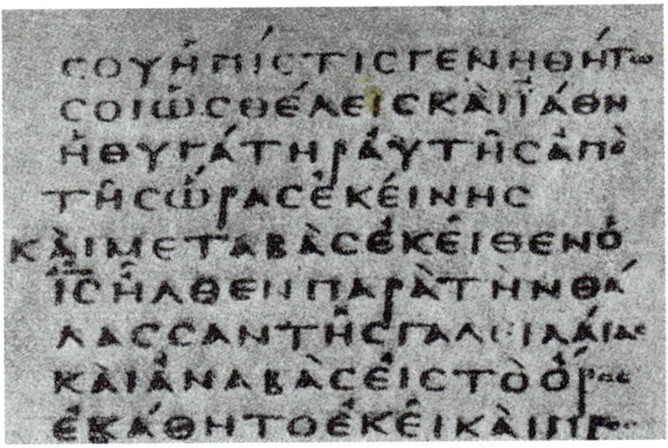

Einige Zeilen aus dem *Codex Vaticanus*, einer Handschrift aus dem 4. Jh., die große Teile der hebräischen Bibel in griechischer Übersetzung und fast alle Schriften des Neuen Testaments enthält.

Heiliger Geist
Unser Wort »Geist« steht für das hebräische *ruach* und für das griechische *pneuma*. In den biblischen Sprachen bedeuten diese Worte »Lufthauch, Atem, Lebensodem«. Mit dem Satz »Gott ist Geist (pneuma)« drückt Johannes (4,24) aus, dass Gott auf nicht gegenständliche Weise in unserer Welt da ist, und zwar als eine alles durchdringende, belebende, ja Leben schenkende Kraft. Von welcher Art diese Kraft ist, fasst 1 Joh 4,7 in die Aussage: ›Gott ist die Liebe«, konkret sichtbar und erfahrbar geworden durch das, was Jesus von Nazaret vor aller Augen gelebt, gesagt und getan hat. Die zusätzliche Bezeichnung »Heiliger« Geist weist darauf hin, dass es sich dabei nicht um Ideale, Tugenden oder Utopien handelt, zu denen sich der Mensch aus eigenem Vermögen erhebt; gemeint ist vielmehr eine Leben schaffende

durchgesetzt. Die Gemeinden jener Zeit beweisen mit ihrer Auswahl ein erstaunliches Gespür für die theologisch wesentlichen Texte, während die zum Teil phantasievollen Dichtungen des 2. Jh. hingegen ausgeschieden werden. Um das Jahr 200 steht der Kanon der neutestamentlichen Schriften im Wesentlichen fest. Er umfasst die Evangelien nach Matthäus, Markus, Lukas und Johannes, die Apostelgeschichte des Lukas, die Briefe des Paulus und anderer Apostel und die Offenbarung des Johannes. Die heiligen Schriften der Juden werden in ihrer griechischen Übersetzung als Kanon des Alten Testaments dem Kanon des Neuen Testaments vorangestellt. Damit ist auch für die Zukunft ein zuverlässiger Schutzwall gegen alle Lehren errichtet, die nicht durch diese Basistexte gedeckt sind.

Von welcher Art sind diese Basistexte, auf die sich die Kirche bei allen ihren Entscheidungen fortan berufen wird? Die Worte Jesu wurden zunächst mündlich weitergegeben, bald aber auch niedergeschrieben und gesammelt. Erste Sammlungen von Jesu Worten (Logien) werden schon um die Mitte des 1. Jh. entstanden sein. Hinzu kommen Zeugnisse über das Wirken Jesu, über Passion und Tod und die Zeugnisse derer, die danach seine lebendige Gegenwart erfahren. Aus der umlaufenden mündlichen und schriftlichen Überlieferung entsteht um 70 erstmals ein literarisches Werk: das Markusevangelium. Innerhalb der nächsten drei Jahrzehnte verfassen andere Autoren zwei weitere

Evangelien, das des Matthäus und das des Lukas. Beide beruhen auf dem Markusevangelium, nehmen aber zusätzliche Texte auf. Aus offensichtlich anderen Quellen gespeist, entsteht um 100 (womöglich auch schon erheblich früher) das Johannesevangelium. Die Apostelgeschichte schließlich entsteht gegen Ende des Jahrhunderts. Alle Texte werden abgeschrieben, ausgetauscht und gesammelt, man verliest sie in den Gottesdiensten und bespricht sie in den Gemeinden. Das gilt auch für die Briefe des Apostels Paulus, die dieser in den Jahren zwischen 50 und 58 meist aus aktuellem Anlass zur Klärung konkreter Probleme geschrieben hat. Wir haben also in allen diesen Texten keine Urkunden göttlichen Ursprungs vor uns, sondern Texte über Jesus selbst oder Zeugnisse, in denen Menschen ihrem Glauben an ihn Ausdruck geben. Paulus etwa versucht in seinen Briefen, das Christusgeschehen mittels der unterschiedlichen Vorstellungen seiner Zeit zu verdeutlichen. Er zeigt, was Christi Kommen, Wirken und Sterben für das Heil des Menschen bedeutet und wie das aktuelle Leben der Gemeinde von daher zu gestalten ist.

Die Einigung auf eine gemeinsame Glaubensformel und einen verbindlichen Schriftenkanon in allen Gemeinden ist ohne eine übergreifende Organisation nicht denkbar. Dafür finden sich in der frühen Kirche noch keine Voraussetzungen. Die geistlichen Aufgaben, vor allem die Leitung der Gemeinden, werden von den Aposteln, Propheten und Lehrern wahrgenommen. Episkopen (Aufsichtführende) und Diakone (Ausführende) leisten Hilfe in äußeren Angelegenheiten. Als die unmittelbaren „Geistbegabungen" der ersten Generationen zu schwinden beginnen, gewinnt das Amt der Episkopen zunehmend an Bedeutung. Im Zuge der Auseinandersetzungen zwischen 130 und 180 werden alle wichtigen Leitungsfunktionen innerhalb einer Gemeinde an nur einen einzigen Episkopen delegiert. Es entsteht das *monarchische Bischofsamt.* Allein der Episkope/Bischof hat jetzt lebenslang das Recht, die Eucharistiefeier zu leiten, im Namen Gottes

Kraft, die Menschen nur als göttliches Geschenk erfahren können, das zu jener selbstlosen Liebe frei und stark macht, zu der wir aus uns selbst nicht fähig sind.

Erst beim Nachdenken darüber, wie Gott sich dem Menschen zeigt und auch nach Jesu Tod erschließt war es in der Alten Kirche auf dem Hintergrund griechischen Denkens nötig geworden, den Heiligen Geist auch als Person zu verstehen. Aber nicht als eine Spekulation, sondern um festzuhalten, dass im Wirken Gottes am Menschen der unverfügbare und unteilbare Gott selbst und ganz gegenwärtig ist.

In unseren Reden von Gottes Wirklichkeit bleiben wir immer auf Bilder, Symbole und Metaphern angewiesen, die über sich hinausweisend zur Sprache bringen, was sich menschlichen Begriffen entzieht.

Die Kunst bringt Gottes wirkende Gegenwart (Heiliger Geist) in den Symbolen der Taube, der Feuerzungen und des Lichtglanzes (goldene Nimben, Strahlenkranz u. a.) zum Ausdruck.

Ignatius, Bischof im syrischen Antiochien, tritt angesichts seines bevorstehenden Märtyrertodes bereits um 115 für ein starkes Bischofsamt ein: »Folgt alle dem Bischof, wie Christus dem Vater. Keiner tue etwas ohne den Bischof, soweit es die Kirche betrifft. Nur jene Eucharistie werde als gültig erkannt, die unter der Leitung des Bischofs oder eines von ihm Beauftragten stattfindet. Ohne Bischof ist es weder erlaubt zu taufen, noch ein Liebesmahl zu veranstalten; was vielmehr jener für gut befindet, das ist auch Gott wohlgefällig.«

zur Gemeinde zu sprechen und die Gemeinde nach außen zu vertreten. Den damit entstandenen Wandel im Verständnis der Gemeinde kann man sich nicht drastisch genug vorstellen. Heißt es bei Mt 18,20: „Wo zwei oder drei in meinem Namen versammelt sind, da bin ich mitten unter ihnen“ so gilt jetzt: Wo der Bischof ist, da ist die Kirche. Heißt es bei Paulus: „Zwei oder drei Propheten sollen (im Gottesdienst) zu Wort kommen; die anderen sollen urteilen“, so gilt jetzt: Rederecht hat allein der Bischof und er bedarf nicht der Zustimmung der Gemeinde. In Rom kommt sogar die Ansicht auf, das monarchische Bischofsamt sei schon von den Aposteln eingesetzt worden. Damit verbindet sich der Gedanke an eine bis zu den Aposteln zurückreichende lückenlose Kette (*apostolische Sukzession*) von Nachfolgern in der Gemeindeleitung. Aus den Jahren um 180 etwa stammt die älteste Liste der Sukzessionen für Rom. Von 170 an ist die Auffassung belegt, dass Petrus zusammen mit Paulus die römische Gemeinde gegründet hat. Seit dem 3. Jh. gilt Petrus sogar als der erste Bischof von Rom.

Im Kampf gegen die Gnostiker und Marcioniten bietet die Entwicklung des monarchischen Bischofsamts große Vorteile, vor allem in seiner Verkoppelung mit dem Gedanken der apostolischen Sukzession. Gnostiker und Marcioniten berufen sich ja ebenfalls auf alte Schriften. Aber einzig der in der apostolischen Sukzessionskette stehende Bischof kann in seiner Eigenschaft als Bürge der apostolischen Tradition über die wahre Auslegung und damit über die wahre Lehre entscheiden.

Die Bischöfe können sich, eingedenk ihrer Vollmachten, auch miteinander versammeln. Es bilden sich *Bischofssynoden*, die den Gemeinden übergeordnet sind, denn der Rechtsstatus der Bischöfe verleiht nicht nur den von ihnen geleiteten Gemeinden entsprechende Dignität, sondern auch den Synoden. Man versteht sie als vom Geist angeleitet; ihre Beschlüsse gelten als inspiriert und müssen von der Gesamtheit der Gemeinden angenommen werden. Die Einrichtung des

Bischofsamtes leitet also den *Zentralisierungsprozess* in der Kirche ein. Von *Kirche* war zwar schon in neutestamentlichen Texten die Rede, jedoch in dem Sinne, dass sich in der versammelten Ortsgemeinde die Gemeinde Gottes konkret ausprägt. Jetzt aber versteht man unter Kirche einen rechtlich definierten Verband mit hierarchischer Gliederung.

Mit Glaubensbekenntnis, Schriftenkanon und monarchischem Bischofsamt hat sich gegen Ende des 2. Jh. das normative Grundmuster einer katholischen Kirche, also im Sinne einer rechtlich verfassten Gesamtkirche, deutlich ausgeprägt. Gemeindeleben und Kirchenverständnis haben sich damit gegenüber den Anfängen grundlegend verändert.

Glaube, Theologie, Wissenschaft

Jede Festlegung des Glaubens schränkt dessen Lebendigkeit ein. Mit zunehmender Reglementierung verengt und verfestigt sich das Glaubensleben in der Kirche auf die beiden Schwerpunkte Monotheismus und Moral. Jesus wird dabei als der Mittler verstanden, der uns die wahre Erkenntnis Gottes und das neue Sittengesetz gebracht hat. Im Zuge der Moralisierung des Glaubens gewinnen asketische Leistungen (Fasten, geschlechtliche Enthaltsamkeit u. a.) zunehmend Bedeutung. Auch werden erste Ansätze zu einer Bußdisziplin sichtbar, so zum Beispiel die Trennung von vergebbaren und unvergebbaren Sünden (Todsünden). Almosen zu geben, was in der Urgemeinde vom Impuls der Liebe getragen war, nimmt den Charakter eines guten Werkes an, wofür man jenseitigen Lohn erwarten kann. Der Christusglaube gilt nunmehr als „das neue Gesetz" und fällt damit auf ein Gesetzesverständnis zurück, über das Jesus hinausgeführt hatte.

Da die christlichen Gemeinden ein abgesondertes Leben pflegen, kommen in der heidnischen Umwelt bald die abstrusesten

Christlich deutbare und christliche Symbole begegnen uns um 200 in den Katakomben Roms: Christusmonogramm, Fische, Anker, Tauben.

Jesus der gute Hirte, Fresko aus der Kalixt-Katakombe in Rom, 3. Jh.

Gerüchte über sie und ihre Gottesdienste auf. In dieser Situation der ersten Hälfte des 2. Jh. ergreifen einige gebildete Christen das Wort. Sie bemühen sich, die umlaufenden Missverständnisse, Verleumdungen und Anschuldigungen zu widerlegen, den christlichen Glauben zu verteidigen, über ihn zu informieren und unter den Gebildeten durch Aufklärung für ihn zu werben. Diese *Apologeten* (Verteidiger des Glaubens) versuchen ihren gebildeten Zeitgenossen das Christentum vom hellenistischen Bildungshintergrund her nahezubringen. Sie stellen den Christusglauben als eine aufgeklärte und als die allein wahre Philosophie dar. Dabei wird deutlich, dass der christliche Glaube nicht mehr nur als persönliche Antwort auf den Ruf in das Reich Gottes verstanden wird. Glauben bedeutet für die Apologeten, einer bestimmten Lehre zuzustimmen. Den Monotheismus, zu dem die hellenistische Welt tendiert, stützen die Apologeten mit Argumenten, die auch schon die griechischen Philosophen und deren zeitgenössische Nachfolger gegen den Glauben an viele Götter ins Feld führten. Sie nennen Gott zwar den Vater, übernehmen aber das Gottesverständnis des Philosophen Plato, wonach Gott als unveränderliches Sein definiert wird, das der Welt gegenüber steht. Christus wird mit dem Logos der griechischen Philosophie gleichgesetzt und damit als der Verkünder bzw. Lehrer der Weltvernunft verstanden. Das bedeutet zugleich, dass alle, die vor und neben Christus an der Weltvernunft teilhatten und teilhaben, als Christen anzusehen sind, also auch die alttestamentlichen Propheten und die Philosophen. Indem die Apologeten Christus mit dem Weltlogos identifizieren, schlagen sie zwar eine Brücke zur hellenistischen Kultur, führen damit aber zugleich einen Begriff in das Christentum ein, der die christliche Gedankenwelt tiefgreifend und bleibend im hellenistischen Sinne umformt. Die christliche Lebenshaltung stellt man als überlegene Sittlichkeit dar. Die christliche Gewissheit der Auferstehung zu einem neuen Leben erscheint nun als Lohn für alle, die das neue Gesetz der Sittlichkeit befolgen. Es ist bezeichnend, dass sich **Justinus der Märtyrer** (um 110 – um 165), einer der herausragenden Apologeten (der sich als Wanderlehrer zum christlichen Glauben bekehrt hat), auch weiterhin als Philosoph versteht und den damaligen Gepflogenheiten entsprechend kleidet. Zusehend zeichnet sich die Gefahr ab, dass der christliche Glaube zu einer bloßen Spielart der hellenistischen Philosophie gerät.

Eine weitere Stufe der geistigen Auseinandersetzung ist erreicht, als die Kirche in der zweiten Hälfte des 2. Jh. durch die hellenistischen Gnostiker inhaltlich herausgefordert wird und sich auch gegen gnostisches Gedankengut im eigenen Lager zur Wehr setzen muss. Einer der einflussreichsten Köpfe in dieser Situation ist **Irenäus**, ab 178 Bischof von Lyon. Er beschäftigt sich mit den Gnostikern nicht im freien Raum spekulativer Philosophie, sondern auf der Grundlage der biblischen Schriften, zu denen für ihn auch das Alte Testament zählt. Damit unterläuft er bereits im Ansatz den Versuch der Gnostiker, den Gott der Schöpfung vom Gott der Erlösung zu trennen. Irenäus sieht Schöpfung und Erlösung als Teil einer umfassenden Heilsgeschichte Gottes mit dem Menschen. Was in der Schöpfung nicht durch Adam verwirklicht worden war, das hatte Christus als zweiter Adam vollendet, nämlich ein vom Geiste Gottes getragenes Menschsein. Im Denken von Irenäus kehrt Christus aus den abstrakten Regionen eines geschichtslosen Mythos in die reale Geschichte zurück. Denn nur als wahrer Mensch, der in der Einheit mit Gott zu sehen ist, vermochte Christus den Teufel als den Feind des Menschen zu überwinden. Diese These

Anfänge christlicher Kunst
Die ersten christlichen Generationen, die das Reich Gottes in unmittelbarer Zukunft erwarten, haben keinen Grund, sich in der Welt bleibend einzurichten. Erst nach dem Schwinden dieser Naherwartung begegnen uns Anfang des 3. Jh. in den Katakomben Roms Ansätze zu künstlerischer Gestaltung. Die Christen beginnen ihre unterirdischen Grabstätten zu schmücken, und zwar mit christlichen Symbolen (Kreuz und Christusmonogramm XP), mit christlich deutbaren Symbolen und Motiven (Taube mit Ölzweig, Anker, Orpheus, Schafträger), mit Szenen des Alten und des Neuen Testaments.

Angesichts der vielen philosophischen Sinnangebote warnt **Tertullian** († nach 220), der erste bedeutende Theologe lateinischer Sprache, vor der Verführung durch die Philosophie: »Gerade die Häresien sind es, die ihre Ausrüstung von der Philosophie empfangen ... Was aber hat Athen mit Jerusalem zu schaffen ... Hüte man sich vor solchen, die ein stoisches, platonisches und dialektisches Christentum erfunden haben!«

fasste man später in dem Satz zusammen: Gott wurde Mensch, damit wir göttlich werden. Dieser Gedanke sollte ein Grundpfeiler der östlichen Frömmigkeit werden. Für die gesamte theologische Entwicklung bleibt von großer Bedeutung, dass auch Irenäus mit dem griechischen Logosbegriff argumentiert, diesen aber so fasst, dass biblischer Monotheismus und biblische Schriften damit vereinbar sind.

Ein Mitstreiter im Kampf gegen den Gnostizismus ist **Tertullian**, Sohn eines römischen Offiziers und in Karthago geboren. Der in Rom ausgebildete Rhetor und Jurist tritt um 190 zum Christentum über. Er knüpft an Gedanken des Irenäus an und bildet sie zum Teil in prägnante juristische Formeln um. Die Gnosis lehnt er derart strikt ab, dass er sogar jede Auseinandersetzung damit verweigert. Seiner Meinung nach besitzt die Kirche die Wahrheit, dementsprechend erübrigt sich jeder Streit darüber. Tertullian ist der erste, der christliches Gedankengut in lateinischer Sprache darstellt. Rationalität und Glaube gehören für ihn zusammen; Philosophie und Glaube hingegen erscheinen ihm als unvereinbare Gegensätze. Der göttliche Logos entfaltet sich in Christus und im Heiligen Geist, den abgestuften Konkretionen der einen göttlichen Substanz. Mit diesen Erwägungen kommen erstmals die Fragen zur *trinitas* zur Sprache. Sie werden in der christlichen Theologie der folgenden Jahrhunderte noch eine große Rolle spielen. Tertullian gilt die menschliche Seele von Natur aus als christlich, sie trägt aber von Adam her ein ererbtes Verlangen nach dem Bösen in sich. Mit der Taufe lässt sich nicht nur dieses Problem lösen, sondern dem Menschen wird damit auch Hilfe zuteil – im Sinne einer überirdischen Medizin –, das von Christus offenbarte neue Gesetz zu erfüllen, ja sogar darüber hinaus noch weitere verdienstliche Leistungen zu vollbringen. Mit Tertullian, der das Verhältnis Gottes zum Menschen, die Normen des Glaubens und der Kirche in rechtlichen Kategorien ausdrückt, kündigt sich bereits die spätere Entwicklung der westlichen Theologie und Kirche an.

Orpheus als Personifikation jener Macht der Liebe, die den Tod überwindet.

Irenäus, Tertullian und ihre antignostischen Mitstreiter nennt man später die ersten *Kirchenväter*. Sie können auch als die ersten *Theologen* gelten, sofern man unter Theologie nicht jede Diskussion göttlicher Dinge versteht, sondern die geordnete Reflexion und das systematische Nachdenken über die Offenbarung und Wirklichkeit des Glaubens. Die Kirchenväter eröffneten mit ihrer Arbeit einen Klärungsprozess, der sich für die Kirche bis heute als immerwährende Aufgabe erweist.

Ende des 2. Jh. haben bereits viele Gebildete den Weg zur christlichen Gemeinde gefunden. Deshalb genügt es nicht länger, sich – wie die ersten Kirchenväter – von den geistigen Strömungen des Hellenismus lediglich abzusetzen. Es gilt jetzt, sich offensiv mit diesem Gedankengut auseinander zu setzen. Der lateinische Westen allerdings ist dieser Aufgabe offenbar nicht gewachsen. Das geistige Zentrum der Christenheit verlagert sich für die nächsten anderthalb Jahrhunderte in den Osten, und zwar zunächst nach Alexandria, wo in der ersten Hälfte des 3. Jh. eine neue Stufe der theologischen Reflexion erreicht wird. Hauptvertreter der so genannten *alexandrinischen Schule* sind **Klemens** († um 215) und sein Schüler **Origenes** († 254). Beide sind umfassend griechisch gebildet und schöpferisch begabt. Die beiden „Alexandriner" entfalten den christlichen Glauben indessen nicht mehr allein im bloßen Gegensatz zur Gnosis und der Philosophie ihrer Zeit. Da sie auch zwischen Hellenismus und Christentum keinen Gegensatz sehen, benutzen sie bewusst die geistigen Vorstellungen der helle-

Klemens zum Thema »Glaube und Erkenntnis«: »Nun war vor der Erscheinung des Herrn den Griechen die Philosophie notwendig zur Gerechtigkeit; jetzt aber ist sie nütze zur Gottesfurcht als eine Art Vorschule für die, die den Glauben durch Beweise gewinnen … Der Glaube ist also gleichsam eine abrisshafte Erkenntnis des (zum Heil) Notwendigen, die Erkenntnis aber der feste und sichere Beweis für das, was der Glaube angenommen hat …«

Origines benutzte die griechische Logos-Lehre um das Wesen Christi verständlich zu machen. »Wir erkennen Gott als den immerwährenden Vater seines eingeborenen Sohnes an, der aus ihm unstreitig gezeugt ward, und alles, was er ist, aus ihm hat, doch ohne Anfang. Diese Zeugung ist so ewig und ohne Unterbrechung wie die Erzeugung des Glanzes aus dem Licht ... dann soll man wissen, daß wir mit dem zweiten Gott (Christus) nichts anderes meinen als die Tugend, welche alle anderen Tugenden in sich begreift, und die Vernunft (Logos), die jedwede Vernunft der Dinge in sich enthält.«

nistischen Kultur, um den christlichen Glauben zu verdeutlichen. Die Gnosis überwinden sie, indem sie eine Art „kirchlicher Gnosis" entwerfen, wobei sowohl die biblischen Inhalte wie auch die kirchliche Tradition integriert werden, wenngleich dabei freilich mancherlei spekulative Umformungen erfolgen. Hellenistische Spekulation und christliches Gedankengut werden miteinander zu einer unauflöslichen Einheit verschmolzen. An die Stelle bloßen Autoritätsglaubens tritt begründetes, nachvollziehbares Wissen. Die entsprechenden Erkenntnisse bleiben aber nicht nur einem kleinen elitären Kreis vorbehalten, vielmehr sucht man ausdrücklich den Kontakt zu den Gemeinden, in denen schließlich alle Bildungsschichten vertreten sind. Die nachhaltigste Wirkung geht von dem eindrucksvollen System aus, das Origenes entwirft.

Dieser versteht Gott im platonischen Sinn als das „überseiende" Gute, das unveränderlich, jenseits von Werden und Vergehen steht. Dieses Unveränderliche sieht er aber zugleich auch personal als den Schöpfer. Die Schwierigkeit, den unveränderlichen Gott der Philosophie mit dem Gedanken der Schöpfung zu verbinden, löst Origenes mit Hilfe des Logosbegriffs in zwei Schritten. Zunächst (vor jeglicher Materie) schafft Gott eine Geisteswelt. In dieser ihm gleichen, ewigen Geisteswelt bringt Gott zuerst den Logos, den Sohn, in einem Prozess ohne Anfang und Ende hervor. Der Sohn ist demnach gleichen Wesens mit dem Vater, diesem aber nachgeordnet. In gleicher Weise wird der Heilige Geist erschaffen, eine Wesenheit, die ihrerseits dem Sohn nachgeordnet ist. Unterhalb dieser Dreiheit (*Trias*) erschafft der Logos – ebenfalls von Ewigkeit her – vollkommene geistige Wesen, die mit Willensfreiheit ausgestattet sind. Diese geistigen Geschöpfe aber missbrauchen ihre Freiheit. Sie wenden sich von ihrem göttlichen Ursprung, d. h. vom Guten ab und verfallen damit dem Bösen. Dieser Sündenfall, der sich innerhalb der ewigen Geisteswelt ereignet, ist somit ein Geschehen, das vor unserer Weltzeit stattfand. Zur Strafe für diesen Abfall schafft der Logos die materielle

Welt, eine zweite Schöpfung, die als eine Art Straf- und Läuterungsanstalt fungiert. Die abgefallenen Geistwesen erhalten, als Engel, Menschen und Dämonen, materielle Leiber und werden zur Läuterung bzw. Bewährung in die irdische Welt verbannt, der schon von ihrem Ursprung her der Charakter des Bösen anhaftet. Die Weise, in der die Welt und die Menschen geschaffen werden, erklärt ihr unstillbares Verlangen nach Erlösung. Denn diese sind hin- und hergerissen zwischen den Engeln, die als Mächte des Guten die Menschen nach oben zu Gott ziehen möchten, und den Dämonen, den Mächten des Bösen, die sie noch weiter von Gott fort in die Tiefe reißen möchten. Hier setzt das Heilswerk des Logos ein. Der Gott-Logos kommt in die irdische Welt herab, indem er von der Jungfrau Maria als Mensch geboren wird. Die Gebildeten erlöst er durch die ihnen geoffenbarte Gotteserkenntnis und durch sein Vorbild. Er gibt ihnen damit alle Mittel zur Selbsterlösung. Die Nichtgebildeten hingegen erlöst er durch seinen Tod, mit dem er die Dämonen besiegt und dem Teufel ein Lösegeld zahlt. Das Ziel der Erlösung besteht darin, alle Geister wieder mit Gott zu vereinigen. Der Weg zu Gott führt über Askese und das Streben nach Vervollkommnung, Leistungen, mittels derer das Materielle immer mehr abgestreift werden kann. Was an irdischer Läuterung noch fehlt, das wird auf dem Weg durch Fegefeuer und Hölle nachgeholt.

Die Taufe Jesu durch Johannes, Katakombe S. Callisto, Rom, um 220

Origenes verschmilzt die Philosophie in der Nachfolge Platos und die gnostischen Spekulationen seiner Zeit

Jesus heilt einen Gelähmten, aus einer christlichen Kapelle in Dura Europos, 1. Hälfte 3. Jh.

so perfekt mit dem christlichen Gedankengut, dass es auch für die hellenistische Welt fassbar und nachvollziehbar wird. Er trägt so in hohem Maße dazu bei, dass das Christentum im hellenistischen Kulturbereich zur populären Volksreligion und einer anerkannten geistigen Macht werden kann. Der Preis dafür ist freilich hoch. Ein großer Gegner des Christentums, der Philosoph Porphyrius, bescheinigt seinem älteren Zeitgenossen Origenes, dass dessen Lehren über das Göttliche und die Welt gut griechisch sind und dass er den fremden (biblischen) Mythen griechische Vorstellungen unterlegt. Die augenfälligen Abstriche an den christlichen Grundgedanken führen dazu, dass Origenes 543 als Ketzer verurteilt wird. Dennoch bleibt die theologische Entwicklung der Jahrhunderte danach von der Auseinandersetzung mit ihm geprägt. Origenes begründete eine kirchliche Wissenschaft, er bildete eine wissenschaftliche Theologie aus, und er entwarf mit seinem System die erste christliche Dogmatik. Damit zeigte er, dass Christentum und Wissenschaft keine Gegensätze sein müssen. Und er war es auch, der mit seinem Nachlass das griechische Denken für die Kultur des Abendlandes rettete.

Die frühkatholische Kirche gewinnt ihre Gestalt

Um 200 sind im gesamten Römischen Reich christliche Gemeinden anzutreffen, im Osten allerdings mehr als im Westen. Die sich im 2. und 3. Jh. abzeichnende Dominanz der hellenistischen Kultur im christlichen Denken, bleibt nicht ohne Auswirkungen auf das Gemeindeleben und das Kirchenverständnis.

Im Gegensatz zu den ersten Gemeinden, in denen viele Begabungen das Gemeindeleben trugen, bildet sich in der Mitte des 2. Jh. das *monarchische Bischofsamt* aus, dem zunehmend alle Vollmachten hinsichtlich der Gemeinde zuerkannt werden. Der Bischof er-

Jesus erweckt Lazarus, Katakombe Domitilla, Rom, 3./4. Jh.

hält den Rang eines Stellvertreters Christi. Er garantiert die apostolische Tradition und entscheidet allein über die wahre Lehre. Als Mittler zwischen Gott und den Menschen hat er die alleinige richterliche Vollmacht, zu binden und zu lösen. Mit der Weihe, die ihm den Besitz des Geistes schenkt, gewinnt er einen Sonderstatus, später, bei Augustin, sogar einen unverlierbaren Status (*character indelebilis*). Die Einrichtung weiterer, dem Bischofsamt nachgeordneter Ämter hebt dessen zentrale Rolle zusätzlich hervor. Es entsteht das hierarchisch gegliederte System eines *Klerus* (die Ausgesonderten), das sich nicht nur nach unten, sondern auch nach oben hin weiterentwickelt, etwa in der Versammlung der Bischöfe zu Synoden. Zunächst entstehen Regionalsynoden, um 300 bereits Provinzsynoden und ein Jahrhundert später bilden sich schließlich die Patriarchate von Jerusalem, Rom, Alexandria, Antiochia und später Konstantinopel. Im Zuge dieser Entwicklung erlangt der Bischof von Rom eine Art vorrangige Stellung, insofern er die große Gemeinde der Welthauptstadt vertritt, die mit ihrer Finanzkraft viele andere Gemeinden unterstützt. Die römischen Bischöfe beanspruchen aber auch von sich aus einen Vorrang. Sie begründen dies nicht nur mit dem hohen Alter der römischen Gemeinde, sondern verweisen auch darauf, dass sie von Petrus und Paulus gegründet wurde. Petrus gilt dementsprechend als erster Bischof Roms, in dessen lückenloser Nachfolge alle weiteren römischen Bischöfe stehen. Aus diesem beanspruchten Vorrecht versuchen sie hinsichtlich strittiger Fragen, die Rechtsauffassungen Roms in allen übrigen Gemeinden durchzusetzen.

Die Urgemeinde hatte sich von Beginn an als *Kirche* im Sinne einer Gemeinde Gottes verstanden. Mit dem

Der Kirchenlehrer **Cyprian** († 258) hat bereits die »guten Werke« als Heilmittel verstanden.
»... wie durch das Bad des heilsamen Wassers (die Taufe) das Feuer der Hölle gelöscht wird, so läßt sich auch durch Almosen und gerechte Werke die Flamme der (nach der Taufe) begangenen Verfehlungen ersticken ... daß man nämlich durch gerechte Werke Gott Genugtuung leiste und sich durch die Verdienste der Barmherzigkeit von Sünden reinige ...«

Bischofsamt entwickelt sich die Kirche zu einer rechtlich fassbaren Größe. Gegen Ende des 2. Jh. steht das Grundmuster einer organisierten Großkirche fest, von der Cyprian, Bischof von Karthago († 258) sagt: „Außerhalb der Kirche gibt es kein Heil." Das Heil des Einzelnen hängt jetzt nicht mehr allein an seinem persönlichen Glauben, es bedarf vielmehr der Vermittlung der Heilsangebote durch die Kirche, konkret durch die Bischöfe. So heißt es etwa: „Wo der Bischof ist, da ist die Kirche" (Ignatius, Anfang 2. Jh.), oder auch: „Gehorsam gegen den Bischof ist Gehorsam gegen Gott". Zwischen dem alle Vollmachten an sich ziehenden Klerus und den einfachen Gläubigen (den Laien), die man zunehmend entmündigt, entsteht eine spürbare Kluft.

Die anfänglich überaus frei gestalteten *Gottesdienste* gewinnen festere Formen bis hin zur verbindlich vorgegebenen Abfolge der Messe. Ihre Durchführung liegt in der alleinigen Verantwortung der Bischöfe. Das *Abendmahl,* ehemals unter der Leitung des Hausherrn als Gemeinschaftsmahl in Fortsetzung der Tischgemeinschaft Jesu mit seinen Jüngern gefeiert, entwickelt sich zu einer mysterienartigen kultischen Handlung, die nur gültig ist, wenn der Bischof sie vollzieht. Was als lebendige Gemeinschaft mit dem wieder auferstandenen Christus und als Erinnerung an seine irdische Gegenwart in unterschiedlichster Weise gefeiert worden war, nimmt jetzt die Züge einer streng geordneten Opferhandlung an, die ein von einem Bischof geweihter Priester – stellvertretend für Christus – in der Gemeinde vollzieht. Aus dem gemeinschaftlichen Mahl mit Christus ist eine kirchliche Opferhandlung geworden, die Ignatius als eine von der Kirche verwaltete „Medizin für die Unsterblichkeit", versteht.

Die *Taufe* Erwachsener galt in der Urgemeinde als Aufnahmeakt. Nach einem Christusbekenntnis des Täuflings wurde sie auf den Namen Jesu Christi vollzogen. Der Täufling wurde unter Wasser getaucht oder – bei Wassermangel – lediglich damit besprengt. Darüber hinaus umfasste die Taufhandlung keine weiteren verbindlichen Vorgaben. Jetzt aber begreift man die

Taufe als heilsnotwendige, kultisch-zeremoniell reich ausgeformte Einweihung in ein Mysterium. Es herrscht die Vorstellung, sie tilge die vor der Taufe begangenen Sünden. Das führt dazu, dass viele ihre Taufe so weit wie nur möglich hinausschieben.

Die Christen der Urgemeinde verstehen sich als Heilige und führen mit der Kraft des Geistes ein entsprechendes Leben. Schon im 2. Jh. sinken die Anforderungen, und im 4. Jh. unterscheidet sich das Verhalten der Christen kaum noch von jenem der Heiden. *Sünde* wird auch nicht mehr als verkehrte Gesinnung des Herzens genommen, aus der entsprechende Taten entspringen. Sie wird jetzt als die einzelne schlechte Tat verstanden, mit der ein Gebot übertreten wird. Mit der wachsenden Zahl von Täuflingen steigt auch die Zahl der Tat-Sünden, die den Ausschluss aus der Kirchengemeinschaft nach sich ziehen. Damit drängt sich die Frage auf, wie jene Sünden zu tilgen sind, die erst nach der Taufe begangen werden. In dieser Situation reduziert die Kirche zum einen ihre Anforderungen an ein gottesfürchtiges Leben; zum anderen schafft sie Möglichkeiten zur Buße. Die *Kirchenzucht* entsteht. Bußleistungen, die dem Sünder für seine Tat-Sünden auferlegt werden, eröffnen diesem den Weg zurück in die Kirchengemeinschaft und zur Teilhabe an deren Gnadenmitteln.

Die nachlassenden Forderungen an das Kirchenvolk geben indessen einer Gegenbewegung Auftrieb, die zu einem streng weltabgewandten Leben und asketischer Lebenshaltung aufruft. Seit Ende des 3. Jh. entwickelt sich daraus das *Mönchtum*, vor allem in Ägypten und Syrien. Urchristlicher Enthusiasmus lebt darin ebenso fort wie die dualistische Weltsicht des Hellenismus, die das irdische Leben als Strafe versteht und die Welt als Ort

Älteste Eremitenklausen im Tal von Göreme in Kappadokien. Seit der Mitte des 3. Jh. ziehen sich Mönche als Einsiedler in die Wüste zurück. Später bilden sich Einsiedler-Kolonien, in denen gemeinschaftliche Lebensformen entstehen.

der größten Gottesferne, dem es zu entfliehen gilt. Um diesem Übel zu entkommen, suchen die Mönche Vollkommenheit zu erlangen. Mittels Askese hoffen sie, das sinnliche Begehren zu besiegen. Sie leben zunächst als Eremiten allein in der Wüste, wie etwa Antonius, später gemeinschaftlich in Klöstern. Um 320 gründet Pachomius am Nil das erste Kloster, bald entstehen auch Nonnenklöster. Die Regeln, die Basilius d. Gr. († 379) für das Leben der Mönche aufstellt, setzen sich zunächst in der Kirche des Ostens durch. Seit etwa 370 entwickelt sich auch im Abendland ein Mönchtum, wenngleich gegen großen Widerstand. Allerdings gelingt es erst dem Konzil von Chalcedon (451), das unorganisierte Mönchtum in die Kirche einzubinden.

Das Verhältnis zwischen Kirche und Staat

Der römische Staat verhält sich den Religionen gegenüber tolerant, sofern sie dem römischen Religionsverständnis entsprechen. Auch das Judentum ist eine „erlaubte Religion“, weshalb die Christen unter seinem Schutz leben können, solange sie als jüdische Sekte angesehen werden. Diese Zeit endet in Rom bereits im Jahre 64, als Kaiser Nero im Zusammenhang mit einer Feuersbrunst viele Christen grausam hinrichten lässt.

Spottkreuz aus der Katakombe auf dem Palatin. Es gehört im 2. Jh. zur üblichen Polemik der Römer, den Christen nachzusagen, sie verehrten einen gekreuzigten Gott mit einem Eselskopf.

Problempunkt ist und bleibt der Kaiserkult. Wer sich hier verweigert, macht sich eines politischen Verbrechens schuldig, das man mit der Todesstrafe ahndet. Das erste Gebot allerdings („Ich bin der Herr, dein Gott, du sollst neben mir keine anderen Götter haben“) verbietet es den Christen, am Kaiserkult teilzunehmen. Die bildlose Gottesverehrung der Christen wiederum weckt bei den Römern andererseits den Verdacht, sie seien gottlos. Des weiteren provoziert ihr strenges, weltabgewandtes Leben den Vorwurf der Menschenverachtung. Üble Nachrede will von sexuellen Orgien, von Magie, der rituellen Tötung von Kindern

Darstellung des Kaiseropfers. Die Verweigerung dieses Opfers bringt vielen Christen den Tod.

und sonstigen abscheulichen Handlungen in den christlichen Gemeinden wissen. Erschwerend kommt hinzu, dass bereits Jesus unter dem Verdacht des Hochverrats als politischer Straftäter hingerichtet worden war. Offiziell angeklagt werden kann allerdings nur, wer sich dem Kaiserkult verweigert. Faktisch genügt aber seit etwa 100 bereits die Zugehörigkeit zur christlichen Gemeinde, um wegen der genannten Vergehen verurteilt zu werden. Tertullian († nach 220) schreibt: „Wenn der Tiber sich in die Mauern ergießt, wenn der Nil nicht auf die Äcker steigt, wenn der Himmel still steht, wenn die Erde sich bewegt, wenn Hunger, wenn Seuchen, so heißt es sofort: Die Christen vor die Löwen". Dennoch scheint es bis nach 200 keine organisierten, sondern nur sporadische Verfolgungen gegeben zu haben.

Zur ersten allgemeinen Christenverfolgung im Römischen Reich kommt es 250 unter Kaiser Decius. Die Kirche, inzwischen straff organisiert, erscheint dem Kaiser als Staat im Staat und solcherart als Gefahr für die nationale römische Religion. Deshalb lädt man sämtliche Christen vor, dem Kaiser zu opfern. Kaiser Valerian betreibt 257/58 erneut Verfolgungen, in deren Rahmen Kleriker sofort hingerichtet werden. Nach einer 40-jährigen Friedenszeit unternimmt Kaiser Diokletian den zweiten großen Versuch, das Christentum im Römischen Reich auszutilgen. Er verbietet die Gottesdienste, lässt die heiligen Bücher der Christen verbrennen, zerstört ihre Kirchen, entzieht ihnen die bürgerlichen Rechte und verfügt Folterung und Tod für alle, die das Kaiseropfer verweigern. Diese bislang schwerste Verfolgung währt von 303 – 305 im Westen und bis 313 im Osten. Die Zahl der Märtyrer geht in die Tausende.

Aus **Kaiser Diokletians Edikt** gegen die Manichäer vom Jahre 297 als Beispiel für das Vorgehen gegen religiöse Gruppen, die dem römischen Religionsverständnis nicht entsprachen: »Die unsterblichen Götter haben in ihrer Vorsehung zu regeln und zu verfügen geruht, was gut und wahr ist, auf daß die alte Religion nicht von einer neuen angefochten werden dürfe ... So befehlen wir denn, daß die Urheber und Häupter (dieser Sekte) mitsamt ihren verabscheuungswürdigen Schriften strengster Bestrafung unterworfen, d.h. den Flammen des Feuers überantwortet werden, ihre Gesinnungsgenossen ... sollen enthauptet ... werden.

326 ff. Grabeskirche in Jerusalem
330 Konstantinopel (Byzanz) wird neue Reichshauptstadt
im 5. Jh. Germanische Volkssiedlungen auf römischem Boden
410 Plünderung Roms durch Westgoten (Alarich)
419 – 507 Westgotenreich in Gallien
um 425 Abschluss des Jerusalemer Talmud
429 – 534 Vandalenreich in Afrika
seit 449 Angeln und Sachsen in Britannien
451 In der Schlacht auf den Katalaunischen Feldern werden die Hunnen zurückgeschlagen
476 Ende des weströmischen Reiches
4. – 7. Jh. Altes Reich der Maya

Kaiser Diokletian führt im Westen von 303 – 305 die letzte große Christenverfolgung durch. Im Osten gehen die Verfolgungen bis 311 weiter.

Von der verfolgten Religion zur Staatskirche (4. und 5. Jh.)

Die politische Wende

Der Wechsel von der Verfolgung des Christentums zu seiner Anerkennung erfolgt abrupt. Die Herrscher erkennen, dass den christlichen Gemeinden mit Verfolgungen auf Dauer nicht beizukommen ist. Die entscheidende Wende führt Kaiser **Konstantin** (Reg. 306 – 337) herbei, der durch den Sieg über Maxentius an der milvischen Brücke in der Nähe Roms im Jahr 312 zum Alleinherrscher über das Abendland geworden ist. Mit Licinius, dem Herrscher des Ostens, verständigt er sich ein Jahr später darüber, die Verfolgungen der Christen zu beenden und ihnen uneingeschränkte Religionsfreiheit zu gewähren. Das Edikt von 313 stellt die Christen in juristischer und finanzieller Hinsicht den übrigen Religionsgemeinschaften gleich. Den Gemeinden wird vormals eingezogenes Vermögen zurückerstattet. Mit dem Sieg über Licinius 324 wird Konstantin der Alleinherrscher über das gesamte Reich. Konstantin zeigt offiziell zwar religiöse Neutralität, fördert von nun an aber faktisch die katholische Kirche und drängt das Heidentum zurück. Bereits 321 führt er die Sonntagsfeier ein und privilegiert die christliche Religion bei der Planung seiner neuen Reichshauptstadt Byzanz/Konstantinopel, die 330 geweiht wird. Obwohl sich Konstantin, bereits auf dem Totenbett, 337 noch

taufen lässt, waren vermutlich nicht religiöse, sondern politische Motive für seine Religionspolitik entscheidend. Für sein Universalreich setzt er auf eine Universalreligion. Er schätzt realistisch ein, dass sich die katholische Kirche gegenüber den alten Kulten als überlegen erweisen wird. Die Standhaftigkeit ihrer Märtyrer, der Besitz alter heiliger Bücher, die ethische Strenge, der Monotheismus und die Fähigkeit, heidnische Vorstellungen und Kulte zu integrieren, und schließlich die eindrucksvolle Organisation der Kirche überzeugen nicht nur die Zeitgenossen, sondern auch den Kaiser. Die Söhne Konstantins beginnen ihrerseits sogar, maßlos gegen das Heidentum vorzugehen. Das führt unter **Julian** (Reg. 361 – 363) zu heftiger heidnischer Reaktion. Dessen Nachfolger kehren allerdings sogleich wieder zur Religionspolitik Konstantins zurück.

Die nächsten Kaiser, **Theodosius d. Gr.** für den Osten und **Gratianus** für den Westen, erheben im Religionsedikt von 380 die christliche Kirche zur praktisch allein berechtigten Religion. Die Religionsfreiheit ist im Römischen Reich damit beendet. Nichtchristliche Kulte verlieren in juristischer Hinsicht ihr Daseinsrecht. Die entsprechenden kultischen Handlungen öffentlich auszuüben, ist untersagt. Fortan hat jeder römische Bürger rechtgläubiger Christ zu sein, auch wenn das Bekenntnis zum Christentum nicht erzwungen wird.

Nach dem Tod des Theodosius 395, der zwei Jahre lang Alleinherrscher über beide Reichshälften war, zerfällt das Römische Reich in ein Ost- und ein Westreich. Im Ostreich vollendet Kaiser **Justinian** (Reg. 527 – 565) die völlige Verschränkung von geistlicher und weltlicher Sphäre (*Caesaropapismus*). Die Kirche wird endgültig zur Staatskirche, der Kaiser irdischer Herr über Kirche und Welt. Die Kirche des Ostens bleibt übrigens bis ins 20. Jh. hinein Staatskirche, wo immer dies möglich ist. Reste des Heidentums vermögen sich bis ins 7. Jh., regional sogar bis ins 9. Jh. zu halten.

Reste einer Kolossalstatue Konstantins d. Gr. aus dem 4. Jh.

Bereits Kaiser Konstantins Sohn Konstantin II. hat sich von der toleranten Politik seines Vaters verabschiedet und ist gegen alle nichtchristlichen Religionen in der gleichen Weise vorgegangen wie zuvor die römischen Herrscher gegen die Christen. Aus seinen Erlassen gegen das Heidentum um 350: »... aller Aberglaube mit Stumpf und Stiel ... ausgerottet werden muß ... Wir haben beschlossen, daß umgehend die Tempel allenthalben in Stadt und Land geschlossen werden und Zutritt zu ihnen hinfort verboten ist ... Ebenso ist es unser Wille jedermann vom Opfer fernzuhalten«.

Kirchenmusik
Instrumentalmusik oder instrumentale Begleitung des Gesangs ist in den Gottesdiensten der frühen Kirche konsequent ausgeschlossen, weil sie in heidnischen Kulten praktiziert wird und damit als heidnisch gilt. Die orth. Kirchen sind bei dieser Bewertung geblieben.

Orgeln kommen erstmals im 8./ 9. Jh. als Geschenke der byzantinischen Kaiser in das Frankenreich. In der Kirche sind erste Orgeln 812 in Aachen und im 9. Jh. in Straßburg bekannt, wo sie wohl auch den Gemeindegesang begleiten. Im 14./15. Jh. haben die Orgeln bereits mehrere Register, mehrere Manuale und ein Pedal. Vom 9. Jh. an wird in einzelnen Zentren bereits mehrstimmig musiziert.

Die innere und äußere Wandlung der Kirche

Die neue Konstellation im Verhältnis zwischen Staat und Kirche hat für beide Institutionen – vor allem aber die Kirche – tiefgreifende Folgen. Es stellt jetzt kein Risiko mehr dar, der christlichen Gemeinde anzugehören – im Gegenteil ist es von Vorteil. Heiden, die zum christlichen Glauben ohne inneren Bezug bleiben, strömen in großer Zahl in die Kirche, weil es opportun ist. Ihr altes heidnisches Gedankengut hegen sie ungebrochen. Das Heidentum steht der Kirche damit nicht mehr nur gegenüber, es erweist sich innerhalb der Kirche selbst als Macht und Gefahr. Die Heroen, Patrone, Nothelfer, Genien und Manen der polytheistischen Götterwelt leben unter neuen Namen als christliche Heilige weiter. Aus den Prozessionen der alten heidnischen Religionen werden Wallfahrten zu den Gräbern christlicher Märtyrer und Heiliger. Auch kultische Handlungen wie das Anzünden von Kerzen oder das Räuchern, das Dämonen vertreiben soll, werden, zum Teil neu gedeutet, ins christliche Denken integriert. Wo vormals heidnische Tempel standen, entstehen neue Kirchen, nicht zuletzt in der Absicht, die bisher vermeintlich wirksamen, der jeweiligen Örtlichkeit eigenen Kräfte auch in den neuen Gotteshäusern zu erhalten. Die Kulte der Muttergottheiten Isis und Artemis leben in dem Marienkult fort, der im 4. Jh. entsteht und insbesondere die Jungfräulichkeit der Mutter Jesu betont. Es wird ihr derart ein

Von den ehemals vierzehn im hohen Mittelalter entstandenen Meteoraklöstern in Thessalien sind heute noch sieben baulich erhalten.

besonderer Status unter allen Heiligen zugesprochen.

Im Zuge dieser Entwicklung sinkt das sittliche Verhalten der Gemeinden. Das wiederum stärkt die Tendenz, die bereits herausgehobene Stellung des Klerus gegenüber den Laien weiter auszubauen. Die hierarchischen Strukturen wachsen weiter. Die Weihe, mit Handauflegung und Salbung, wird jetzt als Sakrament verstanden, wodurch der Kleriker eine besondere Heiligkeit gewinnt. Für den Klerus wird Ehelosigkeit (*Zölibat*) gefordert, denn nach überkommenen heidnischen Vorstellungen macht Geschlechtsverkehr in kultischer Hinsicht unfähig. Zu Bischöfen dürfen seit Justian I. nur Unverheiratete gewählt werden. Die Priester sind seit dem 5. Jh. verpflichtet, ihr Haar in Form einer Tonsur zu tragen, eine Haartracht, die sich zuerst bei den Priestern der Isis findet.

Das im 5. Jh. gegründete Paulus-Kloster am Roten Meer ist eine der ältesten baulichen Zeugnisse der Mönchskultur.

Unter dem Einfluss der heidnischen Kulte werden auch innerhalb der Kirche die magisch-sakramentalen und die rituellen Elemente verstärkt. Die Eucharistie wird aus der abendlichen Tischgemeinschaft der Gemeinde ausgegliedert und in den Wortgottesdienst des Sonntagmorgens aufgenommen, wo sie, sakramental verstanden, zum Kernstück der sich ausbildenden Messe wird. Mit der ganz und gar dinglich verstandenen Vorstellung von der Verwandlung der Elemente Brot und Wein in Fleisch und Blut Christi entwickelt sich die Auffassung, dass im opfernden Handeln des Priesters Christus erneut für uns geopfert bzw. Gott als Opfer dargebracht wird, um ihn zu versöhnen. Für diesen kultisch-sakramentalen Akt wird jetzt ein Altar nötig, den es bis dahin in christlichen Versammlungsräumen nicht gab.

Das geweihte Taufwasser fasst man jetzt als himmlische, vom Hl. Geist durchdrungene Substanz auf. Demnach wird der Täufling durch das Eintauchen ins Wasser substantiell vom Hl. Geist berührt. Wird der

In der Kirche Santa Sabina auf dem Aventin in Rom (422 – 432) ist uns die älteste Form der frühen christlichen Basilika mit halbrunder Apsis und niedrigen Seitenschiffen erhalten

Täufling nur mit Wasser besprengt, gilt in der katholischen und in den orthodoxen Kirchen bis heute die Taufe als nicht vollzogen, d. h. als nicht gültig.

Der Gottesdienst gestaltet sich zu einer komplizierten Abfolge ritueller Akte. Die ersten Feste des Jahres, Passah und Pfingsten, werden sowohl in zeitlicher wie in liturgischer Hinsicht erweitert. Im 4. Jh. kommt das Weihnachtsfest dazu.

Reliquien, Körperteile von Märtyrern oder Gegenstände, mit denen sie in Berührung gekommen sind, gewinnen im 4. Jh. ebenfalls große Bedeutung. Sie gelten als Träger göttlicher Kräfte und dienen zum Schutz gegen böse Dämonen. Deshalb soll unter jedem Altar eine Reliquie aufbewahrt werden.

Auch für die Gottesdienstbesucher hat sich aus den ihrem Ursprung nach durchweg heidnischen Praktiken eine umfangreiche Zeremonie entwickelt: Bekreuzigen, Händewaschen, Entzünden von Kerzen, Küssen der Eingangstür, der Schwelle, der Reliquien und Bilder und der Umgang mit Weihwasser. Der Gemeindegesang hingegen gerät durch kirchliche Chöre ins Hintertreffen.

Das Heil der Gläubigen wird immer stärker vom Heilshandeln der Kirche abhängig. Das Verständnis des Herrenmahls als Opferhandlung, die Sakramente, die nur Geltung besitzen, wenn sie gemäß den vorgeschriebenen Formen (*rite*) vollzogen werden, die komplizierten liturgischen Handlungsabläufe: All das ist nur noch mit Hilfe eines zum Opferdienst ausgebildeten, auch rechtlich bevollmächtigten Priesterstandes zu bewältigen.

Kontruktionsschema der dreischiffigen Säulenbasilika Sant' Apollinare in Classe (535 – 549) in Ravenna.

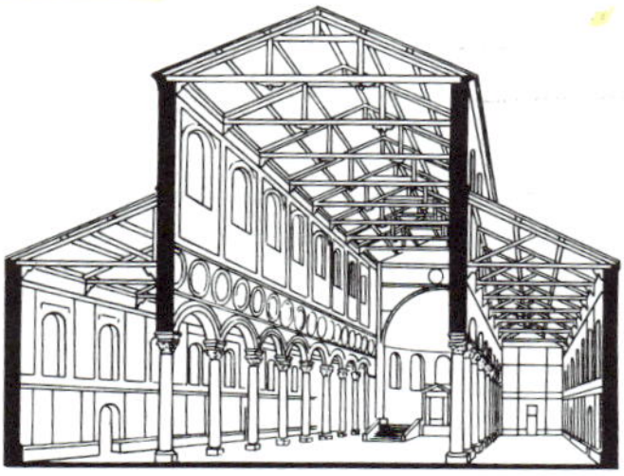

In der Staatskirche avancieren die Priester zu Staatsbeamten. Sie erhalten eine gottesdienstliche (liturgische) Amtskleidung, die den Uniformen der staatlichen Beamten nachgebildet ist. Der Kaiser verfügt in der Kirche über die oberste gesetzgebende Gewalt. Er hat damit auch die

Möglichkeit, sowohl direkt als auch über die Synoden in die kirchliche Entwicklung einzugreifen, sofern er dies als notwendig erachtet.

Die Kirche sieht sich in dieser Zeit freilich nicht nur von heidnischen Elementen bedrängt und staatlich bevormundet, sie bringt umgekehrt auch viele christliche Elemente in das Gemeinwesen ein: Man baut ein Wohlfahrtswesen auf, richtet Spitäler, Waisenhäuser, Fremdenhospize und Herbergen für Bedürftige und Alte ein. Das Eherecht und seine Ausgestaltung werden für viele Jahrhunderte Sache der Kirche. Das Recht, Asyl zu gewähren, geht von den heidnischen Tempeln auf die Kirchen über. Die christliche Kirche entwickelt sich darüber hinaus zur Schutzmacht für die Bürger gegenüber despotisch auftretenden staatlichen Institutionen.

Die Kirchengeschichte verläuft zu keiner Zeit linear. Tendenziell dominiert im 3. und 4. Jh. der Ausbau einer Reichs- und Volkskirche. Der Kultus wird ausgestaltet, die Hierarchie ausgebaut, der Klerus pri-

Apsis von Sant' Apollinare in Classe, Ravenna

Anfänge des Kirchenbaus
Kirchenbauten sind wegen der Verfolgungssituation nur an wenigen Stellen frühestens gegen Ende des 2. Jh. möglich. Gegen Ende des 3. Jh. zeichnet sich bereits ein eigener Baustil für den christlichen Sakralbau ab: die Basilika (die Königshalle). Das ist eine Bauform, die in Athen als Amtsgebäude und in Rom als Halle für Märkte und Gerichtsverhandlungen eingeführt ist. Die langgestreckte Säulenhalle, deren hohes Mittelschiff von zwei oder vier niedrigen Seitenschiffen flankiert ist, wird als gemeindlicher Versammlungsraum durch eine Apsis an der Stirnseite erweitert. Schon früh wird dem Langhaus eine Vorhalle vorgelagert. Im römischen Westen wird zwischen Apsis und Langhaus ein durchgehendes Querhaus entwickelt, wodurch ein T-förmiger Grundriss entsteht. Im byzantinischen Bereich entwickeln sich aus dem antiken Mausoleum Kuppelkirchen mit zentraler Kuppel und Nebenkuppeln, und zwar sowohl auf dem Basilika-Grundriss wie auch auf dem Grundriss von Zentralbauten. Im Westen bleibt der Zentralbau nur Taufkapellen und fürstlichen Grabkirchen vorbehalten. Seit die christliche Kirche Staatskirche ist, wird der Triumphbogen, der das Mittelschiff zur Apsis hin abschließt, mit Bildern geschmückt. Apsis und Mittelschiff werden durch Schranken getrennt, die im byzantinischen Bereich zur Bilderwand weiterentwickelt werden.

Innenraum der um 335 erbauten Hagia Sophia in Konstantinopel. Die zentrale Kuppel hat einen Durchmesser von 31 Metern.

vilegiert, die Kirche verweltlicht, die ethischen Maßstäbe sinken und die Volksfrömmigkeit ergibt sich einem wuchernden Mirakelglauben. All dem tritt im entstehenden *Mönchtum* ein extrem gegensätzliches christliches Lebenskonzept entgegen. Frühchristliche asketische Tendenzen und gnostische Gedanken, die in der Verachtung alles Leiblichen und Materiellen die höchste Tugend erkennen, konzentrieren sich in einem Lebensverständnis, das der Kleriker-Kirche gegenüber stets kritisch eingestellt bleiben sollte und diese zu allen Zeiten in Frage stellt. Aus dem Mönchtum werden der Kirche immer wieder Kräfte der Erneuerung zuwachsen.

Notwendige theologische Klärungen

Die neutestamentlichen Schriften sprechen von Jesus in unterschiedlichen Bildern, Metaphern und Analogien. Sie alle wollen zum Ausdruck bringen, dass in diesem historischen Menschen Göttliches offenbar wird. In der antiken Welt lässt sich das unkompliziert im Bild vom *Sohn Gottes* ausdrücken. Schwierig wird es allerdings, wenn man danach fragt, wie das gemeint ist. Menschen, die in der *jüdischen* Tradition zu Hause sind, wissen sofort, dass mit dem Sohn Gottes das Volk Israel gemeint ist oder der König, der in einem Erwählungsakt zum Sohn Gottes ausgerufen wird. Im Psalm 2 ist uns die Formel überliefert, die in Israel bei der Thronbesteigung über dem König ausgerufen wurde: „Mein Sohn bist du. Heute habe ich dich gezeugt." Nach jüdischem Verständnis wird man demnach zum Sohn Gottes durch den Rechtsakt der Adoption. Diese Vorstellung scheint auch hinter dem Bericht von der Taufe Jesu zu stehen (Mt 3,13–17 f.). Nachdem Jesus getauft und dem Wasser des Jordan entstiegen war, sprach eine Stimme vom Himmel herab: „Das ist mein geliebter Sohn, an dem ich Gefallen gefunden habe." Die entsprechende Stelle in Lk 3,22 zitiert sogar wörtlich die vollständige Adoptionsformel aus Psalm 2. Für jüdische Rezepienten ist damit klar: Gott hat den Menschen Jesus in der Taufe zu seinem Sohn erklärt, also adoptiert.

Für Menschen der *hellenistischen* Kultur stellt sich das ganz anders dar. In ihrer Welt gelten Heroen wie Herakles, Philosophen wie Sokrates oder Könige als Söhne Gottes. Von vielen wird mehr oder minder deutlich eine Zeugung durch Gott berichtet, oft geht derlei mit Vorstellungen von jungfräulicher Geburt einher. Hier versteht man die Gottessohnschaft also biologisch. Damit ist dann auch festgelegt, von welchem Zeitpunkt an jemand als Gottes Sohn gelten darf, nämlich seit seiner Geburt. Diese Auffassung steht offenbar hinter den biblischen Weihnachtsgeschichten. Mt 1,18 ff.: „Als seine Mutter mit Joseph verlobt war, fand es sich, ehe sie zusammengekommen waren, dass sie vom Heiligen Geist schwanger war." Und Lk 2: „Der Heilige Geist wird über dich kommen und die Kraft des Höchsten wird dich überschatten; daher wird auch das Heilige, das gezeugt wird, Sohn Gottes genannt werden."

Adoption und biologische Vorstellung schließen sich gegenseitig aus, sobald sie als Tatsachen-Aussagen aufgefasst und absolut gesetzt werden. Als Bekenntnisse von der jeweils herrschenden Kultur her verstanden, besagen sie dasselbe: Gott gibt sich uns in Jesus zu erkennen. Die theologischen Probleme beginnen, wenn nun auf der Basis dieser biblischen Aussagen rational weiter gefragt wird, wer dieser Jesus seinem Wesen nach ist, wie er mit Gott oder wie Gott mit ihm verbunden ist u. a. m.

Um 200 kennt man drei unterschiedliche Ansätze, das Verhältnis zwischen Gott und Christus zu klären. Einer ersten Gruppe von Überlegungen zufolge versteht man Christus als einen Menschen, der von einer unpersönlichen Macht erfüllt und durch sie vergottet wurde. Hier handelt es sich um das Konzept der Adoption (*Adoptianismus*). Zum zweiten wird in Christus

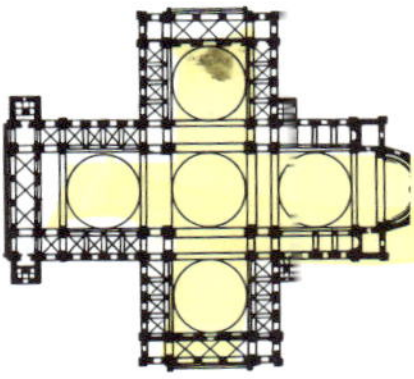

Im byzantinischen Kulturbereich setzt sich der kreuzförmige Zentralbau mit Zentralkuppel und Nebenkuppeln durch und wird in der Kombination mit dem Langhausschema auch zur Kuppelbasilika entwickelt.

eine Erscheinungsweise, ein Modus Gottes gesehen. Der eine Gott wirkt demnach auf verschiedene Weisen, nämlich als Vater, als Sohn und als Hl. Geist (*Modalismus*). Zum dritten greift man aus dem Johannesevangelium das Stichwort Logos als Bezeichnung für die Christusgestalt auf und interpretiert diesen Logosbegriff gemäß seiner hellenistischen Bedeutungsfülle. Danach ist der Logos von göttlicher Wesensart, aber Gott untergeordnet/subordiniert (*Subordinatianismus*). Jeder dieser drei Ansätze führt zu Schwierigkeiten, sobald konsequent weitergedacht wird. Es bleibt also Klärungsbedarf.

Zu Beginn des 4. Jh. stellt sich im Osten die Frage, wie sich *das Göttliche in Christus zur Gottheit des Vaters verhält*. Da sich das Logos-Denken des Origenes bereits weitgehend durchgesetzt hat, wird das Thema innerhalb dieses Logos-Konzepts verhandelt. Der asketische Presbyter **Arius von Alexandria** löst mit seinen Thesen zum Christusverständnis eine langwierige Diskussion aus. Er erklärt: Gott allein ist der eine unwandelbare und unerzeugte Erzeuger. Christus, der Logos, ist weder ungezeugt noch gleich ewig mit dem Vater, sondern dessen erstes und oberstes Geschöpf. Mit dem Logos, durch den alles geschaffen ist, beginnt die Welt. Insofern ist er dem Wesen des Vaters unähnlich, ja fremd. Arius will mit seinem *monarchianischen* Konzept die Einheit Gottes erhalten. Mit dem Gedankenmodell der Subordination und in gewissem Sinne auch der Adoption wird Christus als eine Art Halbgott charakterisiert.

Dieses bulgarische Fresko zeigt die Verurteilung des Arius auf dem Konzil von Nicaea.

Der innerkirchliche Streit über diese Frage eskaliert, so dass Kaiser Konstantin, um die Einheit der Kirche aus politischen Gründen besorgt, für 325 eine *erste ökumenische Synode* nach dem in die Nähe seiner Sommerresidenz gelegenen Nicaea einberuft. Die Mehrzahl der teilnehmenden Bischöfe kommt aus dem östlichen Teil des Reiches. Es sind nur wenige Vertreter aus dem Abendland angereist. Unter kaiserlichem Druck setzt sich die Auffassung durch, dass Christus mit dem Vater *homo-ousios* ist. Dieser Begriff kann zweierlei bedeuten, nämlich „wesenseins" und „wesensgleich". Aber mit dieser, der Gnosis entstammenden doppeldeutigen Formel vermögen sich die meisten Bischöfe einverstanden zu erklären. Das *homo-ousios* wird somit in das Glaubensbekenntnis von Nicaea (*Nicaenum*) aufgenommen, die Lehre des Arius hingegen als ketzerisch verurteilt. Wer den Streit nur von außen oder von ferne sieht und die damit verbundene theologische Dimension nicht im Blick hat, vermag sich über die Härte, mit der die entsprechenden Auseinandersetzungen geführt werden, nur verständnislos zu wundern. Für die Kirche jener Zeit geht es dabei allerdings um Grundfragen des christlichen Gottesglaubens und damit um die Identität des Christentums in einer Welt vielfältiger Gottesvorstellungen: Am *homo-ousios* hängt sozusagen auch die geistige Plausibilität des Erlösungsglaubens.

Athanasius triumphiert über Arius. Unmissverständlich sind die Erklärungen in dieser mittelalterlichen Handschrift: »Dies ist Bischof Athanasius« – und zu Arius: »Arius der Herätiker«

Athanasius von Alexandria († 373), der theologische Widersacher des Arius, verdeutlicht, dass niemals irgendein Geschöpf, sondern allein Gott den Menschen erretten könne. Sein Argument: Wenn Christus uns erlöst, dann kann er nicht – wie die Arianer meinen – als Gottes Geschöpf verstanden werden; er muss vielmehr selbst wahrer Gott, d. h. dem Vater *homo-ousios* sein. Die vieldeutige Formel enthält hinreichend Konfliktstoff für die Zukunft. Trotz der vom Kaiser erzwungenen Einigung in Nicaea geht der theologische Streit darüber vor allem im Osten weiter und verschränkt sich mit politischen Machtkämpfen bis hin zu einer kurzzeitigen Spaltung der Kirche in Ost und West. Bei alledem ist indessen immer noch ungeklärt, wie das Verhältnis des Hl. Geistes zum Vater und zum Sohn zu sehen ist.

Ein wichtiger Schritt hin zur Klärung wird unternommen, als die Synode von Alexandria 362 das *homo-ousios* auf die Bedeutung von wesens*gleich* festlegt und damit breite Zustimmung findet. Basilius d. Gr. († 379), Gregor von Nazianz († ca 390) und Gregor

Goldmedaillon des Kaisers **Theodosius** (Reg. 379–395). Theodosius strebte eine orthodoxe katholische Staatsreligion an. Bereits 380 forderte er von allen römischen Untertanen den Glauben an einen dreieinigen Gott und drängte die von ihm einberufene Synode von 381 dazu, die trinitarische Lehre im Sinne des Athanasius zu beschließen. Mit diesem Staatsdogma konnte er alle nichtkatholischen Richtungen zurückdrängen.

von Nyssa († nach 394), drei große Theologen aus Kappadokien, tragen Wesentliches zur weiteren Klärung bei, indem sie den Begriff *ousia/Wesen* nicht mehr auf ein Einzelwesen beschränken, sondern auf jenes göttliche Sein beziehen, das dem Vater, dem Sohn und dem Hl. Geist gemeinsam ist. In diesen drei verschiedenen Existenzweisen (*Hypostasen*) realisiert sich dieser Vorstellung nach das eine göttliche Wesen (die eine *ousia*). Dabei behält jede dieser Existenzweisen ihre spezifische Eigenheit bei. Im Hinblick auf den Vater bedeutet dies, dass dieser „ungezeugt" ist; der Sohn hingegen ist „gezeugt", während die Eigenheit des Hl. Geistes darin liegt, dass er nicht gezeugt ist, sondern von Gott „ausgeht". Den Kappadokiern gelten die drei Hypostasen in Bezug auf ihr göttliches Sein als wesensgleich. Die gewonnene Formel von der einen gleichen Wesenheit, die sich in drei unterschiedlichen Existenzweisen manifestiert, nützt in vielerlei Hinsicht. Man vermag am strengen Monotheismus festzuhalten, bindet aber auch den Hl. Geist in den Gottesgedanken ein, und wird schließlich der menschlichen Erfahrung gerecht, nach der uns der eine Gott in drei unterschiedlichen Gestalten begegnet. Die Formel fußt zwar auf geistigen Elementen des Hellenismus, gleichzeitig aber wird der christliche Gottesbegriff von den Voraussetzungen, Kategorien und Zwängen der zeitgenössischen Philosophie entlastet.

Die dritte ökumenische Synode von Konstantinopel 381 bestätigt die Lehre des Athanasius, wonach Christus mit dem Vater wesensgleich ist. Am Rande übernimmt sie auch die weiterführenden Gedanken der Kappadokier, wonach der Hl. Geist dem Vater als wesensgleich gilt. Die damit entstehende Lehre von der *Dreieinigkeit Gottes/Trinität* erlangt normative Geltung und wird zum ersten und bleibenden Grunddogma der christlichen Kirche. Das Konzil in Chalkedon 451 stellt dann offiziell fest, dass der Hl. Geist nicht wie Christus aus Gott „gezeugt" ist, sondern vom Vater „ausgeht". Diesem ostkirchlichem Verständnis wird die westliche Kirche nach 1000 nicht mehr folgen, sondern die Auffassung vertreten, dass der Hl. Geist vom Vater „und vom Sohn“ (*filioque*) ausgeht.

Seit das *homo-ousius* als wesensgleich interpretiert wird, gilt auch, dass Christus als wahrer Gott zu verstehen ist. Damit erhebt sich allerdings die Frage, wie das *Verhältnis der göttlichen Natur zur menschlichen Natur in Christus* vorzustellen ist. Oder anders gefragt: Inwiefern kann der irdische Jesus zugleich der ewige Logos sein? Hier begegnet kein bloßes spekulatives Interesse, vielmehr geht es darum zu klären auf welche Art und Weise die Erlösung des Menschen gedanklich erfasst werden kann.

Im Laufe der Jahrhunderte hatten die Theologen des Ostens nahezu alle nur erdenklichen Konstellationen durchgespielt. Die einen betonten eher die göttliche Natur Christi, die anderen eher die menschliche. Keines der Konzepte konnte im Blick auf die Frage der Erlösung eine gedanklich voll befriedigende Antwort geben.

Auf der bis dahin größten ökumenischen Synode 451 in Chalcedon bei Konstantinopel prallen die unterschiedlichen Positionen hart aufeinander. In einem Lehrbrief an das Konzil schlägt der Bischof von Rom, **Leo I.** (Reg. 440 – 461), eine vermittelnde Formel vor. Sie lautet: Christus ist eine einzige Person. Die aber besteht „in“ zwei Naturen (nicht etwa „aus“ zwei Naturen). Diese zwei Naturen, nämlich der vollkommene Gott und der vollkommene Mensch, sind in Christus weder miteinander vermischt noch voneinander getrennt. Nur so sei Erlösung durch Christus denkmöglich. Unter dem Druck des Kaisers verabschiedet die Synode diese Formel und erklärt sie zum kirchlichen Dogma. Sie ergänzt die Bekenntnisse von Nicaea (*Nicaenum*) und Konstantinopel (*Nicaeno-Constantino-*

Papst Leo I. (Reg. 440 – 461), Miniatur.
Die römischen Bischöfe vor Leo I. waren bemüht, das abendländische Patriarchat zu festigen. Leo I. erhebt erstmals universale Primatsansprüche über die Gesamtkirche, und kann als der erste Papst im heutigen Sinn gelten. Auf dem Konzil von Chalcedon 451 setzt sich seine Lehre von den zwei Naturen in Christus durch.

Die Felsenkirche der koptischen Christen in Lalibela.
Die koptischen (ägyptischen) Christen lösen sich Mitte des 5. Jh. von der byzantinischen Reichskirche. Für sie hat Jesus nur eine einzige Natur, nämlich die göttliche. Die koptische Kirche, die bis heute existiert, ist die älteste Kirche in Afrika.
Die Diskussion mit dem Islam führte im 7.–13. Jh. zu einer hoch stehenden theologischen Literatur. Die führende Stellung, die koptische Christen trotz ihrer Minderheit (nur 7%) in der Landesverwaltung einnahmen, haben sie 1954 durch Staatspräsident Nasser verloren.

politanum) und bildet bis heute unter dem Namen *Chalcedonense* das Grundbekenntnis / Grunddogma nahezu aller christlichen Kirchen. Die altkirchliche Dogmenbildung ist damit im Wesentlichen abgeschlossen.

Bemerkenswert am Chalcedonense ist, dass hier bewusst darauf verzichtet wird, das Verhältnis von Gott-Mensch in Christus eindeutig zu definieren. Vielmehr stellt man sowohl die unverzichtbare Einheit der beiden Naturen wie auch ihre bleibende Unterschiedenheit lediglich fest. Bezeichnenderweise wird die Person-Einheit Christi in zwei Naturen mit vier negativen Kernaussagen beschrieben, nämlich mit „unvermischt, unverwandelt, ungetrennt, ungesondert". Diese vier Negativaussagen bilden eine Art Schutzwall um eine unbenennbare Mitte, insofern extreme Positionen und damit alle Spekulationsversuche zurückgewiesen werden. Die chalcedonensische Kompromissformel vermag zwar intellektuell nicht vollständig zu befriedigen, sie hat sich aber in der bisherigen Kirchengeschichte als ein die Gemeinschaft erhaltendes Element und als ein Prüfstein des Glaubens praktisch bewährt.

Ost und West driften auseinander

Zwischen Rom, dem Zentrum des Westens, und Konstantinopel, der Metropole des Ostens, ergibt sich zwangsläufig eine Rivalität. Der römische Bischof reklamiert für sich einen vorrangigen Status. Er verweist auf das Alter der Gemeinde und darauf, dass sie durch Petrus und Paulus gegründet wurde. Der Patriarch von Konstantinopel seinerseits sieht sich aufgrund seiner räumlichen Nähe zur kaiserlichen Macht in seiner Bedeutung hervorgehoben. Auf der Synode von Chalcedon 451 wird unter kaiserlichem Druck gegen die Ansprüche des römischen Bischofs Leo I. die Gleichstellung der Bischöfe von Rom und Konstantinopel festgeschrieben. Die beiden Teile des Reiches geraten in den folgenden Jahrhunderten in große Turbulenzen, freilich sind diese jeweils unterschiedlicher Art.

Die Entwicklung im Osten: Hier baut man unter Justinian I. (Reg. 527 – 565) das Staatskirchentum zum perfekten *Caesaropapismus* aus. Die kirchliche Verwaltung wird konsequent der kaiserlichen Herrschaft unterstellt. Da die Kirche dem kaiserlichen Willen dienen soll, gewinnt sie im Zuge dieser Entwicklung noch mehr Einfluss. Mit staatlicher Hilfe werden viele Klöster gegründet und die Heiden jetzt unter Androhung der Todesstrafe zur Taufe gezwungen. Das Zentrum antiker Bildung, die Philosophenschule in Athen, schließt man 529 auf kaiserlichen Befehl.

Je mehr sich das Westreich unter dem Ansturm der germanischen Völker auflöst, desto deutlicher versteht sich Konstantinopel als das zweite, das neue Rom. Doch verliert das byzantinische Reich im Rahmen der Völkerwanderung viele Provinzen. Zudem erobert der Islam seit dem 7. Jh. die Mittelmeerwelt. Syrien, Ägypten, Nordafrika, vormalige Hauptzentren des Christentums, gehen verloren.

Das geistige Leben und die Kultur des Ostens bleiben dem Westen zwar noch für einige Jahrhunderte überlegen, die Theologie des Ostens aber beschränkt sich darauf, die Kirchenlehre zu bewahren. Mit **Dionysios Areopagita**, dessen wahre Identität nicht bekannt ist, geraten um 500 noch einmal ein kräftiger Schub neuplatonischen Gedankenguts und hellenistische Spekulationen über die transzendente Welt der Engel in die Ostkirche. Im Blick auf die Erlösung verstärkt der Areopagite den Satz des Athanasius von Alexandria: „Gott wurde Mensch,

Halbfigurenbild Christi, 6. Jh., Wachsmalerei, Katharinenkloster, Sinai. Die Ikonen werden später mit Eitempera gemalt. Die halb zur Bibel hin gerichtete Lehrgeste der Rechten sagt: Ich bin und ich bringe Gottes Wort. In der Sprache des Johannesevangeliums 1,14: »Das Wort (der Logos) ist Fleisch geworden und hat unter uns gewohnt.«

Koptisches Christusbild in Tempera auf Holz aus dem 6. Jh. Eine der wenigen erhaltenen Ikonen aus der christlichen Frühzeit, die den Bildersturm der Bildergegner und der Araber überdauert haben. Stilistisch stehen die koptischen Ikonen den Mumienporträts von El Fayum nahe.

Die Ikone – das Kultbild der Ostkirche
Für die Frühzeit des Christentums gilt – wie auch für die Juden – das Verbot von Kultbildern nach 2. Mose 20,4: Du sollst dir kein Gottesbild machen! Zu szenischen Darstellungen biblischer Texte und zu symbolischen Darstellungen haben in den ersten Jahrhunderten nach Christus Juden wie Christen ein entspanntes Verhältnis. Das zeigen eine jüdische Synagoge und eine christliche Hauskapelle in Dura Europos, die beide um 250 erbaut werden und deren Wände reichlich mit biblischen Szenen bemalt sind. Der Wunsch nach Kultbildern (Porträts von Heiligen oder von Christus) geht vor allem von den Menschen aus, die aus den heidnischen Kulten in die christliche Kirche einströmen, seit sie Staatskirche ist. Christliche Kultbilder, die die Theologen in den ersten Jahrhunderten kompromisslos ablehnen, weil sie als heidnisch eingestuft und empfunden werden, verlieren schon im 6. Jh. alles Anstößige. Christliche Theologen finden jetzt auch Argumente für diese Bilder. Der theologische Konflikt bricht beim Christusbild an der Frage auf, was dieses Bild darstellt: nur den Menschen Jesus oder auch seine göttliche Natur? Die göttliche Natur Christi ist nach allgemeiner Überzeugung nicht darstellbar. Stellt das Christusbild aber nur den Menschen Jesus dar, so trennt es seine menschliche von seiner göttlichen Natur. Als Kaiser Leon III. den Bilderkult öffentlich angreift und 730 die Bilder durch ein Edikt sogar verbietet, bricht ein Bilderstreit los, der die östliche Welt anderthalb Jahrhunderte in Atem hält. In dieser Zeit werden die meisten (noch nicht zahlreichen) Bilder vernichtet. 843 wird der Streit endgültig zu Gunsten der Bilder (Ikonen) entschieden. Eine Bildertheologie erklärt die Bilder sogar für notwendig. Die Gläubigen haben jetzt die Pflicht, die Ikonen zu verehren (nicht anzubeten).
Die dem Bild erwiesene Ehre geht nach ostkirchlichem Verständnis auf das Urbild über. Die Bilderverehrung wird für die Ostkirche zum Prüfstein für den rechten Glauben. Der Westen vollzieht die für ihn spekulative Bildertheologie des Ostens nicht mit. Das vertieft den Graben zwischen den beiden Kirchen.

damit wir vergöttlicht werden“. Im Hinblick auf das Verständnis vom Menschen, von der Sünde, der Erlösung und der Kirche läuft die Entwicklung in Ost und West zusehends auseinander. Auch die verbindliche Bildertheologie, die sich in der Ostkirche in heftigen Kämpfen durchsetzt, vermag man im Westen nicht nachzuvollziehen.

Die Entfremdung zwischen Ost- und Westkirche hat neben theologischen auch viele außerkirchliche Ursachen. Der Osten ist in der griechischen Kultur verwurzelt und vom neuplatonischen Denken geprägt. Er

Thronender Christus, dahinter Petrus und Paulus, Elfenbeinschnitzerei, 6. Jh. Ikonen können aus allen nur möglichen Materialien gefertigt werden. Sie dürfen allerdings nicht vollplastisch sein.

spricht und schreibt griechisch. Im Westen ist seit dem 4. Jh. das Lateinische wieder die alleinige Sprache. In beiden Sprachen kommt ihren unterschiedlichen Strukturen gemäß auch das Verständnis von Gott und Welt in unterschiedlicher Weise zum Ausdruck. Im Griechischen gelangt der Reichtum der Beziehungen und deren logische Verknüpfung besonders in den Blick. Das Lateinische hingegen ist vorzüglich geeignet, klare Begriffe zu bilden und feste Zusammenhänge zu beschreiben. Die Ostkirche entwickelt sich mit der Missionierung der Slawen durch Kyrill und Method im 9. Jh. sowie Russlands ab 987 in den slawischen Sprachraum hinein. Der lateinische Westen hingegen verbindet sich mit dem germanischen Kulturraum. Theologische und liturgische Differenzen führen im Zusammenwirken mit machtpolitischen Rivalitäten zwischen Rom und Konstantinopel 867 zur Spaltung (Schisma) zwischen der lateinischen und der griechischen Kirche, die nach einer kurzzeitigen Annäherung im Jahre 1054 endgültig wird.

Der Westen: Die Entfaltung bzw. die Diskussion der großen Probleme im Hinblick auf das Gottesverständnis und die Natur Christi konzentriert sich bis ins 4. Jh. in den Metropolen des Ostens (Konstantinopel, Antiochia, Alexandria). Den westlichen Theologen bleiben die spekulativen Gedankengänge des Ostens fremd; sie beteiligen sich daran nur wenig. Der Westen denkt pragmatischer. Die vordringlichen Themen sind hier nicht der Kosmos, sondern die Kirche; nicht die hohen Gedanken über den Logos, sondern die konkre-

Thronende Gottesmutter mit Kind und die Heiligen Theodor und Georg, im Hintergrund zwei Erzengel, Wachsmalerei, um 600.
In die Bildgestaltung sind Elemente der byzantinischen Herrscherporträts eingegangen: Kaiserin-Mutter mit Thronfolger, zwei hohe Hofbeamte, Wächter im Hintergrund.

ten Fragen des Ethos; nicht die Hypostasen- und Naturen-Spekulationen über die Person Christi, sondern sein Werk. Diese Tendenz zeigt sich bereits bei **Tertullian** († nach 220), der die Philosophie als ein für den christlichen Glauben ungeeignetes Medium ablehnt und das Verhältnis des Menschen zu Gott als ein Rechtsverhältnis versteht. Noch deutlicher wird das bei Cyprian (enthauptet 258), in dessen Denken nicht der Gottesgedanke im Vordergrund steht, sondern die Kirche und deren Gnadenmittel, die sie für das Heil der Menschen bereithält.

Der alles überragende Theologe der frühen lateinischen Kirche ist **Augustin** (354 – 430). In ihm sammelt sich zwar noch einmal die gesamte Tradition der hellenistischen Kultur, gleichzeitig aber tritt das Neue hervor, das die abendländische Geistesgeschichte nachhaltig prägen sollte. Sein Weg von einer lustbetonten Jugend über die Tätigkeit eines Rhetors hin zu einer rigoros asketischen, dualistischen Sekte (Manichäer) und den Höhen des Neuplatonismus zeigt, dass er alle Lebenskonzepte der hellenistischen Welt persönlich durchmessen hatte, als er sich von einem Pauluswort (Röm 13,13) zur Umkehr gerufen weiß und Ostern 387 vom Mailänder Bischof Ambrosius getauft wird.

Augustin erkennt, dass die Wahrheit, die er sucht, nicht im theoretischen Erkenntnisakt zu finden ist, sondern nur in der existenziellen Begegnung mit Gott. Er versteht Gott zwar im neuplatonischen Sinne noch als höchstes Sein, das alles Denken übersteigt. Aber dieses höchste Sein ist nicht abstrahierend von der Vernunft erschlossen, sondern es erschließt sich darin, dass das Sehnen des menschlichen Herzens in ihm zur Ruhe kommt. Gott und die menschliche

Seele, das sind zwei Größen, die Augustin nicht als voneinander isoliert denkt, sondern aufeinander bezieht. Die Seele ist für ihn das Streben nach Wahrheit und Gott ist die höchste Wahrheit.

Die Taufe Jesu, Mosaik in der Kuppel der dem Dom zugehörigen Taufkapelle des Neon in Ravenna, um 450

Neben der Frage nach der Wahrheit sucht Augustin Antwort auf die andere ihn bedrängende Frage: Wie komme ich von der Sünde los? Er versteht Sünde nicht wie zu seiner Zeit üblich als jeweils einzelne Tat, sondern erkennt im Zuge aufrichtiger Selbstprüfung, dass sie im menschlichen Wesen verankert ist, und zwar als maßlose Begehrlichkeit, der jeder ausgeliefert ist. Augustin bringt dies in seiner Lehre von der Erbsünde zum Ausdruck: Der Mensch verfügte im Schöpfungszustand über die Freiheit zum Guten und zum Bösen; er hatte also auch die Fähigkeit, die Sünde zu vermeiden. Das war ihm möglich durch die Kraft der göttlichen Gnade. Aber durch die Sünde, die Adam, der Prototyp des Menschen, aus freien Stücken beging, zerbrach seiner Auffassung nach nicht nur die ursprüngliche Gemeinschaft mit Gott, es ging damit auch die Fähigkeit des Menschen zum Guten verloren. Unter Adam versteht Augustin das allgemeine Wesen des Menschen. Jeder Mensch vollzieht demnach in eigener Verantwortung den Fall aus dem Zustand

Der Kirchenvater Augustin (354 – 430), Deckenfresko Venedig 14. Jh.

Ein Bildergegner übertüncht das Christusbild, aus dem Chludow-Psalter um 900.
Die Bilderskeptiker werden nicht müde, immer wieder auf Joh 4,24 hinzuweisen: »Gott ist Geist, und alle, die ihn anbeten, müssen ihn im Geist und in der Wahrheit anbeten.«

der Schöpfung. Er fällt damit aus der Gemeinschaft mit Gott und verliert so die Kraft zum Guten. Augustin sieht sich darin einig mit Paulus, der in Röm 7,18 f. sagt: „Denn ich weiß, dass in mir, das ist in meinem Fleisch, nichts Gutes wohnt; das Wollen ist bei mir vorhanden, aber ich vermag das Gute nicht zu verwirklichen. Denn ich tue nicht das Gute, das ich will, sondern das Böse, das ich nicht will." Mit der Vorstellung, dass die Wesenssünde durch den Akt der Zeugung, „weitervererbt" wird, kommt ein leibfeindlicher Zug ins Spiel.

Das Sündenverständnis Augustins, das fortan mit dem irreführenden Stichwort „Erbsünde" verbunden bleibt, ruft sofort heftigen Widerstand hervor. Der Brite **Pelagius** setzt dagegen: Adams Sündenfall gibt zwar ein schlechtes Beispiel, aber der Mensch behält grundsätzlich den freien Willen zum Guten wie zum Bösen und auch die Kraft, das Gute zu tun. Der Mensch kann, wenn er nur will, aus eigener Kraft sündlos leben. Pelagius formuliert die gängige Meinung seiner Zeit in Ost und West. In einer vermittelnden Version heißt es später, der Mensch sei durch Adams Fall in seinem freien Willen zum Guten nur geschwächt worden. Gottes Gnade könne dem Menschen wieder dazu verhelfen, in voller Freiheit das Gute zu tun. Die Überzeugung vom freien Willen des Menschen, in der Ostkirche ein Grunddogma, hat sich im Volksbewusstsein auch der westlichen Kirche trotz gegenteiliger Synodenbeschlüsse faktisch durchgesetzt.

Für den Westen prägend wird auch Augustins Kirchenverständnis, das er im Zusammenhang mit einer neuen Sicht der Weltgeschichte entwickelt. Ihm zufolge liegen zwei Reiche miteinander im Kampf: Das Reich der Gottesliebe, die Kirche, und das Reich des Teufels mit seinem fleischlichen, rücksichtslosen und

Die Synode von Konstantinopel 870 erhebt die **Bilderverehrung** zum Dogma und macht sie den Gläubigen zur Pflicht: »Das heilige Bild unseres Herrn Jesus Christus ist in gleicher Weise wie das Buch der heiligen Evangelien zu verehren … Denn was die Rede in Silben verkündet, das verkündet und empfiehlt auch die ›Schrift‹, die aus Farben besteht … und wir verehren sie (die Bilder) … Wer das nicht annimmt, der sei verflucht (anáthema)!«

machtbesessenen Streben, das er in der weltlichen Macht, genauer: im Römischen Reich, verkörpert sieht. Die Kirche stellt aber nicht nur jene unsichtbare Gemeinschaft der Heiligen und von Gott Erwählten dar, sie ist zugleich auch die äußerlich sichtbare, hierarchisch verfasste Heilsanstalt, die mit ihren Sakramenten die Gnadenschätze verwaltet. Außerhalb der Kirche gibt es kein Heil. Beide Reiche begegnen uns allerdings in gebrochener Gestalt. In der sichtbaren Kirche wohnen das Gute und Böse beieinander. Und auch der Staat muss nicht notwendig nur teuflische Gesinnung verkörpern. Er vermag sogar höherwertige Züge zu erlangen, wenn er beispielsweise Frieden und Gerechtigkeit herbeiführt und dem Reich Gottes, d. h. der Kirche dient, sie schützt und ihr hilft, Ketzer aus ihren Reihen auszuscheiden. Augustins Gedanken zu den zwei einander feindlich gegenüberstehenden Reichen werden in den folgenden Jahrhunderten im Verlauf des Kräftespiels zwischen Kirche und Staat immer wieder neu aufgegriffen und müssen letztlich sogar dazu herhalten, Aspekte der Inquisition sowie staatlich sanktionierte Zwangsmissionierung zu rechtfertigen.

Jesus erweckt Lazarus, Mitte 12. Jh. Die Auferweckung des schon vor drei Tagen begrabenen Lazarus wurde bereits in der Alten Kirche auch als Symbol verstanden, das über sich hinaus weist: auf Christi Auferstehung, auf die Auferstehung der Toten in der Endzeit und auf das Neuwerden des Menschen in der Taufe.

Kreuzigung Jesu, 3. Jh.

Ausbreitung des Christentums

493 – 526 Ostgotenreich in Italien
524 Boethius hingerichtet, römischer Philosoph, Aristoteles-Übersetzer, wichtigster Vermittler zwischen Altertum und Mittelalter
533 – 544 Sieg Ostroms über die Vandalen
535 – 553 Sieg Ostroms über die Ostgoten
um 550 Awaren und Slawen an der Donaugrenze
568 – 774 Langobardenreich in Italien
622 Hedschra und Beginn der islamischen Zeitrechnung
632 Muhammed †
635 ff. Siegeszug der Araber
711 ff. Araber erobern Spanien
732 In der Schlacht von Tours und Poitiers wird das weitere Vordringen der Araber nach Westen verhindert.

Das christliche Europa entsteht (6. bis 10. Jh.)

In den ersten fünf Jahrhunderten spielt sich die Geschichte des Christentums im Mittelmeerraum ab. Der Schwerpunkt dieser Entwicklung liegt im Osten des Reiches, wo die Mehrheit der Christen lebt. Hier vollziehen sich auch die entscheidenden theologischen Entwicklungen. Um 400 erreicht die alte Kirche ihren Höhepunkt, ist sie jetzt doch privilegierte Staatskirche, der die meisten Bürger – wenigstens dem Namen nach – angehören. Die Lehrbildungen sind nahezu abgeschlossen, selbst der in theologischer Sicht bis dahin blasse Westen hat mit Augustin († 430) ein eigenständiges Profil gewonnen.

Mit dem Tod Theodosius' d. Gr. 395 kündigt sich aber bereits ein Umbruch an. Das Imperium zerfällt in ein west- und ein oströmisches Reich. Und eben jetzt bricht die Völkerwanderung über das Westreich herein. 410 erobern die Westgoten Rom, die Ewige Stadt, in die ein Jahrtausend lang kein feindlicher Soldat seinen Fuß hatte setzen können. Unter dem Ansturm der germanischen Heerhaufen geht das Westreich im 5. Jh. unter. Der Schwerpunkt des Geschehens verlagert sich aus dem Mittelmeerbereich in das Gebiet nördlich der Alpen. Das Christentum, das bisher in der Sphäre der griechischen und römischen Kultur seine Ausprägung gefunden hatte, gerät in den germanischen Kulturbereich und muss sich mit den neuen Gegebenheiten auseinander setzen. Dabei wird die Welt der Germanen ebenso wie die Gestalt der Kirche tiefgreifende Wandlungen durchmachen. Es beginnt für das Christentum und für die westliche Welt eine neue Epoche, die wir das Mittelalter nennen, weil sie die Zeit zwischen dem Ende der Antike und der Neuzeit markiert.

Die iroschottischen Mönche Columban und Gallus überqueren den Bodensee, Miniatur von 1452. In Irland und Schottland bildet sich schon um die Mitte des 5. Jh. eine vom Mönchtum geprägte Kirche. Das Ideal der asketischen Wanderschaft macht die Mönche zu Missionaren, die seit Ende des 6. Jh. auch auf dem Festland wirken. Columban, der bekannteste von ihnen, gründet in den beiden Jahrzehnten um 600 mehrere Klöster auf dem Festland, darunter auch das Kloster Bregenz, das älteste auf deutschem Gebiet.

Das Christentum gelangt auf vielen Wegen zu den Germanen; oft aber kommen auch die Germanen zum Christentum. Das von romanisierten Kelten bewohnte *Britannien* etwa wird ohne Missionsarbeit schon im 4. Jh. christlich. Von hier aus verbreitet sich der christliche Glaube nach Irland und Schottland. Die *Westgoten*, Mitte des 4. Jh. im Gebiet der unteren Donau lebend, kommen mit der benachbarten byzantinischen Kultur und mit dem Christentum in Kontakt. Dort versucht man zu klären, wie die Gottheit des Vaters im irdischen Jesus zu verstehen ist. Die geschichtlichen Umstände führen dazu, dass die Westgoten über **Wulfila** mit der arianischen Version des Christentums vertraut werden, derzufolge Christus als eine Art Halbgott verstanden wird. Die Westgoten übernehmen diese Variante des christlichen Glaubens, von der sich die Kirche des Reiches später abwendet, und vermitteln sie sehr rasch auch an die anderen *ostgermanischen Stämme* (Vandalen, Burgunder, Ostgoten u. a.). Die *westgermanischen Stämme* begegnen dem Christentum im 5. Jh. bereits auf

Wulfila/Ulfilas (311 – 383) übersetzt die Bibel ins Gotische. Dieses Blatt stammt aus dem *Codex Argenteus* des 6. Jh.

Die Taufe Chlodwigs in Reims durch Bischof Remigius vor 500, Elfenbein, 9. Jh.

römischem Boden. Eine für Europa entscheidende Weichenstellung geht auf den Frankenkönig **Chlodwig** zurück. Er verweigert sich nämlich dem arianischen Christenglauben der Ostgermanen und schließt sich stattdessen dem katholischen Bekenntnis seiner romanischen Untertanen an. 498 wird er von Bischof **Remigius** in Reims getauft. Grundherren und Volk folgen ihm. Der gemeinsame Glaube der romanischen und germanischen Bevölkerung erweist sich als ein solides Fundament für das fränkische Großreich und schafft auch die Voraussetzungen für ein gemeinsames Selbstverständnis bzw. einen kulturellen Horizont, der sich in den folgenden Jahrhunderten herausbilden sollte. Von den Franken werden die arianischen Germanen in den Verband der katholischen Kirche zurückgeholt.

Den bisher genannten germanischen Stämmen ist die christliche Kirche als höchst eindrucksvolle Größe begegnet. Die Franken z. B. erleben, wie das weströmische Reich zusammenbricht. Die katholische Kirche hingegen erfüllt in diesem Chaos als einzige Institution nicht nur weiterhin ihre Aufgaben, sondern übernimmt sogar viele Funktionen der vormaligen Institutionen, insbesondere im Rechtswesen. Sie erweist sich also auch in dieser Hinsicht als einigende Kraft. Die Kirche, der jetzt übrigens viele Hinterlassenschaften und

Kyrill und Method verfassen im Dienst der Mission unter den Slawen das kirchenslawische Alphabet, Miniatur, 15. Jh.

Vermächtnisse zufallen, vermag damit in diesen unsicheren Zeiten ein leistungsfähiges und stabiles Hilfssystem aufzubauen, was ihr zusätzliches Ansehen verschafft.

Eines freilich ändert sich radikal. Mit der Auflösung des weströmischen Reiches gibt es keine einheitliche Reichskirche mehr. Die Ostgermanen, die Franken und die anderen Westgermanen organisieren sich jeweils in *Landeskirchen*. Der römische Papst verliert damit die Rechtshoheit (Jurisdiktion) über die kirchlichen Angelegenheiten. Nach den religiösen Gepflogenheiten der Germanen gilt der König als der hochrangigste Kultleiter und somit fungiert er jetzt auch als Herr der Kirche. Er ernennt die Bischöfe und leitet das Nationalkonzil, das oberste Gremium einer Landeskirche. Diese auf germanischen Gepflogenheiten beruhende Veränderung der Kirche bezeichnet man als *Germanisierung*.

Dieser Prozess kennt auch eine inhaltliche Seite. Sie beruht auf dem heidnischen Erbe der Germanen bzw. auf der Art, wie sie zu Christen werden. Der Weg vom alten Germanenglauben in die christliche Kirche ist zunächst ein Schritt des Königs oder des Stammesfürsten, der den Christengott für mächtiger hält oder sich von der neuen Religion politische Vorteile verspricht. Im gewohnten Gefolgschaftsdenken folgt man dem König auch in dessen religiöser Entscheidung. Die Bekehrung Einzelner aufgrund persönlicher Entscheidung, etwa als Folge einer geistigen Auseinandersetzung mit der neuen Religion, findet vor dem Religionswechsel gar nicht statt. Die Unterweisung beginnt – wenn überhaupt – erst nach der Taufe, die ihrerseits also zunächst nur Zeichen der Zugehörigkeit zur neuen Religion darstellt. Die gerade erst Getauften prägen mit all den Vorstellungen und Gepflogenheiten ihrer bisherigen religiösen Tradition die christliche Kirche, möchten sie doch am Altbekannten so weit wie möglich festhalten. Die Kirche ihrerseits muss versuchen, die christlichen Glaubensinhalte so zu vermitteln, dass sie im Rahmen des bisherigen Glaubensver-

Innenansicht des Westwerks von St. Pantaleon (vor 991) in Köln. Vor der Empore nahm der Kaiser kraft seines Amtes von erhöhter Position aus am Gottesdienst teil.

Die Kirchenbauten des Nordens von 500 – 1000
Die germanischen Stämme übernehmen die byzantinisch-römischen Baustile und formen sie um oder weiter aus, ohne dass dabei ein einheitlicher neuer Stil entsteht. Lediglich das Westwerk ist eine fränkische Eigenschöpfung. Dieser mehrgeschossige Bau, in dem der Kaiser und sein Hofstaat bei Besuchen dem Gottesdienst beiwohnen konnten, ist der Basilika vorgelagert. Das Westwerk mit seinen Türmen symbolisiert die Wehrhaftigkeit und die zweipolige Einheit von Kirche und Staat.

ständnisses und der bisher geübten Religionspraxis verständlich werden.

Unter diesen Bedingungen tritt vor allem die Predigt der sittlichen Gebote in den Mittelpunkt. Die Gebote halten: Das macht den Christen und führt zum Heil! Der christliche Gott fordert sittliches Verhalten und droht allen, die seine Gebote nicht befolgen mit harten Strafen. Das entspricht traditionellem germanischen Denken. Gott, der Herr, wird als eine Art Gefolgschaftsführer verstanden. Treue wird bewiesen, indem man sich an die Anordnungen seines Herrn hält. Das Ansehen seines Herrn erwirbt sich der Einzelne durch seine Gehorsamsleistungen. Der christliche Glaube fällt damit auf die Stufe eines bloßen Gesetzesgehorsams zurück. Das Verdienst ersetzt die Gnade. Die Sünde versteht man als etwas, das durch Sühneleistungen (wie Beten, Fasten, Wallfahrten) abgegolten werden kann. An die Stelle der persönlich geschuldeten Leistung kann – nach germanischem Verständnis – sogar eine Geldzahlung treten. Doch selbst diese Buße muss der Täter nicht unbedingt persönlich erbringen; so kann beispielsweise ein Angehöriger seiner Sippe die Zahlung leisten. Die extreme Ablasspraxis, wie sie im Zeitalter der Reformation zum Problem werden sollte, wurzelt nicht unwesentlich in dieser germanischen Bußpraxis.

Der vielseitige Papst Gregor I. (Reg. 590 – 604) am Schreibpult, Detail aus einer Elfenbeintafel des 10. Jh.

In einer für die Kirche des Westens krisenhaften Situation wird mit **Gregor I.** (Reg. 590 – 604) ein Papst gewählt, der die Bedeutung der germanischen Völker für die Zukunft erkennt (und zudem auch als Schriftsteller große Wirksamkeit entfaltet). Gregor gelingt es, im Zuge einer groß angelegten und umsichtig geplanten Aktion mit 40 Missionaren die noch heidnischen Angelsachsen für das Christentum zu gewinnen sowie die von Rom unabhängigen keltischen Kirchen der *britischen Inseln* unter die päpstliche Rechtshoheit zu bringen. Die junge angelsächsi-

Singende Mönche, franz. Buchmalerei, 13. Jh. Im 8. Jh. entsteht die Bezeichnung »Gregorianischer Gesang« für den einstimmigen liturgischen Gesang, den Papst Pius X. 1903 als »eigentlichen Gesang der römischen Kirche und höchstes Vorbild aller Kirchenmusik« definiert.

sche Kirche zeichnet sich bald durch tiefe Verehrung für Rom und den Stuhl des heiligen Petrus aus. Dazu trägt die aufkommende Petrusverehrung bei, die aus einer geradezu urgermanischen Quelle gespeist wird. Petrus ist demnach nämlich der Himmelspförtner, der dem Einzelnen nach dessen Tod die Tür zum Himmel aufschließt und gilt deshalb dem Volksglauben nach als wichtigster Helfer auf dem Weg zum Heil. Unter diesem Aspekt gewinnt Petrus eine teils bedeutsamere Rolle als Christus oder gar als Gott selbst. Man identifiziert den Apostel mit dem germanischen Freundgott „fulltrui", dem man volles Vertrauen zu schenken gewohnt war. Diese Haltung gegenüber der Schlüsselfigur Petrus wird jetzt ungeschmälert auf den Nachfolger Petri in Rom übertragen.

Die Schriften Gregors, in denen viel von Wundern und von Engeln die Rede ist, finden bei den Germanen große Zustimmung. Denn sie legitimieren die aus dem Heidentum mitgebrachte Volksfrömmigkeit und den alten Wunderglauben. Die vorchristlichen Vermittlergestalten zwischen Göttern und Menschen avancieren zu Engeln und Heiligen und erfahren fleißige Verehrung. Wunderglauben und Reliquienkult erblühen. Germanischer Flurzauber erscheint nun in Gestalt von Flurprozessionen und -segnungen. Für die in der Volksfrömmigkeit vorherrschenden Bedürfnisse entwickelt die Kirche unterschiedlichste Segenshandlungen. Auch Gregors Gedanken zur Bestrafung der Sünden im Fegefeuer und in der Hölle gehören bald zum festen Grundbestand des Volksglaubens. Der Papst interpretiert das Abendmahl als realistische Wiederholung des Opfers Christi.

Lieder, die die Gemeinde singt, sind so alt wie die christlichen Gemeinden. Mit der Ausbildung fester Gottesdienstordnungen entsteht im 2. Jh. auch ein *liturgischer Gesang* (später »gregorianischer Choral« genannt). Die kirchlichen Gesangsformen gehen aus spätantiken und syrischen Traditionen hervor und aus der Praxis des synagogalen Psalmengesangs. Der gregorianische Choral, der sich gegen andere Stilarten durchsetzt und den Gemeindegesang zunächst zurückdrängt, ist bis heute der liturgische Gesang der röm.-kath. Kirche.

Bonifatius tauft heidnische Friesen und erleidet den Märtyrertod, Miniatur aus einem um 975 entstandenen Sakramentar.

Insbesondere aus der Rom ergebenen und sich für die Antike begeisternden angelsächsischem Kirche kommen viele missionarische Impulse. Der Mönch **Winfrith / Bonifatius** wirkt 719 – 754 als Missionar in Friesland und später in den östlichen Gebieten des damaligen Frankenreiches (dem heutigen Hessen und Thüringen). Er nimmt Kontakt zu Rom auf und erhält von dort nicht nur Bischofsweihe und Erzbischofsamt, sondern auch die Würde eines „päpstlichen Vikars für ganz Germanien". Bonifatius schwört dem Papst Gehorsam, wodurch das gesamte Gebiet, das er im Auftrag Roms kirchlich organisiert, der päpstlichen Rechtshoheit unterstellt wird. Damit entsteht eine Verbindung zwischen der römischen Kultur und Germanien, die letztlich die Kultur des Abendlandes entscheidend prägen wird.

Büstenreliquiar Karls d. Gr., Domschatzkammer zu Aachen.

Karl d. Gr. (Reg. 768 – 814) baut das Frankenreich zu einem abendländischen Universalreich aus, das von der Nordsee bis nach Rom und vom Atlantischen Ozean bis tief in das heutige Österreich reicht. Dabei verbindet er Gebietsgewinne immer damit, die Unterworfenen zu missionieren – notfalls mit Gewalt, wie die Sachsen, die Friesen und Teile der Westslawen. Die geistliche und die weltliche Herrschaft, die Augustin klar geschieden wissen wollte, sieht Karl in seiner Hand vereint. Er betrachtet den Papst zwar als den obersten Bischof seines Reiches, beansprucht aber für sich selbst die Führung auch der Kirche. Als im Weihnachtsgottesdienst des Jahres 800 Papst Leo III. in der Peterskirche zu Rom dem überraschten Karl die Kaiserkrone aufsetzt, zeichnen sich mit Kaisertum und Papsttum die beiden Machtzentren ab, die in den folgenden Jahrhunderten die Geschichte Europas sehr wechselvoll prägen werden. Das Papsttum strebt die universale Theokratie an, das Kaisertum den universa-

768 – 814 Karl d. Gr.
774 – 887 Italien unter den Karolingern
805 Einweihung des Aachener Münsters
um 850 *Heliand*
860 Normannen in Russland
882 – 1169 Kiewer Rus
955 Otto d. Gr. siegt auf dem Lechfeld über die Ungarn
983 Aufstand der Elbslawen

len Caesaropapismus. Als Schutzherr und als verantwortlicher Leiter der Kirche sorgt Karl für mehr Bildung unter Klerikern und Laien. Er lässt Dom- und Klosterschulen einrichten und gründet eine Hofschule, in die er führende Gelehrte aus ganz Europa beruft, ordnet den christlichen Gottesdienst und besteht auf regelmäßiger Predigt in deutscher Sprache. Souverän greift er auch in theologische Lehrstreitigkeiten ein. So lässt er gegen den Einspruch des Papstes in das Glaubensbekenntnis den Zusatz aufnehmen, dass der Hl. Geist nicht nur vom Vater, sondern auch vom Sohn (filioque) ausgeht. Ebenfalls im Gegensatz zum Papst lässt Karl die Beschlüsse der letzten ökumenischen Synode (Nicaea 787) aufheben, in der die Bilderverehrung zur Pflicht gemacht wurde. Die Synode von Frankfurt erklärt 794 gegen Nicaea, dass es gleichgültig sei, ob es in der Kirche Bilder gebe oder nicht.

Papst Leo III. krönt Karl d. Gr. am Weihnachtstag 800 zum röm.-deutschen Kaiser, Malerei aus dem 9. Jh.

Trotz aller Bemühung Karls, den Bildungsstand der Kleriker und des Volkes zu heben, ist ein eigenständiges geistiges Leben im Frankenreich allerdings noch nicht absehbar. Ein altsächsisches Epos mit dem Titel *Heliand* (geschrieben zwischen 822 und 840), das die Geschichte Jesu erzählt, zeigt, wie weit man von einem angemessenen Verständnis der biblischen Texte und des christlichen Glaubens noch entfernt ist. Christus wird im *Heliand* als germanischer König dargestellt. Seine Jünger erscheinen als seine Gefolgsleute, die ihm, wie germanische Helden, bis in den Tod verbunden sind. Christus und seine Mannen entwerfen einen Kriegsplan, nach welchem der Fürst der Hölle zum Heil der Menschen besiegt werden soll. Nichtsdestotrotz ist der langwierige Prozess, in dem sich der germanische Norden die biblischen Inhalte und die antike Bildung erst noch erschließen und aneignen muss, endlich in Gang gekommen.

Der Runenstein von Jelling, Ostjütland, 985. Die Dänen lernen im 8. und 9. Jh das Christentum kennen. Die Inschrift des Runensteins sagt, dass König Harald Blauzahn mit seiner Taufe 968 Dänemark den christlichen Glauben erschließt, das Land einigt und Norwegen erobert.

Der Evangelist Johannes, aus dem Krönungsevangeliar des späten 8. Jh. Wie in der byzantinischen Malerei ist der Evangelist frontal und in erhabener Ruhe dargestellt. Das Gesicht hat Porträtcharakter. Der Nimbus ist ungewöhnlich groß. Bemerkenswert ist der illusionistische Trick, die Fußbank vor die Front des Bildes zu ziehen.

Die Bildkunst des Nordens im frühen Mittelalter

In vorkarolingischer Zeit war die Bildkunst des Nordens abstrakt-ornamental und für die Darstellung gedanklicher Inhalte ungeeignet. Flechtwerk und Knotenornamente hatten bereits in vorchristlicher Zeit eine Dämonen bannende Funktion und behielten diese bis in die Zeit der Romanik. Karl d. Gr. lässt seine Künstler bewusst mit der deskriptiven Kunst des Mittelmeerraumes bekannt werden und holt zu diesem Zweck griechische Maler an den Hof.

Diese „karolingische Renaissance" (um 800 bis Anfang 10. Jh.) führt über die mittelmeerischen Vorbilder im Norden zu einer eigenständigen Bildsprache, die sich von den Vorbildern bald durch größere Ausdruckskraft und Plastizität (3/4-Ansicht) und durch größere biblische Themenvielfalt abhebt. Die erhabene Ruhe byzantinischer Bilder wird zu Gunsten der Expressivität aufgegeben. Die Buchmalerei wird zum Schwerpunkt der mittelal-

Der Evangelist Matthäus, Buchmalerei um 830, vermutlich Reims.
Hier wird der Evangelist nicht mehr frontal und in feierlicher Ruhe dargestellt, sondern vibrierend vor Energie, in ekstatischer Erregung, die Augen weit aufgerissen. Diese Bewegung wird mit flüchtig-nervösen Strichen sogar in den Bildhintergrund eingetragen. Mit diesem Stilmittel gelingt es, den Evangelisten in jenem Zustand darzustellen, in den der Mensch durch den Anruf Gottes gebracht wird. Die göttliche Realität, die in statischen Bildern durch den Nimbus zum Ausdruck kommt, äußert sich hier als Dynamik, die sich dem Empfänger des göttlichen Geistes körperlich mitteilt.

Der Evangelist Lukas, aus dem Grimbald-Evangeliar, Winchester-Schule, frühes 11. Jh.
Charakteristisch für den Winchester-Stil ist die enge Verbindung der Figur mit dem ornamentalen Rahmen, was es in der karolingischen Malerei nicht gibt. Die im freien Raum schwebende Figur wird von den üppigen Blattornamenten des Rahmens getragen und im Gleichgewicht gehalten.

terlichen Malerei. Der nordische Einfluss der ornamentalen Kunst wird auf vielfache Weise integriert und damit erhalten. Nach dem Zerfall des karolingischen Reiches werden die Stile der karolingischen Renaissance in verschiedenen europäischen Regionen als Anregungen übernommen und in eigenständiger Weise weitergeführt.

In England bildet sich im ausgehenden 10. und frühen 11. Jh. der originelle Winchester-Stil heraus, der dem bodenständigen Ornament wieder mehr Gewicht gibt. In Deutschland erreicht in der ottonischen Kunst (Mitte des 10. bis Mitte des 11. Jh.) die Miniaturmalerei besonders in der Reichenauer Schule ihren Höhepunkt und leitet bereits eine neue Stilepoche, die Romanik, ein. Der Stil wird monumental, ohne seine expressiv bewegte Innerlichkeit zu verlieren. Die karolingische und die ottonische Kunst gelten zu Recht als die Grundlage der folgenden europäischen Kunst.

Die Fußwaschung, aus dem Evangelienbuch Ottos III., um 1000.
Hier intensiviert der Maler seine Aussage dadurch, dass er auf jede ablenkende Innenarchitektur verzichtet. Er stellt stattdessen die entscheidende Szene vor einen Goldgrund, wodurch das Göttliche der Demutsgeste Jesu betont wird.
Während Farben das irdisch Sichtbare ausdrücken, gilt Gold als Symbol der jenseitigen Welt. Was aus dem Goldgrund sichtbar hervortritt, will demnach in seiner göttlichen Dimension verstanden werden.

915–1024 Die sächsischen Kaiser
im 10. Jh Böhmen wird dem Reich angegliedert
1024–1125 Die fränkischen/salischen Kaiser
1066 Wilhelm der Eroberer landet in England (Normannen)
1100–1130 Dom zu Mainz
1152 – 1190 Friedrich Barbarossa
1169 – 1462 Herrschaft der Mongolen in Russland
2. H. 12. Jh Umbau des Doms zu Speyer, Neubau des Doms zu Worms
1198 Averroes † (Aristoteles-Kommentar)
um 1200 Universitäten Paris, Bologna und Oxford
1210 Wolfram von Eschenbach: *Parzival*
1210 Gottfried von Straßburg: *Tristan*
1215 *Magna Charta libertatum* in England
1227 Dschingis Khan †
ab 1245 Herrschaft der Mongolen in ganz Russland
1348 Universität Prag
1356 *Goldene Bulle* regelt Königswahl
1365 Universität Wien
1374 Petrarca †
1403–1424 Ausbau der großen Mauer in China auf 2450 km
1453 Moslemische Türken erobern Konstantinopel. Ende des byzantinischen Reiches
1492 Kolumbus entdeckt Amerika.
1492 Ende der islamischen Herrschaft auf der iberischen Halbinsel

Der Weg zur Papstkirche (10. bis 15. Jh.)

Kaiser und Papst

Das halbe Jahrtausend, das der Karolingerzeit folgt, ist beherrscht vom wechselvollen Kampf zwischen Kaisertum und Papsttum. In dieser Periode wird die katholische Kirche schrittweise zur Papstkirche umgestaltet. Wie ist es dazu gekommen? Seit der Mitte des 2. Jh. kennt die Kirche das monarchische Bischofsamt (Episkopat) und damit Ansätze zu einer Priester- und Rechtskirche mit dem Grundgedanken: Wo der Bischof ist, da ist die Kirche. In Rom bildet sich die Theorie, dass das monarchische Bischofsamt von den Aposteln eingesetzt wurde und dass dem Bischofsamt aufgrund der ununterbrochenen Sukzessionskette die apostolische „Gnadengabe der Wahrheit" wesenseigen sei.

Seit dem Ende des 2. Jh. versucht der Bischof von Rom, die römischen Traditionen und seine theologischen Überzeugungen auch außerhalb Roms durchzusetzen. In der Mitte des 3. Jh. beruft sich **Stephan I.** dabei erstmalig auf das Jesuswort an Petrus in Mt 16,18: „Du bist Petrus, und auf diesen Felsen werde ich meine Kirche bauen". Damit ist zunächst noch nicht der Gedanke an einen obersten Bischof verbunden, der über den anderen steht. Das Konzil von Nicaea legt 325 sogar ausdrücklich die Gleichstellung aller Patriarchen fest. Eine dem römischen Erbrecht entstammende Denkfigur bestärkt jedoch die Auffassung, derzufolge

Die romanische Baukunst (ca. 1000 – 1. Hälfte 13. Jh.)
Die Zeit von 500 bis 1000 hat noch keinen einheitlichen Kunststil hervorgebracht. Erst um 1000 entsteht – vor allem in der kirchlichen Baukunst – der erste Baustil mit überall durchgreifender Struktur, die später »Romanik« genannt wird. Gegenüber der durch Apsis und Querschiff bereits betonten Ostseite wird jetzt auch die Westseite hervorgehoben, indem man reiche Fassaden ausbildet und Türme hinzufügt. Die bisherige hölzerne Flachdecke der Basiliken wird seit Mitte des 11. Jh. im Rückgriff auf römische Architektur durch Gewölbekonstruktionen verschiedenster Bauarten ersetzt. Da auch über der Vierung und an der Westseite Türme errichtet werden, wirken die aus einfachen geometrischen Körpern zusammengefügten massigen romanischen Kirchen wie Gottesburgen.

die Petrus übertragene Vollmacht im römischen Bischofsamt beständig präsent sei. **Innozenz I.** (Reg. 401 – 417) behauptet bereits, dass allein die von Petrus gegründete röm. Gemeinde – in Gestalt ihres jeweiligen Bischofs – für die gesamte Kirche als die entscheidende Instanz in Fragen der kirchlichen Ordnung und des wahren Glaubens zu gelten habe. Damit ist die Idee des Papsttums geboren. Wenige Jahre später begegnet uns im römischen Bischof **Leo I.** (Reg. 440 – 461) der nach heutigem Verständnis erste römische Papst und Begründer des sowohl rechtlich als auch theologisch erhobenen Anspruchs auf den Primat über die Gesamtkirche. Vom römischen Rechtsverständnis her, wonach der Erblasser im Erben fortlebt, argumentiert er so: Christus selbst hat Petrus an seiner göttlichen Gewalt Anteil gegeben. Petrus hat somit eine christusgleiche Stellung in der Kirche. Wie Petrus einst der Stellvertreter Christi war, so ist jeder römische Bischof der Stellvertreter Petri und hat über diese Erbfolge Anteil an Christi göttlicher Vollmacht. Wie Petrus ein Vorrang über alle anderen Apostel eingeräumt wurde, so hat auch der römische Bischof Vorrang vor allen anderen Bischöfen. Dem römischen Bischof obliegt demnach nicht nur das Richteramt,

St. Michael in Hildesheim, erbaut 1010 – 1033, ist das bedeutendste Bauwerk der ottonischen Epoche, die der Romanik unmittelbar vorausgeht, aber bereits alle wesentlichen Merkmale der Romanik zeigt.

Der im 11. Jh. erbaute Kaiserdom zu Speyer ist das größte erhaltene frühromanische Bauwerk des Abendlandes. Er ist auch der erste vollständig gewölbte Monumentalbau des Mittelalters.

Inneres der Kathedrale von Durham; der erste Kirchbau mit Kreuzrippengewölbe, erbaut 1093 – 1130

sondern auch die oberste Verwaltung und das höchste Lehramt. Seine Vollmacht umfasst die gesamte Kirche, einschließlich des Patriarchats Konstantinopel. Die größte der altkirchlichen Synoden freilich weist 451 in Chalcedon diese Primatsansprüche zurück und verfügt stattdessen, gegen Leos Protest, dass die Bischöfe von Rom und Konstantinopel gleichgestellt sind.

Trotz dieses gesamtkirchlichen Synodalbeschlusses setzt sich im Westen die Papstidee durch. Begünstigt wird dieser Prozess durch die Schwäche und schließlich durch den Zusammenbruch des weströmischen Reiches. Da sich in den Zeiten des Umbruchs der römische Bischof als stabiler Faktor erweist und ihm Aufgaben zufallen, die bisher Sache des römischen Kaisers waren, erfährt das Ansehen der römischen Bischöfe große Aufwertung. Papst **Gelasius I.** (Reg. 492 – 496) stellt die Vollmachten des Papstes bereits höher als die Rechte eines allgemeinen Konzils.

Den Jurisdiktionsansprüchen des Apostolischen Stuhles über die gesamte Kirche erwächst in den Merowingern und Karolingern, vor allem aber in den deutschen Königen ein neues Gegenüber. Nach germanischem Recht ist der weltliche Herr auch der oberste Kultleiter. Die Könige verstehen sich von daher auch als legitime Führer der christlichen Kirche. Wie bereits Karl d. Gr. nehmen auch **Otto I.** (Reg. 936 – 973) und seine Nachfolger ganz selbstverständlich das Recht für sich in Anspruch, die Bischöfe zu ernennen. Die Ottonen statten die Kirchen sogar reichlich mit Kirchengut aus und erheben die Bischöfe und Äbte in den Rang weltlicher Fürsten, die ihnen den Lehnseid schwören. Damit

Verkündigung an Maria, aus einem ottonischen Evangelienbuch, frühes 11. Jh.

sichern sie sich stetigen Einfluss sowohl auf die Kirche als auch auf ihre Gefolgschaft. In der Nachfolge Karls d. Gr., der sein Reich als eine Art »Gottesstaat« verstand, sehen sich auch die Könige der Ottonen und Hohenstaufen in der Rolle von Stellvertretern Christi. Dieses theokratische Herrschaftsverständnis der deutschen Könige musste mit dem ebenfalls theokratischen Selbstverständnis des sich entwickelnden Papsttums in Konflikt geraten. Der fintenreiche Kampf um die Vorherrschaft wogt hin und her, je nach Gunst der politischen Situation und der Kraft der Persönlichkeiten, die einander gegenüber stehen.

Der deutsche Mönch Hildebrand spitzt als Papst **Gregor VII.** (Reg. 1073 – 1085) die Idee des Papsttums noch schärfer zu. Petrus und das Papstamt sind für ihn identische Größen, und wo der Papst ist, da ist auch die Kirche. Aus diesen Gleichsetzungen ergibt sich: Der Papst ist in Fragen der Moral und des Glaubens unfehlbar. „Die römische Kirche hat noch niemals geirrt und wird nach dem Zeugnis der Schrift in Ewigkeit nicht irren." Als die höchste juristische Instanz der Universalkirche bzw. als deren unumschränkter Herr kommt allein dem Papst das Recht zu, Bischöfe zu ernennen oder abzusetzen. Dem entsprechenden Verständnis zufolge verfügt er sogar über die Vollmacht, den Kaiser seiner Würde zu entkleiden und dessen Untertanen vom Treueid zu entbinden. Die frühmittel-

Papst Gregor VII. erhebt 1075 universalen Führungsanspruch

»2. Der römische Bischof allein darf der allgemeine Bischof genannt werden.
3. Nur jener kann Bischöfe absetzen oder wieder in die Gemeinschaft der Kirche aufnehmen …
8. Er allein darf sich der kaiserlichen Insignien bedienen.
9. Des Papstes Füße allein haben alle Fürsten zu küssen …
12. Ihm ist es erlaubt, Kaiser abzusetzen.
18. Sein Ausspruch darf von keinem in Frage gestellt werden, er selbst darf allein die Urteile aller verwerfen.
22. Die römische Kirche hat sich nie geirrt und wird nach dem Zeugnis der Schrift nie in Irrtum verfallen …
26. Niemand soll als Katholik gelten, der nicht mir der katholischen Kirche übereinstimmt …«

Die Malerei der Romanik wendet sich vom realistischen spätantiken Stil ab, der für die karolingische Epoche charakteristisch ist. Das Bild will jetzt nicht mehr Sichtbares abbilden, sondern Sinn und geistige Zusammenhänge sichtbar machen. Insofern nimmt es die Bildabsichten der byzantinischen (Ikonen-)Malerei auf, erweitert diese aber durch szenische Entwürfe, die das Heilsgeschehen versinnbildlichen. Wie in der Ikonenmalerei werden die Personen nicht vor einem realen Hintergrund mit Raumtiefe und selbst räumlich dargestellt; sie erscheinen vielmehr auf dem Goldhintergrund, der für die himmlische Dimension steht, flächig und abstrakt und zwar mit ihrer Haltung, ihren Bewegungen und ihren Gesten als göttliche Botschaft, die dem Betrachter zugerufen wird. Die realistischen Proportionen sind aufgegeben. Was bedeutend und groß ist, das wird auch groß dargestellt (Bedeutungsperspektive).

Seite aus der *Goldenen Bulle*. Dieses bedeutende Grundgesetz des Hl. Röm. Reiches wird 1356 von Kaiser Karl IV. erlassen und regelt endgültig u. a. die Königswahl durch die sieben Kurfürsten.

alterliche Zwei-Schwerter-Theorie sah das geistliche Schwert in der Hand des Papstes, das weltliche in der Hand der Könige und Kaiser. Gregor kündigt diese klare Trennung der Gewalten auf. Für ihn liegen geistliche und weltliche Macht in der Hand des Papstes, Könige und Kaiser erhalten das weltliche Schwert nur leihweise aus seiner Hand.

Papst **Innozenz III.** (Reg. 1198 – 1216) erklärt gar die ganze Welt zum päpstlichen Herrschaftsbereich. Wie der Mond sein Licht von der Sonne erhält, so gründet demnach alle weltliche Macht in der umfassenden Vollmacht des Papstes zur Herrschaft.

Dieser machtpolitische Anspruch des Papsttums ist auf Dauer allerdings nicht zu halten. Nachdem Rom das Kaisertum politisch auszuschalten vermochte, geht die Initiative auf die nationalen Königstümer und regionalen Herrschaften über. Seit Mitte des 13. Jh. zerfällt die bislang einheitliche mittelalterliche Welt. So bedürfen die gewählten deutschen Könige keiner päpstlichen Bestätigung mehr (*Goldene Bulle* 1356). Wer zum deutschen König gewählt ist, bekleidet damit auch das Amt des Kaisers, dessen Gewalt man ohne Zutun des Papstes direkt von Gott herleitet. Umgekehrt verlieren die deutschen Könige allerdings ihre Einflussmöglichkeiten auf die Papstwahl und ebenso das Recht, Bischöfe und Äbte zu ernennen (*Wormser Konkordat* 1122). Die entsprechenden Wahlen erfolgen jetzt innerkirchlich.

Was zeigt sich im Rückblick? Die Päpste des Mittelalters haben die oberste Herrschaft über die Welt zwar für sich beansprucht, aber zu keiner Zeit wirklich ausgeübt. Die beiden theokratischen Konzepte, nämlich das universale christliche Kaisertum und das universale politische Papsttum, sind im 13. Jh. an ihr Ende gelangt. Kirchliche und weltliche Herrschaft agieren als eigenständige Größen. Keine von beiden ist fortan in der Lage, die andere gegen deren Willen für die eigenen Zwecke zu funktionalisieren.

Papalismus gegen Konziliarismus

Die Herrschaftsansprüche der römischen Bischöfe stoßen auch innerhalb der Kirche von Anfang an auf Widerstand. Bereits Tertullian, der erste westliche Theologe († nach 220) protestiert vehement gegen die Behauptung, die Petrus übertragende Vollmacht gehe auf dessen Nachfolger über. Bischof Cyprian († 258) verwahrt sich dagegen, römisch mit katholisch gleich zu setzen. Dieser streitbare Vertreter einer katholischen Normaltheologie gesteht zwar dem römischen Bischof einen Ehrenvorrang zu, aber er bestreitet entschieden einen rechtlichen Vorrang Roms. Die Einheit der Kirche sieht er durch die Gesamtheit der Bischöfe repräsentiert (*Episkopalismus*), nicht durch den römischen Bischof allein (*Papalismus*).

Die Machtansprüche des römischen Bischofs führen 1054 zum Bruch mit der Ostkirche, die Roms Ansprüche auf eine Vorrangstellung stets zurückweist. Papst Innozenz III. macht diesen Bruch mit der Ostkirche definitiv, als er im 4. Kreuzzug Konstantinopel erobert, dort ein lateinisches Kaisertum (1204 – 1261) errichtet und so die römischen Primatsansprüche durchzusetzen versucht. Innerhalb der abendländischen Kirche bricht die Frage nach der Stellung des Papstes zu dem Zeitpunkt auf, als mit dem Amt die höchsten Ansprüche verbunden werden. Innozenz III. deklariert als „Stadthalter Gottes“ auf der 4. Lateransynode 1215 seinen Anspruch auf „Vorrang auf der ganzen Erde“. **Bonifaz VIII.** überbietet das noch in der Bulle *Unam Sanctam* (1302) mit der Feststellung: „Dem römischen Papst sich zu unterwerfen, ist für alle menschliche Kreatur zum Heil absolut notwendig.“ Das Reich Gottes erweist sich damit als säkulare Herrschaft des Papstes

Papst Bonifaz VIII., mit der Tiara gekrönt, im Kreis seiner Kardinäle, Miniatur um 1400. Bonifaz VIII. formuliert 1302 mit seiner Bulle *Unam Sanctam* die päpstlichen Herrschaftsansprüche in ihrer schroffesten Form.

Cimabue malt um 1300 noch ganz im byzantinischen Stil auf Goldgrund. Hier die *Gottesmutter mit Kind*, um 1285

über die Welt, während man „katholisch" jetzt als „römisch" definiert. In der Geschichte kommt dieses überhöhte Selbstverständnis der Päpste freilich nicht recht zum Tragen. Vielmehr geraten sie schon im 14. Jh. in eine schmachvolle Abhängigkeit von den französischen Königen und müssen gar von 1309 – 1377 ihren Sitz von Rom nach Avignon in der Provence verlegen. Groß ist schließlich die Verwirrung bei den Gläubigen, als 1378 gleich zwei Päpste gewählt werden, die sich samt ihren Anhängern gegenseitig exkommunizieren. Vier Jahrzehnte lang (bis 1415) ist auf diese Weise die gesamte katholische Christenheit aus der kirchlichen Gemeinschaft ausgeschlossen.

In dieser Krisensituation besinnt man sich wieder auf die ursprüngliche Autorität der Bischöfe und ihre Funktion für die Einheit der Kirche. Führende Gelehrte vertreten geradezu revolutionäre Thesen. Ihrer Ansicht nach gehe auch in der Kirche alle Souveränität vom Volk aus. Insofern repräsentierten die gewählten Bischöfe die Einheit der Kirche. Der Papst hingegen sei nur der gewählte

Bildnerei und Malerei der Gotik

Die Figuren der gotischen Kirchen beginnen sich von Säulen und Wänden zu lösen. Sie verlieren die Erdenschwere der Romanik und werden durch eine charakteristische S-Biegung des Körpers in die Aufwärtsbewegung der Architektur einbezogen. Die Werke von Stoss, Pacher und Riemenschneider bilden in Deutschland den Höhepunkt der gotischen Bildnerei. Da es in gotischen Kirchen große Wandflächen nicht mehr gibt, wird die Tafelmalerei ab der Mitte des 14. Jh. zum Schwerpunkt der malerischen Entwicklung. Dabei kann man an die byzantinische Ikonenmalerei anknüpfen. Man bleibt im Rahmen des byzantinischen Bildverständnisses, versucht aber, die szenischen Bilder menschlich zu vergegenwärtigen. In Italien, wo die gotische Baukunst nur an wenigen Stellen aufgenommen wird, löst Giotto bereits kurz nach 1300 die Malerei aus der byzantinischen Ikonographie und deren Bildverständnis. Er verabschiedet sich vom Goldgrund und erzeugt auf dem Bild die Illusion eines realen Raumes, in dem sich die Personen bewegen; er modelliert die Figuren körperhaft-plastisch und komponiert die Szenen in einer Art Weitwinkelperspektive aus dem Blickwinkel eines einzigen Betrachters. Seine Personen sprechen nicht durch konventionelle Gesten, sondern sie drücken ihre Empfindungen individuell aus. Mit diesem Bildverständnis verlässt Giotto bereits die Welt der Gotik und eröffnet eine neue Epoche in der abendländischen Kunstgeschichte.

Repräsentant der Gesamtkirche. Ein Papsttum sei überhaupt nicht nötig (Wilhelm von Ockham).

Die Probleme der Kirchenspaltung durch die beiden Päpste sollen auf einem Konzil gelöst werden, dass 1409 in Pisa zusammentritt. Das Konzil setzt die beiden konkurrierenden Päpste ab und wählt einen neuen Papst. Da aber die beiden Abgesetzten den Konzilsbeschluss nicht anerkennen, hat die Kirche jetzt sogar drei Päpste. Erst dem Konzil von Konstanz 1414 – 1418 gelingt es, die Kirchenspaltung zu überwinden. Das Konzil bekennt sich eindeutig zur Rechtsform des Episkopalismus/Konziliarismus. Danach hat das rechtmäßig versammelte Konzil seine Vollmacht unmittelbar von Christus und steht damit über dem Papst. Das folgende Konzil von Basel (1431 – 1449) praktiziert den Konziliarismus recht eindrucksvoll. Es klagt nämlich den Papst, der das Konzil auflösen will, des Ungehorsams an. Trotz dieses konzilaren Zwischenspiels setzt sich der Papalismus in der katholischen Kirche letztlich durch. Pius II. etwa verbietet 1460 die Berufung auf ein allgemeines Konzil als Ketzerei und

Giotto malt zwischen 1303 und 1305 (also etwa zeitgleich mit Cimabue) die Arenakapelle in Padua aus. Seine Hintergründe sind nicht mehr Gold. Jede Person zeigt in einem persönlichen Ausdrucksverhalten ihre Empfindungen. Ausschnitt aus der *Beweinung Christi*

Das abendländische Schisma 1378 – 1417

Westwand mit Königsportal und Fensterrose der gotischen Kathedrale von Reims (1211 ff.)

Kirchenbaukunst der Gotik

Die Anfänge des als »gotisch« bezeichneten Stils liegen Mitte des 12. Jh. in Frankreich. Der erste gotische Bau ist die 1144 eingeweihte Abteikirche von Saint Denis bei Paris. Von der Ile de France aus hat sich der gotische Baustil in ganz Europa durchgesetzt: in England ab Ende des 12. Jh., in Deutschland erst seit den 30er Jahren des 13. Jh. Er führt in den einzelnen Ländern zu Sonderentwicklungen und klingt um die Mitte des 16. Jahrhunderts wieder aus. Im 18. Jh. wird er in der Neugotik erneut aufgenommen. Als geistiger Hintergrund ist die *Scholastik* zu sehen, die den Versuch unternimmt, die Wahrheit der Vernunft und des Glaubens (d. h.: Aristoteles und die biblischen Texte) miteinander zu verbinden. Die massigen erdgebundenen Wände der romanischen Basilika werden zu einem schwerelosen, feingliedrigen und nach oben strebenden Gerüst von Steinsäulen umgebildet, die sich in hohen Deckengewölben in Gewölberippen verzweigen. Es entstehen so riesige Fensterflächen, die von oben her die Dunkelheit des Irdischen mit überirdischem Licht erhellen und die durch die Farbenglut der Glasmalerei die göttliche Botschaft in sinnlich anrührender Weise vermitteln. Die Spitzbögen verstärken die Bewegung nach oben. Im Innenraum drängt die Bewegung des Kirchenschiffs zum Chor hin. Deutsche Sonderformen der Gotik sind die Hallenkirche und die norddeutsche Backsteingotik. In England werden phantasiereiche Gewölbeformen ausgebildet.

Gotisches Fächergewölbe im Kreuzgang der Kathedrale von Gloucester

Majestätsbeleidigung. Das 5. Laterankonzil schließlich verurteilt 1517 Episkopalismus und Konziliarismus als Irrlehre. Und das Konzil von Trient (1545 – 1563) macht die Gültigkeit seiner Beschlüsse davon abhängig, dass der Papst sie bestätigt.

1870 wird der Papalismus als ein von Gott offenbartes Dogma durch das 1. Vatikanische Konzil fest in der katholischen Kirche verankert. Papst Pius IX. selbst verliest das Dogma von seiner eigenen Unfehlbarkeit. Laut Konzilsbeschluss hat er die oberste Jurisdiktionsgewalt über die gesamte Kirche in all deren Angelegenheiten. Ihm als dem Bischof von Rom wird die Unfehlbarkeit zugesprochen, insofern er kraft seiner apostolischen Amtsgewalt als Hirte und Lehrer der Kirche in Fragen des Glaubens und der Sittenlehre entscheidet. Diese Entscheidungen sind endgültig und unabänderlich und gelten nicht erst nach Zustimmung der Kirche, sondern aus sich selbst. Bischöfe, die diesem Dogma nicht zustimmen können, werden exkommuniziert.

Die Kreuzzüge und die Ritterorden

Im Laufe des 7. Jh. erobert der Islam älteste christliche Kerngebiete: Nordafrika, Ägypten und Teile Kleinasiens. In der 2. Hälfte des 11. Jh. stürzen türkische Angriffe das oströmische Reich in eine tiefe Krise. Die Seldschuken erobern Syrien und Palästina. Der oströ-

Im Mittelalter wird der **Gemeindegesang** vom liturgischen Gesang des Chors und des Liturgen aus dem Gottesdienst gedrängt. Trotz der kirchenamtlichen Regeln entsteht im 10. Jh. ein eigenständiger kirchlicher Volksgesang. Kristallisationskern für volkssprachliche Lieder ist der Gebetsruf »Kyrie eleison« (Herr, erbarme dich), der etwa bei Bittgesängen vom Volk in vielen Wiederholungen gesungen wird. Diesem Gebetsruf werden jetzt in der Volkssprache einfach gereimte und gesungene Vierzeiler vorangestellt. Aus diesen »Leisen« (von *kyrie eleis*) wird sich später das volkssprachliche Kirchenlied entwickeln.

Ausbreitung des Islam

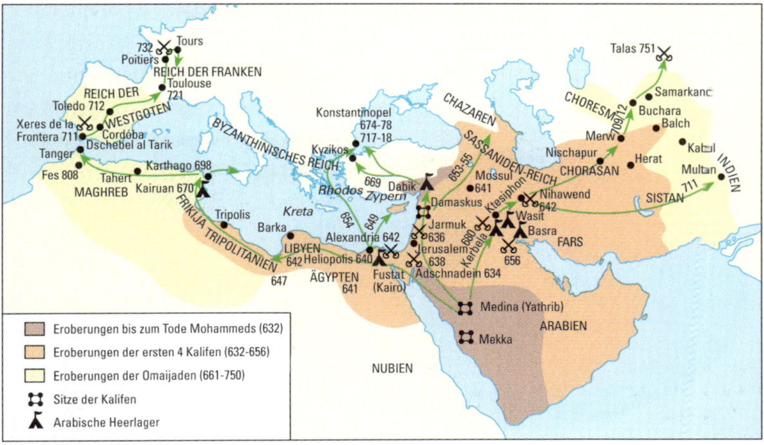

Papst Urban II. ruft 1095 in der Synode von Clermont zum Kreuzzug auf.

mische Kaiser bittet den Papst um Hilfe und trifft damit im Westen auf offene Ohren. Denn im Heiligen Land begegnet man den christlichen Pilgern jetzt feindselig, und die heiligen Stätten ebenso wie die dort verbrachten Reliquien glaubt man von den Moslems profaniert. Soweit es das Reichsverständnis der deutschen Kaiser anbelangt, hatte sich seit Karl d. Gr. der Gedanke herausgebildet, es dürfe um der christlichen Sache willen notfalls militärische Gewalt ausgeübt werden.

Papst Urban II. ruft 1095 zum Kampf gegen die „Ungläubigen" und zur Befreiung der heiligen Stätten auf. Den Teilnehmern verspricht er Nachlass aller Sündenstrafen, und denen, die im Kampf fallen, sogar Vergebung aller Sünden und ewiges Leben. Begeistert brechen 1096 mehrere Heere auf: Ritter, die Ehre im Heiligen Krieg suchen, religiös motivierte Männer der unterschiedlichsten Stände, Abenteurer, von den märchenhaften Schätzen des Orients bzw. der Aussicht auf reiche Beute angezogen. Die Eroberung Jerusalems gelingt, die Bewohner werden getötet. Innerhalb der folgenden Jahrhunderte finden bis 1270 insgesamt sieben Kreuzzüge statt, sogar ein Kinderkreuzzug bricht auf; für viele Kinder endet er in der Sklaverei. Während der Kreuzzüge entstehen geistliche Ritterorden, deren Ziele darin liegen, die Pilger zu schützen und Kranke und Verwundete zu pflegen (Johanniter, Templer, Deutschherren).

Mitte des 13. bis Mitte des 15. Jh. entfaltet die byzantinische Kultur und Kunst ihre letzte Blüte. Die Kreuzkuppelkirchen dieser Epoche werden innen vollständig mit Fresken und Mosaikbildern ausgestaltet. *Auferstehungsfresko*, Anfang 14. Jh., Konstantinopel.

Die Kreuzzugsbewegung erweist sich – gemessen an ihren eigenen Zielen – als ein vollkommener Misserfolg. Aber die Begegnung mit fremden Völkern, Kulturen und Religionen bleibt nicht ohne Folgen für das

Abendland. Die Kreuzzüge werden als Kriege zwischen Religionen verstanden. Die Misserfolge führen zu der Frage, auf welcher Seite wohl der wahre und stärkere Gott stehe. Zweifel an der allein selig machenden christlichen Religion werden laut. Die Kreuzfahrer lernen unter den „Ungläubigen“ sehr tapfere, ritterliche und gebildete Menschen kennen. In Konstantinopel erleben sie den Reichtum einer Kultur, wie sie im Westen nicht ihresgleichen hat. Und Jerusalem etwa dokumentiert, dass auch außerhalb der christlichen Welt imponierende kulturelle Leistungen erbracht werden. Das alles erschüttert das Selbstverständnis der Abendländer tief. Angesichts der Fülle andersartiger Lebenskonzepte erweitert sich der Horizont, und es gelangt ein weltlicher Zug ins abendländische Geistesleben.

Krak de Chevaliers in Syrien. Von den Johannitern ab 1142 errichtete Kreuzritterburg, die bis zu 2000 Ritter aufnehmen konnte.

Die unmittelbare Begegnung mit dem Heiligen Land und den heiligen Stätten lenkt den Blick auf die geschichtliche Gestalt Jesu in seiner menschlichen Niedrigkeit. Das fördert jene unmittelbare Jesusfrömmigkeit, die uns bei **Bernhard von Clairveaux** und **Franz von Assisi** begegnen wird.

Darüber hinaus lernen die Abendländer im Orient vielerlei Neues kennen: Gewürze, Früchte, Heilmittel, Baumwolle, Seide, Papier, Musikinstrumente und Spiele. Dies führt im Spätmittelalter einen regen Handel herauf, wodurch vor allem italienische und oberdeutsche Städte aufblühen und auf Dauer ein wohlhabendes Bürgertum entsteht. Angesichts der vielen anderen Völker und Kulturen wird die Ausbildung eines Nationalbewusstsein vorangebracht. Andererseits führen die Kreuzzüge allerdings auch zur Verrohung der Sitten, gleichzeitig weiten sich der Reliquienkult und das Ablasswesen aus.

Kaiser Friedrich Barbarossa zieht 1189 zum 3. Kreuzzug mit 15 000 Mann auf dem Weg ins Heilige Land durch Ungarn. Aus einem zeitgenössischen Kodex

Benedikt, der Vater des westlichen Mönchtums, übergibt Christus seine Mönchregel. Detail aus einer Initiale, um 1030

Außerkirchliche Bewegungen

Das Mönchtum bildet von Anfang an ein korrigierendes Gegengewicht zur institutionellen Kirche. Das abendländische Mönchtum wird zunächst von Benedikt von Nursia († nach 547) geprägt. Die 529 verfasste Regel des Benedikt verpflichtet die Mönche auf festen Wohnsitz, Armut, Keuschheit, Gehorsam und Arbeit. Die Benediktiner tragen sehr viel zur landwirtschaftlichen und geistlichen Entwicklung bei, vernachlässigen allerdings zunehmend die mönchischen Tugenden.

Gegen die Verweltlichung in Mönchtum und Kirche setzt im 10. Jh. vom burgundischen Kloster Cluny aus eine Gegenbewegung ein, die eine Reform der Klöster nach asketischen Idealen anstrebt. Die ursprünglich nur religiöse Reformbewegung setzt sich im 11. Jh. schließlich auch kirchenpolitische Ziele. Sie wendet sich gegen den Handel mit kirchlichen Ämtern (Simonie), gegen das weithin üblich gewordene Leben der Kleriker in Ehe bzw. Konkubinat und gegen die Einflussmöglichkeiten von Laien auf kirchliche Angelegenheiten. Die Cluniazenser sind der erste organisierte Orden, er umfasst im Reich etwa 150 Klöster.

Im 12. Jh. treten neue, streng asketisch geprägte Orden wie die Kartäuser und die Zisterzienser hervor, dem sich auch **Bernhard von Clairvaux** († 1153) anschließt und der ein ganzes Jahrhundert prägt. Der Klerikerorden der Augustiner Chorherren übt im 12. Jh. intensive Seelsorgetätigkeit aus; desgleichen der Prämonstratenserorden, der Armut, Wanderpredigt und Seelsorge miteinander verbindet. Ebenfalls im 12. Jh. entsteht eine asketische Laienbewegung, die zur Armut und zu einem einfachen Leben im Sinne Jesu und der Apostel aufruft. Angesichts des Reichtums der Kirche und vieler in ihrem Umfeld gepflegter nichtchristlicher Traditionen entwickelt diese Bußbewegung antiklerikale Tendenzen und

Bernhard von Clairvaux tritt 1113 in das Kloster Citeaux ein und kann etwa 70 Tochterklöster ins Leben rufen, die nach der neuen Regel leben. Um 1250 gibt es in Europa mehr als 1000 Frauenkonvente, die in Klausur nach den Regeln der Zisterzienser leben. Die um 1453 entstandene Miniatur zeigt Bernhard, wie er eine Kapitelsitzung leitet.

strebt von der Kirche fort (Katharer und Waldenser). Innerhalb der Kirche beginnt **Franz von Assisi** 1208, wohnsitzlos und in völliger Armut, seine Arbeit als bettelnder Missionar. Der von ihm gegründete Orden der Franziskaner – oder der „geringeren Brüder" – bestreitet seinen Lebensunterhalt nicht mehr durch Arbeit, sondern durch Betteln.

Franz von Assisi, Detail aus einem Fresko der Unterkirche von Assisi

Damit waren die so genannten Bettelorden – ein neuer Ordenstyp – entstanden. Während sich die Franziskaner der innerkirchlichen Predigt und Seelsorge zuwenden, setzt sich der von Dominikus († 1221) gegründete Orden von Klerikern das Ziel, die Ketzer (abgeleitet von Katharer) zu widerlegen und in die Kirche zurückzuholen. Papst Gregor IX., der 1231 die päpstliche Inquisition einrichtet, welche die Ketzer aufspüren und verurteilen soll, bestellt die Dominikaner zu Inquisitoren. Der Orden wird so zum schlagkräftigen Werkzeug in der Hand des Papstes; der Volksmund nennt seine Mitglieder die „Hunde des Herrn".

Auch Frauen werden vom Ideal asketischen Lebens ergriffen. Ebenso wie andere Orden bilden auch die Bettelorden weibliche Zweige sowie Laienvereinigungen aus, die als dritte Orden (Tertiarier, Tertiarierinnen) der Tradition ihrer „Stammhäuser" folgen und entsprechende Gelübde auf sich nehmen.

Elisabeth von Thüringen († 1231) widmet ihr Leben den Armen. Sie ist Repräsentantin einer Frauenbewegung (Beginen), die bereits Ende des 12. Jh. entsteht.

In den deutschen Klöstern der Dominikaner und Dominikanerinnen entwickelt sich im 14. Jh., in einer Zeit des Niedergangs des Papsttums und der Kirche, ein Hang zu mystischer Frömmigkeit, die durch **Hildegard von Bingen** († 1179) überzeugenden Ausdruck gewinnt. Diese „deutsche Mystik", als deren Hauptvertreter Meister Eckhart gilt, greift auf neuplatonische Spekulationen zurück und konzentriert sich in ihrem Denken auf die

Als Reaktion auf Endzeiterwartungen, Pestepidemien und die Bedrohung durch die Türken ziehen Geißlerzüge als freiwillige Bußgruppen durch das Land. Um 1350 verliert Europa innerhalb von drei Jahren etwa ein Drittel der Bevölkerung. In Venedig rafft die Pest sogar Dreiviertel der Einwohner dahin.

Geburt Gottes in der Seele und um das Einswerden der Seele mit Gott. Kirchliche Dogmen und Gnadenmittel halten die Mystiker für nicht nötig, denn ihrer Auffassung nach erfährt der Mensch Erlösung, indem er sich auf das eigene innerste Wesen konzentriert. Eckhart stirbt um 1328 während seines Ketzerprozesses in Köln. Mystische Frömmigkeit indessen bleibt zu allen Zeiten und in allen Konfessionen ein wichtiges Ausdruckselement des Glaubens.

Theologie, kirchliche Lehre, Frömmigkeit

Bis zum Ende des 1. Jahrtausends besteht Theologie lediglich darin, die feststehende kirchliche Lehre wiederzugeben und die alten Kirchenlehrer zu zitieren. Nach der Jahrtausendwende beginnt man erstmals über die Vernünftigkeit dieser kirchlichen Lehren nachzudenken. Dabei setzt man voraus, dass die kirchlichen Wahrheiten im Einklang mit der menschlichen Vernunft stehen und die unbestrittene geoffenbarte Wahrheit der natürlichen Vernunftwahrheit überlegen ist.

Von diesen Vorgaben her versucht **Anselm von Canterbury** († 1109) mit den Mitteln der natürlichen Vernunft die Wahrheit der kirchlichen Lehrsätze darzustellen und zu begründen. Fragen des Glaubens rational und im Hinblick auf ihr Für und Wider zu erörtern und zu beantworten, kennzeichnet eine Periode der Theologie, die *Scholastik* genannt wird. Anselm, der „Vater der Scholastik", versucht mittels der platonischen Philosophie zu zeigen, dass die Vernunft notwendig zu den Wahrheiten des christlichen Glaubens führt.

Das Siegel des Mystikers Eckhart († 1328). Ein Jahr nach seinem Tod verurteilt der Papst 28 seiner Sätze.

Die philosophischen Vorgaben für das abendländische Denken ändern sich grundlegend, als seit Mitte des 13. Jh. (vermittelt durch arabische und jüdische

Philosophen) die philosophischen Schriften des Aristoteles († 322 v.Chr.) im griechischen Urtext bekannt werden. Der Dominikaner **Thomas von Aquin** († 1274), bedeutendster Systematiker der Scholastik, stellt nun die Autorität des Aristoteles neben die bisherige Autorität der kirchlichen Lehre. Die aristotelische Philosophie begreift Thomas als Basis vernünftigen Denkens. Für alles Natürliche sieht er die menschliche Vernunft zuständig. Da diese von den natürlichen Dingen ausgeht, ist es im Rahmen einer „natürlichen Theologie" durch Analogieschlüsse möglich, Gott zu erkennen. Diese natürliche Erkenntnis bildet die Grundlage der übernatürlichen von Gott offenbarten Erkenntnis. Natürliche und übernatürliche Erkenntnis unterscheiden sich zwar voneinander, widersprechen sich aber nicht, vielmehr besteht ein harmonisches Verhältnis zwischen beiden. In seinem unvollendeten Hauptwerk, der *Summa Theologiae*, führt Thomas die Erkenntnisse der natürlichen Vernunft mit den Erkenntnissen der übernatürlichen Offenbarung in allen Glaubensfragen zu einer harmonischen Einheit zusammen. Dieses zweistufige Konzept charakterisiert im Grundsatz bis heute die Theologie der römisch-katholischen Kirche.

Thomas von Aquin (1225 – 1274), Dominikaner, Universitätslehrer und Hoftheologe von Papst Urban IV. entwirft ein universales philosophisch-theologisches Lehrsystem, das in der röm.-kath. Kirche bis heute gilt. Detail des Gemäldes *Triumph des hl. Thomas* von Francesco Traini (tätig um 1321 – 1363/65).

Die führenden Köpfe der Scholastik kommen aus den Bettelorden. Sie lehren an den seit dem 13. Jh. entstehenden Universitäten. Der scharfsinnigste Kriti-

Der **Ablass** ist in der Westkirche aus der Bußpraxis des Mittelalters im 11. Jh. entstanden. Er meint den Nachlass jener zeitlichen Strafen für Sünden, die entweder auf Erden abgebüßt oder im Fegefeuer gesühnt werden müssen. Er bezieht sich nach heutiger Lehre der *röm.-kath. Kirche* nur auf jene Sünden, deren Schuld durch das Bußsakrament bereits getilgt ist. Seit dem 13. Jh. kann allein der Papst Ablässe gewähren. Grundlage für das Austeilen von Ablässen sieht die röm.-kath. Kirche in jenem »Schatz der Sühneleistungen Christi und der Heiligen«, den die Kirche »autoritativ verwaltet und zuwendet« (CIC Kanon 992).
Die *orthodoxen Kirchen* kennen den Ablass nicht.
Die *Kirchen der Reformation* lehnen sowohl die von Thomas von Aquin stammende Lehre vom »Kirchenschatz« wie auch die damit verbundene Ablasslehre und -praxis ab.

Gottesbeweise
In unserem Kulturkreis sind von Philosophen und Theologen fünf Grundtypen von Gottesbeweisen entwickelt worden. Im Christentum spielen Gottesbeweise vor allem bei Thomas von Aquin zur Begründung seiner Lehre von Natur und Gnade eine zentrale Rolle.
Kosmologischer Gottesbeweis (*Aristoteles*). Er schließt vom Vorhandensein der Welt auf einen Weltenschöpfer als letzte Ursache.
Ontologischer Gottesbeweis (*Augustin, Anselm, Thomas*). Er schließt vom Gottesbegriff auf die Existenz Gottes. Denn, wenn es Gott gibt, so ist er das Höchste, was es gibt. Hätte dieses Höchste aber keine Realität, so wäre ein Wesen denkbar, das nicht nur im Geist, sondern auch in der Realität existierte. Demnach geht bereits aus dem Gottesbegriff hervor, dass Gott auch real existieren muss.
Ethnologisch-historischer Gottesbeweis (*Descartes*). Bei allen Völkern, Kulturen und Religionen wird ein Gott vorausgesetzt. Das ist nur zu erklären, wenn Gott tatsächlich vorhanden ist. Die Gottesidee finden die Menschen in ihrem Bewusstsein bereits vor.
Teleologischer Gottesbeweis (*griechische Philosophen* und *Aufklärer*). Die Welt stellt sich uns als zweckmäßige Ordnung dar. Daraus ist auf einen zwecksetzenden Schöpfer und Ordner zu schließen.
Moralischer Gottesbeweis (*Scholastiker, Kant*). Der Mensch findet in seinem Gewissen eine sittliche Instanz vor, die sich sogar gegen menschliche Neigungen wendet. Wenn es also eine ethische Norm gibt, die über den menschlichen Wünschen und Neigungen steht, so muss es einen außermenschlichen Gesetzgeber geben, der diese Norm in das menschliche Gewissen gepflanzt hat. Das kann nur Gott sein.
Die *röm.-kath. Kirche* stellt im 1. Vatikanum gültig fest, dass Gott durch die natürliche Vernunft erkannt werden kann, wenn auch nicht vollkommen.
Nach *evangelischem Verständnis* lässt sich Gott mit den Mitteln der menschlichen Vernunft deshalb nicht beweisen und erkennen, weil die menschliche Vernunft die Grenzen der geschöpflichen Welt nicht überschreiten kann, und Gott kein innerweltlicher Gegenstand ist. Von Gott können Menschen nur wissen und reden, sofern er sich selbst im Horizont menschlichen Erfahrens und Erfassens als der Lebendige erweist. Menschliches Reden bleibt ein Reden, das in der Form von Symbolen und Metaphern auf die verborgene Wirklichkeit Gottes lediglich hinweisen und verweisen kann.

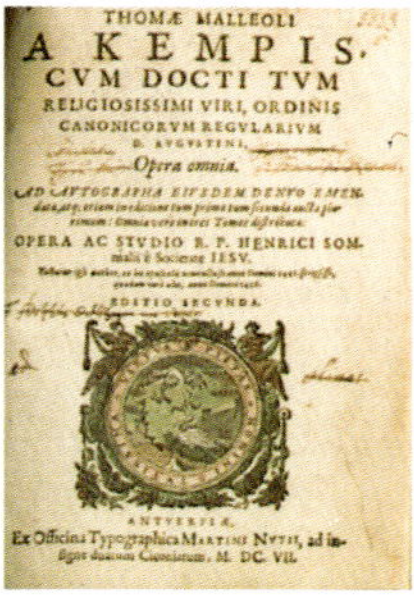

Das 1427 erschienene Erbauungsbuch *Von der Nachfolge Christi* des Thomas von Kempen wird – nach der Bibel – zum meistverbreiteten Werk der Literatur.

ker des Dominikaners Thomas ist der Franziskaner **Duns Scotus** († 1308). Er bezweifelt, dass es mittels des menschlichen Intellekts möglich ist, Gott zu erkennen. Die natürliche Vernunft kann uns nur dort zu sicherem Wissen führen, wo wir auf sinnliche Anschauungen zurückgreifen können. Der Bereich der Offenbarung ist der natürlichen Vernunft aber nicht zugänglich. Deshalb lässt sich Gottes Dasein auch nicht beweisen, wie es Thomas versucht. In der Tradition Augustins stehend, betont Duns Scotus, dass Gott sich den Menschen als Liebender offenbart hat und nicht als intellektuelle Wahrheit. Deshalb ist Gott auch nicht als Erkenntnis zu erfassen, sondern nur als Liebe. Die Gewissheit des Glaubens gewinnen wir daher in einem völlig andersartigen Erkenntnisakt als das, was sich dem Menschen durch die natürliche Vernunft erschließt. Dominikaner und Franziskaner haben sich auf die Konzepte ihrer Schulhäupter festgelegt.

Die skeptischen Gedanken im Hinblick auf die Rolle der natürlichen Vernunft in Glaubenssachen verfolgt **Wilhelm von Ockham** († 1348) konsequent zu Ende. Für ihn bilden Glauben und Wissen scharfe Gegensätze. Die natürliche Vernunft hat keinen Zugang zu Gott, folglich kann der Glaube auch nicht mit den Mitteln der Vernunft begründet werden. Diese Position kennzeichnet das Ende der Scholastik. Ockhams „via moderna" weist bereits in eine neue Zeit.

Die Kirche freilich versucht, die „via antiqua" im weitesten Sinne auszubauen und zu sichern. Das System der römischen Kurie wird erweitert, das Kirchenrecht wird zur eigenständigen Wissenschaft. Eine offiziell angelegte Rechtssammlung dokumentiert den zunehmenden Rechtscharakter der Kirche mit ihrem Zentrum in Rom. Die 4. Lateransynode 1215 verpflichtet die Gläubigen darauf, mindestens einmal im Jahr die Ohrenbeichte abzulegen. Die Wandlungslehre (*Transsubstantiation*) wird zum Dogma erhoben. Demnach gilt, dass durch die priesterliche Konsekration die Elemente Brot und Wein ihrer Substanz nach in Leib und Blut Christi verwandelt werden. Die Laien verzichten auf den Kelch. Die Zahl der Sakramente, die allein durch bloßen Vollzug wirksam sind, wird auf sieben festgelegt und ihr Empfang wird als heilsnotwendig erklärt. Damit ist die rechtlich verfasste Priesterkirche für das Heil der Gläubigen unentbehrlich geworden.

Seit 1231 sorgt die päpstliche Inquisition dafür, dass Ketzereien ausgerottet werden. Für hartnäckige Ketzer ist die Todesstrafe vorgesehen, deren Vollzug aus rechtlichen Gründen in den Händen der weltlichen Macht liegt. Im Hochmittelalter entsteht auch das bis heute praktizierte Ablasswesen. Demzufolge kann der Papst unter bestimmten Bedingungen einen Teil oder sogar alle zeitlichen Sündenstrafen erlassen. Der Lehre nach greift er dabei auf den Schatz der überschüssigen Verdienste Christi und der Heiligen zurück.

Heilige und Heiligsprechung

Nach neutestamentlichem Verständnis ist allein Gott heilig. Das Neue Testament versteht aber alle Christen insofern als Heilige, als sie durch Glauben und Taufe vom Hl. Geist erfüllt sind und so an Gottes Heiligkeit teilhaben. In der Volksfrömmigkeit werden seit dem 2. Jh. einzelne Persönlichkeiten als Heilige verehrt, die sich durch herausragende sittliche und religiöse Leistungen (Wunder) hervorgetan haben. Eine förmliche Heiligsprechung wird in der westlichen Kirche erst im 10. Jh. eingeführt. Seit dem 13. Jh. gehört die Heiligsprechung in die alleinige Zuständigkeit des Papstes. Seit 1969 gibt es in der röm Kurie eine spezielle Kongregation für Selig- und Heiligsprechungen. Durch Heiligsprechung erklärt der Papst, dass eine bestimmte Person auf Grund erwiesener Tugend oder vollbrachter Wunder im Himmel ist und hier auf Erden als Heiliger/Heilige verehrt werden darf. Die Kirchen der Reformation lehnen Heiligenverehrung als unbiblisch ab. Heiligenkult gilt hier als Verdrängung des Heils.

Wappen der Waldenser. Die »Armen von Lyon« organisieren sich als Laienkirche. Ihr Wahlspruch: »Das Licht leuchtet in der Finsternis«. Sie lehnen Seelenmessen, Ablass, Heiligen- und Reliquienverehrung ab. Sie wollen dem Gebot des Herrn gehorchen, nicht aber der kirchlichen Obrigkeit. Das 4. Laterankonzil exkommuniziert sie wegen unerlaubter Wanderpredigt. 1532 schließen sie sich der calvinistischen Richtung der Reformation an.

Die Reformation (1. Hälfte des 16. Jh.)

Vorreformatorische Ansätze

Große Erschütterungen kündigen sich in der Geschichte oft durch viele kleine „Vorbeben“ an. Reformen und Erneuerungsbewegungen gehören von Anfang an zur geschichtlichen Gestalt der Kirche. Die verschiedenen Armutsbewegungen des Mittelalters (Waldenser, Franz von Assisi) ebenso wie die vielen von der Inquisition verfolgten Gruppen und Personen signalisieren, dass die Kirche ihrer Erscheinungsform und ihren Zielen nach ihrem ursprünglichen Auftrag nicht mehr hinreichend gerecht wird.

Kritik an der Kirche meldet sich auch an den Universitäten. **John Wyclif** († 1384) etwa wendet sich als englischer Patriot zunächst gegen die weltliche Macht des Papsttums. Soweit es die Kirche betrifft, soll allein die Hl. Schrift gelten. In der Kirche soll keinen Platz haben, was dort nicht niedergelegt ist. Die Kirche seiner Zeit beurteilt er als eine des Antichrists, verkörpert im Papst. Auszuscheiden, weil nicht in der Bibel zu begründen, sind nach Wyclif nicht nur die Konstruktion des Papsttums, sondern auch die Lehre vom Schatz der guten Werke und von der Transsubstantiation, die Ohrenbeichte, das Mess- und Ablasswesen, die Verehrung von Heiligen, Reliquien und Bildern. Wyclif übersetzt die Bibel ins Englische, damit jeder das grundlegende Werk des christlichen Glaubens bzw. der christlichen Lehre selbst studieren kann. Der Inquisition, damals in England noch unbekannt, vermag er zu Lebzeiten zu entgehen; 30 Jahre nach seinem Tod allerdings werden die Gebeine des nunmehr als Ketzer geltenden Wyclif ausgegraben und verbrannt.

John Wyclif († 1384), fordert die Kirche auf, sich am Vorbild der Urkirche zu reformieren und die Hl. Schrift als einzige Grundlage des Glaubens gelten zu lassen.

Seine Gedanken werden von dem an der Universität Prag lehrenden Theologieprofessor **Jan Hus** aufgegriffen und verbreitet. Kaiser Sigismund fordert ihn als

Ketzer vor das Konstanzer Konzil, sichert ihm aber freies Geleit zu. Gegen diese Zusage wird Hus in Haft genommen, als Ketzer verurteilt und 1415 verbrannt. In Böhmen löst das die grausam geführten Hussitenkriege aus, unter denen selbst die Nachbarländer 17 Jahre lang zu leiden haben. Das Konzil indessen bleibt den Reformwünschen gegenüber taub.

Jan Hus will, von Wyclifs Ideen angeregt, in Prag die Kirche von Entwicklungen reinigen, die nicht der Hl. Schrift entsprechen. Er fordert auch den Abendmahlskelch für die Gemeinde. Trotz eines kaiserlichen Schutzbriefes wird er auf dem Konzil von Konstanz, das seine Lehre verurteilt, gefoltert und 1415 verbrannt. Gemälde aus dem 16. Jh.

Selbst in Italien regt sich Widerspruch, sind doch das Papsttum und die Kirche in der 2. Hälfte des 15. Jh. in einer heute kaum vorstellbaren Weise verweltlicht. Die Renaissancepäpste wollen Rom auch zur Welthauptstadt der Künste und Wissenschaften erheben. Genusssucht, Lotterleben, religiöse Skepsis, Ämterkauf und Vetternwirtschaft prägen das Bild. Eine neue Peterskirche soll gebaut werden, dafür braucht der Papst Geld. Von den Kanzeln ist viel über Astrologie und Philosophie, aber wenig über die Hl. Schrift zu hören. Diese Zustände prangert in Florenz der wortgewaltige Dominikanerprior **Girolamo Savonarola** an und ruft zur Buße. Es gelingt ihm, in Florenz eine Verfassung einzuführen, die das öffentliche Leben nach den Grundsätzen der Bibel ordnet. Sein Versuch freilich, christliches Leben mit politischen Mitteln herbeizuführen, scheitert. Er erhält Predigtverbot, wird exkommuniziert und endet 1498 auf dem Scheiterhaufen.

Schon im Mittelalter werden Juden vielerorts verbrannt, und zwar auf Grund von Verleumdungen wegen angeblicher Ritualmorde, angeblicher Hostienschändung und Brunnenvergiftung, oder weil man in ihnen die Verursacher für Pest und anderes Unglück sieht. Aus der Schedelschen *Weltchronik* von 1493: Verbrennung von Juden in Köln als Folge eines angeblichen Ritualmordes in Trient.

Die Lage am Vorabend der Reformation

Die westliche Welt befindet sich seit dem 14. Jh. im Umbruch, die mittelalterliche Ordnung beginnt sich aufzulösen. In Italien entwickelt sich eine bedeutende geistige Strömung, die Renaissance. Auf die Antike zurückgreifend, befördert sie ein neues Lebensgefühl. Statt eines asketischen propagiert man jetzt ein diesseitiges, dem Genuss zugewandtes Leben. Die Künste erblühen. Der Mensch will sich nicht länger nach vorgegebenen Autoritäten richten, sondern sucht sein Leben nach selbst gesetzten Maßstäben zu gestalten. Es entsteht eine weltliche Kultur. In Italien zieht der neue Geist als ungehemmtes Heidentum auch in die Kirche und in die römische Kurie ein.

Ende des 15. Jh. erreicht diese Bewegung die nördlichen Länder und öffnet hier, besonders in der Gestalt des *Humanismus*, den geistigen Horizont. Die Orientierung an der klassischen Antike führt die Humanisten zu der Forderung „Zurück zu den Quellen". Die alten Sprachen werden wieder entdeckt: das klassische Latein, das Hebräische (die Sprache des Alten Testaments), vor allem aber das Griechische (die Sprache auch der neutestamentlichen Schriften). Die Erfindung der Buchdruckkunst um 1440 durch Gutenberg fördert und beschleunigt den geistigen Austausch in Europa.

Mit der Entdeckung Amerikas durch Kolumbus 1492 weitet sich der geographische Horizont der Menschen. Der Blick in die Tiefen des Weltraumes führt Nikolaus Kopernikus Anfang des 15. Jh. dazu, das mittelalterliche Weltbild mit seiner Erkenntnis zu revolutionieren, dass nicht die Erde, sondern die Sonne im Mittelpunkt unseres Planeten-

Kolumbus entdeckt 1492 Amerika. Der Entdecker versteht sich zugleich als Wegbereiter des Christentums. Drei Spanier errichten auf der Landzunge links ein Holzkreuz.

Früh- und Hochrenaissance (1420 – 1520)
Zu Beginn des 15. Jh. wandelt sich im Abendland das Welt- und Menschenverständnis in dramatischer Weise. Im Mittelpunkt steht nicht mehr die jenseitige Welt, sondern der Mensch in seiner diesseitigen Wirklichkeit. Er beginnt sich als Individuum zu verstehen, das hier auf Erden seine Möglichkeiten ausschöpfen möchte. Diese Haltung öffnet den Blick für die geistesverwandte Antike, die ebenfalls eine Diesseitskultur war, und trägt der neuen Epoche die Bezeichnung »Renaissance« (der Antike) ein.

In Italien, wo die Verbindung zur Antike niemals ganz abgerissen war, äußert sich der Geist der neuen Zeit künstlerisch zuerst um 1420 im republikanischen Florenz (frühe Renaissance von 1400 – 1490) und verlagert sich gegen Ende des Jh. in das Rom der Renaissance-Päpste (Hochrenaissance von ca. 1490 – 1520). In Bildnerei und Malerei zeigen sich auch in Frankreich, den Niederlanden und Deutschland ähnliche Ansätze. Das Ziel der bildenden Kunst ist aber nicht mehr das Sinnbild, sondern das Abbild. Bildnerei und Malerei stützen sich jetzt auf Naturbeobachtung. Die Skulpturen lösen sich von der Bindung an die Architektur und gewinnen als freistehende Werke Eigenwert. Die gestaltende Rolle des Gewandes tritt zurück; die ausgewogenen Proportionen des menschlichen Körpers werden zu den dominierenden Ausdruckselementen. Der Mensch wird nicht mehr in seiner Sehnsucht nach himmlischer Vollkommenheit, sondern in seiner idealen irdischen Schönheit dargestellt. Die Gottesmutter wird zur bildhübschen Frau und das Kind wird zum Baby vermenschlicht. Das auf dem Studium von Natur, Proportionen und Anatomie basierende Porträt avanciert zu einem Hauptarbeitsfeld besonders der Malerei. Als Schauplatz menschlichen Handelns erschließen die Künstler nun die Landschaft in ihrer räumlichen Weite und Tiefe. Mit der Entdeckung der geometrisch konstruierbaren Linearperspektive, der Farb- und der Luftperspektive wird die perfekte Raumillusion auf der Malfläche möglich. Die Ölmalerei löst sich aus der Verbindung mit der Temperamalerei. Die Leinwand beginnt die Holztafel als Bildträger zu ersetzen.

David von Michelangelo, 1501 – 1504

Die neuen Ideale der Harmonie und Ausgewogenheit finden ihren vollkommenen Ausdruck im Zentralbau mit Kuppeldach, ein Konzept, das freilich den liturgischen Bedürfnissen nicht entspricht. Die zum Himmel strebenden Höhen der Gotik werden auf ausgewogene irdische Maße zurückgenommen. Kuppeldach, Rundfenster, Rundböden und Medaillons verstärken den Eindruck vollkommener Harmonie der Proportionen und Formen. Der Profanbau tritt erstmals gleichwertig neben den Sakralbau, ein sinnfälliges Zeichen für die Loslösung des Individuums von der Einbindung in die allmächtige Kirche. Die bildende Kunst, die bisher als Handwerk verstanden wurde, erhält den Rang einer Wissenschaft. Architekten, Bildhauer und Maler verstehen sich jetzt als eigenständige Künstler. Sie arbeiten weiter auch im Dienst der Kirchen, erweitern ihre Aktivitäten aber auf alle profanen Lebensbereiche.

Santa Maria Novella in Florenz, vollendet in der 2. Hälfte des 15. Jh., als Beispiel einer Renaissancefassade

systems steht. In den aufstrebenden Städten entfaltet sich mit einem wohlhabenden Bürgertum eine reiche weltliche Kultur, während der niedere Adel und die Bauern in eine ökonomisch schwierige Lage geraten. Die Universitätswissenschaft beginnt, sich als kritisches Gegenüber zur Kirche zu verstehen, und die Gebildeten rufen ungeduldig nach einer Reform der Kirche. Beim Klerus ist aber kein Reformwille erkennbar.

Im Volk ist zwar ein großes religiöses Verlangen zu verspüren, die religiöse Praxis wird aber von abergläubischen und magischen Vorstellungen beherrscht. Teufel- und Wunderglauben stehen in hoher Blüte. Der Hexenglaube, bereits von Thomas von Aquin ins kirchliche Lehrsystem integriert, steigert sich zum Hexenwahn. Papst Innozenz VIII. erlässt 1484 eine *Hexenbulle* gegen alle, die Unzucht mit dem Teufel treiben oder als Ketzer mit ihm im Bunde stehen. Die dominikanischen Inquisitoren geben 1487 im *Hexenhammer* genaue Anweisungen, wie mit Hexen umzugehen ist. Gleichzeitig strebt die Heiligenverehrung ihrem Höhepunkt zu. Die Zahl der Heiligen ist auf 1500 gestiegen, zu ihren Ehren werden zahlreiche Feste gefeiert. Der Reliquienkult ist kaum noch zu steigern. Friedrich der Weise etwa, der Landes-

Titelblatt des *Hexenhammers* (Abb. unten links). Der Hexenglaube vermischt sich im Hochmittelalter mit der Ketzerverfolgung. »Hexerei« fällt damit in den Bereich der Inquisition. Angeregt durch die *Hexenbulle* von Papst Innozenz VIII. (1484) schreiben zwei Dominikanermönche 1487 den *Hexenhammer*, das Handbuch der Hexenverfolgung. Der Hexenwahn erreicht seinen Höhepunkt in den Jahrzehnten um 1600. Gegen die Hexenprozesse äußert sich öffentlich der reformierte Arzt Johannes Weyer († 1588), und gegen den Hexenwahn insgesamt wendet sich der Jesuit Friedrich Spee von Langenfeld (Abb. unten rechts) in einer anonymen Schrift 1631.

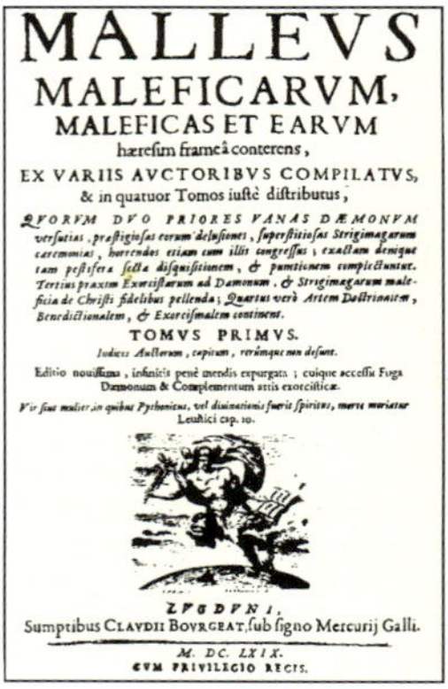

MALLEVS
MALEFICARVM,
MALEFICAS ET EARVM
hæresim frameâ conterens,
EX VARIIS AVCTORIBVS COMPILATVS,
& in quatuor Tomos iustè distributus,

QVORVM DVO PRIORES VANAS DÆMONVM versutias, præstigiosas eorum delusiones, superstitiosas Strigimagarum cæremonias, horrendos etiam cum illis congressus; exactam denique tam pestiferæ sectæ disquisitionem, & punitionem complectuntur. Tertius praxim Exorcistarum ad Dæmonum, & Strigimagarum maleficia de Christi fidelibus pellenda; Quartus verò Artem Doctrinalem, Benedictionalem, & Exorcismalem continent.

TOMVS PRIMVS.

Indices Auctorum, capitum, rerûmque non desunt.

Editio nouissima, infinitis penè mendis expurgata; cuique accessit Fuga Dæmonum & Complementum artis exorcisticæ.

Vir siue mulier, in quibus Pythonicus, vel diuinationis fuerit spiritus, morte moriatur Leuitici cap. 10.

LVGDVNI,
Sumptibus CLAVDII BOVRGEAT, sub signo Mercurij Galli.

M. DC. LXIX.
CVM PRIVILEGIO REGIS.

herr Luthers, besitzt mehr als 5000 Reliquien. Ablässe sind begehrt. Sie können auch für Verstorbene erworben werden, um deren Zeit im Fegefeuer zu verkürzen. Die bequemste Art, einen Ablass zu erwerben, ist die Geldzahlung. Gute Werke wie Wallfahrten, Stiftungen oder die Gabe von Almosen dienen dazu, von Sündenstrafen loszukommen. Seit den Kreuzzügen begegnet man aber auch bewusstem Unglauben.

Zu Beginn des 16. Jh. gibt es in Europa die drei starken, in territorialer Hinsicht weitgehend homogenen Monarchien: Spanien, Frankreich und England, während Italien und Deutschland in kleine Herrschaftsgebiete zersplittert sind. Die kaiserliche Rechtsgewalt erweist sich gegenüber den selbstherrlichen Königen und Fürsten als ohnmächtig. In weltlichen Angelegeheiten ist der Einfluss des Papstes bedeutungslos. Die Landesherren regeln nämlich auch die kirchlichen Angelegenheiten eigenständig, sie versuchen selbst nach Kräften Missstände zu beseitigen.

Martin Luthers Reformimpulse

Die Rufe nach einer Reform der Kirche an Haupt und Gliedern verstummen nicht mehr. Im 16. Jh. bleibt die Reformbewegung nicht mehr nur regionaler Natur oder lediglich auf Klöster beschränkt. Sie führt den einschneidendsten Umbruch in der Geschichte der Kirche herauf und wirkt in alle Bereiche der Kultur hinein. Die Reformimpulse kommen vor allem aus den Kernbereichen mittelalterlicher Frömmigkeit und Geistigkeit, nämlich aus dem mönchischen Leben und der Theologie.

Auslöser und kreativer Geist der Reformbewegung ist ein treuer Sohn seiner Kirche, der Augustiner-Eremit und Ordenspriester **Martin Luther** (1483–1546), Doktor und Professor der Hl. Schrift in Wittenberg. Er verfolgt seine mönchische Lebenspraxis ebenso wie das Studium der heiligen Schriften mit ganzer Hingabe. Luther hatte gelernt, dass sich der Mensch für das Gute entscheiden kann und dass Gott deshalb von ihm fordert, entsprechend zu handeln. Wenn er

Luther über seine Zeit als Mönch auf der Suche nach einem gnädigen Gott: »Wahr ist's, ein frommer Mönch bin ich gewesen ... Ist je ein Mönch in den Himmel gekommen durch Möncherei, so wollt ich auch hineingekommen sein ... Ich hätte mich, wo es länger gewährt hätte, zu Tode gemartert mit Wachen, Beten, Lesen und anderer Arbeit.«

Martin Luther, Gemälde von Lucas Cranach d. Ä., 1526.

dem genügt, was in seinen Kräften liegt, so schafft er die Voraussetzungen dafür, dass Gott ihn gnädig annimmt. In seinem Bemühen um einen gnädigen Gott verlangt der Mönch Luther – mit Wachen, Fasten, Beten und Arbeiten – seinem Körper das Letzte ab. Doch findet er auf diesem Weg den so sehnlich gesuchten gnädigen Gott nicht.

Besonders bedrohlich erscheinen ihm die biblischen Worte von „Gottes Gerechtigkeit“. Im Einklang mit der kirchlichen Lehre verbindet er damit einen Gott, der insofern gerecht ist, als er vom Menschen gute Taten und rechtes Handeln fordert und Sünder und Übeltäter bestraft. Ein solchermaßen gerechter Gott ängstigt ihn allerdings und treibt ihn zur Verzweiflung. Denn wann ist denn des Guten genug getan? Und wie kann ein Mensch den Forderungen Gottes überhaupt gerecht werden? Mit persönlichen Fragen dieser Art belastet, erschließt sich Luther über dem Studium des Römerbriefs ein neues Verständnis dessen, was mit dem Begriff „Gottes Gerechtigkeit“ gemeint ist. Er erkennt, dass diese keine Forderung meint, an der der Mensch gemessen wird. Vielmehr ist umgekehrt Gottes Gerechtigkeit als Geschenk zu verstehen, den Menschen zugeeignet. Und dies ist das Geschenk: dass Gott den Menschen noch vor jeder Eigenleistung dazu befähigt, das Rechte zu tun. Es geht also nicht um die abstrakte Feststellung, dass Gott gerecht *ist*, sondern konkret darum, dass Gott den Menschen recht (= gerecht = gottgerecht) *macht*. Luther zufolge kann christlicher Glaube nicht als die Summe sittlicher Einzelleistungen begriffen werden; er bezeichnet vielmehr jenes Heil, das dem Menschen nur als Geschenk zufallen kann. Damit ist die herkömmliche Heilsvorstellung überholt, die Goethe später in dem Engelswort (*Faust II*) „Wer immer strebend sich bemüht, den können wir erlösen“

Luther über den Glauben
»… Was heißt, einen Gott haben; oder, was ist Gott? Antwort: Ein Gott heißet das, dazu man sich versehen soll alles Guten, und Zuflucht haben in allen Nöten; also, daß einen Gott haben nichts anders ist, denn ihm von Herzen trauen und glauben; wie ich oft gesagt habe, daß allein das Trauen und Glauben des Herzens machet beide, Gott und Abgott. Ist der Glaube und Vertrauen recht, so ist auch dein Gott recht; und wiederum, wo das Vertrauen falsch und unrecht ist, da ist auch der rechte Gott nicht … Worauf du … dein Herz hängst und dich verläßt, das ist eigentlich dein Gott.«

zusammenfasst. Erlöst wird der Mensch nach Luthers Auffassung nicht *durch* rechtes Tun, sondern *zu* rechtem Tun. Und diese Erlösung widerfährt ihm, wenn er sich der Barmherzigkeit Gottes ganz und gar anvertraut, d. h. wenn er glaubt. Die Rechtfertigung des Sünders vor Gott muss somit auch nicht mehr als Angst einflößendes Rechtsgeschehen verstanden werden, sie erweist sich vielmehr als ein befreiendes Widerfahrnis. Dieses neue Verständnis prägt die Kurzformel, wonach der Mensch gerecht = gerechtfertigt wird allein durch Gottes Gnade (*sola gratia*) und aus Glauben (*sola fide*), ganz so wie es Paulus in Röm 1,17 sagt: „Der aus Glauben Gerechte wird leben".

Mit dieser Erkenntnis lässt Luther das System katholischer Religiosität hinter sich; die Grundkonzepte katholischen und evangelischen Heilsverständnisses treten auseinander. Die Botschaft von der „geschenkten Gerechtigkeit", bleibender Schwerpunkt evangelischer Predigt, hat Konsequenzen für nahezu alle Bereiche der Theologie und kirchlichen Praxis. Entscheidende Begriffe der religiösen Sprache erscheinen jetzt in neuem Licht.

Glauben bedeutet nicht länger, die Kirchenlehre zu kennen und ihr auch in intellektueller Hinsicht zuzustimmen, sondern meint einen existenziellen Akt, in dem der Mensch sein ungeteiltes Vertrauen auf die Zusagen Gottes setzt, die in Jesus von Nazaret wirklich und anschaulich geworden sind. *Sünde* ist nicht mehr als einzelne Tat im Sinne eines vermeidbaren sittlichen Fehlverhaltens gegen göttliche und moralische Gebote zu verstehen; sie erweist sich vielmehr als die Grundhaltung des Menschen, der sein Leben aus eigener Kraft nach eigenen Vorstellungen bestehen und so sein Heil gewinnen will. Augustin charakterisierte den Sünder bereits sehr realistisch als den „in sich selbst gekrümmten Menschen". Und Paulus schreibt Röm 14,23: „Alles,

Luther zur Arbeit des Übersetzens
»Man darf nicht die Buchstaben in der lateinischen Sprache fragen, wie man soll deutsch reden; sondern man muß die Mutter im Hause, die Kinder auf der Gasse, den gemeinen Mann auf dem Markt darum fragen und denselbigen auf das Maul sehen, wie sie reden, und danach dolmetschen, so verstehen sie es denn und merken, daß man deutsch mit ihnen redet.«

Titelseite der ersten von Luther übersetzten vollständigen Bibel, 1534

Der Altaraufsatz der Stadtkirche von Wittenberg, vollendet von Lucas Cranach d. Ä., zeigt Luthers Verständnis von Verkündigung: Christus und sein Werk der Gemeinde vor Augen malen.

Für die **Gestalt eines evangelischen Gottesdienstes** kann es nach Luther keine verbindlichen Vorschriften geben, denn: »Wo das Wort Gottes in der Versammlung verkündet wird, da ist Gott gegenwärtig.«

Seinem Entwurf für eine *Deutsche Messe* stellt er die dringende Bitte vorab: »... daß man bloß kein zwingendes Gesetz daraus mache, sondern (den Entwurf) in christlicher Freiheit nach eigenem Urteil so verwende, wie, wo, wann und wie lange es die Umstände (am Ort) als angemessen erscheinen lassen.«

was nicht aus Glauben geschieht, ist Sünde.“ In diesem Sinn verweist Luther darauf, dass auch unsere besten und moralisch höchsten Handlungen als Sünde zu verstehen sind, insofern sie der Eigenmächtigkeit des Menschen entspringen und nicht dem Willen und dem Geiste Gottes. Sünde erscheint hier nicht mehr als moralische, sondern als eine religiöse Größe. *Vergebung* kann in dieser Sicht auch nicht im Zuge eines Rechtsgeschäfts erreicht werden, bei dem bestimmte Bußleistungen gegen entsprechende Vergehen verrechnet werden. Vergebung bedeutet vielmehr, sich durch Gottes Geist zur Liebe in einer Weise stärken zu lassen, die es möglich macht, den Zwangsläufigkeiten eigenmächtigen und eigensüchtigen Handelns zu entkommen.

Luther bleiben noch einige Jahre Zeit, sein Verständnis vom rechtmachenden Glauben an den biblischen Texten zu überprüfen und die Konsequenzen daraus zu bedenken, ehe er, durch den Ablasshandel herausgefordert, an die Öffentlichkeit tritt. Der geschäftstüchtige Dominikaner **Johannes Tetzel** vertreibt an Sachsens Grenzen päpstliche Ablässe, deren Erlöse für den Neubau der Peterskirche in Rom vorgesehen sind. Als Beichtvater erfährt Luther von den verheerenden Folgen des Ablassgeschäfts für das religiöse Leben. Wenn Geldzahlungen über das Heil der Menschen entscheiden, wenn gar Straferlass für Verstorbene erkauft werden kann, darf er als Seelsorger nicht schweigen. Luther predigt zunächst gegen diesen Missbrauch des Bußwesens. Da dies ohne Wirkung bleibt, fordert er Ende Oktober 1517 mit 95 Thesen zu einer akademischen Disputation über den Wert des Ablasses auf. Eine Disputation kommt nicht zustande; aber die Thesen werden, dank der neuen Möglichkeiten des Buchdrucks, in ganz Deutschland und darüber hinaus bekannt. Das bringt Luther bereits wenige Wochen später gleich zwei Anzeigen wegen Ketzerei ein. Man fordert ihn auf zu widerrufen. Luther lehnt ab und erhält von seinem Landesherren, dem Kurfürsten Friedrich d. Weisen von Sachsen (Reg. 1486 – 1525), politischen Schutz. Von nun an sind Luthers Gedanken in aller Munde. Er muss sie in Disputationen und auf dem Wormser Reichstag 1521 vor Kaiser Karl V. verteidigen. Ein Jahr zuvor schon entwirft er in drei Schriften die Konturen einer Kirche, wie sie sich aus dem neuen Verständnis der Rechtfertigung ergibt.

Aus Luthers 95 Thesen zum Ablass

Vorab zum Verständnis: Nach einer im 13. Jh. entstandenen Lehre verfügt die Kirche über einen unerschöpflichen »Schatz überschüssiger Werke und Verdienste«, die durch das Verdienst Christi und durch die überschüssigen guten Werke der Jungfrau Maria und der Heiligen angesammelt worden sind. Mit diesen überschüssigen Werken kann die Kirche von jenen zeitlichen Sündenstrafen befreien, die auf Erden getilgt oder im Fegefeuer gebüßt werden müssen.

»1. Da unser Herr und Meister Jesus Christus spricht: Tut Buße! (Mt 4,5), will er, daß alles Leben der Gläubigen eine stete und unaufhörliche Buße sein soll.

5. Der Papst will und kann keine anderen Strafen erlassen als diejenigen, die er entweder nach eigener Entscheidung oder nach der kirchlichen Satzung auferlegt hat.

36. Ein jeder Christ, der seine Sünden wahrhaft reut, hat völlige Vergebung (vollkommenen Erlass) von Strafe und Schuld, die ihm auch ohne Ablassbrief zuteil wird.

62. Der wahre Schatz der Kirche ist das allerheiligste Evangelium von der Herrlichkeit und Gnade Gottes.«

Quelle, Norm und Grundlage christlichen Glaubens kirchlicher Praxis und Lehre sieht Luther allein in der Heiligen Schrift (*sola scriptura*). Auf der Wartburg versteckt, übersetzt er 1521 in kaum drei Monaten das Neue Testament ins Deutsche. Dankbar greift er dabei auf den griechischen Urtext zurück, den der Humanist **Erasmus von Rotterdam** († 1536) wenige Jahre zuvor veröffentlicht hat. Es gibt für Luther keine Instanz, die das Recht hätte, sich über die Schrift zu stellen

Der Humanist Erasmus von Rotterdam gibt 1516 eine kritische Ausgabe des griechischen Neuen Testaments heraus.

Philipp Melanchthon, 1526, nach einem Kupferstich von A. Dürer. Melanchthon kommt als Professor der griech. Sprache aus dem Lager der Humanisten zu Luther. Er ist Hauptverfasser der *Confessio Augustana* (1530), die eines der wichtigen Bekenntnisse der Reformation lutherischer Prägung wird.

bzw. das Monopol der Auslegung für sich zu beanspruchen. Für ihn ist der einzige irrtumslose Lehrer der Kirche deshalb nicht der Papst, sondern die Schrift selbst. Deren Texte sind, unter Anwendung der jeweils besten Methoden, dem geschichtlichen Zusammenhang entsprechend in den Blick zu nehmen. Das geistliche Zentrum der Schrift, nämlich das Ziel, den lebendigen Christus zu verkündigen, bleibt dabei der leitende Gesichtspunkt. Alles, auch kirchliche Traditionen, Ämter, Einrichtungen und Lehren müssen durch die Schrift legitimiert sein und sich in ihrer aktuellen Gestalt daran messen lassen.

Luther versteht die Schrift dahingehend, dass Gott mit den Menschen durch das *Wort* handelt; zunächst durch das lebendige Wort in Jesus von Nazaret und danach durch das Christuszeugnis der Gläubigen. Ein privilegiertes Priesteramt, das zwischen Gott und dem Menschen vermitteln müsste, sieht Luther in der Schrift nicht begründet, und erst recht nicht eine erzwungene Ehelosigkeit der Priester und die kirchliche Hierarchie mit ihrer Spitze, dem Papst. Zu Priestern, die ihren Glauben leben und in Wort und Tat bezeugen, sind ohne Unterschied alle Gläubigen berufen. Nur für die öffentlichen Funktionen ist es nötig, dass die Gemeinde Menschen in besondere Ämter beruft. Diese Amtsträger haben aber keinen privilegierten Status, und ein solcher Status oder eine besondere Heiligkeit kann ihnen auch durch eine Weihe nicht verliehen werden.

Die Schrift kennt, so Luthers Auffassung, nicht sieben, sondern nur zwei von Christus eingesetzte *Sakramente*: die Taufe und das Abendmahl. Und diese Sakramente sind keine heiligen Dinge, die allein schon dadurch wirken, dass sie vollzogen werden. Sie sind in ihrem Kern ebenfalls gepredigtes Wort, das mit einem sichtbaren Zeichen verbunden ist; sie sind „sichtbares" Heilswort, das dem Einzelnen zugesprochen wird. Da sie dem Wort nichts hinzufügen, hängt ihre Wirkung auch nicht daran, dass sie von einem Amtspriester nach vorgeschriebenem Ritus (*rite*) vollzogen werden. Die Sakramente entfalten – wie das Wort – ihre Wirkung allein dadurch, dass sie als persönliche Zusage des Heils angenommen werden. Als unbiblisch weist Luther auch die Lehre zurück, nach der in der Messe Brot und Wein durch priesterliche Handlung in Leib und Blut Christi verwandelt werden (Transsubstantiation).

Die *Kirche* ist nicht dort, wo der Bischof, die Hierarchie bzw. der Papst sind, sondern sie ist die Gemeinschaft der gerecht/recht gemachten Sünder. Sie lebt auch nicht aus der Vollmacht von Priestern und Bischöfen, sondern aus dem gepredigten Wort. Sie ist schließlich auch nicht die heilsnotwendige Anstalt, die das Heil nach festen Regeln verwalten kann, sondern in ihrer sichtbaren Gestalt eine menschliche Einrichtung, die dafür zu sorgen hat, dass Gottes Wort verkündigt wird. Kurz: Kirche ist dort, wo das Evangelium gemäß der Hl. Schrift verkündigt und die Sakramente schriftgemäß ausgeteilt werden. Was in der Kirche gelten soll und was nicht, darüber können weder Konzilien noch Päpste autoritär entscheiden, es zählt allein das Zeugnis der Schrift. Der Anspruch der Konzilien oder des Papstes, unfehlbar und ohne Irrtum zu sein, ist daher zurückzuweisen.

Papst Leo X. erlässt 1520 die *Bannandrohungsbulle* gegen Luther, verurteilt 41 seiner Sätze als ketzerisch, befiehlt alle seine Schriften zu verbrennen und fordert ihn zum Widerruf auf. Detail aus einem Gemälde von Raffael, 1518

Nach ihrem Selbstverständnis und der bisherigen Praxis bleibt der römischen Kirche, der mit diesem Reformgedanken der Boden entzogen wird, keine andere Wahl, als gegen Luther sofort den Ketzerprozess zu eröffnen. In der *Bannandrohungsbulle* 1520, die mit den Worten beginnt „Erhebe dich Herr ... ein Wildschwein will deinen Weinberg verwüsten", werden 41 Sätze Luthers als ketzerisch verdammt, darunter auch der Satz „Ketzer verbrennen ist wider den Willen des Heiligen Geistes". Bereits jetzt wird angeordnet, alle Schriften Luthers zu ver-

Luther verbrennt 1520 öffentlich die päpstliche *Bannandrohungsbulle* vor dem Wittenberger Elstertor.

brennen. Er selbst wird aufgefordert, binnen 60 Tagen zu widerrufen. Luthers Antwort ist in ihrem symbolischen Gehalt eindeutig. Er lässt die 60 Tage verstreichen und verbrennt sodann in Wittenberg öffentlich die maßgebende Gesetzessammlung des päpstlichen Rechts (*Corpus iuris canonici*) sowie die päpstliche Bulle. Daraufhin wird der *Bannfluch* gegen Luther ausgesprochen, der heute noch gilt.

Die Kirche verstößt zwar den Ketzer, den nur politisch günstige Umstände vor dem Scheiterhaufen bewahren, aus ihrer Gemeinschaft; aber die Reform impulse, die von ihm ausgehen, sind nicht mehr zu unterdrücken. Das System der mittelalterlichen Kirche ist nachhaltig erschüttert und grundsätzlich in Frage gestellt.

Die Reformgedanken setzen sich durch

Der Buchdruck bildet eine der wichtigsten Voraussetzungen, dass Luthers Reformgedanken über Flugblätter, Schriften, Predigten und Lieder in alle Teile Europas gelangen. Die verschiedenen Publikationen entfalten in der vielgestaltigen politischen Landschaft des Reiches eine Eigendynamik, die sich jeder zentralen Kontrolle entzieht. Von allen Schichten der Bevölkerung aufgegriffen, werden die Reformgedanken freilich auch oft sehr einseitig in die Tat umgesetzt. Als sich Luther, im päpstlichen Bann und in Reichsacht,

1521/22 auf der Wartburg als Junker Jörg verborgen hält, schreitet sein Universitätskollege Karlstadt in Wittenberg zur Reform der Messe. Er feiert das Abendmahl in beiderlei Gestalt, nämlich mit Brot und Wein. Eine schwärmerische Gruppe aus Zwickau radikalisiert unter ihrem Anführer **Thomas Müntzer** diese Reformansätze. Die revolutionär gestimmten Schwärmer dringen in die Kirchen ein, zerstören Altäre und Kruzifixe und reißen die Bilder von den Wänden.

Gegen ausdrücklichen Befehl des Kurfürsten verlässt Luther die schützende Wartburg und führt mit seinen berühmt gewordenen *Invocavit*-Predigten das erregte Volk zu nüchternem Denken und Handeln zurück. Aus der katholischen Messe streicht er nur die dem Evangelium widersprechenden Passagen (alles, was mit der Transsubstantiations-Vorstellung zusammenhängt oder zur Werkgerechtigkeit verführt). Ohrenbeichte und Winkelmessen werden abgeschafft. Mit dieser vorsichtigen Reform im Frühjahr 1422 beginnt sich ein evangelisches Kirchentum herauszubilden. Luther warnt davor, eine bestimmte Gottesdienstform zur verpflichtenden Norm zu erklären.

Aufständische Bauern, die reformatorische Gedanken dazu benutzen, um ihre ökonomische Lage mit Gewalt zu verbessern, weist Luther schroff zurück. Denn er will keine politische Reformation, sondern wirbt für eine Reformation, in der Kirche und Welt aus dem Geist des Evangeliums neu gestaltet werden.

Da der junge Kaiser **Karl V.** in Kriege außerhalb Deutschlands verwickelt ist, fällt den Territorialfürsten die Aufgabe zu, die aus dem Ruder laufenden kirchlichen Angelegenheiten zu regeln. Luther nimmt die Landesherren dazu ausdrücklich in die Pflicht. 1526 entstehen in Kursachen und Hessen die ersten *lutherischen Landeskirchen*. Andere folgen. Eine nach Territorien aufgeteilte konfessionelle Spaltung bahnt sich an. Damit entsteht freilich ein politisches Konfliktfeld zwischen dem katholischen kaiserlichen Lager und den protestantischen Fürsten und Städten, die sich in einem Bund zusammenfinden.

Luther zu Glauben und guten Werken
»Glaube ist nicht der menschliche Wahn und Traum, den etliche für Glauben halten. Und wenn sie sehen, daß keine Besserung des Lebens noch gute Werke folgen … fallen sie in den Irrtum und sprechen: der Glaube sei nicht genug, man müsse Werke tun, soll man fromm und selig werden … Glaube aber ist ein göttliches Werk in uns, das uns wandelt und neu gebiert aus Gott … Er fragt nicht, ob gute Werke zu tun sind, sondern ehe man fragt, hat er sie getan und ist immer im Tun … Gerechtigkeit ist nun solcher Glaube und heißt Gottes Gerechtigkeit, oder Gerechtigkeit, die vor Gott gilt … Durch den Glauben wird der Mensch ohne Sünde und gewinnt Lust zu Gottes Geboten.«

Die Reformation setzt sich auch in Württemberg, Pommern, dem Herzogtum Sachsen und in Brandenburg durch. Der Kaiser, der zwar einen friedlichen Ausgleich anstrebt, sich aber nur selten in Deutschland aufhält, hat auf die Entwicklung kaum Einfluss. Auf dem *Reichstag von Augsburg* 1555 wird schließlich ein Religionsfriede vereinbart. Das deutsche Luthertum wird demnach reichsrechtlich anerkannt. Damit ist die konfessionelle Spaltung Deutschlands ein politischer Tatbestand. Den Landesherren (nicht den Untertanen!) wird die Religionsfreiheit zugesprochen, und zwar nach dem Grundsatz „Cuius regio, eius religio", d. h. der Landesherr entscheidet über die Religion seiner Landeskinder. Diese Regelung bewirkt, dass die Territorien in Deutschland bis in das 19. Jh. konfessionell geschlossen bleiben.

Die Reformation außerhalb Deutschlands

Luthers Reformgedanken werden auch jenseits der deutschen Grenzen rasch und dankbar aufgenommen, und zwar im Süden bis Tirol, Salzburg und Vorderösterreich, im Osten bis Böhmen, Mähren, Ungarn und Polen, im Norden bis zum Baltikum und in den skandinavischen Ländern.

Zu eigenständigen Ausprägungen der Reformimpulse kommt es in der *Schweiz*. Im deutschsprachigen Gebiet wirkt seit Anfang der 20er Jahre von Zürich aus der humanistisch gebildete **Ulrich Zwingli** († 1531). Noch radikaler als Luther scheidet er aus dem katholischen Rechtssystem und dem Kultus all das aus, was sich nicht direkt aus der Schrift herleiten lässt (z. B. auch Orgel, Kirchengesang und Altäre). Zwinglis Wir-

Ulrich Zwingli, Gemälde von Hans Asper, 1531. Das Studium der biblischen Sprachen eröffnet Zwingli ein intensives Eindringen in die Schriften des Apostels Paulus und Augustins. 1519 wird Zwingli zum »Leutpriester« ans Großmünster von Zürich berufen. Ermutigt durch die Reformgedanken des Humanisten Erasmus und Luthers geht er mit Tatkraft daran, die reformatorischen Erkenntnisse in die Praxis kirchlichen Lebens umzusetzen, konsequenter als Luther.

Die Grundelemente seiner Kirchenverfassung prägen bis heute weltweit das reformierte Kirchenwesen. Die schmucklosen Kirchenräume der Reformierten gehen ebenfalls auf seine strenge Auslegung des alttestamentlichen Bilderverbots zurück.

Johannes Calvin, Gemälde aus der flämischen Schule

kung bleibt freilich regional begrenzt.

Die wirkungsmächtigste Spielart der Reformation entwickelt der Franzose **Johannes Calvin** (1509 – 1564), Humanist und Jurist, seit 1530 entschiedener Bekenner des Evangeliums. Er flieht vor religiöser Verfolgung nach Basel, wo er als 26-jähriger 1536 mit seinem Hauptwerk *Unterricht in der christlichen Religion* die umfassendste systematische Darstellung der reformatorischen Theologie schreibt, was ihn mit einem Schlag in ganz Europa bekannt macht. Auf der Durchreise in Genf wird er dafür gewonnen, bei der Einführung und Gestaltung der Reformation zu helfen. Nach kurzer Tätigkeit zunächst vertrieben, wird er aber schon 1541 aus Straßburg, wo er drei Jahre lang mit der deutschen Reformation Kontakt hat, nach Genf zurückgerufen.

Auch Calvin betont – noch rigoroser als Luther – die wörtliche Geltung der Schrift. Seine Theologie, fest in Luthers Kerngedanken verankert, zeichnet sich gegenüber dem Denken des Wittenbergers durch einige Besonderheiten aus. So ist z. B. alles ohne Ausnahme der Ehre und Majestät Gottes unterzuordnen. Obwohl Calvin von Luthers Rechtfertigungslehre nichts preisgibt, führt ihn sein Gottesverständnis doch zu der (biblisch begründbaren) Konsequenz, dass Gott einen Teil der Menschheit zur ewigen Seligkeit, den anderen aber zur ewigen Verdammnis vorherbestimmt (doppelte Prädestination). Ein nicht unüberbrückbarer Dissens zu Luther begegnet in der Frage, wie Christus im Abendmahl gegenwärtig ist.

Gemeindliches und öffentliches Leben ordnet Calvin nach streng biblischen Grundsätzen. Sein Ziel ist es,

Das Grundbekenntnis der Reformierten
»WAS IST DEIN EINIGER TROST IM LEBEN UND IM STERBEN?
Daß ich mit Leib und Seele, beides,
im Leben und im Sterben, nicht mein,
sondern meines getreuen Heilands
Jesu Christi eigen bin,
der mit seinem teuren Blut
für alle meinen Sünden vollkömmlich bezahlet
und mich aus aller Gewalt des Teufels erlöset hat
und also bewahret,
daß ohne den Willen meines Vaters im Himmel
kein Haar von meinem Haupt kann fallen,
ja auch mir alles
zu meiner Seligkeit dienen muß.
Darum er mich auch durch seinen Heiligen Geist
des ewigen Lebens versichert
und ihm forthin zu leben
von Herzen willig und bereit macht.«
(»Frage 1« und »Antwort« des *Heidelberger Katechismus*, 1563)

Genf zu einem Gottesstaat (Theokratie) zu machen. Während das Luthertum organisatorisch nur wenig regelt und eine bischöflich-konsistoriale Leitungsstruktur ausbildet, wird Calvins Kirche konsequent synodal, nämlich von der Gemeinde her, aufgebaut und geleitet. Die nach urchristlichen Vorgaben eingerichteten Ämter und Ausschüsse der Gemeinden, mehrheitlich von Nichtordinierten wahrgenommen, gelten als von Gott geboten: So sind der Pfarrer für Predigt und Seelsorge, der Lehrer für den Unterricht, Älteste für die Kirchenzucht und Diakone für die Armenpflege zuständig. Betont wird die Selbstständigkeit gegenüber den weltlichen Institutionen, was zur kirchlichen Selbstregierung durch Synoden führt und eine Staatskirche ausschließt. Den Gemeinden wird sogar das Widerstandsrecht gegen einen Staat zugestanden, der christlichen Grundsätzen zuwider handelt. Damit ist auch im politischen Handeln Selbstverantwortung gefordert.

Innerhalb der Gemeinden wird in Genf strenge Kirchenzucht eingeführt und das religiöse und sittliche Leben genau überwacht. Dabei gilt auch für Calvin, dass das rechte Tun nicht die Bedingung dafür ist, um von Gott angenommen zu werden, sondern der Ausdruck dafür, von ihm angenommen zu sein. Die Gottesdienste – in Kirchen, aus denen Orgeln, Bilder, Kreuze, Kerzen und Altäre entfernt sind – umfassen Predigt, Gebete und Psalmen.

Während Luthers Denken tief und schöpferisch ist, denkt Calvin eher systematisch. Zudem zieht er auch furchtloser die theologischen Konsequenzen aus den reformatorischen Grunderkenntnissen. Insofern ist im

Calvinismus-Konzept das evangelische Verständnis von Kirche gegenüber dem katholischen am deutlichsten ausgeprägt. Calvin wirkt weltweit. Er steht im Briefwechsel mit Fürstenhäusern und führenden Theologen in ganz Europa. Die Theologische Akademie in Genf ist in weit höherem Maße als Wittenberg theologischer Mittelpunkt der protestantischen Welt. Hier bildet man Prediger aller Länder in einem einheitlich durchgeformten reformatorischen Geist aus und macht sie mit klaren Vorstellungen hinsichtlich der Organisation kirchlichen Lebens vertraut. Dies hat wesentlich dazu beigetragen, dass die reformatiorischen Impulse in der Gegenreformation nicht untergegangen sind.

Die Entwicklung in *England* hat mit Reformation zunächst nichts zu tun, führt aber dennoch zu einer Kirche eigener Prägung. Papst **Klemens VII.** verweigert dem englischen König **Heinrich VIII.** dessen angestrebte Scheidung. Daraufhin sagt sich der König von der Papstkirche los und lässt sich vom Parlament als das „oberste irdische Haupt der Kirche von England" anerkennen. Nach einer kurzzeitigen, gewaltsam verlaufenden Rekatholisierung unter der „blutigen" Maria Tudor etabliert sich unter Elisabeth I. durch Beschluss des Parlaments 1559 eine von Rom unabhängige englische Staatskirche. Der König bleibt oberster Herr der Kirche, hat aber auf Lehre und Sakrament keinen Einfluss mehr. Die *Anglikanische Kirche* behält zwar weitgehend die katholische Gestalt des Gottesdienstes bei, ist aber in ihrer Lehre calvinistisch ausgerichtet. Mit der Ausdehnung des britischen Empire gelangt der anglikanische Kirchentypus in viele Teile der Welt. Heute versteht sich die anglikanische Kirche als ökumenische Brücke zwischen altkirchlichen, katholischen und evangelischen Traditionen.

König Heinrich VIII., der die Kirche von England wegen persönlicher Probleme von Rom löst und zur anglikanischen Staatskirche umformt.

Im Gefolge des gewaltigen Umbruchs im 16. Jh. bildet sich eine kaum übersehbare Zahl von Gruppierungen, deren Gemeinsamkeit darin besteht, dass sie jede

Das protestantische Lehr- und Merkbild, das die reformatorischen Grundgedanken auszudrücken sucht, entwirft Lukas Cranach d. Ä. nach einer Bildidee Luthers. Dieser Entwurf wird von vielen Malern aufgenommen und vielfältig variiert. Hier ist Franz Timmermanns Version von 1540. Die linke Bildseite veranschaulicht den Weg des Gesetzes, der den Menschen ins Verderben führt. Rechts ist der Weg der Gnade dargestellt. Jeder Mensch steht (wie die Figur in der Mitte unter dem Baum) vor der Entscheidung für den Weg des Gesetzes oder der Gnade. Ein alttestamentlicher Prophet und Johannes der Täufer weisen auf Christus und damit auf den Weg, der zum Leben führt.

Art von Institution ablehnen. In diesen Gemeinschaften leben Strömungen der alten mittelalterlichen Kirche neu auf und verbinden sich auf vielfältige, wenngleich meist eingeschränkte Weise mit Gedanken der Renaissance, des Humanismus und der Reformation. Die *Täufer*-Gruppen etwa berufen sich auf die mystische Lehre vom „inneren Licht", das sie der Bibel, dem „papierenen Papst" entgegensetzen. Zur Gemeinde dürfen nur in ihrem Sinne „Heilige" gezählt werden. Die Wiedertaufe der ganz Reinen verstehen sie gleichermaßen als Bekenntnis und Zeichen der Zugehörigkeit. Als der gewaltsame Versuch, in Münster das „Reich Christi" aufzurichten, mit Gewalt beendet wird, wandeln sich die fanatischen Revolutionäre zu stillen Täufergemeinden.

Die vorreformatorische Mystik lebt zudem in *spiritualistischen* Zusammenschlüssen weiter, für die das „innere Licht" gleichfalls die einzige Autorität und Quelle der Gewissheit ist. Christusverständnis und Trinitätslehre werden pantheistisch umgedeutet oder völlig beiseite geschoben, während man bisweilen naturphilosophische Spekulationen integriert.

Spätscholastischem und humanistischem Geist verpflichtet, von der Reformation hingegen kaum berührt, sind die Gruppen der *Antitrinitarier*, die sich vom Katholizismus zu befreien suchen, indem sie die Dogmen von Christus und den Sakramenten umbilden, vor allem aber das Trinitätsdogma bekämpfen. Wie schon vormals Arius verstehen auch sie Christus lediglich als einen Menschen, der von Gott vor seinem irdischen Auftreten in den Himmel entrückt und dort von ihm belehrt wurde. Zum Erlöser wird Christus nicht wegen seines Todes am Kreuz, sondern seiner ethischen Vorbildhaftigkeit wegen.

In *Polen* entfaltet der Italiener Fausto Sozzini († 1604) seine unitarischen Thesen. Hier und in Siebenbürgen bilden die *Sozinianer* sogar antitrinitarische = unitarische Kirchen (gegen Ende des 18. Jh. auch in England und Nordamerika). Sozinianisches

Spätrenaissance

Die Zeit von 1520 – 1600 gilt als Spätrenaissance oder als Manierismus. Es ist die Zeit, in der das Selbstverständnis der Menschen durch die großen Entdeckungen und durch die Reformation schwer erschüttert wird. Die klaren Formen der Renaissance-Architektur beginnen zu verschwimmen. Es entstehen Bilder mit dem Blick ins Unendliche. Architektur und Malerei, Realraum und perspektivische Konstruktionen greifen ineinander und lösen die festen Raumgrenzen auf. Malerei schafft die Illusion von Skulpturen, Skulptur kann sich in Architektur verwandeln oder auch mit der Natur verschmelzen. Die menschlichen Figuren strecken sich, werden instabil und nehmen eine schlangenförmige, nach oben gerichtete Drehbewegung an. In El Greco, (um 1541 – 1614) dem ehemaligen Ikonenmaler aus Kreta, der noch einmal versucht, das nicht Sichtbare darzustellen, kommt diese Epoche europäischer Kunst zu ihrem Abschluss.

Der von Giulio Romano 1545 ff. im manieristischen Stil erbaute Dom von Mantua

Gedankengut wird in der frühen Aufklärung wirksam. Täufer und Spiritualisten treten als erste für Toleranz in Glaubensfragen ein. Nicht nur, weil sie als Minderheiten von allen Kirchen verfolgt werden, sondern auch aufgrund ihres individualistischen Glaubensverständnisses, und weil sie sich fragen, ob es in Glaubensdingen überhaupt zuverlässige und allgemein verbindliche Aussagen geben könne. Die Nebenströmungen der Reformationszeit erleben ihren Höhepunkt zunächst im England Cromwells (Mitte 17. Jh.); sie leben in den heutigen Freikirchen fort.

Die reformatorische Bewegung hatte die *Reform* der Kirche angestrebt, nicht deren Spaltung. Dennoch existieren schon nach wenigen Jahrzehnten neben der römisch-katholischen Kirche vier weitere Kirchentypen: der anglikanische, der lutherische, der calvinistische/reformierte Typus und einige Nebenströmungen (Täufer, Spiritualisten, Antitrinitarier). Mit der orthodoxen Kirche des Ostens, deren Schwerpunkt sich nach der Eroberung Konstantinopels durch die Türken 1453 nach Russland verlagert, steht den westlichen Kirchen ein weiterer Typus gegenüber.

Innerkatholische Reformen, Gegenreformation und konfessionelle Erstarrung (Mitte 16. – Mitte 17. Jh.)

Das Konzil von Trient (Tridentinum)

Den Reformbestrebungen innerhalb der Kirche steht Rom lange Zeit völlig verständnislos gegenüber. Die Kirche reagiert zunächst mit den üblichen Instrumenten der Macht. Eine inhaltliche Auseinandersetzung kommt auch deshalb nicht zustande, weil es für die von Luther aufgeworfenen Fragen keine eindeutigen Lehrentscheidungen gibt, auf deren Autorität man sich berufen könnte. Diese Klärungen werden erst im Konzil von Trient herbeigeführt.

Reformkräfte, die theologisch im Rahmen des überkommenen Kirchenverständnisses bleiben, regen sich seit Beginn des 16. Jh. auch in Spanien und Italien. Ihr Denken wurzelt in der spätmittelalterlichen Erbauungsfrömmigkeit, einer Form der Mystik, und dem Humanismus. Hinzu tritt die regenerative Kraft, die in alten Ordensregeln steckt. Viele Ordensneugründungen (u. a. Theatiner, Kapuziner, Ursulinerinnen) verdeutlichen den Reformwillen. Überragende Bedeutung gewinnt der *Jesuitenorden* (Societas Jesu), ein von dem Basken **Ignatius von Loyola** 1534 gegründeter, militärisch straff organisierter Orden, der sich bedingungslos dem Papst unterstellt.

Papst Paul III. bestätigt 1540 den Jesuitenorden. Knieend vor ihm Ignatius von Loyola.

In Rom lässt sich der wie ein Renaissancefürst lebende Papst **Paul III.** (Reg. 1534 – 1549) dazu bewegen, die Weichen für kirchliche Reformen zu stellen. Er bestätigt 1540 den Jesuitenorden, begründet 1542 das „Heilige Offizium zur Bekämpfung der Häresie“ als zentrale römische Inquisitionsbehörde und beruft im

Die kirchlichen Ämter

Ein monarchisches Bischofsamt hat sich im 2. Jh. aus der Vielzahl der urgemeindlichen Ämter in Entsprechung zu den monarchischen Amtsstrukturen des römischen Staates entwickelt. Im 8. Jh. wird das priesterliche Amt stark auf die Sakralvollmacht der Weihegewalt eingeschränkt. Im 12. Jh. wird die seit dem 5. Jh. bestehende Ämterhierarchie zu einer im Namen Gottes ausgeübten Herrschaft verrechtlicht.

Margot Käßmann, neue Bischöfin der ev. Landeskirche Hannover.

Die *röm.-kath. Kirche* versteht die Gemeinschaft der Gläubigen als nach Gottes Willen hierarchisch gegliedert. Die Garanten der apostolischen Wahrheit sind die Bischöfe, die in der apostolischen Sukzession stehen. Die Fülle des Amtes, nämlich die jurisdiktionelle und die sakramentale Vollmacht, wird durch die Bischofsweihe übertragen. Der Priester, als hierarchischer Stand unter dem Bischof, erlangt durch die vom Bischof vollzogene Weihe Anteil an dessen Vollmacht, bleibt aber in Ausübung seiner Gewalt von diesem abhängig. Das Amt des Diakons wird vom 2. Vatikanum als eigenständige hierarchische Stufe unter dem Priesteramt eingerichtet. Auch ihm wird die Vollmacht zum rechtmäßigen Handeln durch sakramentale Weihe übertragen. Der Diakon darf aber weder der Eucharistiefeier vorstehen noch das Bußsakrament spenden. Die geweihten Personen unterscheiden sich nicht nur dem Grade, sondern dem Wesen nach von den nicht geweihten Laien. Durch die Priesterweihe, die den Hl. Geist mitteilt, wird dem Geweihten ein unauslöschliches Merkmal (*charakter indelebilis*) eingeprägt, das ihm eine besondere geistliche Qualität verleiht. Diese Qualität äußert sich vor allem in der Vollmacht, in der Eucharistiefeier Brot und Wein sustanziell in Leib und Blut Christi zu verwandeln.

Die *orth. Kirchen* sehen kirchliches Amt und kirchliche Gemeinschaft in enger gegenseitiger Abhängigkeit. Die Amtsvollmacht des Bischofs ist auch hier das Fundament für alle anderen Ämter. Eine den Bischöfen übergeordnete päpstliche Autorität wird zurückgewiesen.

In den *Kirchen der Reformation* ergeben sich die Ämter aus dem Auftrag der Kirche, das Evangelium in der Welt zu bezeugen. Durch die Taufe ist jeder Christ zum »Priesteramt aller Gläubigen« berufen und mit dem Dienst am Evangelium betraut. So ist auch jeder getaufte Christ dazu befähigt, selbst zu taufen und das Abendmahl auszuteilen. Aber nicht jeder ist auch dazu geeignet, dies alles im öffentlichen Leben der Kirche zu tun. Eben dieses Wahrnehmen der öffentlichen Verkündigung durch Wort und Sakrament wird durch die kirchlichen Ämter geordnet. Die Ordination ist die Einführung in das Amt des Pfarrers. Der Ordinator handelt dabei nicht wie ein röm.-kath. Bischof aus der eigenen Amtsvollmacht, sondern als Repräsentant und im Auftrag der Gesamtheit der Gemeinde. Die Ordination ist auch kein Weiheakt, durch den der Ordinierte für sein Amt erst sakramental befähigt wird. Durch die Ordination wird vielmehr die bereits vorhandene theologische, geistliche und menschliche Qualifikation und Eignung für den öffentlichen Dienst anerkannt; der Ordinierte erhält definierte Befugnisse und übernimmt ebenfalls definierte Verpflichtungen. In die kirchlichen Leitungsämter (Dekan, Propst, Superintendent, Bischof/Kirchenpräsident/Präses) wird man nicht durch vorgeordnete Amtsträger berufen, sondern durch die entsprechenden Synoden (meistens auf Zeit) gewählt. Die kirchlichen Ämter sind nicht sakramental, sondern funktional vom Auftrag der Kirche in ihrer jeweiligen Situation her begründet.

Die Kirche
Im Bericht vom Pfingstgeschehen (Apg 2) äußert sich die Urerfahrung von Kirche als einer Gemeinschaft, in der Jesus weiterwirkt, und von Menschen, die sich von seiner Gegenwart erreichen und bewegen lassen. Nach *röm.-kath. Verständnis* bildet die Kirche als Leib Christi mit Christus eine Einheit, in der (wie in Christus) Irdisches und Himmlisches miteinander verbunden sind. Die Kirche ist von Christus als notwendige Heilsanstalt gestiftet, und zwar mit einer göttlich festgelegten Struktur- und Rechtsordnung, die für alle Zeiten gilt. Die Kirche ist einerseits Gemeinschaft der Gläubigen, die nach Gottes Willen hierarchisch gegliedert ist und im Papst ihre Spitze hat; sie ist andererseits Vermittlerin und Spenderin der Heilsgnade, ja sie ist selbst „in Christus gleichsam das Sakrament". Da Christus und Kirche zur festen Einheit verschmolzen sind, ist die Kirche sündlos (wiewohl auch Amtsträger in ihr sündigen); sie hat außerdem nie geirrt und wird in Ewigkeit nicht irren. Die Vermittlung des Heils und die Rechtfertigung der Sünde geschieht durch die Kirche, die in der Gestalt ihrer Bischöfe und Priester sakramental handelt und die Heilsgüter verwaltet. Zu den Wesensmerkmalen der wahren Kirche gehört nach röm.-kath. Verständnis auch die Kontinuität, die allein durch die apostolische Sukzession gewährleistet ist, und von der auch die gültige Spendung der Eucharistie abhängt. Die einzige wahre Religion und die Kirche Christi sieht man nur in der röm.-kath. Kirche voll verwirklicht. Die orth. Kirchen können als Schwesterkirchen verstanden werden, nicht aber die anderen christlichen Kirchen. Sie sind lediglich »kirchliche Gemeinschaften«, da

gleichen Jahr ein Konzil ein, das innerkirchliche Klärungen herbeiführen soll.

Das *Konzil von Trient* tagt mit Unterbrechungen von 1545 bis 1563. Kaiser **Karl V.** versucht vergeblich, das Konzil zu einem wenigstens formellen Ausgleich mit den Evangelischen zu bewegen. Das Konzil aber geht bereits von einer Spaltung aus und lässt sich auf inhaltliche Auseinandersetzungen mit den als ketzerisch eingestuften Gedanken der Reformatoren nicht ein. Es präzisiert vielmehr die überkommenen Lehrinhalte und spitzt sie als Antithesen gegen die Thesen der evangelischen Theologie zu. Die einzelnen Lehrentscheidungen enden mit der Formel: „Wer behauptet ... (es folgt die evangelische Position) ... der sei ausgeschlossen (*Anathema*)".

Karl V. als König von Spanien, vergoldete Holzfigur, möglicherweise aus einem Schnitzaltar

Das Tridentinum trifft folgende wichtige Entscheidungen: Als Offenbarungsquellen werden *Schrift und kirchliche Tradition* festgelegt. Beide gelten als vom Hl. Geist inspiriert. Die im Zuge der vorreformatorischen Strömungen bzw. der Reformation erhobene Forderung, dass allein die Schrift (*sola scriptura*) Maßstab für kirchliches Handeln sein dürfe, wird abgewiesen. Authentische Auslegerin der Schrift ist die Kirche; die ihnen wesentliche Elemente von Kirche nach röm.-kath. Verständnis fehlen, nämlich apostolische Sukzession, gültige Eucharistie und Gehorsam gegenüber dem Papst. Das Heil des Menschen ist an das Rechtsinstitut Kirche gebunden.

Die *orth. Kirchen* verstehen Kirche ebenfalls als ein Mysterium, freilich nicht im rechtlich-institutionellen Sinn der röm.-kath. Kirche. Die Bischöfe sieht man ebenfalls in der apostolischen Sukzession stehen, zählt den Sukzessionsgedanken aber nicht zu den Wesensmerkmalen der Kirche. Der juristische Primatsanspruch des Papstes wird zurückgewiesen.

Für die *Kirchen der Reformation* ist die Kirche ein »Geschöpf des Evangeliums«. Sie ist weder selbst Heilmittel noch Sakrament (Mysterium), sondern der Rahmen und Raum, in dem die biblische Botschaft verkündigt und die Sakramente ausgeteilt und empfangen werden. Insofern ist sie auch keine in ihrer Struktur vorgegebene unwandelbare Größe, sondern eine Wirklichkeit, die dort konstituiert wird und im Werden ist, wo sich Hören, Verkündigen und Feiern der Sakramente in menschlicher Gemeinschaft ereignen. Die konkrete institutionelle Struktur der Kirche ist von der Gemeinschaft der Glaubenden zu gestalten, und zwar so, dass innerhalb der jeweiligen Gegebenheiten das hörbare Wort und das sichtbare Wort (die Sakramente) die Menschen am besten erreichen können. Die Institution Kirche muss von ihrer dem Wort dienenden Funktion her in ihrer geschichtlichen Gestalt wandelbar und jederzeit reformierbar bleiben: *ecclesia semper reformanda.*

kirchliche Auslegung wird für alle Gläubigen verbindlich gemacht.

In der Frage der *Rechtfertigung* wird die bisherige Lehre vom Zusammenwirken der göttlichen Gnade mit der Leistung des Menschen zwar verfeinert, aber im Grundsatz bestätigt. Zurückgewiesen wird damit die reformatorische Auffassung, nach der der Mensch allein durch Gottes Gnade, allein durch Christus und allein durch Glauben (= Vertrauen auf Gott und seine Verheißung) gerecht wird. Die Rechtfertigung bleibt an den Empfang des Sakraments gebunden, das allein der dazu bevollmächtigte Priester spenden darf. Das Sakrament vermittelt als Heilsgnade eine göttliche Qualität, die auf den Menschen allein dadurch übergeht, dass das Sakrament ordnungsgemäß gespendet wird (*ex opere operato*).

Festgeschrieben wird auch, dass durch Worte des Priesters Brot und Wein ihrer Substanz nach in Leib und Blut Christi verwandelt werden und dass der Priester mit dem Altarsakrament das gleiche Sühneopfer vollzieht, das Christus am Kreuz dargebracht hat.

Das Konzil bestätigt, dass *Ablässe* „für das christliche Volk äußerst heilsam" sind, setzt aber fest, dass un-

Das Konzil von Trient weist Luthers Ablasskritik zurück: »Da von Christus der Kirche die Vollmacht gegeben wurde, Ablässe mizuteilen, und da die Kirche diese von Gott gegebene Vollmacht seit den ältesten Zeiten gebrauchte, so lehrt und gebietet die heilige Kirchenversammlung, dass der Gebrauch von Ablässen, der … durch Entscheidungen heiliger Kirchenversammlungen gutgeheißen wurde, in der Kirche beibehalten werden muß. Und sie verurteilt diejenigen mit Ausschluß, die sie für unnütz erklären oder die der Kirche das Recht absprechen, sie zu verleihen.«

Die Sakramente

Das lateinische *Sacramentum* ist die Übersetzung des griechischen *Mysterion* (Geheimnis). Dieser Begriff meint im Neuen Testament noch keine kirchlichen Handlungen. Tertullian bezeichnet um 200 Taufe und Abendmahl als Sakramente. Im Mittelalter schwankt die Zahl der Sakramente, steigt sogar bis auf 30 und wird vom Konzil von Trient 1547 bleibend auf sieben festgelegt: Taufe, Firmung, Eucharistie, Buße, letzte Ölung, Priesterweihe und Ehe.

Nach *röm.-kath. Lehre* ist seit dem Tridentinum das Sakrament ein Gnadenmittel, das seine Gnade kraft des vollzogenen Ritus dem Empfänger mitteilt, sofern dieser sich dagegen nicht sperrt. Voraussetzung dafür ist freilich, dass das Sakrament nach röm.-kath. Verständnis „gültig" vollzogen wird.

Die orth. Kirchen kennen seit dem 13. Jh. ebenfalls die sieben genannten Sakramente. Sie werden hier wirksam durch die Anrufung des Hl. Geistes.

Die *Kirchen der Reformation* kennen nur zwei Sakramente: Taufe und Abendmahl. Nur sie sind nach biblischem Zeugnis von Jesus eingesetzt und von ihm mit einem deutenden Wort versehen. Sie bringen als sichtbares Wort nichts vom hörbaren Wort Verschiedenes; sie bringen dasselbe, aber auf verschiedene Weise, nämlich mittels sinnhafter Zeichen, die Christus vergegenwärtigen. Lutherische und reformierte Differenzen im Verständnis des Abendmahls sind durch die Leuenberger Konkordie 1971/73 überwunden.

Das Sakrament der Taufe gliedert den Getauften in die christliche Gemeinde ein und vergewissert ihn im Abendmahl dieser Gemeinschaft und der personalen Gegenwart Christi.

In der Eucharistie werden nach *röm.-kath. Lehre* durch die Einsetzungsworte des Priesters die Elemente Brot und Wein substantiell in Fleisch und Blut Christi verwandelt. Christus bleibt in den gewandelten Elementen auch nach der Feier gegenwärtig.

Nach *ev. Verständnis* „schenkt sich der auferstandene Jesus Christus ... durch sein verheißendes Wort *mit* [und nicht „in"] Brot und Wein ... Der Glaube empfängt das Mahl zum Heil." In den sinnhaften Zeichen haben die Feiernden Anteil an der Gemeinschaft mit Christus und können seiner Gegenwart gewiss sein.

Die Taufe wird in allen Konfessionen als der Ritus verstanden, durch den der Getaufte in den Leib Christi eingegliedert und in die konkrete Konfessionskirche aufgenommen wird. Obwohl im Taufverständnis konfessionell unterschiedliche Schwerpunkte gesetzt werden, erkennen die großen Konfessionen ihre Taufen gegenseitig an.

rechte Gewinne abzuschaffen sind. Heilige und deren Reliquien und Bilder sind zu verehren.

Die Lehrentscheidungen werden 1564 im *Trienter Glaubensbekenntnis* zusammengefasst, das fortan jeder Amtsträger beschwören muss. Die röm.-kath. Kirche macht sich darin selbst zum Gegenstand des Glaubens: „Ich anerkenne die heilige katholische und apostolische Römische Kirche als Mutter und Lehrerin aller Kirchen; und ich gelobe und schwöre dem Römischen Bischof, dem Nachfolger des seligen Apostelfürsten Petrus und Stellvertreter Christi, wahren Gehorsam."

Das Konzil beschließt ferner einen *Index der verbotenen Bücher*. Darin werden die Veröffentlichung und die Lektüre all jener Schriften untersagt, die der katholischen Glaubens- und Sittenlehre widersprechen; auch Bibelübersetzungen in den Volkssprachen sind verboten. Das letzte Verzeichnis, das 1948 veröffentlicht wird, enthält mehr als 6000 verbotene Titel. Weitere Verzeichnisse sollen nicht mehr erscheinen.

Die *scholastische Theologie des Thomas von Aquin* setzt sich in Trient im Wesentlichen durch. 1879 wird Leo XIII. das System des Thomas zur normativen Philosophie und Theologie erklären und alle katholischen Bildungsanstalten darauf verpflichten.

Die Gegenreformation

Im Tridentinum hat die röm.-kath. Kirche ihr Profil und Selbstverständnis exakt definiert und eine Reihe von Missständen beseitigt. Die *Gegenreformation* im Sinne einer Rekatholisierung der an die evangelischen Kirchen verloren gegangenen Gebiete vollzieht sich in der zweiten Hälfte des 16. und zu Anfang des 17. Jh. Sie geht von Spanien aus und ist im Wesentlichen eine Leistung der Jesuiten, deren Ordensziel darin besteht, Ketzer und Heiden zu bekehren und die Alleinherrschaft der röm.-kath. Kirche wieder herzustellen. Vorrangig geht es dabei nicht um eine geistige Auseinandersetzung mit der evangelischen Theologie, sondern um die Rekatholisierung mit den Mitteln der Politik

Der Zölibat

Die Ehelosigkeit von Priestern und Mönchen wird in vielen Religionen gefordert. Dabei liegt die Vorstellung zu Grunde, dass der Bereich des Geschlechtlichen von dämonischen Mächten besetzt ist. Im Christentum setzt sich seit dem 3. Jh. die Meinung durch, dass das zölibatäre Leben eines Priesters höher zu werten sei als die Ehe. Im 10. und 11. Jh. gibt es viele verheiratete Priester. Erst das 2. Laterankonzil 1139 beschließt, dass Priesterehen ungültig sind und erzwingt die Ehelosigkeit.

Die *röm.-kath. Kirche* verurteilt im Konzil von Trient 1563 alle, die den Zölibat verwerfen. Das 2. Vatikanum bestätigt den Pflichtzölibat der Priester. Nach *Kanon 277 Codex* des kanonischen Rechts von 1983 sind die Kleriker »gehalten, vollkommene und fortwährende Enthaltsamkeit um des Himmelreiches willen zu wahren«.

Die *orth. Kirchen* fordern den Zölibat nur für ihre Bischöfe.

Die *Kirchen der Reformation* lehnen Zölibatsforderungen als biblisch unbegründet ab.

und der Erziehung. Dieser Prozess vollzieht sich je nach der politischen Situation in den einzelnen Ländern sehr unterschiedlich.

In *Spanien,* dem in jener Zeit geistig und politisch dominierenden katholischen Land, werden Reformgedanken bereits in ihren Ansätzen von der Inquisition ausgelöscht. In *Frankreich* dringt von der Schweiz her der Calvinismus ein. Um 1560 sind etwa 10 % der französischen Bevölkerung Anhänger der Reformation, die man hier Hugenotten (von Eidgenossen) nennt. Die Spannungen mit der Krone führen zu grausamen Auseinandersetzungen (Hugenottenkriege von 1562–1598; Bartholomäusnacht 1572). Das *Edikt von Nantes* 1598 gewährt den Protestanten schließlich eine beschränkte Duldung. Als es 1685 aufgehoben wird, verlassen Hunderttausende evangelische Christen das Land. Um 1700 ist Frankreich wieder rein katholisch.

Im politisch zerrissenen *Italien* gibt es viele Reformgruppen. Die 1542 reorganisierte Inquisition spürt sie auf oder aber sie wandern aus.

Verteilung der Konfessionen nach 1660

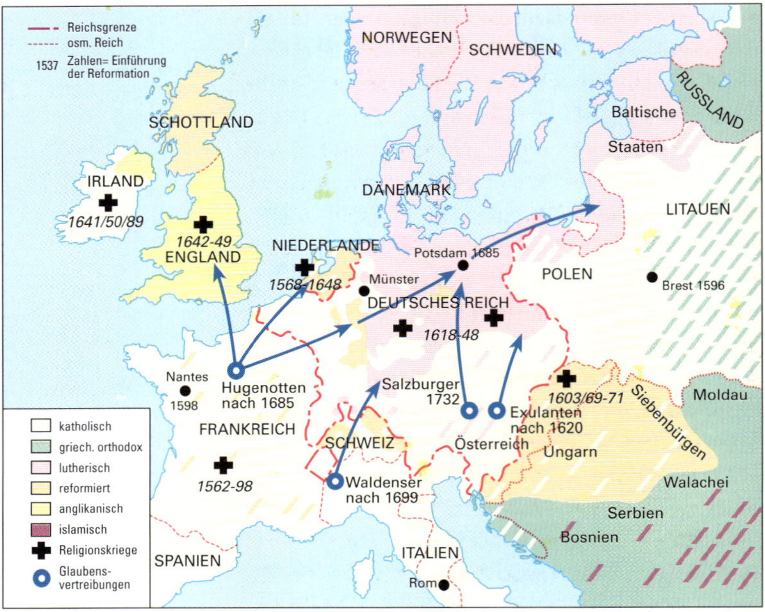

In der Bartholomäusnacht von 1572 werden in Paris 2000 – 3000 und in den Provinzen bis zu 30 000 Hugenotten ermordet.

In *Österreich* ist etwa die Hälfte der Bevölkerung evangelisch, in Böhmen und Mähren sind es 75 %. Die Verstrickungen in die Machtkämpfe des Dreißigjährigen Krieges führen dazu, dass Böhmen vollständig rekatholisiert wird. Kaiser **Ferdinand II.** (Reg. 1619 – 1637), ein Jesuitenzögling, rottet Hussiten und Lutheraner in den Habsburger Gebieten nahezu völlig aus. Erst nach der Auflösung des Jesuitenordens in Österreich wird durch das *Toleranzedikt* von 1781 den Evangelischen private Religionsausübung erlaubt.

In *Polen* können die Aktivitäten der Jesuiten den Protestantismus bis auf kleinste Reste verdrängen. In Schweden hingegen scheitert die Gegenreformation; die Jesuiten ihrerseits werden vertrieben. Der schwedische König **Gustav II. Adolf** (Reg. 1611 – 1632) wird den deutschen Protestantismus im Dreißigjährigen Krieg vor dem Untergang bewahren.

Auch in *England* und *Schottland* misslingt die Rekatholisierung. In Schottland setzt sich 1567 ein calvinistisches Kirchenwesen (seit 1690 mit presbyterialer Ordnung) durch. In England wiederum erhebt sich innerhalb der calvinistisch geprägten anglikanischen

1553 – 1558 Maria die Katholische von England
1556 – 1598 Philipp II. von Spanien
1558 – 1603 Elisabeth I. von England
1562 – 1598 Hugenottenkriege
1568 – 1648 Niederländischer Freiheitskampf
1582 Gregorianischer Kalender
1584 Gründung von Virginia, der ersten englischen Kolonie
1588 Untergang der spanischen Armada, leitet den Niedergang der spanischen Macht ein
1594 Palestrina †
1600 Giordano Bruno † (unendliches Universum ohne Mittelpunkt)
im 17. Jh. Bildung der Neu-England-Staaten
im 17. Jh. Erschließung Sibiriens
1609 – 1619 Galilei

Kirche Protest gegen die bischöfliche Verfassung und die katholisierende Gottesdienstform. Die Opponenten wollen ihre Kirche reinigen (daher Puritaner = Reiniger). Die Kirche soll nicht bischöflich von oben her regiert werden, sondern von den Gemeinden aus durch gewählte Älteste (Presbyter). Diese Gemeinden schließen sich sodann zu überregionalen Synoden zusammen (Presbyterianer). Manche Kritiker gehen noch weiter. Sie fordern die vollkommene Autonomie der lokalen Gemeinden (*congregation*; daher: Kongregationalisten).

Die *Niederlande* unterstehen seit 1477 den Habsburgern, seit 1556 deren spanischer Linie. Der spanisch-habsburgische König **Philipp II.** (Reg. 1556 – 1598) will in den Niederlanden das spanische Modell der Gegenreformation samt Inquisition durchsetzen. In einem 80 Jahre währenden Freiheitskampf, in dem sich politische und religiöse Motive vermischen und gegenseitig verstärken, können die nördlichen Provinzen die spanische Herrschaft abschütteln und eine eigenständige Republik werden. Der Calvinismus wird Staatsreligion, Andersgläubige werden aber toleriert. Aus diesem Ansatz entwickelt sich später der moderne bürgerliche Liberalismus.

Spanien steigt im 16. Jh. zur führenden See- und Kolonialmacht auf. Den Kolonisatoren folgen in Süd- und Mittelamerika die kath. Missionare und betreiben auch dort die seit dem Mittelalter üblichen Zwangsbekehrungen. Die röm.-kath. Kirche steigt bereits in dieser Zeit zur Weltkirche auf. Durch Englands Sieg über die spanische Armada 1588 werden England und die Niederlande die führenden See- und Kolonialmächte. Einwanderer richten das Kirchenwesen ihrer neuen Heimat gemäß den überkommenen Sitten ein. So gelangen die Glaubensformen und Kirchentypen der Reformation in alle Welt.

In geschichtlicher Hinsicht gewinnt vor allem die Auswanderung unterdrückter Minderheiten von Europa nach *Nordamerika* größte Bedeutung. Die kongregationalistisch gesinnten puritanischen Pilgerväter über-

Apostolische Sukzession
Die Evangelien berichten, dass Jesus zwölf Männer in seinen Dienst berufen hat, um die frohe Botschaft zu verkündigen. Die Übereinstimmung mit dem Glauben dieser Apostel galt schon früh als Kriterium christlicher Wahrheit.

Nach *röm.-kath. Verständnis* sind »die Bischöfe auf Grund göttlicher Einsetzung an die Stelle der Apostel nachgerückt ... wer sie hört, hört Christus ...« Diese Nachfolge im apostolischen Amt (= *apostolische Sukzession*) wird gewährleistet durch die Handauflegung zweier Bischöfe bei der Bischofsweihe. Die Legitimität und Vollmacht des Bischofs hängt also daran, dass er in der Kette der Handauflegungen steht, die bis zu den Aposteln zurückreicht. Somit ist die mit der Handauflegung verbundene apostolische Sukzession für das röm.-kath. Kirchenverständnis konstitutiv. Wo diese apostolische Sukzessionskette nicht lückenlos besteht, ist auch keine christliche Kirche im Vollsinn.

Die *orthodoxen Kirchen* denken – abgesehen von den Primatsansprüchen des Papstes – ähnlich.

Die *Kirchen der Reformation* praktizieren auch die Handauflegung, und zwar im Sinne einer Symbolhandlung. Sie sehen aber den apostolischen Glauben nicht durch formale Ordinationsriten an Amtsträgern garantiert, sondern allein dadurch gewahrt, dass der apostolische Glaube gemäß der biblischen Zeugnisse von der Gemeinschaft der Glaubenden verkündigt, bezeugt und gelebt wird.

entdeckt die Gesetze des Falls, des Pendels und der Planeten
1618 – 1648 Dreißigjähriger Krieg
1630 Kepler † (Gesetze der Planetenbewegungen)
1632 Galilei schwört die kopernikanische Lehre ab
1640 ff. Englische Revolution
1650 Descartes †
1666 Newton entdeckt die Gravitationsgesetze
1677 Spinoza † (Einheit von Gott und Natur)
1679 England: *Habeas-Corpus*-Akte
1689 England: *Declaration of Rights* (Gewaltenteilung)
1701 – 1713/14 Spanischer Erbfolgekrieg (erster Weltkrieg der Neuzeit)

queren 1620 mit der Mayflower den Atlantik, landen in Plymouth in Neu-England und gründen Massachusetts, wo sie sich gegenüber anderen religiösen Gruppen sehr intolerant verhalten. In Virginia, Carolina und Maryland wird der Anglikanismus Staatskirche. 1632 gründet der katholische Lord Baltimore die Kolonie Maryland; hier herrscht Religionsfreiheit. Baltimore

Die englischen Pilgerväter (Kongregationalisten) 1620 im Gebet vor ihrem Aufbruch nach Massachusetts. Noch an Bord der Mayflower schließen sie einen Vertrag, der das Zusammenleben regeln soll. Die hier niedergelegten Ideen gehen 1776 in die *Bill of Rights* ein.

hatte in England am eigenen Leib erfahren, was Glaubensverfolgung bedeutet. Glaubensfreiheit herrscht auch in dem von Baptisten 1636 gegründeten Gemeinwesen Rhode Island. Der Staat Pennsylvania, den die spiritualistische Gruppe der Quäker 1682 gründet, ist einer demokratischen Verfassung gemäß organisiert, in der der Grundsatz der Toleranz gilt. Dieses Prinzip hat sich schließlich im ganzen Land durchgesetzt. Im übrigen prägt die calvinistische Grundüberzeugung der Auswanderer den nordamerikanischen Protestantismus bis heute.

In Deutschland sind um 1570 etwa 7/10 der Bevölkerung evangelisch. Das damals volkreichste Land ist in mehr als 300 Territorien zerteilt. Da der Grundsatz gilt, dass die Konfession des Landesherren die Konfession der Bevölkerung bestimmt, konzentriert sich die gegenreformatorische Arbeit der Jesuiten auf die Fürstenhäuser. Durch Herzog Albrecht V. wird Bayern rekatholisiert und ist seit etwa 1575 wieder rein katholisch. Im *Augsburger Religionsfrieden* 1555 hätte man festgelegt, dass ein geistlicher Fürst, der evangelisch wird, seine Würde und sein Territorium verliert. Das bewirkt, dass innerhalb weniger Jahrzehnte viele geistliche Territorien, die sich zunächst der Reformation angeschlossen hatten, wieder katholisch werden, so z. B. Köln, Paderborn, Münster, das Eichsfeld, Würzburg, Bamberg und Salzburg. Auch im Dreißigjährigen Krieg 1618 – 1648, in den ganz Europa verwickelt ist, vermischen sich religiöse Motive und politische Interessen. Die letzte Phase dieses Krieges ist sogar ein rein politischer Kampf Schwedens und Frankreichs gegen die Habsburger. Der deutsche

Die Bauern erleiden im Dreißigjährigen Krieg von den Soldaten der eigenen wie der gegnerischen Partei beispiellose Grausamkeiten.

Protestantismus überlebt in diesem Ringen vor allem dank des militärischen Eingreifens des Schwedenkönigs Gustav Adolf. Im Hinblick auf die Fläche ändert der Krieg kaum etwas am konfessionellen Besitzstand. Die Bevölkerungszahl hingegen ist auf 1/3 des Vorkriegsstandes gesunken. Der *Westfälische Friede* 1648 bestätigt nicht nur den Augsburger Religionsfrieden von 1555, er gilt auch für die Calvinisten/Reformierten. Ausgeschlossen bleiben weiterhin die spiritualistischen Gruppen. Der Westfälische Friede bewirkt, dass die deutschen Territorien bis ins 19. Jh. konfessionell relativ geschlossen bleiben. In den österreichischen Erblanden dagegen, wo dieser Friede nicht gilt, hält die Verfolgung der Protestanten bis zum *Toleranzedikt* von 1781 an.

Der franz. Religionsphilosoph, Mathematiker und Physiker Blaise Pascal († 1662) steht der Mystik nahe und gehört der innerkath. Reformbewegung des Jansenismus an, die dem protestantischen Pietismus ähnelt. Die Jansenisten fordern den Vorrang der Bibel und der Kirchenväter, setzen sich für den Episkopalismus ein und vertreten gegenüber der moralischen Laxheit der Jesuiten eine rigorose Moral.

Allseitige konfessionelle Erstarrung

Die röm.-kath. Kirche hat mit dem *Tridentinum* (1545–1563) ihre bleibende Gestalt gewonnen. Die Reformbeschlüsse des Konzils werden freilich nur teilweise ausgeführt. Das Papsttum ist – nach einigen eher geistlich orientierten Päpsten – wieder vorwiegend mit Politik befasst. Die politische Macht der röm.-kath. Kirche ruht auf Spanien und der aufsteigenden Großmacht Frankreich. Im Volk wird der Katholizismus durch Orden und Kongregationen getragen, die nach dem Konzil neu belebt werden oder neu entstehen. **Vincentius von Paulo** stiftet 1625 die Kongregation der Lazaristen (auch Vinzentiner), die sich der sittlich Verwahrlosten annimmt, und 1634 die Kongregation der Vincentinerinnen, die sich der Krankenpflege widmet. Er wird damit zum Organisator der *caritas.*

Mit **Cornelius Jansen** († 1638) entsteht in Nordfrankreich innerhalb der nachtridentinischen Scholastik eine an Augustins Gnaden- und Sündenlehre orientierte Erneuerungsbewegung, die ihren beredten Vertreter in **Blaise Pascal** findet. Die *Jansenisten* denken streng bibelbezogen und kommen in ihren Heilsvorstellungen Calvin nahe. Sie sind papstkritisch eingestellt und bekämpfen die sittliche Laxheit der Jesuiten. Außerdem gewinnt eine nach tiefer Ruhe strebende (quietistische) Mystik in den romanischen Ländern viele Anhänger. Die beiden innerkirchlichen Reformansätze jedoch werden von den dominierenden Jesuiten mit kräftiger Hilfe der Inquisition erstickt.

Papst **Gregor XV.** gründet 1622 die *Propaganda-Kongregation*, eine kuriale Behörde, verantwortlich für die Bekehrung der Heiden und der nichtkatholischen Christen. Die im Tridentinum festgeschriebene Lehre wird mit allen Mitteln verteidigt und durchgesetzt.

Luther hinterlässt keine abgeschlossene Theologie. Auch der Systematiker des Luthertums, Philipp Melanchthon, vermag Luthers Theologie in keine allgemein anerkannte Form zu bringen. Die *Konkordienformel*, 1577 als verbindendes Bekenntnis formuliert, soll die verschiedenen Richtungen des Luthertums auf einer mittleren Linie zusammenführen. Mit der Konkordienformel, die von einigen Landeskirchen allerdings nicht angenommen wird, beginnt in den lutherischen Kirchen das Zeitalter der *Orthodoxie*. In Anlehnung an die mittelalterliche Scholastik und mit Hilfe der aristotelischen Philosophie entstehen formal meisterlich ausgearbeitete dogmatische Lehrsysteme. Das lebendige Schriftverständnis Luthers aber geht in der Lehre von der wörtlichen Inspiration der Schrift unter. Die Bibel, vom Reformator als alleinige Quelle und Norm des christlichen Glaubens angesehen, wird jetzt im Hinblick auf die Bekenntnisschriften gelesen bzw. dient dazu, die dogmatischen Lehrsätze zu beweisen.

Der neben Luther bedeutendste Dichter evangelischer Kirchenlieder ist Paul Gerhardt († 1676). Zeitgenössischer Kupferstich – daneben Titelseite der ersten Gesamtausgabe seiner Lieder.

PAULI GERHARDI
Geistreiche
Andachten
Bestehend in CXX. Liedern.
Auf alle Sonntage / und
gewisse Zeiten im Jahr
gerichtet/
Samt einer nutzlichen Vorrede
Conrad Feuerleins / Predigers
zu unser Lieben Frauen in
Nürnberg.
Vor diesem mit sechs Stimmen in
folio gedrucket/
Um besserer Bequemlichkeit aber
bey sich zu haben in sothanes format gebracht/und mit zwey Stimmen/zum drittenmal/ nebst
einem Anhang etlicher auserlesenen Gebete/
herfür gegeben
Von
Johann Georg Ebeling / des Gymn.
Carolini Profess. Music.
Nürnberg/
In Verlegung Christoff Riegels.
Gedruckt bey Joh. Michael Spörlin.
ANNO M DC LXXXII.

Das Kirchenlied im 16./17. Jahrhundert
Bereits gegen Ende des Mittelalters werden lateinische Gesänge aus der liturgischen Tradition in volkssprachliche Form übertragen. Der große Anstoß für den volkssprachlichen Gemeindegesang kommt aus dem Gottesverständnis der Reformation. Luther hat viele lateinische Gesänge ins Deutsche übertragen und viele Lieder (Text und Melodie) für den Gottesdienst neu geschaffen. Eine zweite Quelle evangelischen Kirchengesangs ist der deutschsprachige Zweig der Böhmisch-mährischen Brüderunität. Aus dem Bereich der reformierten Kirche gehen vor allem Psalmlieder hervor. In die Lieder der Reformationszeit gehen Bekenntnisaussagen und gläubige Erfahrung ein. Die Blütezeit des evangelischen Kirchenliedes sollte die Epoche der lutherischen Orthodoxie werden, die mit dem letzten Viertel des 16. Jh. beginnt und das 17. Jh. umfasst. Im Rahmen vorgegebener theologischer Formulierungen schafft sich in den Texten und Melodien dieser Epoche eine tiefe, erlebte Frömmigkeit ihren zeitlosen Ausdruck. Der volkstümlichste Liederdichter dieser Zeit ist Paul Gerhardt († 1676).

Während das ev. Kirchenlied unbefangen auf weltliche Melodien zurückgreift, verbietet das Konzil von Trient, weltliche Melodien kompositorisch zu verarbeiten. In der 2. Hälfte des 16. Jh. setzen Palestrina († 1594) in Rom und der Niederländer Orlandus Lassus († 1594) für den A-cappella-Stil der kath. Kirchenmusik Maßstäbe, die gültig bleiben sollten.

Ende des 16. Jh. verselbständigen sich die Instrumentalstimmen gegenüber dem wortgebundenen Gesang. Damit löst sich die Instrumentalmusik vom Wort und entwickelt sich auch in der Kirche zur eigenständigen Kunst.

Aus dem vertrauenden Glauben wird das Ja zur rechten Lehre.

Eine ähnliche Entwicklung hin zur Lehr-Orthodoxie vollzieht sich auch in den calvinistischen Kirchen, die sich vom Ende des 16. Jh. an als „reformiert" bezeichnen, um damit auszudrücken, dass sie Luthers Reformansatz aufnehmen, doch konsequenter als die Lutheraner zu Ende führen. Der *Heidelberger Katechismus* (erschienen 1563), Bekenntnis und praxisnahes Unterrichtsbuch in einem, wird für die Reformierten in allen Teilen der Erde zum einigenden Band in Fragen des Glaubens und des Lebens.

Giovanni Pierluigi da Palestrina († 1594). Sein Musikstil wird in der röm.-kath. Kirche zum Ideal kirchlicher Musik.

So sehr sich röm.-kath. und ev. Christentum im Ansatz gegenseitig ausschließen – in ihren orthodox verhärteten Erscheinungsformen gleichen sie einander. Der konfessionelle Gegensatz bleibt zwar bestehen, aber er verliert an Schärfe. Das geistige Klima beginnt sich zu wandeln.

1661 – 1715 Ludwig XIV. (Absolutismus)
1689 – 1725 Peter d. Gr. in Russland
1701 Yale-Universität als College in New Haven gegründet
1712 – 1917 Petersburger Imperium
1716 Leibniz † (Gott ist die Monade der Monaden)
1726 Frauenkirche in Dresden
1740 – 1780 Maria Theresia in Österreich
1740 – 1786 Friedrich d. Gr. in Preußen
1750 J. S. Bach †
1755 Erdbeben in Lissabon
1769 Erfindung der Dampfmaschine
1776 David Hume † (Religionen sind notwendige Schöpfungen des Geistes)
1776 *Unabhängigkeitserklärung* der 13 vereinigten Staaten und erste Formulierung der Menschenrechte in Nordamerika (*Virginia Bill*)
1779 Lessing: *Nathan der Weise*
1780 – 1790 Joseph II. in Österreich
1781 Kant: *Kritik der reinen Vernunft*
1787 Verfassung der USA, Grundgesetz der ersten modernen Demokratie
1789 Ausbruch der Französischen Revolution und Erklärung der Menschenrechte
1803 Reichsdeputationshauptschluss
1804 – 1814/15 Napoleon I. wird Kaiser
1805 Schiller †
1806 Ende des »Heili-

Die Zeit der Herzensfrömmigkeit und der Vernunft (Mitte 17. bis 18. Jh.)

Eine »neue Zeit« beginnt

Das Neue, das sich nach dem Dreißigjährigen Krieg allenthalben durchzusetzen beginnt, kündigte sich schon seit Jahrhunderten an. Deshalb lässt sich der Beginn der *Neuzeit* nicht an einem bestimmten Datum festmachen, sondern nur an eben dem veranschaulichen, was sich gegenüber dem Bisherigen als das Neue zeigt. Neu ist z. B., dass bereits im 12. Jh. neben der kirchlichen Dichtung eine eigenständige weltliche Lyrik, der Minnesang, entsteht. Im 13. Jh. werden im Westen die Schriften des Aristoteles bekannt. Seine Philosophie wird der Theologie als natürliche Erkenntnis gleichsam vorgeordnet, und sie setzt sich als normative Denkweise auch in der Theologie durch. Ende des 14. Jh. entdeckt man in Italien die klassische Antike wieder; sie wird zum Vorbild für Dichtung, darstellende Künste, Architektur, Recht und Politik. Es entsteht das Bewusstsein, dass nicht ein übernatürlicher Gesetzgeber, sondern der natürliche Mensch das Maß aller Dinge ist. Dieses Selbstverständnis des sich als autonom begreifenden Menschen führt eine kulturelle Entwicklung herauf, in deren Rahmen er Sinn und Ziel seines Handelns zunehmend aus sich selbst zu schöpfen bestrebt ist. Reformation und Gegenreformation drängen die entsprechenden Ansätze in den Hintergrund; diese melden sich allerdings danach in allen Bereichen machtvoll zurück.

Was ist nun das Neue der Neuzeit gegenüber dem Bisherigen? Bestand im Mittelalter eine christliche Einheitskultur, in die alles eingebunden war, so entsteht jetzt neben der Kirche eine vielgestaltige autonome weltliche Kultur. Die kirchliche Lehre, bis dahin unbestritten das einzige Weltdeutungssystem, wird jetzt zu nur einem unter vielen, miteinander konkurrierenden Sinnangeboten. Die Natur hatte man bisher als Schöpfung verstanden; Welt und Leben wurden im Übernatürlichem begründet und von daher gedeutet. Jetzt gilt die Natur als eigenständige, in sich ruhende Größe, und Welt und Leben als natürliche Prozesse, die Sinn und Wahrheit in sich selbst tragen. Die Natur, als höchstes Prinzip verstanden, tritt damit sogar an die Stelle Gottes oder wird ihm gleichgesetzt. Die entscheidenden geistigen Impulse waren bisher vom Christentum ausgegangen. Jetzt begegnen mit säkularen Staatstheorien, philosophischen und moralischen Systemen, naturwissenschaftlichen Hypothesen und historischen Entwürfen viele geistige Impulse, mit denen sich die Kirche auseinander setzen muss; doch vor welchem Forum? Die Kirche sieht ihre Lehre in der Offenbarung begründet. Die neuen Entwürfe hingegen erkennen allein die Vernunft als höchste Autorität an. Vor ihr muss sich ausweisen, was als wahr anerkannt sein will. Das Autonomie-Bewusstsein des Menschen und alles, was er auf Grund dieses Selbstverständnisses denkt und tut, gibt der neuen Zeit ihr Gepräge. Daraus ergibt sich eine *Individualisierung* der Menschen und eine *Säkularisierung* aller Lebensbereiche. Durch diesen bis heute noch nicht abgeschlossenen Prozess, geraten die Kirchen aus dem Zentrum an den Rand des gesellschaftlichen Geschehens. Nicht mit einem Schlag, sondern in Schritten, die mit wenigen Beispielen angedeutet werden sollen.

gen Römischen Reiches Deutscher Nation«
1812 Napoleon erobert Moskau, verheerender Brand der russischen Metropole
1813 Völkerschlacht bei Leipzig
1814 – 1875 Britisches Kolonialreich
1815 In der Schlacht bei Waterloo wird das letzte napoleonische Heer vernichtet.

Der Quäker William Penn erwirbt von den Delaware-Indianern das Land für seine Kolonie und schließt mit den Indianern 1682 einen Friedens- und Freundschaftsvertrag. Penn-Sylvania gibt später vielen Glaubensflüchtlingen aus England, Deutschland und den Niederlanden Zuflucht. Gemälde von Benjamin West, 1771

Johann Sebastian Bach, Gemälde von Elias Gottlob Haußmann, um 1746

Die Kirchenmusik in der 1. Hälfte des 18. Jahrhundert
Die ev. Kirchenmusik erreicht mit Johann Sebastian Bach († 1750) musikalisch und als Ausdruck des Glaubens einen Höhepunkt. Bach führt die musikalischen Möglichkeiten des Abendlandes in seinem Werk zusammen und vollendet deren Formen zu einer zeitlosen Tonsprache (Choralsatz, Fuge, Motette, Kantate, Messe, Oratorium, Passion u. a.). Er unterscheidet nicht zwischen geistlicher und weltlicher Musik, denn für ihn gilt jede Musik allein dem Lob und der Ehre Gottes.

In der röm.-kath. Kirche hebt Papst Benedikt XIV. 1749 den gregorianischen Gesang an die Spitze aller kirchenmusikalischen Praxis, gestattet daneben aber auch Mehrstimmigkeit. Er besteht freilich auf einer strikten Trennung von profaner und sakraler Musik, eine Unterscheidung, die die Komponisten seit der Renaissance nicht mehr vollziehen.

Der Glaube als individuelle Herzensfrömmigkeit

Der Dreißigjährige Krieg, in dessen Verlauf viele Landstriche verwüstet und manche nahezu entvölkert werden, führt bei den Überlebenden zum Überdruss an konfessionellen Zänkereien und Grabenkämpfen. Die Orthodoxie aller Konfessionen betont zudem recht einseitig und formalistisch ihren konfessionellen Lehrbestand und versteht Glauben als intellektuelle Zustimmung. Gegen eine gewohnheitsmäßige Kirchlichkeit, die in formalen Richtigkeiten zu erstarren droht, formiert sich in der zweiten Hälfte des 17. Jh. eine Bewegung, die besonders die emotionale Seite des Glaubenslebens in den Vordergrund rückt. Die Bewegung, die den Namen *Pietismus* erhält, ist Teil einer interkonfessionellen Strömung, die ihre Impulse nicht zuletzt der Mystik des Mittelalters verdankt. Der Pietismus verlagert den Schwerpunkt des Glaubens von einem Christentum des rechten Wissens (*Orthodoxie*) auf ein Christentum der rechten Tat (*Orthopraxie*), von der formalen Mitgliedskirchlichkeit auf die verinnerlichte individuelle Herzensfrömmigkeit, von der intellektuellen Überzeugung auf die persönliche Erfahrung, von der ordnungsgemäßen kirchlichen Taufe auf die außerordentliche, persönlich erfahrene Bekehrung, kurz: vom Kopf ins Gemüt.

Die pietistische Bewegung entspringt in den reformierten Niederlanden, wo seit der Trennung von Spanien schnell gewonnener Reichtum und Luxus das Leben verändert haben. Die kleinen pietistischen Gesinnungsgemeinschaften (*Konventikel*), in der asketischen Tradition des Calvinismus stehend und von den Puritanern darin bestärkt, setzen sich entschlossen von der vergnügungssüchtigen Lebensart ihrer Zeitgenossen wie auch von der als tot empfundenen Lehrorthodoxie samt deren unverbindlicher Kirchlichkeit ab. Sie drängen auf persönliche Bekehrung, distanzieren sich vom Staatskirchentum und betrachten die Gemeinde der Heiligen als einzig legitime Form von Kirche. Ein strenger Kanon von Geboten und Verboten zeigt an, wie sich das Leben eines Bekehrten in der Welt zu bewähren hat.

Der reformierte Pietismus gelangt über die reformierten Gebiete Nordwestdeutschlands auch in die lutherischen Bereiche, wo er unterschiedliche Färbungen annimmt. **Philipp Jakob Spener** macht mit seinen Reformwünschen (*Pia desideria* 1675) pietistisches Gedankengut im Luthertum bekannt. Als Senior von Frankfurt/Main richtet er private Erbauungsversammlungen ein, intensiviert die Beschäftigung mit der Heiligen Schrift und die Mitarbeit der Gemeindemitglieder in allen Bereichen gemeindlichen Lebens. Er verbreitet die Konfirmation und favorisiert bei seiner Bildungsarbeit statt eines Christentums des Wissens eines der Tat.

Philipp Jakob Spener († 1705), der Begründer des lutherischen Pietismus, Kupferstich von 1683

Durch Speners Einfluss erhält die neu gegründete Universität Halle sogar eine pietistisch geprägte theologische Fakultät, deren Geist auf ganz Norddeutschland ausstrahlt. **August Hermann Francke** († 1727), treibende Kraft im Halle'schen Pietismus,

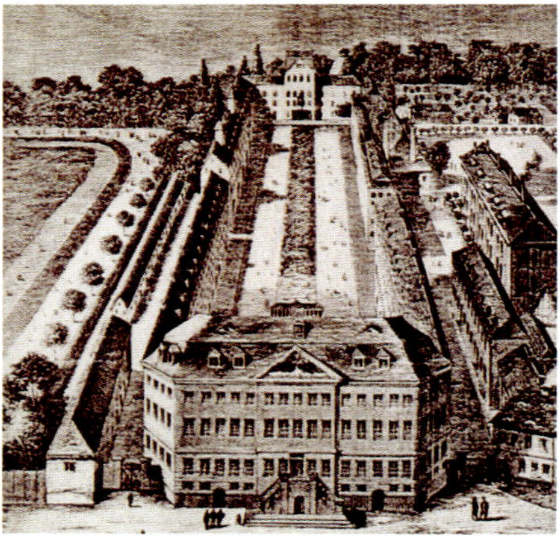

Teilansicht der Franckeschen Anstalten. Aus der von Francke 1694 gegründeten Armenschule mit Waisenhaus entwickelt sich ein großer Komplex pädagogischer und diakonischer Einrichtungen.

setzt viele Forderungen Speners in die Tat um. Er gründet 1694 eine Armenschule, sodann ein Waisenhaus für bettelnde Kinder, ein Lehrerseminar und schließlich eine Erziehungsanstalt für 3000 Kinder aus allen Schichten, des weiteren noch ein Krankenhaus mit Apotheke und die Cansteinsche Bibelanstalt, die Bibeln zu erschwinglichen Preisen bereitstellt. Francke, der „Weltverwandlung durch Menschenverwandlung" anstrebt, gibt mit diesen Stiftungen der pietistischen Frömmigkeit klare praktische Ziele und der sich entwickelnden „Inneren Mission" kräftige Impulse.

Durch den Pietismus, der die Lehr-Orthodoxie ablehnt, gerät das konfessionelle Element ganz in den Hintergrund. **Nikolaus Ludwig Graf von Zinzendorf** († 1760), der vielen Verfolgten auf seinem Gut Herrenhut (Oberlausitz) Zuflucht gibt, versteht seine 1727 gegründete *Brüdergemeinde* als eine Gemeinschaft geisterfüllter Christen aus allen Kirchen und Konfessionen. Seine Vision einer überkonfessionellen Kirche endet freilich als Sonderkirche.

Hervorzuheben ist ein Spezifikum des Pietismus. Bis zum Ende des 17. Jh. hat nur die röm.-kath. Kirche Mission getrieben. Das hängt damit zusammen, dass die Kolonialmächte des 16. und 17. Jh., Spanien und Portugal, katholische Staaten sind. Träger der Mission in Amerika, Ostindien, Japan und China sind die verschiedenen Orden. Die äußere Mission der protestantischen Kirchen kommt

Nikolaus Ludwig Graf Zinzendorf gestattet 1722 Glaubensflüchtlingen aus Mähren, sich auf seinem Gut anzusiedeln. Eine religiöse Erweckung dieser Gemeinschaft führt zum Entstehen der Herrenhuter Brüdergemeinde, die bald in vielen Teilen der Welt missioniert.

durch den Pietismus in Gang: 1706 die ostindische Mission durch Francke, ab 1732 die Missionen der Herrenhuter in Westindien, Grönland und später u. a. in Südafrika, Tanganjika, Jordanien und Surinam.

Die Herrenhuter missionieren Mitte des 18. Jh. unter den Indianern Nordamerikas. Gemälde von 1862

Der kontinentale Pietismus löst auch in der religiös kraftlos gewordenen anglikanischen Kirche eine folgenreiche Bewegung aus. Die anglikanischen Geistlichen **John Wesley** und **George Whitefield** kommen mit der Herrenhuter Frömmigkeit in Berührung, erleben 1738 eine Bekehrung und werden in ihrer Kirche sogleich als Erweckungsprediger tätig. Da ihnen die Kirchenoberen bald die Kanzeln verweigern, beginnen sie 1739 unter freiem Himmel zu predigen, oft vor vielen tausend Menschen. Man nennt diese Erweckten wegen ihrer geregelten Lebensführung *Methodisten*, ein Spottname, den sie später als Selbstbezeichnung übernehmen. Die Bekehrten werden in kleine Gruppen eingebunden und als Prediger, Krankenpfleger und Helfer aller Art im Gemeindeleben eingesetzt. Der sozialen Einstellung und Arbeit der Methodisten ist es zu verdanken, dass das Christentum in England mit der Arbeiterschaft besser in Kontakt bleibt als auf dem Kontinent. Ab 1792 werden in England viele große Missionsgesellschaften, 1804 schließlich die „Britische und ausländische Bibelgesellschaft“ gegründet. Das Drängen der englischen Erweckten führt auch dazu, dass das englische Parlament den Sklavenhandel abschafft. 1795 trennen sich die Methodisten von der anglikanischen Kirche. Das ist die letzte bedeutende Kirchenbildung im Bereich des Protestantismus. Heute zählt die methodistische Kirche mehr als 60 Millionen Mitglieder in etwa 100 Ländern.

Der Engländer John Wesley erlebt in der Begegnung mit den Herrenhutern eine Bekehrung und wird um 1740 zum Begründer des Methodismus, der besonders in Nordamerika Fuß fasst. Der Methodismus verkörpert einen asketischen Protestantismus.

Baptisten, Methodisten und Quäker erheben in den Vereinigten Staaten als erste ihre Stimme gegen die Sklaverei. Die Methodisten erlassen 1780 das erste kirchliche Verbot der Sklaverei. 1852 erscheint *Onkel Toms Hütte*, ein gegen die Sklaverei verfasster Roman.

Die Aufklärung

Neben Orthodoxie und Pietismus ist eine dritte Bewegung für das Zeitalter charakteristisch: die *Aufklärung*. Sie beruft sich im Gegensatz zum kirchlichen Offenbarungs- und Autoritätsglauben auf die Autorität der Vernunft, der man göttliche Qualität zuschreibt. Nach **Immanuel Kants** Definition von 1784 ist Aufklärung „der Ausgang des Menschen aus seiner selbst verschuldeten Unmündigkeit. Unmündigkeit ist das Unvermögen, sich seines Verstandes ohne Leitung eines anderen zu bedienen“. In diesem Verständnis ist die Aufklärung ein geistiges Konzept, das man in allen Lebensbereichen zu entfalten sucht, z. B. im Verständnis des Staates, der Wirtschaft, des Sozialen, der Geschichte, der Natur, der Philosophie, der Ethik und der Reli-gion. Das Leistungsvermögen des Verstandes wird freilich sehr unterschiedlich eingeschätzt. In optimistischer Einstellung traut man unserer Vernunft unbegrenzte Erkenntnis zu. Die *Empiristen* dagegen meinen, dass wir die Wirklichkeit der Dinge nur begrenzt erfassen können, und zwar so, wie es unsere Wahrnehmung ermöglicht (**John Locke**). Und Skeptiker behaupten sogar, dass man auch in den Naturwissenschaften wohl nicht zu gültigen Aussagen kommen könne, weil unser Verstand recht willkürlich Gesetze aus den Sinneseindrücken erschließe oder in sie hin-

Die Kirchenmusik in der 2. Hälfte des 18. Jahrhunderts
Mit dem Aufkommen einer bürgerlichen Musikkultur setzt sich das Ideal einer Kirchenmusik durch, die sich weder auf die traditionellen Formen festlegen lässt, noch konfessionell gebunden sieht. Haydn, Mozart, Beethoven u. a. schöpfen ihre religiösen Werke aus dem Geist ihrer persönlich gefärbten Religiosität, halten sich dabei aber nicht mehr an die theologischen Vorgaben ihrer Kirche und verstehen ihre Musik auch nicht mehr »zur alleinigen Ehre Gottes« im Sinne Bachs. Die Kultur des ev. Gemeindegesangs zerfällt im Zeitalter der Aufklärung.

eindeute. Allen Aufklärern aber gilt die Vernunft als das Natürliche und das Natürliche wiederum als das einzig Wahre. Wahr kann demnach nur sein, was der Vernunft gemäß, also vernünftig ist. Übernatürliche Autoritäten gelten damit als entthront.

Immanuel Kant († 1804) überwindet den Erkenntnis-Optimismus der Aufklärungsphilosophie. Er zeigt, von David Hume angeregt, dass der Mensch die Dinge nur so erkennt wie sie ihm erscheinen, nicht aber wie sie ihrem Wesen nach wirklich sind. Menschliche Erkenntnis richtet sich nicht nach den Gegenständen, sondern sie selbst bestimmt, wie die Gegenstände beschaffen sind. Damit sind auch die Wesensaussagen der Theologie über Gott in Frage gestellt.

Die philosophische Aufklärung nimmt – wie der Pietismus – in den Niederlanden ihren Anfang und verbreitet sich über England und Frankreich nach Deutschland. Sie gewinnt in jedem Land ihre eigene Ausprägung und entwickelt in diesem Rahmen ein je eigenes Verhältnis zum Christentum.

In den *Niederlanden* lebt seit 1628 ganz zurückgezogen der französische Mathematiker und Philosoph **René Descartes** († 1650). Er legt den ersten selbstständigen Weltentwurf seit der Scholastik vor. Bei seiner Suche nach einem in der Vernunft begründeten System geht er von der Überlegung aus, man müsse alle überkommenen Lehrmeinungen und Autoritäten bezweifeln, um auf jenes unbezweifelbare Fundament zu stoßen, auf dem man rational weiter bauen könne. Dieses Fundament findet er im Selbstbewusstsein des Menschen. Denn wenn ich an allem zweifeln kann, so bleibt doch unbezweifelbar, dass ich zweifele. Aus dieser unbezweifelbaren Gewissheit des Zweifelns entwickelt Descartes das erste philosophische System, das von jeder Vormundschaft der Theologie frei ist. Seine Philosophie richtet sich nicht gegen die christliche Wahrheit; sie ist nur konsequent autonom. Ebenfalls in den Niederlanden lebend, entwirft der jüdische Philosoph **Baruch Spinoza** († 1677) ein pantheistisches Lehrgebäude, in dem Gott als die schaffende Natur verstanden wird.

In *England* bringt die Aufklärung in der Mitte des 16. Jh. den *Deismus* hervor, eine Religionsphilosophie, die schnell zum allseits plausiblen populären Religi-

Barock (1600 – 1750)

Der Barock, der sich von Italien aus in alle Länder Europas verbreitet, gilt als der letzte europäische Kunststil, der aus dem geistigen Kontext des Christentums entsteht und für alle Kunstäußerungen einer Epoche prägend wird. Die entscheidenden Impulse empfängt dieser Stil durch die vom Trienter Konzil eingeleitete kath. Erneuerung und Gegenreformation. Die vom Konzil ins Zentrum gerückte Messe am Hauptaltar wird architektonisch dadurch hervorgehoben, dass die Vierungskuppel über dem Hauptaltar errichtet wird und das Längsschiff, später in der Gestalt eines Ovals, auf dieses Zentrum hin bezogen wird. Die Kunst, die sich in der Renaissance von der Kirche zu lösen begann, wird im Barock wieder bewusst für kirchliche Zwecke eingesetzt. Durch die Architektur soll die Macht der römischen Kirche eindrucksvoll dargestellt werden. Die künstlerischen Mittel sind sinnliche Pracht, Pathos, opulente Fülle in Material, Dekoration, Raumgestaltung, Lichtregie und Theatralik. Nicht zufällig ist die erste Kirche, die diese Ideale verwirklicht, Il Gesù in Rom, die Kirche des eben gegründeten Jesuiten-Ordens, der sich die Rekatholisierung Europas und die Verbreitung des kath. Glaubens zum Ziel gesetzt hat.

Auch die barocke Malerei geht von Italien aus. Das stille Andachtsbild der Renaissance wird abgelöst von einer vital bewegten, theatralischen, farbensprühenden, körperbetonten, realistischen Malerei, in der die Grenzen zwischen irdischem und himmlischem Geschehen verschwimmen. Architektur, Skulptur, Malerei und Dekoration gehen in der Gestaltung der Innenräume ineinander über und bilden ein Gesamtkunstwerk, das dem Betrachter die Heilsgeschichte und die Fülle der Heilsanstalt Kirche in überwältigender und suggestiver Weise nahebringen soll.

Es liegt nahe, dass dieser imperiale Kunststil als ein

Innenraum von Il Gesù, der Kirche des Jesuitenordens in Rom, nach der Ausstattung von 1650. Dieser Bau wird zum Leitbild für den kath. Barockstil.

ideales Mittel der Selbstdarstellung auch für die Profanbauten geistlicher und weltlicher Fürsten des Absolutismus eingesetzt wird. Verständlich ist auch, dass dieser italienische Barockstil in den protestantischen Gebieten, wenn überhaupt, so doch nur in abgeschwächter Weise Eingang findet. Während der an italienischer Malerei geschulte Rubens den Stil kath. Barockmalerei repräsentiert, geht die Malerei der protestantischen Niederlande von Italien unabhängige Wege und bildet das zur Meditation anregende Stillleben und das Genrebild als eine Art weltliches Andachtsbild aus. In Rembrandt, der das körperlich Gegenständliche dem sinnlichen Zugriff zunehmend entzieht und damit das Ereignishafte biblischer Szenen auf ihren Sinn hin transzendiert, gipfelt die barocke Malerei des protestantischen Nordens.

Benediktiner-Stift Melk, 1702. Machtvoller österreichischer Barock über der Donau

Bernini gestaltet den Petersplatz und dessen Kolonnaden. Der Architekt setzt alle Wirkungsmittel ein, um diesen Mittelpunkt der Weltkirche übermächtig erscheinen zu lassen. Gemälde von Giovanni Paolo, 1754

onsverständnis der Zeit wird und bis heute zum Bildungsgut „aufgeklärter" Kreise gehört. Der Deismus geht von der These aus, dass allen historischen Religionen eine natürliche Vernunftreligion zu Grunde liege, die jedem Menschen angeboren sei. Kern dieser Religion ist eine vernunftgemäße Moral, auf die sie den Menschen verpflichtet. Alles, was über diesen vernünftigen Kern hinausgeht, ist nach Meinung der Deisten in den realen Religionen von Priestern oder Theologen hinzugefügt worden und ist deshalb wieder abzustoßen. Hinsichtlich des Christentums etwa gilt demnach alles, was sich auf übernatürliche Offenbarung beruft, als nicht akzeptabel. Der wahre Christus ist nicht Gottes Sohn, sondern der menschliche Verkünder jener vernünftigen Moral, die das Wesen der natürlichen Religion ausmacht. Gott ist nicht das persönliche Gegenüber des Menschen, sondern die erste physikalische Ursache der Welt. Wie der Uhrmacher eine Uhr herstellt, sie aufzieht und diese dann selbständig läuft, so hat Gott die Welt geschaffen, ihr feste Gesetze eingepflanzt und sie aus seiner Hand in die Selbstständigkeit entlassen.

Im katholischen *Frankreich* wird der englische Deismus vom ehemaligen Jesuitenzögling **Voltaire** († 1778) aufgegriffen und, mit einem polemisch-kirchenfeindlichen Akzent versehen, von ihm popularisiert. Seine gegen die Kirche gerichtete Devise lautet „Ecrasez l'infame!" (Vernichtet das Scheusal!). Damit schlägt er bereits den Ton an, den die Französische Revolution in die Tat umsetzt. Die Nationalversammlung enteignet alles Kirchengut, verwandelt die Hauptkirchen von Paris in Tempel der Vernunft, schafft die christliche Zeitrechnung und das Christentum ab, vertreibt 40 000 Priester und verfügt per Beschluss, dass „ein höchstes Wesen" anzuerkennen sei.

In *Spanien und Italien* spielt die Aufklärung nahezu keine Rolle; in Italien allenfalls in Gestalt eines Antiklerikalismus.

In *Deutschland*, dessen geistiges Leben sich nach dem großen Krieg nur langsam erholt, werden die

Rokoko
Mit Rokoko wird die letzte Phase des Barock bezeichnet, die sich besonders in Frankreich und Deutschland entwickelt. Das Schwere, Üppige und Pathetische des Barock wird ins Spielerische, Leichte, Zierliche und Anmutige umgeformt und wirkt oft gekünstelt. In der Malerei wird unbeschwerte Sinnenfreude dargestellt. Dieser Kunststil zeigt bereits an, dass die Kirchen ihre kulturell prägende Kraft zu verlieren beginnen.

Gedanken der Aufklärung erst spät aufgenommen. Sie verlieren hier ihre antichristlichen Akzente. **Gottfried Wilhelm Leibniz** († 1716), ein universaler Geist, mit dem die deutsche Aufklärung beginnt, strebt eine Verbindung der neuen philosophisch-naturwissenschaftlichen Gedanken mit dem Christentum an. Ganz im Sinne der Aufklärung unterscheidet auch **Gotthold Ephraim Lessing** († 1781) zwischen den „notwendigen Vernunftwahrheiten" der Aufklärung und den „zufälligen Geschichtswahrheiten" des Christentums.

Die *protestantische Theologie* reagiert auf diese herausfordernden Gedanken unterschiedlich. Die einen ziehen sich entsetzt auf ihre orthodoxen Lehrwahrheiten zurück. Die anderen übertreffen die Aufklärer noch an Radikalität. Sie bestreiten jede Art von Offenbarung und führen die Entstehung des Christentums auf einen raffinierten Betrug der Jünger zurück. Eine weitere Gruppe setzt sich mit den neuen Gedanken zwar ernsthaft, jedoch auf unterschiedliche Weise auseinander, nimmt aber insgesamt eine mittlere Position ein. Einige streichen die Offenbarung zu Gunsten der Vernunft, andere suchen gerade umgekehrt zu beweisen, dass Offenbarung aus Vernunftgründen notwendig ist. Beide räumen der Vernunft also den Vorrang ein. Da es eine allgemein gültige Theologie außerhalb der Orthodoxie nicht gibt, vielmehr der einzelne Theologe gefordert ist, entstehen angesichts der unterschiedlichen zwischen Orthodoxie, Pietismus und Aufklärung angesiedelten Auffassungen viele interessante theologische Konzeptionen. Der Protestantismus hat jetzt nicht nur einen

Wieskirche, 1754. Mit dem zierlichen Rokoko klingt der Barockstil aus.

Die Aufhebung der Klöster in den k. k. österreichischen Erblanden durch Joseph II., Stich von Johann Martin Will, um 1782.
Kaiser Joseph II. erlässt 1781 für die österreichischen Erblande ein Toleranzpatent, das Lutheranern, Calvinisten und griech. Orthodoxen gestattet, ihre Religion privat auszuüben und eigene Schulen und Kirchen zu bauen. Ein Jahr später erhalten auch die Juden ein Toleranzpatent. 1782 hebt der Kaiser alle Klöster auf, die nach seinem aufgeklärten Verständnis für die Gesellschaft keine nützliche Arbeit leisten. Von seinen Reformvorhaben lässt er sich auch durch einen Besuch des Papstes in Wien nicht abbringen.

lutherischen und einen reformierten Strang, er umfasst quer durch die Konfessionen nunmehr eine Vielzahl konkurrierender Entwürfe.

Die *röm.-kath. Kirche* wird von der Aufklärung härter getroffen als die ev. Kirchen. Sie büßt alle direkte politische Gewalt und viele ihrer Privilegien ein. Aus Portugal, Spanien und Frankreich werden die Jesuiten vertrieben, weil man in ihnen „Hüter des Aberglaubens“ sieht. Der Papst sieht sich sogar genötigt, 1773 den Jesuitenorden aufzuheben. Kaiser **Joseph II.** (Reg. 1780 – 1790), ganz vom Geist der Aufklärung erfüllt, strebt für Österreich eine vom Papst unabhängige österreichische katholische Nationalkirche an. Die kath. Theologie geht zwar nicht in dem Maße wie die protestantische auf die Vernunftnormen der Aufklärung ein, verliert aber ebenfalls ihre bis dahin bedeutsame Rolle in Fragen der Weltdeutung.

Im *Reichsdeputationshauptschluss* von Regensburg 1803 wird die Säkularisation der rechtsrheinischen geistlichen Gebiete, d. h. das Ende der geistlichen Fürstentümer verfügt. 1806 legt Kaiser **Franz II.** die deutsche Kaiserkrone nieder. Damit endet das Heilige Römische Reich Deutscher Nation, das so eng mit der kath. Kirche verbunden war. Der *Wiener Kongress* legt 1815 bei der Neuordnung Deutschlands katholische und evangelische Gebiete bunt gemischt zu neuen

Staaten zusammen, und die Verfassung des Deutschen Bundes legt fest, dass den Angehörigen aller christlichen Konfessionen volle politische und bürgerliche Gleichberechtigung zu gewähren ist. Mit diesen Neuregelungen ist die konfessionelle Geschlossenheit der deutschen Territorien aufgelöst; die konfessionellen Staaten werden zu paritätischen.

Die Impulse der Aufklärung öffnen und schärfen den Blick dafür, dass die biblischen Texte, die kirchlichen Dogmen, die Gestalt der Kirche und deren religiöse Riten nicht fertig vom Himmel gefallen, sondern in geschichtlichen Prozessen entstanden sind. In der evangelischen Theologie entsteht eine *historisch-kritische Forschung*. Daraus erwächst die Frage nach der Stellung des Christentums im Verhältnis zu den anderen Religionen. Die vielen unterschiedlichen theologischen Entwürfe relativieren die offiziellen konfessionellen Dogmen und lockern so die konfessionellen Grenzen. Das geht gelegentlich so weit, dass kath. und ev. Pfarrer einander gegenseitig vertreten. Die Auseinandersetzung mit den unterschiedlichen Konzepten führt dazu, dass die Inhalte des christlichen Glaubens nicht mehr lediglich behauptet werden können, sondern angesichts der vielen verschiedenen Überlegungen immer wieder neu bedacht und in der Sprache der jeweiligen Zeit verstehbar ausgedrückt werden müssen. Wo sich der Glaube an die Vernunft freilich völlig durchsetzt, da wird aus der christlichen Religion ein banaler Vorsehungsglaube und aus der Verkündigung eine Moralpredigt. Diese Prediger verstehen sich dann als Tugendwächter oder als Volkserzieher, die von der Kanzel über rationelle Stallfütterung, über Gemüseanbau oder über den Nutzen frühen Aufstehens dozieren. Aus Gottesdienstordnungen und Gesangbüchern wird all das gestrichen, was im Vernunfthorizont der Zeit als nicht plausibel erscheint. Aber selbst in dieser Zeit geistlicher Dürre finden sich genügend Stimmen, die den christlichen Glauben so zur Sprache bringen, dass er nicht nur den Verstand, sondern auch die Herzen erreicht (z. B. Matthias Claudius, † 1815).

Matthias Claudius gibt mit seinem bekannten *Abendlied* in schlichten Worten und Bildern einem Weltverständnis und Lebensgefühl wieder Ausdruck, das zwischen orthodoxen Systemen und aufgeklärter Vernunft erdrückt zu werden drohte.

»Seht ihr den Mond dort stehen?/ Er ist nur halb zu sehen/ und ist doch rund und schön./ So sind wohl manche Sachen, / die wir getrost belachen,/ weil unsre Augen sie nicht sehn.

Wir stolzen Menschenkinder/ sind eitel arme Sünder/ und wissen gar nicht viel./ Wir spinnen Luftgespinste/ und suchen viele Künste/ und kommen weiter von dem Ziel.«

Unpolemisch öffnet Claudius den Blick für jene Sinnbereiche, die, von einer autonomen Vernunft ganz ausgeblendet, als Hirngespinste abgetan oder auf Theorien reduziert werden.

Die Kunststile nach dem Barock empfangen ihre Impulse nicht mehr aus dem Christentum, sondern aus säkularen Strömungen, oder sie bilden eigenständige Entwicklungsschritte innerhalb der jeweiligen Kunstgattung. Sie können sich weder in ganz Europa durchsetzen, noch durchdringen sie alle Lebensbereiche. Unterschiedliche Stilrichtungen und Strömungen können zeitgleich nebeneinander bestehen. Im Verhältnis zwischen Christentum und Kunst herrscht in stilistischer Hinsicht eine Art pragmatischer Eklektizismus.

Das Jahrhundert der Turbulenzen (1814 – 1914)

Reaktionen auf die Aufklärung

Mit der Französischen Revolution hatte die Aufklärung ihren Höhepunkt erreicht, andererseits wurde die Problematik einer als autonom begriffenen Vernunft deutlich. Die Menschen sind des Terrors der Revolution und der ihr folgenden napoleonischen Militärdespotie müde. Die Reaktion auf diese Erfahrungen hat viele Facetten.

In politischer Hinsicht wird die Landkarte Europas nach der Niederlage Napoleons durch den Wiener Kongress 1815 neu geordnet, und zwar mit dem Ziel, jene Verhältnisse herzustellen, die vor der Revolution herrschten. Die restaurative Tendenz dokumentiert sich nicht zuletzt darin, dass sich alle Monarchen des Kontinents dazu verpflichten, ihre Politik gemäß der Hl. Schrift zu führen. Auch der 1815 errichtete Deutsche Bund, zu dem sich 35 deutsche Territorien zusammenschließen, drängt revolutionäre Bewegungen zurück.

Im *geistesgeschichtlichen* Rahmen stellt die *Romantik*, deren Anfänge sich um 1800 entfalten, eine Gegenbewegung zur vernunftgläubigen Aufklärung dar. Die Romantiker verehren nicht mehr, wie noch die deutschen Klassiker, die Antike, sie sehen vielmehr in der mittelalterlichen Welt das „goldene Zeitalter" der abendländischen Kultur. Die romantischen Künstler möchten das Gemüt inmitten des Endlichen mit dem Unendlichen eins werden lassen. Im individuellen Endlichen soll das Unendliche erfahren werden können. Ein mystisch-pantheistischer Ästhetizismus wird zur Religion erhoben. Die Künstler gelten als Priester, der Geniekult erblüht. Auch in der Romantik steht das Ich im Zentrum, aber es sieht sich eingebunden in übergreifende Strukturen wie

Die Madeleine-Kirche von Paris verkörpert das Repräsentationsbedürfnis des Klassizismus (1806 – 1824).

die Natur, die Geschichte, den Staat, die Religion. Aus alledem ergibt sich eine große Nähe zum Katholizismus, der durch die Romantik auch im Volk stark aufgewertet wird.

Die schwärmerische Verehrung der Vergangenheit und mittelalterlicher Ideale durch die Romantiker bringt die werkgetreue Fertigstellung des Kölner Doms hervor.

Natürlich ist auch die Entwicklung des *Protestantismus* eng mit der Kulturgeschichte der Zeit verbunden. Aus dem Geist der Romantik und geprägt von der Herrenhuter Frömmigkeit entwirft **Friedrich Schleiermacher** († 1834) ein auch für seine entkirchlichten Zeitgenossen plausibles Verständnis der Religion. Seine Glaubenslehre von 1821 wird zum bedeutendsten theologischen Beitrag, den die evangelische Theologie im 19. Jh. hervorbringt. Schleiermacher zufolge ist Religion nicht im Denken, sondern im „Gefühl" und in der „Anschauung" verankert. Glaube erwächst demnach nicht aus Erkenntnissen des menschlichen Geistes, sondern gründet in Erfahrungen, die zu teilen jeder Mensch die Anlage besitzt. Konkret meint Schleiermacher das „Gefühl schlechthinniger Abhängigkeit". In diesem Abhängigkeitsgefühl gibt sich Gott dem Menschen zu erkennen. Und was die christliche Theologie zu sagen hat,

In der Malerei der deutschen Romantik fließen Religion und Kunst oft ineinander. Der Künstler versteht sich als autonomer Weltdeuter. Natur wird oft zur Chiffre für Religiöses oder stellt sich als pantheistische Naturverehrung dar. *Tetschener Altar* von Caspar David Friedrich aus dem Jahr 1808

Friedrich Daniel Ernst Schleiermacher, der bedeutendste evangelische Theologe des 19. Jh., bindet Religion an das Gefühl.

ist in diesem Abhängigkeitsgefühl angelegt. Schleiermacher bleibt der Aufklärung insofern verpflichtet, als er sein Religionsverständnis vom Menschen her entwirft. Er hält ihr allerdings vor, die Wirklichkeit Gottes zu einem kraftlosen Begriff verdünnt zu haben. Die Überwindung der Aufklärung gelingt ihm durch die Erkenntnis, derzufolge Religion eine eigenständige Kulturprovinz darstellt, die nur aus sich selbst heraus angemessen zu verstehen ist. Wie nahe Schleiermacher trotz seines andersartigen Denkrahmens den Grunderkenntnissen Luthers kommen kann, zeigt seine Sündenauffassung. Auch er versteht Sünde nicht als die einzelne Tat, sondern als ein Selbstseinwollen, das sich dem Unendlichen verschließt und somit jenes Gefühl der Abhängigkeit und die Einbindung in das Ganze menschlicher Lebenswirklichkeit nicht erfährt. Der Orthodoxie wirft er vor, den christlichen Glauben mit Moral gleichzusetzen. Gegen orthodoxe Denkgewohnheiten betont er, dass eine christliche Dogmatik den Glauben nicht begründen, sondern nur entfalten kann. Schleiermachers Entwurf ist so fruchtbar, dass alle nachfolgenden Entwicklungen der evangelischen Theologie von der Auseinandersetzung mit ihm profitieren.

Im *kirchlichen Leben des Protestantismus* gewinnt die Gegenreaktion zur Aufklärung als *Erweckungsbewegung* Gestalt. Die Frömmigkeitsformen des Methodismus und Pietismus erwachen zu neuem Leben und prägen ganze Regionen. Charakteristisch für die Erweckungsbewegung ist eine schlichte biblische Frömmigkeit. Man dringt auf Bekehrung und aktive Ausübung des Glaubens. Die Erweckungsbewegung regt sich um die Jahrhundertwende zuerst in England und wenig später auch auf dem Festland. Sie organisiert sich unabhängig von den Amtskirchen in privaten Initiativen, oft in der Rechtsform des Vereins. Die entscheidenden Impulse für die vielfältigen Arbeitsformen der inneren

Pastor Theodor Fliedner (Abb. links) gründet 1826 nach englischem Vorbild eine überkonfessionelle Gesellschaft, die sich der Strafgefangenen während und nach der Haft annimmt. 1836 öffnet die von ihm initiierte Schule für ev. Krankenschwestern in Kaiserswerth ihre Pforten. Rechts ein zeitgenössischer Holzschnitt von der Kinderstation des Diakoniewerks

Mission und der Diakonie gehen von dieser Bewegung aus: Abschaffung des Sklavenhandels, caritative Einrichtungen, Rotes Kreuz. 1833 richtet **Johann Hinrich Wichern** mit seinem „Rauhen Haus" ein familiäres Umfeld für verwahrloste Jungen ein und erweitert es bald zu einem ganzen „Rettungsdorf". In einer Diakonieanstalt bildet er geeignete Männer heran, die in Stadtmissionen, im Herbergswesen, in der Gefangenenfürsorge, in Handwerker- und Jünglingsvereinen den christlichen Glauben als tätige Liebe leben. Durch ihn wird die Arbeit der Inneren Mission zur öffentlichen Angelegenheit und zur Sache der ev. Kirchen. **Theodor Fliedner** gründet 1836 in Kaiserswerth das erste evangelische Diakonissen-Mutterhaus. **Friedrich von Bodelschwingh** übernimmt 1872 eine Heil- und Pflegeanstalt für epilepsiekranke Kinder in Bethel bei Bielefeld und baut sie zu einer „Weltstadt der Barmherzigkeit" aus, in der Behinderte nicht ausgegrenzt, sondern integriert werden. Heute leben in Bethel, der größten diakonischen Einrichtung Europas, etwa 17 000 Behinderte und Nichtbehinderte zusammen. In ganz Deutschland entstehen diakonische Einrichtungen ähnlicher Art. Aus der Dynamik der Erweckungsbewegung wird auch noch am Ende des Jahrhunderts die große Welle der *evangelischen Weltmission* hervorgehen, die weiterhin von privaten Missionsgesellschaften getragen wird.

Unter dem Eindruck der Aufklärung ist der Zeitgeist zu Beginn des 19. Jh. noch ganz auf einen „überkonfessionellen" Protestantismus eingestellt. König Friedrich Wilhelm III. von Preußen nimmt das Reformationsjubiläum von 1817 zum Anlass, in seinem Land die

Pastor Johann Hinrich Wichern richtet 1833 das »Rauhe Haus« bei Hamburg für gefährdete männliche Kinder und Jugendliche ein und bildet Erzieher aus. Angesichts der sozialen Probleme in einer aufkommenden Industriegesellschaft bringt er die soziale Verantwortung des christlichen Glaubens in das öffentliche Bewusstsein.

Pastor Friedrich von Bodelschwingh baut die Anstalten der Inneren Mission in Bethel zur »Stadt der Barmherzigkeit« aus, der heute größten diakonischen Einrichtung in Europa. Die Zeichnung von 1885 stellt nur das Zentrum der Anlage dar.

Die Kirchenmusik des 19. Jh.
Die religiösen Meisterwerke der Romantik (Schubert, Bruckner, Liszt, Schumann, Brahms, Mendelssohn-Bartholdy, Reger u. a.) sind persönliche Zeugnisse tiefer Frömmigkeit, freilich einer Weltfrömmigkeit von überkonfessioneller, ja über- oder gar außerkirchlicher Art. Viele der großen Werke orientieren sich nicht mehr an der gottesdienstlichen Praxis, sondern überschreiten den liturgischen Rahmen oder werden direkt für den außerkirchlichen Konzertsaal konzipiert. Auch die noch für den Gottesdienst verwendbaren kleineren Werke drücken nicht mehr das gemeinsame Bekenntnis der Gemeinde, sondern die persönliche Frömmigkeit des Komponisten aus.

Union zwischen Lutheranern und Reformierten einzuführen. Das ist offenbar der falsche Moment, denn in der Erweckungsbewegung wird Luthers Frage nach dem gnädigen Gott gerade wieder lebendig. Damit werden Lehre und Konfession erneut wichtig. Auch im konfessionellen Luthertum regt sich gegenüber der aufklärerischen Vernunftreligion neues Leben. Der Kieler Pastor **Klaus Harms** ruft anlässlich des Reformationsfestes von 1817 in 95 Thesen dazu auf, zur lutherischen Orthodoxie und zu den Bekenntnisschriften zurückzukehren. Das 19. Jh. sollte noch eine Hochblüte des Konfessionalismus erleben. Die Union, als Vereinigung der ev. Konfessionen gedacht, führt nur zu einer weiteren Konfession.

Die spannungsvollen Differenzen in der Mitte des Jahrhunderts

In der Philosophie beginnt das „Zeitalter ohne Gott". Das Band zwischen Religion und Philosophie, im System **G. F. W. Hegels** († 1831) noch sehr eng geknüpft, wird von seinen linken Schülern zerschnitten. Für **Ludwig Feuerbach** († 1872) ist Gott lediglich eine Projektion, nämlich das eigene idealisierte menschliche Wesen, das der Mensch an den Himmel wirft. **Karl Marx** († 1883) deutet die psychologische Projektionsthese Feuerbachs soziologisch. Er sieht in der Religion den „Überbau" jener unwürdigen wirtschaftlichen Verhältnisse, in denen Menschen leben und in denen sie von der Ausbeuterklasse mittels Religion festgehalten werden. Deshalb gehören Atheismus und Bekämpfung der Religion für ihn zum Kampf für eine bessere Welt. Für **Arthur Schopenhauer** († 1860) ist das Christentum eine „chronisch geistesschwache Metaphysik", und **Friedrich Nietzsche** († 1900) nennt es die „Dekadenz schlechthin". Der *Positivismus*, der nur die Beobachtung sinnlich wahrnehmbarer positiver Tatsachen als Quelle wissenschaftlicher Erkenntnis gelten lässt, hält ein Reden über Gott für gegenstandslos, d. h. für sinnlos. Die *Naturwissenschaften* beschränken sich auf ein konsequent innerweltliches Welterkennen. Erscheinungen, die sich dieser Art von Betrachtung entziehen, werden zu Phänomenen abgewertet, die gar nicht oder nur als Wahnvorstellungen existieren. Im Verständnis **Sigmund Freuds** († 1939), der sich als strenger Naturwissenschaftler versteht, ist Religion eine „universelle Zwangsneurose". Die *Materialisten* interpretieren alles Geistige als eine Funktion der Materie. Liebe, Vertrauen, Altruismus sind für sie nichts anderes als Ausdruck chemischer Prozesse. Diese Weltsicht wird – popularisiert und mit kirchenfeindlicher Tendenz aufgeladen – von dem darwinistischen Zoologen **Ernst Haeckel** mit dem Buch *Welträtsel* 1899 unter die Leute gebracht. Die in diesem Bestseller vorgetragene Abwertung und Verspottung von Religion, Kirche und Glaube prägt viele Generationen aller Schichten.

Der Philosoph Ludwig Feuerbach stellt in seiner Schrift *Das Wesen des Christentums* von 1841 jede Form von Offenbarung in Frage.

Friedrich Nietzsche († 1900) ruft den Tod Gottes und die Umwertung aller Werte aus und erhebt den Atheismus zum Programm.

Der Protestantismus

In Deutschland setzt sich die ev. Theologie selbst noch mit provozierendsten Thesen inhaltlich auseinander. Dabei kommt es mitunter zwar zu grotesken Ergebnissen, doch liegt der bleibende Gewinn dieser Auseinandersetzungen darin, dass die ev. Theologie in diesem Zusammenhang *historisch-kritische Arbeitsmethoden* entwickelt, mit denen sie die biblischen Texte, die Entstehung von Kirche und Dogma ohne vorgefasste Meinung aus den jeweiligen Rahmenbedingungen der Zeit zu verstehen sucht, die christliche Botschaft auch im Zusammenhang mit den nichtchristlichen Religionen erfasst und die Erforschung des Lebens Jesu einleitet. Neben der Erweckungsbewegung und der Orthodoxie entsteht eine als liberal bezeichnete Theologie, die den christlichen Glauben – im Trend der Zeit – lediglich als ethische Haltung versteht und solcherart auf die Maßstäbe einer allgemein anerkannten Humanität und Moral reduziert. Der Protest des Dänen **Sören Kierkegaard** († 1855) gegen dieses selbstzufriedene und weltselige Christentum wird erst im 20. Jh. gehört werden.

Der dänische evangelische Theologe und Philosoph Sören Kierkegaard († 1855) fordert eine verbürgerlichte Christenheit dazu auf, ernsthafte Christen zu werden. Kierkegaards Gedanken werden erst im 20 Jh. aufgegriffen und erweisen sich jetzt in Philosophie und protestantischer Theologie als außerordentlich fruchtbar.

Es zählt zu den erstaunlichsten Erscheinungen, dass gerade dieses für den Protestantismus so krisenhafte 19. Jh. zum Jahrhundert seiner *Weltmission* wird. Im ureigensten Bereich haben die ev. Kirchen große Schwierigkeiten, auf die Lebensrealität der verelendeten Industriearbeiter angemessen zu reagieren. Zwar wird in der Einzelfallhilfe durch private und diakonische Aktivitäten Bewundernswertes geleistet. Aber selbst der engagierte öffentliche Einsatz eines **Adolf Stöcker** oder **Friedrich Naumann** kann die gesellschaftliche Dimension und Dringlichkeit der sozialen Frage den Kirchenoberen nicht recht vermitteln. Das liegt auch daran, dass die ev. Kirchen gerade eben erst Ansätze von Selbstverwaltung ausbilden können und in ihrem öffentlichen Handeln weithin den landesherrlichen Konsistorien ausgeliefert sind. Die Arbeiter

Die evangelischen Pfarrer Adolf Stoecker und Friedrich Naumann bemühen sich Ende des 19. Jh. darum, die Arbeiterschaft für die Kirche zurückzugewinnen, und sie engagieren sich daher in parteipolitischer Arbeit.

wenden sich der damals noch rein marxistisch orientierten Sozialdemokratie zu.

Der geistige Austausch zwischen den ev. Kirchen führt in ganz *Europa* zu ähnlichen Entwicklungen, freilich gebrochen durch unterschiedliche politische Bedingungen. Auf dem Kontinent und in Skandinavien folgt dem Rationalismus ebenfalls die Erweckung. In den Niederlanden und der Schweiz gewinnt der Liberalismus größeren Einfluss. Die Skandinavier bleiben konservativ. In Frankreich, Belgien, Italien und Österreich setzen sich im 19. Jh. Toleranz oder gar Religionsfreiheit so weit durch, dass ev. Gemeinden überleben können. Die Zahl der Protestanten bleibt dort aber gering. Lediglich in Österreich wird den lutherischen und reformierten Kirchen durch die Ende des 19. Jh. einsetzende Los-von-Rom-Bewegung eine viertel Million Mitglieder zugeführt.

Ein Prediger der Basler Mission predigt in Ghana. Foto um 1890

Nach *Nordamerika* gelangte das Christentum nicht durch Missionare, sondern durch Einwanderer, die ihre unterschiedlichen Formen von Frömmigkeit, Konfession und kirchlicher Organisation mitbrachten. Viele sind

Durch die intensive Mission, die im 19. Jh. besonders von England, Frankreich, Deutschland und Nordamerika ausgeht, wird das Christentum zur Weltreligion. Protestantische und amerikanische Bibelgesellschaften sorgen für die Übersetzung und Verbreitung preiswerter Bibeln in aller Welt. Pater Hurth, Missionar der Weißen Väter, hält Messe in einer Buschkirche von Mali.

nur gekommen, um hier ihren Glauben frei leben zu können: Puritaner, Kongregationalisten, Baptisten, Quäker und Anglikaner aus England; Presbyterianer aus Schottland und Nordirland; Hugenotten aus Frankreich; Lutheraner und Herrenhuter aus Deutschland; Mennoniten aus den Niederlanden; Katholiken aus West- und Südeuropa, aber auch orthodoxe Christen. Die calvinistischen Gruppierungen überwiegen. Unter diesen Ausgangsbedingungen setzen sich religiöse Toleranz und Glaubensfreiheit in den sich bildenden Staaten durch. Ihre kirchlichen Organisationen bauen die Einwanderer eigenverantwortlich von den Gemeinden her auf; von Beginn an ist man vom Staat getrennt und auch finanziell eigenständig. Trotz der Aufsplitterung in mehr als 250 Denominationen behauptet sich in der nordamerikanischen Gesellschaft ein durchgängig religiöser Zug bei gegenseitiger Achtung Andersgläubiger. Die theologische Bildung der Pfarrer bleibt bis gegen Ende des 19. Jh. noch mangelhaft. Aufgrund der vielen Erweckungen gewinnen das Prinzip der Freiwilligkeit und die Mitarbeit aller, auch der Frauen, hohe und kontinuierliche Bedeutung in diesen Gemeinden. Die kirchliche Arbeit gestaltet sich lebensnah und ist vor allem auf den sozialen Bereich (*social gospel*) konzentriert.

Zwischen 1820 und dem 1. Weltkrieg entstehen in Nordamerika auch nahezu all jene Gruppierungen, die heute weltweit an den Rändern der Christenheit als Freikirchen oder jenseits davon als Sekten existieren: die Mormonen seit 1830, die Adventisten seit 1843/44, die „Ernsten Bibelforscher“ (heute „Zeugen Jehovas“) seit den 70er Jahren, die Christian Science seit 1877, die Kirche der Nazarener seit Ende des 19. Jh. und die Pfingstbewegung, die erst 1906 entstanden und so schnell gewachsen ist, dass sie 2000 bereits 26% der gesamten Christen ausmacht.

Das praxisbezogene Denken führt schon zu Beginn des 19. Jh. dazu, dass sich mehrere Denominationen für bestimmte Aufgaben zu gemeinsamer Arbeit zusammenfinden, z. B. zur Missionsarbeit, zur Verbreitung der Bibel, zur Arbeit unter Jugendlichen und Studenten. Hinzu kommen regionale und weltweite Vereinigungen von Kirchen gleichen Bekenntnisses oder mit gleichen Grundkonzepten. Viele schließen sich zu Weltverbänden zusammen: die Anglikaner 1867, die Reformierten 1877, die Baptisten 1905, die Lutheraner 1947, die Methodisten 1951.

William Booth, ein ehemaliger Methodistenprediger, baut ab 1878 in England die Heilsarmee auf.

Der nordamerikanische Protestantismus gewinnt im 19. Jh. insofern große kirchengeschichtliche Bedeutung, als er – wie die europäischen Kirchen dieser Zeit auch – durch seine rege Missionstätigkeit das Christentum in alle Teile dieser Welt trägt.

Die römisch-katholische Kirche

Mit der Abdankung Napoleons I. 1814 und dem folgenden Wiener Kongress erholt sich der Katholizismus machtpolitisch und auch religiös sehr schnell und besinnt sich auf die ihm eigenen Kräfte. **Papst Pius VII.** stellt 1814 den Jesuitenorden wieder her, der schon bald zum führenden Orden der Kirche wird und großen Einfluss auf das Papsttum gewinnt. Durch Konkordate mit den einzelnen Staaten gelingt es dem Vatikan, den staatsrechtlichen Bestand der Kirche neu zu sichern.

Im 19. Jh., besonders aber nach der Französischen Revolution und Säkularisation setzt eine Welle von Neugründungen religiöser Gemeinschaften und Orden ein, die sich dem Apostolat des sozialen Dienstes widmen. Franziska Schervier, Tochter eines Nadelfabrikanten, gründet 1845 die Genossenschaft der »Armen Schwestern des hl. Franziskus«.

Den Aufschwung des Katholizismus befördern nicht zuletzt die Romantik, die Arbeit der Jesuiten und viele neu entstehende Orden, Kongregationen, Klöster und Vereine, die das Volk im Geist eines katholischen Autoritätsglaubens erziehen. In Frankreich bildet sich eine von den Jesuiten propagierte und auch von der Presse gestützte papalistische Strömung, die sich seit den 30er Jahren in allen katholischen Gebieten Mitteleuropas ausbreitet: der *Ultramontanismus*, so genannt nach dem Wunsch vieler Katholiken, die Antwort auf alle Lebensfragen von Rom, d. h. von „jenseits der Berge" (*ultra montes*) zu erhalten und dem Papst alle Kompetenzen in der Kirche einzuräumen, damit diese die beherrschende Machtposition auf allen Gebieten des öffentlichen Lebens zurückgewinnt.

Den Ultramontanisten steht eine Gruppe – in der Regel gebildeter – Katholiken gegenüber, die Leben und Lehre der Kirche mit der Kultur und dem Wissensstand ihrer Zeit in Einklang bringen möchten. Diese *Reformkatholiken* treten u. a. dafür ein, die überkommenen Glaubenswahrheiten mit historischen Methoden zu überprüfen und plädieren für eine Erneuerung der Kirche. Vorhaben dieser Art werden von den Päpsten des 19. Jh. scharf verurteilt und unterdrückt, entsprechende Anhänger im Zweifel exkommuniziert.

Papst **Gregor XVI.** verurteilt in einer Enzyklika von 1832 die „verkehrten Meinungen", man könne auch mit nichtkatholischen Glaubensbekenntnissen das Seelenheil erringen und missbilligt den Wahn, dass jedem die Freiheit des Gewissens zugesprochen werden müsse. Der ursprünglich aufgeschlossene **Pius IX.** (Reg. 1846 – 1878) wandelt sich als Papst zum entschiedenen Gegner der modernen Kultur. 1854 verkündet er – ohne Konzilsbeschluss – aus eigener Vollmacht das Dogma der „unbefleckten Empfängnis der Maria" als eine von Gott geoffenbarte Lehre. Demzufolge blieb Maria vom ersten Tag der Empfängnis an von der Erbsünde bewahrt. 1864 stellt er in einer Enzyklika fest, die traditionelle Lehre der Kirche sei mit den liberalen Gedanken der zeitgenössischen Kultur grundsätzlich unvereinbar. Der Enzyklika wird ein Verzeichnis (*Syllabus*) von 80 „Irrtümern der modernen Zeit" beigegeben. Die Freiheiten der zeitgenössischen Kultur gelten demnach als verurteilenswert und sind zu bekämpfen: so die Freiheit des Gewissens, der Rede, der Presse, der Lehre, der Wissenschaft, der Re-ligion. Die Forderung der Ultramontanisten, alle politischen und religiösen Bereiche der Welt unter die Herrschaft Roms zu stellen, wird hier kirchenamtlich übernommen. Die einzig wahre Religion begegnet in der Lehre der röm-kath. Kirche. Protestantismus, Kommunismus und Sozialismus sind gleichermaßen zu verwerfen. Eine Enzyklika von 1881 erklärt die Aufklärung insgesamt und die Ideen der französischen Revolution als zu verurteilende Folgen der Reformation.

Das 1. *Vatikanische Konzil* 1869 – 1870 bildet den Höhepunkt des Pontifikats von **Pius IX.** und vollendet den Prozess der Selbstdefinierung der röm.-kath. Kirche. Drei Entscheidungen sind hervorzuheben: 1. Die *natürliche Theologie* – im Verständnis des Thomas von Aquin – wird zum festen Bestandteil des katholischen Dogmas. Das Vatikanum stellt fest, dass der Mensch kraft seiner Vernunft Gott erkennen kann. Damit werden nicht nur die vernunftskeptischen katholischen Stimmen zum Schweigen gebracht, sondern die Gräben zu den reformatorischen Kirchen vertieft. Das Konzil verkündet 2. die Lehre von der

1814 Erfindung der Lokomotive
1814/15 Wiener Kongress, Neuordnung Europas
1815 – 1866 Deutscher Bund (39 Mitglieder)
1814 Stiftung der Heiligen Allianz
1827 Beethoven †
1830 Trennung von Belgien und Holland
1832 Goethe †
1833 Erfindung des Telegrafen
1834 Erfindung des Elektromotors
1839 Erfindung der Fotografie
1847 Kommunistisches Manifest
1848 Die Revolution erfasst (mit Ausnahme von England und Russland) alle großen europäischen Staaten
1861 – 1865 Sezessionskrieg in Nordamerika
1861 – 1888 Wilhelm I.
1865 Entdeckung der Vererbungsregeln
1871 – 1914 Empire français
1875 – 1914 British Empire
1876 Erstes Telefon
1884 Erfindung des Benzinmotors
1888 – 1918 Wilhelm II.
1895 Entdeckung der Röntgenstrahlen
1896 Theodor Herzl begründet die zionistische Bewegung
1897/1898 Entdeckung des Radiums
1900 Nietzsche †
1905 Relativitätstheorie
1905 Trennung von Staat und Kirche in Frankreich

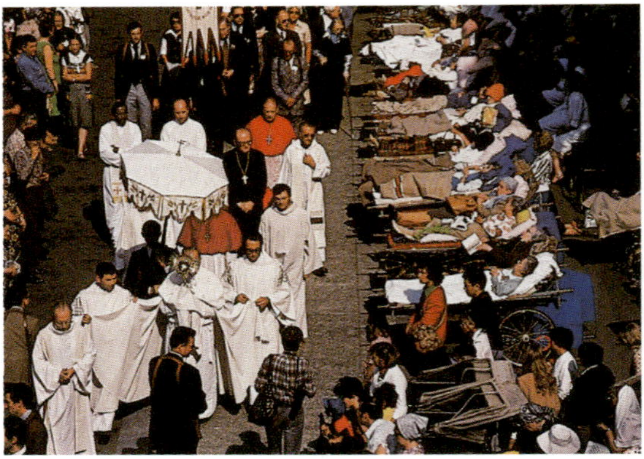

Lourdes am Fuß der Pyrenäen wird auf Grund von Marienerscheinungen um 1862 von der röm.-kath. Kirche als Wallfahrtsort anerkannt. Millionen von Gläubigen pilgern jedes Jahr zur Quelle von Lourdes, in der Hoffnung auf Heilung.

Unfehlbarkeit des Papstes, wonach der römische Papst, sofern er *ex cathedra* (d. h. als oberster Hirte und Lehrer aller Christen) spricht, in Fragen, die den Glauben und die Sitten betreffen, endgültig und unfehlbar entscheidet. Diese Ex-cathedra-Entscheidungen sind kraft päpstlicher Amtsgewalt von vornherein unabänderlich gültig, und nicht erst dadurch, dass die Kirche ihnen zustimmt. Das Unfehlbarkeitsdogma schreibt auch die Auffassung fest, dass sich die katholische Kirche durch eine Kette von unfehlbaren Lehrentscheidungen fortentwickele. Mit dem Wahrheitsverständnis, das diesem Dogma zu Gunde liegt, setzt sich die röm.-kath. Kirche nicht nur von der geistesgeschichtlichen Entwicklung, sondern auch von den Reformatoren ab, die ihrerseits keine irdische Autorität kennen, welche in Fragen der Wahrheit bindende Normen aufstellen könnte. Das Konzil beschließt 3. den *Rechts-*

Der kath. Kirchenhistoriker Ignaz von Döllinger ist einer der führenden Gegner des Dogmas von der Unfehlbarkeit und von der obersten Juristionsgewalt des Papstes. Aus innerkatholischer Gegnerschaft gegen diese Dogmen entsteht nach 1870 die altkatholische Kirche, in der von Beginn an ein auf Ökumene gerichteter Geist herrscht.

Das Unfehlbarkeitsdogma des römischen Papstes, 1870
»Wenn der Römische Bischof ›ex cathedra‹ spricht, das heißt, wenn er in Ausübung seines Amtes als Hirte und Lehrer aller Christen kraft seiner höchsten Apostolischen Autorität entscheidet, daß eine Glaubens- oder Sittenlehre von der gesamten Kirche festzuhalten ist, dann besitzt er mittels des ihm im seligen Petrus verheißenen göttlichen Beistands jene Unfehlbarkeit, mit der der göttliche Erlöser seine Kirche bei der Definition der Glaubens- oder Sittenlehre ausgestattet sehen wollte; und daher sind solche Definitionen des Römischen Bischofs aus sich, nicht aber aufgrund der Zustimmung der Kirche unabänderlich.

Wer sich aber – was Gott verhüte – unterstehen sollte, dieser Unserer Definition zu widersprechen: der sei mit dem Anathema belegt (d. h. er ist exkommuniziert).«

primat des römischen Bischofs. Damit hat sich das vom Ultramontanismus propagierte Papalsystem mit seinem römischen Zentralismus gegenüber Episkopalismus und Konziliarismus durchgesetzt. Alle Gewalt in der Kirche liegt jetzt in den Händen des Papstes. Die Bischöfe haben ihre Gewalt vom Papst nur geliehen. Amtsträger und Gläubige sind fortan zu hierarchischer Unterordnung und zum Gehorsam gegenüber den päpstlichen Äußerungen verpflichtet.

Widerstand gegen die Dogmen des ersten Vatikanums erhebt sich unter deutschsprachigen katholischen Gebildeten. Sie treffen sich bereits 1871 zu einem Kongress in München, was bereits vielen die Exkommunikation einträgt. Aus der Protestbewegung gegen die vatikanischen Entscheidungen bildet sich die *altkatholische Kirche,* die sich als romfreie katholische Kirche versteht. Die Bischöfe sind einander gleichgestellt; abgelehnt werden die Ehelosigkeit der Priester, das Ablasswesen und übertriebene Formen der Heiligenverehrung.

Papst **Leo XIII**. (Reg. 1878 – 1903) bleibt der restaurativen Linie des Vatikanums treu und erklärt gegen die als gottlos verurteilte Wissenschaft 1879 das scholastische System des Thomas von Aquin (13. Jh.) zur normativen Basis katholischen Denkens in Theologie, Philosophie und Soziallehre. Ende des 19. Jh. versuchen vor allem in Frankreich, England und Italien

Der kath. Bibelwissenschaftler Alfred Loisy setzt sich für eine historisch-kritische Bibelauslegung ein und bestreitet, dass die Aussagen der Bibel ohne Irrtum sein können. Er wird 1908 exkommuniziert.

kath. Wissenschaftler mit Hilfe historisch-kritischer Methoden die kath. Theologie und die kirchlichen Strukturen zu erneuern. Sie werden, soweit möglich, ungeachtet ihrer wissenschaftlichen Qualifikationen von den Lehrstühlen entfernt und exkommuniziert. Papst **Pius X.** (Reg. 1903 – 1914) sagt diesen Reformkatholiken, die auch abwertend „Modernisten" genannt werden, gleich nach seiner Wahl den Kampf an. Ein neuer Syllabus von 1907 zählt erneut 65 Irrlehren der Reformer auf. Eine Enzyklika des gleichen Jahres deutet den „Modernismus" als ein zusammenhängendes System und sieht in ihm das „Sammelbecken aller Häresien". Man verdammt alles, was ihm zugerechnet wird. Absoluter Höhepunkt der päpstlichen Abschottungsstrategie gegenüber säkularen Erkenntnissen und reformatorischen Gedanken ist der *Antimodernisteneid* von 1910. Alle Geistlichen, Lehrenden und Professoren müssen schwören, die aufgeführten offiziellen Lehren der Kirche streng zu vertreten und dem Papst treu zu sein.

Papst Leo XIII. formuliert 1891 die Grundsätze der kath. Soziallehre.

Die innerkirchlichen Spannungen in der zweiten Hälfte des 19. Jh. überlagern allerdings die Auseinandersetzung zwischen der Kirche und den deutschen Staaten, eine Phase, die als *Kulturkampf* bezeichnet wird, weil es dabei um viele Fragen der öffentlichen Kultur geht. Fürst Otto von Bismarck erlässt zwar rigide Gesetze gegen die Machtansprüche der röm.-kath. Kirche, muss sie aber unter dem Druck der kath. Bevölkerung zum größten Teil wieder zurücknehmen. Bestehen bleiben allerdings die weltliche

Schulaufsicht, die obligatorische Zivilehe, die Beseitigung des Taufzwangs und das Recht, aus der Kirche auszutreten. Zum Erstarken der röm.-kath. Kirche im Verlauf des Kulturkampfes trägt die Disziplinierung der Katholiken durch Vatikanum und Antimodernisteneid im übrigen erheblich bei.

Der kath. Priester Adolf Kolping gründet seit Mitte des 19. Jh. Handwerkervereine und fordert in der sozialen Frage nicht Barmherzigkeit, sondern Gerechtigkeit. Kolping reicht einem Handwerksgesellen die Hand. Standbild, 1903, auf dem Vorplatz der Minoritenkirche in Köln

Die sozialen Probleme der Industriegesellschaft werden erstmalig in den 30er Jahren des 19. Jh. bewusst wahrgenommen. Der Mainzer Bischof **W. E. von Ketteler** macht 1848 durch seine Predigten und damit einhergehende Aktivitäten die soziale Frage als ein politisches Problem im deutschen Katholizismus bewusst. 1849 gründet **Adolf Kolping** einen katholischen Gesellenverein. Gleichzeitig entstehen katholische Arbeitervereine und christlich-soziale Vereine. Erst Papst **Leo XIII.** formuliert mit der Enzyklika (*Rerum novarum*) 1891 für die gesamte Kirche das Konzept der *röm.-kath. Soziallehre*. Gegen Ende des Jahrhunderts versucht man die sozialen Aktivitäten des Katholizismus im 1897 gegründeten Deutschen Caritasverband zu bündeln. Der Katholizismus geht aus dem 19. Jh. politisch und religiös gestärkt hervor, freilich um einen hohen Preis: Die röm.-kath. Kirche wird konsequent in eine autoritäre Papstkirche umgebildet, die mit den Mitteln der Disziplinierung die Brücken zu den geistigen und wissenschaftlichen Entwicklungen der Zeit unpassierbar macht und Reformgedanken bereits im Keim erstickt.

Der Mainzer Bischof von Ketteler († 1877) schärft das soziale Gewissen des Katholizismus und fordert die gesellschaftliche Einmischung der Kirche.

1914 – 1918 1. Weltkrieg
1917 – 1921 Oktoberrevolution in Russland
1918 Proklamation der polnischen, ungarischen und tschechoslowakischen Republik. Gründung des Königreichs der Serben, Kroaten und Slowenen
1919 Erster Tonfilm
1920 – 1945 Faschismus in Italien
1922 – 1991 Sowjetunion (UdSSR)
1923 – 1945 Türkische Republik
1924 – 1953 Stalin in Russland
1925 – 1934 Hindenburg Reichspräsident
um 1930 Wirtschaftskrise in Europa
1931 Spanien Republik
1932 Fernsehen
1933 – 1945 Hitler Reichskanzler
1938 Kernspaltung
1939 – 1945 2. Weltkrieg
1945 Atombombe auf Hiroshima
1945 Charta der Vereinten Nationen, Gründung der UN
1947 Unabhängigkeit Indiens und Pakistans
1948 Proklamation des Staates Israel
1949 Gründung der NATO
1949 Bundesrepublik Deutschland
1949 – 1990 Deutsche Demokratische Republik
1957 Europäische Wirtschaftsgemeinschaft
1966 »Große proletarische Kulturrevolution« in China

Wegsuche in der pluralistischen Moderne

Zwischen den Weltkriegen

Mit dem 1. Weltkrieg beginnt – zumal in Europa – politisch, geistig und kulturell ein neues Zeitalter, auch für das Christentum. Die Entwicklungen innerhalb der einzelnen Länder, Konfessionen und Strömungen sind freilich so vielschichtig geworden, dass hier nur die wesentlichsten Prozesse und Ereignisse angedeutet werden können.

Die drei Kaiserreiche Russland, Österreich und Deutschland finden ihr Ende; demokratische Staatsformen treten an ihre Stelle. In den Schrecknissen und Zerstörungen des Krieges ist der Optimismus der bürgerlichen Gesellschaft untergegangen. In seinem Buch *Der Untergang des Abendlandes* (1918/1922) formuliert und verstärkt Oswald Spengler das pessimistische Lebensgefühl der Zeit. Mit dem Blick in die irrationalen Abgründe der Seele erschüttert Sigmund Freud das Vertrauen in die Rationalität menschlichen Handelns. Die Wissenschaft selbst zerstört den von ihr aufgebauten Glauben an die Fähigkeit des Menschen, die Gesetze der Natur wissenschaftlich leicht zu durchschauen und zu beherrschen. Elementar brechen die urreligiösen Fragen nach dem Sinn des Lebens auf. Aber die Antworten darauf erwarten die Menschen nicht mehr wie selbstverständlich von den christlichen Kirchen, sondern von östlichen Religionen, von mystischen, gnostischen und spekulativen Sinnangeboten. Politische Heilslehren, die in einfachen Formen die Lösung aller Probleme versprechen, Existenzängste nehmen und paradiesische Hoffnung erwecken, bieten sich als Religionsersatz an.

Die *röm.-kath. Kirche* findet in den Ereignissen des Weltkriegs und seiner Folgen ihre Position bestätigt, und sie wird von vielen als Hort der Stabilität und als zuverlässiger Wegweiser durch die Wirrnisse der Zeit empfunden. Papst **Benedikt XV.** setzt 1918 den *Codex Iuris Canonici*, die systematische und authentische Zusammenfassung des geltenden kanonischen Rechts, in Kraft und definiert damit die röm.-kath. Kirche als ein vom absoluten Papsttum zentralistisch geleitetes und in sich geschlossenes weltweites Rechtsinstitut. Die Eheschließung eines Katholiken mit einem nichtkatholischen Partner wird darin erheblich erschwert.

Für die *ev. Kirchen* Deutschlands bilden die Abdankung des Kaisers 1918 und der Sturz der deutschen Fürsten das Ende jener Zwangsverbindung mit dem Staat, die der kirchlichen Handlungsfreiheit seit der Reformation enge Grenzen setzte. Erst jetzt können sich die ev. Landeskirchen, deren oberste Leiter bisher die jeweiligen Landesherren waren (*Summepiskopat*), eigene Verfassungen und eigene Leitungen geben. Sie organisieren sich in unterschiedlichster Weise synodal von den Gemeinden her und dürfen erstmalig in ihrer Geschichte ihr kirchliches Leben eigenverantwortlich gestalten. In diese kritische Phase organisatorischer Selbstfindung fällt der Kampf um den Religionsunterricht an den Schulen und eine vor allem von den Sozialisten propagierte Kirchenaustrittsbewegung. Die von Nordamerika kommenden Zeugen Jehovas verstärken die kirchenfeindliche Stimmung im Lande. Allein 1920 gibt es 305 500 Kirchenaustritte. Die caritative und diakonische Arbeit wird mit kräftiger Förderung durch den Staat wirksam ausgebaut. Im Gegensatz zu den in der Zentrumspartei gut organisierten Katholiken ist das politische Gewicht der Protestanten gering. In der *protestantischen Theologie* entwickelt man vor allem die konservativeren Positionen des 19. Jh. weiter. Eine beachtliche historische Lutherforschung dringt wieder zu dem Kerngedanken des Reformators vor. Die historisch-kritische Erforschung der biblischen Texte, der Kirchen- und Dogmengeschichte gewinnt ein solides wissenschaftliches Fundament und öffnet darüber hinaus den Zugang zu den grundlegenden biblischen Aussagen. In der Predigt liegt der Ton noch auf Sitte und Moral.

1973 KSZE in Helsinki
1979 Erste Direktwahl zum Europa-Parlament
1986 Europa der »Zwölf«
1990 Beendigung der Spaltung Europas

Lovis Corinth, *Ecce Homo*, 1925

Karl Barths »dialektische Theologie«

Der Schweizer Theologe Karl Barth betont gegenüber dem Kulturprotestantismus des 19. Jh. den Vorrang des in Jesus von Nazaret gesprochenen Wortes Gottes und prägt nachhaltig die Theologie des 20. Jh.

Ein radikaler Bruch mit der theologischen Denkweise des 19. Jh. vollzieht der Schweizer Landpfarrer **Karl Barth** († 1968). Gegen das gesamte 19. Jh. setzt er die These, dass nicht die autonome Vernunft die Quelle christlicher Wahrheit sei, sondern allein die göttliche Offenbarung, wie sie im Alten und Neuen Testament enthalten ist. Es gibt seiner Auffassung nach neben der Bibel keine weiteren Quellen der Offenbarung. Der christliche Glaube hat es nicht mit den Gedanken des Menschen über Gott zu tun, sondern mit Gottes Gedanken über den Menschen. Die Bibel sagt uns nicht, wie der Mensch den Weg zu Gott findet, sondern wie Gott den Weg zum Menschen gegangen ist. Es gilt, Gott, den ganz Anderen, Gott sein zu lassen und ihn nicht zu einem in Begriffen, Riten oder Institutionen verfügbaren Gegenstand des Menschen zu machen. **Dietrich Bonhoeffer** (von den Nationalsozialisten 1945 hingerichtet) wird später formulieren: „Einen Gott, den ‚es gibt', gibt es nicht." Die Theologie Barths und seiner Mitstreiter, der man den Namen *dialektische Theologie* gibt, bleibt nicht unwidersprochen, sie bringt aber zentrale Gedanken der Reformation für alle künftigen theologischen Entwürfe wieder in den Blick. Während Barth die christliche Botschaft in ihrer Reinheit und Unveränderbarkeit herauszuarbeiten sucht, zeigt **Paul Tillich** († 1965), dass christliche Wahrheit nur als geschichtliche Wahrheit konkret und gültig sein kann. Die Reinheit und Identität der christlichen Wahrheit ist nur dadurch zu bewahren, dass sie in die Weltwirklichkeit

Paul Tillich, 1933 in die Vereinigten Staaten emigrierter evangelischer Theologe und Philosoph, bemüht sich darum, die Dimension des christlichen Glaubens in der Weltwirklichkeit des gegenwärtigen Menschen aufzuzeigen.

der jeweiligen Zeit eingeht und in den Erlebnis- und Wahrnehmungshorizont der Menschen dieser Zeit übersetzt wird. Die Offenbarung Gottes und die Art und Weise, in der wir sie aufnehmen, sind untrennbar miteinander verbunden. Barth grenzt die Inhalte der Theologie gegen alle anderen Kulturprovinzen des Menschen ab; Tillich hingegen versucht die Inhalte gerade an diesen Grenzlinien verständlich zu machen, bleibt also mit allen Kulturbereichen in Kontakt. Große Erregung löst **Rudolf Bultmanns** († 1976) These aus, nach der die Mythen des Neuen Testaments nicht als objektive Berichte über mirakulöse Vorgänge zu verstehen sind, sondern als Texte, in denen sich in einer zeitbedingten Sprachform das Existenzverständnis des Menschen ausspricht. Seine Forderung: Der Glaube kann und muss sich, um verständlich zu bleiben, von den antiken Vorstellungsformen lösen, in denen er uns überliefert ist. Die Theologie – auch die katholische – wird an den von Barth, Tillich und Bultmann aufgeworfenen Fragen noch lange zu arbeiten haben.

Der evangelische Neutestamentler Rudolf Bultmann fordert, den christlichen Glauben von den antiken Vorstellungsformen zu lösen. Er entfacht damit eine bis heute anhaltende Diskussion.

Aus der Enzyklika 1937, in der Papst Pius XI. dem Totalitätsanspruch der Nazi-Ideologie widerspricht:
»Wer die Rasse, oder das Volk, oder die Staatsform, die Träger der Staatsgewalt oder andere Grundwerte menschlicher Gemeinschaftsgestaltung ... aus ihrer irdischen Wertskala herauslöst, sie zur höchsten Norm aller, auch der religiösen Werte macht und sie mit Götzenkult vergöttert, der verkehrt und verfälscht die gottgeschaffene und gottbefohlene Ordnung der Dinge ...«

Die Zeit des Nationalsozialismus und erste Nachkriegsjahre

Der Nationalsozialismus stellt die Kirchen vor ganz neue Herausforderungen. Im Parteiprogramm bezeichnen sich die Nationalsozialisten als eine Bewegung, die ein „positives Christentum" vertrete. Das hebt die Nationalsozialisten zunächst verheißungsvoll von der erklärt antichristlichen Diktatur in Russland und auch vom „religionslosen" Weimarer Staat ab. Davon geblendet, stimmen die katholische Zentrumspartei und die ev. Gruppe der „Deutschen Christen" 1933 dem Ermächtigungsgesetz zu, das der Regierung Hitlers die volle Befugnis zur Gesetzgebung überträgt. Der NS-Staat, dessen antichristliche Züge bald deutlichst hervortreten, zerstört freilich bei allen politisch

Kirchenfeindliche Propaganda im NS-Staat

Am 9. November 1938 gehen im nationalsozialistischen Deutschland die jüdischen Synagogen in Flammen auf. Öffentlicher Protest aus den christlichen Kirchen wird nur vereinzelt laut. Brennende Synagoge von Baden-Baden

Aus der »Barmer Theologischen Erklärung« von 1934, die den Versuch der Hitler-Regierung abzuwehren sucht, über die Kirchenpartei der »Deutschen Christen« die ev. Kirchen für staatliche Zwecke zu instrumentalisieren. »Wir verwerfen die falsche Lehre, als solle und könne sich die Kirche über ihren besonderen Auftrag hinaus staatliche Art, staatliche Aufgaben und staatliche Würde aneignen und damit selbst zu einem Organ des Staates werden. Wir verwerfen die falsche Lehre, als dürfe die Kirche die Gestalt ihrer Botschaft und ihrer Ordnung ihrem Belieben oder dem Wechsel der jeweils herrschenden weltanschaulichen und politischen Überzeugungen überlassen.«

bewussten Christen schnell jeden Optimismus. Er trifft dabei auf Kirchen bzw. Christen, die seit über einem Jahrtausend keine Erfahrungen mehr mit kirchenfeindlichen Staaten hatten.

Die röm.-kath. Kirche verfügt mit ihrer Theologie und ihrer Soziallehre über einen hinreichenden Orientierungshorizont gegenüber dem NS-Staat. Im Protestantismus formiert sich im Zusammenhang mit der „Barmer Theologischen Erklärung“ von 1934 eine auf theologische Thesen gegründete Opposition, die sich in der „Bekennenden Kirche“ organisiert.

Die ev. Landeskirchen vermögen sich gegenüber dem staatlichen Gleichschaltungsdruck nur mit Mühe zu behaupten. Die kirchenfeindliche Propaganda des Staates, der letztlich die Vernichtung der Kirchen anstrebt, zeigt Wirkung. Im Zuge einer gesteuerten Kirchenaustrittskampagne verlassen allein 1937 etwa 352 000 Menschen die ev. und etwa 118 000 die röm.-kath. Kirche. Große Teile vor allem des protestantischen Bürgertums werden der Kirche entfremdet. Keine der Kirchen hat die Kraft zu eindeutigem öffentlichem Protest und Widerstand gegen den massenhaften staatlich organisierten Mord an Juden, Sinti, Roma und anderen Gruppen.

Der ev. Theologe Dietrich Bonhoeffer wird nach dem gescheiterten Attentat auf Hitler 1945 hingerichtet.

Der polnische Franziskanerpater Maximilian Kolbe, der sich für verfolgte Juden eingesetzt hat, kommt dafür in das Konzentrationslager Auschwitz. Dort geht er für einen Familienvater, der im Zusammenhang mit einer Strafaktion hingerichtet werden soll, in den Tod.

Im Oktober 1945 bekennen sich die ev. Kirchen im »Stuttgarter Schuldbekenntnis« zu Schuld und Versagen in der NS-Zeit. Papst Johannes Paul II. wird erst 2000 öffentlich von der Schuld einzelner Christen sprechen, nicht aber von der Schuld der Kirche. Im Zusammenhang mit dem Ende des 2. Weltkriegs strömen 14 Millionen Flüchtlinge und Vertriebene allein nach Westdeutschland, auch die letzten bis dahin noch konfessionell geschlossenen Gebiete lösen sich damit auf. Der Aufbau der ev. Kirchen, mehrheitlich von Mitgliedern der Bekennenden Kirche verantwortet, gestaltet sich in eher restaurativer Weise. Papst **Pius XII.** verpflichtet die kath. Christen in einer Enzyklika des Heiligen Jahres 1950 erneut auf die neuscholastische Theologie und verkündet in päpstlicher Vollmacht das Dogma von der leiblichen Aufnahme Marias in den Himmel. Damit wird die seit dem 19. Jh. zunehmende Marienfrömmigkeit aufgegriffen und verstärkt.

Aus dem »Stuttgarter Schuldbekenntnis« (1945) des vorläufigen Rates der Evangelischen Kirche in Deutschland: »Mit großem Schmerz sagen wir: Durch uns ist unendliches Leid über viele Völker und Länder gebracht worden. Was wir unseren Gemeinden oft bezeugt haben, das sprechen wir jetzt im Namen der ganzen Kirche aus: Wohl haben wir lange Jahre hindurch im Namen Jesu Christi gegen den Geist gekämpft, der im nationalsozialistischen Gewaltregiment seinen furchtbaren Ausdruck gefunden hat; aber wir klagen uns an, daß wir nicht mutiger bekannt, nicht treuer gebetet, nicht fröhlicher geglaubt und nicht brennender geliebt haben.«

Die ökumenische Bewegung

Im angloamerikanischen Protestantismus führen die konfessionelle Zersplitterung auf den Missionsfeldern und die Erfahrungen des 1. Weltkrieges zur Entstehung einer ökumenischen Bewegung. Zuvor vielfach in weltweiten Vereinigungen organisiert, schließen sich die protestantischen Konfessionsfamilien und die orthodoxen Kirchen 1948 zum *Ökumenischen Rat der Kirchen* (ÖRK) zusammen. Der ÖRK zählt heute 330 Mitgliedskirchen aus allen Teilen der Erde. Mit einem Christusbekenntnis, das ein gewisses Maß an geistlicher Verbindlichkeit sichert, streben die Mitgliedskir-

Schlussgottesdienst der Vollversammlung des Ökumenischen Rates der Kirchen 1983 in Vancouver.

chen Zusammenarbeit auf vielen Gebieten an. Der ÖRK versteht sich aber nicht als eine weltweite Einheitskirche, sondern angesichts der Vielzahl von gewachsenen Traditionen als eine „Einheit in versöhnter Verschiedenheit".

Papst **Pius XI.** lehnt in einer Enzyklika von 1928 jede aktive Teilnahme der röm.-kath. Kirche an ökumenischen Konferenzen ab und verbietet jedem Katholik, sich im Sinne der ökumenischen Bewegung zu betätigen. Die Begründung: Die Fülle christlicher Wahrheit und die Einheit der Kirche ist in der röm.-kath. Kirche – und hier allein – verwirklicht. Ökumenische Einheit kann nur dadurch zustande kommen, dass alle anderen Christen in den Schoß der vom Papst geleiteten, allein selig machenden Kirche zurückkehren. Einen Fortschritt bringt das 2. Vatikanische Konzil (1962 – 1965). Es spricht (erstmalig!) keine förmlichen Lehrverurteilungen aus und redet nicht mehr von Ketzern und Häretikern, sondern von „getrennten Brüdern". Die röm.-kath. Kirche bleibt freilich bei ihrem Selbstverständnis: „Nur durch die katholische Kirche Christi … kann man die ganze Fülle der Heilsmittel erlangen." An die Stelle der von Pius XI. geforderten Rückkehr-Ökumene tritt jetzt Integrations-Ökumene unter dem Papst – ein Konzept, das so von keiner anderen Kirche akzeptiert werden kann. Die röm.-kath. Kirche lehnt die Mitgliedschaft in ÖRK zwar weiterhin ab, bildet aber mit ihm eine „gemeinsame Arbeitsgruppe" und nimmt mit den großen christlichen Konfessionsfamilien bilaterale Gespräche über Lehrfragen auf.

Ökumene

Das Wort bezeichnet in der griech. Sprache die bewohnte Erde. Heute sind damit alle Aktivitäten gemeint, die auf die Einheit oder auf engere Beziehungen zwischen den christlichen Konfessionen zielen.

In der *röm.-kath. Kirche* wird die Mitarbeit an den aufkommenden ökumenischen Bemühungen oder die Teilnahme an Tagungen von Nichtkatholiken durch eine Papstenzyklika von 1928 strikt untersagt. Als Leitlinie gilt: »Man darf auf die Einheit der Christen nicht anders hinarbeiten als durch Wirken für die Rückkehr der Getrennten zur wahren Kirche Christi, von der sie ja seinerzeit unglücklicherweise abgefallen sind ... In dieser Kirche kann niemand sein und niemand bleiben, der nicht die Autorität und die Vollmacht Petri und seiner rechtmäßigen Nachfolger anerkennt und gehorsam annimmt«. Diese Sicht der Ökumene ergibt sich aus dem Selbstverständnis der röm.-kath. Kirche. Sie sieht die Kirche Christi nur in der röm.-kath. Kirche voll verwirklicht. Da es nur diese einzige wahre Kirche Christi gibt, ist in ihr auch die Ökumene in ihrer ganzen Fülle bereits vorhanden. Die *Kirchen der Reformation* »sind nach kath. Lehre nicht Kirchen im eigentlichen Sinn«, sondern lediglich »kirchliche Gemeinschaften«. In ihnen gibt es zwar auch Elemente der Heiligung und Wahrheit, aber diese Elemente sind dort nur deshalb wirksam, weil und sofern sie sich von der Fülle der Gnade und Wahrheit herleiten, die der röm.-kath. Kirche anvertraut ist. Ökumene bestünde demnach für die Kirchen der Reformation darin, ihren defizitären Status zu verlassen und in die eine, allein wahre, vom Papst und von den Bischöfen in Gemeinschaft mit ihm geleitete Kirche zurückzukehren, wo die Ökumene in ihrer ganzen Fülle bereits existiert. Dieses Konzept einer »Rückkehr-Ökumene« hat Kardinal Ratzinger in seiner vom Papst ausdrücklich bestätigten Erklärung »Dominus Jesus« im Jahr 2000 erneut als die offizielle Position Roms bekräftigt. Wenn heute der Begriff »Rückkehr-Ökumene« gelegentlich durch »Integrations-Ökumene« mit und unter dem Papst ersetzt wird, so ändert das inhaltlich nichts am Selbstverständnis und am Ökumene-Konzept der röm.-kath. Kirche. In vielen kath. Gemeinden Mitteleuropas gehört ökumenische Praxis allerdings längst zur Normalität.

In der *anglikanischen Kirche* und den *Kirchen der Reformation* führt die Sehnsucht nach überkonfessionellem Miteinander 1948 zur Gründung des Ökumenischen Rates der Kirchen, dem heute weltweit mehr als 330 Kirchen angehören.

Einige *orth. Kirchen* arbeiten von Beginn an in der ökumenischen Bewegung mit; seit 1961 auch die osteuropäischen orth. Kirchen. Seit 1998 nehmen die orth. Kirchen ihre Mitarbeit wieder spürbar zurück. Die röm.-kath. Kirche gehört dem *ökumenischen Rat* der Kirchen bis heute nicht an, ist ihm aber seit 1965 durch eine »Gemeinsame Arbeitsgruppe« verbunden. Die ökumenische Bewegung strebt keine Einheitskirche an. Sie bemüht sich vielmehr um ein versöhntes und fruchtbares Miteinander der verschiedenen Kirchen, die einander in je ihrer Tradition und Eigenart und als Kirchen Christi anerkennen. Ihr Ziel ist der gemeinsame Dienst am Menschen.

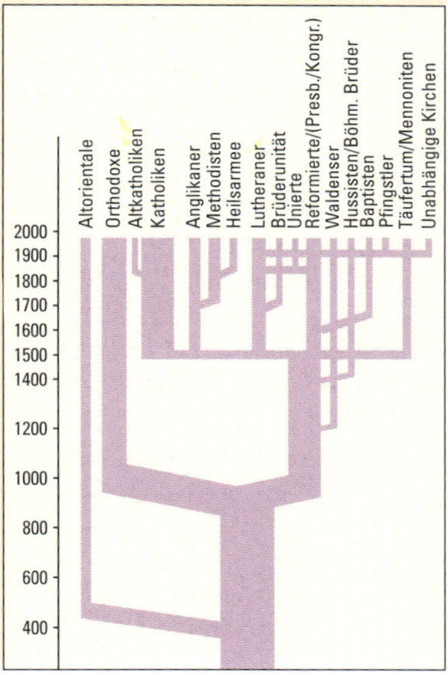

Größere gegenwärtig bestehende Kirchen

Exkurs

Gottesdienst/Messe

Die Gottesdienste der ersten Gemeinden sind Wortgottesdienste, die aber schon bald durch einen Sakramentsteil erweitert werden. Der Wortteil mit Lesungen, Bekenntnis, Gesang und Gebet hat wesentliche Wurzeln im Gottesdienst der Synagoge. Der Sakramentsteil geht aus den Mahlfeiern hervor, die Jesus mit seinen Jüngern hielt und am Vorabend seines Leidenswegs auch deutet. Die gemeinsame abendliche Mahlfeier als Sättigungsmahl wird zu einer morgendlichen Kultfeier umgebildet, in der die Mahlgestalt nur noch stilisiert enthalten ist.

Die *Kirchen des Ostens* entwickeln bereits im 4. bis 6. Jh. aus diesen beiden Schwerpunkten die bleibende Gestalt ihres Gottesdienstes, der die Heilsgeschichte symbolisch darstellt. Die Predigt, die ursprünglich eine wichtige Rolle spielt, wird schon im 9. Jh. aufgegeben und heute nur noch gelegentlich praktiziert.

In den *Kirchen des Westens* wird die sakramentale Gegenwart des himmlischen Christus zum inhaltlichen Zentrum des Gottesdienstes. Die Eucharistie, die in der Wandlung von Brot und Wein in Fleisch und Blut Christi ihren Höhepunkt erreicht, darf allein von einem geweihten Priester vollzogen werden.

In der *röm.-kath. Kirche* gewinnt die Messe im Konzil von Trient ihre bleibende Form. Das 2. Vatikanum gibt der Predigt wieder mehr Gewicht, bezeichnet aber die Eucharistie als „Quelle und Höhepunkt des ganzen christlichen Lebens“. „Die Gläubigen bringen (in der Eucharistie mit dem Priester) das göttliche Opferlamm Gott dar und sich selbst mit ihm.“ Die Gläubigen sind verpflichtet, an Sonn- und Feiertagen an der Messe teilzunehmen. Wer dieser Pflicht ohne gewichtigen

Das 2. Vatikanische Konzil (1962 – 1965) beschließt:

»Von größtem Gewicht für die Liturgiefeier ist die Heilige Schrift … daher … muß jenes innige und lebendige Ergriffensein von der Heiligen Schrift gefördert werden …«

»Da bei der Messe … nicht selten der Gebrauch der Muttersprache für das Volk sehr nützlich sein kann, soll es gestattet sein, ihr einen weiteren Raum zuzubilligen … (Die Bischöfe können) bestimmen, ob und in welcher Weise die Muttersprache gebraucht werden darf.«

»… kann in Fällen, die vom Apostolischen Stuhl zu umschreiben sind, nach Ermessen der Bischöfe … auch Laien die Kommunikation unter beiderlei Gestalt gewährt werden«.

Es bleibt aber das Verbot der gemeinsamen Eucharistie: »Katholischen Priestern ist es verboten, zusammen mit Priestern oder Amtsträgern von Kirchen oder kirchlichen Gemeinschaften, die nicht in der vollen Gemeinschaft mit der katholischen Kirche stehen, die Eucharistie zu konzelebrieren.« (*Kodex des kanonischen Rechtes*, Canon 908)

Grund nicht nachkommt, begeht eine schwere Sünde.

Die *Kirchen der Reformation* bleiben grundsätzlich in der Tradition der westlichen Kirche, setzen aber von ihrem neuen Verständnis der Rechtfertigung her andere Akzente. Gemeinsam gehen sie davon aus, dass im Gottesdienst die Menschen nicht Gott etwas (das Opferlamm) darbringen, sondern dass Gott den Menschen etwas schenkt, nämlich sich selbst im hörbar verkündigten und im sichtbaren Wort, den Sakramenten. Die Kirchen lutherischer Tradition übernehmen mit Luther den Messegottesdienst, scheiden aber den Opfercharakter beim Abendmahl und die Lehre von der Transsubstantiation aus. Die Predigt bekommt wieder einen zentralen Platz im Gottesdienst. Die Kirchen reformierter Tradition knüpfen an die Predigtgottesdienste an, die sich seit dem 12. Jh. neben der Messe als eigenständige Gottesdienste besonders in den Reichsstädten Süddeutschlands gebildet hatten. Das Abendmahl wird nur an einigen Sonntagen im Jahr mit dem Predigtgottesdienst verbunden.

Ökumenische Gottesdienste gelten nach röm.-kath. Verständnis nur als Wortgottesdienste. Kath. Gläubige sind aber verpflichtet, an Sonn- und Feiertagen an der röm.-kath. Messe teilzunehmen, die allein als Vollgottesdienst gilt. Der Besuch eines ökumenischen oder ev. Gottesdienstes gilt für Katholiken nicht als Erfüllung der Sonntagspflicht. Ökumenische Gottesdienste dürfen daher nicht am Samstagabend oder Sonntagvormittag stattfinden. Das 2. Vatikanum hat erneut bestätigt, dass eine gemeinsame Feier der Eucharistie mit Amtsträgern der Kirchen der Reformation ausgeschlossen bleibt, da diese nicht in der apostolischen Sukzessionskette stehen. Mit ungeweihten Personen ist ein gemeinsames Handeln in der Eucharistiefeier nicht möglich. Die Teilnahme kath. Christen an einem ev. Abendmahl-Gottesdienst wird im Grundsatz ebenso abgelehnt wie die Teilnahme eines ev. Christen an der Eucharistie der röm.-kath. Kirche. Die meisten *Kirchen der Reformation* haben untereinander volle Abendmahl-Gemeinschaft. Bei ihren Abendmahl-Gottesdiensten sind alle getauften Christen als Gäste zugelassen und willkommen.

Papst Johannes XXIII. gibt in seiner Eröffnungsansprache zum 2. Vatikanischen Konzil 1962 den Impuls: »Wir wollen uns mit Eifer und ohne Furcht der Aufgabe widmen, die unsere Zeit erfordert.«

Frauenordination
In der *röm.-kath. Kirche* hat Papst Johannes Paul II. mit einem »Apostolischen Schreiben über die nur Männern vorbehaltene Priesterweihe« 1994 die Debatte über die Ordination von Frauen beendet. Er begründet das mit dem Hinweis darauf, dass unter den zwölf Jüngern, die Jesus zu kirchlichen Amtsträgern bestimmt habe, keine Frauen gewesen seien. In dem Schreiben heißt es, »daß die Kirche keinerlei Vollmacht hat, Frauen die Priesterweihe zu spenden und daß sich alle Gläubigen der Kirche endgültig an diese Entscheidung zu halten haben«.

Für die *orth. Kirchen* steht die Priesterweihe von Frauen nicht zur Diskussion. Man diskutiert hingegen, die »niederen Ämter« (z. B. Diakoninnen) für Frauen zu öffnen.

In den *Kirchen der Reformation* werden Frauen seit Mitte des 20. Jh. für den Pfarrdienst ordiniert und in die Ämter von Dekaninnen, Pröpstinnen, Bischöfinnen und in andere Leitungsämter gewählt.

Ökumenische Gottesdienste sind jetzt zwar möglich, sie gelten aber nicht als Gottesdienste im vollen Sinne und dürfen zudem nicht am Sonntagvormittag gehalten werden. Wer als Katholik daran teilnimmt, hat seine Sonntagspflicht allein damit noch nicht erfüllt. Nach kath. Verständnis sind die ev. Kirchen weiterhin keine Kirchen im vollen Sinne, weil sie weder die Ämter noch die Sakramente nach röm.-kath. Lehre haben. Für eine ev. Trauung benötigt der kath. Partner weiterhin die Erlaubnis des Bischofs. In allen Bereichen, die eine volle kirchliche Gemeinschaft nicht voraussetzen, wird aber die Zusammenarbeit mit den anderen christlichen Kirchen befürwortet.

Die protestantischen Kirchen Europas überwinden ihre bis in die Reformationszeit zurückreichenden Trennungen und einigen sich auf ein gemeinsames Verständnis des Evangeliums. Mit der *Leuenberger Konkordie* 1973 besteht jetzt zwischen mehr als hundert reformatorischen Kirchen Europas und Südamerikas volle Kirchen-, Kanzel- und Abendmahl-Gemeinschaft.

In den monotheistischen Religionen, in den christlichen Konfessionen und im politischen Bereich entwickelt sich seit Beginn des Jh. eine *fundamentalistische Strömung*, die in der jeweils eigenen Tradition die nicht hinterfragbare und allgemein verbindliche Norm für Denken und Handeln sieht. Der protestantische Fundamentalismus, wie er etwa in Nordamerika entsteht, beharrt auf einer wörtlich verstandenen Inspiration der Bibel, die ihrerseits als von Irrtümern frei gilt. Die katholische Variante artikuliert sich in konservativen Richtungen wie Antimodernismus, Ultramontanismus und antiökumenischen Strömungen. Der islamische Fundamentalismus will nicht nur den religiösen Bereich, sondern auch das politische, wirtschaftliche und kulturelle Leben den Gesetzen des Islam gemäß geregelt sehen. Der jüdische Fundamentalismus wiederum lehnt jeden Kompromiss mit der modernen Welt ab und leitet aus den heiligen Schriften Rechtsansprüche auf Gebiete in Palästina her.

Die römisch-katholische Kirche seit dem 2. Vatikanum

Der franz. Jesuit Pierre Teilhard de Chardin stößt in origineller Weise ein fruchtbares Gespräch zwischen Glauben und Naturwissenschaften an.

Es gehört zu den ermutigenden Erfahrungen aller Christen, dass sich trotz Antimodernisteneid, Syllabus, Index der verbotenen Bücher und Disziplinierung durch Exkommunikation auch die kath. Christenheit nicht von ihrer reichhaltigen Tradition und der zeitgenössischen Geisteskultur isolieren lässt. **Pierre Teilhard de Chardin** († 1955) führt kath. Theologie und Naturwissenschaft in einer originellen Synthese zusammen. Der Schweizer **Hans Urs von Balthasar** († 1988) zentriert den Glauben wieder auf die Christusoffenbarung. **Ives Congar** († 1995) bringt die Rolle der Laien neu in den Blick und schlägt Brücken zu den anderen Konfessionen. **Karl Rahner** († 1984) zeigt, dass kath. Theologie und Kirche weiter angelegt sind, als von der päpstlich verordneten Neuscholastik behauptet. Ebenso wie Paul Tillich betont auch er, dass christliche Theologie mit allen relevanten geistigen Strömungen und Wissenschaften der Zeit Kontakt halten muss, um verständlich zu bleiben. Auch bei kath. Theologen setzt sich die Erkenntnis durch, dass die Gestalt des christlichen Glaubens und die kirchliche Praxis nicht zeitlos gleich bleiben können, sondern vom politischen, wirtschaftlichen, kulturellen und religiösen Umfeld mitbestimmt werden. Interkonfessionell entwickelt sich in den Ländern der Dritten Welt eine „Theologie der Befreiung“ und eine „feministische Theologie“. Die kath. Bibelwissenschaftler und Historiker greifen die historisch-kritischen Forschungsmethoden auf, die in der protestantischen Theologie schon seit Generationen zum wissenschaftlichen Standard gehören. Auf vielen Ebenen entsteht eine die Konfessionen übergreifende Zusammenarbeit. Papst **Johannes XXIII.** (Reg. 1958 – 1963) erkennt die Zeichen der Zeit und beruft das 2. Vatikanische Konzil ein, das von 1962 – 1965 tagt. Das Konzil überwindet

Hans Urs von Balthasar, ehemaliger Schweizer Jesuit, ruft seine Kirche zu Christus als ihrer Mitte zurück.

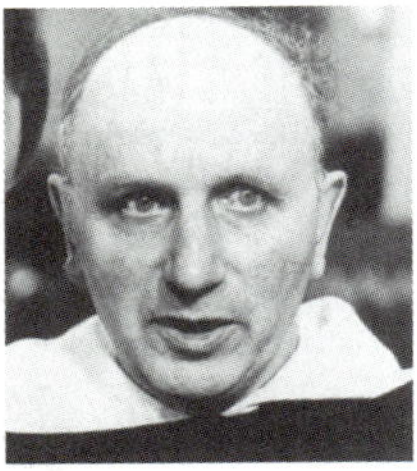

Der französische Dominikaner Yves Congar regt viele Kirchenreformen an und wird zum Berater der 2. Vatikanums berufen.

den Antimodernismus der Pius-Päpste, stößt die Tür für neue Entwicklungen weit auf und wird als befreiender Aufbruch erlebt. Die Beschlüsse des Konzils sind freilich mutiger als ihre Umsetzung unter den Päpsten **Paul VI.** (Reg. 1963 – 1978) und **Johannes Paul II.** (Reg. ab 1978). Die bisher lateinische Messe kann jetzt in der jeweiligen Muttersprache gehalten werden. Die Ergebnisse der philosophischen Forschungen und die Entwicklungen in den Naturwissenschaften sollen berücksichtigt werden. Die Heilige Schrift soll zwar mit besonderer Sorgfalt erforscht werden, ihre authentische Auslegung bleibt aber weiterhin dem röm.-kath. Lehramt vorbehalten. Die vom Konzil gewünschte Mitarbeit der Laien wird von Rom schon bald wieder in ihren Möglichkeiten eingeschränkt. Trotz der deklarierten Gewissensfreiheit wird die Lehr- und Schreibtätigkeit der Theologieprofessoren weiterhin überwacht und der eine oder andere gelegentlich sogar mit Strafen belegt (Küng, Drewermann).

Die Bischofssitze werden – oft gegen die Einsprüche vor Ort – mit papsthörigen Kandidaten besetzt. Das vom Konzil in seiner Eigenständigkeit aufgewertete Bischofsamt wird von Johannes Paul II. in der Praxis dem unfehlbaren kirchlichen Lehramt wieder streng untergeordnet. Der kath. Kirchenhistoriker Georg Denzler spricht auch für nichtkatholische Christen, wenn er feststellt: „Im Vatikan herrschen heute noch päpstlicher Absolutismus und bürokratischer Zentralismus". Im Blick auf Johannes Paul II. sagt er: „Unentwegt fordert er zwar politische Religionsfreiheit, spricht aber nur sehr behutsam von Gewissensfreiheit, weil das einzelne Gewissen nach seiner Überzeugung prinzi-

Der deutsche Jesuit Karl Rahner wird zum prägenden Vordenker einer sich der Welt öffnenden kath. Theologie und ist einer der maßgeblichen Theologen des 2. Vatikanums. Er versteht und artikuliert Theologie im Bezugsrahmen menschlicher Welterfahrung und fordert von ihr, sich auf einen Dialog mit allen gegenwärtigen Erkenntnismöglichkeiten des Menschen einzulassen und ihre Arbeit und Verkündigung konsequent auf die jeweiligen kulturellen und sozialen Gegebenheiten zu beziehen.

piell an die vom obersten Lehramt der Kirche verkündeten Normen und Gesetze gebunden bleibt. So erleben wir heute einen erschreckenden Rückfall in die Epoche der Gegenreformation vor vierhundert Jahren" (*Das Papsttum*, 1997, S. 117). Das eigentliche Problem des Papsttums liegt Denzler zufolge darin, dass es sich einerseits als Garant der Einheit versteht, andererseits das Haupthindernis für diese Einheit darstellt.

Amtseinführung von Papst Johannes Paul II. 1978 auf dem Petersplatz in Rom

Den Christen, die in den Gemeinden ökumenisches Zusammenleben längst praktizieren, bleibt die Hoffnung, dass die Beschlüsse des 2. Vatikanums auch einmal im Geiste eines Johannes XXIII. umgesetzt werden können. Für die weitergehende Hoffnung, dass die röm.-kath. Kirche von ihrem exklusiven Selbstverständnis abrücken und sich als gleichwertiger Partner in der Familie der christlichen Konfessionen verstehen könnte, finden sich gegenwärtig nur bei so genannten Außenseitern geringe Anzeichen.

Aus dem Treueid (Fassung 1989) den alle röm.-kath. Bischöfe und entsprechend abgewandelt alle Amtsträger ablegen müssen.
»(1) Ich ... berufen auf den Stuhl von ... werde der Katholischen Kirche und dem Papst, ihrem obersten Hirten, als dem Stellvertreter Christi, dem Nachfolger des seligen Apostels Petrus im Primat und dem Haupt des Bischofskollegiums, stets treu sein.«
»(2) Der freien Ausübung der primatialen Vollmacht des Papstes in der ganzen Kirche werde ich Folge leisten und dafür Sorge tragen, seine Rechte und seine Autorität zu fördern und zu verteidigen.«

Aus dem Treueid (Fassung 1989), den der gesamte röm.-kath. Klerus und alle, die Lehraufgaben in der Theologie ausüben, ablegen müssen.
»Fest glaube ich auch alles, was im geschriebenen oder überlieferten Wort Gottes enthalten ist und von der Kirche als von Gott geoffenbart zu glauben vorgelegt wird, sei es durch feierliches Urteil, sei es durch das ordentliche und allgemeine Lehramt.
Mit Festigkeit erkenne ich auch an und halte an allem und jedem fest, was bezüglich der Lehre des Glaubens und der Sitten von der Kirche endgültig vorgelegt wird.
Außerdem hänge ich mit religiösem Gehorsam des Willens und des Verstandes den Lehren an, die der Papst oder das Bischofskollegium vorlegen, wenn sie ihr authentisches Lehramt ausüben, auch wenn sie nicht beabsichtigen, diese in einem endgültigen Akt zu verkünden.«

Die Armenier, die im 3. Jh. Christen werden, trennen sich nach dem Konzil von Chalcedon 451 wegen des Christusverständnisses von der byzantinischen Reichskirche. Trotz vieler grausamer Verfolgungen halten sie bis heute an ihrer orthodoxen Nationalkultur fest.

Die weltweite Christenheit

Der christliche Glaube ist heute in allen Teilen der Welt verbreitet, freilich mit unterschiedlichen Schwerpunkten. In Europa leben zur Zeit 537 Millionen Christen, in Lateinamerika 476, in Afrika 335, in Asien 307, in Nordamerika 212, in Ozeanien 21. Die Geschichte des Christentums ist in jeder Region eng mit den politischen Gegebenheiten verbunden und in seiner Gestalt vom religiösen und kulturellen Umfeld mitgeprägt.

Bis ins 19. Jh. werden die christlichen Gemeinden in vielen Regionen unterdrückt und behindert; aber erst das 20. Jh. sollte für die Christen das blutigste in der bisherigen Kirchengeschichte werden, vor allem in den Machtbereichen des Islam und des Kommunismus. So wird z. B. Kleinasien, wo sich christliche Gemeinden seit frühester Zeit selbst unter dem Islam länger als ein Jahrtausend halten konnten, im 20. Jh. durch Vertreibung oder Ausrottung der Christen völlig entchristlicht. Die im Osmanischen Reich lebenden Armenier werden innerhalb zweier Jahrzehnte bis auf wenige Reste, die heute im Exil leben, umgebracht (mehr als 1 Million). In den Christenverfolgungen, die 1921/22 in der Türkei stattfinden, werden Hunderttausende griechischer Christen getötet, viele können flüchten oder werden evakuiert. Bereits in den Anfängen der Russischen Revolution (1917 – 1920) führen die Kommunisten einen ideologischen Ausrottungskrieg gegen die baltischen Kirchen. Die Zahl der Christen, die

Der Patriarch und Papst der koptischen Christen, Schenuda III., wird wegen seines Protests gegen die rechtlichen Benachteiligungen und Bedrohungen durch die ägyptische Regierung unter Saddat fünf Jahre unter scharfer Polizeiaufsicht interniert.

dabei umkommen, geht in die Millionen. Allein der ideologische Kampf gegen die selbstständigen (orthodoxen) Bauern hat in der Sowjetunion etwa 5 Millionen Menschen den Tod gebracht. Christenverfolgungen, die in nationalistischen Ideologien ihre Wurzeln haben, ereignen sich auch in China, Nordkorea, Kenia, Mexiko und Spanien, wo während der Revolution von 1936 mehr als 6 700 Priester, viele Nonnen und kirchliche Mitarbeiter ermordet werden. In Polen wird unter der Herrschaft der Nationalsozialisten nahezu ein Fünftel der kath. Kleriker umgebracht.

Die Begegnung zwischen Patriarch Pimen und Michail Gorbatschow symbolisiert das Ende der Christenverfolgungen in Russland.

Im Jahr 2000 liegt die Zahl der Christen weltweit bei etwa zwei Milliarden, das ist ein Drittel der Weltbevölkerung. Davon sind 1 040 Millionen Katholiken, 350 bis 400 Millionen Protestanten überwiegend reformierter Tradition, 215 Millionen Orthodoxe, 80 Millionen Anglikaner; der Rest ist den traditionellen Konfessionsfamilien nur schwer zuzuordnen. Die Zahl der Protestanten kann nur ungenau bestimmt werden, weil man in manchen Denominationen nur die Getauften bzw. nur die erwachsenen Mitglieder zählt.

Quantitativ gesehen verlagert sich das Christentum derzeit von Europa und Nordamerika nach Lateinamerika und Schwarzafrika, wo die Zahl der Christen wächst.

Seit dem Ende des 1. Weltkriegs und verstärkt nach dem 2. Weltkrieg gewinnen die ehemaligen Missionskirchen schrittweise Eigenständigkeit; von einheimischen Kirchenführern geleitet, integrieren sie die bodenständige Kultur in ihr kirchliches Leben.

Der Baptistenpastor Martin Luther King kämpft als Wortführer weißer und schwarzer Bürgerrechtler gewaltlos für die Gleichberechtigung der Schwarzen. Er wird 1968 ermordet.

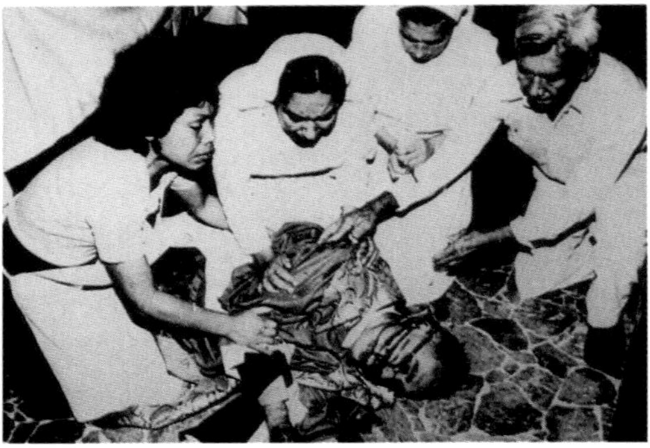

Der kath. Erzbischof Hélder Câmara kämpft in Südamerika für die Befreiung der Armen aus wirtschaftlicher Abhängigkeit. Sein Mitstreiter Erzbischof Oscar Arnulfo Romero wird 1980 während einer Messe am Altar erschossen.

Sowohl im Hinblick auf die Demokratisierung ihrer Länder wie im Zusammenhang mit Auseinandersetzungen um soziale Fortschritte und politische Rechte und in der Antiapartheidsbewegung spielen Kirchenführer führende Rollen. Beispiele: Der Baptist **Martin Luther King** (ermordet 1968) als Leitfigur der Bürgerrechtsbewegung gegen die Diskriminierung der schwarzen Bevölkerung in den USA; die Katholiken **Dom Hélder Câmara**, **Gustavo Gutiérrez** u. a. als Initiatoren der Menschenrechts- und Befreiungsbewegung in den Ländern der Dritten Welt; der Anglikaner **Desmond Tutu** als Anführer im Kampf gegen die Apartheid in Südafrika. Der aktive Widerstand vieler Christen gegen die Hitlerdiktatur, der Anteil der röm.-kath. Kirche in

Die Kirchenmusik des 20. Jahrhunderts

In der *röm.-kath. Kirche* werden 1903 durch einen Papsterlass der gregorianische Gesang und die Vokalpolyphonie im Stil Palestrinas in den Rang des Normativen erhoben. Das schließt nicht aus, dass daneben eigenständige geistliche Werke unterschiedlichster Stilarten entstehen (Hindemith, Strawinsky, Kodály, Krenek, Messiaen, Penderecki u. a.). Das 2. Vatikanum bleibt mit einer Instruktion von 1967 auf der Linie des Papsterlasses von 1903, öffnet aber die Kirchenmusik für den »liturgischen Gesang des Volkes« und für den »religiösen Volksgesang«. Mit dem allen deutschsprachigen Bistümern gemeinsamen Gesangbuch *Gotteslob* wird seit 1975 der Gesang der Gemeinde in die Liturgie eingebunden. Der »religiöse Volksgesang« hat in der Form von Spirituals, Jazz, Sacro-Pop, Beat und religiösen Schnulzen auch in die Gottesdienste Eingang gefunden und arrangiert sich örtlich unterschiedlich in der gemeindlichen Praxis mit anspruchsvoller geistlicher Musik.

In den *ev. Kirchen* führen die Singbewegung und die Rückkehr zum barocken Orgelbau dazu, die Kirchenmusik wieder auf ihre Kernaufgabe zu konzentrieren, nämlich auf ihre geistliche Funktion im Gottesdienst. K. Thomas, H. Distler, E. Pepping, J.N. David, W. Fortner, H. Bornefeld, S. Reda, H. W. Zimmermann u. v. a. leiten die Wiedergeburt einer Kirchenmusik ein, die in moderner musikalischer Sprache und auch in praktikablen kleineren Formen wieder dem zentralen Inhalt des christlichen Glaubens Ausdruck gibt und nicht allein das private Welt- und Lebensgefühl des Komponisten zum Inhalt hat. Die neue kirchenmusikalische Kultur kann freilich nicht verhindern, dass auch die Unterhaltungsindustrie mit ihren schnell wechselnden Moden und Stilformen mancherorts in die Gottesdienste eindringt.

Polen und der ev. Kirchen in der DDR bei der Befreiung von der kommunistischen Herrschaft zeigen an, dass alle christlichen Kirchen ihre Mitverantwortung für die Gestaltung des öffentlichen Lebens aktiv wahrzunehmen beginnen.

Die *orthodoxen Kirchen* haben ihre eigene Geschichte. 1453 geraten die ältesten Gebiete der Christenheit unter muslimische Herrschaft. Der Schwerpunkt der Orthodoxie verlagert sich nach Russland und auf den Balkan. Moskau wird 1589 Patriarchat. Im Gefolge jeweiliger Nationalbewegungen entstehen im 19. Jh. orthodoxe Nationalkirchen: als Patriarchate in Serbien, Rumänien, Bulgarien und Georgien, als selbstständige Kirchen auf Zypern, in Griechenland, Polen, Finnland, Albanien und im Gebiet der späteren Tschechoslowakei. Die orth. Kirchen Russlands und des Balkans leiden im 20. Jh. erheblich unter der Herrschaft des Kommunismus. In dieser Zeit entstehen in Amerika, Australien, Japan und Europa autonome bzw. ihre Unabhängigkeit anstrebende Exil- oder Tochterkirchen. Die der byzantinischen Tradition entstammenden orth. Kirchen beschließen 1991 ein großes *Konzil der orthodoxen Kirchen*, das die Gemeinschaft festigen und nach gemeinsamen Antworten auf die Herausforderungen der Zeit suchen soll.

Außerhalb des byzantinischen Reiches hatten sich im Orient schon ab dem 5. Jh. orth. Kirchen gebildet, die viele dogmatische Entscheidungen der ersten Synoden nicht mitvollzogen: die syrische, äthiopische und armenische Kirche. Zwischen diesen orientalischen orth. Kirchen und den östlichen orth. Kirchen der byzantinischen Tradition führt man ebenfalls Gespräche, um eine Einigung zu erreichen.

1965 werden die Bannflüche, die die Patriarchen von Rom und Konstantinopel 1054 gegeneinander ausgesprochen hatten, von beiden Seiten aufgehoben. Einzig die orth. Patriarchate werden von Rom als Kirchen im Sinne von Teilkirchen angesehen. Gegenwärtig finden zwischen nahezu allen christlichen Konfessionsfamilien intensive bilaterale Gespräche statt.

Der anglikanische Bischof Desmond Tutu kämpft in Südafrika für die Gleichberechtigung der Schwarzen.

Der brasilianische Franziskaner Leonardo Boff ist einer der führenden Köpfe jener Befreiungstheologie, die Ende der 60er Jahre in Lateinamerika entsteht und von Beginn an konfessionsübergreifend angelegt ist.

Nach der Rücknahme des gegenseitigen Bannfluches von 1054 im Jahr 1965 treffen sich Papst Paul VI. und Patriarch Athenagoras I. als Zeichen der Versöhnung. Hier die Begegnung von 1967.

Ausblick

Prognosen für die Zukunft des Christentums kann niemand abgeben. Geistige Entwicklungen lassen sich schon deshalb nicht hochrechnen, weil sie von zu vielen Faktoren abhängen, die ihrerseits nicht vorhersagbar sind. Eine Aufgabe aber bleibt allen christlichen Konfessionen, sofern sie sich als christlich verstehen wollen: Sie müssen sich immer wieder vorbehaltlos an den Zeugnissen der Hl. Schrift selbst messen und auch messen lassen. Nichts ist einem solchen Anliegen dienlicher als der kultivierte Dialog und offene Austausch zwischen den unterschiedlichen christlichen Traditionsströmen.

Das Friedensgebet, zu dem Vertreter der Weltreligionen auf Einladung von Johannes Paul II. 1986 in Assisi zusammenkommen, ist eine eindrucksvolle religiöse Demonstration. Ein Dialog mit den Weltreligionen, der von den christlichen Kirchen mit vielen Initiativen angestrebt wird, will aber nur mühsam in Gang kommen und wird viel gegenseitige Liebe, Geduld und Respekt erfordern. Ob sich dabei die heutigen Konzepte der „pluralistischen Theologie der Religionen" durchsetzen werden, ist zumindest für die nähere Zukunft eher unwahrscheinlich.

Das Christentum steht weltweit vor einer zweifachen Aufgabe. Zum einen muss es im vielfältigen religiösen „Angebot" und in einer sich schnell wandelnden Welt seine christliche Identität bewahren; zum anderen hat es unter den verschiedenartigsten und sich ebenfalls wandelnden kulturellen und geistigen Bedingungen seine Inhalte so zu artikulieren, dass christlicher Glaube im Sinne Jesu verstehbar bleibt. Entsprechend ihrer unter-

Papst Johannes Paul II. lädt zum Gebetstreffen aller Konfessionen und Religionen für 1986 nach Assisi ein.

schiedlichen Glaubensverständnisse hegen die christlichen Konfessionen auch unterschiedliche Vorstellungen, wie die Balance zwischen diesen beiden Aufgaben herzustellen ist.

Die röm.-kath. Kirche bleibt im Grundsatz bei der Feststellung des *Dictatus papae* von 1075: „Die Römische Kirche hat nie geirrt und wird nach dem Zeugnis der Heiligen Schrift auch in Ewigkeit nicht irren." Sie sieht also die christliche Wahrheit in ihren offiziellen Dogmen gültig festgeschrieben und durch die päpstliche Unfehlbarkeit gesichert.

Die Wallfahrtskirche über Ronchamp, 1950 bis 1953 gestaltet von Le Corbusier. Jenseits aller Stilbindungen wird hier aus Beton, dem typischen Nachkriegsmaterial, eine Kirche geschaffen, in der die Assoziationen von Arche, Schiff, Zelt und Höhle architektonisch zusammengeführt sind.

Für die Kirchen der Reformation hingegen ist der christliche Glaube in seiner geschichtlichen Erscheinungsform gerade nicht unwandelbar; er ist und bleibt im Gegenteil unwandelbar geschichtlich. Er hat unter geschichtlichen Bedingungen seine sprachliche Form gefunden und muss notwendigerweise immer wieder in die jeweiligen geschichtlichen Bedingungen eingehen, um als lebbarer Glaube seine Identität zu bewahren. Deshalb kann eine christliche Kirche institutionell keine unwandelbare Größe sein, sie bleibt in dieser Welt vielmehr notwendig eine *ecclesia semper reformanda*. Damit ist eine Kirche gemeint, die sich von ihrem Grund und von ihrer Mitte her jeder veränderten oder neuen Situation gemäß neu finden, d. h. re-formieren muss. Diese Erneuerung erwächst aber nicht aus dem

Ermutigt von der ökumenischen Öffnung des 2. Vatikanums fordern die Gläubigen das Bekenntnis zur Einheit der Christen und das gemeinsame Abendmahl, das nach röm.-kath. Lehre bis heute nicht möglich ist. Augsburger Pfingsttreffen 1971

Die 1960 eingeweihte Kirche in Brasilia. Die tragenden Betonpfeiler entfalten sich zu einer Krone; sie sammeln sich aber zugleich wie die Finger von vielen betenden Händen, die sich dem Himmel öffnen.

jeweiligen Zeitgeist, sondern aus dem Geist der Hl. Schrift, freilich in offener Auseinandersetzung mit den geistigen, kulturellen und wissenschaftlichen Entwicklungen und Tendenzen der jeweiligen Zeit.

Die interkonfessionellen Dialoge bzw. Formen der Zusammenarbeit, wie sie seit dem 2. Vatikanum besonders in der westlichen Welt zustande kamen, werden in einer schroffen Erklärung der vatikanischen Glaubenskongregation vom September 2000 als dogmatisch nicht relevant und als teils unrechtmäßig abgewertet. Die Erklärung soll röm. Katholiken und alle nichtrömischen Gesprächspartner nachdrücklich an die Position des Vatikans erinnern. Danach gibt es nur eine einzige Kirche Christi im vollen Sinn, nämlich die vom Papst in Gemeinschaft mit den Bischöfen geleitete röm.-kath. Kirche. Die Kirchen der Reformation sind daher weder als „Schwesterkirchen“ noch überhaupt als Kirchen zu verstehen, sondern lediglich als „kirchliche Gemeinschaften“. In ihnen finden sich zwar auch „Strahlen der Wahrheit“ und „Elemente der Heiligung und Wahrheit“. Diese sind aber nur deshalb wirksam, weil sie sich aus der „Fülle der Gnade und Wahrheit“ herleiten, die allein der röm.-kath. Kirche anvertraut ist. Ökumene kann nach röm. Verständnis auch nicht als ein Ziel gesehen werden, das im Dialog aller christlichen Gruppen erst verwirklicht werden müsste; denn Ökumene ist nach röm. Selbstverständnis in der röm.-kath. Kirche bereits voll vorhanden. Hinsichtlich aller interkonfessionellen ökumenischen Anstrengungen bestätigt die jüngste vatikanische Erklärung die von Papst Pius XI. 1928 formulierte Leitlinie: „Man darf auf die Einheit der Christen nicht anders hinarbeiten als durch Wirken

Religionsstatistik 2000 (Barrett und Johnson)

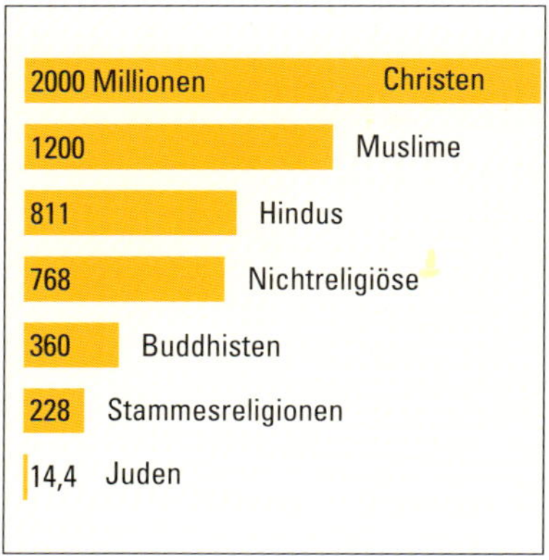

für die Rückkehr der Getrennten zur wahren Kirche Christi, von der sie ja seinerzeit unglücklicherweise abgefallen sind … In dieser Kirche kann niemand sein und niemand bleiben, der nicht die Autorität und die Vollmacht Petri und seiner rechtmäßigen Nachfolger anerkennt und gehorsam annimmt." Dieses röm. Verständnis von Ökumene und vom ökumenischen Dialog wird freilich von keiner anderen christlichen Kirche geteilt.

Junge Christen tragen die Erdkugel als Zeichen christlicher Weltverantwortung mit ihren Händen.

Die christlichen Gemeinden scheinen in ihrer ökumenischen Praxis weiter fortgeschritten als die Hüter der offiziellen röm. Lehrtradition. Christen aller Konfessionen, deren Glauben aus dem Zeugnis der Hl. Schrift lebt, geben weder den Wunsch noch die Hoffnung auf, dass sich auch die röm.-kath. Kirche in einer versöhnten Verschiedenheit der christlichen Kirchen als gleichrangiger Partner verstehen lernt. Partnerschaftlich geführte Dialoge zwischen den verschiedenen Traditionen werden sich als den christlichen Glauben bereichernde Chancen erweisen.

Im übrigen wird sich jeder nichtchristliche Betrachter des Christentums kaum von den geschichtlichen oder dogmatischen Konstruktionen beeindrucken lassen, mit deren Hilfe heute einzelne Konfessionen die christliche Wahrheit allein für sich reklamieren bzw. institutionell zu demonstrieren suchen. Was in der Auseinandersetzung mit der nichtchristlichen Welt allein zählt und zu überzeugen vermag, ist gelebter Glaube. Und zwar ein Glaube, in welchem sich eben jener Gott im Alltag heutigen Lebens als gegenwärtig erweist, der im Laufe von 2000 Jahren in unterschiedlichen, aber allemal geschichtlich gewordenen und zeitlich gebundenen Denkstilen und kirchlichen Lebensformen seinen menschlichen Ausdruck gefunden hat.

Glossar

Ablass
In der röm.-kath. Kirche der Erlass zeitlicher Sündenstrafen vor Gott durch die Kirche, die den Gnadenschatz Christi und der Heiligen autoritativ verwaltet und zuwendet.

Altkatholiken
Die Altkatholische Kirche entsteht 1871 als eigenständige Kirche aus dem Protest gegen die vom 1. Vatikanischen Konzil beschlossenen Dogmen von Unfehlbarkeit und Jurisdiktionsprimat des Papstes.

Anathema
Formel für die Verwerfung und Verfluchung von Kirchengegnern, von Glaubensirrtümern und deren Vertretern. Bedeutet nach röm.-kath. Kirchenrecht Ausschluss aus der Kirchengemeinschaft (vgl. Kirchenbann und Exkommunikation).

Anglikaner
Die anglikanische Kirche entsteht, als sich der englische König Heinrich VIII. wegen einer privaten Angelegenheit von Rom löst.

Adoptianismus
Die Vorstellung, dass Jesus in der Taufe als Sohn Gottes adoptiert wird.

Antimodernisteneid
Der Eid, mit dem Papst Pius X. 1910 alle Amtsträger und Lehrenden auf die offizielle Glaubenslehre der Kirche verpflichtet und sie auf Treue zum Papst festlegt.

Antitrinitarier
Vgl. Unitarier.

Apokalyptisch
Auf die Endzeit bezogen.

Apologeten
Die literarischen Verteidiger des Christentums gegen die Heiden im 2. u. 3. Jh.

Apostel
Wörtl. Ausgesandter, bevollmächtigter Bote. Zunächst nur auf den Jüngerkreis der »Zwölf« bezogen, die Jesus aussendet, später auch auf andere urchristliche Missionare wie z. B. Paulus angewendet.

Aposteldekret
Der Beschluss des Apostelkonvents über die Regeln für die Heidenmission (Apg 15).

Apostelkonvent/Apostelkonzil/Apostelversammlung
Nach Apg 15 die Versammlung der leitenden Köpfe der Jerusalemer Urgemeinde und des Apostels Paulus zur Beratung über die Heidenmission.

Apostolikum
Eine Erweiterung des ältesten christlichen Glaubensbekenntnisses (Romanum), nachweisbar seit dem 6. Jh. und in den meisten Kirchen in Geltung.

Apostolikum/Apostolisches Glaubensbekenntnis
Das in seinem Kernbestand auf neutestamentliche Formeln zurückgehende Bekenntnis der christlichen Kirche, das seit dem 6. Jh. in den meisten Gemeinden des Westens gilt.

Apostolisch
In Verbindung mit den Aposteln. Seit dem 5. Jh. im Westen eingeengt auf »römisch«, d. h. auf den Bischofssitz von Rom. In den Kirchen der Reformation wieder im ursprünglichen Sinn gemeint.

Apostolische Sukzession
Legitimierung der bischöflichen Vollmachten durch die Theorie einer bis auf die Apostel zurückreichenden lückenlosen Nachfolgerkette im Bischofsamt.

Apostolischer Stuhl
Höchste Behörde der röm.-kath. Kirche. Auch Hl. Stuhl.

Askese
Wörtl. Übung. Selbstentsagung aller Art um religiöser oder geistiger Ziele willen.

Atheismus
Die Überzeugung, dass es weder Gott, noch Götter, noch einen Urgrund der Welt gibt.

Bergpredigt
Mt 5–7.

Bulle, (die)
Feierlicher Erlass oder Urkunde einer höchsten Instanz, benannt nach der mit Siegel (*bulla*) versehenen Kapsel. Die päpstlichen Bullen sind in lateinischer Sprache verfasst und werden nach ihren Anfangsworten zitiert.

Caesaropapismus
Staatskirchenrechtliches System, in dem der weltliche Herrscher zugleich Oberhaupt der Kirche ist; z. B. Kaisertum von Gottes Gnaden in Byzanz und in Russland seit Peter d. Gr. (1721), auch unter Karl d. Gr.

Chalcedonense
Das Glaubensbekenntnis, auf das sich die Synode von Chalcedon 451 einigt.

Character indelebilis
Wörtl.: unverlierbare Eigenart. Nach röm.-kath. Verständnis jenes unzerstörbare Merkmal, das durch Taufe, Firmung und Ordination (Priesterweihe) dem Empfänger aufgeprägt wird.

Codex Iuris Canonici
Gesetzessammlung des Kirchenrechts der röm.-kath. Kirche.

Cuius regio, eius religio
Wörtl.: Wessen das Land, dessen (ist auch) die Religion. Die Grundsatzentscheidung des Augsburger Religionsfriedens von 1555. Danach bestimmt

der Landesherr die Religion seiner Untertanen.

Deismus
Philosophischer Vernunftglaube an einen Gott, der als Urgrund und Schöpfer der Welt verstanden wird, sich aber nach diesem Schöpfungsakt von ihr zurückzieht und sie den Gesetzen überlässt, die er ihr eingepflanzt hat.

Demiurg
Wörtl.: Handwerker; seit Plato Bezeichnung des Weltschöpfers.

Denomination
Bezeichnet besonders in den Vereinigten Staaten die Konfessionen kirchenartigen Charakters und größere Religionsgemeinschaften mit formulierten Bekenntnissen. Wird nicht auf Sekten angewendet.

Diaspora
Wörtl.: Zerstreuung; Zerstreuung der Juden unter die Heiden. Jetzt allgemein Bezeichnung für eine religiöse Minderheit, die unter einer Mehrheit Andersgläubiger lebt.

Dogma
Wörtl.: Erlass, Lehrsatz. Verbindlich formulierter und bindender Glaubenssatz.

Dogmatik
Die wissenschaftliche und systematische Gesamtdarstellung des Gedankenguts einer Religion, Konfession.

Dogmatismus
Die unkritische Bereitschaft, autoritativ verkündete Lehrsätze widerspruchslos hinzunehmen und zu vertreten.

Dualismus
Auf religiösem Gebiet der Glaube an zwei metaphysische Mächte, die entweder einander ergänzen (wie das altchinesische Yang und Yin) oder einander feindlich gegenüberstehen (wie z. B. im Manichäismus). Gegensatz: Monismus.

Edikt
Öffentliche Bekanntmachung (Erlass) der Obrigkeit.

Enzyklika
Päpstliches Rundschreiben an alle Bischöfe oder Gläubigen.

Episkopat
Bischofsamt; Gesamtheit der Bischöfe.

Episkopalismus
Kirchenrechtliche Anschauung, nach der die oberste Gewalt in der röm.-kath. Kirche nicht beim Papst, sondern bei der Gesamtheit der Bischöfe liegt. Die bischöfliche Jurisdiktion stammt danach nicht vom Papst, sondern unmittelbar von Gott.

Episkopalsystem
In der röm.-kath. Kirche das Konzept des Episkopalismus. In den ev. Kirchen die Anschauung, nach der die bischöfliche Gewalt von den röm. Bischöfen auf die Landesfürsten übergegangen ist.

Episkopen
Wörtl.: Aufsichtführende; eines der drei Ämter in den frühen Gemeinden; daraus Bischof.

Erweckungsbewegung
Erneuerungsbewegungen innerhalb des Protestantismus ab dem 19. Jh., die sich gegen den Rationalismus der Aufklärung richten, auf eine Intensivierung des religiösen Lebens dringen und zu einem persönlich gelebten biblischen Offenbarungsglauben hinführen möchten.

Eucharistie
Zunächst die Danksagung bei der Feier des Abendmahls; später der Abendmahlsgottesdienst als Altarsakrament und Opfer.

Evangelisten
Verfasser der 4 Evangelien.

Evangelium
Wörtl.: Gute Botschaft. Die frohe Botschaft vom Heil des Menschen, die zunächst mündlich verkündigt wird. Mehrzahl: Evangelien, bezeichnet die vier Texte (Matthäus, Markus, Lukas, Johannes), in denen die frohe Botschaft schriftlich erhalten ist.

Ex cathedra
Wörtl.: Vom Lehrstuhl aus. Lehrentscheidungen des Papstes über Glauben und Sitte, die er in seiner Eigenschaft als höchste Lehrautorität (= ex cathedra) fällt, sind für die gesamte röm.-kath. Christenheit verpflichtend und gelten seit 1870 als unfehlbar.

Exkommunikation
In der röm.-kath. Kirche der Ausschluss aus der Gemeinschaft der Gläubigen, auch Kirchenbann genannt.

Fegefeuer
Wörtl.: Reinigungsort. In der röm.-kath. Kirche ein Sühne- und Läuterungsort für jene, die zwar in der Gnade Gottes gestorben sind, aber ihre Sündenstrafen noch nicht vollständig abgebüßt haben.

Filioque
Wörtl.: Und vom Sohn. Die Vorstellung der westlichen Kirchen, dass der Hl. Geist vom Vater »und vom Sohn« ausgeht.

Freikirchen
Konfessionen oder Denominationen, die sich als Kirchen verstehen, aber vom Staat in jeder Hinsicht unabhängig sein wollen oder sind. Auf Grund der amerikanischen Verfassung sind in den USA alle Kirchen Freikirchen.

Fundamentalismus
Strömung in allen Religionen und christlichen Konfessionen, wonach die heiligen Schriften als wörtlich inspiriert und irrtumslos gelten und nichts als die eigene Position anerkannt wird.

Gnosis/Gnostizismus
Wörtl.: Erkenntnis. Spekulative Erkenntnislehre, die das Diesseits abwertet und den in der Welt gefangenen Menschen auf dem Wege einer Selbsterlösung zu seiner ursprünglichen Göttlichkeit zurückzuführen verspricht.

Gnostiker
Anhänger der Gnosis.

Goldene Bulle
Regelt erstmals die Modalitäten der deutschen Königswahl.

Gottesfürchtige
Heiden, die sich zur jüdischen Gemeinde halten, den einen Gott bekennen und die wichtigsten jüdischen Gesetze befolgen, ohne zum Judentum überzutreten.

Gottesknecht
Gestalt in Jes 42 und 49–53.

Gottesstaat
Theokratie; Staatsform, in der Gott als der Herrscher und die Person an der Spitze des Gemeindewesens (ein Priester oder König) als unmittelbarer Vollstrecker des göttlichen Willens gilt.

Häretiker
Vertreter einer von der offiziellen Lehre abweichenden Meinung, der aus der Kirche ausgestoßen und verurteilt wird (= Ketzer).

Häresie
Abweichung von der offiziellen Lehre und von dieser ihrerseits als Irrlehre verurteilt.

Hellenismus
Die Kulturepoche von Alexander d. Gr. (336 v. Chr.) bis Augustus († 14 n. Chr.), in der im Mittelmeerraum griechische und orientalische Elemente miteinander verschmelzen.

Hellenisten
Griechisch sprechende Juden aus dem hellenistischen Kulturraum.

Hellenistische Kultur
Die Kultur, die aus der hellenistischen Epoche hervorgeht und noch Jahrhunderte danach den Mittelmeerraum prägt.

Heidenchristen
Heiden, die den christlichen Glauben angenommen haben.

Hierarchie
Wörtl.: Heilige Herrschaft/Priesterherrschaft. In der röm.-kath. Kirche das System abgestufter Ämter; z. B. Papst, Kardinäle, Bischöfe, Priester, Diakone.

Hoher Priester
Vorsitzender des Hohen Rates und höchste innerjüdische Autorität.

Hoher Rat (auch Sanhedrin/Synedrium)
Jüdische Ratsversammlung, die aus 70 (+ 1) Mitgliedern besteht und innerjüdische Regierungsbefugnisse hat.

Homo-ousios
Ein Fachbegriff, der bei den Klärungsprozessen um die Person Jesu schließlich dahingehend interpretiert wurde, dass Jesus als wesensgleich mit dem Vater zu verstehen ist.

Humanismus
Kulturbewegung innerhalb der Renaissance, die sich für ihre wissenschaftlich-philosophischen Bestrebungen und Bildungsideale an antiken Auffassungen orientiert.

Index
Hier: Liste, Verzeichnis.

Inquisition
Wörtl.: Erforschung, Untersuchung. Glaubenserforschung mit dem Ziel, Ketzer aufzuspüren und sie zur Bestrafung vor das päpstliche Glaubenstribunal zu bringen.

Inquisitor
Richter beim Inquisitionsgericht.

Inspirationslehre
Die Überzeugung, dass die Texte der biblischen Schriften ihren Verfassern der Sache nach oder wörtlich eingegeben worden sind.

Judaisten
Judenchristen, die von allen Christen fordern, das gesamte jüdische Gesetz einzuhalten.

Judenchristen
Juden, die den christlichen Glauben angenommen haben.

Jurisdiktion
Rechtsprechung, Gerichtsbarkeit, Rechtshoheit.

Jurisdiktionsgewalt
Die Rechtshoheit über die Kirche. Die Vollmacht, die Kirche durch Gesetzgebung zu leiten.

Kanon
Wörtl: Richtschnur, Maßstab, Regel, Norm, maß-gebende Liste, Sammlung. Speziell: Maßgebliche Sammlung/Liste der heiligen Schriften. Kanon ist auch die Bezeichnung für die Untergliederung im Codex Iuris Canonici.

Kanoniker
Chorherr an einem Dom oder an einer Stiftskirche.

Kanonisation
In der röm.-kath. Kirche der Akt der Heiligsprechung.

Ketzer
Von Katharer. Protestierende Einzelne oder Gruppen, die eine von der Majorität als Irrlehre gewertete Meinung vertreten (= Häretiker).

Kirchenbann
In der röm.-kath. Kirche der Ausschluss aus der Gemeinschaft der Gläubigen, auch Exkommunikation genannt.

Kirchenväter
Die im späteren Verständnis rechtgläubigen Lehrer und Schriftsteller der Kirche aus der griechisch-römischen Zeit.

Klerus/Kleriker
In der röm.-kath. Kirche

der durch Weihen von den Laien abgesonderte geistliche Stand.

Kodex
Buch, Sammlung von Schriften.

Koine
Die griechische Verkehrs- und Umgangssprache der hellenistischen Zeit.

Konfession
Wörtl.: Bekenntnis, Bekenntnisschrift.
Eine Gemeinschaft von Christen, die ein gemein sames Bekenntnis hat und sich als Kirche organisiert (röm.-kath., orth., ev., anglikanisch, altkatholisch, u. a.)

Konfessionalismus
Das dialogunwillige, beharrliche Festhalten an den Traditionen, Glaubensformulierungen und Frömmigkeitspraktiken der eigenen Konfession.

Konkordat
(Quasi) völkerrechtliche Verträge zwischen dem Hl. Stuhl und einem Staat zur Regelung beiderseitiger Interessen.

Kongregation
In der röm.-kath. Kirche ordensähnliche Gemeinschaft mit einfacheren Gelübden. – An der röm. Kurie: päpstliches geistliches Ministerium.

Kongregationalisten
Religiöse Bewegung, die im 17. Jh. aus den Puritanern hervorgeht und über die autonomen Gemeinden hinaus keinerlei kirchliche Strukturen anerkennt.

Konsekration
In der röm.-kath. Kirche die Weihe oder Sakralisierung von Personen oder Sachen durch das Wort des Priesters. Z. B. die Umwandlung von Brot und Wein in Leib und Blut Christi durch Aussprechen der Einsetzungsworte.

Konventikel
Kleine pietistische Gesinnungsgemeinschaften.

Konzil
Wörtl.: Zusammenkunft. Versammlung der Bischöfe oder generell kirchlicher Vertreter zur Verhandlung kirchlicher Angelegenheiten.

Konziliarismus
Die Lehre, wonach das allgemeine Konzil (die Versammlung der Bischöfe) die höchste Gewalt in der Kirche hat und dem Papst übergeordnet ist.

Kreuzzüge
Heilige Kriege, die sich gegen alle nichtchristlichen Völker an den Grenzen des heiligen Imperiums richten. Speziell die im 11. bis 13. Jh. mit dem Ziel, die hl. Stätten der Christenheit von islamischer Herrschaft zu befreien, unternommenen Züge nach Palästina.

Kruzifix
Realistische oder symbolische Darstellung des gekreuzigten Christus.

Kurie
Die dem Papst zur Verfügung stehenden Behörden und Personen der röm. Kirchenregierung.

Laien
In der röm.-kath. Kirche jene Personen, die durch die Taufe unaufhebbar zur Kirchengemeinschaft gehören, aber keine Weihen empfangen haben, die sie in den Stand der Kleriker erheben würden.

Landeskirchentum
Das bereits im Augsburger Religionsfrieden 1555 den Landesherren zugesprochene Recht, Kirchenordnungen zu erlassen. Durch ein Verwaltungsgremium übte der Landesherr auch die geistliche Jurisdiktion in seiner Landeskirche aus. In Deutschland werden die Landeskirchen erst 1918 zu eigenständigen Körperschaften.

Logos
Wörtl.: Wort, Gedanke, Rede, Vernunft. In der griech. Philosophie und Gnosis zentraler Begriff für das Göttliche oder das Prinzip des Seins. Auch eine Mittlergröße zwischen Gott und der Welt. Im Johannesevangelium und in der Theologie der alten Kirche auch auf Jesus angewendet.

Los-von-Rom-Bewegung
Eine sich vorwiegend nationalistischen Erwägungen verdankende Austrittsbewegung aus der röm.-kath. Kirche, die seit 1898 unter deutschen Katholiken Deutschlands und Österreichs zunehmend Anhänger gewinnt.

Magie
Der Versuch, sich durch Riten und Formeln übernatürliche Kräfte verfügbar zu machen oder Schaden abzuwehren.

Märtyrer
Wörtl.: Zeuge. Glaubenszeuge, der für seine religiöse Überzeugung den Tod oder eine blutige Strafen erleidet.

Messias
Wörtl.: Der Gesalbte; der erhoffte Heilskönig der Endzeit.

Metaphysik
Der philosophische Versuch, das Sein als solches und den Sinn von Welt und Leben zu ergründen. Seit der Spätantike versucht man im Rahmen der spekulativen Metaphysik das wahre Sein oder auch Gott mit den Mitteln der Vernunft zu erkennen.

Modalismus
Die Vorstellung, dass Gott als Vater, als Sohn und als Heiliger Geist wirkt.

Modernismus
Römisches Schlagwort für alle Versuche in Theologie und Kirche, auf zeitgenössische wissenschaftliche Methoden einzugehen und die Erkenntnisse der

Moderne in das theologische Denken zu integrieren.

Modernisten
Nach röm. Sprachgebrauch jene Theologen, die sich bei ihren Forschungen der modernen wissenschaftlichen Methoden und Erkenntnisse bedienen und Reformideen äußern.

Monarchianismus
Bezeichnet Konzepte unterschiedlicher Art, die vor allem die Monarchie Gottes, d. h. die Einheit der Gotteslehre zu wahren suchen.

Monarchisches Bischofsamt/Episkopat
Leitung der Gemeinde durch nur einen Bischof. Seit Anfang des 2. Jh.

Monismus
Die Erklärung der Existenz und der Erscheinungen dieser Welt aus nur einem einzigen Prinzip. Erweist sich dort als antireligiös, wo man die Welt aus der Alleingeltung der Materie erklärt.

Monotheismus
Der Glaube an einen einzigen Gott, der die Existenz anderer Götter grundsätzlich ausschließt.

Montanisten
Anhänger der »Geistkirche« des Phrygiers Montanus, die sich auf persönliche Offenbarungen berufen.

Mystagoge
Der in den Mysterienkult einführende kultische Führer.

Myste
Der in einen Mysterienkult Eingeweihte.

Mysterienreligionen
Antike Geheimkulte, die den Eingeweihten (Mysten) durch Teilnahme an einer Abfolge von Ritualen Teilhabe am Sterben und Auferstehen der Kultgottheit gewähren und ihm so die Unsterblichkeit zusichern. (Attis, Dionysos, Eleusis, Isis, Mithras, Osiris u. a.).

Mysterium
Wörtl.: Geheimnis.

Mystik/mystisch
Aufhebung des religiösen Ich-Du-Verhältnisses und Aufgehen des Menschen in Gott oder im Göttlichen.

Mythologie
Das System oder die Summe der Mythen einer Religion oder Kultur.

Mythos/Mythus
Wörtl.: Wort, Rede, später auch Fabel. Erzählung aus der Welt des Heiligen und Göttlichen, in der gelebter Glaube bildhaft zum Ausdruck kommt.

Natürliche Theologie
Nach röm.-kath. Lehre die Weise der Gotteserkenntnis, die dem Menschen mit seiner Geschöpflichkeit gegeben ist. Die n. Th. gilt seit Thomas von Aquin als der natürliche Unterbau der übernatürlichen Offenbarung.

Neuplatonismus
Weiterbildung der Philosophie Platos, die mit anderen griechischen Lehren und orientalischen Gedanken verschmolzen wird. Lehrt ein überseiendes, unpersönliches Urwesen, aus dem in absteigenden Stufen alles Seiende hervorgeht. Verspricht auf dem Weg der Askese, der sittlichen Vollendung und der Ekstase die menschliche Seele zu Gott zu führen.

Nicaeno-Constantinopolitanum
Erweiterung des Nicaenums, beschlossen auf der 2. ökumenischen Synode von Konstantinopel 381.

Nicaenum:
Das trinitarische Glaubensbekenntnis der 1. ökumenischen Synode von 325.

Ohrenbeichte
In der röm.-kath. Kirche die Einzelbeichte vor den Ohren des Beichtvaters (Priesters).

Ökumene/ökumenisch
Wörtl.: Die bewohnte Erde (betreffend).

Ökumenisches Konzil
Ökumenisch im damaligen Verständnis als »Welt« des Mittelmeerraumes.

Orden
In der Westkirche der feste Zusammenschluss gleichartiger Klöster zu einer rechtlich definierten Gemeinschaft.

Ordination
In der röm.-kath. Kirche die Priesterweihe (vgl. character indelebilis). In den ev. Kirchen die Bestätigung der Fähigkeit für das Lehramt und die Verleihung des Rechts, das Wort zu verkündigen und die Sakramente zu verwalten.

Ordinierter
Person, die eine Ordination empfangen hat.

Orthopraxie
Christentum der rechten Tat.

Pantheismus
Eine in vielen Varianten vertretene philosophische Allgottheitslehre, derzufolge Gott und die Welt identisch sind.

Papalismus
Kirchenrechtliches Konzept, das dem Papst die volle Macht in der Kirche zuweist und ihm Superiorität über die Bischöfe zuschreibt. Die Legitimation der bischöflichen Jurisdiktion leitet sich demnach von der päpstlichen Gewalt ab. – Auch römischer Zentralismus oder Kurialismus genannt.

Papst
Die Anrede »pappas« = Vater ist ursprünglich für Bischöfe üblich, wird aber im Westen seit dem 6. Jh. nur noch für den Bischof von Rom gebraucht. Auch Bezeichnung für das Oberhaupt der koptischen Christen.

Patriarch
Hier: Kirchliches Ober-

haupt eines Patriarchats (Rom, Konstantinopel, Alexandria, Antiochia, Jerusalem).

Patriarchat
Amt und Amtsbereich eines Patriarchen.

Pharisäer
Wörtl.: die Abgesonderten; eine streng nach dem Gesetz lebende jüdische Gruppe, die sich von allem absetzt, was nach jüdischem Gesetz als unrein gilt.

Pietismus
Frömmigkeitsbewegung innerhalb des Protestantismus (ab 17. Jh.), die sich gegen die Orthodoxie der eigenen Konfession richtet, eine verinnerlichte persönliche Frömmigkeit, ein Christentum der Tat und ein Priestertum aller Gläubigen anstrebt.

Polytheismus
Der Glaube an viele Götter.

Prädestination
Wörtl: Vorherbestimmung. Die Lehre von der Bestimmung des Einzelnen zum Heil oder zur Verdammnis durch Gottes Wahl.

Präexistenz
Ein Dasein vor dieser Welt und Schöpfung.

Presbyter
In der Urgemeinde die für die Gemeindeleitung gewählten »Ältesten«; in verschiedenen reformator. Kirchen Amt der Gemeindeleitung.

Presbyterianer
Protestantische Gruppe, die die klassische Verfassungsform der reformierten Kirche praktiziert. Die Gemeinden werden durch Presbyter (Älteste) geleitet und organisieren sich von daher in Synoden.

Primat
Wörtl.: Erste Stelle. Vorrang des Bischofs von Rom.

Puritaner
Wörtl.: Die Reinen. Religiöse Bewegung seit dem späten 16. Jh., deren Mitglieder streng nach biblischen Grundsätzen leben, die presbyteriale Verfassung übernehmen und sich am Calvinismus orientieren.

Rabbi
Höfliche Anrede, wörtl. »mein Meister«, »mein Lehrer«; später Titel der Schriftgelehrten.

Reformkatholizismus
Verfolgt das Ziel, Leben und Lehre der Kirche mit der zeitgenössischen Kultur und Wissenschaft in Einklang zu bringen, ohne das Evangelium preiszugeben.

Reliquie
Wörtl.: Hinterlassenschaft. Körperliche Überreste von Heiligen oder von Gegenständen ihres Gebrauchs oder von ihren Marterwerkzeugen.

Renaissance
Wörtl.: Wiedergeburt. Kulturelle Bewegung des 15. und 16. Jh., die auf die Geisteswelt der Antike zurückgreift, ein neues Welt- und Selbstbewusstsein anstrebt und das autoritäre Denken des Mittelalters zu überwinden sucht.

Romanum
Dreigliedriges Taufbekenntnis, das bereits um 150 vorliegt. Eine Vorform des apostolischen Glaubensbekenntnisses.

Sadduzäer
Jüdische Religionspartei, der der alte aristokratische Priesteradel nahe stand.

Sakrament
Übersetzung des griechischen Mysterion – Geheimnis. In der röm.-kath. Kirche heilschaffendes wirksames Gnadenmittel; in den ev. Kirchen »sichtbares Wort«.

Sakrileg
Vergehen gegen religiöse Einrichtungen oder Werte.

Säkularisation
Die Umwandlung von Kirchengut in Staatsgut.

Säkularisierung
Der Prozess der Loslösung aus kirchlichen und religiösen Bindungen durch Einzelne, Gruppen oder den Staat.

Säkularismus
Das bewusst verfolgte Konzept, religiöse Bindungen und Einflüsse im Leben des Einzelnen, der Gesellschaft und des Staates zurück zu drängen oder ganz zu eliminieren.

Schisma
Wörtl.: Spaltung, Trennung. Eine Kirchenspaltung, die dadurch entsteht, dass ein Teil sich weigert, den Herrschaftsanspruch eines anderen Teils anzuerkennen.

Scholastik
Kirchliche Wissenschaft des Mittelalters, die versucht, die Wahrheit und Gültigkeit der feststehenden Kirchenlehre logisch zu durchdenken und deren Vernünftigkeit zu beweisen.

Sekte
(Meist kleine) separatistische Gruppe innerhalb einer Religion oder Kirche; bereits von der Mutterreligion abgespaltene religiöse Gemeinschaft.

Septuaginta
Die nach jüdischer Legende von 70 Schriftgelehrten übersetzte gleichlautend hergestellte griechische Übersetzung des Alten Testaments.

Simonie
Kauf und Verkauf kirchlicher Ämter.

Spiritualismus/Spiritualisten
Auch Schwärmer/Schwarmgeister. Im religiösen Bereich die Überzeugung, wonach zwischen Gott und der menschlichen Seele eine unmittelbare und individuelle Verbindung besteht, ohne dass es

dazu geschichtlicher Autoritäten (wie Zeugnisse der Bibel oder kirchliche Regeln) bedarf.

Staatskirche
Kirche, die staatl. Hoheit und Kontrolle unterworfen oder deren oberster Herr zugleich das Staatsoberhaupt ist.

Stoa
Pantheistische Philosophie, die in der römischen Kaiserzeit die Sympathien vieler Gebildeter hat (Vertreter: Seneca, Epiktet, Mark Aurel).

Subordinatianismus
Vorstellung, wonach der Logos als göttliches, aber auch Gott untergeordnetes Wesen zu verstehen ist. Der Logos ist vom Vater gezeugt und daher seinem Rang nach niedriger gestellt als der ewige, ungezeugte Vater.

Summepiskopat
Die oberste Kirchengewalt, die dem Landesherrn in den ev. Territorien zugefallen war.

Syllabus
Verzeichnis, Zusammenfassung.

Synkretismus
Allgemein: Religionsmischung. Speziell die Religionsmischung, die sich innerhalb der hellenistischen Kultur vollzieht. Vorausgesetzt ist dabei die Überzeugung, dass alle konkreten Kulte, Religionen usw. trotz ihrer Unterschiedlichkeit nur auf die eine und gleiche Gottheit bezogen sind.

Synode
Wörtl: Zusammenkunft. Versammlung der Bischöfe oder kirchlicher Vertreter.

Synopse
Wörtl: Zusammenschau. Die nebeneinander geordneten Texte der ersten drei Evangelien (Mt, Mk, Lk).

Synoptische Evangelien
Die drei ersten Evangelien (Mt, Mk, Lk).

Täufer
Gruppen, die ein an der Urgemeinde orientiertes radikales Christentum vertreten, die Kindertaufe ablehnen, nur die Taufe bekennender Erwachsener üben und aus diesem Grund oft auch die Wiedertaufe praktizieren. Dieses Gedankengut lebt in verschiedenen Freikirchen vor allem im angloamerikanischen Sprachraum fort.

Theismus
Überzeugung, derzufolge ein persönlicher und überweltlicher Gott existiert, der als Schöpfer und Erhalter der Welt verstanden wird. Oft gleichbedeutend mit Monotheismus verwendet.

Theokratie/theokratisch
Wörtl.: Gottesherrschaft. Verfassung, in der Gott, vertreten durch die kirchliche Leitung, als Herrscher über das Gemeinwesen gilt. Auch Gottesstaat.

Theologie
Wörtl.: Rede/Lehre von Gott. Versuch, den christlichen Glauben zu reflektieren, systematisch zu erfassen und ihn wissenschaftlich auszudrücken. Im weitesten Sinn die Summe aller Disziplinen, die sich mit den Quellen, der Geschichte, dem Lehrgehalt und den Erscheinungsformen einer Religion befassen.

Tora
Wörtl.: Weisung, Lehre. Das alttestamentliche Gesetz, die fünf Bücher Mose.

Transsubstantiation
Wörtl.: Wandlung. In der röm.-kath. Kirche die substanzielle Verwandlung von Brot und Wein in Leib und Blut Christi.

Tridentinum
Das Konzil von Trient 1545–1563.

Tritheismus
Der Glaube an drei Götter. Die christliche Trinitätslehre, die ein eindeutiger Monotheismus ist, wird z. B. von Muslimen oft als Tritheismus missverstanden.

Trinität/trinitas/Dreieinigkeit/Dreifaltigkeit
Die Einheit der drei göttlichen Personen (Vater, Sohn und Heiliger Geist) im Gottesverständnis des Christentums.

Ultramontanismus
Eine im 19. Jh. von Mitteleuropa ausgehende Strömung in der röm.-kath. Kirche, die sich konsequent an der päpstlichen Autorität orientiert und staatliche Eingriffe in das kirchliche Leben schroff ablehnt.

Unitarier/unitarisch
Theologische Richtung, die die Einheit Gottes gegenüber der Trinitätslehre (einseitig) geltend macht. Daher auch Antitrinitarier genannt.

Vatikanum
Konzil, das im Vatikan stattfindet.

Vatikan
Der am Vatikanischen Hügel gelegene Palast des Papstes.

Werkgerechtigkeit
Die Vorstellung oder der Versuch, mit guten Werken die Gnade Gottes zu gewinnen.

Zölibat
Ehelosigkeit. In der röm.-kath. Kirche für Priester ab 1139 verbindlich, in der orth. Kirche seit 691 nur für Bischöfe vorgesehen.

Literatur

Geschichtliche und dogmengeschichtliche Gesamtdarstellungen

Aland, K.: Geschichte der Christenheit, 2 Bde, 1980/1982
Bienert, W. A.: Dogmengeschichte, 1997
Birstein, U. u. a.: Chronik des Christentums, 1997
Chadwick, O.: Die Geschichte des Christentums, 1996
Grillmeier, A.: Jesus der Christus im Glauben der Kirche, 3 Bde, 1979 ff.
Harnack, A. von: Lehrbuch der Dogmengeschichte, 3 Bde, 1931 ff. (Neudruck 1983)
Hauschild, W.-D.: Lehrbuch der Kirchen- und Dogmengeschichte, 2 Bde, 1995/1999
Heussi, K.: Kompendium der Kirchengeschichte, 18. A. 1991
Jedin, H. (Hg.): Handbuch der Kirchengeschichte, 7 Bde, 1962 ff.
Kottje, R. und Moeller, B. (Hg.): Ökumenische Kirchengeschichte, 3 Bde, 5. A 1988 ff.
Moeller, B.: Geschichte des Christentums in Grundzügen, 6. A. 1996

Atlanten

Jedin, H./Latourette, K. S./Martin, J. (Hg.): Atlas zur Kirchengeschichte, 3. A. der aktualisierten Neuausgabe 1987
Hartmann, K.: Atlas – Tafel – Werk zu Bibel und Kirchengeschichte, 5 Bde, 1979 ff.
Littell, F. H./Geldbach, E.: Atlas zur Geschichte des Christentums, 2. Sonderaufl. 1990

Lexika

Evangelisches Kirchenlexikon, 4 Bde, 3. A. 1997
Lexikon der katholischen Dogmatik, Hg. Beinert, W., Neuausgabe 1997
Lexikon der Kirchengeschichte, Hg. Denzler, G./Andresen, C., 1997
Ökumene-Lexikon. – Kirchen – Religionen – Bewegungen. Hg. Krüger, H. u. a., 2. A. 1987

Glaubensinhalt

Anselm, R./Nocke, F. J. (Hg.): Was bekennt, wer heute das Credo spricht? 2000
Calvin, J.: Institutio christianae religionis – Unterricht in der christlichen Religion
Codex Iuris Canonici von 1983 (zweisprachige Ausgaben)
Denzinger, H./Hünermann, P.: Kompendium der Glaubensbekenntnisse und kirchlichen Lehrentscheidungen (lat.-dt.), 37. A. 1991

Die Bekenntnisschriften der evangelisch-lutherischen Kirche

Evangelischer Erwachsen-Katechismus, 6. A. 2000
Grath, A. E.: Der Weg der christlichen Theologie, 1997
Härle, W.: Dogmatik, 2. A. 2000
Katechismus der Katholischen Kirche, 1993 (»Weltkatechismus«)
Katholischer Erwachsenen-Katechismus: Das Glaubensbekenntnis der Kirche, 1985
Obermann, H. A./Ritter, A.M./Krumwiede, H. W. (Hg.): Kirchen- und Theologiegeschichte in Quellen, 4 Bde, 5. A 1991 ff.
Ott, H.: Die Antwort des Glaubens. Systematische Theologie in 50 Artikeln, 3. A. 1999
Schneider, Th.: Was wir glauben. Eine Auslegung des apostolischen Glaubensbekenntnisses, 5. A. 1998
Zahrnt, H.: Die Sache mit Gott. Die protestantische Theologie im 20. Jahrhundert, 3. A. 1996

Ökumene und Konfessionen

Felmy, K, Ch.: Orthodoxe Theologie. Eine Einführung, 1990
Frieling, R.: Der Weg des ökumenischen Gedankens. Eine Ökumenekunde, 1992
Frieling, R./Geldbach, E./Thöle, R.: Konfessionskunde, 1999
Galitis, G./Mantzaridis, G./Wiertz, P.: Glauben aus dem Herzen. Eine Einführung in die Orthodoxie, 1987
Geldbach, E.: Freikirchen – Erbe, Gestalt und Wirkung, 1989
Harms, H.H. (Hg.): Die Kirche von England und die anglikanische Kirchengemeinschaft, 1966
Johann-Adam-Möhler-Institut (Hg.): Kleine Konfessionskunde, 1996
Thöle, R. (Hg.): Zugänge zur Orthodoxie, 1998
Wolf, W. J. (Hg.): The Spirit of Anglicanisum, 1982

Jesus

Bornkamm, G.: Jesus von Nazareth, 15. A. 1995
Den Heyer, C. J.: Der Mann aus Nazareth. Bilanz der Jesusforschung, 1998
Gnilka, J.: Jesus von Nazaret. Botschaft und Geschichte. 5. A. der Sonderausgabe 1997
Kasper, W.: Jesus der Christus, 12. A. 1998

Schnackenburg, R.: Jesus Christus im Spiegel der vier Evangelien, 1998
Schweitzer, A.: Geschichte der Leben-Jesu-Forschung, 9. A. 1984
Schweizer, E.: Jesus, das Gleichnis Gottes – Was wissen wir wirklich vom Leben Jesu? 1995

Einzelthemen

Berger, K.: Theologiegeschichte des Urchristentums, 2. A. 1995
Denzler, G.: Das Papsttum – Geschichte und Gegenwart, 1997
Frank, K. S.: Geschichte des christlichen Mönchtums, 5. A. 1993
Frank, K. S.: Grundzüge der Geschichte der Alten Kirche, 3. A. 1993
Lohse, E.: Umwelt des Neuen Testaments, 9. A. 1994
Marxsen, W.: Einleitung in das Neue Testament, 4. A. 1978
Mayer, H. E.: Die Geschichte der Kreuzzüge, 6. A. 1985
Müller, K./Ustorf, W. (Hg.): Einleitung in die Missionsgeschichte, 1995
Ruh, K.: Geschichte der abendländischen Mystik, 4 Bde 1990 ff.
Schnelle, U.: Einleitung in das Neue Testament, 2. A. 1996
Winkelmann, F.: Die Kirche im Zeitalter der Kreuzzüge (11.–13. Jh.), 1994

Namenregister
(ohne die Verfassernamen im Literaturverzeichnis)

Sachregister

Sachregister

Bildnachweis

AKG, Berlin 31; 56; 73 u; 81; 87 o; 88 o; 97 o (Nou); 104 o; 105 o; 108 o; 111; 113; 116; 118; 119 (Lessing); 135; 140; 145; 147 u; 159 ol und or; 164 u; 166; 173 o/ Archäologisches Nationalmuseum, Neapel 21 o / Archiv des Autors 2; 16; 33 u; 110 / Archiv Gerstenberg, Wietze 141; 143 u / Archiv des Verlages 10 o; 11; 12;14 o; 19; 20; 25; 28 o und u; 30; 32; 34; 37; 51; 64; 66; 68; 79; 80; 83 o; 94 o und u; 112; 114 o; 122; 147 o; 149; 152;/ Bibliothèque Municipale, Epernay 84 u / Bibliothèque Nationale, Paris 48; 65; 96 o / Bildarchiv »Benedettine di Priscilla« der Pontificia Commissione di Archeologia Sacra 47; 49 / Bildarchiv Preußischer Kulturbesitz, Berlin 71; 100 o; 105 u; 167 u / British Museum, London 85 o; 88 u; 91 / Cartomedia, Karlsruhe 8; 10 u; 16, 17 u; 23; 76; 93 u; 95; 130; 175; 188 / dpa, Frankfurt/Main 125; 170 o / Erzbischöfliches Friedrich-Spee-Kolleg, Neuss 108 ur / Evangelischer Presseverband, Bielefeld 170 u; 171 o / Fundación Collección Thyssen-Bornemisza, Madrid 121 / Germanisches Museum, Nürnberg 134 / Rainer Gaertner DGPh, Köln/Berlin 153 o / Sonia Halliday, Weston Turville Bucks 44 / Ursula Held, Ecublens 70 / Historisches Museum, Moskau 74 / Prof. Dr. Ibrahim, Wunstorf 59 / Jürgens Ost + Europa-Photo 110 (Berlin); 142 u (Köln) / KNA-Bild/Reuter, Frankfurt/Main 82 u; 179 o und u; 180 o; 185 u; 186 o und u; 187 u / Hans Lachmann, Monheim 54 / Magnum 164 (Bruno Barbey); 182 o (Micha Bar) / MAS (Wendler), Barcelona 188 o / Musée Cantonal des Beaux-Arts, Lausanne 131 / Musée de Picardie, Amiens 78 o / Musei Vaticani, Rom 11, 67, 124 / Museo Civico Cristiano, Brescia 13 o / Museo Nazionale, Rom 43 o / Museum St.-Annen-Kloster, Lübeck 99 u/ Mutterhaus der Armen-Schwestern vom hl. Franziskus, Aachen 162 / Nationalmuseum für Archäologie und Kunst, Constantza 24 / Niedersächsische Staats- und Universitätsbibliothek, Göttingen 82 o; / Niedersächsisches Staatsarchiv, Wolfenbüttel 100 u / Österreichische Nationalbibliothek, Wien 90; 150, 157 u / Pennsylvania Academy of the Fine Arts, Philadelphia (USA) 139 / Rheinisches Bildarchiv, Köln 14 u / RMN (Musée du Louvre), Paris 15; 55 / Achilles Rösner, Hiddenhausen 189 / Sammlung Farnese, Neapel 26 / Scala, Antella (Florenz) 9; 60 o; 61; 73 o; 92; 93 o; 99; 101; 107; 115; 123; 146 / Schatzkammer des Aachener Doms 17 o / Schloss Montmirail (Schweiz) 142 u / Heinz Schmitz, Köln 21 u / Städtisches Kramer Museum und Museum für Niedersächsische Sakralkunst 102 / Staatliche Kunstsammlungen, Gemäldegalerie, Dresden 153 u / Staatsbibliothek, München 85 u / Stiftbibliothek, St. Gallen 77 o; 98 o / Süddeutscher Verlag, Bilderdienst, München 185 / Ullstein-Bilderdienst, Berlin 183 u; 184 / Universitätsbibliothek Leipzig 78 u / Universitätsbibliothek, Uppsala (Schweden) 77 u / Weltliche Schatzkammer, Wien 84 o / Westfälisches Landesmuseum für Kunst und Kulturgeschichte, Münster 156 / World Council of Churches (Peter Williams) 174 / Yale-Gallery, New Haven (USA) 50 / Fulvio Zanettini 57

Aus: »Bildwerk zur Kirchengeschichte«, hg. von Willehad Paul Eckert u. a., Freiburg u. a. 1984 ff. (6 Bde), Bd. 1: 27, 43 o und u; 57; 83 u; 87 ur (Helmuth Nils Loose) und ul (Toni Schneiders, Lindau) / Bd. 4: 106; 134; 136 l und r (Helmuth Nils Loose) / Bd. 5: 141; 142 o; 143 o und u; 159 u; 160; 167 o (Helmuth Nils Loose) / Bd. 6: 53; 58; 182 u; 187 o (Helmuth Nils Loose) / »Byzantinec Eikonec«, Athen 1995 15; 69; 72; 75 o und u / K. Ringshausen, »Das Buch der Bücher«, Frankfurt/Main 1964 18 / Oskar Parel, »Die Bibel«, Stuttgart 1950 40 / Wilfried Koch, »Baustilkunde«, München 1991 60 u; 63 / Henri Stierlin, »Byzantinischer Orient«, Stuttgart, Zürich 1988 62; 96 u (Anne u. Henri Stierlin)

Die Rechte für alle nicht aufgeführten Abbildungen konnten nicht ausfindig gemacht werden.

BASTEI
LÜBBE
TASCHENBUCH

Weitere Titel des Autors:

Die Oger
Der Rubin der Oger
Blutiger Winter
Dämonengold

Titel in der Regel auch als E-Book erhältlich

Über den Autor:

Stephan Russbült wurde 1966 in Rendsburg in Schleswig-Holstein geboren. Er absolvierte eine Lehre als Großhandelskaufmann, studierte dann Betriebswirtschaftslehre und arbeitet heute als leitender Angestellter. Aus seiner langjährigen Begeisterung für Fantasy-Rollenspiele erwuchs auch seine Leidenschaft, Geschichten zu Papier zu bringen. Stephan Russbült lebt mit seiner Frau und seinen beiden Kindern in Breiholz.

Stephan Russbült

DÄMONENZEIT

Roman

BASTEI LÜBBE TASCHENBUCH

BASTEI LÜBBE TASCHENBUCH
Band 20 637

1. Auflage: Dezember 2011

Bastei Lübbe Taschenbuch in der Bastei Lübbe GmbH & Co. KG

Textredaktion: Julia Abrahams
Lektorat: Ruggero Leò
Titelillustration: © Fantasio fine Arts/Oliver Wetter
Umschlaggestaltung: Guter Punkt, München
Satz: Urban SatzKonzept, Düsseldorf
Gesetzt aus der Goudy Old Style
Druck und Verarbeitung: CPI – Ebner & Spiegel, Ulm
Printed in Germany
ISBN: 978-3-404-20637-7

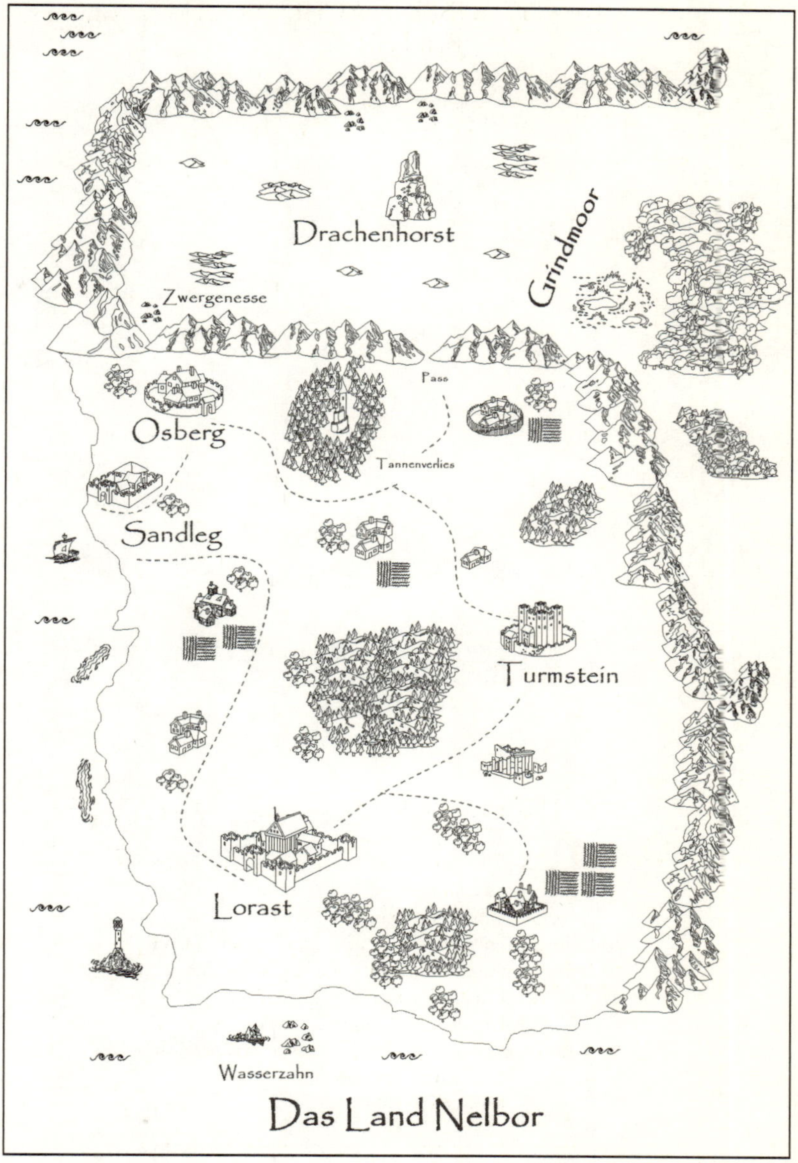
Drachenhorst
Grindmoor
Zwergenesse
Pass
Osberg
Tannenverlies
Sandleg
Turmstein
Lorast
Wasserzahn
Das Land Nelbor

Prolog
Schwarz und Weiß sind keine Farben

Im Grunde genommen war alles ganz einfach, man durfte nur nicht den Anspruch hegen, es verstehen zu wollen.

Es bestand kein Zweifel daran, dass einzig und allein göttliche Macht dazu imstande war, Welten zu erschaffen und diese auch wieder zu zerstören. Nichts und niemand sonst konnte auch nur etwas annähernd Schönes und Einzigartiges entstehen lassen. Und nichts und niemand sonst hätte es gewagt, Hand an diese göttliche Schöpfung zu legen.

So oder so ähnlich stand es in den Manifesten fast aller Religionen geschrieben, und kaum ein Mensch wagte es, diese anzuzweifeln. Warum auch?

Die Schöpfung bestand aber nicht nur aus den Welten an sich; auch alles Leben, das sich auf ihnen tummelte, gehörte dazu. Es war reichhaltig, hatte mannigfaltige Form, die häufig so skurril war, dass niemand dessen Ursprung zu leugnen wagte. Leider war es aber genau dieses Leben, das alles so unendlich kompliziert gestaltete. Vor allen Dingen machte es das Leben selbst kompliziert. Anstatt stillschweigend hinzunehmen, was den Völkern von den Göttern gegeben worden war, machten sie viel Aufhebens darum. Je mehr Verstand ein Volk besaß, desto lauter schien es nach Antworten zu schreien. Anstatt zu akzeptieren, dass der Baum nicht mit dem Blatt sprach, nur weil der Herbst vor der Tür stand, wurden ihre Rufe mit jeder Generation lauter und fordernder. Niemand schien sich mehr damit abfinden zu können, aus dem Nichts zu kommen und auch wieder dorthin zu verschwinden. Plötzlich drehte sich alles nur noch um die essentiellen Fragen, und die Zukunft des Lebens hing von ihrer Beantwortung ab:

Warum wurden wir erschaffen?
Warum passiert, was passiert?
Warum endet alles in Zerstörung und Tod?

Ein Privileg der Götter schien es zu sein, sich in Schweigen zu hüllen und ihre Pläne für sich zu behalten. Wer es wagte, sich ihnen gegenüber anmaßend zu verhalten und seine Fragen allzu fordernd zu stellen, bekam zur Antwort ein Zeichen, das nicht selten so endgültig war, dass es eigentlich nicht missverstanden werden konnte. Doch anstatt Ruhe zu geben, bettelten und jammerten die Sterblichen mit jedem Zeichen ihrer Schöpfer nur umso mehr. Langsam begannen die Götter, an ihrer Schöpfung zu zweifeln, doch es steckte zu viel Arbeit darin, um sie einfach rückgängig zu machen.

Kurzum entschlossen sie sich, Gesandte auf die Welten zu schicken, damit diese sämtliche Fragen beantworteten, den Willen der Götter verbreiteten und die Geschicke in die richtige Richtung zu lenken versuchten. Am Anfang schien der Plan aufzugehen. Für jede Art von Problem gab es unterschiedliche Gesandte. Manche lenkten aus dem Verborgenen heraus und sprachen nur in den Köpfen von wenigen Auserwählten. Andere mischten sich unter die Völker und versuchten, mit wenigen Eingriffen alles im Lot zu halten. Aber es gab auch solche, die mit brachialer Gewalt jedes Problem, das sich ihnen in den Weg stellte, zu lösen trachteten.

Die Völker gaben diesen Gesandten unterschiedliche Namen, doch zumeist nannte man sie Engel und Dämonen.

Im Laufe der Jahrhunderte jedoch verblassten die Anweisungen der Götter in der Erinnerung der Gesandten, und Engel wie auch Dämonen legten die Worte ihrer Schöpfer nach eigenem Gutdünken aus. Aus dem Spiel der Götter wurde eine Fehde der Gesandten. Jede Seite versuchte, den ultimativen Sieg für sich zu erringen. Von der ursprünglichen Aufgabe blieb nicht mehr übrig als einige Prophezeiungen, die entweder unvollständig waren oder missverstanden wurden.

In dem allgemeinen Durcheinander und dem Kampf, die Welten schwarz oder weiß zu färben, der Ordnung oder dem Chaos zu übergeben, vergaßen die Völker sogar ihre Fragen.

Den Welten und ihren Bewohnern drohte das Ende. Dabei war die Lösung allen Unheils überall offensichtlich, man musste nur hinschauen. Niemand schien mehr zu verstehen, worum es wirklich ging. In den Vordergrund rückte der Sieg der eigenen Seite, und das eigentliche Ziel des Gleichgewichts aller Dinge trat zurück.

Ein Baum ertrinkt im Wasser, und dennoch: Ohne feuchte Erde verdorrt er. Feuer vermag zu wärmen, aber eben auch zu verbrennen. Der Glaube kann trösten, wie auch den Tod bringen.

Das Maß aller Dinge ist das Gleichgewicht.

Um die Welten zu retten, mussten die Götter schnell handeln. Es galt, die alten Prophezeiungen zurück in das kollektive Gedächtnis der Völker zu bringen sowie jemanden zu finden, der sie erfüllte und der genügend Weitsicht besaß, dies alles zu begreifen. Doch wie hieß es so schön: In der Not tranken die Götter auch Wasser, während sie mit Erdbeben den Boden pflügten, mit Flutwellen die Felder bewässerten und mit Stürmen die Ernte einbrachten.

Nichts schien mehr im Gleichgewicht zu sein. Eine Welt nach der anderen drohte zerstört zu werden. Aber anstatt Verständnis füreinander zu entwickeln, bildeten sich drei Lager. Die Götter, die versuchten zu retten, was zu retten war, dabei aber vergaßen, selbst Maß zu halten. Die Gesandten, die es immer noch als ihre Aufgabe ansahen, einen Sieg zu erringen, und deren Fingerspitzengefühl durch Kettenhandschuhe beeinträchtigt wurde. Und zu guter Letzt die Sterblichen, die nichts von dem verstanden, was um sie herum geschah, aber dennoch keine Gelegenheit ausließen, sich bei ihren Schöpfern zu beschweren, während sie elendig krepierten.

Bei wem auch immer man nach Schuld an dem ganzen Schlamassel suchte, man wäre sicherlich in der Lage gewesen, welche zu finden. Fakt aber blieb, dass alles aus drei unbeantworteten Fragen heraus erwachsen war. Drei Fragen, deren Beantwortung nichts leichter als das gewesen wäre.

Du verdankst dein Leben der Langeweile der Götter.
Was du Schicksal nennst, ist reiner Zufall.
Wenn es dich erwischt, hattest du einfach nur Pech.

I
Kleine Männer werfen lange Schatten

Amez – Vater der Sünden

Hat man sieben Kinder, und nur eines davon ist missraten, darf man den Göttern danken. Heißen die Kinder jedoch Hochmut, Geiz, Wollust, Zorn, Völlerei, Neid und Trägheit, kann man davon ausgehen, selbst ein Gott zu sein.

Ein Schatten schwebte durch die Dunkelheit. Er war mehr als das Fehlen von Licht, war substantieller, aber nicht Substanz genug, als dass man ihn hätte berühren können.

Er ähnelte einer großen schwarzen Kugel, die sich langsam durch die Finsternis bewegte. Das Gebilde steuerte auf eine onyxschwarze Säule zu, die im Nichts zu stehen schien. Auf der Säule selbst lag der scheinbar leere, mit Haut bespannte Einband eines Folianten, dessen Vorderseite einen vierachsigen Stern zeigte, der mit einem glühenden Eisen eingebrannt zu sein schien. Der Schatten hielt vor der Säule an und begann leicht zu pulsieren. Es machte den Eindruck, als wollten sich ein Dutzend und mehr Arme, Beine und Köpfe wie durch die Haut eines Kokons aus ihm herauspressen. Doch sie durchstießen nie die Oberfläche. Stattdessen begann sich die Kugel nun komplett zu verformen. Sie wurde lang und schlank, neue Rundungen und Wölbungen bildeten sich aus, bis sie endlich einer hoch gewachsenen menschlichen Gestalt glich. Gliedmaßen waren nur andeutungsweise zu erkennen, wie bei etwas, das unter dem Laken eines Bettes lag. Auch kein Gesicht war auszumachen. Es sah stattdessen aus, als trüge die Gestalt eine Kapuze.

Dort, wo sich der Bauch der Kreatur befinden musste, streckten sich zwei kleine, dünne Arme heraus, die sich auf dem Körper abstützten und versuchten, sich weiter hinauszudrücken. Nach kurzer Anstrengung schob sich zwischen den Ärmchen ein kahler Kopf gefolgt von einem ausgemergelten Oberkörper hervor. Das Wesen wand sich wie ein Neugeborenes.

»Lasst uns in das Buch sehen«, kreischte es und streckte die Arme nach dem Folianten aus. »Wir wollen hineinsehen, um herauszufinden, was vor sich geht.«

»Ja, lasst uns hineinsehen«, forderte eine andere quiekende Stimme, die zu einem Gesicht gehörte, das sich aus dem linken Schulterblatt der hoch gewachsenen Gestalt presste.

Hochschnellend wie ein auftauchender Korken, gesellte sich ein weiteres Wesen hinzu, das dem Rücken des Schattens entsprang. Mit herumtastenden Armen und unglaublichen Verrenkungen schien es nach seinen beiden Kollegen Ausschau zu halten. Als es das Gesicht in der Schulter entdeckte, schlug es wie von Sinnen darauf ein.

»Wir wollen es tun!«, krächzte es aufgeregt. »Nicht ihr! Wir wollen das Buch öffnen.«

»Still!«, dröhnte es unter der Kapuze hervor. Es war weniger eine Stimme als mehr ein tiefer, dumpfer Ton mit leichten Nuancen. »Nur zusammen können wir Einblick in das Buch der Wahrheiten nehmen.«

Wie auf Kommando stieß ein weiteres halbes Dutzend dürrer Kreaturen aus der Oberfläche der Schattengestalt hervor. Sie krümmten und wanden sich, um aus der zähen Masse des Schattens freizukommen. Manche konnten nur den Kopf hervorstrecken, andere schafften es, sich bis zur Taille zu befreien, und begannen sogleich, an den anderen herumzuzerren und zu reißen.

Heiseres Stöhnen und Röcheln machte sich breit. Darunter wurden immer wieder quiekende Schreie von denen laut, die versuchten, sich unter letzten Kräften von den anderen abzuheben, um einen guten Platz zu ergattern.

»Still!«, dröhnte es erneut.

Die letzten Gefechte wurden ausgetragen und stumm zu Ende gebracht. Es wurde gezerrt, gezogen, gewürgt und getreten. Eine der Kreaturen spuckte einer anderen sogar ins Gesicht und erntete dafür eine schallende Ohrfeige. Dann legten sich schlagartig die letzten Streitereien.

»Wir, Amez, Herr der Schatten«, begannen alle im Chor zu sprechen, »Bestimmer des Unvorhersehbaren und Gott des Chaos, verlangen Einsicht in das Buch der Wahrheiten, das Tagebuch allen Lebens.«

Wie von selbst öffnete sich das Buch und enthüllte ein einzelnes vergilbtes Blatt Papyrus.

Sofort begannen die Raufereien von vorn. Jede der kleinen, abgemergelten Kreaturen versuchte, einen Blick auf die Seite zu erhaschen. Dünne Ärmchen reckten sich dem Folianten entgegen, um der Quelle ihrer Begierde etwas näher zu kommen.

Die einzelne Seite war bis auf einige Tintenspritzer leer.

»Zeig uns die Welten im Verbund!«, riefen alle zusammen wie aus einer Kehle. »Der Strudel der Mächte soll uns Aufschluss geben, ob das Gleichgewicht abermals gestört wurde.«

Die Tintenkleckse wanderten langsam über das Papier und begannen zu wachsen. Einer positionierte sich im Zentrum, während die anderen in immer größer werdenden Abständen um ihn herumkreisen. Nach und nach verschwanden immer mehr Punkte von dem Blatt, bis nur noch der eine in der Mitte übrig blieb. Mittlerweile hatte er die Größe eines Daumenabdruckes erreicht und verblasste zusehends. Schwache Linien durchzogen den Fleck wie Adern auf der Haut, welche die Farbe an einem Ende aufsogen und sie am anderen zurück auf das Papier spuckten. Hunderte kleiner Sprenkel füllten erneut die Seite, aus dem einen blassen Fleck entstanden. Wie von selbst wuchsen sie abermals an, und nach und nach entstand ein Gespinst aus kleinen und großen Punkten, die miteinander im Reigen standen. Niemand hätte sagen können, wie viele es wirklich waren, doch es waren es ebenso viele, wie es Welten gab.

Mit einem zufriedenen Brummen kommentierte der Schatten, der sich selbst Amez nannte, das Bildnis. Alles wirkte so, wie es zu sein hatte, bis einer der Punkte seitlich auszubrechen drohte.

»Dort!«, kreischte eine der Kreaturen und zeigte mit seinem knochigen Finger auf den Fleck. »Diese Welt droht unterzugehen. Irgendetwas muss sie aus dem Gleichgewicht gebracht haben.«

Amez beugte sich über das Buch und schlug die Fäuste erzürnt auf die Säule, dass das Nichts erzitterte.

»Das kann nicht sein!«, brüllte er. »Das darf nicht sein. Wir haben keine übersehen. Wie ist das möglich?«

»Vielleicht wurde sie von einer der anderen verdeckt, als wir sie das letzte Mal beobachteten«, flüsterte eine der Kreaturen vom Rücken.

»Wir haben keine übersehen!«, keifte eine weitere unter der Achsel heraus. »Etwas muss das Gleichgewicht erneut gestört haben.«

»Was für eine Welt ist das?«, verlangte Amez zu wissen.

»Es ist nur eine kleine, unbedeutende Welt«, quiekte eines der Wesen. »Sie ist fast ausschließlich von Menschen und anderen niederen Wesen bevölkert.«

»Das ist mir egal!«, brüllte Amez. »Wir könnten uns nicht einmal den Verlust einer Welt voller Gewürm erlauben.«

»Menschen sind nicht viel weiter entwickelt«, kicherte eines der Schattenwesen.

Ein anderes schlug ihm dafür ins Gesicht, während es von dem daneben im Schwitzkasten gehalten wurde.

»Haben wir Boten hingesandt?«, fragte Amez, ohne den Zwist zu beachten.

»Sieben von uns sind dort und sieben aus der Brut unseres Bruders«, bekam er zur Antwort.

»Ist auch eines der Kinder der ersten Stunde darunter?«

»Wir haben einen Dämon, einen Horden, geschickt und Sept einen seiner Krieger des Lichts – einen Seraphim.«

»Einen Horden?«, rief Amez ärgerlich. »Gab es niemand anderen, jemanden, der mehr Geschick und Taktgefühl besitzt.«

»Er schien uns geeignet für diese Aufgabe. Sein Name ist Baazlabeth, und er hat sich bereits durch eine erstaunliche Geduld und viel Durchhaltevermögen ausgezeichnet.«

»Horden haben Geduld beim Foltern, und das auch nur, solange ihre Opfer schreien. Und ihr Durchhaltevermögen beschränkt sich auf das Niedermähen von Feinden in einer Schlacht. Es wäre mir lieber gewesen, wir hätten dieses Problem etwas sensibler angepackt, anstatt einen Schlächter auf diese Welt zu schicken.«

»Immerhin ist er eins unserer ersten Kinder«, wandte eines der Schattenwesen ein. »Er kennt sich aus in dem Gefüge der Welten und weiß, wie er mit den Sterblichen umzugehen hat.«

»So ein Blödsinn!«, fauchte Amez. »Stinkt der erste Haufen Dung weniger als die danach? Horden wissen einen Dreck vom Gefüge, und alles, was sie über Sterbliche in den Tausenden von Jahren, die sie nun schon existieren, in Erfahrung bringen konnten, ist, wie viel Blut man aus ihnen herauspressen kann, bevor sie krepieren.«

»Was sollen wir jetzt tun?«

»Ja, was sollen wir tun?«, kreischte eine andere Kreatur dazwischen.

»Sie ist schon fast verloren.«

Klagende Rufe wurden laut, und die Schattenwesen wanden sich wie unter Schmerzen.

»Wie steht es um die Prophezeiung?«, fragte Amez. »Schließlich ist sie der Schlüssel, um die Welt wieder ins Lot zu bringen.«

Allgemeines Gemurmel machte sich breit. Im Flüsterton wurden dem Nachbarn Geheimnisse ins Ohr geflüstert oder lediglich schwer zu deutende Blicke ausgetauscht.

»Was ist, bekomme ich endlich eine Antwort?«, brüllte Amez.

»Mit der Prophezeiung ist das so eine Sache«, antwortete eines der Wesen, das aus dem Rücken des Gottes ragte. »Sie wurde noch nicht ganz vollständig überbracht, und wir sind uns nicht sicher, ob alle bekannten Teile in der richtigen Reihenfolge sind. Außerdem bietet sie einigen Spielraum für eine eigene Interpretation.«

Amez schnaubte vor Wut.

»Ihr schickt einen Horden auf diese Welt und gebt ihm die Freiheit, die alten Worte nach seinem eigenen Gutdünken auszulegen? Ich sollte euch alle ans Licht setzen. Er ist ein Horde, verdammt nochmal! Er wird einen Krieg auslösen, von dem sich diese Welt in dreitausend Jahren nicht mehr erholt. Wenn überhaupt jemand übrig bleibt, dem ihre Erholung noch etwas nützen würde.«

Bedrücktes Schweigen machte sich breit.

»Was besagt die Prophezeiung im Kern?«

»Im Grunde genommen ist sie ganz einfach. Sie besagt, dass sich sieben Krieger des Lichts und sieben Krieger der Dunkelheit in Brisenburg zur letzten Schlacht einfinden werden, um einen Kampf um das Gleichgewicht auszufechten. Es findet dann so etwas wie eine Neuordnung statt. Ihr wisst schon: Gut und Böse, Chaos und Ordnung, Licht und Schatten – das Gleichgewicht eben. Aus dieser Schlacht soll ein Samen hervorgehen. Was genau damit gemeint ist, konnten wir leider auch nicht herausfinden. Die Wurzeln der Prophezeiung liegen weit zurück, und seit ihren Ursprüngen hat sie sich mehrfach, wie sollen wir sagen ... angepasst. Prophezeiungen sind wie Pflanzen, die sich an ihre Umgebung anpassen und erst im Laufe der Zeit zur vollen Größe heranwachsen. Diese spezielle, wir nennen sie Sementis, existiert schon so lange wie die Welt selbst und wurde schon einige Male nicht erfüllt. Was diesen Samen angeht wissen wir nur so viel: Er wird sich verbreiten und dafür sorgen, dass die Welt sich wieder in das Gefüge einordnet.«

Sofort erwuchsen zwei Paar Arme aus dem Rücken von Amez und umklammerten die Kehle des schmalwüchsigen Sprechers.

»Und mit diesem Scheiß versuchen wir, eine Welt zu retten. Da hätte ich den Horden ja selbst schicken und ihn bitten können, alles Stein für Stein abzutragen und das größte Grab seit Göttergedenken zu errichten. Was haben wir uns nur dabei gedacht?«

Dem Schweigen nach zu urteilen, hatte sich das mit dem Denken bei der Wahl des Boten sowie dem Gehalt der Prophezeiung in Grenzen gehalten.

»Gehen wir dichter heran, wir müssen wissen, was geschehen ist«, meldete sich Amez erneut zu Wort.

Er beugte sich näher über das Buch. Gierige Hände versuchten, es zu berühren, doch sie konnten es auch weiterhin nicht erreichen.

Der abseits liegende Fleck, der auszuscheren drohte, rückte ins Zentrum des Blattes und drängte die anderen mit jedem Zoll, den er größer wurde, aus dem Sichtfeld. Nach wenigen Augenblicken nahm er bereits die halbe Seite ein. Linien und Flächen bildeten sich in ihm, bis der Fleck einer Karte ähnelte – der Karte einer ganzen Welt. Ein Teilbereich rückte näher heran, die Spitze eines Kontinents stand jetzt im Fokus, doch noch war die Geographie verschwommen wie hinter einer Wolkendecke. Plötzlich entstanden Linien, die rückwärts aus einem Sog gedrückt zu werden schienen. Aus den Linien formten sich Buchstaben einer fremden Sprache, und die Buchstaben setzten sich zu Wörtern und diese zu Sätzen zusammen. Aus dem Inneren des Sogs trat immer mehr Geschriebenes hervor und wurde wie in einem Wirbel nach außen gedrückt.

»Ich habe ihn gefunden!«, kreischte eines der Schattenwesen und fuchtelte wild umher, wobei es abwechselnd mit einer Hand auf die Textpassage zeigte und mit der anderen versuchte, seine Kameraden herbeizulocken.

»Lies, was geschrieben steht im Buch der Wahrheiten«, verlangte Amez.

Die Kreatur verfolgte mit kreisenden Bewegungen des ganzen Oberkörpers den Strom aus Buchstaben.

»Da ist er«, summte sie und begann zu lesen. »Baazlabeth, Sünde des Hochmuts, Bezwinger von Schlachten, Sohn der Horden und frühes Kind aus dem Blute von Amez, dem Bestimmer des Unvorhersehbaren, Herr des Schattens, Gott des Chaos und Bruder von Sept, Verfechter der Mäßigkeit, Herr des Lichts und Gott der Ordnung, wurde gesandt ins Reich der Sterblichen, um zu verkünden den Willen von Amez, dem Bestimmer des Unvorhersehbaren, Herr des Schattens und Gott ...«

»Es reicht, wenn du es sinngemäß wiedergibst. Ich glaube, mittlerweile ist allen die Beziehung zwischen uns, Baazlabeth und meinem Bruder klar geworden«, schnaubte Amez ärgerlich. »Bitte nur das Wesentliche, auch Götter können sich langweilen.«

Um dem Ganzen etwas Nachdruck zu verleihen, verpasste eines der anderen Wesen dem Vorleser einen schweren Kinnhaken und ein weiteres griff nach dessen Ohr und riss mit aller Gewalt daran.

»Genug jetzt!«, befahl Amez, um den aufkommenden Tumult wieder unter Kontrolle zu bringen.

Ängstlich quiekend ließen die anderen von ihrem Kameraden ab, während der Gepeinigte sich in Selbstmitleid über den kahlen Kopf strich. Mit stummen Lippenbewegungen verfolgte er den Text aus dem Buch der Wahrheiten und versuchte, ihn simultan in gekürzter Form wiederzugeben.

Während des Lesens bildeten sich neue Soge mit anderen Buchstaben, Silben und Wörtern um den Text herum, die nach kurzer Zeit verebbten, wenn sie nicht weiterverfolgt wurden. Immer wenn die Geschichte an einen Scheideweg gelangt war, schien sich auch der Textfluss zu teilen und in verschiedene Richtungen weiterzuführen.

»Baazlabeth wurde mittels einer Beschwörung aus seinem eigenen Reich gerissen. Der Sucher, ein alter Magier namens Nemrothar, hatte ihn aufgespürt und ihn zu sich gerufen. Er ließ Baazlabeth im Unklaren darüber, was seine eigentliche Aufgabe betraf. Anstatt ihm von der Prophezeiung zu erzählen, gab er ihm die Aufgabe, fünftausend Goldstücke auf ehrliche Art und Weise zu verdienen.«

»Der Sucher hat es vermasselt!«, kreischte dieselbe Schattenkreatur, die sich schon vorher abfällig über die Menschen geäußert hatte. »Man kann sich auf die Sterblichen nicht verlassen, erst recht nicht auf Menschen. Sie sind zu nichts zu gebrauchen.«

»Ruhe!«, fauchte Amez. »Die Sucher wissen genau, was sie zu tun haben. Meist sogar besser als die Boten, die sie rufen.«

Das Schattenwesen fuhr fort mit seinem Bericht.

»Bei der Erfüllung seiner Aufgabe traf Baazlabeth auf weitere dunkle Boten der Prophezeiung und schloss sich mit ihnen zusammen. Darunter waren Molloch, Sünde der Maßlosigkeit, und Sanna, genannt die Neidische, sowie ihre Tochter Lilith, die den Hass verkörpert. Sie versuchten, ihn in seine wahre Bestimmung einzuweihen, doch er wies sie in blinder Selbstüberschätzung zurück. Baazlabeth verfolgte weiter den Weg seiner ihm vom Sucher gestellten Aufgabe. Nach und nach machte er sich einen Namen in der Stadt Brisenburg und schaffte es sogar mithilfe einer List in den Kleinen Rat, eine Art Ältestenvertretung. Er wechselte mehrfach seine Gestalt. Am Tage als Mann und in der Nacht als Frau, gelang es ihm, einen Teil des Goldes zu verdienen. Irgendwann bekam der Klerus von seiner Existenz Wind und sandte die heilige Inquisition aus, um ihm Einhalt zu gebieten. Euer Bruder Sept sandte einen seiner Boten des Lichts nach Brisenburg – einen Seraphim, Streiter des Lichts und Bewahrer der Ordnung, genannt die Tugend der Weisheit –, um zu verhindern, dass Baazlabeth vorzeitig von den Menschen enttarnt wurde. Kollum, der Seraphim, kam unter im Haus der Väter und versammelte um sich die Priester der verschiedenen Tempel, die geweiht waren der Weisheit, Barmherzigkeit, Liebe ...«

»Du bist falsch abgebogen!«, keifte eine der Kreaturen den Sprecher an.

»Er hat den Faden verloren«, kicherte eine andere.

»Lasst ihn«, ermahnte Amez sie.

Das Schattenwesen suchte eilig nach der Stelle im Text, wo es die Orientierung verloren hatte, bevor der Strudel verebbte.

»Ich hab ihn wieder«, verkündete es erleichtert und fuhr stotternd fort.

»Die anderen Boten wiesen Baazlabeth erneut auf die Prophezeiung hin, doch der Dämon glaubte ihnen nicht und wies sie abermals zurück. Wie benommen wütete er in der Stadt, um die übrigen Goldmünzen zur Erfüllung seiner Aufgabe zusammenzubekommen. An dem Tag, als die letzte Goldmünze in seine Kiste wanderte, wandte er sich gegen die Boten und …«

Das Schattenwesen verstummte und ließ niedergeschlagen den Kopf auf die Brust sinken.

»Und was?«, forderte Amez zu wissen. »Sag schon, was ist passiert?«

»Er hat den Seraphim getötet und Lilith, die Sünde des Hasses, in eine andere Dimension verbannt.«

»Sag, dass das nicht wahr ist!«, grollte Amez. »Wir müssen sofort auf diese Welt und Kontakt zu dem Horden aufnehmen, damit er nicht noch mehr Blödsinn anstellt. Ein Teil von uns versucht, mehr über die Prophezeiung herauszufinden. Wir brauchen einen Ansatz, damit sie immer noch erfüllt werden kann. Schreibt sie um, verbiegt sie oder dichtet etwas hinzu. Egal was, aber macht sie wasserdicht – selbst für einen Horden. Bittet Sept um Hilfe, damit er einen neuen Krieger des Lichts findet und auf die Welt schickt. Ohne die Tugenden wird die Schlacht nicht stattfinden.«

Amez packte die kleinen Wesen, die aus seinem Körper ragten, riss sie zur Gänze heraus und warf sie zu Boden. Viele versuchten, sich mit Armen und Beinen zu wehren, doch es half nichts, eine nach der anderen wurde herausgerissen wie ein lästiger Stachel. Mit jeder Trennung schrumpfte Amez' Schattenkörper, bis er selbst sich nicht mehr von den anderen unterschied. Am imaginären Boden angekommen, rappelten sich die Schatten auf und rannten ungelenk in alle Richtungen davon.

2
Sünden machen nicht vor Mauern Halt

Seibot Nell – Habgier

Die Wahrheit ist aller Laster Anfang. Es ist nicht leicht, es jedem recht zu machen, doch wenn man es versucht, muss man unter Umständen in Kauf nehmen, einen Preis zu zahlen, den man nicht bereit ist zu geben. Zum Glück gibt es immer jemanden, dem kein Preis zu hoch ist.

Seibot presste seine Hand fester auf den Mund des Kundschafters. Er saß am Boden, hatte den armen Kerl in den Schwitzkasten genommen und seine Beine um dessen Rumpf geschlungen. Zu Anfang war es schwer gewesen, den kernigen jungen Soldaten am Boden zu halten, doch seine Gegenwehr hatte schnell nachgelassen. Von Minute zu Minute schwanden die Kräfte des Kerls, und jetzt hielt er kaum noch dagegen.

»Dann nochmal von vorn«, keuchte Seibot. »Wie viele Wachsoldaten sind in der Stadt? Wie viele von ihnen patrouillieren auf der Mauer, und wie oft und wann ist euer Wachwechsel?«

Seibot betete diese Fragen jetzt schon zum vierten Mal herunter, und noch immer bekam er keine Antwort. Sein Gefangener hätte ohnehin nicht reden können, da Seibot ihm die Hand auf den Mund gepresst hatte und nicht gewillt war, seinen Griff auch nur ein bisschen zu lockern. Die Gefahr, dass der Soldat um Hilfe schrie, war einfach zu groß, denn er wusste genauso gut wie Seibot, dass diese Situation kein gutes Ende für ihn nehmen würde.

»Dann eben nicht«, flüsterte ihm Seibot ins Ohr.

Er nahm den Kundschafter fester in die Beinschere, packte ihn mit einer Hand am Schopf und schob die andere ein Stück nach oben, sodass sie nun Mund und Nase gleichzeitig verschloss. Der junge

Mann versuchte sich aufzubäumen. Er machte ein Hohlkreuz und wollte sich unter seinem Peiniger wegdrehen, aber seine Kraft reichte nicht aus. Unter Aufbringung der letzten Reserven gelang es ihm, den Kopf zur Seite zu drehen, doch auch diese Aktion sollte ihn nicht retten – Seibot behielt seine Hand weiterhin über Mund und Nase.

Er spürte, wie sein Opfer das letzte bisschen Luft zwischen seinen Fingern einsog. Es lief immer gleich ab. Jetzt musste er nur noch warten, bis der Fuß zu zucken begann. Manche Sterbenden taten es mit dem linken, andere mit dem rechten. Manche zuckten zweimal, andere dreimal.

Da war es, das Zucken im linken Fuß. Einmal, zweimal – und aus. Es war so einfach zu töten, und es wurde mit jedem Mal leichter.

Einen Moment lang hielt Seibot den Mann weiter im Arm, so wie ein Vater seinen Sohn, dann schob er ihn zur Seite und gab ihm einen Fußtritt. Sein Opfer rollte unter den Strauch, hinter dem sich Seibot seit den Morgenstunden versteckt hielt. Er stand auf und durchsuchte den jungen Soldaten, doch der hatte nichts von Wert bei sich. Zumindest nichts, was Seibot zum einen hätte brauchen können, ihn aber andererseits auch nicht verriet, wenn er damit erwischt würde.

Seibot Nell gehörte zu den wenigen Menschen, die von sich selbst behaupteten, nicht sonderlich nett zu sein. Außerdem gehörte er auch noch zu den ganz seltenen Fällen, die den Grund für ihre soziale Unverträglichkeit nicht auf andere Menschen schoben. Er hatte in seinem Leben so gut wie jedes bestehende Gesetz gebrochen, und das mit voller Absicht. Die Reihe seiner Verfehlungen erstreckte sich von Taschendiebstahl über Gotteslästerung bis hin zu Meuchelmord. Dazu kamen noch all die Vergehen, die vor dem Gesetz zwar nicht strafbar waren, aber dennoch nicht zum guten Ton gehörten.

Seibots Selbstreflexion reichte jedoch nicht so weit, sich auch als schlechten Bürger zu sehen. Für ihn gab es zwei Arten von Königstreuen: Solche, die sich verhielten wie Schafe und die ihr letztes Hemd gaben, wenn es um das Wohl des Landes ging, und solche, denen es vorrangig um ihr eigenes Wohlergehen ging und die damit automatisch auch das Land voranbrachten. Zu den Letzteren zählte sich Seibot Nell. Viele von seiner Sorte waren gehängt worden oder verrotteten langsam im Kerker irgendeiner Stadt. Seibot wusste jedoch, wie man so einem Schicksal entkommen konnte. Im Grunde genommen war es ganz einfach: Man musste lediglich, wenn man erwischt wurde, den König davon überzeugen, dass der Wert der eigenen Fähigkeiten größer war als der Schaden, den man angerichtet hatte.

Das Leben unter König Bellington dem Dritten war für niemanden leicht. Der König liebte es, Kriege zu führen, seinen Machthunger auszuleben und mittels schlecht ausgerüsteter Truppen an den Grenzen des Landes Präsenz zu zeigen. Dies alles hatte natürlich seinen Preis und verschlang innerhalb von wenigen Jahren die gesamten Goldreserven des Königshauses. Um nicht ständig auf leere Schatzkammern blicken zu müssen, erhöhte der König einfach die Steuern. Es wurden selbst für kleinere Vergehen empfindliche Geldbußen verhängt oder gleich ganze Besitztümer enteignet. Gerechtfertigt wurde dies mit dem Verweis auf das Gemeinwohl.

Das führte dazu, dass die meisten Menschen im Königreich Meddelton unweigerlich irgendwann mit dem Gesetz in Konflikt kamen, sei es nun, um nicht verhungern zu müssen, den überhöhten Steuern zu entgehen oder sich nicht um alles bringen zu lassen, was sie mühsam erarbeitet hatten. Auch Seibot hatte dem eisernen Griff der Justiz nicht auf ewig entgehen können, und in seinem Fall wollte der König anscheinend auf Nummer sicher gehen. Nach der Auflistung sämtlicher ihm angelasteter Vergehen, die länger war als die Ahnengeschichte des Königshauses, verkündete der oberste Richter ohne weitere Anhörung von Zeugen das kurz gehaltene Urteil: Tod durch Erhängen.

So und nicht anders wäre es auch gekommen, wenn der König nicht gerade in einer überaus misslichen Lage gesteckt hätte, in der eines von Seibots zweifelhaften Talenten gefragt war. Das Reich brauchte einen Spitzel. Dies allein hätte sicherlich nicht gereicht, um Seibot vor dem Strick zu retten, schließlich gab es genügend finstere Typen in den Söldnerheeren. Doch König Bellington hatte ganz spezielle Vorstellungen, was die Herkunft, die Umgangsformen, die Bezahlung und nicht zuletzt auch den möglichen Verlust seines neuen Recken anging. Er suchte ganz einfach nach einem gedungenen Mörder aus Brisenburg, der keine Entlohnung in Gold verlangte und um den es auch nicht schade wäre, wenn er nicht zurückkäme. Mit anderen Worten:

Er suchte nach Seibot Nell und fand ihn in einem seiner Kerker – bereit, alles zu tun, um dem Strick zu entgehen.

Ein halbes Dutzend Berater des Königs fragte Seibot über seine Vergangenheit aus und hielt ihn tagelang ohne etwas zu essen und ohne Schlaf. Irgendwann hatten sie dann alles aus ihm herausgepresst, was sie wissen wollten. Zwei Tage später kam ein Magister zu ihm in den Kerker und stellte ihn vor die Wahl, gehängt zu werden oder dem König als Spion zu dienen. Die Wahl fiel Seibot leicht, doch ein Wermutstropfen blieb dennoch. Er tauschte den unliebsamsten Ort, an dem er sein konnte, nämlich den Galgen, gegen den zweit unliebsamsten – Brisenburg.

Seibot Nell hatte vor vielen Jahren auf einem Handelsschiff namens *Glücksbringer* angeheuert. Erst als Schiffsjunge, dann als Segelmacher und schließlich als Quartiermeister. Auf dem Schiff fuhr er die Küste von Meddelton von Nord nach Süd ab und wieder zurück. Der bescheidene Lohn und die teuren Landgänge, die Seibot nutzte, um zu spielen, zu trinken und herumzuhuren, zwangen ihn, sich nebenbei als Taschendieb zu versuchen. Eine Zeit lang ging alles gut, da er sich als recht talentiert erwies. Schnell wurden aber die ansässigen Diebesgilden auf ihn aufmerksam. Immer wieder rettete ihn das rechtzeitige Auslaufen der *Glücksbringer* vor dem Unmut der einheimischen Langfinger. Fast begann er schon zu glauben, der Schiffsname garantiere ihm eine sorgenfreie Zukunft. Doch bald musste er feststellen, dass jede Glückssträhne einmal endete. Diese Erkenntnis traf ihn wie ein Blitz aus heiterem Himmel mitten auf dem Markplatz von Brisenburg. Eh er sichs versah, wurde er niedergeschlagen, gefesselt und in eine heruntergekommene Schänke verschleppt.

Die *Blutige Träne* war vielmehr ein Unterschlupf für die Finstergilde – so nannte sich die Zunft der Diebe in Brisenburg – als eine gewöhnliche Schänke. Auf der Flucht vor den Stadtwachen war dies ein beliebtes Versteck. Das Wort Laufkundschaft bekam hier eine ganz besondere Bedeutung.

Als Seibot wieder erwachte, sah er sich, auf einer harten Holzbank sitzend und von zwei grobschlächtigen Burschen flankiert, einem hageren Kerl mit schütterem, langem Haar gegenüber. Der Mann nannte sich Twinkel Lostface und war der Gildenmeister der Finsterlinge, so behauptete er zumindest. Er stellte Seibot vor die

Wahl, den entstandenen Schaden als Beutelschneider in den Reihen der Gilde abzuarbeiten oder seine letzte Ruhestätte im Hafenbecken von Brisenburg zu finden.

Seibot brauchte nicht lange, um sich zu entscheiden, obwohl ihm ständig die Frage im Hinterkopf herumgeisterte, welchen Schaden er wohl angerichtet haben sollte. Bedingt durch den starken Willen, lebend aus dieser Sache herauszukommen, verzichtete er jedoch sowohl auf die Frage danach als auch auf die Antwort.

Tage und Wochen vergingen, in denen Seibot jeden Abend die Beute aus seinen Streifzügen durch Brisenburg in der *Blutigen Träne* an Twinkel Lostface übergab. Doch irgendwann kam der Tag, an dem Twinkel ihm die Hälfte seines erbeuteten Diebesgutes wieder auf dem Tisch zurückschob.

»Deine Schulden sind abbezahlt«, erklärte ihm der Gildenmeister. »Vom heutigen Tage an kannst du die Hälfte der Beute behalten. Die andere Hälfte lieferst du wie gewohnt ab, oder du verlässt Brisenburg wieder und beginnst ein ehrliches Leben mit harter Arbeit.«

Seibot war kein Dummkopf. Er wusste genau, was ihm harte Arbeit einbringen würde: Schwielen an den Händen und ein Leben voller Armut. So entschied er sich, ein Mitglied der Finstergilde zu werden, und arbeitete sich langsam in der Hierarchie nach oben. Schnell ergründete er eines der am besten gehütetsten Geheimnisse der Gilde: Twinkel Lostface war lediglich ein Name. Der Mann, der sich ihm so vorgestellt hatte, hieß in Wirklichkeit Mekkel und war genauso ein einfaches Mitglied der Gilde wie Seibot selbst. Die verschiedensten Finsterlinge durften sich ab und an als Twinkel Lostface ausgeben, wenn es darum ging, mit Außenstehenden zu verhandeln. Der Grundgedanke dabei war folgender: Falls jemand Anschuldigungen gegen den Gildenmeister erheben sollte und dabei auf eine bestimmte Person zeigte, fanden sich stets zahlreiche andere Bürger, die beschwören konnten, dass Twinkel Lostface jemand ganz anderes war. Außerdem beschied diese Tarnung dem Mann, der wirklich im Hintergrund die Fäden zog, einen gewissen Freiraum, um seine Machenschaften in aller Ruhe planen und durchführen zu können. Dieser Mann hieß Neptrotot und war in Wirklichkeit noch nicht einmal ein Bürger Brisenburgs. Als Sklavenhändler lagerte er vor den Toren der Stadt und ging seinen eigenen Interessen nach – oder, besser gesagt, denen des Königs.

Brisenburg war eine der wenigen Städte in Meddelton, in denen der Handel mit Sklaven nicht geduldet wurde – deswegen Neptrotots Lager außerhalb der Stadt. Lord Brackenmoore, der Herr von Brisenburg und Neffe des Königs, weigerte sich standhaft, dem kleinwüchsigen Volk der Dverga, die einen Großteil der Sklaven ausmachten, ihre Rechte abzusprechen und sie wie Vieh auf den Markplätzen zu verschachern. Die Steuern aus dem Sklavenhandel brachten König Bellington jedoch ein erkleckliches Sümmchen ein, sodass sich der Preis für Brackenmoores aufsässiges Verhalten auf den Verlust von Gunst und Gnade, der Sperrung der Handelsrouten nach Brisenburg sowie der Enteignung sämtlicher Ländereien belief. Lord Brackenmoore hatte die gesamte Palette getroffen, doch er nahm es wie ein Mann und widerrief seine Befehle nicht. Auch weigerte er sich, seine Länderein herzugeben – sollte sein Onkel sie ihm doch mit Gewalt entreißen!

Dazu fehlte König Bellington jedoch das nötige Kleingeld. Unter seinem kritischen Blick und dem seiner Spione schaffte Lord Brackenmoore es in der folgenden Zeit, aus Brisenburg trotz allem eine blühende Stadt zu machen. Mit niedrigen Steuern, Verständnis für die Belange der Bürger und humanen Strafen für Beutelschneider schuf er ein Paradies für heimische Händler, Handwerker und Finsterlinge. Auch Seibot Nell hätte sich hier wohlfühlen und einer großartigen Zukunft entgegenschauen können, doch es kam anders.

Mit jedem Tag in der Stadt wuchs in ihm das Gefühl, dass Brisenburg sein Tod sein würde. Es war nicht so, dass ihm jemand Bestimmtes nach dem Leben trachtete. Es war keine Person, vor der er sich fürchtete, sondern die Stadt selbst, die Häuser und der Boden auf dem sie errichtet waren. Eine Zeit lang versuchte Seibot, dieses Gefühl zu unterdrücken, doch es wurde von Tag zu Tag schlimmer. Eines Morgens erwachte er mit der bestimmten Vorahnung, dass heute der Tag gekommen war, an dem Brisenburg ihn umbringen würde. An diesem Tag verließ er die Stadt und schwor sich, nie mehr zurückzukehren. Heute, kaum drei Jahre später, war der Tag gekommen, an dem er sein Versprechen brach.

Seit den frühen Morgenstunden hockte Seibot nun eine halbe Meile vor den Mauern Brisenburgs und beobachtete aufmerksam die Händler und Bauern, die das Stadttor passierten. Fast schon hatte er vergessen, wie weit Brisenburg vom Zentrum des Reiches entfernt lag, doch das spärliche Treiben und die vier gelangweilt wirkenden Wachen, riefen die Erinnerung in ihm wieder wach. Allein die Tatsache, dass die Soldaten das Tor nach jedem Passanten wieder schlossen, war genug Beweis dafür. Alles in allem hatte sich das Tor nur rund ein Dutzend Mal geöffnet und wieder geschlossen. Seibot konnte mit ruhigem Gewissen behaupten, dass auf den meisten Friedhöfen, die er kannte, mehr Fluktuation herrschte, selbst wenn man die Dauergäste abzog. Auch im Hafen lagen lediglich acht einheimische Schiffe, wovon jedoch überhaupt nur zwei in der Lage gewesen wären, auf das offene Meer hinauszusegeln, um Städte wie Ankerstadt oder Steilfels im Norden von Meddelton anzulaufen.

»Sie hätten es nicht Brisenburg, sondern Flautenburg nennen sollen«, fluchte Seibot leise vor sich hin.

Von seinem Versteck aus konnte er die ganze Stadt überblicken, die sich wie eine halbrunde Tribüne um die natürliche Bucht gelegt hatte und an den Berghängen emporzuklettern schien. Seibot hätte diese Stadt aus Hunderten wiedererkannt, ohne auch nur einen Fuß in sie gesetzt zu haben. Ihre Architektur war einzigartig und die Lage eher als letztes Bollwerk der Zivilisation geeignet denn als Handelszentrum. Kein Ort, an dem man nach Seibots Meinung leben wollte. Die Stadtmauern waren gerade hoch genug, um jeden Versuch, sie ohne entsprechende Ausrüstung überwinden zu wollen, zum Scheitern zu verurteilen. Dies wäre ohnehin nur von der Ostseite denkbar gewesen, da der Norden und der Westen von hohen Gebirgszügen geschützt wurden und sich im Süden das Meer mit seiner zerklüfteten Küste erstreckte. Der Hafen war weitestgehend unbewehrt, da das felsige Gelände und die abschüssigen Hänge den Bau einer Stadtmauer dort nicht zuließen.

Auffällig waren auch die beiden parallel zueinander verlaufenden Flüsse, der Tauwasser im Süden und der Eiswein im Norden der Stadt. Diese beiden schnitten sich quer durch Brisenburg und teilten auf natürlichem Wege die verschiedenen Stadtviertel voneinander. Das Flautenviertel lag um den Hafen herum und beherbergte die meisten Fischer und Bauern der Stadt. Darüber lag das Windviertel, die Heimat der Händler und Handwerker. Der Eiswein entsprang zwei verschiedenen Quellen, hoch in den Bergen. Mitten in Brisenburg trafen die beiden Flussarme aufeinander und strömten fortan vereint die letzten Meilen ins Meer. Die einzige Brücke über den Eiswein führte hinauf zum Boenviertel, das geprägt war von Tempeln, Magiertürmen und imposanten Wohnhäusern. Über alledem thronte die Sturmhöhe, ein erhöhtes Plateau, auf dem das Schloss von Lord Brackenmoore stand – Sturmfels.

Es war aber nicht nur die außergewöhnliche Lage, die Brisenburg von den anderen Städten Meddeltons unterschied, sondern auch die befremdliche, fast unnatürliche Architektur. Kaum ein Gebäude begnügte sich mit nur einem aufgesetzten Stockwerk. Viele von ihnen waren vier- oder fünfstöckig, und manche überragten sogar die hundert Fuß hohen Magiertürme. Was diese Bauweise so widernatürlich erschienen ließ war die Tatsache, dass sich die Bauherren an keine physikalischen Gesetze gehalten zu haben schienen. Gebäude wurden nach oben hin breiter, erhoben sich treppenartig über andere und wirkten, als würden sie über den darunter gelegenen schweben. Häuser wurden auf Brücken erbaut und ragten seitlich weit über deren stützende Pfeiler hinaus. Und als ob dies alles noch nicht reichen würde, um jedem gelehrten Baumeister die Haare zu Berge stehen zu lassen, verband man verschiedene Stockwerke benachbarter Gebäude mit steinernen Brücken und Treppen. Jedes Bauwerk dieser Stadt schien dem ungläubigen Betrachter ins Gesicht schreien zu wollen: *Nichts, was von Menschenhand erschaffen werden könnte, käme mir auch nur im Geringsten nahe.*

Seibot glaubte diese Stimmen fast hören zu können, und, schlimmer noch, er spürte sogar die Blicke der Bauwerke. Sie starrten ihn aus ihren dunklen Fenstern an und warteten nur darauf, ihn dieses Mal nicht mehr aus ihren Fängen entkommen zu lassen. Sie wollten ihn töten.

»Wisst ihr überhaupt, wer mich alles schon umbringen wollte?«, flüsterte er ihnen zu. »Ihr seid nichts weiter als tote Steine, die mit Lehm zusammengehalten werden. Vor euch fürchte ich mich nicht. Nicht vor euch!«

Trotz dieser gelungenen Selbstansprache dauerte es weitere zwei Stunden, bevor Seibot bereit war, sein Versteck zu verlassen. Es war bereits früher Nachmittag und somit höchste Zeit, sich in der Stadt ein Quartier zu suchen. Noch würde er weitestgehend unauffällig in die Stadt gelangen. Sobald es hingegen anfing zu dämmern, waren die Stadtwachen angehalten, jedem, der in die Stadt wollte, unbequeme Fragen zu stellen. So versuchte man, sich unliebsames Gesindel vom Hals zu halten – wenn auch mit nur mäßigem Erfolg. Die wirklich bösen Buben hatten auf alle Fragen eine Antwort und scheuten vor lustlosen Stadtwachen, die nur auf den nächsten Wachwechsel warteten, nicht zurück. Seibot wusste, dass er – mit kaum Gepäck, allein reisend und kein einziges Goldstück in der Tasche – nicht zu den typischen Besuchern zählte. Waren die Wachen nicht blind oder vollkommen verblödet, würden sie misstrauisch werden. Seibots Naturell verlangte jedoch danach, sein Schicksal herauszufordern, wo er nur konnte. An blinde Stadtwachen glaubte zwar selbst er nicht, aber vollkommen verblödet? Man durfte hoffen, schließlich waren es Stadtwachen.

Sein Plan, wenn man ihn dann so nennen wollte, schien aufzugehen. Keine der vier Wachen warf ihm auch nur einen einzigen misstrauischen Blick zu. Sie taten das, was sie eigentlich immer taten: untereinander damit protzen, was sie in der letzten Nacht alles getrunken hatten oder bei welcher Hure sie mit ihrer gestandenen Männlichkeit hatten bestehen können. Seibot wusste, dass das meiste davon Prahlerei war, denn seine abendlichen Unternehmungen waren ähnlich gestaltet. Aber im Gegensatz zu normalen Stadtwachen konnte er sich diese Aktivitäten auch leisten. Bestünde nur die geringste Möglichkeit, sich Alkohol und Huren mit dem Lohn einer Wache zu erkaufen, wäre aus Seibot sicherlich nicht das geworden, was er jetzt war: ein Meuchler und Dieb und nun auch noch ein Spitzel des Königs.

Erst als er vor dem Stadttor stand, beäugten ihn zwei der Wachen mit mürrischen Blicken und kamen auf ihn zu. Die anderen beiden traten einen Schritt zurück und kreuzten ihre Hellebarden, wie man es ihnen in der Ausbildung gezeigt hatte.

»Halt, stehen bleiben!«, brummte ihn einer der Wachsoldaten an.

Seibot hasste Wachen. Das lag nicht nur an der Art, wie er sein Geld verdiente und wie sie es taten, sondern auch daran, dass sie ständig Fragen stellten, die niemand beantworten wollte, und Anweisungen gaben, die nahezu lächerlich waren. Es ergab für ihn einfach keinen Sinn, jemanden, der vor einem verschlossenen Tor stand, mit den Worten »Halt, stehen bleiben!« zu begrüßen.

»Schon passiert. Alles in Ordnung«, erwiderte Seibot bemüht freundlich.

Der eine Wachmann beäugte ihn skeptisch und mit der typischen Überheblichkeit, während der andere um ihn herumscharwenzelte. Auch diese Vorgehensweise war antrainiert, wie Seibot wusste.

»Woher kommt Ihr?«

»Aus dem Nordosten, über den Pass«, antwortete Seibot und wurde abermals in seiner Meinung über Stadtwachen bestärkt.

»Hm?«

Seibot legte dieses grunzende Geräusch als Unverständnis aus. Er formte sich die dazugehörige Frage selbst im Kopf und beantwortete sie auch im gleichen Zuge: »Ich bin Jäger und habe ein paar Fallen für den Winter aufgestellt. Ich will mir nur einige Vorräte in der Stadt besorgen und werde dann wieder weiterziehen.«

Der Wachmann schien nicht sonderlich beeindruckt und, was noch schlimmer war, nicht zufrieden gestellt. Mit Daumen und Zeigefinger rieb er sich über das stoppelige Kinn.

»Was gedenkt Ihr denn dort oben auf dem Pass zu fangen mit Euren Fallen?«

Was dachte denn dieser mit Körperfett gefüllte Lederharnisch? Ihn vielleicht mit seinen halbherzig gestellten Fragen in Widersprüche zu verwickeln? Nicht einen Seibot Nell.

»Schneefüchse und Hermeline. Die bringen gutes Geld in Wandenburg.«

»Wandenburg ist weit weg«, befand der Wachmann skeptisch.

»Zehn Tagesritte mit einem guten Pferd«, bestätigte Seibot.

»Und was macht Ihr so weit von Wandenburg entfernt?«, hakte der Wachmann mit der festen Überzeugung in der Stimme nach, sein Gegenüber in die Enge getrieben zu haben.

Es gab nur wenige Menschen, die Seibot auch ohne ein entsprechendes Blutgeld bereit gewesen wäre zu meucheln – dieser Stadttorbewacher gehörte definitiv dazu. Seibot musste unbedingt eine umfassende, alles erklärende Antwort geben, damit er nicht in Versuchung kam, eine Dummheit zu begehen. Ein verkniffenes Lächeln huschte über sein Gesicht.

»Lasst es mich einmal so erklären: Wie schon erwähnt, jage ich Weißfelltiere und verkaufe sie in Wandenburg, weil man mir dort viel Geld für deren Felle bietet. Dies verdanke ich dem Umstand, dass Wandenburg gute zehn Tagesritte von der natürlichen Heimat dieser Tiere entfernt liegt und die Felle dort somit selten und teuer sind. Würde mein Jagdrevier näher an Wandenburg liegen, bekäme ich nur wenig für die Felle und wäre somit doch wieder gezwungen nach Brisenburg zu reisen, um etwas zu jagen, das es in Wandenburg nicht gibt. Somit kann ich ruhigen Gewissens behaupten, dass ich weniger wegen der Schneehasen hier bin als wegen der Entfernung zu Wandenburg. Wenn es nach mir ginge, könnte die Strecke zwischen Wandenburg und Brisenburg ruhig noch weiter als zehn Tagesritte betragen, denn dann würde ich mit meinen Fellen noch mehr Geld erwirtschaften und wäre nicht gezwungen, in einer billigen Absteige zu übernachten. Leuchtet das ein?«

Im Gesicht des Wachmannes erkannte Seibot, dass da gar nichts leuchtete, ja noch nicht einmal glomm. Auch der andere Mann, der ihn schon mehrfach umrundet und von oben bis unten gemustert hatte, hielt einen Moment inne. Seibot glaubte, seinen warmen Atem im Nacken zu spüren.

»Zehn Tagesritte, was? Aber Ihr habt kein Pferd«, ertönte die Stimme in seinem Rücken.

»Da habt Ihr Recht, doch dadurch wird der Weg nicht weiter, er dauert nur länger.«

Seibot hatte es geschafft. Ein unangenehmes Schweigen breitete sich aus, den beiden Wachen fiel keine halbwegs sinnvolle Frage mehr ein. Und so gaben sie ihren Kameraden das erlösende Zeichen, das Tor zu öffnen. Alles andere hätte sie in einem schlechten Licht dastehen lassen, und das galt es, unter allen Umständen zu vermeiden.

Ein befremdliches Gefühl beschlich Seibot, als er hörte, wie hinter ihm das Stadttor wieder geschlossen wurde. Ein ähnliches Gefühl hatte er bislang nur ein einziges Mal gehabt. Es war in seiner dritten Nacht im Kerker des Königs gewesen. Er war von dem Lärm erwacht, den der Henker machte, als er die Funktion der Falltür am Galgen prüfte.

Seibot hatte sich schnell wieder im Griff, denn jetzt galt es, die zweite Hürde zu nehmen: Er musste an der Garnison vorbei, der

Unterkunft und Ausbildungsstätte der Stadtwachen. Sozusagen die Brutstätte aller natürlichen Feinde eines jeden Langfingers und Beutelschneiders. Noch allzu gut erinnerte er sich an Andor Celest, den Hauptmann der Wache aus Brisenburg. Celest war ein regelrechter Fanatiker, wenn es darum ging, in der Stadt für Ordnung zu sorgen. Auch wenn das Strafmaß in Brisenburg verhältnismäßig gering für ein Vergehen ausfiel, schaffte es Hauptmann Celest durch seine energische Verfolgung selbst kleinerer Straftaten, jedem Gesetzesbrecher ein gewisses Maß an Respekt einzuflößen. Seibot hätte wetten können, dass Andor Celest ihn auch nach Jahren immer noch wiedererkennen würde. Und nichts wäre momentan schlechter, als alte Freunde oder Feinde wiederzutreffen und sich erklären zu müssen.

Seibot hatte Glück, auch dieser Kelch ging an ihm vorüber. Der Platz vor der Garnison war wie leer gefegt. Lediglich eine Gruppe spielender Kinder und eine wohlbeleibte Waschfrau mit einem Bündel weißer Unterröcke waren zugegen, als Seibot das Haus des Gesetzes mit stummen Flüchen bedachte. Die breiten Stufen, die zum säulengestützten Eingang der Garnison hinaufführten, erinnerten an die wohlhabenden Tempel in Travenstein, doch der Schein trog. Hinter diesen prunkvollen Mauern verbargen sich dunkle, muffige Wachstuben, karge Gerichtssäle voll Amtsschimmel und tief unter der Erde ein Kerker, der fast jeden dazu bringen konnte, auf den Pfad der Tugend zurückzukehren.

Seibot legte einen Zahn zu. Er befand sich inmitten des Boenviertels. Für geschickte Hände gab es hier reiche Beute, doch betuchte Kaufleute, hochrangige Magier, fanatische Priester und misstrauischen Stadtwaren waren nicht die Sorte Mensch, die man leichtsinnig in Gespräche verwickelte, um an Informationen zu kommen. Ein falscher Blick konnte schon ausreichen, um Misstrauen zu wecken. Eine unbedacht gestellte Frage ließ einen sofort in den Kreis von Verdächtigen geraten – verdächtig für alles, was in einer Stadt wie Brisenburg gerade geschah. Es gab immer etwas, dessen man verdächtigt werden konnte. Wenn man vermeiden wollte, ständig verhört zu werden, musste man sich im Boenviertel zurückhalten oder es am besten gar nicht erst betreten.

Dummerweise war die Stadt so angelegt, dass jeder Fremde, der nach Brisenburg reiste, diesen Teil der Stadt durchqueren musste.

Diese architektonische Eigenheit war nichts Ungewöhnliches in Meddelton. Die Stadthalter und Lords waren so in der Lage, ihre Armutsviertel vor neugierigen Blicken zu verstecken, und selbst nicht gezwungen, sich dem Elend ihrer Bürger stellen zu müssen. Außerdem brachte es zusätzliche Einnahmen. Händler und Kaufleute, die in die Stadt kamen, opferten den Göttern in den zahlreichen Tempeln den einen oder anderen Geldbetrag, um gute Geschäfte zu erbitten. Beim Verlassen spendeten sie den Tempeln abermals, um sich bei den Göttern zu bedanken.

Seibot hatte noch nie etwas geopfert, mal abgesehen von seiner Unschuld, und er glaubte auch nicht, dass die Götter sich über seine Gaben freuen würden. Die Götter in Brisenburg standen stellvertretend für die Tugenden, und unter diesen gab es keine, die Seibot nicht schon mehrfach mit Füßen getreten hätte. Ein paar Münzen in einem Klingelbeutel oder einer Schale mussten den Göttern vorkommen wie ein Trinkgeld im Vergleich zu seinen Verfehlungen.

In der Vergangenheit war Seibot die meisten Küstenstädte mit dem Schiff angelaufen und kannte somit vor allem die jeweiligen Hafenviertel. Dieses Ziel steuerte er auch heute wieder an. Das Gebiet um den Hafen von Brisenburg, das Flautenviertel, erschien Seibot der richtige Ort, um an Informationen zu kommen. Gesprächig und wenig misstrauisch waren meist nur Leute, die ohnehin nicht viel zu verlieren hatten, und von denen fand man im Flautenviertel reichlich.

Seibot erinnerte sich an die eine oder andere Kneipe, in der es leicht war, ein paar Antworten zu bekommen. Ein wenig Freundlichkeit und ein oder zwei Gläschen Rotwein sollten ausreichen, um die Zungen von einigen Trunkenbolden zu lösen. Dies traf zwar auf so gut wie jedes Gasthaus zwischen hier und Travenstein zu, doch heute musste es etwas Besonderes sein. Er brauchte eine Lokalität, die er kannte, in der man ihn aber nicht erkannte. Somit fielen alle Kneipen weg, in denen das Essen gut, die Getränke billig oder die Bedienung hübsch war. Seibot wollte sich noch nicht auf eine bestimmte Taverne festlegen. Das würde er erst tun, wenn er vor Ort war. So lautete sein Motto: Nichts entscheiden, solange es noch nicht nötig war, und dann die Entscheidung aus dem Bauch heraus fällen. Damit wurde man für alle anderen so gut wie unberechenbar, und Unberechenbarkeit war wichtig für jemanden, der so viele Feinde wie Seibot hatte.

Er folgte der Straße, die erst hinunter zum Eiswein und dann entlang des Flusses führte. Ihm erschien die Aussicht mit dem Fluss auf einer Seite und auf der anderen eine Reihe feudaler Wohnhäuser, deren Besitzer sich nur für sich selbst interessierten, um einiges verheißungsvoller als der Spießrutenlauf zwischen Tempelpriestern und Gelehrten hindurch.

Beruhigt stellte Seibot fest, dass auf den Straßen Brisenburgs nicht der sonstige Trubel herrschte. Normalerweise waren zu dieser Zeit viele Menschen unterwegs. Die allabendliche Messe in einem der Tempel der Tugenden würde bald beginnen. Jeden Abend der Woche hielt ein anderer der sieben Tempel die Abendmesse ab. Die meisten Menschen brauchten dieses stetige Ritual, damit sie daran glauben konnten, nicht von den Göttern vergessen worden zu sein. Wer nicht so fromm war, machte sich auf den Weg, um einen guten Tisch in einer der Schenken zu ergattern oder anderswo Entspannung vom harten Arbeitstag zu suchen.

Seibot genoss die frische Seeluft und die leichte Brise. Nach seiner Zeit im Kerker und dem schier endlosen Weg durch das Inland von Meddelton erschien ihm Brisenburg einen Moment lang wie die einzig wahre Freiheit. Doch dann wurde er sich wieder der Häuser bewusst, die ihn unentwegt grimmig anstarrten.

Plötzlich fielen Seibot die verkohlten Fassaden zweier nebeneinanderstehender dreistöckiger Wohnhäuser auf. Als er näher kam, sah er, dass von den Gebäuden nicht mehr als die Außenmauern standen. Das Innenleben war durch die Flammen vollkommen entkernt oder von den Löscharbeiten zerstört worden. Aber selbst diese beiden Häuser starrten ihn durch ihre leeren Augenhöhlen verachtend an. Sie waren nicht tot, sondern hatten sich nur von ihren Parasiten, den Menschen, die in ihnen gelebt hatten, befreit.

Seibot blieb nicht stehen, um nicht unnötig Verdacht auf sich zu lenken, sondern eilte weiter. Die Straße führte ihn jetzt ein Stück zurück in das Innere des Viertels, auf die große Tempelstraße, die ringförmig durch das Boenviertel führte, vorbei an allen sieben Tempeln der Tugenden sowie am Haus des Erschaffers. Seibot hielt direkt auf den Tempel der Barmherzigkeit zu, als er die Straße betrat. Er erinnerte sich noch an die skurrile Bauweise dieser Tempel, die sich von allen anderen in Meddelton unterschied. Um das Hauptgebäude eines jeden Tempels herum standen Dutzende von Marmorsäulen, welche die gewaltigen ausladenden Dächer stützten. Jedes von ihnen war mehrfach unterteilt, wobei die einzelnen, fächerartigen Segmente den Segeln eines Rahseglers oder dem Panzer von Insekten glichen. Seibot kannte diese Tempel in- und auswendig. Er erinnerte sich an die kargen Sitzbänke, das fahle Licht, das durch die bunten Bleiglasfenster fiel, und den muffigen Geruch, der das Tempelschiff erfüllte, wenn die großen Doppelportale sich hinter den Menschen schlossen und die Abendmesse begann. Nicht selten hatte er seine abendlichen Raubzüge unter den Gläubigen begonnen, denn im Tempel fühlten sich die Menschen sicher – ein Irrglauben.

All diese Erinnerungen saßen in Seibots Kopf fest, als wäre es erst gestern gewesen, doch eines wurde ihm erst jetzt wieder bewusst, als er vor dem Tempel stand: Die erstaunliche Größe des Bauwerkes. Die Grundmauern des Gotteshauses reichten fast fünfzig Fuß in die Höhe, und darüber thronte das Dach, das noch einmal hundert Fuß weit in den Himmel ragte. Ein einziger Tempel reichte aus, um mehr als tausend Menschen in sich aufzunehmen. Die meisten anderen Glaubenshäuser in Meddelton konnten nur einen Bruchteil davon beherbergen, waren aber dennoch selten gefüllt zu den Messen. Vielleicht waren die Menschen in Brisenburg gläubiger als anderswo, oder das ewig kalte und nasse Wetter ließ sie einfach einen Ort zum Aufwärmen suchen. Seibot selbst hatte nie die Worte eines Priesters gebraucht, ihm reichte eine Flasche hochprozentiger Schnaps, um alles zu vergessen, was ihm auf der Seele lag. Nach Sündenerlass suchten nur Menschen, die ihre Taten auch bereuten.

Seibot verwarf seine Gedanken schnell wieder. Es war müßig, über seine Seele oder über die anderer nachzudenken. Immer wenn es dazu kam, betrank er sich oder tötete jemanden. Beides konnte er sich im Moment nicht erlauben. Der König verlangte zu wissen, was in Brisenburg vor sich ging, und er würde ihm diese Informationen bringen und im Gegenzug dafür seine Freiheit wiedererlangen. Ihm schien die Begnadigung durch den König tausendmal mehr wert zu sein als die Vergebung eines Gottes. Je mehr er sich auf seine Aufgabe konzentrierte, desto schneller würde er diese verfluchte Stadt wieder verlassen können und frei sein.

Seibot beeilte sich, das Boenviertel hinter sich zu lassen und die

Brücke über den Eiswein zu erreichen, die in das Windviertel führte. Zwischen all den Händlern, Kaufleuten und Marktbeschickern würde er weitaus weniger auffallen. Er folgte der breiten Pflastersteinstraße weiter Richtung Westen, genau auf Burg Sturmfels zu. Dann erreichte er endlich die Kreuzung, die in südlicher Richtung zur Brücke führte. Er hatte gerade dem Boenviertel den Rücken gekehrt, als ihn ein dumpfer Knall zusammenzucken ließ. Er drehte sich um und sah zu dem Eingang des Tempels zu seiner Rechten. Das gräulich weiße Gebäude konnte mit den auffälligen Bauten der Tempel der Tugenden nicht mithalten. Nichtsdestotrotz war es das Herzstück aller Gotteshäuser. Es war das Haus des Erschaffers, des Vaters aller Tugenden. Umso mehr verwunderte es Seibot, dass eine kräftige Marktbeschickerin mit strähnigen Haaren und verblichener Kleidung sich an dem gewaltigen Doppelportal zu schaffen machte. Genauer gesagt versuchte sie, mit ihrem ausladenden Hinterteil den geöffneten Flügel des Tores zuzudrücken, fand aber anscheinend nicht das richtige Maß an Hüftschwung.

In der kurzen Zeit, die Seibot einst in Brisenburg verbracht hatte, war ihm eines immer wieder eingebläut worden. Auf den Stufen des Hauses des Vaters hatte kein Bürger etwas zu suchen, und das Betreten des Tempels war verboten. Allein den Priestern war es vorbehalten, ihre Gebete an den Erschaffer zu richten. Zuwiderhandlungen wurden mit mindestens zehn Peitschenhieben bestraft, selbst in Brisenburg. Was hatte also eine Marktfrau dort zu suchen? Und wo waren die Priester und Stadtwachen, die sonst jeden zur Ordnung riefen?

Seibot konnte sich nicht lange auf diese Frage konzentrieren, denn ein Stück hinter dem Haus des Vaters stand ein weiterer Tempel, der mit etwas aufwarten konnte, das mehr als zehn Peitschenhiebe an Strafe brachte, war man dafür verantwortlich. Der Eingangsbereich des Tempels war verkohlt, eine der schweren Marmorsäulen am Ende der Treppe zusammengestürzt und zwei der großen, bemalten Fenster zertrümmert. Noch immer lagen irgendwelche Splitter und Gesteinsbrocken auf der Treppe, die hinab zur Straße führte. Man brauchte kein geschultes Auge, um festzustellen, dass weder ein Unfall noch irgendeine Naturgewalt solche Schäden angerichtet haben konnte. Der Tempel, das Haus der Demut, war anscheinend das Opfer eines Anschlages geworden. Solange sich Seibot erinnern konnte, gab es niemanden, der sich öffentlich gegen eines der Glaubenshäuser erhoben hatte. Die Inquisitoren, die Augen und Ohren der Götter, hätten jede Verschwörung zerschlagen, bevor sie auch nur geplant gewesen wäre.

»Seibot? Seibot Nell?«, ertönte eine Männerstimme hinter ihm.

Seibot wäre niemals so lange in den Straßen am Leben geblieben, wenn er sich jedes Mal, wenn ihn jemand rief, umgedreht hätte. Niemals umdrehen, nicht rennen, jeden Blickkontakt meiden, und die Klinge nur blankziehen, wenn man sie auch benutzen wollte, so lauteten die Regeln, die einem halfen, in den Straßen zu überleben. Er tat so, als hätte er nichts gehört, und ließ seinen Blick zwischen dem ruinierten Tempel und der dicken Marktfrau hin und her schweifen, während er überlegte, zu wem diese Stimme gehören mochte. Mit Sicherheit war es jemand, den er von seinen einstigen Unternehmungen in Brisenburg kannte und der jetzt so gar nicht in seinen Plan passte. Dummerweise konnte er die Stimme nicht zuordnen, doch der Klang ließ erahnen, dass der Aufdringling nicht einfach von dannen ziehen würde, egal wie beharrlich Seibot ihn auch ignorierte. Fast beiläufig drehte er sich um, die Augen starr auf den Boden gerichtet.

»Ich glaube es einfach nicht, du bist es wirklich. Wenn ich das den anderen erzähle«, sagte jemand mit einer freudig erregten Männerstimme und legte Seibot eine Hand auf die Schulter. Ein Herzschlag später begann dieselbe Hand an ihm zu zerren und zu drücken, als ob sie versuchte, schlummernde Erinnerungen wachzurütteln.

Seibot brauchte den Blick nicht zu heben, um zu wissen, dass er und sein Gegenüber sich nicht sonderlich nahegestanden haben konnten. Niemand, der ihn kannte, hätte sich ihm so genähert. Jeder hätte gewusst, wie schmal der Grad zwischen Leben und Tod sein konnte – und er wurde schmaler, umso weiter man sich Seibot näherte. Die einzigen Menschen, die ihn berühren durften, waren Frauen, und diese auch nur, wenn er sie dafür bezahlt hatte.

Seibot empfand es dennoch als unhöflich, dem Mann, den er gleich töten würde, nicht zuvor ins Gesicht gesehen zu haben. Langsam wanderten seine Augen von den Knien bis hinauf zum Kopf des Fremden, denn es war ein Fremder, entschied er, als er in das schmutzige, unrasierte, aber freudig strahlende Gesicht sah.

»Ich bin es – Grunert«, verriet der Mann, als er Seibots zweifelnden

Blick bemerkte. »Grunert der Tollpatsch haben mich die anderen immer genannt. Es liefen Wetten gegen mich, dass ich das erste Jahr auf den Straßen nicht überlebe. Du warst einer der beiden, die dagegengehalten haben. Da werden heute noch ein paar Kinnladen nach unten klappen, wenn du deinen Gewinn einforderst. Fünfzehn zu eins standen damals die Wetten.«

Seibot konnte den Mann immer noch nicht richtig einordnen. Anscheinend gehörte er zur hiesigen Finstergilde. Brisenburg war nicht wählerisch, was die Mitglieder der Diebesgilde anging. Eigentlich konnte jeder, der nicht genügend Mitleid erregte, um Bettler zu werden, und sich aufrecht fortbewegen konnte, sein Glück als Beutelschneider versuchen. Erboste Opfer und Andor Celest sorgten für die natürliche Auslese.

»Grunert der Tollpatsch«, gluckste der Mann erneut.

Genau dieses Glucksen war es, das ihn in Seibots Erinnerung zurückrief. Dieses dämliche Geräusch hatte irgendetwas von einem Huhn, dem man den Hals umdrehte. Es war damals schon nervig gewesen, und heute war es das immer noch. Grunert war erst seit vier Wochen Mitglied der Gilde gewesen, als Seibot eines Morgens entschied, Brisenburg Hals über Kopf zu verlassen. Wie viel Gold er damals auf den jungen Gluckser gesetzt hatte, wollte ihm heute nicht mehr einfallen. Dafür wurde ihm schnell wieder klar, warum seine Wahl bei der Wette auf den Außenseiter gefallen war: Auf diese Weise konnte er nur gewinnen. Wenn der Neuling am Leben geblieben wäre, hätte er einen guten Gewinn eingestrichen, wäre er gestorben, hätte er sich zumindest dieses dämliche Glucksen nicht mehr anhören müssen.

»Grunert der Tollpatsch«, flüsterte Seibot vor sich hin, während er mit dem Kopf nickte und ins Leere starrte, als wäre er in Trance. »Der Tölpel, richtig?«

»So haben sie mich genannt«, bestätigte Grunert mit einem breiten Grinsen.

Er schien sich tatsächlich zu freuen, Seibot wiederzusehen. Dass ihm solch ein Gefühl entgegengebracht wurde, war für Seibot sehr ungewöhnlich. Die meisten Menschen waren froh, wenn er nicht in ihrer Nähe war. Dies mochte daran liegen, dass sie nie sicher sein konnten, vielleicht etwas zu besitzen, was er gut brauchen konnte.

Seibot wollte nichts geschenkt. Das Gefühl, von der Gunst eines anderen abhängig zu sein, bereitete ihm Unbehagen. Er nahm sich lieber, was er wollte, und tötete auch dafür. So blieb er niemandem je etwas schuldig.

»Wo hast du die ganze Zeit gesteckt?«

Seibot konnte nicht sagen, wie oft ihm diese Frage schon gestellt worden war und wie oft er irgendwelche belanglosen Antworten gegeben hatte. Aber mit jedem Mal, das er sie erneut hörte, schien sich die Stimme mit allen anderen, die zuvor gefragt hatten, zusammenzutun und einen Chor zu bilden.

»Hier und dort und nirgendwo«, sagte Seibot. »Wenn es dich wirklich interessiert, begleite mich ein Stück. Ich bin auf dem Weg ins Flautenviertel – einen Happen essen, etwas trinken und dann vielleicht noch in die Schwalbenburg. Du kannst mir im Gegenzug erzählen, was sich hier alles so getan hat.«

Grunert gluckste wieder auf seine ganz spezielle Art. Seibot verstand nicht, wie Menschen es immer noch als amüsant und etwas anrüchig empfanden, sobald man begann, über Huren zu sprechen. Auf der einen Seite stahlen die Finsterlinge anderen ihr Hab und Gut, brachen in fremde Häuser ein und schreckten auch nicht davor zurück, jemanden zu töten, doch sobald sie das Wort Hure hörten, stieg ihnen die Schamesröte ins Gesicht, und sie verhielten sich wie Kinder.

Grunert schaute verlegen zu Boden.

»In der letzten Zeit lief es nicht so gut für mich. Es ist viel passiert in Brisenburg in den vergangenen Wochen.«

»Mach dir keine Sorgen«, beruhigte Seibot ihn, »die Zeche von heute Abend geht auf mich, schließlich wartet dank dir noch ein schönes Sümmchen auf mich.«

Grunert war sichtlich stolz darauf, von einem langjährigen Mitglied der Finstergilde eine so freizügige Einladung zu erhalten. Mit kleinen Trippelschritten lief er neben Seibot her und berichtete über alle Vorkommnisse in der Stadt, wie ein Kind seinen Eltern vom ersten Tag in der Schule.

»Du hast eine ganze Menge verpasst, Seibot«, begann Grunert seine Erzählung. »Wenige Wochen nachdem du Brisenburg verlassen hast, legte sich dieser grauenvolle Fluch über die Stadt. Irgendein dämonisches Wesen schlich nachts durch die Gassen und saugte den Menschen ihr Leben aus. Man fand ihre Leichen am nächsten Morgen, schrecklich verdreht und mit schmerzverzerrten Gesichtern. Sie sahen aus, als seien sie hundert Jahre alt und mehr. Sobald man sie berührte, zerfielen sie zu Staub. Es müssen Dutzende gewesen sein, die so Nacht für Nacht gestorben sind.«

»Du willst mich auf den Arm nehmen, oder?«, lachte Seibot. »Es sind immer Menschen, die Menschen umbringen. Wenn sie behaupten, es sei ein Dämon gewesen, heißt das nur, dass sie nicht wissen, wer es war, es aber nicht zugeben wollen.«

»Du hast noch nichts davon gehört?«, fragte Grunert verwundert. »Es wurde so schlimm, dass der Lord eine Ausgangssperre über Brisenburg verhängte. Ich kann dir sagen, das waren dunkle Zeiten für die Finstergilde. Der Einzige, der noch gute Einnahmen verzeichnen konnte, war Nicknick. Er hatte Glück, dass die Stadtwachen sich bereit erklärt hatten, die Freier zur Schwalbenburg hinzubringen und wieder abzuholen. Natürlich nicht ganz ohne Hintergedanken.«

»Nicknick hatte schon immer mehr Glück als Verstand«, schnaubte Seibot.

»Naja, nicht unbedingt«, wandte Grunert ein. »Eine Hure hat ihn und ein Dutzend seiner Männer abgestochen.«

»Das muss aber eine kräftige Hure gewesen sein.«

Grunert zuckte nur mit den Achseln und gab so zu verstehen, dass er auch nicht mehr wusste.

»Erzähl mir etwas über Neptrotot«, forderte Seibot.

»Unserem Gildenmeister wurden seine Sklaven zum Verhängnis«, sagte Grunert trocken. »Er war wie immer draußen vor der Stadt in seinem Lager, als die Dverga einen Aufstand anzettelten. Sie haben alle getötet, sogar die beiden Kolosse, die ihm auf Schritt und Tritt folgten.«

»Erzähl mir nicht so einen Schwachsinn!«, stieß Seibot hervor und packte Grunert schroff am Arm. »Die Dverga sind so groß wie Kinder. Wie sollen sie Neptrotot und die hünenhaften Söldner, mit denen er sich umgibt, getötet haben? Diese Winzlinge haben noch nicht einmal Waffen.«

Das kleinwüchsige Volk der Dverga war nicht gerade bekannt für seine kämpferischen Fähigkeiten. Seit jeher wurden sie unterdrückt und vertrieben. Niemand nahm sie wirklich ernst oder hatte sich je für sie interessiert. Das Interesse an dem kleinen Volk kam erst, als König Bellington entschied, sie zu versklaven und mit ihnen Handel zu treiben. Die kaum vier Fuß großen Dverga erfreuten sich großer Beliebtheit beim Adel. Nicht selten wurden sie zu Bediensteten von allzu ängstlichen und furchtsamen Adelsleuten, denen allein der Größenunterschied ausreichte, um sich sicher zu fühlen. Gutsbesitzer holten sich die Dverga für die Feldarbeit, Kapitäne von Handelsschiffen setzten sie in den Ausguck ihrer Schiffe oder verbannten sie in die Kombüse, und selbst die Priester bedienten sich ihrer als Tempeldiener. Besonders gut aber zahlten solche Kunden, denen es die kindliche Gestalt des kleinen Volkes angetan hatte und die weniger an deren Arbeitskraft als an ihren Körpern interessiert waren. Solche Menschen zahlten nicht für die Sklaven allein, sie zahlten für die Verschwiegenheit des Sklavenhändlers – und die ließen es sich gut vergelten. Eine durch und durch widerliche Angelegenheit.

Grunert zuckte mit den Schultern und starrte sein Gegenüber verängstigt an.

»Ich weiß auch nicht mehr«, wimmerte er. »Es ist die Rede davon, dass sie Hilfe hatten – magische Hilfe.«

Das ergab noch weniger Sinn. Die Magier waren seit jeher uninteressiert am Schicksal des kleinen Volkes. Für sie galt nur das Geld. Wer zahlte, bekam ein Wunder, wer nicht, einen Fußtritt. Nur Lord Brackenmoore schien etwas an den zu klein geratenen Menschen zu liegen, doch jeder im Lande wusste, dass er niemals genug Gold hätte aufbringen können, um einen Magier dafür zu bezahlen, sich den Sklavenhändler vom Leib zu schaffen. Immerhin stand Neptrotot in der Gunst des Königs.

»Das wird den König aber hart getroffen haben«, sagte Seibot mit einem gehässigen Grinsen.

»Das war mehr oder weniger nur der Fehdehandschuh, dem man ihm ins Gesicht geschlagen hat. Wirklich getroffen hat ihn eher die Sache mit der Inquisition.«

»Welche Sache?«, fragte Seibot, der ansonsten nicht so offenherzig mit seiner Unwissenheit umging.

»Das Gemetzel«, flüsterte Grunert, als hätte er Angst davor, es laut auszusprechen.

»Welches Gemetzel?«, fragte Seibot genervt.

»Das Gemetzel der Hoheitlichen.«

»Wen haben die Hoheitlichen niedergemetzelt?«

Seibot war niemand, der für seine unglaubliche Geduld bekannt war. Normalerweise hielt er seinem Gesprächspartner ein Messer an die Kehle und ließ ihn Worte oder Blut sprudeln. Außerdem gab es in Seibots Leben nur wenige Regeln, und eine davon lautete: Menschen, die ihn mochten, tötete er so schnell und ohne Vorwarnung, dass ihnen keine Zeit blieb, ihre Meinung über ihn zu revidieren. Heute wollte er jedoch einmal Gnade vor Recht ergehen lassen, weil der Junge ihn anscheinend mochte.

»Sie haben nicht gemetzelt, sie wurden niedergemetzelt. Der Kardinal, die zwei Erzbischöfe, sechs Bischöfe und Dutzende von Priestern und Novizen.«

Seibot starrte Grunert einen Augenblick lang an. Der Junge war entweder verrückt geworden, oder er dachte, ihn veräppeln zu können. Seibot wusste nicht, ob er Mitleid oder Hass für den Jungen empfinden sollte.

»Und gleich wirst du mir erzählen, dass all diese Männer von einer Hure und ein paar Kleinwüchsigen in der Schwalbenburg umgebracht wurden, als sie nackt und mit einer Feder im Hintern über die Huren steigen wollten.«

Jetzt sah Grunert tatsächlich verwirrt aus.

»Nein«, sagte er und schüttelte dabei den Kopf. »Die Leute sagen, es war Nemrothar, der alte Magier aus dem Flautenviertel. Sie haben gesehen, wie er aus dem Tempel des Herrn kam.«

Jetzt stand es fest. Grunert war offensichtlich verrückt.

»Der Tattergreis mit dem merkwürdigen Hut«, vergewisserte er sich und bekam ein zögerliches Nicken. »Und auf dem Weg zurück in seinen Turm, hat er wahllos Tempelfassaden und Häuser in Brand gesteckt.«

»Wirklich?«, fragte Grunert. »Dann war es nicht das kleine Mädchen mit den langen schwarzen Haaren?«

Seibot wollte lieber nicht nachfragen, was es mit diesem Kind auf sich hatte. Für heute reichte ihm das Geschwätz des jungen Beutelschneiders. Er war wirklich ein Trottel und Versager, befand er. Noch nicht einmal die einfachsten Lektionen schienen bei Grunert zu fruchten. Wer nicht unterscheiden konnte zwischen Gassengeschichten, Wichtigtuerei, Verleumdung und dem unheilvollen Geschwafel der Waschweiber, würde niemals hinter die Dinge blicken. Die Leute erzählten sich alles außer der Wahrheit, denn diese war anscheinend nie interessant genug.

»Komm, lass uns einen trinken gehen, alter Kumpel«, stieß Seibot hervor. »All die guten Neuigkeiten sollen begossen werden und die schlechten hinuntergespült. Es findet sich immer ein Grund, sich volllaufen zu lassen.«

Seibot bemerkte ein leichtes Zittern bei Grunert. Es war nur ein Zucken mit den Schultern und die Andeutung eines Kopfschüttelns. Für jeden anderen mochte es wie ein Frösteln ausgesehen haben, doch Seibot wusste es besser. Ein Langfinger und Beutelschneider, der bei Tag und Nacht durch die Straßen zog, friert nicht, weil ihm ein kühles Lüftchen unter das Hemd fährt. Grunert zitterte vor Angst, da war er sich sicher. Vielleicht hatte Seibot etwas Verkehrtes gesagt oder getan, oder vielleicht war es seine Unwissenheit über all die Ereignisse, die den jungen Mann verunsichert hatte.

»Ich muss nur noch erst in die *Blutige Träne*«, stammelte Grunert. »Du weißt schon – Beute aufteilen und so.«

»Zehn Finger bleiben dein, teilst du die Beute fein«, zitierte Seibot aus den Regeln der Finstergilde.

»So ist es, Mann, du kennst das Gesetz.«

Seibot legte Grunert freundschaftlich den Arm auf die Schulter.

»Zeig mir nur, in welcher Schenke ich einen guten Tropfen bekomme und ein Bett für die Nacht. Ich warte dann dort auf dich.«

Grunert versuchte sich an einem Lächeln, doch sein Gesichtsausdruck verriet, dass er sich nicht ganz wohl in seiner Haut fühlte. Für Seibot war es immer wieder erstaunlich, wie lang einige Leute brauchten, um zu bemerken, dass seine Freundlichkeit nur vorgetäuscht war und allein dazu diente, an Informationen zu kommen. Es war nicht schlimm, einen Fehler zu machen. Irgendwann wurde jeder einmal hinters Licht geführt, doch dann sollte man wenigstens so konsequent sein und versuchen, ihn zu korrigieren. Grunert fehlte scheinbar der Mut und mit Sicherheit auch die Fähigkeit, dies zu tun.

Endlich hatten sie das Boenviertel hinter sich gelassen und betraten die Brücke über den Eiswein. Die Gebäude zu beiden Seiten des

Überganges ragten weit über die eigentliche Brücke hinaus und wuchsen wie umgedrehte Eiszapfen in die Höhe. Die Bauwerke waren so ineinander verschachtelt, dass man nicht erkennen konnte, wo ein Haus endete und wo das nächste begann. In der Mitte der Brücke berührten sich die Häuser der linken und rechten Seite und bildeten so einen Tunnel. Viele der Menschen, die hier wohnten, legten Wert darauf, nicht gesehen zu werden, wenn sie ihr Heim verließen oder betraten. Unter ihnen befanden sich Alchemisten, Gespielinnen von reichen Kaufleuten oder Gelehrte der dunklen Künste. Seibot hatte sich vor Jahren auch eine solche Unterkunft gewünscht, doch er hatte niemals genügend Gold besessen, um sie sich auch leisten zu können. Am heutigen Tag reichte ihm sogar das bisschen Schatten, das diese Gebäude warfen. Kaum waren die beiden Männer in den Tunnel zwischen den Häusern eingetaucht, da packte Seibot Grunert erneut am Arm.

»Wer war der andere, der auf dich gesetzt hat?«

Grunert versuchte, sich aus dem Griff zu befreien, doch es gelang ihm nicht.

»Was soll das, wir gehören doch alle zur gleichen Familie?«, wimmerte er.

»Wer?«, fragte Seibot noch einmal. »Sag es mir!«

»Myrcella, die Zwergin.«

Seibot schnaufte verächtlich. »Ich hätte früher wiederkommen sollen. Diese Dvergaschlampe konnte ich noch nie gut leiden.«

Die Klinge des Dolches in Seibots Hand war angeschliffen und matt, damit sie kein Licht reflektierte und ihn verraten konnte. Er rammte sie Grunert von unten in den Hals, zog sie wieder heraus und stieß ein zweites Mal zu. Zufrieden spürte Seibot, wie das warme Blut seines Opfers über seine Hand den Unterarm hinunterrann.

»Ich hasse die Dverga, und dieses Miststück von Myrcella erst recht.«

3
Das Leben ist nicht mehr als schlechtes Theater

Egal, wie oft man auf der Bühne das Sterben geprobt hat, wenn der wirkliche Tod kommt, ist man meist unvorbereitet, und auch der Beifall bleibt aus.

Die Bühne des Theaters lag im Dunkeln. Nur hinter der Kulisse, die eine märchenhafte Burg darstellte, kroch der Lichtschein einer Fackel hervor. Sie kam aus dem Seiteneingang der Bühne und wurde von nahenden Schritten begleitet. Dazu gesellte sich das Geräusch von rasselnden Ketten. Kurz bevor der Fackelträger die Bühne betrat, hielt er einen Moment inne.

»Ich will diese Prophezeiung, und das möglichst noch bevor ich gezwungen bin, Aufführungen zu geben, in denen ich mit Reisigbündeln spreche, weil mir die Mimen für die Sterbeszenen ausgegangen sind.«

Baazlabeth schritt das hölzerne Märchenschloss entlang. Der Kriegerdämon war in Gestalt von Sil, dem Mann, den die Bürger Brisenburgs als das neue Mitglied des Kleinen Rates und Prinzipal der *Schwarzen Posse*, dem Theater, kannten. Baazlabeth hatte sich durch Intrigen, Manipulation und das außergewöhnliche Talent, tote Menschen auf seinem Weg zu hinterlassen, innerhalb kürzester Zeit zu einer stadtbekannten Größe hinaufgearbeitet. Stadtbekannt insofern, dass jeder Wachsoldat sein Gesicht kannte und fast jeder Bürger seinen Namen nur zu flüstern wagte. All das hätte der Dämon auch einfacher haben können. Es hätte gereicht, sich den Menschen in seiner natürlichen Gestalt zu zeigen. Als fast zehn Fuß große, muskelbepackte Kreatur der Hölle mit einem Kopf, der eine Mischung aus Ziegenbock und Raubkatze war, hatte er sich schon in anderen Welten einen unbestrittenen Ruf erarbeitet. Durch den Beschwörungszauber des Magiers Nemrothar und einer für einen Dämon befremdlichen Aufgabe musste er in Brisenburg jedoch eine andere Vorgehensweise wählen.

Dazu gezwungen, fünftausend Goldstücke auf ehrliche Art und Weise zu verdienen, bediente er sich einer menschlichen Gestalt und nannte sich Sil. Das Auffälligste an ihm waren eine grauschwarz gestreifte Hose und ein grün-gelb kariertes Hemd. Zu guter Letzt war es ihm gelungen, Ratsmitglied zu werden, ein Theater zu besitzen, den König verärgert zu haben sowie fünftausend Goldstücke sein Eigen zu nennen. Das alles hatte er mit ein wenig körperlicher Arbeit und dem Tod von vier Dutzend Inquisitoren erreicht. Normalerweise hätte er lange wieder zu Hause sein können, doch eine dunkle Prophezeiung, in der er eine Hauptrolle spielen sollte, ließ ihn in Brisenburg verweilen.

Heute jedoch begnügte sich Baazlabeth mit der Hauptrolle in einem Bühnenstück. Als Theaterbesitzer empfand er es nur als recht und billig, in die Rolle von vergangenen Helden zu schlüpfen und dem Publikum seine ganz eigene Interpretation altbekannter Stücke zu zeigen. Der Dämon war erstaunt, auf wie viele tragische und heroische Personen die Menschheit zurückblicken konnte, obwohl das Leben der Menschen so kurz war. Bei den Schreiberlingen der Stadt fanden sich Hunderte von alten und neuen Bühnenstücken, die es wert waren, einer Überarbeitung unterzogen zu werden. Tief beeindruckt hatte Baazlabeth die Geschichte von Monroth und Genevre. In der Geschichte ging es um Prinz Monroth, der sich nach und nach seiner Verwandten entledigte, um an den Thron und Genevre, die Frau seines älteren Bruders, zu kommen. Der Autor des Stückes war nicht bekannt, was daran liegen mochte, dass das Werk in den Kreisen des Adels nicht sonderlich beliebt war und der Künstler deshalb mit Sanktionen rechnete.

Baazlabeth hatte sich für die Probe des Stückes lederne Stiefel mit einem Kettenschutz angezogen, einen Brustharnisch angelegt und einen langen roten Umhang mit weißem Pelzkragen übergeworfen. Außerdem zierte eine schief sitzende, etwas zu groß geratene goldene Krone sein Haupt. Alles in allem sah er ein wenig aus wie ein Barde auf Rachefeldzug.

»Wo ist sie, die, für die ich alles getan habe?«, brüllte er etwas zu laut und mit ein wenig zu viel Theatralik in der Stimme in die leeren Reihen des Theaters. »Mein ganzes Verlangen, meine ganze Hingabe galt allein ihr. Und wie dankt sie es mir?«

Baazlabeth trat dichter an die Kulisse heran und steckte die Fackel in eine Halterung der äußeren Turmsilhouette. Die Flamme kroch auf der Suche nach neuer Nahrung an dem dünnen Holz empor. Sie sah aus wie die Zunge einer Viper auf der Suche nach einem nachlässigen Beutetier. Doch jedes Mal, wenn die Flamme die Kulisse in Brand zu setzen drohte, fegte ein Luftzug aus dem seitlichen Bühnenaufgang sie weg und zwang sie, von dem Holz abzulassen.

Baazlabeth griff durch ein armdickes Loch im Bühnenbild, das sich auf Höhe seiner Brust befand, und tastete nach etwas. Mit einem Ruck riss er an einem Hebel auf der Rückseite. Kurz darauf klappte schräg über ihm eine Luke mit lautem Knall auf und gab den Blick auf ein zerschundenes Gesicht frei. Irgendjemand hatte sich offensichtlich viel Mühe gegeben, das bullige Männergesicht so herzurichten, dass es einer blonden Prinzessin gleichkam – leider mit wenig Erfolg. Der männliche Mime steckte in einem rosa Rüschenkleid, dessen freizügiger Ausschnitt von einem weißen Pelz geziert wurde. In Mund steckte ein Knebel. Die Lippen waren übermäßig breit in einem flammenden Rot geschminkt und zu einem zwanghaften Lächeln verzogen. Ein Auge war zugeschwollen, und auf der linken Wange prangte eine frische Schnittwunde, die vom Auge bis zum Kinn verlief. Das kurz geschorene Haar des scheinbar unfreiwilligen Mimen zierte ein dicker Tampen, der zu beiden Seiten vier Fuß über die Ohren hing und dessen entzwirbelte Enden augenscheinlich lange blonde Zöpfe darstellen sollten.

»Da bist du ja, Genevre, holde Jungfer.« Baazlabeth machte wieder ein paar Schritte zurück und stellte sich vor den Turm wie ein Freier vor seine Angebetete. »All das habe ich getan, um deine Gunst zu erlangen. Nichts und niemanden habe ich gescheut, um dir ein Königreich zu Füßen zu legen. Und wie dankst du es mir? Eingeschlossen in einem Turm stehst du dort oben, um auf mich herabzuschauen. Dein Blick zeigt Ekel und deine Augen Verachtung. Genevre, womit habe ich all das verdient, all diese Schmach, all diese Ablehnung? Sprich zu mir oder schweige für immer!«

Der Mann oben im Fenster versuchte etwas zu sagen, doch der Knebel in seinem Mund machte es ihm unmöglich. Außer einem unverständlichen Gebrabbel kam nichts heraus. Zunehmend unruhig versuchte er es erneut. Er geriet in Panik und warf den Kopf verzweifelt hin und her. Anscheinend war er hinter dem Bühnenbild gefesselt und unfähig, sich selbst zu befreien. Das Holzschloss begann zu wackeln, während er versuchte, aus seiner misslichen Lage irgendwie freizukommen. Die langen Zöpfe schwangen hin und her, kamen der Fackel empfindlich nah und entzündeten sich plötzlich wie zwei Lunten.

Für einen Moment schien die Zeit stillzustehen. Die männliche Genevre stand regungslos oben am Fenster und starrte auf die brennenden Zopfenden hinab. Baazlabeth hatte sich auf ein Knie herabgelassen und schmachtete seine Angebetete an. Dann kam Bewegung in das Stillleben. Genevre schlug den Kopf in alle Richtungen und prallte dabei mehrfach gegen die Fensterhöhlung, während sich die Flammen ihren Weg nach oben bahnten. Baazlabeth sprang auf, hechtete zum Hauptportal des Holzschlosses und riss eine Standarte mit einer weißen Flagge, die eine rote Faust zeigte, aus der Verankerung. Mit der Fahne in der Hand lief er zurück vor den Turm, wo Genevre bereits begonnen hatte, panisch zu quieken. Baazlabeth trat einige Schritte zurück zum Rand der Bühne und nahm Maß. Er wog die Standarte in der Hand wie einen Speer, holte aus und schleuderte sie einen Fuß unterhalb des Fensters durch das Bühnenbild. Der angespitzte Schaft durchschlug die dünne Holzwand ohne Schwierigkeiten, blieb in Genevre stecken, die sich noch einmal aufbäumte und dann leblos mit weit aufgerissenen Augen am Fenster stehen blieb.

»Wie konntest du mir das antun, Genevre, holdeste aller Jungfrauen?«, setzte Baazlabeth mit leicht zitternder Stimme seine Rolle fort. »Ich hätte alles getan, um unserer Liebe Platz zu schaffen, damit sie hätte erblühen können wie eine Kirschblüte beim letzten Frost. Dein Verrat an mir soll dich verfolgen, solange du …« – er machte eine kurze Pause und schien nach den richtigen Worten zu suchen –, »solange du brennst.«

Baazlabeth verneigte sich tief vor dem imaginären Publikum.

»Vorhang!«

Einen Moment lang stand er fast regungslos, ließ seinen Blick durch das dunkle Theater schweifen und schien einen Applaus zu genießen, den nur er hören konnte.

»Na, was sagst du, Gewölle?«, rief er, während er seinen roten Umhang mit einer eleganten Bewegung um sich schlang.

Aus der zweiten Reihe zeigte sich ein Paar schwarzweißer Pfoten, das sich in die Rückenlehne des Platzes davor krallte. Kurz darauf erhob sich ein dazugehöriger Katzenkopf. Auf den ersten Blick wirkte das Tier wie ein gewöhnlicher Straßenkater – scheckiges schwarzweißes Fell, ein paar Blessuren von Revierkämpfen auf der Nase, ein ausgefranstes Ohr und der typisch schläfrig gelangweilte Gesichtsausdruck. Erst als Baazlabeth die Fackel in die Hand nahm und damit die ersten Ränge erhellte, zeigte sich das wahre Gesicht des Wesens. Gelb funkelnde Augen glänzten im Schein des Feuers. Fledermausartige Ohren und ein breit grinsendes Maul, das Dutzende von messerscharfen Zähnen beherbergte, ließen aus einer einfachen Katze eine Kreatur aus den finstersten Abgründen der Hölle werden, wenn auch unbestreitbar etwas Niedliches an ihr war.

»Ganz großartig, Eure Boshaftigkeit«, gestand das Wesen mit einer Mischung aus Fauchen und Säuseln. »Das Stück wird sich regelrecht in die Gemüter der Zuschauer einbrennen. Eure Inszenierung bringt dieses Bühnenstück erst richtig zur Geltung und macht aus einem einfachen Liebesdrama ein wirkliches Kunstwerk.«

»Brech dir keinen ab, du speicheltriefender Auswurf einer Eule«, fuhr Baazlabeth seinen kleinen behaarten Diener an. »Du bist ein Homunkulus. Was versteht so einer wie du schon von großem Theater? Dennoch danke ich dir für deine offenen Worte. Ich nehme dein Lob wohlwollend entgegen.«

Der Dämon verneigte sich ein zweites Mal und machte dann auf der Hacke kehrt. Nach zwei Schritten hielt er jedoch inne.

»Wenn ich dir verspräche, dir nichts anzutun, falls dein Urteil bezüglich meiner Aufführung etwas weniger arschkriecherisch ausfiele, würde das etwas an deiner Meinung ändern?«, fragte er.

»Solch ein Verhalten würde Euch Eure Natur nicht gestatten, Meister. Es reicht mir, wenn Ihr zufrieden seid und ich am Leben. Überaus freundlich wäre es jedoch, wenn Ihr mich bei meinem Namen anreden würdet. Igniphascellanius der Dritte – erinnert Ihr Euch? Homunkulus oder Diener würde natürlich auch reichen. Doch wenn Euch das zu viel Mühe bereitet, werde ich versuchen, mich an Gewölle zu gewöhnen.«

Baazlabeth fuhr zornig herum und zeigte drohend mit der brennenden Fackel auf den Homunkulus, der schnell hinter der Stuhllehne Schutz suchte.

»Raus mit deiner Kritik, du Kanalratte, oder ich bringe dein Fell zum nächsten Hutmacher!«

»Ihr solltet zuerst die Bühne löschen, sonst habt Ihr bei der Premiere keine Kulisse mehr, und das würde dem Ambiente des Stückes doch sehr schaden.«

Baazlabeth packte den immer noch glimmenden Tampen und riss ihn vom Kopf seiner holden Genevre. Mit ein paar Fußtritten war der Brand gelöscht. Erwartungsvoll starrte er seinen Diener an.

Igniphascellanius hatte sich anscheinend etwas mehr Zeit zum Überlegen erhofft. Verlegen verzog er das Gesicht.

»Nur einmal angenommen, Ihr würdet mir meine Kritik nicht heimzahlen – was Ihr natürlich nicht tun werdet, oder? –, hätte ich da vielleicht die eine oder andere Kleinigkeit anzumerken, die ich Euch sonst unter keinen Umständen jemals gegenüber erwähnen würde, da ich ja weiß, dass meine eigenen ...«

»Mach das Maul auf!«, keifte Baazlabeth den Homunkulus an. »Sonst wirst du meine nächste Genevre!«

»Hab verstanden, hab verstanden«, wimmerte Igniphascellanius. »Nun ja, wie soll ich es sagen? Da wäre zum einen Euer Hang, alles so real wie möglich darzustellen. Versteht mich nicht falsch, einige fliegende Tauben auf der Bühne sind sicherlich in Ordnung, das Pferd sehe ich aber schon als grenzwertig an – insbesondere den überaus skurrilen Tod dieses Tieres. Ich glaube, es könnte den einen oder anderen Zuschauer irritieren oder abschrecken. Weiterhin habt Ihr gesagt, dass fünf Tote nicht wirklich abendfüllend seien, aber findet Ihr nicht auch, dass das Stück durch die einundzwanzig Morde ein kleines bisschen an Inhalt mangelt. Aber selbst wenn Ihr diese Meinung nicht teilt, solltet Ihr Euch überlegen, vielleicht den einen oder anderen Mord nur zu spielen, es wird sonst schwierig, immer wieder neue Mimen zu bekommen.

Auch der letzte Akt wirkte etwas kurz und abgehackt, mal ganz davon abgesehen, dass eigentlich Genevre Prinz Monroth mit Gift umbringt.«

»War es das, du Gewölle, oder hältst du noch mehr Unverschämtheiten für mich bereit?«, brüllte Baazlabeth von der Bühne herunter.

»Eine Kleinigkeit hab ich noch in petto. Genevre, die Gemahlin Eures Bruders, war eine Frau und zudem von dunkler Hautfarbe, und Euer jüngster Bruder war kein kleinwüchsiger Dverga«, fügte der Diener schnell hinzu.

Baazlabeth stampfte so heftig mit dem Fuß auf, dass ein kleiner Seitenturm des Bühnenbildes umstürzte und eine Staubwolke aufwirbelte.

»Schluss jetzt, du Mistvieh! Hast du irgendwo in Brisenburg schon jemanden mit dunkler Hautfarbe gesehen?«

Igniphascellanius schüttelte zögerlich den Kopf.

»Kann ich etwas dafür, dass die meisten Mimen Männer sind?«, forderte Baazlabeth von seinem Diener zu wissen.

Wieder verneinte der Homunkulus.

»Dann beantworte mir noch meine letzte Frage. Hattest du das Gefühl, dass irgendeiner dieser vielen Mimen auch nur einen einzigen Funken Talent besaß?«

»Vielleicht haben sie die Arbeitsbedingungen gestört, Meister«, wandte der Homunkulus ein.

»Unsinn!«, keifte Baazlabeth. »Sie waren alle komplett talentlos. Wie hätte ich also die Sterbeszenen mit ihnen glaubhaft inszenieren sollen, ohne sie wirklich zu töten. Und selbst dabei haben einige von ihnen peinlichst versagt. Und was den Giftmord an mir betrifft, will ich nur noch anmerken, dass Giftmord nichts für die Bühne ist. Außerdem bin ich der Hauptakteur in diesem Stück. Würde ich sterben, wäre das vollkommen deprimierend, und das können wir dem Publikum wohl kaum zumuten. Benötigst du noch weitere Erläuterungen, die dir mein Handeln erklären?«

»Nein, Meister, Ihr habt Recht«, wisperte der Diener. »Ich habe nicht richtig nachgedacht.«

»Das scheint mir auch so. Und?«

Die Augen des Homunkulus weiteten sich und füllten sich mit Flüssigkeit. Langsam sackte er hinter der Rückenlehne des Stuhles zusammen. »Bitte entschuldigt meine dummen Einwände, Herr der Grausamkeiten.«

Baazlabeth tat die Entschuldigung mit einer einfachen Geste ab. »Vergessen wir deinen Fehltritt. Solltest du deine Untertänigkeit jedoch noch ein weiteres Mal vergessen und erneut so entgleisen, werde ich in der nächsten Aufführung Genevre ein niedliches Kätzchen an die Hand geben, das ihr Schicksal teilt.«

»Hab verstanden«, klang die jammernde Stimme des Dieners zwischen den Sitzreihen hervor.

Baazlabeth verließ die Bühne, wie er gekommen war.

»Ich habe Durst!«, rief er vom Seitenaufgang. »Ich werde zu Meister Dumpf in den *Einsamen Wanderer* gehen. Wenn ich zurückkomme, ist hier alles sauber. Lass dir von Lemura helfen.«

Baazlabeth hätte es niemals zugegeben, aber die Kritik seines Dieners ließ ihn grübeln.

Dieser Fußabtreter eines Dämons! Was glaubt er, wer er ist, mir erklären zu wollen, was das Publikum mag und was nicht? Das Pferd war in den Proben der Höhepunkt des ganzen Stückes. So ein Ignorant! Von all den zweit- und drittklassigen Möchtegernschauspielern besaß der dämliche Gaul am meisten Talent. Das Vieh hat zehnmal mehr Würde beim Krepieren gezeigt als jeder seiner zweibeinigen Kollegen. Gut, zugegeben, die Sauerei auf der Bühne hätte nicht sein müssen, aber was will man erwarten? Es ist schließlich ein Pferd. Das soll mir erst einmal jemand nachmachen, einen Gaul mit einem einigen Schlag in zwei Teile zu teilen. Natürlich spritzt es ein wenig hier- und dorthin. Ein Pferd ist schließlich kein Baum. Man kann nicht genau bestimmen, wo es hinfällt. Wenn man ins Theater geht und sich einen Platz in der ersten Reihe sucht, muss man damit rechnen, in das Stück mit eingebunden zu werden. Das ist doch, was alle von einer guten Aufführung erwarten – mittendrin sein, sich aber nicht selbst die Hände schmutzig machen müssen.

»Pass doch auf, Mann!«, schnauzte ein hagerer, am Boden sitzender Mann Baazlabeth an.

Der Dämon war so in Gedanken gewesen, dass er den Bettler, der quer über dem Bürgersteig lag, ganz übersehen hatte. Mit einem abschätzenden Blick musterte er den Mann. Die Vergangenheit hatte ihm gezeigt, dass es sich lohnte, einen zweiten Blick auf sein Gegenüber zu werfen. Nicht jeder, der harmlos aussah, war es auch. Der junge Mann saß mit dem Rücken an eine Hausmauer gelehnt, die Beine quer über den schmalen Bürgersteig, und stierte auf die gegenüberliegende Straßenseite. Die durchweg hellgrauen Augäpfel verrieten Baazlabeth, dass er blind war. Der Dämon hockte sich zu dem Bettler hinunter und versuchte irgendeine Regung in den Augen des Fremden zu entdecken.

»Ich bin noch nicht tot«, sagte der Mann mit ruhiger Stimme, ohne den Kopf auch nur ein winziges Stück zu bewegen. »Die Götter lieben es anscheinend, mich leiden zu sehen.«

»Den Göttern bist du scheißegal«, flüsterte Baazlabeth ihm zu, »mir aber nicht.«

Langsam drehte der Bettler den Kopf und starrte den Dämon mit seinen trüben Augen an.

»Sollte es in dieser verdammten Stadt doch jemanden geben, der ein gutes Herz besitzt? Ich hätte schwören können, dass den Bürgern Brisenburgs kein Leiden groß genug erscheint, um dafür ein oder zwei Münzen aus ihrem Beutel zu vergeuden.«

»Ich bin weder ein Bürger Brisenburgs, noch habe ich ein Herz, geschweige denn eine Münze für dich übrig. Mitleid schenkst du dir anscheinend schon selbst genug, also brauchst du meines nicht. Wenn das Leben so miserabel ist, dann würde ich nicht hier so herumsitzen, sondern aufstehen, zum Hafen hinuntergehen und mich ins Wasser stürzen.«

»Auch daran haben die Götter gedacht und mir die Kraft aus den Beinen gezogen. Jetzt muss ich mich allein auf die Kraft meiner Arme verlassen, oder eben auf eine gute Seele, deren Mitleid ich erringen kann. Wie Ihr seht, benötige ich selbst beim Sterben die Hilfe anderer.« Er schlug sich mit der Faust mehrere Male auf den Oberschenkel. Diese Beine sind nur noch dazu gut, ein Bett zu füllen. Ohne sie könnte ich auch in einem Holzfass schlafen.«

Baazlabeth kannte die Listen der Bettler nur zu genau. Unter ihnen gab es einen regelrechten Wettstreit, wer mit den meisten Verkrüppelungen aufwarten konnte. Nicht selten griffen die Rivalen dabei lieber auf irgendwelche Tricks als eine scharfe Klinge zurück. Sie lebten vom Mitleid anderer, ohne aber wirklich leiden zu wollen. Geschützt vor neugierigen Blicken zog Baazlabeth ein silbernes Stilett mit Knochengriff aus seinem Hosenbund hervor.

Von deiner Blindheit kann ich dich nicht heilen, doch vielleicht bekomme ich wieder etwas Bewegung in die lahmen Beine. Er setzte die Klinge seitlich am Oberschenkel des Mannes an und durchbohrte langsam den groben Stoff.

»Gebt mir einfach einen Silberling, und Ihr werdet sehen, dass Euch Euer Gewissen die süßesten Träume heute Nacht bescheren wird.«

»Mit deinem schauspielerischen Talent könntest du eine Menge mehr verdienen als nur einen Silberling«, flüsterte Baazlabeth dem Bettler ins Ohr und stieß mit der Klinge zu.

Der Bettler kicherte verschämt.

»An was für eine Rolle hattet ihr gedacht? Ich könnte eine der drei blinden Hexen spielen, die König Dansten den Tod seiner Frau hervorsagen. Leider müsste ich mich an den großen Kupferkessel klammern, um stehen zu können. Doch mit Sicherheit wäre ich die hübscheste der drei.«

Er präsentierte seine fauligen Zähne mit einem breiten Grinsen. Baazlabeth zog hastig den Dolch aus dem Bein des Bettlers und ließ ihn wieder in seinem Gürtel verschwinden.

Das scheint ja mein Glückstag zu werden. Genevre steckt sich selbst in Brand, von meinem Diener muss ich mir eine Reihe von Unverschämtheiten anhören, und dann treffe ich auch noch auf den einzigen rechtschaffenen Bettler in dieser Stadt. Wenn das so weitergeht, muss ich damit rechnen, dass Meister Dumpf der Hauswein ausgegangen ist und es als Tagesgericht Gemüsesuppe gibt.

»Ich habe weder Silber noch Mitleid für dich. Beides musst du bei den Bürgern dieser Stadt suchen.«

»Wenn das so ist, kann ich von Euch wohl nicht mehr erwarten als einen sanften Tod, doch ich glaube, dazu fehlt Euch der Mut. Ihr findet es besser, mich hier hilflos auf dem Boden zurückzulassen. Anstatt Euch selbst die Hände schmutzig zu machen, wartet Ihr einfach ab, bis der erste Frost kommt und mich dahinrafft.«

Baazlabeth verzog angewidert das Gesicht. Dies war immer die letzte Masche, die ein Bettler versuchte – das Flehen nach dem Tod. Ein gefährliches Spiel, wenn man auf den Falschen traf.

»Dich zu erlösen ist Aufgabe der Götter. Ich töte nur Menschen, die sich weniger bereitwillig von ihrem Leben trennen. Aber mit etwas Glück wirst du noch auf die Barmherzigkeit treffen, es sei denn, ich finde sie zuerst.«

Baazlabeth kannte die Kniffe der Bettler. Wenn sie erst einmal jemanden gefunden hatten, der ihnen zuhörte, drehten sie dessen Gewissen regelrecht durch die Mangel. Einige von ihnen waren so geschickt, dass sie selbst einem Hungernden noch den letzten Kanten Brot entlockten. Gut, dass Baazlabeth kein Gewissen besaß. Dennoch empfand er den Mann und alles, was er darstellte, als befremdlich.

Was ist das hier für ein Spiel? Versucht Sept, mich auf die Probe zu stellen? Was soll ich mit jemandem anfangen, der weder mich noch meine wahre Gestalt sehen kann? Er hat keine Angst vor mir, und selbst wenn, könnte er nicht davonlaufen. Er spürt die Schmerzen nicht, die ich ihm zufüge, und dann blutet er noch nicht einmal richtig. Zu guter Letzt ist er noch so dreist, mich um seinen Tod anzuflehen.

Baazlabeth stand auf und ging weiter. Er versuchte, den Bettler zu vergessen. Ein wenig Ablenkung würde ihm guttun, entschied er. Meister Dumpf hatte immer etwas Neues zu erzählen, und am besten hörte es sich an, wenn man dabei einen Krug Hauswein leerte. Wenn sich der Gastwirt jetzt auch noch entschied, den einen oder anderen Bewohner Brisenburgs auf die Speisekarte des *Einsamen Wanderers* zu setzen, wäre das Gasthaus nahezu perfekt.

Baazlabeth hatte sich mittlerweile an die verschiedenen Blicke gewöhnt, die man ihm zuwarf, wenn er durch die Gassen der Stadt lief. Bei seinen früheren Besuchen in der Welt der Menschen hatte man sich ihm zu Füßen gelegt oder war um sein Leben gerannt. Hier in Brisenburg jedoch kannte man ihn nur als Sil, einen jungen Mann mit langen blonden Haaren, gut gebaut, intelligent und etwas mysteriös. Sein unrasiertes, leicht kantiges Kinn tat seiner als angenehm empfundenen Erscheinung keinen Abbruch. Eher im Gegenteil. Er sah, wie die jungen Frauen ihre Köpfe zusammensteckten, wenn sie ihn bemerkten, und albern kicherten. Selbst diejenigen, die sich wegen ihres Alters oder ihrer niederen Stellung, nur noch wenig Hoffnung machen durften, sahen ihm manchmal schmachtend hinterher. Auch die Männer warfen ihm Blicke zu, doch nicht von derselben Art wie die Frauen. Einige beobachteten ihn aus den Augenwinkeln, andere starrten ihn offenherzig an, und wiederum andere senkten ihren Blick, wenn er an ihnen vorüberschritt. Er genoss all dieses Gewese um ihn, es machte ihn irgendwie bedeutsam, auch wenn er sich nicht mit einer blutigen Klinge durch ihre Reihen kämpfte.

Eh Baazlabeth entscheiden konnte, auf was er von dem, was üblicherweise in Meister Dumpfs Küche zu finden war, Appetit hatte, stand er bereits vor dem *Einsamen Wanderer*. Er erinnerte sich an seinen ersten Abend in Brisenburg. Damals stand er auch vor dieser Tür. Seitdem war viel passiert – viel Gutes und viel Schlechtes. Brisenburg hatte sich seitdem verändert, das Holzschild mit der Aufschrift *Zum Einsamen Wanderer* schien von dem jedoch vollkommen unberührt geblieben zu sein.

Baazlabeth setzte gerade einen Fuß auf die erste Stufe und griff nach dem Türknauf, als die Tür aufgestoßen wurde. Direkt im Eingang vor ihm baute sich ein stämmiger Mann mit Vollbart und kurz geschorenem Haar auf. Er hielt sich mit einer Hand am Türrahmen fest, während er mit der anderen versuchte, das Ärmelloch seines Umhanges zu treffen. Die glasigen Augen des Kerls und der säuerliche Geruch, der Baazlabeth entgegenschlug, verrieten ihm, dass der Mann nicht nur seinen Hunger gestillt hatte. Es dauerte einen Augenblick, bis der Betrunkene Baazlabeth wahrnahm, dann zog er die Augenbrauen zusammen und versuchte, sein Gegenüber zu fixieren.

»Du stehst mir im Fahrwasser, Gaukler«, lallte er. »Zieh leeseits, oder ich puste dir dein albernes Hemd auf.«

Baazlabeth hatte den Mann noch nie zuvor gesehen, aber wie an seiner Wortwahl unschwer zu erkennen war, gehörte er zu einem der Schiffe im Hafen. Er kannte den Kerl nicht, wollte ihn nicht kennen lernen und spürte trotzdem den Drang, ihn zu töten. Eigentlich nichts Ungewöhnliches für einen Dämon, ungewöhnlich war eher, dass er sich zurückhielt. Eines hatte Baazlabeth in Brisenburg gelernt: Wollte man in einer Schenke in Ruhe etwas trinken, war es unvorteilhaft, tote Menschen vor der Tür zu stapeln. Die Stadtwachen verstanden wenig Spaß, wenn man ihre Bürger umbrachte. Dennoch, ganz ungeschoren konnte er den Seemann für seinen Affront sein Hemd betreffend nicht davonkommen lassen. Er trat einen Schritt zurück und reichte dem angetrunkenen Gast die Hand.

»So ist's brav, mein schmächtiger Freund. Ich sehe, du weißt, wann ein Fisch zu groß ist, um ihn an Bord zu ziehen«, grunzte der Mann und ergriff Baazlabeths Hand.

Der Seemann war immer noch nicht vollständig angezogen, trat aber dennoch ins Freie. Er hatte gerade den Türrahmen losgelassen, da packte der Dämon seinen Arm und riss ihn die zwei Stufen hinunter. Der Betrunkene hatte alle Mühe, auf den Beinen zu bleiben, doch Baazlabeth ließ nicht locker. Er wirbelte sein Opfer weiter herum und schleuderte es gegen die Hausmauer der Schenke. Mit einem Schritt war der Dämon wieder an seinen Gegner herangekommen, stemmte ihm einen Ellenbogen unter das Kinn, packte mit der anderen Hand in den Schritt des Mannes und drückte zu. Der Trunkenbold prustete vor Schmerz und lief bleich an. Baazlabeth riss an der Männlichkeit des Seebären.

»Was meinst du, soll ich den Anker werfen?«

Der Mann verneinte mit einem hektischen Kopfschütteln.

»Ich sehe, du weißt schon, in welchen Gewässern man lieber nicht schwimmen sollte. Das hier ist mein Riff, wenn du noch einmal auftauchen solltest, mache ich aus dir Pökelfleisch. Verstanden?«

Der Mann begann abermals den Kopf zu schütteln, bemerkte aber seinen Fehler schnell.

»Tut mir leid«, stotterte er, wieder halbwegs nüchtern.

Baazlabeth drückte ein letztes Mal mit aller Kraft zu. Der Betrunkene quiekte auf und sackte in sich zusammen. Ein kräftiger Hustenanfall überkam ihn, und als Baazlabeth die Schenke betrat, hörte er, wie sich der Kerl vor dem Haus übergab.

Die Schankstube des *Einsamen Wanderers* war gut besucht dafür, dass es noch nicht einmal dunkel geworden war. Viele der Gäste kamen fast jeden Tag hierher, um nach getaner Arbeit einen Happen zu essen oder um es sich mit einem Krug Wein oder Bier vor dem knisternden Kamin gemütlich zu machen. Viele von ihnen kannte Baazlabeth namentlich oder hatte zumindest schon einmal ihre Gesichter gesehen. Da waren Derk und Berger, die beiden Brüder und Netzflicker aus dem Flautenviertel. Jeden Abend saßen sie am gleichen Tisch, spielten Lustige Sieben und freuten sich darüber, wenn sie dem anderen mit ihrem Würfelglück ein paar Kupferlinge abknüpften.

Meister Most war Kesselschmied und saß nach jedem erfolgreichen Markttag über seinen Abrechnungen und Bestellungen. Minnert der Buchbinder war mindestens zweimal die Woche im *Einsamen Wanderer*, hockte mit finsterer Mine am Tresen, sagte kein einziges Wort und nippte stundenlang an einem einzigen Glas Rotwein. Dann gab es noch Mimi, die Näherin von der anderen Straßenseite. Dumpf hatte

Baazlabeth erzählt, dass Mimi recht früh Witwe geworden war und nun darauf hoffte, hier einen neuen Gefährten fürs Leben zu finden. Sie hatte sich stets herausgeputzt und duftete zu Baazlabeths Leidwesen ständig nach Lavendel, was Sie in seinen Augen sofort disqualifiziert hätte, wenn er auf Brautschau gewesen wäre.

Und zu guter Letzt gab es noch Triefauge, Knollennase und Segelohr zu erwähnen. Ihre richtigen Namen kannte Baazlabeth nicht, aber es handelte sich bei den dreien um Dachdeckergesellen, die viel essen und trinken konnten, hauptsächlich aber kamen, um Ruby, der Schankmaid schöne Augen zu machen. Ruby war jedoch mit dem Sohn eines Kaufmanns liiert und zeigte den dreien jeden Abend erneut die kalte Schulter.

Baazlabeth genoss es, all diese belanglosen Dinge von Leuten zu wissen, mit denen er so gar nichts gemeinsam hatte, außer vielleicht, dass sie dieselbe Schenke besuchten. Auch früher schon war er den armen Seelen, die sich in sein Reich verirrten, nahe gekommen, doch auf andere, blutigere und dennoch persönlichere Weise. Diese neue Art des Kennenlernens war ihm bislang fremd gewesen, und er musste zugeben, das sie bei Weitem nicht so anstrengend war, aber dennoch äußerst amüsant.

Als Meister Dumpf seinen neuen Gast erkannte, wirbelte er fröhlich zur Begrüßung mit dem Lappen, den er zum Gläserpolieren benutzte. Dumpf war eigentlich nicht sein richtiger Name, er hieß in Wirklichkeit Oz Branford. Einer schweren Kopfverletzung vor ein paar Jahren, die ihn – um es milde auszudrücken – geistig etwas zurückgeworfen hatte, verdankte er diesen Spitznamen. Der Gastwirt war nicht dumm, nur eben etwas langsamer. Von einer Rauferei hatte er ein Loch im Kopf davongetragen. Ein studierfreudiger Magister war so gut gewesen und hatte ihm eine Metallplatte in den Schädel genagelt, wie er es gerne ausdrückte. In früheren Zeiten musste Dumpf ein gefährlicher Gegner gewesen sein, jemand, den man nicht hatte unterschätzen dürfen. Jetzt musste man nur noch sein Essen fürchten, denn seine Probierfreudigkeit, was neue Gewürze anging, kannte keine Grenzen. Eines hatte Dumpf jedoch mit allen anderen Gastwirten gemein: Er wusste immer etwas Neues zu berichten, manchmal sogar schon, bevor es überhaupt passiert war.

Baazlabeth erwiderte den Gruß mit einem kurzen Nicken, ließ es sich aber dennoch nicht nehmen, einen Blick auf die anderen Gäste zu werfen. Beruhigt stellte er fest, dass außer ein paar unbekannten Gesichtern keine unwillkommenen Gäste im Schankraum saßen.

Keine Stadtwachen, dann scheine ich ja heute ein artiger Junge gewesen zu sein, sagte er zu sich selbst.

Nicht selten kam es vor, dass sie bereits auf ihn warteten, wenn Baazlabeth die Schenke betrat, um ihn mit Fragen zu löchern. Sie schienen zu glauben, dass er hinter allem steckte, was in der Stadt geschah. Insbesondere Andor Celest, der Hauptmann der Stadtwachen, hatte es auf ihn abgesehen. Obwohl Baazlabeth so etwas wie Immunität besaß, weil er Mitglied des Kleinen Rates war und unter dem Schutz von Lord Brackenmoore stand, versuchte Celest, ihm alles Mögliche anzuhängen. Im Grunde genommen war beides mehr als überflüssig. Erstens benötigte Baazlabeth keinen Schutz, und zweitens musste niemand lange suchen, um ihm ein schweres Vergehen nachzuweisen. Problematisch wurde es erst, wenn man versuchte, ihn für seine Vergehen zur Rechenschaft zu ziehen. Genau genommen schützte man also nicht ihn vor Hauptmann Celest, sondern es verhielt sich andersherum.

Baazlabeth ging zum Tresen und stellte sich mit finsterer Miene neben Minnert. Dumpf wischte mit kreisenden Bewegungen seines Lappens über den Tresen und arbeitete sich zu ihm vor.

»Was kann ich für Euch tun, Prinzipal Sil?«, fragte er mit seiner beharrlichen Freundlichkeit.

»Wie immer«, schnaubte Baazlabeth.

Meister Dumpf schien zu überlegen, was damit gemeint sein könnte, doch Baazlabeth kam ihm zuvor.

»Einen Krug vom Hauswein.«

Der Gastwirt nickte und verschwand unter dem Tresen. Kurz darauf kam er wieder zum Vorschein und hielt einen braunen Krug in der Hand, den er vor Baazlabeth abstellte.

»Der Rest ist für dich«, sagte Baazlabeth und schob ihm eine Goldmünze hin.

Dumpf fischte die Münze vom Tresen und ließ sie geschickt in seiner speckigen Lederschürze verschwinden. Dann schien er es sich jedoch anders zu überlegen und platzierte die Goldmünze wieder auf dem Tresen. Er schob sie Baazlabeth hin.

»Der Erste geht immer aufs Haus.«

Baazlabeth verstand zuerst nicht, und auch Minnert war wenig begeistert, da er anscheinend von der neuen Regelung auch nichts gewusst hatte, seine Zeche hingegen schon bezahlt hatte. Doch dann fiel dem Dämon die ungewöhnliche Prägung auf dem Goldstück auf – das war nicht dasselbe Goldstück wie jenes, welches er an Dumpf bezahlt hatte. Er nahm die Münze zwischen Zeigefinger und Daumen, drehte sie hin und her und besah sich beide Seiten. Auf der einen war ein leerer Thron abgebildet, auf der anderen Seite ein Mann mit vollem Bart, langem Haar und einer Krone auf dem Kopf.

»Ein seltenes Stück?«, erkundigte er sich.

»Nur hierzulande«, erwiderte Dumpf. »In Travenstein ist es die gängige Währung. Der Mann auf der Münze ist König Bellington. Jede Münze, die durch die Schatzkammer des Königs wandert, bekommt diese Prägung, plus einen kleinen Anteil Blei sagt man. Ja, die Magister und Alchemisten am Hofe wissen, wie man aus einer halben Unze Gold eine macht. Leider funktioniert dies Spielchen nur im Norden von Meddelton. Jeder, der nach Brisenburg kommt, tauscht zuallererst seine Kuckucksmünzen gegen andere ein. Es sei denn, es fehlen einem Zeit oder Kontakte.«

Baazlabeth hob die Münze wieder vors Auge und betrachtete erneut das Portrait des Königs. Der Mann hatte nichts mit dem Bellington zu tun, den er sich in Gedanken vorgestellt hatte. Er war weder hager, noch hatte er tiefliegende Augen oder einen verbissenen Gesichtsausdruck. Baazlabeth tröstete sich mit dem Gedanken, dass das Bildnis entstanden sein musste, bevor er des Königs halbe Inquisition getötet hatte.

»Von wem hast du die Münze?«, erkundigte sich Baazlabeth bei Dumpf.

»Er sitzt am Tisch neben dem Kamin. Es ist der Typ mit dem zerschlissenen braunen Umhang. Ruby hat ihm vor einer Stunde einen Teller Suppe serviert, aber er hat noch keinen einzigen Löffel davon gegessen.«

»Ich kann es ihm nicht verdenken«, erwiderte Baazlabeth, drehte sich um und stützte die Ellenbogen dabei auf dem Tresen ab.

Der Mann, den Dumpf ihm beschrieben hatte, war ein drahtig aussehender Kerl mit fettigen dunklen Haaren und wettergegerbter Haut.

Er saß zum Kamin gewandt und stierte in den Teller Suppe vor sich. Trotz der mehr als wohltuenden Wärme des prasselnden Feuers hatte er seinen Umhang nicht abgelegt. Baazlabeth könnte schwören, den Geruch von getrocknetem Blut und Angstschweiß an ihm zu riechen. Fragte sich nur noch, ob der Geruch von ihm ausging oder nur an ihm haftete. Dies herauszufinden sollte ein Einfaches sein.

Baazlabeth löste sich vom Tresen, nahm den Krug Wein, einen Becher und hielt geradewegs auf den Fremden am Tisch zu. Er stellte sich mit dem Rücken zum Kamin an den Tisch, setzte Krug und Becher darauf ab und griff die Rückenlehne des Stuhles vor sich.

»Darf ich mich zu Euch setzen?«, fragte er.

Der Mann antwortete nicht und stierte weiter in die Suppe.

»Verzeiht, ich habe höflich gefragt, ob ich mich zu Euch gesellen darf«, wiederholte Baazlabeth, diesmal etwas energischer.

»Und weil ich auch ein höflicher Mensch bin, zog ich es vor, Euch lieber keine Antwort denn eine unfreundliche zu geben«, brummte der Fremde, jedoch immer noch, ohne sein Gegenüber anzusehen.

Baazlabeth zog den Stuhl zurück und setzte sich.

»Dann sollten wir diese äußerst seltene Konstellation auf keinen Fall einfach so verstreichen lassen. Zwei freundliche Menschen an einem Tisch hat diese Stadt noch nicht gesehen.«

Der Mann schob seinen Teller ein Stück zur Seite und nahm einen Schluck aus dem Krug Bier vor sich. Dann ließ er kurz die linke Hand unter dem Tisch verschwinden. Als sie wieder zum Vorschein kam, hielt er einen schmalen Dolch unter ihr versteckt. Die Spitze zeigte auf den Mann selbst, ein Hinweis dafür, dass er es gewohnt war, die Waffe in aller Öffentlichkeit zu ziehen, denn auf diese Weise konnte man die Klinge hinter seinem Unterarm versteckt halten und sie dennoch seinem Opfer über die Kehle ziehen. Wenn man es geschickt anstellte, konnte man einen Meuchelmord so aussehen lassen, als wischte man sich den Rotz mit dem Ärmel von der Nase. Baazlabeth war sich sicher, dass der Mann sein Handwerk verstand. Fragte sich nur noch, ob er ein Handwerker im Feierabend war oder Überstunden machte.

»Bevor Ihr jemandem droht, solltet Ihr wissen, mit wem Ihr es zu tun habt, findet Ihr nicht auch?«

Der Fremde nahm die Hand vom Tisch und ließ den Dolch dort liegen. Mit einem Finger drehte er die Waffe am Griff herum, bis die Spitze auf Baazlabeth zeigte.

»Blonder Schönling, gepflegtes, mittellanges Haar«, sagte der Mann in einem ganz ruhigen Tonfall. »Euer Körper ist muskulös, aber wenig trainiert. Eure Hände haben bislang noch keine harte Arbeit gesehen, und durch Euren unrasierten Flaum versucht Ihr männlicher zu wirken und die weichen Züge in Eurem Gesicht zu überspielen. Ihr tragt einen langen Dolch oder ein Stilett im Hosensaum.«

»Äußerst beeindruckend«, gestand Baazlabeth. »Gibt es noch mehr über mich zu erzählen?«

»Ihr besitzt genügend Gold, und doch lasst Ihr Euch einladen. Ich würde sagen, Ihr seid ein Geizhals. Außerdem könnt Ihr keine Kritik vertragen. Der Seebär am Eingang hatte Recht, Euer Hemd ist grässlich und ...«

»Und was?«

»... und Euch wird kein langes Leben beschert sein. Eure Selbstgefälligkeit wir Euch irgendwann den Tod bringen.«

Jetzt sah der Mann auf. Vielleicht wollte er überprüfen, ob er richtig lag.

Baazlabeth lehnte sich zufrieden zurück. Er fühlte sich zwar ein klein wenig ertappt, doch nicht genug, um wirklich beunruhigt zu sein. Eines stand jedoch fest: Der Mann war nicht grundlos in der Stadt. Jetzt musste Baazlabeth nur noch herausfinden, ob der Kerl im Auftrag des Königs, des Klerus, der Magister, einer Händlergilde oder eines Sklavenhändlers hier war. Möglich war alles.

»Ihr solltet Euch weniger um mein Leben sorgen als um Euer eigenes. Ihr verlasst Euch zu sehr auf Eure Augen denn auf Euren Verstand und Euer Gefühl. Es gibt Dinge, die man nicht sehen kann und die dennoch da sind.«

Baazlabeth kippelte mit dem Stuhl leicht nach hinten, streckte seinen Arm aus und hielt die Hand in die Flammen des Kamins. Die Demonstration war mehr Täuschung gepaart mit Selbstkontrolle als wirkliche Immunität gegen Feuer. Schmerzen zu ertragen war nichts Ungewöhnliches für den Dämon, und Feuer verkohlte das Fleisch seines menschlichen Körpers nicht sofort, sondern das war ein längerer Prozess, der mit Blasenbildung anfing. Die übernatürlichen Selbstheilungskräfte, die er als Dämon besaß, würden nicht mehr als ein wenig gerötete Haut und ein unangenehm taubes Gefühl in den Fingern zurücklassen. Schon auf dem Heimweg wäre nichts mehr von einer Verbrennung zu sehen. Als er die Hand wieder aus den Flammen zog und sie zur Begutachtung dem Fremden auf den Tisch legte, dampfte der Handrücken wie ein frisch serviertes Stück Kaninchen und roch auch so.

»Die Vorstellung passt zu Eurem Hemd«, gluckste der Mann. »Jeder zweitklassige Alchemist stellt Euch eine Salbe her, die bewirkt, dass man der Kraft des Feuers einige Zeit widersteht. Mit Euren Gauklertricks müsst Ihr schon jemand anderen beeindrucken.«

Baazlabeth verzog enttäuscht das Gesicht.

Er glaubt, er ist ein harter Knochen. Jemand, der alles schon gesehen hat und auf alles eine Antwort weiß. Mal sehen, ob er damit zurechtkommt, wenn ich ein wenig die Hosen herunterlasse.

Er schaute sich in der Schankstube um. Niemand schien das kleine Spektakel bemerkt zu haben und sich für ihn und seinen Gesprächspartner zu interessieren. Die Leute hingen über ihrem Essen, tranken in Ruhe etwas und schauten dabei aus den Fenstern oder unterhielten sich mit ihren Freunden. Meister Dumpf hatte alle Hände voll zu tun, geschäftig zu wirken, und Ruby war in der Küche verschwunden. Baazlabeth beugte sich vor, stützte sich mit den Ellenbogen auf dem Tisch ab und starrte den Fremden an. Für den Augenblick eines Herzschlages verwandelte sich Baazlabeths Gesicht von dem eines jungen Mannes in das einer Kreatur der Hölle. Die Haut wurde aschfahl, die menschlichen Züge zeichneten sich als dunkle Furchen im Gesicht ab. Aus den vollen rosa Lippen wurden zwei grauschwarze Striche, die den Blick auf eine Reihe angespitzter, schief stehender Zähne preisgaben. Seine Augen schienen in den Schädel zurückkriechen zu wollen, um tief aus den Höhlen als gelbe Sicheln auf ihr Gegenüber zu starren. Dann war der Spuk schon wieder vorbei.

Der Fremde zuckte in Panik zurück und schaffte es gerade noch, einen Aufschrei zu unterdrücken. Seine Hand schlug auf den Tisch und umklammerte den Dolch, doch bevor die Spitze der blanken Klinge sich dem Dämon auch nur nähern konnte, hatte dieser sich schon zurückverwandelt.

»Was ist los?«, zischte Baazlabeth. »Seid Ihr doch nicht so abgebrüht, wie Ihr dachtet.«

»Wer oder was seid Ihr?«, keuchte der Fremde.

Baazlabeth grinste zuversichtlich.

»Mein Name ist Sil, und ich bin der, von dem Ihr immer gehofft habt, ihm nie zu begegnen. Doch es geht hier nicht um mich, sondern um Euch. Sagt mir einfach, was Ihr hier in Brisenburg sucht und wer Euch geschickt hat?«

Der Fremde starrte noch immer ungläubig in Baazlabeths Gesicht und hielt zitternd den Dolch auf ihn gerichtet. Erst als Baazlabeth den Krug mit Bier antippte und den Mann mit einer nickenden Geste zum Trinken aufforderte, senkte der die Waffe ein Stück.

»Mein Name ist Seibot Nell. Ich bin Fallensteller und Pelzhändler. Ich hatte gehofft mit einigen Schneehasen und Winterfüchsen, die ich hier in der Gegend jage und in Travenstein verkaufe, gutes Geld machen zu können«, sagte er wie auswendig gelernt.

»Und ich bin ein armer Gaukler, der für die Dverga in der Kanalisation kostenlose Vorführungen gibt«, grunzte Baazlabeth. »Wenn du mir noch eine Lüge auftischst, werde ich mein Essen bei Meister Dumpf wieder abbestellen und mich stattdessen an dir gütlich tun.«

Baazlabeth sah, wie sich Seibots Kehlkopf nach oben bewegte und in seinem Rachen stecken zu bleiben schien. Seine Finger öffneten sich, und der Dolch fiel zurück auf den Tisch.

»Ich saß im Kerker von König Bellington und wartete auf meine Hinrichtung«, stotterte Seibot. »Er versprach mir die Freiheit, wenn ich nach Brisenburg ginge und ihm einige Informationen besorgte.«

»Das klingt schon besser. Was für Informationen?«

»Alles, was ungewöhnlich scheint, sagte er. Ob die Stadtwachen ihre Patrouillengänge machen, wie stark die Mauern besetzt sind, ob die Stadt über genügend Vorräte für den Winter verfügt und wie viele Schiffe im Hafen liegen. All solche Sachen eben.«

Baazlabeth musste grinsen.

»Was hat er vor? Will er etwa die Stadt angreifen? So einen Unsinn habe ich schon lange nicht mehr gehört. Die Stadt gehört dem König. Er braucht sie nicht einzunehmen, er muss nur durch das Stadttor reiten und Lord Brackenmoore von seinem Amt entheben. Das ergibt doch alles keinen Sinn.«

Plötzlich packte Seibot Baazlabeths Hände und umklammerte sie. Dann begann er zu weinen und zu schluchzen.

»Bitte, ich habe Euch die Wahrheit gesagt. Ihr müsst mir glauben, es war genauso, wie ich Euch erzählt habe. Ihr dürft nicht zulassen, dass die Stadt mir etwas antut.«

Von einem Moment zum anderen verklärten sich seine Augen, während eine letzte Träne seine Wange hinunterlief. Seibot stierte an Baazlabeth vorbei, den Blick wie in Trance in die Flammen hinter ihm gerichtet.

Am liebsten hätte sich der Dämon losgerissen. Mit einem Fremden am Tisch Händchen zu halten passte nicht zu seinem Image, doch der Königsspitzel wartete mit ungeahnten Kräften auf. Ohne dem unverschämten Kerl die Finger zu brechen, gab es kein Entkommen für Baazlabeth.

»Wenn die Tage kürzer werden und die Nächte auch, bringt der letzte Bauer seine Ernte aus«, begann er zu säuseln. »Mit der Sense geht er durch die Reihen, dass nichts neues Altes kann gedeihen.«

Dann brach er mit den Versen ab, und sein Kopf sackte zur Seite weg, während er weiterhin in die Flammen starrte. Aus Nase und Mund tropfte Blut. Jetzt konnte Baazlabeth auch wieder seine Hände befreien. Er griff Seibot unter das Kinn und wackelte den Kopf des Mannes hin und her. Mit einem Mal lösten sich auch blutige Tränen aus den Augen, und ein dünnes Rinnsal Blut kleckerte ihm aus dem Ohr auf die Schulter. Baazlabeth ließ von dem Spitzel ab, der daraufhin nach vorn kippte und mit dem Kopf in den erkalteten Teller Suppe schlug, die in alle Richtungen davonspritzte.

Was die Unterhaltung zwischen ihm und Seibot nicht geschafft hatte, leistete Seibots Zusammenbruch im Handumdrehen – alle Augen ruhten auf ihnen. Baazlabeth sprang von seinem Stuhl auf und deutete auf Seibot. Alle starrten ihn an und schienen auf eine Erklärung zu warten.

»Deswegen esse ich keine Suppe!«, rief Baazlabeth empört.

Im Handumdrehen war Dumpf herbeigeeilt, packte Seibot an den Haaren und zog seinen Kopf aus dem Teller. Mit dem Wischlappen versuchte der Wirt, seinen Gast von Porree und Zwiebelresten zu befreien.

»Mit der Suppe ist alles in Ordnung«, stammelte Dumpf. »Die meisten der anderen Gäste haben ebenfalls davon gegessen.«

Die Beschwichtigung des Gastwirtes erzielte nicht das gewünschte

Resultat. Knapp die Hälfte der Gäste sprang auf, tastete sich ab, horchte in sich hinein oder lamentierte aufgeregt mit den anderen Anwesenden.

»Es war bestimmt nichts mit dem Essen, dafür lege ich meine Hand ins Feuer«, versuchte Meister Dumpf die Situation erneut in den Griff zu bekommen. »Jemand muss etwas ins Getränk getan haben.«

Diese Vermutung riss auch noch die letzten von ihren Stühlen. Einer der Gäste stieß entsetzt sein Glas von sich, ein anderer stand auf und vergoss demonstrativ sein Bier auf den Boden, wobei er zu versuchen schien, in dem gelben Rinnsal irgendeine Art von Gift zu erkennen.

»In *seinem* Getränk, meinte ich!«, rief Dumpf aufgeregt dazwischen. »Bier und Wein zapfe ich unter dem Tresen. Für die Maische und Kelte lege ich meine Hand ins Feuer«, wiederholte er flehentlich.

»Das mit der Hand im Feuer hat schon bei mir nicht funktioniert«, grunzte Baazlabeth.

Er konnte es immer noch nicht fassen, dass gerade jemand vor seinen Augen wegstarb, ohne dass er Hand angelegt hatte. Was fiel diesem verdammten Menschen ein? Hielt sich denn niemand mehr an die Regeln? Er sah sich in der Schankstube um. Dumpf hätte nicht mehr Tumult in Gang setzen können, noch nicht einmal mit dem Ausloben von Freibier. Die einzige Person, die nicht in Panik verfallen zu sein schien, war die dickliche Marktfrau am Fenster. Sie saß gemütlich auf ihrem Stuhl und nippte an ihrem Glas Roten.

»Er lebt noch«, rief Dumpf entzückt aus. »Seht ihr, es war gar nichts, vielleicht nur eine Magenverstimmung, etwas Übelkeit oder Ähnliches.«

Baazlabeth hatte noch von keiner Magenverstimmung gehört, bei der man aus Augen und Ohren blutete. Außerdem schien Seibot bis auf die Tatsache, dass sich sein Brustkorb minimal hob und wieder senkte, immer noch mehr tot als lebendig zu sein. Doch dass auf jeden Fall Hoffnung für den Kerl bestand, ließ auch Baazlabeth aufatmen. Jetzt kam er vielleicht doch noch an die Informationen, die er erlangen wollte. Und mit etwas Glück auch an denjenigen, der soeben versucht hatte, sie ihm vorzuenthalten. Er ging hinüber zu den drei Dachdeckergesellen und ließ ein kleines Säckchen mit Münzen auf den Tisch fallen.

»Schafft ihn zur *Schwarzen Posse*«, sagte er zu den dreien. »Lemura soll sich um ihn kümmern, bis ich wieder da bin.«

»Was sollen wir machen, wenn er sich weigert?«, fragte Segelohr.

Baazlabeth packte den Mann am Hals und drehte seinen Kopf in Seibots Richtung.

»Sieht er aus, als ob er irgendetwas entgegenzusetzen hätte?«

Der junge Mann schüttelte den Kopf.

»Dann tut, wofür ich euch bezahle«, schnaufte Baazlabeth und verließ den *Einsamen Wanderer*, ohne sich noch einmal umzudrehen.

4
Eine schlanke Sünde macht noch keine Tugend

Nur weil Verzicht der Ausweg aus der Völlerei ist, heißt das noch lange nicht, dass man sich leichter fühlt, wenn man andere dazu zwingt, auf ihr Leben zu verzichten.

Mittlerweile war es dunkel geworden in Brisenburg. Die meisten Bürger, die ein behagliches Zuhause und eine umsorgende Familie besaßen, waren in ihren Häusern verschwunden. Der Begrüßungskuss, das Decken des Abendbrottisches und das Zubettbringen der Kinder wirkte hinter den zugezogenen Vorhängen wie das Schattenspiel einer Laientheatergruppe. Der nächtliche Himmel brachte eine unangenehme, kalte Brise mit sich. Der Winter machte sich langsam bemerkbar und sorgte dafür, dass dem ausgelassenen nächtlichen Treiben in den Gassen Einhalt geboten wurde – dies und die Ereignisse der letzten Wochen.

Baazlabeth hatte sich gegenüber vom *Einsamen Wanderer* in den Schatten einer Häusernische gedrückt. Er schlang den Mantel enger um sich und beobachtete, wie der weiße Atem vor seinem Gesicht vom Wind fortgerissen wurde. Es war eigentlich zu kalt, um sich draußen die Füße in den Bauch zu stehen, doch er wartete auf jemanden. Manchmal war warten das Einzige, was man tun konnte. Zwei Stunden hielt er jetzt schon aus, ohne auch nur einen Schritt getan zu haben, und dennoch schmerzten seine Beine wie nach einem Gewaltmarsch. Auf etwas zu warten war ohnehin nicht Baazlabeths Stärke, und wenn er dann noch mit den lästigen Unannehmlichkeiten seines menschlichen Körpers zu kämpfen hatte, verschlechterte sich seine Laune ins Unermessliche. Er ertappte sich dabei, wie er sich ausmalte, sein Bühnendebüt auch auf die Zuschauer in den ersten Rängen auszuweiten. In Gedanken strich er zwei, drei belanglose Dialoge und ersetzte sie durch Sterbeszenen im Publikum.

Baazlabeth musste sich eingestehen, dass seine Ausflüge in die dämonische Phantasie lange nicht mehr so unterhaltsam waren wie früher, als er noch allein in seinem eigenen Reich gewesen war. Aber auch dafür hatte er eine Erklärung gefunden: Wer denkt schon an ein üppiges Festmahl, wenn man in einer Speisekammer festsitzt.

Doch es gab noch etwas, was Baazlabeth am heutigen Abend gelernt hatte: Tote Gäste waren schlecht für das Geschäft. Der Spion des Königs war zwar nicht tot, doch sein plötzlicher Ausstieg aus der Unterhaltung kam dem in etwa gleich. Mittlerweile hatten alle Gäste bis auf zwei den *Einsamen Wanderer* verlassen. Die Handwerksgesellen hatten den bewusstlosen Seibot wie einen betrunkenen Saufkumpanen aus dem Gasthaus, Richtung Windviertel geschleppt. Baazlabeth war sich sicher, dass sie inzwischen erledigt hatten, wofür er sie bezahlt hatte. Alle anderen waren mehr oder weniger zeternd aus der Schenke geströmt und hatten sich in alle Richtungen zerstreut. Zwei Neuankömmlinge hatten irgendwann die Schenke betreten, aber sofort wieder kehrtgemacht. Anscheinend hatte Dumpf nur wenig Lust auf neue Gesichter an diesem Abend und sie fortgejagt. Die einzigen Gäste, die noch vor Ort verweilten, mussten Minnert, der Buchbinder, und die dralle Marktfrau sein.

Schlurfende Schritte ließen Baazlabeth sich noch weiter in die Nische drücken. Er versteckte sich nicht stundenlang, um jetzt kurz vor dem Ziel von einem Bettler oder betrunkenen Freier enttarnt zu werden. Wie schon gesagt, war Warten für ihn ein Nervenkrieg – vergebliches Warten konnte die Situation leicht in einen wirklichen Krieg münden lassen.

Die Schritte näherten sich, und mit ihm ein blasser Lichtschein. Die zwei Schatten, die allem vorauseilten, konnten alles Mögliche sein.

»Komm schon, Nubert!«, sagte ein alter Mann. »Es ist nur noch die Götterstiege entlang bis zum Hain und drei Querstraßen, dann sind wir für heute fertig.«

Der Alte trat vor eine Straßenlaterne, die unweit von Baazlabeths Versteck stand. Mit einem gegabelten, fünf Fuß langen Holzstecken öffnete er geschickt das Türchen der Straßenlaterne. Hinter ihn trat ein Junge mit flachsblonden Haaren. Er hielt dem Alten einen Kienspanhalter mit brennendem Span hin.

Baazlabeth sprang aus seinem Versteck hervor und packte den Alten grob an der Schulter, während er den Jungen einfach beiseitestieß. Seine Finger krallten sich tief in den Stoff des schäbigen, braunen Mantels und drückten auf die Nackenmuskeln des Laternenanzünders. Vor lauter Schmerz sackten dem Alten beinahe die Beine weg, doch er klammerte sich an den Pfahl der Laterne.

»Was wollt Ihr? Bei uns ist nichts zu holen«, stöhnte er. »Ich bin ein armer alter Mann, der noch nicht einmal genug besitzt, um zwei Mäuler zu stopfen. Mich holt der Hungertod oder die Gicht, auch ohne dass Ihr versucht, mir das letzte Schankgold aus der Tasche zu ziehen. Ich versuche nur, den Jungen auf das Leben vorzubereiten, bevor ich verrecke.«

Baazlabeth zog den Mann am Kragen zu sich heran und hielt ihn vor sich.

»Du rührst mich zu Tränen, Opa, aber ich bin weder an deinem Geld noch an deiner Lebensgeschichte interessiert. Alles, was ich von dir will, ist, dass du diese Laterne heute Nacht unentzündet lässt. Das Licht zieht mir zu viel Ungeziefer an, kleines schwirrendes wie auch großes zeterndes, wenn du verstehst, was ich meine.«

»Natürlich verstehe ich«, keuchte der Laternenanzünder. »Lasst uns einfach weitergehen. Wir sind ohnehin so gut wie fertig.«

»Man sieht es, und man riecht es«, gestand Baazlabeth. »Macht, dass ihr wegkommt!«

Das ließ der Alte sich nicht ein zweites Mal bitten. Auf wackeligen Beinen eilte er davon.

»Komm, Nubert, tun wir, was der Mann sagt, und verschwinden von hier!«, rief er, ohne jedoch auf den Jungen zu achten. Er schien genug damit zu tun zu haben, auf den Beinen zu bleiben und seine eigene Haut zu retten.

Baazlabeth schätzte den Jungen auf acht oder neun Jahre. Mit seinen zerzausten blonden Haaren, den dünnen Armen und den zu groß geratenen, zerschundenen Klamotten wirkte der junge Hilfslaternenanzünder wie ein Zirkusäffchen. Der Kienspanhalter war ihm aus der Hand gefallen; der Span daraus lag erloschen im Rinnstein. Mit einer Mischung aus Unverständnis und Bockigkeit sah der Junge abwechselnd zwischen Baazlabeth und seinem davontrottenden Lehrmeister hin und her. Dann bückte er sich, griff nach dem Kienspanhalter und baute sich mit einer mürrischen Miene vor Baazlabeth auf. Plötzlich entzündete sich der Kienspan wie von selbst und ließ das Gesicht des hageren Jungen im Schein der tanzenden Flammen aussehen wie einen Totenschädel.

Baazlabeth war eher erbost denn erschrocken. In dieser Stadt schien die Aufmüpfigkeit nicht einmal vor Kindern Halt zu machen. Kaum hatte man ihnen beigebracht, mit einem Holzschwert umzugehen, oder gezeigt, wie man einen einfachen Zauber wirkte, da glaubten sie bereits, sich einem Dämon entgegenstellen zu müssen.

»Hast du nicht gehört, du Rotzlöffel!«, keifte Baazlabeth und packte Nubert so heftig am Kragen, dass die obersten zwei Knöpfe seiner Jacke abrissen. »Dein Lehrmeister gibt sich alle Mühe, dich unbeschadet durchs Leben zu führen, und du willst alles wegen einer lächerlichen Laterne aufs Spiel setzen?«

Der entblößte Hals des Jungen zeigte die Tätowierung eines Bastards – zwei schwarze Kettenglieder. Dieses Zeichen bekam jedes Kind, das aus der unsäglichen Beziehung zwischen Mensch und Dverga zustande gekommen war. Lord Brackenmoore hatte eine Übereinkunft mit Neptrotot, dem damaligen Sklavenhändler vor den Toren der Stadt, geschlossen, die besagte, dass er jedes dieser Kinder für fünfhundert Goldstücke freikaufen konnte. Von ihrem Sklavendasein befreit, übergab er die Bastarde an Händler und Handwerker, damit sie eine Ausbildung bekamen und in Freiheit leben konnten.

Mit diesem Abkommen hatte er sich nicht nur einen Platz an der Seite der Götter der Tugenden nach seinem Ableben erkauft, sondern sich auch an den Bettelstab gebracht. Neptrotot, der Sklavenhändler, hatte seine Chance gerochen und dafür gesorgt, dass immer genug Mischlingskinder geboren wurden. Er hatte den Freiern in der Schwalbenburg sogar Dvergafrauen umsonst angeboten, um sich später an den Früchten dieses Handels zu bereichern. Letztlich hatte genau das ihm allerdings den Tod gebracht. Zwei Männer, einer von Gier getrieben, der andere von Barmherzigkeit beseelt – und keinem von ihnen hatte es das gebracht, was er sich erhofft hatte.

»Nubert, kommst du wohl her«, krächzte der Alte seinem Lehrling zu. »Es ist schon gut, wir können sie ein anderes Mal anzünden.«

Der Laternenanzünder machte zwei Schritte zurück auf Baazlabeth zu und streckte dem Jungen die Hand hin.

»Lassen Sie ihn, Herr! Er kann nichts dafür. Er ist noch nicht so weit wie andere Buben in seinem Alter.«

»Wenn er mich weiterhin so anstarrt, wird er allen anderen Jungen weit voraus sein, wenn ich mit ihm fertig bin.«

»Komm schon, Nubert«, ermahnte der Alte seinen Lehrling ein letztes Mal.

Mit mürrischem Blick und staksigen Beinen stampfte der Lehrling davon. Baazlabeth schaute den beiden noch einen Moment hinterher, bis sie in der Dunkelheit verschwunden waren und nur die kleine Flamme des Kienspans verriet, welchen Weg der Alte und sein Lehrling nahmen. Der Laternenanzünder schien jeglichen Ärger vermeiden zu wollen und ließ auch die nächste Laterne dunkel. Erst in der Nähe des Stadthains gingen er und sein Lehrling wieder ihrer Arbeit nach.

Baazlabeth nahm erneut seinen angestammten Platz ein und tat wieder das, was ihm am wenigsten lag – warten.

Es dauerte noch fast eine Stunde, bis sein Ausharren endlich ein Ende hatte. Die Tür zur Schenke öffnete sich, und Minnert und das Marktweib kamen heraus. Mit einem kurzen Winken verabschiedeten sie sich von Dumpf und traten in die kühle Nacht hinaus. Minnert schlang seinen Mantel um sich und vergrub das Kinn im aufgestellten Kragen. Ein kurzes Nicken reichte, um sich auch von der Frau loszusagen. Dann trat er den Heimweg an. Zurück blieb die dralle Maid in ihrer Kittelschürze. Sie atmete tief durch und sah dabei in den bedeckten Nachthimmel. Ihre Hände umklammerten etwas unter dem ausladenden Stoff ihrer Schürze. Sie warf einen Blick zu beiden Seiten die Straße hinunter und schien zu überlegen, in welche Richtung sie gehen sollte. Dann sah sie genau zu Baazlabeths Versteck hinüber. Der Dämon war sich sicher, dass sie ihn nicht sehen konnte, doch das mochte nichts heißen, wenn sie wirklich die war, für die er sie hielt.

Plötzlich wandte sie sich ab und ging mit kleinen, tippelnden Schritten Richtung Stadthain. Baazlabeth folgte ihr auf der anderen Straßenseite im Schatten der Häuser. Als sie erneut stehen blieb, um sich zu orientieren, wechselte er die Seite und trat hinter sie.

»So unentschlossen, wohin Ihr wollt?«, fragte er in ruhigem Ton. »Oder liegt es vielleicht daran, dass Ihr Euch so schlecht in Brisenburg auskennt, weil Ihr die meiste Zeit in einem Tontopf herumliegt … Sanna?«

Die Marktbeschickerin drehte sich gelassen um, als ob sie erwartet hätte, dass ihr aufgelauert wurde.

»Der eine liegt in einem Tontopf herum, der andere wohnt in einem ausgebrannten Theater, wo ist der Unterschied? Ich weiß vielleicht manchmal nicht, welche Straße ich nehmen muss, aber im Gegensatz zu dir, weiß ich wenigstens, wohin sie mich führen soll, Sil. Oder sollte ich dich lieber bei deinem richtigen Namen nennen, Baazlabeth?«

Der Dämon trat an Sanna heran und hob ihre Kittelschürze. Darunter versteckte sie, wie er bereits vermutet hatte, einen Tonkrug. In der Dunkelheit konnte er nicht erkennen, was sich darin verbarg, doch das musste er auch nicht. Er wusste es bereits. Sanna war ein so genannter Reiterdämon. Sie konnte in den Körper eines Menschen schlüpfen und diesen kontrollieren. Anders als Baazlabeth, der seine wahre Gestalt verändern konnte, musste der Reiterdämon die eigenen sterblichen Überreste immer in der Nähe seines aktuellen Wirtskörpers haben, um diesen zu kontrollieren. Um dies sicherzustellen, trug der Leihkörper ständig einen Tonkrug mit den Gebeinen der Reiterdämonin mit sich herum. Es war nicht mehr viel von ihr übrig, lediglich noch ein paar Knochen und ein halber Schädel. Anscheinend hatte Sanna eine Schwäche für kräftige Frauen, denn das letzte Mal, dass Baazlabeth sie gesehen hatte, steckte sie ebenfalls in einem von diesen Weibern. Dieses hier schien ihm kaum besser als das vorige, wenn man überhaupt eine Unterscheidung zwischen den beiden machen wollte.

»Wenn du damit auf die Prophezeiung anspielst, solltest du dir lieber an die eigene Nase fassen. Ups, was rede ich denn da? Ich meine natürlich an deine geliehene Nase. Jedenfalls habe ich versucht herauszufinden, was wirklich dahintersteckt, anstatt mich damit zufriedenzugeben, ständig diese albernen Kinderreime zu wiederholen. Immerhin sind du, Lilith und Molloch die Einzigen, die davon zu wissen scheinen. Einmal abgesehen von diesem altersschwachen Magier Nemrothar. Magier zählen aber nicht, denn die glauben ja schon eine Prophezeiung vor sich zu haben, wenn die Milch sauer wird oder ein Pferd schwitzend im Stall steht. Auf jeden Fall wäre ich schon wesentlich weiter, wenn du meine Nachforschungen nicht ständig sabotieren würdest. Obwohl ich zugeben muss, dass Blut, das aus Augen, Nase und Ohren rinnt, schon ein wenig erheiternd ist, doch es ist wenig hilfreich, wenn man ein paar Antworten braucht.«

Sanna rückte ihre Kittelschürze zurecht und trat einen Schritt zurück.

»Du zweifelst an, was unbestreitbar ist, Horde. Mach die Augen auf, und selbst dir wird klar werden, dass dieser Welt das Ende bevorsteht.«

»Hör auf mit deinem pathetischen Gerede! Hast du vergessen, dass du im Körper einer Marktfrau steckst?«

»Das habe ich nicht!«, keifte Sanna. »Genauso wenig wie du die Zeichen übersehen haben kannst.«

»Welche Zeichen?«, lachte Baazlabeth. »Das kalte Wetter, die schweren Stürme, oder ist dir die Milch sauer geworden?«

»Nichts davon. Aber sag mir, wie oft hast du eine der Welten betreten und bist gleich auf zwei andere Dämonen gestoßen? Wo ist dir jemals jemand wie Molloch untergekommen? Warum glaubst du, ist diese Stadt von den Göttern selbst erschaffen worden? Und wie erklärst du dir die vielen selbst ernannten Propheten, die ständig um uns herumschwirren und vom Ende der Welt sprechen? Selbst wenn du dies alles abtust, gibt es immer noch etwas, was du nicht erklären kannst.«

»Und das wäre?«

»Du. Du bist immer noch hier. Und der einzige Grund dafür kann nur sein, dass etwas Großes bevorsteht.«

Baazlabeth fühlte sich geehrt. Natürlich war er noch hier, und natürlich war die Prophezeiung der Grund dafür. Trotzdem behagte es ihm nicht, so wenig über das derzeitige Geschehen zu wissen. Soweit er sich zurückerinnern konnte – und das war eine lange Zeit –, waren seine Aufgaben immer klar definiert gewesen. Er wurde gerufen, irgendjemand sagte ihm, was zu tun war, und er erledigte es. Zumeist waren es Schlachten, die er gewinnen, Magier, die er töten, oder Türen, die er bewachen sollte. Klare Anweisungen, ausgerichtet auf ein klares Ziel, waren die Bedingung für eine Beschwörung. Jede Zuwiderhandlung wurde mit der Loslösung des Dämons aus dem Bannkreis und somit dem Tod des Beschwörers bestraft. Kein Dämon ließ sich gern aus seiner gewohnten Umgebung reißen, um einem Kurzlebigen zu dienen. Da brauchte sich niemand zu wundern, wenn er in Stücke gerissen wurde, weil er die Statuten nicht eingehalten hatte.

Baazlabeths Auftrag in Brisenburg war jedoch beendet, und trotzdem befand er sich noch hier. Schuld daran war die wunderbare Aussicht darauf, eine ganze Welt zerstören zu können – auch wenn ihm immer noch unklar war, wie er dies bewerkstelligen sollte.

»Na und?«, grunzte Baazlabeth. »Dann bin ich eben noch hier. Das war doch schließlich dein Wunsch und der deiner Tochter Lilith.«

»Sag mir, wo sie ist!«, entfuhr es Sanna bei dem Namen. »Ohne sie wird sich die Prophezeiung niemals erfüllen. Sie ist ein Teil davon.«

»Aber nur ein kleiner Teil. Um es genau zu sagen, ein kleiner, unwissender und unbeherrschter Teil. Du glaubst doch nicht etwa, dass ich mit dieser Göre, so wie sie sich aufgeführt hat, in einen Kampf gegen die Tugenden treten würde. Lilith ist an einem sicheren Ort, wo sie hoffentlich zur Besinnung kommt. Ich werde sie nicht zurückholen, solang ich nicht genau weiß, was uns bevorsteht. Ich will wissen, wer meine Mitstreiter und meine Gegner sind, und erst dann werde ich sie wieder auf Brisenburg loslassen.«

Sanna schien diese Antwort nicht zu gefallen. Wutentbrannt machte sie einen Schritt auf Baazlabeth zu und stierte ihm in die Augen.

»Was willst du von mir, Hochmut?«

»Für den Anfang würde es mir reichen, wenn du in diesem tranigen Körper bleibst, damit ich dich erkenne, wenn wir uns das nächste Mal begegnen. Außerdem wäre es schön, wenn du mir sagen könntest, wo Molloch ist.«

Sanna rümpfte verärgert die Nase.

»Du findest ihn in der Krähengasse, im Südwesten der Stadt nahe der Mauer, im Haus des Übergangs.«

»Im Haus des Übergangs?«, fragte Baazlabeth verwundert. »Was soll das sein, und was hat er dort zu suchen?«

»Sieh es dir selbst an«, sagte Sanna. »Ich bin nicht dein Laufbursche. Und sorge endlich dafür, dass Lilith wieder heimkehrt!«

Dann wandte sie sich ab, ließ Baazlabeth stehen und ging Richtung Norden.

»Ach übrigens«, rief sie, ohne sich noch einmal umzudrehen, »was den blutenden Mann im *Einsamen Wanderer* angeht, ich habe nichts damit zu tun! Vielleicht solltest du dich lieber darum kümmern.«

Baazlabeth sah Sanna missmutig hinterher. Eigentlich sollte er sich freuen, eine Verbündete zu haben, doch von Freude war keine Spur. Bislang hatte sie mehr Ärger gemacht, als ihm zu helfen, und irgendwie wurde er das Gefühl nicht los, dass sie ihn nicht mochte. Vielleicht lag es daran, dass er sie und Lilith voneinander getrennt hatte. Doch beide zusammen waren noch unausstehlicher als jede für sich allein. Am meisten störte ihn, dass er auf die beiden Frauen angewiesen war, wenn er die Prophezeiung erfüllen wollte. Es war schon schlimm genug, dass er überhaupt Hilfe benötigte, aber dann noch von einer Frau, die als verwesendes Gerippe in einem Blumentopf hauste, und von einer verzogenen Göre, die einen am liebsten umbringen wollte, wenn man sich weigerte, ihre kindischen Gefühlsausbrüchen zu akzeptieren, das war zu viel.

Der vierte in ihrem kleinen Sündenpfuhl war Molloch. Der Fettwanst war auf jeden Fall ein Mensch, wenn auch mit einer außergewöhnlichen Gabe gesegnet. Er war für die meisten anderen so gut wie unsichtbar. Egal, was er anstellte, die Leute erinnerten sich nicht an ihn und zogen es vor, das Geschehene als Unfall oder Zufall anzusehen. So kam Molloch, verschont von Stadtwachen oder rachelüsternen Angehörigen, stets davon. Seine Körperfülle und die merkwürdige Art, in Reimen oder Liedversen zu sprechen, fand Baazlabeth zwar etwas anstrengend. Aber davon mal abgesehen, wäre ein Zusammentreffen mit dem Fettsack der einzige Lichtblick des heutigen Abends. Baazlabeth entschloss sich, Molloch noch heute suchen zu gehen.

Baazlabeth folgte der Götterstiege weiter in Richtung Westen, am Stadthain vorbei. Die wenigen abendlichen Flanierer zeigten kaum Interesse an ihm. Ein kurzer, verstohlener Blick, und schon waren sie wieder verschwunden. Eigentlich hatte sich in der Stadt seit Baazlabeths Ankunft nicht viel verändert. Damals sorgten die Ausgangssperre und Liliths Seelenhunger, den eine ganze Reihe von Brisenburger Bürgern mit dem Leben bezahlt hatte, für menschenleere Gassen, sobald die Sonne untergegangen war. Dann war es die Angst vor den Inquisitoren, welche die Bürger in ihren Häusern blieben ließ. Und jetzt waren das Gemetzel im Haus der Götter, die Brandstiftungen und eine Reihe von unerklärlichen Todesfällen – verursacht durch Lilith und Molloch, während er selbst gegen die Kirchenmänner kämpfte – schuld daran, dass niemand sich auf die Straße wagte. Im Grunde genommen hätte Baazlabeth sich geehrt fühlen müssen, da es schließlich sein Verdienst war, doch es gab etwas, das ihn seinen Triumph nicht auskosten ließ. Es waren die Ruhe und Besinnlichkeit über der Stadt. Fehlte nur noch, dass es anfing zu schneien und die Leute vor ihren knisternden Kaminen hockten und Loblieder sangen. Das wäre die vollendete Idylle gewesen, die selbst Baazlabeth die Tränen in die Augen hätte steigen lassen – jedoch nicht vor Rührung.

Als Baazlabeth das Ende der Götterstiege erreichte, lagen zwischen ihm und der Stadtmauer nur noch zwei Reihen mit halbhohen Gebäuden, die wie gewöhnliche Wohnhäuser aussahen. Was im Boenviertel gerade einmal als ärmliche Residenz gegolten hätte, musste hier für sechs und mehr Familien herhalten. Ganz ohne Prunk, mit notdürftig geflickten Dächern und zum Teil zugenagelten Fenstern fanden sich hier die Ärmsten der Armen, wenn man einmal von all denen absah, die entweder ganz ohne Besitz auskommen mussten oder wie die Dverga notgedrungen in der Kanalisation hausten.

Die Straße gabelte sich hier. Gen Norden verlief sie über eine der bebauten Brücken über den Tauwasser ins Windviertel, gen Süden mündete sie in eine Sackgasse, die an der Stadtmauer unmittelbar vor der Küste endete. In den Südwesten hatte Sanna ihn geschickt, also musste dort auch irgendwo das Haus des Übergangs zu finden sein.

Mit jedem Gebäude, das Baazlabeth Richtung Süden passierte, nahm der Geruch von Salzwasser zu, der Wind wurde eisiger und die Behausungen der Bürger armseliger. Bislang hatte er sich aus diesem Teil des Viertels ferngehalten. Das lag nicht daran, dass er arme Menschen weniger gern quälte oder tötete als reiche, aber mit Sicherheit hätte er das ganze Viertel ausrotten können und wäre dadurch nicht annähernd in den Besitz von fünftausend Goldstücken gekommen.

Baazlabeth hätte das Haus des Übergangs sicherlich einfacher gefunden, wenn er gewusst hätte, dass sich der Begriff Übergang auf das Gebäude selbst bezog. Es befand sich nämlich im Wandel von einer Bruchbude zu einer Ruine. Trotz des massiven Fachwerks hatten sich Risse vom Fundament bis hin zum Dachstuhl gebildet. In allen vier Etagen gab es nicht ein einziges Fenster, das nicht bereits mit Brettern vernagelt war, damit der rauen Witterung jedenfalls im Haus Einhalt geboten wurde. Seit Jahrhunderten schienen Wasser, Salz, Wind und Sonne ungehindert an der Fassade zu nagen. Fugen waren ausgeschwemmt, Steine locker und selbst die dicksten Balken morsch geworden. Anstelle einer Tür hing eine verblichene Pferdedecke im Eingang, die jemand ganz einfach am Sturz festgenagelt hatte. Der Stoff flatterte im Rahmen hin und her, als ob er versuchte, sich aus seiner misslichen Lage zu befreien. Ein Lichtschein dahinter erhellte von Zeit zu Zeit das verwitterte Schild am Eingang. *Haus des Über* stand darauf zu lesen. Der Rest war bereits abgebrochen, und auch die Darstellung einer Brücke endete, bevor sie die andere Seite von was auch immer erreicht hatte.

Baazlabeth zog den Stoff beiseite und wagte einen Blick in den langen, geraden Flur. Bevor er sich ankündigen konnte, zeigte sich das Gesicht eines alten Mannes aus einem der seitlichen Zimmer. Trotz seines hohen Alters kippelte der Greis wagemutig wie ein Lausbub mit seinem Stuhl und hielt sich dabei am Türrahmen fest.

»Da bist du ja endlich. Komm rein und mach den Vorhang wieder vor, du Tölpel!«, schimpfte der Alte. »Nicht jeder im Haus ist daran interessiert, schnell zu erkalten.«

Der Mann schien Baazlabeth mit jemandem zu verwechseln, so hoffte der Dämon jedenfalls. Dieses ihm entgegengebrachte Vertrauen, wenn auch nicht in nette Worte gekleidet, wollte er nicht gleich wieder zerstören. Es kam nur selten vor, dass jemand ihn in sein Haus bat, ausgenommen die Schankwirte in der Umgebung, bei denen er mittlerweile ein gerngesehener Gast war. Baazlabeth trat ein, zog den Vorhang zurecht und schaute sich um. Ein langer Flur, von dem links und rechts jeweils ein Dutzend Türen abging und an dessen Ende eine breite hölzerne Treppe in den nächsten Stock führte, war alles, was das Erdgeschoss zu bieten hatte. Auf einigen an den Wänden angebrachten einfachen Regalbrettern standen Kerzen, die den Flur schummrig ausleuchteten. Der Alte wippte immer noch mit dem Stuhl vor und zurück, ließ Baazlabeth aber keinen Moment aus den Augen.

»Was hast du gedacht?«, krächzte der Alte. »Dass es hier aussieht wie in einem Tempel? Da muss ich dich enttäuschen, Gold und Silber wirst du hier nicht finden. Alles, was unsere Gäste uns hinterlassen, wenn sie die letzte Reise antreten, sind ihre Gebeine. Mit etwas Glück hat der eine oder andere noch einen Goldzahn, den er nicht schon selbst herausgebrochen und versoffen hat, dann kaufen wir dafür Feuerholz. Aber ansonsten ist hier nichts zu holen.«

»Ich bin nicht gekommen, um dich zu bestehlen, Alterchen«, grunzte Baazlabeth, während er sich weiter umsah.

»Komm näher, Dummkopf! Ich sehe Leuten gern ins Gesicht, wenn sie mich anlügen.«

Baazlabeth legte nicht viel Wert auf seinen Titel als Mitglied des kleinen Rates, doch als Tölpel und Dummkopf ließ er sich auch nicht gern bezeichnen. Die wenigen, die dies gewagt hatten, hatten nicht lang genug überlebt, um es zu bereuen. Diesem merkwürdigen Kauz wollte Baazlabeth jedoch sein Alter zugutehalten oder hoffen, dass er schwachsinnig war. Er schlurfte hinüber zu dem Zimmer, in dem der Alte saß, und baute sich hinter diesem auf, während er sich gegen den Türrahmen lehnte.

»Schon wieder ein neues Gesicht«, stellte der Greis belustigt fest. »Entweder bezahlt Meister Bleiche euch zu schlecht, oder der Tod hat ein paar Sonderschichten eingelegt. Meine Mutter, der Herr habe sie selig, hat immer gesagt: Mein Junge, lass dich nie in einer Stadt nieder, in der der Totengräber ein wohlhabender Mann ist.« Der Alte kicherte gehässig. »Für einen Lehrling scheinst du mir zu alt zu sein, und deine Kleidung passt wenig zu dem Anlass deiner Arbeit. Entweder hat Meister Bleiche dich von Ark Tadelius, dem Tagelöhnertod, oder irgendwo aus der Gosse geholt. Na, sag schon, was war es?«

Baazlabeth lehnte sich weiter vor und sah dem Alten jetzt genau von oben herab ins Gesicht.

»Nichts von beidem. Mein Name ist Sil. Mir gehört das Theater im Windviertel, die *Schwarze Posse*. Ich bin auf der Suche nach jemandem. Sein Name ist Molloch. Ist er hier?«

Der Alte brach in schallendes Gelächter aus, wobei er seine braunen Zahnstümpfe unschicklich präsentierte und mit Spucke nur so um sich sprühte.

»Entschuldigt bitte, Meister Prinzipal. Na, das ist mal was anderes«, feixte er. »Sind Euch die Mimen ausgegangen oder sucht Ihr Spektatores? Was es auch ist, Ihr werdet sie hier nicht finden, es sei denn, Ihr plant eine große Sterbeszene. Ich war nie ein großer Anhänger von

Bühnenspektakeln. Das richtige Drama findet man nur im wirklichen Leben. Schaut Euch doch einmal um.«

Der Alte wirkte recht zerbrechlich, deshalb beschränkte Baazlabeth sich darauf, ihn am Kragen zu packen und ihm die Luft abzuschnüren.

»Molloch«, wiederholte er, um dem Alten den Namen ins Gedächtnis zurückzurufen, »ist er hier oder nicht?«

»Ihr werdet Euch doch an keinem Krüppel vergehen«, zeterte der Alte und präsentierte seine zappelnden Beinstümpfe. Kurz unterhalb der Knie endeten die beiden Gliedmaßen in zusammengebundenen Hosenbeinen.

Baazlabeth drückte fester zu.

»Wenn du nicht willst, dass ich dir ebenfalls Knoten in die Hemdsärmel mache, rückst du lieber mit einer Antwort heraus«, drohte er.

»Die einzigen beiden Personen in diesem Haus, die einen Namen haben, sind meine Frau und ich. Alle anderen kommen auch ohne aus. Die meisten von ihnen sind ohnehin schon mehr auf der anderen Seite.«

»Sein Name ist Molloch, und er ist ein fetter Kerl von mindestens fünf Zentnern. Er grinst fast unentwegt und trällert selbstgereimte Lieder. Als ich ihn das letzte Mal gesehen habe, war er weit davon entfernt, auf der anderen Seite zu sein, und ich gehe einfach davon aus, dass sich daran wenig geändert hat.«

Der Alte umklammerte jetzt mit beiden Händen Baazlabeths Handgelenk und versuchte sich irgendwie aus seiner misslichen Lage zu befreien.

»So wie Ihr Euren Freund beschreibt, ist er mit Sicherheit nicht hier. Solange ich hier sitze, und das sind mittlerweile fast zwanzig Jahre, ist noch nie jemand aufrecht hier hereingekommen. Unsere Gäste werden von ihren Angehörigen oder den Stadtwachen gebracht, wenn ihr Ende naht. Viele von ihnen überstehen nicht einmal die erste Nacht. So ein Koloss, wie Euer Freund es zu sein scheint, ist hier nicht gewesen, und ich glaube auch nicht, dass sich jemand die Mühe machen würde, ihn hochzuschleppen. Aber Ihr könnt Euch gern selbst überzeugen. Meine Frau ist oben, doch sie wird Euch auch nichts anderes sagen können.«

Baazlabeth ließ von dem Alten ab.

»Ist das ganze Haus voller ...«

»Toter?«, half ihm der Alte. »Sagt es ruhig, wie es ist. Niemand wird sich daran stören. Hier unten im Erdgeschoss werden die wenigen Habseligkeiten aufbewahrt, die wir bei ihnen gefunden haben. Das meiste davon wird weggeworfen, wenn sie uns verlassen, den Rest bringen wir zum Pfandleiher, um Essen und Trinken zu kaufen. Im ersten Stock sind alle untergebracht, die man zu uns bringt. Darüber wohnen meine Frau und ich, und ganz oben unter dem Dachgeschoss ist einer von diesen Magistern oder Alchemisten, die sich Medikus nennen. Er lindert die schlimmsten Schmerzen und bereitet den Übergang vor.«

»Das sind alle?«, erkundigte sich Baazlabeth ein letztes Mal.

Der Alte nickte und massierte sich dabei seinen eingefallenen Hals.

»Nicht weglaufen!«, rief Baazlabeth ihm zu, als er bereits den Flur entlang zur Treppe stapfte.

Die Treppe knarrte verächtlich, als er einen Fuß auf den ersten Tritt setzte. Stufen und Geländer waren mit tiefen Schrammen übersät, und auf halber Höhe, dort, wo sie einen Knick machte, hatte jemand den Zierknauf von der Brüstung abgesägt. Baazlabeth bezweifelte, dass diese Treppe Mollochs Gewicht überhaupt hätte tragen können, doch bei seinem ersten Zusammentreffen mit dem Fettwanst hatten sie gemeinsam auf dem Gerüst eines neuen Tempeldachs gesessen und Lattung auf die Sparren geschlagen. Möglich war bei dem säuselnden Fettkloß alles.

Als Baazlabeth den ersten Stock erreichte, schlug ihm ein bitterer und zugleich süßlicher Geruch entgegen. Jemand hatte einmal zu ihm gesagt, das sei der Gestank des Todes, doch das stimmte nicht. Es war der Geruch von alten Menschen, die im Sterben lagen. Der Tod selbst roch anders, eher wie eine Mischung aus Metall, Salz und Wein. Hinzu kam das bisschen Eigengeruch, den jeder mit sich brachte.

Der erste Stock des Gebäudes war komplett entkernt. Bis auf ein halbes Dutzend Holzbalken, das die Decke stützte, und eine Treppe, die hinauf in den nächsten Stock führte, gab es hier keine weitere Unterteilung. Die Fenster waren mit Brettern vernagelt. Eine alte Schiffslaterne an einem der Stützpfeiler ließ den Raum im schummrigen Licht erscheinen. Mobiliar fand sich in der Halle genauso wenig wie eine Tür, wenn man einmal von den fast zwanzig Betten, die kreuz und quer verteilt standen, absah.

Irgendwo im Halbdunkel vor sich sah Baazlabeth eine Gestalt, die sich über eines der Betten beugte. Von ihr ging ein leise flüsterndes Gebet aus, das immer wieder von Hustenlauten unterbrochen wurde. Fast hätte man denken können, inmitten eines Rudels kläffender Hunde zu sein.

»Dort unter der Laterne!«, rief ihm die Gestalt mit heiserer Frauenstimme zu. »Sie ist noch nicht lange tot, fünf oder sechs Stunden etwa.«

Baazlabeth sah zu der einfachen Holzpritsche, die unter der Laterne stand. Unter einem fleckig-braunen Leinentuch lag augenscheinlich ein hagerer menschlicher Körper. Das Tuch bedeckte den Leib vollständig von Kopf bis Fuß. Baazlabeth bahnte sich einen Weg zwischen den Betten hindurch und lupfte das Laken an, während er mit der anderen Hand nach der Laterne griff, um besser sehen zu können. Zum Vorschein kam das Gesicht einer alten Frau mit eingefallenen Wangen und tief liegenden Augenhöhlen. Ihre Augen waren geschlossen und die Lippen bereits blau angelaufen. Baazlabeth hob das Tuch noch ein Stück weiter. Ein tiefer Schnitt zog sich geradewegs vom Kehlkopf hinab, zwischen ihren erschlafften Brüsten hindurch bis zum Baunabel. Die Wunde hatte jemand mit einem groben Sisalfaden wieder zugenäht.

»Üble Wunde«, kommentierte Baazlabeth halblaut

»Papperlapapp!«, krächzte die Gestalt von hinten. »Sie ist krepiert wie alle anderen auch, die hierherkommen. Ihre Herzen hören auf zu schlagen. Ich glaube, die meisten von ihnen haben das Leben einfach satt.«

»Es sieht eher aus, als hätte man ihr das Herz herausgeschnitten«, gab Baazlabeth vorsichtig zu bedenken und hielt die Laterne so, dass er die Frau des Hauses besser sehen konnte.

»Bist du ein Medikus?«, blaffte die Alte ihn an.

»Nein.«

»Dann tu, wofür du gekommen bist, und lass andere, die sich besser damit auskennen, solche wagemutigen Behauptungen aufstellen. Oder um noch deutlicher zu werden: Kümmer dich um deinen eigenen Scheiß!«

Wieder einmal hatte Baazlabeth das Gefühl, dass die Leute in Brisenburg ihn nicht mochten. Entweder traf er nie den richtigen Ton, oder es lag doch an seinem Hemd, dass er auf ständige Abneigung stieß. Hätten die Bürger sein wahres Ich gekannt, wäre es kein Wunder gewesen, doch so stellte ihn die Reaktion der Menschen jedes Mal vor ein Rätsel. Vielleicht spürten sie auch, wer er in Wahrheit war, und ihr Gehabe war nur ein verzweifelter Versuch, ihn zu bitten, sie aus ihrem armseligen Leben zu erlösen. Denn dafür war er mit Sicherheit der Richtige.

»Ich bin kein Geselle des Totengräbers«, versuchte er sich zu erklären. »Ich suche jemanden namens Molloch, der hier im Haus sein soll.«

»Ein Verwandter?«, erkundigte sich die Alte.

»Mein Bruder.«

»Er wird sich freuen, Euch zu sehen, wenn er noch am Leben ist. Schaut Euch ruhig um.«

Wenn er es nicht mehr ist, dann mach dich darauf gefasst, dass heute noch ein paar mehr Betten frei werden, Alte. Und deines wird auch dabei sein.

Baazlabeth schlich mit der Laterne von Bett zu Bett. Einige der Lagerstätten waren leer, und allein die braunen und roten Flecken in den dünnen Laken, gaben Aufschluss darüber, welche Schicksale sich hier abgespielt haben mussten. In den anderen Betten lagen meist alte und verkümmerte Menschen, die zwischen Schlaf und Tod dahinvegetierten. Keiner von ihnen schien Baazlabeth überhaupt wahrzunehmen.

Was für eine Verschwendung, dachte er, *wie kann man Menschen so lange leben lassen, bis sie zu nichts mehr gut sind, außer sich vollzupissen. Bevor ein Baum stirbt, fällt man ihn schließlich auch, damit er gutes Brennholz abgibt. Ähnlich sollte man es auch hier halten. Ein paar Jährchen zuvor hättet ihr alle auf dem Schlachtfeld noch eine ganz passable Figur abgeben können. Vielleicht hätte man mit euch keine Kriege gewinnen können, aber als Bauernopfer oder Blockade wärt ihr allemal gut gewesen. Es gibt einfach zu viele Menschen, als dass sich jemand Gedanken darüber machen würde, wohin mit euch, wenn ihr nicht mehr könnt.*

Baazlabeth war angeekelt von so viel Schwäche und Verschwendung. Wieder einmal zeigte sich ihm, dass das Chaos der richtige Weg war. Während die Seite des Lichtes und der Ordnung aufmerksam verfolgte, wie ein Leben geboren wurde, es erblühte und im Glanz erstrahlte, um dann zuzusehen, wie es erbärmlich verwelkte, nährte sich das Chaos von den Früchten, wenn sie reif und knackig waren, anstatt sie vergammeln zu lassen.

Baazlabeth hegte keine Hoffnung mehr, seinen schwergewichtigen Mitstreiter in dieser Kammer des Elends zu finden. Er vermutete, dass er einfach nur auf eine von Sannas Finten hereingefallen war. Was genau sie damit bezweckte, war ihm schleierhaft, wie so vieles, was die Frau im Tontopf tat.

»Mein Bruder scheint nicht hier zu sein«, rief er der Alten zu.

»Schade für Euch, gut für Euren Bruder«, gab sie mit heiserer Stimme zurück.

Baazlabeth wollte gerade gehen, da spürte er ein zaghafte Zupfen an seinem Mantel. Eine knochige Hand hatte sich in den Stoff verkrallt und baumelte leblos davon herab. Die Hand hing an einem Arm und der Arm an einem in ein Leinentuch gehüllten Mann, der bäuchlings auf einer Pritsche lag und sein Gesicht tief in einen alten Lumpen gepresst hatte.

Der Mann flüsterte etwas Unverständliches in seinem Delirium. Seine Hand krallte sich fester in den Stoff.

Baazlabeth wollte sich losreißen, doch in der Hand schien mehr Kraft zu stecken, als der geschundene Körper vermuten ließ. Er bückte sich und packte das Handgelenk des Sterbenden.

»Es sind die Sünden, die uns verbünden«, erreichte ihn die fistelnde Stimme von der Pritsche. Der Rest ging in einem bedrohlichen Keuchen und dem Versuch, nicht an der eigenen Spucke zu ersticken, unter.

Baazlabeth ließ das Handgelenk des Mannes wieder los. Er verrenkte seinen Hals, um auf Augenhöhe mit dem Kranken zu kommen zu sehen, wer die Dreistigkeit besaß, auf dem Sterbebett zu liegen und ihn trotzdem zu verhöhnen. Mit zwei Fingern drückte er sanft gegen die Schulter des Mannes, und dieser rollte auf die Seite. Das hagere, mit tiefen Furchen durchzogene Gesicht kam ihm fremd und zugleich vertraut vor. Breite Falten klafften unter dem Kinn, und irgendwie schien es zu viel Haut für so wenig Körper zu geben. Baazlabeth kannte das dahinsiechende Geschöpf nicht, aber er kannte die Person, die es einmal gewesen war. Die strahlenden, funkelnden, immer in Bewegung scheinenden Augen ließen keinen Zweifel.

»Molloch! Was ist mit dir passiert? Wie kommst du hierher?«

Der einstige Fettwanst war zu schwach, um zu antworten. Speichel tropfte aus seinem Mund, und durch seine Lippenbewegungen bildeten sich Blasen.

»Was habt ihr mit ihm gemacht?«, fuhr er die alte Frau an.

Auf der Treppe waren Schritte zu hören, und kurz darauf zeigten sich zwei grimmig aussehende Gesellen im offenen Türsturz.

»Wer schreit denn hier so herum?«, fragte einer der Männer empört. »Die armen Leute kommen her, um in Ruhe zu sterben, und Ihr führt Euch auf wie ein Ungetüm. Schämt Ihr Euch gar nicht? Macht er dir Schwierigkeiten, Gütel?«

Die Alte machte eine besänftigende Geste.

»Nein, nein, es ist alles gut. Der junge Mann ist nur so aufgeregt, weil sein Bruder im Sterben liegt. Sie werden beide darüber hinwegkommen. So war es immer, und so wird es immer sein. Kommt herein, ihr beiden. Ich warte schon eine ganze Weile auf euch, was war los?«

Schwerfällig stapften die beiden Männer in den Raum hinein. Augenscheinlich gehörten sie zu den Totengräbern. Eine breite schwarze Binde um den rechten Arm und ein schief sitzender Zylinder zeichneten diese Zunft aus. Einmal ganz abgesehen von den ewig freudlosen Gesichtern, welche die beiden zogen.

Gütel ging auf die zwei Burschen zu und zeigte auf die tote Frau unter dem Leichentuch.

»Sie ist vorhin von uns gegangen«, erklärte sie. »Angehörige haben sich nicht gemeldet, und besessen hat sie auch nichts.«

»Also zum Tunnel«, schlussfolgerte einer der Totengräber. »Du die Beine, ich den Kopf.«

Gütel kam auf Baazlabeth zu und hockte sich neben ihn. Sie nahm die Laterne in die Hand und leuchtete damit in das Gesicht des sterbenden Mollochs.

»Er kam vor knapp einer Woche zu uns. Die Stadtwachen haben ihn gebracht. Sie sagten, er lag unten am Hafen. Er schien nicht verletzt, war aber auch nicht ansprechbar. Wir dachten, wir könnten ihn noch ein bisschen aufpäppeln, aber er nahm immer weiter ab. Seit zwei Tagen ist er selbst zum Essen zu schwach.«

Gütel streichelte sanft die Hand, die sich immer noch in Baazlabeths Mantel krallte.

»Es geht mit ihm zu Ende.«

»Das wird auch Zeit«, brummte einer der Totengräber, wohl in der Hoffnung, dass die Worte nur seinen Kumpanen erreichen würden. »Er bringt allen nur Unglück.«

Baazlabeth sprang auf und war mit zwei Schritten bei dem Mann. Eine Hand packte die Kehle, während die andere nach dem Dolch griff. Mit Wucht stieß er den Totengräber gegen den Stützbalken, sodass dieser die Augen verdrehte.

»Warum kommen die Menschen noch hierher, sagtest du?«, knurrte er.

»Um zu sterben«, kam die keuchende Antwort.

»Ist das auch dein Begehr?«

»Tut mir leid, es war nicht so gemeint, es war nur, weil ...«

»Weil was?«, schrie Baazlabeth ihn an.

»Am Tag als er hier eintraf, verstarben alle um ihn herum in nur einer einzigen Nacht. Einer fiel aus dem Bett und brach sich das Genick. Ein anderer strangulierte sich im Schlaf mit seiner eigenen Decke. Eine alte Frau erstickte an einer Krume Brot, die sie gehortet hatte, und der Letzte lief einfach aus wie ein Schwamm.«

»Ihr dürft diesem abergläubigen Geschwätz keinen Glauben schenken«, versuchte Gütel die Situation zu schlichten. »Diese Männer sind einfältig und reimen sich ihren Teil zusammen. Die Menschen hier sind alle alt und krank, deshalb sterben sie. Das ist alles. Euer Bruder hatte nichts damit zu tun.«

Baazlabeth wusste es besser. Natürlich hatte Molloch damit zu tun. Die Todesfälle trugen seine Handschrift, und genau aus diesem Grunde versuchte die Alte auch, sie einem einfachen Unfall oder eben dem Schicksal zuzuschreiben. Die beiden Totengräber hatten wahrscheinlich nicht wirklich etwas gesehen und gehört und waren deshalb von dem Zauber des ehemaligen Fettwanstes nicht betroffen. Nun zählten sie eins und eins zusammen.

Baazlabeth ließ wieder von dem Totengräber ab. Sein Kollege hatte sich die ganze Zeit über nicht einen Zoll bewegt. Wahrscheinlich waren sie bei ihren Kunden keine Auseinandersetzungen gewohnt.

»Ihr habt gesagt, ihr schafft die Alte zum Tunnel. Was soll das sein, so etwas wie eine Gruft?«

Diesmal antwortete der andere Totengräber. Sein Kumpan war noch damit beschäftigt, wieder Luft zu holen und den nassen Fleck in seiner Hose mit der Hand zu verdecken.

»Der Tunnel ist ein Loch in der Stadtmauer zur Steilküste hin. Jeder, der nicht das Geld hat, anständig begraben zu werden, geht durch den Tunnel und verschwindet im Meer. Es ist nicht weit von hier, sollen wir Euch dorthinführen?«

»Nein, danke«, erwiderte Baazlabeth. »Ich könnte in Versuchung kommen, mal jemanden hindurchzuschicken, der sich abfällig über meine Familie geäußert hat.«

Die Drohung kam an. Die beiden Männer starrten verlegen zu Boden.

»Keine Angst«, sagte Baazlabeth mit sanfter Stimme, »ich würde niemanden ins Meer stoßen, der noch lebt.«

Die beiden Männer stimmten mit zaghaftem Lächeln zu.

»Ich würde euch natürlich vorher die Kehle durchschneiden.«

Das Lächeln erstarb.

»Ich mache euch einen Vorschlag. Ich vergesse die gegen meinen Bruder gerichtete Beleidigung, und dafür bringt ihr ihn in die *Schwarze Posse*. Sagt der Dverga, die sich dort aufhält, sie soll sich um ihn kümmern und ihm etwas zu essen und zu trinken geben.«

Die beiden Totengräber machten sich sofort ans Werk und waren kurz darauf mit Molloch verschwunden. Baazlabeth schaute sich noch einmal um. Aus irgendeinem Grund hatte er das Gefühl, jemand beobachtete ihn. Vielleicht lag es aber auch an diesem widerlichen Geruch, der in seine Nase stieg – irgendwie nach Lavendel. Er verwarf den Gedanken. Als er die Treppe hinunterstieg, rief Gütel ihm hinterher.

»Wenn Ihr Arbeit sucht, schaut einfach vorbei. Jemanden mit Eurem Durchsetzungsvermögen können wir brauchen, wenn es darum geht, Almosen für die Sterbenden bei den Händlern und Kaufleuten zu erbitten.«

»Mit Arbeit habe ich es nicht so«, gestand Baazlabeth. »Außerdem erbitte ich nichts, ich nehme mir einfach, was ich haben will.«

Die beiden Totengräber hatten nicht auf ihn gewartet, und er konnte es ihnen auch nicht verübeln. Auch der alte Mann unten im Seitenzimmer kippelte nicht mehr mit seinem Stuhl, sondern saß schmollend am Tisch und würdigte Baazlabeth keines Blickes. Wenn Baazlabeth genauer darüber nachdachte, gab es nur zwei Typen von Menschen, auf die er traf: Die einen waren froh, wenn er wieder ging, die anderen waren zu diesem Zeitpunkt bereits tot.

Als er das Haus des Übergangs verließ und auf die Straße trat, erreichte seine ohnehin schon schlechte Laune den Tiefpunkt.

Es hatte begonnen zu schneien, und unweit des Hauses stand eine Gruppe Propheten und sang Loblieder.

Entweder muss ich schnell etwas trinken oder jemandem wehtun, gestand er sich ein. *Ach, was soll's, es gibt ohnehin zu viele Menschen in dieser Stadt.*

5
Der Mensch lebt nicht vom Tod allein

Wenn man etwas mit Sehnsucht erwartet, glaubt man beim ersten Anzeichen davon, etwas zu erkennen, das verheißungsvoll und vielversprechend, in Wahrheit aber nur ernüchternd ist.

Baazlabeth befand sich in einem dieser Zustände, die ihm von seinem derzeitigen Körper aufgezwungen wurden – irgendwo zwischen Schlaf und Wachsein. Als Dämon schlief man nie. Entweder war man rege oder apathisch, aber grundsätzlich wach. Das Leben in Brisenburg, vielmehr seine menschliche Hülle zwang ihn zu unüblichen Maßnahmen wie von Zeit zu Zeit diese Phasen der Besinnungslosigkeit einzulegen. Besonders nach einer Nacht wie der gestrigen, in der er drei Krüge Rotwein geleert hatte. Der Hauswein im *Einsamen Wanderer* wäre ihm zwar lieber gewesen, aber Meister Dumpf schien sich nach den Zwischenfällen des Vortages entschlossen zu haben, ausnahmsweise einmal früher zu schließen.

Baazlabeth zwang seinen Körper dazu, sich zu regen. Er warf die muffige Wolldecke zurück und setzte sich auf. Verwundert starrte er an sich herab. Er war splitterfasernackt. Das alleine war nicht ungewöhnlich, aber er konnte sich nicht daran erinnern, sich ausgezogen zu haben. Außerdem fehlte von seiner Kleidung jede Spur. Er erhob sich, so wie er war, und trat aus der kleinen Kammer, in der er zu ruhen pflegte, wenn sein menschliches Ich danach verlangte. Im hinteren Teil des Theaters befanden sich mehrere Räume, welche die Mimen früher, vor dem Brand, zum Umziehen und Schminken genutzt hatten.

Um das Gebäude rankten sich die verschiedensten Gerüchte. Einige behaupteten, hier seien damals Orgien des Adels gefeiert worden, andere erzählten, dass im Theater reiche Kaufleute Pläne geschmiedet hatten, um den König ermorden zu lassen. Es gab aber auch

Bürger, die der festen Überzeugung waren, dass man hier okkulte Messen abgehalten hatte, um den Herrn der Sünden auf diese Welt zu rufen. In einem aber waren sich alle einig: Das Theater hatte allesamt umgebracht. Angeblich sollten sich die Wände, Decken und Böden selbst entzündet und die Anwesenden knusprig braun gebraten haben.

Baazlabeth fröstelte. Die *Schwarze Posse* besaß weder Kamin noch Ofen.

Alles Quatsch, dachte Baazlabeth, *die armen Säue haben wahrscheinlich genauso gefroren wie ich und nur versucht, ein bisschen einzuheizen*.

Baazlabeth schlurfte den Gang entlang, hinunter zur Bühne. Noch immer waren die Wände rußgeschwärzt, und daran konnte auch die Putzwut von Lemura nichts ändern. Baazlabeth war jedes Mal amüsiert, wenn er sie bei ihren vergeblichen Schrubbereien beobachtete. Er wollte hoffen, dass sie erfolglos blieb, denn er hatte keine Lust, sich erneut einen Namen für das Schauspielhaus auszudenken. Die *Blitzblanke Posse* war kein Name, mit dem man Eindruck schund.

Das Bühnenbild von gestern war wieder abgebaut worden, und lediglich ein Tisch und zwei Stühle begründeten die Szene. Lemura und die anderen schienen sich doch noch für etwas nützlich zu erweisen. Neben einem der Stühle standen Baazlabeths Stiefel, und auf dem Tisch lagen Dolch, Gürtel und sein Beutel mit Münzen. Das alles sah verdächtig nach dem Werk der Dvergaseherin aus. Baazlabeth schlüpfte in die Stiefel und ging probeweise ein paar Schritte über die Bühne. Es fühlte sich ungewohnt an, ohne Fußlappen in den Schuhen zu laufen. Vielleicht kam das Unwohlsein, das er empfand, aber auch daher, dass er ansonsten nichts anhatte.

»Ich freue mich zu hören, dass Ihr endlich auf seid«, sagte Lemura und betrat die Bühne von der Baazlabeth gegenüberliegenden Seite.

Anscheinend hatte sie die Schritte des Dämons auf den knarrenden Brettern vernommen und wollte es sich nun nicht nehmen lassen, seine nächtlichen Exzesse zu kommentieren. Ständig musste er sich von ihr irgendwelche Maßregelungen anhören. Weil sie ihm aber ansonsten gute Dienste leistete, ließ er sie ungestraft über sich ergehen. Lemura wusste vieles von dem, was in der Stadt tagtäglich vor sich ging und kannte sich gut mit der Geschichte des Landes aus. Außerdem war sie mit Myrcella, der Zwergenpuffmutter befreundet – und allein das war Grund genug, sie nicht zu töten. Wer so wenig Freunde und so viele Feinde in dieser Stadt besaß wie Baazlabeth, tat gut daran, wenigstens die Finstergilde, in der Myrcella ein prominentes Mitglied war, hinter sich zu wissen. Aber noch etwas Bedeutenderes verband Baazlabeth mit den beiden Dvergafrauen. Sie und Nemrothar, der Magier, waren die einzigen Personen, die wussten, was er wirklich war.

»Es ist spät geworden gestern«, sagte Baazlabeth.

»Wohl eher früh«, kommentierte Lemura. »Es wurde bereits hell, als Ihr hereingewankt kamt und zotige Lieder auf der Bühne zum Besten gabt.«

»Ja, ich erinnere mich. Ich habe am Hafen einige junge Burschen kennen gelernt, die mich in die örtliche Liedkunst eingewiesen haben.«

In diesem Moment sprang Igniphascellanius der Dritte auf die Bühne und strich der kleinwüchsigen Dverga sinnlich schnurrend um die Beine. Anscheinend hatte der Homunkulus wenig Schwierigkeiten, sich in seiner neuen Rolle als Katze zurechtzufinden. Als er seinen Meister bemerkte, machte er einen Buckel, und die kleinen, unbrauchbaren Flügel stellten sich auf.

»Ihr seid nackt, Meister«, stellte er verblüfft fest.

Baazlabeth sah abermals an sich herab.

»Ich trage Stiefel.«

Der Dienerdämon sprang zurück auf die Stufen des Bühnenaufgangs und aus dem Schatten einer Stufe hervor.

»Dennoch möchte ich Euch darauf hinweisen, dass Eure Garderobe einige unübersehbare Lücken aufweist. Ich glaube, dass es in der Welt der Menschen als nicht schicklich gilt, unbekleidet herumzulaufen. Der ein oder andere könnte Anstoß nehmen an Eurer Nacktheit.«

Baazlabeth nahm den Dolch vom Tisch und zeigte mit der Spitze auf den Homunkulus.

»Es fühlt sich überaus befreiend an, nackt zu sein. Willst du es nicht auch einmal versuchen? Ich könnte dir behilflich sein, indem ich dir das Fell abziehe.«

Im Nu war Igniphascellanius verschwunden.

»Dir scheint zu gefallen, was du aufgrund deiner Blindheit gar nicht sehen kannst«, sagte Baazlabeth zu Lemura, die ihre weißen Augen geradewegs auf seine Männlichkeit gerichtet hatte.

»Es handelt sich weder um Erstaunen noch um Begeisterung, die

Ihr in meinem Blick zu sehen meint. Ich habe es lediglich satt, ständig nach oben zu schauen, wenn ich mit Euch rede. Ich bekomme sonst noch einen steifen Nacken. Und da der Körper, in dem Ihr steckt, nicht Eure wahre Gestalt darstellt, ist es wohl egal, mit welchem Teil davon ich spreche.«

»Meine wahre Gestalt ist genauso nackt, doch im Gegensatz zu dieser hier würde sie dich mit Sicherheit erstaunen. Anstatt Anstoß zu nehmen, würden die Bürger in Panik vor mir fliehen, und sie täten gut daran, schnell zu sein.«

Baazlabeth hatte sich daran gewöhnt, die blinde Seherin nicht mit seinen Worten beeindrucken zu können. Die Dvergafrau schien auf alles eine Antwort zu haben, aber nur die Hälfte davon preiszugeben.

»Ich weiß, wer Ihr seid, *was* Ihr seid«, sagte sie trotzig, »und dennoch bin ich hier. Erwartet also nicht allzu viel Erstaunen von mir. Und wo wir gerade dabei sind, möchte ich noch einmal darauf hinweisen, dass ich weder Bedienstete, Waschfrau noch Eure Heilerin bin. Sollte es Euch in den Sinn gekommen sein, fortan Menschen gesund pflegen zu wollen, dann sucht Euch einen Priester oder Medikus dafür. Braucht Ihr sie nur für Eure kleinen Spielchen, kümmert Euch selbst um sie. Mir ist die Zeit zu schade, sie aufzupäppeln, damit Ihr sie dann in Euren Inszenierungen wieder malträtieren könnt.«

Jetzt platzte Baazlabeth doch der Kragen. Er sprang mit einem Satz über den Tisch und packte die blinde Seherin am Kragen ihres Umhanges, dann hob er sie auf Augenhöhe, trug sie zum Tisch und stellte sie darauf ab.

»Treib es nicht zu weit, Missgeburt!«, knurrte er sie an. »Deine seherischen Fähigkeiten haben mich bislang nicht überzeugt, um dir eine Existenzberechtigung zu verdienen. Und bis sie das tun, erledigst du, was ich dir auftrage. Verstanden?

Außerdem hat dich niemand gebeten, meine Kleidung zu reinigen, und was die beiden Männer angeht, verlange ich keine Wunderheilung, sondern nur etwas Fürsorge. Darin seid ihr Sterblichen doch so gut. Behandle sie wie Gäste. Es reicht, wenn du dem einen eine Schüssel hinstellst, die er vollbluten kann, damit er nicht alles vollsaut, und der andere muss nur wieder etwas angefüttert werden, um zu Kräften zu kommen. Hör also auf herumzulamentieren und sage mir lieber, was du mit meiner Kleidung gemacht hast.«

Lemura presste die Lippen aufeinander, und Baazlabeth sah, wie sie versuchte, die Widerworte hinunterzuschlucken.

»Ich habe sie gewaschen, weil sie von unten bis oben mit Blut getränkt war. Zuerst dachte ich, es handle sich um Straßendreck, schließlich konntet Ihr Euch kaum auf den Beinen halten, als ihr zurückkamt. Erst als Igniphascellanius mich darauf aufmerksam machte, dass der Dreck eine eigentümlich rote Farbe habe, bemerkte ich, dass es Blut war.«

Baazlabeth grinste, breitete die Arme aus und drehte sich um die eigene Achse.

»Nicht ein einziger Kratzer, wie du siehst. Oh, entschuldige, ich vergaß, du bist ja blind. Wie ich schon sagte, da waren diese jungen Raufbolde, die mit den zotigen Liedern. Sie wollten nicht nur singen, sondern auch ihre Männlichkeit unter Beweis stellen. Sie versuchten, zwei junge Dirnen zu beeindrucken, und waren wohl der Meinung, als Faustkämpfer unwiderstehlich und unschlagbar zu sein. Waren sie vielleicht auch, aber mit dem Messer konnte ich mir einen gewissen Vorteil verschaffen.«

»Ihr habt sie getötet, obwohl sie nur ein wenig herumalbern wollten?«, fragte Lemura entrüstet.

»Ich tue mich eben schwer mit den Späßen der Menschen. Ich hatte auf jeden Fall Spaß. Außerdem waren sie zu viert ...«

»Ihr habt vier junge Männer getötet, die nur ein wenig ausgelassen gefeiert haben!«, stellte die Seherin empört fest.

»Und die beiden Dirnen«, fügte Baazlabeth hinzu. »Junge Frauen können wirklich grauenvoll schreien. Ich dachte, mir würden die Ohren bluten, als sie mit dem Gekreische anfingen.«

»Euer Gott muss stolz auf Euch sein«, sagte Lemura angewidert und machte auf dem Absatz kehrt. »Ich kümmere mich jetzt um Eure beiden Gäste, und Ihr solltet Euch beeilen. Wenn ich den Boten von Lord Brackenmoore richtig verstanden habe, hat er für heute Morgen eine Sitzung des *Kleinen Rates* einberufen. Es klang recht wichtig. Eure Kleidung hängt übrigens draußen am Brunnen zum Trocknen.«

Damit war Lemura verschwunden, und Baazlabeth blieb nichts anderes übrig, als ihr grimmig hinterherzuschauen. Er nahm Gürtel und Börse vom Tisch und sprang von der Bühne. So wie er war, lief er den Theatergang hinauf zum Ausgang. Scham war etwas, das ein Dämon nicht kannte, und so trat er hinaus auf die Straße. Ein wenig hoffte er dennoch, dass ihn niemand sah, schließlich bedeutete nackt gleich schutzlos.

Baazlabeths Hoffnung, unentdeckt zu bleiben, wurde jäh von einer Gruppe junger Männer und Frauen zunichtegemacht, die auf dem Platz vor dem Theater stand und wie gewohnt das Ende der Welt verkündete.

»Bürger von Brisenburg, öffnet eure Augen!«, rief der Sprecher der Gruppe selbst ernannter Propheten, ein untersetzter Jüngling aus gutem Hause, wie seine Kleidung verriet. »Die Sünden haben Einzug gehalten in die Mauern dieser Stadt. Das Böse schleicht sich in eure Häuser und kauert unter den Tischen, an denen ihr sitzt, unter den Betten, in denen ihr schlaft, und hinter den Öfen, an denen ihr euch wärmt.«

Der Rest der Gruppe, etwas mehr als ein Dutzend, stimmte mit ein und begann, die verschiedenen Sünden eine nach der anderen aufzuzählen:

»Zorn, Neid, Wollust, Geiz, Hochmut …«

Als sie Baazlabeth entdeckten, brachen die Stimmen plötzlich ab. Eine junge Frau quiekte erschrocken auf, eine andere hielt sich die Augen zu, und zwei weitere wendeten sich empört ab, während die Mehrzahl der jungen Männer belustigt lachte und mit dem Finger auf ihn zeigte. Baazlabeth blieb einen Moment stehen und ließ den eisigen Wind um seinen Körper streichen.

Lacht nur über mich, eure Zeit ist bald abgelaufen. Ihr kündet von meiner Ankunft, erkennt mich aber nicht einmal, wenn ich direkt vor euch stehe.

Zufrieden stellte er fest, dass sich ihre Zahl seit gestern mehr als verdreifacht hatte. Dies konnte nur bedeuten, dass er doch schon mehr bewegt hatte, als ihm bewusst gewesen war.

Vom Schneefall der gestrigen Nacht war bis auf einen dünnen weißen Schleier auf den Dächern nichts mehr zu sehen.

»Eure Sachen scheinen eher gefroren als getrocknet zu sein«, lachte einer der Männer und zeigte auf die Kleidung des Dämons, die fein säuberlich über den Rand des Zierbrunnens drapiert war.

Baazlabeth warf der Gruppe junger Spötter den Anflug eines Lächelns zu.

Noch eine dumme Bemerkung, und ich werde meine Sachen morgen früh wieder vom Brunnen holen müssen, da ich sie mit eurem Blut getränkt habe. Meine Waschfrau kennt keine Gnade, wenn es darum geht, eure Überreste aus meinem Hemd zu schrubben.

Unter dem Gelächter der Fremden stapfte Baazlabeth hinüber zum Brunnen und streifte sich zuerst das Hemd über die nackte Brust. Der junge Prophet hatte nicht ganz Recht. Die Kleidung befand sich in einem Zustand zwischen klamm und gefroren. Baazlabeth hatte alle Mühe, sich vollständig einzukleiden. Der dünne Stoff klebte regelrecht an seiner Haut und wollte sich durch den leicht steifen Zustand auch nicht richtig legen. Eher notdürftig stopfte er sich das Hemd in die Hose und warf zu guter Letzt den Mantel über. Auf das Anlegen der Fußlappen verzichtete er einstweilen und stopfte sie einfach in die Taschen.

Das Gelächter der jungen Leute legte sich. Als Baazlabeth davonschritt, konnte er hören, wie sie erneut begannen, die Bürger mit ihren Warnungen vor dem Untergang zu behelligen.

Baazlabeth ging durch einen kleinen Hinterhof und dann quer über den Marktplatz. Bis auf die üblichen Kesselflicker und Bauern, die den Rest ihrer Ernte anboten, waren kaum Stände aufgebaut. Die Unruhen der letzten Wochen hatten dafür gesorgt, dass die meisten Händler von außerhalb einen weiten Bogen um Brisenburg machten, und auch Schiffe waren so gut wie keine im Hafen eingelaufen. Baazlabeth war egal, ob der Handel blühte oder nicht. Er hatte noch genügend Gold in seiner Kiste, und was das Essen betraf, war er schließlich nicht zimperlich. Solange er noch Nachbarn hatte, konnte er gar nicht verhungern.

Sein Weg führte ihn quer durch die Stadt; er schlängelte sich zwischen den hohen Gebäuden hindurch und nahm Gassen, die so kurz waren, dass die Anwohner ihnen nicht einmal Namen gegeben hatten. Als er die Brücke zum Boenviertel erreichte und den kräftigen Wind vom Meer her spürte, bedauerte er fast, sich nicht auf dem Markt nach einem neuen Mantel oder wenigstens einer trockenen Hose umgesehen zu haben. Die zugebaute Brücke über den Eiswein bot für einen Moment Schutz, doch als er die andere Seite erreichte, ging das Frösteln von vorne los. So weit zusammengekauert, wie sein Ehrgefühl es ihm erlaubte, trat er das letzte Stück seines Weges an. Schnell eilte er über die Brücke zum Schloss und überquerte den Hof.

Die beiden Wachsoldaten am Eingang hatten das breite Doppelportal bereits geöffnet, als Baazlabeth dort ankam. Sie kannten ihn und wussten, wie unangenehm er werden konnte, wenn er warten musste.

»Herr, Ihr werdet bereits von Lord Brackenmoore und den anderen Mitgliedern des Kleinen Rates erwartet«, sagte einer der Wachmänner. »Die anderen sind schon vor geraumer Zeit eingetroffen.«

»Die anderen sind auch fette, behäbige Männer, die nicht wissen, wohin mit ihrer Zeit!«, blaffte Baazlabeth den Mann an. »Ich habe auch noch andere Dinge zu tun, als nichtigen Kram zu entscheiden. Ich will hoffen, der Grund der Zusammenkunft ist diesmal bedeutsamer als eine Rattenplage in den Kornspeichern.«

Eigentlich war Baazlabeth fest davon überzeugt, dass es um etwas Wichtiges ging. Bei der letzten Sitzung des Kleinen Rates hatte er sich darüber brüskiert, dass er mit solch belanglosen Banalitäten wie der Entscheidung über den Ausbau des Hafens oder das Ausbessern der Stadtmauer belästigt wurde. Er hatte Lord Brackenmoore aufgefordert, ihn das nächste Mal, wenn solche Abstimmungen anstanden, nicht wieder zu stören und sein Stimmrecht durch einen Münzwurf zu entscheiden. Danach war eine Debatte darüber entbrannt, was die Pflicht eines Ratsmitgliedes war. Das Ergebnis dieser Auseinandersetzung hatte Baazlabeth allerdings nicht mehr mitbekommen, da er dringend in den *Einsamen Wanderer* gemusst hatte, um einen Krug Hauswein zu leeren. Wollte man in Brisenburg nicht an Langeweile krepieren, musste man seine Grenzen klar und deutlich setzen. Da er die letzten zwei Wochen keine Einladung zu einer Sitzung bekommen hatte, ging er davon aus, dass ihm das gelungen war und man sich entschieden hatte, seiner Forderung nachzukommen.

Baazlabeth eilte die Gänge zum Ratssaal entlang, sichtlich darum bemüht, nicht gehetzt zu wirken. Erneut musste er feststellen, dass von dem bereits schon vorher spärlichen Mobiliar wieder einiges abhandengekommen war. Lord Backenmoores Barmherzigkeit hatte ihn an den Bettelstab gebracht. Er half den Bürgern, wo er nur konnte, und nicht nur das. Jahrelang hatte er die Freiheit der Dvergabastarde von Neptrotot, dem Sklavenhändler, erkauft, bis ihm die Mittel ausgegangen waren.

Baazlabeth hatte sich der Sache angenommen und noch einiger

anderer unerwünschter Besucher wie den Inquisitoren. Der Tod dieser Männer war es, der Lord Brackenmoore den endgültigen finanziellen Ruin eingebracht hatte. Eigentlich war es der gesamte Kleine Rat gewesen, der das Blutgeld auf die heiligen Männer ausgesetzt hatte, doch Brackenmoore hatte schlussendlich dafür bluten müssen.

Baazlabeth machte sich einen Spaß daraus vorherzusagen, welche Einrichtungsgegenstände bei seinem nächsten Besuch den Weg zum Pfandleiher gefunden hätten. Meistens tippte er richtig, das lag aber weniger an seiner speziellen Kenntnis, was den Wert der einzelnen Dinge anging, als mehr an der beschränkten Auswahl, die noch zur Verpfändung übrig war.

Vor der Tür zum Ratssaal ging Treuthwin, der Magister im Schloss Sturmfels und Vertraute von Lord Brackenmoore, nervös auf und ab, so zügig es ihm sein von Gicht geplagter Körper erlaubte. Das musste aber nichts bedeuten, da Treuthwin schnell nervös wurde. Ein leichter Verstoß gegen die strengen Statuten des Adelshauses reichte schon aus, um ihn aus der Fassung zu bringen. Somit war er in Baazlabeths Gegenwart eigentlich unentwegt angespannt. Als der alte, weißhaarige Mann den Dämon erblickte, eilte er ihm mit schmerzverkrümmten Armen entgegen.

»Wo wart Ihr so lange, Prinzipal Sil? Der Rat erwartet Euch seit einer geschlagenen Stunde. Horius Blank wollte schon seine Männer losschicken, um Euch zu holen.«

»Das hat er schon einmal versucht, und was hat es ihm eingebracht?«, winkte Baazlabeth ab.

Der Magister zuckte mit den Schultern.

»Nichts, bis auf die Tatsache, dass er sechsmal Sold weniger auszahlen und den Wachplan zusammenstreichen musste.«

Baazlabeth ging einfach an Treuthwin vorbei und öffnete die Tür zum Sitzungssaal.

»Na endlich«, stöhnte *Horius Blank*, der Kommandant der Stadtwachen, noch bevor Baazlabeth ganz eingetreten war. »Pünktlichkeit ist eine Tugend, Meister Sil.«

»Ich dachte immer, es gibt nur sieben Tugenden, und Pünktlichkeit war bestimmt nicht dabei. Haben vielleicht Schwachsinn und Unfug ein Kind bekommen?«

Noch bevor Baazlabeth die Tür hinter sich schließen konnte, war

Abt Theon aufgesprungen, um über diese ungeheuerliche Blasphemie seine Empörung zum Ausdruck zu bringen.

»Ich kann nicht dulden, dass ihr die Namen der Kinder des Erschaffers so in den Schmutz zieht«, begann er. »Ihre Namen sind Frömmigkeit, Weisheit, Ehrlichkeit, Barmherzigkeit ...«

»... und Geilheit«, unterbrach Baazlabeth ihn.

Er war bislang der Einzige, der von der Zuneigung des Abtes zu jungen Mädchen und abartigen Praktiken wusste. Da er aber weder ihn noch den Rat weiterhin brauchte, empfand er es als wenig sinnvoll, das Geheimnis für sich zu behalten. Momentan jedoch sprang einfach zu wenig heraus, um es frei auszuplaudern. Es würde sicherlich einen besseren Zeitpunkt geben, einen, der dem Abt richtig wehtat.

Jetzt erhob sich auch noch *Nortel Pentbrook* mit den Worten: »Das muss ich mir nicht länger bieten lassen.«

Baazlabeth wusste zwar nicht, worum es ging, aber es war ihm auch egal.

»Schluss mit den Albernheiten!«, schrie *Brackenmoore* vom Ende der Tafel und schlug mit der Faust auf den Tisch. »Setzt Euch alle wieder hin! Eure Zwistigkeiten könnt ihr später regeln, wenn Euch dann noch danach ist.«

Die Gesichtszüge des Lords schienen in den letzten Wochen härter geworden zu sein. Wenn er zuvor gewirkt hatte wie ein Mann mittleren Alters mit den ersten grauen Strähnen und einem Maß an Traurigkeit in den Augen, war von ihm jetzt nicht mehr übrig als ein alternder, verbitterter Lord. Die Mundwinkel schienen eingefroren, und die beiden schmalen Augenbrauen hatte sich zu einem einzigen Strich geformt, der von Zornesfalten zusammengehalten wurde.

»Setzt Euch endlich!«, forderte Lord Brackenmoore seine Ratsmitglieder ein weiteres Mal auf.

Baazlabeth war der Letzte, der Platz nah. Alle Blicke ruhten auf dem Oberhaupt von Brisenburg. Niemand traute sich, etwas zu sagen, nur Baazlabeth hatte eine Frage:

»Wo ist Sechella, sollte sie nicht erst einmal Wein für alle bringen, bevor wir über Steuerfragen oder Bauvorhaben beratschlagen.«

Brackenmoores Blick wurde noch eisiger als zuvor schon. Doch diesmal starrte er nicht nur einfach ins Leere, sondern direkt in Baazlabeths Augen. Nie zuvor hatte er es geschafft, den Dämon anzublicken und standzuhalten, doch heute sah er ihn an wie ein Lord seinen Diener.

»Sechella und die anderen Mägde haben Schloss Sturmfels verlassen«, sagte er bitter. »Meine Goldreserven sind erschöpft, und ich kann nicht erwarten, dass man mich bedient, wenn ich es nicht entlohnen kann.«

»Dann könntet Ihr Blank in den Weinkeller schicken, um zwei Flaschen von dem guten Roten hochzuholen. Die Stadtwachen unterstehen immer noch Eurem Befehl«, erwiderte Baazlabeth ketzerisch.

Horius Blank warf ihm einen bösen Blick zu. Lord Brackenmoore ließ sich jedoch von Baazlabeths provokantem Gerede nicht weiter reizen.

»Die Weinvorräte, lieber Sil, sind bereits in die Gaststuben der Stadt gewandert. Schließlich wollten die hiesigen Händler genauso wenig auf ihr Geld warten wie Ihr. Doch ich habe gehört, dass Eure Börse noch gut gefüllt ist. Wie wäre es, wenn Ihr schnell in die Stadt laufen würdet, um ein paar Flaschen zu besorgen. Wir könnten die Sitzung auch noch für ein Stündchen unterbrechen, schließlich haben wir schon den halben Vormittag auf Euch warten müssen. Auf eine Stunde mehr oder weniger kommt es jetzt auch nicht mehr an.«

Baazlabeth kochte innerlich. Wie konnte dieser Bettlerlord es wagen, so mit ihm zu sprechen. Der ganzen Familie schien es an Respekt zu fehlen. Lilith, Lord Brackenmoores totgeschwiegene Tochter, war schon vom ersten Zusammentreffen an aufsässig gewesen, von Sanna, Brackenmoores toter Frau ganz zu schweigen. Und nun, nach allem, was er für den Lord getan hatte, wagte der es, in diesem Ton mit ihm zu sprechen.

Brackenmoore, ich wünsche mir von ganzem Herzen, dass Ihr eine der Tugenden seid, damit ich mich, wenn der Tag der Prophezeiung gekommen ist, bei Euch für Eure Gastfreundschaft und die netten Worte bedanken kann. Wenn sich die Prophezeiung erfüllt hat, werde ich die Köpfe Eurer ganzen Familie aufspießen und an meinen Thron nageln.

»Es wird auch ohne Wein gehen«, sagte Baazlabeth trocken.

Nortel Pentbrook, Horius Blank, Abt Theon und Horrest Limewall schien Baazlabeths Zurechtweisung runterzugehen wie ein Schluck vom besten Roten. Fast glaubte Baazlabeth, ihr Glucksen hören zu können. Sie suhlten sich in dieser öffentlichen Demütigung wie Schweine im Matsch, dabei hätte nicht einer von ihnen den Mut gehabt, ihm selbst die Stirn zu bieten. Nur dem alten Nemrothar und Jost Blackbell, dem Hafenmeister, schien das Ganze gar nicht zu behagen. Nemrothars Missfallen war leicht zu erklären. Schließlich war er es, der den Dämon in diese Welt gerufen hatte, und er war auch dabei gewesen, als Baazlabeth sein ganzes Können gezeigt und vier Dutzend Inquisitoren in den heiligen Hallen dahingemetzelt hatte. Er schien zu spüren, dass der Dämon nicht weit davon entfernt war, den Kleinen Rat etwas auszudünnen.

Das Unbehagen von Blackbell war nicht so leicht zu verstehen. Vielleicht ahnte er irgendetwas. Vielleicht hatte sich auch jemand verplappert. Es war aber auch möglich, dass der Hafenmeister nur eine gute Nase für brenzlige Situationen besaß. Auf jeden Fall war es gut zu wissen, wenigstens zwei Personen im Rat zu haben, die einem nicht mit Wonne ihren Dolch in den Leib stoßen würden.

»Damit scheint ja alles geklärt zu sein. Kann ich dann endlich beginnen?«, fragte Lord Brackenmoore in die Runde.

Zustimmendes Nicken machte sich breit.

»Kommandant Blank und ich haben vor zehn Tagen sechs Späher über den Pass in den Norden und Osten des Landes geschickt.«

»Wozu sollte das gut sein?«, fragte Horrest Limewall. »Ich finde es unerhört, dass solche Entscheidungen einfach über die Köpfe des Rates hinweg getroffen werden. Was hofftet ihr denn zu finden?«

»Wir hofften, nichts zu finden, doch gerade dieses Nichts war es, das uns stutzig machte«, sagte Lord Brackenmoore. »Auf den üblichen Routen der Händler zog nicht eine einzige Karawane Richtung Brisenburg, und auch aus der Stadt heraus reisten nur einige Kesselflicker und ein paar Krämer mit ihren Karren. Jost Blackbell verriet uns, dass es im Hafen ähnlich aussah. Nicht ein einziger namhafter Händler der Stadt hat sich in letzter Zeit Ladeplatz auf einem der Schiffe angemietet, obwohl die Lagerhäuser voll mit Reet, Salz, Schiefer und Fisch sind. Ein paar Nachforschungen haben ergeben, dass Ihr, Horrest Limewall, alle möglichen Lieferungen von und nach Brisenburg storniert habt, und ebenso Eure teuren Freunde, die Tuch- und Gewürzhändler. Könnt Ihr mir das erklären?«

Baazlabeth konnte spüren, wie der Puls des fetten, reichen Händlers zu rasen begann. Er hielt die Hände wie zum Gebet, und dabei trommelten seine Fingerkuppen gegeneinander wie die Pfeifenklappen einer Orgel.

»Ihr spioniert mir hinterher?«, rief der Händler empört. »Was geht es Euch an, wann und mit wem ich Handel treibe, ob ich Laderaum miete oder eine Karawane zusammenstelle? Der Winter kommt früh dieses Jahr. Ich wollte erst das Wetter abwarten, um sicherzustellen, dass meine Waren auch dort ankommen, wo ich sie hinschicke. Was nützen mir zwanzig Fässer Kerbel und Majoran, wenn sie im Rumpf eines eingefrorenen Schiffes auf See verrotten.«

»Selbst wenn der Nordwind uns seine kalten Stürme schickt, dauert es mindestens noch zwei Wochen, bis das Meer gefriert«, mischte sich Hafenmeister Blackbell ein, der anscheinend Gefallen an den Anschuldigungen gefunden hatte.

Baazlabeth war immer noch minder interessiert. Er musste sich zwar eingestehen, dass Intrigen um irgendwelche kaufmännischen Raffinessen ein bisschen Abwechselung in die Ratssitzung brachten, doch da es unwahrscheinlich war, dass am Ende ein Auspeitschen stattfand, fehlte es dem Gespräch an der gewissen Würze. Anklagen, die nicht mit Folter oder Tod endeten, waren für den Dämon wie Essen, das man kauen, aber nicht herunterschlucken durfte. Alles, womit er rechnen durfte, war eine empfindliche Geldstrafe für Limewall, die aber sicherlich nicht unter den restlichen Ratsmitgliedern aufgeteilt werden, sondern in die Tasche von Lord Brackenmoore wandern würde. Das ließ aber hoffen, dass es wenigstens bei der nächsten Sitzung wieder ein Glas Roten geben würde.

»Ihr habt Euch in den letzten Jahren nie vom Wetter abhalten lassen, gute Geschäfte zu machen«, sagte Brackenmoore. »Im Gegenteil, Ihr habt sogar die widrigsten Umstände und die weitesten Strecken dazu genutzt, Euer Vermögen zu mehren. Ich kenne Euch seit Jahren, Horrest Limewall, und das Einzige, was Euch bisher davon abgehalten hat, Profit zu machen, waren größere Profite.«

»Und was hat das alles mit meiner jetzigen Zurückhaltung und Vorsicht zu tun?«, fragte Limewall brüskiert.

»Genau das haben wir uns auch gefragt und eine Antwort gefunden.«

»Und wie lautet die, bitte schön?«

»Meine Späher haben mir berichtet, dass König Bellington mit sechstausend seiner Soldaten auf Brisenburg zumarschiert.«

Jetzt kam Bewegung in die Sache. Abt Theon sprang von seinem Stuhl auf und reckte die Arme gen Himmel.

»Der Erschaffer stehe uns bei! Ich wusste es, wir haben uns von den Sünden leiten lassen und dabei zugesehen, wie man Ihn beleidigt und die Namen seiner Kinder verleugnet hat. Er wird uns nicht ungerichtet lassen. Diejenigen unter uns, die zugelassen haben, dass man Ihm diese Schmach beigefügt hat, wird Er auf eine Probe stellen, um ihre Loyalität zu prüfen. Aber die, welche sich selbst an Ihm und seiner Saat vergangen haben, wird Er auf das Schlimmste richten.«

Aus irgendeinem Grund fiel Theons Blick dabei auf Baazlabeth. Seine Augen verrieten, dass es ihm nur allzu recht gewesen wäre, seinem Gott dieses Opfer zu gewähren. Vielleicht hoffte er, sich dadurch von seinen eigene Verfehlungen freikaufen zu können.

Baazlabeth bot ihm schon einmal das Wechselgeld an.

»Nun mach mal halblang, du aufgeblasener Totenhemdträger«, grollte er vom Ende der Tafel. »Erstens habt Ihr nicht dabei zugesehen, als die Inquisitoren ihr wohlverdientes Ende ereilte, sondern Ihr habt es in Auftrag gegeben. Zweitens bete ich nicht und zeige auch keine Form der Reue. Und drittens habe ich weder ihn noch seine Kinder beleidigt. Ich würde eher sagen, ich habe ihnen richtig in den Arsch getreten.«

»Da hört Ihr es. Er gibt zu, alle diese Frevel selbst begangen zu haben«, zeterte Theon.

»Ich gebe gar nichts zu«, grunzte Baazlabeth, dem jetzt mehr denn je der Sinn nach einem Glas Wein stand.

»Aber Ihr müsst eingestehen, dass das, was geschehen ist, nicht auf unser Geheiß passierte. Niemand von uns konnte wissen, zu was Ihr fähig seid«, mischte sich Nortel Pentbrook ein.

Baazlabeth wurde es langsam zu bunt. Erst bezahlten sie ihn dafür, dass er ihnen die Inquisitoren vom Hals schaffte, und dann waren sie zu feige, es zuzugeben. Was hatten diese erbärmlichen Menschen gedacht? Dass er die Hoheitlichen mit Süßigkeiten aus der Stadt lockte? Natürlich brachte er sie alle um, schließlich war er ein Horde, ein Kriegerdämon von Amez.

»Wir müssen ihn ausliefern, das wird König Bellington vielleicht besänftigen«, quiekte Limewall dazwischen und suchte nach Zustimmung bei den anderen Ratsmitgliedern.

Das war zu viel. Hatte dieser Fettsack vergessen, dass es eigentlich um ihn gehen sollte und seine Machenschaften mit dem König? Baazlabeth musste etwas einfallen, um die aufgebrachte Meute wieder zur Raison zu bringen. Er packte Limewall, der neben ihm saß, am Genick und schlug den Kopf des Händlers auf die Ratstafel. Wie bei einer höfischen Verneigung zog er den Händler danach wieder zurück in den Stuhl und schaute zu, wie ihm das Blut aus der Nase quoll und über Lippen und Kinn rann.

Allen anderen am Tisch schien der Sinn nach Anschuldigungen plötzlich vergangen zu sein. Entweder starrten sie peinlich berührt zwischen ihre Beine oder glotzten fassungslos auf das blutende Gesicht von Horrest Limewall, der nicht ganz grundlos abwesend wirkte.

»Bitte verzeiht diesen kleinen Ausbruch von Unbeherrschtheit meinerseits, verehrte Ratsmitglieder«, entschuldigte sich Baazlabeth. »Ich hatte das Gefühl, wir schweifen etwas vom Thema ab, und wollte es Lord Brackenmoore nur ermöglichen, den Tagespunkt wieder neu aufzugreifen. Ging es nicht ursprünglich um den bevorstehenden Besuch des Königs, oder irre ich mich, Lord Brackenmoore?«

Das geschockte Schweigen ließ sich schwerer brechen als das Lamentieren zuvor. Der Lord öffnete und schloss den Mund wie ein Karpfen an Land, doch er blieb auch stumm wie ein solcher. Die anderen am Tisch schienen ihn überhaupt nicht gehört zu haben, jedenfalls zeigten sie keine Reaktion. Baazlabeth wollte die anfängliche Diskussion nicht wieder in Gang bringen, indem er weitere Denkanstöße gab. Er probierte es lieber auf eine diplomatische Art.

»Muss ich erst einem die Zunge herausschneiden, damit ihr die Sprache wieder findet?«, schnaubte er, wobei ihm auffiel, dass das eigentlich wenig Sinn ergab.

Die Drohung zeigte dennoch Wirkung bei Lord Brackenmoore, er gewann langsam wieder an Fassung. Mit anfänglichem Stottern kam er zurück zur Tagesordnung, während Baazlabeth immer noch Horrest Limewall am Genick hielt.

»Der König, ja. Wie schon gesagt, der König ist auf dem Weg nach Brisenburg in Begleitung von sechstausend Soldaten und Söldnern.«

Der Lord legte eine Pause ein und schien immer noch nach dem roten Faden in seiner Ansprache zu suchen.

»Und Ihr vermutet, dass Limewall etwas damit zu tun hat«, half Baazlabeth ihm auf die Sprünge.

Brackenmoore griff danach wie ein Ertrinkender nach einem rettenden Tau.

»Richtig. Ich glaube, dass Horrest Limewall vom Aufbruch des Königs durch einen seiner Kaufmannskollegen in Kenntnis gesetzt wurde, es aber aus bisher unerfindlichen Gründen nicht an den Kleinen Rat weitergegeben hat.«

»Stimmt das?«, fauchte Baazlabeth den Händler an und drückte fester zu.

»Lasst ihn doch los«, bat Abt Theon. »Er kann so doch gar nicht antworten.«

Baazlabeth kam der Bitte nach und gab den Kaufmann frei. Limewall fiel vornüber, halb vor Scham, halb vor Schmerz, und vergrub das Gesicht zwischen den Armen.

»Der König wusste, das er Brisenburg nicht ungesehen erreichen konnte, solange Handelskarawanen zwischen hier und Travenstein unterwegs waren«, schluchzte er. »Über einen Mittelsmann hat er mir ein Angebot unterbreitet, das ich schwerlich ausschlagen konnte. Er versprach mir, dass egal, wie tief ich in die Sache mit Neptrotot oder den Inquisitoren verwickelt sei, er keine Anklage gegen mich erheben würde. Außerdem wollte er mir den Start einer eigenen Händlergilde in Brisenburg ermöglichen. Ohne seinen Zuspruch ist der Handel mit den Städten im Norden nur auf dem Niveau möglich, wie wir es jetzt haben. Ich konnte seine Bitte nicht ausschlagen. Ihr wisst, er wird uns alle hängen lassen, wenn er herausfindet, was hier geschehen ist.«

»Was hat er dafür gewollt?«, mischte sich Horius Blank erneut in das Verhör ein.

»Er hat nur verlangt, dass ich und die anderen Kaufleute den Handel für vier Wochen aussetzen, damit er nach Brisenburg gelangen kann, ohne dass sich die Nachricht von seinem Besuch wie ein Lauffeuer herumspricht.«

»Das habt Ihr ihm geglaubt?«, fragte Brackenmoore fassungslos. »Er ist der König. Er hat sein Wort gehalten und gebrochen, wie es ihm beliebte. Sein Wort besitzt weniger Wert als ein Schuldschein von mir.«

»Was hätte ich denn anderes tun sollen?«, wimmerte Horrest Limewall.

Seine Frage blieb unbeantwortet. Baazlabeth konnte sehen, wie die anderen überlegten, was sie an der Stelle des Kaufmannes getan hätten. Die betrübten Gesichter zeigten ihm, dass sie sich ebenso entschieden hätten, nur Lord Brackenmoore schüttelte voller Unverständnis seinen Kopf, und Nemrothar schaute unbeteiligt zu Baazlabeth.

»Die Späher berichten, dass der König und seine Truppen keine Woche mehr brauchen, um Brisenburg zu erreichen«, sagte Brackenmoore. »Ich schlage vor, jeder zieht sich jetzt für eine Stunde in sein Amtszimmer zurück und macht sich Gedanken darüber, wie wir nun vorgehen. Über die einzelnen Vorschläge werden wir später abstimmen. Horrest, Ihr geht jetzt besser nach Hause, bis auf Weiteres seid Ihr von den Ratssitzungen ausgeschlossen.«

Lord Brackenmoor erhob sich feierlich und deutete auf die Tür zum Nebengelass, wo sich die Amtszimmer befanden.

»Meine Herren, der Kleine Rat hat in den vergangenen Jahren immer für das Wohl von Brisenburg entschieden. Ich gehe davon aus, dass sich dies in dieser prekären Lage nicht geändert hat. Denkt immer daran, dass die Bürger unserem Urteilsvermögen vertrauen. Ich werde bis zu unserem erneuten Zusammenfinden Magister Treuthwin in die Stadt schicken, um etwas Roten zu besorgen. Ein Schluck zur Beruhigung täte jetzt wohl jedem gut, nehme ich an.«

Mit diesen Worten beendete Lord Brackenmoore die Sitzung vorerst und verschwand als Erster in den hinteren Räumen. Horrest Limewall schlich mit gesenktem Haupt von dannen, und die anderen folgten dem Lord.

Baazlabeth stand in dem kleinen Amtszimmer, das man ihm zugewiesen hatte. Bislang war er nur einmal hier gewesen, und das auch nur, weil die letzte Sitzung unterbrochen werden musste, da Abt Theon von Übelkeit heimgesucht worden war.

Er mochte den Raum nicht sonderlich. Die Wände waren kahl und fensterlos und bis auf einen Schreibtisch und einen gut gepolsterten Stuhl völlig ohne Mobiliar. Außerdem war der Raum zu klein und erinnerte Baazlabeth an eine Zelle. Die Amtszimmer der anderen Ratsmitglieder waren prunkvoll geschmückt, mit Dingen aus ihrer Vergangenheit oder kostbaren Gegenständen. Das Zimmer von Abt Theon sah aus wie ein kleiner Tempel, und Horrest Limewall hatte Schmuck, seltene Vasen und Teppiche mit Jagdszenen überall im Raum verteilt. Bei Kommandant Blank fand sich sogar eine vollständige, auf Hochglanz polierte Prunkrüstung und ein regelrechtes Waffenarsenal. Anfänglich hatte Baazlabeth mit dem Gedanken gespielt, die Köpfe seiner Opfer an die Wände zu hängen, doch er verwarf den Gedanken schnell wieder, da er der Meinung war, dies würden die strengen Statuten in Schloss Sturmfels niemals zulassen. So hatte er sich entschlossen, den Raum kahl zu lassen und möglichst wenig Zeit hier zu verbringen.

Er ertappte sich dabei, wie er im hinteren Teil seines Amtszimmers stand und versuchte, kraft seiner Gedanken die Wand verschwinden zu lassen. In seiner Dimension war dies ohne Weiteres möglich. Die Welt der Menschen hatte ihn vieler seiner Fähigkeiten beraubt, und trotz der herben Rückschläge, die er bisher in Brisenburg erleiden, und den Unannehmlichkeiten, die er erdulden musste, hatte das Leben in der Stadt der Menschen auch seine Reize. Aber es blieb, wie es blieb, die Mauer ließ sich nicht verrücken. Dafür öffnete sich die Tür zu seinem Zimmer. Nemrothar stand im Rahmen und hielt eine Flasche Rotwein in den Händen.

»Darf ich eintreten?«, fragte er zögerlich und hielt dem Dämon einladend die Flasche hin.

Die Blessuren des alten Magiers von der Folter durch die Inquisitoren waren fast verheilt. Außer etwas Schorf auf der Nase und einem immer noch hängenden Augenlid war so gut wie nichts mehr von den Misshandlungen zu sehen. Nemrothar hatte sich gut geschlagen unter der Folter. Es wäre ein Leichtes für ihn gewesen, Baazlabeths Tarnung auffliegen zu lassen, besonders weil der Dämon auch den eigentlichen Grund für das Erscheinen der Hoheitlichen darstellte. Er hatte gewusst, dass die Befragungen der Inquisitoren grundsätzlich mit dem Tod endeten, wenn man ihnen nicht das erzählte, was sie hören wollten. Trotzdem hatte er dichtgehalten, und das rechnete Baazlabeth ihm hoch an – oder jedenfalls halbhoch.

»Warum so zurückhaltend, alter Zausel?«, fragte Baazlabeth. »Als du mich aus meiner Welt gerissen und in diese verbannt hast, warst du nicht so förmlich und batest mich um meine Einwilligung. Ich erinnere mich, wie ich mich kurz zuvor noch einem jungen Mann gewidmet habe, der auch deiner Zunft entsprang. Ingvarr war sein Name, glaube ich. Natürlich war er bei Weitem nicht so versiert wie du, was die Zauberei anging, doch immerhin hat er es in mein Reich geschafft. Leider hatten wir keine Zeit, uns besser kennen zu lernen, weil ich für einen verwirrten alten Mann fünftausend Goldstücke verdienen sollte.«

Jetzt erst drehte sich Baazlabeth zur Tür und warf einen kritischen Blick auf seinen Besucher.

»Willst du mich damit etwa besänftigen, alter Mann. Ich habe dir versprochen, dass ich dich töte, bevor ich diese Welt wieder verlasse, und daran wird eine Flasche Wein nichts ändern. Wie du dich erinnern wirst, habe ich genügend Gold, um mir selbst eine kaufen zu können. Also scher dich lieber weg und trinke sie selber, viel Zeit bleibt dir nicht mehr.«

Nemrothar scherte sich nicht um Baazlabeths gut gemeinte Ratschläge, sondern trat ein und schloss die Tür hinter sich. Er schritt zum Tisch, stellte die Flasche ab und zog zwei reich verzierte Zinnbecher aus seinen Manteltaschen.

»Ich bin nicht gekommen, um meine Haut zu retten. Vielmehr will ich dich davor bewahren, eine Dummheit zu begehen.«

»Dummheit?«, brüllte Baazlabeth. »In diesem Raum hat nur einer eine Dummheit begangen, und das warst du, als du mich auf diese Stadt losgelassen hast. Eine Dummheit ist etwas, was man tut und später bereut. Glaubst du etwa, dass ich irgendetwas in dieser Stadt anrichten könnte, dass mir länger Kopfzerbrechen bereitet, als ich bräuchte, um diese Flasche Wein zu leeren?«

Nemrothar stellte die Becher auf den Tisch. Dann zog er den Korken aus der Flasche und schenkte ihnen beiden ein.

»Ich glaube sogar, dass du einen Fehler machen könntest, den du den Rest deines unsterblichen Lebens bereuen würdest. So wie ich es sehe, ist der einzige Grund, warum du noch in Brisenburg bist, diese Prophezeiung. Und ich bin nur noch am Leben, weil mir eine kleine Rolle darin zugedacht wurde.«

»Sprich ruhig weiter«, ermunterte Baazlabeth ihn. »Ich kann schon riechen, wie dein Fleisch mürbe wird.«

»Du glaubst, dass der Aufmarsch von König Bellington dich der Prophezeiung ein Stück näher bringt. Wie heißt es so schön: ›Die Stadt der Götter wird als Schlachtfeld dienen.‹ Du erhoffst dir von des Königs Truppen ein Gemetzel, das dir den Weg ebnet, um die Welt ins Chaos zu stürzen.«

Baazlabeth kam zum Tisch und betrachtete die beiden Becher. Solche Kelche wurden sonst nur zu den festlichsten Anlässen gereicht. Der Rand war mit Rubinen besetzt, und die feinen Intarsien mit Blattgold eingefügt. Er nahm einen davon in die Hand, drehte ihn zwischen den Fingern, bis er ihn rundum betrachtet hatte, dann schnupperte er an dem Wein.

»Verwunderlich, dass Lord Brackenmoore diese guten Stücke noch nicht zu Geld gemacht hat, um seine Schulden zu zahlen«, sagte er.

»Sie gehören mir, genauso wie die Flasche Wein«, erklärte Nemrothar. »Ich habe sie aus meinem Turm mitgebracht, da mir die Zustände in Schloss Sturmfels bereits bekannt waren.«

»Und warum nur zwei Kelche?«

»Weil es besser ist, mit einem Feind zu trinken, als mit hundert Freunden zu feiern«, erklärte Nemrothar.

»Na, dann auf mein Wohl«, sagte Baazlabeth und prostete Nemrothar zu.

Er wartete ab, bis der Magier ebenfalls seinen Kelch erhob und die Geste erwiderte. Blitzschnell griff er zu und schnappte sich das Trinkgefäß. Zum Tausch hielt er Nemrothar seinen Kelch entgegen. Der Magier nahm lächelnd an.

»Nicht, dass ich dir nicht trauen würde, aber ich traue dir nicht«, erklärte Baazlabeth und stürzte den Inhalt des Kelches in einem Zug hinunter.

Nemrothar war etwas vornehmer. Er nippte erst und nahm dann zwei kräftige Schlucke.

»Was denn, kein Feuer, keine Höllenqualen und kein Tor, das sich öffnet und mich verschlingt?«, frotzelte Baazlabeth. »Du enttäuschst mich, und auf anderer Seite mutest du mir mehr zu als ich mir selbst. Der König ist bereits auf dem Weg hierher. Seine Entscheidung, die

Stadt anzugreifen, ist bereist gefallen. Welchen Einfluss könnte ich darauf noch nehmen?«

Nemrothar stellte seinen Becher wieder zurück auf den Tisch und wischte sich mit dem Ärmel seiner Robe über den Bart.

»Man hat dich anscheinend zu oft gerufen, um Krieg zu führen.«

»Man ruft mich, um Kriege zu beenden«, berichtigte Baazlabeth.

»Wie auch immer. Der König ist auf dem Weg hierher, das steht außer Frage, doch er wird keinen Krieg gegen seine eigene Stadt führen. Er wird sich streng an die Statuten des Landes halten.«

»Und das heißt?«, fragte Baazlabeth ein wenig angewidert.

»Er wird mit seinen Mannen vor das Stadttor ziehen und die Herausgabe der Schlüssel fordern.«

»Welcher Schlüssel?«

»Die Schlüssel, die übergeben werden, wenn ein neuer Lord die Aufsicht über eine Stadt bekommt. Darunter sind der Schlüssel zur Burg, für alle Tempel, die der Lagerhallen und der Garnison und der vom Stadttor.«

»Der König hat sechstausend Mann, wozu braucht er einen Schlüssel?«

Nemrothar schüttelte verzweifelt den Kopf.

»Hör mir doch zu! Es wird keine Schlacht um Brisenburg geben«, zeterte er. »Es wird entweder streng nach Protokoll ablaufen, oder er wird mit seinem Heer einfach einmarschieren und sich die Köpfe derer holen, die sich seiner Aufforderung zur Übergabe widersetzt haben. Der König führt ein Heer mit sich, und wir haben noch nicht einmal genug Männer, um die Stadtmauer zu bewachen. Wer sollte sich ihm entgegenstellen? So oder so, er wird in die Stadt einmarschieren.«

Der Alte gab Baazlabeth immer wieder Rätsel auf. Er wurde einfach nicht schlau aus ihm und wurde das Gefühl nicht los, dass Nemrothar seine eigenen Ziele verfolgte. Fragte sich nur, ob es auch dieselben wie seine waren.

»Wenn schon feststeht, wie es abläuft, wozu braucht dann Brackenmoore den Kleinen Rat? Und was willst du von mir?«

»Ich hatte gehofft, du würdest eine Möglichkeit finden, den König davon abzuhalten, in die Stadt zu kommen, ohne einen Krieg zu beginnen«, gestand der Magier. »Ich weiß, dass dir die Stimme von

Jost Blackbell im Kleinen Rat bereits sicher ist, wenn es stimmt, was gemunkelt wird. Wenn du eine Möglichkeit siehst, die Stadt nicht in die Hand des Königs fallen zu lassen, sind dir außerdem meine Stimme und die von Lord Brackenmoore sicher.«

Baazlabeth schnaubte verächtlich. »Ich bin ein Horde, Nemrothar. Ein Krieger. Du erwartest von mir, eine Armee aufzuhalten, ohne einen Krieg zu beginnen. Das ist so, als ob du Wein trinken, aber die Flasche nicht entkorken möchtest. Was du suchst, ist mehr ein Schlichter als ein Schlächter. Und weißt du, was am meisten dagegenspricht, dir meine Hilfe anzubieten.«

Nemrothar schüttelte den Kopf.

»Ich! Denn ich mag dich nicht. Du hast mich das letzte Mal reingelegt. Jetzt will ich endlich auskosten, wofür ich gekommen bin.«

»Die Prophezeiung wird sich nicht erfüllen, wenn König Bellington die Tore von Brisenburg passiert«, keuchte Nemrothar.

Baazlabeth stutzte. Er zog eine Augenbraue hoch und starrte den Magier halb ungläubig, halb belustigt an.

»Das hast du dir ausgedacht«, schnaubte er. »Wie sollte das, was ein König tut, verhindern, was die Götter geplant haben? Du hast zu Recht Angst davor, dass Amez diese Welt für sich beansprucht, denn dann wird dein Zuhause mein Reich sein. Wenn es endlich so weit ist, werden die wenigen Menschen, die dann noch leben, froh sein, nur versklavt zu werden. Ich werde diese Welt zur größten Folterkammer machen. Natürlich versuchst du mit deinen kleinen Tricks, mich davon abzuhalten, doch ich durchschaue dich.«

Durchschauen war vielleicht etwas viel gesagt, doch es klang gut, befand Baazlabeth. Das brachte ihn aber einer Entscheidung nicht näher. Entweder rechnete Nemrothar damit, dass er jeden Vorschlag, der von ihm kam, ablehnte, oder er bat tatsächlich um Hilfe. Blieb nur noch die Frage offen, warum dem Alten so daran lag, eine Prophezeiung wahr werden zu lassen, die den Untergang der Menschheit vorhersagte.

»Wenn du mir nicht glaubst, sprich mit Meister Oson, dem Archivar der alten Schriften. Du findest ihn im Tempel der Weisheit. Wenn jemand etwas über Prophezeiungen weiß, dann er. Hüte dich nur davor, ihm zu viel zu erzählen! Er ist ein weiser Mann und erkennt die Zeichen, wenn er nur nahe genug herankommt.«

Eine neue Finte von dir, um etwas Zeit zu schinden? Doch ein weiser Mann, der sich mit Prophezeiungen auskennt, hört sich verlockend an. Mit etwas Glück ist er besser zu gebrauchen als Lemura, diese Blindschleiche. Mal sehen, ob mein Magen es schafft, sich in einen Tempel zu begeben, ohne sich umzudrehen.

»Wenn das wieder so ein Spielchen von dir ist, wirst du dir wünschen, mit deiner Mutter zusammen im Kindbett gestorben zu sein, Nemrothar. Ich bin es langsam leid, mich von Sterblichen umherschubsen zu lassen. Ich will diese Prophezeiung, und zwar so schnell wie möglich. Mir ist egal, wer sich mir in den Weg stellt – ob König, Magier oder ein ganzes Heer. Ich werde mir den Weg bahnen, den Amez für mich vorgesehen hat.«

Baazlabeth griff nach der Flasche, die auf dem Tisch stand, und nahm einen kräftigen Schluck.

»Sag Lord Brackenmoore, dass er die Ratssitzung auf morgen vertagen soll. Erzähl ihm irgendetwas von neuen Informationen, widrigen Umständen oder mysteriösen Todesfällen in der Stadt. Dir wird schon etwas einfallen, es passt ohnehin immer. Wenn nicht, werde ich schon dafür sorgen. Morgen gegen Mittag werde ich wissen, was zu tun ist.«

Dann stellte er die Flasche zurück auf den Tisch. Bevor er durch die Tür verschwand, drehte er sich noch einmal zu Nemrothar um.

»Übrigens, der Wein ist genauso geschmacklos wie deine jämmerliche blaue Robe und dieser alberne Hut«, sagte er und ging.

6
Weisheit schützt vor Jugend nicht

Manchmal ist der Weg auf den Glauben zu wesentlich steiniger als der von ihm weg. Besonders, wenn man derjenige ist, vor dem alle Priester ihre Getreuen warnen.

»Wie geht es unseren beiden Kranken?«, rief Baazlabeth den dunklen Gang entlang. Er war heute schon früh auf den Beinen, denn es gab noch einiges für ihn zu tun.

»Kommt doch und seht sie Euch selbst an«, antwortete Lemura aus einem der hinteren Zimmer des Theaters. »Ich weiß nicht, ob krank der richtige Ausdruck ist, um die Zustände, in denen sie sich befinden, zu beschreiben. Der eine scheint mir kurz vor dem Verhungern gewesen zu sein. Egal, was wir in ihn hineinstopfen, er schluckt es, und das, ohne vorher zu kauen. Er hat fast unsere ganzen Vorräte aufgebraucht.«

Das ist gut, endlich mal ein Tag, der mit einer frohen Botschaft beginnt. Wenn sich jetzt noch die Sonne verfinstert und König Bellington über Nacht von der Pestilenz dahingerafft wurde, schwöre ich bei Amez, heute niemanden zu töten.

»Geh zu meiner Truhe und nimm dir einige Münzen heraus!«, rief er der Seherin zu. »Besorge Vorräte und füttere ihn weiter, bis er kräftig genug ist, selber zu essen.«

Jetzt zeigte sich das Gesicht der Dvergafrau im Gang. Sie hielt eine Kerze in der Hand, obwohl das Wachs über ihre Finger tropfte.

»Er schlingt alles zu schnell hinunter, ich befürchte, sein Magen könnte platzen.«

»Sein Magen ist so groß, dass du hineinpassen würdest. Also füttere ihn nur weiter.«

»Wie lange soll das so weitergehen?«, fragte sie unsicher, während ihre großen grauen Augen im Schein der Kerze glänzten.

»Bis die Pritsche unter ihm zusammenbricht oder er beginnt, in Versreimen zu sprechen. Was ist mit dem anderen?«

»Er lebt, das ist aber auch schon alles. Mittlerweile hat er eine halbe Waschschüssel vollgeblutet. Er spricht nicht und bewegt sich nicht. Das Einzige, was er tut, ist atmen und bluten.«

Das sind mir die Liebsten.

»Wenn die Schüssel voll ist, stell eine andere unter die Wunde. Irgendwann wird er schon aufhören mit dem Unsinn, und dann muss er mir dringend ein paar Fragen beantworten. Ich hoffe für ihn, dass er ein paar gute Antworten bereithält, sonst brauchen wir noch mehr Schüsseln.«

Lemuras Gesicht verschwand wieder in der Dunkelheit, und Baazlabeth machte auf dem Absatz kehrt. Als er auf die Bühne trat, saß Igniphascellanius der Dritte auf dem Tisch und putzte seine nutzlosen Stummelflügel.

»Und was ist mit dir, hast du nichts zu tun?«, fragte der Dämon gereizt. »Fang Mäuse oder scheuer dich mit deinem Fell an den Fußleisten entlang, sonst tue ich es.«

»Der Homunkulus gähnte gelangweilt und streckte die Vorderpfoten nach vorne, um sich zu dehnen, so wie es Katzen üblicherweise tun.

»Ach wisst Ihr, Herr«, begann er träumerisch zu schwärmen. »Die Mäuse in dieser Welt scheinen viel schneller und gewiefter zu sein als in allen anderen, die ich kenne. Sie sind so flink, dass ich es aufgegeben habe, hinter ihnen herzutollen. Und was das Reinigen der Fußleisten angeht, muss ich Euch mitteilen, dass Ruß reines Gift für mein weiches Fell ist.«

»Soll heißen, du bist so gut wie nutzlos und für mich als dienstbarer Geist nicht zu gebrauchen«, stellte Baazlabeth ernüchternd fest.

»So ist es wohl«, surrte Igniphascellanius und rollte sich schnurrend auf dem Tisch zusammen. Doch plötzlich schreckte er hoch, buckelte und stand mit weit aufgerissenen Augen da, als ob er das entfernte Bellen eines Jagdhundes wahrgenommen hätte.

»Nein, so ist es natürlich nicht«, plapperte er aufgeregt. »Die Katze in mir hat mich abermals übermannt. Ich bitte um Verzeihung. Ehrlich gesagt, weiß ich gar nicht, wohin vor lauert Arbeit. Es gibt ja so viel, was ich für Euch tun kann. Die meisten Dinge sind Euch gar nicht bewusst. Sie erleichtern Euch das Leben als Mensch in vielen Bereichen. Fast ständig könnt Ihr von meiner Arbeit profitieren. Ihr nehmt es wahrscheinlich nur unterbewusst war, was ich alles so den ganzen Tag lang leiste, aber es ist schon eine ungeheure Menge. Ich bin so gut wie unverzichtbar für Euch. Ich verabscheue es nur, mich selbst so in den Vordergrund zu spielen.«

Jetzt lag es an Baazlabeth, gelangweilt zu gähnen.

»Dann ist ja gut«, schnaubte er. »Lass dich bitte nicht aufhalten bei den vielen überaus wichtigen und mir unverzichtbaren Arbeiten, die auf dich warten.«

Was bin ich froh, von solch überaus talentierten, hingebungsvollen und selbst aufopfernden Lakaien umgeben zu sein. Ich kann gar nicht genug von ihnen kriegen. Noch ein paar mehr, und ich kann meine ganz private Hölle der Unzulänglichkeiten aufmachen. Tretet ein! Egal, was Ihr Euch wünscht – Ihr werdet es niemals bekommen.

Baazlabeth schlurfte leicht frustriert davon. Er durfte sich von den Schwächen seiner Verbündeten nicht demotivieren lassen. Ihm stand eine große Aufgabe bevor, da war es wenig zielführend, an allem herumzumäkeln. Er musste einfach besser sein, um das, was seine Gefährten nicht schafften, selbst zu tun.

Was für ein gefühlsduseliger Schwachsinn. Natürlich bin ich besser als alle zusammen. Der einzige Grund, warum ich sie brauche, ist, weil die Rede von sieben ist. Von mir aus könnte ich auch mit sechs Huren aus der Schwalbenburg in den Krieg ziehen. Es reicht, wenn sie am Schlachtfeldrand stehen, meinen Namen von Zeit zu Zeit rufen und mitzählen, wie viele ich dahinschlachte.

Als Baazlabeth auf die Straße trat, war seine Laune so weit gefestigt, dass auch der Schneefall, der letzte Nacht begonnen hatte, und der erneut aufgekommene eisige Wind nichts daran ändern konnten. Ein kleiner Wermutstropfen blieb jedoch: Abermals stand ihm ein Tag bevor, der so wenig Spaß und Ausgelassenheit versprach, wie so viele andere schon zuvor. Er musste sich um Dinge kümmern, die in seiner Welt so überflüssig waren wie Haare in der Nase und deren Erledigung weit unter seiner Würde war. Er war ein Kriegerdämon, was kümmerte ihn das Aufstellen des Banners oder die Versorgung der Verwundeten? Strategie, Taktik und Planung war etwas für die Unterlegenen, die sich damit eine Chance auf den Sieg ausrechneten. Er brauchte das alles nicht. Ihm reichte eine gute Klinge und Feinde im Überfluss. Sollte sich doch die andere Seite eine Taktik zurechtlegen. Vielleicht starb es sich damit einfacher. Dummerweise lief es in der Welt der Menschen anders. Insbesondere in Brisenburg. Hier machte man ständig Pläne und war dann gezwungen, sie im nächsten Moment wieder zu verwerfen. Das alles war wenig erbaulich, doch es war besser, gut gelaunt in den heutigen Tag zu gehen – zumindest für Baazlabeths Gesprächspartner. Immerhin war seine Kleidung wieder getrocknet.

Den Gang zum Tempel der Weisheit verschob Baazlabeth auf später. Dieser Archivar Oson würde schon nicht weglaufen. Zuerst galt es, sein Heim etwas zu verschönern. Wer wollte schon in einem ausgebrannten Theater wohnen? Um sich etwas heimischer zu fühlen, hatte er sich ein wenig Mobiliar beim Schmied Jonas Kesselbrook bestellt. Meister Kesselbrook hatte sich viel Mühe gegeben, Baazlabeth davon zu überzeugen, dass er nicht der Richtige für die Arbeiten war. Immer wieder hatte er in dem Gespräch mit dem Dämon erwähnt, dass er ausschließlich Klingen bearbeitete. Dabei war es egal, welchem Zweck diese Klingen zugeführt wurden, Hauptsache es waren Klingen. Äxte, Säbel, Dolche, Kurzschwerter oder Zweihänder, es spiele keine Rolle.

Baazlabeths Wunsch war ausgefallen und Meister Kesselbrook wenig angetan. Es hatte sich als äußerst schwierig herausgestellt, ihn zu überzeugen. Aus Gold machte er sich anscheinend nicht viel, und Neugierde geschweige denn Begeisterung hatte er scheinbar für Baazlabeths Spezialanfertigung auch nicht empfunden. Ein Punkt, den Baazlabeth so gar nicht nachvollziehen konnte. So versuchte er mit Engelszungen auf ihn einzureden, was von der Begrifflichkeit schon schwer zu ertragen war, doch auch dies brachte nicht den entscheidenden Erfolg. Erst als er seinem Wunsch etwas mehr Nachdruck verliehen hatte, hatte der Schmied zugestimmt. Es war eine Unterhaltung ganz nach Baazlabeths Geschmack gewesen.

Er erinnerte sich noch an den fassungslosen Blick des Mannes mit dem gewaltigen Hammer und den muskelbepackten Armen, als Baazlabeth ihn in den Schwitzkasten genommen hatte. Ungläubig und hilflos hatte er ihn angestarrt, doch in seinen Augen hatte trotzdem Hass gefunkelt. Baazlabeth musste sich eingestehen, dass die Überraschung auf seiner Seite gewesen war. Ohne diesen kleinen Vorteil hätte der Dämon in seinem menschlichen Körper dem fast doppelt so schweren Mann sicherlich nichts entgegensetzen können. Doch es ging auch nicht um ein Kräftemessen, sondern nur darum, dass der Schmied tat, was Baazlabeth von ihm verlangte. Und dafür waren ihm alle Mittel recht.

Trotzdem musste er zugeben, dass Jonas Kesselbrook etwas Besonderes war. Bislang war er nur wenigen Menschen wie ihm begegnet. In Brisenburg gab es zwei, um genau zu sein. Zum einen eben diesen Jonas Kesselbrook, den Schmied, und zum anderen Andor Celest, den Hauptmann der Stadtwachen, was wesentlich unangenehmer war. Menschen wie diese zwei waren unbestechlich, unbeugsam und von Grund auf überzeugt von dem, was sie taten. Kurz gesagt: übermenschlich. Man konnte sie nicht brechen, nur töten. Meister Kesselbrook, befand Baazlabeth, war zu wertvoll, um sich auf diese Weise von ihm zu trennen. Den Schmied vor der Schlacht zu töten war, wie in das Wasser zu pissen, das man trinken wollte. Auf die Dienste von Andor Celest konnte er sicherlich besser verzichten. Aber wie sagte ein Sprichwort so schön? Das Beste solle man sich bis zum Schluss aufheben. Und einen Schluss würde es geben, dafür würde er sorgen.

Die Schmiede von Jonas Kesselbrook lag im Windviertel. Das Klingen des Hammers auf dem Amboss konnte Baazlabeth bereits hören, als er in die Funkengasse abbog. Die kurze Sackgasse endete direkt vor der steilen Böschung, die zum Eiswein hin abfiel. Zur linken Hand befand sich die Schmiede, ein kleines, halb offenes Gebäude mit einer aus Basalt aufgesetzten Esse. Die große Feuerstelle war das Herzstück der Schmiede. Darüber stieg ein trichterförmiger Rauchabzug nach oben, der frei schwebend vom Dach der Schmiede gehalten wurde. Ganz besonders stolz schien Kesselbrook auf die Apparatur zu sein, die Wasser aus dem Fluss nach oben beförderte und gleichzeitig den Blasebalg antrieb.

In Baazlabeths Augen war es nicht mehr als ein Wasserrad mit einem konfusen Gestänge, das auf einer Schweinshaut herumdrückte. Aber um den Schmied nicht zu beleidigen, hatte er sich die Zeit genommen, die Gerätschaft ausgiebig zu bestaunen. Meister Kesselbrook verbrachte hier die meiste Zeit des Tages. Von Sonnenaufgang bis Sonnenuntergang stand er vor den glühenden Kohlen, erhitzte Metall und formte es mit seinem Hammer. Er selbst hatte ein feudales Wohnhaus im Boenviertel und, wenn die Gerüchte über ihn stimmten, eine wunderschöne Frau und elf Kinder. Baazlabeth hatte diese Informationen aus einer Kneipe am Hafen. Er erinnerte sich noch, wie der hagere, schmierige Mann am Tresen nach dem sechsten Humpen Bier so gut wie über jeden in der Stadt etwas zu sagen gehabt hatte. Seine Wortwahl in Bezug auf den Schmied lautete: »Hast du den riesigen Hammer gesehen, mit dem er auf dem Amboss herumdrischt. Man sagt, das sei nicht der einzige Hammer, den Kesselbrook zu bieten hat, wenn du verstehst, was ich meine. Die Weiber stehen auf so etwas.«

Baazlabeth hatte aus Freundlichkeit in das dreckige Gelächter des Fremden mit eingestimmt, obwohl er keinen blassen Schimmer besaß, wovon der Mann eigentlich sprach.

Der Geruch von glühenden Kohlen und dem Wasserdampf, der aufstieg, wenn die heiße Klinge zum Härten in den Bottich getaucht wurde, war für Baazlabeth fast wie die Erinnerung an Zuhause. Es fehlte nur noch der Gestank von versengtem Haar und verbranntem Fleisch. Für einen kurzen Moment dachte er, das Keuchen und die Schreie der Gefolterten hören zu können, doch es war nur das Klingen des Hammers und das Geräusch des Blasebalgs.

Jonas Kesselbrook stand mit dem Rücken zum Eingang und wendete einen zwei Fuß langen Streifen Metall in der heißen Esse. Der Mann war wirklich gewaltig. Sechseinhalb Fuß groß, muskelbepackt und dick zugleich. Keiner von diesen Söldnertypen, an denen kein Fett zu finden war und die den ganzen Tag damit verbrachten, gut in Form zu bleiben für den nächsten Auftrag. Jonas Kesselbrook hätte mit Molloch wahrscheinlich ein Wettessen bestreiten können und wäre kein Außenseiter gewesen. Die eine Hälfte von ihm war Fett, die andere Muskeln. Doch alles zusammen brachte ihm eine unbändige Menge an Kraft. Er wäre die Attraktion eines jeden Gladiatorenkampfes gewesen, wenn es in Brisenburg so etwas gegeben hätte. Trotz der Kälte draußen stand er mit freiem Oberkörper an der Esse, nur bekleidet mit einer leichten Hose und einer Lederschürze. Große Schweißtropfen lösten sich aus seinem kurz geschorenen schwarzen Haar und rannen ihm den Rücken hinunter.

»Da bin ich wieder, Meister Kesselbrook«, sagte Baazlabeth. »Ihr hattet mir versprochen, heute fertig zu werden, erinnert Ihr Euch?«

Der Schmied stieß das Metall, das er bearbeitete, tief in die Kohlen der Esse und beobachtete schwer atmend, wie die glühenden Funken in den Schlot aufstiegen. Es schien ihm sichtlich schwerzufallen, sich seinem Peiniger erneut zu stellen. Noch war er gekränkt und verletzt, doch bald schon würde er versuchen, seine Schmach zu überwinden und seinen Stolz wiederherzustellen. Bis es so weit war, wollte Baazlabeth ihn noch ein wenig schwitzen lassen, und wenn es nur vom Feuer in der Esse war.

»Bitte sagt nicht, dass ich umsonst gekommen bin.«

Jonas griff unter seine Schürze und benutzte das schwere Leder wie einen Handschuh, als er das Metall aus der Glut zog. Er tauchte das Eisen in einen Eimer Wasser und wartete ab, bis das Brodeln ein Ende nahm. Danach steckte er das Werkstück zurück in die Kohlen und drehte sich um.

»Ihr seid nicht umsonst gekommen«, sagte er und blickte den Dämon finster an. »Sie sind hinten und müssen noch entgratet werden.«

Baazlabeth wurde wieder bewusst, wie lange es dauerte, bis der Heilungsprozess beim Menschen abgeschlossen war. Selbst Prellungen und Blutergüsse brauchten Tage, um wieder vollständig abzuklingen. Das linke Auge des Schmieds war nicht mehr zugeschwollen, aber unter dem Lid lag immer noch eine dunkle Verfärbung. Das Ohr war rot geschwollen, und der Backenbart von einer bereits verschorften Narbe geteilt. Seine rechte Hand war bis über das Gelenk hinauf bandagiert, und zwei Finger waren mit einer Schiene fixiert.

»Sieht sehr schmerzhaft aus«, folgerte Baazlabeth, etwas Mitleid heuchelnd. »Ich hoffe, es behindert Euch bei Eurer Arbeit nicht zu sehr.«

Jonas Kesselbrook verzog keine Miene, nur seine linke Hand ballte sich zur Faust, bis die Knöchel weiß hervortraten.

»Es sind nicht meine ersten Verbrennungen, und es werden auch nicht meine letzten sein«, sagte der Schmied. »Wer mit dem Feuer spielt, darf die Hitze nicht scheuen.«

»Meine Güte«, staunte Baazlabeth. »An Euch ist ein richtiger Poet verloren gegangen. Wenn Euch der Sinn nach etwas anderem steht, als den ganzen Tag auf einem Amboss herumzuhämmern, könntet ihr

Texte für mein Theater schreiben. Ich glaube, die Menschen wären begeistert, etwas zu hören, was ein wenig robuster klingt als das gefühlsduselige Geschwafel, das ihnen sonst so vorgesetzt wird.«

Der Schmied wandte sich wieder seiner Arbeit zu.

»Ich weiß Euer Angebot zu schätzen, doch ich mag meine Arbeit – meistens jedenfalls. Verzeiht mir, aber ich habe noch viel zu tun. Wenn Ihr meine Arbeit begutachten wollt, geht bitte nach hinten, meine Frau Galina wird Euch alles zeigen. Bitte gebt Ihr auch den Lohn, auf den wir uns geeinigt haben. Ich habe mir bereits erlaubt, einen Kutscher zu instruieren, alles heute Abend zu Eurem Theater zu bringen. Ich hoffe, das ist Euch recht.«

»Mehr als das«, erwiderte Baazlabeth. »Wenn ich mit Eurer Arbeit zufrieden bin, wäre ich geneigt, noch etwas für Eure Bemühungen obendrauf zu legen.«

»Ich danke Euch, doch das ist nicht nötig«, sagte Jonas Kesselbrook kühl und begann, mit dem Hammer auf sein Werkstück einzuschlagen.

Baazlabeth nahm ihm die ablehnende Haltung nicht übel. Es war schwer damit klarzukommen, unterlegen zu sein. Aber irgendwann würde er darüber hinwegkommen, spätestens, wenn er sich entschloss, seine Niederlage wettzumachen. Baazlabeth wünschte ihm, dass er bei seiner zweiten Niederlage dazulernen und besser mit dem Misserfolg umgehen würde, denn den würde er ohne Frage abermals erfahren.

Es brachte aber nichts, sich um das Seelenheil anderer zu scheren, schließlich wartete eine Überraschung auf ihn. Er war gespannt, ob die Arbeit von Meister Kesselbrook das hielt, was andere ihm versprochen hatten.

Baazlabeth wandte sich dem hinteren Teil der Schmiede zu, wo in einem Lager seine Bestellung auf ihn wartete. Die klapprige Holztür schützte lediglich vor neugierigen Blicken. Um sich vor Langfingern zu schützen, nahm der Schmied jeden Abend seinen gesamten Warenbestand und alle Werkzeuge mit nach Hause. Ein sehr aufwendiges Verfahren, befand Baazlabeth. Er plädierte eher dafür, einen eindeutigen Akzent zu setzen. Wer ihm etwas wegnahm, musste sterben. So einfach war das. Nach dem dritten oder vierten Toten würden sich die Langfinger schon überlegen, ob sie bei ihm noch ein weiteres Mal einbrachen. Und wenn es dennoch jemand wagte …? Dann wurde der

Unterricht eben fortgeführt, bis es alle verstanden hatten. Übrig blieben zum Schluss nur die Lernfähigen und die, die es nicht nötig hatten, zu stehlen. In einer Stadt wie Brisenburg würde das höchstwahrscheinlich bedeuten, dass jedes zweite Haus dann leer stand. Ein vergnüglicher Gedanke, wenn es darum ging, die Prophezeiung wahr werden zu lassen.

Als Baazlabeth die Tür zum Lagerraum öffnete, spürte er, wie die Blicke des Schmieds auf ihn gerichtet waren. Wenn der Mann auch nur den Hauch einer Chance gewittert hätte, seinen Peiniger zu töten, hätte Jonas Kesselbrook nicht einen Moment gezögert, sich mit einem Stück blanken Stahl auf ihn zu stürzen. Baazlabeth kostete diesen Moment seines Triumphs noch etwas aus, indem er im Türrahmen stehen blieb und dem Schmied den Rücken darbot.

Trau dich, und ich schenke Brisenburg eine Witwe und elf Waisenkinder. Spring über deinen Schatten und verwerfe alle Zweifel! Vielleicht rettest du damit diese ganze Welt. Tue es, Jonas Kesselbrook! Tue es!

Der Schmied entschied sich anscheinend dagegen, denn nach einem kurzen Augenblick hörte Baazlabeth erneut das Hämmern auf dem Amboss.

Schade.

Baazlabeths Enttäuschung gab sich schnell wieder, als er sah, was der Schmied für ihn hergestellt hatte. Da hingen sie: sieben exakt nach seinen Vorstellungen gearbeitete Käfige. Jeder groß genug, um eine Person zu beherbergen, wenn man es darauf anlegte – und genau das tat er. Sie glichen sich wie ein Ei dem anderen. Die Stäbe waren gerade breit genug, um einen Arm oder ein Bein problemlos hindurchzustecken, doch zu eng, um ganz daraus zu flüchten. Jeder Käfig besaß eine Tür und eine faustgroße Öse am oberen Ende, um ihn aufzuhängen. In gleichmäßigen Abständen von einem Fuß waren Querstreben angebracht, um zu verhindern, dass man die Stäbe auseinanderbog. Dessen aber noch nicht genug, waren jede Strebe und jeder Stab messerscharf von beiden Seiten angeschliffen. Man konnte schließlich nie wissen, wen man alles in so einen Käfig einsperren musste.

»Gefallen sie Euch?«, fragte eine Frauenstimme. »Sind sie so geworden, wie Ihr sie Euch vorgestellt habt?«

Baazlabeth versuchte den Ursprung zwischen all dem Metall zu erkennen, doch außer einem schlanken Schemen, der in dunkelrotes Tuch gekleidet war, gab der schummrig beleuchtete Raum nichts preis.

»Bleibt dort, ich komme zu Euch«, sagte die Frauenstimme. »Ein wenig Unachtsamkeit nur, und Ihr ruiniert Euch Eure Kleidung oder Schlimmeres.«

»Ich bin niemals unachtsam, und was sollte schlimmer sein, als wenn ich mein einziges Hemd ruinierte?«, gab Baazlabeth zur Antwort.

Die Käfige fingen an, sich einer nach dem anderen zu drehen. Funkelnd blitzten die messerscharfen Stäbe im Licht einer Laterne. Plötzlich legte jemand Baazlabeth eine Hand auf die Schulter.

»Ich sehe so einiges, um das es schade wäre, wenn es seine Makellosigkeit verlöre.«

Die Frau in Rot strich Baazlabeth sanft über den Arm, bis hinunter zum Handrücken.

»Ich bin Galina, Jonas Kesselbrooks Frau. Mein Mann bat mich, ihm bei der Arbeit zu helfen. Normalerweise mache ich mir nichts aus seinem Schmiedehandwerk, doch als ich hörte, worum es ging, wurde ich neugierig und kam seiner Bitte nach.«

Baazlabeth war immer noch erstaunt, wie leise und gewandt sich die Frau ihm genähert hatte.

Na, was soll's! Können nicht alle aussehen wie Molloch. Als Gespielin für Theon brächte sie genau die richtigen Voraussetzungen mit: Sie ist klein, zierlich und beweglich. Außerdem scheint sie richtige Kleidung zu hassen. In diesem roten Lappen wird sie sich bei der Kälte noch den Tod holen. Sie hat nicht einmal Schuhe an.

»Ich bin Sil«, sagte er steif. »Sieht nach guter Arbeit aus. Euer Mann scheint wirklich begabt zu sein.«

»Das ist er ohne Zweifel, doch auch Ihr seht aus, als ob die Götter Euch mit einigen Gaben gesegnet hätten«, flüsterte Galina ihm zu.

Mir ist nur eine Gabe zuteilgeworden, und diese wollt Ihr sicher nicht kennen lernen, meine Liebe.

Irgendwie wurde Baazlabeth das Gefühl nicht los, dass die Frau des Schmieds mit ihm kokettierte. Wollte sie ihn aus der Reserve locken und dann erniedrigen, weil er ihren Mann geschlagen hatte? Vielleicht wollte sie Jonas aber auch dazu bringen, auf ihn loszugehen.

Wenn sie so weitermachte, würde der Schmied auch allen Grund dazu haben.

Galina hielt die Laterne hoch und leuchtete Baazlabeths Gesicht aus, dann ließ sie die Funzel sinken und besah sich den Dämon Zoll für Zoll, bis sie bei seinen Knien angekommen war. Anschließend hielt sie die Laterne hinter sich und hob sie langsam von den Knien an bis hoch zum Rücken. Der halb durchsichtige Stoff ihres Kleides ließ ihren anmutigen Körper durchscheinen. Deutlich zeichnete sich der Bereich zwischen ihren Beinen ab und beschien schließlich ihre kleinen, straffen Brüste.

»Gefalle ich Euch?«, hauchte sie.

Baazlabeth musste zugeben, dass er noch nie in seinem Leben einen anmutigeren Menschen gesehen hatte. Für eine Frau war sie zweifellos wunderschön. Ihr lockiges kastanienbraunes Haar betonte ihre Weiblichkeit, und sie duftete nach – Apfel? Ohne jeden Zweifel konnte sie jedem Mann in Brisenburg den Kopf verdrehen. Baazlabeth fühlte sich zwar geschmeichelt, doch keineswegs zu ihr hingezogen. Er war schließlich kein Mann.

»Schöne Haare«, sagte er und wandte sich ab. »Kümmert Euch bitte darum, dass die Käfige heute Abend noch in die *Schwarze Posse* geliefert werden.« Mit einer beiläufigen Geste hielt er ihr den Beutel mit Münzen hin.

»An Eurer Stelle würde ich mir für das Geld etwas Wärmeres zum Anziehen kaufen. Ihr holt Euch sonst noch den Tod. Und schöne Grüße an den Herrn Gemahl.«

Mit diesen Worten verließ er die Schmiede.

Bei Amez, gibt es denn keine normalen Menschen mehr in Brisenburg. Kein Wunder, dass die Götter sich dieses absurden Ortes mit all seinen Bürgern entledigen wollen.

»Du hättest diese Arbeit nicht annehmen dürfen«, hörte Baazlabeth Galina ihren Mann ankeifen. »Wir hätten das Gold nicht nötig gehabt. Wer weiß, was er mit diesen Folterinstrumenten anfangen will. Nachher bekommen wir noch Ärger mit den Stadtwachen. Sag ihm, dass er sein Gold zurückbekommt, und dann schmelze diese verfluchten Dinger wieder ein.«

Den Mut bringt er nicht auf, meine Süße.

Baazlabeth hatte vom Frust verschmähter Frauen bereits gehört und war nicht versessen darauf, noch etwas darüber zu lernen. Ob jedoch der anstehende Besuch des Tempels der Weisheit mehr Vergnüglichkeit versprach, bezweifelte er. In jeder Welt wurde den Göttern des Lichts auf eine andere Art und Weise gehuldigt, doch zwei Dinge waren überall gleich: Es gab feste Orte, die als heilige Stätten der Götter fungierten und die von den Sterblichen besucht wurden, um ihrem Erschaffer nahe zu sein. Meistens wurden diese Begegnungen dazu missbraucht, sich ausgiebig über das armselige Leben zu beschweren, dass man führen musste, und wenn man schon gleich dabei war, konnte man ruhigen Gewissens auch noch einige Wünsche äußern, die einem eben dieses Leben etwas erleichtern sollten. Die andere Gemeinsamkeit war, dass kein Geschöpf des Schattens diese Orte betreten konnte, ohne gewissen Unannehmlichkeiten ausgesetzt zu sein. Die Palette reichte von leichter Übelkeit über Krämpfe bis hin zur Selbstentzündung – was mit Abstand am übelsten war. Die unterschiedlichen Reaktionen hingen zum einen vom Schattenwesen selbst ab, aber auch von der Macht des Lichtes auf der jeweiligen Welt.

Baazlabeth hatte den Tempel der Weisheit bereits einmal betreten. Damals waren Bauarbeiten am Dach des Gotteshauses im Gange, und Nemrothar hatte ihm eine Empfehlung für den Vorarbeiter mitgegeben. Ohne viele Fragen zu stellen, hatte man ihn auf das Dach befördert und Molloch zur Unterstützung zugewiesen. Das war seine erste Begegnung mit dem dicken Mann gewesen, und sein erster Kontakt mit heiligem Boden in dieser Welt. Es mochte daran gelegen haben, dass Bauarbeiten am Laufen waren, auf jeden Fall hatte Baazlabeth nicht mehr als eine leichte Übelkeit überfallen. Ob er heute wieder so glimpflich davonkäme, würde sich in Kürze herausstellen.

Baazlabeth genoss die Ruhe im Boenviertel. Zum ersten Mal hatte er das Gefühl, dass Brisenburg sich auf die anstehende Prophezeiung vorbereitete und das allgemeine Aussterben begonnen hatte. Hier zwischen all den Tempeln, Türmen und Herrenhäusern gab es keine aufdringlichen Händler oder um Mitleid winselnde Bettler. Nur ein paar Dienstmägde und einige Handwerksburschen, die sich um die nötigsten Belange der Reichen und Gläubigen kümmerten, waren zu sehen. Man konnte unbehelligt die Straßen entlanggehen, ohne ständig jemandem Platz machen zu müssen. Es war, wie es sein sollte. Baazlabeth genoss die Ruhe vor dem Sturm.

Leider war das nur die halbe Wahrheit, das wusste auch Baazlabeth. Die meisten Bürger hatten sich in ihre Häuser zurückgezogen, weil sie Angst vor dem hatten, was auf den Straßen vor sich ging. Molloch und Lilith hatten genügend Schrecken verbreitet, um jeden, der es sich leisten konnte, nicht aus dem Haus gehen zu müssen, auch dort verweilen zu lassen. Die reichen Händler und Kaufleute schickten ihr Personal, um Einkäufe zu erledigen. Auch die Kleriker hatten sich in die Tempel zurückgezogen, um dort ihre stillen Gebete an die Götter zu richten und darauf zu hoffen, dass der Schatten über Brisenburg an ihnen vorbeizog. Dies würde jedoch nicht geschehen, solange Baazlabeth unter ihnen weilte. Wie eine dunkle Wolke über allem zu hängen war seine Spezialität, und als krönenden Abschluss würde er es Blut regnen lassen.

Voller Stolz blieb der Dämon vor dem Haus der Väter stehen. Jahrelang hatten die Bürger Brisenburgs dies als Tempel des Erschaffers angesehen und verehrt. Sie hatten es ihm zu verdanken, dass sie jetzt die ganze Wahrheit kannten. Das Haus der Väter beherbergte beide Seiten der Schöpfung – Ordnung und Chaos. Hier betete man zu Sept wie auch zu Amez. Genauer gesagt, hätte man dies tun können, bevor Baazlabeth diesen Ort entweiht hatte. Nachdem er nämlich fünfundvierzig Inquisitoren und einen Seraphim in den Mauern des Tempels dahingeschlachtet hatte, würde es ihn verwundern, wenn man die Stimme des Lichtes darin jemals wieder hören konnte. Nun war der einstige Tempel nicht mehr als eine Opferstätte des Chaos.

»Dieser Ort ist verflucht«, sagte eine junge blonde Dienstmagd, die andächtig neben Baazlabeth stehen geblieben war. Traurig schaute sie zu dem breiten Doppelportal hinauf, das ihr und vielen anderen wahrscheinlich jahrelang Trost gespendet hatte.

»Verflucht würde ich ihn nicht nennen«, erwiderte Baazlabeth. »Ich würde vielmehr sagen, er ist jetzt keine Lüge mehr. Ein Tempel, der einem vorgaukelt, dass man dort in Sicherheit ist, ist nichts anderes als eine Falle. Es ist immer gut zu wissen, was einen erwartet.«

Die Magd starrte ihn fassungslos an.

»Wie könnt Ihr so etwas sagen? Dies war das Haus des Erschaffers, und viele gläubige Männer haben darin ihren Tod gefunden, als sie sich gegen die Mächte des Bösen gestellt haben.«

So richtig gegen mich gestellt haben sie sich aber nicht. Sie sind mehr gerannt wie die Hasen, bis ich jedem Einzelnen von ihnen das Fell über die Ohren gezogen habe. Und was die gläubigen Männer betrifft, erinnerst du dich vielleicht noch daran, wie sie die Bürger gequält und gefoltert haben, damit sie sich gegenseitig denunzieren und auf den Scheiterhaufen bringen. Doch was interessiert es mich, was du denkst, du wirst es bald am eigenen Leib erfahren.

»Ihr habt wahrscheinlich Recht«, lenkte Baazlabeth desinteressiert ein. »Wollen wir hoffen, dass der Erschaffer das nächste Mal mehr gläubige Männer schickt.«

Vielleicht welche, die weniger gläubig, dafür aber kampferprobter sind. Das letzte Mal war der Sieg schlichtweg zu einfach zu erringen.

Die Magd schien ihm seine Einsicht nicht wirklich abzunehmen und setzte ihren Weg mit einer empörten Miene fort. Kaum war sie ein paar Schritte weg, da gesellte sich schon der nächste Schaulustige zu ihm, abermals von hinten an ihn herantretend – wie konnte es auch anders sein?

»Man sollte denjenigen aufhängen, der dafür verantwortlich ist. Findet Ihr nicht auch, Sil, oder muss ich jetzt Prinzipal Sil sagen?«

Baazlabeth kannte die Stimme wie auch den Tonfall nur allzu gut. Er drehte sich um und wurde nicht enttäuscht.

»Hauptmann Celest!«, rief Baazlabeth übertrieben entzückt aus. »Was für eine Freude, Euch einmal wiederzusehen. Seid Ihr jetzt schon gezwungen, mit Euren Männern auf Wache zu gehen? Ich will doch nicht hoffen, dass Ihr schon wieder einige Eurer Soldaten verloren habt. Das wird langsam so etwas wie eine schlechte Angewohnheit von Euch.«

Hauptmann Celest war in Begleitung zweier übelgelaunt dreinblickender Männer in Uniform. Wie es sich gehörte, hatten sie sich zu beiden Seiten hinter ihm postiert und die Hände am Griff ihrer Kurzschwerter. Celest selbst hatte seine ihm natürlich gegebene arrogante Haltung angenommen und stand mit vor der Brust verschränkten Armen vor Baazlabeth. Er ging auf die Provokation nicht ein, sondern grinste nur herablassend.

»So wortkarg heute?«, versuchte Baazlabeth ihn erneut herauszufordern. »Oder fühlt Ihr Euch mittlerweile außerstande, mir verbal die Stirn zu bieten? Was Eure Fragen betrifft, könnt Ihr mich natürlich weiter Sil nennen, schließlich sind wir alte Freunde. Oder waren wir nur Bekannte? Ich weiß es ehrlich gesagt gar nicht mehr. Tut aber auch nichts zur Sache. Und was Euer Verlangen angeht, den Schuldigen für dieses Massaker zur Rechenschaft zu ziehen, so würde ich vorschlagen, dass Ihr erst einmal überprüft, ob Ihr da nicht Eure Kompetenzen bei Weitem überschreitet. Schließlich könnte es sein, dass es gar kein Verbrechen war, sondern so etwas wie die Erhörung eines Hilferufes. Vielleicht sogar das Flehen eines Lords und seines Kommandanten. Somit wäre aus der Bluttat eine ganz normale Hinrichtung geworden. Und in diesem Fall suchtet Ihr nicht nach einem Mörder, sondern nach einem Henker. Was denjenigen zu dem machen würde, was eigentlich Eure Aufgabe gewesen wäre. Vielleicht hatte er nur den Mut, das zu tun, was Ihr nicht konntet.«

Andor Celest hatte sich schon in früheren Gesprächen als kein Freund von Maskeradenspielchen gezeigt – und er blieb sich treu.

»Stellt Euch nicht mit mir auf eine Stufe, Sil. Wir sind weder Freunde noch Bekannte, und wir haben auch keinerlei Gemeinsamkeiten. Nur weil Ihr ein Mitglied des Kleinen Rates seid, heißt das nicht, dass Ihr in dieser Stadt tun könnt, was Ihr wollt. Irgendwann werdet Ihr einen Fehler machen, und dann werde ich zur Stelle sein.«

»So ist es recht, Hauptmann«, lachte Baazlabeth. »Immer zur Stelle, wenn man Euch braucht. Fragt sich nur, ob Ihr tatsächlich in meiner Nähe sein wollt, wenn mir ein Fehler unterläuft. So, aber jetzt genug der Plauderei, ich habe noch einiges zu erledigen. Man erwartet mich im Tempel der Weisheit zur Erleuchtung, und danach bittet man mich zur Sitzung des Kleinen Rates, um die andern Mitglieder an meiner Erkenntnis teilhaben zu lassen.«

Mit diesen Worten wandte Baazlabeth sich von Hauptmann Celest ab und ließ ihn sowie seine beiden Schergen einfach stehen. Mit der Gewissheit, dass ihm alle drei hinterherschauten, stolzierte der Dämon die Straße entlang, Richtung Tempel der Weisheit. Das Gotteshaus kam schnell in Sicht. Nordöstlich zwischen den wohlhabenden Wohnhäusern zeigte sich bereits das filigrane Dach, und als Baazlabeth in die Gasse mit dem Namen Täuferpfad abbog, war der Tempel nur noch wenige Hundert Meter entfernt. Immer noch spürte er, wie die drei Wachen ihm nachstarrten. Jetzt kam es darauf an, Stärke zu beweisen und sich nicht umzudrehen, dann hatte er so gut wie gewonnen.

Celest, das wird nicht das letzte Mal gewesen sein, dass wir unsere Kräfte messen. Ich will nur hoffen, dass sich irgendwann unsere Klingen kreuzen, um endgültig herauszufinden, wer von uns beiden der Götter Liebling ist. Ich kenne die Antwort schon. Ihr auch?

Baazlabeth erklomm die Stufen zum Tempel der Weisheit. Es kam ihm vor, als sei er noch nie hier gewesen. Alles war anders und dennoch vertraut. Niemand außer ihm war in der Nähe. Keine Priester, die vor den Toren Gefäße mit Weihrauch schwenkten, keine Gläubigen, die nach der Obhut ihres Gottes schmachteten, und keine Gesänge, die um die Aufmerksamkeit der Ungläubigen buhlten, erwarteten ihn. Der Glaube schien zu schlafen oder ohnmächtig zu sein.

Deswegen kann die Seite des Lichts den Kampf niemals gewinnen. Der Schatten schläft nie.

Baazlabeth näherte sich dem Eingang des Tempels. Selbst das große Doppelportal hatte man geschlossen, obwohl es hieß, die Türen der Tugenden stünden jedem offen. Anscheinend war das ein Trugschluss, entweder das, oder man betrachtete ihn nicht als jedermann, womit sie sicherlich Recht gehabt hätten. Aber nur weil er ein Dämon und somit auf der Seite der Sünden stand, verdammte er die Tugenden nicht. Es war lediglich so, dass er dachte, sie seien bei den Menschen verschwendet. Zum einen lebten Menschen nicht lang genug, um wirklich einen Nutzen aus dem Wissen um die Mächte des Himmels zu ziehen, zum anderen brachte man einem Laib Brot auch nicht das Sprechen bei. Warum bemühten sich also alle so um diese vergänglichen Wesen? Es war und blieb ihm ein Rätsel. Für ihn waren nur ihr Geschmack und ihr Talent auf der Folterbank von Bedeutung. Denn das waren ihre wirklichen Begabungen, wenn man einen leicht metallischen Geschmack im Abgang so bezeichnen durfte.

Etwas irritiert schaute Baazlabeth auf den schweren, bronzenen Türklopfer in Form eines Hammers. In dieses außergewöhnliche Schmuckstück war ein feines Muster eingearbeitet, und auf dem Hammerkopf stand etwas in goldenen Buchstaben geschrieben. Baazlabeth hob den Türklopfer an, um die Inschrift besser lesen zu können. Flüsternd sprach er den Text nach:

»Wissen erlangst du im Licht, Weisheit in der Dunkelheit.«

Voller Begeisterung hämmerte er den Klopfer dreimal gegen das

Portal und wartete ab, was passierte. Er überlegte sich gerade, ob er mit den Worten »Ich bringe Euch, wonach ihr sucht« um Einlass bitten sollte, als das Portal einen schmalen Spalt geöffnet wurde und sich ein hageres Männergesicht zeigte.

»Die Vorbereitungen zur Mittagsmesse laufen noch. Kommt bitte später wieder.«

Der Kleriker wollte das Tor gerade wieder schließen, da stellte Baazlabeth seinen Fuß in den Spalt.

»Wenn das die Art ist, mit der die Tugenden ihre Anhänger empfangen, sind Eure guten Vorsätze nur Geschwafel«, sagte er zornig. »Ich bin auf der Suche nach Weisheit, und Ihr schlagt mir die Tür vor der Nase zu. Ich bin Mitglied des Kleinen Rates und auf Geheiß von Lord Brackenmoore hier, um mit Meister Oson zu sprechen. Wagt es noch einmal, mich zurückzuweisen, und ich werde Euch mit einer Sünde persönlich bekannt machen.«

Reflexartig zog der Priester die Tür ein Stück weiter auf, hielt jedoch inne, als er Baazlabeths Kleidung erblickte. Die grau-weiß gestreifte Hose und das gelb-grün karierte Hemd straften Baazlabeths Worte Lügen. Anscheinend hatte sich in der vergeistigten Welt der Priesterschaft sein Eintritt in den Rat noch nicht herumgesprochen. Dennoch wagte es der Priester nicht, ihm abermals den Eintritt zu verweigern.

»Von Lord Brackenmoore, sagt Ihr?«, versicherte er sich.

»Ja, von Lord Brackenmoore«, wiederholte Baazlabeth. »Lebuin Nemrothar bat um ein Gespräch mit Eurem Meister Oson bezüglich einer Prophezeiung. Da ich im Rat die jüngsten Beine habe, schickte der Lord mich. Bitte lasst es mich nicht noch einmal erzählen müssen. Ich habe zwar junge Beine, aber auch einen recht morschen Geduldsfaden.«

Der Priester trat einen Schritt zurück und gab den Eingang zum Tempel frei. Mit einem betroffenen Gesichtsausdruck starrte er Baazlabeth irgendwo zwischen Brust und Kehlkopf an.

»Es ist der linke Gang in der Mitte des Tempelschiffes, und dort die Tür zur Rechten, die mit dem Symbol des Buches darauf. Meister Oson wird Euch öffnen, wenn ihr anklopft.«

Das wird er auch, wenn ich nicht anklopfe.

Baazlabeth hatte es noch nicht gewagt, den Tempel zu betreten.

Unsicher schaute er auf die breite Eichenschwelle, hinter welcher der polierte Marmorboden begann. Mit einer Hand griff er nach dem geschlossenen Türflügel und hielt sich daran fest. Bedächtig zog er ein Bein an und streckte es über den geheiligten Boden.

»Ist Euch nicht gut?«, fragte der Priester. »Kann ich Euch etwas bringen, einen Schluck Wasser vielleicht?«

»Nein, danke«, stöhnte Baazlabeth.

Wie gütig von Euch, mir etwas anzubieten, das ich bei diesem Wetter haben könnte, wenn ich allein mit offenem Mund durch die Gegend liefe. Wenn ihr auf diese Weise alle Eure Schäfchen behandelt, ist es kein Wunder, dass sich keiner blicken lässt.

Vorsichtig trat Baazlabeth ein – und atmete auf. Es begann mit einem leichten Kribbeln in den Füßen, zog sich langsam hoch bis in die Hüfte und jagte ihm einen Schauer über die Haut. Alles, was von diesem anfänglichen Gefühl blieb, war eine leichte Beklommenheit in der Brustgegend. Brennend durch den Tempel zu rennen wäre schlimmer gewesen. Entweder hatte der Erschaffer für einen Moment nicht aufgepasst, oder der Tempel war mehr Schein als Sein. An den Bauarbeiten konnte es jedenfalls nicht mehr liegen, und nachdem Baazlabeth sich das letzte Mal vom Dach aus mitten auf den Altar erleichtert hatte, hatte er mit dem Schlimmsten gerechnet.

Langsam fängt es an, mir Spaß zu machen. Der einzige Ort, an dem sich die Tugenden vor mir hätten verschanzen können, stellt sich als gottlose Hülle heraus.

Gut gelaunt setzte Baazlabeth seinen Weg durch den Tempel fort. Er stolzierte den Hauptgang entlang, bis zur Mitte des Tempelschiffes und bog dann, wie beschrieben, in einen schmalen Gang zwischen den Sitzreihen ab. Die Tür mit der großen Abbildung eines Buches war leicht zu finden, und Baazlabeth ließ sich sogar dazu herab anzuklopfen.

»Ja, bitte«, hallte es aus der Kammer zur Antwort.

Baazlabeth trat ein und war erstaunt. Er befand sich in einer Bibliothek. Nicht so groß, wie er sie aus anderen Städten kannte, dafür aber umso ordentlicher. Ringsherum um die Tür und über alle Wände verteilt, befanden sich Regale und Fächer, die eigens für den Raum angefertigt worden sein mussten. Mal standen Bücher fein säuberlich nebeneinander und mit den Rückenschildern in einer Linie ausgerichtet, mal waren schmale, lange Fächer für Pergamente wie bei einem Setzkasten in die Wand eingearbeitet. In jedem dieser Kästen lagen einzelne Dokumentenbündel, die von breiten Lederbändern zusammengehalten wurden. Baazlabeth bezweifelte keinen Moment, dass dieser Meister Oson mit einem einzigen Griff genau das Dokument fand, das er suchte.

Hinter einem dunkel gebeizten Schreibtisch saß ein junger Mann mit glattem, schulterlangem braunen Haar über einem Vergrößerungsglas und übertrug Textpassagen von einem Dokument auf ein anderes. Er trug ein weißes Hemd und hatte die Ärmel bis zu den Ellenbogen hochgekrempelt. Vorsichtig tauchte er einen Federkiel in ein Tintenfass, streifte ihn mehrfach ab und widmete sich wieder dem Papier.

»Das Leben als Novize verlangt einem eine ruhige Hand sowie einen ruhigen Geist ab, scheint mir«, sagte Baazlabeth, nachdem er sich zweimal geräuspert hatte.

»Das ist in der Tat so«, antwortete der Schreiberling wie in Trance, ohne aufzusehen. »Es ist nicht Voraussetzung, um im Tempel seine Arbeit leisten zu können, aber es erleichtert Tätigkeiten wie das Lüften der Priestergemächer, das Reinigen der Sitzbänke und . . . Verdammt!«

Baazlabeth konnte hören, wie die Spitze des Federkiels schräg über das Papier schrammte.

»Noch einmal von vorne«, stöhnte der Schreiberling.

»Oh, es tut mit leid, wenn ich dich gestört habe«, sagte Baazlabeth. »Ich möchte gern mit Meister Oson sprechen, wenn dies möglich ist. Bei dieser Gelegenheit kann ich ihm ja sagen, dass ich schuld daran bin, dass du in deiner Arbeit zurückgefallen bist.«

Jetzt schaute der Mann zu Baazlabeth auf.

»Das wird nicht nötig sein. Meister Oson ist ein sehr verständnisvoller Mann, der um die Schwächen anderer weiß und sie akzeptiert.«

»Wie schön für dich! Sagst du mir auch, wo ich ihn finden kann?«

Der Schreiberling schob das Vergrößerungsglas beiseite, steckte den Federkiel in ein geschnitztes Stück Elfenbein und erhob sich. Dann streckte er Baazlabeth die Hand entgegen.

»Ich bin Meister Oson. Wer seid Ihr, und was führt Euch her?«

Na, ich habe vielleicht ein Talent, mir Freunde zu machen. Wahrscheinlich verrät er mir jetzt nicht mal mehr die Tageszeit.

Baazlabeth musste erst schlucken, um sicherzugehen, den richtigen Tonfall zu treffen.

»Verzeiht meinen Fehler! Ich hielt Euch für einen Novizen. Ihr seid recht jung für einen Priester und Archivar. Normalerweise werden nur Gottesmänner in dieses Amt gehoben, die zu alt sind, um vor dem Altar ihres Gottes zu knien, und wenn sie es doch versuchen sollten, jedes Mal Hilfe beim Aufstehen benötigen. Außerdem tragt Ihr kein Ornat, wie es in Eurer Zunft üblich ist.«

»Es sind nicht das Alter oder die Gebrechen, die einen Archivar ausmachen, sondern seine Wissbegierde«, erklärte Meister Oson. »Und was das Amt eines Priesters angeht, habt Ihr vollkommen Recht. Ich bin kein Priester und werde dieses Amt auch niemals einnehmen. Um seinem Gott zu dienen, ist es nicht unbedingt von Nöten, auch seinen Willen zu verkünden. Manchmal reicht es, das zu deuten, was er uns hinterlassen hat. Verkünden können es dann andere, die sich dazu berufen fühlen.«

Hm, mal etwas anderes: ein heiliger Mann, der die Fresse hält. Von der Sorte könnte die Welt ein paar mehr brauchen.

Baazlabeth wusste diesen Meister Oson nicht richtig einzuschätzen. War er nun ein Diener Gottes, ein Gelehrter oder ein Poet? Oder vielleicht alles zusammen? Mit etwas Glück würde Oson ihm mehr hilfreich sein als lästig. Er hegte jedoch wenig Hoffnung, schließlich war er ein Mensch, und Menschen war das Lästigsein angeboren.

»Der ehrenwerte Magier Nemrothar hat mich an Euch verwiesen«, gestand er. »Er sagte mir, Ihr könntet mir etwas über Prophezeiungen erzählen.«

»Und was genau möchtet Ihr wissen?«

Baazlabeth war sich unsicher, wie viel er preisgeben sollte von den bevorstehenden Ereignissen, deshalb hielt er sich zurück. Wenn es nötig werden sollte, würde er ihn einfach direkt fragen und anschließend töten.

»Mit welchem Wissen könnt Ihr denn aufwarten?«

»Ich kann Euch erzählen, woher Prophezeiungen stammen, wie sie überliefert wurden, warum sie überhaupt existieren und welchen

Zweck sie verfolgen. Wenn Euch interessiert, wie sie sich dem Menschen zeigen, welche Vorboten sie uns senden und wie wir ihnen entgehen, kann ich auch das tun. Um Euch alles beizubringen, was ich über Prophezeiungen weiß, bräuchte ich allerdings fünf Jahre und mehr. Wie Ihr seht, müsst Ihr schon etwas genauer werden, was Euren Wissensdurst angeht.«

Baazlabeth war beeindruckt. Weniger von dem Wissen, was Oson zu besitzen glaubte, als mehr von der Tatsache, dass dieser kluge Mann sich seit vielen Jahren mit Prophezeiungen beschäftigte und mitten in einer feststeckte, ohne etwas davon zu ahnen.

»Dann sagt mir als erstes einmal, warum Prophezeiungen immer in Form von Reinem, Liedern und Gedichten auftauchen und eher albern als bedrohlich klingen.«

»Eine recht gute Frage«, gab Meister Oson zu, »dennoch ist die Antwort eher simpel. Ein Lied oder Gedicht haftet besser im Gedächtnis und geht deshalb über Jahrhunderte nicht verloren. Außerdem schaffen die Götter es dadurch, den Menschen zwar einen Ausblick auf das zu geben, was sie erwartet, sie aber gleichzeitig auch im Unklaren darüber zu lassen, wie es geschehen wird.«

»Wie meint Ihr das?«, fragte Baazlabeth.

Meister Oson erhob sich und ging zielstrebig zu einem der Bücherregale. Er fuchtelte einen Moment mit dem Finger vor verschiedenen Fächern herum und zog dann ein einzelnes Pergament hervor. Vorsichtig löste er die Lederbänder und entrollte das Schriftstück.

»Hier ist es ja«, sagte er zufrieden. »Dies ist eine Prophezeiung aus Langoan, einem Land, das schon seit Ewigkeiten nicht mehr existiert. In der Prophezeiung heißt es:

In den Mauern von Termiel ist das Ränkespiel zu viel.
Die Menschen dort sind müßig, und die Götter überdrüssig.
Jeder Mann und jede Frau, jedes Pferd und jede Sau
werden tief und tiefer sinken und elendig ertrinken.

»Das hört sich ziemlich konkret an und nicht sonderlich vage«, befand Baazlabeth.

»Das fand König Kadires auch«, stimmte Meister Oson zu, »und befahl seinen Statthaltern, alle Brunnenschächte zuzuschütten. Termiel war nämlich eine Stadt in der Wüste. Somit, dachte er, hätte er die Prophezeiung abgewendet.«

»Und hatte er Recht?«

»Nein, ein Sandsturm hat die Stadt mit all ihren Einwohnern über Nacht verschlungen. Erst füllten sich die Straßen und Gassen und sperrten die Menschen in ihren Häusern ein. Dann legte sich der feine Sand über die Dächer der Häuser und brachte sie zum Einsturz. Genau wie prophezeit ertranken alle, nur nicht wie angenommen im Wasser, sondern im Wüstensand.«

Baazlabeth überlegte. Er ging in Gedanken die bruchstückhafte Prophezeiung, die ihn betraf, durch. Sie war zwar nicht vollständig, aber in einigen Dingen eindeutig. Es blieben jeweils sieben übrig, die sich zur entscheidenden Schlacht trafen, und das alles sollte hier in Brisenburg stattfinden. Eigentlich genug Information für Baazlabeth. Den Rest würde er selbst in die Hand nehmen; ob es sich dann reimte oder nicht, war ihm völlig egal. Offen blieb nur die Frage, ob die Prophezeiung abzuwenden war oder nicht.

»Wie kann man den Willen der Götter umgehen und das Schicksal ändern?«

Meister Oson lachte. Es war das erste Mal, dass ein Mann des Glaubens in Baazlabeths Nähe sich so fröhlich gab. Baazlabeth tröstete sich damit, dass Oson kein richtiger Priester war. Das Lachen würde ihm irgendwann vergehen.

»Hattet Ihr schon einmal Harz unter dem Schuh?«, fragte Meister Oson den Dämon.

Baazlabeth nickte. Er wollte es nicht umständlicher machen, als es ohnehin schon war. Natürlich war er noch nie in Harz getreten, aber er verstand, was der Gelehrte zum Ausdruck bringen wollte.

»Es gibt Hunderte Methoden, dieses klebrige Zeug von den Füßen loszuwerden, doch irgendetwas davon bleibt immer hängen. Mit Prophezeiungen ist es ähnlich. Nie wird man sie ganz auslöschen können, doch manche von ihnen scheinen im Nachhinein so belanglos, dass sie nicht mehr erwähnenswert sind. Wenn sich eine Weissagung direkt auf das Handeln einer bestimmten Person bezieht, kann man dem Schicksal Einhalt gebieten, indem man diese Person tötet oder sie sich selbst umbringt. Im umgekehrten Fall wäre das so, als ob Euch ein Tod durch Ertrinken vorhergesagt wird und Ihr Euch daraufhin zu einer Schiffsreise entschließt. So etwas wäre sehr hilfreich. Die meisten Prophezeiungen, die abgewendet werden konnten, bezogen sich aber auf eine Region, ein Volk oder sogar die ganze Welt. Als Einzelner hat man nur wenig Einfluss, aber wenn ich die Aufzeichnungen richtig studiert und gedeutet habe, würde ich behaupten, es gibt eine Art Unterbewusstsein, das die Menschen dazu bringt, Schaden von sich abzuwenden.«

»Wie soll ich mir das vorstellen?«, fragte Baazlabeth irritiert. »Eine Art innere Stimme, ein Gefühl oder sonst etwas in dieser Art.«

»Es kann alles Mögliche sein, glaube ich«, gestand Meister Oson. »Ich weiß nur so viel, dass dieses Etwas ganze Völker dazu bringen kann, gegen etwas zu rebellieren, von dem sie gar nicht wissen, dass es existiert. Das geht so weit, dass es urplötzlich zu Völkerwanderungen kommt oder Länder Kriege gegeneinander führen, obwohl sie vorher verbündet waren. Keiner weiß, warum es passiert, es geschieht einfach. Im kleinen Rahmen könnt Ihr so etwas ständig beobachten. Menschen ganz unterschiedlicher Art tun sich plötzlich zusammen und künden auf offener Straße von drohendem Unheil. Die meisten von ihnen wissen gar nicht, wovon sie sprechen oder wovor sie warnen. Es ist eine innere Stimme, die sie dazu zwingt.«

Wenn das stimmte, was Meister Oson erzählte und er selbst davon überzeugt war, tat der Gelehrte gut daran, einmal seinen Tempel zu verlassen und in die Stadt zu gehen, befand Baazlabeth. Was nützte all sein Wissen, wenn er wie ein Maulwurf in seinem Loch saß und nicht sah, was um ihn herum geschah. Er selbst war jedoch noch nicht ganz überzeugt.

»Ihr glaubt also alles, was diese selbst ernannten Propheten und Spinner in den Gassen verkünden?«

»Nein, keineswegs«, erklärte Oson. »Ich glaube nicht daran, was sie sagen. Ich glaube nur dran, dass es etwas zu bedeuten hat, dass sie existieren.«

Das brachte Baazlabeth auch nicht weiter. Er musste schon etwas konkreter werden, wenn er Wissen zu seiner Prophezeiung bekommen wollte.

»Nehmen wir einmal an, einer Stadt wird der Untergang vorhergesagt. Ist dann das Erscheinen eines feindlichen Heeres nicht schon so etwas wie ein Vorbote?«

Meister Oson kratzte sich nachdenklich an seinem unrasierten Kinn.

»Ich würde sagen: Nein«, entschied er. »Ein feindliches Heer und ein Krieg haben nichts von göttlicher Bestimmung. Die Götter neigen dazu, ein richtiges Zeichen zu setzen. Eines, das unverkennbar ihnen zugeordnet wird, nicht etwas, das durch Menschenhand gelenkt wird. Ich denke da eher an eine Sintflut, einen Vulkanausbruch, ein Erdbeben, eine Seuche oder einen zu Boden stürzenden Stern. Das unerwartete Auftauchen eines Heeres würde ich eher in die Kategorie ›letztes Aufbäumen‹ gegen den Untergang einordnen.«

Baazlabeths Zuversicht, was den Untergang von Brisenburg anging, schwand innerhalb eines Herzschlages. Sollte er hier sitzen und darauf warten, dass ein Stern vom Himmel fiel oder ein Vulkan ausbrach? Das konnte Jahre dauern. Bis dahin hätte er die Bürger allein mit seinem Dolch so weit dezimiert, dass dem Kampf der sieben und sieben nichts mehr im Wege stand. Was nütze ihm dann noch eine Sintflut, außer das sie dafür sorgen würde, dass er nicht ständig über Kadaver steigen musste?

»Ihr habt mir sehr geholfen, Meister Oson«, sagte er und schluckte dabei seinen Ekel herunter. »Vielleicht komme ich später noch einmal auf Euch zurück, wenn es Euch recht ist.«

Oson erhob sich wieder von seinem Platz und streckte Baazlabeth abermals die Hand entgegen. Diesmal jedoch erwiderte der Dämon die Geste der Höflichkeit nicht. Es war schlimm genug, einen Diener des Lichtes ohne Axt im Schädel zurückzulassen, besonders, wenn er so schlechte Nachrichten brachte. Ihm auch noch die Hand zu reichen käme einem Verrat an der Schattenseite gleich.

Er ließ Meister Oson stehen und ging.

Wenn ich dich das nächste Mal besuche, Gelehrter, werden bei meinem Abschied Dutzende selbst ernannte Propheten vor dem Tempel stehen und Unheil verkünden. Vielleicht solltest du doch auf sie hören.

7
Wer im Käfig sitzt, soll keine Lieder singen

Alles ist besser als ein leeres Gefäß. Hat man einen Kelch, sollte man ihn notfalls auch mit Wasser füllen, wegschütten kann man es später immer noch.

»Das ist nicht Euer Ernst!«, schrie Horius Blank und schlug mit der Faust auf den Tisch.

Wie Lord Brackenmoore es versprochen hatte, standen zwei Karaffen Wein auf dem Tisch, als sie sich wieder im Ratssaal versammelt hatten. Die Sitzung hatte vielversprechend begonnen. Baazlabeth schenkte sich bereits den dritten Becher ein, als die anderen noch mit ihrem ersten beschäftigt waren. Alle schienen etwas apathisch zu sein und krampfhaft zu überlegen, wie sie ihre eigene Haut retten konnten, wenn der König mit seinem Heer vor den Stadtmauern stand. Doch kaum hatte Baazlabeth ihnen die Lösung präsentiert, hatte das Herumgeschreie begonnen.

Menschen waren jämmerlich. Auf der einen Seite wollten sie, dass man ihnen half, aber auf der anderen Seite hatten sie Angst vor den Konsequenzen, die sich daraus ergaben. Was dachten sie? Dass der König wieder umdrehen würde, wenn sie nur genug jammerten und zeterten? Baazlabeth präsentierte ihnen einen Plan, der so einfach war, wie er perfekt war. Wie sollte es auch anders möglich sein? Er hatte ihn schließlich selbst entwickelt. Alles, was man dazu brauchte, war eine Stadt voller Idioten, ein paar Pfeile und Bögen und den richtigen Zeitpunkt. In der Sprache des Krieges nannte man seinen Plan: Magis species cum ens, mehr Schein als Sein.

Die Lösung lag auf der Hand, doch die anderen schienen sie nicht zu sehen. Vielleicht hatten sie einfach einen anderen Blickwinkel – von tiefer unten. Für Baazlabeth ging es allein darum, sich abzusichern und sich einen Rückweg in seine Welt offen zu halten. Der König durfte nicht in die Stadt, um die Prophezeiung nicht zu gefährden. Er durfte aber auch nicht besiegt werden, falls er doch zur Erfüllung beitragen musste. Gleichfalls durfte er aber auch nicht mit seinem Heer abziehen, um Verstärkung zu holen.

Baazlabeth hatte einen Moment abgeschaltet. Erst die Stimme von Abt Theon holte ihn wieder zurück an den Tisch.

»Denkt Ihr allen Ernstes, der König wird sich dadurch einschüchtern lassen? Wir sind so gut wie schutzlos. Er wird uns dahinschlachten wie Lämmer. Dem König die Treue abschwören heißt, mit dem Tode bestraft zu werden.«

»Von was für einer Treue sprecht Ihr?«, brummte Baazlabeth. »Davon, seinen Sklavenhandel in Brisenburg sabotiert zu haben oder die Inquisitoren seines Glaubens abzuschlachten? Irgendwie werde ich das Gefühl nicht los, Eure Treue ist schon lange dahin. Ist das nicht auch der Grund, warum sich der König auf den Weg gemacht hat, um Brisenburg einen Besuch abzustatten?«

»Ja, aber vielleicht können wir ihn besänftigen«, warf Nortel Pentbrook ein.

»Wie dumm seid Ihr eigentlich?«, blaffte Baazlabeth den Gildenmeister an und richtete sich in seinem Stuhl auf. »Er ist mit sechstausend Mann auf dem Weg hierher. Wenn in den Bergen eine Lawine auf Euch zurast, steht Ihr dann auch da und denkt: Vielleicht dreht sie noch ab? Ihr habt gut daran getan, ein Handwerk zu erlernen, Pentbrook. Auf dem Schlachtfeld hättet Ihr keinen einzigen Kampf überstanden.«

Der Gildenmeister besaß zu viel Stolz, um solch eine Beleidigung einfach hinzunehmen. Mit hochrotem Kopf stand er auf, nahm seinen Kelch in die Hand und schüttete Baazlabeth den billigen Wein ins Gesicht.

Der Dämon blieb ruhig sitzen und leckte sich die Lippen, während die Reste aus seinen Haaren und vom Gesicht auf das Hemd tropften. Der Wein war nicht sonderlich gut, aber noch zu gut, um ihn einfach wegzuschütten.

»Als Frau würdet Ihr Euch gut machen, wenn ihr nicht so hässlich wärt«, sagte der Dämon kühl.

Diese Spitze traf nicht so ins Schwarze, wie Baazlabeth es sich erhofft hatte. Nortel Pentbrook drohte, den Rückzug anzutreten. Er schob den Stuhl zurück und schien die Sitzung verlassen zu wollen.

»Gildenmeister Pentbrook!«, rief Lord Brackenmoore, der sich bislang noch nicht viel zu dem Vorschlag geäußert hatte. »Setzt Euch wieder! Wir brauchen eine Entscheidung, und zwar heute.«

»Lasst ihn ruhig gehen«, warf Baazlabeth ein. »Wahrscheinlich macht er sich vor Angst gleich in die Hosen, und bevor hier alles nach Pisse stinkt ...«

Das war der richtige Nerv. Noch bevor Baazlabeth seinen Satz beenden konnte, sprang Pentbrook auf ihn zu und langte quer über den Tisch, um ihm an den Kragen zu gehen. Doch Baazlabeth griff nach Nortels Handgelenk und riss den Arm des Mannes herunter. Mit der anderen Hand zückte er sein Stilett und rammte es durch Gildenmeister Pentbrooks Hand und drei Zoll tief in die massive Tischplatte hinein. Das alles passierte so schnell, dass jeglicher Schmerzens- oder Entsetzensschrei ausblieb, und selbst als der Gildenmeister auf seine festgenagelte Hand starrte, sagte niemand ein Wort.

Erst einige Herzschläge später fand Nortel seine Stimme wieder. Jetzt klang sie tatsächlich nach einer Frauenstimme.

»Zieht es sofort heraus«, fistelte er.

»Nur wenn Ihr mir versprecht, nicht wieder eingeschnappt zu sein«, erwiderte Baazlabeth.

»Prinzipal Sil«, ermahnte Lord Brackenmoore ihn, da er anscheinend wenig von diesem Spiel hielt. »Um der Götter willen, helft ihm.«

Ich kenne wenigstens einen Gott, *dem es ganz gut gefallen würde, ihn noch weiter leiden zu sehen.*

Am Tisch war es totenstill geworden. Wenn nicht der keuchende Atem von Nortel Pentbrook gewesen wäre, hätte man denken können, die Zeit stünde still. Alle hockten hinter ihren Gläsern und starrten auf die festgenagelte Hand des Gildenmeisters.

Baazlabeth zögerte. Er fand es sinnvoller zu warten, bis das Opfer den Schock überwunden hatte und anfing, den Schmerz zu spüren. Um aber nicht Lord Brackenmoores Gunst zu verlieren, gab er nach. So schnell, wie er den Dolch hineingestoßen hatte, packte er den Griff der schmalen Klinge, bog sie vor und zurück, drehte sie und zog sie mit einem Ruck heraus. Erst jetzt begann Pentbrook, wie am Spieß zu schreien. Horrest Blank zog seine Schärpe über den Kopf und begann, die Hand des Gildenmeisters damit zu verbinden. Abt Theon fiel nichts Besseres ein, als Nortel einen Kelch Wein zu reichen und ihn anzubieten wie Sauerbier. Alle anderen begnügten sich weiterhin damit, fassungslos vor sich hinzustarren.

»Horius, wärt Ihr so gut, nach Magister Treuthwin zu suchen? Er möchte sich die Wunde bitte ansehen, sie desinfizieren und neu verbinden. Er hat in seinem Studienraum alles, was er dazu braucht. Wahrscheinlich werdet Ihr ihn auch dort finden.«

Der Kommandant der Stadtwachen ließ sich kein zweites Mal bitten. Er schien erleichtert zu sein, dieser Situation entschlüpfen zu können. Jost Blackbell und Nemrothar folgten ihm wortlos.

»Mir wird schlecht«, stöhnte Pentbrook.

»Kommt, ich bringe Euch in mein Amtszimmer«, bot Abt Theon an. »Dort habe ich ein Ruhemöbel. Es wird besser, wenn Ihr Euch kurz hinlegen könnt.

Zurück am Ratstisch blieben nur Baazlabeth und Brackenmoore. Der Lord griff zur Karaffe und schenkte sich seinen Kelch voll. Dann schob er Baazlabeth die Karaffe zu, der dankend annahm.

Erschöpft lehnte sich der Lord von Brisenburg in seinem Stuhl zurück und gönnte sich einen vornehmen Schluck.

»Ich hatte einiges an Hoffnung in Euch gelegt, Sil«, murmelte er. »Ihr hattet angeboten, meiner Tochter Lilith zu helfen und ihr als Lehrer zu dienen. Ihr habt selbst miterleben müssen, was aus Ihr geworden ist, seit meine Frau Sanna, Gott habe sie selig, von uns ging. Lilith selbst schien recht angetan von Euch zu sein, und deshalb stimmte ich ihrer Bitte zu. Auch als Ihr darum ersuchtet, in den Kleinen Rat aufgenommen zu werden, habe ich Euch unterstützt. Ich dachte, jemand der etwas Abstand zu den Dingen in Brisenburg hat, könnte neue Einflüsse und Ideen einbringen. Natürlich habe ich dabei nicht außer Acht gelassen, dass Eure Neigungen und Talente nicht ganz ungefährlich sind. Trotzdem war ich der Meinung, dass Ihr eine Bereicherung für uns wärt. Wenn ich jetzt auf das zurückblicke, was wir Euch zu verdanken haben, bin ich mir nicht mehr sicher, die richtigen Entscheidungen getroffen zu haben.

Meine Tochter ist verschwunden, und alles, was ich von Euch höre, ist, dass Ihr sie an einen Ort geschickt habt, wo sie kein Unheil anrichten kann, und dass sie erst wiederkommt, wenn sie ihre Lektion gelernt hat. Eure Hilfe bei dem Problem mit den Inquisitoren brauche ich gar nicht erst erwähnen. Was dort im Haus des Erschaffers geschehen ist, wollen weder Ihr noch Nemrothar mir erzählen. Aber ansonsten scheint es keine Augenzeugen gegeben zu haben. Und jetzt das hier. Nicht nur, dass Ihr einen mehr als gewagten Plan präsentiert, Ihr vergeht Euch auch noch an den anderen Ratsmitgliedern, um sie einzuschüchtern. Sil, sagt mir, seid Ihr das, wofür ich Euch gehalten habe, nämlich die Rettung für Brisenburg, oder seid Ihr unser aller Tod?«

Baazlabeth war überrascht, Lord Brackenmoore so zu sehen und solche Worte von ihm zu hören. In der Vergangenheit hatte sich das Oberhaupt von Brisenburg als tatkräftiger, unbeirrbarer und energischer Mann gezeigt, doch jetzt war davon nichts mehr zu spüren. Er wirkte deprimiert und erschöpft. Was seine Zweifel an Baazlabeths Verhalten anging, lag er sicherlich nicht ganz verkehrt. Es war unumgänglich, dass er irgendwann herausfand, dass nicht alles Gold war, was glänzte. Doch was seine Erkenntnisse bezüglich Lilith und Sanna anging, schien er nur wenig Fortschritte zu machen. Hinsichtlich Sanna konnte man ihm seine Unwissenheit nicht übel nehmen. Er dachte, sie sei tot und es wäre seine Schuld. Ob tot oder nicht, war schwer zu sagen in dem Zustand, in dem sie sich befand. Schuld trug der Fürst an ihrem Tod bestimmt, da er versucht hatte, ihr das dämonische Kind auszutreiben, und sie daraufhin im Kindbett verstarb. Was aber ihre Seligkeit im Reich des Lichtes anging, lag er völlig falsch.

Wenn überhaupt, dann hatte sie die Seligkeit von Amez erlangt, wobei Baazlabeth bezweifelte, dass es so etwas im Reich der Finsternis überhaupt gab. Auch was die Ausbildung von Lilith betraf, ging Brackenmoore von falschen Voraussetzungen aus. Wenn Baazlabeth das Biest eines Tages aus seinem eigenen Reich zurückholte, würde sie sicherlich nicht das artige Mädchen sein, das Papa sich erhoffte. Sie würde genauso töten wie zuvor, und ihr Appetit wäre mit Sicherheit noch zügelloser. Doch sie würde in Zukunft mit Verstand töten, sodass es dem Reich des Chaos' dienlich wäre. Und zu guter Letzt schien Lord Brackenmoore davon auszugehen, dass die Rettung von Brisenburg und der Tod aller einander ausschlössen. Eine Ansicht, die Baazlabeth nicht teilen konnte. Er beschloss also, die Bedenken des Fürsten unbeantwortet zu lassen.

»Lord Brackenmoore, Ihr habt hart gekämpft für das Wohl dieser Stadt«, begann Baazlabeth seine Überzeugungsarbeit. »Ihr habt es geschafft, der Sklaverei Einhalt zu gebieten. Die Armut in der Stadt ist bei Weitem nicht so schlimm wie im Rest des Landes, und auch die Männer Brisenburgs müssen nicht in Kriege ziehen, die vom Machthunger eines Königs verursacht wurden. Das hier ist eine blühende Stadt, und die Menschen erkennen an, was Ihr geleistet habt. Sie vertrauen Euch. Wollt Ihr all das zunichtemachen. Denn das wird geschehen, wenn König Bellington durch diese Stadtmauern zieht. Er wird mit Füßen treten, was Ihr die Jahre über aufgebaut habt, und zum Dank wird er Euch und die anderen Mitglieder des Rates hängen lassen.«

»Ihr seid auch ein Mitglied des Kleinen Rates, vergesst das nicht«, säuselte Brackenmoore.

»Der König, der mich hängt, muss erst noch geboren werden. Ich fürchte mich nicht vor der Rache eines Monarchen. Mein Ende bestimmen allein die Götter. Aber es geht nicht um mich, es geht um Euch und Brisenburg und Eure Tochter. Wollt Ihr, dass sie wiederkommt und nichts mehr von dem vorfindet, was Ihr aufgebaut habt? Glaubt Ihr, der König hat Verständnis für das, was sie ist und auch immer noch sein wird, wenn sie zurückkehrt?«

Das war das Zauberwort – Lilith. Sie war es, die dem Lord am Herzen lag. All das hatte er für sie getan und hoffte, sie würde es irgendwann genauso würdigen und verteidigen wie er.

»Ihr hattet versprochen, Ihr würdet ihr helfen, mit dem Leben zurechtzukommen«, warf Lord Brackenmoore ein.

»Sie hatte kein Problem mit dem Leben, das hatten die anderen, sobald sie ihren Weg kreuzten. Ich habe nur versprochen, ihr zu zeigen, wie sie mit Ihrem Talent umzugehen hat, ohne sich und Euch ständig in Schwierigkeiten zu bringen.«

Die Wahrheit war, Lilith lag nichts an Brisenburg – nichts an der Stadt, nichts an den Bürgern, und schon gar nichts an ihrem Vater. Mit ruhigem Gewissen hätte Baazlabeth behaupten können, dass Igniphascellanius der Dritte, sein Diener, der Einzige war, für den sie jemals etwas empfunden hatte – und diese Zuneigung glich auch eher der zu einem Haustier oder Spielkameraden. Liliths Bestimmung war es, die Wesen des Lichts zu töten und nicht irgendeinem sentimentalen Gefühl hinterherzuhinken.

»Talent?«, fragte Lord Brackenmoore. »Was für ein Talent soll das bitte schön sein, Menschen umzubringen?«

Baazlabeth zeigte nicht, dass er gekränkt war. Schließlich besaß er dieselbe Begabung, nur hatte er sie zur Perfektion trainiert.

»Nennt es Talent oder Fluch, mir egal. Doch wenn König Bellington kommt, wird Euer aller einziges Talent darin bestehen, langsam auszukühlen und zu verrotten. Ihr solltet Euch entscheiden, gegen den König oder gegen das Leben.«

Das war die Sprache, die die Menschen verstanden. Gute Vorsätze konnte jeder haben, aber sobald man sie mit dem Leben bezahlen musste, waren sie dahin.

Lord Brackenmoore sackte in seinem Stuhl zusammen. Verkrampft hielt er sich an dem Kelch fest. Jetzt wirkte er nur noch wie ein Häufchen Elend. Alles Vornehme, Edle und Erhabene hatte ihn verlassen, genau wie sein Gold zuvor.

»Ihr verlangt wirklich von uns, den König anzugreifen?«, stöhnte er.

»Ihr sollt ihn nicht angreifen, ihr sollt ihm eine Warnung zukommen lassen und damit eure Stärke demonstrieren«, berichtigte Baazlabeth ihn.

»Wieso glaubt Ihr, dass ihn dies aufhalten wird? Er hat sechstausend Mann bei sich, alles erfahrene Krieger und Söldner.«

»Weil er nicht glauben wird, dass jemand ihn herausfordert und dabei all die Pfeile, Bolzen und Speere von einem Haufen Fischer und Kuhhirten für einen einzigen Warnschuss abgefeuert werden.«

»Und warum nicht? Er hat viele Berater und erfahrene Offiziere. Sie werden unser Täuschungsmanöver entlarven.«

»Das werden sie nicht, weil es eine absolute Dummheit ist.«

»Und warum machen wir es dann?«

»Weil Ihr lieber dumm als tot seid.«

Eine halbe Stunde später saßen wieder alle am Tisch. Auch Nortel Pentbrook war aus seinem Ruhemöbel zurückgekehrt und sah schlechter aus als je zuvor. Er hatte sich dazu entschieden, außerhalb der Reichweite von Baazlabeth zu sitzen und sich damit zu begnügen, einen verletzten Eindruck zu erwecken und sich die Wunden zu lecken. Ab und an stöhnte er mit vor Schmerz verzerrtem Gesicht auf, wenn er der Meinung war, die anderen schenkten ihm nicht genügend Beachtung. Niemand schien mehr richtig Lust zu haben, weitere Diskussionen zu führen oder Vorschläge zu machen, was den anstehenden Besuch des Königs anging.

Baazlabeth fühlte sich keineswegs schuldig an dieser üblen Stimmung, schließlich war Pentbrook ihn zuerst angegangen. Eigentlich sollten sie feiern, dass der Gildenmeister noch lebte. Hier schienen die Meinungen jedoch etwas auseinanderzugehen, besonders, wenn er in Pentbrooks strafende Miene sah. Und auch Horius Blank sah ihn an, als ob er ihn am liebsten sofort aufs Schafott geführt hätte.

»Wenn niemand mehr einen Vorschlag zu machen hat, können wir zur Abstimmung kommen«, befand Lord Brackenmoore.

Zustimmendes Gemurmel machte sich breit, und Nortel Pentbrook ließ sich nicht die Gelegenheit nehmen, noch einmal durch ein lautes Stöhnen auf seine Schmerzen aufmerksam zu machen.

»So wie es aussieht, haben wir nur zwei Möglichkeiten«, setzte Brackenmoore seine Ansprache fort. »Da wäre einmal der Vorschlag von Abt Theon, dem König Einlass zu gewähren, ihm die Umstände zu erklären, die zum Tod der Inquisitoren geführt haben, wobei wir jede Art von Mittäterschaft von uns weisen. Die Schuld an dem Gemetzel im Haus des Erschaffers schieben wir auf die Kreatur, die seit Monaten Brisenburgs unschuldige Bürger tötet. Den Tod von Neptrotot, dem Sklavenhändler, erklären wir mit dem Aufstand der Dvergas. Um unseren guten Willen zu zeigen und an seine Milde und Weisheit zu appellieren, schlagen wir ihm vor, einen erhöhten Steuersatz abzuführen und dafür zu sorgen, dass seine Kriegskassen sich wieder füllen. Weiterhin willigen wir ein, das Sklavenrecht auch in Brisenburg zu akzeptieren. Im Gegenzug dafür bitten wir darum, dass die Ämter in Brisenburg keine Neuordnung erfahren und der Kleine Rat in derselben Besetzung wie hier anwesend bestehen bleibt.«

Baazlabeth musste sich zusammenreißen, um nicht laut loszulachen. So ein Plan konnte nur von einem Geistlichen kommen. Wenn nichts mehr ging, setzte man einfach auf die Warmherzigkeit der anderen und bewaffnete sich mit Hoffnung. Dabei schien Abt Theon zu vergessen, wen er um Nachsicht bat. Ein König blieb nicht lange König, wenn er mit Milde um sich warf. Die, die es versucht hatten, verstarben vorzeitig. Auch die Überlegung, Lilith die Ermordung aller Inquisitoren zuzuschreiben, war mehr als lächerlich. Erstens würde es Lord Brackenmoore in Gefahr bringen, wenn herauskam, dass sie seine Tochter war und er ihr Tun geduldet hatte. Zweitens stand ihr diese Ehre nicht im Geringsten zu. Hatte sich so ein Gerücht erst einmal verbreitet, war es äußerst schwierig wieder richtigzustellen. Schließlich sollten sich die Leute an ihn, einen Horden, erinnern und nicht an diese trotzköpfige Göre. Er würde einige Köpfe rollen lassen müssen, um sich diese Ehre wieder zurückzuholen, und er wusste auch schon welche. Abgesehen davon war Lilith überhaupt nicht in Brisenburg, und König Bellington würde sich bestimmt nicht mit der kleinen Unbekannten abgeben, um seine Rachegelüste zu stillen.

»Das ist ein guter Plan«, murmelte Baazlabeth ironisch und erntete dafür sechs staunende Gesichter. »Aber nur, wenn Ihr es darauf anlegt, den König lachen zu hören, wenn er Euch auf dem Marktplatz hängt.«

Abt Theos Gesicht färbte sich puterrot, was auch zu ihm passte, fand Baazlabeth. Es unterstrich irgendwie sein schwammiges, rundes Gesicht und die blassrosa Lippen.

»Immer noch besser als Euer Vorschlag, der uns mit Sicherheit die Köpfe kosten wird, und vielen anderen auch.

»Vielleicht habt Ihr Glück, und sie knüpfen Euch neben einem jungen Mädchen auf. Oder waren es Jungs, zu denen Ihr Euch hingezogen fühlt?«, frotzelte der Dämon.

»Schluss jetzt!«, brüllte Lord Brackenmoore dazwischen. »Für Diskussionen war genügend Zeit. Am besten kommen wir zur Abstimmung, bevor sich die werten Herren noch gegenseitig die Köpfe einschlagen. Wer dafür ist, dass wir den König in Brisenburg einlassen, hebe die Hand.«

Wie auf Kommando schnellten die Arme von Horius Blank, Abt Theon und Nortel Pentbrook in die Höhe, der damit erneut auf seine Verletzung aufmerksam machen konnte. Baazlabeth sah, wie die drei ungläubig in die Runde starrten und darauf zu hoffen schienen, dass noch jemand den Arm hob. Zuerst warteten sie auf einen Mitstreiter, dann auf einen zögerlichen Verbündeten, und als immer noch nichts geschah, setzten sie all ihre Hoffnung in eine Stimmenthaltung.

»Drei Fürsprecher«, verkündete Brackenmoore. »Jetzt zu dem Vorschlag von Sil. Wer ist dafür, dass wir König Bellington und seinem Heer die Stirn bieten? Wir sollten uns dabei im Klaren darüber sein, dass alles, was wir tun, nur eine Täuschung ist. Fällt der König nicht darauf herein, sind wir erledigt. In diesem Fall werden wir die Tore öffnen, um nicht unnötige Verluste zu erleiden. Wer dafür ist, hebt jetzt die Hand.«

Unnötige Verluste war ein Widerspruch in sich, fand Baazlabeth. Aber er musste zugeben, dass sein Plan ein wenig mager klang. Doch wichtig war nur, was daraus wurde, wenn man ihn etwas fütterte.

Baazlabeth hob als Dritter seinen Arm. Nemrothar und Jost Blackbell waren ihm bereits zuvorgekommen. In den Gesichtern der Befürworter von Abt Theons Plan zeichnete sich Ernüchterung und Besorgnis ab.

Blank murmelte etwas wie »Hätte ich mir ja denken können«, doch als Lord Brackenmoore als Letzter zustimmte, verschlug es ihm die Sprache. Nortel Pentbrook sog zischend Luft ein. Ob hervorgerufen durch die Schmerzen oder aus Bestürzung, konnte Baazlabeth nicht erkennen. Außerdem ging diese Geste ohnehin in der lautstarken Empörung von Abt Theon unter.

»Das kann nicht Euer Ernst sein!«, schrie er. »Zuerst treten wir den Glauben mit Füßen, und nun wollen wir den König vor den Kopf stoßen. Haben denn alle hier den Verstand verloren? Wenn uns nicht der König zur Rechenschaft ziehen wird, der Erschaffer wird es sicherlich tun.«

Mit diesen Worten sprang er auf und rannte aus dem Ratssaal.

»Er wird sich wieder beruhigen«, versuchte Lord Brackenmoore die Situation zu retten.

Ganz bestimmt sogar. Wenn ich mit ihm fertig bin, wird er so ruhig sein, dass die Fliegen Eier in seinen Körper legen werden.

»Dennoch hat er Recht, Eure Lordschaft«, sagte Horius Blank. »Was wir getan haben, wird nicht ungesühnt bleiben. Genauso wenig, wie das, was wir tun werden.«

»Was haben wir denn getan, und was werden wir Eurer Meinung nach tun?«, brummte Baazlabeth. »Ich werde es Euch sagen. Wir haben nicht den Glauben mit Füßen getreten, wie Theon behauptet. Wir haben einigen größenwahnsinnigen Heiligen den Arsch aufgerissen, und zwar richtig. Glaubt Ihr wirklich, einen Gott interessiert das.

Der Erschaffer kann froh sein, dass wir ihm diese Versager vom Hals geschafft haben. Und was ist mit dem König? Wir wollen ihn ja nicht töten. Wir werden ihm nur zeigen, dass er nicht einfach über uns bestimmen kann, das ist alles. Regt Euch also nicht so auf, sondern sorgt lieber dafür, dass genügend Pfeile und Bögen bereitstehen, wenn das Heer aufmarschiert. Nichts wäre schlimmer, als dass Bellington uns ins Gesicht lacht und uns dann die Schlinge um den Hals legt.«

»Ich werde Boten schicken, um alle Aufgaben zu koordinieren und Euch zu unterrichten, wie weit der König noch entfernt ist. Wir werden nicht viel Zeit haben.«

Mit diesen Worten löste Lord Brackenmoore die Sitzung auf. Nemrothar und Blank schienen es eilig zu haben, genau wie Lord Brackenmoore, der hastigen Schrittes in den hinteren Zimmern verschwand. Baazlabeth verspürte wenig Lust, allein mit Horius Blank und Nortel Pentbrook über die Vor- und Nachteile seines Planes zu debattieren. Höchstwahrscheinlich erwarteten sie von ihm auch noch, dass er sich bei dem Gildenmeister entschuldigte. Bevor das passierte, würde er eher dem König allein gegenübertreten. Was zwar wenig sinnvoll, aber äußerst reizvoll klang.

Baazlabeth verschwand aus dem Sitzungssaal, ohne sich zu verabschieden. Dies hob er sich für den Moment auf, in dem es wirklich endgültig sein würde. Momentan lockte ihn die Vorfreude auf die gelieferten Käfige. Er stellte sich vor, wie sie über der Bühne hingen, schwach beschienen durch das Licht einer Fackel. In jedem Käfig hockte eine der Tugenden, blutüberströmt und am Ende ihrer Kräfte. Darunter stand die prächtige Festtafel der Sünden – er saß natürlich am Kopfende. Sie feierten und lachten, während Blut von oben heruntertropfte und dem Hauswein eine ganz besondere Note verlieh. Wie würde es in Brisenburg schön sein!

Baazlabeth fiel ein, dass ihm Sanna ruhig einmal ihre Bewunderung ausdrücken könnte. Es wäre eine gute Gelegenheit, sie gleich mit ins Theater zu nehmen, damit sie sah, was er bislang alles auf die Beine gestellt hatte, um das Ende dieser Welt willkommen zu heißen. Der einzige Ort, der ihm in den Sinn kam, wo sie sich aufhalten konnte, war hier, in der Gruft von Schloss Sturmfels. Er kannte die Flure und Gänge genau und wusste, wo sich die geheimen Türen befanden, die hinunterführten zu Liliths altem Kinderzimmer, das gleichfalls die

Gruft ihrer Mutter war. Baazlabeth sah sich um, machte kehrt und ging ein Stück zurück. Gleich hinter dem geschmacklosen Wandteppich mit der Jagdszene führte ein Gang zu den Bedienstetenzimmern, und dort in einer Nische, wo eine halbhohe Amphore auf einer Marmorsäule stand, ging es hinab. Baazlabeth fand den Ort problemlos wieder, obwohl die Amphore wie auch die Säule verschwunden waren.

Wenn das so weitergeht, wird Lord Brackenmoore noch die Fußböden in den Zimmern hochreißen lassen und als Brennholz verkaufen. Es lebe der Wohlstand!

Noch bevor Baazlabeth den winzigen Mechanismus, der die versteckte Tür öffnete, gefunden hatte, hörte er die Stimmen von Nortel Pentbrook und Horius Blank. Wenn etwas geheimnisvoll und verschwörerisch klang, dann dieses Gespräch zwischen den beiden. Sie tuschelten miteinander, gingen einige Schritte und blieben dann stehen, um weiterzutuscheln. Baazlabeth ging in die Hocke und drückte sich in die halbhohe Nische. Es war besser, sie wussten nichts von den Geheimgängen, und außerdem wollte er ihr anregendes Gespräch nicht unterbrechen.

»Das kann er doch nicht wirklich ernst meinen«, hörte er Nortel Pentbrook sagen.

Wirklich weit scheint ihre Unterhaltung noch nicht fortgeschritten zu sein. Genau das brabbelten sie schon, als ich den Ratsaal verlassen habe.

»Ich werde noch einmal mit Lord Brackenmoore reden«, erwiderte Horius Blank.

»Ihr werdet ihn nicht dazu bringen, seine Meinung zu ändern. Ich glaube, dieser Sil hat irgendetwas gegen ihn in der Hand. Er führt Brackenmoore wie eine Marionette vor sich her. Egal welchen Vorschlag dieser miese Meuchler auch macht, Brackenmoore stimmt ihm zu. Und Nemrothar und Blackbell scheint es nicht anders zu ergehen.«

»Blackbell ist von der Finstergilde gekauft«, warf Blank ein.

»Welchen Unterschied macht das? Sil gehört auch zur Finstergilde, wie Ihr wisst.«

»Stimmt. Und was schlagt Ihr jetzt vor?«

»Ich habe mir überlegt, dass ich morgen früh um ein Gespräch mit Lord Brackenmoore bitte. Ich werde ihn auffordern, den Rauswurf von Horrest Limewall aus dem Kleinen Rat wieder rückgängig zu machen.«

»Warum sollte er dem zustimmen?«, fragte Blank.

Nun lass mal hören, du nach Lavendel stinkender Puttenschnitzer Das würde mich auch interessieren.

»Überlegt einmal. Wenn Lord Brackenmoore vom König verlangt, dass der Rat bestehen bleibt, macht es einen verschrobenen Eindruck, wenn er Horrest, der für den König agiert hat, ausgeschlossen lassen würde. Bellington müsste unweigerlich denken, dass der Rat weitere Aktionen gegen den Thron plant.«

»Ihr habt natürlich Recht, aber ich verstehe immer noch nicht ganz«, gab Blank offen zu. »Was hätten wir dadurch gewonnen?«

Ich habe es bereits begriffen, du rosa Auswurf!

»Wenn Horrest wieder im Kleinen Rat ist, verlangen wir einfach eine neue Abstimmung. Damit könnten wir jedenfalls ein Unentschieden erreichen. Vielleicht weiß Horrest auch einen besseren Plan als dieser Sil, und wir schaffen es, die anderen auf unsere Seite zu ziehen.«

»Man sollte Euch wirklich nicht unterschätzen, Meister Pentbrook. Euer Plan könnte tatsächlich aufgehen«, würdigte Blank das Vorhaben schmierig feixend.

Das Einzige, was aufgehen wird, seid ihr beide, wenn ich mit meinem Messer über eure schmierigen Wänste schneide.

Baazlabeth fühlte sich ein wenig wie ein feiger Spitzel, der sich im Schatten herumdrückte und Leute belauschte, um dann die Neuigkeiten winselnd an seinen Herrn weiterzugeben. Zu gern wäre er aus seinem Versteck gesprungen und hätte ein paar schlagende und stichhaltige Argumente vorgebracht, doch das hätte nur noch zu mehr Problemen geführt. So blieb er in seinem Versteck, bis die beiden Männer gegangen waren. Erst als ihre Schritte nicht mehr durch die kahlen Gänge hallten, kam er heraus. Vorsichtig spähte er den Gang hinunter, als er plötzlich hinter sich ein Räuspern vernahm. Wie ein ertappter Lausbub, der hoffte, die Ermahnung gälte nicht ihm, blickte er über seine Schulter.

»Magister Treuthwin, ich habe Euch gar nicht kommen hören«, gluckste er fröhlich und sah an dem Gelehrten herab. Treuthwin hatte keine Schuhe an, sondern lief barfuß und mit hochgekrempelten

Hosenbeinen. Baazlabeth zog eine Augenbraue in die Höhe und legte den Kopf schief.

»Kommt erst einmal in mein Alter«, knurrte der Magister. »Wenn Ihr dann mit Euren gichtgeplagten Knöcheln noch in die Schuhe kommt, dankt dem Erschaffer auf Knien.«

Ich werde nie wieder so jung *sein wie Ihr, und bevor ich Sept danke, würde ich mir zuerst die Füße abhacken.*

Baazlabeth richtete sich erst einmal auf, um nicht auszusehen wie ein Spitzel auf der Pirsch.

»Und ich dachte schon, Ihr schnüffelt hinter mir her.«

»Gäbe es denn einen Grund dafür?«, erwiderte Treuthwin.

»Das kommt darauf an, wie neugierig man ist. Es soll ja Menschen geben, die so einsam, verzweifelt und gelangweilt sind, dass sie jedes Gerücht und jede Neuigkeit in sich aufsaugen wie ein trockener Schwamm. Manchmal halten sie sich sogar Haustiere, geben ihnen Namen und sprechen zu ihnen, als wären sie gute Freunde, nur weil sonst niemand etwas mit ihnen zu tun haben will.«

Baazlabeth spielte auf den Raben an, den Treuthwin immer auf seiner Schulter herumgetragen hatte. Der Vogel war bei Liliths erstem Versuch, ihre Kräfte unter Kontrolle zu bringen, ums Leben gekommen. Der Magister hatte ihnen das niemals verziehen.

»Ihr werdet mich mit Euren Sticheleien nicht aus der Fassung bringen. Ich bin zu alt, um Eure Spielchen mitzumachen. Trotzdem möchte ich Euch bitten, diesen Teil des Schlosses zu meiden. Es wäre unschön, wenn jemand bestohlen würde und ich zugeben müsste, Euch schleichenderweise im Schloss gesehen zu haben. Nicht, dass es Eurem Ruf noch groß schaden könnte, doch ich wäre untröstlich, wenn ich an dieser Verunglimpfung teilhaben müsste.«

»Es wäre besser, Ihr würdet Euch weniger Sorgen um meinen Ruf machen als um Eure Gesundheit. Ich bin nämlich äußerst schreckhaft und wäre untröstlich, wenn ich Euch ein Messer in die Kehle stoßen würde, nur weil ich in Euch einen gedungenen Mörder gesehen hätte, der mir auflauern wollte.«

Die Drohung schien ein bisschen zu viel des Guten. Magister Treuthwin nickte unterkühlt und machte kehrt. Baazlabeth hätte einen seiner neuen Käfige verwettet, dass er schnurstracks zu Lord Brackenmoore lief, um sich auszuweinen.

»Krächz, krächz, ich weiß etwas Neues, Eure Lordschaft, krächz!«, rief er dem Gelehrten hinterher.

Als Magister Treuthwin außer Sicht war, machte auch Baazlabeth sich auf den Weg. Mittlerweile hatten die Wachen am Eingang gewechselt. Zwei junge Burschen, die der Dämon bislang noch nicht kannte, bewachten Schloss Sturmfels. Als sie ihn bemerkten, nahmen sie Haltung an und präsentierten ihre Hellebarden. Die beiden konnten wahrlich noch nicht lange im Dienst des Lords stehen. Ihre Rüstungen waren nur provisorisch angepasst, und ihre Stiefel glänzten noch.

»Prinzipal Sil, verzeiht, dass ich Euch anspreche«, stotterte einer von ihnen.

Sie sind Neulinge.

»Was ist denn?«, blaffte Baazlabeth.

»Der edle Magier Nemrothar bat mich, Euch auszurichten, dass er Euch in seinem Turm erwartet.«

»Der edle Magier Nemrothar?«, wiederholte Baazlabeth verstört. »So jemanden kenne ich nicht. Aber wenn du den alten Tattergreis mit dem albernen Hut meinst, kannst du ihm bestellen, dass ich Wichtigeres zu tun habe, als ihn zu besuchen und mir seine Jugenderinnerungen anzuhören. Edler Magier«, wiederholte er kopfschüttelnd. »Flim-Flam-Flunkel nenne ich ihn, und nichts anderes ist er.«

Dem anderen Wachsoldaten schien Baazlabeths Bezeichnung für den Magier zu belustigen. Er grinste in sich hinein, während der Nachrichtenüberbringer versuchte, zu atmen, zu schlucken und zu sprechen, ohne dabei an seiner Zunge zu ersticken. Baazlabeth ließ ihn stehen, da das Jüngelchen ohnehin nicht den Mut gehabt hätte, etwas einzuwenden.

Im Windviertel angekommen, blieb Baazlabeth einen Moment stehen. Er konnte den Wein in seinen Haaren riechen, mittlerweile war er angetrocknet und ließ seine Kopfhaut jucken. Nur zu gern hätte er sich jetzt im *Einsamen Wanderer* auf ein Gläschen eingefunden und wäre dann zurück ins Theater, um seine neuen Käfige zu bewundern, doch leider ging das nicht. Ein Plan war nur so lange gut, wie eine Suppe heiß blieb, danach verwandelte sich beides in kalten Sud. Und sein derzeitiges Anliegen war noch nicht einmal ein Plan, es war vielmehr ein Notfall.

Baazlabeth wandte sich nach Norden; das Haus, das er suchte, lag nahe der Stadtmauer und war eines der feudalsten in ganz Brisenburg. Dort waren noch nicht viele Menschen ein und aus gegangen. Er würde heute beides tun.

Sein Weg führte ihn vorbei am Haus der Väter, am Tempel der Demut sowie an den drei ineinander verwachsenen Türmen von Peregrinus, dem Schwarzmagier der Finstergilde, den alle *Meister Siegel* nannten, da er sich damit rühmte, jedes Schloss öffnen zu können. Von hier aus war die Stadtmauer im Norden nicht mehr weit. Dahinter lagen nur noch die Berge, die kalt und grau über der Stadt thronten. Jetzt war es nur noch ein Stück die Straße entlang Richtung Westen, und Baazlabeth würde wissen, ob er rechtzeitig kam.

Das Herrenhaus war noch beeindruckender, als Baazlabeth es in Erinnerung behalten hatte. Das viergeschossige Haus musste hundert oder mehr Fenster besitzen. Die oberen Etagen waren um ein Drittel größer als das Erdgeschoss. Rund um das Haus führte ein breiter Bogengang, dessen Stützpfeiler die Stabilität sicherstellten. Überall wuchsen Rosen und bunter Knöterich. Wie die meisten Häuser in Brisenburg war auch dies im Fachwerkstil erbaut. Die schweren Eichenbohlen in den Hauswänden waren oberflächlich gekohlt und mit reichhaltigen Schnitzereien versehen.

Noch beeindruckender als das Haus selbst war jedoch der Eingangsbereich. Das breite Doppelportal war aus unterschiedlichen Holzarten gefertigt, deren Maserung und Farbton sich alle voneinander unterschieden. Im unteren Bereich hatte man die dunkleren Hölzer verwendet, während oben die helleren zu finden waren. Damit aber noch nicht genug. Das Portal war mit einer Schnitzerei versehen, die eine Szene am Hafen darstellte. Ein Dreimaster wurde mit Hilfe mehrerer Lastkräne beladen. Männer schleppten Kisten und Säcke aus einem Lagerhaus und stellten sie an der Pier ab. Ob es sich bei der Darstellung um Brisenburg und das Flautenviertel handelte, war schwer zu sagen, dafür war die Szene dann doch nicht umfangreich genug.

Baazlabeth drückte das schmiedeeiserne Tor zum Grundstück auf und folgte dem kurzen Weg zum Eingangsbereich. Aus der Nähe war das Portal noch beeindruckender. Die Schnitzereien waren so plastisch herausgearbeitet, dass die Stärke der Tür wenigstens einen halben Fuß messen musste. Der Türklopfer war in Form eines Lastbalkens gestaltet, an dem eine bronzene Kiste in der Größe eines Kinderkopfes baumelte. Baazlabeth bewegte den Hebel vor und zurück, und die Kiste hämmerte gegen das Portal. Im selben Augenblick öffnete sich eine kleine Luke, die sich genau dort befand, wo auf der Schnitzerei der Ausguck des Schiffes lag. Hinter dem Loch zeigte sich ein strahlend weißes Auge mit einer düsteren Pupille, umrahmt von dunkelbrauner Haut.

»Ihr wünscht?«, fragte eine tiefe Männerstimme mit starkem Akzent.

»Mein Name ist Sil«, antwortete Baazlabeth. »Ich bin Mitglied des Kleinen Rates und würde gern mit Horrest Limewall sprechen. Ich habe ihm ein lukratives Angebot zu unterbreiten.«

»Wartet hier«, kam zur Antwort, und gleich darauf schloss sich die Luke wieder.

Es waren nur wenige Minuten, die Baazlabeth vor der Tür warten musste, aber sie reichten aus, um seine Laune ins Bodenlose stürzen zu lassen. In seinem Leben war er nicht oft gezwungen worden, vor einem Stück Holz in einem Durchbruch Halt zu machen. Immer wenn dies geschehen war, hatten die auf der anderen Seite es später bereut. Gerade, als er erneut den Klopfer gegen das Holz hämmerte, öffnete sich mitten im Portal eine einzelne Tür, die sich in der Schnitzerei verborgen hatte. Sie war so eingearbeitet worden, dass sie genau mit dem Tor in der Lagerhalle auf der Szene übereinstimmte.

»Meister Limewall erwartet Euch«, sagte ein dunkelhäutiger Hüne mit kahl geschorenem Kopf, den man in ein albernes Dienergewand gesteckt hatte. Die rote Kniebundhose und das weiße Rüschenhemd saßen an ihm wie gewollt, aber nicht gekonnt. Außerdem lief er barfuß, was seine Kleiderordnung wieder in Frage stellte. So lächerlich er auch als Diener wirkte, als Mann und Krieger würde er mit Sicherheit eine bessere Figur machen. Eines stand fest, die langen sehnigen Muskeln und vielen Narben hatte er nicht vom Türenöffnen oder Geschirrwegräumen. Dieser Mann war ein Kämpfer im Narrenkostüm, genau wie Baazlabeth selbst.

Der dunkelhäutige Mann führte Baazlabeth in das feudale Foyer. Ein langer Flur barg ein halbes Dutzend Türen zu jeder Seite sowie eine weitere Flügeltür an der Stirnseite. Fast jedes freie Stück Wand war verdeckt von Vitrinen, Regalen, goldgerahmten Gemälden oder bunt bemalten Vasen. Jedes Möbelstück war vollgestopft mit kostbarem Krimskrams, dicken Folianten oder kleinen Schachteln, die ihren Inhalt nicht preisgaben. Allein in diesem Flur musste mehr Reichtum zu finden sein als in ganz Schloss Sturmfels. Wahrscheinlich kamen viele der Gegenstände sogar von dort. Lord Brackenmoore hatte schon lange aufgehört, mit barer Münze zu zahlen, und verteilte stattdessen seinen Schmuck, sein Mobiliar und seine Kunstgegenstände.

Über die gesamte Länge des Flurs lag ein roter Läufer mit dezenten goldenen Stickereien. Der dunkelhäutige Diener lief voraus und ließ es sich nicht nehmen, jedes Mal, wenn Baazlabeth stehen blieb, sich mit einem grimmigen Blick umzudrehen und ihn zum Weitergehen aufzufordern. Er hielt geradewegs auf die Doppeltür am Ende des Flurs zu. Dort angekommen, wartete er, bis Baazlabeth neben ihm stand, doch auch jetzt war er noch nicht bereit, den Dämon einzulassen. Der Diener musterte ihn von oben bis unten mit einem Blick, der sagte: So tritt man nicht vor meinen Herrn.

Baazlabeth war rätselhaft, was alle ständig an seiner Kleidung auszusetzen hatten. In den vielen Tausend Jahren zuvor hatte es nicht ein Einziger gewagt, jemals an seiner Garderobe herumzumäkeln, egal wie blutüberströmt und zerrissen er aussah. Kaum war er in Brisenburg angekommen, meinte jeder, sein Schneider zu sein.

»Mach schon auf«, knurrte Baazlabeth. »Keiner von uns beiden wird jemals wieder so gut aussehen wie jetzt, und das gilt auch für deinen Herrn.«

Der dunkelhäutige Mann schien die Worte nicht zu verstehen, doch der Tonfall machte hier die Musik. Er drückte die Klinke herunter, öffnete die Tür und ließ den Dämon eintreten. Der Raum, den Baazlabeth betrat, hatte etwas von einer Lagerhalle. Neben Kisten und Truhen standen allerhand Säcke und notdürftig in Wachspapier oder Leder eingerollte Gegenstände herum. Nur die Mitte des großen Raumes war frei geräumt, um Platz zu schaffen für die lange Banketttafel, an der für mindestens zwanzig Personen gedeckt war – alles in Silber und kostbar bemaltem Porzellan. Am Ende der Tafel saß Horrest Limewall, trotz der fortgeschrittenen Uhrzeit in einen Morgenmantel aus Seide gehüllt. Es schien ihm nicht sonderlich gut zu gehen. Die wenigen Haare waren zerzaust, und die Augen lagen tief in dem runden Schweinchengesicht. Links und rechts neben der Tür standen zwei weitere dunkelhäutige Diener. Sie trugen dieselbe schlecht sitzende Kleidung. Doch zusätzlich hatte jeder einen breiten Ledergürtel umgeschnallt, an dem ein Krummschwert hing.

»Ihr beiden könnt gehen«, rief ihnen Limewall vom Ende der Tafel zu. »On, du bleibst bitte bei uns. Prinzipal Sil möchte sicherlich einen Schluck zu trinken haben, und ich nehme auch noch einen. Es gibt schließlich etwas zu feiern.«

Baazlabeth war unklar, wovon der Händler sprach, doch es kam selten genug vor, dass jemand so guter Laune war, wenn er ihn sah, somit beließ er es dabei.

Die beiden Bewaffneten verließen wortlos den Raum. On, der Diener, der Baazlabeth hereingelassen hatte, schloss hinter ihnen die Tür und eilte auf einen Stapel kleinerer Kisten zu.

»Setzt Euch, Sil«, bat Horrest Limewall seinen Gast und deutete auf das gegenüberliegende Ende der Tafel. »Ich hätte Euch normalerweise nicht empfangen. Ich kann mir nicht vorstellen, was wir noch zu besprechen hätten. Ehrlich gesagt, wart Ihr mir schon immer ein Rätsel und nicht sonderlich sympathisch. Ich gehe einmal davon aus, dass Ihr ähnlich über mich denkt.«

Ihr glaubt gar nicht, wie weit unsere Vorstellungen voneinander abweichen. Unsympathisch sind mir ganze Völker, Welten und Gottheiten, doch nicht solch armselige Kriecher. Ihr seid mir eher lästig wie ein Ungeziefer. Und rätselhaft ist an Euch gar nichts, außer vielleicht die Frage, wie Ihr so fett werden konntet und es immer noch in die oberen Gemächer schafft.

»Wenn Eure Meinung von mir so schlecht ist, warum habt Ihr mich dennoch eingelassen?«

On tauchte am Ende der Tafel auf und präsentierte Horrest Limewall eine Flasche Wein. Der Händler nickte zufrieden, und On schenkte ein.

»Entschuldigt, wo waren wir stehen geblieben, Prinzipal Sil?«

»Ich fragte danach, warum Ihr mich empfangt, wenn ich Euch doch so unsympathisch bin.«

»Ach ja«, säuselte Horrest. »Das lag nur an einer klitzekleinen Kleinigkeit. An dem winzig kleinen Wort, das fast jede Tür in Brisenburg zu öffnen vermag. Es ist das Wort: lukrativ.«

On trat hinter Baazlabeth und schenkte den silbernen Kelch vor ihm voll. Misstrauisch blickte der Dämon den Diener an. Einen Mann in seinem Rücken zu wissen, dem das Töten nicht fremd war, behagte ihm nicht. Auch Horrest Limewall fiel Baazlabeths Besorgnis auf.

»Er ist ein Prachtkerl, stimmt's?«, gluckste der Händler.

»Kann schon sein«, erwiderte Baazlabeth, »doch ich dachte immer, Lord Brackenmoore duldet keine Sklaven in dieser Stadt.«

»Oh«, winkte Horrest ab. »On ist kein Leibeigener. Er ist aus freien Stücken hier, auch wenn ich zugeben muss, dass er keine Bezahlung verlangt. Eines meiner Handelsschiffe hat ihn und seine beiden Brüder aus dem Meer gefischt. Sie waren Rudersklaven für die Drutesen. Ihre Galeere ist gesunken, mit allen Männern an Bord. Nur On und die anderen beiden konnten sich an ein Stück Holz klammern. Drei Tage trieben sie auf dem Meer, bevor mein Kapitän sie aufgefischt hat. Er gab ihnen Wasser und Essen. Als sie wieder zu Kräften gekommen waren, töteten sie die Hälfte der Mannschaft und zwangen den Kapitän, sie zu seinem König zu bringen, damit sie ihm ewige Treue schwören könnten. Kapitän Tondor war kein dummer Mann. Er wusste, wo seine wirkliche Loyalität lag. Für ihn war derjenige König, dem er alles zu verdanken hatte und der ihm die Frachten bezahlte. So kamen On und seine Brüder zu mir. Sie sprachen kaum unsere Sprache, doch sie gaben mir zu verstehen, dass sie demjenigen, der ihnen das Leben geschenkt hatte, auf alle Zeit dienen würden. Ihr seht also, sie sind keine Sklaven, sondern freie Männer.«

»Euer Kapitän hätte die Männer selbst behalten können«, gab Baazlabeth zu bedenken. »Schließlich war er es, der sie aus dem Wasser gefischt hat.«

»Oh nein, On dient nur einem König, alles andere wäre unter seiner Würde. Er weiß zu unterscheiden zwischen Herr und Diener. Außerdem hatte Kapitän Tondor nicht die Möglichkeit, eigene Ansprüche zu stellen. On brachte mir seinen Kopf als Gastgeschenk.«

Horrest Limewall erinnerte Baazlabeth an einen Kuhfladen, der sich darüber freute, so viele Fliegen anlocken zu können. Ohne seinen Reichtum war von ihm nicht mehr übrig als eine klebrige, stinkende Masse.

»Aber Ihr seid sicher nicht gekommen, um von mir Geschichten aus vergangenen Tagen zu hören. Ihr habt On etwas von einem Geschäft gesagt, dass Ihr mir vorschlagen wollt. Wisst Ihr, warum ich bei Geschäften immer gut abschneide?«

Weil Ihr bescheißt.

Limewall wartete die Antwort gar nicht erst ab. Er redete einfach weiter.

»Ich werde es Euch sagen. Ich weiß schon bevor die Leute zu mir kommen, was sie mir anbieten wollen. Ich kann ein gutes Geschäft riechen, und ich merke genau, wann jemand mich übervorteilen will oder wann er gezwungen ist, mir ein Angebot zu unterbreiten. Die Menschen sind mit den unterschiedlichsten Talenten von den Göttern gesegnet worden. Der eine kann gut mit einer Klinge umgehen, der andere kann Menschen für sich gewinnen, indem er zu ihnen spricht. Ich weiß eben, was etwas wert ist und wie ich es bekommen kann. Von meiner Sorte gibt es nur noch …«

Platsch!

Baazlabeth ließ den Händler sich noch ein wenig selbst loben. Ihm weiter zuzuhören brachte nichts. Er brauchte keine Belehrung, was den Handel betraf. Die Geschäfte, die er einging, sahen immer gleich aus. Es gab einen, der gut abschnitt, und einen anderen, dem etwas abgeschnitten wurde, und bislang hatte Baazlabeth immer auf der Seite gestanden, die nach dem Handel ein paar Pfund mehr aufweisen konnte.

»… und nun sage ich Euch, warum Ihr gekommen seid.«

Da bin ich aber gespannt.

»Jemand wie Ihr weiß, wann er auf der falschen Seite steht. Ihr wärt nicht immer noch am Leben, bei dem was Ihr tut, wenn Ihr je auf den Verlierer gesetzt hättet. Sobald Ihr auch nur den geringsten Verdacht hegt, es könnte Euch an den Kragen gehen, geht Ihr einen Handel ein – solch einen, wie Ihr ihn mir gleich vorschlagen werdet. Ihr habt davon gehört, dass der König kommt, und jetzt denkt Ihr darüber nach, ob Lord Brackenmoore auf der Sieger- oder der Verliererseite stehen wird.«

Aus der Sicht von Horrest Limewall und unter der Annahme, dass er mit Prinzipal Sil sprach, dem ein Theater gehörte und der sein Vermögen dadurch angehäuft hatte, Menschen umzubringen, klang das alles ganz plausibel. Doch der Händler sprach nicht mit Sil, dem Menschen. Er sprach mit Baazlabeth, dem Horden, einem Kriegerdämon, der allein aus Vergnügen tötete und einen Dreck darauf gab, auf welcher Seite er gerade stand. Wichtig war nur, dass sich auf der anderen noch genügend Feinde befanden.

»Ich finde es äußerst rührend, dass Ihr Euch so viele Gedanken um mein Wohlergehen macht, doch ich bin nicht gekommen, um irgendeine Seite zu wechseln. Die Seite, auf der ich stehe, gewinnt immer. Meine Sorge gilt eher Euch.«

Horrest Limewall verschluckte sich beinahe, als er Baazlabeths Worte hörte. Er stellte kurz seinen Kelch ab, hustete in ein Stofftuch und tupfte sich die Mundwinkel ab. On stand bereits wieder neben ihm und schenkte den Kelch erneut voll.

»Was soll mir schon passieren? Lord Brackenmoore wird in wenigen Tagen vom König seines Amtes enthoben, genau wie alle anderen Mitglieder des Kleinen Rates. Der König wird seine treuen Diener erkennen und sie belohnen.«

Baazlabeth empfand wenig Lust, dieses Gespräch noch weiter fortzuführen. Das Geschwafel langweilte ihn, und Langeweile vertrieb man mit Blut.

»Deinen König, wie du ihn nennst, werde ich höchstpersönlich in den Arsch treten, wenn er vor den Mauern Brisenburgs steht. Was seine treuen Diener angeht, wird er von ihnen nicht mehr sehen als ihre aufgespießten Köpfe auf den Zinnen der Mauer.«

Baazlabeth wollte nach seinem Dolch greifen, der immer in seinem Hosengurt steckte, doch er war weg.

»Sucht Ihr vielleicht danach, Prinzipal Sil?«, fragte Horrest Limewall und griff nach dem Stilett mit dem Elfenbeingriff, das ihm von On gereicht wurde. »Dachtet Ihr, ich lasse einen Meuchler wie Euch in mein Haus und setze mich mit ihm an eine Tafel, wenn er noch im Besitz seiner Waffe ist? Ihr enttäuscht mich. Ons Fingerfertigkeit ist ähnlich bemerkenswert wie seine Körperkraft und seine Treue zu mir.«

Horrest legte die Waffe wieder zurück in die Hand seines Dieners.

»Helft mir auf die Sprünge, Sil«, bat der Kaufmann. »Wie ist die Bestrafung innerhalb der Finstergilde für Verrat? War es nicht so, dass man ihnen bei der ersten Verfehlung den Ringfinger abtrennt?«

Baazlabeth ließ die Mutmaßung unbeantwortet. On verstand aber nur zu genau. Mit finsterer Miene und gezückter Klinge stampfte er die

Tafel entlang auf den Dämon zu. Jetzt davonzulaufen war genauso zum Scheitern verurteilt, wie zu jammern und auf das Mitleid von Horrest zu hoffen. Mit Sicherheit warteten die Brüder von On schon vor der Tür auf ihn. Wenn man in eine wenig aussichtsreiche Situation geraten war, musste man handeln, und zwar so, wie es niemand von einem erwartete. Baazlabeth blieb ruhig sitzen und nahm einen Schluck Wein.

Dieser Rote ist tatsächlich um einiges besser als der Hauswein im Einsamen Wanderer. *Ich darf nachher auf keinen Fall vergessen, einige von den Flaschen mitzunehmen*, überlegte er sich.

Als Baazlabeth seinen Kelch wieder abstellte, stand On bereits hinter ihm. Der Hüne presste ihn samt Stuhl gegen die Tischplatte und packte sein Handgelenk. Baazlabeth lies alles über sich ergehen, ohne sich zur Wehr zu setzen. Limewall und On schienen zu denken, dass er glaubte, sie würden ihn nur einschüchtern wollen. Schließlich war er ein Mitglied des Kleinen Rates. On presste seinen Handrücken auf die Tischplatte und fädelte das Stilett zwischen Baazlabeths kleinem und dem Mittelfinger ein. Immer noch ließ er den Diener gewähren und sah gelangweilt zu Horrest Limewall hinüber. Der Händler schien wesentlich aufgeregter zu sein als er und konnte es noch nicht einmal verbergen. Wie ein Mädchen, das von ihrem ersten Freund entjungfert werden soll, starrte Horrest seinen Diener an und nickte mit einem verzückten Glucksen.

On hatte sich darauf vorbereitet, sein Opfer bändigen zu müssen. Schließlich ließ sich niemand den Ringfinger abschneiden und saß lediglich da und sah zu. Er stemmte sich von hinten gegen Baazlabeth. Seinen Arm hatte er gegen die Brust des Dämons gedrückt, wobei sein Ellenbogen gegen den Kehlkopf drückte. Baazlabeth hörte, wie sich die Spitze des Stiletts neben seinem Finger in den Tisch bohrte. On atmete ein. Ein kurzer Ruck, ein leises Knirschen, und schon war alles vorüber. Es gab kein Aufbäumen, kein Schreien und kein Wimmern. Der Schmerz durchfuhr Baazlabeth genauso kurz wie entzückend. Schmerzen waren nichts Ungewöhnliches für den Dämon. Ungewöhnlich war nur, sie freiwillig über sich ergehen zu lassen. Doch in diesem Fall war es unvermeidbar. Zu was sein menschlicher Körper nicht von sich aus imstande war, wurde durch Schmerzen und Pein oder unendlichen Hass möglich. Innerhalb eines Herzschlages spürte

Baazlabeth, wie der Dämon in ihm zum Vorschein kam. Sein wahres Ich wehrte sich dagegen, verstümmelt zu werden. Lange, schmale Hornplatten von gut einem halben Fuß Länge schoben sich aus seinen Fingerknöcheln hervor und zerfetzten die Haut darüber. Ein hakenförmiger Dorn wuchs aus seinem Ellenbogen heraus und durchbohrte die Ärmel seiner Kleidung, und so gut wie unbemerkt von fremden Augen verformte sich sein linker Fuß zu einer klobigen Masse Fleisch, die in einen Huf auslief.

Seht her und staunt, ihr Leichtgläubigen.

On lockerte seinen Griff. Ängstlich schaute er zu seinem Herrn, um von ihm gesagt zu bekommen, was nun geschehen sollte. Ein Gefolterter, der nicht schrie, war wie ein Hahn, der nicht krähte. Im Grunde genommen nutzlos. Doch was, wenn diesem Hahn wie von selbst Sporen wuchsen?

On blieb keine Zeit, sich weitere Instruktionen zu holen. Baazlabeth riss sich los und stieß seine geballte Faust rücklings über die Schulter. Der Hieb traf On direkt unter dem Kinn, wobei zwei der langen Dornen, die Baazlabeths Hand entsprangen, sich durch den Unterkiefer bohrten und seitlich der Nase wieder austraten. Der Diener fand den Tod, bevor er auch nur ahnte, dass etwas gerade ganz gewaltig schieflief. Für Baazlabeths Geschmack etwas zu schnell, doch er nahm sich vor, bei den anderen etwas bedächtiger vorzugehen.

Doch zunächst war es an Horrest Limewall, die Initiative zu übernehmen. Er stemmte sich mit seinen schwabbeligen Armen gegen die Tischkante und hätte es beinah geschafft, seinen fülligen Körper samt Stuhl nach hinten zu schieben, wenn er nicht zu viel Kraft in seinen Aufschrei gelegt hätte. Wie ein keifendes Waschweib schrie er Zeter und Mordio. Horrest kippelte auf seinem Stuhl, kam aus dem Gleichgewicht und kippte hintenüber, während seine Hände erfolglos versuchten, die rettende Tischkante zu erreichen. Zeitgleich mit dem dumpfen Aufprall wurde die Tür hinter Baazlabeth aufgestoßen. Der Dämon brauchte sich nicht umzudrehen, um zu wissen, dass Ons Brüder mit blanken Krummschwertern auf ihn zustürmten.

Baazlabeth sprang auf den Tisch und fuhr herum. Mit dem Fuß schleuderte er den beiden Angreifern das vor ihm liegende Geschirr entgegen. Er musste wenigstens einen von ihnen aufhalten. Sich zwei gezielten Attacken gleichzeitig zu erwehren, wenn man selbst unbewaffnet war, hatte wenig Aussicht auf Erfolg. Äußerst gewandt duckte sich der eine Diener unter den heranfliegenden Tellern und Schalen hinweg, während der andere einfach seitlich auswich. Bevor Baazlabeth einen neuen Versuch starten konnte, waren sie schon heran. Die erste Klinge zog direkt vor seinem Gesicht entlang. Die andere verfehlte nur um Haaresbreite sein Knie. Unsicher stolperte Baazlabeth rückwärts über den gedeckten Tisch. Seine Angreifer folgten ihm entlang der Tischkante und stießen dabei die Stühle fort, um mehr Platz zu haben.

Ein Hieb folgte dem nächsten, und dem Dämon blieb nichts anderes übrig, als sich weiter zurückdrängen zu lassen. Die beiden schienen wirklich Brüder zu sein. Jeder Schlag war so ausgeführt, dass er zur Vorbereitung des anderen diente. Sobald auch nur die geringste Lücke entstand, schnellte eine Klinge vor, um sie wieder zu schließen. Die Brüder kämpften wie ein Mann. Doch anstatt dass einer blockte und der andere zuschlug, hackten sie gemeinsam auf Baazlabeth ein. Schließlich gab es nichts zu blocken. Sie boten ihm nicht die geringste Gelegenheit, auch nur einen Schlag mit seinen dämonischen Krallen gegen sie zu führen. Sie trieben ihn einfach weiter, dem Ende der Tafel entgegen. Baazlabeth wusste, würde er sich ihnen auf ihrer Höhe stellen müssen, würde der Kampf schnell zu Ende sein. Sobald sie nicht nur seine Beine gezielt attackieren konnten, würden sie ihm den Garaus machen.

»Tötet dieses Ungeheuer!«, schrie Horrest Limewall, der sich anscheinend wieder aufgerappelt hatte. »Hackt ihm die Beine ab!«

Die Stimme des fetten Kaufmanns war nicht mehr weit entfernt, was bedeutete, dass Baazlabeth das Schlachtfeld langsam ausging. Ein kurzer Blick über die Schulter bestätigte ihm, dass er weniger als drei Schritt vom Ende der Tafel entfernt war. Diese kleine Rückversicherung brachte ihm einen schmerzhaften Schlag gegen das Schienbein ein. Glücklicherweise führte sein Gegner das Krummschwert mit der Rückhand. Ansonsten wäre Baazlabeth in Zukunft mit nur einem Stiefel ausgekommen. Aber noch eine weitere Information brachte der schnelle Blick über die Schulter. Horrest Limewall hatte sich in Panik die Weinflasche gegriffen und holte zum Wurf aus. Für einen übergewichtigen Händler in einer Kampfsituation sicherlich eine überaus gängige Praxis, wenn auch etwas wagemutig.

Baazlabeth wollte sich trotzdem nicht von einer Flasche Roten fällen lassen und sprang breitbeinig über das Geschoss hinweg. Der Diener zu seiner Rechten bewies nicht so viel Instinkt und Akrobatik. Die halbvolle Pulle traf ihn mit dem Flaschenboden voran direkt auf der Stirn. Baazlabeths anfängliche Befürchtungen bestätigten sich nicht: Der dunkelhäutige Mann steckte den Schlag nicht so einfach weg, und die Flasche blieb heil. Stattdessen wankte der Diener leicht und wirkte benommen. Der andere erkannte die missliche Lage seines Bruders und setzte alles daran, ihm etwas Luft zu verschaffen. Wild schlug er um sich und holte dabei viel zu weit aus. Die Klinge fuhr in eine der umherstehenden Kisten und blieb für einen Moment stecken.

Diese Zeit reichte Baazlabeth. Er ließ sich auf ein Knie fallen und nutzte das ganze Gewicht seines Körpers, um dem benommenen Mann seine Krallen von oben herab in den Schädel zu bohren. Die Hornspieße glitten in den Kopf des Dieners wie die Forke eines Bauern in einen Kohlkopf. Baazlabeth hörte die verzweifelten Schreie des Bruders hinter sich, was nur bedeuten konnte, dass er jeden Augenblick wie ein Rachegott auf ihn losgehen würde, um den Tod seiner Brüder zu vergelten. Bevor sein Opfer unter ihm wegsackte, hatte Baazlabeth dessen Krummschwert in seiner Hand, ließ sich seitlich über die Schulter abrollen und holte zu einem weiten Schlag aus. Ohne zu wissen, ob sein Konter erfolgreich war, ließ er sich vom Tisch fallen und rollte sich zur Deckung unter das Möbel. Bereit, einen weiteren Schlag gegen die Beine des letzten Angreifers zu führen, rollte er sich erneut herum, die Waffe fest im Griff, um sie zwischen Fleisch und Knochen zu treiben. Die Enge unter dem Tisch bot wenig Platz, sich erfolgreich zur Wehr zu setzen, und außerdem hatte man von hier kaum einen Überblick über das, was ein Gegner plante. Momentan reichte Baazlabeth jedoch, was er sehen konnte, und es stimmte ihn zuversichtlich. Er blickte direkt auf die beiden dunkelbraunen Füße. Vom Hosensaum tropfte dickes dunkelrotes Blut auf die verkrampft zuckenden Zehen. Unmittelbar daneben starrte ihn der Diener aus ungläubigen Augen und mit offen stehendem Mund an.

Es geht nichts über einen sauberen Schnitt. Bereit, um auf einem Silbertablett serviert zu werden?

Das leise Wimmern am Ende der Tafel, dessen Verursacher ebenfalls unter dem Tisch saß, fing an, Baazlabeth zu nerven. Horrest Limewall hockte zusammengekauert vor seinem Stuhl und hielt sich die Hände vor das Gesicht.

»Horrest, Horrest«, flüsterte Baazlabeth. »Horrest, schau mal! Mach schon, du brauchst keine Angst mehr zu haben!«

Limewall wagte einen vorsichtigen Blick zwischen den Fingern hindurch. Baazlabeth winkte ihm freundlich zu.

»Gleich ist alles vorbei«, hauchte er ihm zu. »Ich bin sofort bei dir.«

Der Händler verfiel wieder in Gewimmer, während Baazlabeth unter dem Tisch hervorkroch. Der Körper seines geköpften Feindes lag halb über dem Tisch. Eine Lache Blut hatte sich dort gebildet, wo andere den Kopf vermutet hätten. Baazlabeth sah sich nach etwas um, was ihm seine weitere Arbeit erleichtern und sie zugleich amüsanter gestalten würde. Er ging zu den schweren gelben Brokatvorhängen und zog eine der goldenen Kordeln ab, die dazu da waren, den Stoff zusammenzuhalten. Baazlabeth nahm die Kordel und knotete eine Schlinge.

Einen Moment später steckte der Hals von Horrest Limewall darin. Baazlabeth zog ihn wie einen Hund bei Regenwetter unter dem Tisch hervor und zwang den Händler aufzustehen. Außer dem anhaltenden Gewinsel war aus dem schwabbeligen Mann nichts herauszukriegen. Baazlabeth sah angewidert zu dem dunklen Fleck auf Limewalls Morgenmantel etwas unterhalb des Bauches.

»Du hast dich vollgepisst, du fettes Schwein«, schnauzte Baazlabeth den Händler an. »Es wird besser sein, ich hänge dich zum Trocknen auf, bevor die Flecken nicht mehr rausgehen.«

Baazlabeth sprang auf den Tisch und zog Horrest hinter sich her. Er warf das Ende der Kordel über den geschmiedeten Kronleuchter, der von der Decke hing, und zog das Seil straff, bis sein Opfer nur noch mit den Fußspitzen den Tisch berührte. Der Leuchter und die Verankerung in der Decke knarrten verächtlich, doch sie hielten das Gewicht des Händlers.

Baazlabeth sprang vom Tisch, hob die Flasche Wein vom Boden auf, setzte sich an die Tafel und genoss das Schauspiel.

Er sieht nicht nur aus wie ein Schwein, er quiekt auch genau so.

»Was winselst du da?«, brüllte er. »Sprich deutlich, ich kann dich nicht verstehen.«

»Nuft! Nuft!«

»Du brauchst Luft?«, brüllte Baazlabeth und sprang auf. »Glaubst du, es ist die Schlinge um deinen Hals, die dich am Atmen hindert? Irrtum! Es ist dein eigenes Gewicht. Das ist auch der Grund, warum man Schmetterlinge nicht hängen kann.«

»Nuft«, stöhnte Horrest erneut.

»Willst du, dass ich dich so leicht mache wie einen Schmetterling?«

»Ja«, stöhnte der Händler.

»Tut mir leid, Horrest, aber ich bin kein Zauberer. Ich bin nur ein einfacher Mann, dem ein Theater gehört. Aber ich werde dich trotzdem ein bisschen leichter machen. Schmetterlinge sollen schließlich fliegen. Und du sollst es auch tun.«

Baazlabeth zog die Klinge, holte aus und schlug zu.

8
Männer, die bellen, beißen auch

Auch wenn man das Übel in den tiefsten Kerker sperrt, kann man nicht davon ausgehen, dass man vor ihm in Sicherheit ist. Ein böser Geist lässt sich schließlich nicht von Gitterstäben aufhalten.

Der Unterschied zwischen dem überall in Brisenburg angebotenen Hauswein und einem wirklich edlen Tropfen, der zumindest ein Meer überquert hatte, war offensichtlich. Der entscheidende Unterschied lag im Preis und somit an dem Personenkreis, der von dem jeweiligen gekostet hatte. Seit gestern Abend gehörte Baazlabeth zu dem erlauchten Kreis, der von beiden Sorten gekostet hatte. Ob das Hundertfache des sonstigen Preises für eine Flasche aus Turrot, wo immer das auch liegen mochte, gerechtfertigt war, würde Baazlabeth erst sagen können, wenn seine Kopfschmerzen nachgelassen hatten und er sich wieder an die gestrige Nacht erinnerte.

Für jemanden, dessen eigener Körper selbst nach schweren Verletzungen innerhalb einer Nacht wieder geheilt war und auf den Gift so gut wie keine Wirkung hatte, war es äußerst erstaunlich, was Rotwein alles anrichten konnte. Sein abgetrennter Finger war jedenfalls schon zur Hälfte nachgewachsen. Vielleicht war es wahr, was die Menschen von dem gärigen Traubensaft behaupteten: Es sei der Trunk der Götter. Wenn es sich tatsächlich so verhielt, hatte Baazlabeth den lustigen Abend Amez zu verdanken und seine morgendlichen Kopfschmerzen Sept. Alles, was er bis jetzt über den edlen Tropfen zu sagen vermochte, war, dass er mit zwei Flaschen dasselbe erreicht hatte, was ihm sonst nur mit vier oder fünf vom Hauswein aus dem *Einsamen Wanderer* gelang.

Die Nacht hatte er auf einem der Stühle in der ersten Reihe seines Theaters verbracht. Er wusste noch, dass er sich spätabends dort niedergelassen hatte, um das Aufhängen der Käfige zu verfolgen. Es war ein wunderbares Gefühl gewesen, einen kleinen Teil dieser Welt schon zu seiner eigenen gemacht zu haben. Besonders schön war es gewesen, mit anzusehen, wie sich die vier jungen Handwerker mit den scharfkantigen Gitterstäben abmühten. Trotz Lederschürzen und schweren Handschuhen sahen sie nach vollendeter Arbeit aus, als wären sie durch eine Rosenhecke gekrochen. Fünf Stunden hatte es gedauert, die schweren Zwinger unter die Bühnendecke zu bekommen und so hoch anzubringen, dass Tisch und Stühle noch bequem darunterpassten.

Immer wieder bemerkte Baazlabeth die verwunderten Blicke der Handwerksburschen, als er ihnen Anweisungen gab, wie sie die Käfige auszurichten hatten und welchem Gewicht die Deckenhaken standhalten mussten. Die Burschen schienen sich ihre eigenen Gedanken zu machen, was die Nutzung der Zwinger anging. Baazlabeth war davon überzeugt, dass das, was er damit vorhatte, ihre kühnsten Ängste überstieg. Als das Bühnenbild fertiggestellt worden war, hatte er gerade die erste Flasche geleert. Im Laufe der zweiten Flasche hatte sich dann irgendwann die Zeit sowie seine Erinnerung verabschiedet.

»Lemura! Gewölle! Wo seid ihr?«, grölte er von seinem Platz aus. »Es gibt einiges für euch zu tun. Es wird Zeit, der Prophezeiung ein bisschen auf die Sprünge zu helfen!«

Ungelenk erhob er sich von dem unbequemen Stuhl. Auf dem Platz neben ihm stand die Kiste, die er aus dem Haus von Horrest Limewall mitgenommen hatte. Es wäre Verschwendung gewesen, all diese Reichtümer dort liegen zu lassen, deshalb hatte er sich entschlossen, die kostbarsten Dinge für sich zu beanspruchen. In der Kiste fanden sich neben zwei weiteren Flaschen guten Weins die beiden Krummschwerter der Diener, zwei Weinkelche aus Bronze, ein seltsam gut riechendes Gewürz in einem kleinen Stoffbeutel und der linke Fuß von Horrest Limewall.

»Ihr habt gerufen Meister«, raunte Igniphascellanius, der es geschafft hatte, mit einem Sprung auf den Tisch zu kommen und sichtlich stolz darüber war.

»Wo ist die Seherin?«

»Ich bin hier«, antwortete Lemura, die gerade die Stufen zur Bühne mit ihren Füßen ertastete. Sie schien von Molloch und dem Fremden zu kommen. Vor sich her trug sie eine volle Schüssel Blut, die sie anscheinend wie üblich hinter dem Haus in die Kanalisation gießen wollte.

»Ich komme gleich. Ich will das hier nur kurz entsorgen«, entschuldigte sie sich.

»Das kann warten. Ich habe wichtigere Aufgaben für euch beide«, erklärte der Dämon schroff.

»Das muss ja etwas ungeheuer Bedeutendes sein, wenn es nicht warten kann, bis ich fertig bin«, sagte die Dvergaseherin spöttisch und stellte die Schüssel auf den Stufen ab. Mit einem weiten Schritt trat sie anschließend über diese hinweg.

»Genau das meine ich, Blindschleiche«, knurrte Baazlabeth. »Wo warst du übrigens gestern Nacht? Ich habe dich bei der Premiere unseres neuen Bühnenbildes vermisst.«

Diesmal sah die blinde Seherin mit voller Absicht an Baazlabeth vorbei. Dies schien ihre Art zu sein, Missachtung auszudrücken.

»Viele der Dverga in der Kanalisation sind krank und brauchen Hilfe. Sobald es meine Zeit erlaubt, gehe ich zu ihnen, um ihre größten Leiden zu lindern, ihnen Essen und sauberes Wasser zu bringen oder ihnen einfach nur Zuspruch zu geben. Sie haben sonst niemanden, der ihnen helfen würde.«

Baazlabeth hasste dieses gefühlsduselige Geschwafel. Wenn jemand krank war, Schmerzen hatte und langsam dahinsiechte, sollte man ihm nicht auch noch zumuten, sich Lebensweisheiten anzuhören.

»Dann sollten sie sich schnell nach jemand anderem umsehen, der ihnen ihre kleinen Hintern wischt. Auf dich werden sie nämlich in Zukunft verzichten müssen. Dein Platz ist hier, und das nicht nur, wenn ich dich gerade brauche. Ich will hoffen, du beglückst sie nicht mit unseren Vorräten. Ich würde es ungern sehen, wenn hier plötzlich ein Dankesschreiben hereinflattern würde. Dann wäre ich nämlich dazu gezwungen, dir ein Paar Flügel zu verpassen und dich hinausflattern zu lassen.«

»Ihr scheint zu vergessen, dass ich freiwillig zu Euch kam. Ich bin weder Eure Sklavin noch Eure Dienerin. Wenn es mir nicht mehr gefällt, werde ich einfach gehen.«

Sagte die Fliege im Netz zu der Spinne.

Baazlabeth zog eines der Krummschwerter aus der Kiste heraus und wog die Klinge in seiner Hand. Als ihm einfiel, dass die blinde Frau seine stumme Drohung nicht sehen konnte, kommentierte er sie.

»Natürlich kannst du jederzeit gehen«, lenkte Baazlabeth ein. »Ich weiß deine Hilfe sehr zu schätzen und bin dir unendlich dankbar dafür. Nur zu ungern würde ich auf dich und deine Dienste verzichten. Ich wüsste nicht, was ich tun würde, wenn du plötzlich gingest. Es könnte sein, dass mich mein Trübsinn hinunter in die Kanalisation treiben würde, um nach dir Ausschau zu halten. Jede Dverga, die ich fände, würde mich an dich erinnern und meinen Kummer nur noch weiter anwachsen lassen. Alles, was ich tun könnte, um ihm zu entgehen, wäre, sie alle zu töten, damit sie mich nicht weiter mit der Erinnerung an dich quälen und ich dich vergessen kann.«

»Das ist aus diesem Stück von Sommé!«, rief Igniphascellanius der Dritte dazwischen. »Wie hieß es noch gleich? ›Verschmähte Liebe‹ oder so ähnlich.«

»Du hältst gefälligst dein nach Fisch stinkendes Maul!«, keifte Baazlabeth seinen Dienerdämon an.

»Lasst ihn in Ruhe«, bat Lemura. »Ich habe die Drohung auch ohne die Nachhilfe in Poesie erkannt. Es war gestern ohnehin mein letzter Besuch. Ich kann ihnen nicht helfen. Ich kann nur noch mehr Leid verbreiten, deswegen stehe ich Euch ab sofort wieder ganz zur Verfügung.«

Es war merkwürdig, dass die Seherin so schnell einlenkte. Normalerweise ließ sie es sich nicht nehmen, weitere Widerworte zu finden. Baazlabeth erklärte sich ihre neue Sanftheit damit, dass wenn die Prophezeiung sich erfüllte, es auch für die Dverga keine Rettung gab. Ihre kanalbewohnenden Mitdvergas zu heilen war somit verlorene Liebesmüh.

»Dann ist es ja gut«, sagte Baazlabeth. »Ich hoffe nur, dein Versagen, was Heilung und Pflege angeht, wirkt sich nicht auf unsere beiden Kranken aus.«

»Ich werde mein Bestes geben«, erklärte Lemura. »Molloch ist bereits wieder bei Kräften. Für einen normalen Mann, würde ich sagen, hätte er jetzt eine durchschnittliche Körperfülle. Ich weiß jedoch, dass Ihr Wert auf etwas mehr von ihm legt. Um nicht zu sagen viel mehr. Wie gesagt, er ist auf dem besten Weg und hat einen, untertrieben gesagt, guten Appetit. Außerdem hat er nach Euch verlangt. Was den anderen betrifft, wundert es mich, dass er überhaupt noch lebt, so viel Blut wie er verloren hat.«

Molloch ist fast wieder auf den Beinen, was für eine fantastische Nachricht? Dann kann das Ende ja endlich seinen Anfang nehmen.

»Ich werde gleich nach beiden sehen. Vielleicht brauchen wir den Bluter nicht mehr, dann kann er weg.«

Lemura stand die Empörung ins Gesicht geschrieben.

»Ihr könnt ihn nicht einfach wegwerfen wie den Kadaver eines Hundes, das ist bestialisch. Er hat Euch doch nichts getan.«

»Wenn ich dich daran erinnern darf!«, brüllte Baazlabeth. »In den Augen der Menschen war ich schon immer eine Bestie. Warum soll ich zu jedem nett sein, der mir nichts getan hat? Wäre es so, würden wir alle mit Blumen im Haar herumspringen und uns Küsschen zuwerfen. Ich bin ein Dämon. Ich bin zu keinem nett, vergiss das nicht. Wie, dachtest du, sollte ich das Ende dieser Welt einläuten, mit einem Ringelreigen?«

Baazlabeth war kurz davor, seine Geduld zu verlieren. Er hatte keine Lust, sich rechtfertigen zu müssen. Das erkannten auch Lemura und Igniphascellanius. Der katzenhafte Diener machte einen Buckel und fauchte. Lemura senkte demütig den Kopf.

»Ihr hattet eine Aufgabe für uns«, sagte sie kleinlaut. »Wie können wir Euch zu Diensten sein?«

Na, geht doch!

Baazlabeth ließ sich wieder in den Stuhl zurückfallen. Sein Bein schmerzte immer noch leicht, obwohl die Wunde bereits verheilt war. Außerdem war ihm schwindlig und kalt.

»Seht Ihr diese wunderbaren Kunstwerke dort oben hängen?«, fragte er.

»Ja, Meister«, miaute Igniphascellanius der Dritte.

»Nein, aber ich kann sie mir nur allzu gut vorstellen«, gab Lemura offen kund.

»Wie es auch immer sei, wer kann mir sagen, was noch fehlt?«

Die Dverga sah weiterhin auf ihre Füße, während der Homunkulus wie ein stolzes Reitpferd, den Blick nach oben gerichtet, seine Runden auf dem Tisch drehte.

»Fackeln!«, rief er überschwänglich aus.

Baazlabeth schüttelte den Kopf.

»Rasselnde Ketten«, schlug Igniphascellanius weiter vor.

Erneutes Kopfschütteln.

»Fressnäpfe? Kleine Glöckchen? Sitzkissen? Wolldecken?«

Baazlabeth schüttelte durchgängig den Kopf, wobei sich sein Gesicht von Mal zu Mal weiter verfinsterte. Lemura schien die steigende Übellaunigkeit des Dämons spüren zu können. Um ein Unglück zu vermeiden, wagte sie eine Antwort.

»Dein Herr meint, dass zu den Käfigen auch Gefangene gehören, die dieser eindrucksvollen Schmiedekunst und seinem erhabenen Wesen gerecht werden. Wenn ich von der Anzahl der Käfige auf die späteren Insassen schließen müsste, würde ich meinen, jeder von ihnen steht für eine der Tugenden.«

»Das ist mein Mädchen!«, rief Baazlabeth stolz. »Sie ist zwar klein, sterblich und blind, aber sie scheint zu wissen, worum es hier geht. Ganz im Gegensatz zu dir, du Mäuseschreck. Rühmt sich damit, den Kindern von Amez seit Ewigkeiten zu dienen, doch hat keinen blassen Schimmer von dem, was ein Dämon wirklich braucht.«

Igniphascellanius hatte aufgehört, im Kreis herzulaufen. Stattdessen stand er an der Tischkante und stierte in das Nichts vor ihm. Er schien angestrengt zu überlegen, was es geben konnte, das alle anderen vergessen hatten und das ihn und seine Ideen rehabilitieren konnte. Dann plötzlich hatte er etwas gefunden, was sich an den nutzlos flatternden Stummelflügeln zeigte.

»Niemand weiß, wer die Tugenden sind oder wo sie sich aufhalten. Selbst wenn, dann wäre es Eure Aufgabe, sie zu finden und zu töten – oder was Ihr sonst mit ihnen vorhabt. Es wäre anmaßend von uns zu denken, dass wir zwei Diener für Euch die Prophezeiung erfüllen könnten.«

Der Homunkulus in katzenhafter Gestalt ließ seinen Blick auf der Suche nach Applaus im imaginären Publikum umherschweifen. Lemura schien Baazlabeths Auffassung über diesen Einwand zu erahnen und versuchte, seiner Antwort vorzugreifen, damit diese nicht zu niederschmetternd für den Diener ausfiel.

»Unsere Aufgabe wird es nicht sein, die Tugenden zu finden und in die Käfige zu sperren«, erklärte sie. »Wir sollen nur jemanden finden, der ihren Platz einnimmt, solange sie sich noch nicht zeigen. Sozusagen ihre Wechselbälger, Kuckuckskinder oder Laienschauspieler.«

Baazlabeth gefiel diese Antwort als Erklärung. Es gab nichts, was er hätte hinzufügen oder weglassen wollen. Das Einzige, was er anders gemacht hätte, war der Tonfall, einige Beschimpfungen für den Homunkulus hinzuzufügen und vielleicht den einen oder anderen Gegenstand nach dem Diener zu werfen – vorzugsweise etwas Spitzes.

»Du kannst noch viel von Lemura lernen«, sagte er zu Igniphascellanius. »Wenn du jedoch weiterhin so einen Schwachsinn von dir gibst, befürchte ich, wird dir die Zeit zum Lernen fehlen, bevor dich ein fellloses Ende ereilt.«

Der Katzendämon sprang vom Tisch und flüchtete sich in eine dunkle Ecke. Im Bühnenabgang blieb er sitzen und fauchte leise vor sich hin. Alles, was man vor ihm sah, waren seine leuchtenden Augen.

»Das ist gut«, fauchte der Dämon hinter ihm her. »Dann muss ich keine weiteren Worte mehr verlieren. Heute Abend sind die Käfige voll besetzt, oder ich mache aus ihnen Katzenvolieren und Zwergenzwinger. Es ist also besser, ihr beiden beeilt euch.«

Baazlabeth hatte die Lust verloren, weitere Anweisungen zu geben, um diese dann wieder und wieder erklären zu müssen. Er beschloss, dass es jetzt Zeit war, Molloch einen Besuch abzustatten. Der dicke Mann wusste, was zu tun war. Er kannte die Prophezeiung und war ein Teil von ihr. Nicht einer dieser armseligen Diener, die ihm Amez zur Seite gestellt hatte. Außerdem wollte Baazlabeth nach dem Fremden sehen, der für den König spioniert zu haben schien. Vielleicht konnte man ihn doch noch irgendwie zum Sprechen bringen. Unter Umständen hatte er Informationen über Bellington den Dritten, die sich als nützlich erweisen würden.

Während Baazlabeth sich zum Krankenzimmer aufmachte, verließen Lemura und Igniphascellanius das Theater. Der Dämon bezweifelte, dass die beiden ihrer Aufgabe gerecht werden würden. Wenn sie sich anstrengten, würden sie vielleicht einen betrunkenen Bettler oder einen Todkranken finden, den sie überwältigten und hier einsperren konnten, mehr aber auch nicht. Doch wie hieß es so schön: *Man wächst mit seinen Aufgaben*. Auch wenn dieser Ausspruch nicht allzu viel Hoffnung in Baazlabeth weckte.

In dem engen Gang, der zu den ehemaligen Räumen der Maskenbildner führte, roch es nach sehr widersprüchlichen Dingen, was etwas befremdlich war. Es lag eine Mischung von schwerem Essen und Siechtum in der Luft. Eine ungewöhnliche, aber interessante Mischung, wie Baazlabeth fand. Zu seiner Verwunderung war die Tür des kleinen Raumes, in dem die Kranken untergebracht waren, von außen verschlossen. Anscheinend empfand Lemura für die beiden Männer nicht nur Mitleid. Baazlabeth schloss auf und trat ein. Die fensterlose Kammer stank zum Himmel. Was im Flur noch als seltsamer Duft wahrzunehmen gewesen war, quoll einem hier als purer Gestank entgegen. Essensduft, Ausdünstungen und Krankengeruch vermischten sich zu einem süßlichen Gemenge, das man sonst nur von einem drei Tage alten Schlachtfeld her kannte.

Der Raum wurde von einer einzelnen Kerze erhellt, die oben auf einer Weinflasche thronte. Das herunterkleckernde Wachs hatte sich wie Tropfsteine um das bauchige Glas gelegt. Daneben lagen drei weitere Kerzen auf dem Tisch.

Molloch saß mit dem Rücken zur Wand auf dem Bett. In seinem Schoß ruhte eine Schüssel, in der Äpfel, Möhren, ein Stück gekochte Rübe, zwei Laib Brot, einige Schweineschwarten, ein Stück Schinken sowie eine Hand voll Kartoffeln zu finden waren. Die befremdliche Zusammenstellung schien Molloch nicht sonderlich zu stören. Mit vollem Mund grinste er den Dämon von seinem Bett aus an.

Baazlabeth war erstaunt, um wie viel besser es Molloch bereits ging. Er mochte sicherlich sechzig Pfund und mehr zugenommen haben. Sein Gesicht war schon wieder rosig und füllig wie zuvor, und seine Hände angeschwollen.

So schnell, wie meine Wunden heilen, füllt sich dein Körper wieder, wenn er etwas zu essen bekommt. Im Gegensatz dazu aber weiß ich, wem ich die Wunden zu verdanken habe. Es stellt sich mir die Frage, was dich so hat abmagern lassen.

»Du siehst ja schon wieder ganz passabel aus, mein Dickerchen«, begrüßte Baazlabeth das schmatzende Ungetüm. »Ich hatte schon befürchtet, wir müssten die Prophezeiung ohne dich erfüllen.«

Molloch blieb seiner wortkargen Art treu. Zufrieden kauend nickte er und stopfte sich eine Kartoffel in den Mund.

Lemuras anderer Patient wirkte weniger genesen. Der blutende Mann aus dem *Einsamen Wanderer* saß festgebunden auf einem Stuhl.

Auch ihm hatte die Seherin eine Schüssel hingestellt, doch diese war leer, fast jedenfalls. Die Dverga hatte seine Füße an den Stuhlbeinen und seinen Oberkörper an der hohen Rückenlehne festgebunden. Sein Kopf war nach vorn gesackt, und die Arme hingen leblos von ihm herab. Die Tonschale ruhte auf seinen Knien und fing das tropfende Blut aus seinem Kopf auf.

Baazlabeth nahm eine der Kerzen zur Hand und entzündete sie. Er kniete sich vor den Stuhl des Fremden nieder und erhellte dessen Gesicht im schwachen Schein. Immer noch tropfte der rote Lebenssaft aus seinen Augen, der Nase und dem Mund. Der Boden der Schüssel war bereits wieder von Blut bedeckt, obwohl sie erst vor wenigen Minuten ausgewechselt worden war. Wenn der Fremde noch bis zum Abend überlebte, würde er auch diese Schale gefüllt haben. Dass sich irgendetwas an seinem Zustand verbessert hatte, konnte man nicht behaupten.

Baazlabeth pustete die Kerze aus und hörte zu, wie die zähen Tropfen in die Schüssel fielen.

»Ihr seid zwei richtige Quasselstrippen, ihr beiden«, flüsterte Baazlabeth und erhob sich.

Er ging hinüber zu Molloch und setzte sich zu ihm auf die Bettkante.

»Naja, macht nichts. Taten zählen ohnehin mehr als Worte. Stimmt's mein Dickerchen?«

Molloch hatte sich inzwischen die letzte Kartoffel in den Mund geschoben und griff beherzt nach einem Stück Schwarte. Bevor er sie sich ebenfalls in den Mund stopfte, hielt er einen Moment inne und sah Baazlabeth aus seinen großen, traurigen Augen an.

»Ein kleines Mädchen mit kohlrabenschwarzem Haar
war früher immer für mich da.
Heut sitz ich hier im Dunkeln voller Frust,
wo sie steckt, hätt ich so gern gewusst«, flüsterte er mit seiner hohen Stimme.

»Was wollen alle denn immer von dieser kleinen, verzogenen Göre«, blaffte Baazlabeth los. »Ihr tut alle so, als wäre sie der Schlüssel zur Prophezeiung. Sie hat nur Ärger gemacht, egal wo sie aufgetaucht ist. Wenn du glaubst, ihr liegt genauso viel an dir, hast du dich geschnitten. Sie hat uns alle nur benutzt. Sieh das doch endlich ein!«

Wenn ich hier jetzt der Beichtvater für alle sein soll, will ich auch einen eigenen Tempel haben und Tempeldiener, die den ganzen Tag Messwein an mich ausschenken.

Molloch schien Baazlabeths Antwort nicht sonderlich fröhlich zu stimmen. Ausdruckslos öffnete er den Mund und ließ die halb durchgekauten Reste herausfallen.

»Ist ja schon gut. Krieg dich wieder ein. Ich werde Lilith wieder holen, wenn ich weiß, mit wem wir es hier zu tun bekommen. Sie war noch nicht so weit, sich einem Kampf zu stellen. Aber ich verspreche dir, dass ich sie zurückhole, sobald die Prophezeiung sich bewahrheiten sollte.«

Schlagartig war Mollochs trübe Stimmung verschwunden. Aus seinen Mundwinkeln quoll noch etwas Kartoffel und rann als dickflüssiger Brei das Kinn herunter.

Baazlabeth gefiel es gar nicht, wie alle Lilith aus dem einen oder anderen Grund herbeisehnten. Sie taten gerade so, als ob sie die ungekrönte Königin dieser Prophezeiung wäre und er nicht mehr als ein lästiges Beiwerk. Was vermochte dieses kleine Mädchen schon zu tun? Sie konnte einigen Unglücklichen das Leben aussaugen, das war es dann aber auch schon. Im Vergleich zu ihm war sie ein Nichts, eine Randfigur, eine Mitstreiterin, der es an Erfahrung und Selbstbeherrschung fehlte. Er würde es sein, der dafür sorgte, dass die Reihen an Feinden und lästigen Im-Weg-Stehern gelichtet wurden, nicht Lilith.

Was Baazlabeth viel mehr interessiert als die Rückkehr dieses Dämonenkindes war, was man Molloch angetan hatte. War es möglich, dass der dicke Mann einen Schwachpunkt besaß, von dem es besser war, ihn zu kennen, bevor es gegen die Tugenden in die Schlacht ging?

»Kannst du mir sagen, was in den letzten Wochen passiert ist, Molloch?«, fragte Baazlabeth.

Der Fettkloß stopfte sich gerade den Rest einer Schwarte in den Mund und begann darauf herumzukauen. Der volle Mund hinderte ihn trotzdem nicht daran, eines seiner kleinen Liedchen anzustimmen.

Was der Mensch auch immer tut,
sei es böse, sei es gut,
für die Seele ist es Futter
wie die Brüste einer Mutter,
doch es kann auch an ihr zehren
und des Menschen Seele leeren.
Molloch hat sie nicht bekommen,
macht ihn aber nicht beklommen.
Statt einer Seele hat er Speck,
tut er Böses, geht es weg.
Gutes wird er niemals tun,
erst wenn alle Seelen ruhn.

Baazlabeth brauchte einen Moment, um zu verstehen. Er hatte sich immer noch nicht daran gewöhnt, das Molloch jede Art von Konversation in Verse, Reime oder Lieder packte. Die hohe, eunuchenhafte Stimme und der vollgestopfte Mund trugen nicht sonderlich zum Verständnis bei, sondern irritierten eher. So langsam dämmerte es Baazlabeth jedoch.

Will er mir im Ernst weismachen, dass es an seinem qualligen Körper zehrt, wenn er Leute umbringt. Anstatt dass es an seiner Seele knabbert, saugt es ihm das Fett vom Leib. Wenn das die Frauenwelt wüsste: Schlank durch Mord! Wir würden sicherlich die eine oder andere Witwe mehr in Brisenburg haben. Sozusagen ein Aderlass der Sünden. Für jede gefallene Seele büßt man eine Scheibe von sich selbst ein. Wenn das stimmt, brauchen wir mehr zu essen für unser Dickerchen.

Baazlabeth schaute angewidert zu, wie Molloch die Brocken, die ihm vorhin aus dem Mund gefallen waren von dem schmutzigen Laken aufkratzte und wieder zurück in seinen Schlund stopfte

»So ist es gut, alles schön aufessen, dann wird morgen auch gutes Wetter werden«, bekräftigte er den dicken Mann in seiner Gier.

Unterschwellig vernahm Baazlabeth das Geräusch einer zerberstenden Tür und sich schnell nähernder Schritte. Eigentlich war es für ihn ein höchst angenehmes Geräusch, wenn es sich nicht um seine eigene Tür gehandelt hätte.

Entweder steckt in Igniphascellanius doch mehr Kraft, als ich angenom-

men hatte, oder die Art der Inszenierung meines neuen Stückes hat sich bereits vor der Premiere herumgesprochen und lässt die Zuschauer in Scharen herbeiströmen.

»Ihr beide wartet hier«, sagte Baazlabeth. »Ich muss nur einmal nachschauen, wer so dringend um eine Audienz beim neuen Prinzipal bittet.«

Mollochs Reaktion nach zu urteilen, hatte er weder das Bersten der Tür vernommen noch Baazlabeths Worte verstanden. Seine eigenen Kaugeräusche schienen ihn vollkommen in Bann zu ziehen und alles andere zu überlagern. Von dem Bluter konnte man ohnehin nichts erwarten, anscheinend nahm er sich nicht einmal selbst wahr.

Baazlabeth verließ den kleinen Raum und schloss wieder hinter sich ab. Dann eilte er den Korridor entlang zum Aufgang und betrat die Bühne. Weiter oben am Eingang des Theaters hatten sich einige Männer versammelt und versuchten sich einen Überblick zu verschaffen. Baazlabeth erkannte an ihren Rüstungen und Kurzschwertern, dass es sich um Stadtwachen handelte, deswegen verwunderte ihn diese Orientierungslosigkeit auch nicht weiter.

»Hallo, hier!«, rief er euphorisch. »Hier, wo das Licht leuchtet. Ich hoffe, die werten Herren haben auch alle den Eintritt bezahlt. Kinder, Schwachsinnige und Stadtwachen zahlen nur den halben Preis.«

»Der Eintritt ist für uns frei. Wir bleiben nämlich nicht bis zum Ende der Vorstellung!«, rief eine merkwürdig bekannte Stimme zu dem Dämon herüber.

Hauptmann Celest. Welche Schandtat ist Euch denn heute in den Sinn gekommen, die Ihr mir anhängen wollt? Habe ich schon wieder sträflicherweise im Stadthain übernachtet, eine Hure aus der Schwalbenburg unsittlich begrabscht, ohne zu bezahlen, oder mich irgendwo in eurem Zuständigkeitsbereich erbrochen?

»Hauptmann Celest, welche Ehre, Euch in meinem Theater begrüßen zu dürfen. Was verschafft mir das Vergnügen? Wollt ihr Euch rechtzeitig einen Platz sichern, oder verlangt es Euch unter Umständen sogar nach einer Rolle in einem meiner Stücke? Ich hätte da noch die Rolle der Genevre zu vergeben. Die alte Besetzung ist mir gerade davongelaufen.«

Aus der Menge bewaffneter Männer löste sich Andor Celest und kam einige Schritte den Mittelgang hinunter, auf Baazlabeth zu.

»Prinzipal Sil?«

Auch die dumme, überflüssige, aber offiziell klingende Frage passte zu einer Stadtwache, sogar zu einem Hauptmann.

Das ist mal etwas Neues. Nun leidet der Hauptmann schon unter Gedächtnisverlust und Kurzsichtigkeit.

»Ja, der bin ich«, antwortete Baazlabeth pflichtbewusst und ordnungsliebend.

»Ich verhafte Euch im Namen von Kommandant Horius Blank, Lord Timothy Brackenmoore und König Bellington dem Zweiten.«

Brackenmoore heißt Timothy mit Vornamen? Warum weiß ich so etwas nicht? Das ist doch wichtig.

Ansonsten konnte Baazlabeth nur wenig echte Neuigkeiten aus den Worten des Hauptmannes herausfiltern. Um es genau zu sagen, wurde es langsam peinlich. Celest war wie ein kleiner Pinscher, den die adligen Damen am Hofe gern mit sich herumtrugen. Wenn keiner hinsah, schnappten diese Kläffer gerne mal zu, doch ansonsten kniffen sie den Schwanz ein. Bislang waren all die Anschuldigungen des Hauptmanns fruchtlos gewesen – nicht unbedingt abwegig, aber dennoch fruchtlos. Verwunderlich war nur, wie er immer wieder die Unterstützung von Kommandant Blank bekam. Hier würde wohl demnächst ein klärendes Gespräch geführt werden müssen.

»Und?«, fragte Baazlabeth gelangweilt. »Was habe ich heute Eurer Meinung nach wieder verbrochen?«

»Ihr werdet angeklagt wegen des Mordes an Horrest Limewall, Kaufmann aus Brisenburg und Mitglied des Kleinen Rates. Man hat Euch beim Betreten sowie Verlassen des Hauses gesehen. Die Zeugen können beschwören, dass Ihr als Einziger an diesem Tag das Anwesen betreten habt.«

Kein Wort von seinen Dienern. Meine Arbeit findet einfach nicht genügend Anerkennung in dieser Stadt.

»Habt Ihr in Erwägung gezogen, dass er sich selbst umgebracht hat und ich vielleicht unschuldig bin?«, fragte Baazlabeth süffisant. »Immerhin musste er einige Rückschläge in letzter Zeit einstecken. Vielleicht war das seine Art zu sagen: ›Scheiße gelaufen!‹«

Hauptmann Celest konnte nicht so viel Gefallen an den Worten des Dämons finden und stürmte einige Schritte vor. Die Stadtwachen im Hintergrund zog er wie eine zähe Masse hinter sich her.

»Er hing mit einem Seil um den Hals vom Kronleuchter seines Arbeitszimmers herab. Jemand hat ihm beide Füße abgeschlagen.«

Manche Leute lassen sich ganz schön was einfallen, um ihren Selbstmord zu inszenieren«, gab Baazlabeth zu bedenken.

Andor Celest bewies einmal mehr das Fehlen jeglichen Humors, wenn es darum ging, dass jemand die Bürger seiner Stadt umbrachte. Mit bebendem Kinn und der Hand auf dem Schwertgriff marschierte er auf die Bühne zu. In diesem Moment fiel Baazlabeth die Kiste ein, die vorne in der ersten Reihe auf einem der Stühle stand. Es war besser, wenn der Hauptmann nicht in ihre Nähe kam, befand Baazlabeth. Ihm zu erklären, woher die Krummschwerter und der Wein kamen, wäre ein Leichtes gewesen. Doch mit der Aussage »Den Fuß hat Horrest mir für die Premiere meines Stückes ausgeliehen» konnte man wohl nicht einmal die beschränkteste Stadtwache verarschen.

Baazlabeth blieb natürlich immer noch die blutige Variante, um ein für alle Mal zu klären, wessen man ihn anklagen durfte und wessen nicht. Mit einem Sprung von der Bühne hätte er die Schwerter in Händen, und dann würden auch ein Dutzend Stadtwachen ihn nicht abführen können. Doch ein Gemetzel würde ihn im Nachhinein unweigerlich in Erklärungsnöte bringen. Wie sollte er Lord Brackenmoore und Kommandant Blank den Tod ihrer getreuen Gefolgsleute erklären? Gar nicht!

Baazlabeth sprang von der Bühne und machte zwei hastige Schritte auf Andor Celest zu. Obwohl er keine Waffe in der Hand hielt, kam plötzlich Nervosität unter den Stadtwachen auf. Der Hauptmann stürzte rückwärts und konnte sich gerade noch an einem der Stühle festhalten. Zeit, die eigene Waffe zu ziehen, hatte er nicht. Da waren ihm seine Männer um einiges voraus. Wie auf Kommando blitzte fast ein Dutzend gut polierter Kurzschwerter auf. Das Markenzeichen aller Stadtwachen, die Baazlabeth bislang hatte beobachten können. Ihre Schwerter tropften stets vor Klingenfett, doch Blut hatte kaum eine von ihnen gesehen. Männer der Wache fühlten sich meist als die Krönung aller Krieger, aber in einem richtigen Kampf, Seite an Seite mit echten Soldaten oder Söldnern, waren sie eher Beiwerk und gerade einmal gut genug für ein Ablenkungsmanöver.

»Was denn, was denn?«, versuchte Baazlabeth die Männer zu beruhigen. »Endlich trefft ihr mal auf jemanden, der sich ergibt, obwohl er ohne Weiteres vor euch weglaufen oder euch ebenso gut umbringen könnte, und was macht ihr? Die Nerven verlieren. Wenn es euch anders lieber ist, steckt die Schwerter nicht weg und kommt her.«

Bei den meisten der Männer war der Überlebenswille stärker als der Wunsch, sich zu messen. Bei denjenigen, die nicht schnell genug schalteten, half ein Stoß mit dem Ellenbogen oder ein Tritt gegen das Schienbein nach. Als Andor Celest den Befehl gab, die Waffen wieder einzustecken, blieb seinen Männern nichts übrig, als sich bestätigt zu fühlen.

»Kommt Ihr freiwillig mit, oder müssen wir Euch fesseln und knebeln?«

Mit dieser Frage des Hauptmanns hätte Baazlabeth beinahe all seine guten Vorsätze über Bord geworfen. Dem Dämon juckte es regelrecht in den Fingern, sich seinem Lieblingsfeind zu stellen.

»Ihr solltet mich nicht zu einer Feier einladen, wenn Ihr die Zeche nicht bezahlen könnt, Herr Hauptmann. Natürlich komme ich mit Euch. Schließlich bin ich ein ebenso ehrlicher wie unschuldiger Mann.«

»Das seid Ihr mit Sicherheit«, sagte Hauptmann Celest und spuckte vor ihm aus. »Ich werde dafür sorgen, dass Ihr hängt, für all Eure Gräueltaten, die Ihr den Bürgern von Brisenburg angetan habt.«

Offensichtlich hatte Celest den ersten Schock überwunden und fand wieder zu seiner alten Form zurück. So langsam fing er an, seinen Triumph schmecken zu können, und bald würde er versuchen, darin zu baden.

Als Baazlabeth von den Stadtwachen hinausgeführt wurde, dachte er noch, der Weg zum Kerker wäre nicht mehr als ein Spaziergang. Doch schnell stellte sich heraus, dass es nicht so war. Er ging nicht spazieren, sondern wurde abgeführt. Man brachte ihn dorthin, wo alle Gauner, Halunken, Diebe und Mörder hinkamen, die dumm genug waren, sich erwischen zu lassen. Man behandelte ihn nicht wie einen Rivalen oder Feind, den man zwar hasste, ihm aber dennoch Achtung zollte. Für die Wachen war er nicht mehr als ein gedungener Mörder, den es einzusperren galt, damit sie wieder ihre Ruhe hatten. Mit all diesen Demütigungen hätte Baazlabeth leben können. Schließlich wusste er es besser. Und was Celests Männer von ihm dachten, konnte ihm egal sein. Es gab aber etwas, das er nicht so leicht wegstecken konnte, etwas, von dem er nicht einmal im Traum geglaubt hätte, es könnte ihn in irgendeiner Weise tangieren. Dieses Etwas waren die Bürger von Brisenburg.

Sie sahen, wie er weggebracht wurde. Sie wussten nichts von der Macht, die er besaß, dem Leben, das er führte, und dem Gott, dem er diente. Alles, was sie sahen, war ein Mann, der von den Stadtwachen abgeführt wurde und in den nächsten Tagen an den Galgen gebracht werden sollte. In ihren Gesichtern konnte er Abscheu, Verachtung, Hass oder Mitleid erkennen, doch nicht ein Einziger empfand Respekt, geschweige denn Angst bei seinem Anblick. In nur einem Moment hätte er alles richtigstellen können, doch war es das wert? Baazlabeth beschloss wieder einmal, die Schmach zu schlucken, um nicht all das zu gefährden, was er sich aufgebaut hatte. Einen Gedanken daran, dass sie ihn wirklich hängen könnten, verschwendete er erst gar nicht.

Der Spießrutenlauf hatte irgendwann ein Ende. Nachdem sie den gefüllten Marktplatz überquert hatten und wie eine Prozession an sämtlichen Tempeln vorbeigezogen waren, erreichten sie endlich die Garnison nahe dem Nordtor. Hier, in einem der mittleren Türme befanden sich auch die Kerker. Die Gefängniszellen lagen im oberirdischen Teil des Turmes und waren meist nicht mehr als geräumige Gitterkäfige, die man aus Rücksicht auf die Gefangenen dicht aneinandergestellt und so ausgerichtet hatte, dass möglichst viel Licht durch die Fenster auf sie fiel. Eine einfache Pritsche, ein Stuhl und ein Tisch zählten zum guten Ton. Vorrangig wurden hier Taschendiebe, Trunkenbolde, Zechpreller und dreist gewordene Huren und Freier eingesperrt. Bei den meisten von ihnen war nicht klar, wo sie es besser hatten: Im Gefängnis oder außerhalb. Für zwei warme Mahlzeiten, gleichgesinnte Freunde und eine gemütliche Würfelrunde musste man im wirklichen Leben einiges leisten.

Der Bereich eines Gefängnisses, der sich unter der Erde befand, hatte zumeist einen ganz anderen Charme. Es war kalt, muffig und feucht – wenn man Glück hatte. Die einzelnen Kerkerzellen waren entweder in den Fels geschlagen oder aus robusten Quadern gemauert. Wenn man ein Fenster wollte, malte man sich am besten eines mit Kreidepulver an die Wand. Zu essen und trinken gab es das, was in den oberen Etagen übrig blieb. Unten im Kerker waren nur die wirklich bösen Buben zu finden. Wohin sie Baazlabeth bringen würden war nicht schwer zu erraten.

Als er in Begleitung der Stadtwachen durch das Haupttor die Garnison betrat und auf den dahinterliegenden Hofplatz geführt wurde, kamen Baazlabeth die ersten Zweifel an seiner Entscheidung, nicht zu den Waffen gegriffen zu haben.

Was mache ich denn, wenn es diese Zeugen wirklich gibt und Celest nicht geblufft hat? Eingekerkert und aufgehängt zu werden ist nicht unbedingt das Schlimmste. Doch was passiert, wenn sich die Prophezeiung erfüllt, während ich in einem Loch dort unten verrotte?

Diese ständige Ungewissheit legte sich schwer auf seine Schultern. Mittlerweile sah er wirklich aus wie ein gedungener Mörder. Sein gewinnendes Lächeln war tief vergraben, die Lippen fest zu schmalen Strichen zusammengepresst. In Menschengestalt würde es ihm sicherlich nicht gelingen, aus dem Gefängnis auszubrechen, und als Dämon hätte er arge Probleme, sein Vorhaben bei der nächsten Sitzung des Kleinen Rates geheim zu halten. Er hatte schon so viele Menschen in Brisenburg getötet, und nun wollten sie ihn richten, weil er einen Verräter ermordet hatte. Eine absurde Vorstellung. Ein Dämon auf der Anklagebank.

Der Innenhof der Garnison war umgeben von schweren Mauern, die weder einen Blick hinein noch hinaus zuließen. Die Unterkünfte der Wachen, der Gerichtssaal sowie die Waffenkammer befanden sich in den Gebäuden, die sich um die drei Kerkertürme herum befanden. Etwas abseits davon waren Stallungen für die Pferde, eine Schmiede und ein längliches, recht flaches Gebäude, das anscheinend als Versammlungssaal diente. Zum Kerker selbst kam man durch einen schmalen, überdachten Gang zwischen zwei Unterkunftshäusern. Bevor sie jedoch den Platz verließen, um den Gebäudekomplex zu betreten, machte der Trupp halt.

»Ich muss mich jetzt leider von Euch verabschieden«, erklärte Hauptmann Celest seinem Gefangenen. »Es gibt noch viel zu tun. So eine öffentliche Hinrichtung will gut organisiert sein.«

»Ihr solltet besser noch einmal mit Lord Brackenmoore sprechen. Ich glaube nicht, dass er so begeistert davon sein wird, wenn ihr eines seiner Ratsmitglieder hängt, ohne ihn zu informieren. Schließlich habt Ihr mich auch in seinem Namen verhaftet.«

»Genauso wie im Namen des Königs. Doch glaubt Ihr allen Ernstes, dass ich ihm jetzt entgegenrenne, um ihm von Euch zu berichten. Kommandant Blank und ich haben entschieden, dass es reicht, wenn der Kommandant bei der nächsten Ratssitzung Eure Abwesenheit mit den Worten entschuldigt: ›Er hängt auf dem Marktplatz am Galgen, Eure Lordschaft.‹ Vielleicht wird uns Lord Brackenmoore tadeln, doch damit können wir leben. Ihr werdet dann nämlich bereits in der Hölle schmoren.«

Sagte der Lammbraten zum Koch.

Irgendwie mochte Baazlabeth den Humor des Hauptmanns. Er hatte so etwas herrlich Erfrischendes, Direktes und Unausstehliches, dass Baazlabeth jetzt schon dem Tag entgegentrauerte, an dem er ihn würde töten müssen. Ihm wäre es lieber gewesen, man hätte es zwei- oder dreimal tun können, um es wirklich auskosten zu können.

»Ich werde hier schneller wieder heraus sein, als Ihr ein Seil knüpfen könnt«, versprach Baazlabeth. »Meine Reise endet weder durch Euch noch durch irgendeinen Galgen. Mir wurde Größeres zugedacht.«

»Größer werdet Ihr mit Sicherheit nicht mehr, höchstens ein wenig länger«, konterte Celest, griff sich an den Hals und verdrehte die Augen. »Seht mal dort hoch«, forderte er Baazlabeth auf und zeigte dabei auf eine terrassenförmige Brüstung.

Dort oben standen gut zwei weitere Dutzend Wachsoldaten und hinter den ganzen Fenstern und Erkern noch unzählige mehr. Alle starrten hinunter auf Celest und seinen Gefangenen.

»Ihr habt mindestens sechs ihrer Kameraden auf dem Gewissen. Sie alle werden gut auf Euch Acht geben, damit Euch bis zum Tage der Hinrichtung nichts passiert. Seht Ihr die Genugtuung in ihren Augen. Ihr werdet sie von nun an jeden Tag sehen.«

Mit diesen Worten verabschiedete sich Hauptmann Celest und hielt auf den Pferdestall zu. Sechs seiner Männer folgten ihm, der Rest blieb bei Baazlabeth. Offensichtlich waren sie der Meinung, eine Hand voll Wachen würde genügen, um einen Unbewaffneten in den Kerker zu sperren.

Sie sollten Recht behalten. Vielleicht hätte Baazlabeth sich ihrer erwehren können, doch was dann? Eine Flucht aus der Garnison würde ihm nicht gelingen. Selbst die schlechtesten Armbrustschützen trafen irgendwann, und mit dem Tod seines menschlichen Körpers wäre auch seine Tarnung dahin. Und ohne Tarnung würden sie ihn früher oder später ... vertreiben.

Mich zu töten sind sie nicht imstande. Sie können mir höchstens meine Verkleidung nehmen und mich aus dieser Welt verbannen, mehr nicht. Ich lebe auf allen Welten.

Die Selbstlüge half nicht sonderlich. Es ging gar nicht darum, ob sie ihn zu töten vermochten oder nicht. Das war etwas für Sterbliche. Baazlabeth hatte ein höheres Ziel vor Augen. Für ihn drehte sich alles um die Prophezeiung und ihre Erfüllung. In dieser Welt konnte er etwas schaffen, was sonst kaum einem Dämon zuteilwurde. Er konnte eine Welt vernichten und nach seiner Vorstellung neu erschaffen.

»Hör auf zu träumen, du Drecksau!«, schnauzte ihn einer der Wachsoldaten an und stieß ihm unsanft in den Rücken.

So schnell geht das in dieser Welt. Gerade eben war ich noch Prinzipal Sil, und einen Moment später bin ich schon eine Drecksau.

Baazlabeth machte sich nicht viel aus Betitelungen, deshalb nahm er es dem ungepflegt aussehenden Mann auch nicht übel. Für den Schlag wollte er sich allerdings irgendwann noch einmal revanchieren.

»Mein Name ist Sil«, erklärte er. »Du Abschaum solltest mich aber lieber gnädiger Herr oder ehrenwerter Prinzipal nennen.«

Baazlabeth war an einen dieser Typen geraten, die nicht sofort auf alles eine Antwort fanden und die die Zeit des Nachdenkens mit etwas anderem als Sprechen überbrücken mussten. Ein tiefer Schwinger traf Baazlabeth hart in der Magengrube. Jetzt meldete sich auch wieder der Wein vom Vorabend zurück. Er spürte, wie der edle Tropfen versuchte, seinen Hals hinaufzuklettern. Die Zeit, die er brauchte, um den Brechreiz zu unterdrücken, langte auch dem Streithammel, eine passende Antwort zu finden.

»Hört euch das an, Freunde«, lachte er. »Der edle Herr möchte gern mit seinem Titel angesprochen werden. Was sagt ihr dazu?«

Heiseres Gelächter machte sich unter den Männern breit.

»Weißt du was, Drecksau? Wir sind hier eine große Familie und legen keinen Wert auf Förmlichkeiten. Drecksau sollte dir erst einmal reichen. In ein paar Tagen wirst du ohnehin am Galgen baumeln und dann in einem Loch verscharrt werden. Aber ich könnte dich Grin,

Torben, Ulf, Jonas, Sönne oder Hennert nennen, wenn dir das lieber ist. So hießen nämlich unsere Brüder, die du in der Kanalisation von Brisenburg gemeuchelt hast.«

Baazlabeth hätte natürlich alles abstreiten können. Leugnen lag schließlich in der menschlichen Natur, wenn man in die Enge getrieben wurde. Dummerweise aber war er kein Mensch, und richtig eingeengt fühlte er sich auf dem Garnisonsplatz auch nicht.

»Drecksau ist schon in Ordnung«, keuchte er immer noch angeschlagen. »Alles ist besser, als den Namen von jemandem tragen zu müssen, der abgeschlachtet wurde wie ein hilfloses Kind und dessen Jammern, Betteln und Flehen man ertragen musste, bevor man ihm die Kehle durchschnitt.«

Anscheinend wollten mehrere der Männer etwas zum Besten geben, brauchten aber noch Bedenkzeit. Der erste Schlag traf den Dämon im Gesicht, und ein zweiter folgte an die Schläfe. Schläge waren eigentlich so etwas wie Liebkosungen für einen Horden, doch sein menschlicher Körper konnte nur schwer mit so viel Zuneigung umgehen und forderte seinen Tribut. Ganz kurz musste er weggetreten sein, denn als er wieder zu sich kam, lag er bereits am Boden und wurde von Tritten malträtiert.

»Hört auf, Euch bekannt zu machen, und bringt ihn endlich in den Kerker!«, hörte Baazlabeth die Stimme von Andor Celest aus einiger Entfernung rufen. »Jeden Abend darf ein anderer ihm das Essen bringen, das sollte reichen, um euch miteinander anzufreunden.«

Zwei der Wachen packten Baazlabeth unter den Armen und schleiften ihn zum Eingang des Kerkers. Nach einem kurzen Durchgang ging es über eine Wendeltreppe nach unten. Die anderen vier Wachen liefen hinterher und ließen es sich nicht nehmen, doch ab und an zuzutreten. Auf halbem Weg nach unten legten sie eine Pause auf einem engen Flur ein. Von hier aus führte eine schwere Holztür mit Gitterfenster hinunter in den eigentlichen Kerker.

»Ihr wartet hier«, hörte er den Streithammel sagen. »Ich und Jorge bringen ihn nach unten.«

»Ist schon Essenszeit?«, fragte ein anderer lachend.

»Wir sind das beste Gasthaus in Brisenburg. Besonderen Gästen servieren wir fünfmal am Tag eine volle Portion. Passt ihr auf, dass der Hauptmann uns nicht überrascht.«

»Das nächste Mal dürfen wir aber runter!«, rief jemand.

»Lasst uns was über!«, rief ein anderer.

Der Streithammel und Jorge, so vermutete Baazlabeth jedenfalls, zerrten ihn durch die Tür und stießen ihn die Treppe hinunter. Zum Glück war die Stiege so eng, dass Baazlabeth an den Wänden einigermaßen Halt fand, um seinen Sturz abzufangen. Die beiden Männer trieben ihn noch zwei weitere Treppen hinunter, bis sie in den eigentlichen Kerkerraum kamen.

Die Kammer war rund und aus grob behauenen Felssteinen gemauert, so wie es sich für einen anständigen Kerker gehörte. Die Zellen, es gab sechs von ihnen, lagen an der Außenmauer. Die einzelnen Abschnitte waren ebenfalls mit schweren Quadern voneinander abgetrennt und Fugen und Ritzen mit Lehm verschmiert. An den Vorderseiten waren daumendicke Gitter angebracht, in denen sich jeweils eine Tür und eine kleine Luke befanden, beide im gleichen rustikalen Stil. Die Mitte des Kerkers war weitestgehend ungenutzt. Nur genau im Zentrum standen ein Stuhl und ein Tisch, auf dem eine einzelne Laterne leuchtete. Sie stellte die einzige Lichtquelle hier unten dar.

Soweit Baazlabeth es beurteilen konnte, handelte es sich bei diesem Raum um einen ganz gewöhnlichen Kerker. Er war in jeder Weise funktional, bot aber nicht alles, was das Herz begehrte. So vermisste er zum Beispiel einige Folterinstrumente, mit denen man die Gesprächsbereitschaft der Gefangenen ins Unermessliche steigern konnte. Genauso fehlte der Platz, an dem Aufsässige direkt an die Wand gekettet werden konnten. Weiterhin hätte man den Raum mit einigen Werkzeugen schmücken können, die möglichst martialisch aussahen und dem Betrachter nicht gleich verrieten, wie sie zum Einsatz kamen. Das war immer gut, um die Fantasie der Insassen anzuregen. Ansonsten vermisste er nur noch einen fetten Kerl mit Glatze und Lederschürze, der ein glühendes Eisen in einem Kohlenfeuer wendete und von Zeit zu Zeit brüllte: »Halt die Schnauze, Drecksau!« Wobei die Beschimpfung frei austauschbar war.

Baazlabeth blieb nicht genügend Zeit, um sich vorzustellen, doch anscheinend waren drei der sechs Zimmer schon belegt. Er sah, wie die anderen Gefangenen müde von ihren Lagerstätten heruntergekrochen kamen, um den Neuankömmling zu begutachten.

»Zeit für deine erste Lektion, Drecksack«, knurrte der Streithammel.

»Wir sollten aufpassen, dass wir ihn nicht zu sehr in die Mangel nehmen, Ruhne. Am besten, wir bearbeiten nur seine Rippen und die Eier, dann können wir immer noch behaupten, er sei die Treppe hinuntergefallen. Ich meine nur, falls der Hauptmann Fragen stellt.«

Ruhne wickelte sich gerade seinen Ledergürtel um die Finger und ballte sie zur Faust.

»Mach dir nicht in die Hose, Jorge! Celest ist auf unserer Seite. Er kann den Drecksack genauso wenig leiden wie wir.«

Jorge und Ruhne, ich muss euch leider enttäuschen. Meine erste Lektion, die ihr mir so großzügig erteilen wollt, liegt bereits tausend Jahre zurück. Außerdem war es weniger eine Lektion als eine Einsicht, die da lautete: »Nimm niemanden ernst, der versucht, dich mit der bloßen Hand zu schlagen.«

Abgesehen davon, dass Baazlabeth sich immer noch um die Prophezeiung und ihre rechtzeitige Erfüllung sorgte, fand er den bisherigen Morgen ganz abwechslungsreich. Das ewig lange Palaver im Kleinen Rat, die üblichen Auseinandersetzungen mit Lemura und der Katze und die vielen belanglosen Gespräche während seiner Zechtouren langweilten ihn. Da war dies hier ganz erfrischend, genau das Richtige. Auch ein bisschen Prügel für seinen verweichlichten menschlichen Körper konnte nicht schaden. Schmerzen waren etwas Gutes, denn sie zeigten einem, dass man noch am Leben war.

Ruhne schien es irgendwie eilig zu haben. Er stürmte auf Baazlabeth zu, packte ihn an der Schulter und verpasste ihm zwei, drei kurze Schläge auf die Rippen.

Du schlägst wie ein Mädchen. Versuch es noch einmal!

Ruhne nutzte das passive Verhalten seines Gegners. Er trat hinter Baazlabeth und nahm ihn in den Schwitzkasten. Sein Knie drückte er dabei in Baazlabeths Steiß.

»Mach schon, ich halte den Drecksack fest. Verpass ihm ordentlich eine!«, forderte er Jorge auf.

Jorge zögerte. Dann wankte er auf Baazlabeth zu, nahm Maß und landete einen tiefen Schwinger im Magen.

Ich nehme alles zurück. Der hier ist das Mädchen.

Jorge schien Gedanken lesen zu können. Unvermutet holte er zu einem gewaltigen Tritt aus und fand mit seinem Stiefelspann genau den Punkt zwischen Baazlabeths Beinen. Diese Art von Schmerz war für den Dämon neu.

Meine Güte, das treibt einem ja alles aus dem Gesicht. Puuh! Die einzige Körperstelle, die in meinem Leben so gut wie keine brauchbare Funktion aufweist – mal abgesehen von den Ohrläppchen –, und dennoch tut ein Tritt dahin mehr weh, als wenn sie mir den Schwertarm abgehackt hätten.

Bis zu dem Zeitpunkt, als Baazlabeth sich von dem Tritt einigermaßen erholt hatte, kassierte er noch zwei weitere Schläge in den Magen, einen Kinnhaken und etliche Stöße in den Rücken und gegen die Brust.

»Ich habe selten jemanden gesehen, der sich leichter verprügeln ließ«, lachte Ruhne. »Langsam zweifel ich daran, dass dieser Drecksack sechs unserer Kameraden umgebracht hat. Der ist doch nichts weiter als ein armseliger Gaukler. Sieh ihn dir nur mal an!«

»Mit dem Messer soll er gut umgehen können, habe ich gehört«, warf Jorge ein und trat ein weiteres Mal zu.

Darauf kannst du dich verlassen, Schwachkopf.

»Mit einem Messer«, prustete Ruhne verächtlich. »Meine Frau hat ein Messer in der Küche, und mein Sohn hat eines – zum Fischausnehmen. Frauen und Kinder, verstehst du? Ein Messer ist keine Waffe für einen Mann. Bleibt also die Frage: Bist du ein Mann, ein Kind oder nur ein Feigling, Drecksack?«

Eigentlich hatte Baazlabeth damit gerechnet, dass sich die beiden nur etwas abreagierten und ihn dann in seine Zelle warfen. Dass sie sich über ihn lustig machten und ihn beleidigten, änderte die Situation grundlegend. Vom letzten Schlag noch etwas mitgenommen, kauerte er verkrümmt am Boden. Außer ein paar leichten Blessuren schien aber alles mit ihm in Ordnung. Das war der Vorteil, wenn man nicht seinen eigenen Körper misshandeln ließ. Schläge waren schwerer zu ertragen, wenn man sich um seine Gesundheit sorgte *und* die Demütigung schlucken musste. Doch Baazlabeth sah gnädig über beides hinweg. Schließlich war er mehr oder weniger freiwillig hier.

Um seinem Körper etwas Luft zu verschaffen, hob er lieblos abwehrend die Hand.

»Was ist, hast du schon genug?«, keifte ihn Ruhne an.

»Schick ihn in die Nachtruhe«, forderte Jorge.

Ruhne trat einen Schritt zurück und nahm Anlauf. Er holte zu einem Tritt gegen die Schläfe aus und dachte wahrscheinlich, das Spielchen damit beenden zu können. Bevor sein Fuß jedoch an Baazlabeths Kopf prallte, packte der Dämon zu. Er wurde von der Wucht des Tritts nach hinten gedrückt, hielt den Fuß aber weiterhin umklammert. Er rollte sich herum und drehte den Fuß in dem hohen Stiefel so lange, bis er das Knie brechen hörte. Ruhne verlor das Gleichgewicht und stürzte zu Boden, was ihm auch die Luft für einen Schrei raubte.

Jorge war ein Idiot, wie er im Buche stand. Anstatt dazwischenzugehen und Baazlabeth den Garaus zu machen, versuchte er, seinem Kameraden zu helfen, indem er ihm die Hand reichte. Mit einem Sprung war der Dämon auf den Beinen, packte Jorge am Arm und schleuderte ihn herum. Der Mann von der Stadtwache prallte mit dem Gesicht voran gegen die Gitterstäbe einer Zelle. Bevor Baazlabeth ihm nachsetzte, trat er Ruhne mit seiner Stiefelspitze gegen die Brust und an den Kopf, bis der zusammengekrümmt liegen blieb. Mit drei Schritten war der Dämon bei Jorge. Er packte ihn im Genick und schlug seinen Kopf zwischen die Gitterstäbe, wo er stecken blieb. Baazlabeth verschaffte sich Halt an dem Gitter, hob den Fuß und trat auf Jorges Kopf ein, der mit dem zweiten Tritt vollends durch die Stäbe gepresst wurde. Herunter fielen der Helm und zwei abgetrennte Ohren. Als Baazlabeth ihn wieder aus der Klemme befreite, war an einen Kampf nicht mehr zu denken. Jorge stand vor ihm, presste sich die Hände gegen den Kopf und brüllte wie am Spieß.

Dies führte Baazlabeth zu der kurzen, aber unbeantworteten Frage, ob Jorge sich jetzt selbst noch hören konnte. Wichtiger aber war, dass die anderen vier Wachen ihn sicherlich hören konnten und nach kurzer Beratung hier herunterkommen würden. Er trat Jorge gegen die Brust, was ihn abermals rücklings gegen die Gitter stieß. Dann drückte Baazlabeth dem Mann die Hand auf das Gesicht, was die Schreie vorerst dämpfte. Diesmal war es einfacher, sein Haupt zwischen die Stäbe zu klemmen. Jorge verließen die Kräfte, und er sackte in sich zusammen, doch eine Querstrebe im Gitter verhinderte das Wegsacken seiner Beine. Baazlabeth legte ihm die Hand auf die Stirn und drückte seinen Kopf nach hinten, bis das Genick brach.

Für euch brauche ich kein Messer. Mit wachsender Begeisterung könnte ich stundenlang Stadtwachen die Hälse umdrehen und würde niemals müde werden.

Baazlabeth eilte zurück zu Ruhne, der immer noch regungslos am Boden lag. Er stellte sich breitbeinig über die Stadtwache, packte den Kopf an Stirn und Nacken und ließ den Kerl dasselbe Schicksal ereilen wie seinen Kameraden.

Ohne nachzudenken, schnappte sich Baazlabeth den schweren Schlüsselring von Ruhnes Hosenbund, rannte zu einer der Zellen, in der er jemanden vermutete, probierte zwei Schlüssel aus, bevor er den passenden fand, und schloss auf.

»Komm, beeil dich, ich soll dich hier herausholen!«, rief er in die Dunkelheit der Kerkerzelle hinein.

In der Lagerstätte aus Stroh und Stofffetzen wälzte sich etwas herum. Mit steifen Gliedern, aber dennoch flink, erhob sich ein abgemagerter, unrasierter und blasser Mann. Die langen blonden Haare hingen verfilzt auf seine Schultern herab.

»Hat Gunnert dich geschickt?«, flüsterte er heiser.

»Stell keine Fragen und mach zu, dass du hier herauskommst. Der Hofplatz ist frei, und das Tor steht offen«, verkündete der Dämon.

Der Mann schien sein Glück gar nicht fassen zu können. Verwirrt schaute er sich in seiner Zelle um.

»Mach schon«, forderte ihn Baazlabeth ein weiteres Mal auf, »oder fällt dir der Abschied so schwer?«

Stolpernd setzte sich der Gefangene in Bewegung. Mit Tränen in den Augen packte er Baazlabeths Arme, als er sich an ihm vorbeidrängte.

»Das werde ich dir nie vergessen. Wenn ich irgendwann etwas für dich tun kann, brauchst du es nur zu sagen. Ich schulde dir etwas, Mann«, keuchte er.

Du wirst es gleich wiedergutmachen können.

»Bedanke dich ein anderes Mal, dir bleibt nicht viel Zeit«, erinnerte Baazlabeth ihn. »Lauf, lauf so schnell du kannst!«

Und das tat der Mann. So schnell ihn seine Beine trugen, rannte er quer durch den Kerkerraum, hin zur Treppe. Vor der ersten Stufe machte er Halt und drehte sich noch einmal um.

»Sag Gunnert, dass wir trotzdem nicht quitt sind. Wenn er mir meinen Teil der Beute nicht gibt, schlitze ich ihm den Hals auf, egal ob er mich hier herausgeholt hat oder nicht.«

Lauf, Dummkopf! Lauf!

Baazlabeth wartete nicht, bis der Mann auf der Treppe verschwunden war. Er rannte hinüber zu einer der leeren Zellen, ging hinein und warf die Gittertür zu. Er fasste durch die Streben, probierte drei Schlüssel aus, bis er den passenden fand, schloss ab und warf den Ring mit allen Schlüsseln auf die Leiche von Ruhne, dem Wachmann. Mit einem weiten Sprung schaffte er es auf die Lagerstätte in seiner Kerkerzelle, streckte die Beine aus und verschränkte die Arme hinter dem Kopf.

Einen Atemzug später trat jemand gegen die Tür zum Kerker, die daraufhin weit aufschwang und polternd einen Eimer umstieß. Im Durchbruch stand Andor Celest.

»Was ist hier los?«, brüllte er.

Im selben Moment schien er die beiden toten Männer zu sehen – seine Männer.

»Ruhne, Jorge«, keuchte er und zog sein Schwert blank. Das Privileg eines Hauptmanns der Stadtwache war es, kein Kurzschwert tragen zu müssen wie seine Untergebenen. Die Klinge seine Waffe war nicht weniger gefettet als die seiner Männer. Dennoch wies sie einige Gebrauchsspuren auf, was bedeutete, dass er sie entweder schon einmal benutzt oder sie von seinem Vater geerbt hatte. Baazlabeth erkannte, wann jemand mit einem Schwert umzugehen wusste und wann nicht. Allein das Halten des Griffes, das Drehen der Schulter und die Stellung der Beine gaben Aufschluss darüber, ob jemand waffentauglich war. Andor Celest war es, doch das half ihm momentan nicht.

»Was ist hier passiert?«, brüllte er ein weiteres Mal und hielt nach jemand ganz Bestimmtem Ausschau.

Als sich Baazlabeths und sein Blick trafen, verfinsterte sich die Miene des Hauptmanns.

»Das warst du«, grollte er.

In diesem Moment betraten zwei weitere Wachsoldaten den Kerker. Hinter sich her zogen sie die Leiche des zuvor Geflüchteten.

Ich bin ein Genie. Was meinem Kopf entweicht, sind nicht nur schnöde Gedanken. Es ist das Schicksal.

Baazlabeth machte sich gar nicht erst die Mühe, von seinem Lager aufzustehen.

»Wenn Ihr Euch da mal nicht irrt«, säuselte er. »Eure Männer haben sich die Mühe gemacht, mir zu zeigen, wie viel ihnen an mir liegt. Mit Fußtritten und Schlägen haben sie mich willkommen geheißen. Anscheinend hatten sie etwas an meinem Leidensdruck auszusetzen. Ich glaube, sie hätten es lieber gesehen, wenn ich gequiekt und gestöhnt hätte wie eine Jungfrau beim ersten Mal, doch den Gefallen habe ich ihnen nicht getan. Sie warfen mich in dieses Loch und schnappten sich jemand anderen, von dem sie sich mehr Unterhaltung versprachen. Leider schien dieser Jemand nicht ganz so leicht zu bändigen zu sein. Als sie seine Zelle öffneten, sprang er sie an wie eine Furie und brach ihnen ihre schlanken Hälse. Doch wie ich sehe, habt Ihr eine Methode gefunden, den Schuft zu bändigen. Es ist wirklich tragisch, doch als Mann der Wache muss man damit rechnen, getötet zu werden. Schließlich bezahlt Ihr sie auch gut dafür.«

»Wieder eine dieser Lügengeschichten!«, schrie Andor Celest.

»Jedes Wort ist wahr, Herr Hauptmann«, dröhnte es aus der Nachbarzelle. »Ich habe es mit meinen eigenen Augen gesehen und kann es jederzeit beschwören. Der Mann ist unschuldig.«

9
Im letzten Hemd sind keine Flaschen

Manche Tage laufen schlecht, andere schlechter. Dummerweise scheinen einem die schlechteren auch die längsten zu sein.

Warten, warten und noch einmal warten. Wie haben diese beschränkten Affen es nur geschafft, eine Zivilisation aufzubauen. Normalerweise wäre mit ihrer Warterei jede Art von Entwicklung an ihnen vorbeigegangen. Menschen warten, wenn sie nicht wissen, was sie tun sollen. Wissen sie es endlich, warten sie, ob ihnen nicht noch etwas Besseres einfällt. Haben sie auch diese Möglichkeit ausgeschlossen, warten sie darauf, dass es jemand anders für sie tut. Mich könnt ihr damit nicht mürbe machen. Ich kann so lange warten, bis der Letzte von euch an seiner Langeweile gestorben ist. Aber ein Schluck Wein würde mir die Zeit um einiges versüßen.

Baazlabeth lag auf seinem Lager. Er wusste nicht, wie viel Zeit vergangen war, seitdem man ihn hier hinunter in den Kerker gebracht hatte. Die Schläge, die er hatte einstecken müssen, hatten ihn doch mehr ausgelaugt, als er ursprünglich angenommen hatte. Es konnten lediglich Stunden oder auch ein ganzer Tag gewesen sein, den er dämmernd auf der kalten Pritsche verbracht hatte. Als er erwachte, war seine Kleidung bereist klamm und hatte den typischen Kerkerduft angenommen. Der Schmerz von Prellungen und Blutergüssen war kaum noch zu spüren.

So langsam kam Baazlabeth der Verdacht, dass Celest und Blank auf Zeit spielten. Wenn sie wirklich vorhatten, ihn dafür hinzurichten, dass er einen Verräter bestraft hatte, waren sie genauso dumm wie Limewall. Sie alle unterschätzten ihn. Er hatte weitaus schlimmere Taten vollbracht, als dieses jämmerliche Geschöpf aus dem Kreis der Ihren zu entreißen, und er würde auch in Zukunft noch weitaus Schlimmeres tun. Alles, was er dazu brauchte, war eine Entscheidung.

Ob sie ihn nun hängten oder laufen ließen war egal, nur länger zu warten war keine Option, die er akzeptieren konnte.

»Mein Name ist Derk«, hörte Baazlabeth den Mann aus der Zelle nebenan flüstern. »Wie heißt du?«

»Sil.«

»Weshalb haben sie dich hier eingekerkert, wenn schon nicht für den Mord an zwei Stadtwachen?«

»Such dir etwas aus! Es wird schon passen«, erwiderte Baazlabeth.

»Das bedeutet entweder, dass du unschuldig bist und alle Hoffnung verloren hast, oder du hast mehr auf dem Kerbholz als wir alle zusammen«, folgerte Derk.

»Ich bin unschuldig«, klagte eine Frauenstimme auf der anderen Seite des Raumes.

»Aber klar, Polly«, grunzte Derk. »Unschuldig sind wir doch alle hier.«

»Mir ist scheißegal, was du denkst. Ich bin wirklich unschuldig. Das Schwein wollte mich aufschlitzen und mein Gold stehlen!«, keifte Polly zurück.

Derk lachte.

»Du willst mir doch nicht erzählen, dass du mit deinem Aussehen Gold verdient hast. Du bist nicht mal einen Silberling wert.«

»Die Masse macht's, du Schlappschwanz«, gab Polly süffisant zurück.

»Wie viele Blinde mag es denn in Brisenburg geben?«

»Halt die Fresse, Derk!«

Na endlich spricht es mal einer aus. Erst kriegen sie das Maul nicht auf, und dann können sie es nicht mehr halten.

Baazlabeth hatte wenig Lust, sich zu unterhalten. Erst recht nicht mit Menschen, die nicht mehr lange genug am Leben sein würden, um mit ihm einen zu trinken. Baazlabeth tauchte wieder ab in die Welt seiner Gedanken. Wenn er schon nicht in sein Reich zurückkonnte, wollte er zumindest ins Reich der Träume entschwinden und sich diese Welt so lange zurechtträumen, bis sie die seine wurde.

Diese Prophezeiung war seine große Chance. Er würde nicht mehr nur ein einfacher Horde sein, er würde *der* Horde sein. Ein Kriegerdämon, der es geschafft hatte, eine ganze Welt in den Schatten zu tauchen und sie Amez zu Füßen zu legen. Aus Dankbarkeit würde Amez ihn als Gottheit in diese Welt einführen und jedes Lebewesen ihm untertan machen. Er wäre der König der Könige, der dunkle Prinz, das Chaos persönlich.

Auf seiner Welt würden sich Kreaturen tummeln, die mächtig genug wären, jedes Lichtwesen, das jemals existiert hat, zu zerreißen, zu verschlingen und von ihm nicht mehr übrig zu lassen als ein kleines Häufchen leuchtenden Kots. In Gedanken sah Baazlabeth sich auf den Zinnen von Schloss Sturmfels stehen, den letzten aller Seraphim in seinen Klauen haltend. Das Herz würde er ihm herausreißen und es genüsslich verspeisen. Dann, wenn das letzte bisschen Leben aus Septs Elitekrieger gewichen war, würde er ihn hinunterstürzen lassen, und mit seinem Fall würde sich Dunkelheit über das Land legen und es für immer einhüllen.

Das Ganze war natürlich viel zu nah an einer künftigen Wirklichkeit, um tatsächlich als Traum gedeutet werden zu können, deshalb ließ Baazlabeth seine Gedanken weiter ausufern, um zumindest ein bisschen von dem zu genießen, was ihm verwehrt bleiben würde.

Weit breitete er seine mächtigen schwarzen Flügel aus und schwang sich von der Brüstung. Im Sturzflug raste er auf den leblosen Körper des Seraphim zu, der zerschmettert und in seiner eigenen Blutlache vor dem Eingang zu Schloss Sturmfels lag. Kurz bevor auch er am Boden zerschellte, spreizte er seine Schwingen und drehte ab. Mit der Geschwindigkeit eines zu Boden fallenden Sternes raste er über die Stadt hinweg. Er flog über den Eiswein bis zur Küste, machte einen Bogen über dem Hafen, zog an der Steilküste senkrecht hoch und glitt dann parallel zu den Prachtstraßen, die gen Norden führten, über das Flautenviertel und auf das Windviertel zu.

In den Straßen, zwischen den Dächern der Häuser, erspähte er immer wieder bekannte Gesichter. Aleister Bretozek stand vor seinem Haus auf der Brücke und winkte fröhlich. Baazlabeth hielt auf ihn zu. Aleisters blinde Augen wurden größer, und er fiel auf die Knie, als er Baazlabeths Nahen spürte. Erst begann er zu beten, dann presste er die Hände gegen seine Schläfen und – platsch! – platzte ihm der Kopf. Baazlabeth raste an dem Torso vorbei, durch die tunnelartige Brücke. Das nächste Ziel war sein eigenes Theater, und gleich dahinter kam der Marktplatz. Hunderte von Händlern tummelten sich hier und boten kleine Götzenfiguren an, die Baazlabeths wahrer Gestalt erschreckend ähnlich sahen. Mit einem Flügelschlag sauste er über ihre Köpfe hinweg und erfreute sich an der Panik, die er verursachte.

Im Tiefflug ging es durch das Boenviertel. Die großen bunten Fenster in den Tempeln zersprangen und ließen ihre Scherben wie ein Sprühregen auf die Priester niederprasseln. Plötzlich erkannte er Hauptmann Celest, der am Nordtor auf einem der Türme stand. Mit gezücktem Schwert wartete er auf sein Schicksal. Baazlabeth legte die Flügel an und schoss wie ein Pfeil auf ihn zu, um kurz vor ihm die Schwingen auszubreiten und dem Hauptmann Auge in Auge entgegenzutreten. Fast konnte er seinen Atem riechen, und er roch nach – Fisch.

»Warum sitzt Ihr im Kerker von Brisenburg? Was für eine Untat sollt Ihr begangen haben? Habt Ihr nicht Wichtigeres zu tun, als Euch den Gesetzen dieser Menschen zu unterwerfen?«, drang eine Stimme an Baazlabeths Ohr, doch es war nicht die von Andor Celest, denn sein Mund bewegte sich nicht.

Kann man denn hier unten nicht einmal in Ruhe etwas über die Zukunft nachdenken. Warum sitzen sie nicht einfach herum, halten das Maul und warten darauf, aufgeknüpft zu werden, anstatt anständige Mörder mit ihren Fragen zu belästigen. Das fehlt mir noch, mir meine Sünden vom Leib zu reden. So viel Zeit wird uns leider nicht bleiben.

Baazlabeth öffnete die Augen und sah in ein breit grinsendes Katzengesicht und zwei gelblich funkelnde Pupillen.

»Kletter von meiner Brust, Gewölle, oder ich werde dich inhalieren.«

Igniphascellanius der Dritte wurden von einem Niesanfall geschüttelt und verbreitete eine übel riechende Dunstwolke über seinem Meister. Bevor er Baazlabeths Aufforderung Folge leisten konnte, hatte der Dämon ihn bereits unter dem Bauch gepackt und von sich geschleudert. Es war schwer zu sagen, wer von den beiden erstaunter war, als der katzenhafte Diener auf allen vieren landete und rückwärts über die Strohreste rutschte.

»Katzen landen immer auf den Pfoten, sagt man«, erklärte Igniphascellanius. »Und sie haben neun Leben.«

»Willst du, dass ich das Geheimnis lüfte?«, fragte Baazlabeth zynisch.

»Das muss nicht sein, Meister«, erwiderte der Diener und leckte sich eine Pfote. »Ist wahrscheinlich nur ein Aberglaube.«

»Und dieser Aberglaube hat dich auch unbemerkt hier hereingebracht?«

Der Homunkulus hörte auf, sich die Pfote zu lecken.

»Nein, ich habe mich einfach unsichtbar gemacht, und, naja, die Gitter sind nicht wirklich ein Hindernis für eine Katze.«

»Du kannst dich unsichtbar machen?«, stieß Baazlabeth verwundert hervor.

»Ja, Meister, natürlich.«

Baazlabeth musste sich eingestehen, dass er nicht wirklich wusste, was diese niederen Dämonen alles konnten. Bislang hatte er sie nur als kleine, vorlaute Haustiere gesehen, die das wegräumten, was ihm beim Essen aus dem Mund fiel.

»Was für Tricks hast du noch drauf?«

Igniphascellanius schaute ihn verwundert an.

»Das sind keine Tricks, Meister. Ich verfüge über richtige Magie.«

»Was?«, knurrte Baazlabeth.

»Ihr müsst verstehen, diese Welt ist nicht wie die Ebene, in der wir uns sonst aufhalten. Die Quelle der Magie hier ist wesentlich schwächer als ...«

»Was sonst noch?«, wiederholte Baazlabeth seine Frage und ließ keinen Zweifel daran, dass es das letzte Mal war, dass er sie stellte.

»Also, ich kann mich unsichtbar machen, einen leuchtenden Fussel durch die Luft schweben lassen, kleine Gegenstände von der Größe einer Brosche durch Telekinese bewegen, ein Schloss mittels Gedanken verschließen, und was ich als besonders nützlich empfinde, ein Glas pures Wasser in Ziegenmilch verwandeln.«

Baazlabeths Miene verfinsterte sich im Laufe der Aufzählung.

»Also nichts«, stöhnte er.

»So könnte man es ausdrücken, wenn man es aus Eurer Warte betrachtet. Doch sagt mir endlich, warum Ihr in dieses grässliche Gemäuer geworfen wurdet? Oder besser gesagt, warum seid Ihr immer noch hier? Für die erste Frage fallen mir ein Dutzend und mehr Gründe ein. Dennoch, Ihr könntet einfach gehen. Nehmt Eure normale Gestalt an, reißt das Gitter heraus, tötet die Wachen und geht nach Hause. Was hindert Euch?«

Aus der Sicht eines kleinen, schwachen, bemitleidenswerten und so gut wie talentlosen Geschöpfes schien dies tatsächlich eine berechtigte Frage zu sein. Baazlabeth hatte jedoch seine ganz eigene Vorstellung von dem, was er zu tun hatte.

»Hast du schon viele Dämonenfürsten beraten?«, fragte er seinen Diener.

»Im Laufe der Jahrtausende müssen es Dutzende gewesen sein, Meister«, rühmte sich Igniphascellanius.

»Ist noch einer von ihnen am Leben?«

»Alle, soweit ich weiß«, stotterte der Diener.

»Gut, ich hatte schon gedacht einer von ihnen hätte tatsächlich auf dein Gefasel gehört.«

Baazlabeth setzte sich in seiner Lagerstätte auf, lehnte sich an die kalte Steinwand und überkreuzte die Beine.

»Genau das ist es doch, was alle wollen. Dieses ewige Warten, die Versuche, mich zu reizen, und dieses ganze Theater ist nichts weiter als das Bestreben, mich in Versuchung zu führen, meine wahre Gestalt zu zeigen. Wenn ich mich dazu verleiten ließe, hätten die Menschen fast gewonnen. Die Prophezeiung und ihre Erfüllung hängen davon ab, dass die sieben Sünden, wie auch die Tugenden unentdeckt bleiben, bis der Tag der Entscheidung gekommen ist. Wenn alle wüssten, worum es hier geht, würde sich die Prophezeiung – genau wie alle anderen zuvor – nicht bewahrheiten. Bewusst oder unbewusst würde sich jede niedere Kreatur in dieser Welt aufmachen, um mich scheitern zu lassen.«

Igniphascellanius bekam einen ehrfurchtsvollen Glanz in die Augen, und seine kleine, fellige Brust schwoll an.

»Dann dürfen wir niemandem vertrauen, Meister.«

»Ich darf niemandem vertrauen, und das schließt auch Homunkuli in Katzengestalt ein. Vielleicht existiert auch in dir dieses unterbewusste Streben danach, mich zum Scheitern zu bringen.«

»Niemals!«, fauchte der Diener feierlich. »Ihr habt mich in diese Welt geholt. Ich bin mit Euch verbunden und werde jede Eurer Weisungen befolgen. Wir entspringen derselben Quelle, Amez ist unser beider Vater. Ich werde wie ein Bruder, ein Diener und ein Sklave für Euch sein, Meister.«

Warum bekomme ich immer diese jämmerlich winselnden Möchtegerndämonen. Bruder, Diener, Sklave! Als ob ich eines davon bräuchte. Und selbst wenn, es hätte sicherlich kein Fell und würde nicht nach Fisch stinken.«

Baazlabeth wollte seine Abneigung aber auch nicht übertreiben. Immerhin war Igniphascellanius ihm schon mehrfach hilfreich gewesen und hatte seine Loyalität unter Beweis gestellt – auch wenn er ständig nervte.

»Schon gut, ich glaube dir«, lenkte Baazlabeth ein. »Es gibt tatsächlich etwas, was du für mich erledigen kannst. Angeblich gibt es Zeugen, die mich am Haus von Horrest Limewall gesehen haben wollen, an dem Tag, als er auf so fürchterliche Weise ums Leben kam. Es können nur Leute gewesen sein, die in einem der Häuser in der Nähe wohnen. Geh zu Molloch und sage ihm, er möchte sich auf seine ganz spezielle Art darum kümmern. Wahrscheinlich findet er sie im Haus nebenan oder vielleicht gegenüber. Sag ihm, er soll nicht so zimperlich sein und lieber auf Nummer sicher gehen. Dann stellst du ein wenig deine Lauscher auf und findest heraus, ob der Kleine Rat schon Vorbereitungen trifft, um den König zu empfangen. Und das Letzte, was du für mich tun kannst, ist, mir eine Flasche Hauswein aus dem *Einsamen Wanderer* zu besorgen. Wer weiß, wie lange ich hier noch sitzen muss.«

Mit stolz geschwollener Brust tapste Igniphascellanius zweimal im Kreis herum und ließ sich vor seinem Meister fallen wie ein liebestolles Haustier auf der Suche nach Zuneigung. Anscheinend hatte er schon die ein oder andere Information auf der Suche nach seinem Meister aufgeschnappt.

»Lord Brackenmoore hat zur allgemeinen Rekrutierung aufgerufen. Alle Männer, die in Saft und Kraft stehen, sollen sich bei Ark Tadelius, dem Tagelöhnertod, am Marktplatz einfinden. Er entscheidet darüber, ob sie einsatzfähig sind oder nicht. Jeder der Ausgewählten soll sich dann, sobald der König mit seinem Heer den Pass erreicht, bei einem der Offiziere der Stadtwache melden. Weiterhin hat der Lord befohlen, alle Bögen und Pfeile sowie Armbrüste und Bolzen in Brisenburg einzusammeln und hierher zur Garnison zu bringen. Horius Blank war bei allen Waffen- und Rüstungsschmieden in Brisenburg und hat Unmengen von Pfeilen und Bögen in Auftrag gegeben. Die meisten haben sich bereit erklärt, zum Wohle der Stadt unentgeltlich zu arbeiten, weil der Lord sie nicht bezahlen kann. Nur Jonas Kesselbrook, der Klingenschmied, und Torben Dühn, der Bogenmacher, sollen sich geweigert haben. Vom König und seinem Heer gibt es noch nichts Neues. Soweit ich gehört habe, braucht er noch drei Tage, um Brisenburg zu erreichen.«

Baazlabeth kam aus dem Staunen nicht mehr heraus. Sollte sein Diener doch zu mehr gut sein, als die Mäuse im Theater zu unterhalten?

»Woher weißt du das alles?«, flüsterte er beeindruckt.

»Ein paar sehr nette Katzendamen haben mir das alles erzählt. Sie denken anscheinend, ich sei so etwas wie der ungeschlagene König aller Kater im Hafenviertel. Sie haben mir sogar bereitwillig ihren Fisch überlassen.«

Igniphascellanius streckte alle vier Pfoten in die Luft, wobei seine beiden Hinterläufe liederlich zu zappeln begannen. Baazlabeth beugte sich vor und begann sanft, seinen Bauch zu streicheln, und lächelte dabei. Auch dem Diener fiel dieses Lächeln auf, und er deutete es anscheinend richtig. Bevor er sich aufrappeln konnte, hatte Baazlabeth ihn am Fell gepackt und in die Höhe gehoben.

»Komisch, ich dachte, ich hätte dich vor wenigen Augenblicken gefragt, ob du irgendwelche Talente besitzt, die mir hilfreich sein könnten. Dass du mit Katzen sprechen kannst, muss ich irgendwie überhört haben, oder ist es möglich, dass du es gar nicht erwähnt hast?«

Der Homunkulus strampelte mit den Beinen, unterließ es aber, die Krallen auszufahren. Schließlich konnte sein Meister dies ebenfalls tun, und auf ein Kräftemessen konnte er gut verzichten.

»Ich muss es vergessen haben, Meister. Bitte verzeiht mir!«, flehte er.

Baazlabeth war nachsichtig und schleuderte seinen Diener in die gegenüberliegende Ecke der Zelle. Diesmal gelang es Igniphascellanius dem Dritten nicht, so grazil zu landen. Dennoch rappelte er sich schnell wieder auf und stand leise fauchend im Dunkeln.

»Ich werde Molloch Bescheid sagen und versuchen, eine Flasche Wein in den Kerker schmuggeln zu lassen, Meister. Ich hoffe, Ihr könnt mir verzeihen.«

»Ich könnte es allerhöchstens vergessen, du Gewölle. Verzeihen ist etwas, was den Schwachen vorbehalten ist. Solltest du mich also noch einmal darum bitten, müsste ich davon ausgehen, dass du mich für einen Schwächling hältst.«

Der Homunkulus schlich im Schatten der Kerkerwand zum Gitter und zwängte sich hindurch. Als er die rostigen Stäbe hinter sich gelassen hatte, löste er sich scheinbar in Luft auf. Baazlabeth kommentierte das magische Verschwinden seines Dieners mit einem angewiderten Brummen.

»Natürlich denke ich das nicht von Euch, Meister, bitte verz... Ich mache mich dann mal auf den Weg. Schließlich habe ich viel zu tun.«

»Mit wem sprichst du andauernd?«, erkundigte sich Baazlabeths Kerkernachbar verwundert.

An Derk und Polly hatte Baazlabeth schon gar nicht mehr gedacht. Natürlich machten sie sich ihre Gedanken über seinen scheinbaren Monolog, doch was machte es schon aus, dass sie vermuteten, er sei verrückt oder verzweifelt. Die beiden waren für ihn nicht mehr als Stimmen in der Dunkelheit, wie er sie aus Träumen her kannte. Sie waren zwar nur wenige Schritte von ihm entfernt, aber dennoch so gut wie unerreichbar und wahrscheinlich schon bald tot.

»Ich bin der Besitzer der *Schwarzen Posse* und studiere ein neues Stück ein, wenn es euch Recht ist«, antwortete Baazlabeth.

»Du wirst nur noch ein Stück aufführen, du Mörder!«, keifte Polly von gegenüber. »Es wird nur einen Akt haben und eine Tragödie werden, jedenfalls für dich.«

»Hört, hört! Unsere hässliche Hure ist eine wirkliche Kunstliebhaberin!«, rief Derk. »Vielleicht hast du deinen Auftritt noch vor uns.«

Das Gezanke war wieder neu entbrannt. Baazlabeth empfand nur wenig Lust, daran teilzuhaben, und machte es sich wieder auf seiner Lagerstätte bequem.

Als Baazlabeth das nächste Mal erwachte, hatte sich die zänkische Laune der beiden gelegt. Er schien der Einzige im Kerkerraum zu sein, der die nahenden Schritte auf der Treppe hörte. Es war nicht der erste Besuch einer Stadtwache hier unten. Zweimal am Tag kamen sie und brachten Essen und Trinken oder zumindest etwas, das sie so bezeichneten. Bislang hatte Baazlabeth noch keinen Happen angerührt. Sein Hunger hielt sich in Grenzen. Nur von dem Wasser hatte er getrunken und es bereut. Die Brühe, die ihnen angeboten wurde, schien mit jedem Schluck genauso erfrischend wie ein Schlag ins Gesicht.

»Wacht auf, ihr Pack!«, brüllte der Wachmann, als er den Kerker betrat. »Es ist Zeit, dass ihr wieder mal etwas zu essen bekommt, damit ihr auch die Kraft habt, am Galgen zu zappeln, und nicht leblos wie ein Fisch von der Angel hängt. Wir wollen den Zuschauern schließlich einiges bieten.«

Über die mehr als missglückte Metapher hätte Baazlabeth hinwegsehen können, doch angesichts dessen, was der Mann der Wache stolz präsentierte und auch noch frecherweise als Essen bezeichnete, hätte er einen qualvollen, langen Tod verdient.

Langsam erhoben sich Baazlabeths Kerkergenossen in ihren Zellen. Er hörte, wie Derk sich angestrengt aufrappelte. Polly stand bereits wenige Augenblicke später an der Tür und ließ ihre Arme durch das Gitter hängen. Zum ersten Mal sah der Dämon die Frau in Gänze. Alles in allem konnte man sagen, dass sie wenig appetitlich aussah, weder für menschliche Freier noch als Appetithappen für Dämonen. Sie war mehr als hager. Ihre Augen standen vor wie die eines Frosches, und ihre Zahnstellung konnte man interessant nennen, wollte man höflich sein. Die strohigen Haare schien sie mit einem Messer geschnitten oder mit einer Kerze abgebrannt zu haben. Das zerrissene und löchrige Kleid zeigte ein Sammelsurium an Farben, die langsam alle gegen Braun tendierten.

»Was gibt es den heut Schönes, du Hurenpreller«, krächzte sie mit ihrer rauchig vulgären Stimme.

»Halt die Schnauze, Polly!«, brüllte der Mann der Stadtwache zurück. »Du bist niemals geprellt worden. Und soll ich dir sagen, woher ich das weiß?«

»Na, lass hören.«

»Ein Fick mit dir ist überhaupt nichts wert, deshalb schulden dir deine Freier auch nichts.«

Derks dreckige Lache erfüllte den Kerker. Baazlabeth fand die Bemerkung weniger lustig als wahrheitsgemäß, aber wahrscheinlich wollte sich Derk nur einschleimen, um eine Extraportion vom Essen zu bekommen. Die Wache ließ sich aber davon nicht beeindrucken. Sie schob Polly den Teller und einen Krug Wasser durch die kleine Gitterluke. dann ging sie hinüber zu Derks Kerkerzelle.

»Das gab es beim letzten Mal auch schon«, hörte Baazlabeth, wie Derk sich beschwerte.

»Solange von diesem Fraß noch etwas da ist, werde ich es euch immer wieder auftischen«, erwiderte der Wachmann.

»Dann mach die Portionen größer, so wird es schneller alle«, schlug Derk vor.

»Träum weiter, Hurenmörder!«

Mit einem Mal wurde Baazlabeth auch klar, warum Polly und Derk diese Abneigung gegeneinander hegten. Polly brachte Freier um und Derk Huren. Wären sie sich früher begegnet, hätten sie sich sicherlich ihren Aufenthalt hier im Kerker ersparen können. Baazlabeth hätte sein Abendbrot dafür gegeben, sie nur einen Tag gemeinsam in eine Zelle sperren zu können.

»So, und jetzt zu unserem Hochwohlgeborenen«, schnaufte die Wache und trat in gebührendem Abstand vor Baazlabeths Zellentür. In der Hand hielt sie einen tiefen Holzteller, von dem weder Dampf aufstieg noch irgendein Geruch ausging. Baazlabeth war ohnehin nicht so versessen darauf, sich mit den Köstlichkeiten der Kerkerküche auseinanderzusetzen. Eine Flasche Wein hätte ihm völlig gereicht.

»Na, schiebst du schon ordentlich Kohldampf?«

Kohldampf ist vielleicht nicht der richtige Begriff. Ich hasse Kohl. Versuch es doch einmal mit Blutdurst oder Fleischeslust, das trifft es schon eher. Komme ruhig etwas dichter mit deinen dünnen Ärmchen, und ich zeige dir, was Appetit aus mir machen kann.

»Etwas Herzhaftes könnte ich jetzt gut brauchen«, knurrte Baazlabeth.

»Ach, sieh mal einer an. Vielleicht möchte der gnädige Herr vorher noch eine Speisekarte einsehen.«

Die wäre gleichzusetzen mit dem Wachplan, du Auswurf.

Der Mann der Stadtwache stellte den Teller mit Essen direkt vor sich hin und trat einen Schritt zurück. Soweit Baazlabeth erkennen konnte, lag darauf ein Streifen angetrockneter Speck, ein Kanten Brot und etwas, das aussah wie der Teil einer Pflanze, der normalerweise in der Erde steckte.

Mit gönnerhaftem Blick und verschränkten Armen stand der Mann der Wache in der Mitte des Kerkers.

»Nun zeig uns mal, wie du es geschafft hast, meine beiden Kameraden zu ermorden, während du in deiner Zelle gesessen hast. Ich bin gespannt, was du uns zu bieten hast. Lass mal sehen, was der große Sil so alles kann.«

Ich für meinen Teil habe jedenfalls kein großes Maul, nur weil ein Gitter uns voneinander trennt.

Baazlabeth stand mit dem Rücken zur Wand und kratzte vor Zorn in dem hart gewordenen Lehm herum. Wie gern hätte er sich jetzt diesen kleinen Fauxpas geleistet und wäre aus seiner Zelle ausgebrochen. Jedoch alles aufs Spiel zu setzen, nur um einer Wache zu zeigen, auf welch gefährliches Spiel sie sich eingelassen hatte, wäre dumm gewesen. Man musste auch mal zurückstecken können, selbst wenn Baazlabeths Körper langsam begann, dagegen zu rebellieren – Baazlabeths Körper, nicht Sils. Er spürte, wie etwas versuchte, unter seinem Schädel hervorzuspringen. Sein linker Fuß begann bereits zu einem formlosen Klumpen zu werden, und aus Mittel und Zeigefinger der rechten Hand schoben sich die spitzen Hornkrallen. Ächzend kratzten sie über den Stein und brachen einen Teil der Fugen heraus.

»Haha, das habe ich mir gedacht«, lachte der Wachmann. »Eine große Klappe und nichts dahinter. Jeder, der ein paar Tage hier unten verbracht hat, wird zahm wie ein Lamm. Warte nur ab, bis sie dich holen und hängen, dann wirst du flennen wie ein kleines Kind.«

»Bitte«, jammerte Baazlabeth und versuchte dabei so herzergreifend zu klingen, wie es ihm möglich war.

Dies schien wie Wasser auf die Mühlen der Stadtwache. Schallendes Gelächter erfüllte den Raum. Selten hatte Baazlabeth jemanden gesehen, der sich so bestätigt gefühlt hatte in seiner Annahme und jeden Moment eines Besseren belehrt werden würde.

Baazlabeth wog den Klumpen aus hartem Lehm in der Hand und holte in dem Moment aus, als die Freude auf der anderen Seite am größten war. Er nahm so viel Schwung, dass er befürchtete seine Schulter würde auskugeln, und schickte das Geschoss durch die Gitterstäbe hindurch. Mit voller Wucht traf er den offen stehenden Mund seines Gegenübers. Das Lachen erstarb im selben Moment.

Zuerst schien es, als wenn der Mann einfach hintenüber fallen würde, doch dann bäumte er sich auf, versuchte Luft zu bekommen und stieß gurgelnde Laute aus. Er fiel auf die Knie und warf den Kopf verzweifelt hin und her. Kurz bevor er ohnmächtig zu werden und zu ersticken drohte, löste sich der Klumpen aus seinem Hals, und er hustete sich frei. Wenn Baazlabeth den kleinen weißen Punkt richtig deutete, hatte der Wachmann auch noch einen Zahn verloren, den er zusammen mit Spucke und Blut auf den Boden würgte. Keuchend und kreideweiß erhob er sich und starrte fassungslos auf seinen Peiniger. Die Stimme versagte ihm den Dienst, und auch seine Beine wollten nicht ganz so, wie es ihm sicher lieb gewesen wäre, doch als er den Kerker verließ, ging der Wachmann wenigstens wieder aufrecht.

Baazlabeth war etwas zwiegespalten. Zum einen erfreute ihn dieser hervorragende Treffer. Sein Zorn war etwas gemildert dadurch, was sich auch auf seinen Körper auswirkte. Sein Klumpfuß bildete sich zurück, und er konnte seine Zehen wieder spüren. Zum anderen wäre es ihm jedoch lieber gewesen, er hätte beobachten können, wie der Mann vor seiner Zelle erstickte. Außerdem stand der Teller immer noch in unerreichbarer Ferne und der Krug Wasser auf dem Tisch.

»Du hast es wirklich drauf, dir Freunde zu machen«, sagte Derk aus der Nachbarzelle.

»Wie kommst du darauf, dass ich Freunde suche?«, erwiderte Baazlabeth.

Derk streckte den Arm aus dem Gitter und hielt ihn schräg vor Baazlabeths Zelle. In seiner Hand lag ein Stück Brot, das er großzügig anbot.

»Danke, aber du kannst es behalten«, schnaubte der Dämon. »Ich esse nichts, was nicht vorher dafür sterben musste.«

Derk lachte.

»Wenn du in dieses schimmlige Stück Krume beißt, gehen bestimmt ein Dutzend Maden drauf. Willst du es nicht doch mal probieren?«

Baazlabeth hätte inzwischen schon gerne etwas zu essen gehabt, doch ihm stand eher der Sinn nach Derks Arm. Diese Geste hätte sein Zellengenosse aber sicherlich nicht verstanden, und außerdem war er doch nicht so hungrig.

»Nochmals, danke, nein.«

»Du weiß gar nicht, was dir ...«

Derk begann zu husten und zu röcheln. Die Hand hing immer noch aus der Zelle, doch die Finger krampften sich um das trockene Stück Brot und zerbröselten es. Eine Stimme erscholl, die so dröhnend und weit entfernt klang, dass sie nicht von dieser Welt stammen konnte.

»Wenn die Tage kürzer werden, und die Nächte auch,
bringt der letzte Bauer seine Ernte aus.
Mit der Sense geht er durch die Reihen,
dass nichts neues Altes kann gedeihen.
Die faule Frucht streut er ins Land,
bis der Acker riecht verbrannt.
In der Erde tief verscharrt
hat er seine eigne Saat.«

Baazlabeth erkannte den Anfang des Gedichts, genau wie das gurgelnde Röcheln, was nun folgte. Von Neugier gepackt, sprang er vor und griff nach dem Arm, der ihm immer noch aus der Nachbarzelle entgegengestreckt wurde. Derks Haut fühlte sich kalt und klamm an. Er krampfte und zitterte zugleich. Das Zittern würde immer stärker, und Derk versuchte, etwas zu sagen, aber außer den gurgelnden Lauten brachte er nichts heraus. Plötzlich versuchte er, sich loszureißen und mit Gewalt gegen das Gitter zu stemmen. Baazlabeth hatte alle Mühe, ihn zu halten, doch er befürchtete, dass er ihn genau wie Seibot Nell im *Einsamen Wanderer* verlieren würde, wenn er ihn jetzt gehen ließ. Derk brachte fast unmenschliche Kraft auf, dann fühlte es sich mit einem Mal so an, als ob es gar nicht Derk wäre, der sich loszureißen versuchte, sondern etwas an ihm rissse – als ob es in der Zelle nebenan noch jemanden gäbe. Derks Arm schob sich vor und zurück, hoch und runter, dann gab es plötzlich ein Geräusch, das Baazlabeth nur aus seiner Vorstellung kannte.

»Platsch!«

Baazlabeth hielt den Arm seines Kerkergenossen weiterhin fest umklammert, doch im Gegensatz zu gerade eben noch, wurde ihm jetzt kein Widerstand mehr entgegengebracht. Stattdessen hing die Gliedmaße schlaff und kraftlos herunter. Derks Finger hatten sich geöffnet, und die Brotkrumen waren zu Boden gefallen, wo sie frisches Blut von den Steinen aufsogen.

Der Dämon wusste, wie sich totes Fleisch anfühlte, und Derk war tot, da gab es keinen Zweifel. Er ließ den Arm des Toten fallen. Dann sank er selbst zu Boden, wo er erschöpft ähnlich leblos wie sein Zellennachbar liegen blieb. Ihm lag wenig an dem Mann. Baazlabeth ging es allein um das Rätsel, das sich um ihn wie auch um diesen Seibot Nell rankte. Wer hatte aus ihnen gesprochen und sie damit umgebracht? Er wurde das Gefühl nicht los, dass ihm jemand etwas sagen wollte und dass es mit seiner Aufgabe zu tun hatte.

Als Baazlabeth aufsah und seinen Blick durch den dunklen Kerker schweifen ließ, erblickte er Polly, die wie erstarrt an ihrem Gitter klebte und zu ihm hinüberschaute.

»Was ist passiert?«, keuchte er. »Du hast es gesehen, sag es mir.«

Polly starrte ihn ausdruckslos an.

»Sag es mir!«, schrie er.

»Er wollte nur nett sein«, stammelte sie. »Er wollte nur nett sein, und du hast ihn getötet.«

»Das habe ich nicht. Sag mir, was du gesehen hast.«

»Er fing an zu bluten. Erst aus der Nase, dann aus Mund und Augen. Er zitterte und war komplett von Sinnen. Er hat sich hin und her geworfen. Immer mehr Blut quoll aus seinen Körperöffnungen. Und dann platzte sein Schädel. Du hast ihn getötet.«

10
Aller bösen Dinge sind drei

Molloch – Völlerei

Wenn man lange genug Gutes tut, richten sich irgendwann alle Augen auf einen. Wie unbeschwert wäre das Leben, wenn auch alle wegsähen wenn man Böses tut?

Molloch mochte Katzen, mit Ausnahme von diesem Igniphascellanius. Der Homunkulus spielte sich als wahrer Erfüller der Prophezeiung auf mit seinen ewigen Anweisungen und dem wichtigtuerischen Gehabe. Aber im Grunde genommen mochte er Katzen. Wenn er genau darüber nachdachte, mochte er eigentlich alle Tiere gern. Sie waren die Einzigen, die ihn so behandelten, wie er es von den Menschen erwartet hätte. Doch diese Hoffnung lag schon so lange zurück, so lang, dass er sich kaum noch daran erinnerte. Menschen hatten in seinem Leben nur eine untergeordnete Rolle gespielt, auch wenn sie der Auslöser für all das waren, was mit ihm geschehen war. Das war jedenfalls die einzige Erklärung, die er für sein eigenes skurriles Leben hatte. Grotesk traf es eigentlich besser, wenn alles, an was er sich erinnerte, der Wahrheit entsprach.

Den Erzählungen nach war Molloch der Sohn eines Steinmetzes aus dem Norden von Meddelton. Als er drei Jahre alt gewesen war, kam sein Vater beim Abtransport eines Felsens, den er für eine Götterstatue ausgesucht hatte, ums Leben. Und als Mollochs Mutter von dem Unfall erfuhr, stürzte sie sich aus dem Fenster ihres Hauses, mit dem gleichen Ergebnis. Molloch kam in ein Heim für Waisenkinder. Es war diese Art von Heim, die Schwierigkeiten hatte, die vielen hungrigen Mäuler zu stopfen, weil jede Münze, die gespendet wurde, in die Tasche des Heimleiters wanderte und spurlos verschwand.

Newal Illik hieß er, und er war ein Spezialist für Schläge mit dem Rohrstock und ein Kenner, wenn es um unschuldige Jungenkörper ging. Newal gehörte zu den glücklichen Menschen, die es geschafft hatten, aus ihrer Neigung einen Broterwerb zu machen. In dem Heim gab es nur Jungen, alle zwischen drei und dreizehn Jahren. Kinder, die jünger waren und zu Newal kamen, starben meist einen unnatürlichen Kindstod. Jene, die ihr dreizehntes Lebensjahr erreichten, wurden mittellos auf die Straße gesetzt und mussten sich fortan selber durchschlagen. Wer drohte, etwas über die Zustände und Machenschaften im Heim weiterzuerzählen, wurde keine dreizehn.

Newal Illik lebte seine Triebe bei den Jungen im Heim aus. Da er so viele Kinder unter seine Fittiche genommen hatte und ein großzügiger Mensch war, gab er auch anderen Menschen die Gelegenheit, ihr abartiges Verlangen an den Jungen zu befriedigen – für ein geringes Entgelt, verstand sich.

Molloch war einer seiner Lieblinge. Selbst noch, als er acht wurde, konnte Newal die Finger nicht von ihm lassen. Jeden Abend saß Molloch in seinem Bett in dem ausgeräumten Keller zwischen all den anderen Jungen und betete dafür, dass sich Newal diese Nacht einen anderen Jungen aussuchte. Seine Gebete wurden nicht erhört. Irgendwann gab Moloch auf, die Götter anzubeten, die er kannte. Schließlich hatten sie den Tod seiner Eltern zu verantworten, wodurch er erst hierhergekommen war. Und seitdem hatten sie ihm auch nicht geholfen. Er begann zu jemandem zu beten, den er nicht kannte, jedenfalls nicht vom Namen her. Doch auch der namenlose Gott erhörte den Jungen nicht.

Molloch bekam weiterhin nächtliche Besuche, wenn nicht von Newal Illik, dann von einem der anderen Männer. Darunter war auch ein Kleriker des Tempels der Barmherzigkeit, der, während er seine Neigung auslebte, gerne göttliche Weisheiten von sich gab. Auf Mollochs Frage hin, warum die Götter seine Gebete nicht erhörten und schwiegen, antwortete dieser: »Die Götter sprechen nur zu heiligen Männern und solchen, die ihnen große Opfer darbringen.«

Drei Tage lang grübelte Molloch darüber nach, was man einem Gott opfern konnte, wenn man selbst nichts besaß. Am Abend des dritten Tages hatte er die Antwort darauf gefunden. Er entledigte sich des Teils seines Körpers, das all seinen nächtlichen Besuchern so am

Herzen zu liegen schien. Um sicherzustellen, dass kein Heiler rückgängig machen konnte, was er zu geben bereit war, schlang er es einfach hinunter.

Das Nächste, an das er sich erinnerte, war eine dunkle Gasse und Regen, der in sein Gesicht prasselte. Der namenlose Gott hatte ihn erhört. Newal Illik hatte Molloch zum Sterben im Armenviertel abgelegt. Niemand hatte sich des schwer verletzten Jungen angenommen. Selbst noch, als er flehend gegen die Türen der Häuser hämmerte, öffnete man ihm nicht. Die Menschen um ihn herum schienen ihn gar nicht sehen zu wollen. Es mochte der Plan seines neuen Gottes gewesen sein oder aber auch sein eigener starker Wille, jedenfalls gesundete Molloch. Mit kleinen Diebstählen hielt er sich am Leben und stillte seinen Hunger. Wenn er müde war, verkroch er sich unter einer der vielen Brücken oder suchte Unterschlupf in einem der verlassenen Häuser im Armenviertel.

Im Elend der Stadt wuchs Molloch heran, und sein Appetit wuchs mit ihm. Jedes gestohlene Stück Fleisch und jeder entwendete Apfel vom Markt schienen seinen Hunger nur noch mehr anzuheizen. Er war nahezu unersättlich. Er glaubte, dass sein Talent, lange Finger zu machen, aus der Not heraus geboren war. Jeden Tag konnte er Stadtwachen sehen, die hinter Dieben herhetzten, Dieben, die von der hiesigen Gilde ausgebildet worden waren und trotzdem nicht unerkannt blieben.

Molloch forderte sein Glück heraus und wurde nachlässiger und gieriger. Er erinnerte sich an einen Tag im Hinterhof eines Schlachters. Er sah dem Mann mit dem glänzenden, messerscharfen Beil zu, wie er ein Schwein zerlegte und die herausgetrennten Stücke vom Haken auf den blutigen Schlachtertisch legte. Die Abfälle warf er einem großen, zottigen Hund hin, der diese hungrig verschlang. Molloch wartete ab, bis der Schlachter die Leber des Schweines herausgeschnitten hatte und vor sich auf den Tisch legen wollte. Blitzschnell riss Molloch dem Mann die Leber aus der Hand und biss gierig hinein. Vom Geschmack des rohen Fleisches und dem Geruch des Blutes überwältigt, schlang er alles hinunter. Niemand störte ihn dabei.

Erst nachdem Molloch alles gegessen hatte, richtete er seine Aufmerksamkeit wieder auf den Schlachter. Ungläubig starrte der auf seine Hände, in denen er gerade eben zuvor noch ein prächtiges Stück

Leber gehalten hatte. Er musste genau gesehen haben, was passiert war. Er musste Molloch dabei beobachtet haben, wie er das Fleisch hinunterschlang. Der Mann war nicht blind und Molloch nicht unsichtbar, denn schließlich hatte der Mann ihm kurz zuvor noch einen grimmigen Blick zugeworfen und ihn gefragt, was er hier zu suchen habe.

Urplötzlich stürmte der Mann los, hackte eine Weidenrute vom Busch und ging damit auf seinen eigenen Hund los. Immer wieder schrie er das Tier an, wie undankbar es war, ihm die besten Stücke aus den Händen zu reißen und zu verschlingen. Molloch verspürte immer noch Hunger und warf sich einen Rippenstrang über die Schulter, bevor er den Hof verließ. Niemand rief ihm hinterher.

An diesem Tag wurde Molloch klar, dass der namenlose Gott ihm nicht nur das Leben gerettet, sondern ihn auch mit einer außergewöhnlichen Gabe bedacht hatte. Er konnte tun und lassen, was er wollte. Jedes Verbrechen, das er beging, wurde entweder jemand anderem angelastet oder als Unfall angesehen. Niemand sah und verdächtigte Molloch, egal was für Unrecht er tat.

Wie jede göttliche Gabe forderte diese aber auch ihren Tribut. Mollochs Hunger schien von Tag zu Tag größer zu werden. Es war, als könne er nie ganz gestillt werden. Bald sah man Molloch seine Fressgier an. Er wurde immer fetter und fetter. Es gab kaum noch Hosen und Hemden, die ihm passten. Molloch bekam es mit der Angst zu tun. Er befürchtete, irgendwann zu platzen.

Den Tod vor Augen und schon nach wenigen Schritten außer Atem, nahm er sich vor, nicht allein von dieser Welt zu scheiden, sondern diejenigen, die ihn in dieses Schicksal getrieben hatten, mitzunehmen. Molloch tötete elf Menschen, unter ihnen auch Newal Illik und den Kleriker der Barmherzigkeit. Niemand hatte ihn dabei beobachtet, und man sprach von einer Reihe unerklärlicher Unfälle. Doch statt an Verfettung zu sterben, verlor Molloch wie durch ein Wunder bei jedem seiner Morde an Gewicht. Und noch etwas verlor er – die Erinnerung an Teile seiner Vergangenheit.

Im Laufe der Zeit ergaben sich noch einige weitere kleine Absonderlichkeiten. Die Menschen hörten ihm nicht mehr zu, wenn er sprach. Als würde er mit jedem Wort, das aus seinem Mund drang, eine Lüge hervorbringen, die von seiner Umwelt gewohnheitsmäßig ignoriert wurde. Nur wenn er in Reinem und Liedversen sprach oder sang, drang er zu den Menschen durch.

Eines Tages sprach der namenlose Gott zu ihm. Er nannte sich Amez. Amez befahl ihm, nach Brisenburg zu gehen und dort für den Rest seines Lebens zu bleiben. Er solle sich beizeiten anderen anschließen, die zwar nicht wie er waren, aber ebenso abnorm. Als Dank gab Amez ihm einige seiner Erinnerungen zurück. Dies war jetzt ein Jahr her.

Seitdem hatte Molloch verschiedene Rückschläge erlebt. Und jetzt auch noch das! Erst bekam man seine Anweisungen von einem Gott und nun von einer zerzausten, übergewichtigen Katze, wobei die Körperfülle das einzig Positive an dem Tier war. Der Homunkulus ließ ausrichten, dass der Horde sich den Tod dreier Männer wünschte. Der Katzendiener hatte in mühseliger Kleinarbeit die Namen und Wohnorte der Männer herausgefunden. Es schien kein Zufall zu sein, dass zwei der Männer in ein und demselben Haus lebten und der letzte im Haus gegenüber. Molloch wusste, dass es keine Zufälle gab, aber die ausschweifenden Erklärungen des Homunkulus ließen ihn davon absehen, Genaueres erfahren zu wollen. Mittlerweile würde es seiner Figur auch wieder ganz guttun, ein paar Pfund zu verlieren. Das Tau um seine Hüften, das die Hose daran hindern sollte, über seinen Hintern zu rutschen, hatte bereits einen wunden Ring in seine Körpermitte gefressen.

Mollochs Aufgabe würde seine Fähigkeiten nicht sonderlich strapazieren. Er sollte drei Männer mittleren Alters töten und dabei keinerlei Spuren hinterlassen, die zu dem Horden oder einer der anderen Sünden führte. Für Molloch eher ein langweiliges Unterfangen. Die größte Herausforderung für ihn bestand darin, am Markt vorbeizukommen, ohne seinem ungezügelten Appetit zu erliegen, und den langen Fußmarsch hinter sich zu bringen, ohne an Erschöpfung zu krepieren. Die drei Männer, die er aufsuchen sollte, waren Gulbert Fint, ein Mann in den Vierzigern, und sein Bruder Ranon, der wenige Jahre jünger war. Die beiden besaßen drei Barken und verdienten ihr Geld damit, Waren von Händlern die Küste entlangzuschiffen.

Der Letzte im Bunde war Lokley Frost, genannt der Kutscher. Lokley besaß einige Prunkkutschen und ein paar ganz passabler Pferde. Kutschen in einer Stadt zu vermieten war kein schlechtes Geschäft. Die wenigsten Adligen, Priester und angesehenen Kaufleute unterhielten eigene Ställe. Der Aufwand erschien ihnen zu hoch für ein oder zwei Fahrten in der Woche, und alles nur, um den Pöbel der Stadt zu beeindrucken. Kutschen brauchte man ohnehin nur für offizielle Anlässe, oder um der Damenwelt zu imponieren. Nun reichte das Vermieten der Kutschen mitsamt eines Kutschers zwar, um sein tägliches Brot zu sichern, doch ein Haus im Boenviertel konnte man sich damit nicht leisten. Besaß man allerdings schon Geld im Überfluss, vielleicht durch eine Erbschaft, dann konnte man in vielen Städten einen Kutschverleih aufmachen. Was einen wiederum in die Lage versetzte, Fahrten zwischen den Städten anzubieten, was äußerst lukrativ war, weil es keine leeren Rückfahrten gab, da jedes Gespann in jeder Stadt genutzt werden konnte.

Molloch war es weitestgehend egal, wen er tötete. Für ihn waren sie alle gesichtslose Fremde. Die Leute interessierten sich nicht für ihn, warum sollte er sich also für sie interessieren. Und wenn doch mal einer Notiz von ihm nahm, dann entweder, um ihm einen mitleidigen Blick zuzuwerfen oder um ihn wegen seines Aussehens zu verspotten. Aber Molloch wusste sich auch in diesen Fällen zu helfen. Ein kurzer Kinnhaken oder ein Tritt in die Magengegend, und schon war alles wieder vergessen. Er ging unerkannt seiner Wege, und sein Opfer wunderte sich über die eigene Tollpatschigkeit oder die plötzlich einsetzenden Schmerzen.

Molloch war gerade um das Theater herumspaziert und passierte die ersten Stände des Marktplatzes, da wusste er bereits, dass er es nicht schaffen würde ohne eine Stärkung. Er erinnerte sich nur noch schemenhaft an das Gefühl von Hunger, das er als kleiner Junge empfunden hatte. Fast jeden Abend war er mit leerem Magen eingeschlafen. Sein Magen hatte sich verkrampft und sich ein leichtes Schwindelgefühl eingestellt. Zudem hatte er ständig gefroren. Mehrmals in der Nacht war er vor Hunger aufgewacht. Irgendwann hatte er gemerkt, dass es half, Luft hinunterzuschlucken. Damit lösten sich zumindest die Krämpfe, solange die Luft nicht wieder entwich. Molloch dachte damals, es gäbe kein schlimmeres Gefühl als diesen Hunger. Irgendwie sollte er Recht behalten und irgendwie auch nicht.

Der Hunger war geblieben, nur seine Symptome hatten sich geändert. Heutzutage bekam er erst Appetit. Aber schon nach kurzer Zeit wurde er von Schüttelfrost abgelöst, schwere Krämpfe rissen an seinen Muskeln, sodass seine Beine sich unkontrolliert bewegten. Wenn er dann nicht schnell etwas zu essen bekam, setzten die ersten richtigen Schmerzen ein. Seine Haut brannte wie Feuer, die Augen tränten, und ein Gefühl überkam ihn, als ob ihm jemand die Knochen aus dem Fleisch ziehen würde.

Molloch stand heute nicht der Sinn nach Schmerzen, dafür umso mehr nach getrockneten Früchten. Er hatte vor einiger Zeit zwei Händler auf dem Markt belauscht und mitbekommen, wie sie sich darüber unterhalten hatten. Molloch erfuhr von ihnen, dass die Trockenfrüchte aus fernen Landen mit Schiffen hierher gebracht wurden. Die Früchte hängte man an Fäden auf, rieb sie mit etwas ein, das Sulfur genannt wurde, und trocknete sie in der Sonne. In Brisenburg konnten sich nur die Wohlhabenden solche Früchte leisten, und auch nur wenige davon. Molloch war nicht wählerisch. Für ihn war weniger der Geschmack als die Menge wichtig. Als er jedoch hörte, dass diese Früchte eine gewisse abführende Wirkung besaßen, wusste er, dass er unbedingt welche von ihnen probieren musste. Die Händler hatten nicht zu viel versprochen.

Heute verspürte Molloch erneut ein Verlangen nach Trockenfrüchten. Es gab nur einen Händler, der diese Leckerbissen verkaufte. Er hatte seinen Stand meist in der Nähe der Tuch- und Gewürzhändler aufgebaut. Immerhin wollte man unter seinesgleichen bleiben. Ja, selbst unter den Kaufleuten und Händlern gab es verschiedene Kasten. Wer etwas verkaufte, was sich nur die Reichen leisten konnten, gehörte zur obersten Kaste, wer Feuerholz, Töpferware und grobes Leinen unters Volk brachte, war eindeutig nur ein einfacher Krämer.

Molloch brauchte nicht lang, um den Stand zu finden. Umringt von Frauen aus wohlhabenden Häusern, stand der Händler hinter seinem Tisch und zerkleinerte eine getrocknete Traube in vier gleiche Stücke, um sie als winzige Kostproben anzubieten. Verzückt quiekten die Damen durcheinander, wie ein Haufen Hühner. Molloch wollte sich nicht mit einer Kostprobe abgeben. Sein Hunger verlangte nach einem ganzen Berg von Trauben. Etwas plump versuchte er, sich an den Frauen vorbeizudrücken.

»Stellt Euch gefälligst hinten an«, keifte eine ältere Dame in einem rostbraunen Kleid, ohne ihn wirklich anzusehen.

Molloch hatte im Laufe der Zeit gelernt, ohne jegliche Umgangsformen und Rücksicht auszukommen. Er betrachtete sich selbst als Mittelpunkt seiner Welt, was um ihn herum geschah, war nicht mehr als Beiwerk. Lästiges Beiwerk, wenn es sich zwischen ihn und seinen Heißhunger stellte. Sein Umgang mit Hindernissen war effektiv und einfach. In Anbetracht seiner Masse, die er stetig vorwärtsschob, gab es keine ernstzunehmenden Hindernisse.

Molloch trat einen Schritt zurück und gab der Frau den Freiraum, den sie erwartete.

»Schrecklich, so ein unangenehmer Mensch«, sagte die ältere Dame zu der Frau, die neben ihr stand. »Kaum zu fassen, wen andere so als Bedienstete einstellen.«

»Ich hätte Angst vor so einem Berg, wenn ich allein mit ihm im Haus sein müsste«, gestand ihre Bekannte.

So etwas geschah häufiger. Die Menschen schienen ihn schon zu ignorieren, sobald er sich darauf vorbereitete, ihnen eine Kostprobe seines Könnens zu bieten. Das Vorhaben gab den Ausschlag. Viele nahmen ihn nicht einmal mehr wahr, wenn er sie direkt ansprach.

Molloch krümmte Zeige- und Mittelfinger und positionierte sich genau hinter der älteren Dame. Behäbig hob er den Arm und brachte als Gegengewicht den Oberkörper in Schieflage. Mit Wucht ließ er den Arm heruntersausen und verpasste der Frau eine äußerst schmerzhafte Kopfnuss.

»Ah, beim Herrn der Schöpfung!«, rief sie aus, zog die Schultern hoch und presste beide Hände auf die Stelle.

»Was habt Ihr, Mylady?«, fragte ihre Zofe besorgt. »Wieder diese rasenden Kopfschmerzen?«

»Wie aus heiterem Himmel«, gestand die Frau, den Tränen nahe. »So schlimm waren sie schon lange nicht mehr.«

»Kommt Mylady, ihr solltet Euch besser einen Moment hinsetzen. Ich besorge Euch etwas zu trinken.«

»Ein leichter Weißwein wäre schön«, wimmerte sie.

Die Zofe zog ihre Herrin zur Seite, heraus aus dem Gedrängel, und begleitete sie zu einem Stapel leerer Kisten, wo sie sich gemeinsam niederließen.

Molloch trat einen Schritt vor und füllte die Lücke der beiden perfekt aus. Nach all den Jahren war ihm immer noch schleierhaft, was die Leute genau sahen, wenn er etwas Unrechtes tat. War es schlicht und einfach nichts, oder etwas, was ihnen half, die Situation für sich selbst zu erklären? Wahrscheinlich würde er es nie herausfinden. Wichtig für ihn war nur, dass es funktionierte.

»Ein kleines Säcklein Träubelein, das wär so wunderbar und fein«, trällerte er vor sich hin. »Ist das Obst auch noch so hart, am Ende kau ich es mir zart.«

Der Mann auf der anderen Seite des Tisches starrte Molloch entgeistert an. Anscheinend hatte er wenig Sinn für die Reime des Fettwanstes und befürchtete, er würde die Kunden damit verscheuchen.

»Behalte deine Weisheiten besser für dich«, ermahnte er ihn. »Meine Kunden möchten nicht von dir belästigt werden. Und komm ja nicht auf die Idee, von den Früchten kosten zu wollen. Was über diesen Tisch geht, wird auch bezahlt.«

Der Händler sah Molloch erwartungsvoll an; er schien auf eine duckmäuserische Antwort zu hoffen. Molloch hatte nicht vor, klein beizugeben.

»Einfach nur zu naschen, ist für Frauen und für Flaschen«, dichtete er. »Molloch aber, der hat Hunger, aus Frust er frisst und auch aus Kummer. Drum trete lieber schnell zurück, sonst beiß ich auch aus dir ein Stück.«

Ein Anflug von Empörung huschte über das Gesicht des Händlers. Bevor er jedoch etwas sagen konnte, griff Molloch beherzt in den Korb mit getrockneten Trauben, schaufelte eine große Hand heraus und stopfte sich die Früchte gierig in den Mund. Genüsslich kauend zog er dem Händler eine Grimasse.

»Ich glaube, du hast mich verstanden, Freund«, erwiderte der Händler mit einer Selbstsicherheit, die ihresgleichen suchte. »Erst bezahlen, dann anfassen.« Er beugte sich ein Stück über seinen Tisch und flüsterte Molloch zu: »Genau wie in der Schwalbenburg. Du verstehst, was ich meine?« Dann kicherte er dreckig.

Molloch stopfte sich währenddessen schon die zweite Hand voll in den Mund.

»Einen wunderschönen Tag, meine Gnädigste«, begrüßte der Händler urplötzlich die Frau neben Molloch. »Was kann ich für Euch tun?«

Die ältere Dame, die sich vor wenigen Augenblicken noch zusammen mit der anderen so abfällig über Molloch geäußert hatte, fuhr unentschlossen mit dem Zeigefinger über das breite Sortiment hinweg. Molloch hatte mittlerweile fast den ganzen Traubenkorb geleert. Er schütte sich die letzten verschrumpelten Früchte in die Hand und stellte den Korb zurück an seinen Platz.

»Habt ihr keine von den getrockneten Weintrauben mehr?«, fragte sie enttäuscht und tippte mit dem Finger auf das leere Behältnis.

Etwas verdutzt schaute der Händler in das leere Flechtgefäß.

»Oh, verzeiht«, stieß er hervor. »Trauben sind äußerst schwer zu bekommen im Winter, aber ich kann Euch wärmstens die Datteln, Feigen und Aprikosen empfehlen. Sulfuraprikosen sind des reinste Genuss.«

Molloch mochte keine Aprikosen. Er bekam immer Sodbrennen von ihnen und musste dann Unmengen Milch trinken, damit es wieder nachließ. Den größten Hunger gestillt und bereit, seine Aufgabe zu erledigen, verließ er den Stand. Sein Weg führte ihn Richtung Osten, quer über den Marktplatz. Molloch hätte noch an einem Dutzend weiterer Stände Halt machen können, doch er musste zuerst die drei Männer finden. Der Homunkulus hatte keinen Zweifel daran gelassen, dass es wichtig war, und er wollte den Horden ungern enttäuschen.

Molloch kam im Boenviertel an und lief am Tempel der Väter vorbei. Dahinter lagen weitere Tempel, ein Dreiergespinst von Türmen und einige prachtvolle Wohnhäuser. Irgendwo dort musste er mit seiner Suche beginnen.

Das Haus von Lokley Frost war nicht schwer zu finden. Der junge Geschäftsmann hatte ein großes Schild – die ausgesägte Silhouette einer Kutsche – an der Grenze seines Grundstückes aufgestellt. Das Haus selbst war um einiges kleiner als die angrenzenden Gebäude, doch der Unternehmer hatte versucht, seinen ärmlich wirkenden Reichtum durch den Anbau eines Prunkstalls für seine Gespanne zu kompensieren. Die rund vierzig Fuß hohe, im Fachwerkstil gemauerte Scheune mit den gebrannten Dachschindeln und der Stalltür, die aussah, als würde sie in ein Schloss führen, hatte mit Sicherheit mehr gekostet, als ein kompletter Straßenzug im Flautenviertel. Ein Pferd in diesem Stall konnte auf mehr Bequemlichkeit herabblicken, als jede Fischerfamilie in Brisenburg, und wahrscheinlich war es in jeder einzelnen Kutsche gemütlicher als in so manchem Haus.

Molloch betrat das Grundstück von Lokley Frost über den schmalen Weg, der gesäumt von kleinen, immergrünen Sträuchern bis hin zum Haus führte. Er hatte den feudalen Eingangsbereich fast erreicht, da vernahm er das zufriedene Schnaufen von Pferden. Molloch wusste, dass er nicht viel Aufhebens um den Mord an einem Menschen zu machen brauchte. Im Gegensatz zu Meuchelmördern oder anderen Fieslingen brauchte er nichts zu inszenieren, um von seiner Tat abzulenken. Es genügte, sich auf die eigentliche Aufgabe zu konzentrieren, der Rest würde sich in den Köpfen der Menschen von alleine regeln. Dennoch missfiel es Molloch, dass man seinen Taten dadurch keinerlei Bedeutung zumaß. Deshalb bemühte er sich dem Ganzen so oft wie möglich einen gewissen Charme zu geben, den man nicht von der Hand weisen konnte.

Molloch stapfte quer durch die Beete mit fein säuberlich zurückgeschnittenen Rosen und warf einen Blick durch einen Spalt am Scheunentor. Im Inneren stand eine schwarze Kutsche; man hatte bereits zwei Schimmel davor eingespannt. Im hinteren Bereich konnte man zwei weitere kastanienbraune Kutschen erkennen, und vier weitere Pferde befanden sich in ihren Boxen. Von Lokley Frost jedoch war nichts zu sehen.

Molloch befand, dass die Scheune ein guter Platz war, um dem Kutscher seiner Bestimmung zuzuführen. Molloch öffnete das Tor und ging hinein. Er näherte sich vorsichtig den Pferdeställen, klopfte einer braunen Stute beruhigend den Hals und strich ihr über die Blesse. Pferde schienen ihn besonders zu mögen. Das lag wahrscheinlich daran, dass sie selbst recht groß und schwer waren und sich nicht von Mollochs Statur beeindrucken ließen. Die Stute starrte ihn mit ihren großen braunen Augen an. Er sah, wie sich sein Gesicht im Glanz der Pupillen spiegelte.

»Vom Rücken eines Pferdes scheint die Welt so wunderschön. Leute, die dich sonst verachten, können dich dort nicht mehr verhöhn. Doch der dicke Mann will sich an Menschen rächen, und nicht aus Versehen dem Pferd den Rücken brechen«, dichtete er und kicherte mit seiner hohen kindlichen Stimme.

Das Pferd begann unruhig zu werden. Es stampfte mit einem Huf auf und warf den Kopf nervös hin und her.

Molloch packte einen Querbalken des Gatters und brach ihn mit

Leichtigkeit heraus. Der Holzknüppel hatte die Dicke eines Unterarms und war fast drei Fuß lang. Zufrieden wog Molloch das Holz in seiner Hand. Mit zwei kräftigen Schlägen gegen die Schulter des Tieres brachte er die Stute dazu, sich aufzubäumen. Laut hämmerten die Hufe gegen das Holztor, dann gegen die Rückwand des Stalles, als es auszuschlagen begann.

»Einmal noch sollst du bocken und im Stalle steigen, dann werd ich mir die Zeit mit deinem Herrn vertreiben.«

Ein weiterer Schlag gegen die Brust des Pferdes brachte den gewünschten Erfolg. Die Stute wieherte und schlug erneut mit den Hufen aus. Kurz darauf hörte Molloch die Eingangstür des Hauses zuklappen. Er schlich zurück zum Scheunentor und versteckte sich dahinter.

Lokley Frost kam in den Stall gelaufen. Molloch kannte ihn. Er hatte den kleinen älteren Mann mit seinem schief sitzenden Zylinder schon oft in der Stadt gesehen. Ganz im Gegensatz zu seinen Fahrgästen scheute er die Öffentlichkeit nicht und grüßte stets freundlich, wenn man seiner Kutsche den Weg freimachte.

»Ganz ruhig, Braune«, rief er der Stute zu. »Was ist denn los mit dir, wer hat dich so erschreckt?«

Molloch trat von hinten an ihn heran, den Knüppel zum Schlag erhoben.

»Ich.«

Molloch schlug zu, und Lokley Frost ging mit dem ersten Schlag zu Boden. Er zerrte den Alten vor das Scheunentor und öffnete weit beiden Flügel. Dann ging er zurück zu der angespannten Kutsche.

»Molloch wollt schon immer Kutsche fahrn, doch besaß kein Gold, was er konnt sparn. Erst durch den Tod des Kutschers, dieses dreisten, konnt Molloch sich die Fahrt nun leisten.«

Molloch packte den Griff am Kutschbock und setzte den Fuß auf die kleine Stufe. Ächzend neigte sich das Gefährt zur Seite, doch es hielt dem Gewicht stand. Unter Aufbringung aller Kräfte schaffte Molloch es auf den Bock und zog die Gerte aus der Halterung.

Lokley kam langsam wieder zu sich. Molloch hatte gehofft, der Kutscher wäre noch etwas länger ohnmächtig, doch das spielte jetzt keine Rolle mehr. Links und rechts ließ er die dünne Weidenrute auf die breiten Pferdehintern knallen, und die Kutsche setzte sich in Bewegung.

»Wenn der Kutscher auf der Straße liegt und der Kutschbock wie von selbst sich wiegt, dann der Adel schon wird sehen, dass zu Fuß er bald wird gehen.«

Das Gewicht des Gefährtes samt seines neuen Kutschers machte mit dem Hindernis des im Weg liegenden Männerkörpers kurzen Prozess. Kaum ein Holpern war zu spüren, als die Räder Lokley Frost überrollten.

Eine junge Küchenmagd war so freundlich und zeigte Molloch das Haus der Fints. Es lag unweit des Kutscherbetriebs, nämlich genau schräg gegenüber auf der anderen Straßenseite. Die Brüder besaßen ein vierstöckiges Herrenhaus mit einem efeuberankten Eingangsportal. Zwei grob geschnitzte Galionsfiguren in Form von Seeschlangen stützen ein schmales Dach. Neben der Tür hatten die Fints eine Schiffsglocke aufgehängt.

Molloch hielt nicht viel von übertriebener Höflichkeit. Hätte er immer gewartet, bis ihn jemand hereinbat, wäre sein Leben sicherlich anders verlaufen, aber mit Sicherheit nicht besser. Ein einziger Tritt genügte, um die Tür aus dem Schloss zu reißen. Molloch blieb einen Moment im Eingang stehen und wartete ab, was passierte. Oft war es so, dass der Rest sich von allein ergab und nur noch wenig Zutun seinerseits von Nöten war. Bei den Brüdern Fint schien dies nicht der Fall zu sein. Molloch trat ein und sah sich in dem lang gestreckten Flur um. Die Brüder schienen eine Affinität für Mitbringsel aus anderen Ländern zu haben. Kommoden und Schränke waren vollgestellt mit fremdartigen Schnitzereien, außergewöhnlichen Flakons, Bildern mit exotischen Landschaften darauf und Büchern, deren Aufschriften Molloch nicht entziffern konnte, weil sie in fremden Sprachen geschrieben waren.

Molloch verwarf die Hoffnung, einen der beiden hier unten anzutreffen. Der Lärm hätte sie sicherlich schon lange aufgeschreckt und angelockt. Somit blieb ihm nur der qualvolle Weg die Treppe hinauf in die oberen Stockwerke.

Die hölzernen Stufen ächzten unter seinem Gewicht. Bei jedem Schritt rieselte Staub aus Ritzen, die bei normaler Belastung geschlossen geblieben wären.

Die oberen Geschosse waren mehr als schlicht eingerichtet. Der gesamte zweite Stock bildete einen einzigen Festsaal. Eine riesige Tafel für fünfzig Personen füllte die eine Hälfte des Raumes. Die andere Hälfte war leer und wurde anscheinend für Tanz oder Aufführungen genutzt.

Auch in den nächsten Stockwerken war nichts weiter zu finden als endloser Platz. Mit dem Reichtum der beiden Brüder schien es nicht weit her zu sein. Vermutlich reichte es ihnen, als Oberschicht angesehen zu werden, und dafür nahmen sie sogar in Kauf, in einem tristen Heim zu wohnen und auf trockenem Brot kauen zu müssen. Molloch hingegen hätte sein letztes Hemd für ein Stück Wurst gegeben. Ein gefüllter Bauch war ihm lieber als ein Dach über dem Kopf oder das Ansehen, das ihm andere Leute entgegenbrachten.

Unter dem Dach gab es noch einen Gerümpelboden, doch nicht einmal Gerümpel konnten die beiden Reeder sich leisten. Die Dachpfannen, welches den Dachstuhl bedeckten, wiesen bereits zahllose Löcher und Risse auf, doch anstatt sie ersetzen zu lassen, hatten die Herren des Hauses ein Dutzend Waschzuber und Bottiche aufgestellt, um den Regen aufzufangen.

Die einzige Gaube zeigte nach Sünden hinaus und war so mit Spinnweben verhangen, dass man hätte denken können, es seien Gardinen.

Molloch wollte nicht den ganzen Weg hinaufgelaufen sein, ohne wenigstens einen Blick über Brisenburg geworfen zu haben. Solch eine Aussicht bot sich sonst nur aus Schloss Sturmfels. Er drückte das kleine Fenster mit den Butzenscheiben auf und streckte den Kopf hinaus. Die Luft war hier oben noch kälter, aber dafür roch man den Gestank von den Straßen nicht mehr. Jetzt fröstelte es Molloch doch. Daran gewöhnt, bei Wind und Wetter nur mit einem dünnen Leinenhemd bekleidet zu sein, beobachtete er, wie sich die Härchen auf seinem Unterarm aufstellten und einen lustigen Tanz vollzogen.

»Stürmt es draußen und ist kalt, ist es die Naturgewalt. Riecht es aus der Hose kurz, war es nur ein Menschenfurz«, zitierte er eine der vielen Weisheiten, die an langen Abenden mit reichlich Bier in den zwielichtigen Schenken entstanden.

Molloch hatte eine Schwäche für diese kleinen Reime entwickelt. Durch sie war er in der Lage, die Menschen auf sich aufmerksam zu machen und viele Begebenheiten des täglichen Lebens zu beschreiben, ohne ständig nach den richtigen Worten suchen zu müssen

Plötzlich vernahm er aufgeregte Stimmen von unten. Zuerst dachte er, sie kämen aus dem Haus, doch dann fielen ihm die beiden Männer ins Auge, die unten vor der Einganstür standen und laut miteinander lamentierten.

»Ihr habt die Tür erst letztes Jahr gerichtet!«, keifte einer. »Nun seht Euch an, wie sie aussieht. Kaum ein bisschen Wind und Frost, und schon bricht sie auseinander. Ich habe gleich gesagt, der Leim ist zu wässrig. Er wird spröde mit der Zeit.«

»Das hat mit dem Leim gar nichts zu tun, Reeder Fint«, erklärte der andere ihm. »Wenn ihr im Haus vernünftig heizen würdet, wäre die Tür von der Feuchtigkeit nicht ständig verzogen.«

»Ach, jetzt sollen wir also selber schuld sein, dass die Tür eine einzige Zumutung ist?«, zeterte Fint.

Welcher der beiden Brüder es war, konnte Molloch von oben nicht erkennen, doch das war auch unerheblich, Hautsache es war ein Fint. Molloch blickte zurück zur Treppe. Den ganzen Weg wieder hinunterzuhetzen, um dann feststellen zu müssen, dass die beiden Männer verschwunden waren, schien ihm wenig verheißungsvoll. Er blickte sich in der tristen Dachkammer um. Hier gab es aber auch gar nichts, was ihm helfen konnte. Verärgert schlug er gegen den Fensterrahmen. Durch die Erschütterung lösten sich zwei Dachpfannen und ließen Staub und Lehmbrocken auf ihn niederregnen. Die Pfannen selbst rutschten nur eine Hand breit weg und verkeilten sich dann an der Traufe. Mit einem Lächeln wischte Molloch sich den Dreck aus dem Gesicht. Er griff nach oben und überprüfte den Sitz der Ziegel Die jahrelange Witterung hatte die Lehmfugen spröde und rissig werden lassen. Außer ihrem Eigengewicht schien sie so gut wie nichts mehr auf der Lattung zu halten.

»Heute regnet's Ziegelsteine, große Stücke und auch kleine. Solltet schnell nach oben schaun, weil sie euch den Kopf einhaun.«

Molloch stemmte beide Unterarme gegen die oberste Reihe Pfannen und drückte sie über die Lattung hinweg. Polternd rutschten sie über das Dach und stürzten über die Traufe nach unten. In Windeseile deckte er das komplette Dach des Erkers ab und ließ es gebrannte Tonziegel regnen. Ein Blick aus dem Fenster verriet ihm, dass es Zeit wurde für besseres Wetter. Vor dem Eingang lagen Flint und der Schreinermeister, um sie herum ein Meer aus Tonscherben.

Molloch ließ sich Zeit beim Abstieg. Er hatte es stets im Gefühl, wenn seine »Unfälle« von Erfolg gekrönt waren. Wenn jemand durch seine Hand starb, durchfuhr ihn ein Reißen in der Bauchgegend, so als ob jemand ihm ein Stück Fleisch aus dem Körper schnitte. Gute drei Pfund leichter betrat er den Flur im Erdgeschoss. Noch immer war das Haus menschenleer, doch vor dem Eingang hatten sich schon etliche Schaulustige versammelt. Lamentierend standen sie um die zwei blutüberströmten und am Boden liegenden Männer herum. Beide waren tot.

Molloch hörte die Leute darüber spekulieren, was passiert sei. Jeder schien etwas anderes gesehen zu haben oder behauptete es zumindest. Auf den fetten Kerl, der das Haus verließ, achtete niemand. Molloch hielt kurz an und wagte einen Blick zwischen den Schaulustigen hindurch. Er hatte ganze Arbeit geleistet. Dem Fintbruder konnte auch kein Heiler mehr helfen, es sei denn, der Reeder fand eine Möglichkeit, mit einem halben Ziegel im Kopf zurechtzukommen.

»Jemand sollte Ranon Bescheid sagen, was passiert ist«, plapperte eine Frau aufgeregt vor sich hin.

»Ich habe gesehen, wie er heute Morgen zum Angeln an den Eiswein gegangen ist«, sagte ein älterer Mann. »Meistens sitzt er an der Böschung zwischen dem kleinen Stadthain und dem Gasthaus *Zum Königstreuen*.

»Dann, im Namen des Vaters, schickt doch endlich einen Boten dorthin«, forderte die Frau weinerlich. »Schließlich ist sein einziger Bruder tot. Er sollte es sofort erfahren.«

Molloch legte der Frau beruhigend eine Hand auf die Schulter und streichelte ihr mit dem Zeigefinger über die Wange. Sie schien noch zu geschockt zu sein, um sich empörend abzuwenden, und sah Molloch durch ihre verweinten Augen an.

»Molloch läuft den Bruder holen, erzählt vom Tod ihm unverhohlen. Mancher Mensch kann nicht verstehn, wenn ein anderer so früh muss gehn. Ihre Trauer frisst sie auf, schauen zu den Göttern auf. Wird ihr Klagen nicht erhört, tun sie Sachen ganz verstört. Manche gehen mit Leid nicht gut um, bringen sich lieber selber um.«

11
Unrecht ist der Welten Lohn

Es war nicht immer leicht, viel Unrechtes zu tun, aber alle Welt vom Gegenteil überzeugen zu müssen. Manchmal musste es reichen, wenn alle Welt es zwar wusste, es aber niemand gesehen hatte.

Baazlabeth atmete tief ein. Dem Geruch des getrockneten Blutes nach zu urteilen, war es schon über einen Tag her, dass Derk tot in seiner Zelle zusammengebrochen war. Seitdem hatte noch keine Wache den Kerker wieder betreten. Polly hatte sich wimmernd in die Ecke ihrer Zelle zurückgezogen und schien zu beten. Dann und wann murmelte sie etwas von Tod und Verderben. Derk war weniger aktiv. Er lag zum größten Teil in seiner Zelle und verströmte einen metallisch-süßen Geruch.

Fürst Amez, es kann doch nicht wirklich Euer Wille sein, mich hier in dieser Zelle eingesperrt zu sehen. Wenn es stimmt, was man mir erzählt, habt Ihr mich gebeten, Euch eine Welt zu Füßen zu legen. All dies werde ich gern für Euch tun, doch bitte lasst es mich mit Anstand und Würde erledigen, indem ich meinen Feinden mit blankem Stahl entgegentrete. Bitte erspart mir diese Schmach, hier unten eingesperrt zu hocken wie ein hilfloser Vogel in einem Käfig.

Baazlabeth wurde langsam ungehalten. Zu beten war nichts, was seine Laune verbesserte. Wieder einmal musste er warten, und mit jeder Stunde, die verging, kamen neue Dinge hinzu, auf die er auch wieder wartete. Igniphascellanius meldete sich nicht zurück, Wachen kamen nicht herein, um ihn zu beschimpfen, von den Vorbereitungen in der Stadt hörte man nichts mehr, und langsam bekam er Hunger und Durst. Mittlerweile war er so weit, dass er sich dem Galgen entgegensehnte. In seiner Vorstellung kam ein Ende am Galgen schon fast einem Sieg gegen die Menschheit gleich. Sie würden ihn aus dem Kerker schleifen, zum Marktplatz bringen und am Hals aufhängen. Dann würde Sils Körper von ihm abplatzen, der Strick reißen, und er würde in seiner wahren Gestalt für ein wenig körperliche Zerstreuung unter den Schaulustigen sorgen. Das Ganze klang jedoch nur in seiner Vorstellung gut. Solange er nicht wusste, wie sich seine Enttarnung auf die Prophezeiung auswirkte, musste er versuchen, die Hinrichtung hinauszuzögern. Es war alles zu offensichtlich. Jeder in Brisenburg schien bemüht, ihn so zu reizen, dass er aus der Haut fuhr. Was, wenn das zu ihrem Plan gehörte, die Prophezeiung zu verhindern? Sie mochten veranstalten, was sie wollten, solange seine menschliche Hülle es aushielt, würde er Sil, der Prinzipal der *Schwarzen Posse*, bleiben.

Diese Untätigkeit war kaum noch auszuhalten. Baazlabeth war schon oft untätig gewesen, manchmal sogar ganze Jahre lang, und es hatte ihm nichts ausgemacht. Hier unten war das anders. Hatte er sich sonst seine Untätigkeit ausgesucht, wurde sie ihm hier aufgezwungen, und das war für ihn nicht zu ertragen. Der Unterschied zwischen selbst erwähltem Faulenzen und aufgelegter Untätigkeit war ihm nur zu bewusst. Es hatte etwas mit der gefühlten Zeit zu tun, und er hasste es.

Das Geräusch von schweren Stiefelabsätzen auf der Treppe ließ Baazlabeth fast dran glauben, dass seine Gebete erhört worden waren. Es handelte sich um mindestens vier Männer in Rüstung – Stadtwachen. Bevor sie die Tür zum Kerker aufstoßen konnten, wusste Baazlabeth bereits, dass es sechs Männer sein mussten, die nicht sonderlich gut gelaunt waren und von Andor Celest angeführt wurden.

Der Hauptmann betrat den Kerker in Begleitung fünf seiner Männer. Er kochte vor Wut, und an den Gesichtern seiner Soldaten konnte man sehen, dass er es an ihnen ausgelassen hatte. Er hetzte in die Mitte des Raumes, natürlich ohne wirklich gehetzt zu wirken, und stützte die Arme in die Hüften. Er war so angespannt, dass er das Offensichtliche überhaupt nicht wahrnahm. Erst als einer der Soldaten ihn auf den toten Derk in der Nachbarzelle aufmerksam machte und ein weiterer sich übergab, kam Celest aus seiner in diese Welt zurück. Der ganze Zorn und Hass, der sich in ihm angestaut hatte und der zuvor gedroht hatte jeden Moment aus ihm herauszuplatzen, war mit einem Mal verschwunden. Doch zwei Herzschläge später kochten seine Gefühle abermals hoch, noch stärker als zuvor.

»Die Leute aus Brisenburg sagen, das Böse sei in die Stadt gekommen und werde uns alle vernichten«, keuchte er. »Ich dachte, dadurch, dass ich es im tiefsten Kerker einsperre, würde ich uns retten können. Ich lag falsch. Das Böse lässt sich nicht von Mauern und Gittern aufhalten. Es folgt keinem Gesetz, und es kennt kein Mitleid. Um es aufzuhalten, muss man es töten, oder was meint Ihr dazu, Herr Sil?«

Er scheint wirklich verärgert zu sein. Er spricht mich wieder mit »Herr« an. So wie es aussieht, hat jemand seine Pläne, mich zu hängen, durchkreuzt.

Baazlabeth stand auf und klopfte sich den Schmutz der vergangenen Tage ab.

»So wie ich das Böse einschätze, Herr Hauptmann, wartet es nur darauf, sich einem tapferen Recken des Guten zu stellen. Wenn Ihr es sein solltet, der sich diese Aufgabe auf die Fahne schreibt, wünsche ich Euch alles erdenklich Gute, denn Ihr werdet es brauchen.«

In Andor Celests Augen konnte man sehen, dass er diese Herausforderung verstand. Er schien seit dem Tage ihrer ersten Begegnung zu wissen, dass Baazlabeth nicht der gute Bürger war, für den er sich ausgab. Warum also sollte er ihn weiterhin im Ungewissen lassen – das wäre schließlich unmenschlich. Soweit Baazlabeth die Situation einschätzte, war der Hauptmann nicht gekommen, um ihn zu hängen. Sonst hätte er ein Gewinnerlächeln aufgelegt. Blieben also nur zwei Möglichkeiten. Entweder er wollte es jetzt und hier zu Ende bringen oder ihn freilassen. Da der Hauptmann kein Typ war, der sich feige mit einer Horde Soldaten über ihn hermachte, blieb nur das Zweite und die Frage, was ihn dazu bewogen hatte.

»Ich nehme an, es hat wenig Zweck zu fragen, was mit Derk passiert ist«, mutmaßte Celest grimmig.

Baazlabeth zuckte die Schultern, trat an das Gitter heran und verdrehte den Kopf in Richtung der Nachbarzelle.

»Ich kann es Euch beim besten Willen nicht sagen. Wir hatten keinen besonders engen Kontakt, was nicht zuletzt an der Steinmauer liegt, die uns trennt. Ich glaube, er war ein netter Kerl und nicht minder unschuldig als ich. Ich habe nur dieses widerwärtige Geräusch gehört. Dann fiel er zu Boden. Kann man denn wirklich nichts mehr für ihn tun?«

Andor Celest zeigte ein angewidertes Grinsen.

»Dieses Geräusch war das Platzen seines Kopfes, was Eure Frage wohl beantwortet. Er würde Eure Anteilnahme aber sicherlich zu schätzen wissen.«

Andor Celest drehte sich um und machte ein paar Schritte auf die Zelle von Polly zu.

»Und was ist mit dir? Hast du auch nichts gesehen?«

Er trat mit dem Stiefel gegen das Zellengitter, um sicherzustellen, dass er Ihre uneingeschränkte Aufmerksamkeit besaß. Als Polly zusammenzuckte und aufsah, zeigte sich jedoch, dass jemand anders ihr viel wichtiger zu sein schien. Sie starrte aus ihrer Ecke ängstlich hinüber zu Baazlabeth.

»Ich glaube, Derk war krank. Er sprach im Fieberwahn unzusammenhängendes Zeug. Niemand hat ihn angerührt. Er brach einfach so zusammen.«

Ihre Worte richtete sie an Andor Celest, doch ihr Blick wich keinen Moment von Baazlabeth, so als ob sie sich vergewissern wollte, das Richtige zu sagen.

Der Hauptmann schnaubte verächtlich und wandte sich seinen Männern und dem Dämon zu.

»Es ist wirklich kurios. Überall, wo Ihr auftaucht, Prinzipal Sil, sterben Menschen. Doch sobald man jemanden fragt, hat keiner etwas gesehen. Und wenn doch mal jemand den Mund aufmacht, hat er wenig später einen Unfall.«

Molloch, mein Bruder! Deine Dienste werden für mich langsam zu einer unschätzbaren Hilfe. Es wird Zeit, dass ich dich zu einer Flasche Hauswein einlade.

»Ich hatte drei Zeugen, die alle beschwören konnten, dass Ihr im Haus von Horrest Limewall wart, als er umkam«, verriet der Hauptmann. »Einer von ihnen ist von seinem eigenen Pferd zu Tode getrampelt worden. Ein anderer ist von ein paar Dachziegeln vor seinem Haus erschlagen worden, und den dritten hat man zuletzt beim Angeln am Eiswein gesehen. Anscheinend ist er einfach so hineingestürzt und ertrunken.«

Drei Chancen, sich meiner zu entledigen, und Ihr habt sie alle verspielt, Hauptmann. Eine neue werde ich Euch sicherlich nicht geben.

»Brisenburg ist eine gefährliche Stadt«, sagte Baazlabeth. »Manchmal reicht es schon, zur falschen Zeit am falschen Ort zu sein. Lord Brackenmoore hatte die Gefahr erkannt und eine Ausgangssperre verhängt. Vielleicht sollte man jetzt darüber nachdenken, ob es nicht klug wäre, ein Verbot für das Angeln zu erlassen. Ich würde Euch jedoch bitten, dass Ihr endlich diese Tür aufsperrt, damit ich zurück in mein Theater kann. Soweit ich verstanden habe, liegt nichts gegen mich vor, und ich würde mich gern ein wenig frisch machen, bevor der König kommt. Das versteht Ihr doch, oder, Herr Hauptmann?«

Andor Celest stand der Zorn ins Gesicht geschrieben. Doch er war ein Mann der Stadtwache und somit an Recht und Gesetz gebunden. In Baazlabeths Augen ein Makel, der ihn fast schwach wirken ließ. Hauptmann Celest gab das Zeichen, die Kerkertür zu öffnen. Seinen Männern schien die Ausführung dieses Befehles ähnlich schwer zu fallen, aber auch sie waren an die Weisungen ihrer Offiziere gebunden. Als das schwere Schloss der Kerkertür ächzend aufsprang und die Männer der Stadtwache zurücktraten, wusste Baazlabeth, dass er dieses Spiel gewonnen hatte. Bei der nächsten Gelegenheit, die sich ihm bot, würde er es endgültig beenden.

Der Dämon verließ allein das dunkle Gemäuer. Die Wachen und Polly, die Hure, blieben mit finsteren Mienen zurück.

Baazlabeths Vorfreude auf ein bisschen frische Luft und ein paar Sonnenstrahlen, die seine klamme Kleidung trockneten, wurde jäh beendet, als er auf den Innenhof der Garnison trat. Es war finster und kalt, wobei sich die Dunkelheit in Grenzen hielt, weil alles mit Schnee bedeckt war. Und es schneite immer noch. Schon nach den ersten Schritten über den Hof hatte sich Raureif über den klammen Stoff gelegt, und Baazlabeths Augen tränten. Wieder einmal spürte er, wie empfindlich und zerbrechlich seine menschliche Hülle war.

Was für ein Dreckskörper! Ich flenne hier herum wie ein kleines Kind und zittere wie ein Neugeborenes. Es ist so demütigend, das alles über sich ergehen lassen zu müssen.

Der Dämon hielt auf die beiden dick vermummten Wachen am Tor zu. Sie mussten schon länger dort stehen, denn im Schnee sah man keinerlei Fußspuren. Die Gesichter der beiden waren ebenfalls verhüllt. Obwohl sie regungslos dastanden und zu Boden blickten, wusste Baazlabeth, dass sie ihn keinen Moment aus den Augen ließen.

»Verdammt kalt heute«, stöhnte Baazlabeth. »Wenn ich gewusst hätte, dass es bei meiner Entlassung so kalt sein würde, hätte ich meinen Mantel mitgenommen.«

»Hätten wir gewusst, dass Ihr wieder freikommt, hätte wir uns nicht die Mühe gemacht, Euch zu verhaften«, erwiderte einer der beiden, wobei weißer Atem durch den schwarzen Schal, der um sein Gesicht lag, quoll.

Diese Anspielung verstand Baazlabeth. Es wunderte ihn nur, dass sie aus dem Mund einer Wache kam. Im Allgemeinen waren diese Männer nicht so schlagfertig.

»Da könnt ihr ja von Glück sagen, dass es so gelaufen ist. Ansonsten hättet ihr diese herrliche Nacht verpasst.«

Der Wachsoldat schaute auf. Einen Moment sah er direkt in Baazlabeth Augen, doch dann wanderte sein Blick ein Stück zur Seite. Unwillkürlich schaute Baazlabeth sich um. In den oberen Wehrgängen der Garnison hatten sich die Männer der Stadtwache versammelt. Sie standen zusammen in kleinen Gruppen und beobachteten mit finsteren Mienen, wie ihr Gefangener in die Freiheit entlassen wurde. Um ihr Missfallen zu äußern, spuckten einige von ihnen vor ihm aus. Andere begnügten sich damit, ihn mit finsteren Mienen anzustarren.

Baazlabeth wollte eigentlich nur weg von hier, doch er entsann sich eines Besseren.

Was soll's, schließlich bin ich Prinzipal, und sie sind nur eine Menge von einfältigen Gemütern. Eine größere Bühne und mehr Publikum werde ich nur noch einmal bekommen.

Baazlabeth drehte sich um und breitete gönnerhaft die Arme aus.

»Treffen sich zwei Stadtwachen bei der Verfolgung eines Mörders. Sagt die eine: ›Er ist dort in das Haus gelaufen.‹ Sagt die andere: ›Lass uns nach Hause gehen, er macht uns sowieso nicht auf.‹«

Die Wachen in der Garnison schienen Baazlabeths Humor nicht teilen zu können, was schade war, denn er hatte auch noch ein ernsteres Anliegen.

»Wenn es einer von euch noch einmal wagen sollte, mir zu nahe zu kommen, wäre es besser, er würde sich im Vorwege darüber Gedanken machen, wie man seine Lücke im Wachplan schließen kann.«

Mit diesen Worten schloss er seine Ansprache und verließ die Garnison durch das kleine Tor.

Keiner der Männer wagte es, sich zu äußern oder ihm irgendwelche Beschimpfungen hinterherzurufen. Auf dem Hof herrschte Totenstille, aber der Hass gegen den Dämon war allgegenwärtig.

Als Baazlabeth hinaus auf die Straße trat, wurde er bereits erwartet. Direkt vor der Garnison stand eine dunkle Kutsche. Baazlabeth erkannte die zwei schwarzen Hengste, die Form des Kutschbocks sowie die sehr einprägsamen Tüllgardinen vor den winzigen Butzenscheiben. Neu war nur der schmierig wirkende Typ auf dem Kutschbock. Er hätte eher in eine dunkle Gasse gepasst, mit einem gezückten Dolch in der Hand, als so ein Gefährt zu lenken.

In der Gestalt von Lis hatte Baazlabeth schon einmal das Vergnügen gehabt, eine Fahrt durch die Stadt zu machen in Begleitung von Abt Theon. Ob der Kleriker den kurzen Ausflug genauso genossen hatte, wagte er zu bezweifeln, da der Dämon ihn mit gebrochenem Kiefer und einer Knute im Rektus zurückgelassen hatte.

Der Kutscher hatte ihn bereits bemerkt und mit einem kurzen Nicken zum Einsteigen aufgefordert. Angesichts seiner dünnen Kleidung und dem kühlen Wetter nahm Baazlabeth die Einladung gern an. Dennoch war ihm schleierhaft, warum der Abt ihm diese großzügige Geste zukommen ließ. Vielleicht war es eine Art Friedensangebot, das ihm das gleiche Ende wie Horrest Limewall ersparen sollte. So einfach ließ sich der Dämon aber nicht bestechen. Eine Kutschfahrt würde dem Kleriker höchstens eine bissige Bemerkung ersparen, sein Leben konnte man sich nur mit dem Blut anderer erkaufen.

Die Pferde hatten Baazlabeths Naturell bereits gewittert und traten unruhig schnaubend auf der Stelle. Weißer Atem schoss aus ihren Nüstern und verteilte sich, bis er sich in der Kälte auflöste. Vorsichtig stellte Baazlabeth den Fuß auf die hölzerne Stufe und öffnete die Kutschtür. Er erinnerte sich noch zu gut an den ekelhaften Weihrauchgestank, der ihm damals entgegengeschlagen war.

Im Inneren der Kutsche war es stockfinster, und immer noch lag der süßliche Geruch in der Luft, aber immerhin war es trocken und windgeschützt.

»Steigt bitte ein«, hörte Baazlabeth eine Frauenstimme aus dem Inneren. »Meine Kleidung ist genau wie Eure schlecht gewählt für diese Witterung. Wenn ich krank daniederliege, weil ich mich verkühlt habe, muss ich mich entweder von Huren oder Halsabschneidern pflegen lassen. Was wenig Aussicht auf Gesundung bedeuten würde.«

Die Frau hatte sich anscheinend dicht an die Seitenwand der Kutsche gedrückt, um nicht gleich gesehen zu werden. Baazlabeth kannte die Stimme nur zu genau und wusste, dass dies Versteckspiel nicht nötig gewesen wäre, da sie ohnehin nur schwer zu erkennen war – selbst bei Tageslicht.

»Kommt es mir nur so vor, oder hast du dich in letzter Zeit extrem rargemacht, Myrcella? Die Geschäfte der Finstergilde scheinen dich sehr in Anspruch zu nehmen. Ich hoffe, nicht so sehr, dass du vergisst, wer dich bis ganz an die Spitze gebracht hat.«

Die ansonsten wenig zurückhaltende Dvergafrau erwiderte kein Wort, sondern wartete, bis Baazlabeth eingestiegen war und ihr gegenüber Platz genommen hatte. Provokant ließ er die Tür offen stehen. Myrcella kam aus ihrer Ecke hervor, linste vorsichtig um die Ecke nach draußen und zog die Kutschtür zu.

»Das Leben ist schwer, wenn man so klein ist«, stellte Baazlabeth fest. »Vielleicht hättest du doch lieber bei deinen Huren bleiben und dir ein Pony und ein Wägelchen kaufen sollen.«

»Die Geschäfte der Finstergilde habe ich früher schon geleitet«, erklärte sie in ihrem gewohnt rechthaberischen Tonfall. »Der einzige Unterschied zu heute ist, dass es sich endlich für mich auszahlt. Was die Kutsche betrifft, will ich Euch nicht widersprechen. Der Besitzer schuldete mir noch etwas, doch leider verstarb er, bevor er seine Schuld begleichen konnte. Da habe ich mich aus seinem Nachlass bedient, bevor jemand anders einen Anspruch darauf erhebt. Ich glaube, ich werde sie wieder veräußern. Sie ist mir zu auffällig, und der Gestank geht nicht aus den Polstern heraus.«

»Weihrauch«, erklärte Baazlabeth.

»Nein, es stinkt nach einem fetten, geilen Schwein, der sich gern über kleine Mädchen hermacht«, berichtigte sie ihn.

»Tu nicht so empört, Myrcella, schließlich warst du es, die ihm diese Mädchen geliefert hat. Doch du hast mich sicherlich nicht aus dem Kerker abgeholt, um zu verhindern, dass ich mich erkälte. Genauso wenig bist du hier, um dich von deinen Sünden lossprechen zu lassen. Sag mir also, was du willst!«

Myrcella schlug mit der Faust gegen die Kutschwand.

»Zur *Schwarzen Posse!*«, rief sie.

»Nein, zum *Einsamen Wanderer*«, berichtigte Baazlabeth ihr angegebenes Fahrziel.

Die Kutsche setzte sich langsam in Bewegung und holperte über das Straßenpflaster. Myrcella beugte sich vor, aber ihre kurzen Beine schafften es immer noch nicht, den Kutschboden zu berühren.

»Jost Blackbell hat mir erzählt, was der Kleine Rat beabsichtigt, zu tun. Wenn ich ihn richtig verstanden habe, wollt ihr Euch gegen den König zur Wehr setzen und sich seinen Befehlen verweigern.«

»Aus der Sicht von Jost Blackbell mag das so aussehen«, erwiderte Baazlabeth.

»Und wie sieht es aus Eurer Sicht aus?«

»Wenn ich es für nötig halte, dich über meine Absichten zu informieren, werde ich dir Bescheid geben. Bis dahin lässt du deine kleine Stupsnase aus meinen Angelegenheiten. Ist das klar?«

Myrcella senkte das Haupt und gab Baazlabeth damit zu verstehen, dass sie seine Entscheidung akzeptierte. Doch etwas in ihr ließ sie den Blick des Dämons erneut suchen.

»Wenn ihr den König verärgern solltet, würde das das Ende aller Dverga in Brisenburg bedeuten. Wenn sie zuvor noch eine Chance besessen hatten, lediglich in die Sklaverei zu gelangen, wartet dann nur noch der Strick auf sie.«

»Na und?«, schnaubte Baazlabeth. »Auch die unteren Äste der Bäume sollen für etwas gut sein. Außerdem ist die Unterstellung, dass ich den König lediglich verärgern will, an sich schon eine Beleidigung für mich.«

»Verzeiht, Herr«, lenkte Myrcella ein. »Ich wollte nur sichergehen, das Richtige zu tun, wenn ich Blackbell bitte, Euch weiter zu unterstützen. Ihr werdet einsehen, dass ich selbst einige Vorkehrungen treffen muss.«

»Und was für welche wären das?«

»Ich bereite die Dverga darauf vor, die Stadt zu verlassen, wenn der König es schaffen sollte, Brisenburg zu betreten. Viele von ihnen sind alt und schwach oder krank. Jede Münze, die ich in die Finger bekomme, gebe ich für Heilmittel, Stärkungselixiere und Proviant sowie Kleidung und Schuhzeug aus. Die ganzen Jahre habe ich dafür geschuftet, den Dverga das Schicksal zu ersparen, das man ihnen angedacht hatte. Ich habe die Hoffnung gehegt, Ihr könntet mir dabei helfen.«

»Helfen«, lachte Baazlabeth. »Du vergisst, zu welcher Seite ich gehöre. Barmherzigkeit ist eine Tugend. Du solltest sie woanders suchen. Doch an deiner Stelle würde ich mich beeilen, denn wenn ich sie zuerst in die Finger bekomme, werde ich sie aus dieser Welt schneiden wie die faule Stelle aus einem Apfel.«

Baazlabeth hegte weder Mitleid noch Verständnis für das kleine Volk. Sie waren schwach, und wie es den Schwachen vorherbestimmt war, wartete nichts als der Tod auf sie. Egal was sie auch versuchten, ihr Schicksal war es, dem Stärkeren Platz zu machen. Für die Zwergin hegte Baazlabeth jedoch einen leichten Anfall von Sympathie. Sie hatte alles riskiert, als sie Neptrotot, den Sklavenhändler, ans Messer geliefert hatte, und sie hatte Baazlabeth einen guten Einstieg in Brisenburg ermöglicht. Er war ihr nichts schuldig, aber ein wenig Gönnerhaftigkeit konnte nicht schaden und ihm möglicherweise weitere hilfreiche Unterstützung der Finstergilde einbringen, befand er.

»Was den König und seinen Einmarsch in Brisenburg betrifft, versichere ich dir, dass ich nach jetzigen Erkenntnissen alles tun werde, um ihn draußen vor den Stadtmauern zu halten. Wenn es jedoch nötig sein sollte, meine Meinung zu ändern, werde ich dich rechtzeitig informieren, damit du deine Vorbereitungen treffen kannst.«

»Das ist mehr, als ich von Euch erwarten durfte«, gab die Zwergin demütig zu.

»Keinesfalls«, lachte Baazlabeth. »Ich würde mich sogar dazu hinreißen lassen, dich zu einem Glas Rotwein bei Meister Dumpf einzuladen.«

Myrcella schien einen Augenblick zu überlegen, willigte dann aber ein. Die Kutsche hielt vor dem *Einsamen Wanderer*. Der Dämon und die Dverga warteten, bis der Kutscher die Tür geöffnet hatte und zurück zu den Pferden ging, um sie ruhig zu halten.

»Ist dir schon aufgefallen, dass die Pferde dich und mich gleichermaßen scheuen?«, fragte Baazlabeth, als er der Zwergin beim Aussteigen half.

»Es sind bei Weitem nicht nur die Pferde«, gestand Myrcella. »Sie sind nur die Einzigen, die so dumm sind und es sich anmerken lassen.«

Als das ungleiche Paar den Schankraum betrat, bot sich ihnen das übliche Bild. Dumpf stand hinter seinem Tresen und polierte Gläser, Ruby schäkerte mit Dörk und Berger herum, und Minnert saß am Tresen und nippte an seinem Weinglas. Neben den üblichen Verdächtigen gab es noch ein halbes Dutzend weiterer Gäste, die für Baazlabeth zwar nicht fremd, aber namenlos waren. Zur Abwechslung erkannte Dumpf ihn auf Anhieb, ohne die Stirn zu kräuseln und sich insgeheim zu fragen, wo er dieses Gesicht schon einmal gesehen hatte. Vielleicht war es aber der Schock, ihn in Begleitung einer Dverga zu sehen. Das kleinwüchsige Volk ließ sich nur selten in der Stadt blicken. Viele von ihnen kamen nur nachts aus der Kanalisation und lebten von dem, was gutmütige Bürger ihnen zusteckten. Myrcella und Lemura waren die großen Ausnahmen. Sie hatten es geschafft, ein freies Leben zu führen und sich selbst versorgen zu können. Dennoch blieben sie im Hintergrund und vermieden es, sich öffentlich zu zeigen. In eine Schenke zu gehen, sich wie alle anderen an einen Tisch zu setzen und etwas zu essen und zu trinken, schien fast ausgeschlossen.

Baazlabeth schmunzelte, als er sich zusammen mit Myrcella an einen freien Tisch setzte.

»Was findet Ihr so lustig, etwa meine Gegenwart?«, erkundigte sich die Zwergin leicht eingeschnappt.

»Keineswegs! Es sind vielmehr die anderen, die mich amüsieren. Wenn ich sonst diese Schenke betrete, interessiert es niemanden, nur Dumpf starrt mich eine Weile verwundert an, bis ihm einfällt, dass er mich kennt. In deiner Begleitung ist es genau umgekehrt. Dumpf nimmt kaum Notiz von uns, während uns alle anderen anstarren, als wären wir nackt.«

»Sie starren nicht Euch an, sondern mich.«

»Auch das ist mir nicht entgangen. Und genau das ist es, was mich kränkt.«

»Das sollte es nicht«, besänftigte ihn Myrcella. »Ihr tragt immerhin eine Maske, ich nicht.«

Myrcella hatte natürlich Recht, das wusste auch Baazlabeth, dennoch würde ihm etwas mehr Aufmerksamkeit den Tag versüßen. Zum Glück gab es den Hauswein im *Einsamen Wanderer*, und Dumpf wartete gar nicht erst ab, dass man ihn rief, sondern brachte gleich einen Krug des guten Tropfens und zwei Gläser. Heute Abend hatte der

Gastwirt auch kein nettes Wort übrig, sondern eilte schnell zurück hinter die Theke.

»Meister Dumpf scheint keine kleinen Gäste zu mögen.«

»Ich glaube, er mag sie lieber, als er den Leuten zeigen möchte. Er war einmal mit einer Dverga verheiratet, aber die Menschen in dieser Stadt haben ihm sein Glück nicht gegönnt. Eines Nachts haben sie seine Frau aus dem Haus entführt und sie an eine vorbeireisende Sklavenkarawane verkauft. Als er sie zurückholen wollte, kam es zum Kampf zwischen ihm und den ...«

»Tatar-Brüdern?«, fiel Baazlabeth ihr ins Wort.

»Ihr kennt die Geschichte?«, fragte Myrcella verwundert.

»Nein, aber er hat mit erzählt, woher er die Kopfverletzung hat.«

»Seit diesem Tag versucht Meister Dumpf, dem kleinen Volk zu helfen, wo es geht. Er gibt ihnen Geld und Essen und Trinken, soweit es ihm möglich ist. Doch er hat auch Angst, das sie, wenn es herauskommt, wieder wegen seiner Fürsorge leiden müssen. Die Neider in Brisenburg sind groß, doch ohne seine Hilfe wäre das Leid unter den Dverga noch viel größer. Gesundheit und Beistand muss man sich teuer erkaufen, wenn man ein Dverga ist.«

Baazlabeth freute es zu hören, dass auch die Seite der Tugenden nichts aus reiner Barmherzigkeit tat, wenn man nicht war wie sie. Der Beistand des Glaubens schien nicht jedem zuzukommen, der ihn brauchte, sondern nur denen, die ihn bezahlen konnten.

»Dann weiß ich ja endlich, woher der Reichtum der Tempel in Brisenburg kommt. Die vergoldeten Kanzeln, von denen die Priester herunterschauen, stehen sozusagen auf den Schultern der Dverga.«

»Die Priester«, schnaubte Myrcella. »Die würden nichts für uns tun, egal wie viel Gold man ihnen in den Rachen wirft. Die Alchemisten sind die Einzigen, die uns Hilfe verkaufen. Der Glaube gibt nur denen Hoffnung, die nach dem Ebenbild der Götter geschaffen sind. Der Erschaffer scheint größer zu sein als drei Fuß.«

»Die Alchemisten?«, fragte Baazlabeth ungläubig nach.

»Aleister Bretozek und einige andere aus der Alchemistengilde. Sie stellen Elixiere, Salben und Tränke her, um die schlimmsten Gebrechen und Krankheiten der Dvergas in der Kanalisation zu kurieren. Im Gegenzug bekommen sie Gold und können ihre Ergebnisse in ihr großes Buch eintragen. Sie nennen es das Medikusum.«

Baazlabeth hatte den blinden Alchemisten nicht gerade als großherzigen Mann kennen gelernt. Auch schien er wenig Interesse an Geschäften zu haben. Vielmehr war es dem Dämon so vorgekommen, als wenn der verschrobene Quacksalber lieber an irgendwelchen Fäden zöge, um zu sehen, was passierte. So wie er auch seine Hände im Spiel hatte, als es darum ging, Lord Brackenmoore um die Ecke zu bringen. Doch auch damals schon hatte er für die Finstergilde gearbeitet.

»Ihr kennt die Alchemisten wahrscheinlich besser als ich«, schnaubte Baazlabeth. »Für mich sind sie nicht mehr als Quacksalber und Scharlatane.«

»Man sollte ihr Können nicht unterschätzen«, gab Myrcella zu bedenken. »Einige von ihnen sind in der Lage, besser zu heilen, als es ein Priester vermag, und ihre Alchemie lässt so manche Magie erblassen.«

Baazlabeth konnte nicht so bedingungslos an das Können dieser Krücke von arkaner und klerikaler Magie glauben. Alchemie war nichts, was von der Urgewalt der Götter ausging. Es war eine Art Missbrauch von dem, was Amez und Sept den Menschen geschenkt hatten – eine geistige Verfehlung, etwas Unreines, eine Mischung aus Magie und Unvermögen.

Myrcella setzte ihren Becher Wein an und leerte ihn in einem Zug, dann stellte sie ihn zurück auf den Tisch und schob ihn von sich.

»Ich danke Euch für die freundliche Einladung. Leider zwingen mich wichtige Dinge dazu, mich jetzt von Euch zu verabschieden. Wenn es noch etwas gibt, was ich für Euch tun kann, sagt es Lemura. Ich stehe in ständiger Verbindung mit ihr.«

Das kann ich mir gut vorstellen, du kleine, berechnende Schlange. Wahrscheinlich informiert sie dich über alles, was in der Schwarzen Posse *so vor sich geht. Es würde mich nicht wundern, wenn du besser Bescheid weißt als ich.*

»Wir sehen uns spätestens, wenn der König die Stadt erreicht«, sagte Baazlabeth. »Ich würde mich freuen, wenn du mit deinen Männern an meiner Seite auf der Stadtmauer stündest, wenn wir ihm unseren ersten Gruß entgegensenden.«

Myrcella nickte freundlich und wollte sich gerade umdrehen und gehen, doch irgendetwas an Baazlabeths Worten schien ihr zu missfallen. Mit verstörter Miene blickte sie zu ihm hinüber. Sie schien sich zu erinnern, dass sie bereits einmal zuvor zusammen auf der Mauer gestanden und zugesehen hatten, wie das Sklavenlager von Neptrotot vor der Stadt in Flammen aufging.

»Sollte ich noch irgendetwas wissen?«, fragte sie verunsichert.

»Ja, zieh dich lieber warm an. Es kommt ein eisiger Wind auf.«

Myrcella schien zu spüren, dass Baazlabeth ihr nicht alles gesagt hatte, gab sich aber mit der Antwort zufrieden. Auf ihren krummen Beinen wackelte sie durch den Schankraum und zur Tür hinaus. Einen Moment später hörte man, wie die Kutsche sich in Gang setzte.

Baazlabeth hätte zu gerne gewusst, wohin die Zwergin so eilig verschwand, jedoch das Wetter und der immer noch halbvolle Krug überredeten ihn zu bleiben. Zufrieden über seine aufgehobene Hinrichtung lehnte er sich zurück und schenkte sich ein. Das Gemurmel und Getuschel im *Einsamen Wanderer* zog an ihm vorbei. Für ihn galt es jetzt, die Vorbereitungen für den Königsbesuch in geordnete Bahnen zu lenken und darauf zu hoffen, dass er das Richtige tat.

Gut zwei Stunden vergingen, in denen die Gäste sich nach und nach verabschiedeten, mit Ausnahme von Minnert. Dumpf hatte irgendwann eine neue Karaffe seines Hauswein aufgetischt, und nun schenkte Baazlabeth sich den Rest aus dem zweiten Krug ein. Er grübelte über die Prophezeiung nach.

Meister Dumpf trat mit rotem Gesicht, der Speisekarte in der einen Hand und einem Lappen in der anderen an Baazlabeths Tisch heran. Zögerlich und mit zitternden Fingern überreichte er die Karte.

»In der Küche gibt es Schwarzsauer«, sagte er, als hätte er es auswendig gelernt.

»Wenn das wieder eines von Euren Tagesgerichten ist, die sich zwar gut anhören, aber schlecht schmecken, dann kann ich gut darauf verzichten«, brummte Baazlabeth. »Ich habe immer noch einen schlechten Geschmack von diesen Artischockenherzen im Mund.«

»Schwarzsauer wird aus Blut gemacht«, versicherte der Wirt geheimnisvoll. »Aber es ist nur noch ein Rest, den ich Euch in der *Küche* anbieten könnte.«

Das Wort Küche betonte er besonders. Dann zwinkerte er auch noch mit einem Auge und zuckte gleichzeitig mit dem Kopf zur Seite.

Entweder ist die Metallplatte in seinem Kopf eingefroren, oder er möchte mir auf unauffällige Weise zu verstehen geben, dass er mich in der Küche zu sprechen wünscht.

»Na, dann wollen wir doch mal sehen, was Eure *Küche* so zu bieten hat«, schnaubte Baazlabeth mit einem leicht genervten Unterton.

Bevor er Meister Dumpf folgte, leerte er schnell noch den Rest seines Bechers, vergewisserte sich, dass der Krug leer war, und erhob sich. Der Gastwirt wieselte voraus wie ein junger Jagdhund, der seinem Herrchen zeigen will, wo der tote Fasan liegt. Wenn es sich tatsächlich um eine geheime Aussprache zwischen ihnen handeln sollte, so war Dumpf etwas über das Ziel hinausgeschossen. Viel auffälliger hätte man sich kaum benehmen können. Zum Glück war nur noch Minnert am Tresen, und der schien geistig schon auf dem Weg nach Hause zu sein.

Als sie die Küche betraten, zog Dumpf den schweren Vorhang im Küchendurchbruch zu und eilte zur Rückseite, um die Hintertür abzuschließen. Wieder zurück bei Baazlabeth, der immer noch unbeteiligt herumstand, linste der Wirt noch einmal vorsichtshalber durch den Vorhang. Erst dann atmete er erleichtert auf. Baazlabeth starrte ihn erwartungsvoll an, und Dumpf starrte zurück.

»Wollt Ihr mir sagen, was es so Geheimnisvolles gibt, oder muss ich raten?«

Dumpf schien immer noch zu aufgeregt zu sein, um die richtigen Worte zu finden, und rollte nur mehrfach mit den Augen zur Seite. Baazlabeth schaute in die Richtung, in die der Gastwirt seine Aufmerksamkeit zu lenken versuchte. Auf dem Boden lagen einige leere Kartoffelsäcke, die etwas unter sich verbargen, dessen Form und Größe nicht viel Raum für Spekulationen ließen.

Plötzlich kam Baazlabeth in den Sinn, dass er Ruby die letzten Stunden nirgends gesehen hatte. Doch dass Dumpf am Tod des jungen Mädchens Schuld haben könnte oder ihn vielleicht sogar selbst herbeigeführt hatte, stand für Baazlabeth außer Frage. Der ehemalige Söldner besaß mit Sicherheit das notwendige Handwerkszeug und in lichten Momenten vielleicht auch das Wissen, wie man jemanden schnell und geräuschlos um die Ecke bringt, doch den Mut und die Abgebrühtheit brachte er nicht mehr auf. Er war zu sehr ein Teil dieser Stadt geworden, um alles wegen einer Bluttat aufs Spiel zu setzen. Außerdem hatte Ruby ihm mit Sicherheit nichts getan, das ihren Tod gerechtfertigt hätte. Baazlabeth ließ den Wirt dennoch nicht aus den Augen, als er zu dem Körper am Boden hinüberschlich. Vorsichtig hob er einen der Säcke an.

»Das ist nicht Ruby«, sagte Baazlabeth, für Dumpfs Geschmack etwas zu laut.

Dumpf riskierte einen erneuten Blick durch den Vorhang. Als er sich versichert hatte, dass Minnert immer noch ahnungslos am Tresen saß, schlich er hinüber zu Baazlabeth und wagte einen vorsichtigen Blick auf die Leiche.

»Nein, das ist nicht Ruby«, bestätigte er selbstsicher.

»Und wer ist das, Meister Dumpf?«, fragte Baazlabeth, um den Redefluss des Wirtes nicht abbrechen zulassen.

»Lorn.«

»Und wer ist Lorn?«

Dumpf schien einen Augenblick nachdenken zu müssen.

»Er ist meine Küchenhilfe, wenn Ruby ihren freien Tag hat oder früher gehen muss.«

Der tote Mann am Boden mochte kaum älter sein als zwanzig. Er hatte blondes, lockiges Haar, schiefe Zähne und ein schmales Gesicht, doch am auffälligsten an ihm war sein Tod. Er blutete aus Nase, Ohren, Mund und Augen. Baazlabeth musste ihn nicht weiter untersuchen, um zu wissen, dass er keine weiteren Wunden besaß.

»Hat er irgendetwas gesagt?«, fragte Baazlabeth.

»Wir brauchen neue Eier. Ich kann morgen welche vom Markt mitbringen, wenn Ihr wollt«, erklärte Dumpf.

Baazlabeth schaute dem Wirt tief in die Augen.

Platsch!

»Ich meine natürlich, direkt bevor er tot zusammenbrach«, erläuterte er.

Dumpf zeigte stumm auf ein verdrecktes Tischtuch, das vor einer Wand hing. Baazlabeth zog daran und ließ es zu Boden fallen. Dahinter hatte jemand mit Blut etwas an die Wand geschrieben, schien aber nicht fertig geworden zu sein. Murmelnd las Baazlabeth es ab.

»Wenn die Tage kürzer werden, und die Nächte au ...«

Weiter hatte es Lorn nicht geschafft. Baazlabeth konnte sich des Gefühls nicht erwehren, dass irgendjemand versuchte, ihm etwas mitzuteilen, darin jedoch nicht sonderlich erfolgreich war. Die Idee mit dem Brief an der Wand erschien ihm wie ein letzter, vergeblicher Hilfeschrei.

»Was sollen wir jetzt tun?«, fragte Dumpf plötzlich.

»*Wir* gar nichts«, blaffte Baazlabeth ihn an. »Ist das meine Küche? Lass ihn einfach verschwinden. Ich habe gehört, dass es in Mode gekommen ist, in den Fluss zu fallen. Wenn dir das nicht sicher genug ist, verfüttere ihn an die Schweine von Nevil Brick, die schaffen ihn locker. Ich mache lieber, dass ich wegkomme. Wenn Hauptmann Celest mich hier findet, baumle ich morgen doch noch am Galgen.«

Baazlabeth ging zur Hintertür und schloss auf, um den *Einsamen Wanderer* so schnell und unauffällig wie möglich zu verlassen.

»Vielleicht ist es eine Krankheit«, versuchte sich Dumpf selbst Mut zuzusprechen.

»Eher eine schlechte Angewohnheit«, erklärte der Dämon. »Ich würde versuchen, sie mir schnellstmöglich abzugewöhnen, sonst habt Ihr bald keine Gäste mehr.«

Baazlabeth tauchte in die Dunkelheit der Seitengasse ein und verschwand. Er hatte damit gerechnet, dass der Krug Hauswein, den er intus hatte, ihn einige Zeit vor der Kälte schützen würde, doch diese Rechnung schien nicht aufzugehen. Noch bevor er die Brücke über den Tauwasser erreicht hatte, waren seine Hände taub, und das Gesicht schmerzte, als der eisige Wind ihm entgegenblies. Der Rest seines Körpers war damit beschäftigt zu zittern.

Wie großartig! Ich bin ein Kriegerdämon der ersten Stunde, habe mehr Schlachten geschlagen, als eine Welt für sich beanspruchen könnte, und mehr Sterbliche auf dem Gewissen, als die meisten Völker hervorgebracht haben. Doch im Moment stecke ich in einem Körper, der keinen Zweikampf überleben würde, weil mir so kalt ist, dass ich nicht einmal ein Messer halten könnte. Ich bin zu einem Schönwetter-Krieger mutiert.

Baazlabeth flüchtete sich in den Schutz der überdachten Brücke. Von hier aus war es nicht mehr weit zur *Schwarzen Posse*. Die wenigen Nachtschwärmer, denen er begegnete, starrten ihn an, als sei er verrückt geworden, nur mit einem dünnen Hemd bekleidet in der Kälte herumzulaufen. Selbst die Ärmsten der Armen besaßen eine Jacke oder wenigstens eine zerlumpte Decke, die sie vor dem Wetter schützte. Dennoch waren erfrorene Bettler keine Seltenheit in Brisenburg. Erfrorene Dämonen dagegen schon. Baazlabeth rieb sich über die Arme und hauchte gegen seine steifen Finger, um für den Rest des Weges gewappnet zu sein. Im leichten Dauerlauf nahm er die Abkürzung zwischen den Häusern hindurch. Das Tauwetter der letzten Tage und der jetzt einsetzende Frost hatten die Pflastersteine zu einer Eisbahn werden lassen. Um nicht den Boden unter den Füßen zu verlieren, achtete Baazlabeth mehr auf seine Füße als auf das, was sich ihm in den Weg stellen könnte. Ungebremst rannte er in eine Gruppe aus jungen Leuten, die es sich zur Aufgabe gemacht hatten, die Bürger Brisenburgs vor dem Bösen zu warnen. Baazlabeth bekam einen der Männer an seiner schweren Jacke mit Pelzkragen zu packen und konnte so gerade noch verhindern, dass er stürzte.

»Hoho, nicht so eilig, guter Mann!«, rief der selbst ernannte Prophet. »Ihr bringt Euch und andere in Gefahr, wenn ihr hier so kopflos herumrennt.

Baazlabeth fand Halt und richtete sich wieder auf. Sein Retter war ein junger Mann mit schulterlangen blonden Haaren, einer kräftigen Statur und einem Kinn, das dazu einlud, ihm einen Aufwärtshaken zu verpassen. Seine makellosen Hände, die vornehme Kleidung und der fein säuberlich gestutzte Vollbart ließen darauf schließen, dass er aus gutem Hause stammte.

»Ihr habt natürlich Recht, Herr.«

»Simon Blank ist mein Name«, verriet er. »Mein Vater ist Horius Blank, Kommandant der Stadtwache. Somit ist es mir in die Wiege gelegt worden, ein wachsames Auge auf das Wohlergehen der Bürger in Brisenburg zu werfen. Dies schließt auch unachtsame Nachtschwärmer mit ein.«

Seine Begleiter kicherten albern.

Na sieh mal einer an. Dachte ich mir doch gleich, dass ich dieses markante Kinn schon irgendwo einmal gesehen habe. Was wohl Euer Vater sagen würde, wenn er Wind von Eurer neuen Berufung bekäme. Er ein alter Haudegen, und sein Sohn ein Lamentierer.

»Und Ihr tretet jetzt in die Fußstapfen des Herrn Vaters und übernehmt mit Euren Freunden ganz unentgeltlich die Nachtwache in Brisenburg«, scherzte Baazlabeth.

»Das ist sozusagen richtig, doch wir jagen keine einfachen Diebe und Zechpreller, sondern das Böse selbst.«

Platsch!

Baazlabeth schaute sich übertrieben ängstlich um, aber außer fünf verwirrten jungen Männern und einer Frau, die sich eher Sorgen um ihre Keuschheit machen sollte, konnte er nichts Böses sehen, das zu jagen sich lohnte und zudem die richtige Kragenweite für eine Gruppe von Hänflingen hatte.

»Habt Ihr es schon gesehen, das Böse, meine ich?«

Simon Blank lächelte mit einem leichten Anflug von Überlegenheit und Spott.

»Das Böse wird sich nie zu erkennen geben«, erklärte er. »Dafür hat es zu viel Angst vor dem Guten. Aber es ist stets wachsam und schläft niemals. Außerdem ist es überall zu finden, auch in Euch.«

Unglaublich, was für eine phänomenale Erkenntnis! Und wie hilfreich!

»Dann wünsche ich Euch viel Glück auf Eurer Suche. Ich werde heute Nacht bestimmt besser schlafen, nun, da ich weiß, dass ihr alle über mich wacht.«

Die selbst ernannten Propheten schienen dieses Lob mit Wohlwollen aufzunehmen und sie in ihrer Arbeit als Mahner zu bestärken, denn mehr waren sie nicht.

Baazlabeth beeilte sich, in die *Schwarze Posse* zu kommen. Er wollte nur noch eins: sich hinsetzen, etwas aufwärmen und, was am wichtigsten schien, seinen Pegel an gegorenem Traubensaft, der durch die Kälte fatal abgefallen war, wieder auffrischen.

Im Theater war es wesentlich angenehmer als draußen. Jemand hatte eine Reihe von Fackeln entzündet, die genügend Licht und Wärme spendeten, um sich einigermaßen wohl zu fühlen. Es roch angenehm nach Essen, wobei Baazlabeth aber annahm, dass Molloch auch nicht viel mehr als den Geruch übrig gelassen hatte. Hunger wurde ohnehin überschätzt. Es gab kaum ein Gefühl in der Magengegend, das nicht mit einer Flasche Roten bezwungen werden konnte.

Zufrieden stolzierte Baazlabeth den Mittelgang hinunter und betrachtete voller Wohlwollen die Käfige, bis ihm auffiel, dass es dazu eigentlich keinen Grund gab.

Er setzte sich auf den Rand der Bühne und begann mit den Hacken seiner Stiefel gegen die Balustrade zu hämmern. Der Trommelregen dröhnte durch das Theater wie die Paukenschläge beim Aufmarsch eines Heeres. Immer schneller und kraftvoller trat er gegen das Holz, bis er hinter sich eine Bewegung vernahm.

»Mir wurden göttliche Kräfte zuteil!«, rief Baazlabeth aus. »Ich kann Tote zum Leben erwecken, allein mit der Kraft meiner Füße.«

Igniphascellanius zwängte sich unter Baazlabeths Arm hindurch und ließ sich schnurrend auf seinem Schoß nieder.

»Wir sind doch nicht tot, Meister, und auch Euch haben wir vor dem Strick bewahrt. Es lief alles so perfekt, dass Amez selbst auf uns stolz sein muss.«

Der katzenhafte Diener schien momentan wieder von einem Anfall frühlingshafter Gefühle gebeutelt zu werden. Baazlabeth stand nicht der Sinn nach Streicheleinheiten, ihm lag mehr der Sinn nach Würgen und Schütteln. Mit einem Griff hatte er Igniphascellanius am Hals gepackt und hob ihn hoch. Hinter sich hörte er den Anflug eines Kicherns. Neugierig darauf, wen sein Zorn so belustigte, drehte er sich um. Auf der Bühne hatten sich Lemura, Molloch – wieder mit hundert Pfund Übergewicht auf den Rippen – und Sanna versammelt. Jedenfalls ging der Dämon davon aus, dass es sich um Sanna handelte, da die junge Marktbeschickerin einen Tonkrug in den Armen hielt und diesen umklammerte, als wäre es ihr Neugeborenes.

»Na, sieh mal einer an, da haben wir ja mein ganzes Gefolge beisammen. Unser kleiner, pelziger Freund hier versucht mir gerade weiszumachen, dass weder ich noch ihr alle tot seid.«

Sanna machte einen Schritt auf ihn zu und starrte ihn vorwurfsvoll an.

»Du bist am Leben und heraus aus dem Kerker. Was willst du also?«

»Nehmen wir mal an, das stimmt. Dann frage ich mich natürlich, warum ich euch nicht die Köpfe abreiße und Stinkmorcheln auf euren Hälsen pflanze.«

»Sag einfach, was du willst, und hör auf, uns Rätsel aufzutischen!«, fauchte Sanna ihn an.

»Was ich will?«, fauchte Baazlabeth. »Das habe ich bereits vor Tagen gesagt, und es ist nichts passiert. Ich will, dass diese Käfige gefüllt werden. Seht sie euch an, sie sind Kunstwerke! Und Kunstwerke muss man entsprechend würdigen. Ein Bild bekommt einen Rahmen, eine Büste eine Säule und ein Käfig einen Gefangenen.«

»Was hattet Ihr gedacht? Dass man einfach jemanden von der Straße zerren und in die Käfige sperren kann?«, mischte sich Lemura ein. »Dies ist eine Stadt. Die Bürger achten aufeinander. Man kann nicht so einfach Leute entführen und hoffen, dass es keiner mitbekommt.«

Baazlabeth hasste Ausreden, und erst recht solche, die über Feigheit hinwegtäuschen sollten. Wortlos sprang er von der Bühne und stampfte Richtung Ausgang. Er packte einen Stuhl aus der letzten Reihe an der Lehne, hob ihn über den Kopf und zertrümmerte ihn auf dem Boden. Zwei, drei Fußtritte, und übrig blieb nur noch Brennholz. Der Dämon zog zwei der abgebrochenen Stuhlbeine aus dem Trümmerhaufen heraus und steckte sie sich in den Hosenbund. Dann blickte er zurück zur Bühne und warf den anderen einen vorwurfsvollen Blick zu. Er ging zum Ausgang, riss die Tür auf und rief mit freundlicher Stimme hinaus auf die Straße.

»Simon Blank, glaubt Ihr, das Böse kommt auch einen Moment ohne Euch aus? Ich finde, Ihr und Eure Freunde sollten sich mit einem kleinen Schluck warmen Weins die Kälte aus den Leibern treiben. Es hilft schließlich nichts, wenn das Böse erscheint und Ihr am Boden festgefroren seid. Kommt, ich lade Euch ein. Ich habe den besten dampfenden Roten, gewürzt mit Nelken und Rosmarin.«

Dieses Angebot schien so verlockend zu sein wie ein Glas Wasser für einen Verdurstenden. Die Kälte, der Sturm, die späte Stunde und das jugendliche Verlangen, etwas Spaß zu haben, waren zu verführerisch, um die Einladung abzulehnen. Mit strahlenden Gesichtern kamen die sechs über den Hof gelaufen.

»Das ist zu freundlich von Euch«, sagte Simon, während die anderen zustimmend nickten. »Etwas Warmes ist genau das Richtige im Moment.«

Baazlabeth ließ die sechs eintreten und schloss hinter ihnen die Tür. Während die jungen Leute noch herumstanden und das rußgeschwärzte Theater sowie das skurrile Bühnenbild und die sonderbar aussehenden Akteure bestaunten, holte Baazlabeth die beiden Stuhlbeine hinter dem Rücken hervor. Ohne eine Vorwarnung prügelte er auf die ersten beiden Männer ein. Einer von ihnen wurde direkt an der Schläfe getroffen und ging sofort zu Boden. Der andere konnte gerade noch rechtzeitig den Arm heben und den Schlag mit seinem Ellenbogen abfangen. Er versuchte, Baazlabeth das Holz aus der Hand zu schlagen, vernachlässigte dadurch aber seine Deckung. Mit einem

Stuhlbein täuschte Baazlabeth an, das andere traf den jungen Mann frontal im Gesicht. Blut spritzte, doch noch bevor die ersten Tropfen den Boden berührt hatten, prügelte Baazlabeth bereits auf den nächsten Mann.

Ein Fußtritt reichte, um die Frau zwischen die Stuhlreihen zu befördern. Sie stürzte rücklings und schlug mit dem Kopf auf den Boden, wo sie liegen blieb. Nun standen nur noch Simon und ein weiterer junger Mann. Die beiden hätten genügend Zeit gehabt, eine Waffe zu ziehen, doch anscheinend war es den jungen Propheten nicht eingefallen, Waffen zu tragen. Mit erhobenen Armen jagte Baazlabeth sie den Mittelgang entlang. Noch bevor sie es halb zur Bühne geschafft hatten, war der Kampf zu Ende. Ein paar Schläge in Rücken und Kniekehlen reichten, um die beiden zu Fall zu bringen.

»Und was war daran nun so schwierig?«, brüllte Baazlabeth der staunenden Meute auf der Bühne zu. »Es kann doch nicht sein, dass ihr zu blöd für jede noch so kleine Aufgabe seid. Es muss doch einen Grund geben, warum Amez euch meinen Weg hat kreuzen lassen. Es sei denn, seine Absicht war es, mich mit eurer Unfähigkeit zu quälen.«

Simon Blank kam wieder zu sich und versuchte, an einem Stuhl Halt zu finden. Ein Fußtritt mit Anlauf gab ihm den Rest.

»Alles Übrige überlasse ich euch«, sagte Baazlabeth. »Wenn ich morgen früh aufstehe, will ich sie in den Käfigen hocken sehen. Das werdet ihr ja wohl hinbekommen.«

Vollkommen genervt stieg er über die am Boden liegenden Männer hinweg und ging in Richtung seines Gemaches fort.

»Wer hat dich überhaupt zum Anführer der sieben gemacht?«, fragte ihn Sanna unverhofft keck.

Als Baazlabeth sich zu ihr umdrehte, hatten sich seine Augen bereits gelb verfärbt, und die spitzen Hornstachel blitzten blutverschmiert aus seinen Fingerknöcheln hervor.

»Die Frage ist doch nicht, wer mich zum Anführer ernannt hat, sondern wer es wagen könnte, mich von diesem Platz zu vertreiben, du Tontopfassel.«

Eine Antwort blieb aus, und bedrücktes Schweigen machte sich breit.

»Habe ich es mir doch gedacht.«

12
Drum prüfe, wer sich ewig windet

Menschen davon zu überzeugen, das Richtige zu tun, war manchmal nur möglich, wenn man ihnen die Augen öffnete. Bei anderen war man gezwungen, sie ihnen zu schließen.

Es gab einfach zu viele ungeklärte Dinge, als dass Baazlabeth hätte ruhig schlafen können. Die halbe Nacht hatte er wach gelegen und gegrübelt. Immer wieder kamen ihm die blutenden Gesichter in den Sinn – der Spitzel des Königs, der Aushilfskoch und Derk, sein Zellengenosse im Kerker von Brisenburg. Alle drei hatten den Anfang dieses Gedichtes zitiert. Es musste etwas zu bedeuten haben doch was? Wer versuchte, ihm damit etwas zu sagen? Die drei Männer sicherlich nicht. Das hätten sie einfacher haben können. Wer also wollte etwas von ihm, und was wollte er? Hatte es vielleicht etwas mit der Prophezeiung zu tun? Das passte alles so gar nicht. Diese Sterblichen, ihre blutenden Körper und dann dieser neue Reim, das war nichts wirklich Greifbares. Warum passierte das alles jetzt? Und warum ihm? Er hatte das Gefühl, als wenn die Antwort direkt vor ihm wäre, er sie aber dennoch nicht fassen könnte wäre.

Wenn die Tage kürzer werden, und die Nächte auch, bringt der letzte Bauer seine Ernte aus. Was sollte der Schwachsinn?

Man hatte ihn bereits dazu gezwungen, als Mensch unter Menschen zu leben. Felder bestellen wollte Baazlabeth ganz sicher nicht. Vielleicht war es eine neue Prophezeiung, vielleicht aber auch nur eine falsche Fährte, um ihn von seiner wahren Aufgabe abzubringen. Was war mit den sieben Tugenden? Warum ließen sie sich nicht blicken oder gaben zumindest ein Zeichen von sich? Warum war Brisenburg immer noch Brisenburg und keine menschenleere Ruinenstadt? Schließlich sollten hier die Kinder der Götter gegeneinander antreten, und das drohte lächerlich zu wirken, wenn sie um vollbesetzte Marktstände herumtänzeln mussten und sich unter den Blicken der gaffenden Gemeinde die Köpfe einschlugen. Es taten sich von Tag zu Tag mehr Fragen auf, und immer noch hatte er keine Antworten gefunden.

Ich mache mir einfach zu viele Gedanken. Ich sollte auf das hören, was mir mein Verstand sagt und ihn nicht vernebeln lassen von irgendwelchen Sterblichen, die versuchen, mich mit spontanen Blutungen und wirrem Gelaber zu beeindrucken. Die meisten von ihnen werden noch nicht einmal wissen, dass es eine Prophezeiung gibt, bevor ich sie von dieser Erde gefegt habe.

Jetzt erst nahm Baazlabeth das Jammern und Schluchzen aus dem vorderen Teil des Theaters wahr. Den selbst ernannten Propheten schien langsam klar zu werden, dass sie denjenigen gefunden hatten, nach dem sie all die Zeit gesucht hatten. Es wurde Zeit, sich ihnen ordentlich vorzustellen, um zu sehen, ob er ihren Erwartungen entsprach. Leider war Baazlabeths Kostüm nur zweitklassig, was bedeutete, er musste mehr Überzeugung in seine Stimme legen. Was sie wohl dazu sagen würden, das Böses in menschlicher Gestalt vorzufinden?

Das Aufstehen fiel Baazlabeth leicht. Im Grunde genommen freute er sich auf jeden Menschen, dem er seine wahre Natur zeigen konnte. Dieses Versteckspiel und diese Geheimniskrämerei gingen ihm langsam auf die Nerven. Er wollte sich nicht mehr zurückhalten, sich nicht unter die Menschen mischen und sich ihren Gesetzen unterordnen. Baazlabeth kannte den Spruch vom Wolf im Schafspelz, doch der besagte nicht, dass der Wolf beim Fressen sein Kostüm auch anbehalten musste. Es war an Zeit, den Menschen zu zeigen, was die Zukunft für sie bereithielt. Heute brachte er ihnen den ersten Vorgeschmack darauf.

Mit jedem Schritt in Richtung Bühne wurde das Klagen seiner neuen Gefangenen süßer, und der Geruch von Angst stieg Baazlabeth in die Nase. Wenn er die Augen schloss, hatte er fast das Gefühl, zu Hause zu sein.

Zu Hause? Was hat mir mein Reich schon noch zu bieten, was ich nicht auch hier haben kann? Ich muss lediglich diese Prophezeiung erfüllen, dann wird sich die Frage, wohin ich gehöre, nicht mehr stellen.

Plötzlich fiel ihm auf, dass er gar nicht mehr in sein Reich wollte, denn er war schon zu Hause. Diese Welt würde sein neues Reich sein, er musste es nur noch den Menschen mitteilen.

Sechs von denen, die es bereits ahnten, saßen vor ihm in den Käfigen. Wie Vögel, die die Krallen einer Katze fürchteten, hockten sie in der Mitte ihrer »Volieren«, ängstlich auf die scharfen Gitterstäbe starrend. An ihren zahlreichen Schnittwunden erkannte Baazlabeth, dass sie bereits Bekanntschaft damit gemacht hatten. Jeder von ihnen dämmerte dahin, in der ständigen Angst, einzuschlafen und gegen die Klingen zu fallen.

Obwohl er nur sechs Propheten niedergeschlagen hatte, waren trotzdem alle Käfige besetzt. Baazlabeth brauchte einen Augenblick, um den Neuankömmling zu finden, doch dann fiel ihm die Tonschüssel unter einem der Käfige auf. Sie war schon zu einem Viertel mit Blut gefüllt, und stetig tropfte neues hinein. Dann erkannte er ihn. Sie hatten Seibot Nell, den blutenden Mann aus dem *Einsamen Wanderer*, in den Käfig gesperrt. Vielleicht nicht ganz das, was Baazlabeth sich vorgestellt hatte, doch auch Einfallsreichtum musste man anerkennen.

Genau dieser Erfindergeist musste es auch gewesen sein, der sie alle so erschöpft hatte. In sich zusammengesunken saßen Sanna, Lemura und Molloch, der seinen bulligen Kopf in einem Teller Suppe versenkt hatte, am Tisch und schliefen. Igniphascellanius hatte sich darunter zusammengerollt und war ebenfalls ins Reich der Träume entschwunden.

»Was für ein trauriger Ausblick auf eine neue Welt!«, dröhnte Baazlabeth. »Die Seite des Lichts dämmert so vor sich hin, während sich die Ritter des Schattens im Tiefschlaf befinden. Das nenne ich mal wirklich eine gottlose Welt.«

Lemura war sofort hellwach, während in Molloch und Sanna die Lebensgeister erst langsam erwachten. Igniphascellanius dagegen machte gar keine Anstalten aufzuwachen. Er schien immer noch in einem Traum gefangen zu sein, der ihn dazu verleitete, seine kleinen Stummelflügel zuckend zu bewegen.

»Wie ich sehe, habt ihr euer Unvermögen dazu genutzt, der Kreativität freien Lauf zu lassen. Mir soll es recht sein, solange die Käfige gefüllt sind.«

»Wie wäre es, wenn du uns erst einmal erklärst, wozu das alles gut sein soll«, nuschelte Sannas neuer Körper. »Wir warten auf die Erfüllung einer Prophezeiung, und was machst du? Du machst daraus eine lächerliche Posse, ein Bühnenstück.«

Sannas Augen waren immer noch geschlossen, während sie sich mit den Fingern durch das lockige Haar fuhr. Wie es sich für einen Reiterdämon gehörte, gönnte sie ihrem geliehenen Körper Ruhe, doch in dem kleinen Topf in ihrer Hand befand sich ein hellwacher Geist.

Molloch hatte seinen Kopf erst gerade aus der kalten Suppe gehoben, nickte aber schon eifrig zustimmend und wischte sich die Reste von Porree und Zwiebeln aus dem Gesicht.

»Ihr könnt von Glück sagen, dass Amez sich entschlossen hat, zumindest einen wirklichen Ritter des Schattens hierher zu schicken. Keiner von euch hat begriffen, was es heißt, dem Chaos zu dienen. Die Prophezeiung besagt, dass wir uns in einer letzten Schlacht gegen die Geschöpfe des Lichts stellen. Soll ich etwa mit euch da antanzen? Dann ist diese Welt für Amez verloren.«

»Und was schlägst du vor, o schrecklichster aller Horden?«, fragte Sanna spöttisch.

»Ich verschaffe uns einen kleinen Vorteil. Wenn alles so läuft, wie ich es mir vorstelle, werden wir ein paar der Tugenden anlocken können – wie ein Licht die Fliegen anzieht. Und eines dieser Lichter sind eben die Käfige. Mit dem Leid der Menschen lockt man die Propheten an. Mit dem Leid der Propheten vielleicht die Tugenden. Kommt dann der Tag der Prophezeiung, und wir haben schon zwei oder drei von ihnen gefangen gesetzt, schlachten wir sie einfach ab und verbessern unsere Chancen.«

»Das hört sich aber gar nicht nach dem an, was uns vorherbestimmt ist. Glaubst du etwa, das Schicksal lässt sich mit einem billigen Trick überlisten?«

Igniphascellanius kam unter dem Tisch hervor und streckte sich. Seine Muskelkraft reiche jedoch nicht aus, die kleinen, spitzen Krallen über die Bretter zu ziehen, und so blieb er mit Hohlkreuz und mit auf dem Boden schleifenden Bauchfell stehen.

»Wenn der Meister sagt, diese Käfige stellen nur eines der Lichter dar, dann könnt ihr davon ausgehen, dass er zur rechten Zeit noch eine Sonne hervorholen wird«, sagte er mit einiger Überzeugung.

Baazlabeth war nicht weniger erstaunt als die anderen, den sonst alles in Frage stellenden Homunkulus so überzeugt vom Plan seines Meisters zu sehen. Baazlabeth schob es auf seine fortwährenden Drohungen, ihm das Fell abzuziehen. Wer wollte da noch behaupten, Katzen seinen nicht lernfähig?

»Mit diesen armen Seelen fängst du höchstens weitere. Und wenn es schiefgeht, haben wir die Stadtwachen am Hals. Falls die Tugenden bereits in der Stadt sind, wissen sie auch von dir. Sie müssten vollkommen verblödet sein, wenn sie sich vor der Schlacht zu erkennen gäben«, verkündete Sanna.

Baazlabeth verspürte wenig Lust, seine Pläne mit einem Tontopf zu diskutieren. Sein Leben lang hatte er das getan, was er für richtig hielt, und plötzlich zwang man ihn, sich die Zweifel anderer anzuhören. Es wurde Zeit, dass er ein für alle Mal klärte, wer hier das Sagen hatte.

»Ich weiß, warum du alles anzweifelst, was ich plane«, sagte er.

»Da bin ich ja mal gespannt«, erwiderte Sanna forsch.

»Du bist nur sauer, weil ich Lilith immer noch nicht wieder zurück in diese Welt geholt habe. Ich habe dir aber bereits gesagt, dass ich sie erst hole, wenn ich meine, dass sie so weit ist. Hättest du besser bei ihrer Erziehung aufgepasst, wäre aus ihr sicherlich mehr geworden als eine verzogene Göre.«

Es hatte den Anschein, als wenn die Beziehung von Mutter und Tochter in allen Welten problematisch wäre. Die Auswirkungen zeigten sich spätestens, wenn sich Außenstehende einmischten und meinten, alles besser zu wissen. Genau genommen konnte man jedem nur raten, sich Belehrungen über Mütter und ihre Töchter zu sparen, es sei denn, man legte es darauf an, deren Zorn zu wecken.

Sanna ging auf ihn los wie eine Furie. Noch immer hielt sie den Tontopf mit ihren sterblichen Überresten in der Hand. Was genau sie vorhatte, entzog sich Baazlabeths Vorstellungen, es konnte sich aber höchstens um Tritte, Beißattacken oder Spucken handeln. Mütter waren eben anders gestrickt, besonders, wenn sie ihre Seele in einem Einmachglas vor sich hertrugen und damit beide Hände voll hatten. Baazlabeth sollte es nur recht sein. Es wurde Zeit, die Fronten ein für alle Mal zu klären. Er griff in das Bodengitter eines Käfigs. Da er schräg über ihm hing, zog er ihn zu sich heran.

»Und festhalten«, flüsterte er dem jungen Mann im Käfig zu und stieß ihn samt seinem Gefängnis mit Wucht von sich. An der langen Kette schwang das Metallkonstrukt wie ein Pendel zwischen den andern Käfigen hin und her.

Sanna war dem Käfig ohne Mühe mit einem Schritt zur Seite ausgewichen. Die nachlässige Attacke steigerte ihren Zorn nur noch. Schnell war sie heran und drohte dem Dämon ihr Knie zwischen die Beine zu rammen. Baazlabeth hatte damit gerechnet und packte sie an den Schultern, um sie auf Abstand zu halten. Er drehte sie einen halben Schritt zur Seite, nahm Maß, hob den Körper der jungen Frau in die Höhe und stürmte mit ihr zwei Schritte vorwärts. Noch bevor Sanna verstand, was mit ihr geschah, rammten sich die scharf geschliffenen Gitterstäbe des zurückschwingenden Käfigs in ihren Hinterkopf. Die Augen der jungen Frau blickten ausdruckslos auf ihren Peiniger. Zwei weitere Stäbe hatten sich tief in ihre Schulterblätter gegraben. Für einen kurzen Moment huschten ihre Augen zur Seite, dann starrte sie auf Baazlabeth, doch diesmal hatte es den Eindruck, als ob sie ihn das erste Mal sähe. Ungläubig blickte sie ihn an, dann starb sie.

Der Mann im Käfig hatte den Aufprall überlebt. Er hockte immer noch in der Mitte und krallte seine Finger in das Bodengitter. Verkrampft und mit geschlossenen Augen schien er noch einige Zeit zu brauchen, um sich wieder zu fangen.

Baazlabeth ließ den Körper der fremden Marktbeschickerin zu Boden gleiten und griff nach dem Tonkrug, in dem sich Sannas Überreste befanden. Alles, was von der Reiterin übrig war, musste sich jetzt in dem Topf befinden. Keiner der Anwesenden wagte es, etwas zu sagen oder gar zu unternehmen. Verwirrt und schockiert blickten sie auf den Dämon. Selbst Lemura schien zu erahnen, was geschehen war, und nahm es hin wie eine zu klein geratene, blinde Frau.

Der Dämon stellte das Tongefäß vor sich auf den Tisch und betrachtet es voller Argwohn.

»Und du willst dich in einer Schlacht den Söhnen Septs stellen. Was dachtest du? Dass du sie mit deinem ständigen Genörgel in die Flucht schlagen kannst? Oder hattest du gehofft, Lilith und Molloch stehen dir bei, wenn es so weit ist? Deine Tochter interessiert sich nur für sich selbst, und Molloch denkt nur an seinen Magen. Wir sind zu siebt – das Letzte, was ich brauchen kann, ist eine Wasch- oder Marktfrau. Such dir also einen anständigen Körper.«

Baazlabeth war sich seiner Sache sicher. Er hatte Sanna gezeigt, wer hier das Sagen hatte und sie gleichzeitig dazu gezwungen, einen brauchbaren Körper anzunehmen. Sie hatte jetzt die Wahl zwischen den fünf Männern und der Frau in den Käfigen. Sie würde es nicht wagen, sich abermals einen schwachen Körper auszusuchen, denn immerhin würde sie in einem Käfig sitzen und wissen, was Baazlabeth mit ihr veranstaltete, wenn die Wahl nicht seinen Wünschen entsprach. Mit etwas Glück schlüpfte sie in den jungen Simon Blank. Vielleicht ergaben sich dadurch noch einige ungeahnte Möglichkeiten, die man nutzen konnte. Immerhin war Horius Blank nicht gerade jemand, den man einfach lenken konnte. Ein bisschen familiärer Zuspruch konnte da Wunder wirken.

Gebannt betrachtete Baazlabeth seine Gefangenen. Keiner von ihnen versprach der große Wurf zu werden, wenn es darum ging, einen kräftigen Recken in der letzten Schlacht neben sich zu haben, aber immerhin war alles besser als eine Waschfrau.

Der junge Mann in dem Käfig, der mit Sannas Körper zusammengestoßen war, hatte sich bei der Kollision weitere Verletzungen zugezogen. Auf dem Oberschenkel über dem Knie waren zwei lange Schnittwunden zu sehen. Jedoch würden beide bei guter Versorgung schnell heilen. Die junge Prophetin war am schlimmsten zugerichtet. Daran war aber nicht der Käfig schuld. Sie musste am schwersten getroffen worden sein, als Baazlabeth sie überwältigt hatte. Ein Schlag mit dem Stuhlbein hatte sie an der Schläfe getroffen, ein anderer am Kinn. Beide Schläge hatten starke Blutungen zur Folge gehabt, und nach wie vor war sie nicht richtig bei Bewusstsein. Baazlabeths Favorit war immer noch Simon Blank. Baazlabeth hoffte, dass auch Sanna dies begriffen hatte. In der Gestalt des Sohnes des Kommandanten konnte man mit Sicherheit einige Probleme aus der Welt schaffen, und sei es nur, dass man sich die Belästigungen der Stadtwachen vom Hals hielt.

Baazlabeth sah von einem Gefangenen zum anderen, in der Hoffnung, den Zeitpunkt von Sannas Besitzübernahme des fremden Körpers mitzuerleben.

Es war das Schaben des Tonkruges über die raue Tischplatte, das Baazlabeth von seinem Sinnieren abbrachte. Zuerst wollte er nur um Ruhe bitten, um sich weiterhin der bevorstehenden Manifestation widmen zu können, doch da fiel ihm auf, dass es bereits geschehen war.

Lemura oder, besser gesagt, ihr Körper saß auf dem Stuhl neben Molloch und umklammerte den Tontopf mit Sannas Überresten. Sie bewegte die Augen hektisch hin und her und litt anscheinend weiterhin unter dem Zustand der Blindheit.

Molloch hatte zuerst begriffen, was vor sich ging, und auch schon einen passenden Vers dazu gereimt.

In einen Körper noch so klein,
passt auch ein großer Geist hinein.
Damit zwar kein Krieger ward gefunden,
weil der Leib so klein und doll geschunden,
so manchen Nutzen kann er dennoch bringen,
ich hoffe nur, sie kann auch singen.

»Halt bloß die Fresse, du Fettsack«, schnauzte Baazlabeth ihn an. »Du kannst von Glück sagen, dass ich dir etwas schulde, sonst würdet ihr euch jetzt den Einmachtopf teilen.«

Molloch schien seinen Reim dennoch lustig zu finden und verkniff sich sein albernes Kichern nicht. Baazlabeth hatte ohnehin immer das Gefühl gehabt, dass der dicke Mann nicht wirklich alles wahrnahm, was um ihn herum passierte. Er reagierte nur sehr selten, wenn man ihn auf etwas ansprach.

Ein bisschen teilte Sanna jetzt sein Schicksal. Auch sie nahm nicht mehr alles wahr, was um sie herum passierte. Dafür schien sie umso genauer zu wissen, was in Baazlabeth vorging. Fast ängstlich klammerte sie sich an den Tonkrug.

»Was ist nur los mit dir?«, flüsterte Baazlabeth in ihr Ohr. »Warum machst du es uns so schwer. Du bist von Amez auserkoren worden, ein Wesen des Schattens zu sein. Eine stolze Kriegerin des Gottes des Chaos. Warum wehrst du dich so dagegen, mir zu dienen, bin ich dir nicht gut genug?«

Sanna schien ihre Fassung wiederzufinden. Immerhin war es nicht leicht, den eigenen Tod und die Wiedergeburt innerhalb von wenigen Augenblicken zu verkraften.

»Genau das ist der Punkt«, keuchte sie. »Ich war einst die Frau eines Lords, und ich war glücklich. Diese Welt hat einen Krüppel aus mir gemacht. Seht mich doch an, ich habe nichts mehr von meiner Schönheit und der Anmut, die ich einmal besessen habe. Ich bin dazu verdammt, meine Körper zu wechseln wie andere ihre Hemden. Insofern fand ich die Körper von Waschfrauen passend, oder was meint Ihr?«

»Passend« war etwas zu viel gesagt für Baazlabeths Geschmack. »Übertrieben stimmig mit einem Hang zur Selbstironie« hätte es eher getroffen. Ähnlich war es jetzt. Im Körper einer blinden Seherin zu stecken und damit ihr Talent zu unterdrücken, war wirklich die Beschneidung von jeglicher Nützlichkeit. Aber immerhin hatte er damit zwei Nervensägen in einer Person gebündelt. Wenn das kein großer Wurf war. Dennoch wollte er Sanna nicht zu sehr verprellen. Vielleicht gab es doch einen tieferen Sinn für ihr Dasein. Immerhin war sie eine der sieben, und daran konnte auch Baazlabeth nichts ändern.

»Du bist und bleibst eine Reiterin. Das Talent, in andere Körper zu schlüpfen, sollte uns in dieser Situation irgendwie behilflich sein. Vielleicht hast du Recht – als Schwertschwinger würde dir das Talent fehlen. Trotzdem hätte ich mir gewünscht, jemanden an meiner Seite zu haben, der wenigstens ein bisschen etwas hermacht. Schließlich sind wir das Aushängeschild des Chaos. So ein kleiner Blickfang würde unserer Truppe ganz guttun. Ich glaube jedoch nicht, dass wir genügend Zeit haben, um zu warten, dass du uns eine ganze Armee gebärst.«

»Eine Reiterin, pah!«, spie Sanna aus. »Ich bin ein schlüpfriger Geist in einem Tontopf. Als Lilith noch hier war, kam ich auch ohne Körper aus. Sie hat meine Urne in der Gruft von Burg Sturmfels Tag und Nacht bewacht. Manchmal bin ich nachts mit ihr durch die Straßen von Brisenburg gegangen. Ich brauchte nie Angst zu haben, da sie mich immer beschützt hat. Du siehst es ja selbst: Da ich mich nicht weit von meinen sterblichen Überresten aufhalten kann, bin ich gezwungen, sie mit mir herumzutragen. Wie, denkst du, soll ich so eine Schlacht schlagen?«

»Füll den dämlichen Topf mit Lampenöl auf, dann können wir uns die Hände an dir wärmen. Ich weiß es doch auch nicht, aber Amez wird sich schon etwas dabei gedacht haben.«

Auch Baazlabeth wusste darauf keine Antwort, die er zum Besten geben wollte. Bislang hatte er noch nie jemanden gebraucht, der an seiner Seite kämpfte, und in Anbetracht seiner neuen Familie konnte er auch nur hoffen, dass es so blieb.

»Amez hat dich ausgewählt«, sagte er, »dann wird er auch einen Grund gehabt haben.«

»Amez kann mich mal!«, schrie sie. »Wahrscheinlich ist ihm diese Welt völlig egal. Sieh uns doch nur an, wir werden niemals gegen die Ritter des Lichtes bestehen können. Hochmut kommt vor dem Fall.«

Was haben nur alle gegen Hochmut? Es ist doch eine überwältigende Sünde. Sie setzt sich zusammen aus »Hoch« und »Mut«, zwei wunderbaren Worten, die den dunklen Glanz genau widerspiegeln. Was sollte denn besser sein – Neid? Neid ist nur der Ausdruck dessen, etwas haben zu wollen, was anderen vergönnt war. Hass? Nichts anderes als das Resultat ständiger Schikanierungen. Oder Völlerei vielleicht? Nichts als die Schwäche, sich nicht selbst unter Kontrolle zu haben. Hochmut ist die reinste aller Sünden, und genau aus diesem Grunde bin ich auch der Anführer dieser illustren Runde.

Baazlabeth schlug mit der Faust auf den Tisch. Sogleich umklammerte Sanna ihre Urne erneut, und Molloch hörte auf, mit dem Finger die Reste Suppe aus dem Teller aufzuwischen und anschließend abzulecken. Als der Dämon ihre ungeteilte Aufmerksamkeit besaß, setzte er sich zu ihnen.

»Wir dürfen uns jetzt nicht gegenseitig an die Kehle gehen. Bald werden wir vollzählig sein, und dann wird uns niemand mehr aufhalten können. Ich bin der Hochmut, Molloch die Völlerei, du, Sanna, bist der Neid, Lilith der Hass. Bleibt uns nur noch herauszufinden, wo wir Wollust, Trägheit und Habgier finden, um sie an diesen Tisch zu holen.«

In diesem Moment sprang eine der Käfigtüren auf. Es dauerte einige Momente, bis Baazlabeth den richtigen Käfig erspäht hatte. Seibot Nell hatte einen dünnen Metallspan in der Hand und blickte durch die geöffnete Käfigtür hinunter. Er ließ den Span fallen, packte die untere Querstrebe und rollte sich wie ein Akrobat aus dem Käfig heraus. Einen kurzen Augenblick blieb er hängen wie ein Varieteekünstler am Trapez, der seinen Abgang zelebrierte, dann ließ er sich fallen und blickte sich um.

Molloch machte Anstalten, sich zu erheben. Anscheinend wollte er den Mann zurücksperren, doch Baazlabeth hielt ihn auf.

»Lass ihn«, sagte er. »Ich will sehen, was er vorhat.«

Seibot war immer noch ein Rätsel für ihn. In ihm schien etwas zu stecken, was herauswollte. Vielleicht kam er dem Geheimnis auf die Spur, wenn er ihn gewähren ließ.

Seibot schien zu wissen, was er wollte. Mit blutverschmiertem Gesicht nahm er die Schüssel unter seinem Käfig und ging hinüber zum Tisch. Er stellte die Schüssel unter den Stuhl, der neben Baazlabeth stand, und setzte sich. Dann legte er die Hände auf den Tisch, faltete sie und tat so, als wenn nichts passiert wäre. Er schien zu denken – so er überhaupt noch denken konnte –, dass er zu ihnen gehörte.

»Ist Selbstüberschätzung jetzt auch eine Sünde geworden?«, fragte Igniphascellanius, der sich daranmachte, die Schüssel in die richtige Position zu schieben, damit sie ihrer eigentlichen Bestimmung gerecht wurde. Ein paar Tropfen Blut tropften in das dichte Fell des Homunkulus. Baazlabeth sah dem katzenhaften Diener an, wie er sich zusammenreißen musste, um nicht alles stehen und liegen zu lassen und sofort mit der Körperhygiene zu beginnen.

»Lasst ihn«, lachte Baazlabeth. »Vielleicht ist er die Trägheit. Ich finde ihn recht überzeugend.«

Wirklich daran glauben konnte er jedoch nicht. Aber momentan war alles besser als ein leerer Platz. Dafür war ein leerer Käfig ein geringer Preis. Außerdem mochte er Seibot irgendwie. Er war der perfekte menschliche Begleiter: Er widersprach nie, hörte gut zu und blutete von morgens bis abends wie ein Schwein. Was wollte man mehr?

Wie man den leeren Käfig wieder füllen könnte, da hatte Baazlabeth schon eine Idee. Und wenn diese nicht fruchten sollte, würde es sicherlich noch den einen oder anderen Propheten geben, der vor der *Schwarzen Posse* herumlungerte.

»Kann mir jemand sagen, wie es mit den Vorbereitungen für den

Empfang des Königs läuft?«, fragte er in die Runde. »Wie ich gehört habe, hat Lord Brackenmoore Horius Blank mit dieser Aufgabe betreut, während ich mich der Brisenburger Rechtsprechung unterziehen musste. Nun kenne ich Horius persönlich und weiß, wie er zu meinem Plan, die Stadt zu retten, steht. Deswegen mache ich mir einige Sorgen, dass nicht alles getan wird, was in unserer Macht liegt. Glücklicherweise ist uns gestern Abend sein Sohn in die Hände gefallen. Dies könnte dazu beitragen, seinen Aktionismus etwas zu steigern.«

»Ich habe gehört«, erklärte Sanna, »dass er die Männer für das Empfangskomitee bereits zusammenhat. Zu Anfang haben sich viele gegen den Gedanken gesträubt, sich dem Willen des Königs zu widersetzen. Erst als Jost Blackbell und Lebuin Nemrothar auf dem Marktplatz zu den Menschen gesprochen und ihnen vor Augen geführt haben, wie ein Leben unter König Bellington für sie aussehen würde, haben sich viele dem Aufruf von Lord Brackenmoore gebeugt. Auch die Gilde der Alchemisten, die Finstergilde und die Magier haben ihre volle Unterstützung zugesagt. Die einzigen Schwierigkeiten gibt es wohl bei der Beschaffung von ausreichend Pfeilen und Bögen. In den Waffenkammern der Garnison gibt es nur eine begrenzte Anzahl von Bögen und Armbrüsten. Angeblich reicht sie noch nicht einmal aus, um alle Wachen damit auszurüsten. Doch leider waren Jonas Kesselbrook, der Klingenschmied, und Torben Dühn, der Bogenmacher, gute Geschäftspartner von Horrest Limewall. Als sie vom Tod des Händlers erfahren haben und dem Gerücht, dass ein gewisser Sil aus dem Kleinen Rat damit zu tun haben sollte, versagten sie jede Art von Kooperation.«

»Ich habe gehört, dass Torben Dühn die Arbeit sofort wieder aufgenommen hat, als er erfahren hat, dass Ihr freigesprochen wurdet«, fügte Igniphascellanius hinzu. »Jonas Kesselbrook ist da nicht ganz so schnell einzuschüchtern.«

»Ich sehe schon«, sagte Baazlabeth. »Es wird Zeit, dass ich mich wieder einmal in der Stadt blicken lasse. Man darf den Menschen gar nicht erst die Wahl lassen, sonst fällen sie doch nur die falschen Entscheidungen. Viele von ihnen würden sich lieber töten lassen, als ihre Entschlüsse zu revidieren. Und mein Motto ist immer: Wer sterben will, den soll man nicht warten lassen.«

Baazlabeth hatte recht genaue Vorstellungen, was das Ende dieser Welt betraf. Seine eigene Rolle als Feldherr und Heerführer sah er genau vor sich. Leider wusste er immer noch nicht, welche Rolle die anderen spielen sollten. Solange er sich darüber nicht im Klaren war, musste er sie mit irgendwelchen Handlangertätigkeiten beschäftigen, damit sie keinen Unsinn machten.

»Sanna, du könntest zu Nemrothar gehen und ihm klarmachen, dass ich das Kommando über die Stadtwachen brauche, sobald der König in Sicht ist. Er soll mit Lord Brackenmoore sprechen und ihn davon überzeugen, dass Blank nicht der Richtige für diese spezielle Situation ist. Mach ihm klar, dass wir nur eine Chance bekommen werden, den König zu beeindrucken. Molloch, lass den alten Körper von Sanna verschwinden, und dann kümmere dich um unsere Gefangenen. Von dem da brauche ich etwas Persönliches.« Baazlabeth zeigte auf Simon Blank. »Schneide ihm irgendetwas ab. Von mir aus einen Finger, ein Ohr oder die Nase. Pass aber auf, dass er am Leben bleibt. Wir brauchen ihn vielleicht noch.«

»Meister, wofür soll das gut sein? Solche Taten locken nur weitere Propheten an«, gab Igniphascellanius in einem Anflug von Unbedachtheit zu bedenken.

»Ich will ein Andenken an ihn haben, und um ihn ganz mit mir herumzuschleppen, ist er zu groß. Aber was geht dich das überhaupt an, du Gewölle? Kannst du kein Blut sehen?«

»Nichts, Meister. Ich wollte nur sehen, ob ich auch etwas tun kann.«

»Was kannst du denn?«

»Mich unsichtbar machen«, verkündete Igniphascellanius stolz. »Erinnert ihr Euch?«

»Gut, dann mach dich unsichtbar«, gab Baazlabeth dem Flehen nach.

»Und dann?«

»Bleib unsichtbar.«

Die Runde von Baazlabeths Zwangsgefährten hatte sich schnell verkleinert, stellte der Dämon fest. Ihre Lage hatte sich nicht wesentlich verbessert, aber er konnte sich zwei Nervensägen einsparen. Das war immerhin besser als gar nichts.

»So, ihr wisst, was zu tun ist. Passt auf, dass keine ungebetenen

Gäste unsere kleine Bühnenprobe sehen. Wenn doch, zwängt sie alle in den leeren Käfig, bis sie scheibchenweise auf der anderen Seite herausfallen.«

Baazlabeth entschied, dass das ausreichend Anweisungen für einen Tag waren. Leute herumzukommandieren war noch anstrengender, als sie zu foltern. Wobei der Vergleich natürlich etwas hinkte, denn durch das Foltern fühlte man sich zwar erschöpft, aber zufrieden. Befehle erteilen schien eher deprimierend und zermürbend.

Jetzt war es erst einmal wichtig, dass er sich seinen Plan nicht durch zwei uneinsichtige Handwerksmeister zunichtemachen ließ. Unter Umständen ergab sich hier die Möglichkeit, gleichzeitig kommandieren und foltern zu können. Es versprach, ein anstrengender Tag zu werden – für alle.

Baazlabeth verließ das Theater in dem festen Glauben daran, seinem Ziel ein Stück näher gekommen zu sein. Jedoch wusste er immer noch nicht, wie es auszusehen hatte.

Als er vor die Tür trat, war er überrascht, wie spät es schon war. Die Sonne stand bereits halbhoch, und auf den Straßen herrschte reges Treiben. Baazlabeth brauchte einige Zeit, um zu verstehen, was hier vor sich ging. Die Bürger schienen wie ausgewechselt zu sein. Nachbarn standen auf den Straßen und redeten miteinander. Händler wuchteten ihre vollbeladenen Karren durch die engen Gassen und boten ihre Waren schon auf dem Weg zum Marktplatz feil. Priester der verschiedenen Tempel liefen umher und gaben den Alten und Kranken Beistand.

Viele Menschen hatten die Stadt bereits nach den Vorfällen mit den Inquisitoren verlassen. Es war die Rede von fast fünftausend Männern, Frauen und Kindern, die einfach woandershin gezogen waren, weil sie anscheinend mit Schlimmerem gerechnet hatten. Dennoch war an diesem Morgen mehr Trubel in der Stadt als an jedem anderen Tag, den Baazlabeth hier erlebt hatte. Zuerst dachte er, es läge daran, dass die Menschen in Brisenburg die Vorkommnisse mit Inquisitoren, Dämonen und unerklärlichen Todesfällen langsam vergaßen und wieder zu ihrem alten Leben zurückkehrten, doch das war es nicht. Immer öfter hörte er die Bürger von König Bellington, dem Heer und einer möglichen Belagerung sprechen. Aufgeregt plapperten alle durcheinander und gaben gute Ratschläge zum Besten.

Krieg gegen den König, Revolution!

Dies war also das Geheimnis des unerklärlichen Tatendrangs. Die Bürger machten mobil, hamsterten Vorräte und sprachen sich gegenseitig Mut zu. Manche ließen sich sogar dazu hinreißen, weitreichende Pläne zur Verteidigung der Stadt von sich zu geben.

Baazlabeth sog all diese Gedankenfetzen der verschiedenen Bürger und Bürgerinnen in sich auf und belächelte stumm ihre Einfältigkeit.

Ihr Dummköpfe! Nicht ihr solltet euch Gedanken darüber machen, dass der König nach Brisenburg hineinkommt. Die Welt dort draußen sollte fürchten, dass wir zu ihnen hinauskommen.

Im Grunde genommen konnte Baazlabeth den Menschen ihre Dummheit nicht einmal vorwerfen. Sie waren wie Eier: Hinter einer dünnen, aber undurchsichtigen Schale gefangen. Sie sahen oder verstanden nicht, was um sie herum vor sich ging. Ihnen war nicht klar, dass sie entweder ausgebrütet oder in die Pfanne gehauen würden. Sie waren eben doch nicht mehr als kleine Appetithäppchen, die man nur am Leben ließ, damit sie sich länger frisch hielten.

Baazlabeth genoss den Trubel in der Stadt. Zum ersten Mal konnte er durch Brisenburg gehen mit dem Gefühl, nicht von allen beobachtet zu werden. Den fehlenden Respekt nahm er dafür gern in Kauf. Zwar wäre es ihm lieber gewesen, die Bürger Brisenburgs würden lieber geschärfte Äxte als vollmundige Parolen, die sie ihren Zuhörern um die Ohren schlugen, benutzen, doch die Welt war eben nicht perfekt – und diese hier ganz besonders nicht.

Baazlabeth hatte vor, zuerst Torben Dühn einen Besuch abzustatten. Er hatte bislang noch nicht viel über den Bogenbauer gehört, nur dass er nicht in Brisenburg, sondern ein Stück vor den Stadtmauern lebte. Sein Haus und seine Werkstatt befanden sich eine Viertelmeile südöstlich, auf einer kleinen Halbinsel. Dort besaß er einen winzigen Hain aus Eiben und was man sonst noch so brauchte, um gute Bögen zu bauen.

Der Dämon nahm die südliche Route durch die Stadt um den Hafen herum. Hier waren die Menschen etwas rauer und mehr nach seinem Geschmack. Mit Wichtigtuerei und vornehmem Gehabe konnte man im Hafenviertel niemanden beeindrucken. Hier galt es, ein loses Mundwerk und immer eine Antwort parat zu haben. Wer damit nicht zurechtkam, dem blieben nur die Fäuste. Zu später Stunde sprachen die hier öfter als irgendwo sonst in Brisenburg. Ja, man konnte sie nur lieb haben, die raubeinigen Seebären mit ihren leichten Mädchen.

Von Myrcella wusste er, dass es extra Huren gab, die nur im Bezirk um den Hafen eingesetzt wurden. Die Zwergin beschrieb sie als griffigere Frauen, die auch selbst zupacken konnten. Eine der etwas feineren Huren beschrieb sie als landgangtauglich. Was so viel bedeuten sollte wie: Nach sechs Wochen auf dem offenen Meer reicht den meisten Seeleuten auch ein Astloch.

Baazlabeth hatte nie so viele Unterscheidungen bei Menschen gemacht. Er hatte zwar wahrgenommen, ob sie weiblich oder männlich waren, kräftig oder schlank, doch über hässlich oder hübsch hatte er sich nie Gedanken gemacht. Ihm war eher der Geschmack wichtig, aber auch da unterschieden sich die Menschen nicht sonderlich voneinander.

Er hielt kurz inne, um einem Fischer zuzusehen, der seinen Fang von Bord brachte. Die paar Fische und Krebse waren nichts, um eine Familie über den Winter zu bringen. Baazlabeth bezweifelte sogar, dass es einen Mann ernährte. Trotzdem schien ein einzelner Händler besonders interessiert an dem Fang zu sein. Es handelte sich um ein Exemplar eines ganz bestimmten Typs von Kaufmann, von denen es in der Stadt mehr als genug gab: schmächtig, mit tief liegenden Augen und feiner Kleidung, die aber schon zerschlissen wirkte. Die meisten von ihnen waren Tuch- oder Gewürzhändler.

»Ich habe gesagt, ich möchte deinen Fisch kaufen«, sagte der Händler mit Nachdruck.

»Und ich hab dir gesagt, er steht nicht zum Verkauf«, erwiderte der Fischer.

»Ich will doch nur ein paar Fische!«, schrie der Händler außer sich vor Wut. »Ich bezahle sie dir ja schließlich auch.«

»Du kannst dein dämliches Gold behalten. Wenn der Winter kommt, das Meer zufriert und die Tore der Stadt geschlossen bleiben, nützen mir ein paar läppische Münzen auch nichts mehr. Ich werde den Fisch pökeln und behalten. Wenn der Frühling kommt und der König mit seinem fetten Hintern wieder auf seinem Thron sitzt, kannst du gerne Fisch von mir kaufen. Aber bis dahin bleib weg aus meinem Dunstkreis.«

Der Händler wollte anscheinend nicht so lange warten und

schnappte sich einfach einen der Fische aus dem Korb und rannte los. Vom Bootssteg hinüber zum Pier waren es nur wenige Schritte. Von dort aus zum Kai etwa die doppelte Strecke. Ein wendiger Bursche der Finstergilde hätte diese Entfernung schneller zurückgelegt, als man hätte rufen können: »Haltet den Dieb!« Nicht aber so dieser Händler. Er strauchelte bereits, als er den Pier erreichte. Er rannte auf zwei Netzflicker zu, die einige Reusen aus einem Boot hievten. Die beiden machten noch nicht einmal Anstalten, ihn aufhalten zu wollen, dennoch schlug der Händler auf der rutschigen Pier Haken wie ein Hase, hinter dem ein Habicht her war. So wie es kommen musste, kam es auch. Der Händler legte einen halbwegs einwandfreien Spagat hin, schlug mit dem Hinterkopf auf dem Boden auf und rutschte von der Pier in das eiskalte Wasser des Hafenbeckens. Sofort waren hilfreiche Hände da, die den Mann wieder herausfischten. In kürzester Zeit stand eine Menschentraube um ihn herum. Einige kamen mit schmutzigen Decken angelaufen, andere wollten einfach nur gaffen.

Es war schon merkwürdig. Dieser Händler war ein Dieb, und ein ungeschickter noch dazu. Wenn sie ihn einfach nur gefasst hätten, wären sie über ihn hergefallen und hätten ihm eine Tracht Prügel verpasst. Jetzt, wo er sich zum Gespött der Leute gemacht hatte und beinahe von seiner eigenen Dummheit gerichtet worden wäre, umsorgten sie ihn wie ein hilfloses Kind. Baazlabeth wollte sich diese Inkonsequenz und die übertriebene Barmherzigkeit nicht weiter antun. Er hatte genug gesehen, um zu entscheiden, dass es um keinen von ihnen schade wäre.

Er hatte bereits das Ende des Hafens erreicht, als lautes Lachen und Johlen seine Aufmerksamkeit zurück in das Viertel zog. Aus einiger Entfernung konnte er mit ansehen, wie der Fischer mit einem hoch erhobenen Paddel auf das Hinterteil des davonkriechenden Händlers einschlug.

Hab ich doch gewusst, dass bei den einfachen Leuten aus Brisenburg noch ein Funken Hoffnung besteht. Niemals ist es ein ganzes Volk, das versagt. Es sind immer Einzelne dazwischen, die einen Sieg erringen. Bald werden es sieben sein.

Etwas zufriedener machte sich Baazlabeth auf zum Südtor von Brisenburg. Im südöstlichen Teil der Stadt war nur noch wenig von der Aufregung über den bevorstehenden Königsbesuch zu spüren. Viele der Menschen, die hier lebten, schienen sich aus dem Stadtleben zurückgezogen zu haben. Zwar bot ihnen die Stadtmauer Einhalt, sich vollends von Brisenburg zu lösen, dennoch bildeten die fast vier Dutzend Gebäude in dieser Gegend so etwas wie ein eigenes Dorf in der Stadt. Das lag daran, dass das Gebiet durch den vorgelagerten Hafen vom Rest der Stadt halbwegs abgeschnitten war und es zudem erheblich niedriger lag als das Windviertel. Nur wenige Wege führten hier herunter. Baazlabeth erinnerte sich, dass er bereits zu Anfang seines Aufenthaltes in Brisenburg hier gewesen war. Damals hatte ihn Ark Tadelius, der Tagelöhnertod, in diese Gegend zu seiner ersten Arbeitsstätte geschickt. Er hatte bei Nevil Brick, einem Reedbauern, Holz für den Winter spalten müssen. Der Alte war ein Eigenbrötler und wortkarger Mann, was man von seiner Ziehtochter, einem Dvergabastard, nicht gerade behaupten konnte. Die kleine Auril schien damals an Baazlabeth einen Narren gefressen zu haben. Nicht ganz uneigennützig hatte der Dämon ihr Igniphascellanius in der Gestalt eines sprechenden Teigmännchens vorgestellt, und damit ihr Herz erobert. Baazlabeth fragte sich, was aus ihr geworden war.

Nevil Brick hatte er zuletzt gesehen, als er auf dem Marktplatz gestanden hatte, an einen Pranger gekettet und dem Tode nahe. Die Inquisitoren hatten ihn damals richtig in die Mangel genommen, um an Baazlabeth und Lilith heranzukommen. Der kleine Hof und das Gebäude sahen heruntergekommen aus. Schon damals litt das Anwesen unter zunehmendem Verfall. Die Pforte in der halbhohen Steinmauer war aus den Angeln gerissen und achtlos auf den Hof geschmissen worden. Die Eingangstür war aufgebrochen und die Scheiben eingeworfen. Um dem verwahrlosten Zustand einen runden Abschluss zu geben, stand die Tür zur Scheune halb auf und wurde vom aufkommenden Wind langsam hin und her bewegt. Wenn es einen deprimierenden und trostlos wirkenden Ort auf dieser Welt gab, dann war es dieser hier – einmal abgesehen von dem ausgebrannten Theater, in dem Baazlabeth hauste.

»Ich werde nie wieder dorthin zurückgehen«, sagte das kleine blonde Mädchen traurig, das urplötzlich neben Baazlabeth auftauchte.

Es war Auril, die Ziehtochter von Nevil Brick. An einem kurzen Strick führte sie den alten Wachhund bei sich. Auch er schien Baazlabeth wiedererkannt zu haben. Mit fletschenden Zähnen, einem kaum hörbaren Knurren und eingekniffenem Schwanz stand er neben ihr. Auril selber war kaum wiederzuerkennen. Sie hatte strähnige, verklebte Haare und ein schmutziges Gesicht. Zusammen mit dem flickenbesetzten Hosenanzug sah sie aus wie ein Bettlerjunge.

»Ich dachte zuerst, Papa würde bald zurückkommen, doch als die Wachen dann auftauchten, wusste ich, ich würde ihn nie wiedersehen. Ich habe gehört, wie sie erzählt haben, dass er gestorben ist. Sie wollten mich holen kommen und zu jemand anderem bringen. Einer von ihnen sagte, dass sie Gold für mich bekommen würden. Sie wollten mich verkaufen wie einen Sklaven. Lord Brackenmoore würde das niemals zulassen, oder?«

Kinder waren doch immer wieder erfrischend naiv, stellte Baazlabeth fest. Für sie gab es nur gut und böse. Beide standen auf verschiedenen Seiten, und jeder war der einen oder anderen genau zuzuordnen. Mit Kinderaugen glich die Welt einem Schachbrett. Wenn sich von der dunklen Seite eine Figur zu weit auf die Lichtseite wagte, gab es immer jemanden, der sie zurechtwies oder vom Spielfeld nahm. Für Auril musste Lord Brackenmoore so etwas wie der weiße König sein.

»Er hat derlei Dinge schon vor langer Zeit verhindert und musste dafür zahlen«, sagte Baazlabeth. »Ich glaube, ein weiteres Mal wird er es sich nicht leisten können.«

Auril schien sich mit der Antwort nicht zufriedengeben zu wollen.

»Er ist doch der Lord von Brisenburg. Wie will er denn all die Kinder beschützen, wenn er kein Gold mehr hat? Die Leute sagen, der König wird kommen und uns alle an die Sklavenhändler verkaufen. Wie will er uns denn vor dem bösen König beschützen? Er muss ihm doch das Gold geben, damit wir in Brisenburg bleiben dürfen.«

»Lord Brackenmoore braucht kein Gold mehr, er hat jetzt mich«, erklärte Baazlabeth.

Auril sah ihn mit großen Augen an.

»Bist du reich?«, fragte sie.

»Nicht wirklich«, gestand Baazlabeth, »aber Lord Brackenmoore hat mich geholt, damit ich dem König sage, dass er keine Sklaven mehr verkaufen darf.«

In Aurils Augen zeichnete sich unerwartet Angst ab.

»Das darfst du nicht tun, der König wird dich hängen lassen, wenn du so mit ihm ...«

Das kleine Mädchen schien nach den richtigen Worten zu suchen.

Baazlabeth wusste schon, was sie sagen wollte.

»... wenn ich so respektlos mit ihm spreche?«, half er ihr.

Sie nickte traurig.

»Der König kann mir nichts anhaben«, sagte er mit Überzeugung.

»Wieso bist du dir da so sicher?«, fragte Auril erstaunt. »Der König kann jeden töten lassen, den er will.«

»Ich weiß, denn er hat es schon versucht. Jedoch hat er nicht genug Männer, um es mit mir aufzunehmen.«

Man konnte es kaum glauben, aber Aurils Augen wurden noch ein bisschen größer. Doch anstatt aus Angst oder Ehrfurcht davonzulaufen, wie Baazlabeth es vermutet hätte, stand sie einfach vor ihm und staunte. Und dann tat sie etwas, das Baazlabeth beinahe den Glauben an sich selbst verlieren ließ. Sie klammerte sich an sein Bein und begann zu weinen.

»Nimm mich bitte mit, ich möchte bei dir bleiben«, schluchzte sie. »Ich weiß sonst nicht, wo ich hingehen soll. Bitte! Bitte!«

Das kommt alles nur von diesem albernen Körper. In meiner wahren Gestalt hätte es nie jemand gewagt, so respektlos mir gegenüber zu sein. Ich bin ein Prinz der Horden und keine Amme!

Baazlabeth war hin- und hergerissen zwischen Zorn und Rührung. Wie kam dieses kleine Kind auf die Idee, er würde es beschützen? Was sah es in ihm, und was hatte diese verzerrte Sichtweise ausgelöst? Was in Amez' Namen hatte er bloß falsch gemacht?

Baazlabeth zog das Mädchen von sich.

»Hör mal zu, Kleine«, sagte er. »Ich schulde dir nichts. Du wirst lernen müssen, allein zurechtzukommen. In dieser Welt wird schon bald kein Platz mehr für Mitleid und Barmherzigkeit sein. Je schneller du deine Lektionen lernst, umso wahrscheinlicher ist es, dass du am Leben bleibst. Verschwende also deine Zeit nicht mit der Suche nach Hilfe. Und außerdem hasse ich Hunde.«

Jetzt schien Auril begriffen zu haben. Mit grimmiger Miene kniete sie sich neben den Hund und begann ihn liebevoll zu kraulen.

»Ist schon gut, Grauer, er meint es nicht so«, beruhigte sie ihren vierbeinigen Freund.

Bitte, Amez, lass sie nie in die Nähe meines katzenhaften Homunkulus kommen. Ich könnte es nicht ertragen, sein wohliges Brummen den ganzen Tag mit anhören zu müssen.

Baazlabeth ließ sie auf der Straße sitzen und ging davon Richtung Südtor. Als er sich nach wenigen Schritten noch einmal nach ihr umschaute, waren sie und der knurrige alte Hund bereits verschwunden.

Baazlabeth fiel es schwer, sich einzugestehen, dass er etwas für die kleine Auril empfand. Es war weder Zuneigung noch Mitleid, was er fühlte. Das allein schmälerte natürlich die Bedenken um seinen Gemütszustand. Doch immerhin empfand er etwas, und das war genügend Grund zur Besorgnis. Irgendetwas verband ihn mit dem Mädchen, und es war mit Sicherheit nicht ihre Herkunft oder ihr Aussehen.

Baazlabeth wollte sich nicht weiter von seinen inneren Verfehlungen ablenken lassen. Es gab Wichtiges zu tun, und wenn er an die letzten Begegnungen mit dem Schmied dachte, war es besser, er war konzentriert bei der Sache.

Die beiden Wachen am Südtor erwarteten ihn bereits mit grimmigen Mienen. Ob es daran lag, dass sie gezwungen wären, das Tor zu öffnen, oder weil sie ihn von einem seiner Auftritte auf dem Innenhof der Garnison kannten, blieb ihm verborgen. Auf jeden Fall empfingen sie ihn recht kühl. Baazlabeth verspürte große Lust, ihre Körpertemperatur dem Verhalten der Männer anzupassen, doch er redete sich ein, dass sie ihm unter Umständen noch nützlich sein konnten. Eine Selbstlüge, die beinahe an Realitätsverlust grenzte. Dies wurde Baazlabeth erst richtig klar, als ihn die beiden anhielten. Sie kreuzten ihre Hellebarden und versperrten ihm den Weg.

»Das Südtor ist auf Geheiß des Kommandanten der Garde gesperrt. Die Brücke über den Eiswein ist vom Hochwasser weggespült worden. Ohne die Brücke gelangt ihr von dort nirgendwohin.«

Ich brauche weder eine Brücke noch ein Tor oder ein paar Einfaltspinsel, die mir den Weg versperren und mir sagen, dass ich irgendwo nicht hinkann.

»Wenn ich durch dieses Tor nirgendwo hin komme, dann frage ich mich, was ihr beiden Prachtburschen denn hier bewacht.«

»Wir stehen hier auf Befehl von Kommandant Blank«, gab der Linke der beiden im Brustton der Überzeugung zum Besten.

»Wir dürfen niemanden passieren lassen«, erklärte der Rechte mit nicht weniger Enthusiasmus in der Stimme.

Anscheinend schienen sie zu ahnen, mit wem sie es zu tun hatten. Normalerweise waren die Männer der Stadtwache nicht so auskunftsbereit. Ihre Standardbefehle lauteten meist: *Weitergehen, nicht stehen bleiben! Macht, dass ihr wegkommt.* Und ihre Lieblingsantwort schien zu sein: Was?

Baazlabeth wollte es ihnen heute leicht machen. »Ich bin Sil, Mitglied des Kleinen Rates«, erklärte er. »Ich bin auf Geheiß von Lord Brackenmoore hier und soll dafür sorgen, dass Torben Dühn die Bögen rechtzeitig fertigstellt. Lord Brackenmoore kennt ihr doch, oder?«

Die beiden nickten wenig eifrig.

»Als ich die beiden das letzte Mal gesehen habe, war Horius Blank der Untergebene von Lord Brackenmoore. Hat sich daran irgendetwas geändert?«

Diesmal beantworteten sie die Frage nicht, sondern traten lediglich zur Seite und zeigten auf die Passantentür. Baazlabeth rümpfte die Nase, kam der Aufforderung aber nach. Es behagte ihm zwar nicht, durch die Bettlertür gehen zu müssen, doch er hatte es eilig. Immerhin musste er heute noch einen weiteren Besuch absolvieren, und außerdem war es an der Zeit, seinen Weinvorrat wieder aufzufüllen.

Als Baazlabeth das Tor durchschritt, konnte er das Haus des Bogenmachers vor dem kleinen Eschenhain schon sehen. Aus drei hohen, schlanken Schornsteinen kräuselte sich Rauch und ließ das Gebäude wie eine Schmiede wirken. Die Werkstatt von Torben Dühn bestand aus mehreren ineinander verflochtenen halbhohen Backsteingebäuden.

Vor dem Haus standen zwei junge Männer, die mit Schäleisen Eschenstämme von ihrer Rinde befreiten und abgeschlagene Äste nach Größe und Länge sortierten. Beim Näherkommen stieg Baazlabeth ein süßlicher Geruch in die Nase, der mit jedem Schritt intensiver wurde. Die beiden Männer beachteten ihn kaum und warfen ihm nur einen kurzen, gelangweilten Blick zu. Der Dämon dagegen musterte sie genau. Sie trugen einfache Kleidung und leichte Schuhe. Im Umgang mit dem Schäleisen kannten sie sich anscheinend gut aus. Im Handumdrehen hatten sie zu zweit einen ganzen Stamm freigelegt und zur Seite gerollt. Keiner von ihnen schien ein wirklicher Feingeist zu sein, wenn man ihren Gesichtsausdrücken, den langen, sehnigen Muskeln und ihren Schwielen an den Händen Glauben schenken durfte. Falls es zu einer Auseinandersetzung mit dem Bogenmacher kommen würde, musste man diese beiden sicherlich im Auge behalten.

»Wo finde ich Meister Dühn?«, fragte Baazlabeth.

»Im Haus. Er ist der Alte am Trockenofen.«

»Der mit der Arschritze im Gesicht«, fügte sein Kollege mit einem breiten Grinsen hinzu.

Baazlabeth wusste zwar nicht, wie jemand aussah, der sein Gesäß oben auf dem Hals trug, aber er würde sich überraschen lassen. Zufrieden schlussfolgerte er, dass die beiden anscheinend keine eingeschworenen Freunde von Dühn waren.

Als Baazlabeth das Haus des Bogenbauers betrat, schlug ihm stickige, heiße Luft entgegen, die geschwängert war von dem süßlichen Geruch, den er bereits vorher wahrgenommen hatte.

Die Werkstatt unterteilte sich in drei Räume, wobei in jedem Raum eine gemauerte Feuerstelle stand. Rund ein Dutzend junger Männer arbeitete hier, wobei die meisten von ihnen mit entblößten Oberkörpern den verschiedensten Arbeiten nachgingen. Ihre Haare waren schweißgebadet, und die Haut glänzte im Schein der Feuer. Was von außen wie eine Schmiede wirkte, sah von innen betrachtet wie eine Folterkammer aus. Baazlabeth fühlte sich auf Anhieb heimisch und stellte sich vor, wie er die Peitsche schwingend zwischen ihnen stand und ihre Körper malträtierte.

Torben Dühn zu finden war leichter, als eine Hafendirne am Hofe des Königs auszumachen. Meister Dühn war der Einzige unter ihnen, der die vierzig bei Weitem überschritten hatte und trotz der Hitze vollständig bekleidet war, zusätzlich trug er eine schwere Lederschürze. Ungewollt zwang sich Baazlabeth der Vergleich mit einem Folterknecht auf, wobei Dühns Gesicht die Vorstellung leicht machte. Der Bogenbauer hatte ein kantiges, eingefallenes Gesicht, wulstige Lippen und eine Hakennase. Aus seinen tief liegenden dunklen Augen betrachtete er den Neuankömmling skeptisch. Er warf seinen Kopf zurück, um die wilde graue Mähne zu bändigen, doch der Schweiß in seinem Gesicht ließ einige Strähnen auf seiner linken Wange festkleben.

»Ich hatte Ark Tadelius gesagt, ich will junge Burschen mit guten

Fingerfertigkeiten. Welche, die außer ihrer Hornhaut auf den Händen noch etwas anderes spüren. Denkst du, du bist so jemand, oder bist du lediglich der Einzige, der dumm genug war, ohne Lohn zu arbeiten?«

Baazlabeth hoffte inständig für den Alten, dass er ihn mit jemandem verwechselte. Es wäre schade, wenn er den Meister vor all seinen Lehrlingen mit dem Kopf in die heiße Esse drücken müsste.

»Mir steht der Sinn weder nach gut noch nach schlecht bezahlter Arbeit«, verkündete Baazlabeth. »Und was die Schwielen an meinen Händen angeht, so habe ich sie vom Däumchendrehen. Abgesehen davon ist mit meinem Gefühl sicherlich alles in Ordnung, denn ich mag Euch schon jetzt nicht.«

Jetzt erhob sich der Bogenmacher von seinem Schemel und wankte auf Baazlabeth zu. Er machte keinen glücklichen Eindruck, was Baazlabeth vermuten ließ, dass er wenig Humor besaß. Der Grund dafür schien die tiefe Furche zu sein, die von der Stirn über seine Wange bis hinunter zum Kinn verlief. Auf ihrem Weg hatte sie nur das tief liegende Auge verschont.

»Du bist ja ein Neunmalkluger«, grunzte Dühn. »Und was im Namen des Erschaffers willst du dann hier? Außer einer Tracht Prügel habe ich sonst nichts anzubieten.«

Torben Dühn war eindeutig körperlich unterlegen, auch wenn Baazlabeth tatsächlich nur ein arbeitsscheues Großmaul gewesen wäre. Somit musste der Mann entweder unter einem guten Selbstbewusstsein leiden oder wenig Menschenkenntnis besitzen. Wahrscheinlich beides, folgerte Baazlabeth.

»Der Erschaffer macht sich nur wenig aus meinen Diensten. Momentan bin ich im Auftrag von Lord Brackenmoore hier. Dies hat zwar nicht denselben Stellenwert, doch sollte es Euch nicht weniger Sorge bereiten. Der Lord dachte sich, es wäre gut, jemanden zu schicken, der mit störrischen Menschen umzugehen weiß. Mein Name ist Sil. Ihr kennt mich sicherlich als Mitglied des Kleinen Rates und Prinzipal der *Schwarzen Posse*. Wenn Ihr noch eine andere Seite an mir kennen lernen wollt, seid nur weiterhin so respektlos.«

Baazlabeth konnte mit ansehen, wie der übergroße Adamsapfel des Bogenmachers zu verhindern versuchte, dass der Kerl an seiner eigenen Spucke erstickte.

»Ich, ich, ich wusste ja nicht, dass ihr, äh ...«, begann er zu stottern. »Ich meine, Ihr seht aus wie, äh ...«

»Wie ein Gaukler?«, half ihm Baazlabeth auf die Sprünge.

»Nein, auf keinen Fall, ich wollte sagen, äh ...«

Baazlabeth packte ihn am Riemen seiner Lederschürze und zog ihn zu sich heran. Mittlerweile war es ruhig geworden in der Bogenbauerwerkstatt. Die meisten Gehilfen beobachteten gebannt den Zwist der beiden Männer.

»Ich hoffe, Eure Bogenbaukunst ist besser als Eure Redegewalt. Ihr müsst mir nicht sagen, wie ich aussehe, dass weiß ich selber. Und ich muss zugeben, es gefällt mir. Ich bin als Mitglied des Kleinen Rates das Sprachrohr der Bürger von Brisenburg. Warum sollte ich also nicht wie ein Gaukler aussehen, obwohl ein Narrenkostüm sicherlich die bessere Wahl gewesen wäre. Findet Ihr nicht auch?«

»Natürlich, Herr Sil«, antwortete Torben Dühn steif.

Ich hatte Recht – kein Sinn für Humor.

»Dann lasst mal sehen, wie weit Eure Arbeit fortgeschritten ist. Ich hoffe für Euch, dass es demnächst keinen Mann in Brisenburg mehr gibt, der die Vorzüge Eurer Handwerkskunst nicht zu schätzen weiß.«

Dühn zupfte vorsichtig an seiner Lederschürze, um zu zeigen, dass er so weit war, die Erfolge seiner Arbeit zu präsentieren. Baazlabeth hoffte für ihn, dass es wirklich Erfolge waren. Andersherum hätte ein Misserfolg Baazlabeth sicherlich den Tag versüßt.

»Hier entlang, Prinzipal Sil, wenn ich bitten darf. Ich muss sagen, wir kommen gut voran«, schleimte Dühn.

Noch so ein rückgratloser Speichellecker. Da kann ich nur hoffen, dass sich seine Bögen als widerstandsfähiger erweisen als seine Standhaftigkeit.

Der Bogenbauer zeigte Baazlabeth die verschiedenen Bereiche seiner Werkstatt und erläuterte ihm die einzelnen Arbeitsschritte. Die Eschenstämme wurden draußen von der Rinde befreit und der Länge nach mehrfach geteilt. Torben Dühn entschied dann nach Begutachtung der Maserung, welche Stücke sich für den Bogenbau eigneten. Daraufhin sägte einer seiner Gesellen die Konturen eines Bogens aus dem Holz heraus, und anschließend brachte Meister Dühn den Rohling mit Dechsel und Ziehmesser in Form. Später wurden dann Unmengen von Schachtelhalmen benötigt, um das fertige Stück zu schleifen. Zwischendurch hängte man das Holz immer wieder über Wasserdampf und bog es in die gewünschte Form.

In einem anderen Raum arbeiteten drei Männer ununterbrochen daran, Pfeile zu fertigen. Diese wurden grundsätzlich aus Fichten, Birken und Zedernholz hergestellt und mussten sich Prozeduren unterziehen, die nicht weniger aufwendig waren als der eigentliche Bogenbau. Das Ende des fertigen Schaftes wurde zum Schluss noch mit Birkenharz bestrichen und mit Entenfedern beklebt.

Baazlabeth war erstaunt, wie viel Aufwand es machte, eine Waffe herzustellen, die eigentlich nur von Feiglingen verwendet wurde und noch so gut wie nie einen Zweikampf entschieden hatte. Insbesondere die Pfeile waren ihm ein Dorn im Auge. So viel Arbeit für eine Ausbeute, die man auch mit dem Werfen von Steinen erreichen konnte. Nur musste man Steine nicht abschneiden, schälen, begradigen, anspitzen und befiedern. Man warf sie dem Gegner einfach gegen den Schädel, und gut.

»Bis morgen Nachmittag werden wir zweihundertachtzig Bögen und dreimal so viel Pfeile fertiggestellt haben«, verkündete Torben Dühn stolz. »Hundertfünfzig Bögen hat Kommandant Blank bereits bei seinem ersten Besuch bekommen. Plus die Bögen, die in Brisenburg bei Jägern, Söldnern und der Garnison zu finden sind, müssten es um die tausend sein, die Ihr zusammenbekommt. Zusätzlich gibt es noch rund zweihundert Armbrüste.«

Irgendetwas sagte Baazlabeth, dass sein Ruf ihm vorausgeeilt sein musste. Fragte sich nur noch, ob Dühn vor dem Menschen oder dem Dämon solchen Respekt hatte. Egal was es war, der Bogenbaumeister leistete gute Arbeit. Ihn jetzt zu töten hieße, auf viele Bögen zu verzichten, die sie brauchen würden. Niemand tötete ein Huhn, das noch Eier legte.

»Ich habe gehört, Meister Dühn, dass Ihr anfängliche Schwierigkeiten hattet, den Anweisungen des Kleinen Rates zu folgen.«

»Das war ein Missverständnis, Prinzipal Sil. Das müsst Ihr mir glauben«, sagte Torben Dühn, als wenn er seit Ewigkeiten auf diese Frage gewartet hätte.

Baazlabeth lächelte ihn verkniffen an.

»Das will ich Euch mal glauben«, erwiderte Baazlabeth gönnerhaft. »Doch wenn ich nach morgen Nacht auch nur einen Eurer Bögen finden sollte, der gebrochen ist, dann werde ich wiederkommen Eure Haut mit Schachtelhalm herunterschleifen, Euch in heißes Birkenharz tauchen und mit Federn bekleben. Habt ihr mich verstanden?«

Torben Dühn nickte übereifrig.

Baazlabeth war überrascht, dass die Visite beim Bogenbauer so unkompliziert vonstattenging. Auf der einen Seite ersparte ihm das viel Zeit, auf der anderen musste er jedoch auf eine Menge Spaß verzichten. Menschen, die sich sträubten, und die erst nachgaben, wenn man seinen Eindruck bei ihnen hinterlassen hatte, waren ihm eindeutig lieber. Unterhaltungen, in denen gar kein Blut floss, langweilten ihn schnell.

Baazlabeth wollte gerade wieder gehen, als er etwas entdeckte, das ihn in den Bann zog. Über der Eingangstür hing ein martialisch aussehender Langbogen. Er schien aus dem Geweih eines Tieres gemacht worden zu sein. An einigen Stellen war er naturbelassen, andere waren geschliffen oder mit aufwendigen Schnitzereien versehen. Das Mittelstück bestand aus dem Schädelknochen eines Tieres, und daraus erwuchsen die beiden verzweigten Geweihenden, die den Bogen bildeten und zwischen denen die Sehne gespannt wurde.

»Was ist mit dem da?«, fragte Baazlabeth.

»Ach das, das ist nur ein Ausstellungsstück«, erklärte Torben Dühn. »Er ist aus dem Geweih eines Schwarzhirsches gefertigt. Ich habe acht Monate daran gearbeitet, im Laufe meiner Meisterprüfung. Er sieht zwar beeindruckend aus und ist auch voll funktionstüchtig, doch zum Schießen wenig geeignet. Die beiden Bogenarme sind etwas dick geraten. Mit einer Zugstärke von zweihundert Pfund kann niemand die Sehne lang genug halten, um das Ziel anzuvisieren. Die fünf Pfeile daneben habe ich extra angefertigt. Ich musste sie doppelt mit Hartholz spleißen, damit der Schaft nicht schon beim Abschuss birst. Zwei von ihnen habe ich abgeschossen, um die Reichweite zu testen, aber außer dem Gefieder habe ich nichts wiedergefunden.«

Das gute Stück ist auch nicht für Menschenhand gedacht. Ein Bogen wie dieser sollte von jemandem getragen werden, der seiner würdig ist. Von mir zum Beispiel.

»Ich will ihn haben«, sagte Baazlabeth.

»Es tut mir leid, aber der Bogen ist nicht verkäuflich«, stammelte Dühn. »Er ist so etwas wie das Wahrzeichen dieser Bogenschmiede und seit zwanzig Jahren in meinem Besitz. Ich möchte ihm gern meinem Jungen vermachen, wenn er die Werkstatt übernimmt.«

Baazlabeth schlug dem Bogenbaumeister unvermittelt mit der Rückhand ins Gesicht. Dann packte er ihn mit einer Hand und drückte seine Wangen so weit zusammen, dass Meister Dühn entfernt an einen nach Luft schnappenden Karpfen erinnerte.

»Ich habe nicht gesagt, dass ich ihn kaufen will«, knurrte Baazlabeth. »Wenn Ihr nicht wollt, dass Euer Sohn schon heute gezwungen sein wird, das Erbe anzutreten, solltet Ihr mir besser nicht mehr widersprechen.«

Baazlabeth stieß Dühn von sich. Zwei seiner Gehilfen fingen ihn auf und verhinderten, dass er zu Boden stürzte. Nachdem der Bogenbaumeister sich wieder gefangen hatte, machten seine beiden Helfer mit gezückten Schäleisen einen Schritt auf Baazlabeth zu. Es war eher eine Geste der Abschreckung, als ein Angriff.

»Gefällt euch beiden die Arbeit hier so gut, dass ihr dafür sterben möchtet?«, schnauzte der Dämon sie an.

Die Helfer schienen verstanden zu haben und ließen ihre Werkzeuge sinken.

»Ihr könnt ihn haben«, keuchte Torben Dühn hinter den beiden. »Ich habe mich im Ton vergriffen, verzeiht mir!«

»Wir alle machen mal Fehler«, gestand Baazlabeth. »Dankt Eurem Schöpfer, dass Ihr die Gelegenheit bekommt, ihn wiedergutzumachen.«

Baazlabeth nahm sich den Hornbogen und die fünf Pfeile von der Wand und verließ die Werkstatt.

13
Von der Muse gespickt

Die meisten Wesen finden zueinander, weil sie sich anziehend oder wenigstens sympathisch finden. Dämonen bilden da anscheinend eine Ausnahme.

Es war bereits früher Nachmittag, als Baazlabeth über die hohe, enge Stiege zwischen den Hauswänden hindurch in den nördlichen Teil des Windviertels gelangte. Mehrere Male hatte er das Gefühl gehabt, verfolgt zu werden, doch sobald er sich umdrehte, war niemand mehr zu sehen.

Diese Stadt mit ihren vielen Menschen lässt mich schon an Verfolgungswahn leiden. Es wird Zeit, dass ich das Leben in Brisenburg etwas ausdünne. Je mehr Augen ich schließe, desto ruhiger werde ich in der Nacht schlafen.

Am liebsten hätte er sich in den *Einsamen Wanderer* zurückgezogen, Hauswein bestellt und den Anekdoten von Dumpf gelauscht. Leider drängte die Zeit. Es blieb noch ein Tag, bevor der König Brisenburg erreichen und seine Forderung, die Stadt übernehmen zu wollen, stellen würde. Wenn Baazlabeth verhindern wollte, dass König Bellington die Prophezeiung in Gefahr brachte, musste er tun, was in seiner Macht stand. Leider war das nicht besonders viel. Er konnte lediglich darauf Acht geben, dass jeder seinen Teil zum Plan beitrug. Und damit war auch Jonas Kesselbrook, der Schmied, gemeint.

Kesselbrook würde sich nicht so leicht einschüchtern lassen wie Torben Dühn. Auch ließ er sich sicherlich nicht ein zweites Mal von Baazlabeths hitzigem Gemüt überraschen. Der alte Haudegen war ein störrischer, wenig humorvoller Mann mit den Oberarmen eines Bären. Sein schwerer Schmiedehammer kam zwar keinem Schwert gleich, aber das war bei einem Treffer wenig relevant. Baazlabeth machte sich keine Sorgen um seine Gesundheit, doch genau betrachtet wäre es besser gewesen, Jonas in seinem Zuhause zu besuchen, und nicht in der Schmiede. Aber selbst das war kein Garant dafür gewesen, Kesselbrook ohne Hammer anzutreffen. Baazlabeth entschied sich, sollte es wirklich brenzlig werden, Kesselbrooks Frau Galina als Druckmittel einzusetzen. Das war nicht sonderlich ehrenhaft, aber sicherlich effektiv. Immerhin ging es nicht um Ehre, sondern um die Eroberung einer Welt. Da war es egal, mit welchen Mitteln man kämpfte.

Beruhigt stellte Baazlabeth fest, dass die Esse in der Schmiede in vollem Gange war. Hell klang der Tanz des Hammers auf dem Amboss, und dunkler Rauch zog aus dem Schlot nach oben. Erneut verspürte der Dämon das Gefühl, beobachtet zu werden, doch diesmal blickte er sich nicht um. Er ließ sich doch von einem Gefühl nicht vorschreiben, was er zu tun hatte. Wer war er denn?

Baazlabeth ging auf das kleine Gebäude am Rande des Eisweins zu. Solange der Amboss sang, war er sicher, dass Kesselbrook nichts von seinem Überraschungsbesuch ahnte und nicht mit hoch erhobenem Hammer hinter der Tür auf ihn lauerte.

Baazlabeth zog vorsichtig die Tür zur Schmiede auf und trat ein. Jonas Kesselbrook stand vor der Esse und zog den Schürhaken durch die glühenden Kohlen. Er legte den Haken zur Seite und holte mit einer langstieligen Zange eine rot glimmende Pfeilspitze aus der Glut. Geschickt wendete er die Spitze mit der Zange und verpasste ihr von jeder Seite einige Schläge mit dem Hammer. Dann warf er sie in einen Eimer mit Wasser, in den sie zischend eintauchte.

Baazlabeth schaute ihm noch einen Moment lang zu und genoss sein unbemerktes Eintreten.

»Ich wusste, Ihr seid ein wahrer Meister, wenn es darum geht, Metall mit Feuer und Hammer zu formen.«

Jonas Kesselbrook hielt mitten im Schlag inne und öffnete die Zange, sodass die Pfeilspitze vom Amboss rutschte und neben seinem Fuß auf den Boden fiel. Jonas beugte sich zur Seite und spuckte auf das Stück glühendes Metall. Zischend verdampfte der Speichel.

»Um Pfeilspitzen zu schmieden, bedarf es keiner Meisterhand. So etwas kann jeder Lehrling. Aber wenn Ihr glaubt, auch nur eine dieser Spitzen zu bekommen, ohne dafür zu zahlen, habt Ihr den Weg umsonst gemacht.«

Der Schmied schien nichts von seiner Uneinsichtigkeit verloren zu haben. Endlich einmal jemand, der sich nicht biegen ließ wie ein Weidenzweig im Wind.

»Warum nur sträubt Ihr Euch so, wenn es darum geht, dieser Stadt zu helfen?«

»Ihr zu helfen?«, lachte Kesselbrook und schlug mit dem Hammer auf den Amboss, dass es Funken sprühte. »Ich würde dieser Stadt eher helfen, wenn ich alle Waffen einschmelzen und das Stadttor aus den Angeln reißen würde. Ihr glaubt doch nicht allen Ernstes, dass Eure kleine Machtdemonstration den König daran hindern wird, Brisenburg einzunehmen. Alles, was ihr mit Euren Spielchen erreichen werdet, ist, dass er seinen Zorn an den Bürgern auslassen wird. Er wird reihenweise unschuldige Brisenburger hängen lassen, um seine Macht zu demonstrieren. Jeder, der auch nur in den Verdacht gerät, an dieser Verschwörung mitgewirkt zu haben, wird sein Leben baumelnd an der frischen Luft beenden. Und ihr verlangt von mir, dass ich für diese Intrige die Waffen liefere, und das auch noch umsonst. Ich sollte für jede Pfeilspitze hundert Goldstücke fordern und mit dem Geld Meuchler anheuern, um Euch alle töten zu lassen. Aber selbst dann würde der König mich der Mittäterschaft beschuldigen.«

Baazlabeth konnte nicht behaupten, dass Kesselbrook sich nicht für die Belange der Stadt interessierte. Auch schien er eins und eins zusammenzählen zu können. Was er jedoch vergessen hatte, war, dass er sich momentan mehr vor ihm als vor dem König fürchten sollte. Diese Pfeilspitzen waren nichts anderes als ein erkauftes Leben, wenn auch nur für ein paar Tage. Außerdem würde er den Tod durch Hängen sicherlich dem vorziehen, was Baazlabeth ihm bieten könnte. So weit musste es jedoch nicht kommen. Wenn die Prophezeiung sich erfüllte, würde sie über Kesselbrooks Schicksal entscheiden. Egal, zu was der Schmied sich entschied, sterben würde er auf jeden Fall, da konnte er so viel lamentieren und sich sträuben, wie er wollte. Über die leere Drohung, Meuchler anzuheuern und Baazlabeth und seine neu gewonnenen Freunde ermorden zu lassen, konnte der Dämon erst einmal hinwegsehen, jedenfalls für heute.

»Ich hatte gehofft, Ihr würdet Euch weiterhin uneinsichtig zeigen«, sagte er. »Es wäre doch zu schade, würden wir unsere letzte Auseinandersetzung einfach so im Raum stehen lassen. Ich würde Euch ungern in dem Glauben lassen, Ihr hättet das letzte Mal den Kürzeren gezogen, weil ich Euch überrascht habe.«

Jonas drehte sich um, den Hammer hatte er immer noch in der Hand. Auf seinem Gesicht spiegelte sich eine Mischung aus Verständnislosigkeit und Zorn. Er schüttelte den Kopf und ließ den Hammer zu Boden fallen.

»Ich will nicht gegen Euch kämpfen«, sagte er leise. »Aus Eurem oder meinem Ende würde auch nichts Gutes entspringen, und die Probleme, die Brisenburg hat, würde es nicht lösen.«

Ein Feigling im Männerkostüm, endlich mal etwas Neues.

»Oh, das ist schade«, erklärte Baazlabeth enttäuscht. »Es macht mehr Spaß, wenn der andere sich wehrt. Ich hätte gewettet, Ihr seid etwas mehr Mann als die meisten in Brisenburg. Anscheinend habe ich mich in Euch getäuscht. Sagt mir nur noch, wie viele Pfeilspitzen Ihr bereits fertiggestellt habt?«

»Wozu ist das wichtig? Die Pfeilspitzen sind für die Stadtwachen bestimmt. Ich werde sie Euch nicht aushändigen. Ein Geschäft bleibt ein Geschäft. Ihr habt damit nichts zu tun. Kommandant Blank hat mir den Auftrag erteilt. Da er aber keine davon bezahlen kann, wird er auch keine bekommen. Erst wenn die ersten Münzen über den Tisch rollen, kann er bekommen, was er begehrt.

»Ich werde sie bekommen«, entschied Baazlabeth selbstsicher. »Ich muss nur wissen, ob Euer Tod mich bedauern lassen würde, Euch so früh getötet zu haben. Wenn ihr erst ein paar fertig habt, werde ich später noch einmal wiederkommen und Euch dann aufschlitzen.«

»Ich werde meine Waffe nicht gegen Euch erheben«, wiederholte der Schmied. »Und Ihr werdet mir auch nichts tun, immerhin steht auch Ihr nicht über dem Gesetz.«

Bislang hatte Baazlabeth gedacht, auf jemanden getroffen zu sein, der mitten im Leben stand, der wusste, was in der Stadt vor sich ging und wie man zu seinem Recht kam, auch wenn er dafür Grenzen überschreiten musste. Jetzt erkannte er, dass Jonas Kesselbrook nichts anderes war als ein Kleinkrämer und Herdentier.

»Ich stehe nicht über dem Gesetz?«, lachte Baazlabeth. »Wo wart Ihr in den letzten Wochen? Hat Euch das Klingen des Hammers taub gemacht für die Geschehnisse in Brisenburg. Natürlich stehe ich nicht über dem Gesetz, denn schließlich hocke ich mich beim Scheißen hin. Wenn ich hier fertig bin, werde ich die Schlampe von Frau, die Ihr geehelicht habt, an die Schwalbenburg verkaufen, wo jeder noch so besoffene Seemann für ein Paar Silberstücke über sie drüberkriechen kann.«

Mit einem Mal kam wieder Leben in das Gespräch. Jonas Kesselbrooks Augen verengten sich, und er verzog angewidert den Mund. Plötzlich hatte er erneut den Hammer in der Hand und zeigte mit ihm auf Baazlabeth.

»Ich werde Euch jeden Knochen einzeln brechen«, schnaufte er vor Wut.

Anscheinend habe ich einen Nerv getroffen. Wenn es um seine Frau geht, scheint er keinen Spaß zu verstehen.

»Dann lasst sehen, aus welchem Material Ihr geschmiedet seid«, forderte Baazlabeth ihn zum Kampf auf.

Kesselbrook ließ sich kein zweites Mal bitten und stampfte unbeeindruckt auf seinen Gegner zu. Baazlabeth hätte sich selbst ohrfeigen können. Wie konnte man einen Meister der Schwerter zum Kampf herausfordern und noch nicht einmal eine Klinge in der Hand haben. Von Vorteil wäre sicherlich gewesen, schon welche mitzubringen, doch natürlich war es nicht einfach, zwei Krummschwerter in den Hosenbund zu stecken, und es erweckte auch keinen sonderlich vertrauenswürdigen Eindruck, aber das wäre ihm im Moment egal gewesen.

Was soll's, schließlich bin ich in einer Klingenschmiede. Kesselbrook wird es mir nicht krummnehmen, wenn ich ihn mit einer der Waffen abschlachte, die aus seiner eigenen Esse stammen.

Schräg neben ihm lagen ein halbes Dutzend Kurzschwerter auf einem niedrigen Arbeitstisch. Die Klingen waren weder poliert noch mit fertig gearbeiteten Griffen versehen. Lediglich kantige Holzstücke steckten als Heft auf den Klingen. Egal, alles war besser, als ausschließlich mit einem gewinnenden Lächeln bewaffnet zu sein.

Kesselbrook ließ ihm keine Wahl. Baazlabeth hatte gerade eines der Schwerter vom Tisch genommen, da schwang der Schmied seinen Hammer auch schon mit ausgestrecktem Arm gegen Baazlabeths Kopf. Er führte den Schlag von unten nach oben, und wenn Baazlabeth nicht zurückgezuckt hätte, wäre der Kampf an diesem Punkt bereits zu Ende gewesen – zumindest was diesen Körper anging. So viel Elan hatte er dem Schmied gar nicht zugetraut. Noch vor einer

Minute hatte er erklärt, man möge doch alles friedlich regeln, und kaum hatte er sich als Lamm gezeigt, ging er auch schon wie eine Furie auf ihn los.

Mit dem Fuß schob Baazlabeth einen Stuhl zwischen sich und seinen Angreifer. Doch den Versuch, dadurch einen Herzschlag lang Luft zu bekommen, verwandelte der Schmied in Brennholz. Wütend den Hammer schwingend, setzte er dem Dämon nach. Baazlabeth duckte sich unter einem Schlag hinweg, umrundete Kesselbrook halb und stand alsdann in seinem Rücken. Schmied zu sein war doch eben etwas anderes als ein routinierter Ritter des Chaos. Den Rücken seines Gegners sauber anvisierend, fuhr das Kurzschwert herab, bereit, sich tief zwischen Hals und Schulter einzugraben.

Es handelte sich noch nicht einmal um einen richtigen Versuch, den Angriff zu blocken, geschweige denn um einen Konter, doch Kesselbrook stieß den Hammerkopf wie eine gerade Rechte auf Baazlabeths Kinn zu und traf in diesem Augenblick die heransausende Klinge. Funken hätten fliegen und ein sirrender Schrei von Metall auf Metall die Luft erfüllen müssen, doch stattdessen zerbrach die Klinge in Baazlabeths Hand wie Glas. Hinzu kam, dass ihn der Hammerkopf am Kinn streifte und eine Platzwunde hinterließ.

Der Dämon taumelte zurück und warf einen ungläubigen Blick auf das geborstene Schwert in seiner Hand. Seine Waffe bestand nur noch aus dem Griff und zwei Zoll sprödem Stahl. Mit einem Sprung zur Seite hechtete er zu dem Tisch, wo die anderen Schwerter lagen. Kesselbrook unternahm keinen Versuch, ihn daran zu hindern, sich neu zu bewaffnen.

Diesmal zog Baazlabeth sich zwei Klingen vom Tisch und hielt sie gekreuzt vor sich, um den schweren Fäustel besser blocken zu können. Kesselbrook schien sich seiner Sache sicher zu sein. Ohne Schnörkel, ohne Finten hielt er geradewegs auf seinen Gegner zu. Diesmal war der Dämon vorbereitet. Der wuchtige Schlag von der Seite fiel genau in die Schere der Kurzschwerter, wodurch Baazlabeth den Schlag abfangen konnte. Es gelang ihm sogar, Kesselbrooks massigen Körper ein Stück zurückzudrängen.

Den Schmied schien auch dies nicht sonderlich zu irritieren. Er mobilisierte seine Kräfte und hielt dagegen. Mit einem Ruck riss er den Hammer zurück und stemmte eine Schulter vor.

Klirrend zerbarsten auch die beiden neuen Klingen in Baazlabeths Händen. Zusätzlich rammte der Schmied ihm die Schulter so heftig gegen die Brust, dass er zurückgeworfen wurde und beinahe gestürzt wäre, wenn er nicht am Tisch Halt gefunden hätte.

»Deine Klingen taugen nichts«, stöhnte Baazlabeth, während er sich zur Seite rollte, weil Kesselbrook bereits wieder auf ihn einschlug. Der Hammer traf grollend die Tischkante und ließ Holzsplitter fliegen.

»Eisen muss gehärtet werden, sonst ist es spröde wie Glas«, erklärte Jonas Kesselbrook und holte erneut zu einem Schlag aus.

Baazlabeth blieb nichts anderes als die Flucht. Er wartete vergeblich auf sein inneres Ich, das sich jedes Mal zu Wort meldete, wenn der Groll in ihm zu groß wurde. Anscheinend war der Unmut gegen den Schmied nicht groß genug, um das Dämonische in ihm nach außen zu kehren.

Er rollte sich unter dem Tisch hindurch und tauchte auf der anderen Seite wieder auf. Erneut fuhr der Hammer auf die Tischplatte herab. Diesmal schlug der Fäustel direkt vor Baazlabeths Gesicht auf, gerade als dieser über die Kante schaute, um zu sehen, was sein Gegner machte. Ein Schwall Holzsplitter und Dreck stob ihm entgegen. So langsam hatte Baazlabeth es satt, sich von dem Schmied durch die Werkstatt treiben zu lassen. Er brauchte etwas, mit dem es sich zu kämpfen lohnte. Der Bogen schien wenig geeignet zu sein, somit hielt er sich lieber an die Esse und die Werkzeuge, die darum herum verteilt lagen.

Kesselbrook versuchte, den Tisch zu umrunden, und Baazlabeth machte das Spiel mit. Mehrfach wechselten sie abrupt die Richtungen, um ihr Katz-und-Maus-Spiel andersherum fortzusetzen. Dann hatte Baazlabeth die Esse im Rücken. Er griff sich den Schürhaken, der mittlerweile abgekühlt war.

Kesselbrook packte den Tisch und schob ihn beiseite, als wenn er nichts wöge. Der Schmied schien ungeahnte Kräfte zu entwickeln, und im Gegensatz zu seinem Gegner kochte in ihm die Wut.

Baazlabeth täuschte einen Schlag an, sprang seitlich zur Esse und schlug den Schürhaken in die glühenden Kohlen. Ein Funkenregen aus Asche und Glut ergoss sich über den Schmied, doch auch dies schien ihn nicht sonderlich zu beeindrucken. Er schüttelte lediglich den Kopf, um die glimmenden Teilchen aus seinem Haar zu bekommen. Glühende Kohlenreste brannten sich in sein Hemd und in die

Hose ein, während er Baazlabeth mit einer Salve von Schlägen eindeckte. Der Schürhaken wurde mit jedem Treffer hin und her geworfen und drohte beinahe, aus der Hand des Dämons gerissen zu werden. Was war nur in diesen Schmied gefahren? Baazlabeth hatte ihm kaum etwas entgegenzusetzen. Wenn nicht bald seine dämonischen Kräfte durchbrachen, würde Kesselbrook ihn auseinandernehmen wie ein Ritter seinen Knappen. Immer weiter wurde Baazlabeth an die Esse gedrängt. Die Hitze versengte mittlerweile die feinen Härchen auf seinen Händen und Armen.

Kesselbrook führte nach einem parierten Angriff einen schwungvollen Schlag mit der Rückhand aus, der Baazlabeth an der Schulter traf und ihn beinahe umwarf. Im letzten Moment konnte der Dämon sich am gegenüberliegenden Rand der Esse abstützen. Ansonsten wäre er mit seinem Oberkörper auf die glühenden Kohlen gestürzt.

Der Schmied rammte ihm den Ellenbogen ins Kreuz und sprang zur Seite. Mit einem Fußtritt beförderte er den dort stehenden Schemel gegen die Wand und trat auf den gewaltigen Blasebalg, der neben der Esse aufgebaut war. Wie aus einem Vulkan stoben heiße Luft, Asche und glühende Funken aus der Esse hervor und versengten Baazlabeth. Sofort standen Hemd und Mantel in Flammen. Heiße Luft und Funken brannten sich beim Atmen in die Lungen, und Asche verklebte seine Augen.

Ein Schmied? Er ist doch nur ein dämlicher Schmied. Seit Wochen trachten mir alle möglichen finsteren Gestalten nach dem Leben, und ausgerechnet ein Schmied schafft das, woran alle anderen kläglich gescheitert sind? Und das alles nur, weil ich mich abfällig über seine Frau geäußert habe? Das muss ja ein tolles Weib sein!

Baazlabeth wartete nur noch darauf, dass er den finalen Treffer einstecken musste. Bis dahin begnügte er sich damit, sich so weit zu löschen, wie es ihm möglich war. Sein Hemd würde ohnehin hin sein. Normalerweise reparierte sich seine Kleidung im gleichen Maße, wie sich sein Körper regenerierte. Dummerweise blieben Dreck und Flecken erhalten. Ein kleiner Trost war es, dass sein wahrer Körper, wenn dieser gleich aus der menschlichen Hülle von Sil stiege, kein Hemd benötigte. Mit einer gewissen Gelassenheit schüttelte Baazlabeth die glühenden Brocken aus seiner Kleidung. Mittlerweile gab es nichts mehr zu löschen, aber immer noch hatte ihn der tödliche Schlag nicht ereilt. Außer einigen verschwommenen Umrissen konnte er nichts sehen. Jonas Kesselbrook schien einige Schritte vor ihm zu stehen. Baazlabeth bezweifelte nicht, dass der Schmied jederzeit bereit war, ihm den Garaus zu machen.

Der Dämon schüttelte sich den Ruß aus den Haaren und wischte sich mit dem verkohlten Ärmel übers Gesicht. So langsam kam seine Sehkraft zurück. Der Schmied stand tatsächlich vor ihm, doch von seiner Aggressivität fehlte jede Spur. Vielleicht sah er ein, dass er überreagiert hatte. Oder er mochte es mit der Angst bekommen haben, zur Rechenschaft gezogen zu werden. Immerhin war es kein Kavaliersdelikt, ein Mitglied des Kleinen Rates zu töten. Er war schließlich Schmied, und kein Horde.

Nach einem weiteren Versuch, sein Gesicht zu säubern, sah Baazlabeth endlich wieder klar. Jonas Kesselbrook war keineswegs durch Gewissensbisse zur Vernunft gekommen. Es ließ sich nicht leugnen, dass seine Wandlung irgendetwas mit dem Bolzen zu tun hatte, der auf Höhe des Brustbeins aus ihm herausragte. Das Geschoss musste ihn in den Rücken getroffen, die Wirbelsäule durchschlagen haben und mit der Jagdspitze vorne wieder ausgetreten sein. Nur ein wenig mehr Wucht, und Baazlabeth hätte als Nächster Bekanntschaft mit dem Bolzen gemacht.

Der Schmied konnte seinen Tod anscheinend noch nicht fassen. Mit starren Augen stand er vor Baazlabeth. Am langen Arm hing der schwere Fäustel. Kraftlos klammerten sich seine Finger um den Griff. Langsam entglitt ihm das Werkzeug und fiel zu Boden. Einen Augenblick später versagten Jonas Kesselbrooks Beine ihm den Dienst, und er sackte auf die Knie. Seine Hand tastete nach dem Hammer, aber er lag außer Reichweite. Dann fiel er vollends in sich zusammen und starb.

Erst jetzt nahm Baazlabeth die Frau im Durchbruch zum Nebenraum wahr. Galina trug heute ein dunkelblaues Kleid mit tiefem Ausschnitt. In der Hand hielt sie eine Armbrust. Die Situation war recht eindeutig. In ihrem Gesicht zeigte sich keine Reue, keine Trauer oder sonst irgendeine Gefühlsregung.

»Ihr solltet unbedingt mit auf der Mauer stehen, wenn wir den König begrüßen. Gute Schützen kann die Stadt jetzt mehr denn je brauchen«, sagte Baazlabeth, halb aus Verlegenheit.

Galina legte die Armbrust zu Boden, verschwand im Durchbruch und kam kurz darauf mit einem knöchellangen dunkelbraunen Ledermantel mit Pelzkragen wieder hervor.

»Nein, ich mag keine Waffen«, gestand sie.

»Ihr seid mit einem Klingenschmied verheiratet und arbeitet in einer Schmiede. Wie kann man da keine Waffen mögen?«

»Falls es Euch entgangen ist, ich habe mich gerade von ihm getrennt«, erinnerte sie Baazlabeth. »Ich warte schon seit Jahren darauf, von hier abhauen zu können. Aber jetzt seid Ihr ja endlich da. Wir sollten machen, dass wir wegkommen. Es schauen ab und an Stadtwachen vorbei, um ihre Klingen ausbessern zu lassen.«

Baazlabeth wurde das Gefühl nicht los, dass etwas an ihm vorbeilief. Wer war diese Frau, und warum biederte sie sich jedes Mal so an? Wusste sie etwas, was ihm bislang entgangen war?

»Ich werde nirgendwohin mit Euch gehen, solange Ihr mir nicht gesagt habt, was hier vorgeht«, sagte er barsch. »Warum habt Ihr Euren eigenen Mann getötet? Immerhin hat er nur versucht, Eure Ehre zu verteidigen?«

Galina lehnte sich gelangweilt an den Türrahmen und richtete ihren Pelzkragen. Dann betrachtete sie mit kritischem Blick ihre Fingernägel.

»Mich werden sie nicht in den Kerker werfen«, stöhnte sie. »Alle werden glauben, dass Ihr den Schmied ermordet habt. Wollt Ihr erneut von den Stadtwachen in dieses finstere Verlies gesperrt werden, nur weil ihr an meinen Worten zweifelt. Es ist nicht die Zeit, um bockig zu sein.«

Diese Frau ist einfach wunderbar. Woher nimmt sie die Gelassenheit, mit mir zu sprechen wie mit einem Lakaien? Sie glaubt tatsächlich, mit ihrem Gesäusel das zu schaffen, was ihr Mann mit einem Hammer nicht erreichen konnte. Entweder ist sie lebensmüde oder selbstverliebt. Wollen wir doch mal sehen, was passiert, wenn ich bei ihrem Spiel mitspiele.

Baazlabeth zupfte andächtig an den Brandlöchern in seinem Hemd herum und schlenderte auf Galina zu. Sie schien immer noch mehr an sich selbst und am Sitz ihrer Kleidung interessiert als an dem, was er tat. Sie hielt es noch nicht einmal für nötig aufzusehen, als er direkt vor ihr stand. Ihre Nägel schienen faszinierender als alles andere.

»Ihr solltet mehr auf Euer Äußeres achten«, flüsterte sie ihm zu. »Ihr riecht irgendwie – angekokelt.«

Baazlabeth packte zu. Seine Hand schlug ihr mit Wucht unter das Kinn und umklammerte ihren Kiefer. Jetzt schoben sich aus seinen Fingerknöcheln die langen Krallen heraus, streiften ihre Wange und hinterließen blutige Striemen in ihrem anmutigen Gesicht. Ebenso spürte er, dass sein linker Fuß den Stiefel zu sprengen drohte, weil er sich zu einem Huf verformt hatte. Sein Oberkiefer und die Stirn schmerzten. Wenn es ihm nicht gelang, sich schnellstens wieder zu beruhigen, würde von Sils Körper nicht mehr übrig bleiben als eine löchrige Hülle.

»Du dämliche kleine Schlampe solltest lieber auf dein eigenes Aussehen achten. Habe ich dir schon einmal erzählt, dass es mir nichts ausmacht, auch Frauen zu töten. Wenn du mir nicht sofort berichtest, was hier vor sich geht und was du von mir willst, werden die Stadtwachen mich wegen Doppelmord suchen. Ach übrigens! Du hast schöne Fingernägel. Findest du, dass meine Nägel zu lang sind?«

Erst jetzt schien er Ihre ungeteilte Aufmerksamkeit zu erlangen. Langsam wanderte ihr Blick über seine Brust nach oben, doch schien er an jedem einzelnen Loch in seinem Hemd kleben bleiben zu wollen, so als ob sie Angst hätte, ihrem Gegenüber ins Gesicht zu sehen. Dann trafen sich ihre Blicke für einen kurzen Moment, doch ihre Augen wanderten weiter nach oben.

»Aus Eurer Stirn ragen zwei Hörner«, gab sie kleinlaut zu bedenken. »Sie kriechen aber langsam in Euren Schädel zurück.«

»Dann hast du alles richtig gemacht«, knurrte er sie an. »Mach weiter so, und ich werde mit meinem Fuß auch wieder auftreten können, ohne mit dem Huf durch die Sohlen zu stoßen. Nun sag endlich, wer du bist, und was du von mir willst!«

»Ich bin eine dunkle Muse«, erklärte Galina. »Männer liegen mir zu Füßen, wenn ich es darauf anlege. Habe ich sie erst einmal in meinen Bann gezogen, sind sie mir so gut wie hörig. Erwidere ich ihre Liebe nicht, stürzen sie ins Unglück.«

»Hört sich für mich an wie dasselbe Geschwafel, das die Huren aus der Schwalbenburg von sich geben, wenn sie den Preis in die Höhe treiben wollen«, folgerte Baazlabeth. »Das bedeutet nur, dass du an maßloser Selbstüberschätzung leidest. Sag mir endlich, was das alles mit mir zu tun hat. Und es wäre besser für dich, du hast eine plausible Antwort.«

Das hat mir gerade noch gefehlt, eine größenwahnsinnige Schlampe, die zuerst ihren Mann unter die Erde und mich dann unter ihre Fuchtel bringen will.

Der Frau standen die Tränen in den Augen. Sie hatte nicht geahnt, mit wem sie sich eingelassen hatte.

»Ich bin sozusagen eine Schwester von Euch«, jammerte Sie. »Ich bin eine der sieben Sünden. Nemrothar hat mich vor zwölf Jahren in die Stadt geholt und mir gesagt, dass jemand kommen würde, der meinen Reizen widerstehen kann. Wenn ich ihn gefunden hätte, sollte ich mich ihm anschließen und helfen, Sementis zu erfüllen.«

Sementis, Nemrothar, vor zwölf Jahren? Irgendetwas scheint hier gerade völlig aus dem Ruder zu laufen. Nemrothar hat doch glatt vergessen, mir davon zu erzählen. Ich werde seinem Gedächtnis wohl noch mal auf die Sprünge helfen müssen, indem ich es aus seinem Schädel kratze und vor seinen Augen über den Tisch rollen lasse.

Was der alte Magier wusste oder auch nicht und warum er Baazlabeth all dieses Wissen verschwiegen hatte, konnte im Moment nicht geklärt werden. Blieb nur noch festzustellen, ob Galina das war, wofür sie sich hielt, oder ob sie zusammen mit Jonas Kesselbrook in der Erde verscharrt werden musste.

»Was für eine Sünde, denkst du denn, bist du?«, fragte Baazlabeth. »Aber ich muss dir gleich sagen, dass Geschmacklosigkeit und Witwentum keine Sünde ist. Bislang sehe ich nichts an dir, was uns von Nutzen sein könnte.«

»Ich bin die Wollust«, sagte sie voller Überzeugung.

Baazlabeth brauchte einen Moment, um zu verinnerlichen, was er gerade gehört hatte. Als es ihm bewusst wurde, brach er in schallendes Gelächter aus. Die Krallen zogen sich schlagartig zurück in seine Knöchel, und er ließ Galina los und trat einen Schritt nach hinten.

»Die Wollust!«, brüllte er vor Vergnügen. »Nicht, dass ich nicht wüsste, dass Wollust eine der Sünden ist, aber ehrlich gesagt, habe ich mir doch etwas anderes darunter vorgestellt. Irgendetwas Männerverschlingendes mit sechs Zitzen. Ein gebärendes Monstrum, das seine Liebespartner nach dem Akt auffrisst. Auf jeden Fall irgendetwas, an dem mehr dran ist als an dir.«

Galina schien ein wenig beleidigt zu sein. Erneut betrachtete sie sich von oben bis unten kritisch und richtete dabei jede Falte ihrer

Kleidung neu. Abermals verlor sie beinahe die Fassung, als sie das Blut auf ihren Fingern sah, das von den Kratzern in ihrem Gesicht stammte. Sofort eilte sie zu dem Leichnam von Jonas Kesselbrook und riss ihm ein Stück Stoff aus dem Hemd heraus. Vorsichtig tupfte sie die Stellen ab und überprüfte, ob die Blutung gestillt war.

»Da werden doch wohl keine Narben bleiben?«, erkundigte sie sich bei Baazlabeth.

»Warum denn nicht, würde auf jeden Fall von den kleinen Brüsten ablenken«, verriet er ihr.

»Meine Brüste sind nicht klein«, keifte sie, als wenn sie vergessen hätte, mit wem sie sprach.

»Es reicht gerade, um zu erkennen, wo vorn und wo hinten ist«, gestand Baazlabeth. »Aber anstatt hier herumzuzicken, solltest du mir lieber zeigen, was dich deiner Meinung nach so besonders und wertvoll für mich macht.«

Galina zog entschlossen ihren Mantel zu und warf ihre Kapuze mit dem Fellkragen über. Dann bückte sie sich und packte den Schmied bei den Armen.

»Könntet Ihr mir helfen?«

»Was hast du vor?«

»Na, was schon!«, sagte sie schnippisch. »Ich war zehn Jahre mit ihm verheiratet. Ich kann ihn nicht einfach hier herumliegen lassen. Werfen wir ihn in den Eiswein, dann wird er ins Meer getrieben.«

Galina besaß eine merkwürdige Art von Pietätsgefühl, da aber keine Schweine in der Nähe waren, die sich um den Leichnam hätten kümmern können, willigte Baazlabeth ein. Gleich hinter dem Haus lag der steile Hang, der hinunter in das Flussbett führte. Ungesehen ließen sie den toten Schmied in den Fluten verschwinden.

»So, wie geht es nun weiter?«, fragte Baazlabeth.

»Zuerst sollten wir die Pfeilspitzen auf den Karren vor dem Haus laden«, schlug sie vor. »Morgen früh wollten die Wachen zurückkommen, um sie abzuholen. Sie werden keinen Verdacht schöpfen, wenn Jonas nicht in der Schmiede, aber die Arbeit getan ist.«

»Du scheinst ja alles genau geplant zu haben«, sagte Baazlabeth.

»Ich hatte ja auch lange genug Zeit dazu«, erwiderte sie. Schnell erledigten sie auch diese Arbeit, anschließend meinte Galina: »Kommt, ich soll Euch doch zeigen, worin mein Talent liegt.«

Baazlabeth holte seinen Bogen und die Pfeile aus dem Haus und folgte ihr nach draußen. Gemeinsam verließen sie das Grundstück in Richtung Hafen. Er wusste zwar nicht, wohin ihn die junge Frau führen würde, doch das war auch egal, denn er ging davon aus, dass es ihr letzter gemeinsamer Weg war, den sie beschreiten würden. Baazlabeth hatte nichts gegen die junge Frau, jedenfalls nicht mehr als gegen jeden anderen Menschen auch, doch sollte sie keine der Sünden sein, wäre er gezwungen, sie zu töten. Sie wusste zu viel über ihn und die Prophezeiung, um sie frei herumlaufen zu lassen. Sollte sie versuchen, zu flüchten, würde er ihr einen Pfeil hinterherschicken. Versuchte sie, Hilfe zu bekommen, würde er einige Pfeile mehr verschießen müssen. Zur Probe zog Baazlabeth einige Male an der festen Sehne. Der Bogen war wirklich schwer zu spannen, doch einige gezielte Schüsse würde er damit abgeben können.

»Was seid Ihr wirklich?«, fragte Galina, als sie in eine dunkle Gassen abbogen, die hinunter zum Hafen führte.

»Eine der Sünden«, antwortete Baazlabeth. »Ich dachte, du weißt so viel über mich und die anderen?«

»Ich weiß das, was ich gesagt habe. Ich weiß von den Sünden, und dass Nemrothar sie um sich schart. Ich kenne Molloch und dieses kleine Mädchen von Lord Brackenmoore. Ich glaube, sie ist seine Stieftochter.«

»Lilith?«, fragte Baazlabeth erstaunt. »Du kennst sie?«

»Nein, das nicht, aber Molloch hat mir erzählt, dass wir nicht allein seien. Er sagte, sie sei noch ein Kind, und dass sie ständig in Begleitung ihrer toten Mutter sei. Das habe ich ihm aber nicht abgenommen.«

»Du hättest es tun sollen«, grunzte er. »Ich kann mich kaum entscheiden, wer von beiden mir mehr auf die Nerven gegangen ist.«

»Sind sie tot?«

»Nein, aber sie sehen beide so aus.«

»Sind sie wie Ihr, keine Menschen?«

Jetzt musste Baazlabeth doch abrupt stehen bleiben. Er hatte das Gefühl, dass Gehen und Sprechen zur gleichen Zeit für dieses Gespräch etwas zu viel der Anstrengung bedeuteten.

»Um deiner selbst willen solltest du nie wieder in Erwägung ziehen, ein Mensch zu sein. Amez hat mich sicher nicht hierher gebracht, damit ich mit einer Reihe von Kurzlebigen einen Krieg führe. Ich bin keine Amme, sondern ein Kriegerdämon.«

»Natürlich bin ich ein Mensch«, sagte Galina verwirrt. »Und genau wie Molloch bin ich mit einem außergewöhnlichen Talent gesegnet. Amez selbst hat mich auserwählt und mir diese Kraft verliehen, damit ich Sementis erfüllen kann.«

Amez selbst hat sie erwählt. Gleich wird sie noch behaupten, mit dem Gott der Götter im Bett gewesen zu sein. Wieso nur kommen alle auf die verrückte Idee, alles, was sie tun, auf Anweisung eines Gottes getan zu haben?

Baazlabeths einzige Erklärung für das verwirrte Gestammel der jungen Frau war der Schock darüber, ihren eigenen Mann getötet zu haben. Eine Kopfverletzung wäre zu offensichtlich gewesen, und für Altersschwachsinn war sie eindeutig zu jung. Aber jetzt endlich war er sicher, dass ihre Wege sich bald wieder trennen würden. Er würde den Abend gemütlich im *Einsamen Wanderer* ausklingen lassen, und sie würde gemeinsam mir ihrem Mann im Hafenbecken treiben. Was für eine wunderbare Vorstellung.

Von Amez höchstpersönlich auserwählt, um die Prophezeiung zu erfüllen. Dass ich nicht lache! Noch nicht einmal zu mir, einem seiner ersten Kinder, hat der Herr des Chaos gesprochen. Was denkt diese blöde Schlampe sich nur, mir solche Lügen aufzutischen?

Baazlabeth musste sich zurückhalten, sie nicht an Ort und Stelle zu töten. Allein seine Neugier, wohin sie ihn führen und was sie ihm noch für Geschichten auftischen würde, hielt ihn davon ab.

Galina schien zu spüren, dass sie nur wenig davon entfernt war, abermals Bekanntschaft mit Baazlabeths wahrem Ich zu machen. Obwohl sie in den dicken Mantel gehüllt war, überfiel sie ein Frösteln und ließ sie zittern.

»Kommt, es ist nicht mehr weit«, sagte sie und eilte mit gesenktem Haupt die Gasse entlang zum Hafen. Ihr Weg führte sie zwischen den eng stehenden Fischerhäusern und Lagerhallen hindurch.

Immer schön auf das Wasser zu, Mädchen, dann muss ich deinen toten Körper nicht so weit schleppen.

Nach wenigen Minuten durch den Irrgarten aus Armut und Fischgestank erreichten sie die Häuser, die in erster Reihe zum Hafenbecken standen. Galina schlich, eng an die Hausmauern gedrückt, an einigen Gebäuden vorbei und blieb dann vor einem schäbig aussehenden Eingang stehen. Über der Tür hing eine Laterne, die kaum noch Licht spendete, weil ihre Gläser rußgeschwärzt waren. Neben dem Eingang war ein Brett an die Fassade genagelt, auf dem stand: *Walfett.*

Baazlabeth blieb vor dem Gebäude stehen und trat einen Schritt zurück. Mit kritischem Blick versuchte er, die Funktion des heruntergekommenen Hauses zu ergründen.

»Walfett?«, wiederholte er die Aufschrift neben der Tür.

»Wahrscheinlich keine der üblichen Schenken, in denen Ihr normalerweise verkehrt«, gab Galina zu bedenken. »Man sollte vermeiden, hier seinen Hunger zu stillen, und wenn Ihr etwas zu trinken bestellt, achtet darauf, dass man Euch eine verkorkte Flasche bringt. Last Euch niemals eine Karaffe vom Wirt andrehen, sonst bekommt Ihr nur die gepanschten Reste vom Vortag.

Baazlabeth warf einen Blick auf die zugenagelten Fenster und verzog angeekelt die Mundwinkel.

»Aber hinsetzten wird man sich doch wohl können?«

Galina schritt unerschrocken zu der klapprigen Holztür und zog sie auf. Eine Qualm- und Dunstwolke schlug ihr entgegen, die sie zu verschlingen drohte. Die Mischung verschiedenster Gerüche konnte unmöglich von einem einzigen Abend stammen, sondern musste die Ansammlung von allen unangenehmen Düften der letzten Jahre sein, die sich bisher wie eine wabernde, zähflüssige Masse geweigert hatte hinauszuschwappen, wenn jemand die Tür öffnete.

Baazlabeth hätte wetten können, dass kaum ein Gast in diesem Etablissement zu finden war, was er auch an der nicht vorhandenen Geräuschkulisse festmachte, die selbst im *Einsamen Wanderer* mehr zu bieten hatte, wenn Meister Dumpf den Boden feudelte. Nichts an dem *Walfett* war irgendwie einladend.

Was von außen bereits abschreckend gewirkt hatte, fand innen seinen Höhepunkt. Die Schenke hatte den Komfort eines Schweinestalls und das Ambiente eines Kerkers. Die Wände waren kahl, der Fußboden aus Pflastersteinen gelegt und der Tresen aus Kisten hochgezogen und mit einer Decksplanke versehen. Trotzdem fanden sich gut zwei Dutzend Gäste in der Schenke ebenso wie ein Wirt, der Mollochs Bruder hätte sein können. Am faszinierendsten von allem war aber, dass niemand zu sprechen schien. Die wenigen teilnahmslosen Wortwechsel bestanden mehr oder weniger aus Einsilbigkeiten, Gesten, Grunzlauten und genervten Blicken. Die Gäste standen oder saßen irgendwo herum, starrten in ihre Gläser oder schaufelten griesgrämig Essen in sich hinein. Auch der Wirt hatte als Willkommensgruß nicht mehr für die beiden Neuankömmlinge über als ein kurzes Nicken, das auch ein abschätzender Blick hätte sein können.

»Sucht Euch einen Platz etwas entfernt von mir, von wo aus Ihr mich gut beobachten könnt«, flüsterte Galina Baazlabeth ins Ohr.

Äußerst gewandt bahnte sie sich einen Weg durch die rüpelhaft und ungepflegt aussehenden Männer, ohne auch nur einen von ihnen zu berühren. Sofort zog sie die Hälfte aller Blicke auf sich, was aber nicht sonderlich ungewöhnlich schien, da sie die einzige Frau im Gastraum war. Sie durchquerte den Schankraum und hielt auf einen vollbesetzten Tisch in der hinteren Ecke zu. Es war augenscheinlich einer der Tische, an denen wirklich kein freier Platz mehr zu finden war, doch Galina schien guter Dinge, zwischen den Männern unterzukommen. Sie stellte sich vor die vollbesetzte Bank und wartete darauf, dass der Mann auf dem Eckplatz von ihr Notiz nahm. Lange zu warten brauchte sie nicht. Die Hälse der Männer reckten sich wie bei einem Gänseschwarm, wenn der Bussard über ihnen kreiste. Galina beugte sich vor und flüsterte dem Mann, mit dem glasig verträumten Blick etwas ins Ohr. Der verhärmt aussehende Mann verzog keine Miene, sondern sprang plötzlich auf, nahm seinen Teller und seinen Bierhumpen in die Hand und stellte sich mit einem verklärten Grinsen neben die Bank an die Wand.

Galina schob die Kapuze zurück, öffnete ihren Mantel und setzte sich auf den eben frei gewordenen Platz. Dann faltete sie ihre Hände, legte sie auf den Tisch und schaute interessiert in die Runde.

Während der ganzen Zeit hatte niemand es gewagt, etwas zu essen oder auch nur einen Schluck zu trinken. Den Männern schien es zu reichen, sie anzusehen.

Bislang konnte Baazlabeth noch nichts ungewöhnlich Finsteres an ihr entdecken, außer das Sie wahrscheinlich den Wirt an den Bettelstab bringen würden, wenn die Gäste weiterhin vom Schmachten satt wurden. Der Dämon selbst hatte sich zu zwei Fischern an einen Stehtisch gesellt. Ein kurzer Blick auf die Teller der beiden Männer bestärkte ihn in dem Gefühl, keinen Hunger zu haben.

Der dicke Wirt wagte sich hinter seinem Tresen hervor und legte sich wenig galant einen dreckigen Lappen über den behaarten Unterarm. Baazlabeth gab ihm einen Fingerzeig, doch der Herr des schmutzigen Geschirrs lief an ihm vorbei und hetzte an den Tisch, an dem Galina saß. Der Dämon hatte so seine Schwierigkeiten mit Nichtbeachtung, doch in diesem Fall redete er sich ein, dass es unter Umständen ganz gut war, seinen Bestellwunsch noch einmal zu überdenken.

Der Wirt ließ sich sogar dazu herab, über den Tisch vor Galina zu wischen. Doch es blieb nicht bei einer oberflächlichen Reinigung, nein. Stattdessen machte es den Anschein, als würde er versuchen, die Maserung aus dem alten Holz zu schrubben. Als er zurückkam, trug er einen Gesichtsausdruck vor sich her, als wenn die Muse ihm Wein und Bier für ein ganzes Heer abgekauft hätte.

Baazlabeth versuchte ein weiteres Mal, seine Aufmerksamkeit zu erregen, jedoch abermals ohne Erfolg. Der Wirt rauschte an ihm vorbei und hüllte den Dämon in eine Dunstwolke aus Schweiß und ranzigem Fischfett. Der Fettkloß zog hinter seiner Theke einen kleinen Henkelkrug aus dem Regal hervor, füllte ihn mit Wein aus dem Fass und schnappte sich ein Glas. Mit der aufgegebenen Bestellung eilte er zurück zu Galina.

Diesmal wollte Baazlabeth den Wirt nicht wieder so einfach davonkommen lassen. Er hatte sich entschieden, was er trinken wollte, und es gab keinen Grund, länger zu warten.

Der Wirt schien das anders zu sehen und preschte an ihm vorbei.

Er wäre langsamer und einfacher für die Gäste zu greifen, wenn ich ihm eine Achillessehne durchtrennen würde, überlegte sich Baazlabeth.

Erneut wischte der dicke Mann vor Galinas Platz herum, bevor er den Krug und das Glas abstellte. Dann stand er erwartungsvoll vor ihr und beobachtete, wie Galina sich das Glas halbvoll schenkte, einen winzigen Schluck nahm und freundlich lächelte.

Sichtlich zufrieden, machte der Wirt sich auf den Weg zurück hinter den Tresen. Diesmal bekam Baazlabeth ihn an der speckigen Schürze zu packen und wurde beinahe mitgerissen. Jedoch schien der Wirt diese Form der Aufgabe einer Bestellung bereits zu kennen und verhinderte Schlimmeres, indem er stehen blieb.

»Gleich!«, keifte er Baazlabeth an.

»Gleich könnte es für dich zu spät sein«, erwiderte der Dämon.

»Wenn ich meine Manieren vergesse, wirst du heute Abend nicht nur Essensreste vom Boden wischen müssen.«

Der Wirt verzog wenig beeindruckt die Mundwinkel. Anscheinend kannte er solche Bemühungen, seine Aufmerksamkeit zu bekommen.

»Was wollt Ihr?«

»Hast du Wein in Flaschen?«

»Passt mein Arsch durch ein Rattenloch?«, entgegnete der Wirt.

Das ist entweder ein unsittliches Angebot, oder es soll nein heißen. Um seiner Gesundheit und meiner Abneigung gegen zu fettes Essen willen unterstelle ich mal Zweites.

»Irgendetwas anderes in Flaschen?«, erkundigte sich Baazlabeth.

»Lampenöl und Rübenschnaps.«

»Ich nehme diesen Schnaps und ein sauberes Glas, wenn es möglich ist«, entschied sich Baazlabeth.

Der Wirt wandte sich ohne ein Wort ab und stapfte zum Tresen zurück.

Mittlerweile hatte Galina es sich bequem gemacht. Ihr Mantel lag auf ihrem Schoß. Sie lehnte sich zurück, das Glas Wein in der Hand. Dann warf sie einen kurzen Blick zu Baazlabeth, um sich vergewissern, dass er sie im Auge behielt. Sie nickte ihm zu, als ob sie ihm sagen wollte: *Die Vorstellung kann losgehen.*

Galina tauchte ihren Zeigefinger in das Glas Rotwein, dann befeuchtete sie ihre Lippen damit und leckte die Reste mit ihrer Zunge ab. Der Mann ihr gegenüber starrte sie gebannt an. Sie zwinkerte ihm zu und schob ihre Hand quer über den Tisch und streichelte den Unterarm seines Sitznachbarn. Nachdem sie beide mit ihren Betörungen in den Bann gezogen hatte, lehnte sie sich zur Seite und flüsterte dem graubärtigen Seemann zu ihrer Rechten etwas ins Ohr. Der anscheinend volltrunkene Mann schielte sie mit glasigen Augen an und begann, wie ein Hund an ihren Haaren zu schnüffeln.

Zugegeben, sie ist besser als die meisten anderen Huren, die ich bisher gesehen habe. Sie könnte sich ein kleines Vermögen verdienen, wenn sie es in eine bessere Gegend schafft. Doch von einer Sünde sehe ich nicht viel. Es ist nicht schwer, diese notgeilen Böcke anzuheizen. Vielleicht will sie ja, dass ich sie wieder abkühle.

Baazlabeth wurde aus seinen Gedanken gerissen, als der Wirt eine staubige Flasche vor ihm auf den Tisch stellte.

»Und das Glas?«, fragte Baazlabeth.

»Ihr meint das saubere Glas«, grinste der Wirt und zuckte mit den Achseln. Dann trottete er wieder davon.

Baazlabeth betrachtet die leicht bläulich scheinende Flasche mit e dem klaren Inhalt. Der Mann, der ihm gegenüberstand, zog skeptisch die Augenbraue hoch, als er die Pulle sah. Baazlabeth deutete dies als Geste des Erstaunens. Vielleicht wunderte sich der andere, wie jemand mit Geschmack sich in diese Kaschemme verirrt hatte. Er zog den Korken aus der Flasche und nahm einen kräftigen Schluck. Danach stellte er die Flasche zurück und starrte in die verwunderten Augen seiner Tischkameraden. Langsam, aber unaufhaltbar spürte er, wie die Flüssigkeit seinen Schlund hinunterrann und wie ein brennender Fluss durch seinen Körper strömte. Baazlabeth hatte das Gefühl, seine Zunge würde anschwellen, seinen Rachen ausfüllen und ihn ersticken lassen. Tränen schossen ihm in die Augen, und seine Nase begann zu tropfen.

»Meine Hochachtung, Gaukler«, kicherte der Mann ihm gegenüber.

»Damit könntest du auftreten. Du würdest ganze Säle füllen mit diesem Trick«, mischte sich der andere ein, ebenfalls mit Tränen in den Augen, jedoch vom Lachen.

Zu gern hätte Baazlabeth etwas erwidert, doch momentan hatte er das Gefühl, aus seinem Mund würden Flammen schlagen, wenn er ihn öffnete. Dann schüttelte ihn ein Hustenanfall.

»Ich hätte wetten können, dass dieses Zeug nur noch von Alchemisten und Magistern gekauft wird, um Finger und Augen darin einzulegen.«

Baazlabeth hatte andere Probleme, als darauf zu achten, wer von den beiden ihm sein Wissen mitteilen wollte. Langsam wich der brennende Schmerz in seinem Rachen einer Taubheit. Sein Magen fühlte sich hingegen immer noch an, als ob jemand Suppe auf einem offenen Feuer darin garte. So allmählich hatte Baazlabeth den ersten Schock überwunden. Er wischte sich die Tränen aus dem Gesicht und räusperte sich.

»Nehmt euch ruhig einen, Freunde«, krächzte er. »Es ist genug für alle da.«

Wieder begann er zu husten.

Vielleicht hätte ich mir auch eine Flasche mit Fingern und Augen darin bestellen sollen. Ist bestimmt milder, als das Zeug pur zu trinken.

Als Baazlabeth den erneuten Anfall überwunden hatte und von der Tischkante aufsah, hatte der eine seiner Trinkgefährten bereits zwei kleine Gläser geholt und schenkte sie randvoll. Sein Kollege eilte mit einer brennenden Kerze und einem Pfeifenspan herbei. Er stellte die Kerze auf dem Tisch ab, entzündete den Span und hielt ihn über die beiden Gläser. Der Rübenschnaps schien nur darauf gewartet zu haben, in Brand gesteckt zu werden. Noch bevor die Flamme die Flüssigkeit berührt hatte, entzündete sie sich, und lustige blaue Flammen tanzen auf ihrer Oberfläche. Die beiden Männer ließen sie einen Moment brennen, bevor sie die Flammen auspusteten und den Schnaps hinunterstürzten.

Die beiden schienen kaum weniger mit dem Gebräu zu kämpfen zu haben als vorher Baazlabeth, doch sie nahmen es gelassen.

»Schmeckt immer noch wie Galle«, röchelte der eine, »doch man wird wenigstens nicht blind davon.«

»Für umsonst gut genug«, keuchte der andere.

Baazlabeth fühlte sich wieder stark genug, einen erneuten Schluck aus der Flasche zu nehmen. Diesmal verkraftete er den Rübenschnaps wesentlich besser, was sicherlich daran lag, dass sein Mund immer noch taub war.

»Respekt«, verkündeten die Tischgesellen fast gleichzeitig.

»Ich zünde es immer erst beim Pissen an«, erklärte Baazlabeth gelassen.

Er hätte gern noch weitere Trinkweisheiten mit den beiden ausgetauscht, doch am hinteren Tisch braute sich etwas zusammen, von dem Baazlabeth annahm, dass es Galinas Werk war.

»Wenn du sie noch einmal mit deinen widerlichen Fingern angrapschst, du Drecksack, werde ich sie dir brechen!«, brüllte der Seemann mit den strähnigen grauen Haaren den hageren Typen gegenüber an.

Für Baazlabeth sah es zwar aus, als wenn Galina den Mann tätschelte, nicht andersherum, doch das schien momentan keinen Unterschied mehr zu machen. Aber auch die anderen Gäste am Tisch der dunklen Muse schienen sich nicht ganz grün zu sein. Einer hatte seinen Nachbarn am Schal gepackt und schüttelt ihn an dem gehäkelten Lappen hin und her. Zwei andere hatten sich gegenseitig am Kragen gegriffen und schienen sich im Gerangel aneinander in die Höhe zu schrauben. Nur der ältere Mann neben Galina schnupperte immer noch an ihrem Haar, und der auf ihrer anderen Seite stand weiterhin debil grinsend mit Krug und Teller in der Hand an die Wand gelehnt.

»Mist, gerade jetzt«, stöhnten Baazlabeths Saufkumpanen. »Komm, einen werden wir uns noch genehmigen, dann verdrücken wir uns lieber.«

Dieselbe Prozedur wurde abermals durchexerziert: Einschenken, anzünden und austrinken. Dann klappten beide den Kragen hoch, tippten sich gegen die Schläfe zum Gruß und verschwanden.

Auch die anderen Gäste schienen langsam nervös zu werden. Einige schütteten den letzten Schluck aus ihren Gläsern hinunter, anderen stopften sich Kanten trocknen Brotes in den Mund und begannen, ihren Kram zusammenzusammeln. Wiederum andere schienen zu überlegen, ob noch genügend Zeit blieb, eine letzte Bestellung aufzugeben.

Baazlabeth hätte ihnen davon abgeraten. Die Situation am Tisch eskalierte langsam, aber sicher. Galina hatte sich mittlerweile zurückgesetzt und beobachtete das Schauspiel.

Noch war es nicht zum Äußersten gekommen, doch Baazlabeth hegte große Hoffnungen, dass sich bald jemand dazu durchringen würde, wenigstens ein Messer zu ziehen. Mit Schütteln und Würgen konnte man ihn nicht beeindrucken. Baazlabeth tippte auf den Mann, der seinen Gesprächspartner weiter mit dem eigenen Schal malträtierte. Die beiden waren sich schon wesentlich näher gekommen, und wenn dem Gewürgten nicht langsam etwas einfiel, würde ihm bald die Luft ausgehen.

Trotz des wilden Tumultes nahm die Gesprächigkeit der Gäste nicht zu. Die, die nicht in den Streit verwickelt waren, sammelten still und heimlich ihr Hab und Gut zusammen und verschwanden einer nach dem anderen aus der Spelunke. Den anderen schien es zu reichen, sich gegenseitig an der Kleidung zu zerren. Lediglich der fette Wirt schien zu denken, die Situation immer noch schlichten zu können. Er holte eine Holzkeule unter dem Tresen hervor und machte sich schwabbelnd auf den Weg, die Streithähne auseinanderzutreiben. Den meisten Gastwirten lag mehr an der Einrichtung ihrer

Schenken als am Wohlergehen der Gäste. Im Falle des *Walfetts* und seiner aus Treibgut bestehenden Einrichtung schien dies jedoch unwahrscheinlich. Dennoch konnte Baazlabeth es nicht zulassen, dass er sich so einfach einmischte. Außerdem hatte er noch eine Rechnung mit dem Wirt offen.

Der dicke Mann wäre abermals an Baazlabeth vorbeigelaufen, ohne ihn zu beachten, wenn dieser ihm nicht in den Weg gesprungen wäre und ihm das Knie zwischen die Beine gerammt hätte. Der Fettkloß war ohne Zweifel kein Krieger und ebenso wenig ein Raufbold. Es gab Menschen, die waren anfangs kräftig und wurden erst im Laufe der Jahre fett, und es gab solche, die schon immer fett waren. Bei einem einstigen Krieger konnte man den ehemals kräftigen Mann unter all dem Fett immer noch erkennen, wenn man genau hinsah. In dem Wirt steckte nichts weiter, er war nur ein fetter Mann.

Die Vorgehensweise, die Baazlabeth in der Schwalbenburg gelernt hatte und die dort bei zahlungsunwilligen Freiern angewendet wurde, war einfach wie wirkungsvoll. Der Wirt ging stöhnend in die Knie und ließ den Knüppel aus der Hand rutschen. Baazlabeth bediente sich dessen und zog dem Fettkloß das runde Holz über den Schädel. Das Geräusch, das dies verursachte, klang, als hätte man auf eine Rübe eingeschlagen, die einen Tag zu lang dem Frost ausgesetzt gewesen war. Eigentlich ein schönes Geräusch, fand Baazlabeth. Dem Wirt blieb nichts anderes übrig, als vornüberzukippen und wie ein gestrandeter Fisch liegen zu bleiben.

Diese Aktion gab dem Rest der Gäste, die noch auf ein schnelles Bier gehofft hatten, den nötigen Elan, die Schenke schnellstmöglich zu verlassen. Hektisch packten sie ihre Sachen zusammen und drängten sich zum Ausgang.

An Galinas Tisch spitzte sich die Situation währenddessen weiter zu. Der Schalwürger verlor langsam die Geduld, ähnlich wie sein Opfer die Gesichtsfarbe. Der arme Mann hatte seinem Peiniger kaum noch etwas entgegenzusetzen. Mit verklärtem Blick starrte er ihn an.

Die anderen beiden hinten in der Ecke waren immer noch damit beschäftigt, sich gegenseitig an den Jacken zu zerren. Eins gab das andere. Dann spuckte der Kleinere dem Größeren ins Gesicht und bekam zur Antwort eine Kopfnuss. Alles in allem eine recht belanglose und von Hemmungen geprägte Auseinandersetzung. Baazlabeth setzte weiterhin seine Hoffnung in den Schalwürger.

Plötzlich blitzte ein Dolch. Eines der beiden Raubeine in der Mitte des Tisches hielt ein blank poliertes Fischmesser in seiner Hand. Es stieß die kurze, gebogene Klinge in die Tischplatte und zog sie blitzschnell von einer Seite zur anderen. Der Mann ihm gegenüber verstummte urplötzlich. Gebannt betrachtete er seine Hand, die immer noch auf dem Tisch ruhte, auf weitere Tätscheleien von Galina hoffend. Zögerlich zog er seinen Arm zurück und betrachtete die vier Finger, die an Ort und Stelle liegen blieben. Schnell breitete sich eine Lache Blut vor ihm aus, und im nächsten Moment sprang der Mann auf und stürzte sich auf den Kerl vor sich. Er packte ihn am Hals, was durch den Verlust seiner Finger kein einfaches Unterfangen war. Immer wieder konnte sich der andere aus der Umklammerung befreien und die kurze Klinge in den Bauch seines Gegners stoßen.

Das nenne ich mal einen amüsanten Abend. Hier wird einem noch etwas geboten für sein Geld. Nicht immer diese langweiligen Diskussionen über Könige, Steuern und das Wetter. Endlich etwas Handfestes.

In seiner Begeisterung für das entstandene Chaos wäre Baazlabeth beinahe der stechende Blick des alten Mannes neben Galina entgangen. Hasserfüllt starrte er den Dämon an. Bislang hatte er sich damit begnügt, an den kastanienbraunen Haaren seiner Angebeteten zu schnüffeln, doch nun schien er eine neue Passion gefunden zu haben.

»Du widerliches Dreckschwein!«, brüllte er den Dämon quer durch den Schankraum an. »Hör endlich auf, diese holde Jungfrau mit deinen gierigen Blicken zu verschlingen. Es wird Zeit, dass dir mal jemand Manieren beibringt.«

Baazlabeth schaute sich kurz um, musste aber feststellen, dass niemand außer ihm gemeint sein konnte. Schwerfällig erhob sich der alte Seebär von seinem Platz und kletterte quer über den Tisch hinweg. Die Situation war ungewohnt für den Dämon. Es kam nicht oft vor, dass ihn irgendwelche altersschwachen Greise einer Tat beschuldigten, die er nicht begangen hatte, und drohten, ihm eine Tracht Prügel zu verpassen. Baazlabeth sah es gelassen. Zum Glück unterlag er nicht dem Fluch, Frauen, Kinder, Alte und Kranke nicht schlagen zu dürfen. Es war an der Zeit, noch einen kräftigen Schluck aus der Flasche zu nehmen, bevor sie in dem allgemeinen Durcheinander zu Bruch ginge.

Wutentbrannt stampfte der Alte auf Baazlabeth zu, nur bewaffnet mit einem grimmigen Gesichtsausdruck. Es schien, als ob er den vermeintlichen Rüpel mit einer Ohrfeige bloßstellen und zurechtweisen wollte. Ein wenig vielversprechendes Unterfangen.

Baazlabeth riss die Kerze vom Tisch, hielt sie dem Alten entgegen und pustete die ganze Ladung Rübenschnaps aus seinem Mund zwei Finger breit über die Flamme hinweg. Die Flüssigkeit entzündete sich in einer blauen Stichflamme und hüllte den Seemann ein. Haare und Kleidung des Alten flammten auf wie ein Bündel Reisig. Lichterloh brennend, ließ er von seinem anvisierten Ziel ab und taumelte schreiend durch die Schenke.

Baazlabeth hob den eben zuvor fallen gelassenen Knüppel des Wirtes vom Boden auf und hechtete hinter der lebenden Fackel her. Der erste Schlag streifte den Alten nur an der Schulter und hatte zur Folge, dass er torkelte und dabei einiges Mobiliar, insbesondere die Theke, in Brand steckte.

Ein bisschen Feuer unter dem Hintern lässt die alten Knochen wieder richtig aufleben, stellte Baazlabeth fest, während er erneut Maß nahm. Der nächste Schlag traf den Mann mit voller Wucht im Genick und schickte ihn sofort zu Boden. Mittlerweile war von seinem Haar kaum noch etwas übrig, nur sein Wollmantel schien so versifft, dass selbst das Feuer keine Lust hatte, ihn zu verzehren.

Die letzten Gäste stürmten in Panik aus der Schenke, als Baazlabeth sich wieder den Geschehnissen am hinteren Tisch zuwandte.

Der Schalwürger presste gerade das letzte bisschen Leben aus seinem Kollegen. Der Mann ohne Finger lag blutüberströmt auf dem Boden, und sein Peiniger saß auf ihm drauf. Wie in Trance versenkte er den kurzen Dolch ein ums andere Mal im Bauch seines Opfers. Er schien gar nicht zu bemerken, dass sein Gegner schon seit einiger Zeit tot war. Die letzten beiden Kerle hatten von der jeweiligen Kleidung des anderen abgelassen und würgten sich nun im Wettstreit.

Galina stand auf und zwängte sich an dem Mann, der mit Krug und Teller lächelnd an der Wand stand, vorbei. Sie drehte sich zu ihm um, gab ihm einen Kuss auf die Wange und flüsterte etwas in sein Ohr. Dann ließ sie ihn stehen und entfernte sich von dem Spektakel.

Baazlabeth sah, wie der Mann hinter ihr Teller und Krug fallen ließ. Tränen rannen über sein Gesicht. Selten hatte Baazlabeth jemanden gesehen, der verzweifelter war als dieser Kerl. Plötzlich wischte er sich entschlossen das Gesicht ab und stürmte auf die gegenüberliegende Wand zu. Den gesenkten Kopf voran, rannte er ungebremst gegen die Wand. Ein Stück der schmutzigen Holzverschalung brach ab, doch mehr konnte er dem rustikalen Bau nicht anhaben. So wie es aussah, würde er auch nie wieder die Gelegenheit bekommen, es besser machen zu können.

»Lasst uns gehen«, schlug Galina vor. »Gleich wird alles in Flammen stehen, was die Stadtwachen und alle möglichen Schaulustigen anlocken wird.«

Die Muse hatte Recht, jedenfalls was die Schenke betraf. Der Tresen, ein Tisch und zwei Stühle standen bereits lichterloh in Flammen. Dass der schäbige Rest vom *Walfett* ebenfalls dem Feuer zum Opfer fallen würde, stand außer Frage. Zu klären war nur noch, ob angesichts der rüden Gäste und dem wenig einladenden Ambiente überhaupt jemand kam, um sich das Spektakel anzusehen, geschweige denn Löschversuche zu starten.

Galina und Baazlabeth waren die Letzten, die lebend die Schenke verließen. Einen Augenblick gesellten sie sich noch zu den anderen Gaffern, doch als die Flammen aus der Tür herausschlugen, gab Baazlabeth die Hoffnung auf, jemanden zu finden, dem sie die Schuld in die Schuhe schieben konnten.

»Wir sollten verschwinden«, entschied er. »Wenn Hauptmann Celest mich hier sieht, wird er eins und eins zusammenzählen und mich wieder in seinen Kerker werfen.«

»Kann er das denn so einfach tun?«, fragte Galina.

»Nein, aber er wird jemanden finden, der eins und eins zusammenzählen kann«, knurrte Baazlabeth. »Lass uns gehen, es wird Zeit, dass ich dich den anderen vorstelle.«

»Dann bin ich jetzt eine von euch?«, fragte Galina voller Hoffnung.

»Nein, du bist eine von denen, die mir folgen, aber solltest du mir beim Tragen helfen, wenn ich im *Einsamen Wanderer* noch ein paar Flaschen Hauswein hole, könntest du meine Lieblingssünde werden.«

14
Der Zwerg heiligt die Mittel

Wenn man sich auf jemanden nicht verlassen kann, ist es besser, sich von ihm zu trennen – oder zumindest von seinem Kopf.

Es war nicht der liebste Ort, an dem Baazlabeth diesen Morgen gewesen wäre – aber immerhin nahezu der liebste. *Der Einsame Wanderer* war so etwas wie seine zweite oder vielleicht dritte Heimat geworden. Meister Dumpf, der eigentlich mit richtigem Namen Os Brandford hieß, hatte sich mittlerweile an seine Besuche zu den eigentümlichsten Zeiten gewöhnt. Er versuchte, stets ein perfekter Gastgeber zu sein und Baazlabeth für seine außergewöhnlichen Kochkünste zu begeistern. Wobei es dem Dämon lieber gewesen wäre, etwas Schreiendes anstatt etwas Gebratenes oder Gekochtes serviert zu bekommen.

Es war früher Vormittag und Baazlabeth der einzige Gast. Er hatte sich entschlossen, den Tag mit einem kleinen Kelch Rotwein zu beginnen. Er nannte es sein Heldenfrühstück, und genau das würde es heute auch werden. Um ganz sicherzugehen, hatte er sich schon das zweite Mal nachschenken lassen.

Dumpf war damit beschäftigt, den Boden zu wischen. Er hatte alle Stühle umgedreht, auf die Tische gehievt und gab sich nun alle Mühe, den Dreck aus dem Feudel auf dem Boden zu verteilen. Von Zeit zu Zeit schielte er zwischen dem Stuhlbeinwald hindurch, um seinen einzigen Gast zu beobachten.

Baazlabeth kannte diese Geheimniskrämerei bereits. Jedes Mal, wenn der Wirt sich so sonderbar benahm, kam er wenig später an seinen Tisch geschlichen und hatte entweder eine Leiche in seiner Küche oder wollte ihm eines seiner Spezialmenüs auftischen. Dumpf gab sich besonders viel Mühe, Baazlabeths Geschmack zu treffen. Er wusste um den ausgefallenen Gusto seines Lieblingsgastes, doch ahnte er nicht, woher dieser tatsächlich stammte. Baazlabeth freute sich über die kleinen Gaumenfreuden, die ihm der Wirt servierte. Heute jedoch erwartete der Dämon Gäste und wollte nicht, dass Dumpf seine Nase zu tief in Sachen steckte, die ihn nichts angingen. Leider war die Auffassungsgabe des Wirtes nicht ausgeprägt genug, als dass Baazlabeth ihm auf schonende Weise hätte mitteilen können, dass er ungestört bleiben wollte. Somit entschloss er sich, die Sache direkt und unmissverständlich anzugehen.

»Meister Dumpf!«, rief er durch das aufgestapelte Mobiliar hindurch, »Welche Gaumenfreude hat Eure Küche denn heute zu bieten?«

Os Brandford schien nur auf sein Stichwort gewartet zu haben. Er ließ den Stil des Schrubbers fallen und wedelte mit erhobenem Zeigefinger in der Luft herum, als wenn er die Anpreisungen seiner Kochkünste mit einem kurzen Intro beginnen wollte. Sein Mund blieb jedoch verschlossen, und er eilte in die Küche.

Wenig später erschien er mit einem Tablett, auf dem zwei Schüsseln standen. Die eine dampfte vor sich hin wie eine heiße Schwefelquelle, die andere war mit einem flachen Teller abgedeckt. Mit stolz geschwollener Brust stellte er das Menu vor Baazlabeth auf den Tisch.

»Vorsicht, es ist noch sehr heiß«, verriet Dumpf.

Ach, und ich dachte, das ist Nebel.

Baazlabeth konnte jetzt schon mit ruhigem Gewissen behaupten, dass ihm eine Hälfte des Essens nicht schmecken würde. In der Schüssel vor ihm lagen gelblich braune Riesenmäusekötel.

Dumpf schien seinen angewiderten Gesichtsausdruck zu bemerken.

»Das sind Grießklöße. Sie stellen nur die Beilage.«

»Da bin ich ja beruhigt«, stöhnte Baazlabeth.

Vorsichtig hob er den Teller von der anderen Schüssel.

Bitte, Amez, lass es kleine, lustig quiekende Tierchen ohne Fell sein.

Baazlabeth wurde enttäuscht. Er starrte auf eine dunkelbraune, leicht zähflüssige Masse, aus der einige undefinierbare Fleischbrocken herausragten.

»Ihr habt Euch wieder einmal selbst übertroffen«, keuchte er angewidert. »Es sieht gar nicht aus wie etwas, das man essen kann.«

Dumpf nahm das Kompliment gern an.

»Danke, Prinzipal Sil. Es ist das Schwarzsauer, von dem ich Euch letztens schon berichtet habe. Ein echter Leckerbissen.«

Baazlabeth erinnerte sich. Dumpf hatte es als Vorwand genommen, um ihn in die Küche zu locken und den auslaufenden Hilfskoch vorzuführen.

»Die Blutsuppe«, erinnerte er sich, und Dumpf nickte freudig. »Ist sie aus diesem Burschen gemacht, der bei Euch in der Küche verreckt ist?«

Der Wirt war mit Sicherheit nicht sonderlich helle, aber die Frage ließ auch kaum Spielraum, sie anders auszulegen, trotzdem sah er Baazlabeth an, als ob dieser ihn nach dem geheimen Rezept gefragt hatte, um aus Blei Gold zu machen.

»Am besten schmeckt es, wenn man sie heiß isst und die Klöße darin einstippt«, erklärte Dumpf.

»Meint Ihr nicht eher, es sollte Körpertemperatur haben«, stichelte Baazlabeth.

»Es ist vom Schwein«, beteuerte der Wirt.

»Ja, was auch sonst«, sagte Baazlabeth. »Es ist schwierig, gute Köche zu bekommen, und wenn sich erst einmal so ein Faulpelz in der Küche verschanzt hat, was soll man schon anderes aus ihm machen als Blutsuppe?«

Dumpf schien genug von der Unterhaltung zu haben. Er machte kehrt und ging zurück zu seinem Schrubber. Er hob ihn auf, wischte drei-, viermal über dieselbe Stelle und hielt kurz noch einmal inne.

»Es heißt Schwarzsauer und ist aus Schwein gemacht.«

Baazlabeth ließ ihm den letzten Satz. Sollte er ruhig ein bisschen schmollen, so störte er jedenfalls nicht, wenn seine Gäste kamen. Bis zum Abend hatte Dumpf ihren Disput ohnehin wieder vergessen und würde versuchen, ihm ein neues seiner hausgemachten Gerichte als schmackhaft anzudrehen.

Baazlabeth stippte einen Kloß in die braune Soße und schob ihn sich in den Mund. Er kaute und schluckte, nahm einen weiteren Kloß mit Soße und stopfte ihn hinterher. Der Geschmack war überwältigend. Ohne Übertreibung konnte er behaupten, dass diese Blutsuppe das Beste war, was er in dieser Welt bislang gegessen hatte – mit Ausnahme der kleinen kulinarischen Abstecher, die er sich selbst aus dem einen oder anderen Brisenburger zubereitet hatte. Fast schon tat es ihm leid, Dumpf so gekränkt zu haben, aber nur fast.

Baazlabeth hatte ein halbes Dutzend Klöße verdrückt, als Sanna in den Schankraum des *Einsamen Wanderers* trat. Sie war, wie es der Dämon ihr geraten hatte, noch immer im Körper von Lemura, der blinden Dvergaseherin. Den Tontopf mit ihren sterblichen Überresten trug sie in einem Leinenbeutel vor sich her.

Dumpf lächelte ihr überflüssigerweise zu. Erst als sie sich tastend bis zum ersten Tisch vorgewagt hatte, erkannte er ihr Leiden. Er zog ihr einen Stuhl vom Tisch und führt sie zu einem Platz vorne am Tresen. Schnell eilte er zum Eingang und schloss die Tür, die sie offen stehen gelassen hatte. Dverga trieben sich nicht in Kneipen herum, erst recht nicht tagsüber und schon gar nicht, wenn man eine Frau war. Falls doch, hatten sie etwas zu verbergen. Blind oder nicht blind spielte dabei kaum noch eine Rolle.

Dumpf hetzte zurück zum Schanktresen und zog einen Beutel darunter hervor, den er Sanna feierlich überreichte. Sie saß artig auf ihrem Stuhl, und der Wirt ließ ihr keine Gelegenheit, den Beutel abzulehnen. Dumpf schien zu denken, die kleine Frau wäre auf einer ihrer Betteltouren, um Nahrungsmittel für die Dverga in der Kanalisation zu schnorren. Nachdem Sanna einige der Sachen in dem Beutel ertastet hatte, flüsterte sie dem Wirt etwas ins Ohr und gab den Beutel zurück.

Dumpf warf Baazlabeth einen finsteren Blick zu. Er reichte Sanna die Hand und führte sie an den Tisch des Dämons.

»Sie möchte mit Euch sprechen«, verriet er. Dann beugte er sich zu der Dvergafrau hinunter. »Soll ich lieber bei Euch bleiben?«, flüsterte er ihr zu.

»Ihr könnt Euch ruhig wieder um den Fußboden kümmern«, fuhr Baazlabeth ihn an. »Sie braucht Eure Hilfe nicht. Sie ist ja schließlich schon groß.«

Sanna tätschelte behutsam den Arm des Wirtes.

»Ich kann auf mich selber aufpassen, danke!«

»Wenn etwas ist, braucht Ihr nur zu rufen«, bot Dumpf ein weiteres Mal seine Hilfe an und verschwand dann mit mürrischem Blick.

Er war noch nicht ganz zurück am Tresen, da kam auch schon Baazlabeths letzter Gast durch die Küche in den Schankraum gewackelt.

Myrcella trug ihr dunkelgrünes Cape. Die Kapuze hatte sie sich tief ins Gesicht gezogen. Ihre Maskerade verbarg zwar, wer sie war, aber nicht, was sie war.

Als Dumpf sie erkannte, steckte er ihr den Beutel reflexartig entgegen, und Myrcella nahm ihn dankend an. Ohne weiteres Aufheben gesellte sich die kleine Frau und Anführerin der Finstergilde zu Baazlabeth und Sanna an den Tisch.

»Na, was machen unsere kleinen Kanalratten?«, frotzelte der Dämon. »Füttert Ihr sie schön rund und fett, damit sie nicht mehr durch den Einstieg passen und zurück auf die Straßen Brisenburgs kommen?«

Myrcella verzog das Gesicht, angewidert von so viel Zynismus. Dann wandte sie sich Sanna zu, im festen Glauben daran, mit Lemura zu sprechen.

»Viele der Dverga sind krank. Die Kälte und die schlechte Versorgung mit Nahrungsmitteln und Wasser machen ihnen langsam zu schaffen. Ein Großteil von ihnen liegt nur noch in ihren Lagerstätten herum und ist zu schwach, sich selbst zu verpflegen. Sie leiden an Gicht, Unterernährung und diversen Entzündungen. Ohne die Hilfe der Alchemistengilde hätten wir schon Dutzende von Toten zu verzeichnen.«

Sanna schaute die andere Dvergafrau gelangweilt an und stopfte sich den letzten Grießklos in den Mund.

»Na und?«, erwiderte sie. »Sie müssen alle irgendwann einmal sterben. Warum also nicht heute?«

Myrcella schien geschockt von so viel Teilnahmslosigkeit, und das von jemandem aus ihrem eigenen Volk. Verwirrt huschte ihr Blick von einer Seite der Tischplatte zur anderen.

Baazlabeth hatte sich schon gefragt, was passieren würde, wenn die beiden Frauen aufeinandertrafen. Er wusste, dass sie so etwas wie Schwestern im Geiste waren. Da aber der Geist der Seherin momentan in eine Ecke ihres Körpers gezwängt lag und ruhte und Myrcella nichts davon ahnte, musste es unweigerlich zu Unstimmigkeit zwischen den beiden kommen.

Baazlabeth konnte zusehen, wie ihre Freundschaft schneller abkühlte als einer der heißen Grießklöße in der Schüssel.

Eine lebenslange Freundschaft kann mit einem Wort beendet sein. Was taugt so ein Bündnis dann überhaupt? Da lobe ich mir doch die Feindschaft, die selbst mit blutigen Fehden über Generationen hinweg nicht aus der Welt zu schaffen ist. Es lebe der Argwohn!

»Wie ich sehe, liegt euch beiden das Wohlergehen eures Volkes sehr am Herzen. Ich kann verstehen, dass niemand gerne dabei zusieht, wie dem eigenen Blut so viel Unrecht angetan wird. Und ich möchte euch von ganzem Herzen versichern, dass es mir scheißegal ist, was aus diesen kurzbeinigen Restefressern wird.«

Myrcella funkelte ihn aus den Tiefen ihrer Kapuze heraus an, während Sanna nur den Anflug eines Kicherns für seine Unverschämtheit übrig hatte.

»Vielleicht habe ich mich in Euch getäuscht«, sagte die Anführerin der Finstergilde. »Bei all Eurer Boshaftigkeit hatte ich gehofft, ihr würdet diejenigen bestrafen, die es verdient haben.«

»Bleib ganz ruhig, Zwergin«, sagte Baazlabeth. »Meine Boshaftigkeit reicht für jeden in dieser Welt zweimal. Außerdem hast du meine Dienste doch bislang immer dazu genutzt, den Dverga zu helfen. Aus dem Tod von Neptrotot hast du schließlich genug profitiert. Genauso wie bei meiner Ernennung zum Mitglied des Kleinen Rates. Und jetzt, wenn wir dem König den Einzug nach Brisenburg verwehren, wird es wieder so sein. Warum also hast du Angst, nicht auch diesmal einen Vorteil herausschlagen zu können, und missgönnst mir meine kleinen Sticheleien?«

»Ich habe keine Angst«, entgegnete sie. »Ich hatte nur die Hoffnung, dass die Beweggründe Eures Handelns etwas anders liegen. Was Eure kleinen Sticheleien angeht, so hört man, sollen sie manchmal wortwörtlicher sein, als den Stadtwachen lieb ist.«

Baazlabeth beugte sich weit über den Tisch und flüsterte in das Dunkel ihrer Kapuze: »Wenn du auf Hoffnung setzt, meine Liebe, stehst du bei mir auf der falschen Seite des Feldes. Angst zu haben ist niemals verkehrt, erst recht nicht, wenn ich in deiner Nähe bin.«

Myrcellas flache und schnelle Atmung signalisierte ihm, dass sie seine Worte verstanden hatte. Er lehnte sich in seinem Stuhl zurück und nahm einen Schluck Wein.

»Ach, hören wir endlich auf mit dem Herumgebuhle, wer den Längsten hat, und widmen uns wirklich wichtigen Dingen, nämlich meinem Plan«, verkündete er prosaisch. »Den Meldungen der Späher zufolge wird König Bellington heute während der späten Abendstunden Brisenburg erreichen. Der Kleine Rat hat alle erforderlichen Vorkehrungen getroffen, die nötig waren. Bogenschützen stehen bereit und sind mit genügend Pfeilen versorgt. Die Magier, bei denen ihr körperlicher Zerfall es zulässt, den weiten Weg zum Stadttor zurückzulegen, werden gleichwohl im Laufe des Tages eintreffen. Außerdem erwartet man einige Alchemisten und Magister. Habe ich jemanden vergessen?«

»Die Stadtwachen«, sagte Sanna.

»Ach ja, die Stadtwachen«, bestätigte Baazlabeth und schlug sich gegen die Stirn. »Die hätte ich doch beinahe übersehen. Wie konnte ich nur? Stadtwachen werden natürlich auch überall herumstehen. Da komme ich auch gleich zu meiner ersten Bitte.« Dieses Wort fiel ihm sichtlich schwer, und er hätte es lieber ein wenig bestimmter ausgedrückt, doch er wollte die gereizte Stimmung nicht noch weiter anstacheln und die Geduld der Zwergin strapazieren. »Myrcella, ich möchte, dass du mit deinen Männern auf der Stadtmauer Stellung nimmst. Wenn es geht, möchte ich keine Stadtwachen oder irgendwelche unbescholtenen Bürger dort oben haben.«

»Wie soll ich das schaffen?«, fragte sie.

»Auf die gleiche Art und Weise, wie du es geschafft hast, ganze Straßenzüge für die nächtlichen Raubzüge der Finstergilde von Wachen freizuhalten. Entweder mit Charme oder mit Gutscheinen für die Schwalbenburg, würde ich vorschlagen.«

»Sie könnte auch Dvergabastarde verschenken«, mischte sich Sanna ein und erntete einen finsteren Blick aus der grünen Kapuze.

»Deiner guten Laune nach zu urteilen, hast du alles erledigt, was ich dir aufgetragen habe«, folgerte Baazlabeth und hätte beinahe den Fehler gemacht, sie mit Sanna anzusprechen.

Stolz zog die blinde Dverga ein kleines, besticktes Tuch aus der Tasche und legte es auf den Tisch.

»Überzeugt Euch selbst«, sagte sie.

Baazlabeth entfaltete das Bündel, und zum Vorschein kam ein Finger mit einem aufgesteckten Siegelring.

»Von Kommandant Blanks Sohn höchstpersönlich«, verkündete sie stolz.

»Du hast Simon Blank, dem Sohn des Oberhaupts der Stadtwache, den Finger abgeschnitten?«, zischte Myrcella schockiert. »Bist du des Wahnsinns? Wenn Blank das herausfindet, wird er Jagd auf jedes einzelne Mitglied der Finstergilde machen. Wie konntest du das nur tun?«

»Konnte ich nicht«, erwiderte Sanna. »Der Käfig hing zu hoch, deswegen habe ich Galina gefragt, ob sie es tun kann. Ich habe ihn nur am Fuß festgehalten.«

»Wer zum Henker ist Galina, und warum habt ihr den jungen Burschen in einen Käfig gesperrt?«

»Weil der Käfig sonst leer geblieben wäre«, sagte Sanna trocken. »Sil mag keine leeren Käfige. Den Finger haben wir nur genommen, weil der Ring eindeutig beweist, dass der Finger zu ihm gehört. Mir wäre ein Fuß lieber gewesen, aber Füße sind so nichtssagend und austauschbar.«

»Ihr seid wahnsinnig«, keuchte Myrcella. »Dafür werden sie uns alle hängen.«

»Beruhig dich wieder, Myrcella«, blaffte Baazlabeth die Dverga an. »Sieh es mehr als eine Art Versicherung an. Nicht alle werden gutheißen können, was wir vorhaben.«

»Ich soll mich beruhigen?«, keuchte Myrcella. »Euer so genannter Plan sieht vor, den König herauszufordern, und auf der anderen Seite bringt ihr die, die Euch dabei unterstützen, gegen Euch auf, weil Ihr ihre Kinder entführt und verstümmelt. Lasst Euch gesagt sein: Ein Leben ganz ohne Freunde währt nicht lange. Ich weiß, wovon ich spreche.«

Kleingeistig und kleinwüchsig! Worauf habe ich mich da nur eingelassen?

»Mach nicht so einen Wirbel! Stell einfach nur sicher, dass deine Männer auf der Mauer stehen. Den Rest kannst du getrost mir überlassen. Es ist wohl am besten, wir nehmen deine Zeit nicht weiter in Anspruch. Du kannst jetzt gehen.«

Der Rausschmiss war unmissverständlich, und Myrcella wusste, dass man solchen Anweisungen besser nachkam, wenn man nur halb so groß war wie die anderen. Sie stand, ohne ein Wort zu sagen, auf und verließ die Schenke auf dem Weg, auf dem sie gekommen war.

»Du kannst dich auf sie nicht verlassen«, flüsterte Sanna.

»Genauso wenig, wie ich dir trauen kann«, erwiderte Baazlabeth.

»Da muss ich von Glück sagen, dass ich es gar nicht nötig habe, jemandem zu vertrauen. Komm, wir sollten uns langsam auf den Weg zum Stadttor machen. Ich möchte mir gerne ansehen, was meine ehrenwerten Ratsmitglieder so an Vorbereitungen getroffen haben, um meinen Plan in die Tat umzusetzen. Und bevor du fragst: Nein, ich nehme dich nicht an die Hand.«

Der Dämon erhob sich, legte zwei Goldstücke auf den Tisch und verließ den *Einsamen Wanderer* mit Sanna im Schlepptau. Die Reiterin kam erstaunlich gut mit dem blinden, zu klein geratenen Körper der Dverga zurecht. Ohne über die Hälfte des Mobiliars zu stolpern, watschelte sie hinter Baazlabeth her, immer darauf bedacht, den Anschluss nicht zu verlieren.

Es war abermals kälter geworden, doch es hatte aufgehört zu schneien, und der Wind hatte nachgelassen. Baazlabeths Annahme, dass nicht nur das Wetter, sondern auch die Stimmung der Brisenburger frostig sein würde, traf jedoch nicht zu. Auf der Götterstiege herrschte reges Treiben. Eltern schlenderten mit ihren Kindern auf der breiten Prachtstraße daher. Taschendiebe versuchten, sich in dem allgemeinen Durcheinander einen kleinen Nebenverdienst zu sichern, und Marktbeschicker schoben ihre Karren vor sich her und boten ihre Güter feil. Es schien ein ganz normaler Tag in einer ganz normalen Stadt zu sein, doch genau das sollte es eben nicht sein. Die einzige Auffälligkeit in dieser beschaulichen Szenerie war, dass alle in eine Richtung zogen – nämlich auf eine der vier Brücken zu, die zum Windviertel führten.

Amez, ist es schon zu viel verlangt, mir nur ein Fünkchen Hoffnung zu lassen, dass sie wie die Lemminge zur Klippe am Tauwasser ziehen und hinunterspringen?

Abermals wurde Baazlabeth daran erinnert, dass Brisenburg das letzte Schlachtfeld sein würde. Heute kam die Szenerie jedoch mehr einem Volksfest gleich. All die Menschen, die sich sonst, von ihren Ängsten gequält, in ihren Häusern verschanzten, schienen auf der Straße zu sein, um und den Weltuntergang zu feiern.

»Wenn du mich verlierst, mach dir keine Sorgen«, sagte er zu Sanna, die genau neben ihm stand. »Lauf einfach dem Getrampel der Herde hinterher. Ich befürchte, wir wollen alle auf dieselbe Weide. Muh!«

Baazlabeth fühlte sich beinahe wie ein Mensch. Er hielt zusammen mit allen anderen auf den Norden der Stadt zu. Ein klein wenig kam er sich vor wie ein Heerführer, der seine Soldaten in die Schlacht führt – nur das Kinderlachen störte diese Vision.

Wenn man die Augen schließt, könnte man sich vorstellen, es sei das Krächzen der Raben, die darauf warten, sich einen Leckerbissen vom Schlachtfeld zu holen.

Kurz bevor sie die Brücke zum Eiswein, die hinüber zum Boenviertel führte, erreichten, wurde ihm das ganze Ausmaß der Bürgerwanderung bewusst. Es mussten Hunderte sein, die gemeinsam mit ihm zum Nordtor zogen. Aus den Gesprächen der Leute hatte Baazlabeth erfahren, dass sie sich zu einem Gottesdienst einfanden. Die Frage, welcher Gott im Mittelpunkt der Veranstaltung stehen würde, stellte sich leider nicht – noch nicht. Die Priester erteilten den tapferen, kampfbereiten Männern an der Mauer ihren Segen, um sicherzustellen, dass König Bellington Milde walten ließ, falls der Plan nicht aufgehen sollte. Ein Segen, der so tiefstapelte, konnte nur von der Seite des Lichts kommen. Jeder in dieser Stadt schien wirklich zu glauben, sie seien auf das, was ein König von ihnen hielt, angewiesen. Baazlabeth würde sie eines Besseren belehren. Nicht einen König hatten sie zu fürchten, sondern einen Gott und seinen Vertreter auf dieser Welt.

Im Boenviertel teilte sich der Strom an Menschen langsam auf. Viele der Bürger zogen weiter gen Norden, um in einem der Tempel nahe der Nordmauer zu beten. Andere, weniger gläubige schlugen zusammen mit Baazlabeth und Sanna den Weg Richtung Osten, direkt zum Nordtor ein.

»Stört es dich nicht, zu sehen, wie die Menschen Tag für Tag in die Tempel der Tugenden strömen, um ihre Gebete an den Erschaffer oder eines seiner Kinder zu richten?«, fragte Sanna.

»Nein, überhaupt nicht«, erwiderte Baazlabeth. »Oder glaubst du, der Friedhof ist neidisch auf den Markplatz? Die Menschen können tausendmal und mehr zwischen den Ständen der Händler umherlaufen und so viel Gold ausgeben, wie sie wollen. Sie werden sich nicht davon loskaufen können, ihren letzten Weg auf den Acker der Knochen zu machen. Egal wie oft sie ihre Sünden beichten, zu guter Letzt gehen alle in die Dunkelheit.«

»Dann weißt du mehr als alle anderen«, verriet Sanna. »Die Menschen hoffen auf Vergebung, damit sie im Reich des Erschaffers aufgenommen werden und den Höllenqualen entgehen. Sie hoffen darauf, in ein Paradies zu gelangen.«

»Und ich hatte gehofft, eine Schlacht zu erleben, und nun sieh dich einmal um. Ups, mein Fehler! Ich meine natürlich, hör dich einmal um. Es ist ein Volksfest mit Kindern und Greisen, mehr nicht. Man bekommt nicht immer das, was man sich am sehnlichsten wünscht. Aber von mir aus lass die Menschen in dem Glauben, dass das, was von ihnen bleibt, nicht in der Erde liegt und verrottet, sondern an einem Weiher sitzt und mit ihren Vorfahren Weintrauben nascht.«

»Sie glauben an die Unsterblichkeit der Seele. Ihre Körper brauchen sie im Paradies nicht.«

»Eine Seele kann nirgends sitzen und erst recht keine Weintrauben essen. Was soll das für eine Art von Paradies sein, wenn man es nur ansehen, aber nicht anfassen kann? Hört sich für mich mehr nach Folter an. Eine Seele kann nicht ohne Körper existieren, dass solltest du am besten wissen. Oder warum trägst du ständig deine Überreste mit dir herum – zur Erinnerung?«

Baazlabeth hatte Sanna längst durchschaut. Sie hatten nie darüber gesprochen, welche der Sünden sie darstellte, doch für den Dämon stand es schon lange fest. Sanna war der Neid. Sie neidete es den Menschen, dass sie einen Körper besaßen und sich in die Hoffnung flüchten konnten, mit offenen Armen von ihrem Gott empfangen zu werden, wenn sie das letzte Mal ihr Hemd gewechselt hatten. Die Reiterin hätte sich ebenfalls gern dieser Hoffnung hingegeben, doch die Gewissheit um das Ende eines jeden Dämons beraubte sie dieser Zuversicht. Ein Dämon, der sein Leben verwirkt hatte, endete als kleiner Klumpen Schleim, der an die Lemuren verfüttert wurde. Amez brauchte keine aufgewärmten Helden der Finsternis. Wer starb, war Futter für die Würmer, mehr nicht.

Immer noch besser, als zu sterben und den Rest seines Todes darüber nachzudenken, was man im Leben verkehrt gemacht hatte, befand Baazlabeth in Gedanken.

Sie bogen von der Götterstiege ab und standen am Anfang der Straße, die zum Nordtor führte. Auf beiden Seiten des Weges hatten Händler ihre Stände aufgebaut und boten in Zucker geröstete Kartoffeln, Weinsuppe und Hefebier an. An einem anderen Tisch verkaufte jemand kleine geschnitzte Holzpuppen, die – wenn es sich nicht um Gnome mit zerzausten Haaren handelte – sicherlich König Bellington mit Krone darstellen sollten. Der Plan des Kleinen Rates, dem König nicht die Tore nach Brisenburg zu öffnen, hatte die Bürger in Hochstimmung versetzt.

Nach einem regelrechten Spießrutenlauf durch grölende Kaufleute, spielende Kinder und feuerschluckende Gaukler auf Stelzen erreichten Baazlabeth und Sanna die Garnison und den dahinterliegenden Platz, der am Stadttor endete. Auf Anhieb erkannte der Dämon die verschiedenen Fraktionen, die sich gebildet hatten. Im Zentrum des Platzes standen die normalen Bürger Brisenburgs, diejenigen, die Ark Tadelius, der Tagelöhnertod, als fähig erachtet hatte, einen Pfeil mit einem Bogen abzufeuern – zumeist junge Männer, welche die unterschiedlichen Befiederungen ihrer Pfeile verglichen und sich mit ihren großartigen Heldentaten brüsteten. Sehnen wurden gespannt, Pfeile aufgelegt und die Zugkraft der Bögen abgeschätzt. Alles in allem waren sie für Baazlabeth wie Kinder, die sich mit ihrem neuen Spielzeug brüsteten, aber, sobald es ernst wurde, weinend zu ihren Müttern rannten. Er vermutete, dass noch keiner dieser Jungen jemals auf einen anderen Menschen geschossen, geschweige denn dem Tod auf dem Schachtfeld ins Auge gesehen hatte.

Das soll nun die Kriegerelite von Brisenburg sein. Am besten, wir öffnen Tür und Tor und bitten den König, uns mit Anlauf in den Arsch zu treten, denn davon haben wir auf jeden Fall genug.

Eines musste man dieser Bande aber lassen: Lärm machten sie wie ein ganzes Heer, obwohl sie kaum dreihundert Mann stark waren.

Im Norden des Platzes, vor den Mauern der Garnison, hatten die Stadtwachen Stellung bezogen. Ordentlich in Reih und Glied standen sie dort in sechs Trupps zu je dreißig Mann. Vier Einheiten waren mit Langbögen ausgestattet, zwei mit Armbrüsten. Wie kleine Zinnsoldaten waren sie aufgebaut. Einer glich dem anderen, niemand bewegte sich, und niemand sprach. Vor ihnen schwirrten die Offiziere auf und ab, nörgelten an den schlecht sitzenden Rüstungen ihrer Untergebenen herum und pickten sich einzelne Männer heraus, um ihnen die Leviten zu lesen. Oben auf der Stadtmauer standen Hauptmann Celest und Kommandant Blank. Mit im Rücken verschränkten Armen beäugten sie das bunte Treiben.

Ein weiterer Pulk Männer stand im Süden des Platzes im Schatten eines u-förmig gekrümmten Gebäudes. Mit finsteren Mienen beobachten sie alles und jeden um sich herum. Sie redeten kaum, wenn sie es taten, dann flüsterten sie nur und warfen sich grimmige Blicke zu. Viele von ihnen waren gestandene Männer oder taten wenigstens so. Einige der Gesichter kannte Baazlabeth. Sie waren immer in der Nähe, wenn Myrcella die Schwalbenburg verließ. Finsterlinge! Auf diese Männer war Verlass, das wusste Baazlabeth, jedenfalls solange es etwas zu holen gab, man sie bezahlte oder sie Angst vor einem hatten. Die Finstergilde war stets zugegen, wenn man jemandem das Geld aus der Tasche ziehen konnte. Ob er nun tot war oder nicht, machte dabei kaum einen Unterschied. Anscheinend erhofften sie sich von diesem Tag reiche Beute, auch wenn diese heute mal hinter der Mauer auf sie wartete.

Die letzten beiden Gruppen, wenn man sie denn so nennen wollte, bestachen mehr durch ihr Aussehen als durch ihre Anzahl.

Rechts vom Tor stand die Alchemistengilde mit ihrem Gildenmeister Aleister Bretozek. Baazlabeth hatte mit ihm bislang nur ein einziges Mal zu tun gehabt. Bei seiner von Leid geprägten Suche nach ehrlicher Arbeit war er einst auf den undurchsichtigen einen Kräutersammler Mistranos gestoßen. Dieser hatte ihm fünfzig Goldstücke für die Auslieferung verschiedener seltener Pflanzen geboten. Der Empfänger war Aleister Bretozek gewesen. Leider stellte sich heraus, dass der Alchemist die Ingredienzien für einen Gifttrank benötigte, der Lord Brackenmoore aus dem Weg räumen sollte. Somit waren die fünfzig Goldstücke alles andere als ehrlich verdient und brachten Baazlabeth seinem damaligen Ziel kein Stück näher. Um seinen Unmut Ausdruck zu verleihen, hatte der Dämon den blinden Gildenmeister gezwungen, die giftigen Blätter und Wurzeln selbst zu vertilgen. Eigentlich hätte der alte Mann daran krepieren müssen, doch irgendwie hatte er es geschafft, ein Gegenmittel zu finden. Baazlabeth nahm es ihm nicht krumm, schließlich war aufgeschoben nicht aufgehoben.

Auf der linken Seite des Stadttores standen die Magier von Brisenburg. Betrachtete man die Alchemisten schon als alte Männer, konnte man bei den arkanen Zauberwirkern mit ruhigem Gewissen von Greisen und Scheintoten sprechen. Ihre Garderobe übertraf an

Geschmacklosigkeit jedes Zusammentreffen von Hafenhuren. Einen Anführer gab es bei den Magiern nicht. Ihre kauzige Art machte sie zu Einzelgängern. Dies war sicherlich auch der Grund dafür, dass sie keine eigene Gilde besaßen. Die einzigen beiden, die Baazlabeth aus dem Dutzend alter Männer kannte, waren Nemrothar und Peregrinus, ein Schwarzmagier, der sich auf das magische Öffnen und Verschließen von Türen, Truhen und Schatullen spezialisiert hatte. Einen Großteil seiner Aufträge verdankte er der Finstergilde. Die Bürger der Stadt nannten ihn Meister Siegel, weil kein Schloss vor ihm sicher war. Seine Residenz war einfach zu finden. Er lebte im Norden der Stadt zwischen den Tempeln. Die drei miteinander verbundenen Türme waren fast von überall in der Stadt zu sehen. Sie überragten selbst noch die umliegenden Tempel. Das Öffnen von Schlössern, die etwas verbargen, was einem nicht gehörte, schien sich auszuzahlen. Da war es halb so schlimm, dass der Ruf etwas litt.

»Was für ein Trauerspiel«, brummte Baazlabeth. »Amez muss wirklich große Stücke auf mich halten, wenn er mich solchen Prüfungen unterzieht. Mit einem Heer von Dilettanten soll ich eine Stadt gegen sechstausend Söldner verteidigen. Vielleicht wären unsere Chancen besser, wenn ich mich in meiner wahren Gestalt vor das Stadttor stellen und mich dem König allein stellen würde.«

»Immerhin hat Amez dir uns zur Seite gestellt, deine Brüder und Schwestern«, wandte Sanna ein.

»Oh, wie konnte ich das vergessen. Ich bin ja nicht allein. Zusammen mit einem Fettkloß, der noch nicht einmal selbstständig aus dem Bett kommt, einer Frau im Blumentopf, die als blinde Zwergin durch die Gegend irrt, einem Dämonenkind, das so viel Hass in sich trägt, dass es ein Wunder ist, dass sie sich nicht schon selbst erwürgt hat, und dieser Galina, einer Edelhure, die Männer in den Wahnsinn treibt. Wegen was sollte ich mir also noch Sorgen machen? Darüber hinaus werden sich mir ja noch zwei weitere Krieger des Schattens anschließen. Vielleicht schenkt uns Amez ja noch eine Amme mit Mundgeruch und Hautfäule sowie einen kräftigen jungen Burschen, der taubstumm und minderbemittelt ist. Dann könntet ihr euch alle gegenseitig pflegen und würdet mir nicht ständig auf die Nerven gehen.«

»Die Prophezeiung spricht von den sieben Sünden und nicht von einem Dämonenprinzen und seinen sechs Helfern.«

»Von dir hätte ich mehr erwartet«, schnaubte Baazlabeth. »Du bist selbst eine Mutter, und du weißt, dass Eltern ihre Erstgeborenen am meisten lieben. So und nicht anders ist es zwischen Amez und mir. Ihr anderen seid nur so etwas wie meine kleinen Brüder und Schwestern, die ich mitnehme, um ihnen die große Welt zu zeigen.«

»Hoffentlich ist seine Liebe zu dir genauso groß wie deine Überheblichkeit, Lord Hochmut«, entfuhr es Sanna.

Baazlabeth war ein kleines bisschen verunsichert. War das tatsächlich Sanna, die da aus der Dverga sprach, oder war Lemura schon wieder in ihren Körper zurückgekehrt? Das Übel schien auf jeden Fall das Gleiche zu sein – es war klein, aber unglaublich lästig.

»Hör auf, so viel herumzujammern, weil dir niemand genug Beachtung schenkt. Ich meine, was hast du erwartet? Du lebst immerhin in einem Blumentopf. Jetzt lass uns lieber durchs Lager streifen und sehen, wie die Vorbereitungen laufen. Am besten, wir gehen zuerst zu den Magiern, bevor sie uns an Altersschwäche unter den Händen wegsterben.«

Baazlabeth trabte einfach los. Er hatte genug von jedem, der ihm erzählen wollte, ein wichtiges Rädchen im großen Ganzen zu sein. Jeder wollte mitbestimmen, seine eigenen Vorstellungen mit einbringen und sich auf irgendeine Art in den Vordergrund spielen. Was war das hier, der Ältestenrat, in dem man so lange palaverte, bis jedes Veto vom Tod überstimmt wurde? Es wurde Zeit, dass er sich von dem Unvermögen der anderen nicht mehr irritieren ließ. Er brauchte einen klaren Kopf und einen wachen Verstand. Die Prophezeiung sollte sich bald erfüllen. Ein Fehler könnte alles zunichtemachen und die herbeigesehnten Ereignisse um hundert und mehr Jahre nach hinten verschieben.

Nemrothar hatte Baazlabeth bereits in der Menge erspäht und löste sich etwas aus der Gruppe der Magier, um ihn abzufangen. Bislang hatte sich der Greis als Stein der Weisen aufgespielt und versucht, jeder Situation mit seiner unübertroffenen Art von vorgegaukelter Allwissenheit entgegenzutreten. Heute Morgen jedoch schien er irgendwie überfordert. Unsichere Blicke zu allen Seiten ließen ihn verstört wirken, was ungewohnt war, aber zu seinem Alter passte.

»Das alles hier ist eine Farce«, röchelte er aufgeregt. »Diese alberne Machtdemonstration wird uns nichts weiter einbringen als Spott und

Unglück. Der König wird sich niemals durch diesen faulen Zauber einschüchtern lassen. Wer weiß, wie viele Spitzel er bereits in die Stadt eingeschleust hat, die ihm längst von unseren albernen Bemühungen berichtet haben. Wir sollten dem Ganzen hier und jetzt ein Ende setzen, bevor noch jemand ernstlich verletzt oder vielleicht sogar getötet wird.«

»Genau meine Rede, alter Knabe«, stimmte Baazlabeth zu und legte Nemrothar die Hand auf die Schulter. »Ich sollte langsam anfangen, hier ein wenig aufzuräumen. Es gibt ohnehin viel zu viele Menschen in Brisenburg. Ehrlich gesagt, weiß ich gar nicht, was die alle den ganzen Tag lang tun. So viele Schwachköpfe braucht doch kein Gott. Oh, Moment, ich vergaß. Warst du es nicht, der die ganze Zeit so herumgewinselt hat und versucht hat, mich davon zu überzeugen, dass es falsch ist, alle Menschen in Brisenburg zu töten? Und warst du es nicht auch, der meinem Plan, den König aufzuhalten, im Rat zugestimmt hat?«

»Das war ich«, gab Nemrothar schwermütig zu, »aber ich hatte gehofft, dein Plan ist ein wenig ausgeklügelter. Stattdessen lässt du dich in den Kerker sperren, sitzt in Schenken herum, trinkst oder stolzierst mit irgendwelchen zwielichtigen Damen durch die Straßen.«

Baazlabeth bezog den letzten Vorwurf nicht auf Sanna, sondern eher auf seinen kurzen Ausflug mit Galina.

»Nun pass mal auf, mein kleiner Runenschwinger«, knurrte Baazlabeth und packte den Magier am Genick. »Du weißt gar nichts von meinen Plänen. Du hast mich hierher gerufen, und nun wirst du gefälligst mit dem leben müssen, was ich dir auftische. Ich kann nichts dafür, wenn du schon zu alt oder zu senil bist, um zu begreifen, was hier vor sich geht. Entweder spielst du schön brav mit, oder ich werde dich als lebende Fackel höchstpersönlich über die Mauer katapultieren. Jetzt zieh nicht so eine Flappe und lass uns lieber sehen, was deine Freunde und du tun können, um den König doch noch zu beeindrucken.«

Nemrothar schien wenig begeistert zu sein. Mit gesenktem Haupt führte er Baazlabeth zu der Gruppe Magier. Sanna hatte inzwischen ebenfalls das Nordtor erreicht.

»Meine Herren Magier«, begrüßte der Dämon die alten Männer freundlich, »ich freue mich, dass Ihr alle dem Aufruf des Kleinen

Rates gefolgt seid und Euch entschieden habt, Lord Brackenmoore zu unterstützen.«

Die Magier sahen sich untereinander fragend an, so als ob Baazlabeth von ihnen verlangt hätte, einen von ihnen zur Hinrichtung auszuwählen.

»Welche Unterstützung erwartet Ihr denn von uns?«, fragte Peregrinus verunsichert.

Platsch!

Amez, warum tue ich mir das immer wieder an. Es hat gar keinen Zweck, mit diesen Menschen zu reden. Was wollen sie denn hören, dass ich sie bitte, mit ihren dünnen Ärmchen das Stadttor zuzuhalten, während von der anderen Seite sechstausend Söldner darauf einstürmen? Ich hatte mich ja damit abgefunden, dass sie nichts von dem wissen, was um sie herum vor sich geht, doch anscheinend begreifen sie noch nicht einmal, welche Rolle sie selbst zu spielen haben.

»Naja, eben das, was Magier immer so machen: Blitze vom Himmel herabschicken, Feuerbälle durch die Gegend schießen und die Erde erbeben lassen«, antwortete Baazlabeth.

Das mit dem Erdbeben sollte natürlich nur ein Scherz sein. Vom Zauber her zeugte so etwas sicherlich von einer großartigen arkanen Kunstfertigkeit, aber der visuelle Effekt war nicht gerade optimal. Und vielleicht war ein Erdbeben auch etwas zu überzogen, um einem König klarzumachen, dass sich die Bürger nicht alles gefallen ließen.

Baazlabeths Erwartungen an die Schar von Zauberern war als kleine Aufheiterung für die alten Männer ein voller Erfolg. Nach einer kurzen Pause voll vornehmer Zurückhaltung begannen das Gekicher und Gegluckse, wie es sich für Greise gehörte, denen man eine zotige Geschichte erzählte. Nur Nemrothar schien die allgemeine Erheiterung nicht teilen zu können. Mehr als ein verkniffenes Lächeln zeigte sein Gesicht nicht.

»Wie in den alten Geschichten und Legenden«, kicherte Peregrinus.

»Ja, genau so«, bestätigte Baazlabeth.

»Blitze und Feuerbälle, das ist wirklich gut«, lachte ein anderer Magier.

Ein weiterer vollführte unheimliche Gesten mit den Armen und machte einige knisternde Geräusche dazu wie ein drittklassiger Illusionist in einer Gauklertruppe.

»Blitze und Feuerbälle«, wiederholte Baazlabeth ein weiteres Mal, weil ihm das Benehmen der Magier etwas merkwürdig vorkam. »Was ist daran so komisch?«

Es dauerte einen Moment, bis sich alle wieder beruhigt hatten, doch dann kehrte endlich Stille ein – eine bedrückende Stille. Nemrothar sah sich in der Verantwortung, die Situation aufzuklären.

»Arkane Magie, deren Ursprung auf die Quelle zurückgreift, ist schon seit fast hundert Jahren nicht mehr möglich«, erklärte er. »Die Kraft der Quelle ist so gut wie aufgebraucht. Lediglich Zauber, die von Veränderung, Beeinflussung und Beschwörung geprägt sind, stehen uns noch zur Verfügung, und selbst die nur in begrenztem Maße. Alles andere hätte ein unausweichliches Verebben der Quelle zur Folge.«

Baazlabeth war wenig bewandert, was das Sprechen von Zaubern betraf. Trotzdem hatte er verstanden, dass es Probleme gab.

»Dann macht eben etwas anderes«, schnaubte er. »Lasst es Felsblöcke regnen, beschwört einen Schneesturm herauf, oder lasst Fleisch fressende Pflanzen aus dem Boden sprießen. Mir egal, doch es sollte mich und den König beeindrucken.«

Die erneute Belustigung der Herren mit den spitzen Hüten führte bei Baazlabeth abermals zu Unverständnis – gepaart mit einem winzigen bisschen Argwohn und Wut.

»Soll das heißen, Ihr könnt eigentlich nicht mehr, als Euch alberne Kostüme anziehen und Euch lange graue Bärte wachsen zu lassen?«

Schlagartig hörte das Feixen auf und wurde von brüskiertem Stottern abgelöst.

Einer der Magier trat vor, zog eine Tabakdose aus der Tasche und präsentierte sie stolz.

»Und jetzt?«, keuchte Baazlabeth.

»Mein Name ist Latuchtius«, stelle sich der Alte vor. »Seit über fünfzig Jahren diene ich der arkanen Magie. Der Großmagier Mammoth war mein Lehrmeister. Von ihm habe ich alles gelernt, was ich heute kann. Er hat mich gelehrt, eins zu sein mit der Quelle der Magie.«

Also doch noch jemand, der es draufhat. Jedenfalls einer, der versteht, was ich von ihm will. Trotzdem wäre es mir lieber, die Quelle würde ihm dienen und nicht umgekehrt.

»Zeigt her, was Ihr könnt«, forderte Baazlabeth Latuchtius auf.

Mammoths Schüler konzentrierte sich. Die Falten um seine Augen zogen sich zu einem kleinen Bündel zusammen. Er schien wirklich etwas Großes zu planen. Winzige Schweißperlen bildeten sich auf seiner Stirn, und es konnte nicht mehr lange dauern. Baazlabeth überlegte, ob er einen Schritt zurücktreten sollte oder ob er es wagen konnte, an Ort und Stelle stehen zu bleiben. Da alle anderen auch keine Panik zeigten, beschloss er, ebenfalls tapfer durchzuhalten. Langsam öffnete Latuchtius den Mund und gab der gaffenden Runde damit zu verstehen, dass er jetzt so weit war, seine ganze Macht zu demonstrieren.

Wie von unsichtbarer Hand geführt, begann die Tabakdose über seiner Handfläche zu schweben. Latuchtius riss die Augen weit auf und kündigte so den Höhepunkt seiner Vorstellung an. Die Dose fing an, sich um die eigene Achse zu drehen. Nach drei Umdrehungen fiel sie zurück in die Hand des Magiers.

»Das ist die wahre Magie, die uns von unseren Vätern und unseren Vätersvätern mitgegeben wurde. Habt Ihr je etwas Reineres und Beeindruckenderes gesehen als die Beherrschung der Schwerkraft?«

Baazlabeth war tatsächlich für einen kurzen Moment sprachlos, wenn auch weniger wegen der Reinheit der Magie. Zur Überbrückung der Zeit, bis er die richtigen Worte gefunden hatte, entriss er Latuchtius die Tabakdose, holte weit aus und warf sie über die Stadtmauer.

»Wirklich beeindruckend«, schnaubte er vor Wut. »Macht Ihr mich jetzt auch zum Großmeister? Das könnte ich den ganzen Tag tun, mit wachsender Begeisterung. Vielleicht funktioniert es auch mit größeren Sachen, solchen, die einen Bart haben, was meint Ihr?«

Baazlabeth packte Nemrothar am Bart und zog ihn zu sich heran.

»Ich glaube, wir sollten uns einmal unterhalten«, flüsterte er ihm zu.

»Lasst sofort den ehrenwerten Meister Nemrothar los!«, krächzte Peregrinus. So könnt Ihr nicht mit einem Magier der alten Schule umgehen. Er hat unser aller Respekt verdient, ebenso wie die meisten anderen hier.«

»Respekt wofür?«, fauchte Baazlabeth den Schwarzmagier an. »Weil ihr fünfzig Jahre für einen Zauber gebraucht habt, der noch nicht einmal auf einem Kindergeburtstag zu erstaunten Gesichtern führen würde. Ihr alle seid eine Bande von Scharlatanen, die sich hinter ihren zu großen Umhängen verstecken und drauf hoffen, dass sich keiner über sie lustig macht.« Baazlabeth packte Peregrinus an der Robe und zog ihn ebenfalls zu sich heran. »Schwebende Tabakdosen sind etwas für unbegabte Novizen, um ihnen die Grundlagen der Magie beizubringen!«, schrie er so laut, dass jeder es hören konnte.

Dann stieß er den Schwarzmagier von sich und zog Nemrothar zur Seite.

»Ich habe gesehen, wie du Männer mit nur einem einzigen Wort gelähmt hast. Du kannst Menschen durch die Dimensionen hindurch ins Schattenreich verbannen, und du hast es geschafft, mich, einen Kriegerdämon der ersten Stunde, zu beschwören. Willst du mir allen Ernstes erzählen, dass ihr nicht einmal einen Feuerball erschaffen könnt?«

Nemrothar atmete tief durch. Der anschließende Seufzer sprach Bände.

»Es ist, wie ich es dir erzählt habe«, erklärte er. »Die Quellen der Magie sind so gut wie aufgebraucht, und all unsere Zauberei beschränkt sich auf die einfachsten Arten der Beherrschung und Beschwörung. Etwas zu erschaffen, das nicht existiert, wie Feuer oder Blitze, ist schon seit hundert Jahren und länger nicht mehr möglich.«

Baazlabeth fühlte sich ins Licht geführt. Ein altersschwacher Quacksalber hatte ihn beschworen und wochenlang zum Narren gehalten. Er hatte ihm Aufträge erteilt, sich wichtig gemacht und in Geheimniskrämerei gehüllt. Ein Tabakdosenschwebenlasser hatte ihn für seine Zwecke missbraucht.

»Was ist mit all den Tränken und Phiolen, die ich in deinem Regal gefunden habe. In ihnen war richtige Magie.«

Nemrothar winkte ab.

»Längst vergangene Relikte aus alten Zeiten oder die neuesten Errungenschaften unserer Herren Alchemisten«, gab er zu.

»Dann sollte ich mich lieber an sie halten«, entschied Baazlabeth.

»Das kannst du tun, doch sei dir gewiss, dass sie nichts machen, um dir zu helfen. Alles, was sie wollen, ist die Anerkennung des Königs. Jeder von ihnen geifert nur danach, am Hofe von Bellington einen Platz zu ergattern. Sie wissen genau, was für eine Vorliebe der König für Forschungen und Erfindungen hegt. Er belohnt sie großzügig, wenn ihm etwas präsentiert wird, das seine Zustimmung findet.«

»Lass mich raten: Da könnt ihr mit euren schwebenden Tabakdosen nicht mithalten. Ich kann es Bellington nicht verübeln. Jetzt verschwinde! Nimm deine Spießgesellen und macht euch irgendwie nützlich. Lauft am besten herum und bietet warme Getränke an. Wenn ihr wollt, könnt ihr sie auch vor euch herschweben lassen, vielleicht gefällt es ja jemandem.«

Nemrothar schlich zurück zu seinen Kollegen. Er schien deprimiert, aber nicht am Boden zerstört. Das zu bewirken hob Baazlabeth sich für später auf.

Der Dämon wandte sich dem anderen Grüppchen zu. Die Alchemisten waren augenscheinlich Zeuge des Disputes zwischen ihm und den Magiern geworden, und das hatte zu allerhand Erheiterung geführt. Sie kicherten und lachten, zeigten mit den Fingern auf die arkanen Zauberwirker und ahmten ihre hilflosen Gesten nach. Aleister Bretozek stand mit einem breiten Grinsen inmitten der Gruppe und ließ sich von seinen Kollegen jede Einzelheit erzählen. Es konnte nicht mehr lange dauern, bis seine Mundwinkel die Ohren erreichten.

Baazlabeth gönnte den Giftmischern und Goldmachern ihre Häme. Schadenfreude war schließlich die kleine Schwester von Missgunst und Missgunst die Tochter von Neid.

»Du solltest sie sehen«, sagte er zu Sanna, die wieder dichter an ihn herangerückt war. »Du hättest deine dunkle Freude. Kaum hat man den Hochmut aus einer Hälfte ausgetrieben, erwächst in der anderen bereits die nächste kleine Sünde. So ganz ohne uns scheint hier niemand auszukommen.«

»Wo Licht ist, ist auch Schatten«, erklärte Sanna.

»Das schon, aber wo völlige Dunkelheit ist, findet man kein Licht. Ist das nicht wirklich verheißungsvoll.«

Aleister Bretozek ließ sich von den um ihn herumstehenden Alchemisten weiterhin jede Kleinigkeit zuflüstern. Seine blinden Augen huschten von einer Ecke des Platzes zur nächsten. Fast schien man an seinen Blicken erraten zu können, mit welchen Informationen ihn seine Gildenmitglieder gerade versorgten. Deshalb war es auch kein Wunder, als sein Blick genau auf Baazlabeth fiel, obwohl dieser noch zwanzig Schritte entfernt war. Bretozeks milchig trübe Augen schienen den Dämon regelrecht anzuziehen, und seine Vorfreude, das Versagen der Magier aus erster Hand erzählt zu bekommen, war unverkennbar. Dennoch wartete der Gildenmeister, bis Baazlabeth vor ihm stand und ihn begrüßte. Einen Moment lang ließ der Dämon ihn noch zappeln. An den erwartungsvoll hüpfenden Augen erkannte er, dass es dem Alten wie eine Ewigkeit vorkommen musste, bis er endlich seinen Triumph auskosten konnte.

»Meister Bretozek«, begrüßte ihn Baazlabeth, »es ist schon etwas her, aber ich freue mich zu sehen, dass es Euch wieder besser geht.«

»Ach das«, winkte der Gildemeister ab. »Das war gar nichts, ein Missverständnis, mehr nicht.«

»Dann hoffen wir mal, dass wir uns heute besser verstehen«, sagte Baazlabeth.

»Das werden wir, das werden wir, Prinzipal Sil«, versicherte Bretozek, hakte sich bei Baazlabeth ein und führte ihn ein paar Schritte abseits. »Ich wurde unbeabsichtigterweise Zeuge der kleinen Auseinandersetzung, die Ihr mit den ehrenwerten Magiern hattet. Ich habe mit Entsetzen mit anhören müssen, dass ihre Fähigkeiten nicht Euren Erwartungen entsprechen. Ihr müsst furchtbar enttäuscht sein.«

Platsch!

Baazlabeth hasste Schleimer. Sie kamen gleich hinter Feiglingen und Nichtskönnern. Bretozek musste vorsichtig sein, sich nicht noch weitere Beschimpfungen einzufangen. Wenn es dazu kommen sollte, würde der alte Mann sich wünschen, nicht nur blind, sondern auch taub zu sein.

»An Euren Worten glaube ich zu erkennen, dass Ihr der Meinung seid, es besser machen zu können«, stellte Baazlabeth fest.

»Selbstverständlich können wir es besser«, kicherte der Gildenmeister. »Unsere Forschungen in der Alchemie beschränken sich keineswegs auf die Herstellung von Gold oder Kräutermixturen. Wir haben ganz besonders großartige Errungenschaften, gerade in der Pyrochemie und Medichemie gemacht. Meine eigenen Untersuchungen erstrecken sich zwar mehr oder weniger auf den menschlichen Körper, seine Belastbarkeiten und Intoleranzen, aber ich habe Kollegen, die – glaube ich – genau das vorzuweisen haben, was Ihr sucht. Kommt bitte mit, ich stelle Euch jemandem vor, der wahre Wunder vollbringt, wenn es um das Spiel mit den Elementen geht.«

Belastbarkeiten und Intoleranzen des menschlichen Körpers, wiederholte Baazlabeth in Gedanken. *Hört sich genauso an wie das, was ich mache. Vielleicht ist er doch nur ein Schleimer.*

Bretozek führte den Dämon zu seinen Gildenmitgliedern zurück. Die Alchemisten waren kaum weniger betagt als die Magier, doch was ihren Sinn für Kleidung betraf, reduzierte sich die Geschmacklosigkeit auf Zweckmäßigkeit. Sie waren alles andere als farbenfrohe Paradiesvögel. Ihre Gewänder waren zumeist grau, braun oder schwarz. Als Kopfbedeckung schien sich hier eine Art Lederkappe durchgesetzt zu haben, und was an Bartwuchs noch übrig war, wurde fein säuberlich gestutzt. Alles in allem war ihr Erscheinungsbild ihrem Handwerk angemessen. So vermied man jedenfalls, fehlgeschlagene Experimente, die in Stichflammen aufgingen, ätzende Säuren verspritzten und klebrige Flecken hinterließen, für jedermann sichtbar werden zu lassen.

»Darf ich Euch Simutat Albion vorstellen«, sagte Bretozek und deutet auf die Menge maulwurfsartiger Männer vor sich, ohne jedoch jemand im Besonderen zu treffen.

Es fand eine kurze Neuordnung der Positionen statt, bis der Gildenmeister auf einen hageren Mann zeigte, dessen Gesicht zur Hälfte von Brandwunden zerfressen war. Wo andere Menschen ein Ohr hängen hatten, kräuselte sich bei ihm etwas zusammen, das entfernt an ein vertrocknetes Blatt erinnerte. Mit einer tiefen Verbeugung begrüßte Simutat Albion die beiden.

»Ihr seid zu freundlich, Meister Bretozek, und zu bescheiden, was Eure eigenen Forschungen auf dem Gebiet der Medizin angeht«, gurrte Albion, der anscheinend nicht nur eine riesige Nase besaß, sondern auch über ein exzellentes Gehör verfügte. »Jedoch muss ich zugeben, dass das, was ich tue, keineswegs an Wunder grenzt. Ich würde es mehr als eine Art Beugung der Naturgewalten sehen. Mir ist es lediglich gegeben, das, was uns von den Göttern überlassen wurde, einer anderen Bestimmung zuzuführen.«

Baazlabeth sah den komischen Kauz eine Weile entgeistert an.

Platsch!

Wenn das so weitergeht, habe ich bald niemanden mehr, der über die Mauer sehen kann.

»Ich freue mich zu hören, dass Ihr selbst den Platz, der Euch gebührt, gefunden habt, Meister Albion«, erklärte Baazlabeth und gab so ein bisschen der Verwunderung zurück. »Ob Ihr es wirklich wert seid, Euren Speichelleckereien weiterhin zuzuhören, könnt Ihr jetzt unter Beweis stellen. Ich bin gespannt, was Eure Beugung der Naturgewalten so hervorgebracht hat.«

Du tätest gut daran, mir den Tag etwas mit deinen Erfindungen zu versüßen, ansonsten werde ich dir zeigen, was meine Forschungen so alles erbracht haben. Ich kann nicht nur Dinge beugen, ich kann sie auch brechen.

Albion lächelte verunsichert, wie es sich für einen Kräuterbrodler gehörte. Hektisch zeigte er mit dem Finger auf verschiedene Gerätschaften und Kisten, die außer Holzspänen nicht viel zu bieten hatten.

Mit tänzelndem Schritt hoppelte er hinüber zu einer der Kisten und kniete sich davor. Die staunenden Blicke seiner Alchemistenkollegen folgten ihm.

»Hier, Prinzipal Sil«, fistelte Albion. »Im ganzen Reich werdet Ihr nichts Vergleichbares finden.«

Baazlabeth starrte auf die Kiste mit den geringelten Holzspänen.

»Ihr könnt von Glück sagen, dass Ihr blind seid, Meister Bretozek«, flüsterte er dem Gildenoberhaupt zu. »Ich werde gerade Zeuge des Wunders einer hölzernen Kiste, gefüllt mit Holz.«

»Wartet nur ab«, tuschelte Bretozek. »Ich habe Euch ein Wunder versprochen, und das sollt Ihr auch bekommen. Albion ist vielleicht im Umgang mit anderen Menschen nicht gerade eine Bereicherung für unsere Gesellschaft, doch dafür scheint er mit den Elementen sprechen zu können.«

Wenn er nicht wenigstens eine Flasche Roten aus der Kiste zaubert, könnte ihm dieses Talent äußerst hilfreich sein, denn er wird in dem Loch, in dem ich ihn verscharre, nur wenig andere Gesprächspartner als die Erde um ihn herum finden.

»Macht es nicht so spannend, Meister Albion, sonst platze ich noch vor Neugier«, brummte Baazlabeth wenig zufrieden.

Der Alchemist griff mit beiden Händen in die Kiste, ganz so, als würde er einer Kuh beim Kalben helfen, und zog mehr als nur bedächtig eine runde Tonkugel aus den Spänen hervor. Die anderen Männer traten murmelnd einige Schritte zurück und wandten ihre Gesichter ab.

»Seht sie Euch an«, raunte er mit aller Mühe, genug Theatralik in die Stimme zu legen.

Baazlabeth schaute gelangweilt auf die faustgroße Tonkugel in Albions Händen. Auf ihrer Oberseite lagen immer noch Holzspäne, so vorsichtig hatte der Alchemist sie angehoben.

»Ich bin beeindruckt«, gestand Baazlabeth. »Ihr töpfert Blumenvasen. Wenn Ihr fleißig weiter übt, gelingt es Euch vielleicht sogar, noch ein Loch darin zu lassen, damit man etwas hineintun kann.«

»Nein, Ihr versteht nicht«, zeterte Albion. »Sie sind gefüllt. Gefüllt mit etwas, dass wir *albus phosphorus* nennen. Es ist einem Mineral ähnlich und nur mit äußerst hohem Aufwand zu bekommen. Es brennt, wenn es an die Luft gelangt, und ist so gut wie nicht zu löschen. Und selbst wenn man es schafft, entzündet es sich nach kurzer Zeit wieder neu.«

Baazlabeth wollte sich sein Interesse nicht anmerken lassen. Er fand, dass sich die Menschen – und insbesondere Magier, Alchimisten und Magister – ohnehin schon zu wichtig nahmen. Sie zu lobpreisen wäre wie Öl ins Feuer zu gießen.

»Redet weiter«, sagte Baazlabeth trocken.

»Erzählt Prinzipal Sil, wie Ihr es entdeckt habt, und zeigt ihm die Apparatur, mit der wir gedenken, die Kugeln über die Stadtmauer zu katapultieren«, mischte sich Bretozek ein.

Jetzt wurde es hektisch. Albion legte die Kugel sanft zurück in die Kiste, dann ging zwei Schritte auf eine mannshohe Holzkonstruktion zu, machte kehrt, kam wieder zurück und wedelte vor Aufregung mit den Händen.

»Es war mehr ein Zufall. Meine Bestrebungen galten eigentlich dem Azoth, dem Stein der Weisen, um aus unedlen Metallen Gold machen zu können. Dafür bereitete ich einige Experimente mit Urin vor. Als ich es vollständig verdampfte und die übrig gebliebenen Reste in einem geschlossenen Glastiegel erhitzte, entstand Phosphorus. Es hat die Eigenart, im Dunkeln zu leuchten, und an der Luft entzündet es sich von selbst. Um es sicher aufzubewahren, haben wir es in die Tongefäße eingeschlossen. Sobald die Hülle zerbricht, flammt es nach wenigen Sekunden wie von Zauberhand, äh ... auf und steckt alles in Brand, womit es in Berührung kommt.«

Albion wandte sich in seiner Euphorie von Baazlabeth ab und hüpfte zurück zu der hölzernen Konstruktion.

»Das hier ist eine Art Katapult. Wir haben es extra für die Phosphorumkugeln entwickelt. Damit können wir ein Gefäß dieser Größe bis zu sechshundert Fuß weit verschießen.«

Baazlabeth musste sich eingestehen, dass er mehr von der Mystik dieser geheimnisvollen Kugeln angezogen wurde als von der Hoffnung, mit ihnen wirklich etwas bewirken zu können. Feuer konnte man auf viele Arten verschießen. Er war sich sogar sicher, dass das eine oder andere Getränk, das in den Hafenspelunken ausgeschenkt wurde, wenigstens genauso gut brannte, wenn man die Flasche entkorkte. Die Tatsache jedoch, dass man die Elemente so lange bearbeiten konnte, dass ein anderer Stoff entstand, war für ihn mehr als faszinierend. Immerhin sprach Albion über etwas, was man aus der Pisse von Menschen hergestellt hatte. Welches Wunderelixier würde der Alchemist aus dem Blut eines Dämons machen können?

»In der Kiste sind alle von diesen Kugeln, die Ihr habt?«, fragte Baazlabeth, um sicherzustellen, dass Albion keinen Höhenflug erlitt.

»Ich habe über ein Jahr gebraucht, um all das Phosphorus zu extrahieren«, gestand er sichtlich stolz.

»Na, an der Pisse wird es ja wohl nicht gelegen haben«, entschied Baazlabeth. »Eure halbe Kanalisation ist voll damit, und wenn ich das Wasser in eurem Hafenbecken rieche, scheint mir das so etwas wie euer Reservoir für menschliche Exkremente zu sein.«

»Mit einiger Unterstützung und etwas Gold im Voraus könnte ich dieselbe Menge in einem Monat erneut herstellen.«

In einem Monat wird sich niemand mehr für deine kleinen Experimente interessieren.

»Habt Ihr noch etwas anderes zu bieten?«, erkundigte sich der Dämon.

An Albions Blick erkannte er, dass diese Kugeln die Glanzleistung der alchemistischen Forschungen Brisenburgs zu sein schienen. Die Gilde hatte alle Hoffnung auf einen Zuspruch und geldliche Zuwendungen in dieses Dutzend Tonkugeln gelegt. Albion wechselte einige verstörte Blicke mit seinen Kollegen. Ratloses Achselzucken war die Folge.

Ein kleiner gebeugter Mann trat aus der Gruppe hervor. Es fiel ihm schwer, seinen Kopf so weit zu heben, dass er Baazlabeth direkt ansehen konnte.

»Ich habe eine Tinktur aus verschiedenen Sedimenten vom Meeresgrund extrahieren können, die zusammen mit einer hochflüchtigen Flüssigkeit wie Alkohol zu starken Hautreizungen und vorübergehender Blindheit führt. Leider ist das Elixier eine dunkelrote Tinktur und wenig geeignet, um einen visuellen Effekt herbeizuführen. Es ist nichts, um den König zu beeindrucken.«

Baazlabeth sah mitleidig auf den Alten herab.

»Das lasst ruhig meine Sorge sein«, brummte er. »Schafft das Zeug her und macht Euch bereit, es zusammen mit diesem Phosphorus über die Mauer zu werfen, wenn Ihr den Befehl dazu bekommt. Wir werden sehen, zu was Eure Forschungen gut sind. Bin ich beeindruckt, wird es der König auch sein.«

Baazlabeth entschied, dass er genug gehört hatte. Er klopfte Aleister Bretozek lobend auf die Schulter.

»Ich glaube, den Alchemisten steht eine große Zukunft bevor. Ich muss zugeben, dass ich Eure Forschungen unterschätzt habe. Wenn Eure Mittel und Pülverchen das halten, was sie versprechen, wird Eure Gilde heute Abend einen ganz neuen Weg einschlagen.«

Bretozek nickte untertänig und umfasste Baazlabeths Unterarm, um ihn wie zu Anfang einige Schritte abseits zu führen, wo weniger Ohren ihrem Gespräch lauschen konnten.

»Ich wäre Euch dankbar«, begann er seine Bitte, »wenn Ihr dem König von unserem Einsatz und den massiven Unterstützungen weit über die Grenzen der Freundlichkeit hinaus, was Kosten und auch Zeit betreffen, berichtet. Ihr werdet verstehen, dass wir den Zuspruch dringend benötigen, um unsere Experimente weiterführen zu können. Einem kleinen Obolus in unsere Gildenkasse wären wir natürlich auch nicht abgeneigt.«

Erst jetzt begriff Baazlabeth, dass die Alchemisten eine leicht veränderte Sichtweise auf die Geschehnisse des heutigen Tages hatten. Sie schienen davon auszugehen, dass sie an einer Art Vorstellung teilnahmen, deren Zweck es war, dem König zu imponieren. Natürlich ging es auch tatsächlich darum, den König zu beeindrucken und ein Zeichen zu setzen. Dass König Bellington diese Geste aber zu schätzen wusste, wagte Baazlabeth zu bezweifeln. An den Hof gelobt zu werden war etwas anderes, als im Schlossgarten gehängt zu werden. Baazlabeth war sich sicher, das Bretozek diesen Unterschied beizeiten erkennen würde.

»Ich danke Euch für die Unterstützung Eurer Gilde«, erwiderte Baazlabeth förmlich. »Wir werden sehen, ob der König mir im Laufe der Tage sein Ohr leiht.«

Es können auch ruhig ein paar mehr Körperteile sein. Von einem Ohr wird ja niemand satt.

Baazlabeth verabschiedete sich in aller Förmlichkeit und übergab den blinden Gildenmeister wieder in die Obhut seiner Mitglieder.

Erst jetzt fiel ihm auf, dass er Sanna verloren hatte. Die kleine Frau musste irgendwo auf dem Platz herumirren oder sich am falschen Rockzipfel festhalten, was man genau betrachtet als Fremdgehen hätte bezeichnen können.

Immer dasselbe Dilemma mit diesen Reiterdämonen. Macht man sie groß, denken sie, einem die Stirn bieten zu können. Macht man sie klein, verliert man sie. Ich hätte sie Bretozek an die Hand geben sollen. Vielleicht sehen zwei Blinde mehr als einer.

Zwischen all den Menschen war eine Dverga genauso gut zu finden wie ein ausgeschlagener Zahn am Ende einer Kneipenschlägerei.

»Habt Ihr etwas verloren?«

Baazlabeth drehte sich um und sah in das spöttische Gesicht von Magister Treuthwin. Der Dämon hatte den alten Hofgelehrten von Lord Brackenmoore noch nie lächeln sehen, weder spöttisch noch vor Freude. Der Magister war eine lebende Ansammlung von Statuten, Reglements sowie Bräuchen und Sitten. Man konnte kaum ein paar Worte mit ihm wechseln, ohne dass er plötzlich sagte: *Ich möchte nur darauf hinweisen . . .* Ständig hatte er etwas einzuwenden, nörgelte herum oder hob den mahnenden gichtgeplagten Zeigefinger.

Baazlabeth sah an ihm herab. Der Magister trug eine dieser Roben, die darauf hinweisen sollten, dass der Mann, der in ihr steckte, nicht in der Lage war, eine ehrliche Auseinandersetzung zu führen. Jeder, der zu alt oder zu schwach war, um sich mit anderen zu messen, berief sich auf seine unendliche Weisheit oder sein über Jahrzehnte angesammeltes Wissen. Doch nur die wenigsten hielten, was ihre Kleidung versprach. Magister Treuthwin gehörte mit Sicherheit nicht dazu.

Der alte Gelehrte stützte sich auf seinen knorrigen Gehstock. Seine Hand umklammerte den dicken Wurzelknauf, wobei seine gichtigen Knöchel aussahen, als wären sie ein Teil des Holzes. Einen halben Fuß tiefer klammerte sich eine kleine Hand, die sich ebenfalls aus einem grünen Umhang streckte, mit ihren wurstigen Fingern um den Stock. Baazlabeth beugte sich hinunter.

»Das bist du ja wieder«, gluckste er vor gespielter Freude. »Meine Sorge um dich hat mich innerlich schon ganz zerfressen. Ich hatte schon befürchtet, dass jemand auf dich getreten sein könnte und dich wie einen Käfer zerquetscht hätte.«

Baazlabeth wandte sich wieder Magister Treuthwin zu.

»So ist das mit diesen kleinen Teufeln«, grunzte er. »Ich wollte sie nur kurz rauslassen, damit sie ihr Geschäft verrichten kann, und schon war sie verschwunden. Es ist wirklich eine Bürde, wenn sie läufig sind. Kaum hat man sich umgedreht, da sind sie auch schon weg. Aber Ihr kennt das ja sicherlich.«

Baazlabeth hatte es geschafft. Das Lächeln in Treuthwins Gesicht war einem empörten Blick gewichen.

»Ich muss Euch leider enttäuschen«, erwiderte er eisig. »Ich habe mein ganzes Leben den Studien der Gesetze und Regularien gewidmet. Der Wunsch nach einer eigenen Familie musste dafür hintanstehen.«

»Ihr sollt ja nicht gleich eine Familie gründen«, entfuhr es Baazlabeth. »Ich spreche nur von der Befriedigung der ureigensten Gelüste. Ihr wisst schon, dieses jämmerliche Paarungsverhalten, bei dem ihr mit Eurem ...«

»Ihr braucht es nicht weiter auszuführen«, unterbrach ihn Treuthwin mit einer abwehrenden Geste. »Ich kenne mich aus mit dem Geschlechtsakt zwischen Mann und Frau. Meine Bewandtnis auf diesem Sektor ist allerdings rein theoretischer Natur.«

Baazlabeth setzte eine betroffene Miene auf.

»Ich könnte Sie Euch für ein paar Stunden überlassen«, sagte er gönnerhaft und zeigte dabei auf Sanna, die unbeteiligt in eine andere Richtung blickte.

»Nein, danke« keuchte Treuthwin. »Ich glaube, ich kann gut auf Eure Bemühungen, mir die Annehmlichkeiten eines Frauenkörpers aufzuzeigen, verzichten. Bitte seid so nett und nehmt Sie jetzt wieder an Euch. Die Art, mit der Ihr über andere zu sprechen pflegt, entbehrt jeglicher Gunst meinerseits. Von einem Mitglied des Kleinen Rates hätte ich etwas mehr Pietät erwartet.«

Treuthwin war es sichtlich unangenehm, sich auf diese Art von

Gespräch eingelassen zu haben. Seine Augen huschten umher, auf der Suche nach einem Punkt, der ihm etwas Halt versprach.

Baazlabeth nahm Sanna wieder an die Hand und zog eine beleidigte Schnute.

»Komm, Kleine, wenn er dich nicht haben will, suchen wir dir einen anderen Rüden«, flüsterte er ihr zu, gerade noch laut genug, dass der alte Magister es hören konnte und ihm die Schamesröte ins Gesicht stieg.

»Gibt es sonst noch etwas?«, fragte Baazlabeth. »Ich habe Lord Brackenmoore noch nirgends finden können.«

»Der Lord hat es vorgezogen, sich auf Empfehlung des Kleinen Rates in Schloss Sturmfels aufzuhalten, bis sich Euer Plan als vielversprechend und richtig herausgestellt hat. Auch die anderen Ratsmitglieder, mit Ausnahme von Meister Nemrothar und Kommandant Blank, verweilen so lange ihn ihren Residenzen. Man empfand es als sicherer, sich nicht öffentlich zu diesem Ungehorsam dem König gegenüber zu bekennen. Falls die Situation eskalieren sollte, gäbe es auf diese Weise immer noch die Möglichkeit, von einem bürgerlichen Aufstand zu sprechen und so der Obrigkeit von Brisenburg den Kopf zu retten. Würdet Ihr Euch weniger mit undurchsichtigen Damen nächtens in der Stadt herumtreiben oder es vermeiden, im Kerker eingesperrt zu werden, hättet Ihr bei solch wichtigen Entscheidungen des Rates mit Einfluss nehmen können.«

Magister Treuthwin hatte den Abschluss seines Redeflusses wohlweislich zurechtgelegt. Noch beim Luftholen nickte er Baazlabeth kurz zu und machte auf dem Absatz kehrt. Mit wallender Robe humpelte er davon.

Das sieht den feinen Herren ähnlich. Große Pläne schmieden, aber sobald es etwas brenzlig wird, lassen sie lieber das gemeine Volk bluten. Von unserem Abt oder dem rosa Kaufmann, Amez möge ihn ewig brennen lassen, hätte ich auch nichts anderes erwartet, doch von Brackenmoore hätte ich mir ein bisschen mehr Initiative gewünscht. Schließlich hatte er die Größe, seine eigene Frau umzubringen, als er ihre Untreue erkannte.

»Na, dann komm mal mit, du kleine, räudige Hündin«, sagte Baazlabeth. »Ein paar Stunden noch, dann ist dein großer Moment gekommen.«

»Ich werde mich auf keinen Fall von einem dieser dreckigen Kerle bespringen lassen!«, keifte Sanna. »Lieber schicke ich Euch zusammen mit der Prophezeiung dahin zurück, woher Ihr gekommen seid.«

Baazlabeth packte Sanna an ihrer Kapuze und zog sie mit sich.

»Der kleine Schädel scheint dir das Gehirn zu quetschen«, knurrte er. »Ich habe diese dämliche Prophezeiung nicht mitgebracht Sie war schon hier, als mich dieser greise Nichtskönner herholte. Ich bin nur in dieser verdammten Stadt, um sie wahr werden zu lassen. Jetzt halt endlich deine freche Schnauze, und tue einfach, was ich dir sage!«

Baazlabeth steuerte mit Sanna auf eine der Treppen zu, die hinauf auf die Stadtmauer führten. Sie erklommen die steinernen Stufen bis hinauf auf den Wehrgang. Oben angekommen, warf er einen Blick hinunter auf das volksfestartige Getümmel. Er erkannte die Gruppe von Alchemisten, die sich ausgiebig gegenseitig auf die Schultern klopften. Er sah die Magier, die sich beschämt am Stadttor herumdrückten, und er nahm auch die Diebesgilde wahr, die sich schützend um Myrcella herum versammelt hatte. Und zwischen all diesen verschiedenen Grüppchen rannten, johlten und krakelten all die Männer umher, die darauf warteten, einen Pfeil im Namen des Lords abzuschießen. Dabei war es völlig egal, ob sie einen brennenden Pfeil über die Stadtmauer schossen oder nur auf eine streunende Katze anlegten. Alles, was sie wollten, war dabei sein.

»Sieh sie dir an«, schnaubte Baazlabeth. »Sie werden ein Teil von etwas ganz Großem sein und wissen es nicht einmal. Sie denken immer noch, das alles hier ist ein riesiger Spaß.«

»Und, wird es das nicht sein?«, fragte Sanna.

»Doch natürlich«, gestand Baazlabeth. Es kommt aber darauf an, wer man ist, auf welcher Seite man steht und wie ausgeprägt der jeweilige Sinn für Humor ist. Wie witzig findet das Spanferkel ein Grillfest?«

Baazlabeth wandte sich ab und überquerte zusammen mit der Dverga das schmale Teilstück über dem Stadttor, um auf die andere Seite zu gelangen. Dort wurden sie bereits von Hauptmann Celest und Kommandant Blank mit grimmigen Mienen erwartet.

»Ihr seht aus wie jemand, dem kurz vor der Schlacht bewusst geworden ist, dass er drauf und dran ist, einen großen Fehler zu begehen«, begrüßte Baazlabeth den Kommandanten. »Ihr solltet Euch Euren

Kopf nicht darüber zerbrechen, ob wir das Richtige tun. Wichtig ist nur, dass man Stellung bezieht.«

Blank zog missmutig eine Augenbraue hoch, während Hauptmann Celest sich gänzlich abwandte.

»Herr Hauptmann, Ihr werdet es mir doch wohl nicht übel nehmen, dass ich Eurer Einladung zum Henkersmahl nicht nachgekommen bin?«

»Ich hätte Euch am selben Tag aufhängen lassen sollen, als wir Euch festnahmen«, knurrte Andor Celest.

Baazlabeth trat hinter Celest und flüsterte ihm ins Ohr: »Das hättet Ihr tun können, doch dann wäre nichts mehr wie früher, und es würde auch nie wieder so werden.«

Man konnte regelrecht sehen, wie dem Hauptmann ein eisiger Schauer über den Rücken lief.

»Vielleicht«, hauchte er.

»Nein, ganz bestimmt«, entgegnete Baazlabeth. Dann trat er wieder einen Schritt zurück und räusperte sich. »Meine Herren, darf ich Euch jemanden vorstellen? Dies ist ...«

»Lemura, die blinde Seherin, deren Dienste Ihr aus dem Vermächtnis von Neptrotot geerbt habt«, kam Kommandant Blank ihm zuvor. »Fragt sich jetzt nur, ob es Glück oder Pech war, dass sie bei Euch gelandet ist.«

Baazlabeth winkte ab. »Glück und Pech hören sich schrecklich nach Zufällen an, findet Ihr nicht? Euch sollte langsam klar geworden sein, dass ich nichts, was ich tue, dem Zufall überlasse.«

»Genau das habe ich befürchtet«, erwiderte Horius Blank. »Dann gehen wir Euren Plan am besten noch einmal gemeinsam durch. Es wird noch Stunden dauern, bis der König und sein Heer hier sind.«

15
Besser beneidet als betrauert

Sanna Brackenmoore – Neid

Neid ist die unscheinbarste aller Sünden. Nur jahrelanger Verzicht in einer Welt voller Glück kann diese reinste Form der Missgunst entstehen lassen.

Der Nachteil, einen eigenen Körper zu besitzen, bestand darin, dass man all seine Leiden zu spüren bekam. Ganz davon abgesehen, dass dieser Körper zu klein war, einem versklavten Volk entstammte, von niemandem gemocht wurde und obendrein noch mit Blindheit geschlagen war, fror Sanna bitterlich. Seit Stunden stand sie bereits mit Baazlabeth, Kommandant Blank und Hauptmann Celest oben auf der Stadtmauer. Erneut kam Wind auf, und wenn sie die fallende Temperatur richtig deutete, war die Sonne schon hinter den Bergen untergegangen. Celest hatte vor einiger Zeit den Feuerkorb entzündet, doch der Wind riss die Hitze der Flammen mit sich, bevor Sanna sich an ihnen wärmen konnte. Sicherlich hätte sie noch ein paar Schritte auf den Feuerkorb zugehen können, doch wenn man erst seit wenigen Stunden in einem blinden Körper steckte, war es besser, Vorsicht walten zu lassen. Sanna wusste, sollte ihre dünne Robe in Brand geraten, würde sich niemand finden, der ihr half. Mit etwas Glück würde sich Baazlabeth dazu herablassen, ihr einen Stoß zu geben. Weniger aus Hilfsbereitschaft denn dem Interesse festzustellen, ob die Flammen sich durch einen Sturz von der Mauer löschen ließen.

Alles in allem fühlte sich Sanna im Körper der Dverga ebenso hilflos wie vorher in ihrem Tonkrug. Das Letzte, was Baazlabeth zu ihr gesagt hatte, war, dass sie die Füße ruhig und die Ohren offen halten solle. Gewürzt mit einigen abfälligen Bemerkungen über ihre Blindheit und den kindlichen Körper, in dem sie feststeckte.

Seit Stunden schenkte ihr niemand mehr Beachtung, ausgenommen die verachtenden Blicke, von denen sie glaubte, dass man sie ihr von unten zuwarf, und die sie regelrecht auf ihrer Haut spürte.

Ihr widerlichen Drecksäcke! Ihr glaubt, ihr seid etwas Besseres, die Krönung der Schöpfung sozusagen. Ihr behauptet von euch, offen zu sein und ohne Vorurteile. Die sieben Tugenden habt ihr groß an eure Tempel geschrieben und geschworen, danach zu leben. In Wirklichkeit aber verflucht ihr jeden, der nicht so ist wie ihr, egal, ob er nur anders aussieht, jemand anderen liebt oder sich nicht so verhält, wie ihr es von ihm erwartet. Jeden, der nicht zu euch passt, verflucht ihr oder tut ihm beileibe Schlimmeres an.

Mein einziges Vergehen war, jemanden zu lieben, vor dem ihr euch fürchtetet. Ihr habt versucht, das Kind in mir zu töten, bevor es das Licht der Welt erblickt. Als euch dies nicht gelang, habt ihr keinen Moment gezögert und mich dem Tode geweiht. Ich spüre immer noch die alten, knorrigen Männerhände an mir herumfummeln. Ich fühle, wie sie in mich eindringen und mir das Leben meiner ungeborenen Tochter entreißen wollen. Ich war die Frau eures Lords, und dennoch habt ihr euch an mir vergangen. Ihr habt mich getötet, ihr Heuchler. Wartet ab, bis meine Tochter Lilith zurück ist. Sie wird euch beibringen, auf welchen Platz ihr gehört. Ihr seid des glücklichen und sorglosen Lebens, das ihr führt, nicht würdig. Ihr lebt mein Leben, und ich werde es mir zurückholen.

Sanna wurde von einem Stein am Kopf getroffen und taumelte zwei Schritte nach hinten. Grobe Hände griffen nach ihr und verhinderten, dass sie stürzte.

»Sie können keine Gedanken lesen«, flüsterte Baazlabeth ihr zu, »aber sie sind gut darin, Verachtung zu spüren. Besonders, wenn man wie du auf sie herabschaut und dabei ein Gesicht zieht, dass selbst mir Angst machen würde.«

»Du hast vor etwas Angst?«, keuchte Sanna leicht benommen.

»Nein, aber ich fand, es hörte sich an, als wenn ich mit dir mitfühlen könnte«, kommentierte Baazlabeth. »Warte noch einen Moment, dann kannst du endlich raus aus diesem Körper. Ich habe etwas viel Besseres für dich. Jemanden, bei dem sich niemand wagt, ihn mit Steinen zu bewerfen.«

»Ich kann nicht einfach von einem Körper in den anderen springen«, wandte sie ein.

»Fang gar nicht erst an wie die Magier. *Ich kann dies nicht, ich kann das nicht.* Noch mehr Nichtskönner kann ich nicht brauchen. Du bist eine Reiterin. Du kannst jeden sterblichen Körper besetzen, den du dir erwählst.«

»Wer hat dir das erzählt, Amez persönlich?«, fragte Sanna schnippisch.

»Ich bin ein Dämon der ersten Stunde«, knurrte Baazlabeth leise. »Das Wissen über alle Niederen ist tief in mir verankert. Ich kenne sie alle – ihre Stärken, wie auch ihre Schwächen.«

»Dann solltest du dein Wissen vielleicht einmal wieder auffrischen, Dämon der ersten Stunde. In den letzten eintausend Jahren hat sich nämlich einiges getan. Schließlich warst du selbst überrascht, als du Lilith kennen gelernt hast. Ich jedenfalls muss mein Opfer sehen oder zumindest berühren, bevor ich von seinem Körper Besitz ergreifen kann. Wie es um meine Augen steht, brauche ich dir ja nicht zu erklären. Und selbst wenn ich ihn sehen würde, ist es nicht einfach. Menschen besitzen einen eigenen Willen. Das solltest du langsam begriffen haben. Nicht jeder lässt sich bereitwillig aus seinem Körper vertreiben. Am besten ist es, wenn ihre Sinne abgelenkt sind, sie träumen oder Schmerzen empfinden.«

Einen Moment herrschte Stille, dann flüsterte Baazlabeth ihr erneut ins Ohr:

»Dann halte dich bereit, du wirst nur einen Versuch haben.«

Einen Moment später war Sanna wieder auf sich allein gestellt. Um sie herum herrschten finsterste Schwärze und ein Gewirr aus Stimmen und Geräuschen, das kaum auszuhalten war. Bislang hatte sie die Körper, in die sie geschlüpft war, als eine Art Flucht in das normale Leben der Menschen betrachtet. Egal, ob Waschfrau, Fischer oder Bettler – die fremden Identitäten gaben ihr das Gefühl von Zugehörigkeit. Für kurze Zeit konnte sie so vergessen, was sie eigentlich war, nämlich eine Laune der Götter, eine Perversität, der Rest eines einst glücklichen Lebens.

Tagtäglich betrogen Männer ihre Frauen und Frauen ihre Männer. Alles, was sie an Strafe mit sich herumtragen mussten, war ein schlechtes Gewissen, nicht mehr. Ihr jedoch hatte man dieses Vergehen nicht so einfach verziehen. Dem Leben entrissen und langsam verrottend, musste sie in einem Tontopf vegetieren und zusehen, wie um sie herum alles weiterexistierte. Jeder aus ihrem alten Leben hatte weitaus schlimmere Vergehen zu verantworten, und dennoch wurde ihnen verziehen. Es war ungerecht.

»Ah, passt doch auf, Tölpel. Habt Ihr nicht schon genug Leute in dieser Stadt auf dem Gewissen? Fangt Ihr jetzt auch noch an, uns häppchenweise umzubringen?«

Die schmerzverzerrte Stimme gehörte zu Hauptmann Celest, wenn Sanna sie richtig erkannte. Was den Tölpel betraf, konnte sie sich nur zu gut vorstellen, um wen es sich handelte. Baazlabeth war sicher nicht tölpelhaft. Aber er war im wahrsten Sinne des Wortes weltfremd. Jedes andere Wesen wäre zurückhaltend gewesen, vorsichtig und darauf bedacht, so wenig Aufmerksamkeit wie möglich auf sich zu ziehen – nicht so ein Horde. Von allen Dämonen waren Horden wie ein brennender Span in einem trockenen Pinienwald. Wobei man in Baazlabeths Fall mehr von einer Fackel sprechen musste.

»Stellt Euch nicht so an, Herr Hauptmann«, grunzte der Dämon. »Bevor Ihr eine Frau gefunden und Kinder gezeugt habt, die Euch zu Grabe tragen könnten, ist nichts mehr von dieser Lappalie zu sehen. Kommt her, meine Dverga kann sich das ansehen. Sie verfügt über beachtliches Wissen, was Heilung und Schmerzlinderung betrifft.«

Sanna spürte, wie sich jemand näherte und sich vor ihn hinkniete.

»Lasst sie nur schnell einen Blick darauf werfen«, hörte sie Baazlabeth sagen.

Dann packte jemand ihre Hand, zog sie zu sich und legte sie auf einen Unterarm. Sanna fühlte einen leichten Leinenstoff. Die Ränder waren ausgefranst und mürbe. Mitten im Stoff befand sich ein faustgroßes Loch, darunter Haut. Sie war heiß und straff gespannt wie von einer frischen Verbrennung. Die Härchen waren weggekokelt. Der Arm zuckte, als sie die Wunde berührte.

»Lasst mich mit Eurem Hokuspokus zufrieden!«, keifte Celest und versuchte, den Arm wegzuziehen, doch jemand hinderte ihn daran.

»Bleibt ganz ruhig«, hörte Sanna Baazlabeth sagen. »Es wird gleich vorüber sein.«

Erst jetzt verstand Sanna, worum es dem Dämon ging. Er wollte, dass sie in den Körper von Andor Celest schlüpfte. Das war ebenso dumm wie brillant und unglaublich reizvoll. Noch niemals war sie in jemanden geschlüpft, der irgendeine Art von Macht innehatte. Zu einfach wäre es gewesen, sie zu entlarven. Um so eine Fassade aufrechtzuerhalten, bedurfte es schon weitreichenderem Wissen bezüglich der Person und ihres Aufgabengebietes. Zu schnell käme man ihr auf die Schliche, wenn sie wichtige Fragen nicht beantworten oder Entscheidungen nicht treffen konnte, weil ihr der Hintergrund und das Wissen fehlte. Besonders schwierig wurde es, wenn man erklären musste, warum man ständig einen Tonkrug mit sich herumschleppte.

Heute wird mein großer Tag werden. Ich habe mich von einer Marktbeschickerin zur blinden Seherin bis hin zum Hauptmann der Stadtwachen emporgearbeitet. Wer weiß, vielleicht werde ich eines Tage noch König.

Einen Körper zu verlassen war wesentlich weniger anstrengend, als einen neuen zu besetzen. Leider fiel meist beides zusammen, wenn man nicht in einem Tonkrug hausen wollte. Als ihre Tochter Lilith noch in Schloss Sturmfels residiert hatte, hatte sich Sanna oft in ihren eigenen Körper zurückgezogen. Fernab von jedem menschlichen Leben hatte sie oft wochenlang in ihrem Sarkophag gelegen und den Trubel an sich vorbeilaufen lassen. Damals hatte Lilith sich darum gekümmert, dass niemand sich ihr näherte oder sich an ihren Überresten verging. Die Wahrscheinlichkeit, dass Grabräuber ihre letzte Ruhestätte störten, war zwar äußerst gering, da sich in der Gruft von Sturmfels keinerlei Grabbeigaben befanden, doch wenn die eigene Existenz nur noch an ein paar Knochen hing, entwickelte man rasch eine gewisse Paranoia.

Aber selbst wenn es unnötig gewesen wäre, Angst vor den gierigen Fingern irgendwelcher Beutelschneider zu haben, so blieb immer noch die Gefahr der familiären Schändung. Lord Brackenmoore, ihr Ehemann, wäre nicht der erste traurige Witwer gewesen, der sich von einem übereifrigen Wanderpriester zu einer nachträglichen Weihung der letzten Ruhestätte eines verstorbenen Angehörigen hätte überreden lassen. Was bei trockenen Bedingungen und dem regelmäßigen Absammeln von Aaskäfern, Maden und Fliegenlarven viele Jahrzehnte dauerte, konnte mit einer einzigen Phiole geweihtem Wasser sofort beendet werden.

Zu ihren Lebzeiten war alles völlig anderes gewesen. Sie war angesehen, wunderschön und ohne Frage eitel gewesen. Die Menschen aus Brisenburg hatten zu ihr aufgesehen, wenn auch nur, weil sie die Frau des Lords war. Sie trug die schönsten Kleider, den teuersten Schmuck, und jeden Morgen kam eine Zofe, die ihr die Haare kämmte. Ein

Alchemist, Aleister Bretozek war sein Name, kreierte den ganzen Tag lang aus Ölen und Essenzen neue Düfte für sie. Händler aus aller Welt brachten Geschenke mit, wenn sie im Hafen anlegten, um neue Handelsrouten mit ihrem Mann zu besprechen. Kurzum, man behandelte sie wie eine Frau des Adels, und jegliche Annehmlichkeiten des Lebens wurden ihr zu Füßen gelegt.

Als sie dann schwanger wurde und ihr Mann herausfand, dass das Kind nicht von ihm, sondern von einem Incubus, einem Dämon, stammte, war es damit vorbei. Der Alchemist kam weiterhin täglich, doch nicht, um sie mit neuen Düften zu erfreuen, sondern um seine Gerätschaften an ihrem Körper auszuprobieren und das Bastardkind aus ihr herauszuholen. Ihr Körper wurde zusehends schwächer, und letztendlich führten die inneren Verletzungen dazu, dass sie starb.

Doch anstatt in ihrem Grab zu verfaulen, hatte Amez ihr ein neues Leben geschenkt, jedoch keinen unversehrten Körper. Ihr einziger Kontakt in die Welt der Lebenden war Lilith, ihr eigenes Kind. Damals noch ein Baby, war Lilith außerstande gewesen, sich um ihre Mutter zu kümmern, obwohl sie bereits verstanden hatte, was man ihr sagte. Später dann war es zu spät gewesen, um den Zerfall ihres Körpers noch aufzuhalten. Wenn sie sich heute danach sehnte, ihre Haare zu kämmen, zog Sanna mit einem Stock Furchen in die Graberde ihres Topfes. Knieten Menschen vor ihr nieder, dann nur um Blumen und Kränze an ihrem Sarkophag abzulegen, und wer zu ihr aufschaute, sah nicht mehr als das heruntergekommene Schloss Sturmfels.

Sanna wurde aus ihren Gedanken gerissen, als ein Ruck durch ihren Körper ging. Es fühlte sich an, als müsste sie sich übergeben, nur war es nicht ihr Magen, der sich entleeren wollte, sondern ihr Kopf. Die kleine Dvergaseherin, die immer noch tief in ihrem Körper steckte, schien zu spüren, dass es an der Zeit war, wieder sie selbst zu sein. Wie mit geistigen Füßen trat sie auf ihre Besetzerin ein und versuchte, sie so aus dem Körper zu vertreiben. Wie schon erwähnt, das Verlassen einer Person war einfach. Sanna ließ Lemura einfach gewähren.

Der Übergang von einer Person zur anderen fühlte sich an wie der Sprung von einer Klippe. Man stand dort oben, Wind und Wetter zerrten an einem. Irgendwann gab man nach und ließ sich mit geschlossenen Augen fallen. Für einen kurzen Moment war man frei, doch man konnte es nicht genießen, da man sich darauf konzentrierte, aufzuschlagen. Und dann war es so weit. All die Hoffnung von wohlig warmem Wasser, das den Körper sanft umspülte, wurde im nächsten Moment zerschlagen. Wenn alles gut lief, tauchte man in eiskalte Schwärze ein und hoffte, es rechtzeitig an die Oberfläche zu schaffen, um Luft zu holen. Falls nicht, schlug man auf den Klippen auf, mit dem kleinen Unterschied, dass man nicht sofort starb, sondern mit infernalischen Schmerzen herumirrte, um eine andere Hülle zu finden, in die man sich retten konnte. Erst wenn dies einem nicht gelang, starb man. Wie lange der Zeitraum für die Suche einer Rettung war, wusste Sanna nicht, und sie hatte auch keine Lust, es herauszufinden.

Im Falle von Andor Celest gab es kein richtiges Eintauchen, aber auch keinen Aufprall. Es war zu vergleichen mit einem Sprung von den Klippen in zwei Fuß tiefes Wasser. Es war nass und kalt, man drohte zu ersticken, und obendrein schmerzte jeder Knochen.

Die meisten Menschen, in die Sanna geschlüpft war, hatten Probleme gehabt, mit ihrem Geist den Körper zu füllen. So fand man schnell ein Plätzchen, an dem man sich einnisten konnte, und von dem aus man die Übernahme startete. Nicht so Andor Celest. Der Geist des Hauptmanns hätte sich wahrscheinlich selbst in Mollochs Körper eingezwängt gefühlt.

Sanna jedenfalls fühlte sich wie jemand, der gezwungen war, sich in ein vollbesetztes Ruderboot zu flüchten und freihändig auf dem Steven zu sitzen, während ihm die anderen in den Rücken traten.

Nur für den Augenblick eines Herzschlages tat sich eine kleine Lücke auf. So etwas passierte immer, wenn die Person, in die Sanna schlüpfen wollte, abgelenkt war. Als Ablenkung reichte nicht eine junge Frau, die die Straße entlangging und deren Anblick einen magisch anzog. Ebenso wenig reichte es, in eine komplizierte und tüftelige Arbeit verstrickt zu sein. Es musste sich um etwas handeln, das sich tief und bedingungslos in den Geist schnitt. Etwas, dessen man sich nicht erwehren konnte – Schmerzen.

Der einzige Nachteil an dieser Vorgehensweise bestand darin, dass man – sobald man es geschafft hatte, den fremden Körper unter seine Kontrolle zu bringen – selbst mit diesen Schmerzen konfrontiert wurde. Dies führte nicht nur zu einem unter Umständen schockartigen Zustand, der einem unerwartete Lautgebungen entlockte, sondern es bestand auch die Möglichkeit, den gerade eben zuvor ergatterten Körper wieder zu verlieren.

Angesicht dessen, dass ihr bei diesem Wechsel ein Horde hilfreich zur Seite gestanden hatte, konnte sich Sanna freuen, dass es sich nur um die Schmerzen einer Verbrennung handelte, die sie nun zu spüren bekam. Immerhin sprachen sie hier von Baazlabeth. Ein abgetrenntes Bein oder ein ausgerissener Arm wären nicht ungewöhnlich gewesen für diese Art von Dämon. Keiner dieser mordlustigen Hünen machte sich Gedanken darüber, was Schmerzen bedeuten konnten, schon gar nicht Schmerzen, die jemand anderen betrafen.

Sanna war auf jeden Fall heilfroh, dass Baazlabeth so viel Weitsicht gezeigt hatte, ihr nicht erneut einen verstümmelten Körper zu übergeben. Mit den Schmerzen durch die Verbrennung würde sie schon zurechtkommen.

Kommt schon, Herr Hauptmann, ziert Euch nicht so! Ich biete Euch eine einmalige Sichtweise der Dinge an. Wie oft kommt es schließlich vor, dass Ihr die Welt mit den Augen einer Frau sehen könnt. Wehrt Euch nicht! Lasst es geschehen!

Es funktionierte! Sanna füllte den Körper von Andor Celest aus wie eine leere Flasche, in die man Wasser goss und durch deren engen Hals die Luft blubbernd entwich.

Im Laufe der Jahre hatte sie eine gewisse Routine entwickelt, was die Übernahme anging. Die Zeit, die sie brauchte, um sich in dem neuen Körper zurechtzufinden, war nicht länger, als ein Niesen andauerte. Für einen Außenstehenden war die Prozedur kaum zu erkennen.

Das Erste, was sie spürte, war der brennende Schmerz an ihrem Arm. Er erwischte sie schnell und überraschend und raubte ihr den Atem. Wer dachte, man könne sich auf Schmerzen vorbereiten, lag falsch. Man konnte sie erwarten und in Kauf nehmen, doch war es dann so weit, war es immer wie ein Schock. Der einzige Schutzmechanismus war der Körper selbst. Er verarbeitete Schmerzen nicht so schnell. Er ließ sich Zeit, sie nach und nach zu servieren und den Geist darauf einzustellen, dass es schlimmer wurde – viel schlimmer. Wenn es nicht mehr auszuhalten war, verlor man einfach das Bewusstsein und stahl sich somit aus der Affäre. Alles war gut durchdacht, es sei denn, man umging diesen Schutzmechanismus, indem man sich einen fremden Körper ungefragt aneignete.

Sanna riss den Arm zurück. Sie hockte am Boden, vor ihr Lemura; die Dvergafrau wirkte verstört. Über sie gebeugt stand Baazlabeth, der es anscheinend nicht lassen konnte, wortwörtlich den mahnenden Finger in die Wunde zu legen.

»Ah, lass mich los!«, keuchte sie, erstaunt über die Kraft, die in ihrem neuen Körper schlummerte. Sie stand auf.

»Na Mädels, alles gut?«, grunzte Baazlabeth selbstgefällig.

Was den meisten Augen entgangen war, blieb dem Dämon nicht verborgen. Er wusste, dass sie es geschafft hatte.

»Ja, es ist alles in bester Ordnung, wenn ich mir erlauben darf diese Wortwahl zu benutzen, ohne in Ungnade zu fallen.«

»Dann werden wir jetzt dafür sorgen, dass es nicht so bleibt«, knurrte Baazlabeth. »Ich werde mich um unseren Kommandanten kümmern. Ich wäre dir dankbar, wenn du ein Auge auf unseren blinden Winzling hier werfen würdest. Sie scheint ein wenig desorientiert zu sein. Es wäre doch wirklich zu schade, wenn sie mit deinen Überresten im Blumentopf von der Stadtmauer purzelte, obwohl es sicherlich zur Belustigung beitragen würde.«

Sanna konnte nur wenig Erheiterndes an dieser Vorstellung finden, trotzdem lächelte sie zurück.

Gibt es sonst noch etwas, das wir beachten sollten, außer zu vermeiden, den Tod durch Unvermögen zu sterben?«

»Ja, tut nichts, solang ihr nicht den Befehl dazu von mir bekommt. Und wenn ich nichts sage, meine ich nichts.«

Sanna gefiel Baazlabeths Tonfall überhaupt nicht, leider ließ er ihr aber nicht die Zeit für eine angemessen abfällige Bemerkung. Der Dämon kehrte ihr den Rücken und stolzierte in Richtung von Kommandant Blank, der etwas abseits stand und den Blick angestrengt nach Norden zum Pass gerichtet hatte, davon.

»Was ist passiert? Wo bin ich?«, stammelte Lemura und erhob sich.

Die Dverga hielt die Urne in der einen Hand, während sie mit der anderen blindlings umhertastete und auf Sanna zuwankte. Für Sannas Geschmack ging Lemura etwas zu sorglos mit ihren Überresten um und hechtete auf sie zu.

»Schön festhalten«, flüsterte sie ihr ins Ohr, während sie Lemuras Arm einfing und ihre Hand behutsam unter den Tontopf legte.

»Wenn du ihn fallen lässt, sorge ich dafür, dass man für deine Überreste kein Gefäß mehr benötigt.«

»Lady Sanna? Wo bin ich? Was ist passiert?«, stammelte Lemura erneut.

»Bist du dir sicher, dass du wirklich eine Seherin bist?«, fragte Sanna. »Ich kenne Tote, die sich besser im Leben zurechtfinden als du.«

»Ich muss kurz weggetreten sein«, mutmaßte die Dverga.

»Sagen wir mal, du hattest eine kurze Auszeit im Nirgendwo. Hauptsache ist, dass du wieder zurück bist. Nur um Missverständnissen vorzubeugen. Du stehst auf der Stadtmauer am Nordtor und hältst den Topf mit meinen Gebeinen in der Hand. Aus dem Norden marschiert das Heer des Königs auf uns zu, und im Süden steht eine Horde volltrunkener Nichtskönner, die versuchen werden, mit Pfeilen über uns hinwegzuschießen. Es wäre also besser, du lenkst nicht allzu viel Aufmerksamkeit auf dich, wenn du nicht als Stachelschwein enden willst.«

Die Seherin vermittelte immer noch nicht den Eindruck, vollständig wieder da zu sein. Ihre Hände krampften sich um das Tongefäß, und sie warf den Kopf, angezogen von den vielen Stimmen, hilflos hin und her.

»Nicht so fest drücken«, versuchte Sanna sie zu beruhigen. »Der Krug ist fast so alt wie das, was in ihm ist.«

»Ist das der Anfang der Prophezeiung?«, wisperte Lemura.

»Ich will hoffen, dass es wenigstens so etwas wie ein Plan ist, um sie herbeizuführen«, gestand Sanna. »Ansonsten wird es wohl eher das Ende sein. Unser Prinzipal Sil scheint sich wirklich etwas Großes ausgedacht zu haben. Jetzt warten wir darauf, dass er uns in seine Pläne einweiht. Für mich sieht das Ganze jedoch mehr danach aus, als wenn er sich schon mal von einem Großteil der Bürger Brisenburgs verabschieden möchte.«

»Ihr tut ihm Unrecht«, erwiderte Lemura unerwartet klar. »Er hat seinen ganz eigenen Weg gefunden, um die Dinge zu richten.«

Für Sanna war es immer wieder erstaunlich mit anzusehen, wie viel Sympathien Baazlabeth entgegengebracht wurden. Er war ein Metzger unter Schafen, nichts anderes. Doch aus irgendeinem Grund sahen die Dverga, wie auch einige Menschen, so etwas wie einen Erlöser in ihm – jedenfalls die, die er am Leben ließ.

»Komm mit«, sagte Sanna zu der Dvergafrau. »Du stellst dich jetzt hier in den Schatten der Zinnen und hältst schön den Kopf unten. Egal was passiert, du bleibst hier stehen und rührst dich nicht. Und auf gar keinen Fall lässt du den Tonkrug los. Hast du verstanden?«

Lemura nickte und ließ sich bereitwillig zur Brustwehr der Stadtmauer führen. Sanna stellte die Dverga dort ab wie einen Hund, den man vor einem Hauseingang anband. Dann warf sie einen Blick auf Baazlabeth, der sein Gespräch mit Kommandant Blank für einen kurzen Moment unterbrach und ihr zustimmend zunickte und auf den Platz neben dem Feuerkorb deutete. Sanna nahm diese Geste als Anweisung, sich dort zu postieren und auf weitere Befehle von ihm zu warten und derweil durch Untätigkeit zu glänzen.

Erst jetzt nahm sie sich die Zeit, ihren neuen Körper in Augenschein zu nehmen. Es war eine Wohltat, heraus aus dem geschundenen, blinden und zu klein geratenen Körper von Lemura zu sein. Sich nun in Andor Celest zu finden hatte etwas von Nachhausekommen. In etwa so, als wenn man von einer langen, strapaziösen Reise durch Wind und Wetter mit zerschlissenen Schuhen und durchnässter Kleidung heimkäme, sich in einem wohlig warmen Bad erholte und in frische Kleidung schlüpfte. Sanna begutachtete ihre Hände. Es waren kräftige, gepflegte Männerhände. Ein Siegelring an der rechten zeigte das Wappen der Stadtwachen. Die Fingernägel waren kurz geschnitten und sauber. Es schien nichts zu geben, was diese Hände nicht schaffen konnten. Sanna spürte die Muskeln, während sie den Oberkörper hin und her bewegte. Die Rüstung saß wie angegossen. Andor Celest konnte stolz sein auf seinen Körper, und so wie sie ihn kannte, war er es auch und ließ es einen spüren.

Sanna fühlte sich seit langer Zeit das erste Mal wieder sicher, trotz der ungewohnten Situation, in der sie sich befand. Sie musste sich eingestehen, dass sie eine ganze Weile übervorsichtig gewesen war, was die Auswahl ihrer Körper anging. Nicht auffallen war ihre Devise gewesen. Sie war mit dem Strom geschwommen und hatte versucht, nirgends anzuecken. Egal ob Bettler, Fischersfrau, Marktbeschicker oder Waschfrau, all diese Menschen boten Ihr Sicherheit. Es war kein Schutz, wie eine Rüstung ihn gab, es war eher mit einer Tarnkappe zu vergleichen. Niemand war interessiert daran, was eine Waschfrau tat oder dachte. Niemand kam auf die Idee, dass sich hinter der Fassade eines Bettlers ein Dämon verbarg. Baazlabeth hätte es mit Sicherheit Feigheit genannt, wenn er nicht selbst gezwungen gewesen wäre, sein wahres Ich zu verleugnen.

Erst jetzt fiel Sanna das brennende Band auf, das sich vom Bergpass im Norden bis halb hinunter zur Küste erstreckte und die Männer auf dem Wehrgang in seinen Bann gezogen zu haben schien. Es sah aus wie eine glühende Schlange, die sich unaufhaltsam auf ihr Beutetier zubewegte. Es bestand kein Zweifel, wer der Jäger und wer die Beute war. Es mussten Tausende von Söldnern und Soldaten des Königs sein, die ganz im Sinne ihrer Heerführer in Zwölferreihen auf Brisenburg zumarschierten.

Sanna kannte König Bellington. Nur zu gut waren ihr die Besuche am Hofe, zusammen mit ihrem Gemahl, in Erinnerung geblieben. Damals waren sie noch gern gesehene Gäste gewesen. Ihr Ehemann, Lord Brackenmoore, wurde damals als neuer Hoffnungsträger für die weit abgelegene Stadt angesehen. Brisenburg lag wirtschaftlich schon immer hinter den anderen Städten des Königreiches zurück. Mit den neuen Ideen ihres Mannes kam in König Bellington die Hoffnung auf, auch von hier größere Steuereinnahmen zu bekommen, um seine Kriegslust bezahlen zu können.

Bellington war ein merkwürdiger Mann, doch angesichts dessen, dass er der König war, wagte es niemand, ihm die Wahrheit zu sagen. Zwei Wesenszüge, die bei Adligen nicht selten zu finden waren, prägten seinen ganzen Charakter – Machtbesessenheit und Pragmatismus. Er verband Nutzen und Effekt zusammen mit seinem Ego zu einem Gespinst aus Gewalt, Drohgebärden und Arschkriechereien.

Seine Gier, das Reich in alle erdenklichen Richtungen wachsen zu lassen, wurde lediglich durch die Heeresstärken der umliegenden Länder begrenzt. Länder, die er erobern konnte, überrollte er einfach. Könige, die ihm die Stirn boten, machte er zu Verbündeten. Und Herrschern, die ihm gefährlich werden konnten, warf er sich wie ein winselndes Hündchen zu Füßen, bis er seine Chance witterte. Dann schnappte er zu. Er selbst machte sich nicht viel aus Verträgen und Abmachungen, es sei denn, jemand anders brach sie. Alles in allem war Bellington der Dritte ein König, den niemand haben wollte, über den man aber gern Geschichten hörte, wenn sie sich weit genug weg zugetragen hatten.

Wenn Sanna mit ihren Vermutungen richtiglag, konnte sie davon ausgehen, dass der Aufmarsch von König Bellington gegen Brisenburg eines der Glanzstücke des Herrschers werden sollte. Mit einem Heer von sechstausend Mann, wovon fast viertausend freie Söldner waren, war er aus Trautenstein Richtung Süden gezogen. Auf dem Weg dorthin hatte er seine Vorräte kostenlos in den kleinen Dörfern des im Westen liegenden Landes Vandoor aufgefüllt.

Der Herrscher von Vandoor, König Idikites, und Bellington führten seit Ewigkeiten Krieg gegeneinander. Zum Ungemach beider Könige verliefen die Grenzen zwischen ihren Reichen entweder durch undurchdringliche Waldgebiete oder bestanden aus breiten Flüssen oder Gebirgszügen. Somit war ein dauerhaftes Einnehmen von kleineren Gebieten meist zum Scheitern verurteilt, da sich der Aufwand nicht rechnete. Jede Grenzverletzung wurde dennoch mit aller Härte bestraft.

Um mit seinem Heer nach Brisenburg zu gelangen, hatte Bellington die alten Statuten Meddeltons angewandt, um einen seiner eigenen Lords zu entmachten, und plünderte und brandschatzte nun im Vorbeigehen von dessen Land aus einige Städte des Nachbarlandes – eigentlich nichts Ungewöhnliches. König Idikites würde diese Vergehen sicherlich mit dem Einsatz seiner eigenen Truppen vergelten. Da er mit Gewissheit wusste, wie es um Brisenburg stand, und ebenfalls von den Sanktionsmaßnahmen gehört haben musste, würde er seine Armee in den Norden des Grenzgebietes schicken, um den feindlichen Truppen nicht zu nahe zu kommen.

Bellington würde aber – statt Brisenburg mit seinen Truppen zu besetzen – nur die Verantwortlichen köpfen oder hängen lassen und irgendwelche schmierigen Lakaien einsetzen, die wenigstens für die nächsten Wochen dem König treu ergeben waren, dessen war sich Sanna sicher. Speichellecker fand man am Hofe zur Genüge. Wenn dies geklärt war, würde Bellington sein Heer wieder abziehen. Vielleicht würde er auf dem Rückweg in die Hauptstadt bei der Gelegenheit auch noch einen Abstecher über das Gebirge machen und in die Stadt Havalled einfallen. Zuzutrauen wäre es ihm allemal. Havalled war eine der reichsten Küstenstädte von Vandoor, aber durch ihre geschützte Lage nur wenig befestigt. Bei dem Marsch und der anschließenden Eroberung würden dennoch viele Soldaten fallen, aber da das meiste ja nur Söldner waren ... Somit konnte Bellington mit einem Aufmarsch Brisenburg zur Räson bringen, Idikites im Norden des Landes ärgern und eine feindliche Stadt dem Erdboden gleichmachen. Obendrein würde der Feldzug kaum etwas kosten, da die meisten Soldaten bei dem Gemetzel umkommen würden und das Häufchen Elend, das übrig blieb, sich aus den Resten von Havalled bedienen würde. *Solche* Pläne waren bisher stets nach dem Geschmack des Königs gewesen.

Der Plan war brillant, aber mit einem kleinen Makel namens Baazlabeth behaftet.

Sanna konnte sich auch schon vorstellen, welche Vorgehensweise der Dämon sich überlegt hatte, um König Bellington einen fulminanten Empfang zu bescheren. Horden waren nicht gerade für ihre ausgeklügelten Pläne bekannt, dafür waren sie meist besonders effektiv. Galt es nur noch zu hoffen, dass ihr kleines Intermezzo nicht der letzte Akt einer Tragödie wurde. Ein paar kleingeistige Bürger waren schnell zu beeindrucken. Bei einem Heer aus sechstausend Mann, wovon über die Hälfte goldgierige Söldner waren, musste man sich schon etwas Besonderes einfallen lassen.

Sanna sah hinüber zu Baazlabeth und Horius Blank. Dem Kommandanten war die Anspannung anzumerken. Es kam nicht alle Tage vor, dass sich ein hoher Offizier gegen seinen eigenen König stellte, erst recht nicht, wenn das Verhältnis auf dem Feld zehn zu eins gegen den Offizier stand. Blank wankte von einem Bein auf das andere und schien in Gedanken die Zwölferreihen der Krieger des feindlichen Heeres zu zählen. Mit jeder Welle, die über den Pass zog, verfinsterte sich seine Miene weiter. Was Sanna aber am meisten irritierte, war, dass auch Baazlabeths Vorfreude langsam zu schwinden schien. Immer wieder warf der Dämon Blicke über die Schulter, um sich von der Wehrkraft der Brisenburger zu überzeugen. Auch ihm schien nicht zu gefallen, was er sah. So unterschiedlich die beiden Männer auch waren, teilten sie momentan dieselben Sorgen. Wobei man nicht davon ausgehen konnte, dass sie einen gescheiterten Plan auch auf dieselbe Art und Weise hinnahmen. Blank würde jede Gegenwehr aufgeben, bevor sie überhaupt begonnen hatte, um das Leben der Bürger und nicht zuletzt auch sein eigenes zu retten. Baazlabeth hingegen würde warten, bis der letzte seiner Männer mit zertrümmertem Schädel am Boden lag. Erst dann würde er sich in seiner wahren Gestalt zeigen und von der Mauer springen, um sich einen Platz im Buch der blutigen Helden zu sichern.

Das Heer des Königs näherte sich dem Punkt, bei dessen Erreichung die ersten Vorbereitungen in Brisenburg getroffen werden sollten. Mit hektischem Blick vergewisserte sich Blank, dass alles bereitstand.

»Hauptmann Celest!«, rief er im förmlichen Befehlston. »Gebt Befehl an die Bogenschützen. Dann jeweils im Abstand von hundert Schritt: Pfeile, entzünden, spannen und Schuss.«

Er schaute Sanna direkt in die Augen, und sie erwiderte seinen Blick ohne jede Regung. Es machte ihr auch nichts aus, als seine Augen sich langsam zusammenzogen und sich eine breite Zornesfalte auf seiner Stirn bildete.

»Hauptmann Celest, seid Ihr taub?«, schnaubte der Kommandant vor Wut, als sie sich weiterhin weigerte, seine Befehle weiterzugeben.

Sie nahm es gelassen, schließlich meinte er nicht sie, sondern Andor Celest. Diesen kleinen Unterschied gönnte sie sich. Es machte das Leben als Reiterdämon so viel einfacher. Im Laufe der Zeit hatte sie zu unterscheiden gelernt, was sie persönlich betraf und wann nur ihr geliehener Körper gemeint war. Warum sollte man sich aufregen, wenn ein junger Bursche »fette Planschkuh« hinter einem herrief. Mit dem nächsten Körper traf man es vielleicht besser. Man musste sich nicht gekränkt fühlen, wenn sich jemand über einen lustig machte und sich über körperliche Unzulänglichkeiten amüsierte. Streitigkeiten konnte man aussitzen und mit ruhigem Gewissen verschieben, bis man weitergezogen war und den Körper wieder seinem eigentlichen Besitzer überlassen hatte.

Bevor Kommandant Blank ein weiteres Mal rufen konnte oder er, wie es seine Körperhaltung bereits andeutete, auf seinen Hauptmann losging, um seinen Untergebenen wachzurütteln, hatte Baazlabeth ihn am Arm gepackt und hielt ihn zurück. Der Griff war etwas zu schroff, um ihn als freundschaftliche Geste bezeichnen zu können, und noch nicht grob genug, um ihn als Unverschämtheit zu deuten. Baazlabeth streckte dem verdutzt aussehenden Blank seine Hand entgegen und präsentierte ihm etwas. An Blanks Reaktion erkannte

Sanna, dass der Hauptmann nicht alle Tage abgehackte Finger zu Gesicht bekam. Als Kommandant der Stadtwachen war man sicherlich abgestumpft, was solche Dinge anging, doch Blank war eben nicht nur Befehlshaber der Garnison, sondern auch Vater. Und der Siegelring an dem Finger tat ein Übriges, um ihn nach Fassung ringen zu sehen. Man konnte in seinen Augen regelrecht erkennen, wie er überlegte, sein Schwert zu ziehen und sofortige Rache zu fordern oder sich geschlagen zu geben. Blank wäre aber niemals Kommandant geworden, wenn er sich von schnellen Entschlüssen und Rachegelüsten hätte leiten lassen. Wie alles, was er tat, wog er auch diese Entscheidung sorgfältig ab und kam zu dem Schluss, Ruhe zu bewahren.

Sanna konnte nicht verstehen, was Baazlabeth dem Kommandanten ins Ohr flüsterte, doch sie vermutete, dass er ähnliche Anweisungen bekam wie sie selbst. Sichtlich um Beherrschung bemüht, wandte sich Blank ab und starrte keuchend auf das herannahende Heer des Königs.

Baazlabeth schickte ein triumphierendes Lächeln in Sannas Richtung. Es war das Lächeln, das er immer aufsetzte, wenn er seine Überlegenheit zum Ausdruck bringen konnte. Heute war es aber nicht ganz so breit wie sonst.

Unsicher betrachte Sanna das Heer des Königs, und sie wusste, dass sie nicht die Einzige war. Unaufhaltsam wie ein Lavastrom marschierten die Krieger des Königs der Stadt entgegen. Das weit entfernte Scheppern und Klappern der Rüstungen und Schilder war inzwischen zu hören, und die Erschütterungen von Tausenden stampfender Füße waren selbst auf dem massiven Stein der Mauer zu spüren. Die Spitze der unendlich scheinenden Karawane hatte die Halbmeilengrenze bereits überschritten. Für einen beeindruckenden Pfeilhagel, der lediglich die vermeintliche Stärke von Brisenburg demonstrieren sollte, war das Heer schon zu weit heran. Jede Art von Gegenwehr könnte und würde von König Bellington als Angriff gewertet werden.

Von den Männern hinter der Mauer ging eine gewisse Unruhe aus, die aber nur von der langen Wartezeit herrührte, bis sie endlich zum Einsatz kamen. Dass sie für ihr eigentliches Vorhaben bereits zu spät dran waren, wusste sie nicht. Ebenso wenig wussten sie von dem perfiden Plan, für den sie missbraucht wurden. Was die Bogenschützen auf der Mauer betraf, so hatte Baazlabeth bereits dafür gesorgt, dass es sich um Männer handelte, die wenig Scheu zeigten, einen Pfeil auf Königstruppen abzufeuern. Sie waren alle Männer der Finstergilde. Unter ihnen gab es wahrscheinlich keinen, den der König nicht allzu gern an den Galgen gebracht hätte. Somit gab es für sie keinen Grund, zimperlich zu sein. Im Gegenteil, es gab ihrer Hinrichtung, die ohnehin fast jedem von ihnen irgendwann bevorstand, so etwas wie einen Sinn.

Sanna tat genau das, worum sie gebeten wurde – nämlich nichts. Baazlabeth hatte sich hinter Kommandant Blank postiert und presste ihm, vor neugierigen Blicken geschützt, die Spitze seines Dolches in den Rücken.

Das Heer war bereits so weit heran, dass Sanna im Schein der Fackeln die einzelnen Männer erkennen konnte. Die Reihen der Soldaten wurden von berittenen Offizieren flankiert. Nach jeweils einem Trupp von hundert Mann folgte ein breiter Planwagen, gezogen von vier Mulis, in dem Proviant und Wasser mitgeführt wurden. Ein Großteil der Vorräte war mit Sicherheit bereits aufgebraucht; König Bellington schien davon auszugehen, ihn in Brisenburg unbürokratisch wieder auffüllen zu können. Baazlabeth würde ihm mit Sicherheit etwas geben, woran er länger zu kauen hatte als an einem Kanten Brot.

Hundert Schritt vor dem Stadttor riefen die Offiziere ein letztes Mal zur Ordnung auf. Die ersten Reihen verlangsamten ihr Tempo, um den hinteren die Möglichkeit zu geben aufzurücken. Schließlich wollte man zeigen, wie gut gedrillt die Truppen waren, auch wenn es niemand sehen konnte. Gleich konnten sie ihr Gelerntes unter Beweis stellen.

Zwanzig Schritt vor dem Stadttor kam der Zug zum Stehen. Dass sein Heer nicht nach allen Regeln der Gepflogenheiten begrüßt wurde, gehörte zum Plan des Königs. Er organisierte es stets so, dass er nachts eintraf, damit der Trubel auf den Straßen sich in Grenzen hielt. Außerdem war es ein kleiner Beweis seiner Macht, die Lords des Landes aus den Betten zu scheuchen, damit sie ihm ihre Untertänigkeit zeigen konnten.

Zwei der berittenen Offiziere lösten sich von der Spitze des ersten Trupps und trabten auf das geschlossene Tor zu.

Trotz des stundenlangen Wartens kam der Befehl irgendwie überraschend für Sanna. Wahrscheinlich lag es daran, dass sie zum ersten Mal in diesem Körper nicht mehr sie selbst sein konnte, sondern die Rolle des Hauptmanns der Stadtwachen von Brisenburg einnehmen musste. Als Marktbeschickerin oder Waschfrau ohne Anstellung bekam man keine Befehle, und erst recht erteilte man keine. Heute aber war ein neuer Tag, und Sanna hatte eine neue Rolle. Und nicht nur das: Es würden ein ruhmreicher Tag und eine bedeutende Rolle in der Geschichte von Brisenburg sein. Eine Frau als Befehlshaber der Wachen sowie des größten Teils der per Gesetz gesuchten Personen, in einem Körper vereint.

»Pfeile!«, brüllte sie den Befehl, als wenn es das normalste der Welt für sie wäre.

»Entzünden!«

Hunderte von ölgetränkten Schäften wurden an den Feuerkörben in Brand gesteckt, und wer nicht nah genug an diese Quelle herankam, bediente sich bei einem der Männer vor ihm. Der Platz vor dem Stadttor wurde von den vielen kleinen Lichtern, die überall brannten, erleuchtet. Dieses Schauspiel erinnerte Sanna an den Tag der Tugenden, der jedes Jahr zum Frühlingsanfang gefeiert wurde. Die halbe Stadt zog mit Kerzen durch die Straßen und traf sich schlussendlich vor dem Tempel der Väter. Nur waren es heute keine Kerzen, die da brannten, und was den Tag anging, so hätte der Titel »Tag der Sünden« es eher getroffen.

Sanna wartete noch einen Moment, um sicherzustellen, dass alle bereit waren.

Jemand hämmerte mit dem Schwertknauf gegen das Stadttor.

»Macht auf! Im Namen von König Bellington dem Dritten verlangen wir Zutritt nach Brisenburg.«

»Spannen!«, brüllte Sanna.

Hinter wie auch vor der Mauer schienen die Männer zu merken, dass nicht alles so lief, wie man es sich gedacht hatte.

Sanna machte die erste Erfahrung mit dem Gesetz der Trägheit von Massen, etwas, das jeder Heerführer schon in der Ausbildung lernte. So zweifelhaft und falsch ein Befehl auch sein mochte, einer fand sich immer, der tat, was man von ihm verlangte, und steckte den Rest damit an. Auf der anderen Seite fand sich ein ähnliches Phänomen.

Eine beängstigende Situation, in der ein Einzelner sofort das Weite gesucht hätte, wurde durch die Masse ignoriert. Man sprach sich Mut zu, weil der Mann neben einem auch keine Angst zeigte und die Stellung hielt.

»Schuss!«, brüllte Sanna, fast zeitgleich mit dem erneuten Hämmern gegen das Tor.

Das Gefühl, so viele Menschen zu befehligen und über das Leben anderer zu bestimmen, war erhebend, doch es hielt nur einen Moment an, da das Schauspiel, das darauf folgte, alles in Ehrfurcht verwandelte. Bogenschützen wurden normalerweise breitflächig aufgestellt und an den Flanken des Feindes positioniert, damit sie einen möglichst großen Bereich abdeckten. Auch verschoss ansonsten nur jeder Fünfte einen Brandpfeil, und dies auch nur, um in der Dunkelheit die Position des Feindes anzuzeigen und das Schlachtfeld zu erhellen.

Heute war alles anders, und das Ausmaß der Veränderungen für niemanden zu überschauen. Wie der Funkenflug am Wetzstein eines Schmiedes ergoss sich der Strom an brennenden Pfeilen über die Stadtmauer hinweg. Für einen kurzen Moment wurde die Mauer erhellt. Sanna sah, wie Baazlabeth Horius Blank an die Mauer presste. Der Kommandant zeigte mit zittriger Hand irgendwo in die Menge von Söldnern vor dem Stadttor. Das Heer des Königs war mehr als unvorbereitet. Mit erstaunten und entsetzten Gesichtern sahen sie dem Pfeilhagel entgegen. Erst als die Salve zu Boden regnete und ein Großteil der Geschosse sich in Arme, Beine und Brustkörbe bohrte und die schweren Reisegewänder in Brand setzte, fingen die Männer an zu reagieren.

Die Offiziere brüllten ihre Befehle für den Rückzug vom Rücken ihrer Pferde und versuchten, das entstehende Durcheinander unter Kontrolle zu behalten. Die Männer in vorderster Reihe rannten wie brennende Fackeln umher und drohten in ihrer Panik andere Kameraden mit zu entzünden. Kaum hatten die ersten beiden Züge kehrtgemacht und die Lücken der Verwundeten und Toten hatten sich geschlossen, da stiegen bereits die nächsten Brandpfeile auf. Sanna warf einen Blick zurück auf die Verteidiger Brisenburgs. Die Angriffe waren alles andere als koordiniert. Einige der Männer standen herum und jubelten, andere hatten brennende Pfeile vor sich in den Boden gesteckt und schossen einen nach dem anderen über die Mauer. Kleine Gruppen von jungen Männern versuchten sich im Weitschießen, und der Rest feuerte wahllos über die Mauer hinweg.

Die Alchemisten schienen Schwierigkeiten mit ihrem Miniaturkatapult zu haben und fummelten unbeholfen an der Apparatur herum. Mit einem lauten Knall löste sich die Verriegelung, und ein halbes Dutzend der Tonkugeln flog knapp über die Mauer hinweg – etwas zu knapp für Sannas Geschmack. In der Dunkelheit war es schwer, die Flugbahn der Geschosse zu verfolgen, doch durch ihre geringe Flughöhe konnten sie nicht viel weiter kommen als bis zum ersten Trupp von Söldnern.

Die Offiziere hatten es geschafft, einen geordneten Rückzug einzuleiten. Tote und Verletzte blieben zurück. So etwas konnte man sich nur erlauben, wenn der Großteil des Heeres aus Söldnern bestand. Menschen, die für den König aus reiner Loyalität in den Krieg zogen, brachten wenig Verständnis dafür auf, wenn man sie blutend auf dem Schlachtfeld liegen ließ und zum Abschlachten freigab. Söldner hingegen waren nicht so emotional und nur dem Gold zur Treue verpflichtet. Der Tod von Söldnern war zwar bedauerlich, doch sparte man sich wenigstens den Sold.

Die Männer des Königs hatten sich schnell auf den unkoordinierten Pfeilhagel eingestellt und sich ihre Schilde auf die Rücken geschnallt, um wenigstens ihre Köpfe und Schultern zu schützen. Doch leider war es genau dieses Verhalten, das ihnen die größten Verluste einbrachte. Die mit Phosphorum gefüllten Alchemistenkugeln prallten gegen die Schilde oder andere Rüstungsteile und zerbarsten, noch bevor sie den Boden berührten. Weißes Pulver erfüllte die Luft wie Asche, die man unvorsichtigerweise aufwirbelte, und zog in dichten Schwaden durch die Reihen der Krieger und legte sich auf Kleidung, Rüstung und Haut.

Sanna konnte nicht erkennen, ob es eine der Fackeln war oder ob sich das Pulver tatsächlich von allein entzündete, doch plötzlich wurden die Schwaden weißen Pulvers überzogen von kleinen, tanzenden blauen Flammen. Sanft schwebten sie herab wie ein Seidentuch im Wind und bedeckten jeden unter sich. Sobald die Flammen Nahrung fanden, verfärbten sie sich rot und verzehrten gierig alles Brennbare.

Geordnet und still war das Heer in der Abenddämmerung über den

Pass gekommen, und schreiend und brennend rannten die Soldaten wieder davon. Das Katapult der Alchemisten warf seine zweite Ladung über die Mauer. Die alten Männer hatten die Richtung des Wurfarmes korrigiert. Zwanzig Fuß über der letzten Zinne der Mauer sausten die Kugeln dem Heer entgegen. Fast zweihundert Fuß weiter als der erste Schuss trafen sie den zweiten Tross. Diesmal entzündete sich das Phosphorum sofort. Die blauen Flammen loderten auf und glichen Blitzen hinter einer Wolkendecke.

Immer noch prasselten brennende Pfeile auf die Männer des Königs herab und fanden ihre Opfer. Wagemutige Söldner versuchten, ihren brennenden oder verletzten Kameraden zu Hilfe zu kommen. Viele von ihnen fielen den blauen Flammen oder den Pfeilen zum Opfer. Eine letzte Salve des Katapults schleuderte sechs weitere Kugeln über die Mauer.

Mittlerweile hatten auch die Bürger Brisenburgs begriffen, dass die kleine Demonstration ihrer vermeintlichen Stärke zu etwas anderem geworden war. Vereinzelt lösten sich immer noch Pfeile aus der Menge, doch irgendwann verebbten die Angriffe, und ein bedrückendes Schweigen erfüllte die Stadt, nur durchbrochen von den fernen Schreien der brennenden und verwundeten Soldaten des Königs.

Sanna hatte im Laufe ihres Lebens schon viele Männer sterben sehen und sogar noch mehr nach ihrem Tod. Ihre Tochter Lilith hatte dafür gesorgt, dass der Tod ihr niemals fremd geworden war. Und so empfand Sanna kaum etwas, als sie den Männern von der Mauer aus beim Sterben zusah. Sie hatte gehofft, dass sich das Gefühl ihrer Missgunst den Menschen gegenüber mit dem Tod der Soldaten legen würde oder wenigstens für den Moment verebbte. Es war nicht leicht, mit der Sünde des Neids zu leben, besonders nicht, wenn man etwas neidete, was jeder besaß, nämlich ein Leben. Doch beim Tod dieser Männer empfand sie nichts, noch nicht einmal Mitleid. Sie waren namens- und gesichtslose Fremde, die zu beneiden sich nicht lohnte, da man an ihrem Leben nicht teilhaben konnte, genauso wenig wie an ihrem Tod. Um ihre Missgunst befriedigen zu können, bedurfte es Menschen, die sie kannte – Menschen auf dieser Seite der Mauer.

Sanna sah sich um. Baazlabeth stand allein an den Zinnen der Mauer. In einer Hand hielt er den Hornbogen, die andere hatte er zur

Faust geballt und drehte sie vor dem Gesicht hin und her. Blut quoll zwischen den Fingern hervor, rann das Handgelenk herab und versickerte im Ärmel seines Mantels. Von Blank war keine Spur.

Lemura hockte zusammengekauert hinter einer der Zinnen und umklammerte den Tonkrug mit Sannas Überresten. Die Dvergafrau schien immer noch desorientiert und verängstigt.

Einer der Wachoffiziere kam die Stiege zur Mauer hinaufgerannt und warf einen hektischen Blick auf das Schlachtfeld vor Brisenburg, bevor er auf Sanna zustürmte.

»Was habt ihr getan, Herr Hauptmann?«, keuchte er vorwurfsvoll. »Der Schießbefehl kam viel zu spät. Das Heer des Königs war bereits zu weit heran. Seid ihr denn von Sinnen?«

Sanna starrte den Mann ausdruckslos an. Sie kannte ihn nur vom Sehen. Er war ein paarmal zusammen mit Blank im Schloss gewesen, nachdem Lilith ihren nächtlichen Hunger in den Straßen der Stadt gestillt hatte.

»Was ist los mit Euch?«, brüllte er erneut und packte sie an den Schultern. »Wo ist Kommandant Blank? Ihr werdet Euch vor dem Kleinen Rat und dem König rechtfertigen müssen, oder es gibt Krieg.«

Wie gesagt, Sanna kannte den Mann nicht, und doch wusste sie, dass er alles besaß, was sie so sehr begehrte. Er hatte ein eigenes Leben, war eine anerkannte Persönlichkeit, hatte Freunde, eine Frau und vielleicht sogar Kinder. Wie konnte er es wagen, sie so anzugreifen und zu verurteilen. Er hatte kein Recht, so mit ihr zu sprechen, immerhin war sie die Frau des Lords, und wenn nicht dies, dann zumindest sein Vorgesetzter.

Mit einem Mal wurde ihr klar, was Baazlabeth plante. Alles, was heute Abend geschehen war, schob er im Falle des Falles einfach Hauptmann Celest und einigen Aufständigen in die Schuhe. Ein billigeres Bauernopfer als jemanden, der einem ständig im Weg stand und den man nicht mochte, konnte es nicht geben. Die Leute in Brisenburg würden Celest ohnehin für alles verantwortlich machen. Schließlich war er es, der oben auf der Mauer gestanden und den Befehl zum Feuern gegeben hatte. Alle hatten es gesehen, und jeder würde sich darauf berufen, bevor es ihm selbst an den Kragen ging.

Wenn alles ohnehin so käme, warum sich dann zurückhalten, fragte sich Sanna, wobei sie die Antwort schon kannte.

Wie von selbst wanderte der verzierte Prunkdolch, den jeder Offizier der Stadtwache an seiner Uniform trug, in ihre Hand. Sie umklammerte den kühlen Elfenbeingriff und spürte, wie die Parierstange sich leicht gegen Daumen und Zeigefinger drückte, als sie zustieß. Die beidseitig geschärfte Klinge war so schmal, dass sie kaum auf Widerstand stieß. Sie verschwand ebenso leicht im Körper des Mannes wie sonst in der Scheide, für die sie gedacht war.

Karnan ist sein Name, erinnerte sich Sanna, *Leutnant Karnan. Er ist ein guter Freund des Hauses Blank. Oder sollte ich lieber sagen, er war ein guter Freund des Hauses Blank?*

Leutnant Karnan selbst schien über diese Frage nicht mehr nachzudenken. Er sah aus wie jemand, der zu tief ins Glas geschaut hatte und jetzt darum kämpfte, nicht einzuschlafen, bevor er zu Hause war. Es war ein Kampf, den er nicht gewinnen konnte. Eine durchbohrte Leber war nicht mit einem Krug Wein zu vergleichen, genauso wenig wie der Schlaf mit dem Tod. Seine Mörderin wusste das nur zu genau.

Sanna verspürte endlich dieses Gefühl der Erleichterung. Für sie selbst sollte es keine Erlösung geben. Alles, was ihr blieb, war, sich an der Qual anderer zu erfreuen. Sie konnte nicht anders, sie musste dieses Gefühl in sich behalten, musste es immer wieder erneuern, solang sie die Möglichkeit dazu hatte.

Sie stieß den sterbenden Karnan von sich und hechtete auf Lemura zu. Sie zog die Dvergafrau auf die Beine und packte sie an der Kehle.

»So, meine kleine Freundin«, flüsterte sie Lemura ins Ohr. »Du wirst jetzt schön auf dieses Gefäß in deinen Händen Acht geben und zurück ins Theater gehen. Lass dich von niemandem aufhalten! Gehe einfach immer weiter! Lass dir nicht einfallen, irgendwelche Sperenzien zu machen, sonst werde ich mich erneut in deinen Körper drängen, und wenn du dann das nächste Mal darin zurückkehrst, wirst du nicht nur blind, sondern auch stumm und taub sein, damit du einen Eindruck davon bekommst, wie es mir ohne Körper ergeht.«

»Ich werde Euch nicht enttäuschen«, stammelte Lemura.

»Das solltest du auch lieber nicht. Jetzt lauf los, Sklavin!«

Sanna wartete, bis Lemura die Treppe erreicht hatte und vorsichtig mit dem Fuß nach der ersten Stufe tastete. Von unten stürmten bereits drei Wachleute heran. Es war nicht zu erkennen, ob sie lediglich einen Blick über die Brüstung werfen, dem zusammengebrochenen Leutnant Karnan helfen oder auf ihren Hauptmann losgehen wollten. Sanna war es egal. Es waren drei Männer, durch deren Tod sie sich ein wenig besser fühlen würde.

Sie wartete, bis die Wachen an Lemura vorbei waren, dann stellte sie sich ihnen am Ende der Stiege entgegen. Der Erste sah die blanke Klinge ihres Schwertes noch nicht einmal kommen, so angestrengt achtete er auf seine Füße. Sanna durchbohrte seine Brust und ließ ihn seitlich von der Treppe stürzen. Der Zweite hatte wenigstens sein Schwert schon blankgezogen und wäre auch bereit gewesen, ihren Schlag zu parieren, wenn der Mann dahinter ihn im Eifer des Gefechtes nicht zu Fall gebracht hätte. Er fiel der Länge nach auf die harten Steinstufen, und Sannas Schwert bohrte sich von hinten in seine Lunge. Mit einem gekonnten Sprung machte sie einen Satz über ihn hinweg und stellte sich dem Dritten, Auge in Auge.

Ob es nun die Autorität des Hauptmanns oder die wagemutige Aktion von ihr war, die den Mann aus dreißig Fuß Höhe in die Tiefe springen ließ, vermochte sie nicht zu sagen. Von Bedeutung war nur, dass ihr der Weg jetzt offen stand, ihren Neid auf alles Lebende zu stillen. Mit zwei Dutzend weiteren Schritten hatte sie es auf den Innenhof geschafft, auf dem sich so viele beneidenswerte Brisenburger befanden. Und das Beste an allem: Keiner von ihnen war unschuldig, nicht einmal sie selbst.

Blindlings schlug Sanna um sich. Die Menge war vollkommen unvorbereitet auf ihren Angriff. Wie eine Furie stürmte sie zwischen die Brisenburger. Den Attacken eines Schwertkämpfers hatten die Bogenschützen nichts entgegenzusetzen – zwar hatte Sanna nie gelernt, mit einer solchen Waffe umzugehen, aber der Körper des Hauptmannes erinnerte sie an die Routinen des Kampfes. Die Männer versuchten, vor ihr zurückzuweichen, doch die zähe Masse ließ ihnen nicht genug Platz. Immer und immer wieder hieb und stach sie zu, hackte in Arme und Beine und durchbohrte Brustkörbe. Die Panik schien die Menschen um sie herum zu lähmen. Ein kleines bisschen musste es so sein, wie sich Baazlabeth auf einem Schlachtfeld fühlte, wenn die Menschen voller Furcht vor ihm davonstoben.

Nur einen kurzen Moment hielt sie inne, um sich ein neues Opfer auszusuchen. Ein Fehler, den man auf einem Schlachtfeld als einfacher Mensch kein zweites Mal machte. Hart traf sie etwas an der

Schläfe. Die Wucht des Schlages ließ ihren Kopf seitlich auf den Schulterschutz krachen. Es war ein merkwürdiges Gefühl. Körper und Geist trennten sich wie ein Umhang, dessen man sich entledigte und den man achtlos in den Dreck warf. Sie konnte mit ansehen, wie Andor Celest seitlich aus ihr herauskippte und zusammenbrach.

Sannas erster Blick galt Lemura. Die blinde Seherin war bereits aus dem ärgsten Tumult heraus und drängte sich dicht an einer Hausmauer entlang in eine Seitengasse.

Auf Wiedersehen, Herr Hauptmann! Euer Erwachen wird sicherlich um einiges interessanter sein als meines.

16
Ordnung ist, wenn keiner mehr steht

Fragt sich nur noch: Wenn niemand mehr auf den Beinen ist, wer hält dann den Kopf über Wasser?

Baazlabeth konnte sich nicht erinnern, jemals bewusst einen Sonnenaufgang beobachtet zu haben. Vielleicht lag es daran, dass Aufgänge nicht in sein Ressort fielen. Ihm hatten es eher die Untergänge angetan, in welcher Form auch immer.

Zu sehen, wie sich die rote Scheibe vom weit entfernten Horizont über dem Meer vor Brisenburg abhob, war mehrfach deprimierend für ihn. Zum einen drohte ihm ein weiterer Tag zwischen all diesen Menschen, die eigentlich vom Schicksal schon längst hätten weggefegt sein sollen. Außerdem war es erneut kälter geworden, was dazu führte, dass sein menschlicher Körper zitterte wie Espenlaub. Aber am schlimmsten war die Tatsache, dass keine der Schenken in Brisenburg geöffnet hatte, um den Sieg über das Heer des Königs gebührend zu feiern.

Baazlabeth war meistens vorsichtig, was das Wort Sieg anging. Zu oft hatte die Geschichte gezeigt, dass ein vermeintlicher Triumph schnell ins Gegenteil umschlagen konnte. Einer der größten Fehler, die von Heerführern immer wieder begangen wurden, war, die überlebenden, in die Flucht geschlagenen Krieger zu unterschätzen. Es wäre nicht das erste Mal, dass tausend Verzweifelte das schafften, was zehntausend Motivierte nicht erreicht hatten.

Im Falle von Brisenburg lag die Sache jedoch anders. Die kleine Auseinandersetzung von gestern Abend hegte überhaupt nicht den Anspruch, das Heer des Königs besiegt zu haben. Es war lediglich eine Machtdemonstration gewesen mit dem Ziel, den König vor den Toren verweilen zu lassen und ein paar seiner Männer zu dezimieren. Unter diesen Gesichtspunkten konnte man natürlich von einem

Sieg sprechen, obwohl König Bellington dies sicherlich etwas anders sah.

Mit dem Sichausbreiten der ersten Sonnenstrahlen wurde das ganze Ausmaß der gestrigen Schlacht sichtbar. Es hatte Stunden gedauert, bis der Rauch sich gelegt hatte. Die Alchemisten hatten es sich natürlich nicht nehmen lassen, das Katapult ein weiteres Mal abzufeuern, um die Wirkungsweise ihres Trauerschleiers vorzuführen. So nannten sie das Pulver, das ohne Flamme zu qualmen begann und einen ätzenden, tränentreibenden Gestank verbreitete. Selbst als Stunden später der Wind drehte und von dem Qualm kaum noch etwas zu sehen war, konnte man es auf der Mauer nicht aushalten, ohne dass die Augen tränten und der Gestank Übelkeit in einem aufsteigen ließ. Und noch immer schmeckte man das metallisch bittere Aroma auf der Zunge.

Baazlabeth vergaß all die Unannehmlichkeiten ob des Anblicks, der sich ihm vor den Toren der Stadt bot – das entschädigte für alles. Über eine viertel Meile erstreckte sich ein breites Band aus leblosen und teils verkohlten Kadavern. Baazlabeth schätzte die Verluste auf der gegnerischen Seite auf mehr als fünfhundert. Darunter waren sogar einige Pferde, was nichts anderes bedeuten konnte, als dass der König mit ein paar Offizieren weniger auskommen musste. Für einen Kampf, der gar nicht richtig stattgefunden hatte und schon nach wenigen Minuten beendet gewesen war, war das eine äußerst respektable Ausbeute. Besonders anzumerken war darüber hinaus, dass es kaum eigene Verluste gegeben hatte – bis auf einige tragische Unfälle. Kommandant Blank schien von der Mauer gestürzt zu sein und hatte sich beim Aufprall das Genick gebrochen oder aber vielleicht auch kurz zuvor, wer konnte das schon so genau sagen. Hauptmann Celest hatte in einem Anflug von Wahnsinn einen seiner ihm untergebenen Offiziere und vier weitere Wachleute getötet, bevor man ihn niederschlagen und in den Kerker sperren konnte. Weiterhin würde er sich natürlich auch für den Angriff auf das Heer des Königs verantworten müssen. Schließlich hatten die Bürger Brisenburgs es ihm zu verdanken, jetzt allesamt als Verräter an der Krone zu gelten und dem Tod am Galgen entgegenzusehen.

Das Heer des Königs hatte sich zurückgezogen und scheinbar neu geordnet. Ungefähr dort, wo früher einmal Neptrotots Lager gestanden hatte, bevor es durch den Aufstand der Dverga niedergebrannt worden war, erstreckte sich jetzt eine Flut von Zelten und Unterständen. In all dem Chaos hatte man natürlich nicht vergessen, Offiziere, Soldaten und Söldner fein säuberlich voneinander zu trennen. Das brachte den Vorteil, leicht erkennen zu können, wie sich das Heer zusammensetzte. Auf die zirka fünfzig Offiziere kamen rund eintausend reguläre Dienstgrade und zusätzlich noch einmal viertausend Söldner. Ein recht beeindruckendes Heer, wenn man einmal davon absah, dass sie gestern gerannt waren wie die Hasen.

Baazlabeth vernahm die schlurfenden Schritte von Magister Treuthwin auf den Stufen hinauf auf die Stadtmauer. Sein gichtgeplagter Gang war unverkennbar, auch wenn es unbestreitbar schwieriger geworden war, ihn zu orten, seitdem sein sprechender Rabe das Zeitliche gesegnet hatte. Aber neben den charakteristischen Geräuschen, die von seiner Anwesenheit kündeten, roch es in Meister Treuthwins Gegenwart immer nach Einbalsamierung, was nicht unbedingt etwas mit seinem Alter zu tun haben musste, sondern eher an den verschiedenen Pasten, Salben und Tinkturen lag, mit denen er den ganzen Tag herumexperimentierte.

Treuthwin hatte bislang versucht, Baazlabeth so gut wie möglich aus dem Weg zu gehen. Dies lag sicherlich zum Teil an der Antipathie, welche die beiden Männer gegeneinander hegten. Der entscheidende Grund für die Vermeidung jeglichen Zusammentreffens lag aus Baazlabeths Sicht aber zudem in einer panischen Angst vor dem Dämon. Treuthwin schien trotz seines hohen Alters und dem schon fast greifbaren Ende an seinem Leben zu hängen wie ein Trunkenbold an einer Flasche Wein. Heute schien der alte Gichtknochen jedoch ungewohnt selbstsicher zu sein, was unter Umständen an den Wachsoldaten lag, die sich alle dreißig Fuß auf der Mauer entlang postiert hatten und Ausschau hielten.

»Ist es das, was Ihr gewollt habt?«, krächzte Treuthwin, wobei seine Stimme sich immer mehr wie die Krächzlaute seines Raben anhörte. »Gehört das vielleicht zu Eurem perfiden Plan, uns alle ins Unglück zu stürzen? Wenn es so ist, kann ich Euch nur beglückwünschen.«

Du dahinsiechende Ansammlung von Halbwissen, ich bin ein Dämon der ersten Stunde. Glaubst du wirklich, es würde mir ein Lächeln entlocken, nur weil ihr Menschen unglücklich seid? Es gehört schon mehr dazu, mir eine Freude zu bereiten. Für den Anfang würde es mir reichen, wenn ihr alle tot umfallen würdet.

»Magister Treuthwin, auch ich freue mich, Euch an diesem herrlichen Morgen zu begrüßen. Gut seht Ihr aus, wenn man Euer Alter, Eure Herkunft und die geschmacklose Art, Euch zu kleiden, außer Acht lässt.«

So geschmacklos fand Baazlabeth Treuthwins Kleidung eigentlich gar nicht. Er kannte einige Völker, bei denen es gang und gäbe war, solch dunkle Kutten mit Kapuze und weit ausladenden Ärmeln zu tragen. Sie dienten als Totengewänder und wurden zumeist zugenäht, bevor man den Leichnam der Erde übergab. Baazlabeth empfand nicht wenig Lust, dies auch bei Magister Treuthwin zu tun, egal ob er noch lebte oder nicht.

»Ihr könnt Euch Eure zynischen Bemerkungen sparen«, röchelte Treuthwin. »Ich glaube, wir wissen bereits, was wir voneinander zu halten haben. Glaubt mir, ich bin nicht gekommen, um Euch einen Höflichkeitsbesuch abzustatten. Die neue Situation erfordert ein schnelles Handeln, ansonsten ...«

Magister Treuthwin wurde von einem Hustenanfall geschüttelt. Mit gekrümmtem Rücken und halb erhobener Hand verweilte er, bis er wieder Luft bekam, um seine Ansprache fortzuführen. Als er sich mit dem Ärmel die Tränen aus den Augen gewischt und sich eines unangenehmen Auswurfs entledigt hatte, fuhr er fort.

Baazlabeth hatte sich bereits wieder abgewandt und war zurück an seinen angestammten Platz zwischen den Zinnen gegangen, um den Ausblick zu genießen.

»... ansonsten werden wir keine Möglichkeit mehr haben, unser Fehlverhalten dem König gegenüber zu erklären. Prinzipal Sil hört Ihr mir überhaupt zu? Wo wollt Ihr denn hin?«

Baazlabeth drehte sich um und musterte den alten Magister erneut.

»Oh, tut mir leid«, sagte er voll Hohn. »Ich hatte gedacht, dass Ihr es nicht mehr schaffen würdet, und wollte nicht so pietätlos sein, Euch beim Sterben zuzusehen. Bitte redet nur weiter. Ich bin ganz Ohr.«

Treuthwin schien die Bemerkung nicht sonderlich lustig zu finden, wobei Baazlabeth vermutete, dass der Alte nichts wirklich amüsant fand, außer vielleicht einen sprechenden Raben.

»Wie auch immer, Lord Brackenmoore bat mich, Euch zu einer dringenden Ratsversammlung zu bitten. Es gibt Dinge zu besprechen, die keinen Aufschub dulden. Die anderen Mitglieder des Kleinen Rates haben sich bereits versammelt.«

»Ihr meint hoffentlich nur die, die noch am Leben sind?«, frotzelte Baazlabeth. »Vielleicht sollten wir uns jetzt lieber *winzig Kleiner Rat* nennen, um Missverständnissen vorzubeugen.«

Treuthwin verzog auch diesmal keine Miene. Sein ausdrucksloses Gesicht sollte anscheinend so etwas wie stille Trauer darstellen, glich aber eher einem schlechten Ölgemälde. Baazlabeth verspürte wenig Lust, sich erneut eine Predigt über fehlende Pietät und mangelndes Mitgefühl anzuhören. Er entschloss sich deshalb, der Bitte von Lord Brackenmoore unverzüglich und in schnellster Gangart nachzukommen.

»Wo wollt Ihr denn nun schon wieder hin?«, rief Treuthwin ihm nach.

»Ich will den winzig Kleinen Rat nicht warten lassen«, erwiderte Baazlabeth. »Wenn es wirklich so eilig ist, wie Ihr mir erklärt habt, will ich keine Zeit verlieren. Ich will nicht unhöflich sein, aber ich befürchte, dass – wenn ich mit Euch zusammen zum Schloss schlendere – der König bereits sein Heer durch das Nordtor führt, bevor wir überhaupt angekommen sind. Ich werde Euch natürlich bei Lord Brackenmoore entschuldigen.«

Baazlabeth eile mit großen Schritten die schmale Treppe hinunter und hetzte über den Platz in Richtung Schloss Sturmfels.

Der leichte Trab half Baazlabeth dabei, seinen Körper wieder etwas aufzuwärmen. Seine Glieder waren vom langen Stehen auf der Mauer ganz steif geworden. Er hasste es, wenn er spürte, dass sein menschlicher Körper nicht richtig funktionierte. Es gab ihm das Gefühl, unvollkommen, angreifbar und ein wenig sterblich zu sein. Dieses Gefühl galt es zu bekämpfen, wenn nötig, sogar mit so etwas Profanem wie Laufen.

Er hatte die Tempel bereits hinter sich gelassen und steuerte direkt auf die Brücke zur Sturmhöhe zu. Auf dem Platz vor Schloss Sturmfels hatten sich eine Menge Männer versammelt. Sie standen um das breite Hauptportal herum, wagten es aber nicht, die Residenz von Lord Brackenmoore zu betreten. Als Baazlabeth die Brücke überquert hatte, erkannte er, dass die meisten von ihnen Stadtwachen waren. Sie trugen ihre Uniformen, Rüstungen sowie die langen Mäntel, die sie überwarfen, wenn das Wetter sie dazu zwang.

Unwillkürlich öffnete Baazlabeth seinen Mantel, schob ihn zurück und legte die Hände auf die Griffe seiner Krummschwerter. Angesichts der Übermacht wirkten die Waffen irgendwie zierlich und klein. Es konnte aber auch daran liegen, dass er die meisten Waffen ohnehin als wenig vorteilhaft im Kampf ansah. Schwerter, Äxte, Hämmer und Morgensterne waren nur Mittel zum Zweck. Man benutzte sie, um einen Mann zu töten, und nahm sich die nächste Waffe. Das Töten mit Hilfsmitteln war nur eine Notlösung, wenn es schnell gehen musste oder wenn das Kräfteverhältnis zahlenmäßig besonders schlecht stand. Ein wirklich gutes Gefühl stellte sich nur ein, wenn man jemanden mit seinen Pranken, Hufen und Zähnen tötete. Steckte man jedoch in einem Menschenkörper, war man gezwungen, etwas zu schummeln. Das Fleisch war schwabbelig, die Haut weich und die Hände lediglich zur Arbeit geeignet.

Hier und jetzt war jedoch eh nicht die richtige Zeit und nicht der richtige Ort, um sich der Stadtwachen zu entledigen. Schließlich tötete niemand eine ganze Herde Schafe, nur weil er etwas Hunger verspürte. Das Verlangen brannte ihm dennoch in der Kehle und steckte dort fest, wie ein großer, schleimiger Kloß. Baazlabeth schluckte ihn hinunter. Er trat weitestgehend unbemerkt von hinten an den Pulk heran.

»Von Männern der Stadtwache hätte ich anderes erwartete, als dass sie jammernd vor dem Haus ihres Lords herumstehen, nur weil ein paar ihrer Kameraden umgekommen sind. Oder seid ihr gekommen, um Brackenmoore vor den Söldnern des Königs zu beschützen? In diesem Fall würde ich euch raten, lieber am Nordtor zu stehen und den Feind im Auge zu behalten.«

Mit finsteren Mienen drehten sich die Männer zu ihm um. Stillschweigend und mit von Hass erfüllten Augen starrten sie Baazlabeth an. Keiner wagte es jedoch, etwas zu erwidern oder seine Waffe zu ziehen.

»Hab ich es mir doch gedacht«, grunzte Baazlabeth zufrieden. »Wie eine Herde von Schafen ohne Leitbock steht ihr dicht aneinandergedrängt am Rande eures Gatters und blökt ängstlich in der Hoffnung, dass der Wolf euch nicht findet. Määäh! Macht Platz, sonst zieh ich euch das Fell über die Ohren!«

Widerwillig teilte sich die Menge, als Baazlabeth einen Schritt auf sie zumachte. Unter zornigen Blicken bahnte er sich den Weg durch die Menge, geradewegs ins Foyer von Schloss Sturmfels. Es wäre ein Leichtes für jeden der Männer gewesen, ihm einen Dolch zwischen die Rippen zu jagen. Der Meuchler hätte sogar hoffen dürfen, ungestraft davonzukommen, da ihm das Stillschweigen seiner Kameraden sicher sein konnte. Dennoch wagte es niemand. Anscheinend verriet Baazlabeths Blick ihnen, dass es nicht so laufen würde.

Im Gegensatz zum Hofplatz war das Innere des Schlosses regelrecht verwaist. Nicht einmal eine der Dienerinnen huschte durch die dunklen, kahlen Gänge, um mit einer Fasanenfeder dort Staub zu wischen, wo früher Vasen, Leuchter und Büsten gestanden hatten.

Brackenmoore hätte sich stattdessen die Bastardkinder auf die Sockel stellen sollen, dann wäre ihm auch das ewige Staubwischen erspart geblieben und sein Heim hätte sich mit etwas Leben gefüllt.

Die Barmherzigkeit der Lordschaft war für Baazlabeth äußerst suspekt. Er verstand nicht, wie sich jemand so für ein Volk einsetzten konnte, das nicht einmal sein eigenes war. Er hatte sich und seine ganze Familie aufgegeben, nur um Fremden zu helfen. Selbstaufopferung war nichts anderes als egomanische Dummheit, befand Baazlabeth.

Der gewohnte Gang zum Ratssaal schien noch trister als gewohnt. Wenn das Mauerwerk des Schlosses nicht so gut erhalten gewesen wäre, hätte man meinen können, durch eine verlassene Ruine zu streifen und hier und dort auf ein paar verwitterte Skelette zu stoßen. Mittlerweile vermisste Baazlabeth sogar das schlurfende Geräusch von Magister Treuthwin, der bei seinen Besuchen fortwährend hinter ihm herschlich, um sicherzustellen, dass er keine der letzten Habseligkeiten des Lords entwendete. Seitdem Baazlabeth wusste, dass selbst der Weinkeller leer geräumt war, gab es nichts in Schloss Sturmfels, was seine Neugier geweckt hätte.

Als er den Ratssaal erreichte, erwartete ihn ein junger Bursche vor dem Portal, der auf einem Hocker Platz genommen und die Beine von sich gestreckt hatte. Der Blondschopf schien vielleicht sechzehn Jahre alt zu sein, recht schmächtig und damit beschäftigt, seinen Arm unter schmerzverzerrtem Gesicht zu strecken.

»Lass mich raten«, sagte Baazlabeth und ließ den Jungen damit hochschrecken. »Du bist eines der illegitimen Kinder von Magister Treuthwin, und alles, was er dir vererbt hat, sind gichtgeplagte Knochen, ein schlurfender Gang und Humorlosigkeit. Um das wiedergutzumachen, hat er dir eine Stelle als Küchenjunge bei Lord Brackenmoore beschafft.«

»Mein Name ist Niel«, stotterte der Junge verlegen. »Meine Mutter ist Küchenhilfe und mein Vater schon seit vielen Jahren tot. Er war Fischer.«

Baazlabeth sah den Jungen mitleidig an.

»Naja, dann lag ich mit der Küchenhilfe ja nicht ganz verkehrt. Sind die anderen schon da?«, fragte er und zeigte auf die Tür zum Ratssaal.

Niel drehte sich um, als sähe er die Tür zum ersten Mal. Dann wandte er sich wieder Baazlabeth zu und starrte ihn mit diesem hundetreuen Blick an, den nur Menschen aufsetzen konnten – von Hunden mal abgesehen.

»Ihr seid Prinzipal Sil«, stellte er verblüfft fest. »Euch gehört die *Schwarze Posse*, und man sagt, dass ...«

Der Junge brach den Satz mittendrin ab und starrte ängstlich zu Boden.

»Man sagt was?«, grollte Baazlabeth. »Dass ich die Weinvorräte Brisenburgs schneller leere als die Ebbe das Meer?«

Niel schüttelte ängstlich den Kopf.

Baazlabeth packte den Jungen grob am Arm.

»Raus mit der Sprache, Bübchen! Was sagt man über mich?«

»Die Leute sagen, Ihr habt hundert und mehr Menschen auf dem Gewissen«, begann er zaghaft. »Man sagt, Ihr würdet es schon für ein einziges Goldstück tun und manchmal sogar ganz ohne Bezahlung, allein aus purer Freude am Töten. Einer der Fischer hat erzählt, dass Ihr in der Kanalisation zehn Männer der Wache ermordet habt, nur mit einem Messer bewaffnet. Und andere behaupten, Ihr hättet etwas mit dem plötzlichen Verschwinden der Inquisitoren zu tun.«

Baazlabeth ließ den Jungen wieder los und wuschelte ihm mit einer Hand durchs Haar.

»Hundert Menschen und mehr auf dem Gewissen«, lachte er. »Du musst nicht alles glauben, was dir andere erzählen.«

»Dann ist es nicht wahr?«, fragte Niel, fast schon enttäuscht.

»Natürlich nicht. Ich habe kein Gewissen, und es waren nur sechs Wachen in der Kanalisation, aber wer will das schon so genau sagen, schließlich war es stockfinster.«

Baazlabeth machten einen Schritt auf die Tür des Ratssaales zu.

»Der Kleine Rat trifft sich heute in den Gemächern des Lords«, sagte Niel plötzlich. »Der Lord ist krank und hat darum gebeten, im Bett bleiben zu können. Der alte Zauberer, Abt Theon und der Hafenmeister sind schon bei ihm.«

»Krank«, fragte Baazlabeth höhnisch. »Dass ich nicht lache. Brackenmoore ist wahrscheinlich das Feuerholz ausgegangen, und jetzt denkt er, ein paar Kerzen und eine warme Bettpfanne tun es auch. Kannst du mich hinführen?«

»Gewiss, Prinzipal Sil«, erklärte Niel.

Der Junge lief tatsächlich wie Magister Treuthwin. Er zog ein Bein nach, und der linke Arm hing steif an seiner Seite. Schweigend zogen die beiden durch die abgedunkelten Korridore, die auch hier, in den persönlichen Fluchten des Lords wenig mehr Inventar zu bieten hatten als im Rest des Schlosses.

Das Ganze hier ist nicht mehr als ein bereits geplündertes Grabmal, nur dass Brackenmoore noch lebt. Wenn er das Zeitliche segnet, brauchen sie nur noch die Türen abzuschließen.

Nach einer gefühlten Ewigkeit der Trostlosigkeit erreichten sie die Gemächer von Lord Brackenmoore, welche sich in einem der äußeren Türme befanden. Auf dem Weg dahin kamen ihnen zwei Diener entgegen, die vorsichtig eine silberne Schale, die mit einem blutverschmierten Tuch abgedeckt war, vor sich hertrugen.

»Dort am Ende des Ganges sind die Gemächer von Lord Brackenmoore«, erklärte Niel und blieb stehen.

Bevor Baazlabeth sich wortlos von dem Jungen verabschieden konnte, hatte Niel ihn bereits am Arm gepackt. Als Baazlabeth sich ruckartig umdrehte, schien auch Niel begriffen zu haben, dass diese Geste respektlos und nicht ganz ungefährlich war.

»Was?«, schnauzte Baazlabeth ihn an in der Erwartung, dass der Blondschopf einen Lohn für seinen Gang fordern wollte.

Der Junge kramte hektisch in seiner Hosentasche, und als er die

Hand wieder hervorholte, streckte er Baazlabeth ein paar Silber- und Kupfermünzen entgegen.

»Gunnar Vest«, sagte der Junge. »Er wohnt auf der westlichen Brücke über den Tauwasser. Er kommt nachts in unser Haus, schlägt mich und meine Mutter und tut ihr noch viel schlimmere Sachen an. Er ist ein böser Mann, leider habe ich nur sechs Silberlinge und vier Schankgold. Bitte!«

Baazlabeth packte die Hand des Jungen, schloss dessen Finger, bis sie eine Faust bildeten, und dann stieß er ihn von sich.

»Ich töte keine bösen Menschen. Es gibt ohnehin viel zu wenig von ihnen. Nimm das Geld und wickle es in eine Socke. Am besten ist, wenn du noch zwei Dutzend Kupferstücke hinzutust. Wenn dieser Gunnar Vest das nächste Mal bei euch auftaucht, schlägst du ihn damit so lange ins Gesicht, bis er tot ist. Erst dann weißt du mit Sicherheit, ob die Münzen als Blutgeld für das Leben eines Mannes ausgereicht haben.«

Dem Jungen standen die Tränen in den Augen. Es war entweder, weil er zurückgewiesen wurde oder weil er Angst hatte, selbst jemanden zu töten, vielleicht beides.

Baazlabeth kehrte Niel den Rücken und ging zu den Gemächern von Lord Brackenmoore. Als er sich vor der Tür noch einmal nach dem Jungen umdrehte, war dieser bereits verschwunden.

Baazlabeth zögerte einen Moment, den Knauf zu den Privatgemächern von Lord Brackenmoore herumzudrehen. Er versuchte zu erforschen, was ihn hinter der Tür erwarten würde. Leider vernahm er nichts. Niemand sprach, niemand schlurfte aufgeregt durch den Raum oder tippte nervös mit dem Fuß auf den Boden. Es schien, als würde die Zeit stillstehen und nur darauf warten, dass er den Raum betrat. Er tat ihr diesen Gefallen. Beim Betreten stieg ihm der metallische Geruch von Blut in die Nase. Ein großes Bett aus dunklem Holz bildete das Zentrum des Raumes. Seine Abmessungen waren nur unwesentlich größer als die der anderen Gemächer. Zwanzig mal zwanzig Fuß schien Baazlabeth nichts zu sein, was man einem Mann in Brackenmoores Position zumuten konnte. Jeder armselige Kaufmann in Brisenburg besaß mehr Privatsphäre, und selbst die Ruhestätten von drittklassigen Statthaltern auf dem Friedhof waren geräumiger.

»Ah, Prinzipal Sil, wir haben Euch schon sehnlichst erwartet«, empfing Lord Brackenmoore ihn vom Bett aus. Seine Laune schien äußerst gut zu sein. So entspannt und frohgemut kannte der Dämon den Lord sonst nicht. Er lag steif auf dem Bett, nur mit einem leichten Leinenhemd bekleidet. Die Decke war zurückgeschlagen. Zwei weitere Kissen stützten den Kopf des Hochwohlgeborenen, damit er nicht teilnahmslos die Decke anstarren musste. Um die Knie sowie die Fußgelenke hatte ihm jemand Tücher gewickelt, und aus seinem rechten Arm ragte ein metallischer Schaft von einem Fuß Länge. Besser gesagt, handelte es sich um ein Stück Rohr, durch das Brackenmoores Blut in eine silberne Schüssel am Boden tropfte.

Alle anderen Personen im Schlafgemach versprühten weniger Optimismus, um nicht zu sagen, Verbitterung. Abt Theon stand am Kopfende des Bettes und schien nur darauf zu warten, ein Zeichen zu bekommen, um Brackenmoore die Letzte Ölung zu verpassen. Nemrothar hingegen stand am Fußende und wandte sich nur kurz um, als Baazlabeth das Zimmer betrat. Der flüchtige Blick in das Gesicht des alten Zauberers langte jedoch, um sagen zu können, dass es Eurer Lordschaft schlechter ging, als seine gute Laune vermuten ließ.

Rechts neben dem Bett stand Jost Blackbell, dessen Gesichtsausdruck lediglich verriet, dass egal, was mit Brackenmoore passierte, es ihm zu lange dauerte. Der Hafenmeister war kein Mann der vielen Worte und noch weniger ein Mann der großen Gefühle. Er war ein Pragmatiker, der wenig Sinn darin sah, auf etwas zu warten, das unabwendbar war. In gewisser Weise ähnelte er Baazlabeth damit sogar ein wenig. Wobei Blackbell sicherlich den Sitten und Gesetzen treu ergeben war.

Der Letzte im Bunde war ein junger Adept der Alchemistengilde, wie unverkennbar an seiner dunkelblauen Robe mit der Stickerei eines Reagenzglases und eines Tropfens festzumachen war. Eine verwegene und alberne Kopfbedeckung würde er erst bekommen, wenn seine Ausbildung zu Ende war. Eigentlich ein Grund, um rechtzeitig etwas anderes zu tun, fand Baazlabeth. So heimelig und stimmig die ganze Situation auch wirkte, ein Mitglied des Kleinen Rates fehlte noch.

»Wo ist Nortel Pentbrook?«, fragte Baazlabeth und schloss die Tür hinter sich.

»Unser verehrter Gildenmeister scheint sich entschlossen zu haben, das weitere Schicksal von Brisenburg lieber aus einiger Entfernung mit anzusehen«, lachte Lord Brackenmoore aus seinem Bett heraus. »Man hat mir berichtete, dass er noch während der Nacht seine Sachen gepackt und die Stadt durch das Südtor verlassen hat. Angeblich, um beim Bogenbauer Torben Dühn nach dem Rechten zu sehen. Ich vermute einmal, er ist mit hochgekrempelten Hosen durch den Eiswein gewatet und dann an der Küste entlang in irgendein Versteck entschwunden.«

»Vielleicht ist ihm aber auch etwas passiert«, gab Abt Theon zu bedenken und fügte hinzu: »Es wäre nicht das erste Mal, dass jemandem aus dem Kleinen Rat ein Unglück zustößt.«

Und es wird auch nicht das letzte Mal sein, wenn du nicht lernst, deine vorlaute Schnauze zu halten.

Brackenmoore versuchte, sich im Bett aufzusetzen, doch die Kraft in seinen Armen verließ ihn, und er sank zurück auf die Kissen.

»Etwas passiert?«, keuchte er. »Was soll ihm schon passiert sein? Er war mit drei schweren Säcken bepackt und in einen Wolfsmantel gehüllt! Er weiß genau, dass Brisenburg in den nächsten Tagen an den König fallen wird. Der Fettsack sitzt jetzt irgendwo in einer Schmugglergrotte, schlägt sich den Wanst voll und wartet. Ich wünsche ihm, dass seine Füße abfrieren und er die Krätze bekommt.«

Baazlabeth wusste zwar nicht, woran Lord Brackenmoore litt, aber egal was es war, der Mann gefiel ihm wesentlich besser als zuvor. Langsam fingen sie an, dieselbe Sprache zu sprechen.

»König Bellington wird es so schnell nicht wagen, der Stadtmauer noch einmal zu nahe zu kommen. Er wird sich vorbereiten und abwarten – wenigstens so lange, bis er seine Wunde kuriert hat«, erklärte Baazlabeth.

Für einen kurzen Moment schien es, als wäre die Zeit abermals zum Stillstand gekommen. Nemrothar und der Adept starrten bedrückt zu Boden. Blank, Theon und Lord Brackenmoore gafften Baazlabeth fassungslos an.

»Der König ist verwundet worden?«, fragte der Lord erschrocken. »Was wisst Ihr darüber?«

»Was soll ich dazu sagen?«, erklärte Baazlabeth. »Ich stand auf der Mauer. Das Schussfeld war frei, aber das Ziel etwas zu weit entfernt.«

»Ihr hattet vor, den König zu töten?«, fragte Abt Theon fassungslos und faltete die Hände zum Gebet. »Das kann nicht Euer Ernst sein?«

»Was heißt, ich hatte?«, erwiderte Baazlabeth. »Sobald sich mir die Möglichkeit bietet, werde ich es zu Ende bringen. Noch einmal schieße ich nicht daneben.«

»Was ist passiert?«, fragte Theon, während er nervös mit den gefalteten Händen vor- und zurückwippte.«

»Hab ich doch schon gesagt. Das Schussfeld war frei, aber die Entfernung zu groß. Bellington war rund dreihundert Meter entfernt und saß auf einem unruhigen Pferd. Wenn Ihr meint, Ihr könnt es besser, macht es das nächste Mal selbst. Ich habe mir bei dem Schuss die dämlichen Fingerkuppen abgerissen. Der Pfeil traf ihn leider nur in die Schulter, und er konnte sich auf seinem Gaul halten. Für einen zweiten Schuss blieb keine Zeit, weil mir der viele Rauch die Sicht nahm.«

Nun kam Lord Brackenmoore doch ein Stück im Bett hoch.

»Ich glaube, Abt Theon meinte nicht, warum ihr danebengeschossen habt, sondern, warum Ihr überhaupt versucht habt, den König zu töten.«

»Das liegt doch auf der Hand«, erwiderte Baazlabeth verärgert. »Hauptmann Celest hat mit seinem Wahnsinn versucht, einen Krieg anzuzetteln. Was blieb mir anderes übrig?«

»Als den König zu töten?«, mischte sich Theon erneut ein.

»Ich sehe schon, Ihr kennt Euch mit Kriegsführung wenig aus. Natürlich wollte ich den König töten«, gestand Baazlabeth. »Zwei Drittel seiner Armee besteht aus Söldnern. Wenn der König fällt, was denkt Ihr, werden die Söldner tun?«

Baazlabeth gab den Anwesenden nur einen Atemzug lang Bedenkzeit, dann löste er das Rätsel auf:

»Ich werde Euch sagen, was sie getan hätten. Sie wären nach Hause gegangen. Ein Söldner, der seinen Lohn schwinden sieht, sucht sich einen neuen Krieg. So einfach ist das.«

»So einfach?«, prustete Theon los. »Ihr scheint all Eure Probleme zu lösen, indem ihr jemanden tötet. Ihr seid kaum weniger wahnsinnig als Andor Celest.«

»Ihr solltet lieber aufpassen, dass Ihr mit der ständigen Jammerei nicht mein nächstes Problem werdet, Abt Theon«, drohte der Dämon.

Lord Brackenmoore hob schmerzverzerrt den Arm und bat um Ruhe.

»Lasst uns besonnen bleiben«, bat er. »Wir sollten versuchen, das zu retten, was noch zu retten ist. Prinzipal Sil hat nur versucht, einen Fehler, den er nicht zu verschulden hatte, wiedergutzumachen, wenn auch auf eine Art, die nur wenig Zuspruch im Kleinen Rat gefunden hätte, möchte ich noch einmal betonen. Der Grund, warum ich diese Sitzung einberufen habe, ist jedoch ein anderer. Wie jeder bereits weiß, ist Kommandant Blank auf tragische Weise gestern Abend ums Leben gekommen, und Hauptmann Celest sitzt im Kerker, nachdem er im Wahnsinn einen seiner eigenen Offiziere getötet hat. Es stellt sich für mich nun die Frage, wer unsere Stadtwachen in Brisenburg anführen soll.«

»Das solltet Ihr selbst tun, Lord Brackenmoore, wenn Ihr wieder auf den Beinen seid«, antwortete Abt Theon etwas voreilig. »Mit Sicherheit gib es niemanden, der besser geeignet ist.«

Wahrscheinlich wollte er vermeiden, dass die Wahl auf jemanden fiel, der ihn als ein Problem ansah und nicht zögern würde, ihn wie ein Geschwür aus der Gesellschaft Brisenburgs herauszuschneiden.

Theon, du Schwachkopf, warum denkst du, liegt der Mann im Bett? Vielleicht, weil ihm kalt ist? Und den Aderlass macht er nur zur Entgiftung, weil sie hier in Schloss Sturmfels den ganzen Tag lang diesen schrecklichen Fusel saufen. Der Mann ist krank, und wenn du mich fragst, sogar sterbenskrank.

»Danke für die aufheiternden und Mut machenden Worte, Abt Theon«, sagte Brackenmoore, »doch mir schwebt eine andere Person vor. Leider ist es so, dass wir unter einer möglichen Belagerung nicht genügend Wachen aufbringen können, um im Falle einer Erstürmung schnell genug handeln zu können.«

»Ihr plant doch nicht etwa, den Eklat mit König Bellington weiter aufrechtzuerhalten«, fragte Theon brüskiert.

»Ich plane gar nichts«, erklärte der Lord leicht genervt. »Der König ist am Zug. Aber ich will verdammt sein, wenn ich zulasse, dass wir uns jeder Laune Bellingtons fügen. Macht er uns ein Angebot, werden wir verhandeln. Greift er uns an, werden wir uns verteidigen. Er würde Tausende Unschuldige töten, wenn er auf Rache sinnt, das kann ich nicht untätig mit ansehen. Ich möchte, dass die Stadtwachen aufgestockt werden, und zwar durch die Mitglieder der Finstergilde.«

»Das kann nicht Euer Ernst sein«, schalt Abt Theon, der sich anscheinend langsam als so etwas wie die letzte Instanz ansah. »Ihr könnt doch nicht eine Horde Verbrecher auf die Bürger Brisenburgs loslassen.«

Warum nicht? Einen Horden habt ihr immerhin schon auf sie gehetzt.

»Kann er«, sagte Jost Blackbell trocken. »Und ich werde sie anführen, wenn es nötig ist.«

»Ihr?«, keifte Theon. »Ihr bekommt noch nicht einmal die Säufer im Hafenviertel unter Kontrolle.«

»Die Entscheidung, Jost Blackbell als vorübergehenden Kommandanten der Stadtwache zu ernennen, war meine Idee«, erklärte Brackenmoore. »Der Hafenmeister hat viele Jahre als Leutnant in der Armee des Königs gedient. Außerdem hat er gute Verbindungen zur Finstergilde, wie mir zu Ohren kam. Wir haben keine Zeit, einen langen Auswahlprozess zu starten. Wir brauchen jemanden, der sich mit Kriegsführung auskennt, der Kenntnisse über die Gepflogenheiten der Stadtwachen hat, und auf den die Männer der Finstergilde im Notfall hören – kurzum: Jost Blackbell.«

Theon begann gerade, seinen keuchenden Atem zu Worten zu formen, als Lord Brackenmoore ihm Einhalt gebot.

»Wahrscheinlich wird das alles ohnehin nicht nötig sein«, erklärte der Lord. »Magister Treuthwin weiß aus sicherer Quelle, dass König Bellington von Sir Dennard Proof begleitet wird.«

»Wer im Namen des Vaters der Tugenden ist Dennard Proof?«, meldete sich Abt Theon wieder zu Wort und sprach Baazlabeth damit aus der Seele – jedenfalls was die Frage anging.

»Meister Nemrothar, würdet Ihr das bitte übernehmen?«, bat Lord Brackenmoore. »Mir versagt langsam die Stimme, wie zuvor schon meine Gelenke und demnächst wahrscheinlich auch der Rest.«

Nemrothar räusperte sich, so wie er es immer tat, wenn er zu einer seiner langen ermüdenden Ansprachen ausholte.

»Dennard Proof ist den meisten besser bekannt unter dem Namen ›der Henker‹. Im Grunde genommen ist er für den Adel dasselbe wie die Inquisition für den Klerus. Immer, wenn der König sich gezwungen sieht, einen seiner Lords zur Rechenschaft zu ziehen – und ich meine damit nicht wegen eines Vergehens wie unterschlagene Steuereinnahmen oder das Umsetzen von Grenzsteinen, sondern Königsverrat –, schickt er den Henker. König Bellington hat sich erst dreimal seiner bedient, und jedes Mal brachte er ihm den Kopf eines Lords zurück.

In Zeiten wie diesen sind die Dienste von Dennard Proof nur selten gefragt. Es war jedoch schon einmal anders. Vor vierzig Jahren, als Borus, Bellingtons Vater, an der Macht war und die Lords ihn zu hintergehen versuchten und ihm einer nach dem anderen die Treue entsagte, war der Henker ein vielbeschäftigter Mann. Borus hatte schnell erkannt, dass ein Krieg in seinem eigenen Reich nur die Grenzen des Landes schwächen würde. Um dies zu verhindern, verkündete er folgenden Erlass: Wenn der Henker auszieht, um des Königs Recht einzufordern, soll er ungehindert jedes Tor und jede Tür passieren dürfen, um sein Urteil am Adel zu vollstrecken. Wenn der Gerechtigkeit Genüge getan ist, soll jeder Mann, jede Frau und jedes Kind, die dem Verräter zur Seite gestanden haben, des Königs Gnade erfahren und frei von Schuld sein.«

Baazlabeth hatte schon geahnt, dass dies wieder eine von diesen rührigen und glorifizierenden Ansprachen würde. Mit Gesetzen, Erlassen und Statuten versuchten die Menschen, alles zu regeln, und fühlten sich dabei gönnerhaft und gerecht. Wer ein Leben zu schützen vermochte, galt mehr als jemand, der zehn von ihnen genommen hatte. Kein Wunder, dass diese Welt kurz vor dem Aus stand. Wer sich so weit von den Urtrieben entfernt hatte, konnte nicht mehr auf Rettung hoffen.

»So ein Schwachsinn!«, entfuhr es Baazlabeth. »Wen interessiert schon ein alter Greis, der mit seinem Schwert herumzieht und Köpfe für den König sammelt. Warum sollte ihm jemand öffnen. Lasst ihn einfach vor den Toren verrotten, wenn er kommt. Bei seinem Alter kann das ja nicht mehr lange hin sein.«

»Das hat Lord Oldersblood auch gesagt«, erwiderte Nemrothar.

»Wer soll das nun wieder sein?«, grollte Baazlabeth.

»Heute niemand mehr. Damals war er ein Lord mit einem kleinen Stück Land an der Küste im Norden. Er nannte die Hafenstadt Nebelwall und fünf oder sechs kleinere Siedlungen sein Eigen. Oldersblood hatte sich vom König losgesagt und mit der Tochter eines Barbarenhäuptlings aus den Eislanden angebändelt. Von ihm erhoffte er sich Schutz. Oldersblood wies Dennard Proof an den Toren der Stadt zurück. Eine Woche später marschierte der Königs auf – mit zwanzigtausend Mann. Innerhalb von zwei Tagen hatte er es geschafft, ein tristes Ödland aus der Hafenstadt und den umliegenden Dörfern zu machen. Niemand wurde am Leben gelassen, und die Familie Oldersblood, selbst entfernte Verwandte in anderen Teilen des Reiches, wurden gejagt und aufgehängt. Borus ist sogar bis in die Eislande gezogen und hat unter schweren Verlusten den Barbarenstamm ausgelöscht.«

»Nichts weiter als Gruselmärchen«, erklärte Baazlabeth.

»Das mag vielleicht sein, doch die Geschichte zeigt heute noch Wirkung. Niemand ist bereit, für seinen Lehnsherrn oder Lord sein Leben und das seiner Familie zu opfern. Die Drohung des Königs ist keine unpersönliche Kriegserklärung an ein fremdes Land. Sie ist ein persönliches Versprechen und betrifft jeden, den man liebt. Wer also, glaubt Ihr, hätte den Mut, Dennard Proof den Zutritt zu verweigern und würde dieses Schicksal auf sich nehmen, nur um sich schützend vor seinen Lord zu werfen?«

»Ich«, verkündete Baazlabeth unbeeindruckt von der Ansprache.

Brackenmoore warf das dünne Laken zur Seite und riss sich eines der Tücher von den Beinen. Das Knie des Lord war stark geschwollen und hatte einen ungesunden Grauton angenommen.

»Glaubt Ihr, dass es irgendeinen Sinn macht, einen Krieg zu beginnen, nur um einem sterbenden Mann ein schnelles Ende durch die Klinge zu ersparen? Ich bin schon so gut wie tot. Drei meiner Diener liegen bereits in der Gruft meiner Frau, aufgebahrt zu ihren Füßen. Wer weiß, wer noch alles von dieser grauenvollen Krankheit dahingerafft wird. Unser Kampf ist hier zu Ende, wenn uns der König dieses Angebot machen sollte. Jetzt gilt es zu retten, was zu retten ist!«, keifte er.

Baazlabeth hätte ihm gern widersprochen. Um einen Krieg zu führen, brauchte es seiner Meinung nach keinen Grund. Als Grund, jemanden zu töten, sollte es allein reichen, die Langeweile vertreiben zu wollen. Für einen Dämon war die Zeit des Friedens nur das Warten auf einen Krieg. Menschen sahen das anscheinend anders, und um Brackenmoores Befindlichkeit nicht weiter zu schwächen, nahm er es einstweilen hin.

»Von ein paar kleinen Prellungen werdet ihr nicht sterben«, grunzte er.

Jetzt mischte sich zum ersten Mal der Alchemistenlehrling ein.

»Wir nennen es Grabsteingicht«, erklärte er. »Bislang kannten wir diese Krankheit nur von den Dverga, und das auch nur als Alterserscheinung. Es beginnt damit, dass die Gelenke verhärten und sich grau wie Granit färben. Innerhalb weniger Stunden, so scheint es, verwandeln sie sich in Stein und lähmen den Kranken. Einen halben Tag später greift die Krankheit die ersten Organe an, und dann ist es kurz danach vorbei. Selbst über den Tod hinaus frisst sie sich weiter durch den Körper, bis alle Körperteile, selbst die Augen befallen sind. Tage später ist der Spuk dann vorbei, und der Leichnam nimmt seine natürliche, blasse Färbung wieder an. Meister Bretozek sagt, es werde durch etwas wie einen Parasiten verursacht.«

Bretozek ist selbst nichts anderes als ein Parasit.

»Warum lasst ihr Euch nicht einfach von einem der Priester heilen. Für Abt Theon sollte es ein Leichtes sein, seinen Gott der Tugenden um Hilfe zu bitten.«

»Wir Priester beschränken uns darauf, dem Leidenden Zuspruch zu geben und mit ihm zusammen zu beten. Die Heilung von Wunden, Krankheiten oder sonstigen Gebrechen steht uns nicht zu. Die Geschichten über klerikale Heilzauber sind Relikte aus alter Zeit.«

Amez, in was für eine Welt hast du mich hier geschickt? Magier, die zwar einen Dämon heraufbeschwören, aber noch nicht einmal einen Feuerball werfen können. Und Priester, die versuchen, mit Gebeten über ihre Unfähigkeit hinwegzutäuschen. Die Zauberwirker in dieser Welt sind allesamt nichts weiter als leere Hüllen, die man bestenfalls als Futter für die Lemuren gebrauchen kann. Diese Welt muss gar nicht erst zerstört werden, sie ist schon eine Ruine.

»So, jetzt habt Ihr mich zur Genüge begaffen können«, keuchte Lord Brackenmoore. »Es wird Zeit, die Sitzung aufzulösen. Ich will verdammt sein, wenn das Letzte, was ich auf dieser Welt zu Gesicht bekomme, Eure ratlosen Gesichter sind. Ich möchte schließlich nicht vor den Vater treten und immer noch das Gefühl haben, einem von Euch eine Antwort schuldig zu sein. Macht, dass Ihr nach Hause kommt, und hofft, dass der Kelch des Königs an Euch vorüberzieht, denn er ist definitiv zu voll, als dass ihr ihn leeren könntet. Prinzipal Sil, Ihr bleibt bitte noch einen Moment bei mir, wenn Ihr so freundlich wäret.«

Hätte es etwas mit Freundlichkeit zu tun, wären wir uns nie begegnet. Aber allein um dich dahinsiechen zu sehen, könnte ich Tage mit wachsender Begeisterung an deinem Bett verbringen.

»Wenn Ihr es wünscht, bleibe ich noch«, antwortete Baazlabeth, Treue heuchelnd.

»Ich wünsche es.«

Die anderen Männer verließen niedergeschlagen das Zimmer. Abt Theon besaß sogar so viel Gottvertrauen, dass er die Hand des Lords zum Abschied küsste und liebevoll tätschelte. Auch der Alchemistenlehrling ließ seine Gerätschaften liegen und trottete hinterher.

»Helft mir weiter hoch, ich will nicht zu Euch aufsehen müssen, wenn ich meine Worte an Euch richte«, bat Brackenmoore, als die Tür ins Schloss gefallen war.

Baazlabeth half dem Lord, sich im Bett aufzusetzen. Dabei fiel ihm auf, dass sich auch an Brackenmoores Hals bereits eine graue Stelle gebildet hatte. Die Haut dort war rissig geworden und ähnelte einem verdorrten Stück Acker. Um der Bitte jedenfalls annähernd gerecht zu werden, zog Baazlabeth sich einen Stuhl heran und nahm darauf Platz.

»Wart Ihr auch schon einmal in der Situation, dass alles, was Ihr plantet, zum Scheitern verurteilt schien?«

Ist das dein Ernst? Seitdem ich diese verfluchte Stadt betreten habe, scheine ich Tag für Tag genau in dieser Lage festzusitzen.

Baazlabeth schüttelte den Kopf, als wenn er befürchtete, dass der Lord seine Lüge durchschauen könnte, sobald er den Mund öffnete.

»Wisst Ihr, ich habe mein Leben lang alles dafür getan, die Welt um mich herum so zu schaffen, wie ich sie für richtig hielt. Eine äußerst schwierige Aufgabe, wie ich feststellen musste, insbesondere wenn man nicht der König ist.«

Oder ein Dämon.

»Zu Beginn lief alles so, wie ich es mir vorstellte. Als der König mich nach Brisenburg schickte, war das im Grunde genommen nur ein Teil meines Planes. Ich hatte alles im Griff, selbst noch, als ich den Dvergas in dieser Stadt einen Platz gab, um der Sklaverei zu entgehen.

Dann schickte König Bellington uns Neptrotot. Schließlich fand der Sklavenhändler eine Schwachstelle in meinem Plan. Es waren die Bastarde, die ungeliebten Kinder aus den Beziehungen zwischen Mensch und Dverga. Schnell hatte Neptrotot erkannt, wie er Gewinn aus der Sache schlagen konnte, und mir blieb nichts anderes übrig, als die Stadt langsam ausbluten zu lassen.

Als ich dann herausbekam, dass meine Frau mich hintergangen hatte und ein Kind von einem Ungeheuer erwartete, tat ich alles, um dies zu verhindern. Meine Frau starb, und meine Tochter war das Ebenbild ihres Vaters – eine Missgeburt. Dennoch liebte ich sie, selbst noch, als sie des Nachts Dutzende unschuldiger Männer und Frauen in den Straßen tötete und ihnen das Leben aussaugte. Zu dieser Zeit war ich an dem Punkt angelangt, wo alles, was ich noch tat, nicht mehr zu dem führen konnte, was ich eigentlich erreichen wollte. Wenn Ihr ein Schloss baut und plötzlich bemerkt, dass Ihr keinen einzigen Stein mehr auftragen könnt, ohne dass Euch das Ergebnis missfällt, was tut Ihr dann?«

Das war eine Frage nach Baazlabeths Geschmack. Genauso hätte der Lord ihn fragen können, was er tat, wenn er jemanden nicht mehr mochte.

»Abgesehen davon, dass ich nichts erbauen würde, was jemand anders zerstören könnte, würde ich es abreißen und neu erschaffen.«

»Genau das habe ich getan, als ich Euch erlaubte, in den Kleinen Rat einzutreten.«

Baazlabeth spürte, wie sich der Ausdruck von Verwunderung in sein Gesicht presste und sich erfolgreich wehrte, sich in ein Lächeln zu verwandeln.

»Dachtet Ihr, ich hätte zugelassen, dass ein Fremder unsere Stadt mitregiert? Verzeiht mir, aber Ihr seid niemand, dem man vertrauen würde, hätte man eine Wahl. Beim Vater der Tugenden, Ihr seid so etwas wie der Tod auf zwei Beinen. Dachtet Ihr, Ihr wäret ungestraft mit den ganzen Morden davongekommen, wenn Euch niemand den Rücken gedeckt hätte? Nemrothar und ich haben dafür gesorgt, dass man Euch weitestgehend unbehelligt durch die Straßen ziehen ließ. Meine Güte, Ihr habt wenigstens ein halbes Dutzend Wachen, wer weiß wie viele armselige Bürger, die Hälfte aller Inquisitoren in diesem Land und sicherlich auch Horrest Limewall auf dem Gewissen. Ihr seid ein Mann ohne Gewissen, und wer weiß, vielleicht seid Ihr nicht einmal das.«

Lord Brackenmoore konnte von Glück sagen, dass er sich entschieden hatte, dieses Gespräch mit Baazlabeth am Sterbebett zu führen. Einen passenderen Ort hätte er nicht finden können, ohne einen Tod an einem unpassenden Ort zu erleiden. Solche Gespräche führte man nur einmal mit einem Dämon – wenn überhaupt.

»Habe ich denn das geschafft, was Ihr Euch von mir erhofft habt?«, forderte Baazlabeth zu wissen.

»Das und einiges mehr« gestand Brackenmoore. »Ich selbst hätte nicht die Kraft und den Mut besessen, alles zu zerstören, was ich über Jahre mühsam aufgebaut habe. Euch schien es leichtzufallen.«

»Es war mir eine Freude«, gestand Baazlabeth. »Leider werdet Ihr nicht mehr in den Genuss kommen, mit anzusehen, wie ich mein Werk vollende.«

Lord Brackenmoore wandte sich unter Schmerzen von Baazlabeth ab.

»Das ist mir nur allzu bewusst, doch nicht Ihr werdet mein Ende herbeiführen«, schluchzte er.

»Was macht Euch da so sicher?«

»Meine schützende Hand wird auch über meinen Tod hinaus über Euch liegen, doch nur, wenn ihr mit meinem Ableben nicht in Verbindung gebracht werdet. Solange kein neuer Lord in Brisenburg das Sagen hat, wird mein Wort Gesetz sein. Außerdem glaube ich, dass es unter Eurer Würde wäre, einen Todgeweihten zu erlösen. Eine gute Tat steht Euch schlecht zu Gesicht, findet Ihr nicht auch?«

»Vielleicht mache ich für Euch eine Ausnahme?«

»Tut, was Ihr nicht lassen könnt, doch sagt mir endlich, was aus meiner Tochter Lilith geworden ist.«

Das ist es also, womit du dein Gewissen beruhigen willst, sterbender Mann. Du könntest es nicht ertragen, wenn du dafür verantwortlich wärst, deine ganze Linie ausgerottet zu haben. Du willst in dem festen Glauben daran sterben, dass etwas von dir in dieser Welt verblieben ist, auch wenn es gar nicht dein Same war, dem sie entsprungen ist.«

»Ihr geht es gut. Ihre Ausbildung wird bald beendet sein, und sie wird zurückkehren nach Brisenburg und mit mir zusammen das beenden, was ich begonnen habe.«

»Das ist gut«, flüsterte Brackenmoore. »Ich danke Euch. Ihr könnt jetzt gehen.«

Die letzten Worte des Lords spukten Baazlabeth immer noch im Kopf herum, als er die Brücke zum Boenviertel überquerte. Warum er dem Geheiß von Brackenmoore nachgekommen war, wusste er selbst nicht. Vielleicht hatte es tatsächlich etwas mit dem Zustand zu tun, in dem sich der Lord befand. Auf gar keinen Fall war es so etwas wie Schwäche oder Mitleid, die bewirkt hatten, dass er den Lord am Leben gelassen hatte.

Das viele Reden hatte Baazlabeth durstig macht. Es wurde Zeit, endlich einmal wieder bei Meister Dumpf vorbeizuschauen, damit dessen guter Hauswein nicht mit dem Rest der Welt unterging, sondern vorher seiner Bestimmung zugeführt wurde.

Den meisten Stammgästen des *Einsamen Wanderers* schien die Belagerung durch den König die Lust am Trinken genommen zu haben. Nur Minnert, der Buchbinder, saß einsam und verlassen am Tresen und versuchte, sein Glas durch Hineinstarren wieder aufzufüllen. Irgendwo in der Küche hörte man Dumpf herumpoltern und ärgerlich mit einer Pfanne schimpfen. Auch Ruby musste sich grob in der Richtung befinden, denn er hörte das Klappern von Tellern. Baazlabeth erntete nur ein kurzes Nicken, als er eintrat. Er setzte sich auf seinen Stammplatz in der Ecke neben dem Kamin und wartete darauf, dass Dumpf den Kampf mit dem Geschirr für sich entscheiden konnte.

Es dauerte eine Weile, bis der Schankwirt zurück an den Tresen kam, und eine weitere, bis er Baazlabeth bemerkte. Pflichtbewusst warf er sich einen schmutzigen Lappen über den Unterarm und eilte herbei.

»Herr Sil«, begrüßte er den Dämon, »seid Ihr gar nicht bei den anderen an der Mauer, um Euch auf die Verteidigung der Stadt vorzubereiten?«

»Verteidigung gegen wen?«, fragte Baazlabeth spöttisch.

Dumpf zog ein Gesicht, als wenn er ernsthaft darüber nachdachte.

»Das Heer des Königs«, verkündete der Wirt nach einem Augenblick.

»Seid Ihr wirklich der Meinung, ich sollte mich zusammen mit ein paar Dutzend Bauerntölpeln gegen das Stadttor stemmen, um fünftausend schwer bewaffnete Söldner daran zu hindern, in die Stadt einzufallen? Das wäre so, als ob man die Arme nach oben risse, wenn man hört, die Sonne stürze auf die Welt.«

Wieder schien Dumpf nachzudenken.

»Tut sie das?«, fragte er unsicher.

»Nein, genauso wenig, wie der König es wagen wird, der Stadt ein zweites Mal zu nahe zu kommen, ohne sich sicher zu sein, alles in seinem Weg zermalmen zu können.«

Dumpf schien das Gespräch nicht unnötig in die Länge ziehen zu wollen.

»Was kann ich Euch bringen?«

»Zur Feier des Tages nehme ich einen Krug Eures Hausweins und etwas zu essen, von dem ich mir sicher sein kann, dass es sein Leben dafür gegeben hat.«

So langsam bekam Baazlabeth Routine bei der Bestellung seiner Mahlzeiten, und auch Dumpf sah ihn nicht mehr entgeistert an, wenn er sie entgegennahm. Eilig machte sich der Wirt davon, zurück in die Küche.

Wenig später tauchte Ruby auf. Mit ihrem ewig freundlichen Lächeln servierte sie den Wein und machte sich gleich wieder von dannen.

Baazlabeth genoss die Wärme des brennenden Kamins und schloss für einen Moment die Augen. Vor seinem inneren Auge stellte er sich vor, wie sich alles zu seiner vollsten Zufriedenheit weiterentwickelte. Der König begann seine Belagerung und schnitt Brisenburg von der Außenwelt ab. Die einsetzende Kälte ließ das Meer gefrieren. Langsam würden der Stadt die Nahrungsmittel ausgehen und Unruhen sich breitmachen. Menschen töteten sich für den letzten Bissen harten Brotes. Mittlerweile desertierten die meisten Söldner im Heer des Königs, weil Bellington an Wundbrand gestorben war. Der Rest wurde von der Kälte dahingerafft. In Brisenburg selbst kämpften die letzten Bürger ums Überleben, und übrig blieben nur vierzehn Streiter – sieben und sieben.

Die Tür zur Schenke wurde aufgetreten und riss Baazlabeth aus seinem verwegenen Traum. Der rüpelhafte Auftritt allein sicherte dem oder den Neuankömmlingen Baazlabeths Groll. Als die ersten Männer den Schankraum betraten, verstärkte sich dieses Gefühl nochmals. Schlecht gelaunt und ungepflegt, stürmten acht Männer der Stadtwache mit einer unangenehmen Gelassenheit den *Einsamen Wanderer.*

»Ich hab es euch ja gesagt, die meiste Zeit hockt er in irgendwelchen Spelunken herum und lässt sich mit billigem Fusel volllaufen«, protzte einer von ihnen.

Damit hatte sich auch die Frage erübrigt, nach wem oder was sie suchten. Streit mit einem Buchbinder war es jedenfalls nicht. Sie suchten einfach nur Streit mit einem Horden. Stadtwachen suchten immer nach etwas. Entweder sie verfolgten irgendwelche Halunken, suchten nach Informationen, um Diebe und Mörder dingfest zu machen, oder hielten Ausschau nach Möglichkeiten, um den Sold für deren Ergreifung auszugeben. Heute versuchten sie anscheinend, alles in einem Abwasch zu erledigen. Wie verwegen.

»Unser ehrenwerter Prinzipal scheint sich erst richtig wohl zu fühlen, wenn er sich mit Minderwertigem umgibt. Er trinkt billigen Wein, wohnt in einer Brandruine und hat Dverga als Freunde. Vielleicht hofft er, damit von seiner eigenen Schäbigkeit abzulenken.«

Den Männern der Stadtwachen schien der Humor ihres Kollegen gut zu gefallen, oder sie brauchten lediglich ein bisschen Ablenkung, um nicht den Mut zu verlieren.

Wollen wir doch mal sehen, wie weit ihr bereit seid zu gehen. Das Ganze soll doch nicht in einer albernen Kneipenrauferei enden. Wäre doch schade um den langen Weg, den ihr euch gemacht habt. Ich könnte euch den Rückweg ersparen.

»Ihr seid ein echter Menschenkenner«, folgerte Baazlabeth gelangweilt. »Aber wisst ihr auch, was ich tue, wenn der Schmutz und Dreck, mit dem ich mich umgebe, nicht mehr ausreicht, um über meine eigene Unvollkommenheit hinwegzutäuschen?«

»Ich vermute, Ihr steht bettelnd und jammernd vor der Schwalbenburg, damit eine der Huren Mitleid bekommt und Euch umsonst ranlässt.«

Die schlagfertige Antwort ihres ranghöchsten Kameraden schien diesmal voll und ganz ins Schwarze getroffen zu haben. Wie ein Stall voller Hühner gackerten sie durcheinander. Baazlabeth gab ihnen einen Augenblick, um sich wieder einzukriegen.

»In Wahrheit treffe ich mich mit Stadtwachen an abgelegenen Orten, um mir von ihnen die Stiefel lecken zu lassen. Anschließend erlöse ich sie von ihrer Qual, auf dieser Welt von allen anderen nur belächelt zu werden. Mir ist die Kanalisation zwar lieber, aber wenn ihr schon einmal hier seid ... Meister Dumpf wird es nicht viel ausmachen, euer Blut aufzuwischen. Wahrscheinlich ist es eine willkommene Abwechselung zu der Kotze, die er sonst wegmachen muss.«

Es war nicht leicht, sich mit dem Gedanken abfinden zu müssen, acht Männer weniger zu haben, falls die Situation mit dem König weiter eskalierte, doch irgendwie freundete sich Baazlabeth damit an. Den Spaß würde es wert sein.

Die Männer der Stadtwache schienen plötzlich nicht mehr so viel Freude an dem Gespräch zu haben. Die Reaktion auf Baazlabeths halbes Geständnis, doch die Schuld an dem Tod der vor Wochen verschwundenen Männer zu tragen, ließ ihre Kameraden eine bedrohliche Feindseligkeit zeigen. Einige legten entschlossen die Hände auf die Griffe ihrer Schwerter. Andere suchten im Hosenbund nach ihren Dolchen, und der Rest beschränkte sich darauf, einen grimmigen Blick aufzusetzen und einen Schritt auf den Dämon zuzumachen.

Baazlabeth war kein Spielverderber und erst recht kein Kostverächter. Die beiden Krummschwerter störten ohnehin beim Sitzen in der engen Nische, und auf dem Tisch war genug Platz. Warum also nicht mit offenen Karten spielen?

Bedächtig zog er seine Waffen, jeden Moment auskostend. Diese Geste war selbst für Stadtwachen eindeutig, und sie schienen nicht überrascht.

»Diesmal werden wir dich nicht in den Kerker werfen und zusehen, wie du mit deinen Intrigen und Lügen wieder freikommst. Wir haben uns schon viel zu lange von dir an der Nase herumführen lassen.«

Es war immer noch derselbe Wortführer, der zu Baazlabeth sprach. Die anderen beschränkten sich darauf, gefährlich auszusehen oder den wenig schmeichelhaften Drohungen ihres Kameraden nickend beizupflichten. Baazlabeth nahm sich vor, den Wortführer als Ersten zu töten, um die Moral des kleinen Trupps zu zerschlagen.

»Was ist, worauf wartest du, Mörder?«

Es war immer wieder erstaunlich, wie ein Tötungsversprechen die Menschen einander nahe brachte. Als die Wachen den *Einsamen Wanderer* betreten hatten, war er für sie noch Prinzipal Sil gewesen und hatte einen gewissen Respekt genossen, jedenfalls was die Anrede betraf. Kaum hatten sie damit gedroht, ihn umzubringen, fingen sie auch schon an, ihn zu duzen und ihm Kosenamen zu geben.

»Nicht so eilig, Mann«, beschwichtigte Baazlabeth ihn. »Ich habe gerade etwas zu essen bestellt und würde es gern in Ruhe mit einem Schluck Wein herunterspülen. Ihr seid dann so etwas wie mein Dessert.«

»Glaubst du, es stirbt sich mit vollem Bauch leichter?«

»Ich glaube nicht«, gab Baazlabeth zu. »Ich habe mir nur einfach angewöhnt, Prioritäten zu setzen – und Ihr seid eben erst nach dem Essen dran.«

Auch Minnert schien mittlerweile die Situation richtig gedeutet zu haben. Überhastet stürzte er den Rest aus seinem Glas hinunter, rückte von seinem Hocker und schlich hinter den Männern der Stadtwache zur Tür. Noch bevor er die Türklinke berühren konnte, hatte ihn einer der Männer am Schlafittchen gepackt.

»Und wohin wollt Ihr so schnell?«, grunzte ihn der Mann an. »Wir haben Euch doch hoffentlich nicht den Appetit verdorben?«

»Nein, nein«, stotterte Minnert. »Ich hatte sowieso gerade vor zu gehen.«

Der Mann der Stadtwache ließ den Buchbinder los und strich vorsichtig das zerknitterte Revers glatt.

»Dann ist ja gut. Ich hatte schon befürchtete, wir hätten Euch Angst gemacht. Schließlich sind wir Stadtwachen. Wir sind doch dazu da, um den Bürgern zu helfen, und nicht, um sie zu verschrecken. Ihr braucht also keinen Alarm schlagen, wenn Ihr auf der Straße seid. Wir haben alles im Griff, versteht Ihr?«

Minnert hatte verstanden, und nach einem kurzen, freundlichen Nicken in die Runde verließ er eilig den *Einsamen Wanderer*.

Die Situation wurde zunehmend angespannter. Außer Baazlabeth und den acht Männern der Stadtwache befand sich niemand mehr im

Schankraum. Etwas Auflockerung versprach Ruby, die aus der Küche kam und sich mit einem dampfenden Teller durch die Gruppe von Männern zwängte.

»Was hast du vor, Süße?«, fragte der Rädelsführer und versperrte ihr den Weg.

»Ich serviere hier«, sagte sie keck und drückte sich an ihm vorbei. »Wenn es Euch nicht gefällt, müsst Ihr Euch eine andere Schenke suchen.«

Bevor sie den Teller vor Baazlabeth auf den Tisch stellen konnte, hatte der Mann sie bereits am Arm gepackt.

»Ihr bedient Erpresser und Mörder?«

Ruby versuchte, sich aus der schroffen Umklammerung zu lösen, doch es gelang ihr nicht.

»Warum nicht? Ich würde auch Männer der Stadtwache bedienen, obwohl sie es gewagt haben, Verrat am König zu begehen. Seid Ihr durstig?«

Wieder einmal zeigte es sich, dass Stadtwachen keinen Sinn für Humor hatten, der nicht aus einer ranzigen Lederrüstung hervorquoll. Der Mann stieß Ruby von sich, und die junge Schankmaid prallte rückwärts gegen die Wand, wobei sie den Teller mit dem Essen fallen ließ. Hart prallte ihr Kopf eine Hand breit neben dem Sims des Kamins auf. Sie schien nicht ernstlich verletzt zu sein, aber der Schock saß ihr merklich in den Gliedern, und Tränen rannen ihr über das Gesicht.

Baazlabeth saß immer noch in aller Seelenruhe an seinem Tisch in der Nische, vor sich die beiden Krummschwerter. Ihm war bewusst, dass sein jetziger Platz eine ausgesprochen schlechte Startposition für eine Auseinandersetzung bedeutete, doch er wollte nicht noch mehr Unruhe stiften, indem er aufstand. Gelangweilt sah er auf den zu Bruch gegangenen Teller und das Essen, das er bestellt hatte. Dumpf hatte ihn heute mit einem Vogel überraschen wollen. Der Größe nach zu urteilen, musste es sich um ein Huhn handeln. Bislang hatte der Dämon diese kleinen, flugunfähigen Würmerpicker nur mit Federn und Kopf gekostet, doch er musste zugeben, dass der Wirt sich alle Mühe gegeben hatte, seinen Ansprüchen gerecht zu werden. Endlich ein Essen, das auch seinen dunklen Gelüsten etwas zu bieten hatte. Es war irgendwie befriedigend, zu wissen und zu sehen, dass das, was man sich in den Mund steckte, vorher ein Leben geführt hatte. Und nun lag es auf dem verdreckten Boden vor ihm.

Ein Jammer, ganz um sonst gestorben zu sein. Aber Vögelchen, ich verspreche dir, du wirst nicht der Einzige bleiben, der heute kopflos auf dem dreckigen Boden liegt.

Dumpf hatte sich mittlerweile auch aus seiner Küche herausgetraut und zog hinter dem Tresen einen knorrigen Knüppel hervor. Es wäre vermessen gewesen zu glauben, er käme, um Baazlabeth beizustehen. Vielmehr schien es dem Wirt um seine einzige Schankmaid zu gehen, ob nun aus Sympathie oder nur um ihrer Arbeitskraft willen war schwer zu sagen. Die Geste allein zählte.

Baazlabeth wusste aus Erfahrung, dass es nicht hilfreich war, wenn sich Amateure in den Kampf einmischten. Sie brachten mehr durcheinander, als dass sie einem wirklich halfen. In großen Schlachten war es in Ordnung, wenn der Heerführer Bauern und Bedienstete ins Feld schickte. Sie nahmen den gegnerischen Truppen den ersten Blutdurst und verschafften dem eigentlichen Heer genügend Zeit, einen Hinterhalt oder einen überraschenden Vorsturm mit richtigen Kriegern zu organisieren. In einem Kampf wie diesem störten Amateure hingegen nur, egal ob es nun Bauern oder Schankwirte waren. Ohne Dumpf zu nahe treten zu wollen – schließlich musste man kein Philosoph sein, um ein Schwert zu schwingen –, war er früher vielleicht einmal ein richtiger Raufbold und unter Umständen sogar ein recht guter Schwertkämpfer gewesen. Heute taugte er jedoch nicht mehr viel. Immerhin musste es einen Grund gegeben habe, dass er seine Waffe gegen einen Wischlappen eingetauscht hatte. Und genau dieser Grund hatte auch seinen Tribut gefordert. Schnelligkeit war einer wenig attraktiven Form von Routine gewichen. Entschlossenheit war durch eine an Demut grenzende Freundlichkeit ersetzt worden. Kraft hatte sich verwandelt in schier unendliche Geduld im Umgang mit anderen, die noch armseliger waren als man selbst. Und Muskeln hatten sich zu Speckwülsten entwickelt, die groß genug waren, um Gesichter daraus zu kneten. All diese Eigenschaften zogen einen Kampf zwischen wirklichen Kriegern nur in die Länge und brachten selbst Verbündete in Gefahr. Außerdem wäre es unverzeihlich gewesen, den Wirt sterben zu lassen, solange Baazlabeth keine vergleichbare Anlaufstelle für guten

Hauswein gefunden hatte. Des Weiteren schuldete Dumpf ihm noch ein Hähnchen.

Musik wäre schön. Irgendetwas Trauriges vielleicht.

Die Männer der Stadtwache hatten nur Augen für den rührseligen Auftritt von Ruby. Den letzten Hauch Beschützerinstinkt und Rechtschaffenheit konnten sie eben doch nicht ablegen. Baazlabeth legte die Hände auf die Griffe seiner Krummschwerter, atmete tief durch und stieß den Tisch mit den Füßen von sich. Dieser rutschte in die Gruppe von Männern hinein. Geistesgegenwärtig stemmten zwei von ihnen sich dagegen und machten sich das Möbel zu eigen. Sie packten zu und schoben den Tisch mit Wucht zurück in die Nische in der Hoffnung, ihren Gegner damit in die Enge zu treiben. Baazlabeth sprang ihnen entgegen und warf sich über den Tisch, wobei er die gekreuzten Klingen seiner Schwerter über die hintere Kante schaben ließ. Eine bohrte sich prompt in das spröde Holz, die andere trennte das linke Handgelenk eines der Männer ab und fraß sich dann ebenfalls fest.

Als Auftakt eines vielversprechenden Kampfes . . . wenig erbaulich.

Baazlabeth hatte gehofft, wenigstens zwei Gegner gleichzeitig ausschalten zu können. Es drohte doch ziemlich eng zu werden in dem kleinen Schankraum. Einziger Vorteil bei einer großen Übermacht an Feinden auf engstem Raum war, dass man nicht so weit gehen musste, um den nächsten abzuschlachten.

Mittlerweile hatten auch die anderen Männer begriffen, dass der heutige Abend nicht in einer normalen Kneipenschlägerei enden würde. Die abgetrennte Hand landete neben dem gebratenen Huhn auf dem Boden.

Lecker, da weiß man gar nicht, was man zuerst verzehren soll. Zum Glück ist noch genug Frischfleisch da.

Die Wachen hatten sich erstaunlich schnell auf die neue Situation eingestellt. Rubys Geheule taugte nur noch zur Untermalung.

Zwei der Wachen gingen mit Kurzschwertern auf Baazlabeth los. Ein Dritter hatte sich zusätzlich noch mit einem Dolch bewaffnet. Die restlichen vier gaben Rückendeckung und zogen den wimmernden Einhänder vom Schlachtfeld. Aber anstatt ihm zu helfen, drängen sie ihn einfach zur Seite und setzten ihn auf einen Stuhl, wo er schreiend seinen Stumpf umklammerte.

So viel zur Kameradschaft unter Brüdern.

Baazlabeth wehrte zwei Schläge auf seine Flanke ab und verpasste einem der Männer einen Fußtritt gegen die Brust. Der Dritte stürzte heran. Die Klinge verfing sich in den gekreuzten Krummschwertern, doch der Angreifer hatte im Gegensatz zu Baazlabeth noch eine Hand frei und stieß seinen Dolch von unten hoch. Ihm fehlte jedoch die Kraft, den Hieb zu Ende zu bringen. Die Klinge traf auf den Gürtel des Dämons und schaffte es nur einen Zoll breit durch den Lederriemen.

Baazlabeth stemmte die Arme in die Höhe und stieß den Mann zurück. Kraftvoll riss er die Krummsäbel auseinander und ließ die schartigen Klingen über die Schultern seines Gegners gleiten. Tief schnitten sie sich durch Leder und Fleisch.

Eine weitere Wache kam den anderen zu Hilfe. Erneut musste sich Baazlabeth einer Reihe von Schlägen stellen. Er musste raus aus der Nische! Es war kaum genug Platz, die Angriffe zu blocken, geschweige denn einen eigenen zu starten. Baazlabeth schlug eine herannahende Klinge zu Boden und eine weitere gegen die Wand, dann verpasste er dem Mann vor sich einen Schlag mit dem Ellenbogen ins Gesicht.

Eine Lücke tat sich auf, doch der Weg aus der Nische heraus führte genau in die Arme der drei übrigen Wachen, die nur darauf warteten, in das Kampfgeschehen einzugreifen. Bevor Baazlabeth sich entscheiden konnte, seine schlechte Position gegen eine noch schlechtere zu tauschen, tauchte Dumpf hinter den dreien in Warteposition auf. Mit hoch erhobenem Knüppel nahm er Maß und schlug zu. Einen Mann traf er mit voller Wucht an der Schläfe, den nächsten streifte er an der Schulter.

Baazlabeth ergriff die Chance und hechtete zwischen seinen Angreifern hindurch. Bevor sie verstanden, was überhaupt vor sich ging, hatte der Dämon sich hinter ihnen postiert und trieb eines seiner Schwerter der Stadtwache links von ihm durch die Wade, einer weiteren versetzte er einen tiefen Schnitt durch die Kniekehle. Was darauf folgte, war Routine: heiseres Gurgeln, schmerzverzerrte Gesichter, unkontrollierte Gegenattacken und ein schnelles, sauberes Ende – wären sie zu zweit gewesen.

Die Kniekehle wankte und suchte Halt bei der Wade. Ein Ziel, das auf einem Bein stand und sich mit dem Schwertarm festhielt, hatte nichts anderes verdient, als zu sterben. Baazlabeth setzte einen sauberen Stoß mit der Klinge von oben herab zwischen die zweite und dritte

Rippe. Der schartige Stahl verursachte mehr Schaden beim Herausziehen als beim eigentlichen Angriff. Davon spürte der Mann aber bereits nichts mehr.

Die Wade hätte ein ähnliches Ende finden sollen, doch der beidhändig Kämpfende kam ihm dazwischen. Aus seiner Deckung heraus stieß er Baazlabeth das Kurzschwert durch den Bizeps. Beinahe hätte der Dämon seine Waffe fallen lassen. Blitzschnell hieb er mit der anderen Klinge nach dem Schwertarm seines Angreifers, doch der parierte *par excellence*. Kraftlos setzte Baazlabeth mit dem verletzten Arm nach, doch der Schlag ging ins Leere.

Die Wade hatte alle Hände voll zu tun, nicht von seinem sterbenden Kameraden umgerissen zu werden. Ein halber Schritt nach vorn gab ihm genug Standfestigkeit und Baazlabeth genügend Reichweite, um eine Klinge in seiner Brust zu versenken. Als er die Waffe zurückriss, zog er den Mann zu sich heran. Im Todeskampf stürzte sein Opfer auf ihn zu und warf sich ihm um den Hals wie ein alter Bekannter. Baazlabeth hatte alle Mühe, sich aus der Umklammerung zu befreien. Mit einem weiteren Stich in die Seite des Mannes lockerte sich dessen Umarmung, und der Wachsoldat ging vor seinem Peiniger in die Knie. Ein Schnitt über die Kehle sollte die Vorstellung beenden, doch der Angreifer seitlich von Baazlabeth war schneller. Die blanke Klinge bohrte sich durch Baazlabeths Oberschenkel. Instinktiv drehte der Dämon sich weg und riss seinem Gegner damit die Waffe aus der Hand. Doch so einfach wollte sich der Mann nicht entwaffnen lassen. Er schnellte vor und versuchte, den Griff des Kurzschwertes, das in Baazlabeths Oberschenkel feststeckte, zu packen. Mit der linken hieb der Dämon von oben herab und trennte den Arm seines Gegners auf Höhe des Ellenbogens ab. Mit der Rechten rammte er das Krummschwert zwischen dessen Hals und Schulter.

Dumpfs Keule zog unweit des Dämonenkopfes vorbei. Der Wirt schien die Reichweite seines Knüppels unterschätzt zu haben. Die Wucht des Schlages ließ den alten Haudegen ins Taumeln kommen. Seine beiden verbliebenen Gegner schienen leichtes Spiel mit ihm zu haben. Dumpf verlor vollends das Gleichgewicht und stürzte vor ihnen zu Boden.

Das könnte euch so passen, mir meinen Nachschub an Hauswein abzuschneiden. Niemand tötet meinen Gastwirt ohne meine Zustimmung.

Brisenburg unter Belagerung und Meister Dumpf tot, da kann ich mich ja gleich zu Hauptmann Celest in den Kerker setzen und auf das Ende der Welt warten.

Baazlabeth hätte es sich nicht eingestanden, aber etwas Sympathie spielte auch eine gewisse Rolle. Dumpf war einer der wenigen Menschen in Brisenburg, der nicht ständig irgendwelche Intrigen zu schmieden schien. Er war einfach zu durchschauen. Es reichte, sein Essen zu loben oder mit ihm einen Krug Roten zu leeren, um ihn glücklich zu machen. Er war nicht ständig nur auf seinen Vorteil bedacht, und er stellte keine lästigen Fragen, jedenfalls nicht solche, die schwer zu beantworten waren. Mit anderen Worten: Er war so ganz anders als Baazlabeth, und das machte schließlich einen Menschen aus.

Ungeachtet aller Kampferfahrung stellte sich Baazlabeth den beiden Peinigern des Wirtes. Der erste Vorstoß schien bereits mehr als vielversprechend. Baazlabeth trieb die Klinge durch den Hals der einen Stadtwache und holte gerade zum nächsten Hieb auf seinen Kumpanen aus, da durchbohrte ihn eine Klinge von hinten. Der blutverschmierte Stahl ragte seitlich seines Bauchnabels durch das ohnehin schon zerlöcherte karierte Hemd. Noch mit der Frage beschäftigt, welcher der angeschlagenen Männer in seinem Rücken so viel Kraft aufgebracht haben mochte, rammte ihm der verbleibende Gegner sein Kurzschwert in die Brust. Baazlabeths Blick trübte sich während eines Herzschlages. Alles um ihn herum verschwamm, und auch die Schmerzen ließen nach.

Dumpf, du Dummkopf, dafür schuldest du mir mindestens ein Fass vom Besten und so viele Hühner, bis mir schlecht wird. Warte ab, ich bin gleich wieder auf den Beinen – und auf was für welchen.

Baazlabeth trat mit dem festen Glauben daran ab, mit einem endgültigen Hieb niedergestreckt zu werden und – wie es sich für einen Dämon gehörte – in seiner wahren Gestalt wiederaufzuerstehen.

Doch irgendetwas schien schiefzulaufen.

17
Lange Rede, wenig Sinn

In Wahrheit sind manche Dinge nicht so groß und imposant wie in der Vorstellung. Eigene Größe beweist man, indem man sich seine Enttäuschung nicht anmerken lässt.

Ganz sicher war etwas schiefgelaufen. Baazlabeth konnte noch nicht sagen, was, aber es war definitiv etwas, mit dem er nicht gerechnet hatte. Seiner Meinung nach gab es nur zwei Möglichkeiten, wie die bewaffnete Auseinandersetzung im *Einsamen Wanderer* ausgegangen sein konnte. Entweder, er hatte alle Wachen im ersten Anlauf getötet – nicht nur verwundet – und somit das Dutzend dieser um Ordnung bemühten Schmeißfliegen vollgemacht, oder er war ihrer nicht habhaft geworden. In diesem Fall hätten sie ihn lediglich von seinem menschlichen Körper befreit und wären gezwungen gewesen, sich einen Atemzug später seiner ganzen Herrlichkeit zu stellen. Was letztendlich auch das Dutzend vollgemacht hätte.

Sein Gefühl tendierte zur zweiten Variante. Immerhin hatten sie ihn gespickt wie ein Spanferkel, nur der Apfel im Mund hatte noch gefehlt. Als er zu Boden ging, waren zumindest noch drei Stadtwachen auf den Beinen gewesen, und wenn er ihre Entschlossenheit richtig gedeutet hatte, bestand keine Chance, dass sie sich plötzlich entschlossen hatte, ihn doch nur gefangen zu nehmen.

Baazlabeth verspürte wenig Lust, die Augen zu öffnen. Egal, wo er sich befand, es roch schon wieder unterschwellig nach Lavendel. Dieser Geruch hatte etwas von Folter, befand er. Vielleicht hatte Sept ihn zu sich geholt, um Rache für den toten Seraphim zu fordern.

Sofort formten sich Bilder von möglichen Foltermethoden in seinem Kopf und schienen dort Gestalt anzunehmen. Eine davon war so unübertroffen, dass sie unmöglich vom Lichte erdacht worden sein konnte.

Baazlabeth sah sich im Schneidersitz hocken, gefesselt und auf einem goldenen Kissen sitzend. Um ihn herum wuchs Lavendel, so weit das Auge reichte, und verströmte sein penetrantes Aroma, das nach Schwäche und Verständnis roch. Um ihn herum tanzten kleine blonde Mädchen in weißen, rückenfreien Kleidchen, durch die sie ihre Flügel gesteckt hatten. Mit den Schwingen fächelten sie ihm den Lavendelduft zu und sangen Kinderreigen.

»Herr, es wäre gut, Ihr würdet aufwachen«, hörte er eine altbekannte Stimme sagen.

Augenblicklich verspürte Baazlabeth noch viel weniger Verlangen, die Augen zu öffnen. Die Gewissheit, dass er in das hämisch grinsende Katzengesicht von Igniphascellanius dem Dritten schauen würde, wenn er es tat, verleidete ihm jegliche Lust daran.

»Meister, Ihr müsst aufwachen«, wiederholte der Homunkulus etwas eindringlicher. »Hier ist jemand, der Euch zu sprechen wünscht.«

Immer noch war Baazlabeth sich unsicher, was seinen Aufenthaltsort, seine Verfassung sowie sein Erscheinungsbild anging. Er spürte so gut wie nichts, außer einer halbwegs weichen Unterlage, auf die sein Kopf gebettet lag. Wahrscheinlich befand er sich immer noch im Körper eines Menschen. In seiner wahren Gestalt hätten die Hörner, die seitlich an seinem Kopf entsprangen, es ihm nicht ermöglicht, in dieser Position zu liegen.

Es war schließlich die Neugier, die Baazlabeth dazu veranlasste, doch einen Blick zu wagen. Genau, wie er es befürchtet hatte, starrte ihn sein Diener mit diesem Blick an, der zu sagen schien: *Es tut mir leid, dass ich Euch verraten habe, und ja, der Dolch in Eurem Rücken gehört mir.* Für viel mehr war in dem Bildausschnitt auch kein Platz. Igniphascellanius' Kopf wurde von einem Stück weiß gekalkter Wand eingerahmt, darunter zeigte sich ein Stück Bettgestell und der Zipfel eines Kissens, auf dem Baazlabeths Kopf zu ruhen schien.

»Es riecht nach Verrat«, stöhnte Baazlabeth.

Die Stimme, mit der er sprach, gehörte eindeutig zu Sil.

»Wonach riecht Verrat, Herr?«, wollte der Homunkulus in seiner untertänigen Art wissen.

»Nach gegrillter Katze, du Gewölle«, schnaubte Baazlabeth. »Was ist passiert? Wo bin ich, warum kann ich mich nicht bewegen, und was hast du hier zu suchen?«

Igniphascellanius legte ein anderes Grinsen auf, eines, das bedeutete: *Eine Hälfte dieser Fragen kann ich nicht beantworten, weil ich einfach zu dämlich bin, und die andere Hälfte beantworte ich nicht, weil ich um mein Leben fürchte.*

»Wollt Ihr gar nicht wissen, wer danach verlangt, mit Euch zu sprechen?«, schnurrte der Diener und drehte sich einmal um die eigene Achse, um dann wieder dieselbe Position einzunehmen.

Es gibt nichts, was mich weniger interessiert. Was kümmert mich ein nach Rache dürstender Sterblicher. Wenn er glaubt, ich würde ihn demütig anflehen, damit er mein Leben verschont, hat er sich geschnitten – und zwar tief über die eigene Kehle.

»Ich hoffe, du krepierst an einer Fischgräte.«

Das Bett, in dem Baazlabeth sich befand, schabte langsam und gleichmäßig über einen hölzernen Dielenboden. Zuerst rückte es ein Stück von der Wand ab, dann begann es sich zu drehen.

Igniphascellanius hatte nicht viel übrig für diese Art von Fortbewegung und zog es vor, mit einem unbeholfenen Sprung das Bett zu verlassen. Im Grunde genommen war es mehr eine Art von Sichfallenlassen.

Baazlabeth brauchte nicht lange, um das Zimmer wiederzuerkennen, schließlich hatte er die ersten Tage seines Besuches in Brisenburg hier verbracht. Es war das Zimmer von Ruby, der Schankmaid, im Obergeschoss des *Einsamen Wanderers*. Das Zimmer besaß hinsichtlich der Einrichtung immer noch den Charme einer jungen Frau. Auf dem Fenstersims standen Blumen, auf dem Tisch lag eine faltenfreie Decke mit geklöppelter Spitze, und auf der Schminkkommode reihten sich Fläschchen, Cremes, Pinsel und Tücher ordentlich nebeneinander auf.

Das Bett drehte sich wie von unsichtbarer Hand weiter, und langsam kam ein Stuhl sowie eine darin sitzende, untersetzte Männergestalt in Baazlabeths Sichtfeld.

»Du?«, staunte er. »Was ist hier los?«

Vor ihm im Stuhl saß Dumpf. Auf seinem Schoß hatte Igniphascellanius es sich bequem gemacht, indem er sich zusammengerollt hatte. Man konnte es zwar nicht hören, aber Baazlabeth wusste, dass der

Homunkulus wonnig schnurrte. Der Schankwirt sah weitestgehend unbeschadet aus und hielt immer noch den knorrigen Knüppel in Händen.

»Meister Dumpf, habe ich es etwa Euch zu verdanken, immer noch am Leben zu sein?«

Der Wirt kaute auf etwas herum und schluckte es mit Mühe hinunter. Bevor er den Mund öffnete, sickerten einige Tropfen Blut aus seiner Nase, krochen zähflüssig über Wange und Oberlippe und tropften schließlich auf sein ausgeblichenes Hemd.

»Hat ein Horde, Sohn der ersten Stunde und mächtigster Krieger des Schattens, eine Rettung nötig?«, krächzte es mit einer fast kindlichen Stimme aus dem Mund des Wirtes. »Ich hätte gedacht – nein.«

Was immer dort vor Baazlabeth im Stuhl hockte, es war auf keinen Fall Dumpf. Selbst der härteste Schlag auf den Kehlkopf hätte den alten Haudegen nicht reden lassen wie eine Kreuzung aus Kleinkind und sprachbegabter Krähe. Außerdem wusste Dumpf nichts von der wahren Identität des Dämons. Eigentlich gab es nur eine Person, die imstande war, in andere Menschen hineinzuschlüpfen. Und genau so einen Auftritt traute er ihr auch zu. Schließlich hatte sie noch eine Rechnung mit ihm offen.

»Wo hast du denn deinen Begräbnistopf gelassen, Sanna? Ich will hoffen, du hast ihn gut versteckt, denn wenn nicht, werde ich ihn hiernach finden und bis zum Rand vollpissen. Hast du das verstanden? Wenn du denkst, ich verrate dir den Aufenthaltsort von Lilith oder würde sie gar zurückholen, nur weil du es willst, kannst du mich lieber gleich von dieser Ruine eines Menschenkörpers befreien. Ich wäre dir sogar sehr dankbar dafür.«

Abermals musste Baazlabeths Gegenüber sich eines großen Brockens in seinem Mund entledigen, indem er ihn hinunterschluckte. Es schien schmerzhaft zu sein.

»Es tut mir leid, dich enttäuschen zu müssen, aber diese Sanna kenne ich nicht«, krächzte es aus Dumpfs Mund. »Dennoch freue ich mich, dir endlich einmal zu begegnen. Zur gleichen Zeit nehme ich mit Freuden auf, dass du nichts von deiner Rabiatheit eingebüßt hast, obwohl dir nur die Beweglichkeit eines Brotlaibes geblieben ist. Horden sind eben Kämpfernaturen.«

Platsch!

So langsam verging Baazlabeth die Lust auf ein gemütliches Pläuschchen. Vielleicht war es Sanna da vor ihm, vielleicht aber auch nicht. Wer auch immer in diesem Stuhl hockte, sollte sich besser wünschen, schnell auf eine weit entfernte Welt zu gelangen, die ausschließlich von Lichtwesen bevölkert wurde.

Auch dort wirst du nicht sicher sein. Wenn ich dich in die Finger bekomme, werde ich dich so lange mit Kieselsteinen bewerfen, bis dir die Haut in Fetzen vom Körper hängt. Und dann tauche ich deinen geschundenen Leib in Salzwasser und lasse ihn bei sengender Hitze wieder trocknen. Wenn du danach noch Lust verspürst, mit mir zu reden, kannst du das, über einem Haufen glühender Kohlen hängend, gerne tun.

»Sag mir, wer du bist und was du von mir willst.«

»Endlich scheint unser Gespräch in die richtigen Bahnen zu wandern«, verkündete der Unbekannte. »Deine erste Frage zu beantworten fällt mir leicht. Wahrscheinlich leichter, als du sie verdauen wirst. In deinen stillen Gesprächen zu mir nanntest du mich bisher immer Amez oder Vater.«

Jetzt war es an Baazlabeth, einen unangenehm großen Kloß hinunterzuschlucken. Die gallertartige Masse in seinem Rachen schien aus einer Mischung aus Hass und Belustigung zu bestehen. Hass gegenüber jemandem, der sich anmaßte zu behaupten, ein Gott zu sein, und Belustigung wegen des Körpers und der Stimme, die er gewählt hatte, um ihn, einen Dämon, von dieser Behauptung zu überzeugen.

Das mit den Kieselsteinen, dem Salzwasser und der Sonne muss ich vergessen. Das geht viel zu schnell und bereitet bei Weitem nicht genügend Schmerzen. Mir muss etwas einfallen, was lange dauert und verdammt wehtut.

»Nun hör mal zu, du Sprachgenie im Schankwirtskostüm«, stöhnte Baazlabeth. »Ich weiß zwar nicht, wer dir erzählt hat, dass ich vollkommen verblödet bin, doch glaube mir, wenn ich dir sage, er ist so gut wie tot. Hattest du gedacht, nur weil ich momentan gerade nicht auf der Höhe bin, würde ich dir abkaufen, dass du Amez bist? Wenn der Herr des Chaos eine Welt betritt, dann sicherlich nicht in der Gestalt eines Sterblichen und erst recht nicht mit der Stimme eines heiseren Kindes. Amez hat es nicht nötig, seine wahre Identität zu verleugnen. Wenn er aus seinem Reich herabsteigt, dann als der Krieger, der er ist. Die Sonne würde sich verdunkeln und alles niedere Leben unter seinem Blick vergehen.«

Jetzt blickte Dumpf, wie er es immer tat, wenn er Schwierigkeiten hatte, dem Gespräch zu folgen. Der Kopf stellte sich schräg, und die Augen starrten ins Leere. Fehlte nur noch, dass er sabberte, doch dafür hatte die Nase wieder angefangen zu bluten.

Baazlabeth nutzte die Zeit, um sich etwas umzusehen. Leider war er immer noch bewegungsunfähig. Er schaffte es lediglich, den Kopf hin und her zu bewegen. Dabei fiel ihm jedoch der Schwertgriff auf, der aus seiner Brust ragte. Und etwas weiter unten die Klingenspitze, die sich von hinten durch seine Bauchdecke gebohrt hatte.

Er hat es noch nicht einmal für nötig befunden, mir die Klingen aus dem Körper zu ziehen. Was mag er nur vorhaben? Vielleicht will er wissen, was ich plane, um die Prophezeiung zu erfüllen. Ich muss ihn irgendwie dazu bringen, mich von diesem ramponierten Körper zu befreien. In meinem eigenen Körper wird es leichter sein, ihm zu zeigen, dass ein Horde keinen Plan braucht, um eine Welt dem Untergang zu weihen.

Mit jedem Augenblick des Schweigens, der verstrich, wurde Igniphascellanius zusehends unruhiger. Mit einem für ihn gewagten Sprung verließ er den durch Verrat erkauften Platz bei seinem neuen Herrn. Wenig grazil und mit auf dem Boden schleifendem Bauchfell tapste er zu seinem alten Herrn hinüber. Der katzengleiche Homunkulus stellte die Vorderpfoten auf den Bettrahmen und hauchte Baazlabeth seinen fischigen Atem ins Gesicht.

»Herr, Ihr tätet besser daran, ihm zu glauben. Es ist, wie er sagt. Er ist Amez, und er ist extra aus seinem Reich gekommen, um mit Euch zu sprechen.«

Baazlabeth spürte die Übelkeit in sich hochkriechen. Ob es an den verräterischen Worten seines Dieners oder aber an dem unerträglichen Fischgestank lag, vermochte er nicht zu sagen. Wahrscheinlich an beidem.

»Du widerliches, undankbares Stück Erbrochenes. Ich habe dich in diese Welt geholt und dir eine Daseinsberechtigung gegeben. Durch mich hat dein Leben erst einen Sinn bekommen. Und wie dankst du es mir? Du wirfst dich jedem Verräter an den Hals wie eine billige Hure. Zuerst war es Lilith und jetzt dieser – wer weiß was.«

»Es ist Amez, Herr, bitte glaubt mir«, wiederholte Igniphascellanius flehend.

Hasserfüllt spuckte Baazlabeth seinem Diener ins Gesicht. Zähflüssig hing der Speichel an den langen, wippenden Schnurrhaaren. Er hätte sonst was dafür gegeben, wenn es statt Rotz Säure gewesen wäre, doch um seine Missbilligung zu zeigen, schien es zu reichen. Der Homunkulus saß wie gebannt da, die Augen weit aufgerissen. Der Speichel verklebte drei Barthaare miteinander, sammelte sich zu einem Klumpen und stürzte schließlich, nachdem er einen fingerlangen Faden hinter sich hergezogen hatte, zu Boden. Igniphascellanius schien wie gelähmt – etwas zu lange für Baazlabeths Geschmack.

Plötzlich war es totenstill in der kleinen Kammer geworden. Auch die Geräusche von der Straße schienen abrupt geendet zu haben. Baazlabeth schielte zum geöffneten Fenster hinüber. Von der Kälte, die von draußen hereinkommen musste, spürte er genauso wenig wie von den beiden Klingen, die in seinem Körper steckten. Der Himmel verfinsterte sich zusehends. Einen Augenblick lang dachte Baazlabeth, es wäre lediglich eine Wolkenfront, die sich vor die Sonne geschoben hatte, doch dann war es schlagartig finstere Nacht. Nicht ein einziger Stern zeigte sich am Himmel, und auch auf den Straßen und in den Häusern wurden keine Lichter entzündet. Es war, als würde die Zeit stillstehen und als hätte das Licht die Welt vergessen. Dank seiner visuellen Fähigkeiten gelang es Baazlabeth, sich dennoch zu orientieren. Er sah die Umrisse der Möbel, der Tür und von dem Fenster, und er sah seinen Diener, der immer noch vor ihm hockte, sowie die Gestalt, die auf dem Stuhl vor ihm saß. Alles schien erstarrt.

»Ich habe mir schon gedacht, dass deine Arroganz meine Gegenwart leugnen würde«, sagte jemand.

Die Stimme kam immer noch aus dem Körper von Dumpf, doch dieses Mal von weiter unten. Dröhnend und Ehrfurcht gebietend, erfüllte sie den ganzen Raum und hallte zum Fenster hinaus, dass sie zweifelsohne meilenweit zu hören war. Jede Silbe schien das Mobiliar vibrieren zu lassen. Und jedes Wort verursachte ein leichtes Beben der Erde. Risse bildeten sich zwischen den Dielenbrettern auf dem Boden der Kammer, und Licht strömte von unten herauf.

»Ich hatte gehofft, mit dir einen Streiter zu finden, dem es leichtfallen würde, meine Belange in der Welt der Sterblichen durchzusetzen. Doch wie es scheint, ist die Erinnerung an mich zu weit verblasst, als das du mir nützlich sein könntest. Du stehst dir selbst mehr im Wege, als es jede Prophezeiung oder jeder Gegner je tun könnte. Du verlangst nach einem Beweis für meine Identität? Den sollst du bekommen.«

Die Risse im Boden wurden breiter. Immer mehr Licht drang in die dunkle Kammer. Schließlich stürzten die ersten Bretter in die Tiefe und gaben die Sicht auf einen tiefen Schlund frei, an dessen Grund sich ein Lavafluss zwischen riesigen Felsen hindurchschlängelte. Die aufsteigende Hitze entzündete die hinabstürzenden Bretter bereits auf halbem Wege in die Tiefe. Beißender Qualm erfüllte den Raum und nahm Baazlabeth die Luft zum Atmen.

»Ist es das, was du als Zeichen eines Gottes akzeptierst?«, dröhnte die Stimme aus Dumpf heraus.

Baazlabeth musste zugeben, dass dieser Auftritt seiner Vorstellung eines Gottes schon näher kam. Von jemandem, der behauptete, sein Vater zu sein, hatte er sich zwar etwas mehr versprochen, doch für den Anfang und als ersten Beweis war es ganz akzeptabel.

Gut, das mit dem »jämmerlichen Auftritt« nehme ich zurück, doch Blasphemie bleibt es trotzdem. Mein Vater hätte gewusst, dass man einen Horden nicht mit ein paar Illusionszaubern beeindrucken kann. Schließlich habe ich Dinge gesehen, bei denen anderen Geschöpfen das Blut in den Adern gefroren wäre.

»Ich bin tief beeindruckt«, keuchte Baazlabeth. »Es ist Monate her, dass mich etwas so gut unterhalten hat. Vielleicht mit Ausnahme meiner eigenen Vorstellung im Tempel der Väter, als ich es fast geschafft habe, die Inquisition des Lichtes vom Antlitz dieser Welt zu fegen. Naja, wenn ich ehrlich bin, war der Kampf mit den Stadtwachen in der Kanalisation auch nicht ganz ohne. Ach ja, beinahe hätte ich meinen Auftritt an der Stadtmauer vergessen, wo ich mich sechstausend Kriegern des Königs gestellt und sie das Fürchten gelehrt habe. Ganz zu schweigen von all den Intrigen, die ich während meiner kurzen Anwesenheit in Brisenburg geschmiedet habe. Oh, unbedingt erwähnen sollte ich auch noch den Kampf mit den Grauwargen, das hättest du …«

»Halt den Mund, du undankbares Stück Lehmklumpen!«, brüllte der vermeintliche Gott.

Die Vase mit den Blumen kippte von der Fensterbank, und am Rand des Abgrunds lösten sich weitere Dielenbretter aus dem Boden und stürzten in die Tiefe. Das Loch reichte fast bis an Baazlabeths Bett heran, noch zwei Hand breit trennten die Hinterläufe von Igniphascellanius von der Lavagrube.

Die Gestalt sprang von Stuhl auf. Dumpfs Körper wirkte irgendwie verzerrt und wie ein zu groß geratenes Schattenspiel. Ein Paar weiterer Arme bohrte sich aus dem Unterleib und betastete unbeholfen den Körperpart über sich. Auf Höhe des Herzens presste sich von innen ein Gesicht durch die Brust, doch es gelang ihm nicht, die Haut zu durchstoßen. Es schien nach Luft zu ringen und zu schreien. Langsam wanderte es nach unten und sah dabei aus wie jemand, der sich unter einem dünnen Seidenstoff bewegt. Das zweite Paar Arme ertastete das Gesicht und schob es quer über den Unterleib bis hin zum Rücken.

»Von den Sterblichen bin ich es gewohnt, dass sie ständig einen Beweis meiner Existenz fordern und in ihren Gebeten verlangen, etwas über den Sinn zu erfahren, doch dass ich mir dieselbe Schmach auch von meinem eigenen Sohn gefallen lassen muss, ist eines Gottes unwürdig.«

Feine Flammensäulen züngelten aus der Tiefe herauf und endeten in dünnen Rauchfäden. Der Qualm schien sich irgendwie zusammenzuziehen und zu verdichten. Mit einem Mal formte sich eine gebogene Brücke zu Füßen des Wirtes, die stetig weiter über den Abgrund wuchs und innerhalb weniger Augenblicke auf Baazlabeths Seite angelangt war. Mit wenigen Schritten war die Gestalt heran. Wutschnaubend stand sie vor Baazlabeth und beugte sich über ihn.

Jetzt hab ich dich. Du dachtest wohl, du hast leichtes Spiel mit mir. Um einen Schattenlord wie mich ins Licht zu führen, bedarf es mehr als einiger gleißender Illusionen. Bring zu Ende, was du begonnen hast, und ich gestatte dir, mich Vater zu nennen.

Die beiden neu herausgewachsenen Arme tasten Baazlabeth ab, wie es ein Blinder täte, der versuchte, sich über die Berührung ein Bild von ihm zu machen. Er spürte die Hände in seinem Gesicht und am Hals, doch sobald sie tiefer wanderten, war jegliches Gefühl verschwunden. Die Hände erreichten die beiden Kurzschwerter, die in ihm steckten, und ertasteten Zoll für Zoll der blutigen Klingen. Plötzlich packten sie zu und umklammerten die blutverkrusteten Griffe. Mit einem Ruck rissen sie die Klingen aus seinem Körper und hielten sie ausgestreckt über ihn. Baazlabeth spürte immer noch keinen Schmerz, doch sein Körper war nicht tot. Blut quoll aus den Wunden hervor und färbte das Laken, auf dem er lag, rot.

»Du verlangst, dass ich mich dir zu erkennen gebe?«, flüsterte Baazlabeths Peiniger ihm ins Ohr. »Mach dich darauf gefasst, eine Lektion zu erhalten, wie sie nur ein Vater seinem Sohn erteilen kann. Wie jede neue Erfahrung wird sie äußerst schmerzhaft sein.«

Baazlabeth konnte es kaum erwarten. Jedoch ging er davon aus, dass er es war, der dem Fremden eine Lektion erteilen würde.

»Mach schon, du Missgeburt«, flüsterte Baazlabeth ihm zu, als er merkte, dass sein Körper zunehmend schwächer wurde.

Der Fremde riss Baazlabeth das Hemd vom Leib. Mit langen Fingern bahnte er sich einen Weg zu den Wundrändern der Durchstiche in Bauch und Brust und schob sie bis zu den Knöcheln hinein.

»Reiß es mir heraus, das Leben, das ich so verabscheue«, stöhnte Baazlabeth benommen.

Schmerzen spürte er keine.

Die unheilvolle Gestalt presste die Hände weiter in die Wunden, so tief, dass sie bis zu den Handgelenken im Körper verschwanden. Nach und nach bahnten sie sich ihren Weg durch Baazlabeths Innereien.

»Hab ich es mir doch gedacht«, verkündete der Fremde lustvoll. »Die eine Klinge hat dein Rückgrat durchtrennt und die andere Leber und Eingeweide. Du bist nicht mehr als ein Kadaver, der Glück hatte, noch nicht so lange an der Sonne gelegen zu haben, dass er stinkt. Ich könnte dich hier liegenlassen und zusehen, wie du stirbst. Oder dir einfach das Herz herausreißen, während es den letzten Schlag in meiner Faust tut. Beides würde nicht länger dauern, als einen Kelch Hauswein zu leeren.

Dann lass mich nicht länger warten, denn ich bin durstig.

»Hattest du es dir das Sterben so vorgestellt?«, hauchte der Fremde ihm ins Ohr. »Oder ist es diese Art von Leben, die du so sehnsüchtig erwartest?«

Ein feuriger Schmerz durchströmte Baazlabeths Körper. Er hatte das Gefühl, seine Knochen seien aus glühendem Metall und würden seinen Körper von innen heraus verbrennen. Er spürte, wie sich die Hand des Fremden um sein Rückgrat legte und auf die Knochen drückte. Aber es war nicht die Wirbelsäule von Sil, dem Menschen, sondern die von Baazlabeth, dem Horden. Der Fremde presste die andere Hand noch tiefer in den Brustkorb hinein und schloss die langen, grazilen Finger um das Herz des Dämons.

»Fühlst du das, Baazlabeth? Spürst du die Nähe deines Vaters. Wir sind vom gleichen Blut. Nur ich kenne den Namen deiner Geburt. Komm zu mir, Bazum Aznar Latech Benez Thurum – Erster Sohn des Schattens, Blut von Amez.«

Baazlabeth konnte nicht anders, als zu schreien. Der Schmerz, der ihn durchfuhr, war nicht von dieser Welt, genauso wenig wie die Worte aus den Tagen der Anfänge, die sich in seiner Erinnerung formten.

Niemand kennt deinen wahren Namen, nur der, der dich aus Finsternis formte. Wenn du ihn hörst, weißt du, dass ich es bin, der zu dir spricht. Ich bin Amez, Herr der Schatten, und nur mir sollst du dienen oder im Lichte verdorren.

Baazlabeths Sinne schwanden, die des Menschen wie auch die seines dämonischen Wesens.

Baazlabeth riss die Augen auf. Er fühlte sich wie aus einem Traum herausgerissen. Die Schmerzen waren verschwunden, aber das Gefühl, dass eine fremde Hand sein Herz umklammerte, war immer noch da. Keuchend, aber mit neu erwachter Kraft sprang er im Bett hoch.

Nie zuvor hatte jemand seinen wahren Namen ausgesprochen. Nicht einmal er selbst hatte es in den tausend Jahren gewagt. Der Name eines Dämons war wie ein Siegel, das niemand brechen durfte. Tief in ihm verborgen lag er – schlummernd und für keinen zugänglich. Man sagte, das Letzte, was ein abtrünniger Dämon hörte, bevor er zu seinem Schöpfer gerufen wurde, um für alle Ewigkeit ausgelöscht zu werden, war sein Geburtsname.

Nur beiläufig stellte Baazlabeth fest, dass er immer noch in seiner menschlichen Hülle steckte. Die Wunden hatten sich geschlossen, und selbst seine Kleidung war wieder in einem tadellosen Zustand. Von den ganzen Geschehnissen im *Einsamen Wanderer* war nichts übrig geblieben. Nur das Gefühl, etwas von dem Fremden in sich behalten zu haben.

Er ist kein Fremder. Er ist ...

Baazlabeth traute sich nicht einmal, es in Gedanken auszusprechen. In tausend Jahren hatte er nie zu ihm gesprochen. Deutlich hatte er gespürt, dass sein Vater existierte, doch einen Beweis hatte es nie gegeben. Das Wissen um ihn war jederzeit existent und unanfechtbar. Die Söhne der ersten Stunde brauchten keine Beweise. Er war wie das Zimmer nebenan. Man saß in seinem eigenen Raum und sah zur Tür, und man wusste genau, dass hinter der Tür ein weiteres Zimmer lag. Man wusste nicht, wie es aussah, wie groß es war oder wie eingerichtet, aber man wusste, das es da war – auch ohne die Tür geöffnet zu haben. Es war am besten, sich einfach damit abzufinden. Baazlabeth aber hatte geklopft, und Amez hatte geöffnet. Früher hatte er sich genau dies gewünscht, wenn auch unter anderen Umständen.

Vorsichtig tastete sich sein Blick vorwärts. Die Angst davor, abermals seinem Vater in die Augen sehen zu müssen, unterlag der Neugier. Er saß immer noch in Rubys Zimmer. Diesiges Sonnenlicht fiel durch die halb geöffneten Fensterläden. Der Fußboden war wieder hergerichtet, nur die umgestürzte Blumenvase erinnerte noch an die Geschehnisse von zuvor. Igniphascellanius war von der Bettkante verschwunden, aber irgendwo im Hintergrund hörte man sein wonniges Schnurren.

»Ist zwischen uns jetzt alles in Ordnung?«

Es war wieder die quiekende, krächzende Stimme, die zu Baazlabeth sprach, doch dieses Mal stellte er sie nicht mehr in Frage. Einen weiteren Beweis für die Gegenwart seines Vaters einzufordern würde einem Verrat gleichkommen.

Zögerlich sah Baazlabeth auf. Es war äußerst befremdlich, mit einem Gott zu reden, der auf einem unbequemen Holzstuhl saß, aussah wie ein schmieriger Schankwirt und eine übergewichtige Katze kraulte.

»Ich entschuldige mich für das Misstrauen, mein Fürst. Es lag nicht in meiner Absicht, Eure Macht anzuzweifeln.«

Baazlabeth war sich halbwegs sicher, die Worte wohl gewählt zu haben. In den vergangenen tausend Jahren hatte er nichts Vergleichbares von sich gegeben und würde es wahrscheinlich auch nie wieder tun. Amez schien jedoch wenig Gefallen daran zu finden.

»Ist es das, was ich dir beigebracht habe?«, brüllte er Baazlabeth an, was so gar nicht zur Gestalt von Dumpf passte. »Du sprichst in Demut und Untertänigkeit. Von einem Kriegerdämon hätte ich ein etwas weniger hündisches Verhalten erwartet. Ich bin deine Familie, also sprich mit mir wie mit jemandem, dessen Haus du teilst und aus dessen Glas du trinkst. Ein Sohn Amez' verbeugt sich vor niemanden und zollt auch niemandem Respekt. Nenne mich Vater oder Amez, aber wage es nicht noch einmal, mir den Titel eines adligen Lehnsherrn zu geben, es sei denn, du willst, dass ich dich behandle wie einen Vasallen. Möchtest du das?«

Momentan war es Baazlabeth vollkommen egal, wie er behandelt wurde. Er hoffte lediglich, dass sein erstes Zusammentreffen mit seinem Vater möglichst schnell beendet sein würde. Es gab nichts Schlimmeres als ein Gespräch, das miserabel begonnen hatte. Bislang neigte er dazu, ein rhetorisches Debakel mit faustgroßen Platzwunden wettzumachen. Im Anbetracht seines Gesprächspartners schien sich diese Lösung allerdings nicht anzubieten. Ihm blieb nichts anderes übrig, als auszuharren und sich bestmöglich zu verkaufen.

»Nein, Vater.«

Es waren nur zwei Worte, aber sie waren schwerer zu ertragen als eine Niederlage im Kampf, insbesondere als er bemerkte, wie Igniphascellanius seinen Kopf mit einem triumphierenden Grinsen auf Amez' Knie bettete.

Sonne dich ruhig in seinem Glanz, du Klettenfänger! Bald wird er verschwunden sein, und die ersten Wolken ziehen bereits am Horizont auf – dunkle Wolken.

»Das ist gut«, quietschte Amez. »Ich sehe schon, wir werden uns prächtig verstehen. Erzähle mir, wie es dir auf dieser Welt der Sterblichen gefällt.«

Baazlabeth wurde das Gefühl nicht los, dass dies eine Fangfrage war. Um nicht erneut ins Fettnäpfchen zu treten, beschloss er, kurz und bündig zu antworten – fragte sich nur, wie.

Sage ich jetzt, dass ich es hasse, hier zu sein, wird er denken, ich bin der Aufgabe nicht gewachsen. Sage ich, dass es mir gut gefällt, glaubt er viel-

leicht, ich hätte unseren fehlenden Einfluss auf dieser Welt nicht erkannt. Mir muss etwas weniger Unverfängliches einfallen.

»Ich komme zurecht, Vater«, antwortete Baazlabeth gezwungen selbstsicher.

»Ah, das hört man gern. Und wie sieht es mit den Menschen aus und diesen kleinen Halbwüchsigen – wie heißen sie noch?«

»Dverga.«

»Richtig, diesen Dverga. Wie kommst du mit ihnen zurecht.«

Kaum hat man eine Hürde überwunden, steht man schon vor der nächsten. Was interessiert ihn dieses versklavte Volk, das gezwungen ist, in der Kanalisation zu hausen.

»Ich tue, was nötig ist, damit sie dir Respekt zollen.«

»Ganz, ganz, ganz herrlich!«, jubelte Amez und klatschte dabei wie ein Kind vor Begeisterung in die Hände, was das Zusammenspiel von Gott, Schankwirt und Kleinkind noch lächerlicher wirken ließ. »Und, sagen dir Sementis und die sieben Sünden etwas?«

Das ist ganz sicher eine Fangfrage. Am besten ich schinde Zeit.

»Du meinst die Prophezeiung?«

»Richtig! Erzähl mir, welche Fortschritte du diesbezüglich gemacht hast.«

Darf man einen Gott anlügen? Oder besser gesagt: Kann man einen Gott anlügen?

»Es gestaltet sich schwierig, Vater«, gestand Baazlabeth. »Doch ich werde nicht ruhen, bis ich den letzten Menschen und den letzten Dverga für dich vom Antlitz dieser Welt gefegt habe. Ich werde dich nicht enttäuschen.«

Amez saß ganz entspannt auf dem Stuhl, kraulte Igniphascellanius den Dritten hinterm Ohr und setzte ein Gesicht auf, wie Dumpf es nicht besser hätte machen können.

»Oh!«

Baazlabeth kannte seinen Vater erst wenige Minuten, doch dieses »Ah« und »Oh« bereitete ihm schon jetzt körperliche Schmerzen. Er tröstete sich damit, dass Amez, genau wie er, auch nur in einer menschlichen Hülle steckte und deshalb vielleicht etwas von seinem Glanz eingebüßt hatte.

»Ich sehe schon, du gibst dir alle Mühe, es deinem Herrn recht zu machen.«

»Natürlich, Vater«, antwortete Baazlabeth hastig. »Immerhin bin ich ein Kind …«

»Genau das bist du, du vollkommen verblödeter Muskelprotz!«, schrie Amez und sprang von seinem Stuhl auf. »Hättest du eine Mutter, würde ich sie ab sofort für deine missratene Art hassen.«

Igniphascellanius klammerte sich immer noch an Amez' Bein und versuchte verzweifelt, an der Hose Halt zu finden, indem er seine nadelspitzen Klauen tief in den Stoff trieb – in den Stoff und tiefer.

Wie aus dem Nichts entwuchs abermals ein Arm dem Bereich um die Hüfte des Gottes. Mit einem Griff hatte dieser den Homunkulus am Hals gepackt und hielt ihn ausgestreckt vor sich. Entweder hatte der Schock den Diener getötet, oder er stellte sich tot, um Schlimmeres abzuwenden.

»Du bist ein Dämon mit dem Verstand eines Kindes. Wärest du geboren worden wie alles andere Leben auf dieser Welt, würde ich dich persönlich in den Leib deiner Mutter zurückstopfen und darauf warten, dass du nur noch als Flatulenz zurück auf diese Welt gelangtest.«

Er scheint nicht sonderlich erfreut zu sein über meine Fortschritte. Vielleicht denkt er, ich habe etwas verkehrt gemacht.

»Was glaubst du Schwachkopf, würde mir eine Welt bringen, auf der kein Leben mehr existiert? Findest du, das hört sich irgendwie verheißungsvoll für einen Gott an? Auf einen Klumpen Lehm zu schauen, der durchs Nichts schwebt? Ich bin der Gott des Chaos, Herr der Schatten. Chaos bedeutet Durcheinander, Unordnung und Unvorhersehbarkeit. Findest du, das trifft auf einen toten Klumpen Lehm zu? Und wer denkst du, bitte schön, soll einen Schatten werfen, wenn niemand mehr da ist. Schatten existieren nur, wenn Licht auf etwas fällt. Ich habe dir bestimmt nicht befohlen, jeden hier zu töten und alles zu zerstören. Alles, was ich will, ist das Gleichgewicht erhalten, damit ich zu meinem Recht komme. Bist du in der Lage, das in deinen fetten Schädel hineinzubekommen und wenigstens für die nächsten tausend Jahre nicht wieder zu vergessen? Wenn nicht, wirst du den Rest deines jämmerlichen Lebens hier auf dieser Welt bleiben. Wollen wir doch mal sehen, wie gut es dir gefällt, wenn niemand mehr hier ist.«

Ein klitzekleines bisschen ergab das auch für Baazlabeth einen

Sinn. Leider entsprach das alles so gar nicht seinen Vorstellungen. Hatte bislang immer noch die Aussicht bestanden, alles in einer großen Schlacht zu beenden und zu guter Letzt allein auf einem Haufen Kadaver zu stehen und den Sieg über die Sterblichen zu feiern, klang der neue Weg eher nach einer Art billigem Kompromiss.

»Aber die Prophezeiung ...«, setzte Baazlabeth an, doch Amez fiel ihm sogleich ins Wort.

»Ah, genau, die Prophezeiung. Diese verflixten Dinger haben es wirklich in sich, versteht du? Prophezeiungen sind ein wenig wie Pflanzen. Zu Anfang ahnt noch keiner etwas von ihnen, weil sie unter der Erde schlummern. Dann bohren sie sich ganz vorsichtig und behutsam durch die oberste Kruste. Wenn jemand auf sie drauftritt, zum Beispiel ein ungehobelter und verblödeter Trottel mit Hörnern auf dem Kopf und Hufen anstatt Füßen, sind sie kaputt. Falls sie die Zeit als erster, zarter Spross aber überstehen, wachsen sie nach und nach heran. Natürlich besteht immer noch die Möglichkeit, dass dieser ungehobelte und verblödete Trottel – du weiß schon, wen ich meine –, alles kaputtmacht, doch es ist nicht mehr ganz so leicht. Die Pflanze wird größer. Aber niemand weiß, wie sie zum Schluss aussehen wird. Es gibt tausend Faktoren, die ihr Leben bestimmen. Bekommt sie wenig Wasser, bleibt sie klein und knorrig. Stürmt es oft, wird sie einen festen Stamm und tiefe Wurzeln bilden. Bekommt sie viel Licht, bleibt sie dicht am Boden und wird vielleicht eines Tages sogar einmal blühen. Alles natürlich unter der Voraussetzung, das dieser ungehobelte und verblödete Trottel – muss ich näher darauf eingehen? Nein? Gut – nicht alles kaputtmacht. Verstehst du, was ich dir sagen will?«

Jetzt lag es an Baazlabeth, wie Dumpf zu schauen. Immerhin ging es ihm noch besser als seinem Diener, der weiterhin am ausgestreckten Arm hing und sich nicht rührte.

»Die Prophezeiung ist wie eine Pflanze, und ich bin ein ungehobelter und verblödeter Trottel«, brachte Baazlabeth die Sache auf den Punkt.

»Aus dir kann noch etwas werden«, verkündete Amez glücklich.

»Die Prophezeiung spricht aber eindeutig von einer letzten Schlacht, die zwischen den Sünden und den Tugenden in dieser Stadt ausgetragen werden soll«, warf Baazlabeth ein, um wenigstens etwas Schuld von sich zu weisen.

Amez sah ein klein wenig aus, als hätte Baazlabeth ihn gefragt, wer er denn sei, dass er so mit ihm spräche.

»Pass gut auf, Söhnchen«, krächzte er. »Ich habe mich durch ein halbes Dutzend Körper quälen müssen, um endlich mit dir sprechen zu können. Die Hüllen von Sterblichen taugen wenig, um einen Gott zu beherbergen. Entweder platzen ihnen die Köpfe, oder sie laufen aus wie löchrige Eimer. Dieser hier war mein letzter Versuch, und dabei wird es auch bleiben. Ich erkläre es dir also nur noch ein einziges Mal, und du tätest gut daran zu begreifen, was ich dir mitzuteilen habe. Das hier ist also dein Hordenbonus. Prophezeiungen wurden geschrieben, bevor die Welten existierten. Sie dienen nur einem einzigen Zweck: Sie sollen das Gleichgewicht erhalten.

Um es etwas bildhafter auszudrücken: Sie sind wie ein Beutel, der auf einer Waagschale liegt. Auf der einen Seite der Waagschale befindet sich die Ordnung, auf der anderen das Chaos. Wiegt eine der Seiten mehr, neigt sich die Schale. Stößt sie auf dem Boden auf, geht die Welt zugrunde. Der Beutel ist nun dafür gedacht, immer das Ungleichgewicht auszugleichen. Mal liegt er auf der einen, mal auf der anderen Seite. Mal ist er mehr, mal weniger gefüllt. Er sieht immer anders aus, doch es ist dennoch immer derselbe Beutel. Um zu erkennen, wie weit man den Beutel füllen muss, damit er das Gleichgewicht wieder herstellt, muss man jede Seite genau betrachten und abwägen, womit man ihn füllt.«

Baazlabeth hätte gut einen Schluck Wein vertragen können. Bilderrätsel lagen ihm gar nicht. Er hatte seit jeher ein Schwert einem Pinsel vorgezogen.

»Der Beutel ist die Prophezeiung«, überlegte er halblaut. »Hineingesteckt hat man mich und sechs meiner Brüder und Schwestern sowie sieben Lichtgestalten. Es liegt nun an uns zu entscheiden, wer übrig bleibt und wer nicht, um das richtige Maß für das Gleichgewicht zu finden.«

Amez nickte zufrieden und ließ sich wieder auf dem Stuhl hinter sich nieder. Der dritte Arm, der aus seinem Körper ragte, ließ den Homunkulus zu Boden fallen und verschwand wieder dorthin, von wo er gekommen war.

Igniphascellanius stand katzbuckelnd da und versuchte, etwas herauszuwürgen. Nach einem Augenblick bekam er jedoch auch so wieder Luft und gab seine Würgeversuche auf. Dann sackte er erschöpft zusammen und streckte alle viere von sich.

»Es hätte alles so einfach sein können«, sagte Amez, nachdem er dem Homunkulus eine Weile fasziniert zugesehen hatte. »Leider hast du es schon während deiner ersten Tage in Brisenburg versaut, und je länger du daran gearbeitet hast, desto schlimmer wurde es. Dein Hochmut und deine Arroganz haben dich schwerwiegende Fehler machen lassen, die einem Horden nicht hätten unterlaufen dürfen. Vielleicht warst du auch zu lange unter Menschen und hast dir ihre Gewohnheiten so weit zu eigen gemacht, dass du Sympathie für sie empfindest. Ist es so?«

So nett die Worte auch verpackt waren, und so viel Verständnis in der Stimme von Amez' mitschwang, jeder andere hätte sie mit dem Tod gebüßt. Baazlabeth empfand es schon als haarsträubend, dass Hochmut und Arroganz als Gründe für seinen kleinen Schnitzer anführt wurden, doch ihm zu unterstellen, Sympathie für die Sterblichen zu empfinden, war ungeheuerlich.

Ein Horde soll irgendwelche Gefühle für Menschen empfinden? Lächerlich! Das einzige Gefühl, das sich bei mir regt, wenn ich diese niederen Kreaturen sehe, ist Hunger, sonst nichts. Vater, du scheinst mich genauso wenig zu kennen wie ich dich.

»Nein, Vater, ich habe lediglich versucht, alles richtig zu machen. Als ich diese Welt betrat, wusste ich nichts von der Prophezeiung. Nemrothar, ein alter Magier, hat mich in diese Welt befohlen und mich vor eine mehr als unwürdige Aufgabe gestellt. Erst später fand ich heraus, dass meine Aufgabe einem höheren Zeck diente. Nach und nach versammelte ich die anderen Sünden um mich und erklärte ihnen ...«

Amez hob ablehnend die Hand und gebot Baazlabeth, still zu sein.

»Verwechsle mich bitte nicht mit einem Gnom, der in seinem Erdloch sitzt und nichts von dem ahnt, was um ihn herum passiert. Ich bin stets genauestens über deine Aktivitäten informiert gewesen und musste mit Entsetzen feststellen, dass du niemanden versammelt, geschweige denn instruiert hast. Im Gegenteil: Alle anderen haben versucht, dich mit der Nase darauf zu stoßen, doch was hast du gemacht? Du hast ihnen dieselben gebrochen – im besten Fall. Versuch also nicht, mir weiszumachen, dass jemand anders dich von der Erfüllung der Prophezeiung abgehalten hat. Du hast es versaut, und du wirst es wieder richten müssen, nachdem ich die ersten Trümmer deiner Selbstgefälligkeit beiseitegeschoben habe. Sept und ich haben beschlossen, dir eine weitere Chance zu geben. Verpatz es nicht wieder, denn wenn ich das nächste Mal gezwungen bin, wegen dir diese Welt zu betreten, endest du als Lavendelstrauch auf einer Feenwiese.«

Es waren kleine, fette Putten, keine Feen.

Baazlabeth lagen tausend Fragen auf der Zunge. Er war sich immer noch nicht sicher, ob er die Prophezeiung richtig verstanden hatte und ob er ihre Zeichen erkennen würde. Und schon gar nicht, ob das Ergebnis ihrer Erfüllung mit seinen Vorstellungen übereinstimmte. Und was hatte er eigentlich genau falsch gemacht? Wie sollte er es künftig anders angehen?

Er kannte seinen Vater gerade mal eine Stunde persönlich, doch schon jetzt konnte er mit Gewissheit sagen, dass Amez wenig Verständnis aufbringen würde, sollte sein Sohn sich immer noch unsicher zeigen. Baazlabeth nahm sich vor, selbst herauszufinden, was es zu tun galt. Sein Vater sollte sehen, dass er nicht nur ein großartiger, unvergleichbarer und unbezwingbarer Kämpfer war, sondern auch ein Meister des Kalküls. Jetzt, wo er wusste, dass die Prophezeiung tatsächlich existierte und dass Amez an ihrer Erfüllung mehr als nur Gefallen fände, stellte sich für ihn nicht mehr die Frage nach dem *Wie*, sondern nur noch nach dem *Wann*.

Ich bin ein Horde, ein Sohn der ersten Stunde. Prophezeiungen sind für mich nicht mehr als eine bereits geschriebene Seite in einem Tagebuch. Die Erfüllung von Sementis? Pah, nichts leichter als das.

Sich selbst Mut zuzusprechen gehörte eigentlich nicht zu den Dingen, die ein Dämon üblicherweise so tat. Doch trotz der fehlenden Übung schien es erstaunlich gut zu funktionieren. Die meisten offenen Fragen waren wie verflogen, und Baazlabeth wurde von neuem Tatendrang überspült. Eine Frage blieb jedoch wie eingebrannt in seinem Kopf, und er wusste, dass – wenn er sie nicht jetzt stellte – sie ihn für ewig verfolgen würde.

»Vater, du hast gesagt, du habest mit Sept gesprochen. War das dein Ernst?«

»Warum nicht, immerhin ist er mein Bruder?«, antwortete Amez mit einer Selbstverständlichkeit, die darauf schließen ließ, dass ihm diese Frage schon öfter gestellt worden war.

Baazlabeth hatte diese oder eine ähnliche Antwort befürchtet. All sein Wissen über die Götter und die Erschaffung der Welten sowie die Rolle von Dämonen, Engeln und Sterblichen innerhalb der Schöpfung stand mit einem Mal auf wackligen Beinen. Tausend Jahre und mehr war er davon ausgegangen, dass Sept und Amez Erzfeinde waren und sich bis aufs Blut bekriegten. Alles, wofür er je gekämpft hatte, bekam plötzlich einen faden Beigeschmack, einen lauwarmen Anstrich, einen lavendelartigen Geruch ... kurzum: Etwas von Kompromissbereitschaft und Verständnis. Hatten sich Licht und Finsternis verbündet zu Grau, zu einem Dämmerzustand? Aber das Allerschlimmste an diesem Gedanken war: Wenn Amez Sept als seinen Bruder bezeichnete, hieße das für Baazlabeth, dass er Sept als seinen Onkel ansehen musste? Eine grauenhafte Vorstellung, wobei auch der Gedanke auf schwarze Schafe in der Familie nur wenig Trost spendete. Aber auch dieser Vergleich hinkte, da Sept eher das leuchtende Schaf der Familie war.

»Wie ist er so?«, fragte er knapp, um sich seinen Ekel nicht anmerken zu lassen.

»Wer, Sept? Was soll ich sagen – nett, meine ich.«

Wusste ich es doch. Nett ist der kleine Bruder von Dämlich.

»Nett, aber manchmal etwas anstrengend«, fügte Amez hinzu. »Seine Vorstellungen weichen von den meinen etwas ab, um es gelinde auszudrücken. Er mag es, wenn alles in gleichmäßigen Bahnen verläuft, jeder seinen Platz hat und nichts Unvorbereitetes passiert. Für ihn muss alles seine Ordnung haben. Jegliche Abweichung, egal wie groß, ist für ihn ein vollendetes Desaster. Ich glaube, ihr würdet euch nicht sonderlich gut verstehen.«

Davon kannst du ausgehen.

»So«, sagte Amez plötzlich, »das sollte für unser erstes Gespräch zwischen Vater und Sohn reichen. Ich wünsche dir, dass kein zweites Zusammentreffen von Nöten sein wird. Andernfalls verspreche ich dir, dass du beim Untergang dieser Welt näher dran sein wirst, als dir lieb ist.«

Amez schien Baazlabeth die Verblüffung über das abrupte Ende ihrer Unterhaltung anzusehen.

»So ist das eben, wenn der eigene Vater ein Verfechter des Chaos ist. Ich bin immer für eine Überraschung gut. Du hattest hoffentlich nicht erwartet, dass ich dir haarklein vorkaue, was du zu tun hast? Überrasche mich einfach. Schließlich bist du mein Sohn. Ich lasse lieber eine ganze Welt untergehen, als eine Rettung ordentlich durchzuplanen. Worin würde sonst der Reiz einer Prophezeiung liegen. Wir sind das Chaos. Improvisation ist unsere Stärke.«

Den Sinn des Chaos musste man Baazlabeth nicht erklären, schließlich war er ein Experte dafür. Unberechenbarkeit war das, was das Leben lebenswert machte, besonders, wenn man ewig lebte. In diesem speziellen Fall jedoch hätte er sich gewünscht, von dem, was zu tun war, einen besseren Plan zu haben, gerade weil sein ewiges Leben derzeit an einem seidenen Faden hing.

»Ach«, krächzte Amez und stellte Baazlabeths Nerven damit erneut auf die Probe, »wenn ich jetzt gehe und diesen Körper verlasse, soll es mit oder ohne anschließende Schweinerei passieren?«

Baazlabeth verstand sofort, wovon sein Vater redete. Schließlich bediente er sich selbst eines sterblichen Körpers. Baazlabeths Art, sich einer menschlichen Hülle zu entledigen, ging immer auf dieselbe Art vonstatten. Er bezeichnete es als Abstreifen, wobei es sich mehr um ein Herunterreißen handelte, was ausnahmslos eine Schweinerei hinterließ. Darüber, dass es vielleicht auch anders ging, hatte er sich noch nie Gedanken gemacht. Vor wenigen Wochen noch hätte Baazlabeths Antwort »Schweinerei« gelautet, ohne dass er überhaupt darüber hätte nachdenken müssen. Heute fiel ihm die Antwort nicht ganz so leicht, was sicherlich an der Person von Dumpf lag – und das bemerkte auch Amez.

»Er schuldet mir noch etwas«, versuchte Baazlabeth sich selbst einzureden und als Grund für die Verschonung von Dumpfs Leben vorzuschieben.

»Doch ein Menschenfreund«, spottete Amez vergnüglich.

Der Herr der Schatten wurde von einem Hustenanfall geschüttelt, oder vielleicht war es auch bereits wieder Dumpf, der sich keuchend auf den Boden hockte und wie Igniphascellanius kurz zuvor zu würgen begann. Gleich darauf strömte eine schwarze Masse aus Mund und Nase des Wirts und verteilte sich auf dem Boden vor ihm. Sie war zähflüssiger als Rauch, aber nicht so flüchtig wie Wasser. Dünne Ausläufer bewegten sich entlang der Fugen wie Späher, die nach etwas Ausschau hielten, und kehrten dann wieder zurück in die Pfütze. Dumpf krabbelte auf allen vieren über den Boden und zog sich am Stuhl hoch. Bevor er es schaffte, darauf Platz zu nehmen, hatte die teerige Masse einen offenen Spalt im Boden entdeckt und verschwand darin.

Ein wenig pompöser hätte ich mir den Abgang eines Gottes schon vorgestellt, und ein anerkennendes Schulterklopfen meines Vaters für tausend Jahre inniger Treue hätte ich auch als angebracht empfunden. Ach, was soll's, er weiß bestimmt, was er an mir hat.

Baazlabeth saß immer noch auf dem Bett. Igniphascellanius schlich schnurrend um Dumpf herum. Er schien sich von dem Schankwirt die gleiche Zuneigung wie von Amez zu erhoffen und hatte damit zugleich einen Grund, seinem Herrn aus dem Weg zu geben. Baazlabeth wartete ab, bis Dumpf sich wieder einigermaßen berappelt hatte. Nach wenigen Augenblicken, in denen er seine blutverkrustete Oberlippe betastete, sah er den Dämon für einen unangenehm langen Moment des Schweigens an. In seinen Augen konnte man sehen, wie er überlegte, warum er hier war und was er sagen sollte. Baazlabeth gab ihm die Zeit.

»Und, wollt ihr Euer altes Zimmer wieder haben?«, fragte der Wirt mit einiger Überzeugung in der Stimme.

Guter, alter Dumpf, du begreifst noch nicht einmal halb so viel wie andere Menschen, und trotzdem strahlst du mehr Selbstsicherheit aus als jeder Gelehrte. Dein Leben verschont zu haben wird mir wahrscheinlich immer anhängen, doch das war es wert.

»Das Angebot ist verlockend, doch ich glaube, für den Moment werde ich erst einmal in meinem Theater bleiben.«

»Das soll mir recht sein«, erwiderte der Schankwirt, ohne enttäuscht zu wirken.

Baazlabeth erhob sich, und Dumpf tat es ihm gleich. Einen Augenblick sahen sich die beiden an, als wenn sie ein gemeinsames Geheimnis teilten. Die Erinnerung an das Geschehene war jedoch einseitig, dessen war sich Baazlabeth sicher.

»Lasst uns nach unten gehen«, schlug Baazlabeth vor. »Ich vermute, Ihr habt eine Menge aufzuräumen, und auch vor mir liegt ein Stapel Arbeit.«

»Ein bisschen durchwischen und den Müll hinausbringen. Das ist schnell gemacht«, erklärte Dumpf erleichtert.

Baazlabeth wollte ihn nicht verunsichern und sagte deshalb nichts von den toten Stadtwachen und der Schweinerei, die sie hinterlassen hatten. Der Wirt würde es vielleicht nicht begreifen und sich nicht an den Zwischenfall erinnern, aber seine Souveränität würde ihm dabei helfen, auch dieses Problem zu meistern – mit Bravour.

Gemeinsam verließen sie das Zimmer von Ruby. Bevor Baazlabeth die Tür hinter sich zuzog, steckte er den Kopf durch den Spalt und sah sich ein letztes Mal im Zimmer um. Von Igniphascellanius dem Dritten war nichts zu sehen.

»Du kannst dich nicht ewig unsichtbar machen. Überlege dir lieber schon einmal, wie du das wiedergutmachen willst.«

Baazlabeth hatte Dumpf schnell eingeholt. Der Schankwirt stand wie angewurzelt auf der Treppe und starrte fassungslos in den Schankraum. Ruby kniete auf dem Boden, einen Eimer Wasser vor sich und schrubbte die Blutflecken von den Dielenbrettern. Um sie herum lagen zertrümmertes und umgeworfenes Mobiliar sowie acht Männer in mehr oder minder gutem Zustand. Zwei Dinge hatten alle acht gemeinsam: Es handelte sich bei ihnen um Stadtwachen, und sie waren alle tot.

Dumpf stammelte einiges unverständliches und unzusammenhängendes Zeug, und Ruby schluchzte leise vor sich hin.

»Das bekommt ihr schon wieder hin«, versuchte Baazlabeth den beiden Mut zu machen. »Ein bisschen durchwischen und den Müll hinausbringen. Das ist schnell gemacht. Aber vielleicht ist es doch besser, wenn ihr heute Abend nicht öffnet. Ich würde euch zwar gern unter die Arme greifen, doch ich muss noch etwas Wichtiges für meinen Vater erledigen. Ihr wisst ja, wie Väter sein können. Ich würde ihn ungern enttäuschen.«

Er sah an den erstaunten Gesichtern der beiden Menschen, dass sie nicht wussten, wie Väter sein konnten und es sie derzeit auch herzlich wenig interessierte. Baazlabeth drängelte sich an Dumpf vorbei und lächelte Ruby freundlich zu, als er den Schankraum durchquerte und auf die Tür zuhielt.

»Was sollen wir mit ihnen machen?«, stammelte Dumpf von der Treppe herab, dem Dämon hinterher.

Baazlabeth blieb vor der kleinen Tafel stehen, die auf dem Tresen stand und die Tagesgerichte anpries. Solange er die kleine Schenke kannte, standen immer die gleichen Angebote darauf: Bauernpfanne – drei Silbermünzen, Jägerschnitzel – vier und Kohleintopf – zwei.

»Du bist doch ein hervorragender Koch. Wie wäre es mit einer Änderung deiner Speisekarte.«

Baazlabeth wischte mit dem Handballen die Zeile mit dem Kohleintopf weg. Dann nahm er die Kreide in die Hand und schrieb.

WACH

Er überlegte einen Moment, grinste, und vervollständigte das Wort.

WACHTELRAGOUT – 1 SM

Baazlabeth schob die zwei schweren Riegel zurück, die Dumpf an der Vordertür hatte anbringen lassen, nachdem seinem Hilfskoch der Kopf geplatzt war.

Ich bin gespannt, was er sich nach dem gestrigen Tag einfallen lassen wird. Vielleicht zumauern?

Der Stand der Sonne zeigte bereits an, dass es später Nachmittag war, als Baazlabeth den *Einsamen Wanderer* verließ. Hinter ihm schob Ruby eilig wieder die Riegel vor.

Einen Tag nur, um acht Stadtwachen zu töten und mir eine Standpauke meines Vater anzuhören. Das reißt meine Statistik ganz schön herunter.

Baazlabeths ganz eigene Art, mit Misserfolgen und Zurechtweisungen umzugehen, erlaubte ihm dennoch, die Geschehnisse als vollen Erfolg zu verzeichnen.

Gut, ich habe eine Menge falsch gemacht, aber immerhin ist es meine erste Prophezeiung. Ach, was rede ich da, eine Prophezeiung kann man dieses zerstückelte Geschreibsel ja wohl kaum nennen. Es ist allerhöchstens ein Kinderreim mit einem offenen Ende. Mehr so eine Art Wegweiser für jemanden, der ohnehin nicht weiß, wohin er will. Amez kann froh sein, dass ich mich des Ganzen überhaupt angenommen habe. Immerhin bin ich ein Sohn der ersten Stunde und nicht irgendein drittklassiger Halbdämon.

Er hat kein Wort darüber verloren, was ich in dieser Stadt schon alles erreicht habe. Schließlich bin ich ein angesehener Bürger Brisenburgs geworden. Ich besitze Gold, Einfluss und habe eine Schar Handlanger, die mir fol-

gen. Wenn das keine gute Startposition ist, dann weiß ich auch nicht. Misserfolge! Von wegen! Das sind alles äußerst komplexe Vorbereitungen, um von meiner hauptsächlichen Aufgabe abzulenken. Na gut, vielleicht hätte ich auch alles in einem Tag erledigen können, aber hat er nicht gesagt, er liebt die Überraschung. Den Seraphim zu töten war eine Überraschung – auf jeden Fall für den Flatterer. Mein Vater weint doch keinem Krieger des Lichtes nach. Lächerlich!

Baazlabeth dachte sich richtig in Rage. Als er die Brücke über den Tauwasser überquerte, hatte er alles um sich herum vergessen.

Das ist es! Er wollte mich gar nicht rügen. Das alles hat er nur getan, um das Gesicht vor seinem Bruder zu wahren. Er konnte gar nicht anders, nachdem ich den Seraphim getötet hatte. Vater, ich verspreche dir, ich werde dich weiterhin überraschen. Lass mich nur machen.

Baazlabeth fühlte sich nach dem Spaziergang und der frischen, klaren Luft weit entfernt von jeglichem Lavendelduft; er war voller Tatendrang. Gut gelaunt für einen Dämon und mit dem festen Glauben daran, alles im Griff zu haben, betrat er den Platz vor der *Schwarzen Posse*. Mit Ausnahme des großen Zierbrunnens schien alles wie gewöhnlich. Irgendjemand hatte breite weiße Tücher – Bettlaken, wie es aussah – über den Brunnen gehängt und mit Steinen auf dem Boden beschwert. Das Verhängen von Spiegel war Baazlabeth wohlbekannt, schließlich war er oft genug der Anlass dafür gewesen, doch welchem Zweck dieses Prozedere diente, war ihm sprichwörtlich schleierhaft. Um das Theater herum war wie gewöhnlich wenig los. Die Bürger schienen das böse Karma des Hauses oder das schlechte Benehmen ihrer Bewohner zu spüren und mieden es. Es konnte aber auch sein, dass sie wussten, dass hier nichts zu holen war. Auch von den Unheil verkündenden Propheten fehlte jede Spur. Warum auch nicht, schließlich stand das Unheil mit Tausenden von Söldnern vor den Toren, da brauchte es niemanden, der explizit drauf hinwies.

Baazlabeth hatte genug frische Luft geschnuppert. Nun wurde es Zeit, sich wieder an die Arbeit zu machen, was bedeutete, dass er sich eine Flasche Rotwein aus seinem Vorrat holen und sich von seinen Mitstreitern die neusten Neuigkeiten erzählen lassen würde. Er hatte sich ohnehin vorgenommen, künftig besser zuzuhören, wenn die anderen ihm etwas erzählten. Das sollte nicht heißen, dass er ihre Ratschläge befolgte, aber er wollte ihnen das Gefühl geben, dass er sie ernst nahm. Zwar wusste er immer noch nicht, was zu tun war, um die Prophezeiung zu erfüllen, aber das sollte ihn nicht davon abhalten, allen anderen voran die Richtung vorzugeben. Das Wichtigste war, die Führung zu behalten, auch wenn man nicht wusste, wo es hinging. Baazlabeth legte seine Hoffnung in das Versprechen seines Vaters, die Fehlentwicklungen in Bezug auf die Prophezeiung wieder zu richten. Somit brauchte er nichts anderes zu tun, als in Zukunft alles richtig zu machen. Nichts einfacher als das.

Als Baazlabeth die *Schwarze Posse* betrat, stieg ihm ein Geruch von Tod in die Nase. In dem alten Theater herrschte eine beunruhigende Stille. Wie gewohnt brannten die beiden Fackeln in ihren Halterungen und beleuchteten die Bühne. Etwas ungewöhnlicher dagegen war die Szenerie, die sich ihm zwischen den zusammengeschobenen Kulissen bot. Die sieben Käfige hingen an ihren angestammten Plätzen, doch die fünf Männer und die junge Frau hockten nicht, wie erwartet, schwermütig und mit hoffnungslosen Mienen hinter den geschärften Stäben, sondern lagen tot am Boden ihrer Gefängnisse. Am Tisch auf der Bühne saßen Galina, die dunkle Muse, und Lemura. Ein Stuhl lag umgestürzt und auseinandergebrochen daneben. Keine drei Schritte entfernt von den beiden stand ein älterer Mann. Er war in einen mausgrauen, schäbigen Umhang gehüllt und stützte sich auf einen Zweihänder. Er schien im Stehen eingeschlafen zu sein.

Galina Kesselbrook war die Erste, die Baazlabeth bemerkte. Trotz der Kälte im Theater trug sie lediglich ihr rotes Kleid, das sich aus Dutzenden von Tüchern zusammenzusetzen schien und jede ihrer Bewegung aussehen ließ wie eine Fackel im Wind. Grazil und barfüßig sprang sie von der Bühne und eilte dem Dämon entgegen. Die Art und Weise, wie sie sich bewegte, war beinahe anstößig. Wie eine heimliche Geliebte fiel sie Baazlabeth um den Hals und drückte ihre Lippen auf seine Wange.

»Gib dir keine Mühe, Charme hat bei mir noch nie gewirkt«, brummte er angewidert.

Einen Herzschlag später spürte er ihre Zunge in seinem Ohr.

»Wo wart Ihr die letzten drei Tage?«, flüsterte sie ihm zu.

Er versuchte, sich seine Verblüffung nicht anmerken zu lassen.

Drei Tage hat es gedauert, die paar Worte mit meinem Vater zu wechseln? Da kann ich aber von Glück sagen, dass er in seiner Zurechtweisung nicht weiter ausgeholt hat, sonst wäre ich in eine Ruinenstadt zurückgekehrt und jemand anders hätte die Prophezeiung bereits erfüllt.

»Was denn, was denn, habt ihr mich etwa vermisst?«, grunzte Baazlabeth.

»Wir nicht, aber er dort?« Galina zeigte auf den alten Mann mit dem Zweihänder.

»Wer soll das sein?«

»Das ist Sir Dennard Proof, der Henker des Königs?«

Baazlabeth besah sich den Mann erneut von Weitem. Er war groß und hager, doch das schien mehr an seiner verhüllenden Kleidung zu liegen. Sein kantiges Kinn und die breite Nase gaben ihm etwas Affenähnliches. Es war schwer, sich vorzustellen, dass dieser in die Jahre gekommene Kerl noch mit einer so gewaltigen Waffe umzugehen vermochte. Zweihänder waren sonst nur etwas für vor Kraft strotzende Recken, doch Baazlabeth hatte in dieser Stadt schon viel gesehen und war genau wie sein Vater für jede Überraschung zu haben.

»Weiß er, wo er hier ist und wer ich bin?«

»Das weiß ich genau, oder denkt Ihr, ich stehe hier zwei Tage herum, weil ich mich verlaufen habe?«, brüllte Sir Dennard Proof von der Bühne.

Seine Hörkraft scheint durch das Alter noch nicht in Mitleidenschaft gezogen zu sein. Wenn er sich jetzt noch Text merken kann, könnte er mein neuer Prinz Monroth sein.

»Man sagte mir, Ihr würdet um Audienz bei Lord Brackenmoore bitten. Was wollt Ihr also von mir?«

Dennard Proof griff mit einer Hand in seinen Rücken und holte einen Leinenbeutel hervor, dessen Inhalt und Größe in Verbindung mit seiner Tätigkeit nur wenig Anlass zum Spekulieren gab.

»Dort war ich schon«, schnaube der Henker. »Ich wurde freundlich empfangen und konnte mein Anliegen schnell klären.«

Baazlabeth schaute mit gemischten Gefühlen auf den Beutel, dessen Unterseite sich dunkelrot verfärbt hatte. Es wäre zu viel gesagt, wenn er behauptet hätte, dass ihm das Schicksal von Brackenmoore naheging, doch auf eine gewisse Art empfand er Mitleid. Immerhin hatte Baazlabeth ihm seinen schnellen Aufstieg in der Stadt zu verdanken. Der Lord und er wären mit Sicherheit keine Freunde geworden, doch der Tod durch einen Fremden, und dann noch krank im Bett liegend, war seiner nicht würdig.

Ob Sanna und Lilith genauso über seinen Tod denken? Als trauernde Frau und Waise kann ich mir die beiden nun wirklich nicht vorstellen.

»Dann habt Ihr, was Ihr wolltet. Ich würde Euch raten, schnell zurück unter die Fittiche des Königs zu flüchten. Euer Dienst in Brisenburg wird nicht überall auf Verständnis stoßen.«

»Das hatte ich eigentlich auch vorgehabt, doch Lord Brackenmoore äußerte einen letzten Wunsch. Er bat mich, Euch aufzusuchen. Er sprach davon, dass ich hier einen Bruder finden würde, der meine Dienste benötigt.«

»Und das habt Ihr ihm geglaubt?«, lachte Baazlabeth.

»Ihm nicht, aber Eurem Vater. Er sagte mir, dass ich ein Leben in Sünde geführt hätte und es auch nur derart beenden könnte.«

Meine Güte, jetzt behaupten plötzlich alle, mit den Göttern sprechen zu können. Und dessen nicht genug, möchte auch anscheinend jeder mit mir verwandt sein.

»Und warum sollte ich Euch glauben?«, fragte Baazlabeth.

Dennard Proof drehte den Kopf, strich die langen grauen Haare zur Seite und zeigte sein blutverschmiertes Ohr.

»Euer Vater ist jemand, der besser flüstern würde. Einer Bitte von ihm kommt man besser nach. Hat er denn nicht mit Euch gesprochen?«

»Doch, natürlich. Und er hat mir auch gesagt, dass Ihr kommen würdet«, log Baazlabeth.

»Dann diene ich jetzt Euch, Bruder«, sagte der Henker und verbeugte sich tief.

18
Hinterher ist man immer tot

Llilard Most – Feigheit

Je besser man sich versteckt hat, desto größer ist die Überraschung, wenn man gefunden wird.

Llilard Most war sichtlich stolz darauf, sich so weit vorgewagt zu haben und dabei so hoch hinaufgekommen zu sein. Leider bot sein jetziges Versteck weder den Platz, noch brachte Llilard den Mut auf, seine Brust anschwellen zu lassen. Es hatte vier Tage oder, besser gesagt, Nächte gedauert, bis er sich von seinem eigenen Versteck bis hierhin vorgearbeitet hatte. In der ersten Nacht war er nicht weitergekommen als einen Steinwurf. Überall waren Menschen auf der Straße gewesen, die zum Nordtor der Stadt strömten und wieder zurück. Bis in die frühen Morgenstunden waren die Bewohner Brisenburgs auf den Beinen gewesen, und als dann endlich Ruhe eingekehrt war, brach bereits der Tag an und machte es für Llilard unmöglich, sein Versteck zu verlassen. Es war ohnehin schwer genug, geeignete Plätze zu finden, in denen man ungestört Unterschlupf fand, und wo man nicht damit rechen musste, entdeckt zu werden. Nicht entdeckt zu werden war die Lösung für fast jedes Problem, das sich ihm stellte.

Llilards ganzes Leben war von Vorsicht geprägt. Böse Zungen behaupteten, er wäre feige, hätte Angst vor allem und jedem und würde dazu neigen, die Dinge an sich vorüberziehen zu lassen, bevor sie ihm gefährlich werden konnten. Llilard wusste es besser. Seine Vorsicht war die Art von Achtsamkeit, die man brauchte, um in einer Welt wie dieser am Leben zu bleiben. Es war nicht das erste Mal, dass ihm sein besonnenes Verhalten das Leben gerettet hatte.

Schon als kleiner Jungen war er dem Tod nur um Haaresbreite entkommen. Sein Vater hatte dazu geneigt, sich abends nach der schweren Feldarbeit sinnlos zu betrinken. Wenn er dann spätnachts nach Hause kam, ließ er all seinen Frust an seiner Frau, Llilards Mutter, aus. Er schlug sie, trat sie mit Füßen, und sie tat alles Erdenkliche, um seinen Groll auf sich zu ziehen und von ihrem Sohn abzulenken. Llilard wusste genau, dass der Frust seines Vaters auch ihn irgendwann heimsuchen würde. Drei Jahre lief er mit diesem Wissen herum, bis er endlich einen Entschluss fasste: Er musste seinem Vater zuvorkommen. Ein Jahr später schnitt er ihm die Kehle durch, während er schlief. Aus Angst, seine Mutter könnte seine Handlung nicht verstehen und würde ihren eigenen Sohn den Stadtwachen übergeben, tötete er sie in der gleichen Nacht auf die gleiche Weise.

Seit diesem Tag machte Llilard keinen Schritt mehr, ohne sich genau zu überlegen, was alles passieren konnte. Die Stimmen in seinem Kopf halfen ihm dabei. Sie warnten ihn vor jeglicher Gefahr und gaben ihm gute Ratschläge, was alles zu tun sei, um nicht in einen Hinterhalt zu geraten. Die Stimmen hatten ihn schon oft gerettet. Damals zum Beispiel, als die Frau des Bäckers ihn so angeschaut hatte. Sie musste ihn von irgendwoher wiedererkannt haben. Oder als der Bettler sich in seinem Versteck einnisten wollte. Auch vor den zwei kleinen Kindern, die mit ihrem Hund ganz in seiner Nähe gespielt hatten, hatten sie ihn gewarnt. Der Hund konnte ihn mit Sicherheit riechen. Llilard wusste, dass es verkehrt war, all diese Menschen zu töten, doch es ging nicht anders, wenn er sein eigenes Leben schützen wollte. Es galt: er oder sie. Er musste noch vorsichtiger werden. Erst recht, was diesen Sil betraf. Ihm konnte man nur mit allerhöchster Vorsicht begegnen.

Umso verwunderlicher war es, dass Llilard im Dach der *Schwarzen Posse* feststeckte. Die Stimmen hatten ihm zwar geraten, den Prinzipal etwas näher in Augenschein zu nehmen, doch diese Art von Selbstaufgabe hatten sie sicherlich nicht gemeint. Schon am dritten Tag seines nächtlichen Heranpirschens waren Llilard die ersten Zweifel gekommen, ob er das Richtige tat. Am liebsten hätte er auf der Stelle kehrtgemacht, doch leider besaßen zwei Bettler die Dreistigkeit, ihm den Rückweg abzuschneiden, indem sie in einem leer stehenden Haus Quartier bezogen. Zwei Bettler waren in jedem Fall einer zu viel. Man musste sein Glück ja nicht unnötig herausfordern. So hatte Llilard seinen Plan fortgesetzt und wurde wegen seiner Tapferkeit vom Vater belohnt.

Im Haus neben dem Theater wurde über Nacht eine ganze Familie von der merkwürdigen Seuche dahingerafft. Man hatte ihre toten Körper in Kisten gelegt und vor der Tür abgestellt. Es waren vier Kisten: ein Mann, zwei Frauen – eine älter, die andere Mitte dreißig – und ein kleiner Junge. Wie der Zufall es wollte, konnte Llilard ein Gespräch zwischen zwei älteren Damen belauschen, in dem die beiden sich beklagten, wie schnell die Seuche eine ganze Familie ausgelöscht hatte und wie traurig das Ganze sei. Llilard konnte dieses Gefühl nicht teilen. Für ihn war es ein Glück und ein Segen. Ohne genau zu wissen, ob auch wirklich niemand mehr in dem Haus verweilte, hätte er es niemals betreten. Zu hoch war die Gefahr, auf ein verbittertes und ängstliches Familienmitglied zu stoßen und sich erklären zu müssen. So jedoch konnte er das Haus ohne Gefahr betreten. Das Gebäude grenzte direkt an die *Schwarze Posse* an. Über eines der Fenster gelangte er auf das Dach des Theaters, natürlich nicht, ohne vorher einige Vorsichtsmaßnahmen getroffen zu haben.

Nun lag Llilard Most mit zwei um den Bauch gewickelten Laken und einem Strick um den Fuß, der zurück über das Dach in das leer stehende Haus führte, in dem engen Gebälk der *Schwarzen Posse*. Einige lose Schindeln hatten es ihm ermöglicht, in den schmalen Zwischenboden zu klettern und von hier oben die Geschehnisse im Saal unter sich mitzuverfolgen.

Er schien gerade rechtzeitig gekommen zu sein. Nachdem er den halben Tag lang mehrfach seine Position korrigieren musste, weil selbst bei seinen geringsten Bewegungen unablässig irgendwelcher Staub und Putz von der Decke rieselte, kam der Theaterbesitzer heim. Prinzipal Sil nannte er sich, doch dies war sicherlich nur eine Tarnung. Mit so etwas kannte Llilard Most sich aus.

Sein Herz hatte zu rasen begonnen. Die vielen Menschen im Theater machten ihm Angst. Die kleine Dverga am Tisch sah ständig zu ihm hoch, und der Mann mit dem Zweihänder verstand sicherlich keinen Spaß. Immerhin lief niemand mit einem solchen Schwert durch die Gegend, wenn er es nicht benutzen wollte. Dann waren da noch die Frau in Rot und der fette Kerl, der sich aber in einen der hinteren Räume zurückgezogen hatte. Vor den sechs Toten, die in den aufgehängten Käfigen lagen, brauchte er keine Angst zu haben, aber dennoch würde er sie genau im Auge behalten. Vorsicht war immer angebracht. Llilard lauschte den Geschehnissen unter sich und beobachtete alles durch einen kleinen Lüftungsschlitz.

»Aha, und gibt es sonst noch etwas, dass ich wissen müsste?«, fauchte der Theaterbesitzer und sah in die Runde schweigender Gesichter.

Die Dverga und die Frau in Rot schienen zu überlegen, worauf Prinzipal Sil hinauswollte. Der Mann mit dem Zweihänder, der behauptete, ein gewisser Sir Dennard Proof zu sein, und sich selbst »der Henker« nannte, wirkte stattdessen vollkommen unbeteiligt.

Llilard wusste es besser. Die Stimmen in seinem Kopf hatten ihm verraten, dass dies nur eine Tarnung war. In Wirklichkeit war er einer der Männer, die ihn schon seit seiner Kindheit verfolgten. Er war gekommen, um ihn aufzuspüren und den Stadtwachen zu übergeben.

Sil schritt hinüber zu den Käfigen und zog ein Krummschwert aus seinem Hosenbund im Rücken.

»Ich will euch einen kleinen Hinweis geben«, sagte er höhnend und klopfte mit dem Griff der Waffe gegen die Eisenstäbe der Käfige. »Ich würde meinen, dass sich der Zustand meiner Gefangenen in den letzten drei Tagen extrem verschlechtert hat, oder täusche ich mich da?«

Die Dverga murmelte etwas an ihrem Tisch, das anscheinend auch der Theaterbesitzer nicht verstanden hatte.

»Was brabbelst du da?«, schrie er sie an.

»Sie sind tot, wie viele andere in dieser Stadt auch«, wiederholte sie laut.

»Respekt!«, lachte Sil. »Und das von einer Blinden. Ich hatte schon gedacht, die dunkelblau angelaufenen Gesichter gehören zu einer neuen Rolle, die ihr einstudiert.«

Einen Moment lang herrschte bedrücktes Schweigen.

»Und – könnte sich vielleicht irgendjemand dazu herablassen, mir diesen Umstand genauer zu erklären. Ich will ja nicht neugierig sein, aber um etwas mitreden zu können, wäre es doch ganz schön.«

»Woher sollen wir wissen, warum die ganzen Menschen in Brisenburg plötzlich dieser Seuche zum Opfer fallen«, mischte sich die Frau in Rot ein. »Vorgestern Abend hockten sie in ihren Käfigen und beklagten sich, dass ihre Knochen und Gelenke schmerzten. Wir dachten, es liegt an dem kalten Wetter, und machten uns keine weiteren Sorgen um sie. Am nächsten Morgen hörten wir von den vielen Toten in der Stadt. Vor den meisten Häusern standen Kisten, Särge und Säcke, in welchen die Leichen verstaut worden waren. Wenige Stunden später waren diese hier auch tot. Was hätten wir denn tun sollen? Ihr habt sie doch selbst gesehen, die vielen Toten, wie sie vor ihren Türen aufgebahrt lagen und darauf warteten, von den Totengräbern abgeholt zu werden.«

Sil ging einige Male nachdenklich auf der Bühne auf und ab und blieb dann vor der Dverga stehen.

»Natürlich habe ich die Toten gesehen«, sagte er und beugte sich zu der Zwergin hinunter. »Ich bin schließlich nicht blind.« Dann schaute er ihr tief in die Augen, warf einen Blick in ihren Schoß und unter den Tisch. »Wer bist du denn jetzt, Lemura, die blinde Seherin, oder Sanna, die verrottende Reiterin?«

Llilard hätte beinahe entsetzt aufgeschrien, doch seine Hand hatte ihn rechtzeitig gerettet. Wie von selbst legte sie sich über seinen Mund und zwang ihn zum Schweigen. Natürlich hatte er schon vorher gewusst, dass sie alle ein doppeltes Spiel spielten, doch der Beweis hatte ihm bislang gefehlt. Jetzt hatten sie sich selbst verraten. Das alles war Teil einer riesigen Verschwörung, die allein dem Zweck diente, ihn der Gerichtsbarkeit Brisenburgs zuzuführen. Er musste vorsichtiger werden, viel vorsichtiger.

»Ich bin Lemura, aber wenn Euch das nicht passt, kann ich auch gern eine andere Rolle in diesem wahnsinnigen Stück übernehmen.«

Sil sah sich auf der Bühne um.

»Wäre dann auch noch einer so nett und würde mir verraten, wo Sanna, Molloch und dieses blutende Schwein sich gerade aufhalten?«

»Molloch ist hinten in seinem Quartier«, antwortete die Frau in Rot rasch. »Nachdem er zwei Laib Brot, einen halben Schinken, sechs Äpfel und eine Schüssel Grieß verdrückt hatte, war er der Meinung, ein kleines Verdauungsschläfchen täte ihm ganz gut. Er sagte so etwas wie ›Ist der Bauch dann dick und rund, gibt's für Molloch keinen Grund, weiter auf den Beinen zu sein, da macht er doch ein Schläfelein.‹«

»Na, jedenfalls einer, der mitdenkt«, stöhnte der Prinzipal. »Und die anderen beiden?«

Wieder legte sich ein bedrückendes Schweigen über die Bühne.

»Der blutende Mann ist gestern Morgen einfach aufgestanden und hinausgegangen«, gestand Lemura kleinlaut. »Sannas Urne hat er mitgenommen.«

»Und niemand ist auf die Idee gekommen, ihm zu folgen?«

»Sanna ist doch bei ihm«, verkündete die Frau in Rot beruhigend.

»Ich weiß nicht, ob es euch aufgefallen ist, aber Sanna ist nicht mehr als das, was andere Menschen übrig lassen, wenn sie ein Hühnchen verspeisen!«, brüllte Sil. »Ich kann mich nur ständig wiederholen. Dummheit ist keine Sünde, also haben ihre Auswüchse hier auch nichts zu suchen. Morgen früh ziehen wir los und suchen die beiden. Der Homunkulus soll im Schloss nachsehen. Ihr werdet die Kneipen und Spelunken absuchen, in denen ein ausblutender Sterblicher nicht auffällt, und ich klappere die Tempel ab, vielleicht sucht er nach Heilung.«

»Vielleicht sollten wir nicht bis morgen früh damit warten«, wandte die Dverga ein.

»Vielleicht hättet ihr besser auf ihn aufpassen sollen!«, keifte der Prinzipal sie an. »Ich werde zuerst den Ratschlag von Molloch befolgen. Wenn ich mir nicht ganz schnell zwei Flaschen Wein einverleibe, könnte das Sterben in Brisenburg seinem Höhepunkt entgegengehen. Und daran wäre dann nicht die Seuche schuld.«

Der Theaterbetreiber ließ die anderen auf der Bühne zurück und verschwand im Seitenaufgang.

Llilard Most konnte fühlen, wie sich der kalte Schweiß durch seine Haut presste und sein Herz zu rasen begann. Sie wollten was? Die Stadt nach ihren Freunden durchstöbern? Irgendwann musste so etwas ja passieren. Über kurz oder lang würden sich er und dieser Sil ohnehin begegnen, aber doch nicht so schnell und nicht, wenn er sich auf feindlichem Gebiet verbarg. Wie sollte er es schaffen, innerhalb einer Nacht zurückzukommen. Er hatte vier Tage gebraucht, um hierherzukommen. Es sollte ihn wundern, wenn der Rückweg kürzer wäre. Selbst wenn die Straßen menschenleer waren, weniger als zwei Nächte waren nicht machbar. Es bedurfte langwieriger Vorbereitung, eines lückenlosen Plans und, was am wichtigsten war, viel Besonnenheit und Ruhe. Das war nicht zu schaffen, anderthalb Meilen in einer Nacht – unmöglich.

Zum Glück war Llilard Most niemand, der leichtfertig aufgab. Er verlor vielleicht die Nerven, geriet in Panik, entwickelte Paranoia und tat Dinge, die man lieber nicht tat, aber er gab niemals auf. Aufgeben gehörte nicht zum Plan.

Llilard schob sich Zoll für Zoll rückwärts. Er hätte etwas Zeit gewinnen können, indem er sich drehte, doch diesen Gedanken verwarf er sofort wieder – viel zu gefährlich. Jede unbedachte Bewegung konnte ihn verraten, und eine nicht geplante Gewichtsverlagerung im Gebälk eines Daches war mehr als unbedacht – es war dumm und verantwortungslos.

Llilard konnte mehr als stolz auf sich sein. Er schob seine Füße durch das Loch im Dach. Fünfunddreißig Fuß und sieben Zoll in weniger als zwei Stunden unter erschwerten Bedingungen. Das war seine persönliche Bestleistung. Er spürte den eisigen Wind, der an seinen Füßen riss. Im Winter war alles noch viel komplizierter. Spuren im Schnee konnten einen verraten, mit jedem Ausatmen stieß man eine weiße Dunstwolke aus, und Blicke durch Fenster waren so gut wie unmöglich, da die Bewohner entweder die Läden geschlossen hielten oder das Glas vom Frost milchig geworden war. Llilard vermied es normalerweise, im Winter überhaupt sein Versteck zu verlassen, doch dies hier war schließlich ein Notfall. Dieser Sil suchte nach ihm. Doch nicht auf dieselbe Art wie alle anderen. Der Prinzipal brauchte seine Hilfe, behaupteten die Stimmen. Trotzdem galt es, Vorsicht walten zu lassen. Es konnte auch eine Falle sein. Aber trotzdem durften sie ihn nicht finden. Dieser Sil war gefährlich, und er würde nicht verstehen, was alles dazugehörte, unbemerkt in einer Stadt wie Brisenburg zu leben – genau wie alle anderen auch.

Llilard drückte sich mit steifen Beinen aus dem Loch im Dach. Er musste etwa zehn Fuß weiter nach unten, dort, wo die Regentraufe verlief, und von dort aus noch einmal zwanzig Fuß bis zu dem Bogentor, das die beiden Gebäude miteinander verband.

Die meisten Menschen hätten behauptet, der Weg zurück sei leichter als der Hinweg. Llilard wusste es besser. Die vertraute Umgebung gaukelte einem nur vor, dass man sich auskannte. In Wirklichkeit konnte sich alles verändert haben. Das Licht kam aus einer anderen

Richtung, Schatten wurden länger oder kürzer, Menschen waren plötzlich verschwunden, und andere tauchten dafür auf. Hin war nicht dasselbe wie zurück. Manchmal spielte Musik, manchmal nicht, Leute beachteten einen kaum, und im nächsten Moment hafteten ihre Blicke auf einem. Angetauter Schnee auf einem Dach wurde zu Eis.

Diese Einsicht kam jedoch etwas zu spät für Llilard Most. Ungebremst rutschte er über die vereisten Ziegel. Die glatten Ledersohlen seiner Schuhe fanden keinen Halt, seine Hände verpassten den letzten Span im Dach, und dann spürte er auch schon, wie seine Knie über die Traufkante schabten und er vor Panik stocksteif in die Tiefe stürzte.

Als Llilard Most erwachte, stand die Welt kopf. Das Meer schien wie eine Kuppel aus flüssigem Quecksilber über der Stadt zu schweben, und die Gebirgszüge im Norden und Westen glichen gewaltigen Eiszapfen. Lodernd drohte sich das rote Band der Sonne im Osten vom Horizont zu lösen und ins Nichts zu stürzen, wenn der Morgen graute. Noch war es jedoch nicht so weit, eine gute Stunde würde es noch dauern, bis der Tag anbrach.

Llilard wurde übel. Er hing kopfüber im Verbindungsbogen der beiden Gebäude. Das Seil um seinen Fuß hatte sich an einem Mauervorsprung verfangen und ließ ihn zentrisch im Bogen baumeln – wie jemanden am Galgen, nur eben umgekehrt. Er hatte kein Gefühl mehr in den Beinen, dafür schmerzte sein Kopf umso mehr. Llilard konnte nur einen einzigen klaren Gedanken fassen: Er musste weg von hier. Bei Tagesanbruch würden sich die Gassen mit Händlern und Kaufleuten füllen, die ihre Waren auf dem Marktplatz feilbieten wollten, und er hing für alle gut sichtbar wie ein Huhn zum Ausbluten in einem vierzig Fuß hohen Torbogen.

Llilard presste das Kinn auf die Brust, um einen Blick nach oben zu werfen. Es waren zwanzig Fuß zum rettenden Mauervorsprung und in etwa dieselbe Entfernung in die andere Richtung. Sozusagen ausgewogen, obwohl er zugeben musste, dass ein Fall auf das Straßenpflaster etwas anderes war, als nach oben zu klettern.

Polternd näherte sich von irgendwoher ein Karren. Llilard schwang mit dem Oberkörper hin und her, um zu sehen, ob er bereits beobachtet wurde und von wo genau das Geräusch kam. Aus einer kleinen Gasse im Süden zwängten sich zwei Männer, die einen schwer beladenen Karren hinter sich herzogen. Eine Laterne im Hauseingang ließ sie kurz sichtbar werden, doch ihre Gesichter waren bis zur Nasenspitze vermummt.

Übereifrige Händler, dachte Llilard, die sich einen guten Platz sichern wollten. Sie mussten lediglich den Blick leicht nach oben richten, und dann hätten sie ihn. Ihm musste etwas einfallen, und zwar schnell, wenn nicht all seine Vorsicht über die ganzen Jahre hinweg mit einem Schlag zunichtegemacht werden sollte. Llilard versuchte, sich an seinen tauben Beinen emporzuziehen. Er schaffte es, seine Knöchel zu berühren, doch dann verließ ihn die Kraft, sich weiter nach oben zu ziehen. Ihm blieb keine Zeit, es wieder und wieder zu probieren. Außerdem würde er jedes Mal schwächer werden, und sein Gezappel brächte ihm nur unnötige Aufmerksamkeit ein. Was nützte ihm all das Wissen über die Stadt und jeden Winkel, wenn er es nicht nutzte. Llilard hielt erneut Ausschau nach den beiden Männern. Anscheinend hatte sie ihn immer noch nicht entdeckt. Sie waren noch gut hundert Fuß entfernt, hielten aber direkt auf ihn zu oder, besser gesagt, auf die Stelle unter ihm. Llilard zog seinen Dolch aus der Tasche. Genauer betrachtet war es ein Küchenmesser mit einfachem Holzgriff, dessen Klinge er in mühseliger Kleinarbeit so weit heruntergeschliffen hatte, dass sie nur noch Daumenlänge besaß. Die perfekte Waffe, wie er fand. Sie war klein, handlich, erregte kein Aufsehen und war dennoch tödlich – wenn man damit umzugehen wusste.

Llilard bäumte sich ein letztes Mal auf. Mit einer Hand packte er das Hosenbein, mit der anderen führte er die Klinge unter den Strick an seinem Knöchel. Er streckte den Kopf durch die Achsel und begann, vorsichtig zu schwingen. Erneut stieg Panik in ihm auf. Wie konnte er nur etwas so Dummes tun wollen, er war schließlich kein Akrobat, und selbst dieser hätte den Trick hundertmal mit einem Sandsack geprobt. Trick? Was redete er da, es war Selbstmord, mehr nicht. Wie hatte er sich nur zu dieser Idee hinreißen lassen können. Er würde lieber hier oben hängen, bis der Strick durchfaulte. Ihm musste etwas Besseres einfallen. Zu spät!

Es gab Messer, die waren scharf, und es gab welche, die waren so scharf, dass sie Seile durchtrennen konnten, ohne sie wirklich berührt zu haben. Genau so eines besaß auch Llilard Most. Bei seinem Sturz in die Tiefe gingen ihm viele Gedanken durch den Kopf. Im Gegensatz zu der allgemeinen Behauptung, dass das ganze Leben vor dem inneren Auge abliefe, wenn man dem Tod ins Auge sah, waren es bei ihm nur Gedanken zu seiner momentanen Lage. Er fragte sich, ob die Männer unter ihm wirklich Händler seien und ob sie sich freuen würden, wenn er ihren Karren verfehlte. Wenn er es jedoch schaffen sollte, das Gefährt unter sich tatsächlich zu treffen, würde es dann einen Unterschied machte, ob er in die Auslage eines Obsthändlers oder in die eines Töpfers einschlug? Würden die beiden ihm helfen, wieder auf die Beine zu kommen, wenn er nach dem Sturz noch welche besaß, oder würden sie über ihn herfallen? Llilard sorgte sich plötzlich darum, noch den Dolch in der Hand zu haben. Solch eine Waffe konnte schnell missverstanden werden, gerade wenn man vom Himmel fiel. Noch im Fallen gelang es ihm, das abgewetzte Küchenmesser zurück in seine Tasche zu stecken.

Dann war sein Ausflug in das Reich der Lüfte beendet. Mit voller Wucht krachte er in den einachsigen Karren der beiden Männer. Der ohnehin schon schwer beladene Wagen trennte sich fast widerstandslos von den beiden einfachen Holzrädern, und einen Herzschlag später auch von den Seitenwänden.

Llilard hatte es doppelt gut getroffen. Zum einen, was den Karren, zum anderen, was die Ladung betraf. Er landete in etwas, das sich anfühlte wie Stoffballen, nur eben noch weicher.

Er durfte keine Zeit verlieren. Wenn die Götter so gnädig waren und ihn davor bewahrt hatten, als blutiger Fleck auf dem Pflaster zu enden, sollte er mit dieser Chance nicht achtlos umgehen. Er rollte sich zur Seite, sprang auf die Beine und tastete Kopf und Schultern ab. Er schien unverletzt.

Die beiden Männer hielten immer noch die Deichsel des Karrens in der Hand und taten das, was man in solch einer Situation zu tun pflegte: Sie starrten auf den Mann, der vom Himmel gefallen war. Außer Verwunderung schwang auch etwas Mitleid in ihren Blicken mit.

Llilard war etwas verwundert, dass die beiden so ruhig blieben, trotz ihres zu Bruch gegangenen Standes. Er schaute sich in dem Chaos um. Tote Menschen! Er stand inmitten eines halben Dutzends Leichen. Die beiden waren keine Händler, sie waren Gehilfen von Meister Bleiche, dem Totengräber. Er jetzt sah er die schwarzen Binden, die um ihre Arme gebunden waren.

Llilard rannte los – oder versuchte es jedenfalls. Immer noch waren seine Unterschenkel taub. Es fühlte sich an, als ob er mit zwei Holzbeinen gleichzeitig zu laufen versuchte. Drei Schritte schaffte er, dann stürzte er der Länge nach hin. Er rappelte sich auf, um dann wieder zwei Schritte zu machen und mit dem Kopf gegen die Hausmauer zu prallen. Ein Leben lang hatte er es vermieden zu rennen, und dann war es einmal vonnöten, schon versagten ihm die Gliedmaßen ihren Dienst.

»Glaubst du, dass die Möglichkeit besteht, dass er wieder gesund wird?«, fragte der kleine Totengräber seinen großen Kollegen.

»Seine Familie schien nicht davon auszugehen, sonst hätten sie ihn wohl nicht aus dem Fenster geworfen. Aber wenn wir ihn mitnehmen sollen, muss er sich mit dem Sterben beeilen.«

Llilard hatte ganz und gar nicht vor, in nächster Zeit zu sterben. Mit dem dröhnenden Schädel kam auch langsam wieder Gefühl in seine Beine. Er wagte noch einige wacklige Schritte und stützte sich dabei an der Mauer des Theaters ab. Er schaffte es, sich auf den Beinen zu halten, und stolpernd und strauchelnd erreichte er den Rand des Marktplatzes. Er atmete tief durch und drehte sich ein letztes Mal zu den beiden Totengräbern um, die ihm immer noch fasziniert hinterherschauten.

»Du schaffst es!«, grölte ihm der größere zu, und Llilard rannte. Er rannte, wie er noch nie in seinem Leben gerannt war. Seine Beine trugen ihn quer über den Platz, durch eine Reihe kleinerer Gassen hindurch, zu der Brücke über den Eiswein. Im Schutz des Häusertunnels verschnaufte er erst einmal, bis er nach wenigen Augenblicken das knarrende Geräusch eines herumdrehenden Schlüssels im Schloss vernahm. Es war nur noch eine Viertelmeile. Er konnte sein Versteck schon sehen. Er durfte es jetzt nicht verpatzen, nur weil er außer Atem war. Rennen war schließlich kein Plan, sondern der letzte verzweifelte Versuch, am Leben zu bleiben. Wenn sie ihn hier fanden, war alles umsonst.

Llilard hob zum letzten großen Spurt seines Lebens an. Der rettende Eingang kam immer näher. Seine Lungen schmerzten, sein Herz raste, und seine Kleidung war trotz der Kälte schweißgetränkt. Llilard schaffte es. In Windeseile zog er einen Flügel des Portals einen Spalt breit auf und zwängte sich hindurch. Alle Anspannung fiel von ihm ab, als der Spalt sich hinter ihm schloss, und aus dem anfänglichen Keuchen wurde ein Kichern, und daraus wiederum ein Lachen, ein lautes, schallendes, fast hysterisches Lachen.

Llilard war zurück im Haus der Väter. Nur hier fühlte er sich sicher. Jahrelang war er von einem Versteck ins nächste gezogen, und immer, wenn er gerade Quartier bezogen hatte, kamen die ersten Zweifel in ihm auf, vielleicht doch entdeckt zu werden. Kurz nach der Ermordung der Inquisitoren war er hier eingezogen, und sofort hatte er das Gefühl gehabt, zu Hause zu sein. Es war sogar noch besser als ein Zuhause, denn in diesem Versteck gab es noch ein weiteres. Das Versteck im Versteck, etwas Besseres hätte ihm nicht passieren können. Seine Vorsicht, seine Neugier und seine Gewissenhaftigkeit hatten es ihn finden lassen.

Hinter dem Altar befand sich eine geheime Tür in der Wand, die man durch das Ziehen des mittleren der dreizehn Wandleuchter öffnen konnte. Dahinter befanden sich drei schmale Räume, die den Anschein machten, vergessen worden zu sein, bevor man sie genutzt hatte. Was gab es Besseres als ein Zimmer, von dem niemand mehr wusste, dass es überhaupt existierte. Das alles war nahezu perfekt, mit Ausnahme von zwei kleinen Schönheitsfehlern. Der eine war ein kleines blondes Mädchen von acht oder neun Jahren, der andere ein räudiger Köter gleichen Alters. Die beiden mussten ihn aus irgendeinem Grund verfolgt haben. Warum und wieso, konnte Llilard bislang noch nicht ergründen, würde es aber demnächst tun. Sie waren noch nicht so weit. Er musste sichergehen, dass sie keinen Grund mehr hatte, ihn zu belügen, und das brauchte Zeit. Zeit, die er hätte, wenn er herausgefunden hatte, was sein Schicksal mit dem von diesem Prinzipal Sil verband.

Llilard ging durch den Tempel zur hinteren Wand und zog an dem Fackelhalter. Knirschend verschob sich eine zwei Fuß breite Steinplatte in der Wand und gab den Eingang zum Versteck frei. Im Inneren gab es immer noch Licht. Das Öl der Laterne brannte jetzt, seitdem er sein Versteck verlassen hatte. Es musste fast verbraucht sein. Llilard schlüpfte ins Innere des Verstecks und drückte den Metalldorn an der Innenseite, der dazu diente, die Tür von dieser Seite aus zu öffnen und zu schließen. Llilard beobachtete den Eingang zum Tempel der Väter, solang der Spalt in der Geheimtür es zuließ. Erst dann wandte er sich um und sah in die beiden Nachbarräume. Das Mädchen schien zu schlafen, was jedoch schwierig zu sagen war, solange sie den Sack über dem Kopf hatte und gefesselt war. Immerhin hatte sie seit vier Tagen kein Essen oder Trinken mehr zu sich genommen. Vielleicht war sie auch schon tot. Der Hund im gegenüberliegenden Raum sah nur kurz hoch und sackte dann gelangweilt und erschöpft wieder in sich zusammen. Alles schien so zu sein, wie es sein sollte. Somit gab es auch keinen Grund, sich nicht selbst ein wenig auszuruhen. Llilard hockte sich mit dem Rücken gegen die Geheimtür und schloss die Augen. Er war in Sicherheit. Alles ist, wie es sein soll, betete er sein persönliches Mantra in Gedanken immer wieder runter, bis er einschlief.

Llilard wurde durch das plumpe Klopfen an der Wand wach. Er konnte noch nicht lang geschlafen haben, acht oder neun Stunden höchstens. Er fühlte sich wie gerädert.

Da war es wieder, dieses Klopfen. Llilard zwang sich aufzustehen. Er löschte die Laterne. Das Klopfen näherte sich. Jemand suchte nach ihm und seinem Versteck. Das Geräusch kam von der anderen Seite der Wand, und es kam näher. Vielleicht war es dieser Sil, und vielleicht kam er, um ihn zu töten? Llilard legte das Ohr an die Wand. Das Klopfen war ungefähr zehn Fuß rechts von ihm. Er wartete ab. Mit etwas Glück blieb er unentdeckt.

Jetzt war das Geräusch nur noch fünf Fuß entfernt. Sein Verfolger war wirklich gründlich. Llilard hielt die Luft an. Sein Herz rast erneut. Jetzt war der Fremde genau vor der Tür.

Ein dumpfes Knurren veränderte alles. Der halbtote Köter des Mädchens hatte sich ein letztes Mal aufgerafft und gab Laut. Llilard Most zog, ohne nachzudenken, an dem Dorn. Die geheime Tür hatte sich gerade erst einen halben Fuß zur Seite bewegt, da stieß er seinen Dolch von oben herab in die Brust des Mannes, der vor seinem Versteck stand. Die Wand verschob sich unbeirrt weiter und gab den Blick auf den mysteriösen Verfolger preis. Es war Prinzipal Sil – und er lächelte auf eine unangenehme Weise. Der Prinzipal sah an sich herab und starrte gelangweilt auf den Dolch in seiner Brust.

»Das hättest du nicht tun sollen«, sagte der Theaterbesitzer und packte ihn mit beiden Händen am Kopf.

Dann gab es einen kurzen Ruck und ein leises Knirschen.

Das letzte Mal hörte Llilard Most die Stimme in seinem Kopf:

»Jetzt bist du in Sicherheit.«

19
Bastardmund tut Wahrheit kund

Es gibt Fehler, die sind nur schwer wiedergutzumachen. Insbesondere, wenn es dabei um so etwas Endgültiges wie den Tod ging.

Baazlabeth musste zugeben, dass der schmächtige Mann ihn – überrumpelt wäre zu viel gesagt – überrascht hatte. Einigermaßen zufrieden und mit der Gewissheit, es ihm heimgezahlt zu haben, stupste er den Toten mit dem Fuß in die Seite.

Was für ein Schwachkopf! Sitzt hier in seinem Versteck wie eine Tarantel und wartet auf ein Beutetier. Vielleicht hättest du dich besser mit jemandem von deiner Größe abgegeben.

Baazlabeth wäre es lieber gewesen, Sanna oder diesen Bluter hier zu finden. Ihnen hätte dieses Versteck besser gestanden, und es hätte auch mehr Sinn ergeben.

Wer ist dieser Typ überhaupt, und warum war er hier? Mit einem Brotmesser auf mich loszugehen, wie wagemutig! Wollte er sich damit etwa einen Platz in der Galerie der dreistesten Morde ergattern oder war es einfach nur eine ausgefallene Art, Selbstmord zu begehen?

Baazlabeth machte sich wenig Hoffnung, von ihm noch eine Antwort darauf zu bekommen. Genauso absonderlich wie der Fremde selbst war aber auch sein Versteck. Wozu brauchte ein Tempel einen Raum wie diesen, verborgen hinter einer beweglichen Wand? Normalerweise war es nur Priestern gestattet, diesen Tempel zu betreten. Baazlabeth versprach sich vom Inneren des geheimen Raumes etwas mehr Aufschluss über dessen Sinn und Zweck und trat ein. Die Kammer schien dreigeteilt und ohne weitere Fenster und Türen. Die Luft war stickig, und es roch nach … wenigstens war es kein Lavendel.

Das Licht fiel nur schwach durch den Eingang und ließ die hinteren Teile der Kammern unbeleuchtet. Baazlabeth warf einen kurzen Blick in den Raum zu seiner Linken. Er hatte noch keinen Fuß hineingesetzt, da begrüßte ihn bereits ein ängstliches Knurren, das ihn schwach an jemanden erinnerte, aber ihm wollte einfach nicht einfallen, an wen. Ihm stand nicht der Sinn nach Hundefleisch, und auch der Tod eines räudigen Köters würde ihn weder bei der Suche nach Sanna noch bei der Erfüllung der Prophezeiung weiterbringen.

»Du kannst knurren, bis dir die Zähne abfaulen. In den Mauern dieses Tempels wird sich niemand darum scheren, was aus einem Hund wird. Ich lasse dir dein Herrchen hier, falls du Hunger bekommen solltest.«

Baazlabeth machte kehrt und warf einen flüchtigen Blick in den Raum auf der anderen Seite. Beinahe hätte er sich wieder abgewandt, ohne des menschlichen Bündels gewahr zu werden, das zusammengekauert und zur Hälfte in einen Sack gesteckt in der Ecke hockte.

Zwar besser als ein Hund, aber nicht wesentlich größer. Entweder ist es ein Dverga oder ein Kind. Beides wenig hilfreich, aber ungewöhnlich genug, um zu rechtfertigen, dass er einen genaueren Blick darauf warf.

Baazlabeth näherte sich der Kreatur und zog sie in den Lichtkegel, der durch die Tür fiel. Augenscheinlich handelte es sich doch um ein Kind. Die zierlichen Hände verrieten es. Baazlabeth griff nach dem Sack, in dem das Kind bis zur Hälfte verschwunden war, und zog ihn dem Kind über den Kopf.

»Du?«, stieß Baazlabeth hervor. »Was hast du hier zu suchen?«

Es war Auril. Die Bastardtochter von Nevil Brick, dem Reedbauer. Als Baazlabeth sie das letzte Mal in der Nähe des südlichen Stadttores gesehen hatte, war sie auf der Flucht vor den Stadtwachen gewesen. Die wollten sie an einen reichen Kaufmann oder einen anderen wohlhabenden Bürger verkaufen. Irgendwie machte sie nicht den Eindruck, es mit ihrer selbst bestimmten Freiheit viel besser getroffen zu haben. Sie war bewusstlos und dem Verhungern und Verdursten nahe. Baazlabeth zog eine braune Tonflasche aus seinem Mantel und drehte den Korken heraus. Er legte Aurils Kopf nach hinten und flößte ihr vorsichtig etwas von dem Inhalt ein. Das kleine Mädchen kam erstaunlich schnell wieder zu sich, wurde aber von einem Hustenanfall übermannt. Baazlabeth löste währenddessen Aurils Fesseln und klopfte ihr auf den Rücken.

»Was ist das?«, keuchte sie, als Baazlabeth ihr erneut etwas aus der Flasche einflößen wollte.

Baazlabeth betrachtete das Gefäß für einen Augenblick und nahm dann selbst einen kräftigen Schluck. Er gurgelte kurz und schluckte.

»Schlechter Messwein, würde ich behaupten«, folgerte er.

»Ich bin noch ein Kind«, beschwerte sich Auril.

»Met war aus, und Weihwasser hat dieser Tempel bislang noch nicht gesehen.«

Auril wollte sich aufrichten, doch ihr fehlte die Kraft.

»Bleib sitzen«, ermahnte sie der Dämon, »Du bist mir noch ein paar Antworten schuldig, und ich habe keine Lust, dir die ganze Zeit hinterherzulaufen.«

»Was ist mit Grauer?«, fragte Auril.

Baazlabeth blickte sich um und zeigte auf den toten Mann hinter sich. »Er hat sich nicht viel Mühe gegeben, dass ich ihn mochte. Ich habe ihm das Genick gebrochen.«

»Grauer ist mein Hund«, keuchte Auril immer noch kraftlos.

»Der mag mich auch nicht, hatte aber mehr Glück. Ihm geht es gut, er liegt da vorn.«

»Er wird auch Durst haben«, bat Auril.

»Die Töle bekommt von mir keinen Schluck. So schlecht ist der Wein nun auch wieder nicht. Er kann nachher aus einer Pfütze saufen.«

Auril vergrub das Gesicht in den Händen. Baazlabeth glaubte, sie würde in Tränen ausbrechen und anfangen zu jammern, um ihn umzustimmen. Als sie jedoch die Hände vom Gesicht nah, war von Tränen keine Spur. Im Gegenteil, sie sah beherrscht und gestärkt aus. Ihre Wangen waren leicht gerötet, und ihre eben noch spröden und aufgeplatzten Lippen wie verheilt.

Baazlabeth schob es auf das schlechte Licht und die Wirkung des Weins. Schließlich hatte er die Flaschen kurz zuvor im Tempel gefunden. Vorsorglich nahm er auch noch einen Schluck, musste aber feststellen, dass sich am Geschmack nichts geändert hatte.

»Du bist verwundet!«, rief Auril und starrte auf die Stichverletzung in Baazlabeths Brust. »Das muss verbunden werden.«

Viel schlimmer ist, dass mein Hemd wieder einmal vollkommen versaut ist. Ich hätte doch besser ein rot-schwarz kariertes nehmen sollen.

Er steckte zwei Finger in die Wunde und brachte so die Blutung zum Stoppen.

»Du solltest dich weniger um deinen Köter oder mich kümmern und mir lieber erzählen, was du hier zu suchen hast.«

Jetzt raffte Auril sich doch auf und stierte auf den Leichnam.

»Er hat mich hier hineingezerrt, gefesselt und in den Sack gesteckt«, sagte sie vorwurfsvoll und zeigte mit dem Finger auf den Toten. »Er wollte mich und Grauer hier verhungern und verdursten lassen. Er war ein böser Mensch.«

Das trifft in dieser Stadt auf so gut wie jeden außer auf mich zu. Vielleicht hätte ich ihn doch nicht gleich töten sollen. Wer weiß, unter Umständen wären wir Freunde geworden.

Baazlabeth fand immer weniger Gefallen an Kindern. Stets plapperten sie sofort drauflos, was einem gar keine Chance bot, zuerst mit Schmerzen zu drohen. Von der Möglichkeit zur Folter einmal ganz abgesehen. Außerdem setzten Kinder, bei dem, was ihrem Mund entsprang, irgendwie immer falsche Prioritäten. Sie vereinfachten die Wahrheit so lange, bis sie als die unschuldigen kleinen Bälger dastanden, die sie eigentlich hätten sein sollen. Und in einem Nebensatz beschuldigten sie dann den Rest der Welt, an allem schuld zu sein. Ihn konnten die kleinen Quälgeister nicht mehr an der Nase herumführen. Er wusste, wie man mit ihnen umzugehen hatte.

»Wärst du ein ganz normales kleines Kind, würde ich mich bemühen, Mitleid zu heucheln«, sagte Baazlabeth. »Doch wir wissen beide, dass dem nicht so ist.« Er packte den Kragen ihres Hemdes und entblößte ihre Schulter. An Aurils Hals war deutlich die Tätowierung der beiden Kettenglieder zu erkennen.

»Du bist ein Bastardkind – halb Mensch, halb Dverga. Dein Ziehvater ist tot, und die Wachen sind auf der Suche nach dir, um dich an den Meistbietenden zu verschachern. Außerdem werde ich das Gefühl nicht los, dass du es darauf anlegst, meinen Weg zu kreuzen. Sag endlich, was hier gespielt wird!«

Auril setzte diesen Blick auf, der nur Kindern gegeben war: eine Mischung aus Trotzigkeit und Bedauern mit einem kleinen bisschen Och-drück-mich-doch-mal in den Augen.

»Hast du noch das Teigmännchen?«, fragte sie urplötzlich. »Lässt du es noch einmal für mich fliegen?«

Kinder! Kaum hat man ihnen eine Frage gestellt, beantworten sie sie mit zwei anderen.

Baazlabeth erinnerte sich daran, wie er für die kleine Auril in der Scheune von Nevil Brick damals Igniphascellanius den Dritten beschworen hatte. Der erste Körper des Homunkulus hatte noch aus Brotteig bestanden, bis Lilith ihm den Körper einer Katze geschenkt hatte. Bei Auril schien der kleine Quälgeist einen besonderen Eindruck hinterlassen zu haben.

»Das Teigmännchen ist ausgetrocknet«, gestand Baazlabeth. »Er lag eines Morgens ganz steif auf dem Boden.«

»Hast du ihn wieder gesund gezaubert?«, fragte Auril und starrte den Dämon mit ihren großen Augen an.

»Nein.«

»Was ist dann aus ihm geworden?«

»Paniermehl.«

Baazlabeth konnte dem Mädchen die Enttäuschung ansehen, doch alles war besser, als ihr die Wahrheit zu sagen. Sobald sie herausfände, dass ihr Spielzeug ein neues plüschiges Fell bekommen hatte und den halben Tag vor Wonne schnurrte, würde sie darauf bestehen, ihn zu sehen. Kinder konnten noch fordernder sein als Könige.

»Sie sollen kein Mehl aus ihnen machen«, schluchzte Auril. »Du musst versuchen, sie zu heilen.«

Baazlabeth brauchte einen Moment, um zu begreifen, was das Mädchen meinte. Sie sprach gar nicht mehr von dem Homunkulus, sie sprach von den vielen Kranken und Toten, die der Seuche bislang zum Opfer gefallen waren. Er musste sich eingestehen, dass es gewisse Parallelen zwischen dem Austrocknen von Brotteig und der so genannten Grabsteingicht gab. Ein wirklicher Zusammenhang schien zwar weit hergeholt, aber dennoch fand er Gefallen an dem Gedanken, Panade einmal anders herzustellen.

»Ich bin kein Heiler«, gestand Baazlabeth. »Du solltest dich nicht so viel um die Menschen in dieser Stadt sorgen. Sie waren es schließlich, die dich verkauft haben und es jetzt, da dein Ziehvater tot ist, wieder tun wollen. Sieh es ein, weder Menschen noch Dverga haben ein wirkliches Interesse an dir. Du solltest es mit ihnen ebenso halten.«

»Das ist nicht wahr!«, schrie Auril. »Mein Vater hat mich geliebt, bis die Inquisitoren ihn getötet haben, genauso wie meine Mutter, bis sie wie alle anderen krank wurde und ebenfalls starb.«

In Ordnung, nun hatte Baazlabeth doch den Faden verloren, oder die Kleine saß schon zu lange ohne etwas zu trinken in diesem Gemäuer und hatte begonnen zu fantasieren.

»Dein Vater war irgendein geiler Bock, der wahrscheinlich noch nicht einmal wusste, dass du überhaupt existierst«, klärte er Auril auf, ohne Rücksicht auf ihr Alter zu nehmen. »Und was deine Mutter betrifft, so würde ich behaupten, sie ist irgendwo in einer der anderen Städte auf dem Marktplatz für Sklaven an den Meistbietenden verkauft worden. Wahrscheinlich hat sie dich schon lange vergessen.«

»Du lügst!«, schrie Auril und begann mit ihren kleinen Fäusten auf Baazlabeth einzuschlagen. »Nevil Brick war mein Vater, und er hat mich geliebt. Meine Mutter hat es mir kurz vor ihrem Tod erzählt. Sie hätte mich niemals angelogen.«

Baazlabeth musste die Kleine erst einmal irgendwie beruhigen. Für jemanden, der es gewohnt war, dass jeder in seiner Umgebung alles andere als ruhig war, keine leichte Aufgabe. Unbeholfen strich er über ihr Haar, nahm sie in den Arm und wischte ihr mit seinem Hemd die Tränen aus dem Gesicht, während er ein stilles Gebet sprach.

Bitte, Amez, verzeihe mir diese Entgleisung und sorge irgendwie dafür, dass niemand je davon erfährt.

Ob seine Bitte erhört wurde, wusste er nicht, doch seine Versuche, Trost zu spenden, wurden von Erfolg gekrönt. Auril beruhigte sich langsam wieder und begann zu erzählen, was vorgefallen war.

Sie erzählte, dass sie nach dem Tod ihres Vaters vor den Stadtwachen geflüchtet war, den Hof verlassen hatte und für einige Zeit zusammen mit Grauer auf der Straße gelebt hatte. Als sie dann eines Tages Baazlabeth vor dem Haus des Reedbauers wiedersah, hatte sie zu hoffen begonnen, dass er sie bei sich aufnahm. Als er sie zurückwies, gingen all ihre Hoffnungen verloren. Sie tat genau das, was alle ungeliebten Kinder Brisenburgs zuvor auch schon getan hatten – sie stieg hinab in die Kanalisation, um verborgen vor den Augen der anderen ein Leben unter der Erde zu fristen. Nach wenigen Tagen hatten die Dverga sie entdeckt und mitgenommen. Die Tätowierung an ihrem Hals zeichnete sie als Mischlingskind aus. Einige des kleinen Volkes kannten das süße blonde Mädchen und verrieten ihm, dass ihre Mutter ebenfalls noch in Brisenburg war. Leider lag ihre Mutter bereits im Sterben.

Baazlabeth wurde wieder einmal bewusst, wie herrlich verlogen und scheinheilig diese Stadt war. Es war kaum zu glauben, dass diese Welt der Ordnung anheimfallen sollte. Brisenburg musste das letzte Bollwerk gegen die Heerscharen des Lichtes sein. In ihr hatten sich die Reste des Chaos versammelt, um zum Gegenschlag auszuholen.

»Und wie bist du in den Tempel der Väter geraten?«, wollte Baazlabeth von Auril wissen.

»Meine Mutter hat mir auf ihrem Sterbebett gesagt, dass ich die Schwalbenburg verlassen müsse und nach dir Ausschau halten solle, weil du der Einzige sei, der Sementis erfüllen könne.«

Das Herz des Dämons begann von einem Moment auf den anderen zu rasen, als wenn ihm jemand eine Klinge an den Hals gesetzt hätte. Ein halbes Dutzend Fragen schwirrten durch seinen Kopf, doch es war ihm unmöglich, sie auszusprechen. Zuerst musste er seine Zunge, die in seinem Mund angeschwollen war wie ein Hefekloß, so unterbringen, dass er weiterhin Luft bekam. Außerdem setzte er alles daran, dass sich weder Hornstachel aus seinen Händen drückten, noch seine Füße sich in Hufe verwandelten, noch sich ihm Hörner aus der Stirn bohrten.

Ganz ruhig, Horde, sagte er zu sich selbst. *Es wird sich alles aufklären. Wahrscheinlich hat die Kleine nur irgendwo etwas aufgeschnappt und plappert es jetzt wie alle Kinder nach, um sich wichtig zu machen. Sie ist nur ein Kind, sie kann unmöglich von mir und der Prophezeiung wissen. Sie ist nur eine Göre, die nichts von dem versteht, was hier vor sich geht.*

Baazlabeth setzte alles auf eine Karte, als er sich wieder im Griff hatte.

»Von den Göttern selbst verfasst und aufgeschrieben,
steht zu lesen auf des schwarzen Bruchstücks Stein,
übrig bleiben werden von den Mächten jeweils sieben,
die entscheiden, ob die Welt wird ewig Schatten sein.
Die Stadt der Götter wird als Schlachtfeld dienen.
Von eigner Hand erbaut in einer Zeit des Lichts,
wird das Los der Mauern jenes neue Antlitz mimen,
und der Sieg entscheidet über alles oder nichts.«

»Das ist nur der erste Teil der Prophezeiung«, stellte Auril fest. »Die Menschen haben sich nicht viel Mühe gegeben, das alte Wissen zu bewahren. Dvergakinder hingegen bekommen die Geschichten der Alten schon zu hören, wenn sie noch im Bauch ihrer Mütter sind. Keiner von ihnen vergisst sie, denn sie sind alles, was wir noch haben.«

»Wenn die Tage kürzer werden, und die Nächte auch,
bringt der letzte Bauer seine Ernte aus.
Mit der Sense geht er durch die Reihen,
dass nichts neues Altes kann gedeihen.
Die faule Frucht streut er ins Land,
bis der Acker riecht verbrannt.
In der Erde tief verscharrt,
hat er seine eigne Saat.
Streut sie aus im kalten Wasser,
bis die Welt wird blass und blasser.
Ist der Boden ausgekühlt,
wird die Saat an Land gespült.
Gedüngt mit längst verdorrten Dingen,
wird man des Bauern Namen singen.«

Auril war sichtlich stolz, ihr Wissen jemandem vortragen zu können. Nun schien sie abwarten zu wollen, wie ihr Publikum darauf reagierte.

Baazlabeths Fragen waren nicht weniger geworden, was man sicherlich auch in seinem Gesicht ablesen konnte.

»Wer war deine Mutter?«

»Sie hieß Myrcella und lebte zusammen mit Menschen in der Schwalbenburg. Sie hatte es geschafft. Sie war keine Sklavin oder Dienerin. Sie war genauso viel wert wie jeder andere Mensch in Brisenburg auch.«

»Du sprichst von Myrcella, der Zwergin?«

»Sie hasste es, wenn man sie so nannte«, erklärte Auril. »Sie war Myrcella, die Priesterin der Vorsehung, eine heilige Dverga.«

Baazlabeth musste sich eingestehen, dass das ein paar Neuigkeiten zu viel für einen Morgen waren, selbst für einen Dämon. Er nahm einen weiteren Schluck aus der Flasche mit dem Wein. Diesmal schmeckte er bei Weitem nicht mehr so übel, dennoch fiel ihm das Schlucken schwer.

»Sie ist tot, sagst du?«

Auril nickte traurig. »Sie ist an der Grabsteingicht gestorben. Sie hat sie viel zu früh befallen. Nur alte Dverga sterben daran. Es ist eigentlich keine richtige Krankheit, es ist nur so ... wie alt werden. Meine Mutter hat mir erzählt, dass es sich dabei um einen Segen der Götter handelt, der verhindert, dass sich die Alten auf ihrem letzten Weg so quälen.«

Von welcher Seite dieser Segen kam, stand für Baazlabeth außer Frage. Sept tat alles, damit seine Geschöpfe sanft ins Leben glitten, und auch so wieder aus ihm schwanden. Amez hätte bestimmt eine brachialere Art gefunden.

»Und wie bist du hierhergekommen und in die Hände von dem dort gefallen«, fragte er und zeigte auf den Körper des toten Mannes im Eingang.

»Als der König vor den Toren der Stadt stand, habe ich deine Spur verloren. Auch Grauer konnte sie nicht wiederfinden. Ich bin zurück zum Theater, doch da war bereits ein junger Mann, der den Eingang beobachtete. Er hat mich entdeckt und kam auf mich zu, aber ich bin weggelaufen. Dann bin ich hier zum Tempel, weil ich gehofft habe, dass ich dich hier finde. Stattdessen hat mich der dort überrumpelt und mit in dieses Versteck geschleift. Ich dachte, du würdest irgendwann in den Tempel zurückkehren. Ich sollte doch bei dir bleiben, hat Mutter gesagt, und ich wusste sonst nicht, wohin. Dieser Mann hat auch nach dir gesucht. Er hat immer gesagt, du bräuchtest ihn, und er sein dein Bruder. Er war bestimmt nicht dein Bruder. Er war ganz anders als du – er war ein Sohn der Sünde, ein Feigling.«

Es gab nicht vieles in Baazlabeths Leben, was er gern rückgängig gemacht hätte, doch eines davon wäre sicherlich, heute Morgen aufgestanden zu sein. Die Sonne hatte sich erst wenige Stunden vom Horizont gelöst, doch wenn der Tag so weiterging, gäbe es für ihn keinen Abend mehr. Amez hatte ihm eine neue Chance versprochen, und er hatte noch nicht einmal einen Tag gebraucht, um sie wieder zu verspielen. Auf allen vieren kroch er hinüber zu dem Leichnam des Fremden, zog ihn hoch und tätschelte sein Gesicht.

»Komm schon, Junge, das war doch nicht so gemeint! Du hast mich einfach auf dem falschen Fuß erwischt. Es tut mir leid. Du hättest dich aber auch etwas mehr bemühen können, meine Sympathien zu erlangen. Versteckst dich hier im Haus der Väter und rammst mir einfach deinen Dolch in die Brust. Was hätte ich denn tun sollen?«

Baazlabeth hatte schon viele tote Menschen gesehen. Die meisten davon waren sogar durch seine Hand gestorben. Ab und an kam es vor, dass diese Totgesagten doch nicht so tot waren, wie er geglaubt hatte. Menschen konnten zäher sein, als man leichthin annahm. Er hatte Krieger gesehen, denen er zwei Fuß Stahl in den Körper gerammt hatte und die dennoch die Kraft gefunden hatten, sich ein letztes Mal gegen ihn aufzubäumen. Er erinnerte sich an einen, dem ein Bolzen im Kopf gesteckt hatte und der es sich trotzdem nicht hatte nehmen lassen, weiter auf ihn einzuschlagen. Menschen konnten zäh sein.

Baazlabeth sah auf den erschlafften Körper in seinen Armen. Dieser war mit Sicherheit tot, wenn nicht wenigstens ein Elternteil eine Eule war. Obwohl seine Brust zur Decke zeigte, waren seine Augen starr zu Boden gerichtet. Wenn das nicht eindeutig war, dann wusste Baazlabeth auch nicht weiter.

»Wir sollten hier verschwinden«, schlug Baazlabeth vor. »Hier werden dich die Wachen irgendwann finden. Ich bringe dich zu jemandem, bei dem du in Sicherheit bist.«

»Kann ich nicht bei dir bleiben?«, flehte Auril. »Ich werde auch auf Grauer aufpassen.«

»Das geht nicht, ich habe eine Katze und ein paar gefräßige Geschwister, die auch nicht vor Kindern und Hunden Halt machen.«

Baazlabeth ließ den Leichnam in dem Versteck verschwinden, während Auril Grauer holte. Als der Dämon die geheime Tür wieder schloss, waren das Mädchen und ihr Hund bereits vor den Tempel getreten, wo sie auf ihn warteten. Er nahm sich einen Moment Zeit und besah sich die Kleine, wie sie ihren Hund streichelte.

Hab ich meine Chance jetzt vertan, die Sünden gegen die Tugenden in den Krieg zu führen, oder ist sie die Lösung für alles? Ist sie ein Teil der Prophezeiung?

Baazlabeth fasste neue Hoffnung, wobei er aber immer noch nicht verstand, worin diese eigentlich liegen sollte. Ein Kind war wenig hilfreich im Kampf, in etwa so hilfreich wie eine fettleibige Katze.

Er trat hinaus in die kalte Winterluft und atmete tief durch.

»Kann ich deine Hand halten?«, fragte Auril.

»Vergiss es«, brummte Baazlabeth. »Das letzte kleine Mädchen, das ich an die Hand genommen habe, hat mir zum Abschied den Tod gewünscht.«

»Dann warst du wahrscheinlich nicht nett zu ihm«, erwiderte Auril.

»Ich bin nie nett. Aber es wäre schön, wenn du zwei Sachen für mich halten könntest.«

»Natürlich, was denn?«, fragte das Mädchen freudig.

»Zum einen deinen Mund und zum anderem mir den Köter vom Leib. Und nun komm schon!«

Der Dämon trabte los. Er wollte keine Zeit verlieren, außerdem verspürte er einen unglaublichen Durst. Auril würde schon hinterherkommen, ihre Angst vor den Stadtwachen war zu groß, um herumzutrödeln. Je schneller er die Kleine in Sicherheit wusste, desto eher konnte er sich darüber Gedanken machen, welche Rolle sie in diesem Spiel innehatte.

Baazlabeth gingen unendlich viele Gedanken durch den Kopf. Er fragte sich immer noch, was er verkehrt gemacht haben könnte. Amez hatte ihm gesagt, er hätte Sementis bereits in den ersten Tagen erfüllen können. Aber wie, wenn er damals noch nicht einmal gewusst hatte, dass es eine Prophezeiung zu erfüllen gab. Die Aufgabe, die ihm Nemrothar erteilt hatte, musste etwas damit zu tun haben. Die fünftausend Goldstücke waren zu etwas gut.

Als Baazlabeth in die Flunkergasse im Flautenviertel einbog, fühlte er sich zurückversetzt an den ersten Abend in Brisenburg. Die alte Frau am Fenster hatte ihn vor dem Fluch gewarnt – sie hatte ihn vor Lilith gewarnt.

Wieso vor Lilith? Sie ist eine der Sünden und somit eine Verbündete. Die Ausgangssperre und der gescheiterte Meuchelmord an Lord Brackenmoore. Ich sollte seinen Kopf zum Beweis mitbringen. Nemrothar hat den Plan vereitelt, und trotzdem hat Brackenmoore seinen Kopf verloren. Gehört das alles zur Prophezeiung, oder ist es ein launisches Beiwerk, um mich auf eine falsche Fährte zu locken?

Baazlabeth stand vor der Tür, zu der er sich damals so sehnlich gewünscht hatte. Jeden Tag hatte er sich vorgestellt, wie er mit der Kiste voller Goldmünzen vor ihr stand, in der Gewissheit, sie würde ihn nach Hause bringen. Er hätte die Tür eingetreten, Nemrothar gezwungen, ihn zurückzuschicken in sein Reich und ihn all seinen Zorn spüren lassen. Jetzt, wenige Wochen später, hatte er es geschafft – und dennoch erschien ihm das Tor weiter weg als je zuvor.

Das ängstlich untertänige Knurren von Grauer und Aurils Stimme holten den Dämon zurück aus seinen Gedanken.

»Hier soll ich bleiben? Es sieht nicht besonders schön aus, und Grauer kann nicht mehr gut Treppen gehen.«

»Immer noch besser als die Kanalisation«, schnaubte Baazlabeth. »Außerdem ist der alte Nemrothar genau das, was du suchst. Er ist ein netter alter Mann. Viel mehr ist von ihm nicht übrig. Ihr drei passt prima zusammen.«

Baazlabeth klopfte an und musste feststellen, dass die Tür nicht verriegelt war. Knarrend schob sie sich unter den entschlossenen Schubsern auf. Mit gemischten Gefühlen betrat er das enge Treppenhaus und betrachtete aufmerksam die steinerne Stiege, die hinaufführte zu den Gemächern des Magiers. Das Flautenviertel war der Teil von Brisenburg, in dem man besser daran tat, die Türen hinter sich zu schließen. Dunkle Gassen, zwielichtiges Gesindel und die Armut der Menschen ließen den Unterschied zwischen »dein« und »mein« schnell verblassen. Wenn man etwas von Wert besaß, war man gut beraten, nicht darüber zu sprechen und es wegzuschließen.

Jedes Mal, wenn ich hierherkomme, hat der alte Zausel ungebetene Besucher, und ich muss mich wieder darum kümmern, sie loszuwerden.

»Seid leise und bleibt hinter mir«, sagte Baazlabeth. »Der Alte ist schreckhaft und umgibt sich mit den falschen Freunden.«

Langsam schlichen sie die Treppe hinauf. Baazlabeth wagte einen vorsichtigen Blick über die letzte Stufe in Nemrothars Arbeitsraum. Der Alte saß inmitten seines zertrümmerten Mobiliars auf dem thronartigen Stuhl und las in einem Folianten.

»Du solltest lieber aufräumen, anstatt belangloses Zeug zu lesen«, brummte Baazlabeth und gab sich zu erkennen.

Er gab Auril das Zeichen, dass sie ihm folgen sollte. Ängstlich schlich das Mädchen hinter ihm her.

»Wenn du dich für die Seite des Chaos entschieden hast, kann ich das natürlich nur begrüßen, doch es ist nicht allein damit getan, in solch einem Saustall zu leben. Solltest du hingegen nur etwas gesucht haben, dann muss ich sagen, dass du mehr als übereifrig gewesen bist.«

Nemrothar klappte den Folianten lautstark zu. Sein verbittertes Lächeln verriet, dass es vergebens war, ihn weiter deprimieren zu wollen. Er hatte den Tiefpunkt bereits erreicht.

»Wenn ich etwas suche, räume ich danach auch wieder auf«, stöhnte Nemrothar. »Wer hier etwas gesucht hat, hat es auch gefunden, aber das Aufräumen hat er mir überlassen.«

Baazlabeth sah sich in aller Ruhe um. Was zuvor schon wie ein Trödelladen ausgesehen hatte, wirkte jetzt wie eine Müllhalde.

»Ist etwas gestohlen worden?«, fragte Baazlabeth desinteressiert.

»Etwas gestohlen worden?«, wiederholte Nemrothar. »Alle meine Aufzeichnungen, Ingredienzien, Zauberbücher und sogar die restlichen Tränke hat er mitgenommen. Ich bin sozusagen ein Magier ohne Magie.«

»Rege dich nicht so auf, das warst du vorher auch schon, oder soll ich dich an das Debakel von dir und deinen Zunftkollegen am Stadttor erinnern?«

Nemrothar hatte nur eine abweisende Geste für die Anklage übrig.

»Dann bist du jetzt sozusagen arbeitslos«, verhöhnte ihn der Dämon. »Wie gut, dass ich noch eine gefüllte Truhe mit Gold habe. Wenn du mir einen kleinen Dienst erweist, werde ich dafür sorgen, dass du nicht verhungerst. Du könntest dich als Kindermädchen nützlich machen. Die Kleine hier und ihr Hund brauchen ein Dach über dem Kopf. Kümmere dich um sie, und pass auf, dass sie nicht wieder wegläuft oder den Stadtwachen in die Hände fällt.«

»Ich bin ein alter Mann, wie soll ich auf ein junges Mädchen aufpassen?«, stöhnte Nemrothar. »Ich kann noch nicht einmal meinen eigenen Kram zusammenhalten. Warum nimmst du sie nicht mit ins Theater, wenn sie dir so wichtig ist?«

»Ich habe geschäftlich zu tun und würde es gern vermeiden, sie mit Molloch alleine zurückzulassen. Meine Vorräte sind auch begrenzt, und ich weiß nicht, wie der Fettsack zu Hund und Kind steht.«

»Geschäftlich zu tun? Folter und Mord sind kein Geschäft.«

»Das hast du aber anders gesehen, als ich euch die Inquisitoren vom Hals geschafft habe. Immerhin hat mir dieses Geschäft eine volle Truhe Gold beschert.«

»Lass sie hier«, stöhnte Nemrothar. »Vielleicht ist es wirklich besser. In der Stadt wütet die Seuche und vor den Toren der König. Es ist nur eine Frage der Zeit, wann uns eines der beiden Übel holt.«

»Es sind drei Übel, vergiss das nicht, alter Mann«, schnaubte Baazlabeth. »Den König und seine Mannen lass beruhigt meine Sorge sein. Ich habe da schon etwas im Sinn. Und was die Seuche angeht, würde ich sie einfach als Zeichen der Götter betrachten. Ihr Menschen seid doch immer so darauf aus, ein Zeichen eurer Schöpfer zu erhalten. Hier habt ihr eines, nun lernt auch damit umzugehen.«

Baazlabeth wandte sich an Auril.

»Du wirst bei ihm bleiben«, sagte er und beugte sich zu dem kleinen Mädchen hinunter. Sofort begann Grauer, ihn anzuknurren. »Kümmere dich ein bisschen um ihn, du siehst ja, er kann sich nicht mehr selbst versorgen. Wenn ich weiß, ob du eine Rolle bei dem spielst, was hier vor sich geht, kehre ich zurück. Wenn nicht, wünsche ich dir viel Glück, du wirst es brauchen.«

Baazlabeth war schon einige Stufen wieder hinuntergestiegen, da drehte er sich noch einmal nach Auril um. Die Ähnlichkeit mit ihrer Mutter war verblüffend. Wieso hatte er das zuvor nicht erkannt?

»Der Mann, der vor der *Schwarzen Posse* stand und auf mich zu warten schien, wie sah der aus?«

»Ein Mann um die dreißig, blonde, lange Haare und recht dünn«, erzählte Auril. »Er war nicht von hier.«

»Woher willst du das wissen?«

»Er trug einen festen Wollumhang mit kostbaren Pelzen am Saum und Ärmel. Niemand von hier würde billigen Stoff mit solchen Fellen versehen. Außerdem war er zu bleich für die Seeluft an der Küste, und er lief mit Sandalen durch den Schnee.«

20
Kleine Geschenke erhalten die Feindschaft

Sir Dennard Proof – Hass

Irgendwann beginnt jeder seine Mitmenschen zu hassen, die meisten sterben jedoch, bevor es so weit ist.

Sir Dennard Proof hatte es sich auf der Bühne bequem gemacht. Er saß zusammen mit der blinden Dvergafrau am Tisch unter den Käfigen. Dieses Theater, die *Schwarze Posse*, war nicht die Art von Ort, welche dem Henker als Unterkunft zusagte. Als Schafrichter des Königs wohnte man im Palast und auf Reisen in einer feudalen Herberge. Die einzigen Ausnahmen, ein nobles Quartier betreffend, stellte die Zeit während eines Feldzugs oder einer Belagerung dar. In diesen Fällen war so gut wie alles besser, als zusammen mit einem Haufen betrunkener Söldner das Zelt teilen und sich deren Heldentaten anhören zu müssen. Aber eben nur fast alles. Ein ausgebranntes Theater mit einer Hand voll skurriler und abartiger Zeitgenossen gehörte in seinen Vorstellungen nicht dazu.

Da gab es zum einen diese blinde Dvergafrau, Lemura war ihr Name, aber meistens nannten die anderen sie schlicht »Seherin«, was anscheinend spöttisch gemeint war. Das ewig zerzauste Haar, die dreckigen Fingernägel sowie ihre schlecht sitzende Kleidung konnte man auf ihre Behinderung zurückführen, die Traurigkeit in ihrem Gesicht hingegen schien eine andere Ursache zu haben. Sie sprach nicht gern, erst recht nicht mit ihm. Sir Dennard Proof führte dies auf seinen Broterwerb zurück. Niemand sehnte sich nach einem Gespräch mit einem Henker, und als Freund wollte ihn erst recht keiner haben. Er nahm es ihr nicht übel, unheimlich fand er die kleine Frau trotzdem.

Dann war da noch der Fettkloß. Dennard hatte ihn erst einmal für ein paar Minuten gesehen und mindestens doppelt so lang gerochen. Im Gegensatz zu diesem Mann war die Dverga ein richtiger Sonnenschein. Der Fettkloß hieß Molloch und war der Grund dafür, dass es kaum etwas zu essen im Theater gab. Er stopfte sich unentwegt etwas in den Mund und kaute ekelerregend darauf herum. Entweder gab er Schmatzlaute oder ein hohes monotones Säuseln von sich. Er schien ähnlich gern zu sprechen wie die Dverga. Dennard Proof befand, dass Molloch wahnsinnig war und entweder irgendwann platzen oder durchdrehen würde. In beiden Fällen wollte er lieber nicht in der Nähe sein.

Die Frau in Rot war nicht weniger sonderbar, zudem im Gegensatz zu den beiden anderen recht ansehnlich. Ihr Name war Galina. Sie geizte nicht mit ihren Reizen und schien sich ihrer Schönheit durchaus bewusst. Sie war mit einem Schmied in der Stadt verheiratet, doch anscheinend hatten die zwei einige Probleme. Proof wurde nicht richtig schlau aus ihren Erzählungen, doch er gab auch nicht viel auf die häuslichen Probleme anderer. Die Frau in Rot passte so gar nicht zu den anderen, aber irgendetwas schien sie hier zu halten.

Die einzigen beiden, die gern und viel redeten, waren der Theaterbesitzer Sil und seine sprechende Katze. Das Tier schien so etwas wie ein Vertrauter zu sein, mit denen sich Magier gern umgaben. Sil war sicherlich kein Magier. Er war ein blonder Schönling, der versuchte, männlich verwegen zu wirken, aber zum verkehrten Hemd gegriffen hatte. Seine ganze arrogante und gleichzeitig vulgäre Art schien sagen zu wollen: *Mach das Maul auf, und ich hau dir eine rein*. Er war ein Großkotz, wie Dennard Proof sie nur zur Genüge kannte. Die meisten von ihnen hatte er irgendwann einen Kopf kürzer gemacht.

Diesen Sil durfte man trotzdem nicht unterschätzen. Im Gegensatz zu vielen anderen Großmäulern schien der Theaterbesitzer tatsächlich eine brutale Ader zu haben, was Dennard aber nicht unbedingt als einschüchternd empfand. Einschüchternd war der Mann, der in seinem Kopf zu ihm gesprochen hatte und sich als Sils Vater ausgegeben hatte. Es war die Stimme eines Gottes gewesen, oder wenigstens die eines Wesens, das nicht weit davon entfernt war. Dennard war sich sicher, dass es sein letztes Mal wäre, sollte dieses Wesen ein weiteres Mal mit ihm sprechen. Er hatte keine Angst vor dem Tod, dafür hatte er ihn schon zu oft miterlebt und war zu lange am Leben. Er war dieser

Stimme gefolgt, weil sie ihm das Gefühl gegeben hatte, dort anzukommen, wo er schon lange hätte angelangt sein müssen.

Außer diesen merkwürdigen Gestalten schien es noch weitere Bewohner des Theaters zu geben. Es war immer wieder die Rede von einem blutenden Mann und einer Frau mit Tontopf. Eigentlich war es eine Frau im Tontopf, doch das ergab noch weniger Sinn. Auf jeden Fall schien sie auf der Suche nach ihrer Tochter Lilith zu sein, und der blutende Mann half ihr dabei. Dennard Proof war ganz froh, noch keinen der drei kennen gelernt zu haben. Fürs Erste reichte der Eindruck, den die anderen bei ihm hinterlassen hatten.

Neben der Stimme, die zu ihm gesprochen hatte, gab es noch einen weiteren Grund, diese kleine Familie nicht sofort wieder zu verlassen: Er selbst passte besser zu ihnen, als er es sich eingestehen wollte. Um ihn rankte sich ein ähnliches Geheimnis wie um die anderen.

Im Alter von zwölf Jahren wies Dennards Vater ihn in das Handwerk eines Henkers ein. Damals hatte er auf der untersten Stufe zum Schafott stehen und den Weidenkorb halten dürfen, in den der abgetrennte Kopf fallen sollte. Der Name des Mannes, der hingerichtet worden war, war Lord Ryson, ein schmächtiger kleiner Kerl mit Ziegenbart und Halbglatze. Dennard hielt damals seinen Blick starr in den Korb gerichtet. Er hatte Angst, etwas verkehrt zu machen oder den Korb vor Schreck umzustoßen. Doch nichts dergleichen passierte. Das Geräusch, das die Klinge seines Vaters verursachte, als sie den Hals von Lord Ryson mit einem einzigen Schlag durchtrennte, klang wie das Zerteilen eines Apfels mit einem Küchenmesser. Dennard war weder schockiert, noch übermannte ihn die Übelkeit. Es war, wie sein Vater gesagt hatte, nur ein Handwerk. Er besah sich den Kopf des Lords eine ganze Weile lang genau. Augen und Mund waren weit geöffnet, und irgendwie hoffte Dennard, so etwas wie einen letzten Funken von Leben im Gesicht des Mannes zu finden, doch da war nichts. Es war einfach nur ein Kopf, der Kopf eines Toten.

Wenn das Hinrichten von Menschen ein Handwerk war, so schien sein Vater ein Handwerksmeister zu sein. Seine Schlagkraft und die Treffgenauigkeit waren im ganzen Land bekannt. Er brauchte nie mehr als nur einen einzigen Schlag mit dem Zweihänder. Viele seiner Handwerkskollegen waren hingegen echte Stümper, wie sein Vater ihm berichtete. Mit Breitäxten, Hellebarden und Säbeln versuchten sie, das Publikum zu unterhalten und sich einen Namen zu machen. Viele trafen beim ersten Mal nur die Schulter und brauchten fast ein halbes Dutzend Schläge, um den Kopf vom Rumpf zu trennen. Sie waren eher eine Mischung aus Schlachter und Gaukler, die alles dafür taten, um die Menge in Staunen zu versetzten, denn Henker.

Dennards Vater war anders. Er brauchte keine Schaulustigen, keinen Applaus oder in Ohnmacht fallende Frauen bei seiner Arbeit. Er tat das, was er tat, aus Überzeugung. Schnell hatte auch das Königshaus den Wert des Henkers erkannt und bestellte ihn an den Hof. Dennards Vater wurde zum Henker des Adels ernannt. Anscheinend dachte der König, dass es nur Hochwohlgeborenen zustand, mit einem sauberen Schlag getötet zu werden. Fortan füllte sein Vater den Korb nur noch mit Adelsköpfen, bleich gepudert und mit albernen angesteckten Haarteilen. Seit dem Tag lebten Dennard und sein Vater im Wohlstand, aber auch unter den ängstlichen Blicken des Hofstaates. Jeder befürchtete, der Nächste auf dem Schafott zu sein, nur weil man ihnen ein Lächeln zugeworfen hatte. Jeder mied die Gegenwart des Henkers und seines Sohnes.

Dennard war es jahrelang nicht aufgefallen – vielleicht auch, weil ihm der Vergleich gefehlt hatte –, doch sein Vater schien schon ein alter Mann gewesen zu sein, als sein Sohn zur Welt kam. Als Dennard zwanzig wurde, hatte sich am geschätzten Alter seines Vaters nichts verändert; er sah immer noch aus wie in seinen ersten Erinnerungen. Als er dann vierzig wurde, und sein Vater um die neunzig sein musste, kam Dennard der Verdacht, dass die Zeit seinen alten Herrn vergessen hatte. So lebten sie noch weitere fünf Jahre nebeneinanderher, aber Dennard brachte nie den Mut auf, seinen Vater danach zu fragen. Mittlerweile regierte der sechste König, dem die Henkersfamilie diente. Dann, eines Tages vor fast fünfzehn Jahren, übergab der Vater sein Amt an den Sohn. Eine Woche danach verstarb er, und Dennard führte allein das blutige Handwerk fort. Seit diesem Tag war er kein einziges Jahr mehr gealtert. Er bekam keine weiteren Falten, sein Bart hielt inne, sich langsam grau zu färben, und auch von jeglichen Wehwehchen blieb er verschont. Sein eigenes Leben schien wie eingefroren.

Mittlerweile war Dennard Proof schon zu so etwas wie einer Legende geworden. König Bellington hatte ihn zu einem Sir ernennen lassen, was aber nicht viel hieß. Er bekam weder Reichtümer noch Land zugesprochen, dafür aber die Möglichkeit, von seinem Nachfolger hingerichtet zu werden.

Dennards Vater hatte ihm beigebracht, möglichst nüchtern auf seine Tätigkeit herabzublicken. Es brachte nicht viel, Mitleid oder Trauer zu empfinden. So etwas konnte man sich als Henker nicht erlauben, und es wurde auch nicht gern gesehen. Doch wenn man über viele Jahre sein Seelenleben tief in sich vergrub, entwickelte sich langsam etwas anderes daraus – Hass. Hass auf jene Menschen, die andere zum Tode verurteilten. Auf solche, die den Verurteilten nicht beistanden und sich einen Dreck um ihre Mitmenschen scherten. Und Hass auf jene, die aus Rache das Spiel fortführten, um noch mehr Leid zu bringen. Dennard musste mit ansehen, wie sich ganze Familien gegenseitig denunzierten und regelrecht ausrotteten. Dies hatte sicherlich auch sein Vater schon erkannt und beschlossen, den einfachsten Weg zur Lösung aller Probleme zu gehen, nämlich zu sterben. Dennard war noch nicht so weit. Er war nicht dazu bereit, sein Leben in der Gewissheit zu beenden, dass die Menschen sich auch nach seinem Tod nicht ändern würden.

»Was denn, was denn, so schweigsam allesamt?«, dröhnte Sils Stimme durch die leeren Zuschauerreihen. »Eure betrübte Stimmung lässt mich erahnen, dass ihr Sanna und den Bluter noch nicht gefunden habt.«

Lemura schreckte beim ersten Laut des Theaterbesitzers hoch wie aus einem Albtraum. Entweder hatte sie Angst, oder sie freute sich, endlich wieder einen geeigneten Gesprächspartner gefunden zu haben. Dennard musste zugeben, dass das ewige Schweigen auch ihn langsam zermürbte.

»Sie sind bislang noch nicht wieder aufgetaucht«, erwiderte Lemura hastig. »Wahrscheinlich haben sie sich irgendwo versteckt, bis sich die Tugenden zu erkennen geben. Und Sanna wird warten, bis Ihr Lilith wieder in diese Welt geholt habt.«

»Dann war deine Suche wahrscheinlich auch nicht erfolgreicher«, wandte sich Sil an Dennard.

»Einen blutenden Mann und eine Frau im Tontopf zu finden sollte eigentlich kein Problem sein, doch wenn sie genauso merkwürdig sind wie Eure anderen Kameraden hier, gehe ich davon aus, dass sie in der

Stadt gesteinigt wurden. So etwas tun wir nämlich im Norden mit solchen Missgeburten«, sagte Dennard kühn.

»Und ich dachte immer, es reicht Euch, wenn ihr alle, die anderes sind, versklavt.«

Dennard Proof ließ den Kommentar des Theaterbesitzers im Raum stehen. Im Laufe der Jahre hatte er sich daran gewöhnt, dass es Menschen gab, denen man keine Antwort schuldig war. Entweder lebten sie nicht mehr lange genug, als dass es sich lohnen würde, ihren Worten zu lauschen, oder sie waren so von sich eingenommen, dass jede Erwiderung reinste Zeitverschwendung war. Auf diesen Sil konnte beides zutreffen.

»Kommt, kommt, meine Freunde!«, rief Sil in die Dunkelheit des Theatereinganges hinein und versuchte, jemanden hervorzulocken, der sich dort versteckt hatte. »Ich habe versprochen, Eurem Volk zu helfen, und das werde ich auch tun.«

Zögerlich löste sich eine Gruppe von zwei Dutzend Dvergas aus dem Schatten. Verängstigt strömten sie in den Theatersaal und blickten sich verwundert und orientierungslos um.

»Nicht so schüchtern«, spornte Sil sie an. »Ihr seid in Sicherheit. Hier will Euch niemand etwas Böses.«

Der Theaterbesitzer klang nur wenig überzeugend, doch den Dvergas schien im Laufe der Jahre jegliches Gefühl für den Tonfall anderer abhandengekommen zu sein. Sie klammerten sich an jeden Funken Hoffnung.

»Wo sind wir hier?«, fragte ein abgemagerter Dverga. Seine Stimme klang müde, und seinen Körper hatte er in eine alte Decke gehüllt.

»Ihr seid hier in meinem Theater, der *Schwarzen Posse*. Ihr braucht keine Angst zu haben. An diesem Ort werden die Wachen nicht nach Euch suchen, und auch kein anderer wird Euch etwas tun.«

Einige der Dvergas hatten Lemura auf der Bühne entdeckt und flüsterten aufgeregt miteinander. Ein paar von ihnen fassten sich an den Händen, stützten sich gegenseitig und hielten lahmend und humpelnd auf die Seherin zu.

»Er hat uns nicht belogen!«, rief eine von ihnen. »Seht, Lemura ist hier. Sie wird uns helfen, kommt!«

Sils Plan, wie immer der auch aussehen mochte, schien aufzugehen.

Dennard Proof hatte selten so heruntergekommene Dvergas gesehen. Man hatte ihm erzählt, dass das kleine Volk in Brisenburg sich nicht hatte versklaven lassen und bereit war, für seine Freiheit zu kämpfen. Angeblich sollten sie sich sogar zu einem kleinen Heer zusammengeschlossen haben und Neptrotot, den Sklavenhändler und persönlichen Freund von König Bellington dem Dritten, vor der Stadt getötet haben. Dennard nahm an, dass es sich dabei um andere Dvergas handeln musste. Diese hier hatten schon alle Mühe, sich auf den eigenen Beinen zu halten. Wenn das der Preis war, den man für die Freiheit zahlen musste, war das Sklavenleben die bessere Wahl. Die Dvergas, die Dennard bislang gesehen hatte, waren ordentlich gekleidet und gut genährt gewesen. Niemand kaufte sich einen Sklaven, um ihn dann verhungern zu lassen. Es gab natürlich Ausnahmen, doch die gab es überall.

»Was soll das?«, keifte Lemura den Theaterbesitzer an. »Was hab Ihr ihnen versprochen. Sie haben nichts mit dem zu tun, was hier in Brisenburg vor sich geht. Bringt sie wieder dorthin zurück, wo sie in Sicherheit sind.«

Sil nahm zwei der Dvergas bei der Hand und zog sie mit sich nach vorn an den Bühnenrand. Dennard vermochte beim besten Willen nicht zu sagen, ob die beiden Männer oder Frauen waren. Die Haare waren notdürftig mit einer Schere geschnitten, um Kletten, Filzläuse und sonstigen Dreck herauszubekommen. Ihre Körper waren abgemagert, und die Gesichter eingefallen. Kleidung besaßen sie gar nicht, sondern hüllten sich in Decken und Tücher, die sie gefunden hatten.

»Zurück in Sicherheit«, schnaubte Sil. »Das ist genau das, was ich mit ihnen vorhabe. Du willst doch nicht behaupten, dass diese Kreaturen in der Kanalisation in Sicherheit sind. Ich weiß zwar nicht, wann du das letzte Mal in der Kanalisation warst, doch als ich dort war, habe ich sie nur sterben sehen. Es gibt nur eine Sicherheit dort unten, die Sicherheit, elendig zu krepieren.«

»Ihr seid ein skrupelloses Scheusal!«, schrie Lemura.

Langsam weckte das Gespräch in Dennard Proof ein gewisses Interesse.

»Du bist das Scheusal und die eigentliche Verräterin an deinem Volk. Du kanntest die Prophezeiung und wusstest, dass sie von den Dvergas über Jahrhunderte gehütet wurde. Aber anstatt sie mit einzubeziehen, hast du sie in der Kloake dieser Stadt wie Pilze im Dunkeln gehalten, während du dir hier den Bauch an meinem Tisch voll geschlagen hast. Jetzt ist es fast zu spät und dein Volk am Rande des Untergangs. Willst du, dass sie keine Rolle spielen bei dem, was vor uns liegt. Jahrhundertealtes Wissen, weggeworfen für eine Freiheit, die es gar nicht gibt.«

»Und was gedenkt Ihr zu tun?«

»Ganz einfach, ich werde ihr wirkliches Talent nutzen.«

»Und das wäre welches Talent, aus Eurer Sicht?«, erwiderte Lemura schnippisch.

»Die Seuche, die Dvergas, das Sterben der Menschen in Brisenburg ... Siehst du da vielleicht auch irgendeinen Zusammenhang? Myrcella kannte ihn. Ich werde die Dvergas aus der Stadt bringen, damit sie ihr tödliches Vermächtnis hinaus in die Welt tragen können. Wollen wir doch mal sehen, ob es sich um eine wirkliche Plage handelt oder lediglich vergleichbar mit Magendrücken ist. Anfangen werden wir mit dem Heer des Königs vor den Toren Brisenburgs.«

Die Einzigen, die nicht verstanden hatten, was hier gerade vor sich ging, schienen die zwei Dutzend Dvergas zu sein. Selbst Dennard Proof hatte eine ungefähre Ahnung von dem, was Sil bezweckte, auch wenn es ihm nicht sonderlich gefiel.

»Sie werden die kleinen Plagegeister mit ihrer Reiterei niedertrampeln, bevor sie auch nur das erste Söldnerheer erreichen können«, wandte der Henker ein.

»Und um genau das zu verhindern, werdet Ihr, Sir Dennard Proof, diese kleine Gruppe anführen. Als strahlender Retter der königlichen Ehre werdet Ihr mit dem Kopf von Lord Brackenmoore in den Schoß von Bellington zurückkehren. Zu Eurer Schande müsst ihr jedoch gestehen, dass Euch die Schlüssel zur Stadt nicht ausgehändigt wurden. Um die Schmach etwas zu schmälern, werdet Ihr dem König die Dvergas übergeben, sozusagen als kleines Geschenk. Sorgt dafür dass man sie gut behandelt und dass sie möglichst viel Kontakt zu den Söldnern des Heeres haben. Am besten verschafft ihr ihnen Zugang zu den Wasserreserven, das scheint trefflich geeignet zu sein, um die Seuche zu verbreiten. Wenn man Euch nach den Zuständen in Brisenburg befragt, werdet Ihr aussagen, dass die Stadt voller kampfbereiter Krieger ist, die nur darauf warten, dem König in seinen Hintern zu treten.

Euch wird schon etwas Passendes einfallen. Hauptsache ist, dass Bellington seine bevorstehende Erstürmung der Stadtmauer verschiebt und sich dazu gezwungen sieht, weitere Vorbereitungen zu treffen.«

Dennard konnte sich des Eindrucks nicht erwehren, dass Sil ihn wieder loswerden wollte. Was war mit der Stimme, die zu ihm gesprochen hatte? War sie auch mit diesem Plan einverstanden? Bevor er jedoch etwas einwenden konnte, meldeten sich die Dvergas zu Wort.

»Ihr habt gesagt, Ihr bringt uns in Sicherheit, nicht in die Sklaverei des Königs«, zeterten sie und sprachen aufgeregt durcheinander. »Wir lassen uns von Euch nicht in den sicheren Tod schicken.«

»Ihr seid schon tot!«, schrie Baazlabeth dazwischen. »Seht euch doch mal an. Die Grabsteingicht steckt euch in den Knochen. Wozu, glaubt ihr, hat euer Volk die Prophezeiung von Generation zu Generation weitergegeben? Sicherlich nicht, damit ihr in der Kanalisation von Brisenburg hockt und dahinsiecht. Das ist eure Chance, euch für das Unrecht, dass ihr über Jahre hinweg erleiden musstet, zu rächen. Wenn ihr mein kleines Spiel nicht mitspielt, werdet ihr überhaupt kein Spiel mehr spielen.«

Baazlabeth zog die beiden Krummschwerter blank und ließ sie im Schein der Fackel aufblitzen.

»Lemura, hilf uns!«, riefen die Dvergas ängstlich durcheinander. »Was soll das alles? Ihr müsst uns helfen.«

Lemura sackte auf dem Stuhl in sich zusammen wie ein Hefekloß, dem man zu früh angeschnitten hatte. Ihre traurigen blinden Augen waren auf den Boden gerichtet, und sie schien darüber nachzudenken, was sie noch einwenden konnte. Plötzlich erhob sie sich, kniete am Rand der Bühne nieder und hielt ihren Freunden die ausgestreckten Hände hin. Gierig und nach Trost suchend, griffen die Männer und Frauen aus ihrem Volk nach ihren Fingern und Armen.

Dennard Proof wunderte sich über die offenkundige Zuneigung zu der Seherin. Sie wurde behandelt wie eine Hohepriesterin des Tempels der Tugend oder jemand aus der Königsfamilie.

»Es tut mir leid«, sagte Lemura schluchzend. »Prinzipal Sil hat Recht. Die Zeit, in der auch wir unser letztes Opfer bringen müssen, ist gekommen. Die Prophezeiung kann nicht länger warten, sonst wird diese Welt sich niemals verändern, und das wäre der Tod, nicht nur für unser Volk, sondern auch für alles, was wir je geschaffen haben. Wir würden in Vergessenheit geraten, und nichts würde je mehr an die Dvergas erinnern. Das können wir nicht zulassen. Wenn es euch hilft, werde ich mit euch gehen.«

»Nichts da«, schnaubte Sil. »Du wirst hier gebraucht. Solange ich dich nicht entlasse, wirst du schön hierbleiben.«

»Ich habe es Euch schon einmal gesagt«, erwiderte Lemura zornig. »Ich bin freiwillig hier.«

»Und ich habe dich aus einer guten Laune heraus am Leben gelassen. Willst du, dass ich schlechte bekomme.«

Sir Dennard Proof beobachtete, wie sich spitze Krallen aus den Fingerknöcheln des Theaterbesitzers schoben, sich sein Unterkiefer nach vorn drückte und sich an der Stirn Beulen bildeten, als ob ein Paar Hörner daraus hervorspringen wollte.

»Sir Dennard Proof, würdet ihr meiner Aufforderung bitte sofort nachkommen und diese Dvergas zum Stadttor hinausbegleiten. Ich befürchte, dass mich das rührselige Gejammer sonst zu etwas werden lässt, das wenig Verständnis für Ungehorsam aufbringt.«

Der Theaterbesitzer sah Dennard mit gelb funkelnden Augen an.

Ein Leben lang hatte der Henker sich den Anweisungen anderer unterwerfen müssen. Die meisten Menschen dachten, er wäre ein mächtiger Mann, den es zu fürchten galt. Ein Wort von ihm, und man würde zum Tode verurteilt. Sie sprachen von ihm als dem Herrn über Leben und Tod. Sie alle irrten sich. Als Henker hatte man weniger Entscheidungsgewalt als der niederste Soldat in den Reihen des königlichen Heers. Als Soldat bekam man zwar seine Befehle, doch wie man sie umsetzte, war den meisten selbst überlassen. Als Henker besaß man diese Freiheit nicht. Man stand oben auf dem Schafott. Alle Augen waren auf einen gerichtet, und man wartete so lange, bis das Zeichen kam. Erst dann durfte man sprechen, sich bewegen oder zuschlagen. Niemand legte Wert darauf, die Meinung des Henkers zu hören. Ein Henker war nicht mehr als eine Marionette. Man hob den Arm, nickte mit dem Kopf oder verbeugte sich, wenn ein anderer an den Fäden zog. Wie oft hatte er jemandem den Kopf abgeschlagen, obwohl er genau wusste, dass es falsch war? Dennard hatte sich nie daran gewöhnt, nur ein Werkzeug zu sein.

Wie leicht hätte er den Dienst einfach verweigern können? Es hätte ihn nur ein Kopfschütteln gekostet, und trotzdem hatte er es nie gewagt. Dennard Proof brauchte das Töten. Es war ihm auch nicht egal, wie er tötete. In Schlachten hatte er sich schon unter die Söldner gemischt und mit ihnen Seite an Seite gekämpft, doch das war etwas anderes. Er brauchte dieses Gefühl des Richtens. Er wollte nicht der Gewinner aus einem Zweikampf sein. Er wollte derjenige sein, der die Menschen kraft seines Amtes aus dem Leben riss – eben ein Henker. Gestern war er der Freimann des Königs gewesen, heute der eines Gottes. Ein Schlachtfeld würde sein Schafott sein, der Schuldige ein ganzes Heer und seine Klinge eine Gruppe von Dvergas.

Zwei Stunden später stand Sir Dennard Proof mit zwei Dutzend Dvergas vor dem Stadttor und wartete darauf, dass man ihm öffnete. Wenn er vorher gewusst hätte, dass der Weg quer durch die Stadt zu einem regelrechten Spießrutenlauf werden würde, hätte er ihn in die Nacht verlegt. Auch in anderen Städten hatte man ihn schon mit bösen Blicken verfolgt. Dennard Proof schien die Menschen zu spalten, entweder hassten oder fürchteten sie ihn. Die Brisenburger schienen beides gleichzeitig zu tun. Kein guter Stand, um neue Freunde zu finden. Die Dreistigkeit, mit der die Bürger ihm hier entgegentraten, suchte seinesgleichen. Die Menschen beschimpften ihn, warfen mit Gegenständen oder spuckten vor ihm aus. Trotz der vielen Toten, welche die Stadt zu beklagen hatte – kaum eine Familie war verschont geblieben –, fanden die Bürger immer noch genügend Hass in sich, um ihn offen zu zeigen. Das Leid eines jeden war fast grenzenlos, und dennoch beklagten sie den Tod eines Lords und stellten sich auf die Seite der Dvergas. Über Jahre hinweg hatte die Bevölkerung von Brisenburg nicht den Mut gefunden, das kleine Volk so zu akzeptieren, dass man gemeinschaftlich miteinander leben konnte, doch kaum konzentrierte sich ihre Feindschaft auf eine bestimmte Person, waren alle Zweifel wie weggeblasen. Es war schon komisch, wie ein gemeinsamer Feind aus zwei Rivalen Freunde machte. Dennard hatte jedoch wenig Lust, noch mehr von dieser innigen Freundschaft zu erfahren, und er war froh, endlich am Nordtor angelangt zu sein.

Er musste zugeben, dass er beeindruckt und zugleich belustigt war von der Illusion, welche die Bürger Brisenburgs erschaffen hatten. Wenn man im Osten vor der Stadt stand, sah Brisenburg aus wie eine bewachte Festung. Auf der Stadtmauer schienen sich die Bogenschützen förmlich zu drängeln. Drei schwere Ballisten ragten mit ihren protzigen Wurfarmen über die Zinnen und drohten jeden, der sich zu nah heranwagte, mit armdicken Geschossen aufzuspießen. Die Abschreckung funktionierte. Hätte sich jedoch jemand die Mühe gemacht, sich näher heranzuwagen, hätte er gesehen, dass von den achtzig Bogenschützen auf der Mauer nur vierzig aus Fleisch und Blut waren. Die anderen waren ausrangierte Vogelscheuchen, Besen mit aufmontierten Helmen oder ähnlich imposante Erscheinungen. Hundertzwanzig Mann, die in drei Schichten zu je vierzig Mann auf der Mauer patrouillierten, waren alles, was Brisenburg zu bieten hatte. Mit den Ballisten verhielt es sich ähnlich. In Wirklichkeit gab es nur eine, und auch die besaß nur einen Wurfarm. Die anderen beiden waren notdürftig zusammengezimmerte Holzgestelle, die bestenfalls als Brennholz zu gebrauchen waren.

Brisenburg war zu seiner eigenen Bühne geworden. Von vorn betrachtet, bot es ein wunderbares und beeindruckendes Bühnenbild, doch wenn man einen Blick hinter die Kulissen riskierte, war der Zauber verflogen.

Die vier Wachen am Tor schienen es nicht besonders eilig zu haben, den Henker zu verabschieden. Drei von ihnen starrten ihn hasserfüllt an, während sich der Vierte mit dem schweren Riegel abmühte. Als das Tor sich öffnete, um ihn und seine Gefangenen in die nördliche Ebene zu entlassen, stellten sich ihm zwei der Wachen in den Weg, die Hände drohend auf ihre Schwertknäufe gelegt.

Dennard Proof hielt nicht viel von solchen Drohgebärden. Zu schnell wurden sie missverstanden.

»Bevor ihr euch zu einer Dummheit hinreißen lasst, möchte ich euch daran erinnern, dass mir an euren Köpfen weniger liegt als euch selbst. Wenn ihr wollt, dass das so bleibt, schluckt euren Unmut herunter, dann brauche ich nicht so schwer zu tragen und ihr habt weiterhin eine gute Verwendung für eure Helme.«

Die Wachen hatten ihren Mut anscheinend überschätzt oder wenigstens auf eine kleinlautere Antwort gehofft. Augenblicklich gaben sie den Weg frei, und Dennard zog ungehindert mit den Dvergas aus der Stadt. Schon von Weitem war das Heerlager des Königs zu erkennen. In der Nähe des kleinen Waldes im Norden stand Zelt an

Zelt wie Pilze auf einer Lichtung. Der König war auf Nummer sicher gegangen und hatte befohlen, wenigstens eine Meile Abstand zur Stadt zu wahren. Ein gezielter Ausfall von kleinen Gruppen Reiterei aus Brisenburg konnte auch einem Heer dieser Größe schaden. Mit einer Meile Abstand blieb selbst bei einem Überraschungsangriff in der Nacht genügend Zeit, eine Verteidigungslinie aufzubauen. Zahlreiche Feuer brannten im Lager und schützten die Männer vor der Kälte. Wie eine unsichtbare Line zog sich ein schmales Band quer durch das Lager und trennte es in zwei Hälften. Auf der einen Seite, dort, wo das Zelt des Königs errichtet worden war, lagerte das reguläre Heer. Auf der anderen Seite hatten die Söldner ihre Biwaks aufgeschlagen. Söldner und Soldaten waren wie Hund und Katze. Die einen neideten den Sold in Friedenszeiten, die anderen die hohen Prämien, wenn eine Schlacht erfolgreich verlief. Das Einzige, was sie verband, war ihre Unzufriedenheit.

Der Henker führte den Tross Sklaven an einem langen Strick hinter sich her. Die Fesseln waren mehr ein Symbol als ein wirklicher Schutz gegen die Flucht der Männer und Frauen aus dem kleinen Volk. Doch wohin hätten sie schon fliehen können?

»Das ist der Vorteil, wenn man klein ist«, sagte einer der Dvergas zu Dennard Proof.

»Was für ein Vorteil?«, grollte der Henker.

»Es ist schwerer, von einem Pfeil in den Rücken getroffen zu werden. Anders als bei dir«, antwortete der Dverga.

»Den Wachen fehlt der Mut, mir in den Rücken zu schießen. Sie können sich an zehn Fingern abzählen, wie die Sache hier zu Ende geht. Auf einen Helden wartest du vergebens, Zwerg. Jetzt versucht jeder nur noch, seine Haut zu retten.«

Der Dverga lachte.

»Was ist so lustig daran?«, erkundigte sich Dennard.

»Eigentlich nichts«, gestand der Mann vom kleinen Volk. »Ich hatte mir meine Rettung nur irgendwie anders vorgestellt.«

»Für euch wird es mehr eine Art Erlösung sein. Kommt also gar nicht erst auf die Idee, Ärger zu machen, sonst wird mein Geschenk an den König kleiner ausfallen, als es jetzt schon ist.«

Eine Zeit lang lief Dennard Proof mit seinen Gefangenen im Schlepptau schweigend einher. Die Späher im Lager des Königs hatten sie bereits entdeckt und anscheinend Entwarnung gegeben. Dennard konnte beobachten, wie eine kleine Gruppe Männer sich auf ihre Pferde schwang, doch nach wenigen Augenblicken wieder absaß. Ein Henker und zwei Dutzend Sklaven waren eben nicht wichtig genug, um ihnen eine Patrouille entgegenzusenden. Die Männer waren sicherlich froh um jede Extraaufgabe, die ihnen erspart blieb, selbst wenn es nur ein kurzer Ausritt war. König Bellington war niemand, der seine Truppen während einer Belagerung zum Müßiggang einlud. Seine Pläne und Befehle mochten in den Augen des Feindes noch dezent wirken, aber hinter ihnen steckte Überlegung. So hatte er die vielen Gefallenen vor den Toren Brisenburgs des Nachts vom Schlachtfeld holen lassen und dem Meer übergeben. Nichts war schlimmer für einen Krieger, als wenn er erneut auf den Kampfplatz musste, auf dem noch seine Kameraden lagen und vor sich hinrotteten. Es gab kaum etwas, was noch demotivierender war. Des Weiteren hatte der König seinen Baumeistern befohlen, mit dem Bau von Belagerungs- und Kriegsmaschinen zu beginnen. Von Weitem schon sah man etwas mehr als ein halbes Dutzend Baustellen hinter dem Heerlager, wo die riesigen Konstruktionen gefertigt wurden. Dennard hatte schon einige von ihnen im Einsatz beobachten können. Sie waren wirklich ein Meisterwerk der Technik, und jedes Mal wurden sie effizienter und größer. Böse Zungen behaupteten, dass der König mehr Gold für die Baumeister und Erfinder an seinem Hofstaat ausgab als für sein Heer. Vielleicht stimmte das sogar.

»Ihr habt eine merkwürdige Sichtweise auf die Dinge um Euch herum«, meldete sich der Dverga wieder zu Wort. »Ihr nennt es Erlösung und Geschenk, wobei es nur das Siechtum und die Sklaverei ist. Wie wird man so wie Ihr?«

»Schlag tagaus, tagein den Leuten die Köpfe ab, auch denen, die du eigentlich mochtest, und dir bleibt nichts anderes übrig, als dir die Welt auf irgendeine Weise selbst zu erklären. Wäre es dir lieber, ich würde euch als Sklaven bezeichnen?«

»Wie sind keine Sklaven«, erwiderte der Dverga.

Dennard feixte, blieb stehen und besah sich den dürren Winzling.

»Was denkst du denn, was ihr sonst seid?«

»Wir waren Ausgestoßene, doch als Ihr mit uns durch das Stadttor gezogen seid, sind wir zum mächtigsten Heer geworden, das die Welt je gesehen hat, und wir werden mehr Menschen töten als in jeder Schlacht zuvor. Beginnen wird es hier, bei König Bellington, doch schon bald wird unser Krieg die ganze Welt überziehen und die Menschen zu einer aussterbenden Rasse werden lassen.«

»Du glaubst wirklich daran, oder?«

Der Dverga entblößte die Arme unter dem Umhang und deutete auf die dunkel verfärbten Stellen an seinen Gelenken und Fingerknöcheln.

»Unsere Waffen sind vielleicht nicht so scharf wie Eure Schwerter, doch dafür dringen sie durch jede Rüstung und werden niemals müde, neues Blut zu fordern.«

Dennard verspürte plötzlich Angst. War es möglich, dass er tatsächlich mit dieser Hand voll Dvergas den Tod in die Welt hinausbrachte? Bislang wusste er immer, was geschah, wenn sein Schwert herabfuhr. Jetzt tat er zum ersten Mal etwas, von dem er nicht wusste, welch weit reichende Folgen es haben würde.

Sir Dennard Proof war heilfroh und zugleich verunsichert, als er das Heerlager des Königs erreichte und seine Gefangenen übergab.

»Behandelt sie gut«, sagte er zu den Soldaten, die auf ihn zukamen, und denen er den Trupp Dvergas übergab. »Sie sind ein Geschenk für König Bellington. Wascht sie und gebt ihnen etwas zu essen.«

Keiner der Soldaten widersprach dem Henker. Sie hatten sich daran gewöhnt, dass Dennard Proof eigenartige Bitten äußerte, doch man tat besser daran, sie wie Befehle zu befolgen. Sein scharfes Schwert und das offene Ohr des Königs machten ihn zu einem gefährlichen Mann. Niemand würde Dennard verurteilen, wenn er einen Soldaten tötete.

»Wir werden sie ordentlich behandeln«, versprach einer der Soldaten. »Sie können sich um die vielen Verwundeten kümmern, solange der König keine andere Verwendung für sie hat. Die Medizi können jede Hilfe brauchen.«

Dennard nickte dem Soldaten zu, vermied es jedoch, einen der Dvergas noch einmal anzusehen. Er wandte sich ab und begab sich auf den Weg durch das Lager zum Zelt des Königs. Niemand schien sich zu fragen, warum er erst jetzt aus der Stadt zurückkam. Jedem schien es zu reichen, den blutigen Beutel an seiner Seite zu sehen.

Am Eingang von König Bellingtons Zelt erwartete ihn bereits

General Dugen. Er hatte hier den Oberbefehl über alle Soldaten und Söldner. Am Gesicht des Generals erkannte Dennard, dass er wenig Spaß an der Belagerung von Brisenburg hatte. Den meisten Menschen war es unmöglich zu sagen, ob der General gut oder schlecht gelaunt war, an was er Freude empfand und an was nicht und ob er einen mochte oder nicht. Vor vier Jahren hatte Dugen ein Morgenstern im Gesicht getroffen und seine gesamte Mimik erschlaffen lassen. Die Medizi des Königs konnten ihn zwar wieder zusammenflicken und am Leben erhalten, doch ein richtiges Gesicht besaß er seitdem nicht mehr. Dennard hatte gelernt, an der Stellung der Narben und dem übrig gebliebenen linken Mundwinkel zu erkennen, wie der Gemütszustand des Generals war. Das musste reichen, um zu entscheiden, ob man ihn ansprach oder ihm besser aus dem Weg ging.

»Wo wart Ihr die letzten Tage, Henker?«, fragte General Dugen.

»Dort, wo mich der König hingeschickt hat«, antwortete Dennard und deutet auf den Beutel an seiner Seite.

»Die Wunde des Königs hat sich entzündet. Es sieht nicht gut aus. Die Medizi haben alles versucht, aber es frisst sich weiter in seinen Körper. Heute Morgen hat er sie alle weggeschickt. Er sagte, sie sollen sich lieber um die anderen Verletzten kümmern, anstatt an ihm herumzupfuschen. Er lässt niemanden zu sich heran mit Ausnahme einer seiner Mätressen. Sie gibt ihm zu trinken und wechselt die Verbände. Vielleicht ist er ja geneigt, Euch zu sehen. Ihr könnt es ja mal versuchen.«

General Dugen nickte den beiden Wachen am Eingang des Zeltes zu, die daraufhin den schweren Stoff ein Stück zur Seite zogen.

Dennard Proof trat ein. Im Zelt roch es nach schwerem Rotwein und Weihrauch. Die Zelthülle ließ nur wenig Licht durch und verbarg das Durcheinander im Inneren. In der Mitte waren einige Stoffbahnen gespannt, die den privaten Schlafbereich des Königs von dem Teil trennten, in dem er sich mit seinen Offizieren beriet.

»Ich will niemanden sehen«, stöhnte der König von jenseits der Stoffbahnen.

»Ich bin es, Majestät«, sagte der Henker, »Sir Dennard Proof. Ich bringe Euch den Kopf von Lord Brackenmoore sowie zwei Dutzend Dvergas aus der Stadt.«

Die einzige Lichtquelle im Zelt war eine Kerze, die am Kopfende des königlichen Bettes stand. Wie General Dugen gesagt hatte, war Bellington der Dritte nicht allein. Jedoch war es mit Sicherheit keine der Mätressen. Diese Frau hier war zu klein und zu zierlich, als dass sie dem König hätte gefallen könnte. Sie bewegte sich sehr anmutig, fast katzenhaft. Die junge Frau stützte den Kopf des Königs und flößte ihm etwas zu trinken aus einem Kelch ein. Die ganze Szene wirkte wie ein Schattenspiel aus einem schlechten Bühnenstück. Sie flüsterte dem König etwas ins Ohr, und er schüttelte kraftlos den Kopf.

»Sind sie bereit, die Waffen niederzulegen, und haben sie dir die Schlüssel von Brisenburg ausgehändigt?«, röchelte Bellington.

»Nein, Majestät. Sie werden sich nicht ergeben.«

»Was hat dich dazu veranlasst, mich nach so vielen Jahren in meinen Diensten zu verraten?«, fragte der König heiser und kaum verständlich.

Dennard dachte zuerst, die Frage gelte der jungen Frau an der Seite des Königs, doch als sie nicht reagierte, fragte er nach.

»Was meint Ihr, Majestät. Ich habe getan, worum ihr mich gebeten habt.«

Wieder flüsterte die Gestalt dem König etwas ins Ohr.

»Wie ist sein Plan, was hat dieser Dämon vor?«, flüsterte Bellington.

Dennard Proof trat näher an die Stoffbahnen heran, um die Worte des Königs besser verstehen zu können.

»Majestät, Ihr habt Fieber. Der Wundbrand lässt Euch Dinge hören und sehen, die nicht existieren. Ich habe Euch nicht verraten«, log er.

Plötzlich stand die Frau direkt vor Dennard auf der anderen Seite der Stoffbahn. Sie war äußerst klein und zart und anscheinend mit einem wattierten Waffenrock bekleidet.

»Ihr müsst Euch von den Medizi behandeln lassen«, sagte Dennard, dann spürte er einen stechenden Schmerz in der Brust.

Sir Dennard Proof sah an sich herab und erkannte die lange, dünne Klinge eines Degens, die in seiner Brust steckte. Die Waffe wurde wieder herausgezogen, glitt zurück durch den Vorhangstoff, der gierig das Blut aufsog. Die Waffe lag in der Hand der Gestalt auf der anderen Seite. Erneut stach sie zu, ohne dass Dennard etwas dagegen tun konnte. Sie war so schnell und so geschickt, dass nicht einmal der

Stoff, durch den sie stach, sich bewegte. Jedes Mal, wenn sie die Klinge wieder zurückzog, gab es einen neuen Fleck. Dennard spürte überhaupt nichts. Er hatte keine Schmerzen. Es fühlte sich an, als schliefe er langsam ein, und er konnte nichts dagegen tun.

Die kleine Gestalt trat dich an ihn heran und flüsterte ihm etwas zu:

»Und dich hat er genommen, um mich zu ersetzen. Was für ein armseliger Tausch. Du bist nicht im Geringsten so wie ich.«

Dennard Proof war bereits tot, als sein Körper zu Boden stürzte.

21
Eine Träne macht noch keinen Sommer

Nur weil man sich allein fühlt, heißt das nicht, dass man es auch ist, und in einem leeren Glas könnte trotzdem etwas enthalten sein. Denn was der eine zum Leben braucht, ist des anderen Tod.

Baazlabeth saß zusammen mit Molloch, Galina und Lemura auf der Bühne der *Schwarzen Posse*. Irgendwo unter dem Tisch hockte Igniphascellanius der Dritte und strich schnurrend um die Beine der drei Sünden. Auf dem Tisch lagen der herausgebrochene Boden eines Tongefäßes sowie eine weitere Scherbe. Missmutig starrten die drei auf die Bruchstücke, während Lemura ihren Blick geradeaus ins Leere richtete.

»Vielleicht ist es nicht der Topf von Sanna«, gab Galina zu bedenken. »Es gibt immerhin Tausende solcher Töpfe. Es könnte irgendeiner sein. Vielleicht ein Salzfass oder eines mit Thymian.«

Igniphascellanius hatte die Scherben in der Gruft von Schloss Sturmfels gefunden. Sie lagen auf dem Steinsarg, in dem Sanna beerdigt worden war und in dem sie jahrelang zusammen mit ihrer Tochter Lilith gehaust hatte. Trotz Galinas Worten zweifelte keiner wirklich an, dass es Sannas Urne war, deren Reste vor ihnen auf dem Tisch lagen.

Lemuras Hände tasteten sich über die Tischplatte und fanden eine der Scherben. Geschickt wendete sie das Tonstück zwischen den Fingern und erkundete jede Ecke und jede Kante. Vorsichtig legte sie die Scherbe zurück auf den Tisch.

»Es ist Sannas Urne«, bestätigte sie. »Ich habe sie stundenlang in Händen gehalten. Ich würde sie aus Tausenden wiedererkennen. Außerdem riecht sie nicht nach Thymian.«

Hauptsache, sie riecht nicht nach Lavendel.

»Na endlich mal etwas Handfestes!«, brüllte Baazlabeth unvermittelt los und schlug mit der Hand auf den Tisch. »Ich könnte mich natürlich irren, aber irgendwie werde ich das Gefühl nicht los, dass irgendjemand versucht, mir Steine in den Weg zu legen. Oder besser gesagt: Scherben.«

»Nicht Euch, sondern der Prophezeiung«, berichtigte ihn Lemura.

Baazlabeth griff quer über den Tisch, packte die Seherin am Hals und hob sie am ausgestreckten Arm von ihrem Platz.

»Vielleicht stecken du und deine kleinen Freunde hinter allem«, knurrte er die Dvergafrau an. »Immerhin habe ich es dir zu verdanken, dass ich erst jetzt den zweiten Teil der Prophezeiung kenne. Hättest du von Anfang an mit offenen Karten gespielt, wäre dies vielleicht alles nie passiert. Bislang hast du mir nur Kummer bereitet. Du solltest darüber nachdenken, ob es nicht langsam an der Zeit ist, mir eine Freude zu machen, und wenn sie nur darin besteht, blau anzulaufen.«

Der Kopf des Homunkulus schob sich langsam über die Tischkante.

»Vielleicht ist Sanna gar nicht tot, sondern nur in ein anderes Gefäß umgezogen?«

Schlagartig verlor Baazlabeth die Lust daran, jemanden zu würgen, der kein Fell besaß. Jedes Mal wenn der Homunkulus eine seiner Ideen oder Einfälle zum Besten gab, fühlte sich der Dämon leer und deprimiert. Warum stellte man ihm immer Diener zur Seite, die noch armseliger und beschränkter waren als die, die er bekämpfen sollte. War es vielleicht, um die niederen Sterblichen besser verstehen zu lernen und sich in sie hineinversetzen zu können. Er konnte gut darauf verzichten; immerhin steckte er in einem ihrer Körper.

»Das ist ein fantastischer Gedanke«, grinste Baazlabeth. »Bist du selbst draufgekommen, oder hat dich ein Stein am Kopf getroffen und dich auf diese Idee gebracht? Du glaubst doch nicht allen Ernstes, Sanna sei aus ihrer Urne geflüchtet, weil sie das Leben in Armut satthatte, und ist in eine Prunkvase mit Griffmulde gezogen?«

Igniphascellanius' Kopf verschwand wieder unter dem Tisch.

»Wenn Ihr es wiederholt, Meister, hört sich immer alles so unwahrscheinlich an.«

»Könnte daran liegen, dass deine wachen Momente immer nur schwachsinnige Ideen hervorbringen. Wahrscheinlich ist dies auch der Grund, warum Katzen dreiundzwanzig von vierundzwanzig Stunden am Tag schlafen. Dann brauchen sich ihre Herren nicht den ganzen Mist anhören«, brummte der Dämon.

»Die anderen Katzen können gar nicht sprechen, Meister«, wandte der Homunkulus ein.

»Was sicherlich ihr bisheriges Überleben gesichert hat. Du solltest einmal drüber nachdenken. Was ist mit dem Bluter, irgendeine Spur von ihm?«

Galina schüttelte den Kopf. Sie hatte mittlerweile verstanden, dass es oft besser war, dem Dämon nur mit Gesten zu antworten, anstatt den Misserfolg erklären zu wollen. Leider funktionierte das nicht immer.

»Momentan fallen mir nur zwei Möglichkeiten zum Verschwinden der beiden ein. Entweder tötet jemand gezielt die Sünden, um die Prophezeiung zu verhindern. Wenn das tatsächlich der Fall ist, stellt sich mir die Frage, warum ich mich immer noch mit euch Verbleibenden umgebe? Immerhin wäre dann eh schon alles zu spät. Ich könnte auch selbst reinen Tisch machen, um wenigstens ein wenig Spaß zu haben. Die andere Möglichkeit ist, dass die Prophezeiung sich verändert und einen anderen Weg eingeschlagen hat. Was euch ebenfalls überflüssig machen und zum gleichen Ergebnis führen würde. Ihr seht also, wie wichtig es für euch ist, eine dritte Möglichkeit zu finden, wenn ihr nicht als kurzweilige Unterhaltung enden wollt.«

Alle am und unter dem Tisch schienen verstanden zu haben, was der Dämon damit ausdrücken wollte.

»Molloch, du bleibst hier, falls einer der beiden oder Dennard Proof wieder auftaucht. Lemura wird dir noch etwas zu essen besorgen. Es kann sein, dass du kurzfristig noch ein paar Pfund drauflegen musst. Der König legt ein ganz gutes Tempo vor, was den Bau der Belagerungsmaschinen betrifft. Wir müssen verhindern, dass er die Stadtmauer unter Beschuss nimmt, bevor ich weiß, was hier vor sich geht. Lemura, du machst dir noch einmal Gedanken über die Prophezeiung und ob es noch etwas gibt, das du vergessen hast, mir zu sagen. Wenn ich erneut erfahre, dass du etwas verschweigst, wirst du dir wünschen, mit dem Henker gegangen zu sein. Kannst du dir vorstellen, was man mit einem Käsehobel so alles machen kann? Galina kommt mit mir. Wir werden noch einmal zum Schloss Sturmfels gehen. Vielleicht haben die Wachen den Bluter oder jemand anderen Verdächtigen gesehen.«

»Und was wird meine Aufgabe sein, Herr?«, fragte Igniphascellanius der Dritte unter dem Tisch.

»Werde groß, lass dir anständige Flügel wachsen und übe dich im Feuerspucken. Würde doch albern aussehen, wenn ich dich in Brand setzen und über die Mauer werfen müsste, weil das alles ist, was du zu der Schlacht beitragen kannst.«

Baazlabeth hoffte, dass das Fauchen unter dem Tisch schon eine erste Demonstration der neuen Künste des Homunkulus war, schließlich mochte er brennende Katzen.

»Komm, Muse, zieh dir etwas über, und dann werden wir erneut versuchen, den Bluter zu finden. Im Schnee sollten wir schnell eine Spur von ihm entdeckten. Immer dem roten Schnee nach, der gelbe führt uns lediglich zu diesem nichtsnutzigen Homunkulus zurück.«

Galina schaute empört drein. »Wie Ihr schon richtig bemerkt, bin ich eine Muse. Meine Macht besteht darin, Männer zu bezirzen. Wie soll ich das wohl machen, wenn ich eingepackt bin wie ein Pestkranker. Ich wäre Euch keine wirkliche Hilfe. Ich finde, Ihr solltet meine Gabe besser und gezielter einsetzen, als sie bei der Suche nach diesen beiden halbtoten Mitstreitern zu vergeuden.«

Platsch!

»Wir sind auf der Suche nach einem Mann, dessen Gehirn gekocht wurde, und jeder andere, der dort draußen herumläuft, hat sicher Besseres zu tun, als dir auf deinen Vorbau zu glotzen. Es reicht also völlig, wenn du die Augen offen hältst, ob du das mit oder ohne Mantel tust, ist mir egal. Aber du kommst mit mir, oder du endest wie die Katze.«

»Ich bin noch nicht tot, Meister«, meldete sich eine zaghafte Stimme unter dem Tisch.

»Abwarten!«

Baazlabeth konnte an Galinas Blick erkennen, dass sie es trotzdem vorgezogen hätte, im Theater zu bleiben, aber nicht erneut den Mut aufbrachte, ihm zu widersprechen. Er vermutete, dass sie Angst hatte, selbst ein Opfer der Seuche zu werden. Wenn Schönheit alles war, was sie zu bieten hatte, sollte es ihm egal sein.

Die Hälfte dieser Sünden ist kaum zu gebrauchen. Man hätte sie lieber in »leichte Verfehlungen« umtaufen sollen. Feigheit, Wollust, Neid – was soll ein richtiger Krieger damit anfangen? Vielleicht sollte ich sie bei der Gegenseite einschmuggeln und behaupten, zehn gegen vier sei völlig in Ordnung. Soll sich doch das Licht mit ihnen herumschlagen.

Mittlerweile hatte auch Galina ihren Mantel übergeworfen und sich die Schuhe angezogen. Entgegen all ihren Befürchtungen sah sie immer noch nicht aus wie ein pestkranker Bettler. Ihre Art, sich zu bewegen, das lange kastanienbraune Haar und die schlanken Beine machten sie immer noch zum Blickfang eines jeden – zumindest eines jedes vereinsamten Mannes.

Gemeinsam mit der Muse verließ Baazlabeth das Theater. Es schneite wieder einmal, doch der Wind hatte nachgelassen. Die beiden waren kaum zwanzig Schritte gegangen, da bemerkte der Dämon das Frösteln der jungen Frau.

»Du hast zu lange bei deinem Mann an der warmen Esse gehockt«, spottete Baazlabeth. »Ein bisschen Abhärtung hätte dir ganz gut getan.«

»Warum hätte ich mich abhärten sollen? Mir wurde jeder Wunsch von den Lippen abgelesen. Ich brauchte nie zu frieren oder zu hungern. Ihr seid nur neidisch, weil Euch der gewisse Charme fehlt, um das zu bekommen, was Ihr wollt. Sich alles mit Gewalt holen zu müssen …«

Ich hätte sie tatsächlich im Theater lassen sollen – in einem der Käfige mit einem schönen warmen Feuerchen darunter.

»Ich habe Charme«, grunzte Baazlabeth. »Du solltest mich sehen, wenn ich drei Fuß geschärften und blank polierten Stahl in Händen halte, dann würde es nicht einmal Molloch schaffen, mir das Grinsen aus dem Gesicht zu schlagen. Das nenne ich Charme. Und was den Neid betrifft, den ich empfinden soll: Da wende dich mal lieber an Sanna, wenn wir sie finden. Außerdem solltest du nicht so eine negative Einstellung zur Gewalt haben; es könnte sein, dass du mehr davon abbekommst, als dir lieb ist, denn wir brauchen mit Sicherheit niemanden, der lächelnd und nur gut aussehend auf dem Schlachtfeld herumtanzt. Wenn doch plötzlich der Bedarf aufkommt, bist du natürlich die Erste, die es erfährt.«

Die Stadt wurde langsam zu dem, was sich Baazlabeth von ihr erhofft hatte – was man von seinen Mitstreitern nicht behaupten konnte. Schon fast ein Drittel der Bürger hatte sich dazu entschlossen, die gewohnten vier Wände gegen eine Holzkiste einzutauschen und sich von den Totengräbern durch die Stadt kutschieren zu lassen. Wen die Seuche noch nicht dahingerafft hatte, vertrieb sich die Zeit mit mehr oder minder stiller Trauer oder den Versuchen, Lebensmittel zu horten. Es war erstaunlich, was eine Belagerung aus den Menschen machen konnte. Gerade mal eine Woche hatten sich die Stadttore geschlossen, und schon gönnte der eine Nachbar dem anderen nicht einmal mehr ein Stück trockenes Brot. Zu gern hätte Baazlabeth die Bürger beruhigt und ihnen erklärt, dass es sich nicht lohnte, Brot zu horten, da die Belagerung bald ein Ende haben würde. Jedoch befürchtete er, dass die meisten die Gründe dafür nicht ohne Hysterie akzeptieren würden.

»Habt ihr Euch den Beginn der Prophezeiung so vorgestellt?«, fragte Galina.

»So beginnen sie immer«, knurrte er, obwohl er keine Ahnung hatte, wie sie sonst begannen.

Zu gern hätte Baazlabeth seinen eigenen Worten Glauben geschenkt. Nur wie konnte dies die Prophezeiung sein, wenn er doch so kläglich versagt hatte? Sanna war verschwunden, der Bluter wahrscheinlich tot, und wenn sein Gefühl ihn nicht trog, hatte er selbst die Sünde der Feigheit vor Kurzem umgebracht. Es würde keinen Kampf sieben gegen sieben geben. Mit etwas Glück waren sie noch zu viert, doch was nützte das schon, wenn die andere Seite sich erst gar nicht blicken ließ? Dass Amez noch nicht gekommen war, um ihn zu strafen, konnte nur daran liegen, dass ihm noch nichts Geeignetes eingefallen war, um Baazlabeth seiner gerechten Strafe zuzuführen – oder erfüllte sich die Prophezeiung auf eine andere Art?

Als Baazlabeth zusammen mit Galina aus der Gasse neben dem Theater trat, hätte er schwören können, eine andere Welt zu betreten – eine bessere Welt. Wo sonst die Händler ihre Stände aufgebaut hatten und Waren lautstark feilboten, hatte man die Opfer der Seuche aufgebahrt. Hunderte von Toten lagen in Kisten, auf Laken gebettet oder einfach auf der bloßen Erde. Sie waren in kleine Gruppen aufgeteilt, manche auch zu zweit oder allein. Anscheinend waren es Familienmitglieder, Verwandte oder Bewohner desselben Hauses, die dafür gesorgt hatten. Zwischen den Verstorbenen standen Angehörige sowie Freunde und betrauerten die Verluste.

»Schau dir das an«, brummte Baazlabeth. »Die Stadt kann schon mit mehr Seuchenopfern aufwarten als mit Menschen, die sie betrauern. Und es kommen immer neue dazu. Der Totengräber wird sich eine goldene Nase verdienen.«

»Vielleicht liegt er aber auch schon hier«, gab Galina zu bedenken.

»Das wäre schlecht für ihn, aber dann führt es ein anderer weiter. Wer ist nicht erpicht darauf, sein Geld mit Abwarten zu verdienen. Sterben werden sie schließlich alle?«

»Ihr nicht?«, fragte die Muse verwundert.

»Sagen wir es mal so: Auf meinen Tod zu warten wäre kein gutes Geschäft.«

Heute war kein Markttag, und wenn, dann nur für Götter. Dennoch hatten sich vier Händler entschlossen, ihre Stände aufzubauen. Baazlabeth fragte sich, was man wohl anbot, wenn man knietief in Leichen stand. Die meisten Güter, Gebrauchsgegenstände und Lebensmittel schienen hier doch etwas fehl am Platze. Wer nur ein bisschen Pietät besaß, hätte schnell das Weite gesucht und die Menschen in Frieden trauern lassen. Baazlabeth überlegte, was er wohl verkaufen würde, denn er hätte seinen Stand mit Sicherheit auch aufgebaut – und wenn es nur dazu gedient hätte, ein wenig von der Stimmung einzufangen.

»Ablassbriefe«, murmelte der Dämon vor sich hin. »Ich würde die Absolution und den Eintritt ins Himmelreich oder wo die Gläubigen sonst hinwollen, verkaufen. Für zwei Goldmünzen kann man sich aus meinem Reich freikaufen, und ab zehn bekommt man schon einen Platz in der Nähe eines Gottes seiner Wahl. Für ganz Spendable gibt es sogar einen Logenbereich, von dem aus man auf seine Hinterbliebenen starren kann. Schade, dass ich keine Zeit habe. Ich könnte der reichste Mann Brisenburgs werden.«

»Wartet noch ein paar Tage, und Ihr werdet es ohnehin sein«, sagte Galina.

»Wo nimmst du nur nach all den Jahren diese Zuversicht her? Ich bin erst seit wenigen Wochen hier und würde nicht mal mehr eine Goldmünze drauf wetten, dass es heute Abend dunkel wird.«

»Vielleicht sind meine Erwartungen nicht so hoch wie die Euren«, gestand die Muse.

»Meine Erwartungen sind doch nicht hoch«, erwiderte Baazlabeth empört. »Alle Sterblichen krepieren. Alles, was ich will, ist, dass sie sich dabei beeilen. Das dürfte doch wohl nicht zu viel verlangt sein.«

Baazlabeth hatte keine Lust, sich weiter über das ungebührliche Verhalten der Menschen in Brisenburg zu unterhalten. Schließlich wollte er nicht den Eindruck erwecken, es würde ihn Mühe kosten, sich unter den Menschen zurechtzufinden und sich gegen sie durchzusetzen. Mit geheucheltem Interesse bewegte er sich auf die Stände der Händler zu. Galina folgte ihm, obwohl ihr Gesicht verriet, dass ihr der Weg durch das Feld der Toten hindurch nicht sonderlich behagte.

Drei der Händler waren eigentlich eher so etwas wie Leichenfledderer. Sie hatten sich auf den Ankauf von Gold, Silber und Edelsteinen spezialisiert und versuchten, die Angehörigen davon zu überzeugen, den Schmuck der Verstorbenen an sie zu einem lächerlich niedrigen Preis zu verhökern. Wer sich noch zierte, mit dem Nachlass seiner Verwandten so bedenkenlos umzugehen, wurde dezent auf die Belagerung durch den König hingewiesen und das Loch in der Südmauer, durch das die Toten ins Meer geworfen wurden, wenn sich die Angehörigen keine Beerdigung leisten konnten.

»Ihr solltet an Eure Kinder denken, gute Frau«, hörte Baazlabeth einen der Händler sagen. »Die Belagerung könnte sich noch Monate hinziehen. Ihr werdet das Geld sicherlich gut brauchen können. Was sind schon zwei Ringe im Vergleich dazu, hungern zu müssen. Ich verspreche Euch, dass Ihr kein besseres Angebot bekommen werdet. Wenn es erst einmal hart auf hart kommt, wird Euch niemand mehr etwas für Schmuck geben.«

Die Frau schien dennoch wenig angetan von dem Vorschlag. Sie schaute auf ihren kleinen Sohn, der fasziniert die beiden Ringe in seiner Hand beäugte und die funkelnden Rubine im Sonnenlicht bestaunte. Sie war kurz davor, dem Händler eine Abfuhr zu erteilen.

»Euer Mann hätte sicherlich gewollt, dass Ihr alles tut, um den Kindern eine glückliche Zukunft zu bescheren. Seht Euch um, gute Frau, es ist kein Zufall, wen die Seuche befällt und wen sie verschont. Es sind meist die ohnehin schon kranken und schwachen Menschen. Ich kann Euch nur raten, kauft Euch Lebensmittel und versteckt sie im Haus. Seid nicht so nachlässig und verblendet und gebt dem Schmuck eines Toten Vorrang vor der Gesundheit Eurer Kinder.«

Die Frau grapschte nach den beiden Ringen in der Hand ihres Sohnes und legte sie auf den Tisch. Fast gleichzeitig schob der Händler ihr einen kleinen Stapel Münzen zu. Hastig schnappte sich die Frau das Geld und zog ihren weinenden Jungen eilig mit sich fort.

Die anderen beiden Händler waren keinen Deut besser. Einzige Ausnahme schien der junge Mann am Ende der vier Stände zu sein, der stumm hinter seinem Tisch stand und andächtig auf die eigene Auslage schaute.

Baazlabeth wollte sich die Sachen anschauen, die sich anscheinend auch ohne lautstarke Anpreisungen verkauften, jedoch wurde er von dem aufdringlichen Händler am Nachbarstand aufgehalten.

»Was ist mit Euch, guter Mann?«, säuselte er, »Habt Ihr auch jemanden zu betrauern? Vater, Mutter oder, der Erschaffer bewahre, vielleicht sogar ein Kind?« Der schmierig aussehende Händler beugte sich vor und flüsterte Baazlabeth etwas zu.

»Ihr solltet all das, was der Verblichene noch an Besitz bei sich trägt an Euch nehmen. Gebt Euch keiner Hoffnung hin, dass es mit ihm zusammen beigesetzt wird. Ihr müsst Euch nur einmal diese Halunken von Totengräbern ansehen, dann wisst Ihr, wem diese Kostbarkeiten in die Hände fallen würden. Ich habe schon gesehen, wie sie Toten die Finger abschnitten haben, um an die Ringe zu kommen. Gönnt Euren Angehörigen die Ruhe, die sie verdienen.«

Baazlabeth konnte kaum einen Unterschied zwischen der Vertrauenswürdigkeit der Händler zu jener der Totengräber erkennen. Die Totengräber hatten sich jedenfalls mit der schwarzen Schärpe um ihren Arm kenntlich gemacht.

Auf dem Tisch lagen allerhand goldene Ketten, Anhänger und Ringe. Baazlabeth fegte sie mit der Hand zusammen und deutete mit dem Finger auf den Haufen.

»Ich gebe Euch zwanzig Goldstücke dafür«, sagte er unbeeindruckt.

»Ihr versteht nicht«, wehrte der Händler das Angebot ab. »Ich würde gern Euren Schmuck kaufen. Ich verkaufe nicht. Außerdem habe ich für die Stücke hier auf dem Tisch wesentlich mehr gezahlt, als Ihr mir anbietet.«

»Die, von denen Ihr das Zeug habt, haben es auch teurer gekauft und dann für weniger an Euch verscherbelt.«

Der Händler versuchte, eine empörte Miene aufzusetzen.

»Das ist etwas ganz anderes. Ich bin schließlich ein Händler und habe den Menschen in einer Notsituation geholfen. Sie haben von mir bekommen, was ihnen zustand. Ich habe niemanden gezwungen, mir den Schmuck zu verkaufen.«

Baazlabeth tippte sich mit dem Finger ans Kinn.

»Wenn ich den Fleck in Eurem Gesicht richtig deute, seid Ihr in einer ähnlichen Notsituation. Ihr solltet Euch freuen, dass ich überhaupt zwanzig Goldstücke für das Zeug biete.«

Halb in Panik betastete der Händler sein Kinn und wischte mit dem Finger darauf herum.

»Das ist nur Sch… Schmutz«, stotterte er. »Ich muss irgendwo gegengekommen sein. Ist es jetzt weg?«

Baazlabeth schüttelte den Kopf.

Sofort wandte sich der Händler an seinen Kollegen.

»Ist da was?«, fragte er verunsichert. »Es kann ja nur Schmutz sein, was denn sonst?«

Das Gute an diesen Kaufleuten war, dass sie eine Chance schon Meilen gegen den Wind rochen. Gab es etwas zu verdienen, waren sie da wie die Aasgeier, und sie schreckten auch nicht davor zurück, die eigenen Kollegen auszunehmen, wenn sich die Gelegenheit bot.

Der andere beugte sich ein Stück vor und kniff die Augen zusammen, um den angeblichen Fleck zu begutachten.

»Schmutz ist es nicht«, beteuerte er. »Es sieht aus wie ein schwarzer Schatten oder ein Bluterguss. Hast du denn keine Schmerzen?«

»Das kann nicht sein«, wimmerte der Händler. »Ich spüre gar nichts. Vielleicht ist es ein bisschen taub, mehr aber auch nicht.«

»So fängt es immer an«, versicherte Baazlabeth, trat einen Schritt zurück und hakte Galina unter. »Komm, wir gehen lieber, Schatz.«

Als Baazlabeth zusammen mit der Muse an den nächsten Stand trat, hatte der Händler mit dem Goldschmuck alles in Panik zusammengekramt und eilte hektisch davon.

»Er hatte gar nichts im Gesicht«, begrüßte der junge Mann hinter dem Tisch Baazlabeth.

»Nein«, bestätigte der, »aber er hätte etwas haben können. Außerdem stellt Euch seine Freude vor, wenn er herausfindet, dass er noch nicht sterben muss.«

Baazlabeth schaute einen Moment auf die Auslage des Tisches vor sich. Neben kleinen Phiolen, Döschen und Beuteln lagen auch einige Armbänder und Armreife auf dem Tisch, die jedoch komplett aus Kupfer gemacht zu sein schienen.

»Was soll das sein, Schmuck für Arme?«, grunzte er abfällig.

Der junge Mann nahm eines der Bänder in die Hand und hielt es Baazlabeth hin.

»Sie sind aus feinstem Kupfer gefertigt«, erklärte er.

»Das sehe ich selbst.«

»Kupfer hat heilende Wirkungen. Man sagt dem Metall nach, dass es Krankheiten aus dem Körper ziehen kann. Es kann Euch vor der Seuche schützen.«

Baazlabeth betrachtete den Mann von oben bis unten. Alles in allem machte er einen recht durchschnittlichen Eindruck. Seine Kleidung war die eines Handwerksgesellen, und seine schlanken, sauberen Finger zeugten davon, dass er einer Arbeit nachging, für die man keinen großen Kraftaufwand benötigte.

»Seid ihr eine Art Priester?«, erkundigte sich Baazlabeth.

»Mitnichten«, gestand der Mann. »Schaut Euch einmal um. Könnt Ihr irgendwo einen Diener der Tugenden sehen? Ein Priester traut sich hier nicht her. Die Menschen haben erkannt, dass ihr Zuspruch nichts wert ist. Sie können große Töne spucken und auf den Willen der Götter verweisen, doch wenn ihre Heilkräfte gefragt sind, versagen sie auf ganzer Linie. Die Macht der Tempel ist am Ende. Priester kümmern sich nur um das Seelenheil, und am meisten um ihr eigenes.«

»Wenn Ihr kein Priester seid, was seid Ihr dann?«, verlangte Baazlabeth zu wissen.

»Ich bin als Feinschmied innerhalb der Alchemistengilde tätig. Hauptsächlich fertige ich Instrumente für die Medizi an. Zangen, Pinzetten und Aderklemmen sind mein Spezialgebiet. Das Schmieden von Heilarmbändern ist mehr aus der Not heraus gewachsen. Irgendjemand muss den Menschen in Brisenburg doch helfen. Findet Ihr nicht auch?«

Baazlabeth nahm das Armband entgegen und legte es sich um. Er wartete einen Moment ab, dann warf er es zurück auf den Tisch.

»Ich spüre gar nichts«, sagte er enttäuscht. »Vielleicht hättet Ihr sie doch lieber aus Gold machen sollen.«

Der Händler bedachte den Dämon mit einem mitleidigen Blick.

»Ich hätte gern eines davon«, sagte Galina mit einer betörenden Stimme. »Jedoch habe ich nicht viel, was ich Euch dafür geben könnte.«

Der junge Mann machte den Eindruck, als hätte eine Stimme aus dem Jenseits zu ihm gesprochen. Mit leicht geöffnetem Mund und verdrehten Augen starrte er die Muse an. Ohne nachzudenken oder hinzusehen, griff er nach zwei Armbändern und hielt sie mit zitternden Fingern Galina entgegen.

»Sucht Euch eines aus«, wimmerte er. »Seht es als Geschenk von mir an.«

»Ich kann mich gar nicht entscheiden«, flüsterte sie. »Beide sind sehr schön.«

Jetzt war es an Baazlabeth, die Augen zu verdrehen.

»Dann nehmt sie beide«, lallte der Mann der Alchemistengilde.

Mit verzücktem Lächeln legte sich Galina die Armbänder um.

»Können wir endlich?«, knurrte Baazlabeth und zog die Muse unter den schmachtenden Augen des jungen Mannes hinter sich her. »Lass uns hier wegkommen, bevor er noch anbietet, dich mit seinen Salben und Pasten einzuschmieren.«

Baazlabeth lief im Zickzack zwischen den Opfern der Seuche hindurch. Er versuchte, einen flüchtigen Blick auf jeden der Toten zu werfen, um sich zu vergewissern, dass der Bluter nicht unter ihnen war. Immer öfter erntete er böse Blicke der Angehörigen, weil er sich zwischen ihnen hindurchdrängelte und in Kisten und unter Laken sah, die ihn nichts angingen.

Es war die Stimme eines Kindes, die Baazlabeths Aufmerksamkeit erregte. Genauer gesagt war es die Mischung aus Kinderstimme und vulgären Beschimpfungen, die seine Beachtung fand.

»Lasst mich los, ihr verdammten Hurenpreller! Ich werde meinen Hund auf Euch hetzen, wenn ich ihn wiederfinde, damit er euch die Eier abbeißt.«

Baazlabeth kannte die Stimme. Sie gehörte zu Auril. Was die Ausdrucksweise anging, so hatte sie sich unverkennbar einiges bei ihrer Mutter Myrcella abgeschaut. Dass jedoch der alte Köter tatsächlich in der Lage war, ihre Drohung in die Tat umzusetzen, bezweifelte der Dämon, insbesondere da er nirgends zu sehen war.

Zwei Stadtwachen hatten das Bastardmädchen an den Armen gegriffen und versuchten, sich vor ihren wilden Tritten nach den Schienbeinen zu retten.

»Wer sind deine Zieheltern«, fragte einer der Wachsoldaten. »Sind sie unter den Toten hier? Mach den Mund auf, Mädchen, sonst verbringst du ein paar Tage im Kerker.«

»Das wird nicht nötig sein«, sagte Baazlabeth, als er dazwischenging. »Sie gehört zu Magier Nemrothar. Sie scheint weggelaufen zu sein.«

Die Wachen erkannten sofort, mit wem sie es zu tun hatten, jedoch brachten sie dieses Mal nicht den Mut auf, ihren Hass auch offen zu zeigen.

»Weggelaufen mir Sicherheit, doch das muss nicht heißen, dass der Magier noch lebt. Die Seuche macht auch vor Magiern und Mitgliedern des Kleinen Rates nicht Halt«, sagte der Wachmann, und es hörte sich wie eine Drohung an.

»Siehst du ein versteinertes Lächeln in meinem Gesicht?«, raunzte Baazlabeth den Mann an. »Wenn nicht, dann heißt das, dass er noch lebt. Also lass die Kleine in Ruhe. Ich werde mich darum kümmern, dass sie zu Nemrothar zurückgebracht wird.«

»Wir haben aber Anweisungen …«, begann der Wachmann, als Baazlabeth ihn unterbrach.

»… hört schön auf das, was ich euch sage. Denkt immer daran: Die Seuche ist nicht die einzige Möglichkeit, in Brisenburg umzukommen. Wir wollen doch nicht, dass sich die Gelehrten später streiten, wer mehr Menschen auf dem Gewissen hatte, die Seuche oder ein Theaterbesitzer.«

Die beiden Wachen ließen Auril los. Sofort trat das Mädchen nach und erwischte einen der Männer am Schienbein. Die Anwesenheit von Baazlabeth schützte Auril vor der Vergeltung der Wachen. Die beiden hatten anscheinend ausreichend Erniedrigung erfahren und zogen sich schweigend zurück. Auril hatte unterdessen damit zu tun, den beiden einen bösen Blick hinterherzuwerfen. Das nahm sie so sehr in Anspruch, dass sie, selbst als die Wachen fort waren, ihre Freude über Baazlabeths Erscheinen nicht zeigen konnte.

»Was hast du hier zu suchen?«, schnauzte der Dämon das Mädchen an und packte sie grob am Arm. »Du solltest doch bei dem alten Magier bleiben.«

Noch immer schielte sie mit einem Auge auf die abziehenden Stadtwachen.

»Ich hab dich etwas gefragt«, ermahnte Baazlabeth sie.

Als die Wachen zwischen den Trauernden aus ihrem Blickfeld verschwanden, sah sie den Dämon bockig an und verpasste ihm ebenfalls einen Tritt mit dem Fuß.

»Es ist alles deine Schuld!«, fauchte Auril ihn an. »Du hast mich zu diesem alten Mann gebracht. Ich hasse ihn.«

Baazlabeth teilte die Gefühle des kleinen blonden Mädchens bedingungslos, trotzdem verstand er nicht, wo das Problem lag.

»Was ist denn passiert?«

»Grauer ist daran gewöhnt, Auslauf zu haben. Er ist ein Hofhund. Man kann ihn nicht einsperren.«

An Baazlabeths Blick erkannte Auril, dass er ihr immer noch nicht folgen konnte.

»Grauer hat in sein widerliches Labor gemacht. Was können wir dafür, dass der alte Mann überall sein dämliches Zeug herumliegen lässt. Grauer hat auf einen Stapel Papier gepinkelt. Der Magier hat getobt vor Wut. Er wollte ihn mit einem Rohrstock schlagen, aber Grauer ist weggelaufen. Ich muss ihn wiederfinden, er kennt sich doch nicht aus in der Stadt.«

Irgendwie habe ich kein Glück mit Kindern, gestand Baazlabeth sich ein. *Nicht mit Kindern, nicht mit Magiern und nicht mit Göttern – die Liste scheint endlos zu sein.*

»Mach dir keine Sorgen«, versuchte er Auril zu beruhigen. »Ihm wird schon nichts passieren. Schließlich kann niemand hinein in die Stadt und niemand hinaus. Wir werden ihn wiederfinden.«

Auril schien ihm gar nicht zuzuhören. Ihr Blick schweifte über den Marktplatz, zwischen den Angehörigen der Seuchenopfer hindurch, zurück zur *Schwarzen Posse* und wieder hinauf zu der Brücke über den Eiswein. Plötzlich verharrte sie, sprang hinter Baazlabeth und klammerte sich an seinem Mantel fest.

»Das ist er«, wimmerte sie.

»Na, siehst du, ich habe doch gesagt, er kann nicht weg«, bestätigte der Dämon. »Dann ruf ihn her, und anschließend bringe ich euch zurück zu Nemrothar. Der Alte ist zwar merkwürdig, aber es ist sicher bei ihm.«

»Nicht Grauer«, erklärte Auril. »Dort ist der Mann, der vor dem Theater auf dich gewartet hat.«

»Wo? Zeig ihn mir.«

Aurils Arm drückte sich an Baazlabeths Taille vorbei. Mit ausgestrecktem Finger zeigte sie in östliche Richtung über den Platz.

»Es ist der in dem braunen Sackleinen mit dem Pelzkragen.«

Baazlabeth fand den Mann auf Anhieb. Seine Kleidung war ähnlich ungewöhnlich für einen Brisenburger Bürger wie seine eigene auch. Er konnte ihn leider nur von hinten sehen, aber dennoch konnte der Dämon an der Gestalt erkennen, dass der Mann recht groß, schlank und jung sein musste. Er stand nahe einer Familie mit zwei Kindern, die vor zwei grob zusammengezimmerten Holzkisten verharrte und andächtig zu Boden starrte. Ähnlich interessiert an den Toten wie Baazlabeth, warf er lediglich einen flüchtigen Blick auf sie und ging dann weiter zum nächsten Seuchenopfer.

Na, nach wem suchst du? Ich hoffe, nicht nach mir. Es würde mir leidtun, dich so enttäuschen zu müssen.

Als ob der Mann Baazlabeths Gedanken gelesen hätte, blieb er plötzlich stehen, hob den Kopf und drehte sich langsam zu dem Dämon um. Alles in Baazlabeth sträubte sich, seinen Sinnen Glauben zu schenken. Was seine Augen versuchten, ihm zu vermitteln, konnte unmöglich der Wahrheit entsprechen. Es musste eine Erklärung dafür geben, und zwar eine, die nicht alles in Frage stellte, was bislang in Brisenburg geschehen war.

Der junge Mann auf der anderen Seite des Marktplatzes war eindeutig Ingvarr oder zumindest sein Zwillingsbruder. Als Baazlabeth ihn das letzte Mal gesehen hatte, hatte er in einer anderen Dimension festgesteckt, eingesperrt in einen Käfig und darauf wartend, dass der Dämon ihn verspeiste. Nemrothar hatte dieser vielversprechenden Beziehung ein jähes Ende gesetzt, indem er Baazlabeth mit Hilfe eines Beschwörungszaubers nach Brisenburg gebracht hatte. Ingvarr war in Baazlabeths Reich zurückgeblieben.

Irgendwann stellte sich dann heraus, dass Nemrothar ungebetene Gäste, wie den ängstlichen Jammerlappen und einen Meuchler der Finstergilde, ebenfalls in das Reich des Dämons verbannt hatte. Baazlabeth hatte befürchtet, dass – wenn er wieder zurückkehrte – alles voll mit unliebsamen Zeitgenossen sein würde. Um Lilith eine Lektion zu verpassen und sie ein wenig auf das Leben als Dämon vorzubereiten, hatte Baazlabeth die Banshee schließlich auch noch dorthin verbannt und gehofft, sie würde ihren Hunger stillen und für ein bisschen Ruhe sorgen. Dass Ingvarr die Flucht gelungen war, grenzte an ein Wunder. Man musste ihm zwar zugestehen, dass er ein Magier war, aber mangelnde Erfahrung und eine äußerst schreckhafte Ader hatten ihn erst zu Baazlabeth gebracht. Mit etwas Glück oder der Hilfe von einem der Finsterlinge hätte er unter Umständen dem Käfig entfliehen können, aber niemals aus Baazlabeths Reich.

Vom Appetithappen zum Wanderer zwischen den Dimensionen. Wie ist dir das gelungen? Warum bist du hier, Ingvarr? Wer hat dir geholfen?

Baazlabeth zögerte. Insgeheim hoffte er, dass sich ihm der Drahtzieher hinter allem zeigte. Er hoffte auf eine plausible Erklärung für die Anwesenheit des jungen Magiers. Außerdem musste der Dämon herausfinden, was Ingvarr mit Lilith getan hatte. War es möglich, dass er sie hatte töten können und hierhergekommen war, um auch die anderen Sünden zu töten und die Prophezeiung zu vereiteln?

Ingvarr schien allein zu sein, doch das musste nichts heißen. Falls Nemrothar hinter allem steckte, wäre der Magier nicht dumm genug, sich zusammen mit dem Zunftkollegen zu zeigen. Nemrothar war der Einzige, der wusste, woher Baazlabeth genau stammte. Außerdem war er in der Lage, Personen von dort herzuholen, schließlich hatte er es schon öfter getan. Die einzige Möglichkeit, die Wahrheit herauszufinden, bestand für Baazlabeth darin, Ingvarr das Geheimnis abzutrotzen. Der Dämon konnte so gut wie alles aus einem Menschen herausbekommen, was körperliche wie auch geistige Dinge betraf. Am liebsten war ihm eine Mischung aus beidem. Was ihm nicht so lag, war das Überwältigen von Sterblichen in einer Form, dass man sie später auch noch zu etwas anderem gebrauchen konnte, als an ihren Knochen zu nagen.

Ingvarr hatte aufgehört, die Leichentücher zu lüften und sich die Toten anzuschauen. Er besah sich die Grüppchen von Trauernden. Baazlabeth hatte keine Angst, erkannt zu werden. Ingvarr kannte den Dämon nur als gehörnte, pferdefüßige Monstrosität. Als Sil sah er aus wie ein einfacher Bürger mit dem Hang, sich geschmackvoll zu kleiden.

Baazlabeth war sich eigentlich sicher, dass Ingvarr ihn nicht erkennen konnte. Dagegen sprach nur, dass der junge Magier ihn in diesem Moment direkt in die Augen sah und auch keine Anstalten machte, seinen Blick wieder abzuwenden. Als er die Arme ausbreitete und die ersten unverständlichen Worte eines Zaubers von sich gab, war die Hoffnung des Dämons dahin.

Eine Gruppe Trauernder entpuppte sich als lamentierende Propheten und trat genau zwischen Baazlabeth und den Neuankömmling. Gebannt von den mysteriös wirkenden Worten blieben sie stehen und gafften. Ingvarr hatte seinen Zauberspruch bereits begonnen. Ihn abzubrechen empfand er anscheinend als falsch, und somit versuchte er es auf einem anderen Weg. Zaghaft bewegte er sich zur Seite, um nicht die Konzentration zu verlieren. Er hoffte offenbar, die kleine Gruppe von Menschen aus dem Wirkungskreis seines Zaubers herauszubekommen.

Baazlabeth hätte ihn beruhigen können. Irgendwie tat ihm Ingvarr schon fast leid. Nun hatte dieser Möchtegernzauberer es tatsächlich geschafft, aus Baazlabeths Gefängnis zu flüchten und seinen Widersacher in einer fremden Welt aufzuspüren. Er schien es sich zur Aufgabe gemacht zu haben, Baazlabeth töten zu wollen. Vom Grundsatz her ein recht nobles Unterfangen für einen Menschen. Auch die Grundvoraussetzung »Magier tötet Dämon« war gegeben. Der einzige Haken an dem Plan war der, dass es auf dieser Welt so gut wie keine brauchbare Magiequelle mehr gab und Ingvarr somit lediglich mit guten Vorsätzen bewaffnet einem Horden gegenüberstand.

Baazlabeth wollte diesen Moment auskosten. Es kam nicht oft vor, dass man einem Magier in aller Seelenruhe beim Wirken eines Spruches zusehen konnte, weil man genau wusste, dass aus seinem Feuerball nicht mehr entstehen würde als ein bisschen warme, schlecht riechende Luft. In einem Kampf hatte sich Baazlabeth einmal ein tapferer Recke entgegengestellt, während alle anderen am Flüchten waren. Der Mann schien seiner Sache damals äußerst sicher zu sein. Beherzt hatte er den Griff seines Bastardschwertes gepackt, um blankzuziehen. Leider löste sich das Heft von der Klinge, und der tapfere Recke drohte dem Dämon mit einem halben Fuß lederumwickelten Holzes. Als Baazlabeth ihn tötete, konnte er in den Augen des Mannes sehen, wie er sich fragte, warum er so dumm gewesen und nicht mit den anderen geflüchtet war. Zwei Tage später hätte der Dämon ihm die Antwort darauf gegeben: Weglaufen barg auch keine Möglichkeit, ihm zu entkommen. Baazlabeth hätte sonst etwas dafür gegeben, um diesen Blick des Versagens ein weiteres Mal sehen zu können. Jetzt könnte sich dieses Schauspiel endlich ein zweites Mal ergeben.

Baazlabeth wäre Ingvarr gern ein paar Schritte entgegengegangen, um sein Gesicht besser sehen zu können, doch er wollte dem Magier nicht die Möglichkeit geben, sein Versagen auf etwas anderes als auf sich selbst zurückführen zu können. So begnügte er sich damit, sich ein wenig zur Seite zu beugen, um an der Gruppe junger Männer vorbeizuschauen und ein freundliches Gesicht zu machen. Ingvarr schien weiterhin hochkonzentriert und bereits in der Endphase seines Zauberspruches angelangt zu sein. Als Baazlabeth sah, wie die ersten hellblauen Blitze zwischen Ingvarrs Fingern zu tanzen begannen, kamen ihm die ersten Zweifel an seiner Theorie. Unglücklicherweise blieb ihm nur noch Zeit, die Stirn zu runzeln, bevor sich der Zauber entlud.

Die Blitze sprangen über und bildeten einen Bogen zwischen Ingvarrs Händen, dann löste sich ein gerader Strahl und schoss auf Baazlabeth zu. Der Dämon hatte keine Zeit zu reagieren. Hundert Fuß vor ihm teilte sich der Energiestrahl an der einzigen Laterne, die auf dem Platz aufgestellt war. Grollend zogen die Blitze an ihrem Opfer vorbei und elektrisierten die Luft. Das grelle Licht brannte in den Augen, und dort, wo der Blitz entlangschoss, ließ er den Schnee im Augenblick eines Herzschlages schmelzen und zu Wasserdampf verdunsten. Zwischen Baazlabeth und dem Magier schwebte eine Dunstwolke. Abermals blitzte es grell auf, was nur bedeuten konnte, dass Ingvarr zu einem zweiten Schlag ausholte. Baazlabeth warf sich seitwärts in den Schnee und riss Auril mit sich. Im nächsten Moment schoss der gleißende Lichtstrahl über sie hinweg und raubte ihnen die Luft zum Atmen. Baazlabeth spürte, wie der Schnee um ihn herum schmolz und das Wasser von seiner Kleidung aufgesogen wurde.

Ingvarr, du widerliche Mistratte. Ist das der Dank dafür, dass ich dich nicht getötet habe? Wochenlang sitzt du warm und trocken in meinem Reich, während ich mich hier mit deinen Artgenossen herumschlagen und mir jegliche Geringschätzung gefallen lassen muss. Die kleine Erholungspause in meinem Käfig scheint dir zu Kopf gestiegen zu sein. Wollen wir doch mal sehen, ob ich dich wieder zur Vernunft bringen kann, indem ich dich auf eine Grüße von drei Fuß schrumpfe.

Der Dunst legte sich schnell wieder. Die Menschen, die gekommen waren, um den Verlust eines Verwandten oder Freundes zu betrauern, rannten plötzlich um ihr eigenes Leben. Eine ganze Familie trampelte über Baazlabeth und Auril hinweg. Menschen in Panik unterschieden sich kaum von Tieren, die durchgingen. Sie kümmerten sich nicht einmal um ihre Kinder, sondern dachten nur an ihr eigenes kümmerliches Leben. Jeder war sich eben selbst der Nächste.

Baazlabeth wollte das Durcheinander für sich nutzen. Es war wenig ratsam, sich einem Magier auf offenem Schlachtfeld zu stellen. Es war besser, etwas Deckung zu haben, selbst wenn es sich dabei nur um panisch herumirrende Schnellbluter handelte. Manche Magier, und dazu gehörte seit Neustem auch Ingvarr, schienen ganz auf Nummer sicher gehen zu wollen, wenn sie sich einem Dämon stellten. Kein Zauber schien mächtig genug und keine Zerstörung zu übertrieben, wenn es darum ging, einen Horden töten zu können. Baazlabeth fand es reichlich übertrieben. Es war, als würde man mit einer Balliste Jagd auf Menschen machen – sicherlich lustig, aber auf jeden Fall unverhältnismäßig.

»Bleib schön hier liegen, und halt den Kopf unten«, flüsterte Baazlabeth Auril zu und sprang auf die Füße. Er zog seine beiden Krummschwerter und sah zu Galina. Die dunkle Muse war eine der wenigen Personen auf dem Marktplatz, die nicht in Panik geraten war. Sie stand einfach nur da in ihrem dünnen roten Kleid mit halb geöffnetem Mantel und starrte Ingvarr an. Es war schön, jemanden an seiner Seite zu wissen, der die Ruhe bewahrte, wenn es hoch herging, doch Galina war drauf und dran, es zu übertreiben.

»Versuch, ihn irgendwie abzulenken«, rief er der Sünde zu. »Wirf mit Steinen, oder mach sonst etwas. Ich versuche, an ihn heranzukommen.«

Baazlabeth stürmte auf Ingvarr los, ohne zu wissen, ob Galina ihn überhaupt verstanden hatte oder seiner Forderung nachkam. Er sprang über die Körper der aufgebahrten Toten hinweg und stieß Flüchtende beiseite, die seinen Weg kreuzten. Einen Magier zu töten, der dumm genug war, sich keinen Schutz zu suchen, war einfach. Man musste nur eine Regel beachten: Er musste tot sein, bevor er seinen Zauber wirken konnte. Ingvarr bereitete unterdessen seinen nächsten Spruch vor. Baazlabeth gab sich nicht der Hoffnung hin, dass es ein

Wir-wollen-alle-lieb-sein-Zauber war. Erneut sprangen Funken zwischen seinen Fingern hin und her. Es würde nicht mehr lange dauern, bis sich die Energie entlud und in Form eines weiteren Blitzes auf sein Opfer geschleudert wurde.

Der Abstand zwischen Baazlabeth und dem Magier war einfach zu groß. Er würde es nicht schaffen, rechtzeitig bei Ingvarr zu sein. Doch um sich jetzt noch vor dem Zauber in Sicherheit zu bringen, war es bereits zu spät. Baazlabeth tat, was man in so einer Situation als Einziges noch tun konnte – weiterrennen und auf Hilfe hoffen. Er sah sich kurz um, doch Galina stand immer noch wie angewurzelt auf ihrem Platz. Alles, was sie getan hatte, war ihr Haar zu öffnen und es sinnlich im kalten Wind hin und her zu schütteln.

Ist das deine Art, mir zu sagen, dass ich dich abermals enttäuscht habe, Amez? Du schickst mich in die Schlacht und stellst mir eine beschränkte Hure zur Seite, der ihr Aussehen wichtiger ist als mein Leben. Und als wenn das alles noch nicht genug wäre, lässt du mich in der Schmach zurück, von meinem eigenen Abendbrot getötet zu werden. Ingvarr, ich schwöre dir, dass ich es – selbst wenn ich brennen sollte wie ein Lampendocht – noch bis zu dir schaffen und dir meine Schwerter in den Leib rammen werde.

Baazlabeth blickte gerade wieder nach vorn, da löste sich der Blitz von den Händen des Magiers und raste auf den Dämon zu. Seit Wochen tat er nur noch Dinge, die umständlich, heimlich, um Ecken gedacht oder kaum noch nachvollziehbar waren. Jetzt war es an der Zeit, endlich mal wieder ohne Umschweife zu handeln. Geradeaus, kraftvoll, aber zwanzig Schritte zu langsam.

Der Tod war zum Greifen nah, doch wie so oft zierte er sich. Der grelle Blitz sauste etwa drei Fuß entfernt an Baazlabeth vorbei und hinterließ bei ihm nicht mehr als ein unangenehmes Kribbeln auf der Haut. Der Dämon hatte in seinem Leben schon zu viel mitgemacht, um die vertane Chance eines Feindes mit Verwunderung und Freude zu würdigen. Es war wichtiger, sie zu nutzen – freuen konnte man sich später immer noch.

Jetzt hatte Ingvarr ausgespielt. Einen weiteren Blitzstrahl würde er nicht herbeirufen können. Baazlabeth riss die Klingen hoch und setzte zum Sprung an. Die Spitzen der Krummschwerter zielten auf die Brust des jungen Magiers, und dort hätten sie sich auch durch Fleisch und Knochen gebohrt, wenn der junge Magier sich nicht vor seinen

Augen aufgelöst hätte. Baazlabeth, der Angriff und seine ganze Wut rannten ins Leere. Er wirbelte herum, eine Klinge fuhr in Höhe des Halses seines vermeintlichen Opfers durch die Luft, die andere im Bereich des Bauches, doch sie durchschnitten nur Luft.

Ein verpatzter Angriff war nichts, dem man nachtrauern oder dessen man sich schämen musste, doch die Gewissheit, hereingelegt worden zu sein, konnte an der Seele eines Dämons nagen. Baazlabeth spürte, wie sich noch im Lauf sein menschlicher Fuß in einen Huf verwandelte.

»Ingvarr, du hinterhältiger Feigling!«, brüllte er. »In meinem Käfig hattest du mehr Mumm, mir entgegenzutreten. Was ist passiert? Hat dich die Zuversicht auf deinen Glauben so im Stich gelassen, dass du mit solchen Tricks kämpfen musst? Du bist es nicht würdig, dass ich dich mit einer Klinge töte! Ich werde dir Arme und Beine ausreißen wie einem Insekt!«

Auf der Suche nach dem Magier fiel Baazlabeths Blick auf das Häufchen schwelenden roten Stoffes am anderen Ende des Platzes. Zwischen all den Opfern der Seuche wäre ein einzelner Leichnam niemals aufgefallen, es sein denn, er trug ein rotes Kleid und brannte fröhlich vor sich hin. Dort, wo eben noch Galina mit ihren wallenden Haaren gestanden hatte, kräuselten sich jetzt dünne Rauchfäden über einem verkohlten Körper.

Amez, deine Muse hat sich gerade in Rauch aufgelöst. Bitte vergiss nicht, dass nicht ich es war, der sie auf dem Gewissen hat. Anstatt mit dieser Sünde hätte ich genauso gut mit einem Kind in den Krieg ziehen können. Was hattest du dir von ihr versprochen? Dass sie gut riecht, wenn sie gegrillt wird?

Der Platz war inzwischen wie leer gefegt. Es war das perfekte Bild vom Ende einer Schlacht. Der Dämon inmitten von Hunderten toter Körper. Von außen betrachtet war es vollkommen, doch der Schein trog, und Baazlabeth wusste es. Es waren nicht seine Opfer, und es gab jemanden, der auf ihn lauerte.

»Nein, nicht, das darfst du nicht!«, hallte die Stimme von Auril über den Platz. »Lass ihn in Ruhe!«

Baazlabeth sah, wie sich das kleine Mädchen zwischen den toten Körpern erhob. Sie starrte hinüber zu den aufgebauten Ständen der Händler. Die Männer waren bereits wie alle anderen in Panik geflüchtet und hatten mitgenommen, was sie tragen konnten. Zuerst konnte Baazlabeth nichts Auffälliges entdecken, doch dann bemerkte er hinter einer gespannten Stoffwand den grellen Lichtbogen, der wie die Zunge einer Schlange gierig züngelte. Der Blitz durchschlug den Stoff, ohne ihn zu bewegen. Baazlabeth warf sich erneut zu Boden.

Der Energiestrahl schoss über ihn hinweg, doch Ingvarr schien dazugelernt zu haben. Kniehoch raste der Blitz über den Boden und entzündete alles Entflammbare unter ihm. Ein brennendes Band zog sich quer über den Platz, von den Ständen der Händler bis zum östlichen Rand. Baazlabeth spürte die Hitze in seinem Rücken und nahm den Gestank von brennendem Leinenstoff und Haaren wahr. Sein Mantel hatte Feuer gefangen, und das dünne Hemd brannte sich bereits in seine Haut ein. Der Dämon rollte sich auf den Rücken und löschte das Feuer im Schnee. Von den Brandwunden würde er am nächsten Morgen schon nichts mehr spüren, doch Ingvarrs Versessenheit, ihn töten zu wollen, ließ ihn bezweifeln, dass ihm so viel Zeit blieb. Er sprang auf die Beine und wollte beenden, was sie begonnen hatten. Der verformte Fuß behinderte ihn. Ein Ansturm war nicht möglich, doch das hielt den Dämon nicht davon ab, einen neuen Angriff zu starten. Humpelnd hielt er auf Ingvarr zu. Er wollte dieser Schmach ein Ende setzen, so oder so.

Zwischen Ingvarrs Händen formte sich bereits ein weiterer Lichtbogen. Er würde es nicht schaffen, den Magier von dessen Zauber abzuhalten.

Komm schon, Ingvarr, bring es zu Ende! Ich bin bereit, aufrecht auf meinen Füßen, die Klingen blankgezogen und hungrig auf den Tod, wie es sich für einen Dämon gehört.

Wenn der junge Magier nur einen blassen Schimmer davon besaß, mit wem er sich eingelassen hatte, würde er wissen, dass er sich nach der Zerstörung der menschlichen Hülle dem Dämon Baazlabeth stellen musste. Wenn Ingvarr nur ein bisschen Grips besaß, wovon man ausgehen konnte, würde er einen weiteren Zauber im Anschluss wirken, um das Leben des Dämons auf dieser Welt ein für alle Mal zu beenden.

»Nein!«, hörte Baazlabeth Auril erneut schreien.

Dann geschah etwas, was niemand hätte voraussehen können, wahrscheinlich nicht einmal ein Gott. Ausgehend von Auril schob sich eine unsichtbare Kraft über das Pflaster des Marktplatzes. Die herumliegenden Leichen wurden in die Luft geschleudert und wirbelten durcheinander wie Schneeflocken. Pflastersteine wurden aus dem Boden gerissen und schlugen hundert Fuß weit entfernt wieder auf. Wie eine riesige unsichtbare Kralle pflügte der Zauber quer über den Marktplatz in Richtung der vier verwaisten Stände.

Ingvarr blieb keine Zeit, seinen Zauber bis zum Ende zu wirken. Er wurde von der unsichtbaren Kraft zu Boden gedrückt wie ein Grashalm und kurz darauf zwanzig Fuß hoch in die Luft geschleudert. Seine Landung war alles andere als grazil. Ein wenig erinnerte es an die ersten Sprungversuche des Homunkulus von den Bühnenaufbauten im Theater. Ingvarr schlug mitten in die hölzernen Stände ein und blieb reglos liegen.

Baazlabeth verlor keine Zeit. Noch immer steckte sein Huf in dem Schuh und ließ ihn mehr humpel als gehen. Mit seinen gezückten Krummschwertern hielt er auf die Stelle zu, wo Ingvarr unter den Trümmern des Verkaufsstandes begraben liegen musste. Wenn der Magier nicht wieder einen seiner Zauber angewandt hatte, um sich Baazlabeths Zorn zu entziehen. Nun hieß es, keine Zeit zu verlieren – einen weiteren Angriff würde der junge Magier nicht noch einmal verpatzen. Auch Magier waren lernfähig.

Baazlabeth erreichte die Stände und keuchte zufrieden. Eins von Ingvarrs Beinen ragte unter der Tischplatte hervor. Der Dämon packte den jungen Mann am Fuß und zog ihn unter den Trümmern hervor. Er schien nicht bei Bewusstsein zu sein, aber immer noch am Leben. Baazlabeth schleifte Ingvarr ein Stück hinter sich her, bückte sich zu einem der toten Körper, die überall herumlagen, hinunter und löste vom Leichnam eines alten Mannes einen Gürtel. Dann warf der Dämon die Krummschwerter vor sich auf den Boden, legte die lederne Schlinge um Ingvarrs Hals und zog sie straff. Anschließend kniete er sich vor dem Magier hin und wartete darauf, dass dieser zur Besinnung kam.

»Was hast du mit ihm vor?«, hörte Baazlabeth Aurils Stimme hinter sich.

»Ich bringe zu Ende, was du begonnen hast. Ich warte nur darauf, dass er aufwacht, damit er spürt, was ich mit ihm mache.«

»Ich wollte ihm nicht wehtun«, erklärte Auril. »Ich wollte nur, dass er aufhört.«

Baazlabeth wandte sich dem kleinen Mädchen zu. Ihre Augen waren voll Selbstzweifel. Verängstigt kaute sie auf dem Nagel ihres Daumens.

»Du solltest dich lieber um deinen Hund sorgen als um diesen jämmerlichen Zauberlehrling. Er hat versucht, mich umzubringen, und er wird es wieder versuchen, wenn ich ihn mir jetzt nicht endgültig vom Hals schaffe.«

»Er wollte dich töten, weil du ein schlechter Mensch bist, stimmt es?«

Es war nicht sonderlich schwer, darauf zu antworten, doch man musste sich zwischen den vielen möglichen Varianten entscheiden.

»Ich bin kein schlechter Mensch«, erwiderte Baazlabeth. »Ich bin überhaupt kein Mensch. Doch das ist nicht der Grund, warum unser Ingvarr hier so einen Groll auf mich hegt. Wir beide kannten uns noch nicht lang, aber wir waren uns auf eine gewisse Weise sympathisch. Wir waren gerade dabei, dicke Freunde zu werden, als ich ihn wieder im Stich lassen musste. Ein einziger Tag mit ihm zusammen hätte gereicht, und er wäre heute nicht hier erschienen, um mir den Garaus zu machen.«

»Vielleicht könnt ihr das nachholen?«, jammerte Auril mit weinerlicher Stimme dazwischen.

Ich bin gerade dabei, Kleines.

»Das geht nicht«, schnaubte Baazlabeth. »Sieh dir an, was für ein Chaos ihr verursacht habt. Jeder muss für das bezahlen ...«

Baazlabeth brach den Satz ab.

Was für ein Chaos ihr verbreitet habt, wiederholte er in Gedanken. *CHAOS!*

Baazlabeth packte eine Hand voll Schnee, drückte sie dem Magier ins Gesicht und verwischte ihn so lange, bis er geschmolzen war. Die Abkühlung tat ihre Wirkung. Ingvarr kam langsam wieder zu sich. Er stöhnte und hustete.

»Mein Bein, es scheint gebrochen zu sein«, keuchte er, »und ein paar meiner Rippen auch.«

»Gut«, knurrte der Dämon. »Dann brauche ich keine Angst zu haben, dass du mir davonläufst.«

Baazlabeth zog den Gürtel enger um den Hals des Magiers.

»Pass gut auf, Ingvarr! Ich werde dich mit zu mir nach Hause nehmen. Wenn du noch einmal versuchen solltest, mir deine kleinen Kunststücke vorzuführen, werde ich dir zeigen, was für tolle Sachen ich so alles kann. Ich vermute einmal, es würde dir nicht gut gefallen, zusehen zu müssen, wie ich deine gebrochenen Knochen wieder flicke, während ich mit einer Fackel versuche, deine Blutungen zu stillen. Solltest du es irgendwann noch einmal wagen, ein Körperteil gegen mich zu erheben, werde ich es mit einer glühenden Zange entfernen und vor deinen Augen verspeisen. Die übrig gebliebenen Knochen lege ich dann zu den Rippen und dem Bein auf den Tisch. Und solltest du nicht dem entsprechen, was ich mir von dir erhoffe, werde ich dir weitere deiner brüchigen Kalkablagerungen aus dem Körper schneiden, bis dein ganzes verdammtes Skelett vor mir auf dem Tisch liegt, wo du es bewundern kannst, bis dich mein Schwert erlöst.«

»Ich glaube, er hat verstanden, was du ihm damit sagen willst«, flüsterte Auril vorsichtig.

»Das hatte ich beim letzten Mal auch gedacht«, erwiderte Baazlabeth. »Kommt, wir gehen zurück in die *Schwarze Posse*. Der letzte Akt steht an. Vielleicht gesellt sich ja noch der eine oder andere Laienmime zu uns. Es wäre doch schade, wenn der letzte Vorhang fällt und nur noch einer übrig ist, der die Begeisterungsstürme des Publikums vernehmen kann und sich vor ihm verneigt.«

22
Frisch begonnen ist halb zerronnen

Um dafür zu sorgen, dass alles richtig kompliziert wird, muss man nur einen einzigen Spielstein vom Brett nehmen und auf die gegnerische Seite setzen.

»Ich dachte mir, es wäre am besten, wenn wir wieder dort beginnen, wo wir das letzte Mal aufgehört haben«, sagte Baazlabeth.

Der Dämon stand auf der Bühne seines eigenen Theaters und lief zwischen den sieben hängenden Käfigen hin und her. Einem nach dem anderen versetzte er einen kleinen Stoß, sodass sie sich wie Kreisel um die eigene Achse drehten. Nur ein Käfig in der Mitte hing regungslos von der Decke. In ihm saß Ingvarr. Der junge Magier aus einer anderen Welt klammerte sich vorsichtig an das Bodengitter. Sein linkes Bein war notdürftig mit einem durchgebrochenen Besenstiel und zwei weißen Leinentüchern geschient worden. Alles in allem machte er tatsächlich einen ähnlichen Eindruck wie an dem Tag, als Baazlabeth ihn in seinem Reich zurücklassen musste.

»Mein Bein schmerzt, und ich habe Durst«, jammerte Ingvarr.

»Ich glaube, wir müssen nicht alle Passagen des Stückes noch einmal durchgehen«, sagte Baazlabeth. »Das mit dem Herumwimmern und den Wehwehchen hast du perfekt drauf. Wir sollten uns jetzt etwas Größerem widmen. Etwas, was deinem Charakter mehr Tiefe verleiht.«

Ingvarr schien wenig angetan von seiner neuen Rolle. Er kauerte am Boden des Käfigs, hielt sich mit den Händen die Beinschiene und vermittelte über seinen Gesichtsausdruck, dass ihm der Verlauf des letzten Aktes nicht wirklich zusagte.

»Lass das Katz-und-Maus-Spiel und bring mich endlich um«, klagte er. »Es hat wenig Zweck, das alles in die Länge zu ziehen. Mir verbleibt nicht mehr viel Zeit und dir auch nicht.«

»Damit hast du auf jeden Fall zur Hälfte Recht«, mischte sich Igniphascellanius der Dritte ein. »Ich muss dich aber warnen, denn mit Weissagungen und Prophezeiungen hat mein Herr keine besonders guten Erfahrungen gemacht. Deswegen reagiert er manchmal recht ungehalten. Nicht, dass mir irgendetwas an dir liegen würde, aber die Zwergin und ich müssen anschließend immer sauber machen, und ich kann dir sagen, dass sich Blut sehr schwer von einem Holzfußboden aufwischen lässt.«

Ingvarr brauchte ein, zwei Augenblicke, um das Gehörte einzuordnen. Einen nutzte er dazu, um herauszufinden, von wo die unbekannte Stimme gekommen war, den anderen, um zu verkraften, dass eine Katze mit ihm gesprochen hatte.

»Lass ihn in Ruhe«, knurrte Baazlabeth. »Wenn ich jemanden zum Einschüchtern brauche, gebe ich dir Bescheid.«

»Zu gütig von Euch, Herr«, säuselte der Homunkulus. »Ich stehe jederzeit zu Eurer Verfügung.«

»Träum weiter, Gewölle!«

Baazlabeth wandte sich wieder seinem Gefangenen zu und bewegte den Käfig leicht hin und her.

»So, Ingvarr, nun lass mal hören, wie du es geschafft hast, dich zu befreien und in diese Welt zu gelangen.«

Der junge Zauberer schien wenig Interesse an Baazlabeth zu haben. Sein Blick schweifte fragend umher.

»Was soll das hier sein?«, keuchte er. »Ist das so etwas wie ein Unterschlupf für Monstren? Mit welch widerlichen Kreaturen umgibst du dich seit Neustem. Hat dir die Welt, aus der du kommst, nicht gereicht?«

»Ingvarr, Ingvarr!«, ermahnte der Dämon seinen Gefangenen. »Das hatten wir doch schon alles. Du weißt doch, wie es läuft. Ich stelle die Fragen, und du beantwortest sie. Außerdem sind dies hier keine Monstren. Der kleine Vierbeiner mit dem Fell ist ein Homunkulus und somit mein Diener, wenn auch kein sonderlich nützlicher. Die unwesentlich größere Zweibeinerin dort drüben ist eine Dverga. Sie behauptet, die Zukunft voraussehen zu können. Ob es stimmt, kann ich dir leider nicht sagen, da sie es vorzieht, ihre Geheimnisse und Weissagungen lieber für sich zu behalten. Und der Koloss da hinten ist der Einzige aus meiner Truppe, den du noch nicht umgebracht hast. Sein Name ist Molloch, und er ist mit Sicherheit nicht gut auf dich zu sprechen. Du solltest also vorsichtig sein, was du von nun an sagst. So wie es aussieht, hast du seine Familie auf dem Gewissen. Er hing besonders an seiner kleinen Schwester Lilith, die ich zu dir geschickt habe, damit sie dich bewacht.«

Ingvarr starrte den Dämon eine Weile an, dann begann er plötzlich zu lachen.

»Seine kleine Schwester, sagst du? Das schien sie aber ganz anders zu sehen. Sie war weder auf ihn noch auf dich sonderlich gut zu sprechen.«

»Das mag schon sein«, räumte Baazlabeth ein, »wir mussten ihr eine Lektion erteilen und hatten gehofft, sie käme bei dir zur Besinnung. Es war nicht ganz leicht mit ihr. Sie ist recht stur. Doch nun erzähl erstmal der Reihenfolge nach. Was ist passiert, seitdem ich fort bin?«

»Nichts Besonderes eigentlich«, verriet Ingvarr mit einem breiten, schmerzverzerrten Grinsen. »Nachdem du gegangen warst und mich in dem Käfig zurückgelassen hattest, habe ich ein paar Stunden dagesessen und nachgedacht. Plötzlich tauchte dieser junge Mann auf. Ich hatte gehofft, er könnte mir helfen und mich befreien, doch er war ein Jammerlappen. Er hockte nur in einer Ecke, zusammengekauert wie ein Neugeborenes, und fing jedes Mal an zu quieken, wenn sich ihm einer der Lemuren, die überall wie Asseln bei dir herumkriechen, näherte. Kurz danach gesellte sich jemand ohne Kopf zu dem Jammerlappen. Die Leiche lag die ganze Zeit direkt vor ihm und hielt die Lemuren davon ab, sich mit ihm zu beschäftigen. Er musste zusehen, wie dieses Ungeziefer den Toten langsam auffraß. Irgendwann tauchte dann dieser andere Typ auf. Er stand einen halben Tag wie gelähmt neben meinem Käfig. Er schien von irgendeinem Zauber getroffen worden zu sein. Als er zu sich kam, kletterte er in Panik auf meinen Käfig und klammerte sich an die Kette. Keiner von beiden war irgendeine Hilfe für mich. Sie schienen nur dazusitzen und darauf zu hoffen, dass sie aus diesem Albtraum endlich aufwachten. Ich habe versucht, ihnen zu erklären, dass es sich nicht um einen Traum handelte, in dem sie gefangen waren, und dass sie sich nur selbst retten könnten. Ich glaube, das haben sie mir krumm genommen.

Es müssen Tage gewesen sein, die wir stumm beieinander gehockt haben. Ich dachte schon, die anderen beiden wären verhungert oder verdurstet, doch als dann diese Lilith, wie du sie nennst, kam, zeigte sich, dass doch noch Leben in ihnen war. Von mir hatten sich die beiden anscheinend keine Hilfe erwartet, doch das kleine Mädchen schien ihnen gerade recht zu sein. Sie haben versucht, sie zu überreden, die Lemuren von ihnen wegzulocken. Sie behaupteten, einen Ausgang zu kennen. Doch da wussten sie noch nicht, mit wem sie es zu tun hatten. Zuerst spielte sie auch mit, doch dann ging sie plötzlich auf den Jammerlappen los. Da du sie kennst, brauche ich dir ja nicht zu erzählen, wie es aussieht, wenn sie das Leben aus ihren Opfern saugt. Der, der oben auf meinem Käfig hockte, hatte auch nicht viel mehr Glück mit ihr.«

Baazlabeth wusste genau, wovon Ingvarr sprach. Die drei Männer waren von der hiesigen Finstergilde. Die ersten beiden waren bei Baazlabeths Beschwörung zugegen gewesen. Der Kopflose ging auf seine Rechnung, bei dem anderen hatte Baazlabeth sich geweigert, ihn zu töten, ohne eine Bezahlung zu bekommen. Nemrothar hatte die beiden durch das Pentagramm in das Dämonenreich verbannt, genauso wie den Letzten, der versucht hatte, den Magier unter Druck zu setzen. Nemrothar hatte ihn gelähmt und ebenfalls durch das Tor geschickt.

»Erzähl mir endlich etwas, was ich noch nicht weiß«, sagte Baazlabeth, »bevor ich auf die Idee komme, dass du mir wenig hilfreich bist. Am besten, du beginnst damit, warum sie dich nicht auch gleich getötet hat und wie es dir gelungen ist, ihrer habhaft zu werden.«

»Gar nicht«, sagte Ingvarr und schien zu wissen, dass es dem Dämon nicht gefallen würde, was er zu berichten hatte. »Sie setzte sich hin und betete. Tagelang murmelte sie immer wieder dieselben Worte vor sich hin. *Ich bin der Hass und bereit dazu, die größte aller Sünden in Liebe zu wandeln*.

Baazlabeth knurrte verächtlich und gab dem Käfig, in dem sein Gefangener saß, einen Stoß. Ingvarr hatte alle Mühe, sich an dem Bodengitter festzuhalten und nicht gegen die geschliffenen Stäbe zu kommen.

Ich hätte mir denken können, dass diese kleine Göre sich nicht einsichtig zeigt. Wenn man einem Kind seinen Willen lässt, kann nur eine faule Frucht daraus erwachsen. Wahrscheinlich hat Amez sie aus Zorn am Boden zerschmettert und ihren Leichnam an die Lemuren verfüttert. Jedenfalls bin ich an ihrem Tod nicht schuld. Das kann mir Amez nicht vorhalten.

»Wie hat er sie getötet?«, fragte Baazlabeth.

»Er hat sie nicht getötet, er hat zu ihr gesprochen.«

»Niemals!«, brüllte der Dämon. »Tausend Jahre lang hat Amez nicht ein einziges Wort an mich gerichtet. Warum sollte er mit einem kleinen Kind sprechen, nur weil es bockig ist und mit denen nichts zu tun haben will, die ihm seine Grenzen aufweisen?«

»Ich glaube nicht, dass wir von demselben sprechen«, wandte Ingvarr ein. »Sie hat nicht zu deinem Gott gesprochen, sondern zu einem anderen.«

»Was für ein anderer?«, lachte Baazlabeth. »Es gibt nur zwei wahre Götter, und es steht diesem Kind lediglich zu, zu nur einem von ihnen zu sprechen.«

»Dies schien sie anders zu sehen, und wie es aussieht, die andere Seite ebenfalls.«

»Woher willst du das überhaupt wissen?«, schrie Baazlabeth. »Du hat nur dabei zugehört, was dieses dumme Kind von sich gegeben hat. Wahrscheinlich hat sie mit sich selbst gesprochen, fantasiert, und du hast es als bare Münze aufgefasst. Den Kindern des Chaos steht es nicht zu, die Seite zu wechseln, dies ist allein ein Privileg der Ordnung, wenn sie sich besonnen hat.«

Ingvarr schien zu merken, dass der Dämon sich nicht länger auf die Folter spannen lassen wollte. Er wollte wissen, was in seinem Reich wirklich vorgefallen war.

»Sie hat mit der anderen Seite gesprochen, und die hat sie erwählt. Ich wurde Zeuge ihrer neuen Kräfte.«

»Welche Kräfte?«

»Ich habe gesehen, was in ihrer Macht lag, als sie in dein Reich kam. Es ist nichts gegen das, was sie konnte, als sie es wieder verließ. Sie ist in der Lage, den Willen eines jeden Wesens zu lenken. Es reichen ein paar Worte, und jeder liegt ihr zu Füßen, ist ihr hörig oder versinkt in Selbstmitleid. Sie polarisiert und verstärkt die Gefühle anderer. Wer gewillt ist, sie zu mögen, wird ihr bedingungslos gehorchen. Wer Mitleid empfindet, wird alles, was in seiner Macht steht, versuchen, um ihr zu helfen. Allein ihren Worten zu lauschen zwingt jeden dazu, ihrem Willen zu gehorchen. Ich habe gesehen, wie sie die Lemuren dazu gebracht hat, sich gegenseitig zu zerfleischen.«

»Wenn sie so wahnsinnig mächtig ist, warum hat sie dich dann verschont?«, verlangte Baazlabeth zu wissen.

»Vielleicht war es der Käfig, in dem ich festsaß, oder ihr lag nichts daran, mir ihren Willen aufzuzwingen. Sie sagte nur zu mir, sie müsse zurück in ihre Welt, um eine Prophezeiung zu erfüllen. Dann ließ sie mich frei und bat mich, dir von ihr zu erzählen, wenn ... wenn sie dich getötet und zurück in deine eigene Welt verbannt hat.«

Baazlabeth zog einen Stuhl zurück und setzte sich zu Lemura an den Tisch. Die blinde Seherin zuckte zusammen, als sie die Nähe des Dämons spürte. Auch Igniphascellanius kroch aus seinem Versteck hervor und versuchte – soweit seine kriechende Haltung es zuließ –, etwas Abstand zu gewinnen. Umso mehr verwunderte es Baazlabeth, dass er selbst nichts von dem spürte, was seine Begleiter ihm implizit an Reaktion unterstellten. Er wusste, dass er ungenießbar sein konnte, wenn es nicht nach seinem Willen ging. Man tat gut daran, ihm in solchen Momenten aus dem Weg zu gehen. Genauso ein Moment hätte jetzt sein müssen, jedoch spürte er keine Resonanz davon in sich. Vielleicht lag es daran, dass er bereits mehr wusste als alle anderen.

Baazlabeth schob seinen Stuhl zurück, streifte sich die Schuhe ab und besah sich die in Lappen eingewickelten Füße. Sie waren schmutzig, aber es waren menschliche Füße. Einigermaßen beruhigt, besah er sich seine Handknöchel für einen Moment, doch auch aus ihnen schoben sich keine Krallen hervor. Zu guter Letzt tastete er seine Stirn ab und stellte zufrieden fest, dass nichts von dem, was passiert war, ihn dazu zwingen würde, aus der Haut zu fahren. Beruhigt und mit einem zufriedenen Lächeln rückte er wieder zurück an den Tisch.

»Nehmen wir einmal an, ich glaube dir, Ingvarr. Kann ich dann dein plötzliches Auftauchen in dieser Welt so deuten, dass du Lilith nicht zutraust, mich töten zu können? Bist du gekommen, um zu Ende zu bringen, woran sie scheitern würde?«

Die Tür zum Theater klappte zu, und schwere, müde Schritte näherten sich durch das Foyer.

»Er ist nicht gekommen, um dich zu töten«, sagte Nemrothar aus dem Dunkeln heraus und schritt den Mittelgang entlang. »Er ist hinter Lilith her. Auf sie hat er es abgesehen.«

»Da bist du ja endlich, Tattergreis«, schnaubte Baazlabeth. »Hat dir mein katzenhafter Diener nicht ausrichten lassen, dass du dich beeilen sollst?«

»Er war bei mir, und jetzt bin ich hier, was gefällt dir daran nicht?«

»Dass du länger brauchst für eine halbe Meile Fußweg als ich, um das Geheimnis der Prophezeiung zu lösen. Alles, was mir noch fehlt, sind ein paar Antworten, die ich mir von den hier Anwesenden erhoffe.«

Nemrothar schlurfte den Gang zur Bühne hinunter. Die Gicht in seinem Körper schien jede Bewegung zur Qual werden zu lassen. Das Zucken seiner Mundwinkel verriet, dass er ein ertragbares Arrangement zwischen Geschwindigkeit und Schmerzen gefunden hatte, das es fast jedem recht machte – fast jedem.

»Ich will hoffen, dass dein gestörter Bewegungsablauf das Ergebnis eines langen Lebens und nicht der Beginn der grassierenden Seuche ist!«, rief Baazlabeth ihm zu. »Setz dich irgendwo da unten hin, diese Bühne ist nur für gewalttätige Tode gedacht.«

Nemrothar nahm das Entgegenkommen des Dämons mit Wohlwollen auf. Er bog in eine der Stuhlreihen im Saal ein und nahm Platz.

»Ich muss zugeben, dass mir das Leben als Zuschauer gar nicht so schlecht gefällt«, röchelte der alte Magier. »Langsam scheint es mir, als wenn die, die sich ins Rampenlicht stellen, nicht lange überleben.«

»Setzt dich hin und sei still!«, schnauzte Baazlabeth ihn an. »Auch Zuschauer sterben, doch meistens nimmt niemand Notiz davon.«

Baazlabeth leerte den Rest seines Bechers und erhob sich. Eigentlich hätte er schreien und toben müssen. Von den sieben Sünden waren nur noch zwei übrig, und die Tugenden hatten sich immer noch nicht blicken lassen. Die Prophezeiung schien so gut wie gescheitert, wären da nicht Ingvarr und Auril. Diese beiden hatte es geschafft, alles in einem ganz anderen Licht erscheinen zu lassen. Jetzt hing Baazlabeths Erfolg allein davon ab, dass er schnell genug handelte und die Tugenden nicht von dem geänderten Plan erfuhren, bis er herausfand, wer oder was sie genau sein würden.

»Ich habe Sementis umgeschrieben«, verkündete er stolz. »Diese vergilbte Prophezeiung, von der selbst die Götter nicht mehr wissen, wie sie eigentlich zu deuten ist, brauchte dringend einen neuen Anstrich und ein paar frische Mimen. Dann wollen wir doch einmal sehen, was uns noch fehlt.«

Baazlabeth positionierte sich im Fackelschein und breitete die Arme hingebungsvoll aus.

»Ich werde deine bösartigen Spielchen nicht mitmachen«, verkündete Ingvarr. »Mir geht es allein um diese Lilith.«

Baazlabeth brach seinen Auftritt ab und wandte sich dem Käfig zu, in dem der Magier hockte.

»Entweder Prophezeiung oder Abendbrot, es steht dir frei«, erklärte Baazlabeth. »Ich kann dir versprechen, dass du deinem Ziel näher kommst, wenn ich nicht gezwungen bin, an deinen Knochen herumzunagen. Überlege es dir. Warte aber bitte, bis ich meinen Auftritt beendet habe.«

Baazlabeth nahm erneut seinen Platz auf der Bühne ein und begann von vorn:

»Von den Göttern selbst verfasst und aufgeschrieben,
steht zu lesen auf des schwarzen Bruchstücks Stein …

Den Anfang lassen wir so, damit alle Beteiligten wissen, worum es geht. Ich unterstelle einfach mal, dass es diese schwarze Steintafel irgendwo gibt.

… übrig bleiben werden von den Mächten jeweils sieben …

Ich muss zugeben, dass mir diese Stelle immer am besten gefallen hat, doch leider war ich etwas zu optimistisch, was das Ziel dieser Prophezeiung angeht. Wir haben unterstellt, dass es sich hierbei nur um die sieben Sünden und Tugenden handeln kann. Gehen wir einfach mal davon aus, dass es reicht, wenn wir irgendwelche sieben in die Schlacht schicken. Das heißt natürlich: mich und sechs andere. Was mich gleich zum nächsten Vers kommen lässt.

… die entscheiden, ob die Welt wird ewig Schatten sein.

Auch hier bin ich davon ausgegangen, dass es mir auferlegt wurde, die Welt ins Chaos zu stürzen. Schließlich nennt man mich einen Krieger des Schattens. Gemeint ist aber der Schatten selbst, nämlich das ausgewogene Zusammenspiel von Licht und Dunkelheit. Das brachte mich zu der Idee, dass es gar nicht darum geht, eine Seite vollständig zu vernichten, sondern lediglich ein Gleichgewicht wiederherzustellen.

Die ganze Zeit habe ich mich gefragt, wodurch in dieser Welt das Gleichgewicht gestört sein könnte. Auril und Ingvarr haben es mir gezeigt. Der Schlüssel zum Chaos ist die Magie. Magie setzt alle Naturgesetze außer Kraft. Sie ist unbändig und nicht vorhersehbar. Sprich, sie ist die reinste Form des Chaos. Niemand wird mir widersprechen, wenn ich behaupte, dass die arkane Macht in dieser Welt kurz vor dem Aussterben ist. Seht euch nur einmal Nemrothar an. Er ist das beste Beispiel für eine untergehende Klasse. Magier und Kleriker sind nur noch leere Hüllen, denen jegliche Macht entschwunden ist.

> Die Stadt der Götter wird als Schlachtfeld dienen.
> Von eigner Hand erbaut in einer Zeit des Lichts,
> wird das Los der Mauern jenes neue Antlitz mimen,
> und der Sieg entscheidet über alles oder nichts.

Dazu braucht man eigentlich nicht viel sagen. Was mich jedoch etwas stutzig gemacht hat, war das mit dem ›Los der Mauern‹. Aber es kann nur bedeuten, dass der Feind nicht in den Mauern der Stadt steht, sondern davor. Was nur bedeuten kann, dass sich die Krieger des Lichts im Heer von König Bellington befinden.

> Wenn die Tage kürzer werden, und die Nächte auch,
> bringt der letzte Bauer seine Ernte aus.

Das hört sich etwas umständlich an, kann aber nur heißen, dass es Winter ist wegen des Sonnenverlaufes. Die kurzen Nächte beziehen sich auf den Schnee, der selbst die finsterste Nacht noch hell erscheinen lässt. Beim letzten Bauern handelt es sich eindeutig um die Hauptrolle des Stückes, nämlich um mich.

Mit der Sense geht er durch die Reihen,
dass nichts neues Altes kann gedeihen.

Das mit der Sense brauche ich nicht näher zu erklären, schließlich mache ich ja seit Wochen nichts anderes. Was mir allerdings Kopfzerbrechen bereitet hat, war das ›neue Alte‹, von dem gesprochen wird. Zuerst dachte ich, es bezieht sich auf die Magier und Kleriker in dieser Welt, doch wollen wir mal ehrlich sein, hat hier irgendjemand schon einen jungen Priester gesehen? – Nein. Wer will schon ein Nichtskönner sein und immer nur erzählen müssen, was früher alles möglich war. So wurde mir klar, dass das ›Alt‹ sich auf die neue Ordnung bezieht, die es herzustellen gilt. Somit musste ich nur nach der Komponente suchen, die das Gleichgewicht der Magier stört.«

Baazlabeth machte eine kurze Pause und drehte sich zu jedem der Anwesenden einmal um. Er erntete jedoch nur staunende Gesichter.

»Es sind die Alchemisten und Magister. Die Magie dieser Welt ist zweitrangig geworden, weil die Erfindungen und Forschungen sie fast vollständig ersetzen. Erinnert euch an die Begrüßung des Königs. Besser hätten es die Magier auch nicht gekonnt. Was ist mit den vielen Kranken und Verletzten? Kaum einer von ihnen geht zu einem Priester, um sich heilen zu lassen. Lieber legen die Menschen ein paar Goldstücke auf den Tisch und lassen sich medizinisch behandeln, als dass sie auf ein Wunder hoffen. In wenigen Jahren werden die Magier vollständig aus dieser Welt verschwunden sein.

Die faule Frucht streut er ins Land,
bis der Acker riecht verbrannt.
In der Erde tief verscharrt,
hat er seine eigne Saat.

Jetzt kommen wir zu einem äußerst wichtigen Teil. Die ›faulen Früchte‹ waren lange Zeit ein Rätsel für mich, doch eigentlich liegt es auf der Hand. Es sind die Bastarde, die gemeint sind. Auril ist in der Lage, Magie anzuwenden. Ich habe es selber gesehen. Das, wonach alle Magier dieser Welt schmachten, hat sie wie aus dem Nichts hervorgebracht. Und sie ist nicht die Einzige. Vor einigen Tagen habe ich gesehen, wie der Gehilfe des Laternenanzünders, ebenfalls ein Bastard, einen Feuerzauber gewirkt hat – nichts Großes, aber eindeutig Magie. Ich vermute, dass viele dieser Bastarde Magie wirken können. Die Bastardkinder sind die faulen Früchte und die Saat zugleich.

Streut sie aus im kalten Wasser,
bis die Welt wird blass und blasser.
Ist der Boden ausgekühlt,
wird die Saat an Land gespült.

Wir müssen dafür sorgen, dass die Bastardkinder geschützt vor der Seuche über die Meere gebracht werden. Sie müssen in alle Länder gelangen, um die neue Art der Magie zu verbreiten und die Forschungen der Alchemisten in ihre Schranken zu weisen.

Gedüngt mit längst verdorrten Dingen,
wird man des Bauern Namen singen.«

Bei der vorletzten Zeile bin ich mir noch nicht ganz schlüssig, was sie zu bedeuten hat, aber ich bin mir sicher, dass ich es noch herausfinde, bis es so weit ist.«

Baazlabeth war begeistert von seiner Zusammenfassung. Er hatte es geschafft, aus einer schwammig formulierten Prophezeiung einen Schlachtplan zu entwerfen, der selbst dem Dümmsten einleuchten würde. Außerdem hatten sie nichts Besseres, und es würde wahrscheinlich auch nichts anderes geben. Es lohnte sich nicht, darüber zu diskutieren, wann in der Schlacht man die Reiterei einsetzte, wenn man niemanden hatte, der ein Pferd besaß.

Aber wie immer bei den Menschen gab es einige, die nichts anderes konnten, als herumzunörgeln.

»Das hört sich alles ganz gut und schlüssig an«, befand Nemrothar,

»aber ich glaube, dass dir die Zeit fehlen wird, deine Pläne umzusetzen. Jost Blackbell hat mich vorhin aufgesucht. Er meint, dass das königliche Heer sich bereits formiert. Er sagt, sie werden morgen früh gegen die Stadtmauern ziehen. Du weißt jetzt vielleicht, was die Prophezeiung bedeutet, aber du weißt nicht, was du tun musst, um sie auch zu erfüllen. Oder war es dein Plan, das ganze Heer zu vernichten? Wie denn, etwa mit ein paar Kindern? Nach unseren Berichten sind im Lager des Königs etwa hundert an der Seuche erkrankt. Wie lächerlich, sage ich! Es sind immer noch eintausend Gesunde, und wenn die Berichte der Späher stimmen, werden es morgen früh weitere fünftausend sein, die König Bellington aus dem Umland abgezogen hat. Er vernachlässigt seine Grenzen, um mit allem, was er hat, gegen Brisenburg zu ziehen. Was denkst du, wie gut deine neue Ernte gedeihen wird, wenn der König mit uns fertig ist. Da wird es auch nichts helfen, die armen Kinder in Schiffe zu verfrachten. Er wird Brisenburg dem Erdboden gleichmachen und nichts übrig lassen, was je an eine Prophezeiung erinnert hat. Sieh es ein, du hast versagt.«

Mit einem Satz war Baazlabeth von der Bühne herunter und stürmte auf Nemrothar zu. Der greise Magier hatte nicht die geringste Chance, dem Dämon zu entkommen. Baazlabeth packte ihn an der Kehle und zog ihn vom Stuhl. Wie eine Puppe schleifte er den Alten hinter sich her bis zur Bühne.

»Molloch, bring mir meine Säbel!«, schrie er. »Wir proben außer der Reihe eine Sterbeszene.«

Nemrothar ergab sich seinem Schicksal. Er versuchte gar nicht erst, seinem Peiniger zu entfliehen. Er wusste, dass es zwecklos war.

Baazlabeth fiel beim besten Willen kein einziger Grund ein, warum er den Magier, der ihm das alles eingebrockt hatte, am Leben lassen sollte. Nemrothar war zu nichts zu gebrauchen, und auf keinen Fall gönnte er dem Alten die Genugtuung, mit ansehen zu dürfen, wie er scheiterte.

Molloch tat stumm, wie ihm aufgetragen worden war. Er reichte dem Dämon die beiden Krummschwerter vom Tisch und warf ihm einen seiner traurigen Blicke zu. Baazlabeth stieß Nemrothar zu Boden und griff gierig nach den beiden Klingen.

»Halt!«, schrie Ingvarr aus seinem Käfig. »Es gibt vielleicht doch noch eine Chance.«

Baazlabeth warf ihm einen ernüchternden Blick zu.

»Brauchen wir den Alten dazu?«

Ingvarr nickte.

»Ich freue mich zu hören, dass du dich doch noch entschlossen hast, auf unsere Seite zu kommen. Dann lass mal hören, was du zu bieten hast.«

Baazlabeth packte Nemrothar, zog ihn hoch und stellte ihn auf die Beine.

»Und du hörst besser gut zu«, ermahnte er den alten Magier. »Wenn der Plan nicht gut ist, ist es nämlich das Letzte, was du hören wirst.«

Mit einem Sprung war der Dämon wieder zurück auf der Bühne.

»Ich bin ganz Ohr, Ingvarr.«

»Ich bin mir nicht ganz sicher, warum die Manaquelle, so bezeichnen wir die Kraft der Magie in meiner Welt, verbraucht ist, doch ich kenne die Art von Magie, auf die dieses kleine Mädchen zurückgreift«, begann er und zeigte dabei auf Auril, die immer noch verängstigt neben dem Käfig stand. »Wir nennen sie wilde Magie. Bestimmte Völker können von Natur aus Magie wirken. Das Mana ist in ihnen selbst. Ihre Zauber beruhen nicht auf Spruchformeln, Riten oder Gestiken. Sie zaubern mit Hilfe ihrer Emotionen. Wenn alle Mischlingskinder diese Kraft in sich tragen, ist ihre Macht enorm, ob sie jedoch groß genug ist, ein ganzes Heer zu vernichten, wage ich zu bezweifeln. Aber ich könnte euch etwas Zeit verschaffen, um es herauszufinden. Dazu brauche ich jedoch die Hilfe eines Meisters der Magie.«

»Lass hören«, grunzte Baazlabeth, »aber lass dir keine Tricks einfallen. Sterbeszenen kann man nie genug proben.«

»Ein Meister müsste mir helfen, ein Dimensionstor zu erschaffen, das uns auf die äußeren Ebenen bringt. Die Kinder werden dort in Sicherheit sein, und ich habe Zeit, ihnen ein paar grundlegende Regeln der Magier zu erklären, bevor wir wieder zurückkehren. Die Zeit in diesen Welten läuft sechsmal langsamer ab als hier. Ein Tag hier ist so gut wie eine Woche dort.«

»Das hast du dir ja fein ausgedacht«, sagte Baazlabeth. »Ich lasse dich mit den Kindern einfach in eine andere Welt flüchten, und schon sehe ich euch nie wieder. Für wie blöd hältst du mich eigentlich?«

»Ich bin freiwillig in diese Welt gekommen, vergiss das nicht, Dämon«, fauchte Ingvarr ihn an. »Ich werde auch freiwillig wieder zurückkehren. Alles, was ich will, ist diese Lilith aufhalten. Auch wenn sie sich für die Seite der Ordnung entschieden hat, ihre Motivation wird immer vom Chaos getrieben sein. Unter dem Deckmantel des Guten wird sie die Menschen in die Verdammnis treiben. Wenn du meine Hilfe nicht willst, gut, aber dann wird Nemrothar Recht behalten, und du wirst scheitern.«

Baazlabeth überlegte einen Moment. Zu riskieren, Ingvarr zu verlieren, für die Möglichkeit, die Prophezeiung eventuell doch noch zu erfüllen, war ein kleines Opfer. Auf die Kinder zu verzichten, hieße jedoch, alles zu verlieren. Doch Baazlabeth konnte sich nicht vorstellen, dass Auril und ihre Freunde die Welt, in der sie lebten, jemals im Stich lassen würden. Ihre Familien waren hier, ebenso Freunde und ihre ganze Hoffnung.

»Bis wir die Kinder zusammen und den Zauber vorbereitet haben, graut bereits der Morgen. Du würdest uns nur ein paar Stunden verschaffen«, gab Baazlabeth zu bedenken.

Molloch trat von hinten an den Dämon heran und legte ihm die Hand auf die Schulter.

»Molloch geht heut Nacht ins Lager,
stiftet etwas Ungemach.
Macht seinen Körper etwas hagrer.
Tut ihm sicherlich nicht schad.«

Baazlabeth hätte ihn küssen können, wenn Molloch nicht immer so unangenehm aus dem Mund riechen würde. Er war froh, dass der Koloss sich immer noch einbrachte. Immerhin waren alle anderen Sünden bereits auf der Strecke geblieben und Baazlabeth hatte ihm gerade eben mitgeteilt, dass seine Dienste zur Erfüllung der Prophezeiung gar nicht mehr vonnöten waren. Somit war der Akt der Selbstopferung – und das wäre diese Mission sicherlich – äußerst nobel von dem dicken Mann.

»Das wird uns sicherlich einen ganzen Tag verschaffen. Das bedeutet, dass du sechs Tage hast, um die Kinder vorzubereiten.«

Ingvarr schien nicht ganz überzeugt zu sein, obwohl es sein eigener Vorschlag gewesen war.

»Wir reden hier über wilde Magie«, gestand er. »Niemand wird sie je ganz unter Kontrolle bringen. Egal wie viel Zeit man in die Ausbildung der Kinder steckt.

»Ich bin ein Horde«, erklärte Baazlabeth. »Auch mich wird nie jemand unter Kontrolle bringen, trotzdem wurde ich ausgewählt, die Prophezeiung zu erfüllen. Wenn ich gut genug dafür bin, dann sind es die Kinder auch.«

Baazlabeth beugte sich zu Auril hinunter, so, wie er es bei ihrer ersten Begegnung schon einmal getan hatte.

»Hör mir gut zu, Kleines, lauf los und rufe alle deine Freunde zusammen, welche die gleiche Tätowierung haben wie du. Bring sie hierher und sag ihnen, dass sie bald frei sein werden und dass es niemanden geben wird, der sie zurück in die Sklaverei bringt.«

Auril nickte ängstlich.

»Ihr bereitet den Zauber vor«, sagte Baazlabeth zu den anderen. »Molloch wird bei Einbruch der Dunkelheit in das Heerlager schleichen und Chaos verbreiten. Ich werde gehen und einen Fehler wiedergutmachen. Bis morgen früh müsst ihr die Kinder zusammenhaben, sie in die äußeren Ringe gebracht, angelernt und wieder hier abgesetzt haben. Mehr Zeit gibt es nicht, also beeilt euch.«

23
Ordnung ist der halbe Tod

Lilith Brackenmoore – Tochter des Verrats

Wenn man von allen geliebt wird und keiner einem widerspricht, ist selbst der Befehl über das größte Heer ein Kinderspiel.

Die dröhnenden Hammerschläge wollten nicht enden. Seit Tagen erfüllten sie das Heerlager mit ihrem dumpfen, monotonen Klang. Unentwegt wie ein stetiger Tropfen Wasser zerrte das Geräusch an den Nerven der Männer.

General Dugen stand vor dem Zelt des Königs und reckte den Kopf in den Nachthimmel. Schneeflocken trieben ihm ins Gesicht, verfingen sich in den Härchen und Bartstoppeln und schmolzen schließlich. Es war herrlich, endlich konnte er sein Gesicht spüren oder, besser gesagt, das, was davon übrig war. Es verging kein Tag, an dem er nicht die großen Narben und tiefen Furchen mit den Fingern abtastete, um herauszufinden, in welchem Stück Fleisch noch Leben war und welches nur noch tot am Knochen hing, weil die Medizi es dort angenäht hatten. Doch jeden Tag aufs Neue spielte ihm sein Gefühl einen Streich. Es war schwer zu unterscheiden, ob die Empfindung von der Hand herrührte oder von der vernarbten Haut, die seine Finger ertasteten. Die Schneeflocken waren wie fremde Finger. Dort, wo noch Leben in ihm steckte, fühlte er die Kälte und die Nässe.

Dugen war von Anfang an gegen den Marsch auf Brisenburg gewesen. Er hatte dem König gesagt, dass er es als falsch erachtete, gegen die eigenen Bürger ins Feld zu ziehen. Brisenburg war eine unbedeutende Stadt am Rande des Königreiches. Was machte es schon aus, wenn die Menschen dort nicht mit allem einverstanden waren, was der Königshof entschied? Sollten sie sich doch den Gesetzen des Landes entgegenstellen. Sklavenhandel hin oder her.

Die wenigen Dverga, die hier Schutz gesucht hatten, brächten auch keine gefüllten Schatzkammern. Immerhin musste man Lord Brackenmoore zugestehen, dass er aus der Stadt das Beste herausgeholt hatte. Er entrichtete die Steuern an den Hof und war zu einem wichtigen Knotenpunkt des Handels geworden. Die Bürger waren zufrieden und fühlten sich als ein Teil des Landes. Mit der Übernahme von Brisenburg durch die königlichen Truppen schürte man nur neue Konflikte. Brackenmoore war ein geachteter Mann, und wenn er fallen konnte, konnten es alle anderen auch. Dieser ganze Konflikt brachte mehr Ärger als Vorteile. Für Bellington war Brisenburg aber dennoch ein Dorn im Auge gewesen, und was der König befahl, wurde ausgeführt.

Als Brisenburg sich offenkundig gegen Bellington zur Wehr gesetzt und das Heer mit Pfeilen und Brandsätzen begrüßt hatte, hatte Dugen gewusst, dass dies nicht die letzten Toten waren, die er vom Schlachtfeld ziehen würde. Die offene Feindseligkeit war nicht mehr mit Worten oder Proklamationen aus der Welt zu schaffen, sie verlangte Opfer. Dugen hätte gewettet, dass das nächste große Blutvergießen auf Seiten Brisenburgs stattfände, doch er hatte sich geirrt.

Als Genugtuung hatte sich der König zwar den Kopf von Lord Brackenmoore geholt, doch gleichzeitig auch Dennard Proof, den Henker, als Verräter enttarnt. Was aussah wie ein Schlagabtausch, der zwei wichtige Figuren gekostet hatte, war in Wirklichkeit eine von langer Hand geplante Falle gewesen. Die Übergabe der Dvergas – ein scheinbarer Versöhnungsakt der Brisenburger – war nicht mehr als ein winziges Bauernopfer im Vergleich zu dem, was sie angerichtet hatten. Infiziert mit einer seltsamen Seuche, mischte sich das kleine Volk unter die Soldaten des Heeres. Man hatte gehofft, sie für die Versorgung der Verletzten einsetzen zu können. Sie sollten Wasser und Nahrung in die Lazarettzelte bringen und den Medizi zur Seite stehen, doch stattdessen brachten sie den Tod.

Nach einem einzigen Tag hatten sich hundert und mehr Männer mit der Seuche angesteckt, und von Stunde zu Stunde kamen weitere hinzu. Man hatte versucht, die Kranken von den Gesunden zu trennen, doch es war bereits zu spät. Um die Dverga hatte man sich gekümmert, doch ihr Vermächtnis lebte weiter und wurde ständig größer.

Der Bau der Belagerungsmaschinen ging gut voran, trotz der schweren Verletzung von König Bellington. Seit einigen Tagen lag er im Fieber, berichteten die Medizi, doch sie ließen ausrichten, dass sich jemand anders um die Belange des Reiches kümmern würde, solange er daniederlag. Es war ein Mädchen, ein kleines Mädchen. Ein Kind hatte die Stelle des Königs eingenommen. Niemand schien in Frage zu stellen, ob sie dazu autorisiert oder befähigt war. Alle nahmen es so hin und schienen zufrieden damit.

Dugen kannte sie nicht. Er wusste nicht, woher sie kam und zu wem sie gehörte. Sie war plötzlich einfach da. Alles, was er von ihr kannte, war ihr Name – Lilith.

Bislang hatte er kaum ein Wort mit ihr gewechselt. Vor Jahren noch wäre sie nicht einmal in die Nähe des Zeltes gekommen, in dem der König gebettet lag. Seitdem Bellington aber Baumeister, Alchemisten und andere Gelehrte, mit denen er sich umgab, über den Rang eines Generals und obersten Heerführers gesetzt hatte, bestimmten neuerdings sie die Geschicke der Politik. Dugen war nur noch für die Einteilung der Männer auf dem Schlachtfeld zuständig, und das ließen sie ihn auch spüren.

Seit Tagen hatte er sich um ein Gespräch mit dem König oder dieser Lilith herumgedrückt, doch heute musste er einen von ihnen zur Rede stellen. Späher hatten ihm berichtet, dass von überall aus dem Land Soldaten abgezogen wurden, um nach Brisenburg zu kommen und sich dem Heer des Königs anzuschließen. Dugen hatte von alledem nichts gewusst, und wenn er informiert gewesen wäre, hätte er alles Erdenkliche in Bewegung gesetzt, um diese Entscheidung beim König rückgängig zu machen. Die Grenzen des Landes zu vernachlässigen, um eine Stadt für ihren Ungehorsam zur Rechenschaft zu ziehen, war verblendeter Irrsinn. Es würde nur wenige Tage dauern, bevor die umliegenden Länder herausfänden, dass die Grenzen nach Meddelton ungeschützt waren. So eine Chance würde sich kein Feind entgehen lassen. In kürzester Zeit könnten bereits die ersten Schiffe anlanden oder die Barbaren aus den Bergen im Norden einfallen, das Land spalten und die wichtigsten Handelsrouten kappen. Wenn die Versorgung erst einmal brachlag, gab es kaum noch eine Rettung für Meddelton.

Dugen warf einen erneuten Blick hinüber zum Zelt des Königs. Schon seit Tagen brannte immer nur eine einzige Kerze im hinteren Teil. Sie schien auf einem kleinen Beistelltisch neben dem Schlafplatz von Bellington zu stehen. General Dugen hatte noch kein Heerlager gesehen, in dem das Zelt des Heerführers nicht die ganze Nacht unter voller Beleuchtung gestanden und die Offiziere ein und aus gegangen wären, um ihre weiteren Pläne zu besprechen. Anscheinend brauchten der König und seine neue Vertraute keine Strategie. Vielleicht war schon alles entschieden, und man hatte ihn, den General des Heeres, nur vergessen, einzuweihen. Dugen fasste sich ein Herz. Er musste mit dem König sprechen, und zwar am besten ohne diese Lilith. Wenn sich sonst schon niemand um die Soldaten und die Zukunft von Meddelton kümmerte, er tat es. Entschlossen schritt er auf den Eingang des Zeltes zu. Er war in Gedanken versunken und überlegte, wie er die Unterhaltung beginnen konnte, ohne dass sie endete, bevor er überhaupt gehört worden war. Umso mehr schrak er zusammen, als die beiden Wachen vor dem Zelteingang die Hellebarden kreuzten und ihm den Zutritt verwehrten.

»Lady Lilith und König Bellington wünschen, nicht gestört zu werden«, brummte die Wache.

Dugen war so überrascht, dass er gar nicht wusste, was er sagen sollte. Noch nie hatte ein einfacher Soldat es gewagt, ihm den Weg zu versperren. Jeder kannte ihn, selbst die Söldner, die erst seit wenigen Wochen mit ihnen zogen. Zudem grenzte es fast an Hochverrat, den Namen des Königs hintenanzustellen. Fehlte nur noch, dass sie dieser Lilith einen Adelstitel verpassten und vor ihr niederknieten.

»Wenn ihr beiden Kanalratten mich nicht sofort passieren lasst, werde ich dafür sorgen, dass ihr beim Sturm gegen die Mauern von Brisenburg in der ersten Reihe steht«, grollte Dugen zurück.

»Verzeiht, General Dugen, aber wir haben unsere Anweisungen.«

»Ich gebe euch eure Anweisungen!«, brüllte Dugen. »Ihr seid meinem Kommando unterstellt.«

»Wir *haben* unsere Befehle von Euch bekommen, doch jetzt nicht mehr«, erklärte die Wache steif.

Dugen hatte es satt, sich diese Frechheiten weiterhin anhören zu müssen. Er packte den Griff seines Schwertes und zog blank.

»Lasst ihn durch«, erklang die Stimme von Lilith aus dem Inneren des Zeltes. »Es ist nur ein Missverständnis. Natürlich hat der General mein Gehör und das des Königs. Bitte steckt Eure Klinge wieder ein, Feldherr.«

Noch bevor Dugen der Bitte nachkommen konnte, hatten die beiden Wachen ihre Hellebarden zu sich herangezogen und damit den Weg freigegeben. Der General konnte in ihren selbstsicheren Mienen sehen, dass sie es ganz und gar nicht als Missverständnis auffassten, was geschehen war. Hämisch grinsend zog einer von ihnen die Zeltwand zurück.

»Bitte, General Dugen«, sagte der andere nicht weniger feixend.

Dugen steckte das Schwert zurück in die Scheide und trat in das schummrig erleuchtete Zelt. Der vordere Bereich war sauber und aufgeräumt. Auf dem schweren Tisch, auf dem sich sonst Karten, Fähnchen und die verschiedensten Miniaturnachbauten von Stadtmauern, Häusern oder Wälder befanden, lag ein einzelner Leinenbeutel, der mit etwas gefüllt war, das die Größe und Form eines Kohlkopfes hatte. Das Blut am unteren Rand des Stoffes zeugte davon, dass es sich beim Inhalt allerdings keineswegs um Gemüse handelte. Angewidert machte Dugen einen weiten Bogen um den Tisch.

»General Dugen, ich habe Euch bereits erwartet«, gestand Lilith, die sich im hinteren Teil des Zeltes aufhielt, der mit mehreren halb durchsichtigen Stoffbahnen abgetrennt war. »Es wird Zeit, dass wir uns einmal über Eure Stellung im Heer des Königs und Eure Aufgabe bei der bevorstehenden Eroberung von Brisenburg unterhalten.«

Dugen stand nach allem Möglichen der Sinn, aber ganz sicher nicht danach, sich mit einem Kind über seine Stellung am Hofe des Königs oder über eine bevorstehende Schlacht zu unterhalten.

»Verzeiht, aber ich hatte gehofft, den König unter vier Augen sprechen zu können. Was ich zu bereden habe, ist nichts für die Ohren eines Kindes«, sagte Dugen in der Hoffnung, dass seine ungebührliche Art ein Schlag ins Gesicht für Lilith darstellte.

»Ich verzeihe Euch, doch ein Gespräch unter vier Augen wird nur möglich sein, wenn Ihr, genau wie ich, eines schließen würdet. Ich glaube jedoch, dass dies nicht Euren Erwartungen entspräche und auf die Dauer überaus anstrengend werden würde. Ich bin jedoch bereit, Euch einen Gegenvorschlag zu machen. Hört mir zu, was ich Euch zu berichten habe, und Ihr könnt General und Oberbefehlshaber der Truppen des Königs bleiben. Andernfalls würde ich mich gezwungen sehen, Euch Euren hässlichen Kopf von den Schultern zu schlagen und ihn auf eine Lanze spießen zu lassen.«

Dugen blieb die Luft weg von so viel Dreistigkeit aus dem Mund eines kleinen Mädchens. Wie konnte sie es wagen, so mit einem angesehenen Offizier zu sprechen, und das vor dem König?

Lilith trat dichter an den gespannten Stoff heran. Ihr Schatten schien sich über ihre kleine Gestalt hinwegzuheben und förmlich an dem Stoff zu kleben. Dugen trat einen Schritt zurück. Das dünne Loch in dem durchscheinenden Raumteiler und der verkrustete dunkelbraune Fleck um das Loch herum waren ihm Warnung genug.

»Was hast du kleines Biest mit dem König gemacht? Welche Intrige spinnst du und diese ganzen vermeintlichen Gelehrten?«, keuchte der General.

»Keine Intrige«, erwiderte Lilith. »Es ist das Recht, das mir von den Göttern gegeben wurde, und jeder, der es anzuzweifeln wagt, wird ihren Zorn spüren.«

Liliths Schatten baute sich drohend vor ihr auf. Er schien sich wie eine zähe Flüssigkeit in den Stoff eingesogen zu haben. Viel zu groß, düster und konturenreich, als dass es bloß der substanzlose Schatten eines Kindes hätte sein können. Drohend beugte er sich über Dugen.

»Mein Name ist Lilith, Tochter der Dunkelheit und Sohn des Lichtes. In mir brennt die schwarze Flamme der ewigen Kälte. Meine Worte sind deine Gedanken, und deine Sehnsucht ist mein Verständnis. Was ich begehre, ist dein größtes Ziel, und was du mir zu Füßen legst, wird für immer mein sein. Du bist ich, und ich bin viele. Mein Name ist Lilith, und meine Stimme ist Gebot.«

Dugen hatte eigentlich vorgehabt, den dünnen Vorhang zur Seite zu reißen, dem Mädchen eine Tracht Prügel zu verpassen und es aus dem Lager werfen zu lassen, doch irgendetwas hinderte ihn, es nun umzusetzen. Er war wie angewurzelt, unfähig, sich zu bewegen. Er wollte sie anschreien, sie anspucken. Er hatte noch nie jemanden so gehasst wie diese Rotzgöre. Auch wenn sie aus der Blutlinie des Königs stammte, er würde ihr Manieren beibringen. Doch Dugen bekam kein einziges Wort heraus. Seine Lippen waren wie zugeklebt, seine Beine und Arme bleischwer, und seine weit aufgerissenen Augen konnte er unmöglich von diesem Schatten abwenden.

Lilith besah sich den schwer entstellten General durch die Stoffbahn hindurch. Er war ein gezeichneter Mann mit einem starken Willen, und doch ließen der dünne Stoff und das fahle Licht nicht mehr von ihm erahnen, als von jedem anderen im Heer des Königs auch. Dennoch, es war ein Fehler, Dugen erst jetzt zu einem ihrer Gefolgsleute zu machen. Sie hatte sich blenden lassen von all dem Wissen, der Klarheit und der Kraft der Elemente. Alles war einfacher als das Wirken arkaner Magie oder das Ausüben der altersschwachen Riten des Klerus. Im Wissen der Magister und ihren Forschungen lag die Zukunft.

In einer Welt ohne Magie wäre sie die unbestrittene Königin. Alle Menschen würden ihr zu Füßen liegen und ihr jeden Wunsch erfüllen. Sept hatte ihr die Macht über jedes Lebewesen gegeben. Alles, was sie tun musste, um diese Macht auf ewig zu behalten, war, jede Sünde und Tugend im Keim zu ersticken. Übrigbleiben würde nur sie und das Wissen darum, wie man sich die Elemente untertan machte. Die Magister würden für sie das Geheimnis von Mechanik, Physik, Chemie und Medizin lüften – mächtigere Waffen als jede Magie. Niemand würde sich mehr über ein kleines Mädchen lustig machen, nur weil es klein und schwach war.

»Die Hälfte habt Ihr bereits hinter Euch, General Dugen«, sagte Lilith. »Jetzt liegt es an Euch, wie lange es dauert und wie schwer es wird, meinem Weg zu folgen. Aber seid Euch darüber im Klaren, dass es nur diesen Weg gibt.«

Lilith wandte sich ab, doch ihr Schatten blieb weiterhin drohend über dem General stehen. Sie ging hinüber zum Bett von König Bellington und setzte sich auf die Kante. Der König lag da mit weit aufgerissenen Augen. Seine Haut war mit kaltem Schweiß bedeckt, und sein Atem ging flach und schnell. Lilith wischte ihm eine Strähne von der Stirn und strich sanft über seinen grauen Bart. Sie nahm einen Handspiegel vom niedrigen Tisch neben dem Bett. Sie hielt ihn vor ihr Gesicht, erst dann sah sie hinein.

Sie hasste, was sie sah. Es war das Gesicht eines Kindes und wiederum auch nicht. Man mochte sie auf zehn oder zwölf Jahre schätzen, was auch stimmte. Doch anstatt auf ihre kleine, schmale Nase zu achten, auf die makellose Haut, die wohlgeformten Lippen oder ihre wunderschönen, dunkel glänzenden, langen Haare, sahen die Menschen nur die tief schwarzen Augen, die wie zwei Onyxklumpen in ihrem Schädel saßen. Die Menschen sahen kein Kind, sie sahen einen Dämon.

Lilith legte den Spiegel kurz auf ihren Knien ab, dann hob sie ihn erneut und hielt ihn König Bellington vors Gesicht.

»Seht hinein«, flüsterte sie. »Das ist es, was die Menschen wollen. Sie sehen Euch, und sie denken an einen König. Sie sehen mich und denken an ein Ungeheuer. Bald werden die Menschen nicht mehr wissen, wie ein König auszusehen hat, denn sie werden eine Königin anbeten. Niemand wird mehr sehen, was ich war, sondern nur noch, was ich sein werde, was ich *bin* – eine Königin von Gottes Gnaden. Ich werde eine ganze Welt reagieren. Mein Wille wird sie nur das sehen lassen, was ich ihnen erlaube, und niemand wird sich dem entziehen können, weil ihnen die Macht dazu fehlt.«

General Dugen stand immer noch an Ort und Stelle. Er hatte sich keinen Zoll bewegt. Im Zelt des Königs schien die Zeit stillzustehen, nur die Flamme der Kerze flackerte leicht und ließ Liliths zurückgelassenen Schatten unheilvoll schwanken.

»Ich habe alles, General Dugen«, erklärte Lilith. »Ich besitze den Rat der klügsten Männer des Landes, die zerstörerischsten Kriegsmaschinen und die Macht, sie einzusetzen. Alles, was ich jetzt noch brauche, sind Männer, die meinen Befehlen folgen. Nicht, dass mir wirklich etwas an Euch liegt, doch mit Euch ist es einfacher, diese Männer zu lenken. Ihr müsst nur einen Schritt zur Seite machen und damit meine Macht anerkennen. Überlegt es Euch. Ihr könnt ein Teil davon sein oder nur zusehen, aber lasst Euch gesagt sein, ich kenne mich damit aus, was es heißt, zuzusehen, wenn andere ihr Leben meistern oder verlieren. Es bringt keine Erfüllung.«

Lilith wusste, dass Dugens Hilfe vieles vereinfachen würde. Wenn sie ihn unter ihren Gehorsam stellen könnte und die Männer der Armee wiederum unter seinen Befehl, dann wäre viel gewonnen. Dennoch bestand keine Notwendigkeit dazu. General Dugen war ein willensstarker Mann, und vielleicht entschloss er sich, lieber zu sterben, als jemand anderem zu folgen als dem König. Wenn es so sein sollte, würde sie auch ohne ihn klarkommen.

Es hatte Lilith schon viel Kraft gekostet, die Gelehrten davon zu überzeugen, dass sie keinen Einfall in Brisenburg plante, jedenfalls nicht so wie allgemein üblich. Natürlich hatten die Berater versucht, sie zu überreden, die Stadtmauern mit schweren Katapulten und Rammböcken einzureißen oder wenigstens mit Belagerungstürmen heranzufahren, um sie überwinden zu können und so die Stadt einzunehmen, doch sie hatte anderes im Sinn. Die Vorstellung, dass sie nur eine von Tausenden war, die ihre Füße in die Stadt setzten, missfiel ihr. Brisenburg war von den Göttern erbaut und dazu gedacht, Erfüllungsort einer Prophezeiung zu sein.

Nach dem Sieg über die Heerscharen des Chaos sollte es keine dreckige Söldnersandale sein, die den Boden Brisenburgs als Erste berührte. Dieses Privileg stand nur einer Königin zu – einer Königin, die ein neues Zeitalter einläutete. Im Gegensatz zu allen anderen Herrschern wäre sie tatsächlich von den Göttern erwählt; ihre Macht gründete sich nicht auf Hunderttausende von Kriegern, sondern auf Wissen, Fortschritt und Technik. Das Leben war schwach. Ihre Maschinen würden sie niemals enttäuschen oder Schwäche zeigen. Brisenburg sollte nicht durch das Schwert eines Sterblichen fallen, sondern durch Einfallsreichtum, Genialität und meisterhafte Baukunst.

Auf Menschen war kein Verlass. Sanna, ihre Mutter, war nie für sie da gewesen. Als Dämon, der in verblichenen Gebeinen hauste, fristete sie ihr kümmerliches Dasein und war von Tag zu Tag auf den Schutz ihrer Tochter angewiesen gewesen. Ihr Vater, Lord Brackenmoore, hatte sich mehr um das Wohlergehen seines Volkes gekümmert, als um seine eigene Tochter. Verbannt in eine Gruft und geschützt vor den Augen Fremder, musste sie jahrelang versteckt leben. Als sich dann die Prophezeiung zeigte und sich die Sünden in der Stadt versammelten, keimte in Lilith die Hoffnung auf, eine neue Familie zu finden. Leider zeigte sich, dass auch sie nicht als Eltern, Brüder oder Schwestern taugten. Sie hatten sie verraten und abermals verbannt. Im Leben gab es keine Familie für sie. Sie, Lilith, würde alles Leben unterjochen und in die Sklaverei schicken. Sklaven enttäuschten einen nicht, und wenn doch, dann warf man sie den Hunden zum Fraß vor und holte sich neue. Liliths neue Familie würde die Kenntnis um die sieben Wissenschaften sein, die nicht auf die Gnade der Götter oder auf die Sterblichen angewiesen war. Sie waren ihr eine wirkliche Familie und würden sie niemals enttäuschen.

Von draußen wurden Stimmen laut. Weit entfernte Schreie gellten durch die Nacht. Ein Signalhorn wurde geblasen.

Lilith sah zu General Dugen hinüber. Der alte Haudegen stand immer noch wie angewurzelt an seinem Platz, über ihm der drohende Schatten. Ein leichtes Zucken im Oberkörper und der Versuch des Generals, den Kopf zu wenden, deuteten darauf hin, dass auch er eine Gefahr spürte. Jetzt kam es darauf an: Würde er sich entscheiden, seinen Männern beizustehen, und sich den Willen Liliths aufzwingen lassen, oder würde er weiterhin stur bleiben?

Männer liefen mit Fackeln am Zelt vorbei.

»Eure Männer sterben«, sagte Lilith. »Spürt Ihr es, General Dugen? Ihr braucht nur zu ihnen zu gehen, dann könnt Ihr sie vielleicht retten. Sträubt Euch nicht so! Die Männer brauchen Euch. Nehmt mich als Königin an, und ich verspreche Euch das Kommando über ein Heer – so groß, wie es diese Welt noch nicht gesehen hat.«

Der schwere Stoff am Zelteingang wurde zurückgerissen, und ein junger Soldat zeigte sich im Durchbruch, wagte es jedoch nicht, einzutreten.

»Feuer, Mylady«, keuchte er. »Im Lager sind Feuer ausgebrochen. Die Männer versuchen, sie zu löschen, doch es entstehen immer neue. Wollt Ihr herauskommen und es Euch ansehen?«

»Warum sollte ich mir Feuer ansehen wollen?«, fragte Lilith verärgert. »Ich weiß, wie es aussieht. Hört auf, mich mit diesen albernen Problemen zu belästigen, und helft lieber beim Löschen. Am besten nehmt Ihr Wasser dazu, davon gibt es hier reichlich.«

Der Soldat sah hinüber zu Dugen. Er schien darauf zu warten, dass sich der General in irgendeiner Form äußerte. Doch als nichts dergleichen geschah, ließ er den Stoff wieder vor den Eingang sinken. Kurz bevor sich der letzte Spalt schloss, riss er ihn abermals auf.

»Der Rammbock steht in Flammen, und das Baugerüst von einem Katapult ist ebenfalls schwer in Mitleidenschaft gezogen worden. Außerdem brennt das Lazarettzelt. Viele der Kranken und Verwundeten konnten nicht mehr gerettet werden.«

Das war ganz und gar nicht das, was Lilith hören wollte. Warum konnte er nicht einfach sagen: *Es sind drei Feuer ausgebrochen, ein paar der Kranken und Verletzten sind dabei ums Leben gekommen, aber wir konnten wenigstens das Feuer am Rammbock löschen?*

Lilith war mit zwei Schritten aus dem hinteren Teil des Zeltes heraus und stierte den jungen Soldaten voller Hass an.

»Wurden irgendwelche Truppen aus Brisenburg gesehen? Vielleicht sind es auch nur Einzelne, die versuchen, an verschiedenen Stellen gleichzeitig zu sabotieren.«

»Nein, Mylady, die Wachen habe keinen Alarm gegeben, und das Stadttor von Brisenburg wurde keinen Spalt geöffnet, hat man mir bestätigt.«

Lilith tat noch einen Schritt nach vorn auf den Soldaten zu, zog ihren Degen blank und schlug zu. Die dünne Spitze der Klinge blieb direkt vor dem Gesicht des Soldaten stehen und wippte kurz nach.

»Hattet Ihr gedacht, dass die Brisenburger mit hell erleuchten Fackeln aus dem Stadttor spazieren und in unser Lager einfallen würden? Natürlich kündigen sie sich nicht an! Und um unsere Wachposten zu umgehen, braucht man sicherlich kein Wunder, sondern nur einen dunklen Umhang und gutes Schuhwerk. Macht schon, dass Ihr wegkommt, und löscht die Brände um die Belagerungsmaschinen! Stellt außerdem einen Ring von Soldaten um das Zelt der Alchemisten auf!«

»Wie Ihr befiehlt, Mylady«, gab der junge Soldat unsicher zurück. Er schien Angst zu haben, sich zu bewegen, solange die Klinge auf ihn zeigte. Nach einer gefühlten Ewigkeit senkte sich die Waffe, und er stürzte davon.

Lilith folgte ihm, jedoch nicht, ohne sich noch einmal zu General Dugen umzudrehen.

»Ihr könntet mitkommen«, flüsterte sie ihm zu, doch als Dugen keine Anstalten machte, ihr zu folgen, trat sie allein ins Freie.

Von Weitem sah man das brennende Baugerüst um das Katapult herum. Soldaten versuchten verzweifelt, das Feuer zu löschen, und schleppten Bottich um Bottich mit Wasser heran. Auch den Rammbock konnte Lilith sehen. Die Flammen hatte man zwar gelöscht, doch die Reparaturen würden Tage dauern. Keine dreihundert Fuß vom Zelt des Königs entfernt ging plötzlich eine der provisorischen Söldnerunterkünfte in Flammen auf. Vier Männer liefen wie brennende Fackeln umher, als ob man sie zuvor in Öl getaucht hätte. Ihre Schreie hallten durch das Lager.

Lilith brauchte nichts weiter zu sehen, um zu wissen, was hier vor sich ging. Sie erkannte die Handschrift von dem, der das zu verantworten hatte, und wusste, er würde auch zu ihr finden. Sie wandte sich wieder ihrem Zelt zu und betrachtete die beiden Wachen am Eingang.

»Ihr solltet gehen und den anderen beim Löschen der Brände helfen«, sagte sie. »Ich brauche Eure Dienste heute Abend nicht mehr.«

»Verzeiht, Mylady, unsere Ablösung kommt erst in vier Stunden. Ihr solltet nicht so lange unbewacht bleiben«, gab eine der Wachen zu bedenken.

»Macht Euch um mich keine Sorgen, General Dugen ist bei mir. Er wird wissen, was zu tun ist, wenn etwas passiert. Mir ist wohler, wenn Ihr nicht vor diesem Zelteingang steht und lieber den anderen helft, die Feuer in den Griff zu bekommen. Geht jetzt!«

Beide Männer nickten kurz und machten sich dann auf den Weg zu ihren Kameraden. Lilith verschwand derweil im Zelt. Sie begab sich zu General Dugen und baute sich vor ihm auf. Dem alten Haudegen rann der Schweiß vom Gesicht oder, besser gesagt, von dem, was davon übrig war. Sein Kinn zitterte vor Anstrengung, und die Augen sprangen nervös hin und her.

»Es ist schwer, sich meinem Willen zu widersetzen«, flüsterte Lilith ihm zu. »Sogar noch schwerer, als sich ein Soldat damit tun würde, Eurem Befehl nicht Folge zu leisten. Im Grunde genommen sind wir uns recht ähnlich. Ihr befehligt Soldaten, und ich sämtliche Menschen. Seht es ein, ich bin Eure Befehlshaberin.«

Dugen antwortete nicht, doch in seinem Gesicht erkannte Lilith, dass er es noch immer nicht begriffen hatte und auch nicht bereit war, es zu akzeptieren. Sein Körper bebte wie bei jemandem, der eine überschwere Last zu tragen hatte und alles dafür tat, um auf den Beinen zu bleiben.

Lilith zog sich einen der kleinen Hocker heran und setzte sich vor Dugen hin.

»Genießt die Zeit, die Euch noch bleibt, um auf mich herabzusehen. Sie ist kürzer, als Ihr ahnt. Ich werde hier einfach sitzen bleiben und auf Eure Antwort warten. Wenn ich richtigliege, bekommen wir gleich auch noch Besuch. Dann könnt Ihr Euch höchstpersönlich von der Seite überzeugen, für die Ihr Euch so stark macht. Vielleicht gefällt sie Euch tatsächlich besser.«

Durch den festen Zeltstoff hindurch konnte man die Soldaten im Lager nur dann als dunkle Silhouetten wahrnehmen, wenn sie vor eines der Feuer traten. Lediglich die vielen geschrienen Befehle und die zahllosen Hilferufe ließen erahnen, was im Lager vor sich ging. Immer mehr Feuer entstanden, die immer näher an das Zelt des Königs heranrückten. Lilith spürte, dass ihr Gast nicht mehr lange auf sich warten lassen würde.

Kurze Zeit später bewegte sich der Zeltstoff am Eingang wie durch einen Windstoß.

»Komm ruhig herein, Molloch«, sagte Lilith. »Ich habe dich bereits erwartet. Dein Geruch und deine außergewöhnliche Art, dir neue Freunde zu machen, haben dich verraten. Komm schon, du bist hier in Gesellschaft von zumindest einem Freund.«

Der Stoff im Eingang bewegte sich ein zweites Mal, doch diesmal blieb er einen Spalt breit offen, und eine knochige Hand klammerte sich in den Stoff.

»Komm endlich herein, das ist es doch, warum du hier bist. Dir war klar, dass du den Weg zurück nicht schaffen würdest. Lass uns in Freundschaft auseinandergehen.«

Der Stoff schob sich zurück, und im Eingang zeigte sich eine dürre, kahle Gestalt. Es war ein Mann. Sein Kopf lag schräg, und den Oberkörper stützte er, indem er den linken Arm in die knochige Hüfte presste. Es war Molloch. Lilith erkannte ihn an seinen großen, kindlichen Augen. Seine Hose hatte er vorn zusammengeknotet, um sie nicht zu verlieren. Sein Hemd hing um ihn wie ein riesiges Leichentuch. Erschöpft schwankte er auf Lilith zu und ging vor ihr auf die Knie. Die Kraft, eine Waffe zu halten, besaß er nicht mehr.

»Du hast dich selbst für ihn und gegen mich entschieden«, sagte Lilith. »Jetzt sieh selbst, was er aus dir gemacht hat. Er hat dich verzehrt, wie er alles um sich herum verzehrt. *Er* ist ein Horde, und es wird niemanden geben, den er neben sich dulden wird.«

»Ein kleines Mädchen war sie, voller Angst«, keuchte Molloch kraftlos.

»Das kleine Mädchen ist erwachsen geworden«, unterbrach Lilith ihn. »Ihr habt mich dazu gezwungen, erinnerst du dich? Ihr habt euch gegen mich entschieden und für ihn. Selbst meine eigene Mutter hat sich gegen mich gestellt. Und was hat es euch gebracht? – Nichts. Er hat euch benutzt wie seine Lemuren. Ihr durftet den Dreck hinter ihm wegmachen für eine Prophezeiung, die auch euer Tod sein wird. Ich werde euer aller Tod sein. Meine Mutter, den Henker, diesen bluten-den Tölpel – sie alle habe ich ihm schon entrissen. Und jetzt werde ich dich ihm auch wegnehmen. Ich werde diese Prophezeiung erfüllen, und dann werde ich sie dem Gott zu Füßen legen, der mir am meisten bietet, oder ich werde selbst zu Gott.«

Molloch streckte die Hand nach ihr aus.

»Ein kleines Mädchen war sie, voller Angst,
befürchtete, dass niemand mit ihr tanzt.
Glaubte von allen Freunden verraten zu sein,
und entschloss sich, zu leben allein.
Hat sich losgesagt von ihren Göttern,
um es heimzuzahlen ihren Spöttern.
Doch als Lohn wird sie bekommen,
eine Welt, der das Leben genommen.«

General Dugen schrie auf, riss sein Schwert aus der Scheide, sprang hinter Molloch und trieb ihm die Klinge von hinten durch die Brust. Molloch sackte sterbend in sich zusammen und blieb verkrümmt zu Liliths Füßen liegen. Dugen stand keuchend über ihm und starrte sein Opfer an, als könnte er selbst nicht fassen, was er getan hatte.

Lilith sah hoch zum Zeltdach. Über ihnen klebte immer noch ihr losgelöster, überdimensionaler Schatten. Auch General Dugens Schatten stand immer noch an Ort und Stelle und hatte sich nicht mit ihm bewegt. Langsam begannen die beiden Schatten miteinander zu verschmelzen, und fast schien es, als würde Liliths Schatten den von Dugen in sich aufsaugen. Die dunklen Flecke auf der Erde, wo eben noch die Füße des Generals gestanden hatten, wurden über den Boden geschleift, krochen zusammen mit den langen, dünnen Beinen die Zeltwand hinauf. Nach und nach verschwand Dugens Schatten in dem von Lilith.

»General Dugen, ich möchte, dass Ihr den Männern sagt, dass der Angriff auf Brisenburg noch einen Tag warten muss. Wir warten erst auf den Nachschub aus dem Hinterland. Die Gelehrten sollen sich die fähigsten Männer aus dem Heer aussuchen, um die Reparaturen an unseren Kriegsmaschinen voranzutreiben. Ein Tag sollte hoffentlich reichen, um alles wieder zu richten. Ein Tag, den sich Baazlabeth teuer erkauft hat. Gönnen wir ihm diesen kleinen Sieg. Es wird der letzte sein, den er erringt.«

24
Im Dunkeln ist gut kunkeln

Einen Fehler wiedergutzumachen ist schwieriger, als einen neuen zu begehen, insbesondere, wenn man dazu neigt, Irrtümern aufzusitzen.

Es war fast Mitternacht, und dennoch brannte in so gut wie jedem Haus in Brisenburg Licht. Angehörige hatten für die Toten Lichter auf den Fensterbänken entzündet. Dies war auch so ein Brauch der Menschen, den Baazlabeth nie verstanden hatte. Sie behaupteten, den Verstorbenen so den Pfad ins Reich des Lichtes zu zeigen, was natürlich Unsinn war, da der Weg an die Tafel von Sept sicherlich nicht über die Fensterbänke irgendwelcher Sterblicher führte.

Absoluter Aberglaube, entschied Baazlabeth. *Wenn so etwas tatsächlich funktionieren würde, hätte ich zwei riesige Fackeln am Eingang meines Reiches aufgestellt, um mehr Seelen anzulocken. Dann wäre ich nicht mehr abhängig von irgendwelchen nichtskönnerischen Magiern, die sich auf der Reise zwischen den Welten zu mir verirren.*

Baazlabeth legte all seine Hoffnung in die letzte Sünde, die ihm geblieben war – Molloch. Der dicke Mann, der ohne Zweifel die Völlerei vertrat, war niemand, den Baazlabeth sich als Kampfgefährten für seine früheren Schlachten ausgesucht hätte, doch in diesem speziellen Fall war er froh, ihn an seiner Seite zu haben. Das Heer des Königs brauchte keinen tapferen Recken, der sich ihm entgegenstellte und eine Bresche zwischen Söldner und Soldaten zu treiben versuchte. Es reichte völlig aus, wenn jemand den Mut aufbrachte, sich nachts in das Lager zu schleichen und dafür zu sorgen, dass die Arbeiten und Vorbereitungen für die Überwindung der Mauern ins Stocken gerieten. Wenn dabei noch so etwas heraussprang wie Demotivation und Zweifel, sollte es ihm nur recht sein. Alles, was er brauchte, war ein wenig Zeit. Zeit, um einige Missverständnisse ein für alle Mal zu klären.

Molloch war das genaue Gegenteil eines Kriegers. Jeder andere profitierte davon, seine Aufgabe mit Bravour zu bestehen. Nicht so Molloch. Umso erfolgreicher er seine Mission hinter sich brachte und umso mehr Zeit er Baazlabeth verschaffte, desto unwahrscheinlicher war es, dass er zurückkehren würde.

Baazlabeth stand nördlich der Brücke, die über den Tauwasser führte. Es war eines von vier steinernen Kunstwerken, die das Flautenviertel mit dem Windviertel verbanden. Diese, die westlichste von ihnen, hatte er bereits an seinem ersten Tag in Brisenburg überschritten. Wenn er jetzt darüber nachdachte, die neusten Entwicklungen einbezog und auf die Worte von Amez hörte, hätte er diese Brücke niemals auf der anderen Seite verlassen dürfen. Seine Aufgabe, die Prophezeiung zu erfüllen, hätte er hier abschließen können. Er war so nah dran gewesen und hatte es trotzdem verpatzt. Alles, was man von ihm verlangt hatte, war, sich selbst treu zu bleiben, doch er hatte gezögert und damit alles noch viel schwieriger gemacht. Jetzt war es an ihm, ein Zeichen zu setzen und alles wieder ins Lot zu bringen. Er würde seinen ursprünglichen Fehler korrigieren, ob es nun noch etwas brachte oder nicht.

Baazlabeth kam aus einer Welt, in der man sich keine Fehler leisten konnte. Wenn einem dennoch einer unterlief, bezahlte man ihn meistens mit seinem Leben. Amez hatte ihn verschont und ihm die Möglichkeit gegeben, den Fehler zu korrigieren. Ein zweites Mal würde er diese Chance nicht bekommen.

Die Welt der Menschen war so herrlich inkonsequent. Hier konnte man alles wieder umkehren, richtigstellen oder einen erneuten Anlauf nehmen. Angesteckt von dieser Nachlässigkeit, hatte auch er sich dazu hinreißen lassen, etwas zu tun, das sonst so gar nicht seiner Art entsprach. Er hatte jemanden zurückgelassen – lebendig. Das Leben eines Dämons sollte wie ein Feuer sein: Auf der Suche nach immer neuer Nahrung bewegte man sich stetig vorwärts, änderte unverhofft die Richtung, war einmal klein und unscheinbar und kurz darauf riesig, wie ein Inferno. Je mehr Nahrung es bekam, desto heller brannte es. Eines jedoch war immer gleich: Nichts blieb zurück als verbrannte Erde. Brisenburg hatte ihn verändert. Baazlabeth fühlte sich immer noch wie ein Feuer, doch leider nur wie das einer Kerze.

Er hätte es niemals offen zugegeben, doch als Dämon in Menschengestalt hatte er gelernt, die Sterblichen mit ganz anderen Augen zu sehen. Früher waren sie für ihn nichts weiter als Nahrung oder ein lustiger Zeitvertreib gewesen, doch jetzt, seitdem er viele Wochen unter ihnen gelebt hatte, musste er zugeben, dass sie etwas an sich hatten, was sie fast sympathisch machte. Ihre ständigen Richtungswechsel, die unberechenbaren Launen und ihre verschobenen Weltvorstellungen machten sie zu so etwas wie zu seinen Lemuren auf dieser Welt. Man könnte sagen, er hatte Brisenburg und seine Bewohner ein wenig liebge... nein, dieses Wort war für einen Dämon selbst in Gedanken unaussprechlich.

Hier wäre also die Erfüllung der Prophezeiung möglich gewesen, hier bei dieser jämmerliche Brücke mit einigen winzigen Backsteinhäusern, die auf ihr errichtet waren, und einigen zwielichtigen Gestalten, die darin wohnten. Der Weg zurück in sein Reich führte nicht über Burgen und Schlösser, nicht über Heerscharen von Streitern, denen er entgegentreten musste, ebenso wenig wie über die Gesandten des Lichts. Es hätte vollkommen ausgereicht, eine dünne hölzerne Tür einzutreten und einen blinden, alten Mann mit einem einzigen Dolchstoß ins Jenseits zu befördern, anstatt ihn zu belächeln und nicht für voll zu nehmen.

Aleister Bretozek schien anfangs nicht mehr als eine Randfigur zu sein und nicht würdig, durch die Hand eines Dämons zu sterben. Ein Fehler, der zwar schnell korrigiert werden konnte, dessen Auswirkungen aber dennoch bestehen blieben.

Baazlabeth starrte in die Dunkelheit des Tunnels. Die Hauseingänge waren vor neugierigen Blicken auf der Innenseite des Durchgangs geschützt. Von denen, die dort wohnten, hatte keiner ein Licht entzündet. Dies mochte zum einen daran liegen, dass sie keine Angehörigen hatten, denen sie nachtrauern mussten, und zum anderen daran, dass hier Menschen lebten, die nicht trauerten. Baazlabeth erinnerte sich daran, die Stadt gesehen zu haben, wie die Götter sie erschufen. In der Nacht, als die Grauwarge ihn durch Brisenburg gehetzt hatten, hatte er die Stadt in ihrem Urzustand gesehen. Flautenviertel, Windviertel, Boenviertel und Sturmhöhe glichen damals schon ihrem jetzigen Abbild, mit dem einzigen Unterschied, dass die verbindenden Brücken zwischen den einzelnen Vierteln noch nicht existierten. Die Götter hatten sich diese Stadt als Ort für ihre Prophezeiung erschaffen, und den Menschen überließen sie es, das Herzstück nach eigenem Gutdünken unterzubringen. Was hatte man ihm noch auf seine Frage, wer so verrückt sein würde, auf einer Brücke zu leben, die frei schwebend über einen reißenden Fluss verlief, geantwortet? Es waren Menschen, die ungern beobachtet wurden bei ihren geheimen Machenschaften. Es waren Alchemisten, Architekten, Medizi und andere, die sich berufen fühlten, verborgene Experimente durchzuführen.

Das Geheimnis der Prophezeiung lag in den Brücken von Brisenburg. Sie waren es, welche langsam, aber sicher die Magie und den Glauben aus dieser Welt verbannten. Diese Brücken verbanden nicht die verschiedenen Viertel der Stadt miteinander, sie entzweiten sie. Auf ihnen wuchs etwas heran, was nicht nur diese Stadt, sondern auch die ganze Welt bedrohte – Fortschritt. Hin zu den neuen Wissenschaften, weg von der alten Magie und dem Glauben. Hätte es gereicht, diese Brücken zu zerstören?

Baazlabeth vernahm das Geräusch von knirschenden Schritten im Schnee hinter sich. In der Bewegung des Fremden lag nichts Hektisches, nichts Zielgerichtetes und nichts, wovon Gefahr ausging. Baazlabeth ließ den Wanderer gewähren, ohne sich umzudrehen.

»Es sind nicht die dunklen Gassen und finsteren Hauseingänge, vor denen man sich in Brisenburg in Acht nehmen sollte«, sagte der Neuankömmling und machte neben dem Dämon Halt. »Der Tod umgibt uns mittlerweile und sollte uns zu dem Schluss kommen lassen, die Stadt zu verlassen.«

Baazlabeth blickte über die Schulter. Es war Oson, der Archivar der Alten Schriften aus dem Tempel der Weisheit, der neben ihm stand.

»Ihr kommt mit Euren guten Ratschlägen etwas zu spät. Der Tod lauert bereits vor den Toren der Stadt, und bald wird er sich im ganzen Land ausgebreitet haben.«

Oson antwortete nur mit einem zustimmenden Brummen. Die beiden Männer standen eine Zeit lang nebeneinander und schwiegen und starrten in die Dunkelheit der Brücke. Dann brach Meister Oson das Schweigen erneut.

»Ihr wart vor einiger Zeit bei mir, um Euch über das Verhalten von Prophezeiungen zu informieren. Ihr wolltet wissen, ob es möglich ist, Prophezeiungen abzuwenden und wie dies geschieht und wer dazu in der Lage ist.«

»Ich erinnere mich an unser Gespräch«, sagte Baazlabeth. »Ihr wart mir sehr zu Diensten.«

Irgendetwas sagte Baazlabeth, dass Oson nicht gekommen war, um sich zu erkundigen, ob er behilflich sein konnte. Auch dem zurückgezogensten Gelehrten sollte langsam klar geworden sein, dass etwas in Brisenburg vor sich ging, das weitere Kreise zog als eine Fehde zwischen König und Lord.

»Ihr habt mich nach einer ganz speziellen Prophezeiung gefragt, wisst Ihr noch?«, sagte Oson unsicher. »Ist das hier Sementis?«

»Wenn sie das nicht ist, würde ich Euch raten, nicht länger in meiner Nähe zu verweilen. Es könnte sein, dass ich ungehalten werde, wenn ich feststellen muss, nachts in der Kälte herumzustehen für nichts und wieder nichts.«

Baazlabeth wusste nicht, wie es war, wenn man sein Leben dem Wissen um düstere Prophezeiungen gewidmet hatte und sich plötzlich mitten in einer wiederfand. Aber es musste so ähnlich sein, wie ein Apfel sich fühlte, wenn er endlich gegessen wurde. Seitdem Brisenburgs Speiseplan den Dämon dazu gezwungen hatte, Dinge zu essen, die nicht bluteten oder traurig dreinschauten, wenn man ihnen sagte, dass sie vergänglich waren, hoffte er, dass Pflanzen doch ein Leben führten, es eben nur nicht zeigen konnten.

»Seid Ihr einer von den sieben«, fragte Oson zögerlich.

»Entweder einer von ihnen oder aber alle zugleich, ich weiß es noch nicht«, gab Baazlabeth zu.

Er ahnte aber, dass Archivar Oson diese Antwort nicht ausreichen würde. Trotzdem wollte er sehen, ob der Gelehrte den Mut aufbrauchte, die alles entscheidende Frage zu stellen.

»Zu welcher von beiden Seiten gehört Ihr?«, flüsterte Oson erschrocken, weil er bereits ahnte, dass ihm die Antwort nicht gefallen würde.

Baazlabeth wollte den jungen Gelehrten nicht vor den Kopf stoßen und probierte es mit Diplomatie.

»Ich gehöre zu der Seite, die ihr am dringendsten benötigt, um euren Fortbestand zu sichern. Ich wage zu behaupten, dass es euch ohne mich nicht geben würde, und trotzdem setzt ihr Menschen alles daran, mich aus eurer Welt zu verbannen. Reicht Euch das als Antwort.«

Oson trat einen Schritt zurück und positionierte sich hinter dem Dämon.

»Wäre es dann nicht meine Pflicht, einen Dolch zu ziehen und ihn Euch in den Rücken zu rammen?«

Baazlabeth bewahrte Ruhe. Sein Gespür sagte ihm, dass Oson keinen Dolch bei sich hatte.

»Fühlt Ihr Euch denn berufen, eine Waffe zu tragen und die Sementis zu erfüllen? Strebt Ihr jetzt doch danach, ein Priester zu sein?«

Oson schien über die Worte genau nachzudenken.

»Ich fühle mich ebenso berufen, wie jeder andere Mensch, der unseren Glauben teilt«, gab er zu.

»Dann wundere ich mich, dass ihr der Einzige seid, der hier mitten in der Nacht herumirrt. Vielleicht sollte Euch das zu denken geben?«

Das tat es anscheinend auch. Oson wagte es nicht, die Hand gegen den Dämon zu erheben, genauso wenig wie von dannen zu ziehen.

»Was denkt Ihr, sollte ich tun?«

So weit ist es schon gekommen. Jetzt werde ich bereits von der Gegenseite gefragt, wie sie sich verhalten soll. Anscheinend sind die Anhänger des Lichtes genauso ratlos wie ich. Einziger Unterschied zwischen uns ist, dass ich nicht von Untätigkeit gelähmt bin.

»Geht nach Hause, und verkriecht Euch in Eurem Studierzimmer. Schreibt von mir aus auf, was alles passiert, aber setzt keinen Fuß vor die Tür, bis alles entschieden ist. Betet von mir aus, doch seid Euch bewusst, dass Euer Bitten auch gehört werden könnte. Eine Welt ohne mich bedeutet eine Welt ohne Euch.«

Er hörte, wie Oson ein paar Schritte rückwärtsging. Dann drehte sich der Gelehrte um und rannte davon. Baazlabeth befand, dass es sich nicht lohnte, sich nach ihm umzudrehen. Wenn die Kleriker auf dieser Welt nichts weiter waren als machtlose Verkünder ihres Glaubens, dann war Archivar Oson auch nur ihr Bibliothekar.

Der Dämon tauchte ins Dunkel des Tunnels ein. Für jemanden, der nicht wusste, wonach er zu suchen hatte, war es schier unmöglich, den richtigen Eingang zu finden. Baazlabeth erinnerte sich jedoch an das kleine Holzschild an der Tür mit dem Zeichen der Alchimistengilde. Damals hatte er angeklopft und darauf gewartet, dass man ihm öffnete. So viel Etikette bedurfte es heute nicht mehr, immerhin waren er und Aleister Bretozek alte Freunde. Mit einem Tritt brach das zierliche Schloss heraus, und die Tür schwang knarrend auf. Der kleine, muffige Raum wurde durch eine einzige, fast heruntergebrannte Kerze auf dem Tisch beleuchtet. Bretozek hatte sie ganz sicher nicht entzündet, um besser sehen zu können. Vielleicht hatte er Besuch, oder sie diente lediglich zum Erhitzen einer seiner Reagenzien, mit denen er so gern herumspielte.

»Bretozek, wo seid Ihr?«, brüllte Baazlabeth. »Ich brauche Eure Hilfe. Ihr würdet mir einen großen Dienst erweisen, wenn Ihr mit vier Pfund Stahl in den Eingeweiden auf Eurem verdreckten Boden krepieren könntet. Glaubt Ihr, das ist machbar?«

Baazlabeth bekam keine Antwort, was ihn aber auch nicht wirklich wunderte. Erst jetzt zog er die beiden Krummschwerter und betrat die kleine Kammer, die dem Alchemisten als Schlafplatz und Labor diente.

In einem schienen sich Magier und Alchemisten zu ähneln – in ihrem Sinn für Unordnung und Durcheinander, die in ihren bescheidenen Unterkünften herrschten. Es war nicht die Art von Chaos, die einen Dämon stolz gemacht hätte, schließlich existierte ein tieferer Sinn in der wahllosen Anordnung von Büchern, Werkzeugen, Instrumenten und Kleidungsstücken, doch es war ein guter Ansatz. Baazlabeth war es immer noch schleierhaft, wie der blinde Alchemist es geschafft hatte, sich damals das Gegengift zu beschaffen, doch heute würde es dem Alten nichts helfen.

»Kommt schon, lasst mich nicht erst nach Euch suchen«, knurrte Baazlabeth und sah sich um, in der Hoffnung, ein Lebenszeichen ausmachen zu können. »Die Schenken haben bereits zu, und die Schwalbenburg bietet nichts an, womit Ihr noch fertig werden könntet. Lasst es uns nicht weiter in die Länge ziehen. Ich weiß, dass Ihr hier seid.«

In die Länge ziehen hatte natürlich schon etwas für sich, befand Baazlabeth, doch dies bezog sich weniger auf die Zeit, als vielmehr auf das Körperliche. Doch so ganz ohne Hilfsmittel und in Anbetracht des ohnehin schon gebrechlichen Körpers des Greises schwebte dem Dämon eine andere Art von Dahinscheiden vor. Er nahm die Kerze vom Tisch und begann, die düsteren Ecken des Zimmers auszuleuchten. Menschen fanden die möglichsten und unmöglichsten Verstecke, wenn sie in Panik gerieten.

Ein leises Stöhnen ließ Baazlabeth herumfahren. Direkt neben der

Tür stand ein zerschlissener Ohrensessel, und darin hockte eine zusammengekauerte Gestalt. Neben einem Haufen schmutziger Wäsche und einer lieblos übergeworfenen Decke wirkte der Mann darunter wie eine übergroße Puppe, der ein Kind überdrüssig geworden war.

Baazlabeth hielt die Kerze in Richtung des Mannes und schlich langsam auf ihn zu. Nur sein Kopf ragte unter der Decke heraus. Er schien verletzt oder endlos erschöpft zu sein. Lediglich seine Augen verfolgten Baazlabeths Näherkommen hektisch, aber er versuchte nicht, zu flüchten oder sich ihm zu stellen.

»Wen haben wir denn da, einen von Meister Bretozeks kleinen, fleißigen Gehilfen?«

Der Mann antwortete nicht, sondern begnügte sich damit, sein Gegenüber von unten herab ängstlich anzustarren. Baazlabeth packte die Decke und riss sie ihm vom Leib. Der Alchemistenlehrling hatte sich darunter zusammengekrümmt wie ein Erfrierender, doch es war nicht die Kälte, die ihn durchzog, sondern die Grabsteingicht, die in Brisenburg grassierte. Die Beine des Mannes waren angewinkelt und seine Arme vor der Brust verschränkt. Jemand hatte ihm das Hemd aufgerissen, wahrscheinlich um zu sehen, wie weit die Krankheit bereits fortgeschritten war. Mit einer Hand hielt er das obere Ende zusammen. Die Fingerknöchel hatten sich bereits grau verfärbt, und Baazlabeth nahm an, dass der Mann gar nicht mehr imstande war, seine Finger wieder zu öffnen.

»Plötzlich scheint jeder in dieser Stadt zu glauben, es wäre gut, sich selbst ein Denkmal zu setzen. Auch wenn ihr euch alle in Stein verwandelt, sie werden euch trotzdem unterpflügen, und ihr werdet den Würmern als Futter dienen.«

Der junge Mann hatte Angst. Baazlabeth konnte sie riechen. Was für eine unglaubliche Folter musste es sein, mit ansehen zu müssen, was mit einem geschah, und nicht einmal schreien zu können.

»Sie werden dich ganz sicherlich nicht auf einen Sockel stellen, so wie du dahockst«, brummte Baazlabeth. »Hätten sie ordentliche Tempel gebaut, so könntest du zumindest als Wasserspeier enden, doch so taugst du höchstens für den Brunnen in der Schwalbenburg. Sag schon, wo finde ich Bretozek.«

Der Alchemist versuchte zu sprechen, doch sein Kiefer machte ihm zu schaffen. Obendrein hatten sich die Lippen auch schon aschgrau verfärbt. Baazlabeth sah, wie sich feine Risse auf seiner Haut bildeten, als er versuchte, den Mund zu öffnen. Dennoch gab sich der Mann große Mühe, auskunftsfreudig zu sein. Baazlabeth kam ihm entgegen, damit es dem Lehrling einfacher fiel.

»Übergang.«

Es war kein Flüstern, mehr ein Hauchen, aber es war alles, was der Mann herausbrachte, und es war auf jeden Fall genug Information für Baazlabeth.

»Im Haus des Übergangs«, wiederholte Baazlabeth. »Was hat er dort zu suchen? Die ganze Stadt ist ein Haus für Sterbende geworden. Er hätte nur vor seine Tür sehen brauchen und nicht ganz bis in den Süden der Stadt rennen.«

Von dem Alchemisten war keine Antwort zu erwarten. Aus seinen Augen sprach die Angst, aber die Lippen blieben verschlossen. Irgendetwas verriet Baazlabeth, dass nicht nur die Krankheit am Schweigen des jungen Mannes schuld war.

»Bemühe dich nicht! Ich werde es selbst herausbekommen.«

Irgendwie war dem Dämon unwohl bei dem Gedanken, den Alchemistenlehrling einfach so zurückzulassen. Überall in der Stadt starben bereits Menschen ohne das Zutun des Dämons. Es wäre eine Sünde, sich ganz auf die Seuche zu verlassen. Man musste auch selbst etwas Initiative zeigen, sonst durfte man sich später nicht beschweren, dass es nicht so gelaufen war, wie man sich das vorgestellt hatte.

Der Dämon löste die Kerze aus der Halterung des kleinen Tellers. Sie war kaum noch drei Finger hoch und würde wahrscheinlich in den nächsten zwei Stunden abgebrannt sein.

»Ich kann dich nicht hier im Dunkeln zurücklassen«, flüsterte er dem jungen Mann zu. »Im Dunkeln und bei dieser Kälte, das wäre dein sicherer Tod.«

Er nahm den Stumpen, träufelte etwas Kerzenwachs auf die Lehne des Sessels und drückte die Kerze darauf. Nachdem er sich vergewissert hatte, dass das erstarrte Wachs hielt, legte er dem Alchemisten die Decke wieder über Beine und Bauch.

»Da soll noch mal einer sagen, ich habe kein Mitleid mit den Menschen. Wenn du Angst vor Feuer hast, würde ich mich mit dem Sterben beeilen. Dein Meister hat es geschafft, als Blinder zwischen all den Tiegeln und Flaschen ein Gegengift zu finden, vielleicht gelingt es dir ja auch, mit deinen steinernen Lippen die Kerze auszupusten.«

Dann verließ Baazlabeth das Labor von Aleister Bretozek und überließ den jungen Alchemisten seinem Schicksal.

Der Weg zum Haus des Übergangs führte den Dämon über die breite Prachtstraße einmal von Nord nach Süd durch das Flautenviertel. Je südlicher man kam, desto mehr wurde der Name »Prachtstraße« oder »Götterstiegen«, wie die breiten, mit Gehsteigen ausgestatteten Straßen in Brisenburg genannt wurden, Lügen gestraft. Prachtvoll waren hier nur die Ratten. Im Gegensatz zum Norden der Stadt bewohnten im Flautenviertel zehn und mehr Familien eines der mehrstöckigen Häuser. Auf der anderen Seite verdienten diese Familien sicherlich zusammen nur einen Bruchteil dessen, was die wohlhabenden Händler mit ihren Geschäften einnahmen. Vielleicht war dies auch der Grund dafür, dass in den Fensterbänken einiger dieser Häuser mehr Kerzen standen als auf den Opfertischen in den Tempeln.

Je weiter Baazlabeth sich der Stadtmauer im Süden näherte, desto mehr Angehörige schienen die Anwohner verloren zu haben. Nahe dem Meer glichen die Fenster der Häuser einem Sternennebel. Umso mehr fiel Baazlabeth das Haus des Übergangs auf. Bis auf den unteren Flur und das erste Stockwerk lag das Haus im Dunkeln. Wie immer stand die windschiefe und altersschwache Tür halb offen.

Baazlabeth hatte gehofft, das Haus des Übergangs nie wieder betreten zu müssen. So viel Leid, Siechtum, Tod – und das alles ohne sein Zutun – stießen dem Dämon bitter auf. Natürlich war ihm klar, dass überall auf der Welt Menschen starben, auch ohne dass er seine Klauen um ihren Hals legte, doch dass musste nicht bedeuten, dass er es auch guthieß. Menschen sollten seiner Meinung nach eben nicht einfach so sterben, ohne dass man nachhalf. Schließlich wurden sie auch nicht ganz ohne Zutun geboren.

Wenn er schon diesen Ort des sinnlosen und vor allen Dingen freudlosen Sterbens erneut betreten musste, wollte er sich nicht noch einmal von dem greisen Betreiber des Hauses überrumpeln lassen. Baazlabeth zwängte sich durch die halboffene Tür und schlich auf leisen Sohlen zu dem Raum, in dem der Alte auf Besucher und Angehörige wartete, um ein paar Spenden aus ihnen herauszupressen. Baazlabeth schlich den schummrigen Flur entlang bis zu dem Zimmer gegenüber der Treppe, in dem sich der Alte verschanzt hielt. Er stützte sich gegen den Türrahmen und linste vorsichtig in die kleine Kammer. Der Alte saß direkt vor ihm in seinem Stuhl. Der Dämon wäre davon ausgegangen, dass der selbst ernannte Wächter des Übergangs schlief, wäre nicht die aschfahle Farbe im Gesicht des Alten gewesen. Saß dieser Typ tatsächlich dreißig Jahre und mehr als Begrüßungs- und Abschiedskomitee in diesem Haus der Toten und schaffte es nicht einmal selbst, sich zu Tode pflegen zu lassen? Baazlabeth verpasste ihm zwei, drei leichte Schläge mit der Rückhand ins Gesicht, um festzustellen, ob es sich noch lohnte, ihn anzusprechen.

»Hey, was soll das?«, stammelte der Greis plötzlich. »Ist das etwa die feine Art, einen alten Krüppel mitten in der Nacht zu wecken.«

Erst jetzt schlug er die Augen auf und wischte sich den Speichel aus dem Mundwinkel.

»Ach, du bist es, Jüngelchen. Vermisst du schon wieder jemanden aus deiner Familie? Ich glaube, heute wirst du hier kein Glück haben. Die meisten Menschen schaffen es gar nicht mehr bis hierher. Vielleicht solltest du lieber auf dem Marktplatz nachsehen. Dort liegen all jene, die es schon hinter sich gebracht haben. Das Geschäft mit dem Tod ist kein Geschäft mehr, wenn es ihn an jeder Straßenecke umsonst gibt. Du solltest lieber machen, dass du hier wegkommst aus dieser verdammten Stadt.«

Baazlabeth konnte dem Alten ansehen, dass er nur noch wenig Spaß daran hatte, die Menschen ins Jenseits zu begleiten. Das Haus des Übergangs war dazu da, dem Menschen das Sterben leicht zu machen, aber leichter als jetzt würde es nie mehr werden.

»Kopf hoch, Opa«, sagte er. »Der Tod ist wertvoll, schließlich kostet er das Leben. Da sollte für dich und deine Frau noch immer genug abfallen.«

Der Alte schnaubte verächtlich.

»Was ist das Leben schon wert, wenn die Menschen es wegwerfen wie ein schmutziges Hemd. Die meisten, die ich kannte, waren tot besser dran, und langsam glaube ich, ich sollte mich zu ihnen gesellen.«

»Dann warte nicht so lang, noch kannst du es dir aussuchen. Doch bevor du dich entscheidest, sag mir erst, wo ich Aleister Bretozek finde.«

Für den Augenblick eines Herzschlages verzog der Alte sein Gesicht, als hätte man ihm eine Nadel in den Körper gestochen, dann verfinsterte sich sein Blick.

»Ich hab dir schon mal gesagt Jüngelchen: Wer hierherkommt, hat keinen Namen. Von einem Aleister Bretozek habe ich noch nie gehört.«

Lügner!

Natürlich log der Alte ihn an, es gab schließlich auch keinen Grund es nicht zu tun. Aus Erfahrung wusste Baazlabeth, dass es wenig Zweck hatte, jemanden zwingen zu wollen, die Wahrheit zu sagen, wenn er keine Angst mehr verspürte. Es gab kein Druckmittel für alte, beinamputierte Greise, die sich mit dem Tod umgaben und nur noch darauf warteten, selbst zu ihm zu stoßen.

»Dann hast du sicher nichts dagegen, wenn ich mich selbst einmal umsehe«, sagte Baazlabeth und hielt auf die Treppe zu.

»Er ist nicht hier«, krächzte der Alte ihm hinterher.

»Du bist dir recht sicher für jemanden, der die Namen seiner Kundschaft nicht kennt. Ich sehe mich trotzdem einmal um.«

Im ersten Stock hatte sich kaum etwas geändert seit Baazlabeths erstem Besuch. Es hatte den Anschein, als wenn er nie weg gewesen wäre, sondern sich nur kurz umgedreht hätte. Sogar die alte Gütel irrte immer noch mit ihrer Laterne zwischen den Betten umher und kontrollierte sie und ihren Inhalt.

»Ihr schon wieder?«, rief sie Baazlabeth entgegen. »Habt ihr Euren Bruder erneut verloren, oder sucht Ihr nach einem anderen Angehörigen?«

»Ich suche nach einem gewissen Aleister Bretozek. Doch glaube ich kaum, dass er in einem Eurer Betten liegt. Der Tod hat zwar seine Finger nach ihm schon ausgestreckt, doch er ist noch verdammt gut zu Fuß.«

»Wer hierherkommt, tut es sicherlich nicht auf seinen eigenen Füßen, und die meisten, die uns wieder verlassen, gehen so, wie sie gekommen sind, nur etwas kälter.«

Baazlabeth ließ sich von Gütels Worten nicht verunsichern. Er ging durch die Reihen von Betten und lupfte dann und wann eine der Decken an, um zu sehen, wer sich darunter verbarg. Gütel folgte ihm auf Schritt und Tritt, versuchte aber nicht, ihn an seinem Tun zu hindern – wie auch.

Vor einem halb gefüllten Bett blieb der Dämon einen Moment lang stehen und warf einen fragenden Blick hinüber zur Frau des Hauses. Das Laken verdeckte den Körper darunter vollständig, was so viel hieß wie, dass hier der Tod schon zugeschlagen hatte. Gütel sah den Dämon nur verunsichert an. Baazlabeth zog die Decke ein Stück zurück, und zum Vorschein kam das Gesicht eines Dverga. Er war ein Mann mittleren Alters. Seine Züge waren zu Stein erstarrt. Baazlabeth zog die Decke ganz zurück. Der kleine Körper darunter war nackt. Ein gerader Schnitt verlief vom Brustbein des Toten bis hinunter zum Bauchnabel. Die Wunde war mit grobem Faden wieder zusammengenäht. Ein gläsernes Röhrchen ragte aus dem Lendenbereich.

»Ihr helft auch den Dvergas, auf die andere Seite zu gelangen?«

»Wir alle sind die Kinder des Erschaffers«, druckste Gütel herum. »Auch die Dverga haben einen leichten Tod verdient.«

»Den Tod haben in dieser Stadt alle verdient. Ob er leicht oder schwer daherkommt, liegt allein an euch. Was für einen Tod wünscht du dir, Muttchen?«

Gütel schien noch an ihrem Leben zu hängen. Zitternd hob sie die Laterne, um ihrem Gegenüber besser ins Gesicht sehen zu können.

»Bi... bitte«, stotterte sie. »Wir haben damit nichts zu tun.«

»Wo ist Aleister Bretozek, der Meister der Alchemistengilde?«, wiederholte Baazlabeth seine Frage.

Gütel schwenkte die Laterne zur Seite und deutete auf eine einfache Holzleiter, die im hinteren Teil des Raumes an die Wand gelehnt stand.

»Das war doch gar nicht schwer«, sagte Baazlabeth und nahm der alten Frau die Laterne aus der Hand. Er bahnte sich seinen Weg zwischen die Betten hindurch, während die Alte sich schluchzend auf dem Bett niederließ.

Oberhalb der Leiter war eine Luke in der Decke. Kaum sichtbar für das Auge eines Betrachters führte sie anscheinend in den zweiten Stock des Gebäudes. Baazlabeth rückte die Leiter zurecht und erklomm die Sprossen. Vorsichtig drückte er gegen die Luke. Sie war von der anderen Seite verriegelt.

Eine Bretterluke in der Decke eines Sterbehauses. Amez, ist das alles, was du mir noch zumutest. Wenn du nur noch einen Funken Hoffnung in mich setzt, wartet auf der anderen Seite ein kräftiger Recke mit einem

Schwert auf mich. Wirf mich nicht wieder so freudlos in eine Aufgabe, die meiner nicht würdig ist. Ich habe genug von Blinden, Tauben und greisen Nichtskönnern, denen ein Wort mehr wehtut als eine Klinge im Leib.

Baazlabeth erklomm noch zwei weitere Sprossen der Leiter, bis er gebeugt unter der Luke stand, dann stemmte er sich mit Kraft dagegen. Ohne Mühe brach er Riegel und Splint heraus und stieß die Holzklappe auf. Sofort erklomm er die restlichen Stufen der Leiter und sprang in das Innere eines hell erleuchteten Raumes. Das Innere des – ja, es handelte sich unverkennlich um eine Art Laboratorium – Labors war etwa halb so groß wie der Raum darunter. Acht einfache Holztische, wie man sie in jeder Schenke fand, waren hier in zwei Reihen aufgebaut. Auf jedem der Tische lagen entblößte Körper von Männern und Frauen, und über sie gebeugt standen junge Männer, gekleidet in Roben der Alchemistengilde. Mittendrin hangelte sich Aleister Bretozek von einem seiner Schüler zum nächsten und gab Anweisungen.

Einer der Schüler flüsterte seinem Meister etwas ins Ohr, als er Baazlabeth bemerkte. Bretozek nickte zweimal kurz und warf dann die Arme freudestrahlend in die Höhe, um seine Überraschung zu überspielen. Eine äußerst schlechte schauspielerische Leistung, wie Baazlabeth fand. Blinde taugen eben nicht zum Mimen.

»Prinzipal Sil, welch eine Überraschung!«, rief der Gildenmeister aus. »Ich freue mich zu sehen, dass der Kleine Rat sich für unsere Forschungen interessiert. Welchem Umstand verdanken wir Euren unerwarteten Besuch?«

Baazlabeth hatte wenig Lust, irgendwelche Frage zu beantworten, schließlich war er nicht gekommen, um zu reden. Er entfernte sich von der Luke und hielt auf die Tische zu. Zwei der Lehrlinge machten einen Schritt zurück, als Baazlabeth auf sie zukam.

Die nackten Körper auf den Tischen waren geöffnet. Man hatte sie aufgeschnitten wie Fische, die man ausnehmen wollte. Die Rippen waren aufgebrochen oder einfach herausgerissen worden, damit sie nicht im Weg standen. Soweit Baazlabeth erkennen konnte, waren es sechs Menschen und zwei Dverga, hier unter dem Messer lagen.

Der Dämon sah in den aufgeschnittenen Körper des Mannes vor ihm. Sein Herz schlug noch.

»Dieser hier lebt noch«, stellte Baazlabeth eher gelangweilt fest.

»Sie leben alle noch«, erklärte Aleister Bretozek. »Unsere Forschungen können wir nur an funktionierenden, warmen Körpern machen. Die Toten geben keinen Aufschluss mehr über das Geheimnis des Lebens.«

»Das Leben birgt kein Geheimnis, nur der Tod tut das, deswegen fürchtet ihr Sterblichen ihn auch so.«

»Verzeiht, aber wir sind mit unseren Forschungen erst am Anfang«, wandte Bretozek ein.

»Forschung nennt Ihr das?«, brüllte Baazlabeth den Gildenmeister an. »Ihr seid Folterer und Schlächter, mehr nicht! Eigentlich sollte ich mich freuen, dass es Menschen wie euch gibt, die versuchen, mir nachzueifern. Es ist herrlich, mit anzusehen, wie ihr euch bemüht, doch eure Motive sind die verkehrten. Ihr wollt nicht sein wie ich, ihr wollt etwas Besseres sein, damit Ihr mich nicht mehr braucht. Das ist äußerst deprimierend.«

In den Gesichtern der jungen Männer sah er, dass sie sich weder einer Schuld bewusst waren noch Reue verspürten über das, was sie taten. Eigentlich hätte er ihnen auf die Schultern klopfen müssen. Dies war ihr kleines Folterreich, wie auch Baazlabeth eines besaß. Aber diese Menschen taten es nicht aus Freude, sondern aus einem anderen Grund. Und eben dieser Grund war es, der sie so verschieden machte. Sie taten alles, um eine Welt zu erschaffen, die ohne ihn und seinesgleichen auskam.

Baazlabeth fiel eine große Zeichnung an der Wand ins Auge. Jemand hatte zwei ineinandersteckende siebenzackige Sterne mit Kreide an die Wand gemalt. Fasziniert wandte er sich dem Bild zu. In den Zacken des inneren sowie des äußeren Sterns standen verschiedene Begriffe. Im inneren Septagramm standen: Bannung, Beschwörung, Weissagung, Verzauberung, Illusion, Nekromantie und Transmutation. Das äußere Septagramm war so angeordnet, dass die Senken des Sterns auf die Spitzen des innenliegenden drückten. Im äußeren Kreis standen die folgenden Begriffe: Architektur, Chemie, Physik, Medizin, Biologie, Astronomie und Astrologie.

Ein Vögelchen schien Bretozek wieder zugeflüstert zu haben, an was die Augen des Dämons gerade festhingen. Auf jeden Fall ließ er es sich nicht nehmen, die Skizze an der Wand zu kommentieren.

»Schaut es Euch gut an, Prinzipal Sil! Dies ist der Beginn eines neuen Zeitalters. Es ist kein Platz mehr auf dieser Welt für Mythen und Legenden. Die Magie hat ausgedient. Die Menschen sind nicht mehr auf die Fürsorge der Götter angewiesen. Bald schon werden wir über uns selbst bestimmen und uns von der Willkür einer höheren Ordnung lossagen können. Wir werden unsere eigenen Götter, Licht- und Schattengestalten sein. Es wird Zeit für eine neue Ordnung.«

Es war genau dieses letzte Wort, das Baazlabeth herumwirbeln ließ.

»Ihr glaubt, weil ihr ein paar Kreidestriche an die Wand gemalt und einige der Söldner vor den Toren der Stadt mit euren Pülverchen und Pasten in Brand gesteckt habt, könntet ihr euch von den Göttern lossagen? Ihr seid nichts weiter als armselige Sterbliche, die sich an das klammern, was ihnen geblieben ist. Eure lächerlichen Forschungen werden nichts verändern.«

»Das haben sie schon«, triumphierte Bretozek. »Seht Euch in der Stadt einmal um. Dachtet Ihr, diese Seuche sei ein Zeichen der Götter. Sie ist ein Zeichen für unsere Stärke und für ihr Versagen. Die Grabsteingicht grassiert, weil wir sie unter den Bürgern Brisenburgs verbreitet haben.«

Ein weiterer Schlag ins Gesicht. Zuerst muss ich feststellen, dass die Lösung aller Rätsel eine Kreidezeichnung auf dem Dachboden eines Siechenhauses ist, und jetzt stellt sich das Zeichen Amez' als Schwindel heraus. Noch eine weitere Überraschung, und Brisenburg braucht nicht mehr auf den Angriff des Königs zu warten.

Baazlabeth zog seine Krummschwerter. Er wollte schließlich vorbereitet sein, wenn der Gildenmeister sich dazu entschloss, weiter reinen Tisch zu machen. Leider wurde diese Geste von einem der Lehrlinge missverstanden oder eben auch nicht. Blitzschnell hatte er zu einer Knochensäge gegriffen und holte zum Schlag aus. Baazlabeth war jedoch schneller. Eine Klinge schnellte vor, um sich weitere potenzielle Angreifer vom Leib zu halten, die andere fuhr im weiten Bogen herum und trennte Arm und Kopf des Lehrlings mit einem Hieb ab. Beides fiel fast zeitgleich zu Boden, während sich der Rest des Körpers immer noch auf den Beinen hielt. Einen weiteren Lehrling hatte es auch nicht viel besser erwischt. Die Spitze der Klinge hatte seine Kehle durchtrennt, und er versuchte vergeblich, die Blutung mit beiden Händen zu stillen. Die übrigen Medizi, Alchemisten oder wie sie sich sonst nannten, wichen in geschockter Panik zurück. Der Jüngling, auf den sich Bretozek stützte, flüsterte ihm wieder etwas ins Ohr, doch der Gildenmeister stieß ihn von sich.

»Ich kann es mir denken, ich bin schließlich nicht taub!«, keifte er. »Wir sollten uns alle wieder beruhigen. Es war sicherlich nur ein Missverständnis. Ich bin mir sicher, Prinzipal Sil wird uns nichts tun. Er ist auf unserer Seite.«

Wow, ist das jetzt die neue Art von Resignation? Ich bin gespannt, auf welche Beobachtung er seine Annahme stützt. Hab ich vielleicht gelächelt, als ich diesen Tölpel einen Kopf kürzer gemacht habe.

»Ich bin ganz ruhig«, erklärte Baazlabeth. »Euer Schüler war selbst schuld. Niemand erhebt ungestraft eine Waffe gegen mich. Das mit dem anderen ...« Baazlabeth hielt kurz inne, da der Kehlenschnitt sich doch als brauchbare, aber etwas längere Sterbeszene darstellte. Als der junge Mann vornüberkippte und sich unter seinem Kopf eine Blutlache bildete, fuhr der Dämon fort. »Das mit dem anderen tut mir leid. Die Schwerter sind nur so etwas wie eine Leihgabe, und ich kann ihren Radius noch nicht richtig abschätzen. Deshalb wäre es sicherlich angebracht, etwas Abstand zu halten, um weitere Unfälle zu vermeiden.«

Die Warnung war überflüssig, da sich die restlichen sechs Lehrlinge bereits in ausreichendem Abstand postiert hatten.

»Euch haben wir also das Massensterben in Brisenburg zu verdanken«, stellte Baazlabeth fest. »Wirklich beeindruckend. Das wird Euch sicherlich nicht nur Freunde einbringen, wenn überhaupt jemand übrig bleiben sollte. Was veranlasst Euch also zu glauben, dass ich nicht gekommen bin, um mein blutiges Handwerk fortzusetzen?«

Er lächelt.

Bretozek lächelte tatsächlich, und es war überaus selbst- und siegessicher.

»Ihr stellt Euer Licht unter den Scheffel«, sagte Bretozek.

Platsch! Allein dafür wirst du sterben, alter Mann.

»Ich habe Euch genau beobachtet, soweit mir diese Formulierung überhaupt zusteht. Das Gemetzel im Haus des Erschaffers, das ganz Eure Handschrift trägt, deutet darauf hin, dass ihr wahrlich kein gottesfürchtiger Mensch seid. Einen größeren Todesstoß hätte man den scheinheiligen Ornatsträgern nicht bereiten können. Mit einem Schlag habt ihr fast alle Henker der Tempel beseitigt. Die Hoheitlichen, gerichtet von einem Ungläubigen. Das war wirklich phänomenal. Weiterhin habe ich Eure Enttäuschung gesehen, als die altersschwachen Magier zugeben mussten, keine Macht mehr zu besitzen. Von euren Zwistigkeiten mit Lebuin Nemrothar einmal ganz abgesehen. Ihr seid ein Mann, der nach Macht greift, und dabei keine Rücksicht auf Menschen nimmt, die sich ihm in den Weg stellen. Ihr und ich, wir wären ein gutes Gespann. Jemanden wie Euch braucht unsere Gilde, da wir, wie Ihr es schon erkannt habt, nicht nur Freunde im Land haben. Zusammen könnten wir dieses Land regieren. Götter, Könige, Magier, Priester, das sind alles Relikte einer vergangenen Zeit. Doch selbst, wenn ich mich in Euch getäuscht haben sollte, würdet Ihr es nicht wagen, mir etwas anzutun.«

Jetzt bin ich aber gespannt.

»Ich bin nämlich der einzige Mensch, der verhindern kann, dass sich die Grabsteingicht weiter ausbreitete. Ich allein bestimme, wer stirbt und wer am Leben bleibt.«

Aleister Bretozek winkte seinen Lehrlingen zu.

»Bringt mir den Jungen«, befahl er. »Er soll ihn sehen.«

Einer der Männer ging zu einer Holzkiste, die neben einem der Tische stand. Er schob den Riegel auf der Oberseite des Deckels zurück und öffnete die Kiste. Dann zog er einen kleinen, etwa acht Jahre alten Jungen mit dunklen Haaren am Hemd hervor. Er war an Händen sowie Füßen gefesselt und geknebelt. Der Lehrling übergab den Jungen seinem Meister und trat wieder zurück zu den anderen.

»Das hier ist meine Versicherung«, erklärte Bretozek. »Im Knochenmark diesen Jungen steckt das Elixier zur Heilung der Grabsteingicht. Er und die anderen seinesgleichen sind immun gegen diese Krankheit. Sein Bastardnaturell hat ihm tatsächlich das Leben gerettet. Mit meinem Wissen bin ich der Herr über Leben und Tod. Wer mich bezahlen kann, darf leben. Wer auf meiner Seite ist, darf leben. Wen ich als nützlich erachte, darf ebenfalls leben. Auf den Rest kann die neue Welt gut verzichten. Diebe, Mörder, Huren, Bettler und Taugenichtse braucht diese Welt nicht mehr.«

... und Dämonen?

Baazlabeth erkannte den kleinen Jungen, den Bretozek am Schlafittchen hielt. Es war der Lehrling des Laternenanzünders, Nubert. Ein Bastard, wie auch Auril einer war. In der Nacht vor dem *Einsamen*

Wanderer hatte der kleine so beharrlich darauf bestanden, keine der Straßenlaternen auszulassen. Erst die Zurechtweisung seines Lehrmeisters hatte ihn zur Vernunft gebracht. Damals hatte der Junge schon gezaubert, aber Baazlabeth hatte dem keine Bedeutung zugemessen.

Was die Zukunft dieses Jungen anging, unterschieden sich Baazlabeths Vorstellungen von denen Bretozeks. Der Dämon wollte aus ihm eine neue Dynastie von Magiern machen, Bretozek wollte lediglich seine Knochen auskochen und daraus sein Elixier gewinnen. Für welche Zukunft hätte sich wohl der Junge entschieden, wenn man ihn vor die Wahl gestellt hätte?

»Ihr habt viele Überlegungen angestellt, Meister Bretozek. Ihr scheint nichts dem Zufall überlassen zu wollen. Aber habt Ihr auch die Götter befragt, ob sie mit Euren Plänen einverstanden sind?«

Der Gildenmeister lachte laut auf. Immer noch fühlte er sich auf der Gewinnerseite.

»Die Götter«, juchzte er. »Mein Leben lang habe ich die Götter um Erlaubnis gefragt. Bei allem, was ich tat, habe ich sie um Rat gebeten und auf eine Antwort oder zumindest ein Zeichen gewartet. Jetzt bin ich alt und habe keine Zeit und keine Lust, noch länger auf etwas zu warten, das niemals geschehen wird. Wenn Ihr mich fragt, gibt es diese Götter überhaupt nicht.«

Baazlabeth sprang vor und trieb die beiden Krummschwerter durch die Brust des Gildenmeisters. Er zog Bretozek zu sich heran und stieß noch einmal zu, sodass die Spitzen der Schwerter aus dem Rücken seines Opfers wieder austraten.

Bretozek lächelte immer noch.

»Ich bin nicht gottlos«, flüsterte Baazlabeth dem sterbenden Alchemistenmeister zu. »Ich gehöre nur zur anderen Seite. Und was die Ansicht der Götter, die ihr so vehement verleugnet, zu Euren Plänen angeht, tut es mir leid, Euch diese Nachricht erst jetzt zu überbringen. Aber wie heißt es so schön, besser spät als nie. Ach übrigens, sie finden Eure Pläne mit Verlaub – scheiße!«

Ein weiterer wagemutiger Adept sprang vor, um seinem Lehrmeister zu Hilfe zu eilen. Unbedarft, wie es sich für einen Lehrling gehörte, wollte er Bretozek von hinten unter die Arme greifen, um ihn zu stützen. Für einen wahren Kämpfer bot er wenig Anlass, sein Können zu zeigen. Baazlabeth schob dem Lehrling seinen Meister einfach entgegen und stieß noch einmal nach.

Das nenne ich mal einen Bauernspieß.

Die verbleibenden fünf Adepten hatten es anscheinend nicht so eilig zu sterben. Wie ängstliche Welpen versteckten sie sich hinter ihren Tischen.

Baazlabeth zog die Schwerter aus den Körpern seiner beiden Opfer und ließ sie achtlos übereinanderstürzen. Dann packte er den kleinen Bastardjungen und zerschnitt seine Fesseln. Nubert war zu schwach, um sich selbst auf den Beinen halten zu können. Zu lange hatte er wahrscheinlich schon in der Kiste gehockt, zusammengekrümmt in der Kälte, ohne Trinken und Essen. Baazlabeth nahm ihn auf den Arm, doch bevor er ging, warf er noch einen Blick auf seine Opfer. Der Meister der Alchemistengilde war diesmal mit Sicherheit tot, und kein Trank würde das ändern können.

Baazlabeth wollte gerade mit dem Jungen auf dem Arm durch das Loch im Boden verschwinden, da begann der Kleine zu winseln wie ein Welpe, den man von seiner Mutter trennte. Baazlabeth drehte sich um, um zu sehen, was den Jungen so irritierte. Die Augen des Kleinen waren starr auf einen der Tische gerichtet. Jetzt erkannte auch Baazlabeth ihn. Auf dem Tisch lag der Laternenanzünder, der Vormund des Jungen oder vielleicht sogar sein Vater, mit geöffnetem Brustkorb und durchtrennter Kehle.

Baazlabeth spürte, wie der Junge in seinem Arm zu zittern begann, und einen Wimpernschlag später stand der Adept, der sich am dichtesten am Tisch des Laternenanzünders befand, lichterloh in Flammen. Seine Kameraden stoben von ihm fort und traten die Flucht nach vorn an, auf die rettende Luke zu. Bevor die verbliebenen Lehrlinge die Tische hinter sich lassen konnten, schnitt ein brennendes Band, das quer über den hölzernen Boden verlief, sie von ihrem Fluchtweg ab.

»Spare deine Kräfte«, sagte Baazlabeth. »Du wirst sie noch brauchen.« Dann kletterte er mit dem Jungen nach unten.

Die alte Gütel empfing die beiden. Ängstlich starrte sie nach oben durch die Luke.

»Was ist dort oben passiert?«, flüsterte sie.

»Feuer frisst sich nach oben weiter«, sagte Baazlabeth wenig interessiert an den Befürchtungen der Alten. »Ich an Eurer Stelle würde mich aber nicht darauf verlassen.« Dann ließ er sie stehen und verließ das Haus des Übergangs.

Als Baazlabeth auf die Straße hinaustrat, stieg bereits dicker schwarzer Qualm aus dem zweiten Stock des Hauses in den Himmel, und weit im Norden brannte eine der Brücken über den Tauwasser.

25
Übermut tut allen gut

Nur weil man auf verlorenem Posten steht, hieß das nicht, dass man auch dort stehen bleiben muss.

Zurück in der *Schwarzen Posse* blieb Baazlabeth mit dem kleinen Nubert auf dem Arm im Foyer stehen und beobachtete über die Sitzreihen des dunklen Theatersaals hinweg das Spektakel, welches sich ihm auf der Bühne bot. Auril und Ingvarr hatten ganze Arbeit geleistet. Rund zwanzig Kinder tummelten sich dort oben. Jedoch schien das Stück, das sie probten, so langweilig zu sein, dass über die Hälfte von ihnen bereits eingeschlafen war. An die hölzernen Kulissen gelehnt oder einfach zusammengekauert auf dem Boden liegend, träumten sie von einem besseren Leben.

Auf Baazlabeth wirkte es ganz und gar nicht, als ob Ingvarr die Kinder auf etwas vorbereitete, das die Welt in ihren Grundfesten verändern sollte. Er hockte vor dem Tisch, stierte über die Kante hinweg und beobachtete eine erloschene Kerze, die in der Mitte der Tischplatte stand. Als wäre es schwierig, seinem Blick zu folgen, deutete er in großer Erwartung dessen, was passieren würde, mit der Hand auf die Wachskerze und drehte sie wie ein Wahrsager, der seine Glaskugel polierte. Neben Ingvarr standen Auril, Silas und noch ein Junge, den Baazlabeth nicht kannte. Das Ganze wirkte wie ein Stillleben, und nach einigen Minuten war er es leid, weiter zuzusehen.

Diese Welt scheint nicht die einzige zu sein, die nur unfähige Magier hervorgebracht hat. Inkompetenz ist groß in Mode gekommen. Es wird Zeit für eine Neuausrichtung.

Baazlabeth betrat den Theatersaal.

»Sollte ich mich in dir getäuscht haben, Ingvarr? Vielleicht wäre es besser gewesen, aus dir einen Leckerbissen zu machen, anstatt einen

Lehrmeister. Ich brauche niemanden, der den Kindern zeigt, wie man eine Kerze entzündet. Das kann ich selbst.«

Ingvarr erhob sich und schlich zum Bühnenrand. Der junge Magier sah erschöpft aus und ein wenig deprimiert.

»Ich habe getan, was in der Kürze der Zeit möglich war«, erklärte er. Der Versuch, eine andere Ebene zu betreten, um uns etwas Zeit zu verschaffen, ist missglückt. Irgendetwas hindert uns daran, das Portal zu öffnen.«

Oder irgendjemand.

»Was die Kinder brauchen, haben sie bereits in sich. Was sie noch nicht haben, ist das Verständnis dafür, wie sie es unter Kontrolle halten.«

»Unter Kontrolle halten?«, brüllte Baazlabeth ihn an. »Seit Ihrer Geburt wurden sie unter Kontrolle gehalten. Sie wurden verkauft und versklavt. Viele von ihnen wurden behandelt wie Haustiere oder einfach umgebracht, ausgesetzt oder weitergegeben, wenn man ihrer überdrüssig geworden war. Der Tag ist gekommen, an dem sie ihr Schicksal und das dieser Welt verändern können. Und du willst sie unter Kontrolle halten?«

Das Gebrüll hatte nicht nur die meisten Kinder aufgeweckt, sondern auch Lemura und Igniphascellanius auf die Bühne gelockt. Anscheinend hatten sie im hinteren Teil des Theaters ein Nickerchen gehalten oder sonst was getan. Die beiden hatten ausreichend Erfahrung mit den Launen des Dämons, um zu wissen, dass es klug war, sich reserviert im Hintergrund zu halten, wenn Baazlabeth so laut wurde. Ingvarr hatte diese Art von Demut anscheinend noch nicht erlernt.

»Es sind Kinder, du Bestie!«, schrie er zurück. »Du kannst sie nicht auf ein Schlachtfeld führen. Das Heer dieses Königs wird sie in Stücke reißen. Es bedarf jahrelanger Ausbildung, bis du vielleicht auch nur eines dieser Kinder dazu bringen wirst, einen Zauber anzuwenden. Ich habe es bereits zu erklären versucht: Es handelt sich um wilde Magie, nicht um etwas, das auf Formeln oder irgendwelchen Artefakten beruht. Es ist emotionsgesteuert, wenn du überhaupt weißt, was das heißt. Um es lenken zu können, bedarf es einer inneren Festigkeit, Ruhe und Beherrschtheit. Aber selbst dann bezweifle ich, dass jemals etwas Zielgerichtetes daraus entstehen kann.«

Dieser Trottel wird es nie begreifen. Kontrolle, Ziele, Beherrschung – das ist es, was diese Welt zugrunde richtet. Was wir brauchen, ist Chaos und Unbesonnenheit.

Baazlabeth hielt Ingvarr aber zugute, dass er nicht von dieser Welt stammte und somit auch nichts von deren Problemen wusste. Er meinte es nur gut, was ihn eigentlich hätte disqualifizieren müssen, doch es blieb keine Zeit, noch einen anderen Weg einzuschlagen.

Die meisten Kinder waren bereits wieder auf den Beinen, als Baazlabeth an die Bühne herantrat. Es waren wirklich noch alles Kinder. Kaum eines von ihnen hätte ein Schwert halten, geschweige denn führen können, und dennoch stellten sie die letzte Chance dar, Sementis erfüllen zu können. Baazlabeth selbst war nur noch eine Randfigur.

Er schaute den kleinen Nubert auf seinem Arm an. Der Junge wirkte immer noch verstört, aber bei Weitem nicht mehr so ängstlich wie zuvor. Baazlabeth fasste dem Kleinen unters Kinn und drehte seinen Kopf in Richtung der erloschenen Kerze auf dem Tisch.

»Ein Feuer, das nicht brennt, spendet auch kein Licht, stimmt's, Kleiner?«, flüsterte Baazlabeth.

Man konnte spüren, wie die Anspannung in dem Jungen wuchs. Er versteifte sich, die Finger ballten sich zur Faust, und sein Körper bebte.

Ohne Vorwarnung züngelte eine zwei Fuß hohe Stichflamme aus dem Docht der Kerze. Die anderen Bastardkinder wichen ängstlich zurück vor der grellen Flamme, auch Ingvarr fuhr herum und duckte sich. Nur Lemura stand gebannt da und richtete ihre Augen auf den Tisch, als wenn sie etwas sehen könnte.

Innerhalb von Sekunden schmolz das Wachs, verteilte sich über die Tischplatte und setzte das hölzerne Möbel in Brand. Gierig versuchten die Flammen, Nahrung zu finden und aus eigener Kraft weiterzubrennen. Die Hitze auf der Bühne wurde unerträglich. Die Kinder wichen weiter vor dem Feuer zurück. Bald stand der ganze Tisch in Flammen, die sich auch über den Boden auszubreiten drohten. Ingvarr umrundete den Brandherd und lief zu dem Bottich mit Wasser, den Baazlabeth immer für seine Aufführungen bereithielt. In hohem Bogen ergoss sich der Inhalt über den Tisch und löschte den Brand.

»Das ist es, was wir brauchen«, brummte Baazlabeth. »Die Zeit, um zu lernen, mit ihren Fähigkeiten umzugehen, werden sie haben, wenn dieser Tag zu Ende ist und sie noch am Leben sind. Bis dahin brauche ich sie ungeschliffen. Suche die sieben Begabtesten von ihnen aus und schick sie auf die Mauer, wenn das Heer des Königs aufmarschiert. Das Signal von der Mauer wird euch rechtzeitig Bescheid geben. Die anderen Kinder bringst du hinunter zum Hafen. Sie sollen auf Schiffe gebracht werden und die Küste entlangsegeln, bis sie in Sicherheit sind. Nemrothar wird dir helfen können. Mein Diener wird dir zeigen, wo du ihn finden kannst. Wenn euch jemand Probleme bereitet, dann legt ihn um. Es wird morgen ohnehin niemand mehr am Leben sein.«

Igniphascellanius der Dritte kam über die Bühne auf seinen Herrn zugesprungen und buckelte vor ihm.

»Sechs, Meister! Es sollten sechs Kinder sein«, gab er zu bedenken. »Schließlich seid Ihr die siebente Sünde.«

Baazlabeth drehte den Kopf des kleinen Nubert in Richtung seines Dieners.

»Siehst du das süße Kätzchen, Kleiner? Es braucht, glaube ich, ebenfalls Erleuchtung.«

Der Homunkulus sprang entsetzt zurück und fauchte.

»Was habe ich denn jetzt schon wieder verkehrt gemacht, Meister?«

»Erstens bin ich auf keinen Fall die siebte, sondern die erste aller Sünden, und zweitens ziehe ich bestimmt nicht mit einer Schar Kinder in den Krieg. Meine Aufgabe in Brisenburg ist erledigt. Alles was mir hier jetzt noch zusteht, ist ein wenig Spaß, und den werde ich sicherlich haben. Sollen die Brisenburger zur Abwechslung einmal selber für ihr Schicksal einstehen. Ich bin es leid, etwas ändern zu wollen, von dem noch nicht einmal die Götter wissen, ob es richtig ist. Ich werde tun, was ich schon lange hätte tun sollen.«

»Und was wäre das, Meister?«

»Ich werde mein schwer verdientes Gold unter die Menschheit bringen. Morgen schon wird es nichts mehr wert sein.«

Dann setzte er den kleinen Nubert auf den Bühnenrand und zerzauste ihm das Haar.

Der Junge zupfte aufgeregt an Baazlabeths Mantel und zeigte auf Igniphascellanius den Dritten.

»Katze hässlich.«

Baazlabeth lachte.

»Na, wenn in dir kein Potential steckt, dann weiß ich auch nicht.«

Dann verließ er die *Schwarze Posse* unter den verwunderten Blicken seines Publikums.

Es war noch früh am Morgen, doch auch das konnte Baazlabeth nicht mehr ändern. In den meisten Häusern brannte bereits Licht, doch die Straßen waren so gut wie verlassen. Auch die Brisenburger spürten, dass ab morgen alles anders sein würde. Verängstigt saßen sie hinter ihren Fenstern und hofften, dass der Tod und der König an ihrem Haus vorbeiziehen würden.

Das einzige Haus, das noch vollständig im Dunkeln lag und dessen Besitzer noch nicht von der aufkommenden Panik erfasst worden war, war der *Einsame Wanderer*. Die Schenke öffnete erst gegen Abend, wenn sie überhaupt noch einmal geöffnet wurde. Auf jeden Fall wäre es eine Sünde, die Bestände an Hauswein für die Truppen des Königs auszuschenken. Angesicht dessen, dass Baazlabeth nicht viel zu tun hatte und auf einem Berg von Gold saß, das er nicht mitnehmen konnte, wollte er mit diesem Missstand aufräumen. Ein Tritt gegen die Tür reichte aus, um sich Zugang zur Schenke zu verschaffen. Ruby hatte anscheinend vergessen, den Riegel vorzuschieben, als sie am Vorabend nach Hause gegangen war. Das alte Schloss riss aus der Zarge, und die Tür schwang mit Wucht auf.

»Wir haben heute geschlossen«, dröhnte Dumpfs Stimme Baazlabeth entgegen, bevor er den Schankraum überhaupt einsehen konnte.

»Jetzt nicht mehr«, grollte der Dämon und trat ein.

Dumpf saß zusammen mit Ruby im Dunkeln des Schankraumes. Vor ihnen auf dem Tisch standen ein Krug Wein und zwei Gläser.

»Da scheine ich ja genau richtig zu kommen«, stellte Baazlabeth zufrieden fest. »Heute wird ein guter Tag zum Trinken.«

»Ach, Ihr seid es, Prinzipal Sil«, befand Dumpf gelassen. »Setzt Euch zu uns, Getränke gehen heute aufs Haus, aber die Küche bleibt kalt.«

»Das nenne ich einmal eine gute Nachricht.«

Baazlabeth zog sich einen Stuhl heran und nahm Platz. Fast gleichzeitig stand Ruby wortlos auf und eilte zum Tresen. Sie holte ein weiteres Glas, stellte es vor Baazlabeth auf den Tisch und setzte sich wieder.

»Was feiert ihr hier?«, wollte der Dämon wissen.

Dumpf sah ihn betrübt an, und Ruby senkte den Kopf und begann zu schluchzen.

»Ihr Verlobter ist gestern gestorben«, erklärte der Gastwirt. »An der Grabsteingicht«, fügte er nach einer kurzen Pause noch hinzu.

Baazlabeth schenkte sich ein und hob das Glas.

»Dann auf den Verlobten«, sagte er und hielt sein Glas hoch.

Ruby sprang auf und lief weinend die Treppe hinauf in eine der oberen Etagen.

»Auf den Verlobten«, wiederholte Baazlabeth und stürzte den Wein hinunter. »Dann hat er gestern schon sein Morgen gehabt.«

Dumpf sah ihn verwirrt an – ein Ausdruck, an den Baazlabeths sich mittlerweile gewöhnt hatte. Er verzichtete darauf, ihn zu kommentieren oder weiter zu beachten.

»Ihr seid kein guter Mensch«, sagte der Wirt, nachdem Baazlabeth sich erneut eingeschenkt hatte. »Ich habe es Euch bereits angesehen, als Ihr das erste Mal diese Schenke betreten habt. Ihr seid kein guter Mensch.«

»Ihr könnt Euch gar nicht vorstellen, wie oft ich das schon gehört habe«, erwiderte Baazlabeth. »Trotzdem wurde ich in diese Stadt gerufen, mehr oder weniger herzlich aufgenommen und sogar in den Kleinen Rat gewählt. Wenn mir alle schon vorher angesehen haben, dass ich nicht ihren Vorstellungen entsprach, frage ich mich, warum mir dann alle Türen bereitwillig geöffnet wurden.«

Während Dumpf noch überlegte, leerte Baazlabeth zwei weitere Gläser Wein.

»Um diese Welt zu verändern, brauchte es vielleicht einen wie Euch«, sagte er. »Ich werde Euch den Krug wieder füllen. Es soll später nicht heißen, Ihr wäret durstig dorthin zurückgekehrt, von wo Ihr gekommen seid.«

Manchmal hatte Baazlabeth das Gefühl, der Wirt verstünde doch mehr, als er zugeben wollte. Er hatte auf jeden Fall erschreckend helle Momente.

So saß Baazlabeth im *Einsamen Wanderer* und leerte einen Krug nach dem anderen. Dumpf stand hinter dem Tresen und wischte auf der Theke herum. Von Zeit zu Zeit kam er an den Tisch und brachte Nachschub.

Es mochte bereits Mittag sein, als das Hornsignal ertönte.

»Sie scheinen es wirklich eilig zu haben«, knurrte Baazlabeth. »Kann man denn nicht einmal in Ruhe austrinken.«

Dumpf legte den Lappen auf den Tresen und stellte die letzten blank polierten Gläser zurück ins Regal.

»Sie werden die Stadt dem Erdboden gleichmachen, oder?«, fragte er.

»Sie werden es auf jeden Fall versuchen. Aber spätestens morgen früh werden wir es genau wissen. Macht Euch keine Sorgen, die Geschütze werden nicht bis hierher reichen. Es wird Stunden dauern, bevor sie die Mauer überwinden. Und wenn sie kommen, sagt einfach, Ihr habt geschlossen. Vielleicht lassen sie uns dann in Ruhe.«

»Wollt Ihr einfach hier herumsitzen und gar nichts tun?«, fragte Dumpf empört.

»Genauso ist es, alter Freund. Die Götter haben entschieden, auf mich verzichten zu können. Warum sollte ich mich dann anbiedern? Sie klammern sich jetzt lieber an ein paar Kinder und hoffen darauf, dass sich alles zum – Guten wendet.«

Baazlabeth verspürte wenig Lust, sich weiter in die Machenschaften der Menschen einzumischen. Amez hatte ihn gewarnt. Ein zweites Mal würde er dies nicht tun. Sein Schicksal stand genauso fest wie das von Brisenburg. Gemeinsam würden sie untergehen, mit dem kleinen Unterschied, dass diese Stadt nicht wieder auf die Füße kommen würde.

Baazlabeth entschied sich, hier zu warten und den Kampf auf seine ganz eigene Art zu führen. Wenn die Straßen sich mit Söldnern füllten, würde er hinaustreten und versuchen, so viel Spaß wie möglich zu haben. Einmal durften sie ihn abschlachten, dann müssten sie mit ihm so zurechtkommen, wie er wirklich war, und das würde hässlich werden. Er neigte nicht dazu, sich selbst zu überschätzen. Natürlich würden sie seiner irgendwann habhaft werden, doch bis dahin würde er noch das eine oder andere Menschenleben mit in den Untergang reißen. Wenn sie es dann geschafft hatten, konnte er endlich heimkehren. Amez würde vielleicht nicht begeistert sein, aber er würde sich schon wieder beruhigen, schließlich gab es noch so viele andere Welten.

Plötzlich betrat Nemrothar den *Einsamen Wanderer.* Auf dem Arm hielt er Igniphascellanius den Dritten, der sich ängstlich in die Armbeuge des alten Magiers schmiegte.

»Sieh mal einer an, Albtraum Nummer eins und Albtraum Nummer zwei erscheinen, um mir das letzte bisschen Spaß zu verderben. Wäre es nicht besser für euch beide, wenn ihr euch irgendwo unter einem Stein verkriechen und darauf warten würdet, dass alles vorbei ist? Der König wird euch sicherlich nichts tun. Schließlich war keiner von euch je eine wirkliche Bedrohung für ihn. Ihr seid mehr so etwas wie die Maskottchen für das Ende dieser Welt.«

Nemrothar verzog keine Miene. Er nickte Dumpf kurz zu und kam dann zum Tisch von Baazlabeth. Er setzte den Homunkulus auf die Erde und nahm gegenüber von Baazlabeth Platz. Es war nur ein kurzer Augenblick, in dem sich Magier und Dämon schweigend gegenübersaßen, und sosehr sich Baazlabeth auch Ruhe gewünscht hatte, war diese Stille kaum auszuhalten. Lieber hätte er hundert Jahre in seinem Reich gesessen und mit niemandem gesprochen, als nur noch einen einzigen Herzschlag lang diesen alten Magier und seinen bohrenden Blick ertragen zu müssen.

»Bist du gekommen, um dein Versagen zu entschuldigen«, schnauzte Baazlabeth Nemrothar an.

»Ich bin mir keines Versagens bewusst, außer vielleicht, jemanden erwählt zu haben, der glaubt, seiner Aufgabe nicht gerecht geworden zu sein.«

»Muss ich dich daran erinnern, dass du mich und sechs weitere erwählt hast, Magier. Alle anderen sind bereits tot. Ich bin die letzte der Sünden, die noch übrig ist, und vor den Toren dieser Stadt steht ein ganzes Heer, das nur darauf wartet, alles, wofür ich stehe, unter seinen Stiefelabsätzen zu zerquetschen. Wie kommst du also auf diese ungeheuerliche Vermutung, ich würde glauben, meiner Aufgabe nicht gerecht zu werden? Ich bin kurz davor, den Sieg nach Hause zu tragen«, erklärte Baazlabeth spöttisch.

Nemrothar zog sich einen Kelch heran und füllte ihn bis zum Rand mit dem Hauswein aus dem Krug. Dann setzte er an und leerte das Glas in einem Zug.

»Du hast es immer noch nicht begriffen, Dämon. Die Prophezeiung ist noch nicht beendet.«

»Sie ist am Ende!«, brüllte Baazlabeth. »Es sei denn, diese Bastardkinder erweisen sich als wahre Götter im Kampf. Andernfalls werden meine Hufe das Letzte sein, was sie sehen und hören. Wie sie die Erde unter sich erbeben lassen, damit auch ich endlich von hier verschwinden kann.«

Nemrothar schüttelte den Kopf, als wenn er aufgrund der Einfältigkeit eines Adepten verzweifelte.

»Hast du dich nie gewundert, dass sich keine der Tugenden je gezeigt hat? Du bist der Meinung, sechs deiner Mitstreiter verloren zu haben, obwohl du noch keinen deiner Gegner gesehen hast. Wie viele Kriege hast du verloren, in denen du mutterseelenallein auf dem Schlachtfeld standest?«

Je älter sie werden, desto mehr sprechen sie in Rätseln. Aber dass er so ein schlechter Verlierer ist, hätte ich nie gedacht.

»Was willst du mir sagen, alter Mann? Stiehl mir nicht die Zeit, du siehst ja, ich habe zu tun.«

»Die Prophezeiung, Sementis, sie war niemals ein Kampf zwischen Gut und Böse. Die Streiter des Lichts, wie du sie nennst, hat es niemals gegeben. Es werden keine Seraphime vom Himmel herabsteigen und gegen dich die Waffen erheben. Warum auch? Ihr sieben wart euch selbst immer Feind genug. Nicht die Ordnung vertreibt das Chaos in dieser Welt. Das Chaos strebt allein nach Ordnung und hat sich selbst verzehrt, wie eine Flamme die Luft um sich herum. Die Magie und der Glaube in dieser Welt sind verebbt, weil ihr es zugelassen habt. Es war eure Aufgabe, den Menschen zu zeigen, dass es etwas gibt, das sie nicht kontrollieren können. Magie, Glaube, Aberglaube, Mystik und Wunder sind die Wurzeln eurer Existenz. Wenn sie absterben, gibt es nichts mehr, was der Mensch mehr fürchtet als den Menschen. Das Gleichgewicht auf dieser Welt ist verloren gegangen, weil sich eure Unberechenbarkeit untergeordnet hat.«

Baazlabeth wartete darauf, dass er das Gespräch mit dem üblichen *Platsch* beenden konnte, doch der wollte sich aus einem unbestimmten Grund nicht einstellen. Mit Sicherheit lag es nicht daran, dass alles viel Sinn ergab, was Nemrothar von sich gegeben hatte.

»Ich hätte dich bei unserer ersten Begegnung töten sollen«, grollte er.

»Das wäre ein Anfang gewesen«, gab Nemrothar zu. »Doch was hast du stattdessen getan? Du hast dich mir und meinem Zauber unterworfen, um dein Leben zu schützen. Dein eigenes Dasein bedeutet dir mehr als der Grund deiner Existenz.«

»Ich hätte dich töten und mich damit opfern sollen, nur um dir zu zeigen, dass ich mich nicht beherrschen lasse. Was ist das für eine Art von Logik?«

»Keine! Genau darum geht es ja«, erklärte Nemrothar. »Dir standen auch alle anderen Wege offen. Du hättest den Glauben daran, dass die Wissenschaft über allem steht, erschüttern können, doch du hast es nicht getan? Du hast stattdessen die einzige Institution des Glaubens, welche die Furcht vor euch Dämonen und Engeln ständig gepredigt hat, einfach weggewischt. Die Inquisition.«

»Wenn du das alles so genau gewusst hast, warum hast du mir das nicht vorher erzählt oder wenigstens versucht, meine Pläne zu durchkreuzen? Stattdessen hast du mich im Kleinen Rat sogar noch unterstützt.«

»Wenn ich anders gehandelt hätte«, sagte Nemrothar, »wärest du nur ein Handlanger von mir gewesen. Wieder nur eine Marionette in der Hand eines Sterblichen.«

»Ha, und jetzt soll ich an allem schuld sein«, lachte Baazlabeth. »Das hast du dir aber schön ausgedacht. Aber das mit deinem Tod kann ich sofort nachholen.«

Er zog die beiden Krummschwerter blank und legte sie vor sich auf den Tisch.

»Das würde nichts mehr ändern«, sagte Nemrothar. »An dieser Kreuzung bist du bereits vorbei, genau wie alle anderen. Du bist nicht allein schuld daran, dass alles so gekommen ist, doch du hättest es aufhalten können. Schuld seid ihr alle zusammen. Du hast sie gesehen, deine Mitstreiter. Sie waren nicht besser oder schlechter als du, doch sie haben genauso versagt.

Sanna zum Beispiel, sie hätte etwas Großes bewirken können. Sie besaß die Macht, jeden sterblichen Körper auf dieser Welt lenken zu können, und hätte viele verändern können. Aber was hat sie stattdessen gemacht? Sie hat sich in die Körper von Waschfrauen, Bettlern und Marktbeschickern geflüchtet oder hockte ängstlich in ihrer Urne. Molloch war in der Lage, ganz fürchterliche Dinge zu tun, die man nicht ihm anlastete, sondern einer höheren Macht. Einer Macht, die es zu fürchten galt. Aber nein, er begnügte sich damit, Menschen aus dem Weg zu räumen, die zwischen ihm und seinem Essen standen. Was für eine Verschwendung! Galina war in der Lage, jedes sterbliche Wesen in ihren Bann zu ziehen und es ihr hörig zu machen. Könige hätten ihr die Welt zu Füßen gelegt, doch sie musste einen Schmied heiraten, sich in seiner Werkstatt verkriechen und darauf hoffen, dass jemand kam und sie befreite. Ihr alle habt euch der Ordnung der Menschen unterworfen, und da wundert ihr euch, dass eure Macht schwindet?«

»Und warum kommst du dann und erzählst mir alles, wenn es doch zu spät ist?«

»Ist es das?«, fragte Nemrothar. »Wenn es so sein sollte, nimm es als letzte Lektion. Ich für meinen Teil werde jedenfalls zum Nordtor gehen und mir den Beginn dieser neuen Welt ansehen. Immerhin ist es ein einmaliges Spektakel.«

Der alte Magier schob Baazlabeth den Kelch hin und erhob sich.

»Vielleicht sieht man sich eines Tages wieder, wer weiß das schon?«

26
Sterben bringt Glück

Wenn es Zeit wird zu gehen, sollte man sich noch von denen verabschieden, die es verdient haben.

Baazlabeth sah Nemrothar hinterher, wie er in die Götterstiege nach Norden abbog und auf eine der Brücken über den Tauwasser zuhielt. Igniphascellanius sprang auf den Platz, wo der Alte eben noch gesessen hatte, und von dort aus auf den Tisch. Schnurrend schlich er um den halbleeren Krug herum.

»Denkt ihr gerade über etwas nach, Meister?«, fragte der Homunkulus.

»Nein«, stöhnte Baazlabeth. »Wozu sollte das gut sein? Es hat mir bisher auch nicht geholfen.«

Dumpf kam an den Tisch, um einen neuen Krug Hauswein zu bringen. Leicht verunsichert, weil der andere noch nicht geleert war, stellte er ihn daneben und wischte über den Tisch. Dann hielt er mitten in der Arbeit inne und sah auf seinen einzigen Gast.

»Ich glaube, Ihr seid in Wirklichkeit gar nicht so schlecht. Immerhin habt Ihr den Umsatz meines Weines um ein Beträchtliches gesteigert. Außerdem ist dieser grauenvolle Fluch von Brisenburg genommen worden, seitdem ihr hier seid. Bevor ihr kamt, hatten die Menschen Angst, nachts in den Gassen der Stadt getötet zu werden und nicht zu wissen, warum und wen es als Nächstes erwischt. Mir hat es mehr Angst gemacht als das jetzt. Krankheit und Männer mit Schwertern sind nicht so furchteinflößend wie das Ungewisse. Dass jetzt alles so gekommen ist, dafür könnt ihr nichts. Ihr habt Euch bemüht, auch wenn es nicht viel gebracht hat.«

Jetzt reichte es wirklich langsam. Nun musste sich Baazlabeth schon irgendwelche Tröstungsversuche von minderbemittelten Gastwirten anhören. Aber anstatt dass sie vor ihm auf die Knie sanken, erzählten sie ihm, dass er gar nicht so schlecht sei und ihnen geholfen habe. Was für eine Schmach! Hätte er Lilith doch weiter durch die Gassen von Brisenburg ziehen und Menschen umbringen lassen. Aber nein, er musste ihr ja unbedingt die Welt erklären und sie fortschicken. Er war ein wahrer Messias. Alle seine Mitstreiter waren tot, dahingerafft von …

»Lilith«, flüsterte er.

Übrig bleiben werden von den Mächten jeweils sieben, wiederholte er in Gedanken. *Es geht gar nicht um die Götter. Es geht um sie und mich. Sie ist es, die das Gleichgewicht stört. Ihr Verbund mit dieser Welt macht sie zu etwas Greifbarem. Sie ist kein Mythos mehr, keine Laune, die mal da ist und mal nicht. Sie wird ständig gegenwärtig sein. Die Menschen werden sich nicht vor der Ungewissheit fürchten, sondern vor ihr als Person. Sie ist die andere Seite. Ohne Magie auf dieser Welt wird sie nicht das unbekannte Grauen sein, sondern eine Königin. Das ist des gesamten Rätsels Lösung.*

Den Fortschritt stoppen und den Glauben und damit die Furcht vor etwas Unbekanntem zu erhalten war die Aufgabe. Es hätte nicht gereicht, Bretozek zu töten. Glaube, Aberglaube und Furcht nährten sich von dem Unbekannten. Die meisten der Sünden in Brisenburg waren zu schwach gewesen. Sie hatten sich untergeordnet und versucht, im Verborgenen zu bleiben, und da machte Baazlabeth keine Ausnahme. Lilith war die Einzige, die versucht hatte, aus der Rolle auszubrechen. Sie hätte das schüren können, was dieser Welt fehlte, um wieder ins Gleichgewicht zu kommen. Die Menschen mussten sich vor dem Unbekannten fürchten, vor dem, was sie nicht sehen und greifen konnten.

Zu einfach war das Angebot der Alchemisten und Medizi. Sie nahmen den Zauber von der Furcht durch ihre Erklärungen, Forschungen und Beweise. Wozu brauchte es da den Glauben und die Magie, wenn einem irgendwelche Magister jegliche Furcht vor Göttern und Dämonen nahmen. Lilith hätte dies alles ändern sollen. Sie hatte die Macht dazu, den Brisenburgern mit ihren nächtlichen Raubzügen ein neues Rätsel aufzugeben, das keiner der Magister und Alchemisten hätte lösen können. So wäre den Menschen in dieser Stadt nichts anderes übrig geblieben, als sich in Hoffnung und Glauben an die Götter und ihre Tempel zu wenden.

Doch anstatt dass Baazlabeth sie unterstützt hatte, hatte er sie fortgeschickt. Nun stand sie in Fleisch und Blut vor den Toren der Stadt und bedrohte die Bürger mit ihrer Kriegsmaschinerie. Das hatte herzlich wenig mit dem Unbekannten und Unerklärbaren zu tun.

Baazlabeth schaute zu Dumpf auf. Der Gastwirt sah ihn immer noch an.

»Gebt mir zwei gute Flaschen Wein, Meister Dumpf. Es ist ein weiter Weg zum Stadttor.«

Als Baazlabeth den *Einsamen Wanderer* mit zwei Flaschen in der Hand verließ, sah er, wie ein brennender Ball sich über die Stadtmauer erhob. Er zog einen Schweif aus Feuer und dunklem Qualm hinter sich her und neigte sich in hohem Bogen über das Boenviertel. Mit einem grellen Blitz schlug er in eines der Herrenhäuser ein, riss das halbe Dach mit sich und landete schließlich zwischen den Mauern, wo er ein wahres Inferno entfachte.

»Ist das ihr Werk?«, fragte Igniphascellanius, der versuchte rückwärts vor seinem Meister herzulaufen.

»Nicht ihr Werk. Das ihrer hölzernen Kinder.«

Als Baazlabeth und sein Diener die Brücke über den Eiswein erreichten, strömten ihnen bereits die ersten Bürger entgegen. Männer, Frauen und Kinder, bepackt mit ihren Habseligkeiten, zwängten sich durch den engen Tunnel.

»Es ist immer dasselbe«, schnaubte Baazlabeth. »Sie rennen, bis es nicht mehr weitergeht.«

»Und dann?«, fragte der Homunkulus.

Niemand schien mehr auf eine sprechende Katze Acht zu geben.

»Dann sterben sie.«

»Und was machen wir?«

»Wir machen dasselbe, nur in der anderen Richtung.«

Im Norden von Brisenburg standen bereits zahlreiche Gebäude in Flammen.

Das ausladende Dach des Tempels der Ehrlichkeit hatte Feuer gefangen und fraß sich durch das Gebälk. Ein kleines Stück weiter südlich standen nur noch die Grundmauern eines mehrstöckigen Wohnhauses. Die Flammen hatten bereits auf das Gebäude daneben übergegriffen und züngelten in zwanzig Fuß hohen Feuersäulen über dem Dach.

Baazlabeth blieb einen Moment stehen und beobachtete den Himmel über sich.

»Eilig scheint sie es nicht zu haben«, brummte er. »So wird es Tage dauern, bis sie die Stadt dem Erdboden gleichgemacht hat.«

»Sie hat genug Männer, um das Stadttor zu stürmen«, gab Igniphascellanius zu bedenken. »Vielleicht will sie mit den Bränden nur ablenken und mit den Löscharbeiten die Männer von der Mauer locken.«

»Wir haben gar keine Männer, und das weiß sie auch. Nein, sie wird versuchen, ganz ohne den Glanz von Schwertern auszukommen. Es ist, wie Sementis es vorausgesagt hat, ein Kampf zwischen Magie und Fortschritt. Sie wird es sich nicht nehmen lassen, dies auszukosten. Immerhin will sie wissen, wie stark das Fundament ist, auf dem sie ihre neue Welt errichtet.«

Als Baazlabeth die Garnison erreichte, stieg der nächste Feuerball über die Mauern hinweg. Diesmal hielt er auf eines der Gebäude in der Nähe des Eisweins zu. Die Wucht des Geschosses riss ein riesiges Loch in die Mauer des Hauses. Fenster und Gauben wurden herausgerissen, und eine Feuersbrunst spuckte aus ihnen heraus.

Auf dem Platz vor dem Stadttor rannten die Männer der Wache umher und versuchten sich zu verbarrikadieren. Sie schleppten Säcke und Fässer heran und stapelten sie vor dem Tor. Andere standen oben auf der Mauer und schossen mit Bögen und Armbrüsten in Richtung des Heerlagers. Die Gegenwehr musste den Söldnern des Königs vorkommen wie die verzweifelten Versuchen einiger Strauchdiebe, ihr Versteck zu schützen. In ganz Brisenburg gab es kaum mehr genug Pfeile, um überhaupt ein Lagerfeuer damit zu entzünden.

Immerhin hatte Ingvarr Wort gehalten, auch wenn Baazlabeth sich den Ausbruch von *wilder Magie* anders vorgestellte hatte. Zusammen mit den Bastardkindern hockte er hinter den Zinnen und sprach ihnen oder sich Mut zu. Er hatte es sogar geschafft, bis sieben zu zählen. Unter den Kindern erkannte der Dämon Auril, den kleinen Nubert und Silas, den Gehilfen von Ark Tadelius.

Baazlabeth hörte, wie jemand seinen Namen rief.

»Prinzipal Sil!«

Es war Jost Blackbell, der ihm zwischen dem Anleiten der letzten Brisenburger und dem Befehligen der Wachen aufgeregt zuwinkte.

»Unser käuflicher Hafenmeister ganz in seinem Element«, schnaubte Baazlabeth. »Was versucht er hier – die Flut aufzuhalten, indem er die Hand ins Wasser hält?«

Baazlabeth kam der Bitte des neuen Kommandanten trotzdem nach.

»Ihr leistet gute Arbeit«, lobte Baazlabeth ihn. »Haltet einfach noch ein paar Wochen so durch, und auf der anderen Seite der Mauer werden alle erfroren, verhungert oder von der Seuche dahingerafft sein. Euer Plan wird bestimmt aufgehen, oder habt ihr gar keinen Plan?«

Blackbell war ganz außer Atem.

»Der Plan war, hier zu sterben und dem König zu zeigen, dass er nicht mit uns machen kann, was er will«, erinnerte ihn der Hafenmeister.

»Richtig!«, stimmte Baazlabeth zu. »Doch ich glaube, dass der König mittlerweile andere Probleme hat, als die sturköpfigen Brisenburger davon zu überzeugen, regen Sklavenhandel zu treiben. Ich gehe davon aus, dass er bereits selber tot oder versklavt ist. Das wäre auf jeden Fall das Beste für ihn.«

Erneut zog eines der kometenartigen Geschosse über die Mauer hinweg. Baazlabeth machte sich nicht einmal die Mühe, es mit seinem Blick zu verfolgen.

»Wir können nichts gegen sie ausrichten«, erklärte Blackbell, der sich immerhin Zeit nahm, die Flugbahn des Feuerballs zu beobachten.

»Dafür, dass ihr nichts tun könnt, stapelt ihr aber eine Menge Fässer und Säcke auf«, stellte Baazlabeth fest. »Sind sie dafür da, um zu verhindern, dass Leute nach Brisenburg hineinkommen, oder wollt Ihr verhindern, dass Euch die Wachen davonlaufen?«

Blackbells Gesicht bescheinigte ihm, dass er es selbst nicht so genau wusste.

»Macht ruhig weiter«, stöhnte Baazlabeth. »Aber lasst das Bettlertor offen, vielleicht möchte ich mir ja noch die Füße vertreten.«

»Wann denkt Ihr, werden sie das Stadttor erstürmen?«

»Wenn ihr alle tot seid und die Stadt ausgehöhlt ist wie ein verlassener Bienenstock«, antwortete Baazlabeth. »Ich werde jetzt mal einen Blick über die Mauer werfen, wenn Ihr es gestattet. Vielleicht sind es ja gar nicht so viele, wie Ihr befürchtet.«

Er ließ den Hafenmeister zurück und erklomm die schmale steinerne Treppe auf die Mauer hoch. Erst jetzt sah er, dass auch Nemrothar und Lemura dort oben standen.

»Was gibt es so Außergewöhnliches zu sehen, dass ihr alle hier oben hockt?«, begrüßte er sie.

»Seht selbst«, sagte der alte Magier.

Die Aufforderung war nicht nötig, da der Aufmarsch des königlichen Heeres ohnehin nicht zu übersehen war. Das Heer schien neuen Zulauf aus dem Hinterland bekommen zu haben. Trotz der zahlreichen Verluste am Stadttor, den Opfern der Seuche und einer sicherlich nicht unerheblichen Menge an Verunfallten durch den nächtlichen Besuch von Molloch besaß das Heer wieder seine ursprüngliche Größe. Es war mit Sicherheit Liliths Idee gewesen, die Opfer der Seuche in einem Lazarett abseits der Truppen unterzubringen. Grabsteingicht im Lager hieß unzählige Tote und Erkrankte, wobei der Unterschied manchmal schwer festzustellen war. Deshalb schien Lilith sich auch entschieden zu haben, dass Feuer die richtige Medizin gegen die Grabsteingicht sei. Ungeachtet davon, ob ihre Körper schon erkaltet waren oder ob es ihnen lediglich schwerfiel, ihre Beine zu bewegen, ließ Lilith die Seuchenopfer auf riesige Scheiterhaufen werfen. Ob sie bereits tot oder erst auf dem Wege dorthin waren, äußerte sich nur in den panischen Schreien der Brennenden. Riesige dunkle Rauchschwaden stiegen aus dem Feuer auf. Qualm, Hitze und Ekel hielten die Überlebenden auf Abstand. Hilflos mussten sie zusehen, wie ihre Kameraden verbrannten.

Die aufmarschierten Soldaten und Söldner bildeten nicht mehr als einen füllenden Hintergrund für das, was Lilith und ihr Heer geschaffen hatten, denn auf halbem Wege zwischen ihnen und Brisenburg standen sieben riesige aus Holzstämmen gefertigte Belagerungs- und Kriegsmaschinen. Einige von ihnen hatte Baazlabeth bereits vorher schon mal auf anderen Welten, in anderen Kriegen gesehen, doch diese hier waren viel größer; sie waren schlichtweg gigantisch!

In breiter Front hatte man sie aufgestellt, bereit, jede Mauer einzureißen, jedes Tor aufzubrechen und jedes Gebäude zum Einsturz zu bringen. Unter den sieben befand sich auch ein Katapult, dessen Teller groß genug schien, um Pferde damit zu verschießen. Weiterhin eine Balliste, die mehrere Pfeile von der Größe kleiner, angespitzter Baumstämme abzufeuern vermochte. Der fahrbare Belagerungsturm in der Mitte war hoch genug, um in das oberste Stockwerk des Turms von Peregrinus zu gelangen. Dann gab es noch einen Rammbock mit Überdach, unter dem wenigstens hundert Männer Platz hatten, eine Wippe mit zwei Fässern und einen Tribock, der gerade seine brennende Ladung tausendfünfhundert Fuß weit in die Stadt schleuderte.

Baazlabeth betrachtet jede einzelne der Belagerungsmaschinen genau. Dann warf er einen Blick zurück und musterte die ängstlich hinter den Zinnen der Mauer kauernden Bastardkinder.

»Ich kann mir nicht helfen«, sagte er, »aber irgendwie machen ihre sieben Streiter mehr her als meine.«

Dann schnappte er sich Igniphascellanius den Dritten, der es gerade geschafft hatte, die letzte Stufe zur Mauer zu erklimmen, und stieg mit ihm wieder hinab.

»Was soll jetzt passieren?«, fragte Ingvarr.

Baazlabeth drehte sich kurz zu ihm um.

»Ihr bleibt auf der Mauer, bis es zu Ende ist. Diese verdammte Prophezeiung ist glitschiger als ein Fisch. Es wird Zeit, die Angel auszuwerfen. Ich werde unseren Freunden etwas entgegengehen, um ihnen ein Stück des Weges abzunehmen. Ich hoffe, sie wissen es zu schätzen.«

Dann verließ er die Mauer, ging zum Bettlertor und brüllte Jost Blackbell zu: »Lasst mich raus aus dieser elenden Stadt, es wird Zeit, dass ich mir ein bisschen die Beine vertrete!«

Die Männer der Wache hatten die kleine Tür bereits freigeräumt. Verunsichert, aber mit Erleichterung in ihren Blicken, sahen sie zu, wie Baazlabeth sich durch den offenen Spalt hindurchzwängte. Er war gerade so eben draußen, da schlug die Tür hinter ihm auch schon wieder zu, und er hörte, wie die Männer den schweren Riegel zuschoben.

»Da fragt man sich wirklich, ob sie froh sind, dass ich die Stadt verlasse, oder ob sie sich darüber freuen, dass sich jemand dem Heer entgegenstellt.«

»Wahrscheinlich beides«, wimmerte Igniphascellanius. »Aber Ihr habt doch nicht wirklich vor, Euch auf diesen ungleichen Kampf einzulassen, Meister?«

»Warum nicht? Schließlich haben sie schweres Gerät, und falls es tatsächlich eng werden sollte, können sie ja Verstärkung rufen.«

»Ich meinte eher, dass Ihr etwas – unterbewaffnet seid«, erklärte der Homunkulus. »Ein paar Tausend Schwerter in Eurem Rücken würden mich zuversichtlicher stimmen.«

»Man hat schon zur Genüge probiert, mir alles Mögliche in den Rücken zu stoßen. Ab jetzt kann ich gut darauf verzichten. Was soll mir schon passieren, schließlich habe ich ja noch dich?«

»Das ist wahr, Meister«, wimmerte Igniphascellanius. »Ich werde Euch natürlich zur Seite stehen«, fügte er unsicher hinzu, »doch vielleicht wäre ich bei den Kindern hinter der Mauer besser aufgehoben.«

»Nichts da, Gewölle, du bist schließlich mein Schutzschild.«

»Ich hoffe, Ihr meint das nur sinnbildlich.«

Baazlabeth musste feststellen, dass Belagerungsmaschinen nichts von ihrer beeindruckenden Wirkung verloren, je näher man ihnen kam. Im Gegenteil, sie wirkten noch größer und noch martialischer als von der Mauer aus. Ihre Entfernung zum Stadttor betrug in etwa dreihundert Meter. Gerade weit genug, um nicht von Bolzen und Pfeilen beschossen zu werden, wenn sich davon noch welche in Brisenburg angefunden hätten.

Auf halbem Weg blieb Baazlabeth plötzlich stehen.

»Das sollte reichen«, schnaubte er. »Wollen wir doch mal sehen, wer auf der anderen Seite das Sagen hat.«

»Ein Pfeilhagel, und wir sehen aus wie Käseigel«, flüsterte der Homunkulus.

»Dann hoffe darauf, dass der König tot ist und Lilith sich noch an dich erinnert und dich immer noch niedlich findet.«

Bei den Männern, die die Belagerungsmaschinen bedienten, und bei denen im Heerlager rührte sich nichts. Schließlich konnte man auch nicht davon ausgehen, dass ein einzelner Mann mit Katze Panik bei den Truppen des Königs oder der Königin auslöste. Ein bisschen kränkte es Baazlabeth trotzdem.

Nach einer ziemlich langen Zeit, in der er mehr und mehr verbittert wurde, führten zwei Soldaten einen großen schwarzen Hengst zwischen den riesigen Maschinen hindurch. Der Rücken des Pferdes war gerade einmal halb so hoch wie eines der Räder des fahrbaren Belagerungsturmes. Kurze Zeit später tauchte sie auf – Lilith. Über einen kleinen dreistufigen Tritt schwang sie sich auf den Pferderücken. Das Tier war viel zu groß, als dass sie es wirklich hätte reiten können. Ihre Beine reichten weder in die Steigbügel, noch beherrschte sie das Zaumzeug. Ungeachtet dessen stolzierte das Pferd einfach trauflos und brachte die Tochter von Lord Brackenmoore ihrem alten Lehrmeister entgegen.

Baazlabeth wartete, bis das Tier dreißig Fuß vor ihm zum Stehen kam. Dann besah er sich Lilith. Bis auf ihre Kleidung hatte sie sich kaum verändert. Ihr langes, glattes schwarzes Haar wirkte nass. Die dunklen Pupillen lagen tief in ihren Augenhöhlen, und die schmalen, blassen Lippen zeigten keine Regung. Lediglich ihre Kleidung hatte sie geändert. Sie trug eine Art wattierten Waffenrock, ganz in Schwarz gehalten, dazu ein enges Beinkleid und darüber Gamaschen sowie lederne Schuhe, natürlich auch alles in Schwarz.

»Als ich dich kennen gelernt habe, hast du dich kaum durch die Straßen von Brisenburg getraut, weil du Angst hattest, als das erkannt zu werden, was du bist. Heute sitzt du auf einem zu groß geratenen Pferd und kommandierst sechstausend Krieger. Das nenne ich eine Entwicklung. Doch deine Schwäche für niedliche Pelzträger konntest du anscheinend immer noch nicht ablegen, oder warum hast du uns nicht schon lange von deinen Bogenschützen spicken lassen?«

Lilith sah von ihrem Ross auf den Dämon herunter.

»Wie du schon richtig bemerkt hast, befehlige ich jetzt eine Armee. Was wäre ich für ein Feldherr, wenn ich einen einzelnen Mann mit Hunderten von Pfeilen niederstrecken würde.«

»Auf jeden Fall immer noch kein Feldherr«, erklärte Baazlabeth. »Du bist und bleibst ein kleines, bockiges Mädchen, das denkt, die Götter hätten sie erwählt, etwas Großes zu schaffen. Sieh dich doch nur an, ausstaffiert wie ein Knappe, mit der Waffe eines Höflings. Und anstatt dass du mir hilfst, die Prophezeiung zu erfüllen, um diese Welt zu retten, stellst du dich gegen mich. Eine der sieben hättest du sein sollen, doch der Platz schien dir nicht zu gefallen. Und nun kommst du als kindliche Matrone auf einem zu großen Gaul angeritten – ich muss es noch einmal betonen, auch wenn ich mich wiederhole – und drohst mir mit sechstausend Sterblichen.«

»Ich drohe dir mit sieben Streitern, so wie es die Prophezeiung voraussagt!«, schrie Lilith. »Sie sind meine Kinder. Ich habe sie erschaffen und um mich geschart. Sie werden die Prophezeiung antreten und eine neue Ära einläuten, nachdem du und der jämmerliche Rest dieser Sünden von ihnen zerschmettert wurdet. Sieh sie dir an, meine Kinder. Keines von ihnen wird mich je enttäuschen, so wie es meine Eltern mit mir getan haben. Ich bin die Macht, von der in der Prophezeiung gesprochen wurde. Hier sind meine Streiter einer Ordnung, die sieben Tugenden. Und wo sind deine Sünden?«

Baazlabeth wollte gerade etwas Profanes sagen, um die angeheizte Stimmung wieder etwas abzukühlen, da fiel Lilith ihm erneut ins Wort.

»Du weißt es nicht!«, schrie sie, wie schon so oft zuvor, wenn sie dachte, ihren Willen durchsetzen zu müssen. »Du hast sie dir von mir stehlen lassen. Vier deiner sieben Sünden sind bereits in meiner Gewalt und warten nur darauf, von meinen Kindern zerschmettert zu werden. Die übrigen beiden haben sich sicherlich aus Angst vor mir in der Stadt versteckt. Das sieht ihnen ähnlich – Wollust und Feigheit. Sie haben dich vorgeschickt und liegen wahrscheinlich in irgendeiner dunklen Kammer aneinandergekauert und jammern vor sich hin. Der einzige Grund, warum du hier bist, ist, weil du nicht weißt, was du tun sollst.«

Lilith riss ihren Arm in die Höhe. Sekunden später drehte sich aus dem oberen Teil des Belagerungsturmes eine Plattform heraus. Die Seitenwände klappten herab und gaben die Sicht auf drei hölzerne Kreuze frei, an denen drei Menschen festgenagelt waren. Aus ihren Körpern hingen Dutzende von Röhrchen, die sich in einem Strang sammelten. Zwei der Geknechteten erkannte Baazlabeth sofort. Einer von ihnen war der Henker, der andere der blutende Mann. Von der dritten Person nahm Baazlabeth an, dass es Molloch war, doch der höchstens noch sechzig Pfund schwere Körper hatte keine Ähnlichkeit mehr mit dem einstigen Fettsack.

»Was denn, gar kein Kreuz für deine Mutter?«, fragte Baazlabeth. »Du hättest sie doch schön in einem kleinen Säckchen aufhängen können. Hätte ihr bestimmt gefallen, so an der frischen Luft.«

Lilith wurde langsam nervös und ungehalten. Anscheinend passte ihr die ruhige und ausgeglichene Art von Baazlabeth gar nicht. Sie hatte sich bestimmt etwas mehr Respekt und Hochachtung gewünscht.

»Sieh sie dir an, sie sind alle noch am Leben – oder, besser gesagt, wieder am Leben. Meine Medizi sind zu so gut wie allem imstande. Ich habe die intelligentesten Köpfe dieser Welt unter meine Herrschaft gebracht.«

Und ich die leckersten.

Anscheinend hatte Lilith sich gut auf die Prophezeiung vorbereitet. Jedoch leider nur auf den Teil, den sie kannte, wodurch ihr ein paar wichtige Wendungen entgangen zu sein schienen. Vielleicht mochte sie noch Recht haben, was sie und diese sieben aus Holz gebauten Monstren anging, doch was Baazlabeth betraf, lag sie vollkommen verkehrt.

»Du hast dir wirklich viel Mühe gegeben«, sagte Baazlabeth etwas verlegen, »doch das mit den Sünden ist so ein Problem. Galina, die Wollust, eine äußerst liebreizende Frau übrigens, hatte wenig Glück – und das ausgerechnet bei einem Mann. Sie liegt als Häufchen Asche auf dem Marktplatz. Und was einen gewissen Llilard Most angeht, ich vermute mal, er war die Feigheit, muss ich zugeben, dass es meine Schuld ist, dass er jetzt nicht hier bei uns sein kann. Du siehst also, du wirst dich noch etwas gedulden müssen, bis dieses neue Zeitalter anbricht und du die Königin über die ganze Welt wirst. Vielleicht bist du bis dahin ja auch groß genug, um dieses Pferd zu reiten.«

»Mir ist es egal, ob du versagt hast oder nicht. Wir werden es hier und heute zu Ende bringen!«, schrie Lilith.

Platsch!

Was sich in all der Zeit in Brisenburg nicht geändert hatte, war die Reaktion von Pferden auf den Dämon. Dies lag wahrscheinlich daran, dass Pferde noch dümmer waren als grinsende Katzen. Ein einziger Schritt nach vorn und ein gehauchtes Buh reichten aus, um den schwarzen Hengst zum Steigen zu bringen. Lilith hatte nicht den Hauch einer Chance, sich festzuhalten. Sie stürzte rücklings zu Boden und landete unsanft auf ihrem Hintern. Der Hengst tat das, was Pferde am besten können – rennen.

»Das wird ein dunkler Fleck nicht nur an deinem Hintern, sondern auch in der zukünftigen Regierungszeit bleiben. Vom Pferd gestürzt vor all deinen Heerscharen. Sie werden auf ewig über dich lachen. Vielleicht solltest du ihnen jetzt einmal zeigen, was für ein toller Fechter du bist, oder ist die Nadel an deiner Seite nur zum Stricken gut?«

Baazlabeth ließ Igniphascellanius einfach fallen. Die Landung des Homunkulus wäre sicherlich spektakulär geworden, wenn er die Beine von sich gesteckt hätte, doch so viel Grazie wie Lilith besaß er eben nicht. Er landete stattdessen unsanft auf dem hart gefrorenen Boden und einer dünnen Schicht Pulverschnee.

Lilith kam weitaus anmutiger auf die Beine. Wie eine Ballerina drückte sie sich in den Handstand, ließ den Rücken durchhängen und stand einen Herzschlag später mit gezücktem Degen auf den Beinen.

»Hossa«, schnaubte Baazlabeth. »Hast du dir schon mal überlegt, eine Karriere als Mime anzustreben, falls dies hier nicht gut für dich ausgeht? Ich hätte da die Rolle der Genevre anzubieten. Wenig Text, aber eine tolle Sterbeszene.«

Lilith blieb weitestgehend unbeeindruckt. Sie drehte eine Pirouette nach der anderen, während die Spitze ihrer Klinge mal hoch, mal tief durch die Luft surrte.

Baazlabeth fand, es sei an der Zeit, auch seine Schwerter blankzuziehen. Immerhin wollte er sich nicht von einem Kind abstechen lassen, bevor er überhaupt bereit war.

Er hatte die Krummschwerter noch nicht ganz hochgerissen, da zog die Spitze des Degens bereits den ersten blutigen Striemen über sein Gesicht.

»Du bist genauso schnell wie hässlich«, brummte er Lilith an.

Seine Waffen zuckten vor, aber Lilith bog ihren Körper so weit zurück, dass die Klingen nur die Luft durchschnitten. Mit einer Hand stieß sie sich wieder vom Boden ab, machte einen weiten Ausfallschritt nach vorn und stieß Baazlabeth den Degen durch den Unterarm.

»Aua!«, fluchte Baazlabeth. »Es wird Zeit, dich zu deinen Eltern zu schicken, verzogene Göre.«

Die Krummsäbel surrten durch die Luft. Lilith war gezwungen, ein paar Schritte zurückzuweichen, und Baazlabeth setzte nach. Ein Schlag gab den anderen. Das feine Geräusch, wenn der Degen von den Säbeln pariert wurde, klang wie eine Melodie über das gefrorene

Feld. Immer schneller prasselten Baazlabeths Schläge auf das Dämonenkind nieder, und immer noch tänzelte Lilith behände umher. Sie schien überhaupt nicht erschöpft zu sein. Leichtfüßig umrundete sie ihn und attackierte den Dämon von hinten. Die Spitze des Degens durchstieß abermals seinen Arm, diesmal den Oberarm. Baazlabeth fuhr herum, doch Lilith war bereits zurückgewichen. Die Attacke des Dämons lief ins Leere.

Das Dämonenkind tänzelte weiter durch den seichten Schnee. Mal waren ihre Beine am Boden, mal ihre Arme. Der Degen fuhr zur Erde herab und wirbelte den leichten Pulverschnee auf. Immer schneller wurden Liliths Bewegungen, und immer mehr Schnee stob empor. Langsam hüllte sie sich in eine feine weiße Wolke. Sie lockte Baazlabeth regelrecht, und er konnte nicht mehr tun, als ihr zu folgen. Sie war einfach zu schnell, während an ihm das kalte Wetter haftete und ihn lähmte. Zu spät erkannte Baazlabeth, was Lilith vorhatte. Sie lockte ihn tatsächlich, nicht hinter sich her, sondern an einen bestimmten Punkt.

Dumpf war das Geräusch, als sich die Wurfarme der Balliste lösten. Baazlabeth hatte es schon oft zuvor gehört, aber noch nie hatte es ihm gegolten. Die schweren Geschütze waren dazu da, Schiffsrümpfe aufzureißen oder Türen aus ihrer Verankerung zu sprengen. Dass man mit ihnen auf einzelne, lebende Gegner zielte war neu, und sogar sein Ziel traf. Es grenzte fast an ein Wunder, doch der verschossene Pfahl, der den Durchmesser eines Oberarmes besaß, ragte Baazlabeth zwei Fuß weit aus der Brust heraus. Der riesige Bolzen hatte seine Lunge durchschlagen. Baazlabeth sank auf die Knie und ließ seine Krummschwerter fallen. Sein Blut quoll aus der Ein- sowie der Austrittswunde in pulsierenden Schwallen aus ihm heraus und färbte den Schnee rot.

Lilith stand vor ihm, und zwei Reiter hatten sich zu ihr gesellt. Hoch auf ihren Pferden sitzend, sahen sie auf den Dämon herab.

»Schleift ihn zu Tode«, befahl Lilith. »Die anderen sollen sehen, wie es ihnen ergehen wird, wenn sie sich mir nicht unterwerfen.«

Das Dämonenkind ging fort, und die beiden Reiter stiegen von ihren Pferden. Sie banden Seile um Baazlabeth und verzurrten die Enden an ihren Sattelknäufen. Dann stiegen sie zurück auf ihre Rösser und gaben den Tieren ihre Sporen zu spüren.

Tja, Sil, alter Junge, das ist wohl der letzte Akt für dich. Schade, ich hatte dich so weit gebracht und hätte gern noch eine deiner Aufführungen in der Schwarzen Posse *miterlebt, doch dazu wird es jetzt wohl nicht mehr kommen. Gräm dich nicht, es ist der Weg allen sterblichen Fleisches.*

Die Welt zog an Baazlabeth vorüber. Er spürte, wie sich die Haut von seinem Fleisch löste, wie spitze Steine und die gefrorene Erde Stücke aus seinem Körper rissen. Knochen brachen und Gelenke sprangen aus ihrer Höhlen. Sil starb, aber er spürte keine Schmerzen. Dann kam der Tod.

Baazlabeth rammte die Hufe in die gefrorene Erde. Die gespannten Seile zerrten an seinen Handgelenken und rissen ihn hoch. Mit aller Kraft stemmte er sich gegen sie und zog. Die Pferde vor ihm bäumten sich auf, tänzelten auf den Hinterläufen und drohten ihre Reiter abzuwerfen. Mit einem letzten Ruck riss er die Tiere herum. Schnaubend und wiehernd stürzten sie in den Schnee und begruben ihre Reiter unter sich. Ein Schild rollte davon, ein Helm wurde von den Hufen der Pferde zerquetscht. Einer der Reiter steckte mit den Beinen unter seinem Tier fest. Er versuchte vergebens, sich zu befreien. Baazlabeth stellte sich breitbeinig über ihm auf und sah an sich herab.

Herzlich willkommen zu deinem Debüt in dieser Welt, Horde, Herr des Schattens und erster Sohn Amez'.

Den Mann unter ihm hatte die Panik gelähmt. Mit weit aufgerissenen Augen starrte er den Dämon an.

Baazlabeths rote Haut dampfte in der Kälte. Seine Muskeln zuckten, und weißer Atem stieg vor seinem Gesicht auf. Er spürte die Last der zwei gewaltigen Hörner an seinem Schädel, und er hörte das Knirschen unter seinen Hufen, wenn er das Gewicht verlagerte. Von seinem Handgelenk hingen die Überreste seines grün-gelb karierten Hemdes. Es war blutverschmiert, zerrissen und angesengt. In dem zerschundenen Stoff hingen noch Teile seines alten Lebens fest.

»Du hast jetzt ausgedient«, grollte er und riss den Fetzen Stoff von seinem Arm. Er ließ ihn über das panische Gesicht des Mannes unter ihm fallen.

»Du auch.«

Dann hob er den Huf und stampfte auf den stoffbedeckten Kopf nieder.

Als er sich umdrehte, ertönten die ersten Hornsignale aus dem Lager. Diesmal hatten sie ihn wahrgenommen – richtig wahrgenommen. Endlich würdigte jemand seine Ankunft auf gebührende Weise. Die Offiziere brüllten ihre Befehle. Reiter stiegen auf ihre Pferde und ließen sich die Lanzen von ihren Waffenknechten reichen. Soldaten stemmten ihre Speere in die Erde.

»Schuss!«, hörte Baazlabeth den letzten Befehl aus den Reihen der Bogenschützen. Dann ergoss sich bereits eine Flut von Pfeilen in den Himmel und stürzte auf Baazlabeth ein. Der Horde blieb unbeeindruckt stehen, breitete die Arme aus und legte den Kopf in den Nacken, wie jemand, der sich am einsetzenden Regen erfrischen will. Die Pfeile prasselten auf ihn nieder. Sie trafen ihn an der gewaltigen Brust, den muskelbepackten Armen, den Schultern und an seinem bulligen halb stier-, halb menschenähnlichem Gesicht. Doch anstatt sich tief in sein Fleisch zu bohren, prallten sie an seiner festen Haut ab und fielen harmlos zu Boden. Einer der Pfeile steckte sogar in seinem halb geöffneten Maul, zwischen den riesigen Hauern, die über seine Unterlippe hinausragten. Er zog den Pfeil heraus und drehte die Spitze vor seinen Augen hin und her.

»Ein Hoch auf bankrotte Königshäuser und Söldner«, schnaubte er. »Die können es sich jedenfalls nicht leisten, ihre Pfeile mit silbernen Spitzen zu versehen.«

Achtlos zerbrach er den Pfeil und warf ihn zu Boden. Er stand in einem regelrechten Meer aus hölzernen Schäften. Er vernahm das weit entfernte Donnern von Hufen, wie sie die Erde aufwühlten, bereit, alles unter sich zu zertrampeln. Zwischen dem Tribock und dem Belagerungsturm strömte schwer gerüstete Reiterei hervor. Mit steil aufgestellten Lanzen galoppierten sie auf ihn zu – hundert, zweihundert Reiter und mehr. Im Norden sammelte sich bereits eine ganze Schwadron Piketire, und weiter östlich, halb verdeckt von dem schier endlosen Rammbock, versuchten Offiziere, schwer gerüstete Axt- und Schwertkämpfer auf das Schlachtfeld zu führen.

Baazlabeth war ein Horde und dies war ohne Frage seine Bühne, doch er war nicht unbezwingbar. Stahl konnte auch ihm etwas anhaben, wenn er nur mit genügend Kraft geführt wurde. Diesen Kampf konnte er unmöglich gewinnen, aber er wollte ihn jedenfalls genießen.

Solange er noch auf die Reiterei wartete, versuchte er, Lilith in all dem Durcheinander auszumachen. Von dem kleinen Dämonenmädchen fehlte jedoch jede Spur. Sie musste sich in den Schoß ihrer Armee zurückgezogen haben. Sie wusste zwar, dass Sil nicht Baazlabeths richtiger Körper gewesen war, aber sie hatte keine Ahnung gehabt, was sich wirklich unter der menschlichen Hülle versteckt gehalten hatte – jetzt wusste sie es und schien sich entschlossen zu haben, ihre Lakaien vorzuschicken.

Berittene Lanzenträger waren so eine Sache. Blieb man auf der Stelle stehen, bot man ein gutes Ziel, rannte man weg, holten sie einen ein, und stürmte man ihnen entgegen, konnte man ihnen zwar gezielt ausweichen, doch gelang einem dies nicht, wurde man von der metallenen Spitze mit einer Wucht getroffen, die auch einen dämonischen Körper mit Leichtigkeit durchschlug. Stehen bleiben und wegrennen war keine Art für einen Horden zu kämpfen.

Baazlabeth begann mit einem leichten Trab, dann wurde er immer schneller, und schließlich stürmte er den schnaubenden Pferden und den auf ihn gerichteten Lanzen entgegen. Der einzige Vorteil an Reitern und ihren Pferden war, dass sie in breiter Front und immer versetzt zueinander ritten, damit ihnen der Sturz des Vordermannes nicht zum Verhängnis wurde. So ergab sich die Chance, mitten in sie hineinzustürmen und ihre schlechte Manövrierfähigkeit auszunutzen. Leider galt dies nur für eine Hand voll von ihnen und nicht für Hunderte. Auch wenn sie sich durch ihre große Anzahl gegenseitig behinderten, ein paar waren immer dazwischen, die einen Treffer landeten.

Der Horde brach in die Wand aus Tier und Mensch. Die erste Lanzenspitze drückte er einfach zur Seite und rammte mit der Schulter das auf ihn zustürmende Pferd. Die Wucht des Aufpralls warf ihn nach links, wo er gegen das nächste Tier stieß. Die Spitze einer Waffe traf ihn an der Schulter und riss ein Stück Fleisch aus ihm heraus. Baazlabeth brüllte vor Schmerz auf. Der Klang seiner so lang vermissten Stimme gab ihm neue Kraft und ließ zugleich die nachströmenden Tiere in Panik einen Bogen um ihn machen.

Baazlabeth setzte einem Reiter nach, der sein Pferd unter Kontrolle zu halten versuchte. Er packte den Mann von hinten am Halsausschnitt der Rüstung und stieß seine Krallen durch das blanke Metall, bis er das warme Blut an seinen Fingern spürte. Er riss Reiter und Tier zu Boden und schleuderte die tote menschliche Hülle seinen Kameraden entgegen.

Die Pferde in Baazlabeths Nähe wieherten, bockten oder stiegen auf die Hinterläufe und versuchten, ihre Besitzer abzuwerfen. Um sie herum kreiste die restliche Reiterei und versuchte, einen Weg in den Kampf zu finden.

Baazlabeth musste aus dem Kessel ausbrechen. Hier würden sie ihn langsam aufreiben und darauf warten, dass das Fußvolk kam, um ihm den Rest zu geben. Er suchte sich eine Lücke, riss einen weiteren Mann vom Pferd und sprintete los. Mit seinen Klauen zerfetzte er einem Tier die Seite, ein gestürzter Reiter kam unter seine Hufe, und einem weiteren rammte er eine gesplitterte Lanze durch den Leib.

Er hatte es fast geschafft, die rettende Lücke war genau vor ihm. Er hechtete darauf zu, als ihn eine Lanzenspitze in die Seite traf. Baazlabeth wurde herumgewirbelt. Er stürzte zu Boden. Ein Pferd sprang über ihn hinweg, ein zweites bockte vor ihm und schmetterte seine Hufe direkt vor seinem Kopf zu Boden.

Sie werden dich nicht töten, während du am Boden liegst. Diese Genugtuung wirst du ihnen nicht bereiten. Komm auf die Beine, Horde, der Tanz ist noch nicht beendet, bevor du dich nicht verbeugt hast!

Ein weiteres Hornsignal ertönte, und kurz darauf noch eines.

Frischfleisch! Schickt alles, was ihr habt, mein Appetit ist schier grenzenlos.

Baazlabeth packe die Vorderläufe des Pferdes und stemmte sie in die Höhe. Das Tier tänzelte auf den Hinterläufen, bis Baazlabeth ihm seine Klauen in den Unterleib rammte. Es stürzte auf den Rücken, während Baazlabeth den Reiter aus dem Sattel pflückte und ihn in zwei Teile brach. Er riss einfach Oberkörper und Unterleib auseinander und schleuderte sie seinen anderen Angreifern entgegen. Er kam wieder auf die Hufe. Aus seiner Seite stach die abgebrochene Spitze einer Lanze, doch dies war nur nebensächlich in Anbetracht des Spektakels, das auf ihn zustürmte.

Es waren Brisenburger, vielleicht tausend, vielleicht zweitausend. Sie ergossen sich aus dem Stadttor wie ein Schwarm Bienen aus ihrem Stock. Kaum einer von ihnen trug eine Rüstung. Die meisten hatten sich mit Äxten und Schaufeln bewaffnet und preschten in die Reihen von Fußsoldaten, die die großen Belagerungsmaschinen zu schützen versuchten. Für einen Pfeilhagel war es bereits zu spät. Männer aus Brisenburg mischten sich mit Soldaten zu einem heillosen Durcheinander.

Teile der Reiterei rückten ab, um ihren Kameraden zu Hilfe zu eilen. Wie Furien droschen die Bürger der Stadt auf alles ein, was das Wappen des Königs trug.

Baazlabeth packte ein Pferd am Zügel, riss es herum und stieß es gegen ein anderes. Die Reiter stürzten zu Boden. Einen spießte der Horde mit seinen Krallen auf, den anderen packte er am Fuß und schleuderte ihn umher wie eine Puppe.

Die Schlacht zwischen Brisenburgern und Soldaten umschloss ihn langsam. Das Hauen und Stechen kam immer näher. Die meisten Reiter waren bereits vom Pferd abgestiegen und kämpften jetzt mit ihren Schwertern.

Noch immer sendeten die Offiziere weitere Truppenteile aus. Hinter den Reihen der Belagerungsmaschinen standen noch Tausende bereit, um in den Kampf einzugreifen.

Die Reihen von wehrhaften Stadtbürgern lichteten sich langsam. Niemand konnte Liliths Übermacht widerstehen, erst recht nicht, wenn es nicht sein täglicher Broterwerb war. Stadtwachen kämpften Seite an Seite mit Finsterlingen, und Baazlabeth sah sogar einen dicken Händler, der Kniekehle an Rücken zusammen mit einem Dverga gegen die Söldner kämpfte.

Baazlabeths Klauen furchten durch die Reihen von Söldnern und Königstreuen. Seine gewaltigen Kiefer schnappten nach Armen, Beinen und Köpfen und zermalmten Fleisch und Knochen.

Etwas Schweres traf den Horden mit Wucht. Sein Kopf wurde herumgerissen, und ein stechender Schmerz durchfuhr seine Schläfe. Baazlabeth wirbelte herum, doch kein Gegner stand in Reichweite. Er fühlte sich benommen. Plötzlich übermannte ihn diese Stille. Zuerst dachte er, es läge an dem Schlag gegen seinen Kopf, doch dann begriff er, dass die Stille nicht in ihm war, sondern um ihn herum. Die Menschen schienen es auch zu spüren. Die Kämpfe wurden zurückhaltender. Wer keinen Gegner hatte, sah sich furchtsam um und suchte nach dem Grund des fahlen, tauben Gefühls, das alles und jeden umgab.

Dann zeigte sich der Quell des Schweigens. Zwei Feuerbälle so groß wie brennende Heuhaufen lösten sich von oberhalb der Stadtmauer und rasten auf ein ganzes Bataillon von Fußsoldaten zu. Als sie inmitten der Männern einschlugen, verdampften ihre Körper zu Staub und setzten alles Umliegende in Brand. Die Hitze war selbst noch tausend Fuß weit entfernt zu spüren und brannte auf der Haut. Gerade als alle dachten, der Zauber verliere seine Wirkung, raste ein Blitz vom Stadttor aus in die Bogenschützen und die dahinterstehenden Offizierszelte. Was zu Anfang noch wie ein einziger Strahl ausgesehen hatte, gabelte sich weiter und weiter und erzeugte immer neue Blitze, die wie gierige Schlangenzungen nach neuen Opfern züngelten. Der Blitz wurde zu einem Gewitter. Gleißende Strahlen fuhren senkrecht zur Erde und verschmorten Söldner und Soldaten. Das Gebiet breitete sich weiter aus und überschattete das halbe Lager. Männer und Pferde wurden einfach verdampft. Der Sturm schien sich seine Opfer regelrecht auszusuchen.

Zwei weitere Feuerbälle trafen den Rammbock und das Katapult.

Der Tribock schleuderte eine Ladung mit ölgetränktem Bimsstein der Mauer entgegen. Das flammende Geschoss raste zwanzig Fuß über das Stadttor hinweg und traf den Eingang zur Garnison von Brisenburg.

Für einen kurzen Moment schienen die Geräusche wiederzukehren. Stimmen wurden laut. Schreie hallten über das Schlachtfeld.

Plötzlich sah Baazlabeth sie – Lilith. Sie stand oben auf dem Belagerungsturm mit einer Fackel und entzündete die Kreuze, an denen die drei Sünden hingen. Sie steckte sie einfach mit einer Fackel in Brand. Der Turm stand inmitten des Gewitters, doch die Plattform reichte weit über den Ursprung der Blitze hinaus.

Die Männer darunter versuchten, den Tribock neu auszurichten. Beim nächsten Schuss würden sie die Mauer treffen. Baazlabeth wollte zu ihnen. Wollte mitten unter sie fahren und sie in Stücke reißen. Er würde sie daran hindern, ein weiteres Mal ihre brennende Ladung auf Brisenburg abzufeuern – doch er konnte nicht.

Abermals umgab ihn dieses lähmende Gefühl. Erneut brach die Stille über ihn herein, doch diesmal schmerzte sie in den Ohren. Er hatte das Gefühl, die Luft würde aus seinen Lungen gesaugt. Keuchend ließ er sich auf die Knie nieder und reckte den Kopf. Er sah

Auril. Sie stand auf den Zinnen der Mauer. Obwohl es wehte und stürmte, bewegte sich weder ihr dünnes Kleid noch ihre Haare. Vor ihr schwebte eine dunkle Kugel, die das Licht in sich aufzusaugen schien. Die Kugel wuchs. Schnell hatte sie die Größe eines Wagenrades angenommen und wurde immer noch größer. Sie pulsierte leicht. Irgendwie erinnerte die Schwärze der Kugel Baazlabeth an Amez. Jetzt setzte sie sich in Bewegung. Sie schwebte fort von Auril direkt auf den Belagerungsturm und Lilith zu.

Dann passierte es. Der Verlauf der Schlacht schwang um. Was zuvor eine Übermacht gewesen war, zerfiel in seine Bestandteile. Zuerst waren es die hinteren Reihen, einige der Offiziere und ein paar Waffenknechte, die kehrtmachten. Innerhalb von wenigen Augenblicken griff es um sich wie eine Seuche. Die Soldaten und Söldner rannten. Sie rannten um ihr Leben, weg von Brisenburg. Waffen wurden hingeworfen, Verletzte zurückgelassen und das Lager aufgegeben.

Doch nicht nur die Königstreuen rannten, auch die Brisenburger flüchteten zurück hinter die Stadtmauern.

Baazlabeth rannte nicht. Ein Horde rannte niemals, jedenfalls nicht davon. Er beobachtete das Schauspiel. Die pulsierende Kugel schwebte über dem Schlachtfeld. Auf der einen Seite das blonde Mädchen, auf der anderen das dunkle. Die Kugel war nicht schnell, nicht schneller als jemand, der ging, aber sie schien ein Ziel zu haben. Lilith stand einfach nur da und erwartete die Ankunft des schwarzen Gebildes. Der untere Teil des Turms stand bereits in Flammen. Gierig züngelten sie nach oben. Blitze schlugen in die schweren Stämme ein und versengten sie. Dann erreichte die Kugel den Turm. Was sie berührte, verschlang sie. Sie fraß Feuer, Holz, Tauwerk und Fleisch. Alles, was sie berührte, verschwamm wie ein Farbtupfer auf ihrer Oberfläche und wurde dann vom Schwarz aufgesogen. Der Moment, als sie Lilith berührte, war wie ein kurzes Aufblitzen. Sie wurde nicht hell oder leuchtete, es war nur ein winziger Augenblick, in dem sie glänzte. Dann nahm die Kugel wieder ihre mattschwarze Färbung an. Als sie den Turm hinter sich gelassen hatte, schrumpfte sie urplötzlich. Sie fiel in sich zusammen und verschwand. Das, was von dem Belagerungsturm noch übrig war, stand in Flammen. Das obere Bruchstück sah aus, als ob ein Riese davon abgebissen und es verschlungen hätte.

Baazlabeth starrte so lange auf den Turm, bis ihn von hinten jemand anstieß. Er fuhr herum. Vor ihm stand Dumpf. Er hatte eine Schnittwunde an der Schulter, und sein Arm schien gebrochen. Mit dem anderen hielt er Baazlabeth einen Krug Wein entgegen.

»Es ist der gute Hauswein«, stöhnte er. Dann fasste er sich an die Stirn, wo seine Metallplatte im Kopf saß.

»Noch einen Schlag auf die alte Stelle bekommen?«, grollte Baazlabeth.

»Nicht ich – Ihr«, erwiderte Dumpf.

Baazlabeth tastete seinen Schädel ab. Eines seiner Hörner war eine Hand breit über dem Schädel abgebrochen.

»Hast du es irgendwo liegen sehen?«, fragte Baazlabeth.

Dumpf schüttelte den Kopf. »Dürfte schwierig sein, ein neues zu besorgen. Die Dinger sind äußerst selten. Ich werde mich erstmal hinlegen und ausruhen. Morgen bleibt der *Wanderer* geschlossen.«

Dann stampfte er davon.

Baazlabeth blieb noch einen Moment hocken und sah zurück zur Mauer. Auril stand immer noch auf der Zinne. Hinter ihr standen Ingvarr und Nemrothar. Von dem Rest der Kinder war nicht mehr zu sehen als einige Haarschöpfe.

Baazlabeth erhob sich und folgte Dumpf in einigem Abstand. Er nahm noch zwei kräftige Schlucke aus dem Krug. Als er das Stadttor erreichte und den halb geöffneten Flügel aufstieß, stand Ander Celest vor ihm. Er hielt einen silbernen Speer in der Hand. Genau so einen, wie Baazlabeth ihn im Tempel der Väter gefunden und mit dem er den Seraphim getötet hatte. Trotz der Waffe in der Hand des Hauptmanns sah Baazlabeth nur in das Gesicht seines Gegenübers. Celests Mimik war wie versteinert, und seine Augen strahlten Genugtuung aus. Genugtuung, weil er jetzt endlich Gerechtigkeit für all die Gräuel in Brisenburg üben würde.

Der Hauptmann hatte den Schaft so fest umklammert wie ein Ertrinkender die rettende Bootsstange und stieß mit aller Kraft zu. Die silberne Spitze blitzte auf und tat das, wofür sie geschmiedet worden war. Eine gesegnete Waffe, die nur einem Zweck diente – Unsterbliches zu töten.

Bevor er wusste, wie ihm geschah, steckte die Spitze in Baazlabeths Brust, genau auf Höhe des Herzens.

Er fühlte immer noch keinen Schmerz. Die Welt um ihn herum begann langsam zu schwinden, wie sie gekommen war. Das letzte, was Baazlabeth hörte, waren die Worte von Andor Celest:

»Auf dieser Welt ist kein Platz für dich, Dämon.«

Epilog
Einer prellt immer die Zeche

Zu Hause ist es stets am schönsten. Zumindest kann man sich das einreden. Besonders einfach ist das, wenn man nirgendwo anders hinkann.

Baazlabeth atmete tief durch. Er konnte sich in etwa vorstellen, was passiert war. Mal ganz abgesehen davon, dass es nicht sonderlich toll war zu sterben, bot das dämonische Leben einem die Möglichkeit, seinen eigenen Tod Revue passieren zu lassen. Für ihn selbst bedeutete das, Schmach zu erfahren, mit einer Niederlage leben zu müssen und eine für sich beanspruchte Welt verloren zu haben. Nichts, was hundert Jahre und ein wenig Frustabbau an Unschuldigen nicht heilen konnten.

Am meisten schmerzte Baazlabeth die Tatsache, dass er von einem pedantischen Hauptmann der Stadtwache getötet worden war, und das auch noch ohne Gegenwehr. Als Dämon konnte man doch zumindest erwarten, von einem hünenhaften Barbaren mit einer Breitaxt niedergestreckt oder wenigstens von einem mächtigen Zauberer aus einer Welt verbannt zu werden. Aber doch nicht von einem langweiligen Hauptmann in einer glänzenden Rüstung mit einer Waffe, die man selbst zuvor benutzt hatte. Der Name *Andor Celest* würde sich in Baazlabeths Gedächtnis brennen und bei jedem Gedanken an ihn und das Erlebte Schmerzen verursachen.

Bislang war Baazlabeth der Tod auf einer der Welten erspart geblieben. Ehrlich gesagt, hätte er auf diese Erfahrung auch gut verzichten können, doch irgendwie war er auch froh, endlich wieder daheim zu sein. Er war davon überzeugt, dass es den Brisenburgern ähnlich erging. Trotzdem musste er sich eingestehen, dass er gern gewusst hätte, ob und wie die Prophezeiung sich erfüllt hatte. Auf irgendeine Art sicherlich, ansonsten hätte Amez ihn spüren lassen, dass er unzufrieden war. Schließlich hatte er ihm im Falle des Versagens mit Sterblichkeit und Verbannung gedroht. So etwas war stets sehr effektiv.

Baazlabeth schlug die Augen auf, um seine düsteren Gedanken zu vertreiben.

Er saß auf seinem steinernen Thron in der kleinen Halle, die er sich selbst geschaffen hatte. Der Nebel, der sonst kniehoch den Boden bedeckte, war bis auf eine dünne, durchscheinende Schicht verschwunden. Von den fast fünf Dutzend Lemuren, die seine ständigen Begleiter waren, lebten nur noch sechs. Die übrigen lagen ausgesaugt und zum größten Teil von ihren Kumpanen verspeist im Raum herum und erinnerten ihn an riesige Asseln.

»Was hat sie mit euch gemacht, diese kleine, verzogene Göre?«, stöhnte er. »Sie war nicht würdig, eine von uns zu sein.«

Am liebsten hätte er berichten können, sie selbst getötet zu haben, doch das hatte Auril, das kleine Bastardkind, für ihn erledigt. Wenn er genauer darüber nachdachte, war es somit doch sein Verdienst. Schließlich hatte er ihr erst die Möglichkeit gegeben, dies zu vollbringen. Sie und die anderen Kinder waren immerhin so etwas wie seine Armee gewesen. Errungene Siege über andere Länder sprach man auch den Königen und Heerführern zu, nicht den Männern, die gekämpft und ihr Blut vergossen hatten oder für ihr Land gestorben waren.

Gestorben waren, wiederholte Baazlabeth in Gedanken.

Er sah auf seine Brust. Dort, wo der silberne Speer in sein Herz gedrungen war, war nur noch ein kleiner schwarzer, sternförmiger Fleck auf seiner Haut zu sehen. Instinktiv griff er nach oben und betastete seine gewaltigen Hörner. Die Bruchstelle war deutlich zu spüren. Das linke Horn war keinen Deut nachgewachsen. Die scharfkantigen Hornsplitter ritzten seine Haut. Es war, als hätte man ihm das Horn gerade in diesem Moment erst abgerissen. Wie lange war er schon hier, zurück in seinem Reich? Warum war eine Wunde vollständig verheilt und eine andere noch ganz frisch?

Tausend Jahre lang hatte er es genossen, den bedeutungslosen Zischlauten der Lemuren zu lauschen, und jeden Tag aufs Neue hatte er Amez dafür gedankt, nichts von ihren Fragen, Bemerkungen, Ängsten und trivialen Gesprächen zu verstehen. Heute war der Tag gekommen, an dem er es bereute, ihnen keine Fragen stellen zu können und ihren Antworten zuzuhören.

Als würden sie seinen Unmut spüren, krochen sie umher, zischten sich an, fauchten und umrundeten sich.

»Habt ihr mich vermisst, ihr kleinen Racker?«, flüsterte Baazlabeth ihnen zu und beobachtete sie, wie sie ihre Aufregung kaum verbergen konnten.

Ein leichtes Schaudern durchfuhr Baazlabeth. Die Borsten auf seinen Unterarmen stellten sich auf, und in seinem Nacken verspürte er dieses leichte Zucken.

Erst jetzt begriff er, dass die Aufregung der Lemuren nicht seiner Ankunft galt, sondern der von jemand anderem. War es möglich, dass sich gerade zum Zeitpunkt seiner Rückkehr ein unachtsamer Reisender in sein Reich verirrt hatte? Wenn ja, dann war es Zufall, aber ein sehr angenehmer Zufall. Es gab kein schöneres Willkommensgeschenk als eine ängstliche Seele, die vergebens um ihr Leben flehte, während er sich eine passende Zubereitung ausdachte.

»Wollen wir unseren neuen Gast begrüßen?«, schnaubte Baazlabeth und erhob sich von seinem Thron. »Da fällt bestimmt einiges für euch ab.«

Verunsichert lauerten die Lemuren vor der südlichen Wand. In all den Jahren, die sie nun schon bei ihm waren, hatten sie immer noch nicht begriffen, dass die Durchgänge zu den anderen Hallen seines Reiches nicht dort waren, wo ihre Erinnerung ihnen sagte, dass sie sein müssten, sondern dort, wo Baazlabeth sie jeweils neu erschuf. Noch nie hatte er den Lemuren den Triumph gegönnt, mit ihrer Wahl richtigzuliegen. Er hatte eine Theorie entwickelt, die besagte, dass sie, sobald er ihnen erlaubte, Recht zu haben, vom Status ihres Lemurendaseins befreit wurden und zu Dämonen aufstiegen. Es war natürlich nur eine Theorie, aber im Grunde genommen war Baazlabeths ganzes Reich nur ein Gedankenkonstrukt. Er erschuf mittels seiner Gedanken diese ganze Welt. Er kontrollierte, wo Wände waren, wo Türen, wann ein Raum beleuchtet war und wann nicht. Selbst sein Thron existierte nur kraft seiner Gedanken.

Baazlabeth erschuf genau vor den Lemuren einen Durchbruch in der südlichen Wand.

Ihr aufgeregtes Zischen, als sie dem Tunnel folgten, war in keiner Weise anders als sonst. Sie schienen sich weder zu freuen, noch verwandelten sie sich. Sie waren nur gierig auf ein paar Leckerbissen.

Es war auch nur eine Theorie.

Baazlabeth folgte ihnen. Der Gang war kurz und endete in einer riesigen dunklen Halle, in deren Mitte ein Käfig in einem Lichtkegel hing. Auch dieses Szenario war sorgfältig von dem Dämon ausgewählt worden. Er fand es unpassend, zu viele Details einzubauen. Ein Gast sollte sich schließlich auf ihn konzentrieren und nicht auf umherstehenden Krimskrams. Das war das Wichtigste, wenn man eine unbelastete Beziehung zu seinem Essen aufbauen wollte.

Von Weitem erkannte Baazlabeth schon, dass der Besucher nicht sonderlich groß war. Der Dämon kannte die merkwürdigsten Wesen, die imstande waren, durch die Dimensionen zu reisen. Ein Gnom oder ein Wicht würden ihm gerade recht kommen. Egal, um was es sich bei seinem Besucher handelte, alles war besser als ein Mensch. Die Geschehnisse der letzten Wochen hatten ihm seinen Appetit auf dieses aufsässige Volk gehörig vermiest.

Die Lemuren waren bereits vorausgeeilt und leckten gierig etwas unter dem Käfig auf, wobei sie einander ständig ins Gehege kamen und sich anfauchten. Es war nicht das erste Mal, dass ein Magieanwender schwer verletzt zu Baazlabeth kam. Meist war die Verwundung daran schuld, dass der Zauber misslang und der Anwender bei Baazlabeth landete. Schwere Verwundungen bedeuteten, dass er schnell handeln musste. Immerhin wollte der Dämon nichts zu sich nehmen, was schon länger abgehangen war. Totes Fleisch bekam man überall.

Baazlabeth eilte auf den Käfig zu. Unter Umständen war noch etwas zu retten. Der Neuankömmling musste wirklich sehr klein geraten sein, wenn sich alles von ihm dort unter dem dunkelblauen Tuch verbarg. Baazlabeth griff durch die Gitterstäbe und hakte eine lange, spitze Kralle in den Stoff. Vorsichtig zog er ihn zur Seite.

Dem Horden stockte der Atem. Am Boden des Käfigs lagen ein Krug Wein und ein abgebrochenes Horn – sein Horn. Ein weiterer Krug war durch die Gitterstäbe gerutscht und am Boden zersplittert. Gierig leckten die Lemuren den roten Traubensaft auf.

»Was, in Amez' Namen, ist hier los?«, grollte Baazlabeth.

»Es war nicht meine Schuld«, meldete sich eine zaghafte Stimme hinter dem Dämon.

Amez, ich bitte dich, lass es einen Wicht sein!

Er fuhr herum, suchte den Boden vor sich ab und sah in das ängstlich lächelnde Gesicht von Igniphascellanius dem Dritten.

»Du?«, knurrte Baazlabeth.

»Ja, ich, Meister, freut ihr Euch auch so, mich wiederzusehen.

Es fiel dem Horden schwer, etwas zu erwidern, was den kleinen Diener nicht gleich wieder in die Dunkelheit getrieben hätte.

»Das mit dem Krug Hauswein tut mit aufrichtig leid, Meister. Der Knoten des Stoffes hat sich gelöst, und der Krug ist einfach hinausgerutscht.«

»Ich muss die Gitterstäbe dichter aneinandersetzen«, schnaubte Baazlabeth.

»Das würde bestimmt helfen«, fiepte der Homunkulus. »Dann würde so ein Malheur kein weiteres Mal passieren.«

»Nicht wegen des Weines, du Dummkopf, wegen dir.«

Igniphascellanius klemmte den Schwanz zwischen die Hinterläufe und legte die Ohren an. »Wie immer zu Scherzen aufgelegt, der Herr der Schatten.«

»Lass das Gekatzbuckel! Was willst du hier?«, blaffte Baazlabeth seinen ehemaligen Diener an.

»Nemrothar schickt mich«, erklärte der Homunkulus. »Er sagte, ich könne nicht länger in der Welt der Menschen bleiben. Die beiden Krüge Wein sind aus dem *Einsamen Wanderer*, mit den besten Empfehlungen von Meister Dumpf. Als der Großmagier Ingvarr davon hörte, dass ich zu Euch gehen würde, gab er mir außerdem Euer Horn mit. Er hat es aushöhlen lassen. Er sagte, dass in seiner Welt alle großen Krieger aus so einem Horn trinken würden. Ist das nicht nett von ihm?«

Baazlabeth wusste erneut nicht, was er sagen sollte. Mit Rührung hatte das allerdings nichts zu tun.

»Großmagier Ingvarr«, keuchte er. »Wird man jetzt schon zum Großmagier, wenn man eine Begegnung mit mir überlebt?«

»Nein, Meister, ganz so schwer ist es nicht. Sie nennen ihn nur so, weil er die Bastarde unterweist. Er reist mit einem Schiff von Küste zu Küste und schart die Dversils, so nennen sie die Bastardkinder jetzt, um sich und unterrichtet sie. In vielen Teilen der Welt hält man sie für Heilige. Es werden sogar Tempel für sie errichtet. Es heißt, sie würden den Willen der Götter verkünden. Ja, es hat sich viel getan.

König Bellington war übrigens schon tot, als die Schlacht losbrach.

Wir haben seine Leiche in seinem Zelt gefunden. Lilith hatte ihm das Leben ausgesaugt. Ach, was gibt es sonst noch zu berichten?

Die Seuche hat noch überall im Lande viele Opfer gefordert, doch eines Morgens war sie plötzlich verschwunden. In Meddelton gibt es jetzt einen neuen König. Er heißt Hardwood der Erste. Ein ganz netter Mann, glaube ich. Er hat dafür gesorgt, dass die Sklaverei abgeschafft wurde. Hm, was noch? Ach ja, Dumpf hat noch eine weitere Schenke eröffnet. Sie liegt oben im Boenviertel. Ihr Name ist *Zum Horden*. Sie wird von Lemura, seiner Frau, geleitet. Eine blinde Seherin als Wirtin, könnt ihr Euch das vorstellen? Lustig, nicht wahr? Nemrothar schreibt einen Almanach über Beschwörungen, und Kommandant Celest ...«

»Stopp!«, brüllte Baazlabeth. »Es reicht. Was erzählst du für einen Schwachsinn. Das klingt, als wäre ich schon eine Ewigkeit fort.«

»Genau ein Jahr ist seit Eurem – äh, Verschwinden vergangen«, erklärte der Diener. »Wisst Ihr das denn nicht?«

Dumm dastehen oder lügen, was hätte Amez getan?

»Natürlich weiß ich das, du Gewölle, oder denkst du, ich habe geschlafen. Sag mir lieber, was aus Lilith und Auril geworden ist.«

Igniphascellanius machte einen Schritt zurück in die Dunkelheit. »Von Lilith haben wir nie wieder etwas gehört. Großmagier Ingvarr sagt, sie sei für immer zerstört. Auril ist noch in Brisenburg. Nemrothar hat sich ihrer angenommen. Seit dem Tag an der Mauer hat sie nie wieder ein Wort gesprochen und nie wieder einen Zauber gewirkt. Man sagt, die Kugel, die sie heraufbeschworen hat, war Amez, der Herr des Chaos, persönlich, und er habe Lilith verschlungen. Nemrothar hat Auril einen Hund geschenkt. Eine widerliche Töle. Hat mich ständig auf irgendwelche Bäume gehetzt. Ihr wisst ja, wie schwer ich mich mit dem Klettern tue. Aber Auril scheint ihn irgendwie zu mögen. Trotzdem wirkt sie immer traurig.«

Das wird sie auch bleiben. Sie hat Amez gesehen und ihm ihre Seele verschrieben, um Brisenburg zu retten ... um mich zu retten.

»Und Meister, was macht Ihr gerade?«, hoffte Igniphascellanius zu erfahren. »Ich bin gespannt, welche Abenteuer uns noch so bevorstehen. Schließlich bin ich jetzt hier, und das wird sich so schnell auch nicht ändern lassen. Es soll ja nicht langweilig werden.«

Baazlabeth beugte sich zu dem Homunkulus hinunter.

»Siehst du die sechs Lemuren dort unter dem Käfig, wie sie gierig den Wein aufschlabbern?«

»Ja, Meister. Wirklich entzückend, die Kleinen.«

»Lemuras! Holt euch das Kätzchen!«

ENDE